1月11日　“东南大学吕志涛科技教育基金”设立，激励优秀学子和贫困学生探索科技前沿。

1月16日　江苏省瑞华慈善基金会携手东南大学附属中人医院、东南大学教育基金会，共同设立瑞华医疗慈善基金。

1月18日　东南大学工会与人文学院、外国语学院共建的教工之家在九龙湖校区举行揭牌仪式。

1月26日至1月30日　东南大学举办学习贯彻党的十九大精神专题培训班。

1月31日　东南大学在四牌楼校区群贤楼报告厅隆重举行教职工荣休典礼。

2月15日　东南大学校领导与留校学生共度2018年春节。

3月6日　东南大学与中国运载火箭技术研究院签署战略合作备忘录。

3月6日　无锡市人民政府、东南大学在无锡市举行市校合作共建东南大学无锡分校签约仪式，签订《无锡市人民政府 东南大学市校合作共建无锡分校框架协议》。

3月15日　东南大学—中集凯通数字化多式联运技术与应用研发中心揭牌成立。

3月28日　美国田纳西大学教务长John Zomchick率团到东南大学访问。

3月28日　东南大学与中国药科大学在九龙湖校区签署战略合作框架协议。

3月30日　东南大学承办的“香港教师南京考察交流团”考察交流活动在南京举行。

3月31日　东南大学举行2018年研究生毕业典礼暨学位授予仪式。

4月16日至21日　东南大学学生作品荣获全国第五届大学生艺术展演最高奖。

4月27日　东南大学举行第十五届“挑战杯”竞赛总结表彰大会暨三宝科技奖励基金颁奖仪式。

5月5日　东南大学人文学院外籍教师做客央视“对话”栏目探讨马克思主义。

5月9日　东南大学举行2018年度“双一流”建设项目启动会。

5月21日　东南大学举办“After story”毕业专场舞蹈演出。

5月28日 教育部直属高校基本建设规范化管理专项检查组来校进行专项检查。

6月5日 东南大学三十对伉俪、数百名师生校友集体快闪，复原当年老照片，庆祝东南大学116周年校庆暨复更名三十周年。

6月21日　东南大学举行2018届本科生毕业典礼暨学位授予仪式。

7月4日至7日　中国国际机器人展览会(CIROS 2018)在上海国家会展中心举办，东南大学作为唯一参展高校参加，参展主题是“和机器人一起建造”。

7月19日至20日　东南大学校领导慰问暑期在岗的一线职工和留校学生。

8月21日　东南大学在第十一届全国大学生节能减排社会实践与科技竞赛中喜获佳绩。

8月31日　东南大学举行2018级本科生开学典礼。

9月14日　东南大学移动通信国家重点实验室学术成果获*China Communications*最佳论文奖。

榮譽證書

China Communications

[HONOR CERTIFICATE]

Best Paper Award 2018

is presented to :

Tianqi Wang, Chao-Kai Wen, Hanqing Wang, Feifei Gao, Tao Jiang, Shi Jin

In recognition of the professional excellence of the paper in China Communications entitled:

Deep Learning for Wireless Physical Layer: Opportunities and Challenges,

Vol.14, No.11, PP. 92-111, November 2017

Tong Song
Deputy Secretary General
China Institute of Communications

Jianhua Lu
Chairman
Best Paper Award Committee

Zhisheng Niu
Chairman
Editorial Council

9月17日　“2018东南大学新生文化季”暨“百团大战”活动开幕。

10月9日　东南大学举行唐仲英抗震防灾实验平台揭牌仪式。

10月13日至15日　东南大学学生作品在第十一届全国大学生创新创业年会获评“最佳创意项目”。

10月21日　东南大学亮相世界智能制造大会。

10月27日　东南大学举行2019届毕业生秋季大型招聘会。

12月8日　东南大学举行万人冬季阳光长跑暨庆祝改革开放40周年主题活动。

12月11日　东南大学“2018东南大学新生文化季”闭幕式暨新生文艺汇演。

12月25日　东南大学成功举办2018年海外青年学者论坛。

12月27日　东南大学隆重举行“中国脊梁·东南担当”2018年东南大学本科生颁奖典礼。

东南大学年鉴

（2018）

东南大学校长办公室　编

东南大学出版社
·南京·

图书在版编目(CIP)数据

东南大学年鉴. 2018 / 东南大学校长办公室编. —南京：东南大学出版社，2021.9

ISBN 978-7-5641-9654-7

Ⅰ. ①东… Ⅱ. ①东… Ⅲ. ①东南大学—2018—年鉴 Ⅳ. ①G649.285.31-54

中国版本图书馆 CIP 数据核字(2021)第 170630 号

东南大学出版社出版发行

(南京四牌楼 2 号　邮编 210096)

责任编辑：唐　允　装帧设计：企图书装　责任校对：张万莹　责任印制：周荣虎

网　　址：http://www.seupress.com

电子邮件：press@seupress.com

全国各地新华书店经销　　江苏凤凰数码印务有限公司印刷

开本：787 mm×1092 mm　1/16　印张：76.25　彩插：18 面　字数：1 837 千字

2021 年 9 月第 1 版　2021 年 9 月第 1 次印刷

ISBN 978-7-5641-9654-7

定价：288.00 元

主　　审　冀　民

主　　编　姜平波

副 主 编　赵　光

主要编写人员　（以姓氏笔画为序）

丁　苏　刘海涛　汤咏梅　许启彬　李　昕　李丹凝

李国锦　李建梅　李庭红　杨盈珂　吴　敏　吴　婵

吴明全　张建树　周　林　郑苗苗　赵会泽　郝庆九

胡　娟　贺　庆　夏建春　徐　军　徐继红　高　明

黄红富　董世坤　焦淑琳　舒晓梅　滕　航

目　录

概　况

学校概况

东南大学坐落于六朝古都南京，是享誉海内外的著名高等学府。学校是国家教育部直属并与江苏省共建的全国重点大学，是国家“985 工程”和“211 工程”重点建设大学之一。2017 年，东南大学入选世界一流大学建设 A 类高校名单。

东南大学是一所历史悠久、底蕴深厚的大学。学校肇始于 1902 年的三江师范学堂，后历经两江师范学堂、南京高等师范学校、国立东南大学、国立中央大学等重要发展时期。1952 年全国高校院系调整，学校文、理等科迁出，以原国立中央大学工学院为主体，先后并入复旦大学、交通大学、浙江大学、金陵大学等校的有关系科，在国立中央大学本部原址建立了南京工学院。1988 年 5 月，学校复更名为东南大学。2000 年 4 月，原东南大学、南京铁道医学院、南京交通高等专科学校合并，南京地质学校并入，组建成新的东南大学。在近 120 年的办学历程中，东南大学始终心怀天下、心系祖国，为科学进步、民族复兴而自强不息、追求卓越，逐步形成了“严谨、求实、团结、奋进”的优良校风和“以科学名世、以人才报国”的办学理念，铸就了“止于至善”的校训精神。

东南大学现有 33 个院系、77 个本科专业，有 33 个博士学位一级学科授权点，49 个硕士学位一级学科授权点。有全日制在校生 30 664 人，其中本科生 16 128 人、研究生 14 536 人；在校留学生 1 989 人，其中学历留学生 1 547 人。学校建有四牌楼、九龙湖、丁家桥等校区，占地面积 5 888 亩，其中九龙湖校区 3 752.35 亩，总建筑面积约 78.97 万 m^2。学校图书馆面积 6.69 万 m^2，藏有各类图书资料 440 万册。学校还设有无锡分校和苏州校区。

东南大学是一所以工科为主要特色的综合性、研究型大学，涵盖哲学、经济学、法学、教育学、文学、理学、工学、医学、管理学、艺术学等多个学科。学校 11 个学科入选国家“双一流”建设学科名单、5 个学科在第四轮学科评估中获得 A+，两者均列全国第 8 位；11 个学科进入 ESI 世界前 1%，其中工程学列 25 位、计算机科学列 22 位，这两个学科均进入 ESI 世界前 1‰。学校共有 3 个国家重点实验室，4 个国家工程研究中心，2 个国家

工程技术研究中心,1 个国家专业实验室,11 个教育部重点实验室,6 个教育部工程研究中心,30 个博士后科研流动站,以及 2 个江苏省重点高端智库。

东南大学拥有一支高水平的师资队伍。学校现有专任教师 2 899 人,其中具有博士学位的教师 2 434 人,正、副高级职称教师 1 959 人,博士研究生指导教师 987 人,硕士研究生指导教师 2 094 人。有两院院士 11 人,欧洲科学院院士 1 人,国务院学位委员会第七届学科评议组成员 13 人,国家"万人计划"专家 37 人,"长江学者奖励计划"教授 62 人,国家级教学名师奖获得者 6 人,"万人计划"教学名师 5 人,国家杰出青年科学基金获得者 46 人,人事部"百千万人才工程"国家级人选 24 人,全国"十大青年法学家"2 人。东南大学正深化人才强校战略,大力推进"高端师资倍增计划",加快建设一流师资队伍。

东南大学教育教学声誉卓著。学校始终把人才培养作为办学的根本任务,一个多世纪以来,为国家和社会培养了 33 万名各类优秀人才,涌现了一大批建功立业的精英翘楚,在东南大学工作或学习过的两院院士达 200 多位。学校是首批国家级创新创业教育改革示范高校,教育部首批"三全育人"综合改革试点高校。共有 5 个专业入选国家级综合改革试点项目,23 个专业入选国家特色专业建设点。有 36 门首批国家级精品资源共享课、11 门国家级精品在线开放课程、8 个国家级实验教学示范中心及建设点、3 个国家级虚拟仿真实验教学中心。2018 年,50 人次入选新一届全国教学指导委员会委员,其中主任委员 3 人次、副主任委员 10 人次。学校建有 12 个国家级人才培养模式创新实验区,12 个国家级工程实践教育中心,11 个团队入选国家级教学创新团队。东南大学连续四届(每四年一届)获得国家级教学成果一等奖,其中 2018 年获国家级教学成果奖 9 项,并列全国高校第三位。东南大学在新时代坚持立德树人,继承优良传统、与时俱进超越,重塑人才培养目标,努力造就具有家国情怀和国际视野、担当引领未来和造福人类的领军人才。

东南大学是我国科学技术研究与辐射的重要基地。学校坚持产学研结合,2018 年科研经费到款 25.41 亿元,申请发明专利 2 848 件,发明专利授权 1 437 件,申请 PCT 专利 103 件,其中发明专利授权量位列全国第三位。SCI、EI 论文收录均居全国高校前列。2011—2018 年,学校共牵头获得国家级科技奖项 27 项,其中 2011 年获国家技术发明一等奖 1 项、2014 年获国家科技进步一等奖 1 项。近年来,学校参与了"探月计划""三峡工程""500 m 口径射电望远镜"、北京城市副中心、港珠澳大桥、高铁技术、南极科考、南海造岛、无线充电等国家重大工程。近五年共牵头获教育部高校人文社会科学优秀成果奖 11 项。当前,东南大学正着力打造高水平科技创新格局,以更好服务国家重大发展战略。

东南大学是我国国际交流与合作最为活跃的高校之一。学校已与美国麻省理工学院、加州大学伯克利分校,加拿大不列颠哥伦比亚大学,英国剑桥大学、帝国理工大学,瑞士苏黎世高工,瑞典皇家理工学院,德国慕尼黑工业大学,比利时鲁汶大学,澳大利亚蒙纳士大学,日本东京工业大学等众多世界一流大学和高水平研究机构建立了紧密的合作交流关系。特别是 2017 年,东南大学发起成立了"中英大学工程教育与研究联盟",是中国与英国合作建立的第一个以工程教育与研究为特色的大学联盟,贝尔法斯特女王大学、伯明翰大学、剑桥大学、卡迪夫大学、利兹大学、利物浦大学、伦敦大学学院、诺丁汉大学和华威大学等 9 所英国著名高校加入联盟。学校还与澳大利亚蒙纳士大学合作建立了东南大学—蒙纳士大学苏州联合研究生院,是教育部批准的第一个中外联合研究生

院；与法国雷恩一大合作建立了东南大学—雷恩一大研究生学院。东南大学正以“全球高端、实质合作、引领发展”为方向，加快形成全方位、有重点、多层次、宽领域、高水平的国际交流合作格局。

迈进新时代，阔步新征程。今日的东南大学，将坚持以习近平新时代中国特色社会主义思想为指导，秉承和践行“止于至善”校训，树立一流意识、围绕一流目标、贯彻一流标准，坚持瞄准前沿、服务战略、师生为本、人才为先，推进多学科融合、理工文医综合、产学研结合、国际化联合，全面深化综合改革，努力实现人才培养、科学研究、师资队伍、国际合作等方面的重大突破，争取早日建成具有鲜明中国特色、东大气质、人民满意的世界一流大学，为实现中华民族伟大复兴、促进人类文明发展进步做出卓越贡献。

机构与干部

党群系统

中国共产党东南大学第十四届委员会组成名单

书　　记　左　惟
常务副书记
副 书 记　张广军　郑家茂　任利剑
常务委员　（以姓氏笔画为序）
丁　辉　王保平　左　惟　仲伟俊　任利剑　李　鑫　吴　刚　张广军
金保昇　周佑勇　郑家茂　黄大卫
委　　员　（以姓氏笔画为序）
丁　辉　王　炜　王保平　毛惠西　左　惟　冯建明　仲伟俊　任卫时
任利剑　刘乃丰　孙岳明　李　鑫　李久贤　吴　刚　张广军　陆　挺
陆祖宏　金保昇　周佑勇　郑家茂　钟文琪　袁久红　顾忠泽　郭小明
黄大卫　雷　威

中国共产党东南大学纪律检查委员会组成名单

书　　记　任利剑
副 书 记　吴荣顺
委　　员　（以姓氏笔画为序）
王　军　朱小良　任利剑　任祖平　华为国　刘　静　李　涛　吴荣顺
孟　红　赵林度　秦　霞　冀　民

东南大学第八届教代会暨第十五届工会委员会组成人员名单

一、东南大学第八届教职工代表大会执行委员会委员(25名,按姓氏笔画为序)

卫平民　王承慧　刘　攀　刘乃丰
任卫时　任利剑　华为国　仲伟俊
孙伟锋　汤勇明　张　宇　张建琼
张福保　李久贤　李新德　周　勇
周建成　范　斌　封卫东　钱　华
郭小明　贾民平　曹玖新　董　帅
童小东

二、东南大学第十五届工会委员会委员(30名,按姓氏笔画为序)

马民华　凤启龙　王萃寒　吕　霞
任卫时　华为国　江伟新　刘建利
李　涛　李　晶　吴　娟　时　斌
陆　海　陈　坚　陈金喜　张立武
张翠英　张赛娟　邰扣霞　邱振清
姚红红　赵嘉宁　秦文虎　高庆华
黄　鹏　符影杰　蒋明霞　董梅芳
蔡国军　董世坤

三、东南大学第十五届工会经费审查委员会委员(8名,按姓氏笔画为序)

刘　岚　张宇欣　张福保　周建成
郝艳娟　高庆华　黄　鹏　董世坤

四、东南大学第八届教职工代表大会校务民主管理与监督委员会委员(12名,按姓氏笔画为序)

卫平民　王　珏　冯建明　冯莉莉
刘　攀　华为国　李久贤　李宏生
钱　华　袁曦临　董　帅　董世坤

五、东南大学第八届教职工代表大会提案工作委员会委员(12名,按姓氏笔画为序)

冯国强　刘　岚　吴　娟　吴　涓
吴凌尧　陆　海　金志军　姜平波
秦文虎　曹玖新　蔡国军　董世坤

六、东南大学第八届教职工代表大会执行委员会主任、副主任、秘书长

主　　任　任利剑
副 主 任　刘　攀　曹玖新
秘 书 长　华为国

七、东南大学第十五届工会委员会主席、副主席

主　　席　华为国
副 主 席　陆　海　张赛娟

八、东南大学第十五届工会经费委员会主任、副主任

主　　任　张宇欣
副 主 任　刘　岚　张福保

共青团东南大学第二十届委员会名单

书　　记　陆　挺
副 书 记　张　璐　杨文燮
委员会委员　丁小丽　王婧菲　史红叶　付小鸥　付　林　吉　鑫
李　鑫　杨文燮　吴兆青　邱　峰　张　罕　张　琰
张　璐　陆　挺　林　琼　罗　磊　罗　澍　季培霖
钮长慧　钱怡君　尉思懿
常务委员　王婧菲　杨文燮　邱　峰　张　罕　张　琰　张　璐
陆　挺　罗　澍　钱怡君

党群系统机构及干部名单

党委办公室
主　　任　冯建明
副 主 任　周　虹(兼)　李昭昊　赵会泽(兼)(—2018.04)　李黎藜(兼)
副处长级秘书　赵会泽(—2018.04)

党委统战部
部　　长　冯建明
副 部 长　周　虹(兼)　李黎藜

党委发展规划部(—2018.06)

部　　长

副 部 长　张　胤(兼)

党委发展规划与学科建设部(2018.06—)

部　　长　钟文琪(2018.06—)

副 部 长　张　胤(2018.08—)　郭　彤(2018.08—)

党　校

校　　长　易　红(兼)(—2018.02)　左　惟(兼)(2018.02—)

副 校 长　李　鑫(兼)(—2018.06)　朱小良(兼)(2018.06—)

社会主义学院

院　　长　易　红(兼)(—2018.02)　左　惟(兼)(2018.02—)

副 院 长　李　鑫(兼)(—2018.06)　朱小良(兼)(2018.06—)

党委组织部

部　　长　李　鑫(—2018.06)

常务副部长　朱小良(2018.06—)

副 部 长　邢纪红

组 织 员　陆　玲　李庭红　施春陵

党委宣传部

部　　长　毛惠西(—2018.11)　顾永红(2018.11—)

副 部 长　李小男　江雪华(—2018.11)

东南大学报　主编　宋业春

党委教师工作部

部　　长　毛惠西(兼)(—2018.11)

副 部 长　江雪华(兼)(—2018.11)　顾建新(2018.11—)　江雪华(2018.11—)

纪委办公室

主　　任　吴荣顺(兼)

副 主 任

纪 检 员　李　瑛(兼)　夏建春　李冬梅　陈　波

党委巡察工作办公室(2018.07—)

主　　任　吴荣顺(兼)(2018.10—)

副　主　任　李　瑛(兼)(2018.10—)

党委学生工作部

部　　　长　孙莉玲

副　部　长　张晓坚

心理咨询中心　主任　孙莉玲(兼)

人民武装部

部　　　长　孙莉玲(兼)(2018.04—)

党委研究生工作部

部　　　长　钟文琪

副　部　长　赵松立

党委保卫部

部　　　长　任祖平(—2018.04)　华为国(2018.04—)

副　部　长　吴　扬(兼)　刘培高(兼)　李建平(兼)

党委老干部处

处　　　长　张俊琴

副　处　长　胡建人

丁家桥校区办公室　主任　胡建人(兼)

工会

主　　　席　华为国(—2018.06)　李　鑫(2018.06—)

副　主　席　张赛娟　陆　海

兼职副主席　吴国新　贾民平

团委

书　　　记　陆　挺(—2018.06)

副　书　记　张　璐(—2018.03)　杨文燮　邱　峰(2018.06—)　张　琰(2018.08—)

大学生艺术指导中心　主任　洪海军

中共东南大学各校区工委、基层党委、党总支、直属党支部及干部名单

丁家桥校区工委

书　　　记　张立武

副　书　记　刘晓芸

建筑学院党委

书　　　记　冷嘉伟

副　书　记　李向锋

机械工程学院党委

书　　　记　张志胜

副　书　记　王　斌

能源与环境学院党委

书　　　记　朱小良(—2018.06)　蔡　亮(2018.11—)

副　书　记　司凤琪

信息科学与工程学院党委

书　　　记　李久贤

副　书　记　孙　威

土木工程学院党委

书　　　记　刘　静

副　书　记　张豪裕

电子科学与工程学院、微电子学院党委

书　　　记　施建宁(—2018.06)　汤勇明(2018.10—)

副　书　记　宋晓燕

数学学院党委

书　　　记　吴映红

副　书　记　曹海燕

自动化学院党委

书　　　记　袁晓辉

副　书　记　金立左

计算机科学与工程学院、软件学院党委

书　　　记

副　书　记　裴　峰

物理学院党委
书　　记　王勇刚
副 书 记　潘勇涛

生物科学与医学工程学院党委
书　　记　洪宗训
副 书 记　周　平

材料科学与工程学院党委
书　　记　杨树东
副 书 记　李　磊

人文学院党委
书　　记　李　涛
副 书 记　何　熠

经济管理学院党委
书　　记　仲伟俊
副 书 记　祝　虹

电气工程学院党委
书　　记　顾永红
副 书 记　杨　蕙

外国语学院党委
书　　记　马　强
副 书 记　汤顶华

化学化工学院党委
书　　记　蒋　波
副 书 记　陆　娟

交通学院党委
书　　记　秦　霞
副 书 记　陈　怡

仪器科学与工程学院党委
书　　记　王　军

副　书　记　张　力

公共卫生学院党委

书　　　记　李　涛

副　书　记　凤启龙

附属中大医院党委

书　　　记　刘乃丰(兼)(—2018.06)　郭小明(2018.06—)

副　书　记　陈宝安(—2018.02)　李吉海

附属中大医院纪委书记　李吉海

医学院党委

书　　　记　谭东伟

副　书　记　程　斌(—2018.11)

无锡分校党委

书　　　记　施　畅(—2018.02)

副　书　记　殷　缨

继续教育学院党委

书　　　记　封卫东(—2018.11)　徐　悦(2018.11—)

成贤学院党委

书　　　记　徐　悦

副　书　记　王　荣

苏州研究院党委

书　　　记　顾　芳

副　书　记　于向军

校机关党委

书　　　记　吴　娟

离休干部党委

书　　　记　钱炳昌

副　书　记　张　楠　殷　立

丁家桥校区离休干部党委

书　　记　方明宇

副 书 记　付逊芳　胡建人

后勤党工委

书　　记　何　林

副 书 记　邱佳川

产业党工委

书　　记　吴　刚(兼)(—2018.08)　米永强(2018.08—)

副 书 记　王松林　潘久松(兼,无行政级别)

体育系党总支

书　　记　王　强

吴健雄学院党总支

书　　记　雷　威(兼)(—2018.06)　陆　挺(2018.06—)

副 书 记　钟　辉

艺术学院党委

书　　记　王和平(—2018.06)　赵天为(2018.10—)

副 书 记　袁　琴(2018.06—)

法学院党委

书　　记　孟　红(—2018.11)　毛惠西(2018.11—)

副 书 记　高　歌

马克思主义学院党委

书　　记　袁建红(2018.10—)

副 书 记　袁建红(—2018.10)

网络空间安全学院党委(2018.02—)

书　　记　施　畅(2018.02—)

副 书 记　张　璐(2018.03—)

图书馆党总支

书　　记　黄松莺

东南大学医院直属党支部

书　　记　李向阳

生命科学研究院直属党支部

书　　记　邱振清

行 政 系 统

校长及校长助理

校　　长　张广军

常务副校长　王保平

副 校 长　黄大卫　吴　刚　金保昇　周佑勇

总会计师　丁　辉

校长助理　刘乃丰

行政机构及干部名单

校长办公室

主　　任　金志军(—2018.04)　冀　民(2018.04—)

副 主 任　姜平波　芮振华(—2018.04)　赵会泽(2018.04—)

合作共建办公室　主　任　金志军(兼)(—2018.04)　冀　民(兼)(2018.04—)

网络与信息中心(—2018.04)　主　任　金志军(—2018.03)

副主任　王　健

国际合作处(港澳台办公室)

处　　长　叶智锐(2018.06—)

副 处 长　叶智锐(主持工作,—2018.06)　许克琪　陆　璐(—2018.09)

兼职副处长　李启明

港澳台办公室　主　任　叶智锐(2018.06—)

副主任　叶智锐(主持工作,—2018.06)　许克琪(兼)　陆　璐(兼)(—2018.09)

研究生院

院　　长　金保昇(兼)

常务副院长　钟文琪

副 院 长 袁榴娣
兼职副院长 王修信 董寅生 苟少华
学科建设办公室 主任 郭 彤
兼职副主任 张为公(兼)
研究生招生办公室 主任 宛 敏
研究生培养办公室 主任
兼职副主任 舒华忠(兼)
学位与研究生教育办公室 主 任 顾兴中(—2018.11)
研究生管理办公室 主 任 赵松立(兼)

教务处
处 长 孙伟锋
副 处 长 朱 明 王栓宏 吴 涓 沈孝兵
兼职副处长 丁德胜(兼) 梅姝娥(兼)
教育技术中心 主任 姜昌金

科研院
院 长 吴 刚(兼)
常务副院长 孙岳明
副 院 长 张晓兵
基础研究与海外合作办公室 主任 刘 磊
先进技术与装备办公室 主任 费庆国(—2018.12)
应用技术办公室 主任 郝勇生
高新技术与社会发展办公室 主任 刘 威
基地与协同创新办公室 主任 蒋金洋
科研成果与基地管理办公室 主任 方 红
国防科学技术院(先进技术与装备院) 院 长 张晓兵(兼)
副院长 费庆国(—2018.12)
应用技术院 院 长 孙岳明(兼)
副院长 郝勇生(兼)

社会科学处
处 长
副 处 长 陈志斌(主持工作,—2018.09) 甘 锋

人事处
处 长 郭小明(—2018.06) 王景全(2018.06—)
副 处 长 达飞鹏(—2018.09) 刘明芬 吴凌尧

兼职副处长　孙子林(兼)

学生处

处　　长　孙莉玲

副 处 长　蔡　亮　宋健刚　徐　进

发展委员会

主　　任　周佑勇(兼)

常务副主任　金志军(2018.04—)

副 主 任　李　爽(—2018.04)　米永强(—2018.08)　姚志彪

芮振华(2018.04—)

发展规划处(—2018.06)

处　　长

副 处 长　张　胤

发展规划与学科建设处(“双一流”建设办公室)(2018.06—)

处长(主任)　钟文琪(2018.06—)

副处长(副主任)　张　胤(2018.08—)　郭　彤(2018.08—)

保卫处

处　　长　任祖平(—2018.04)　华为国(2018.04—)

副 处 长　吴　扬　刘培高(兼)　李建平

财务处

处　　长　任卫时

副 处 长　张晓红　孙红霞　刘　岚　王绍灵(兼)　张慧丽(2018.09—)

校园一卡通管理中心　主任　高　进

采购中心　主任　王绍灵(2018.01—)

审计处

处　　长　冀　民(—2018.08)　李智敏(2018.08—)

副 处 长　陈　晴　李智敏(—2018.08)

兼职副处长　周　勤(兼)

监察处

处　　长　吴荣顺

副 处 长　李　瑛

监　察　员　夏建春　李冬梅　陈　波

总务处
处　　　长　梁书亭(—2018.04)　任祖平(2018.04—)
副　处　长　章荣琦　周建华　沈建辉　丁　乐　刘　润　王　亮(兼)

基本建设处
处　　　长　李维滨
副　处　长　汤　磊　尤　鎏

保密办公室
主　　　任　吴　刚(兼)
常务副主任　孙岳明(兼)
副　主　任　周　虹　陈　镭

资产经营管理处
处　　　长　江　汉
副　处　长　过秀成　单　良

实验室与设备管理处
处　　　长　熊宏齐
副　处　长　刘加彬　王继刚

丁家桥校区管理委员会
主　　　任　张立武
党政办公室　主任　刘晓芸(兼)
保卫办公室　主任　刘培高
后勤办公室　主任　王　亮

四牌楼校区管理委员会(2018.04—)
主　　　任　梁书亭(2018.04—)
副　主　任　李　爽(2018.04—)

网络与信息中心(2018.04—)
主　　　任　费庆国(2018.12—)

苏州校区管理委员会(2018.11—)
主　　　任　郑建勇(2018.11—)

院系及干部名单

建筑学院

院　　长　韩冬青
副 院 长　石　邢　葛　明　张　彤　孙世界　鲍　莉(2018.03—)　李向锋(兼)

机械工程学院

院　　长　倪中华
副 院 长　陈云飞　张志胜(兼)　孙蓓蓓　殷国栋　王　斌(兼)
工业发展与培训中心　主任　张远明

能源与环境学院

院　　长　肖　睿
副 院 长　黄亚继　朱光灿　李舒宏　许传龙　梁　财　司凤琪(兼)

信息科学与工程学院

院　　长　洪　伟(—2018.01)　陆　军(兼职)(2018.08—)
执行院长　张在琛(2018.08—)
副 院 长　高西奇　张在琛(—2018.08)　黄永明　陆卫兵　王　蓉(2018.11　)
孙　威(兼)

土木工程学院

院　　长　王景全
副 院 长　舒赣平　童小东(—2018.06)　黄　镇　张　建(2018.02—)
陆金钰(2018.10—)　张豪裕(兼)

电子科学与工程学院、微电子学院

院　　长　孙立涛(2018.02—)
副 院 长　孙立涛(主持工作,—2018.02)　汤勇明(—2018.10)　王著元　仲雪飞
徐　申　宋晓燕(兼)

数学学院

院　　长　曹进德
副 院 长　陈文彦　虞文武　李玉祥　曹海燕(兼)

自动化学院

院　　长　王保平(兼)(—2018.01)　魏海坤(2018.01—)

副 院 长　魏海坤(—2018.01)　孙长银(—2018.08)　李世华　金立左(兼)

计算机科学与工程学院、软件学院

院　　长　罗军舟

副 院 长　舒华忠　耿　新　李　伟　董永强(2018.04—)　裴　锋(兼)

物理学院

院　　长　杨永宏

副 院 长　戴玉蓉　潘勇涛(兼)　邱　腾　倪振华

生物科学与医学工程学院

院　　长　顾忠泽

副 院 长　徐春祥　谢建明　赵祥伟　周　平(兼)

材料科学与工程学院

院　　长　薛　烽

副 院 长　张亚梅　沈宝龙　储成林　李　磊(兼)

人文学院

院　　长　王　珏

副 院 长　乔光辉　王　兵　邵永生　何　熠(兼)

艺术学院

院　　长　王廷信

副 院 长　崔天剑　李轶南　袁　琴(兼)(2018.06—)

法学院

院　　长　刘艳红

副 院 长　欧阳本祺　李煜兴　高　歌(兼)

经济管理学院

院　　长　赵林度

副 院 长　张玉林　舒　嘉　祝　虹(兼)

电气工程学院

院　　长　赵剑锋

副 院 长　吴在军　高　山　黄允凯　杨　蕙(兼)

外国语学院

院　　长　陈美华

副 院 长　刘克华　马冬梅　朱善华　汤顶华(兼)

体育系

主　　任　蔡晓波

副 主 任　沈　辉　金　凯　王青禾

化学化工学院

院　　长　周建成

副 院 长　刘松琴(—2018.11)　杨　洪　陆　娟(兼)

交通学院

院　　长　刘　攀

副 院 长　陆　建　程建川　钱振东　顾兴宇　陈　峻　陈怡(兼)

仪器科学与工程学院

院　　长　宋爱国

副 院 长　李宏生　王立辉(—2018.03)　严如强(—2018.03)
祝雪芬(2018.04—)　张　力(兼)

医学院

院　　长　刘乃丰(兼)

副 院 长　孙子林　王立新　赵春杰　姚红红　程　斌(兼)(—2018.11)

公共卫生学院

院　　长　尹立红

副 院 长　金　辉　梁戈玉　凤启龙(兼)

吴健雄学院

院　　长　张广军(兼)

常务副院长　雷　威

副 院 长　况迎辉　钟　辉(兼)

海外教育学院

院　　长　邱　斌(—2018.06)

副 院 长　徐　健　杨智勇(2018.08—)

马克思主义学院

院　　长　袁久红

副 院 长　盛凌振　叶海涛　袁健红(兼)(—2018.10)

网络空间安全学院

名誉院长　于　全(2018.06—)

院　　长　于　全(兼)(—2018.06)　张广军(兼)(2018.06—)

执行院长　程　光(2018.09—)

常务副院长　程　光(—2018.09)

副 院 长　陈立全　曹玖新　张　璐(兼)(2018.03—)

人工智能学院(2018.08—)

院　　长　芮　勇(兼)(2018.11—)

执行院长　罗军舟(兼)(2018.11—)

副 院 长　耿　新(兼)(2018.11—)

直(附)属单位及负责人名单

图书馆

馆　　长　李爱国

副 馆 长　范　斌　钱　鹏

档案馆

馆　　长　钱杰生

副 馆 长　李宇青　刘云虹

校史研究室　主任　刘云虹(兼)

学报(自然科学版)编辑部

主　　编　毛善锋

学报(哲学社会科学版)编辑部

主　　编　徐　嘉

学报(医学版)编辑部

主　　编　唐　萌(—2018.10)　卫平民(2018.11—)

继续教育学院

院　　长　许映秋(—2018.11)　封卫东(2018.11—)

副　院　长　曹效英　王燕蓉

校医院

院　　　长　卫平民(—2018.11)

副　院　长　龚丽萍

无锡分校

校　　　长　金保昇(兼)

常务副校长　张继文

副　校　长　秦文虎(2018.08—)　殷　缨(兼)

苏州研究院

院　　　长　金保昇(兼)

常务副院长　张为公(—2018.11)

副　院　长　李成明

附属中大医院

院　　　长　滕皋军

副　院　长　刘必成　邱海波　卢　斌　陈　明

总 会 计 师　张宇欣

生命科学研究院

院　　　长　谢　维

副　院　长　韩俊海

教师教学发展中心

主　　　任　顾建新(—2018.11)

成贤学院

院　　　长　郑家茂(兼)

常务副院长　郑建勇(—2018.11)　许映秋(2018.11—)

各级人大代表、政协委员、民主党派成员、省政府参事任职情况及有关机构设置

一、各级人大代表

江苏省十三届人大代表：崔铁军（常委、九三）
南京市十六届人大代表：成玉宁（无党派） 王保平（中共）
鼓楼区十八届人大代表：邱海波（中共）
玄武区十八届人大代表：孙伟峰（中共） 李爱国（无党派） 刘 攀（中共）
江宁区十七届人大代表：金志军（民盟）

二、各级政协委员

全国十三届政协委员：吴智深（教育）
江苏省十二届政协委员：肖国民（常委、新闻出版） 韩冬青（常委、科技）
马坤岭（民革） 王修信（九三） 王雪梅（科技）
尹立红（民进） 孙子林（农工） 李启明（民建）
肖 睿（科技） 赵春杰（致公） 徐春祥（农工）
葛 明（科协） 薛 涛（致公） 左 惟（教育）
冯建明（社科）
南京市十四届政协委员：梅姝娥（科协） 石 邢（经济） 况迎辉（少数民族）
鼓楼区十二届政协委员：王彩莲
玄武区十二届政协委员：赵剑锋（政协副主席） 孔令龙 徐盈之
浦口区四届政协委员：王大勇
江宁区十一届政协委员：陈文彦（常委）
无锡市新吴区一届政协委员：李 冰

三、民主党派成员、侨联成员在各级组织任职情况

民盟十二届中央委员：肖国民
农工十六届中央委员：吴智深
九三十四届中央委员：崔铁军
民进中央十四届妇女儿童委员会委员：韩俊海

民革十一届江苏省委员会委员：马向真（兼监督委员会副主任）

民盟十二届江苏省委员会委员：梅姝娥

民建九届江苏省委员会：滕皋军（民建第十一次全国代表大会代表）

专委会:苟少华(监督委员会副主任委员)
李启明(金融委员会主任)
王彩莲(医药卫生委员会副主任)
周革利(对外联络委员会副主任)

民进十届江苏省委员会常委:尹立红(民进第十二次全国代表大会代表)
专委会:韩俊海(监督委员会成员)

农工党十二届江苏省委员会副主任委员:吴智深(农工党第十六次全国代表大会代表)
常委:孙子林(兼任直属委员会主任、农工党第十六次全国代表大会代表)
委员:徐春祥
专委会中青年工作委员会副主任:陈惠苏
医疗卫生工作委员会委员:王艳丽　王玉华

致公党六届江苏省委员会常委:赵春杰
委员:薛　涛
专委会参政议政委员会委员:石　邢
文化体育委员会委员:卢爱华
青年工作委员会委员:王大勇
党务研究会副主任:陶思炎

九三学社八届江苏省委员会常委:王修信　崔铁军(九三学社第十一次全国代表大会代表)

江苏省归国华侨联合会七届常委:吕晓迎

江苏省政府参事室聘任参事:缪昌文(中共)　林保平　成　虎　徐康宁(中共)　周　勤

江苏省第六届伊斯兰教协会会长:达庆利(2013.11.28)

全国中央文史馆馆员:陶思炎(2011.02)

民主党派东南大学机构设置

民革二届东南大学总支部委员会(2016.12.27 换届,32 人)
主 任 委 员:马向真
副主任委员:周　勤　马坤岭

民盟四届东南大学委员会(2014.06.26换届,235人)

主任委员:肖国民

副主任委员:钱瑞明 梅姝娥 王世和 薛星美 魏家泰

委 员:王秋严 陆建明 周子华 何 平 金志军 徐立臻 杨舒惠 吴祖民 康学军 毛世怀 陈文彦 丁建东

民建一届东南大学基层委员会(2017年12月6日成立,31人)

主任委员:李启明

副主任委员:苟少华 王彩莲 周革利

委 员:朱纪军 周 臻 葛丽芹

民进四届东南大学委员会(2012.05.07换届,63人)

主任委员:尹立红

副主任委员:董寅生 郭 毅 曹玖新 肖 睿

委 员:孙 瑾 郭 斐 韩俊海 梁衡弘 戴启明 高 冲

农工党四届东南大学委员会(2016.11.29换届,126人)

主任委员:徐春祥

副主任委员:孙子林 陈惠苏

委 员:徐春祥 孙子林 陈惠苏 王玉华 糜长稳 章美华 蔡永胜 刘松琴 张绍东

致公党四届东南大学总支委员会(2018.10.16换届,52人)

主任委员:赵春杰

副主任委员:李智群 薛 涛

委 员:马民华 王大勇 吴晓菁 章 炜

九三四届东南大学委员会(2017.06.04换届,213人)

主任委员:王修信

副主任委员:崔铁军 舒华忠 叶行舟 赵剑峰

委 员:戴 丽 祁争建 辛海洋 郑意楠 柳 萍 王雪梅 徐盈之 施智祥 俞 燕 袁榴娣 程科萍

社会团体机构设置

东南大学侨联四届(2012年12月8日换届)

名誉主席:林中达 林金明

主 席:吕晓迎

副 主 席:李先宁 丁锡宁 李 丽

委　　员:孙清江　李俐平

东南大学无党派知识分子联谊会(2014.01.08 成立)

会　　长:崔铁军

副 会 长:杨永宏　田玉平　肖　睿　李维滨

秘 书 长:杨永宏(兼)

副秘书长:何　勇(经管)

2018 年成立或调整的各类委员会、领导小组名单

关于成立东南大学—南京市共建重点项目推进工作领导小组的通知

2018 年 2 月 23 日

学校各有关部门、单位:

根据工作需要,经研究决定,成立东南大学—南京市合作共建重点项目推进工作领导小组。领导小组成员名单如下:

组　　长:左　惟　张广军

副 组 长:王保平　吴　刚

成　　员:(按姓氏笔画为序)

尤肖虎　王景全　冯建明　刘乃丰　刘　攀

任为时　孙岳明　江　汉　张晓兵　金志军

罗军舟　钟文琪　郭小明　顾忠泽　洪　伟

倪中华　贾　方　梁书亭　潘久松

领导小组下设办公室,由吴刚同志担任办公室主任,金志军、孙岳明担任办公室副主任,张晓兵、芮振华担任办公室联络人,负责与南京市委、市政府对接。

校发〔2018〕21 号

关于成立东南大学军民融合发展领导小组和东南大学军民融合办公室的通知

2018 年 2 月 23 日

各校区,各院、系、所,各处、室、直属单位,各学术业务单位:

为贯彻落实中央军民融合发展战略,经研究决定,成立东南大学军民融合发展领导小组和东南大学军民融合办公室,成员名单如下:

一、东南大学军民融合发展领导小组

组　　长:张广军

副 组 长:吴　刚　郑家茂　金保昇

组　　　员：（按姓氏笔画为序）

王景全　冯建明　任卫时　刘　攀　江　汉　孙立涛　孙伟锋　孙岳明　孙莉玲　肖　睿　宋爱国　张晓兵　罗军舟　金志军　周建成　赵剑锋　钟文琪　洪　伟　袁晓辉　顾忠泽　倪中华　郭小明　程　光　薛　烽

二、东南大学军民融合办公室

主　　　任：吴　刚

副　主　任：孙岳明　张晓兵

成　　　员：（按姓氏笔画为序）

过秀成　朱　明　刘　岚　吴凌尧　宋健刚　张　胤　郝勇生　费庆国　郭　彤

校发〔2018〕22号

关于调整东南大学定点扶贫工作领导小组成员的通知

2018年3月22日

学校各部门、单位：

因人员变动和工作需要，经研究，决定对学校定点扶贫工作领导小组成员进行调整，调整后的成员名单如下：

组　　　长：左　惟　张广军

副　组　长：王保平

成　　　员：（以姓氏笔画为序）

冯建明　江　汉　许映秋　孙伟锋　孙岳明　孙莉玲　李　鑫　陆　挺　金志军　钟文琪　梁书亭　熊宏齐　滕皋军　潘久松

秘　　　书：芮振华

校发〔2018〕41号

关于成立东南大学平安校园建设示范高校工作领导小组的通知

2018年4月28日

各党工委，各基层党委、党总支、直属党支部，党委各部、委、办，工会、团委；各校区，各院、系、所，各处、室、直属单位，各学术业务单位：

为落实《省教育厅办公室关于做好2017年"江苏省平安校园建设示范高校"和"江苏省平安校园建设示范县（市、区）"创建申报工作的通知》精神，保证"平安校园建设示范高校"创建工作扎实有效开展，根据工作需要，经研究决定，成立东南大学平安校园建设示范高校工作领导小组，小组成员如下：

组　　　长：左　惟　张广军

副　组　长：郑家茂

成　　员:(按姓氏笔画为序)

毛惠西　叶智锐　任卫时　任祖平　华为国　刘松玉　江　汉　孙伟锋

孙岳明　孙莉玲　李维滨　吴荣顺　张立武　张　胤　陈志斌　金志军

钟文琪　郭小明　梁书亭　熊宏齐　冀　民

领导小组下设办公室,挂靠在保卫处,负责领导小组日常工作。办公室主任:华为国,办公室副主任:吴扬、刘培高、李建平。

东大委〔2018〕24 号

关于成立东南大学党委巡察工作领导小组的通知

2018 年 10 月 26 日

各党工委,各基层党委、党总支、直属党支部,党委各部、委、办,工会、团委:

为切实加强学校党委对巡察工作的组织领导,扎实推进全面从严治党向基层延伸,经研究,决定成立东南大学党委巡察工作领导小组。领导小组成员名单如下:

组　　长:左　惟　党委书记

副 组 长:郑家茂　党委副书记

任利剑　党委副书记、纪委书记

成　　员:吴荣顺　纪委副书记兼纪委办公室主任、监察处处长

冯建明　党委办公室主任、党委统战部部长

冀　民　校长办公室主任、合作共建办公室主任

朱小良　党委组织部常务副部长

毛惠西　党委宣传部部长、党委教师工作部部长

王景全　人事处处长

任卫时　财务处处长

李智敏　审计处处长

东大委〔2018〕68 号

关于调整东南大学人才工作领导小组成员的通知

2018 年 11 月 14 日

各党工委,各基层党委、党总支、直属党支部,党委各部、委、办,工会、团委;各校区,各院、系、所,各处、室、直属单位,各学术业务单位:

因工作需要,经研究决定,对东南大学人才工作领导小组成员进行调整。调整后的成员名单如下:

组　　长:左　惟　党委书记

张广军　校长、党委副书记

副 组 长:王保平　常务副校长

成　　员:郑家茂　党委副书记

吴　刚　副校长

金保昇　副校长
周佑勇　副校长
刘乃丰　校长助理
朱小良　党委组织部常务副部长

领导小组办公室成员名单调整如下：

主　　任：王保平　常务副校长
成　　员：冯建明　党委办公室主任
　　　　　冀　民　校长办公室主任
　　　　　朱小良　党委组织部常务副部长
　　　　　钟文琪　党委发展规划与学科建设部部长、发展规划与学科建设处处长
　　　　　叶智锐　国际合作处处长
　　　　　孙伟锋　教务处处长
　　　　　孙岳明　科研院常务副院长
　　　　　王景全　人事处处长
　　　　　任卫时　财务处处长
　　　　　任祖平　总务处处长
秘　　书：刘莉莉　人事处人才科科长

东大委〔2018〕78 号

关于成立建筑学专业评估领导小组和工作组的通知

2018 年 5 月 15 日

学校各有关部门、单位：

住房和城乡建设部即将对我校建筑学专业进行专业评估，为贯彻“以评促建、以评促改、评建结合、重在建设”的精神，认真开展自评工作并做好迎接专家组对我校建筑学专业进行认证考察的各项准备工作，特成立建筑学专业认证领导小组和工作组，现将成员名单通知如下：

一、领导小组

组　　长：金保昇
副 组 长：韩冬青　冷嘉伟　孙伟锋
成　　员：（按姓氏笔画排序）
　　　　　毛惠西　任卫时　任祖平　孙莉玲　钟文琪　顾建新　郭小明　鲍　莉　熊宏齐　冀　民
秘　　书：朱　明

二、工作组

组　　长：韩冬青　冷嘉伟

副　组　长:鲍　莉　张　彤　李向锋
成　　　员:(按姓氏笔画排序)
史永高　冯世虎　朱　渊　朱　雷　李　华　李永辉　李国强　沈　颖
张　敏　张　愚　呼小檬　费　祎　夏　兵　唐　芃　黄旭升　傅秀章
秘　　　书:严　钰　乔　雅

校发〔2018〕92号

关于成立信息工程专业认证领导小组和工作组的通知

2018年5月24日

学校各有关部门、单位:

教育部即将对我校信息工程专业进行工程教育专业认证,为贯彻"以评促建、以评促改、评建结合、重在建设"的精神,认真开展自评工作并做好迎接专家组对我校信息工程专业进行认证考察的各项准备工作,特成立信息工程专业认证领导小组和工作组,现将成员名单通知如下:

一、领导小组

组　　　长:金保昇
副　组　长:李久贤　尤肖虎　孙伟锋
成　　　员:(按姓氏笔画排序)
毛惠西　任卫时　任祖平　孙莉玲　张在琛　姜昌金　李爱国　顾建新
郭小明　熊宏齐　冀　民
秘　　　书:朱　明

二、工作组

组　　　长:李久贤　尤肖虎
副　组　长:张在琛　孙　威
成　　　员:(按姓氏笔画排序)
王　蓉　王志功　史小红　华蓉蓉　孙庆庆　杨晓辉　杨绿溪　吴兆青
陈晓曙　金盈盈　孟　桥　贾　宁　徐金平　黄　蓓　裘文霞
秘　　　书:苗慧贤

校发〔2018〕99号

关于成立东南大学网络空间国际治理研究基地建设领导小组的通知

2018年5月24日

各校区,各院、系、所,各处、室、直属单位,各学术业务单位:

为落实《关于开展第一批网络空间国际治理研究基地申报工作的通知》(中网办秘字〔2018〕274号)精神,保证网络空间国际治理研究基地申报工作扎实有效开展,根据工作

需要，经研究决定，成立东南大学网络空间国际治理研究基地建设领导小组。领导小组成员名单如下：

组　　长：吴　刚

成　　员：（按姓氏笔画为序）

叶智锐　刘艳红　孙伟锋　孙岳明　陈志斌　钟文琪　郭小明　程　光　冀　民

领导小组下设办公室，挂靠在网络空间安全学院，负责领导小组日常工作。办公室主任：程光，办公室副主任：欧阳本祺、陶军。

校发〔2018〕103 号

关于成立电子科学与技术专业认证领导小组和工作组的通知

2018 年 5 月 24 日

学校各有关部门、单位：

教育部即将对我校电子科学与技术专业进行工程教育专业认证，为贯彻“以评促建、以评促改、评建结合、重在建设”的精神，认真开展自评工作并做好迎接专家组对我校电子科学与技术专业进行认证考察的各项准备工作，特成立电子科学与技术专业认证领导小组和工作组，现将成员名单通知如下：

一、领导小组

组　　长：金保昇

副 组 长：孙立涛　施建宁　孙伟锋

成　　员：（按姓氏笔画排序）

毛惠西　仲雪飞　任卫时　任祖平　孙莉玲　李爱国　姜昌金　顾建新　郭小明　熊宏齐　冀　民

秘　　书：朱　明

二、工作组

组　　长：孙立涛　施建宁

副 组 长：仲雪飞　宋晓燕

成　　员：（按姓氏笔画排序）

万　能　王迪亚　牛文娟　朱　利　朱　萍　刘　旭　刘　鹍　杨兰兰　吴志林　吴建辉　邱　峰　何　倩　柏宁丰　栗雨蒙　舒春玲

秘　　书：谭艳华

校发〔2018〕104 号

关于调整学校后勤事务工作领导小组成员的通知

2018年6月6日

各校区,各院、系、所,各处、室、直属单位,各学术业务单位:

因工作需要,现将学校后勤事务工作领导小组成员进行调整,调整后的成员名单如下:

组　　长:王保平

副 组 长:丁　辉　任利剑

成　　员:(按姓氏笔画排序)

冯建明　任卫时　任祖平　李维滨　吴荣顺　郭小明　冀　民

秘　　书:刘　润

校发〔2018〕113号

关于成立东南大学企业体制改革工作领导小组及工作组的通知

2018年10月8日

各校区,各院系、系、所,各处、室、直属单位,各有关企业:

根据教育部所属企业体制改革试点工作需要,经研究决定,成立东南大学企业体制改革工作领导小组,成员名单如下:

组　　长:左　惟　张广军

副 组 长:王保平　任利剑　丁　辉　黄大卫　吴　刚

成　　员:(按姓氏笔画为序)

王景全　冯建明　任卫时　任祖平　米永强　江　汉　孙岳明　李智敏　步　兵　吴荣顺　潘久松　冀　民

秘　　书:孔庆燕

根据工作需要,东南大学企业体制改革工作领导小组下设工作组,成员名单如下:

组　　长:黄大卫

副 组 长:任卫时　江　汉　米永强　潘久松

成　　员:(按姓氏笔画为序)

王松林　王新绳　孔庆燕　过秀成　朱婧娟　吴凌尧　沈建辉　张慧丽　郝勇生　夏建春

秘　　书:赵锦凤　庞晋伟

校发〔2018〕224号

关于校招标领导小组更名及成员调整的通知

2018 年 10 月 16 日

各校区，各院、系、所，各处、室、直属单位，各学术业务单位：

依据《东南大学采购管理办法(暂行)》(校发〔2016〕285 号)文件精神，校招标领导小组更名为校采购领导小组。因工作需要和人员变动，校采购领导小组成员名单调整如下：

组　　长：丁　辉

副 组 长：吴荣顺　任卫时

成　　员：王绍灵　孙岳明　任祖平　李维滨　李智敏　熊宏齐　冀　民

秘　　书：王永华

校发〔2018〕230 号

关于成立东南大学本科生奖助学金工作领导小组的通知

2018 年 11 月 15 日

各校区，各院、系、所，各处、室、直属单位，各学术业务单位：

为建设优良校风、学风，树立先进典型，进一步提升本科生奖助学金工作的科学性、规范性、有效性，切实激励本科生刻苦学习、奋发向上，成为具有家国情怀和国际视野，担当引领未来和造福人类的领军人才。经研究，决定成立东南大学本科生奖助学金工作领导小组。领导小组成员名单如下：

组　　长：郑家茂

副 组 长：金保昇　丁　辉

成　　员：(按姓氏笔画排序)

任卫时　孙伟锋　孙莉玲　杨文燮　吴荣顺　金志军　教师代表一人　学生代表一人

秘　　书：江莉莉

校发〔2018〕251 号

关于成立东南大学医疗卫生事务领导小组的通知

2018 年 11 月 21 日

各校区，各院、系、所，各处、室、直属单位，各学术业务单位：

为加强医疗卫生事务管理，经研究决定，成立东南大学医疗卫生事务领导小组，成员名单如下：

组　　长：王保平

副 组 长：丁　辉

成　　员：(以姓氏笔画为序)

卫平民　王景全　尹立红　叶智锐　任卫时　任祖平　刘乃丰　孙岳明
李维滨　张立武　郭小明　谢　维　熊宏齐　滕皋军　冀　民

秘　　书：生沛文　徐晨慧

校发〔2018〕255 号

关于调整学校全国大学外语四六级考试考务考纪领导小组成员的通知

2018 年 11 月 30 日

各校区，各院、系、所，各处、室、直属单位，各学术业务单位：

为进一步加强学校全国大学外语四六级考务管理，严肃考试纪律，确保考试安全平稳实施，现对学校全国大学外语四六级考试考务考纪领导小组成员进行调整，调整后的小组成员名单如下：

组　　长：金保昇　郑家茂

副 组 长：孙伟锋　钟文琪　孙莉玲

成　　员：(以姓氏笔画为序)

王栓宏　毛惠西　孙岳明　华为国　任祖平　李向阳　吴荣顺　陈美华
姜昌金　袁榴娣　徐　进　梁书亭　冀　民

校发〔2018〕264 号

关于成立东南大学公车改革工作领导小组和工作组的通知

2018 年 12 月 28 日

学校各有关部门、单位：

为了深入开展公车改革工作，有效规范公车管理，推进实施《东南大学公务用车改革方案》，经研究决定，成立东南大学公车改革工作领导小组，成员名单如下：

组　　长：王保平

副 组 长：任利剑　丁　辉

成　　员：(按姓氏笔画排列)

王景全　冯建明　江　汉　任卫时　任祖平
孙岳明　吴荣顺　熊宏齐　冀　民

领导小组下设工作组，工作组设立在校长办公室。

校发〔2018〕302 号

重要文件与讲话

中共东南大学委员会
2017 年工作总结和 2018 年工作要点

2017 年工作总结

2017 年，校党委以习近平新时代中国特色社会主义思想为指导，在教育部、江苏省委省政府的关心帮助下，团结和带领广大师生员工，紧紧围绕中国特色世界一流大学建设目标，以接受中央专项巡视和落实巡视整改任务，迎接党的十九大，深入学习宣传贯彻十九大精神和全国高校思想政治工作会议精神为重点，深入实施综合改革方案和“十三五”事业发展规划，奋发有为，改革创新，加快推进“双一流”建设，各项事业取得显著成绩。

一、深入学习宣传贯彻党的十九大精神

通过组织师生员工集中收看、传达会、座谈会、辅导报告、开设专题网站等多种形式，认真学习宣传贯彻党的十九大精神，把全校干部师生的思想和行动统一到十九大精神上来。筹建专门研究机构，加强习近平新时代中国特色社会主义思想研究。组织校理论学习中心组集体学习 2 次，专题研讨十九大精神，深刻领会习近平新时代中国特色社会主义思想的丰富内涵。面向全校中层干部和教工党支部书记开设“至善理论讲堂”，举办专家辅导报告会 3 次，选派基层党委书记分批次参加十九大精神专题培训，发放专题学习资料 4 000 余册。

二、认真做好接受中央巡视和巡视整改工作

牢固树立“四个意识”，自觉接受中央巡视，认真抓好巡视整改任务落实

2017 年 3 月 3 日至 4 月 30 日，中央第四巡视组对校党委进行了专项巡视。校党委自觉强化“四个意识”，主动接受认真配合中央巡视，保障了巡视工作的顺利完成。中央

第四巡视组反馈巡视意见后，学校党委认真组织整改落实，明确了三方面 125 条整改任务，由 29 个单位牵头负责。巡视整改工作领导小组下设 5 个专项工作组协同推进落实整改，以制度形式及时巩固整改成果。集中整改期间，共修订或制定规章制度 88 项。认真制定并落实意识形态工作责任制整改方案。持续抓好后续整改，拓展整改成果，工作成效不断彰显。

三、宣传思想工作成效明显

1. 思想和宣传工作有力加强

全面贯彻落实全国高校思想政治工作会议精神，出台了《东南大学关于加强和改进学校思想政治工作的实施办法》，制定了《东南大学全面贯彻落实全国高校思想政治工作会议精神任务清单》。出台了系列管理办法和规程，切实加强意识形态阵地管理。围绕中心工作加强宣传，形成校内外各类媒体“齐发联动”的新闻传播模式，全年刊发报道近 1 000 篇，其中中央级媒体报道 240 篇、中央电视台报道 21 篇。出版校报 27 期，22 件校报作品在全国和江苏省好新闻评比中获奖。学校中英文网站改版上线。

2. 成功举办 115 周年校庆系列活动

组织了包括“诺贝尔奖获得者高层学术报告”等在内的系列活动，广大师生员工和海内外校友广泛参与校庆。通过校庆总结了学校过去的发展成就，展望了未来的发展宏图，学校凝聚力、影响力和文化特色不断彰显。

四、组织建设和领导干部队伍建设有力加强

1. “两学一做”学习教育常态化制度化深入推进

制定了《关于推进“两学一做”学习教育常态化制度化的实施方案》，明确目标要求，持续推动全面从严治党，突出“关键少数”并向基层延伸，确保“两学一做”学习教育融入日常。充分发挥党支部的主体作用，把“两学一做”学习教育纳入“三会一课”等基本制度，探索创新党组织活动方式。坚持领导干部率先垂范，组织开展“书记项目”，切实解决基层矛盾和困难。

2. 领导班子自身建设水平进一步提升

修订了校党委理论学习中心组学习实施细则，推动校领导班子强化思想理论武装，牢固树立“四个意识”，自觉在思想上政治上行动上同以习近平同志为核心的党中央保持高度一致。坚持和完善党委领导下的校长负责制，修订完善了《东南大学党委领导下的校长负责制实施办法》《东南大学党委常委会议事决策规则》《东南大学校长办公会议事决策规则》，启动了党委全委会议事决策规则的制订工作。通过理论学习和民主生活会等，校领导班子的担当意识、责任意识进一步增强。

3. 干部人事制度改革持续深化

进一步完善干部选拔任用工作机制，修订了《东南大学中层领导干部选拔任用工作条例》，探索实践多种干部选任方式，促进优秀人才脱颖而出。修订了《东南大学中层领导后备干部选拔培养办法》，切实加强后备干部队伍建设。出台了《东南大学中层领导干部兼职管理暂行办法》，对兼职范围、兼职取酬、兼职审批等做了明确规定，进一步加强中层领导干部兼职管理。

4. 基层党组织建设扎实推进

加强院(系)党委班子建设，党员行政班子成员任党委委员。出台了《东南大学院(系)级党组织党校工作条例》，加强对基层党支部书记和党员的教育培训。持续整顿软弱涣散党支部，强化二级党组织对党支部书记的业务指导。出台了《关于进一步加强在教职工中发展党员的意见》，从战略高度重视教职工特别是优秀中青年教师党员发展工作。实施了以“抓整改促服务、抓项目促落实”为主要内容的大走访大落实活动，促进基层问题及时解决和政策措施有效落实。

五、立德树人根本任务不断落实

1. 师生思想政治工作持续加强

认真落实全国高校思想政治工作会议精神，成立了党委教师工作部，进一步加强和改进教师思想政治工作。加快建设学生理想信念教育和社会主义核心价值观教育长效机制，开展“五四”纪念活动、“永远在路上”红色讲堂等活动500余场。贯彻落实高校共青团改革实施方案，全面推进并实施共青团改革。出台了关于建设青年马克思主义者学堂的实施办法等系列文件，加强育人平台建设。完成二级关工委常态化建设合格验收工作。

2. 文化育人和“双创”育人工作扎实推进

挖掘深厚校史文化资源的思想政治价值，发布实施学校“十三五”文化建设规划纲要，新校史馆建成开馆。创新创业教育取得优异成绩，在第十五届“挑战杯”全国赛中获“优胜杯”，总分位列全国第三。组织参加“互联网+”全国赛，获全国季军。举办首届东南大学“校庆杯”大学生创新创业大赛，持续打造“创新创业冬令营”“学生科技节”等品牌活动。强化志愿实践育人工作，承办或参与江苏省“三五”学雷锋活动、江苏发展大会等重大活动的志愿服务工作。学生获“中国大学生自强之星标兵”等表彰。

3. 学生思想政治工作队伍建设有力加强

修订了辅导员、学生兼职辅导员、班主任等队伍建设管理办法，更好地发挥专兼职辅导员、班主任在学生成长成才中的作用。明确了青年教师申报教师系列专业技术职务时须具备辅导员或班主任的工作经历等相关要求。选派辅导员参加各类培训，队伍职业化

培训覆盖率达100%。获“第九届全国辅导员年度人物”提名奖、“2016江苏高校辅导员年度人物”等表彰。

六、党风廉政建设与反腐败斗争取得明显成效

1. 党风廉政建设工作扎实推进

紧扣重点工作，巩固扩大中央巡视整改成果。召开2017年度党风廉政建设工作会议，周密部署党风廉政建设年度工作。加强内控机制建设，提升全校各单位工作的规范性。扎实推进校领导班子成员落实“党政同责，一岗双责”。以“三个一”为抓手，持续推进党风廉政建设工作的制度化、规范化、常态化。开展2017年度校中层党政领导班子和领导干部党风廉政建设责任制检查考核工作，确保责任落实。

2. 监督执纪力度持续加强

坚持挺纪在前，信访举报及重点领域监督工作扎实推进。聚焦重点领域和关键环节，继续深入开展重点领域监督工作，出台了自主招生及特殊类型招生等的监督工作规范。持续强化规范管理意识，强化制度约束，修订出台了“校领导机动费管理细则”“领导干部经济责任审计实施办法”等规章制度。切实加强纪检监察队伍和二级纪委建设，新聘18位同志担任学校第七届党风党纪监督员、特邀监察员。成立了成贤学院纪委。

3. 廉洁教育深入开展

举办了“翰墨传清韵，丹青寓廉风”东南大学廉政文化作品巡展。多项廉政文化作品获教育部、江苏省奖励。坚持逢新必教，将廉洁教育内容纳入新任中层干部培训和新入职教师培训工作，整理典型案例，用身边事教育身边人。新版纪委网站上线运行，廉洁宣传教育平台建设进一步加强。

七、和谐校园建设持续推进

1. 校园民主建设进一步加强

出台了《东南大学关于进一步加强统一战线工作的意见》，进一步加强学校统战工作。积极协助民主党派加强基层组织建设和换届工作，多名民主党派人士在党派江苏省委换届中担任重要职务。开展多党派联合的系列文化活动，共筑文化自信。入选江苏首批为侨服务工作站。切实改进教代会提案工作，推动“提案办理主办协办协商共同办理”工作机制，启动提案日常受理机制，加强提案督办，试行优秀提案办理表彰工作。二级教代会工作有序开展。

2. 校园民生建设不断加强

优化资源配置，统筹各类资金，确保人员支出。积极兑现住房补贴、提租补贴、公积金、养老金、交通补贴等地方补贴政策。适度调整了癌症用药范围和自付比例，减轻了患

者的经济负担。出台了教职工大病医疗互助金管理办法,进一步完善患病及生活困难教职工动态联系及日常帮扶机制。东南大学附属幼儿园(江宁)建成。校务公开工作扎实开展,荣获“全国厂务公开民主管理先进单位”称号。完善“一方隶属、多方共建”的离退休党建工作模式。强化校青年工作委员会的引领作用,4 个学院成立了青委会分会。

3. 平安校园建设持续推进

校园“法制化、信息化、精细化、常态化”的安全管理体系进一步完善。通过校园媒体、微信平台等方式加强安全教育,切实提高师生员工安全意识。完成高清视频监控升级改造,技防水平大幅提高。校内交通管理提档升级,优化三个校区的车牌识别管理系统。严格开展校园安全生产检查和整改工作,加强危化品及特种设备管理。师生涉密风险和守秘责任意识进一步增强,保密工作技术保障水平进一步提升。

4. 美丽校园建设取得新进展

校园绿化补植改造出新 60 000 余 m^2,校舍改造出新 50 000 余 m^2,新植各类树木 2 100 余棵,新建绿地 5 000 余 m^2。完成四牌楼、九龙湖校区雨污分流工程、九龙湖片区景观提升规划。启动图书馆周边一期景观提升工程。游泳馆项目完成方案设计工作。土木交通教学科研楼部分投入使用,能环科研综合楼、生医科研综合楼获教育部立项批复并启动了设计招标工作。

2017 年是全面实施“十三五”事业发展规划、深化综合改革的重要一年,是全面推进“双一流”建设的关键之年。学校入选一流大学建设高校 A 类名单,11 个学科入选“双一流”建设学科名单,入选学科数位列全国第 8 位。进入 ESI 全球前 1%的学科数增至 11 个,继工程学后,计算机科学首次进入前 1‰,其中工程学位列第 34 位、计算机科学位列第 37 位。学校入选国家首批“一流网络安全学院建设示范项目高校”。顺利通过本科教学工作审核评估。科研创新能力不断增强,在 2017 年度国家科学技术奖评选中,获自然科学奖二等奖 1 项、技术发明奖二等奖 2 项、科技进步奖二等奖 1 项,获奖总数并列全国高校第 6 位。4 人获首届“全国创新争先奖”表彰。科研总经费超过 23 亿元。新增“长江学者”特聘教授 1 人、“长江学者”青年学者 5 人、“千人计划”青年项目 6 人、“万人计划”科技领军人才 4 人、哲学社会科学领军人才 1 人。东南大学建筑国际化示范学院揭牌运行,东南大学—雷恩研究生学院正式获批。财务、审计、基本建设、后勤服务、资产管理、校友会和基金会、图书馆、档案馆、学报、异地办学、独立学院、继续教育、附属中大医院医教研等各项工作均取得长足发展。

2018 年工作要点

2018 年是贯彻落实党的十九大精神的开局之年,是实施“十三五”规划承上启下的关键一年,是全面深化综合改革的攻坚一年,是学校全面启动“双一流”建设的重要一年。学校党政把 2018 年定为“人才年”,关键词是“改革、质量、效率”,以深入学习贯彻习近平新时代中国特色社会主义思想和党的十九大精神为主线,用好深化综合改革关键一招,释放办学活力,大力提升人才培养和师资队伍建设质量,以时不我待的紧迫感使命感,全

面加快建设步伐,深入实施“十三五”事业发展规划和“六大支撑计划”,加快推进“双一流”建设,力争各项工作取得新突破。

一、持续深入学习宣传贯彻党的十九大精神

全面学习宣传贯彻党的十九大精神

举办十九大精神专题培训班,面向校领导班子全体成员、全校副处级以上领导干部开展专题集中培训。强化理论专家库建设,分批选派中青年理论骨干、基层党务工作者等参加专题培训,推动党的十九大精神在基层落地生根。设立十九大精神、习近平新时代中国特色社会主义思想专项研究课题,依托学科和智库资源,深入开展理论研究。着力做到“六个聚焦”,确保党的十九大精神在学校得到积极贯彻落实。(党委组织部、党委宣传部、社会科学处、马克思主义学院)

二、切实加强政治建设

加强政治建设,进一步增强“四个意识”

按照中央统一部署,认真组织实施,以处级以上领导干部为重点,开展“不忘初心、牢记使命”主题教育,引导广大党员干部不忘为中国人民谋幸福、为中华民族谋复兴的初心,勇担办中国最好大学、世界一流大学的神圣使命。进一步加强校、院(系)两级领导班子建设,不断增强“四个意识”,坚定不移维护党中央权威和集中统一领导,坚持社会主义办学方向,坚持“四个服务”,扎根中国大地建设世界一流大学。认真贯彻落实党委领导下的校长负责制,制订并实施党委全委会议事决策规则,进一步健全党委科学决策、民主决策体系。(党委组织部、党委办公室)

三、着力加强思想建设、理论武装和宣传工作

1. 扎实推进思想建设和理论武装

以学习习近平新时代中国特色社会主义思想、深入贯彻党的十九大和全国高校思政工作会议精神为重点,做好全校思想建设和理论武装工作。制订并实施 2018 年度理论学习计划,切实开展好领导干部和教职工思想理论学习,打造以“至善理论讲堂”为主要载体的教师理论教育阵地。以升华价值追求为着力点,大力提升全体东大人做一流贡献、创一流业绩的格局和境界。严格落实意识形态工作责任制,加强人员和阵地管理,把好意识形态工作的领导权主导权话语权。(党委宣传部、党委教师工作部)

2. 持续提升新闻宣传能力和水平

着力构建学校大宣传格局,围绕中心工作、重大主题和关键节点,全方位宣传学校改革发展成就,重点宣传师生典型,讲好东大故事。加强管理引导,不断深化校内外融合、平面媒体与新媒体融合的新闻宣传模式。积极提升网络建设与管理工作质量,以平台建

设、内容建设和队伍建设为重点，加强新媒体建设。开展对各二级单位中英文网站建设的督查与管理，充分发挥网络育人功能。以栏目建设为抓手，重点策划、深度关注、聚焦热点，推动校报创新发展。持续深化与重点媒体的战略合作，努力拓展海外新闻宣传渠道，为学校改革发展营造良好的舆论环境。发挥学校高端智库的政策咨询作用，做好专家建言类信息报送。（党委宣传部、党委办公室）

四、进一步深化学校综合改革，深入实施“十三五”规划和“双一流”建设方案

1. 全面深化综合改革

根据党的十九大精神和“双一流”建设新目标新任务，修订完善综合改革方案。深入实施内设机构改革，理顺管理体制机制，推动管理服务部门优化重组，进一步完善综合事务跨部门协调机制。持续推动放管服改革和人事分配制度改革，加快形成与一流大学建设相适应的内部治理结构。（发展规划部（处）、党委办公室、校长办公室、人事处、党委组织部、各有关部处）

2. 开展“十三五”规划和“六大支撑计划”中期检查

跟踪各专项规划和学校规划目标任务的执行进度，及时发现实施过程中的主要问题，查找不足，分析原因，并有针对性地对规划做出适当调整，确保“十三五”规划和“六大支撑计划”按进度高质量完成。（发展规划部（处）、各院（系）、各有关部处）

3. 加快推进“双一流”建设

积极实施“东南大学一流大学建设高校”建设方案，紧紧围绕“世界一流、国内前十、全球百强”的奋斗目标，全力实施“一流学科攀升计划”。按照“强势工科、优势理科、精品文科、特色医科”的学科发展定位，加快已遴选的重点一流学科（群）建设。大力发展前沿、新兴与交叉学科，加快形成多学科协调发展的学科生态。设立一批世界一流学科建设项目，持续构建若干开放共享的重大科研平台。进一步探索世界一流学科建设的新思路，全面提升一流学科的国际竞争力和影响力。（研究生院、发展规划部（处）、各院（系）、各有关部处）

五、大力加强基层党组织和干部队伍建设

1. 切实加强基层党组织建设

着力提升基层党组织组织力，坚持把党的政治建设落到基层。继续推进“两学一做”学习教育常态化制度化。加强院（系）基层党建工作考核，把组织开展学习教育作为履行党建主体责任的重要任务，作为党建工作述职评议考核的首要内容。重点抓好个人学习和集体学习、召开领导班子民主生活会及党支部专题组织生活会、开展民主评议党员等工作。全面推进教师党支部书记“双带头人”培育工程，把教师党支部书记队伍建设与后备干部队伍建设有机结合，重点从党员学术骨干、学科带头人中选拔一批思想政治素质

好、党务工作能力强、教学科研水平高的优秀党员担任教师党支部书记。强化教师党支部政治功能和服务功能，推动立德树人和教学科研“双促进”。以增强基层党支部活力为中心，创新支部设置、支部活动内容和活动形式，加强基层党支部建设。继续开展好“最佳党日活动”评选和党建项目研究工作。（党委组织部、各基层党组织）

2. 持续深化干部人事制度改革

突出政治标准，从严抓好干部的选育管用，着力加强干部队伍的思想、组织、作风和能力建设，提升干部队伍的政治素质和管理水平，为“双一流”建设提供坚强组织保障。深入贯彻落实《东南大学中层领导干部选拔任用工作条例》，拓宽选人用人视野和渠道。建立健全干部鼓励激励、容错纠错、能上能下机制，促进干部始终保持干事创业、追赶超越的精气神。加大中层领导干部轮岗交流力度，切实提高中层干部的谋划力、执行力和协调力。完善干部队伍建设规划，加大年轻干部的培养力度，切实加强后备干部队伍建设。做好援藏、援疆、援滇等各类挂职干部的选派、管理和服务工作。继续做好干部个人事项报告和因私出国(境)管理监督工作。（党委组织部）

3. 加强党员发展和教育培训工作

做好党员发展特别是在教职工中发展党员的工作。办好面向领导干部、党支部书记、预备党员、党员发展对象等群体的各类培训班，加强统一考核。选派党员干部参加上级党组织举办的各类培训。进一步完善组工信息化系统。（党委组织部、各级党校）

4. 大力实施“人才强校”战略

全面贯彻中共中央、国务院《关于全面深化新时代教师队伍建设改革的意见》，牢固树立“人才资源是第一资源”的战略思想，坚持把一流师资队伍建设作为人才工作的核心。坚持“优化结构、创新机制、激发活力”，大力实施“高端师资倍增计划”，扩大高端人才增量，激发现有人才队伍活力。创新人才工作机制，充分发挥人才工作领导小组的顶层设计和组织协调功能，健全和完善校、院(系)两级人才工作责任制，着力营造引才、聚才、育才的良好氛围。坚持外联内合，结合一流学科建设布局，积极争取国家和区域大项目，积极参与大科学装置建设，探索实施“大师＋大团队＋大平台”的引育模式，努力建设一流师资队伍。全面关心人才，帮助人才解决困难，为人才提供全方位高质量的服务。（人事处、研究生院、科研院、各院(系)、各有关部处）

六、不断落实立德树人根本任务

1. 切实加强教师思想政治工作

进一步加强和改进师德师风建设，完善教师荣誉体系，选树优秀教师典范。加快推进研究生导师队伍建设，深入落实研究生导师责任制。启动实施研究生导师能力提升计划，构建校、院(系)、学科协同的导师培训交流机制。（党委教师工作部、人事处、教务处、研究生院、工会、教师教学发展中心）

2. 持续加强和改进学生思想政治工作

深入开展本科教育思想大讨论，进一步凝聚共识，重塑人才培养目标和定位。进一步完善思想政治理论课程体系，加快推进由“思政课程”向“课程思政”转变的教育教学改革。大力推进马克思主义理论一级学科建设和全国重点马克思主义学院建设。坚持以学生为本，大力实施有温度的教育，推进个性化培养与精准培养。突出思想引领和价值塑造，持续推进“铸魂”“青马”“磐石”等品牌工程，大力培育学生的家国情怀和国际视野，培养学生的领袖气质和领导才能。夯实班级、团支部、党支部组织基础，提高基层学生组织的凝聚力、战斗力。认真落实辅导员队伍建设改革方案，选优配强专兼职辅导员，提高辅导员引领学生发展的水平。扎实推进共青团改革，增强人才培养合力。贯彻中央招生改革要求，配合江苏高考招生改革试点，探索实施招生改革新方案。完善家庭经济困难学生的资助体系，健全学习困难生等群体的帮扶机制。充分发挥体育育人和美育育人功能。继续建设校、院（系）、班级、宿舍四级心理健康教育体系。建立关工委校、院（系）联系人制度，推进二级院（系）关工委工作。（党委学工部、党委研工部、马克思主义学院、教师教学发展中心、团委、学生处、艺术指导中心、党委老干部处、各有关院（系））

3. 进一步完善文化育人和实践育人体系

整合资源，不断完善具有东大特色的“文化育人”体系。持续建好文化素质学堂，组织好新生文化季、毕业季等精品校园文化活动。鼓励与扶持学生社团健康发展，进一步发挥学生社团在校园文化建设中的作用。以学生为主体，以专业教师为依托，以重点赛事为支撑，打造具有东大特色的第二课堂科创育人体系，全力备战 2018 年“创青春”“互联网＋”大赛。完善研究生支教团成员的招募、选拔、管理机制，健全校地共建体系。加快推进“管理项目化、运作团队化、考核学分化”的社会实践体系建设。做好新生军训、大学生国防教育和征兵工作。（党委宣传部、党委学工部、党委研工部、团委、党委武装部）

七、进一步加强纪律建设、作风建设和反腐倡廉建设

1. 继续巩固拓展中央巡视整改工作成果

紧密结合学校“十三五”规划、“双一流”建设和改革发展大局，继续深化整改工作，持续巩固整改成果并推进整改成果应用，构建全面从严管党治校和强化党内监督的长效机制。开展二级单位贯彻落实“三重一大”决策制度、党政联席会、部处及直附属单位办公会等议事决策制度和廉政风险点自查自纠情况专项调研，推进二级单位领导班子规范化建设，进一步完善二级单位内部治理结构。结合贯彻落实中央有关八项规定的新精神新要求，对整改落实工作开展“回头看”，查漏补缺，防止“四风”问题反弹回潮。（党委办公室、纪委办公室）

2. 持续加强作风建设

坚持党的群众路线，认真落实校、院（系）两级领导班子及成员密切联系师生系列制

度，深入教学科研一线和师生员工开展调查研究，主动了解情况，积极解决院(系)改革发展中的问题。以一流管理服务能力提升为目标，以学习型、研究型、服务型机关建设为抓手，不断提高机关管理服务的水平和效能。(校、院(系)两级领导班子，机关党委、各机关部处、各基层党组织)

3. 进一步推动“党政同责、一岗双责”落实到位

对照《关于新形势下党内政治生活的若干准则》《中国共产党党内监督条例》要求，完善党风廉政建设责任体系，深入推进二级党组织主要负责人切实履行党风廉政建设主体责任，落实“一岗双责”。提升责任制检查考核实效，进一步加强中层党政领导班子和领导干部党风廉政建设责任制年度检查考核工作，全面梳理领导班子和领导干部履行党风廉政建设责任制情况，针对发现的问题及时整改。(纪委办公室)

4. 持续提升纪律审查工作的质量

准确运用监督执纪“四种形态”，重点用好前两种形态，加大谈话提醒、约谈函询力度。健全信访举报分析研判机制，做好信访举报综合分析工作。建立分级流动管理机制，确保信访举报问题不搁置、不遗漏、不拖延。持续加强重点领域的监督工作，按照“三转”要求，做好监督的再监督。推动重点领域、重点岗位巡查工作常态化，及时发现和解决苗头性、倾向性问题。(纪委办公室、监察处)

5. 大力营造风清气正的政治生态

开展多种形式的学习教育活动，持续增强党员干部师生的纪律意识、规矩意识。拓展思路开展廉洁教育，进一步发挥官方微信“东南风清”栏目、校报“党风廉政建设”专栏等廉洁宣传教育平台的作用，将廉洁教育全面融入新任中层干部和新入职教师培训及新生入学的教育内容，继续加强师德师风建设和学术生态建设，提升廉洁教育的实效性。(纪委办公室、党委宣传部)

八、加快构建和谐校园

1. 深入推进校园民主和民生建设

进一步完善学校民主管理和民主监督的形式和方法。不断健全校、院(系)两级教代会的运行机制，服务学校内部治理结构的优化和现代大学制度的建设。进一步完善教代会、工会各专门委员会的工作制度。开展“基层统战年”系列活动，大力提升基层党组织统战工作能力，支持各民主党派基层组织建设，加强党外代表人士队伍建设。加强党委对群团组织的领导，发挥好工会、共青团、学生会、研究生会、退离休协会等群众组织的桥梁纽带作用。持续完善教职工关爱、维权服务体系。健全学生工作服务体系，加快推进学生事务一站式服务。实施机关服务专项提升计划，创新机关作风建设考评方法，不断提升机关服务效能。完善信息基础设施建设，提升信息化对学校管理服务的支撑能力。(工会、党委统战部、团委、党委老干部处、党委学工部、机关党委、校长办公室)

2. 大力推进一流大学文化建设

着力构建具有东大特色的精神文化、制度文化、行为文化和形象文化体系。加快实施《东南大学"十三五"文化建设规划纲要》，以"东大影响力提升计划"为牵引，形成若干显性文化成果。围绕改革开放40周年、学校复更名30周年、"双一流"建设等重大主题，统筹校内外资源，开展系列校园文化活动。设立"东大校史文化研究"专项课题，加强校史资料收集、编纂与研究工作，不断开发"校训精神""西迁精神"等校史文化资源的时代价值。开展二级单位视觉形象系统使用情况的检查，进一步推广和规范使用校园视觉形象系统。（党委宣传部、校史研究室）

3. 大力加强平安校园建设

深入开展"江苏省平安校园示范高校"建设，加强防火、防盗、防骗、防爆、防恐、防灾教育，全面做好校园安全隐患排查和危化品管理工作。进一步加强保密的宣传教育和日常管理，持续提升保密工作规范化、制度化水平。（党委保卫部、保密办公室）

4. 持续推进"美丽东大"建设

不断改善办学条件，优化办学环境。加快完成九龙湖校区规划编修和丁家桥校区规划编修报批工作。完成四牌楼校区"校友之家"建设。加快推进校园文化景观建设，九龙湖校区建成一批文化景观设施。深入推动后勤管理与运行机制改革。积极拓展校地合作，重点加强环东南大学知识创新圈建设，努力形成校地融合发展的办学新格局，为"美丽东大"建设提供坚实基础。（发展规划部（处）、党委宣传部、基本建设处、总务处、科研院、发展委员会、各有关院（系））

抄送：各校区，各院、系、所，各处、室、直属单位，各学术业务单位。

东南大学党委办公室　　　　2018年2月23日印发

中共东南大学委员会2018年上半年工作总结和下半年工作补充要点

上半年工作总结

2018年上半年,校党委以习近平新时代中国特色社会主义思想为指导,在教育部党组、江苏省委省政府的关心帮助下,深入学习贯彻习近平新时代中国特色社会主义思想和党的十九大和十九届二中、三中全会精神,紧紧围绕中国特色世界一流大学建设目标,聚焦"人才年"主题,以大力提升人才培养和师资队伍建设质量为重点,全面深化综合改革,深入实施"十三五"规划和"六大支撑计划",团结带领广大师生员工,奋发有为、改革创新,加快推进"双一流"建设。年初确定的各项工作任务进展顺利。

一、政治建设和思想宣传工作不断加强

1. 政治建设深入推进

切实加强校、院(系)两级领导班子建设,贯彻落实党委领导下的校长负责制,不断增强"四个意识",坚决维护以习近平同志为核心的党中央权威和集中统一领导,坚持社会主义办学方向,坚持"四个服务"。进一步加强校领导班子思想建设、作风建设,增强班子的担当意识、责任意识。起草完成了《东南大学党委全委会议事规则》,切实加强学校党委对学校工作的全面领导,进一步健全了党委贯彻执行民主集中制的制度体系。开展了院(系)党政管理和学术管理议事决策制度的梳理工作,进一步提升了院(系)治理能力。

2. 深入学习宣传贯彻党的十九大精神和习近平新时代中国特色社会主义思想

认真学习贯彻党的十九大和十九届二中、三中全会精神,全国"两会"精神,习近平总书记在全国网信工作会议、北大师生座谈会、马克思诞辰200周年大会上的重要讲话精神,先后组织校党委中心组集中学习研讨5次,开展全校中层以上干部集中学习培训5次,举办师生座谈会、研讨会、报告会、知识竞赛等活动6场。大力建设东南大学"至善讲堂",对教师开展理论培训,并先后选派基层党委书记、思政工作骨干12人参加上级组织开展的各类培训。

3. 意识形态工作责任不断落实

认真落实意识形态工作责任制,定期研判形势,查找薄弱环节,监督责任落实。认真开展师德建设长效机制、思政理论课队伍建设、思想政治、宣传思想文化等的自查工作。切实加强阵地管理,严格审批管理,启动了校园信息发布网上审批系统建设。不断加强网上舆情监测、采集、预警、报送工作,未发生重大舆情事件。

4. 宣传工作水平持续提升

加大新闻宣传创新力度，切实提升新闻宣传的传播率、显示度。在中央级媒体刊发相关报道 132 篇，其中中央电视台报道 8 次，中央级平面媒体专稿 20 余篇。央视专题栏目推出东大人物与科技创新集合展示。新媒体传播力进一步提升，学校官方微信累计关注人数近 9 万人，官方微博粉丝累计达 16 万人。积极推进媒体融合创新和校报转型发展，出版校报 14 期。

5. 成功举办 116 周年校庆、复更名 30 周年系列活动

推出学校宣传电视片 3 部。成功举办“庆祝改革开放 40 周年暨东南大学复更名 30 周年座谈会”和“止于至善　逐梦一流”办学成就展，开展征文活动，校报专版刊发系列专题报道，回顾和展示学校改革开放 40 年的办学成就。举办“一路有你　爱在东大”等系列主题活动，进一步增强师生凝聚力、自豪感。

二、深入开展教育思想大讨论

1. 周密组织、扎实推进教育思想大讨论

在全校范围内开展了以“深化教育综合改革，培养一流创新人才”为主题的教育思想大讨论。形成 39 份学院、职能部处总结报告和 5 份专项研究报告，编发简报 9 期。召开总结大会，认真总结大讨论成果，为制订学校“2020 一流本科教育行动计划”、研究生教育综合改革方案以及全面修订综合改革方案、本科生培养方案奠定了扎实基础。

2. 通过大讨论凝聚改革发展新共识

形成了坚持走内涵式发展道路，重塑目标、深化改革、激发活力、引领发展，将东南大学建设成具有中国特色的世界一流大学的共识：面对新形势新要求，深化教育综合改革，更新人才培养理念，重塑人才培养目标，着力培养一流领军人才；坚持“协同、创新、整合、效率”原则，探索一体化人才培养管理机构改革，进一步激发办学活力，服务于学生的培养和发展；完善“可视、公开、约束、激励”教育教学管理机制，引导广大教师潜心教书育人；按照领军人才培养目标，修订人才培养方案，重构知识体系；按照“三制五化”的思路，创新人才培养模式，鼎力支持学生发展；多措并举，加快国际化进程，提高国际影响力。

三、学校综合改革进一步深化，“十三五”规划和“双一流”建设有序推进

1. 综合改革全面深化

梳理和推进综合改革以及放管服工作实施进程。修订和完善校、院（系）两级管理方案。健全和完善内部治理结构，梳理校部机关职责，优化组织架构和布局，强化协同，提高效能，人民武装部和党委学工部合署办公，整合成立了发展规划与学科建设部（处）、“双一流”建设办公室，成立了党委巡察工作办公室。深化院（系）机构改革，成立了网络

空间安全学院、人工智能学院。

2. “十三五”规划和“双一流”建设有序推进

认真开展“十三五”规划和“六大支撑计划”中期检查,确保规划按进度实施。成立学科建设专门机构,加强学科建设的整体规划和组织推进。进一步优化学科布局,鼓励和支持基础、新兴、交叉学科发展,促进形成多学科协调发展、科学合理的学科生态,学科国际声誉稳步提升。

四、基层党组织和干部队伍建设有力加强

1. 基层党组织建设切实加强

以认真贯彻落实中组部、教育部党组《高校党建工作重点任务》为抓手,推进全校党建工作迈上新台阶。认真实施“对标争先”建设计划,有效提升基层党组织组织力,突出政治功能。实施教师党支部书记“双带头人”培育工程,推动教师党支部书记成为党建带头人和学术带头人。遴选 39 个全校基层党组织“书记项目”,进一步落实党建工作责任制。坚持党建统领,打造学生党建工作新平台。

2. 干部队伍建设持续加强

拓宽选人用人视野和渠道,推动干部轮岗交流,加强中层干部的党政交流、机关院(系)交流,干部队伍活力不断增强。认真实施中层领导干部兼职管理暂行办法,进一步加强对干部兼职的管理。开展后备干部人才情况摸底调查,发现和培养年轻优秀干部和愿意从事管理工作的骨干教师。制定并实施《东南大学关于进一步加强“援藏(青)”“援疆”“定点扶贫”等各类外派干部人才工作的意见》,完成新一批外派干部人才选派工作。举办学习贯彻党的十九大精神专题培训班,集中培训副处级以上领导干部等 300 余人。选派校领导班子成员、中层党政干部、教职工党支部书记参加上级举办的各类培训班。

3. “人才强校”战略深入实施

科学推进东南大学“高端人才倍增计划”,以高水平人才队伍建设为核心,进一步深化人事制度综合改革,出台系列人才支持计划和培养方案。“千人计划”“长江学者奖励计划”特聘教授、“万人计划”领军人才等国家重大人才工程入选人数持续增加。具有博士学位的教师占比超过 81%,具有高级职称的师资比例超过 69%。具有一年及以上海外留学经历的教师占比超过 47%。

五、立德树人根本任务不断落实

1. 师生思想政治工作持续加强

积极推进“三全育人”,制定了《东南大学思想政治工作质量提升工程实施细则》及《任务清单》。开展“学习新思想　千万师生同上一堂课”的东南大学专场活动。开展课

程思政建设，加强教师思想政治工作专门机构建设，进一步明确教师工作部的职责与要求。完成教师思想动态的摸底调研。强化新入职教师岗前培训的师德师风建设环节。进一步推进辅导员队伍专业化、职业化建设，提升工作科学化水平。注重对学生的思想引领、价值塑造，形成思政教育“五红”大格局。围绕“铸魂”“磐石”两大工程，打造青年身边的“四大学堂”，强化基层团组织建设和第二课堂育人体系建设，学校团委获“全国五四红旗团委”称号。完善三大特色微信平台，发挥网络育人优势。以积极心理健康教育为导向，促进学生身心和人格健康发展。

2. 文化育人和实践育人体系进一步完善

成功举办“我们的六月”首届诗歌节活动。广播台累计播出节目 285 期，成功举办第四届校园配音大赛。依托“东南大学人文大讲堂”，开设精品人文课，举办高水平人文讲座 20 场，有效提升校园文化品位和层次。举办建校 116 周年系列文化活动，组织主办各类高层文化活动，邀请专业演出团体来校举办专场展演。开展“2018 东南大学毕业季”系列活动，进一步激发毕业学生的使命感、价值感、荣誉感。创新改革暑期社会实践活动形式，遴选出包括重大专项、重点专题、团中央专项计划等 125 个团队。引入创业导师指导和科技园培训资源，营造校园创新创业氛围。建设优秀学子与企事业单位交流的平台，提高研究生创业能力。

六、作风建设、纪律建设进一步加强

1. 进一步巩固、深化巡视整改成果

持续深化作风建设，出台《东南大学贯彻落实中央八项规定精神及实施细则、切实改进工作作风密切联系群众的具体办法》。围绕学校二级单位贯彻执行中央巡视整改后新出台制度情况、“三重一大”决策制度执行情况、2017 年校中层领导班子和领导干部落实党风廉政建设责任制自查情况、监察建议书的落实整改情况等，在全校范围内开展专项督查，推进相关工作落实到位。召开全面从严治党工作会议，贯彻落实中央全面从严治党工作最新要求，深化巡视整改及整改成果应用。成立了巡察工作领导小组和专门机构，推进校内巡察工作。

2. 纪律审查和监督工作扎实推进

完成上级部门交办件、依纪依法审查调查工作及自查自纠核查工作。推动采购评审专家库的建设并正式运行，进一步规范国家限额标准以上货物和服务的采购流程。做好干部监督工作，制定并实施《东南大学廉洁意见回复暂行办法》。积极防范重点工作的廉政风险，对 2018 年自主招生、综合评价等特殊类型的招生考试进行现场监督。

3. 廉政教育深入开展

面向全校中层以上领导干部举办主题为“深入学习十九大精神，学习党章，扎实推进教育系统全面从严治党”的廉政教育报告。编印了“贯彻落实中央八项规定精神”警示教

育手册。在官方微信“东南风清”栏目推出“落实中央八项规定精神,这些‘红线’不能踩”等专题微信。坚持在《东南大学报》推出“党风廉政建设”专栏。

七、和谐校园建设持续深化

1. 校园民主建设进一步加强

教代会、工会相关工作制度进一步完善。成立青年工作委员会校机关分会。加强对党外知识分子的思想政治引领工作,加大培训力度和广度。加强对基层党委统战工作的调研,注重党外代表人士的发现和培养。多维度开展为侨服务工作,学校获首批“全国为侨公共服务体系示范单位”称号。校学生会、研究生会、学生团体联合会等校级学生组织顺利换届。

2. 校园民生建设不断推进

加大工会帮扶力度,把工作力量更多地投向一线教职工、困难教职工。完成2017年度教职工申请大病医疗互助金的审核和核算,共计发放互助金305万余元,受益教职工520名。坚持资源向基层倾斜,支持基层工会开展各类工会活动。在九龙湖综合服务大厅为师生做好各项办证和咨询一站式服务。东南大学附属幼儿园(江宁)正式试运行。持续推进美丽校园建设,启动九龙湖校区规划修编工作。组织制定并实施九龙湖及四牌楼校区的环境景观提升规划,启动九龙湖校区图书馆周边景观提升工程。完成部分院(系)科研综合楼和学生宿舍的设计方案。

3. 平安校园建设大力加强

全面优化提升三校区的交通、楼宇和消防安全。“江苏省平安校园示范校”通过验收。安全技防水平进一步提高,校园安全环境持续提升。进一步加强涉密人员的脱密管理,加强对院(系)部门保密工作的监督、指导和管理。

下半年工作补充要点

2018年下半年,学校党委将按照年初确定的工作总要求和总部署,深入贯彻党的十九大和十九届二中、三中全会精神,以习近平新时代中国特色社会主义思想为指导,聚焦“改革、质量、效率”关键词,坚持重塑目标、深化改革、激发活力、引领发展,聚焦“人才年”的工作定位,以巩固拓展全校教育思想大讨论成果,开展“不忘初心、牢记使命”主题教育为重点,深入实施综合改革方案、“十三五”规划和“六大支撑计划”,加快推进“双一流”建设,力争各项事业取得新突破、再上新台阶。

一、持续推进政治建设和思想宣传工作

1. 扎实推进政治建设

牢牢把握党对学校的领导权,把党的建设贯穿办学立校全过程,充分发挥党委领导

核心作用，确保“把方向过硬、管大局过硬、做决策过硬、保落实过硬”。按照中央统一部署和上级组织要求，开展“不忘初心、牢记使命”主题教育，用党的创新理论武装头脑，不断增强“四个意识”，坚决维护以习近平同志为核心的党中央权威和集中统一领导，推动党员领导干部更加自觉地为实现新时代党的历史使命不懈奋斗。修订并实施院（系）党委议事决策规则，完善院（系）“三重一大”决策制度、院（系）党政联席会议事决策制度，进一步发挥好院（系）党委政治核心作用，不断健全院（系）内部治理结构。（党委组织部、党委办公室、各院（系））

2. 坚持用党的十九大精神和习近平新时代中国特色社会主义思想武装头脑

深入学习贯彻党的十九大和十九届二中、三中全会精神和习近平总书记在北大师生座谈会、马克思诞辰200周年大会等系列重要讲话精神，根据年度学习安排，组织校中心组学习和中层干部学习。依托哲学社会科学学科、基地和智库，加强专家队伍建设，推进思想理论研究。组织开展深入学习马克思主义基本原理、学习当代马克思主义系列活动。（党委组织部、党委宣传部、马克思主义学院）

3. 着力加强意识形态的统筹协调工作

加强对意识形态工作的统筹协调。开展学校宣传思想文化工作专项督查，持续推进意识形态专项巡视整改任务落实。推动各二级单位将落实意识形态工作责任制纳入考核评价体系。进一步加强意识形态阵地管理，完成校园信息发布管理平台建设。加强网络舆情工作，提高舆情预警应对能力，确保校园网络意识形态安全。完成对学校所有二级网站的检查，督促二级单位完成整改，加强对英文网页的建设与维护。（党委宣传部、党委学工部、党委研工部、团委）

4. 不断提高新闻舆论传播力引导力影响力

围绕改革开放40周年、一流大学建设和改革发展实践做好重点宣传。结合教育思想大讨论和“人才年”工作，宣传优秀师生的故事，发挥示范引领作用。加强对全校新闻宣传工作的管理与引导，持续开展“媒介素养与传播力建设”专题培训，加大新闻发布力度，开展重点选题策划，力推新闻精品。加强与媒体的战略合作，积极探索海外新闻宣传的新途径。（党委宣传部）

5. 深入推进巡察工作

将巡视整改作为强化“四个意识”、落实“两个维护”的具体行动，在前期集中整改的基础上，对照整改方案、整改报告，抓好后续整改，持续巩固巡视整改工作成果，重点做好巡视集中整改期间出台的相关制度的落实工作。把握政治巡察定位，建立健全校内巡察工作机制，启动实施对二级单位党组织的巡察工作。出台东南大学巡察工作办法、巡察工作规程，筹建巡察专员库，加强巡察工作培训，提高巡察队伍能力建设。（党委巡察工作办公室、党委办公室、党委组织部、纪委办公室、各院（系））

二、巩固拓展教育思想大讨论成果，持续深化综合改革，深入实施“十三五”规划和“双一流”建设方案

1. 全面深化人才培养体制机制改革

紧紧围绕造就勇担使命、引领未来、造福人类的领军人才培养目标，加强体制创新，优化人才培养治理结构。探索构建更加合理顺畅的人才培养管理体系，建立适合大类招生和大类培养的纵横交叉、运行高效的管理结构，充分发挥基层教学组织在各院(系)教学工作中的关键作用。构建“可视、公开、约束、激励”的政策机制，激发办学活力。加强教师在岗位聘任时的教学考核。优化招生机制，建立特殊人才考核评价标准。健全职称(职级)晋升制度，构建教学与科研共生协调的教师考核评价模式。设立教学名师荣誉制度。改革研究生导师评聘评价机制。重构与领军人才培养匹配的知识体系。探索实施大类招生、大类精英培养，培养综合性、复合型人才。构建本硕博一体化的培养方案，实现课程与研究的贯通设计。通过多种方式和途径，提升学生跨文化交流、学习和工作能力。坚持思想引领、知识传授、能力发展并重的原则，构建学习课堂、实践课堂、文化课堂“三位一体”的育人体系。大力推进导师制、书院制、完全学分制，逐步实施小班化、个性化、国际化、卓越化、本研一体化的“三制五化”的育人模式。设立教学质量保障评估中心，强化教学过程管理。建立教师自评、学生评教、校内外同行专家评价、督导与领导评价等多元化的教师教学评价体系。坚持以学生发展为中心的理念，优化教育教学条件和环境。(教务处、研究生院、学生处、发展规划与学科建设部(处)、各院(系)、各有关部处)

2. 全面推进综合改革

以体制机制改革为核心，以深化人事制度改革为突破，以调动全体师生员工积极性为着力点，破除体制机制障碍，深化各主要领域综合改革和放管服改革。进一步完善校、院(系)二级管理方案；积极推动学校管理重心下移，落实院(系)主体地位，形成分工科学、运转顺畅高效的管理架构和运行机制。大力加强院(系)综合改革力度，全面深化试点学院综合改革工作，着力推行全员聘用制度。加强各级各类学术组织建设，充分发挥学术组织在学科建设、学术评价、学术发展中的核心作用。推动管理服务部门优化重组，进一步完善综合事务跨部门协调机制，全面提高机关处室的服务质量和水平。不断完善师生综合服务大厅流程和管理，着力解决广大师生反映强烈的跨部门办事难的问题。深化职称制度改革，提高评审科学化水平。(发展规划与学科建设部(处)、党委组织部、人事处、总务处、各院(系)、各有关部处)

3. 加快推进“双一流”建设

进一步贯彻落实“东南大学一流大学建设高校”建设方案，全力实施“一流学科攀升计划”，继续按照“强势工科、优势理科、精品文科、特色医科”的学科布局，大力推进 15 个学科(群)的重点建设，并大力发展一批前沿、新兴与交叉学科，完善多学科协调发展、科学合理的学科生态。进一步推进一批世界一流学科建设项目、“优势理科”和“精品文科”

专项建设项目、开放共享重大科研平台建设的论证。健全一流学科建设绩效评价方法和激励约束机制，充分发挥学科发展责任主体作用，赋予院（系）更多的学科建设自主权。继续深化与世界一流大学的联合培养，积极开拓海外实践基地，加强研究生跨文化学习、交流和工作能力的培养。加快推进东南大学—雷恩研究生学院建设。（发展规划与学科建设部（处）、"双一流"建设办公室、国际合作处、研究生院、各有关部处、各院（系））

三、加强基层党组织和干部队伍建设

1. 持续抓好抓实基层党组织建设

突出政治功能和组织力，进一步加强基层党组织建设。进一步完善基层党组织工作考核和党组织书记抓党建述职评议工作方案，切实推动基层党建工作。积极推进机关党支部标准化建设，组织支部书记开展机关党支部标准化建设的研讨。认真开展支部书记的述职考评，促进支部工作和党组织作用的发挥。（党委组织部、机关党委、各基层党组织）

2. 继续深化干部人事制度改革

推进干部人事管理的科学化、规范化、制度化，建立健全以德为先、任人唯贤、人岗相适、人事相宜的校内干部选拔任用制度。拓宽选人用人视野和渠道，推动干部轮岗交流，进一步加强中层干部的党政交流、机关院系交流，不断增强干部队伍活力。进一步加大年轻干部的培养力度，切实加强后备干部队伍建设。做好援藏、援疆、援滇等各类挂职干部的选派、管理和服务工作。继续做好干部个人事项报告工作和因私出国（境）管理监督工作。（党委组织部）

3. 进一步加强党管人才工作

牢固树立"人才是第一资源"的战略思想，坚持把一流的师资队伍建设作为人才工作核心。坚持"优化结构、创新机制、激发活力"人才发展思路，大力实施"高端师资倍增计划"，扩大高端人才增量，激发现有人才队伍活力。创新人才工作机制，充分发挥人才工作领导小组的顶层设计和组织协调功能，健全和完善校、院（系）两级人才工作责任制，着力营造引才、聚才、育才的良好氛围。坚持外联内合，结合一流学科建设布局，探索实施"大师＋大团队＋大平台"的引育模式，努力建设一流师资队伍。以高水平人才队伍建设为核心，进一步深化人事制度综合改革，健全师资队伍薪酬体系和人才工程。建立健全综合考核各职能部门的关键业绩指标（KPI）评价体系。（人才工作领导小组、人事处、党委组织部、科研院、各院（系））

四、不断落实立德树人根本任务

1. 切实加强教师思想政治工作

对新入职教师开展师德师风教育，积极组织教师参与社会实践活动。加强对青年教

师的政治引领和价值观塑造,开展"我的中国梦"主题工会活动,组织爱国主义教育的社会实践活动。发挥校、院(系)两级关工委和离退休教师作用,帮助青年教师不断提高教书育人水平。通过校报、宣讲报告和网络新媒体等形式宣传各类先进模范的典型事迹,弘扬优秀师德师风和爱岗敬业、爱国奉献精神。(党委教师工作部、党委老干部处、人事处、教务处、工会、教师教学发展中心)

2. 加强和改进学生思想政治工作

开展"不忘初心,牢记使命"党员主题社会实践,培育学生家国情怀、担当意识和社会责任感。以党建精品项目和红色讲堂为抓手,进一步强化精神引领,加强本科生党建工作。加强研究生党支部联合中心建设,健全"两学一做"长效学习机制。调整优化辅导员队伍结构,进一步加强专兼职辅导员队伍、班主任队伍力量。全面从严治团,继续推进团学组织深化改革,建立工作融合机制。全面推进校、院(系)、班三级"青年学习社"建设,打造"一体两翼"的大学生思想引领与价值塑造工作体系。开展典礼育人工作,认真组织开学典礼、各级各类奖助学金颁奖典礼。进一步做好学生心理健康教育工作,健全危机干预体系。发挥离退休教师作用,做好"关心下一代"工作。(党委学工部、党委研工部、党委老干部处、团委、学生处、各有关院(系))

3. 持续完善文化育人、实践育人体系

开展好新生文化季系列活动,引导新生充分感受百年东大深厚的文化底蕴。完成校园导览与标识系统建设。策划并出版东南大学文化建设丛书。完成"庆祝改革开放40周年暨东南大学复更名30周年"专题片拍摄工作。以社会主义核心价值观教育学园为载体,开展学生公寓文化建设系列活动。以服务国家重大战略、适应经济社会发展为导向,不断强化学生就业价值引领,显著提高学生重点单位就业比例。调整和完善志愿服务实践学堂工作机制与平台载体,创新孵化志愿公益项目,提升志愿者服务水平。做好新生军训、大学生国防教育和征兵工作。(党委宣传部、党委学工部、党委研工部、团委、人民武装部)

五、持续加强作风建设、纪律建设

1. 不断加强纪律审查工作

认真贯彻落实中央和教育部决策部署,积极转变纪律审查理念思路,突出执纪特色,坚持挺纪在前。紧密结合执纪审查工作实际,加大信访举报渠道和方式的正面宣传,高度关注、敏锐发现问题线索中反映的主体责任、监督责任落实不力的问题,严肃追究直接责任者和领导责任者。对巡察工作中发现的问题线索建立专门台账,及时研究、妥善处置。坚持"一案双查",失责必问,问责必严。围绕"遵守六大纪律""贯彻落实中央八项规定精神"等主题,持续探索用身边事身边人开展警示教育的新思路、新途径。定期推出电子版《警示教育学习资料》,继续发挥"东南风清"微信栏目和校报"党风廉政建设"栏目等平台在廉洁教育中的作用。(纪委办公室)。

2. 将践行监督执纪“四种形态”落到实处

高度重视发现的苗头性和普遍性问题，加大谈话提醒、约谈函询力度。严肃查处违反党的政治纪律、政治规矩和组织纪律的问题。制定实施二级单位党组织践行“四种形态”之第一种形态相关情况定期上报制度，督促各基层党组织认真开展本单位教职工的党风廉政建设工作，切实落实基层党组织的履行全面从严治党主体责任。（纪委办公室）

3. 持续推动监督工作实现“三转”

加大对采购流程规范性的监督，推动采购制度建设，纪委逐步退出项目采购现场监督。进一步完善、补充评标专家库建设，推动评标现场远程视频监督。充分发挥各基层党组织在一般干部的管理与监督工作中的积极作用。进一步完善自主招生及特殊类型招生等监督工作规范，切实防范相关工作的廉政风险。全面排查执纪审查风险点，进一步加强纪检监察工作内控机制建设。（纪委办公室、监察处）

六、深入推进和谐校园建设

1. 深入推进校园民主和民生工作

持续开展“基层统战年”系列活动，加大基层调研力度，掌握第一手党外后备人才数据。修订完善党员领导干部与党外代表人士联谊交友制度和党外干部挂职锻炼相关制度。继续加强二级教代会的建设和评估，修订完善教代会、工会改革方案。加大机关作风投诉处理力度，选树机关作风建设先进典型，营造管理育人、服务育人的良好氛围。改革创新考核办法，做好机关作风建设年度考核工作。深入实施有温度的教育，推进校领导联系班级和团支部制度、“相伴”师生交流互动项目。持续推进“美丽东大”建设，成立校园规划与建设专家咨询委员会，完成九龙湖校区规划修编工作，进一步提升校园规划科学化水平和人文精神底蕴传承。启动博物馆建设论证工作。（党委统战部、工会、机关党委、党委办公室、校长办公室、党委学工部、总务处、基本建设处、党委宣传部）

2. 大力加强平安校园建设

加强公共突发事件应急处置预案的宣传与演练，切实提升应急处置能力和水平。持续加强师生安全教育，不断完善消防安防体系，切实提升安全保卫能力。继续完善学校保密制度建设，大力推进归口管理，层层落实保密责任，做好迎接二级保密资格复查工作。（稳定工作领导小组、党委保卫部、保卫处、保密办公室）

抄送：各校区，各院、系、所，各处、室、直属单位，各学术业务单位。

东南大学党委办公室 2018 年 8 月 20 日印发

东南大学 2017 年工作总结和 2018 年工作要点

一、2017 年工作总结

2017 年是党的十九大胜利召开之年，也是东南大学大力实施“十三五”规划、全面深化改革的关键之年。一年来，在习近平新时代中国特色社会主义思想和党的十九大精神指引下，在教育部、江苏省委省政府的关心指导下，学校领导班子带领全体师生员工，以新发展理念引领学校发展，谋篇布局、改革创新、勇担使命、砥砺奋进，各项事业发展取得显著成绩，呈现出蓬勃向上的发展活力，为加快实现世界一流大学的“东大梦”打下了坚实的基础。

（一）人才培养质量显著提升

持续深化人才培养改革，全面落实“立德树人”根本任务，人才培养质量不断提升。召开本科教育教学工作会议，顺利完成教育部本科教学工作审核评估。本科生和研究生生源质量稳步提高，文科试验班（郭秉文班）和江苏省综合评价录取试点首批招生成效显著。顺利完成教育部统筹全日制和非全日制硕士研究生招生改革。博士研究生招生全面实行“申请—考核”制，顺利完成与南京医科大学联合培养博士生的招生工作，完成首届国家重大专项博士班招考工作，实施“博士新生奖学金”计划。

本科生教育教学改革持续推进。入选 2017 年度全国创新创业典型经验高校。获 2017 年江苏省教育教学成果奖特等奖 4 项、一等奖 6 项、二等奖 6 项，获奖总数并列全省高校第一。申报设立“网络空间安全”新专业，获教育部首批新工科建设专业和新工科研究项目 6 项。进一步推进吴健雄学院、文科试验班（郭秉文班）和少年生班人才培养模式改革，积极推进书院制探索。获批国家精品在线开放课程 2 门，江苏省首批在线开放课程建设立项 21 门（已上线 20 门），获批数位列全省第一。6 655 人次获得各级各类竞赛项目奖励，其中获得第三届中国“互联网”大学生创新创业大赛季军和第十五届“挑战杯”全国大学生课外学术科技作品竞赛总分第三，全国大学生数学建模竞赛和全国大学生电子设计竞赛一等奖获奖数均并列全国第一。持续推进文化素质教育工作，举办精品人文讲座 30 余场。

研究生培养改革扎实推进。获批全国示范性工程专业学位研究生联合培养基地 1 个。与世界知名大学专家学者共同组织全英文教学课程 37 门，开拓海外实践基地 3 个。获批“国家建设高水平公派出国留学项目”研究生 263 人，获批人数比去年增加 35%。博士招生指标增幅超过 10%，招生总规模首次突破 800 人。获批江苏省各类研究生培养创新工程 301 项，遴选优秀博士学位论文基金项目 101 项，资助博士生参加国际学术会议和短期访学 403 人。获江苏省优秀博士学位论文 14 篇、优秀硕士学位论文 33 篇，获全国一级学会优秀学位论文 3 篇。修订研究生学位论文盲审条例，优化博士研究生申请博士学位科研成果考核标准。出台《东南大学研究生指导教师责任制实施办法》，研究生导师队伍建设进一步加强。中国研究生数模竞赛一等奖获奖数并列全国第一。获全国研究

生集成电路设计竞赛一等奖4项、中国研究生电子设计竞赛一等奖1项和二等奖2项、世界智能驾驶挑战赛第2和第3名、中国汽车设计大赛"最佳用户界面设计奖"、首届江苏省研究生英语翻译大赛一等奖3名等优异成绩。研究生助研学金管理系统上线运行，研究生学位论文网络评审平台投入运行。

（二）学科建设取得重要突破

继续推进学科建设内涵发展，全力实施"一流学科攀升计划"。学校入选国家"双一流"建设A类高校，并有11个学科入选一流学科建设名单，入选学科数位列全国第8，"双一流"建设方案正式公布。在全国第四轮学科评估中，建筑学、土木工程、交通运输工程、生物医学工程、艺术学理论等5个学科评估结果为A+，电子科学与技术学科评估结果为A，6个学科评估结果为A-，获评A+学科数位列全国高校第8。积极组织和推进ESI学科建设，进入ESI世界前1%的学科增至11个，其中工程学位列第32、计算机科学位列第35，这是继工程学后，又有学科进入前1‰，也是计算机科学首次进入。在2017年国家学位授权审核工作中，新增马克思主义理论、力学、基础医学3个一级学科博士学位授权点，新增临床医学为博士专业学位授权点（已公示）。入选国家首批"一流网络安全学院建设示范项目高校"。

（三）师资队伍建设成效明显

大力实施"高端师资倍增计划"，深化人事体制机制改革，强化综合改革绩效考核，健全师资队伍成长成才体系，制定出台《东南大学一流师资队伍建设方案》等系列人才支撑计划和实施方案。新增"长江学者"特聘教授1人，"长江学者"青年学者5人；新增"千人计划"青年项目6人；新增优秀青年科学基金项目3人；新增"万人计划"科技领军人才4人，哲学社会科学领军人才1人，教学名师1人，青年拔尖人才2人（已公示）；新增"百千万工程"国家级人选2人，并被授予"有突出贡献中青年专家"荣誉称号；新增享受国务院政府特殊津贴5人；新增江苏特聘教授3人；新增江苏省"双创团队"1个，"双创人才"6人；新增江苏省高校"青蓝工程"优秀教学团队1个，中青年学术带头人2人，优秀青年骨干教师3人；新增江苏"六大人才高峰"创新人才团队项目3个，高层次人才项目23个。具有博士学位的教师占比超过80%，45岁以下教师占比达到57%，具有一年及以上海外留学经历的教师占比达到47%。曹进德教授当选巴基斯坦科学院外籍院士，崔铁军教授团队入选"全国高校黄大年式教师团队"，宋爱国教授获宝钢优秀教师特等奖，邱海波教授荣获"白求恩奖章"，刘加平教授荣获全国杰出工程师奖，滕皋军教授荣获美国介入放射学会金奖。

（四）科技创新获得重要进展

全力实施"原创能力突破计划"，坚持面向世界科技前沿、面向国家重大需求、面向经济主战场，布局科研发展战略，优化科研组织管理。牵头获自然科学奖二等奖1项、技术发明奖二等奖2项、科技进步奖二等奖1项，获奖数位列全国高校第6。4位教授获首届"全国创新争先奖"奖状表彰，获奖人数并列全国高校第2。以第一完成单位获高等学校

科学研究优秀成果奖(科学技术)10 项,获奖总数位列全国第 5。申报国家自然科学基金各类基金项目 1 314 项,获批 276 项,获资助总经费达 1.57 亿元;获批国家社科基金项目 38 项,其中 3 项重大项目和 4 项重点项目,申报数、立项数和重大项目获批数创历史新高。获批国防科工局特色学科 6 个,军委科技委科技卓越人才 1 人,军工科研项目合同总经费首次超过 2 亿元。科研总经费达到 23.1 亿元。申请国内发明专利 2 556 项,授权 1 545 项。3 人入选全球 2017 年“高被引科学家”。出台《东南大学新型科研机构管理办法(试行)》,成立东南大学丘成桐中心、东南大学未来地下空间研究院、东南大学量子信息研究中心、东南大学—威斯康星大学智能网联交通联合研究院等新型科研机构。组建东南大学苏州医疗器械研究院、东大—联想穿戴式心脏—睡眠—情绪智能监控联合实验室、东南大学江北新区创新研究院等科研平台。牵头获批的国防科工局高分辨率对地观测系统江苏数据与应用中心正式挂牌并启动建设。

(五) 国际合作与交流持续推进

大力拓展国际合作与交流,国际化办学内涵不断提升。与威斯康星大学麦迪逊分校、北卡罗来纳大学教堂山分校、英国诺丁汉大学、伯明翰大学等世界一流大学签署合作协议。东南大学建筑国际化示范学院获国家外国专家局与教育部正式批准并揭牌运行。东南大学—雷恩研究生学院正式获教育部批复设立,成为我校获批的第二个中外合作办学机构。作为中方牵头高校组建了中英大学工程教育与研究联盟,并纳入中英高级别人文交流机制。“现代城市智能交通技术学科创新引智基地”获批教育部和国家外国专家局“111 引智计划”。东南大学道德发展研究院与耶鲁大学全球正义研究中心签署合作协议,共建社会公正与人类道德发展研究中心。我校客座教授、麻省理工学院建筑与城市规划学院前院长桑托斯教授荣获 2017 年国家政府友谊奖。外国留学生人数达到 1 947 人,其中学位生 1 492 人,学位留学生比例达到 76.6%。东南大学合作办学的 3 所海外孔子学院在学汉语生人数达 7 000 多人。

(六)“美丽东大”建设呈现新面貌

加快推进“美丽东大”建设,改善办学条件,加强民生建设,优化办学环境。完成九龙湖校区快递中心建设和办事大厅建设并启动使用。完成东南大学附属幼儿园(江宁)基础建设和开园前的筹备工作。实施并完成改善教育部基本办学条件专项 8 项,申报和启动 2018 年改善基本办学条件专项 15 项。以 115 周年校庆和本科教学审核评估为契机,积极开展校园绿化、景观提升、宿舍围合绿植补缺等工作,完成三个校区绿化补植改造出新 6 万余 m^2,完成教学楼、学生宿舍等校舍改造出新 5 万 m^2,新植各类树木 2 100 余棵,新建绿地 5 000 余 m^2。完成四牌楼和九龙湖校区雨污分流工作,完成九龙湖校区九龙湖片区景观提升规划,启动图书馆周边一期景观提升工程。积极推进九龙湖校区桃园北食堂的开业准备工作,完成桃园南食堂维修改造。积极与政府有关部门沟通,减免人才房税费 3 000 余万元,并获得市住房保障中心批文;解决了社保缴纳等条件限制问题,启动新一轮青年教师人才公寓申请工作。大力推进“互联网+服务”模式,实施接驳车 APP、学生宿舍云洗衣 APP 等服务,获评全国“教育后勤新科技应用领跑单位”。游泳馆项目

已完成委托设计和方案设计工作，目前正在进行施工图设计。完成能环科研综合楼和生医科研综合楼教育部立项批复并启动设计招标工作。土木交通教学科研楼、能环科研综合楼、生医科研综合楼 3 个项目已被教育部列入“双一流”建设重点项目。

（七）其他各项事业迈上新台阶

认真学习贯彻党的十九大精神，全面贯彻落实全国高校思想政治工作会议精神，持续推进“两学一做”学习教育常态化制度化。扎实履行全面从严治党主体责任和监督责任，积极落实“党政同责、一岗双责”，党风廉政建设和反腐败工作有效推进。顺利完成接受中央巡视组的政治巡视以及巡视后的整改工作。召开深化院（系）综合改革工作部署会，与 5 个深化综合改革试点学院签署目标责任书。深入推进财务“放管服”工作，全面实现网上预约报销。多渠道筹措资金，财务实现总收入 39.84 亿元。圆满完成 115 周年校庆系列活动，新校史馆正式开馆。学校信息公开、对口支援和定点扶贫工作稳步推进。

与湖南省人民政府、中国航天科工集团公司、中国路桥工程有限责任公司等签署战略合作协议，与南京医科大学签署战略合作实施协议，组建东南大学—兰州理工大学联合技术转移中心、东南大学城市与建筑遗产保护教育部重点实验室（西北中心）。与江宁区签署共建环东南大学知识创新圈合作协议，共同积极推动并取得实质性进展。2017 年新签各类捐赠协议 115 份，捐赠收入 3 288.7 万元，公益支出 5 051.0 万元，其中 2 972 位师生共获 1 293 万元奖助金。审计、资产管理、图书、档案、学报、异地办学和继续教育等工作均顺利推进，成贤学院和附属中大医院取得长足发展。

在取得成绩的同时，我们也清醒地认识到，对标“双一流”建设的目标和师生员工的期待，学校改革发展还存在诸多需要破解的瓶颈问题，比如，高层次人才增速不够理想，有影响力的学术带头人、知名学者和创新团队较为缺乏；服务国家重大战略需求的前沿研究和颠覆性技术创新能力不足；领军人才培养理念与模式尚需进一步提升和改革；内部治理结构还需进一步健全和完善。面对新时代国家发展的新机遇和新需求，面对“双一流”建设千帆竞发、百舸争流的新态势和新挑战，我们深刻地认识到，东南大学面临的机遇从未像今天这样宝贵，面临的挑战也从未像今天这般严峻，在改革中寻求突破、在创新中获取动力的任务十分迫切，也十分艰巨，如何进一步加快改革发展，如何用新的奋斗踏上新征程，是我们全体东大人肩负并践行的历史使命。

二、2018 年工作要点

新故相推，日生不滞。2018 年是学习贯彻党的十九大精神的开局之年，是改革开放 40 周年，是决胜全面建成小康社会、实施“十三五”规划承上启下的关键一年；2018 年是我校全面提升人才培养质量、大力加强师资队伍建设并持续深化综合改革的重要一年，是加快推进“双一流”建设、努力实现内涵式发展的奋进之年。今年工作的总体要求是：在习近平新时代中国特色社会主义思想和党的十九大精神指引下，贯彻落实全国高校思想政治工作会议精神，以新发展理念引领学校教育事业新的发展，牢牢把握社会主义办学方向，扎根中国大地，努力创建中国特色世界一流大学。我们将始终坚持“以科学名世、以人才报国”的办学理念，继续按照“瞄准前沿、服务战略、师生为本、人才为先”的办

学思路,重塑目标、深化改革、激发活力、引领发展,坚持以“推动人才强校、深化综合改革”为主题,以“提高教育质量、推动内涵发展”为主线,大力实施多学科融合、理工文医综合、产学研结合和国际化联合“四合”战略。2018 年是学校“人才年”,关键词是“改革、质量、效率”,学校将着力深化综合改革,释放办学活力,大力提升人才培养和师资队伍建设质量,加快推进“双一流”建设进程,努力实现人才培养、师资队伍建设、科学研究、学科建设、国际合作等方面的新突破。

(一) 全面提升人才培养质量

全面落实“立德树人”根本任务,把思想政治工作贯穿教育教学全过程,把创新创业教育融入人才培养全过程。进一步完善思想政治理论课程体系,加快推进由“思政课程”向“课程思政”的教育教学改革。坚持以学生为本,大力实施有温度的教育,努力培养具有家国情怀和国际视野、担当引领未来和造福人类的领军人才。

大力提高本科教育教学水平。积极探索多元选拔方式,继续做好特殊类型招生工作,充分发挥专家学术评价作用,进一步完善自主招生、综合评价、少年生等特殊类型录取招生方案,不断提升本科生生源质量。以本科教学工作审核评估整改为契机,启动实施“2020 一流本科教育”行动计划。开展本科教育思想大讨论,科学构建知识结构和课程体系,积极探索人才培养新模式,完善“可视、公开、约束、激励”管理机制,持续深化教育教学改革,切实形成一流人才培养新格局。持续加强思想引领、知识传授和能力培养,着力打造学习、实践和文化三个课堂。实现本硕课程互选互通,深入推进研究型教学;大力推进新工科专业建设,积极探索跨学科复合型人才培养、荣誉学位教育与书院制管理;积极推进大类招生、大类精英人才培养模式,进一步深化吴健雄学院、文科试验班(郭秉文班)、少年生班人才培养模式的改革。建设一批高质量的课程与教材以及若干高水平创新创业选修课程,启动建设高水平在线开放课程 10 门、精品通识教育选修课 20 门、校级优秀教材 20 部。高质量通过省品牌专业结题验收,做好 2018 年国家教学成果奖申报工作,获 2018 年国家教学成果奖 6～7 项。大力推进和拓展与国外一流大学联合培养和交换学习项目,提升教师全英文授课能力,支持高水平外教课程建设。

深入推进研究生教育综合改革。加强各类研究生教育、各类专项招生计划的统筹优化,完善招生计划分配办法,建立研究生规模、结构、布局的动态调整机制。进一步扩大博士生招生规模,继续深化硕士研究生招生分类考试改革,优化博士研究生“申请—考核”选拔机制,制定特殊人才的考核评价办法,显著提升研究生生源质量。开展研究生教育思想大讨论,着力创新人才培养模式探索,推进分类培养模式改革,修订培养方案,优化课程体系,继续推进研究生全英文专业建设。切实加强科研育人,深化研究生创新能力提升工程,实施博士研究生申请学位科研成果考核新标准,探索实施研究生校长奖学金计划、未来科学家计划和研究生年度十佳突出成果奖励计划。继续深化与世界一流大学的联合培养,积极开拓海外实践基地,加强研究生跨文化学习、交流和工作能力的培养,加快推进东南大学—雷恩研究生学院建设。深入落实研究生导师责任制,启动实施研究生导师能力提升计划,制定硕士生导师招生资格年审办法。

强化价值引领,持续推进领航计划。提升就业能力,优化就业服务,深入开展助力计

划，不断完善智慧就业平台，切实提高毕业生在重点行业单位就业的质量和数量。

（二）切实促进学科内涵发展

贯彻落实“东南大学一流大学建设高校”建设方案，全力实施“一流学科攀升计划”。继续按照“强势工科、优势理科、精品文科、特色医科”学科布局，推进生物医学工程、交通运输工程、艺术学理论、建筑学、电子科学与技术、风景园林学、土木工程、城乡规划学、信息与通信工程、仪器科学与技术、动力工程及工程热物理、控制科学与工程、计算机科学与技术、材料科学与工程、生命科学与健康等15个学科（群）的重点建设，并大力发展量子信息、人工智能、网络安全、智能制造、智慧城市、智能网联交通、脑科学、生物医学大数据等前沿、新兴与交叉学科，完善多学科协调发展、科学合理的学科生态。健全一流学科建设绩效评价方法和激励约束机制，充分发挥学科发展责任主体作用，赋予院（系）更多的学科建设自主权。设立一批世界一流学科建设项目，持续构建若干开放共享的重大科研平台。进一步探索ESI学科建设引导新思路，全面推动现有ESI学科排名稳步提升和ESI学科数持续增长，为工程学进入前万分之一、材料科学和化学进入前千分之一奠定基础。加强学位点结构优化和前瞻布局，促进哲学社会科学与自然科学、基础学科与应用学科协调发展。做好马克思主义理论、力学、基础医学、临床医学4个新增博士学位授权点建设工作。启动土木工程等学科的国际学科评估试点工作。

（三）大力实施“人才强校”战略

以“优化结构、创新机制、激发活力”为指导方针，按照“立足校内、深化海外、重点高端、面向未来”的人才引育工作思路，大力营造全员引才、聚才、育才的良好氛围和生态。全面贯彻中共中央、国务院《关于全面深化新时代教师队伍建设改革的意见》，深化师资队伍建设与改革。大力推进“高端师资倍增计划”，不断优化引育人才体系，努力形成高端人才、优秀中青年、骨干教师多层次、多类别、具有活力的一流师资队伍与一流人才高地。进一步做好海外青年学者论坛组织工作及海外人才招聘工作，加大海外人才特别是青年人才的引进力度。认真做好国家“千人计划”、“长江学者”、“万人计划”候选人的选拔推荐工作，努力实现各类计划人才入选数量取得较大幅度突破，新增“千人计划”专家3～4人、“长江学者”3～4人，“青年千人”“青年长江”和青年拔尖人才20人以上。做好江苏省双创团队、双创个人、江苏特聘教授等人才建设项目工作，以及校内人才体系的完善优化和师资队伍特别是青年教师的培养工作。引进具有博士学位的教师150名以上，其中具有海外一流大学博士学位的教师不少于50名。优化科研人员配置，打造高层次科研创新团队。修订博士后流动站管理办法及考核条例，组织新一轮博士后流动站申报工作。根据教育部部署，积极推进我校绩效工资改革，分类管理各类人员的绩效收入，激发广大教职员工的内在动力。完善综合改革试点学院内部管理考核体制，实施全员聘用制度，规范各类人员的岗位职责和聘期目标任务，扩大合同年薪制聘用人员数量。修订完善院（系）年度综合KPI考核体系，以人才培养为导向，加大绩效考核和奖励力度。修订完善院（系）教师工作量考核办法，下放院（系）在教师考核中的责任与权力。根据国家政策规定，切实做好广大教职员工的生活和养老保障工作。

（四）着力增强科技创新能力

面向世界科技前沿、面向经济主战场、面向国家重大需求，继续强化战略布局和科研组织，全力实施“原创能力突破计划”，营造一流学术生态，创造一流学术成果，为国家科技创新和创新发展驱动战略发挥引领与支撑作用。积极谋划国家级大项目、大平台、大团队、大成果，着力推进国家重大科技基础设施、国家实验室、国家重点实验室(工程中心)、国家工程实验室、协同创新中心和国家级文科智库等的立项和建设。牵头获国家科技奖5～6项，省部级一等奖10项以上。获批国家重点研发计划牵头项目10项、牵头课题30项，立项总经费3亿元。获批国家自然科学基金项目350项，其中杰青项目4～5项、优青项目5～6项，并在重大重点项目(含国际合作)和群体项目取得新突破，立项总经费3亿元。获批高等学校科学研究优秀成果奖(人文社会科学)10项、江苏省哲学社会科学优秀成果奖20项以上。获批国家社科基金项目30项以上，其中国家社科基金重大项目1项以上。加大高水平论文支持力度，发表SCI源刊论文3 000篇以上。申请发明专利2 800件、高价值专利150件、PCT专利80件，授权发明专利1 500件。凝练十大科学技术问题，积极培育量子信息、人工智能、网络安全、智能制造、智慧城市、智能网联交通、脑科学、生物医学大数据等前沿、新兴与交叉科研方向。落实《东南大学促进科技成果转移转化实施方案》，全面加快推进科技成果转移转化。加快推进江宁区环东南大学知识创新圈、东南大学江北创新研究院、东南大学玄武设计产业园、东南大学丁家桥临床医学中心等产学研项目落地。进一步完善全校大型仪器设备共享模式及运行机制，重点推进校级分析测试中心、大数据计算中心等建设。大力推进国防重大科研计划，积极组织国防重点科研项目，立项总经费超3亿元。大力推动国防类重点实验室的立项与发展，进一步推进保密和军工资质体系建设。力争年度科研到账总经费25亿元。

（五）不断拓展国际交流与合作

大力推进国际化合作战略，深入实施“卓越大学伙伴计划”，新增3～5所世界一流大学合作伙伴，特别是加强与世界一流大学开展成建制学生联合培养。推进与“一带一路”沿线国家主要高校、中东欧国家相关高校的合作交流。积极推动与蒙纳士大学的全面合作，加快推进雷恩研究生学院的建设。积极推进“中英大学工程教育与研究联盟”工作，举办联盟成员高校校长论坛和指导委员会会议，建立联盟学术委员会。积极推动教育部和国家外国专家局“111引智计划”、教育部国际联合实验室和国际联合研究中心的申报。激发各院(系)国际化工作主动性和积极性，积极探索实施学校“111引智计划”。进一步做好建筑国际化示范学院建设工作。全年聘请1 000余名外国专家来校进行教学和科研合作，聘请20名国际顶尖专家学者来校讲学。全年派出1 500余名教师出国合作研究、进修培训和参加国际学术会议等。加大学生互换、联合培养和学位授予工作力度，新增与3～5所世界高水平大学开展学分互认，派出2 500余名本科生和研究生赴国(境)外交流与学习。努力扩大来华交流交换生规模，开拓招生渠道，提升来华留学生培养水平。进一步做好3所孔子学院的工作。

（六）继续全面深化综合改革

坚持和完善党委领导下的校长负责制，持续巩固中央巡视整改成果。对接国家发展战略对高等教育的新需求，修订完善综合改革方案，以体制机制改革为核心，以深化人事制度改革为突破，以调动全体师生员工积极性为重要标志，着力破除体制机制障碍，深化各主要领域综合改革和“放管服”改革。大力加强院（系）综合改革力度，全面深化试点学院综合改革工作，着力推行全员聘用制度，扩大合同年薪制聘用人员数量，加大绩效奖励力度。积极推动学校管理重心下移，落实院（系）主体地位，形成分工科学、运转顺畅高效的管理架构和运行机制。继续优化学校内部治理结构，完善现代大学制度。加强各级各类学术组织建设，充分发挥学术组织在学科建设、学术评价、学术发展中的核心作用。推动管理服务部门优化重组，进一步完善综合事务跨部门协调机制，全面提高机关处室的服务质量和水平。不断完善师生综合服务大厅流程和管理，着力解决广大师生反映强烈的跨部门办事难的问题。持续优化财务流程、上线材料采购和差旅网上报销系统，为师生员工提供更优质便捷的财务服务。

（七）持续推进“美丽东大”建设

坚持“以人民为中心”的发展思想，切实以师生为本，加快推进民生建设，不断改善办学条件，优化办学环境，使广大师生员工获得感、幸福感、安全感更加充实、更有保障、更可持续。切实发挥校、院（系）两级教代会的民主管理和民主监督作用，保障师生对学校重大事项的知情权、参与权。主动关心教职员工特别是广大学生和青年教师，持续提高服务师生的能力。大力推进江宁区环东南大学知识创新圈建设，努力形成在江宁区校地融合发展办学新格局，为“美丽东大”与民生建设提供坚实基础。

大力推进后勤管理与运行机制改革，继续加强后勤信息化建设，努力建立与一流大学建设相适应的后勤保障体系。逐步落实建筑工业化、新材料、新工艺等技术措施，有效推进绿色校园建设。加强公用房资源合理配置，完善公用房管理办法，完成人才房权证办理工作。加快完成九龙湖校区规划修编和丁家桥校区规划修编报批工作。完成九龙湖校区景观提升总体规划及一期景观提升工程、公共卫生间改造升级一期工程等工作。做好东南大学附属幼儿园（江宁）开园和两园管理工作。完成桃园食堂、土木交通教学科研楼实验楼等项目建设和交付工作。完成信息电子教学综合楼基础和主体结构施工。完成九龙湖游泳馆和桃园学生宿舍（9—10 号）项目施工总承包招标和桩基施工。完成能环科研综合楼和生医科研综合楼设计和施工总承包招标。完成留学生宿舍（含专家公寓）、综合科研楼和桃园北学生宿舍楼教育部立项批复并启动设计招标。加大各校区学生宿舍改造出新的力度，加强各校区学生食堂饮食供应和服务水平的提升与监管。

（八）统筹推进其他各项工作

扎实推进党风廉政建设和反腐败工作，推动“党政同责，一岗双责”落实到位，持续加强重点领域监督，着力营造更加优良的校园政治生态和学术生态。大力推进一流大学文化建设，着力实施“十三五”文化建设规划纲要，加快构建具有东大特色的精神文化、制度

文化、行为文化和形象文化体系,充分发挥文化在育人体系中的思想引领与示范作用。大力推进对外开放办学,继续加强与政府及大型企业合作。扎实做好学校资产经营的规范管理,有效开展对校办企业的整改落实和监管。继续加强校园安全、稳定及综合治理工作。加大基金会筹款工作力度,为学校的各项事业提供良好保障。进一步提升校友会工作水平,完成四牌楼校区“校友之家”建设,健全校友与母校交流合作平台。继续支持附属中大医院发展,提高医疗服务和教学科研水平。

使命催人奋进,实干成就未来。2017 年的丰硕成果凝聚着既往的心血和智慧,2018 年的奋斗目标呼唤着未来的实干与拼搏。新的一年,在决胜全面建成小康社会、夺取新时代中国特色社会主义伟大胜利的历史时期,我们要认真贯彻落实党的十九大精神,以习近平新时代中国特色社会主义思想统揽全局、引领发展,不忘初心、牢记使命,持续深化各领域综合改革,全力推进内涵式发展,努力形成加快创建世界一流大学的不竭动力和全新格局。让我们以永不懈怠的精神状态和一往无前的奋斗姿态,以新气象、新作为续写新时代东大发展的新篇章,为早日实现中国特色世界一流大学的“东大梦”和中华民族伟大复兴的“中国梦”作出新的更大贡献!

东南大学

2018 年 2 月 22 日

抄送:各党工委,各基层党委、党总支、直属党支部,党委各部、委、办,工会、团委。

东南大学校长办公室　　2018 年 2 月 22 日印发

东南大学2018年上半年工作总结和下半年工作补充安排

一、上半年工作总结

2018年是学习贯彻党的十九大精神的开局之年，是改革开放40周年，是决胜全面建成小康社会、实施“十三五”规划承上启下的关键一年；2018年是我校全面提升人才培养质量、大力加强师资队伍建设并持续深化综合改革的重要一年，是加快推进“双一流”建设、努力实现内涵式发展的奋进之年。上半年，学校以习近平新时代中国特色社会主义思想和党的十九大精神为指导，牢固树立“四个意识”，不断坚定“四个自信”，始终坚持“四个服务”，牢牢把握社会主义办学方向，扎根中国大地，以新发展理念引领学校事业新发展。学校继续坚持以“推动人才强校、深化综合改革”为主题，以“提高教育质量、推动内涵发展”为主线，紧紧围绕“人才年”的工作定位和“改革、质量、效率”的关键词，深入开展教育思想大讨论，全面提升人才培养质量，大力加强师资队伍建设，全面深化综合改革，凝心聚力，开拓创新，学校各项事业发展均获得较好成绩，取得重要进展，为加快推进“双一流”建设奠定了坚实基础。

（一）人才培养质量显著提升

坚持落实“立德树人”根本任务，深入探讨新时代一流人才培养理念与路径，持续深化人才培养模式改革，不断提升人才培养质量，启动构建一流本科教育新格局。以“深化教育综合改革，培养一流创新人才”为主题，围绕一流的教育理念、一流的办学定位、一流的培养目标、一流的培养模式、一流的改革路径、一流的保障体系等核心问题，在全校范围开展教育思想大讨论活动，为制定《2020东南大学一流本科教育行动计划》和《东南大学研究生教育综合改革方案》凝聚新理念、新思想、新共识。坚持创新招生宣传形式，优化多元选拔模式，本科生招生质量不断提高，其中18个省份录取分数线排名较2017年显著上升。入选国家级新工科研究与实践项目6项，获批网络空间安全新专业并正式招生。获江苏省教育教学成果特等奖4项和一等奖6项，并推荐参与国家高等教育教学成果奖评选。建筑学等3个专业接受教育部专业评估（认证）。获评国家精品在线开放课程2门，立项校级“课程思政”示范建设课程22门；上线“爱课程”平台在线开放课程23门。本研一体化管理新系统有序推进。获批国家留学基金委（CSC）交流项目30个，获资助学生90余名；选派赴美国加州大学伯克利分校等一流大学参加交流学习、科研或实习的学生200余名。大力深化创新创业教育，3 000余人次获得各级各类竞赛项目奖励，获2018“创青春”江苏省大学生创业大赛金奖5项，并列全省第一；获2018美国大学生数学建模竞赛一等奖、2018世界大学生超级计算机竞赛一等奖、第五届全国大学生基础医学创新论坛暨实验设计大赛一等奖。不断加强学风建设，助力学生成长，推进实施校领导联系班级制度与学院面对面开放活动。获评全国学生资助工作“优秀单位案例典型”。

研究生教育综合改革扎实推进。统筹优化各类研究生教育、各类专项招生计划，优

化博士研究生“申请—考核”选拔机制，研究生生源质量稳步提高。2018年博士生招生规模1 092名，比去年增加36%，其中国家重大专项博士生班招生180名、新增临床医学专业博士生招生50名。深入落实研究生导师责任制，优化研究生导师遴选和培训办法，2018年度新增博士生导师69名、硕士生导师131名、专业学位校外导师478人。启动修订研究生培养方案，推进思想政治理论课教育教学改革，深化研究生创新能力提升工程。获江苏省研究生教育改革成果一等奖1项，获批江苏省研究生创新工程项目267项，获批江苏省研究生教育教学改革研究与实践课题8项。获批“国家建设高水平公派出国留学项目”研究生246人，遴选资助286位研究生参加国际学术会议和短期访学。建设全英文专业15个，与世界知名大学专家学者共同组织全英文课程31门。优化东南大学-蒙纳士大学联合培养方案，大力推进雷恩研究生学院建设。进一步优化学位管理流程，完善超期研究生的预警和分流机制。与教育部学位中心共建论文电子化评审和质量分析平台，修订《东南大学博士研究生毕业与学位授予分离实施办法(试行)》。完成校学位评定委员会换届工作。

重点地区、重大工程、重大项目、重点领域(四重岗位)就业毕业生人数稳步上升，120余名选调生赴基层工作。

(二) 师资队伍建设成效明显

进一步深化人事制度综合改革，以高水平人才队伍建设为核心，健全师资队伍薪酬体系和人才工程，深入推进“高端师资倍增计划”。修订出台和实施《东南大学首席教授、青年首席教授聘用办法》《东南大学人文社会科学资深教授遴选办法》《东南大学至善青年学者支持计划实施办法》等人才支持计划，形成了较为完善的高端师资薪酬体系和人才梯队引育体系。继续强化海外高层次人才招聘宣传和引才力度，新增第十四批“千人计划”创新人才长期项目专家4人、外国专家项目专家2人，“青年千人”6人；新增“长江学者”1人、“青年长江学者”5人；新增“万人计划”领军人才5人、青年拔尖人才2人、教学名师1人；新增江苏特聘教授3人；新增江苏省“青蓝工程”优秀教学团队1个、中青年学术带头人2人、优秀青年骨干教师4人。引进具有博士学位的教师95人，具有一年及以上海外留学经历的教师占比47%。启动修订院(系)关键业绩指标(KPI)评价体系。加强博士后管理工作，目前在站博士后618人。继续做好退休教职工的服务工作。

(三) 科技创新能力不断增强

坚持面向世界科技前沿、面向国家重大需求、面向经济主战场，布局科研发展战略，加强科研制度建设，优化科研组织管理，大力推进重大科研项目、基础交叉科研平台、产学研结合和团队建设等工作。召开科技工作会议，形成新时代“双一流”建设背景下学校科技工作的新理念、新认识、新定位、新任务。2018年度国家科学技术奖通过初评5项，获第46届瑞士日内瓦国际发明展特别金奖1项、金奖2项、银奖3项、铜奖1项。申报“变革性技术关键科学问题”等科技部重点研发计划专项19项，获立项支持项目6项、课题17项。申报国家自然科学基金项目1 213项，获批资助项目300项；获杰青基金项目1项、优青基金项目5项、创新研究群体项目1项、重大科研仪器研制项目2项、重点项目

11 项;获江苏省自然科学基金立项资助 91 项(已公示)。获国家社科基金项目 17 项,其中重点项目 2 项。科研到款经费 4.9 亿元,比去年同期增长 20%。获批国家首批“网络空间国际治理研究基地”。申请中国发明专利 1 140 项,授权中国发明专利 578 项,申请 PCT 专利 79 项。东南大学“十大科学技术问题”启动论证,载人航天通讯、广域移动通信等军民融合重大项目顺利推进。积极推进网络通信与安全紫金山实验室、生物医学大数据国家重大科技基础设施等国家级科研平台论证。积极推进江宁区环东南大学知识创新圈、东南大学江北创新研究院、东南大学玄武设计产业园、东南大学丁家桥临床医学中心建设。成立东南大学-南京医科大学医工创新研究院、东南大学-艾伦研究所脑数据联合研究中心、学习科学研究中心、脑科学与智能技术研究院、人工智能研究院等 5 个新型科研机构和学术特区。积极培育量子信息、人工智能、网络安全、脑科学、智能制造、智慧城市、智能网联交通、脑科学等前沿、新兴与交叉科研方向。与中国机械工业集团、中国航天科技集团第一研究院、绿地集团签署战略合作协议,与华为技术有限公司、联想集团签署人工智能领域全面合作协议,并积极推进与雄安新区、中国电子科技集团、中国船舶重工集团的战略合作。

(四)学科内涵建设持续深化

继续推进学科建设内涵发展,进一步优化学科布局,鼓励和支持基础、新兴、交叉学科发展,促进形成多学科协调发展、科学合理的学科生态,学科国际声誉稳步提升。认真贯彻落实《东南大学一流大学建设高校建设方案》,全力实施“一流学科攀升计划”,重点推进 15 个学科(群)建设,大力发展量子信息、人工智能、网络安全、智能制造、智慧城市、智能网联交通、脑科学、生物医学大数据等前沿、新兴与交叉学科。完成 2018 年中央高校建设一流大学(学科)建设项目和资金使用计划论证和申报,启动一批世界一流学科建设项目,积极推进“优势理科”和“精品文科”专项建设项目论证,持续推动开放共享的重大科研平台建设。网络空间安全学院正式揭牌,人工智能学院正式成立。ESI 学科世界排名稳步提升,计算机科学位列第 26、工程学位列第 27。顺利完成 14 个江苏高校优势学科二期验收工作。大力推进新增马克思主义理论、力学、基础医学等 3 个一级学科博士学位授权点和临床医学博士专业学位授权点的建设。加强学位授权点布局优化和前瞻谋划,积极组织学位授权自主审核单位增列申请工作,认真落实学位授权点专项评估与合格评估工作。

(五)国际化办学水平稳步提升

大力实施国际化合作战略,积极推进高层次国际交流、与国际知名高水平大学合作办学工作。稳步推进与法国雷恩一大联合办学,东南大学—雷恩研究生学院建设工作进展顺利。积极推进中英大学工程教育与研究联盟大学校长论坛及博士生领导力创新项目。与日本东京工业大学、大阪大学、加拿大英属哥伦比亚大学等世界一流大学签署各项合作协议 14 份。积极推进与美国加州大学伯克利分校、威斯康辛麦迪逊分校、英国伦敦大学学院、伯明翰大学等高水平大学的学生交流交换、联合培养,通过校级交流项目派出学生 125 人,接收瑞典皇家理工学院等国外伙伴院校来华交流生 33 名。因公派出 712

位教师和470位学生赴国(境)外参加国际学术会议、学术交流和合作研究等。港澳台事务工作进展顺利,接收港澳台交流交换生130人(其中交换生23人),派出交换生25人。认真落实教育部外国专家局对外引智项目布局调整,立项29个,其中国家级外专项目8个。现代城市智能交通技术创新引智基地入选“111计划”。积极推动院(系)国际化发展,启动首批东南大学院(系)“卓越引智计划”。

(六)“美丽东大”建设扎实推进

坚持以人为本,着力改善办学条件,进一步优化办学环境,持续加强校园基础设施和文化景观建设。积极开展“九龙湖校区规划”修编工作,完成基建投资计划上报和2019年改善基本办学条件专项申报。完成九龙湖人文社科科研楼、九龙湖兰园学生宿舍(Ⅰ)、九龙湖兰园学生宿舍(Ⅱ)等“十三五”基本建设规划中期建设项目的可行性研究报告并上报审批。加快推进土木交通教学科研楼振动台配套工程建设和九龙湖游泳馆施工图设计。完成能环科研综合楼、生医科研综合楼和桃园学生宿舍9~10舍设计。完成工程、采购及服务等各类招标及合同签订30余项,金额共计约2.5亿元。完成桃园食堂二期建设任务并交付使用。完成信息电子教学综合楼基坑和部分桩基验收。顺利通过教育部直属高校基本建设规范化管理专项检查。完成土木工程学院、交通学院整体搬迁工作(除实验室外)。组织制定并实施九龙湖校区和四牌楼校区的环境景观提升规划,启动九龙湖校区图书馆周边景观提升、九龙湖校区公共厕所改造、四牌楼校区给水管网改造及道路修缮、文昌第十二学生宿舍改造、沙塘园食堂改造等年度专项工程。青年教职工申请九龙湖人才公寓工作进展顺利,东南大学附属幼儿园(江宁)开园试运行。

(七)其他各项事业进展顺利

围绕监察建议书的落实整改在全校范围内开展专项督查,进一步巩固和深化巡视整改成果。扎实推进党风廉政建设和反腐败工作,深入开展廉洁教育,积极防范招投标和招生等重点工作廉政风险,风清气正的校园氛围持续向好。强化内控制度建设和财务信息公开,设立学生财务助理岗位,财务工作管理效益和服务水平不断提高。加强审计制度建设,提高审计工作效益。不断加强国有经营性资产规范化运营和管理,促进国有经营性资产经营监管体系进一步完善。校园安全稳定工作扎实推进,获评江苏省“平安校园”建设示范单位。完成校友总会换届工作,成立山西省、海南省等地校友会组织。新签各类捐赠协议45份,总额4 872万;资助2 671位师生,总额1 256万元。完成116周年校庆暨复更名30周年系列活动。

持续深化开放办学,与南京签署13个分别落户江宁区、江北新区和玄武区的“两落地一融合”项目协议,与中国科学技术大学、中国药科大学、南京师范大学附属中学江宁分校签署战略合作协议。扎实推进异地办学,与无锡签订新一轮市校合作共建无锡分校框架协议并顺利推进无锡新校区建设,与苏州新一轮合作办学工作顺利推进。校园网及校园信息化建设、对口支援与定点扶贫、信息公开等工作不断推进。完成2018年度重大教育改革方案落实情况和2018年教育重点工作推进落实情况上报工作。第二届校长学生事务特别助理顺利完成任期工作。各校区、各院系、各直附属单位在学校领导下顺利

开展工作，均取得较好成绩。

二、下半年工作补充安排

2018年下半年行政工作的总体思路是，以习近平新时代中国特色社会主义思想为指导，深入学习贯彻落实党的十九大精神、全国高校思想政治工作会议精神、习近平总书记北京大学师生座谈会重要讲话精神和新时代全国高等学校本科教育工作会议精神，牢牢把握社会主义办学方向，坚持"以人为本"，推进"四个回归"，坚持"以科学名世，以人才报国"的办学理念和"瞄准前沿、服务战略、师生为本、人才为先"的办学思路，重塑目标、深化改革、激发活力、引领发展，聚焦"人才年"工作定位，贯彻"改革、质量、效率"关键词，大力提升人才培养和师资队伍建设质量，全面深化综合改革，加快推进"双一流"建设进程，不断提升学校办学水平和综合实力。下半年学校要重点推进和完成的行政工作任务主要有：

（一）全面提升人才培养质量

全面落实"立德树人"这一根本任务，坚持以学生为本，大力实施有温度的教育，切实把思想政治工作贯穿教育教学全过程，把创新创业教育融入人才培养全过程。全面贯彻落实新时代本科教育工作会议精神，加快建设高水平本科教育，不断提高本科教育教学质量。进一步完善思想政治理论课程体系，深入推进"课程思政"与"思政课程"同向同行。深入落实和巩固教育思想大讨论成果，制定出台《2020东南大学一流本科教育行动计划》。持续加强思想引领、能力培养和知识传授，着力打造学习、实践和文化三个课堂。积极推进大类招生、大类精英人才培养模式改革。强化通识教育，探索跨学科培养，推进创新创业教育，修订2019版本科人才培养方案。进一步深化吴健雄学院、文科试验班(郭秉文班)、少年生班人才培养模式的改革，启动理科试验班建设，做好民族预科生预科阶段培养工作。加快专业内涵建设，高质量通过江苏省品牌专业结题验收；启动机械工程等3个专业的工程教育认证准备工作；做好人工智能等国家战略新专业的申报工作。做好2018年国家教学成果奖申报，力争获奖6～7项。大力推进和拓展与国外一流大学联合培养和交换学习项目，提升教师全英文授课能力，支持全英文课程和高水平外教课程建设。完善"可视、公开、约束、激励"管理机制和政策，制定院(系)教学考核办法。加快推进本研贯通的课程体系、课程库和管理系统，充分满足学生个性化发展需求。积极组织全国互联网十大学生创新创业大赛，力争取得好成绩。

深入推进研究生教育综合改革。进一步凝练研究生教育思想大讨论成果，着力创新人才培养模式改革，制定出台《东南大学研究生教育综合改革方案》。继续深化研究生招生分类考试改革，完善招生计划分配办法，制定特殊人才的考核评价办法。通过大力实施暑期学校、博士新生奖学金计划等措施吸引更多优秀生源，显著提高生源质量。优化研究生导师遴选办法，进一步完善研究生导师能力提升计划。深入推进研究生思想政治理论课教育教学改革，持续加强研究生全英文专业建设，大力推进案例库和慕课课程建设，立项实施一批研究生教育教学改革课题。修订工程博士培养方案和成果考核标准，完善医工结合博士生培养计划。深化研究生创新能力提升工程，实施研究生校长奖学金

计划、未来科学家计划和研究生年度十佳突出成果奖励计划。继续深化与世界一流大学的联合培养,积极开拓海外实践基地,加强研究生跨文化学习、交流和工作能力的培养;加快推进东南大学—雷恩研究生学院建设。进一步强化创新创业实训实践,大力推进研究生学科竞赛和社会实践活动。

增强学生职业发展能力,提升毕业生就业服务质量。引导学生不断提高职业生涯发展目标定位,加强对学生选择国家重点行业和重要岗位就业的价值引领与政策支持,显著提高学生重点单位就业比例。实施就业质量促进工程,提升考研及出国留学支持力度,促进学生深造率大幅度提升。

(二)大力实施“人才强校”战略

以“优化结构、创新机制、激发活力”为指导方针,按照“立足校内、深化海外、重点高端、面向未来”人才引育工作思路,继续深化人事制度综合改革,全力实施“高端师资倍增计划”,不断优化引育人才体系。继续加大海外高层次人才的引进力度,完成第十五批“千人计划”申报工作。完成全年引进100名海外博士毕业生,其中世界一流大学博士毕业生50人。认真做好“长江学者”“六大人才高峰”,以及东南大学首席教授、青年首席教授、人文社会科学资深教授等各类人才的选拔、申报和评审等工作。完成定编定岗工作,试点全员聘用与年薪制改革。完成2018年专业技术岗位分级聘用和管理岗位职级晋升工作;修订职称评审条例、岗位分级聘用条例、突出成果奖励条例,进一步完善人才评价、激励和管理机制。根据教育部部署,制定绩效工资相关政策及标准,完成绩效工资改革工作。修订完成院(系)年度综合KPI考核体系,以人才培养为导向,加大绩效考核和奖励力度。修订完善院(系)教师工作量考核办法,下放教师考核中的责任与权力到院(系)。修订博士后流动站管理办法及考核条例,重点提升博士后招收质量,加强博士后在站管理工作。按国家和江苏省政策规定逐步推进事业编制人员养老保险及医疗保险改革工作。

(三)持续增强科技创新能力

继续面向世界科技前沿、面向国家重大需求、面向经济主战场,积极适应新一轮科技革命和产业变革,继续强化战略布局和协同组织,大力实施“原创能力突破计划”,做有学术穿透力的科研。贯彻落实学校科技工作会议精神,推进科技体制机制与配套政策改革,主动谋划国家级大项目、大平台、大团队、大成果,发布东南大学“十大科学技术问题”,着力推进信息超材料、广域移动通信、海洋快速造礁等军民融合重大项目立项,全力推动网络通信与安全紫金山实验室、生物医学大数据国家重大科技基础设施等国家级科研平台的论证和建设。力争完成全年科研工作重点任务,牵头获国家科技奖5项,省部级一等奖10项以上。获批国家重点研发计划牵头项目10项、牵头课题30项,立项总经费3亿元。全年获批国家自然科学基金项目350项,立项总经费3亿元。力争牵头获高等学校科学研究优秀成果奖(人文社会科学)10项,获江苏省哲学社会科学优秀成果奖20项。大力推进国家级文科智库、教育部人文社科重点研究基地申报。大力推进基础、前沿与交叉学科研究院(中心)新型科研机构和学术特区建设。加大高水平论文支持力

度，发表SCI源刊论文3 000篇以上，发表A&HCI、SSCI源刊论文30篇。申请发明专利2 800件、高价值专利150件、PCT专利80件，授权发明专利1 500件。继续积极培育量子信息、人工智能、网络安全、智能制造、智慧城市、智能网联交通、脑科学、生物医学大数据等前沿、新兴与交叉科研方向。加快推进江宁区环东南大学知识创新圈、东南大学江北创新研究院、东南大学玄武设计产业园、东南大学丁家桥临床医学中心等产学研项目落地。大力推进国防重大科研计划，积极组织国防重点科研项目，立项总经费超3亿元。大力推动国防类重点实验室立项与发展，进一步推进保密和军工资质体系建设。力争年度科研到账总经费25亿元。

（四）着力促进学科内涵发展

进一步贯彻落实《东南大学一流大学建设高校建设方案》，全力实施“一流学科攀升计划”，继续按照“强势工科、优势理科、精品文科、特色医科”学科布局，大力推进15个学科（群）的重点建设，并大力发展一批前沿、新兴与交叉学科，完善多学科协调发展、科学合理的学科生态。进一步推进一批世界一流学科建设项目和开放共享重大科研平台项目建设，深化论证“优势理科”和“精品文科”专项建设项目。健全一流学科建设绩效评价方法和激励约束机制，充分发挥学科发展责任主体作用，赋予院（系）更多的学科建设自主权。做好2018年中央高校建设一流大学（学科）和特色发展引导专项资金预算执行和管理，完成2019年专项资金预算。进一步加强学位授权点优化布局和前瞻谋划，强化ESI学科建设引导，推进哲学社会科学与自然科学、基础学科与应用学科协调发展。认真做好学位授权自主审核单位增列申请工作，积极推进学位授权点专项评估与合格评估工作，启动江苏高校优势学科三期项目，推进土木工程等学科国际学科评估试点工作。

（五）不断提高国际化办学水平

继续深入实施国际化合作战略，大力推进“卓越高校伙伴计划”和“卓越院系伙伴计划”，深化与世界一流大学的战略性合作，不断提高国际化办学的层次与内涵。积极推进与英国帝国理工学院、美国橡树岭国家实验室、联合国教科文组织等世界一流大学、国家实验室和国际组织的交流合作与协议签署。积极推动与蒙纳士大学的全面合作，全力做好雷恩研究生学院的建设工作，持续推进建筑国际化示范学院建设。举办2018年中英大学工程教育与研究联盟校长论坛和中英未来工程领袖与创新训练营。积极做好教育部和国家外国专家局“111计划”、教育部国际联合实验室和国际联合研究中心的申报。积极调动院（系）外专引智工作的积极性，大力推进东南大学“卓越引智计划”项目建设与实施。按照年度工作部署，完成全年聘请1 000余名外国专家来校教学和科研合作，聘请20名国际顶尖专家学者来校讲学，进一步做好与世界高水平大学的师生交流与合作，拓展合作大学并加大学生互换、联合培养和学位授予工作力度。制定《东南大学国际会议管理办法》，继续加强与推进与港澳台地区高水平大学实质性合作。

（六）继续全面深化综合改革

坚持和完善党委领导下的校长负责制，持续巩固中央巡视整改成果。继续以体制机

制改革为核心，以深化人事制度改革为突破，以调动全体师生员工积极性为重要标志，着力破除体制机制障碍，深化各主要领域综合改革和“放管服”改革。围绕国家赋予高等教育的新使命新要求，结合教育思想大讨论的最新成果，以及“双一流”建设、“放管服”改革、“十三五”规划实施进展，修订综合改革方案，形成改革新举措。继续推进学校管理机构改革，大力加强院(系)综合改革力度，全面深化试点学院综合改革工作，着力推行全员聘用制度。进一步完善校院二级管理方案，积极推动学校管理重心下移，落实院(系)主体地位，形成分工科学、运转顺畅高效的管理架构和运行机制。加强各级各类学术组织建设，充分发挥学术组织在学科建设、学术评价、学术发展中的核心作用。推动管理服务部门优化重组，进一步完善综合事务跨部门协调机制，全面提高机关处室的服务质量和水平。加快完善师生综合服务大厅流程和管理，着力解决广大师生反映强烈的跨部门办事难的问题。改革会计核算制度，构建政府会计核算模式。

(七) 加快推进“美丽东大”建设

切实以师生为本，加快推进民生建设，不断改善办学条件，进一步优化办学环境。成立校园规划与建设专家咨询委员会，完成九龙湖校区和丁家桥校区规划修编工作。完成土木交通教学科研楼振动台基础及配套工程招标和施工。完成信息电子教学综合楼基础和主体结构施工，并完成空调、电梯及弱电工程招标工作。完成九龙湖游泳馆和桃园学生宿舍(9～10 舍)项目监理、施工总承包招标和桩基施工。完成能环科研综合楼和生医科研综合楼项目施工图设计、监理和施工总承包招标工作。启动九龙湖人文社科科研楼、九龙湖兰园学生宿舍(Ⅰ)、九龙湖兰园学生宿舍(Ⅱ)功能需求调研工作，完成设计任务书。大力推进后勤管理与运行机制改革，继续加强后勤信息化建设，努力建立与一流大学建设相适应的后勤保障体系。启动本年度第二轮九龙湖人才公寓申报工作，解决入职青年教师住房问题。加大各校区学生宿舍改造出新的力度，加强各校区学生食堂饮食供应和服务水平的提升与监管。做好东南大学附属幼儿园(江宁)正式开园工作。

(八) 统筹推进其他各项工作

坚持推进党风廉政建设和反腐败工作，推动“党政同责，一岗双责”落实到位，完善学校内部监督体系，强化责任追究。进一步完善自主招生及特殊类型招生等监督工作规范，切实防范相关工作廉政风险，着力营造更加优良的校园政治生态和学术生态。大力推进一流大学文化建设，着力实施“十三五”文化建设规划纲要。完善校办企业经营监管和绩效考核制度与办法，做好房产经营的规划和调整。加强国有资产经营和监管制度建设，服务学校创新创业教育和科技成果转化。完成校友之家建设，完善“校友综合服务管理系统”，加大海外校友组织建设。积极筹措资金设立专项奖学金，支持各类学生出国学习交流和吸引优秀海外留学生来校学习。加强审计信息化建设，继续提升基建、修缮工程项目审计监督水平。推进政府采购规范化和信息化建设。

继续深化开放办学，积极推进并落实与雄安新区等一批地方政府和大型企业战略合作。继续做好对口支援和定点扶贫工作。进一步细化“十三五”信息化发展规划，加强网络与信息系统安全措施，积极推进网上办事大厅建设，切实提高服务水平和办事效率。

进一步提升图书馆、档案馆和学报工作质量，做好全校消防监控综合平台招标与建设工作。继续支持附属中大医院发展，提高医疗服务和教学科研水平。

面对新时代国家发展的新机遇和新挑战，面对高等教育承担的新使命和新要求，2018 年下半年，学校各单位和机关各部门要以习近平新时代中国特色社会主义思想统揽全局、引领发展，紧紧围绕学校中心工作，围绕学校既定总体目标，不断提高忧患意识、危机意识、发展意识、进位意识，持续深化各领域综合改革，全面激发不懈奋斗的动力与活力，抓创新、促改革、强弱项、谋发展，确保圆满完成 2018 年度各项工作任务，加快一流大学和一流学科建设，实现高等教育内涵式发展，为早日实现中国特色世界一流大学的“东大梦”和中华民族伟大复兴的“中国梦”而努力奋斗。

抄送：各党工委，各基层党委、党总支、直属党支部，党委各部、委、办，工会、团委。

东南大学校长办公室　　　　2018 年 8 月 20 日印发

打开解放思想的总开关
为世界一流大学建设夯实思想基础

——在教育思想大讨论启动会上的讲话

党委书记　左　惟

(2018年4月4日)

高质量发展是一场关系发展全局的深刻变革,首先是一场思想观念的深刻变革。今年是贯彻党的十九大精神的开局之年,是改革开放40周年,也是东南大学复更名30周年,更是东南大学入选世界一流大学建设高校之后的启航之年。在这具有重要意义的时间节点,开启新一轮教育思想大讨论必要而及时。我们要认清形势,把握关键,面对新时代的新目标,通过教育思想大讨论,打开解放思想的"总开关",为世界一流大学建设凝聚校内共识、夯实思想基础。

一、开展教育思想大讨论的主要背景

教育思想大讨论既是对去年我校本科教学工作审核评估成果的深化和对评估专家组反馈意见的积极回应,也是对修订完善综合改革方案的有力助推,更为今年新一轮人才培养计划全面修订做好思想准备。本轮教育思想大讨论,有三个主要背景需要我们深刻认识。

第一,从东南大学事业发展层面,我们刚刚开启了"双一流"建设的新征程,去年入选"双一流"建设高校A类名单,这意味着以前我们讲建设世界一流大学,主要是自己的诉求,现在已变成国家赋予东南大学的使命和任务。

第二,从中国高等教育发展层面,改革开放40年来,我校进行的改革基本是聚焦在某一条线上,比如招生、就业方式、内部管理体制、学生成本分摊机制、后勤管理体制等方面。今天学校的运行模式较以前已发生巨大的变化,改革牵一发动全身,光靠条线改革已经解决不了问题,必须向综合改革转变。例如人才培养机制改革,涉及教学评价、教育理念,涉及充分认识教学在学校工作中的地位作用,涉及学校分配机制等,学校的改革已进入综合改革阶段。

第三,从国家发展层面,党的十九大指出,中国特色社会主义进入了新时代,我国社会主要矛盾已经转化为人民日益增长的美好生活需要和不平衡不充分的发展之间的矛盾,我们今天讨论教育思想,就是在这样一个大的背景下进行。

认识和把握好这样的大背景,对开展好此次大讨论非常重要,有助于我们认清问题出在哪里、需要解决什么问题、明确使命任务是什么。概言之,我们要讨论的问题就是要回答培养什么人、怎样培养人、为谁培养人,这也是中央要求高校解决好的问题。教育思想大讨论的目的和宗旨,就是通过新一轮的思想解放和理论探讨,统一和凝聚共识,为东南大学建设中国特色世界一流大学夯实思想基础。

二、把握好新形势下学校人才培养中的矛盾和问题

从社会主要矛盾是发展不平衡和不充分之间的矛盾的角度来看，当前阶段我们在人才培养方面也存在着发展不平衡、不充分的问题。

（一）当前学校人才培养中的六个不平衡

当前阶段我校在人才培养中不平衡的主要表现有：

第一，教师教学能力和人才培养要求不平衡。当前教师教学能力和人才培养要求之间的不平衡，是客观存在的。高水平教学和一流人才培养要求教师对学生要有爱心，对教学工作要有兴趣，对做好教学要有悟性。同时也要求教师有优秀的课堂掌控能力、帮助学生构建知识体系的能力、讲好课程难点和重点的能力以及与学生沟通交流的能力等。当前至少在一部分教师中存在这种不平衡。

第二，在学生培养过程中，知识论和认识论、方法论的培养不平衡。我们教师比较重视知识论的培养，而对于认识论和方法论的培养，更多时候是让学生去领悟，在教学中不太注重帮助学生归纳凝练，以致于有的学生毕业后还不能系统阐述所在学科和所学专业的基本属性。

第三，课堂教学和实践教学不平衡。无论从师资配备、课时设置、重视程度和培养成效上来看，课堂教学和实践教学之间都存在一定程度的不平衡，而且各个专业间差异很大。对我们这类以工科为特色的高校而言，工程教学、实践教学必不可少。一部分专业校外实习缺乏，有社会支撑环境的问题，但也有我们认识和落实的问题。

第四，科学素养和人文素养不平衡。以往我们的专业课程体系多是按培养专业技术人员来设置的，但是随着培养目标的调整，课程体系也需要调整。“前天”南京工学院培养的是工程师，“昨天”东南大学培养的是中国特色社会主义建设事业的栋梁之才，“今天”我们要培养什么人？这个问题的答案要等到我们经过教育思想大讨论形成共识以后再论。我个人认为，东南大学培养的学生应该是解决人类生存发展的关键问题，解决产业面临的重大科学问题、技术问题、材料问题、工程问题、方法问题的领军人才。人才培养不能局限在专业技术层面，大师和领军人才一定是科学和人文素养兼备、综合素质优良的人。所以要培养领军人才，一定要重视科学和人文素养的均衡。

第五，专业素养和领导能力的培养不平衡。以前我们培养工程师、培养栋梁之才，领导能力的培养问题还不突出。如今我们要建设世界一流大学，要能够培养出管党治国的高级领导干部和行业领军人才，必须重视学生领导能力的培养。学生领导能力的培养，既要通过课外社会活动锻炼，相当一部分也要通过课程训练培养。我们要发挥好课程训练的主渠道、主阵地作用，着力培养学生的全局意识、协调意识、领导意识等素养。

第六，培养目标和相应措施之间不平衡。我们不仅要从抽象层面讨论培养目标，也要注意实现培养目标的渠道和手段。真理是大学异于其他社会组织的独特价值追求。我们应该用什么样的方式来培养学生对未知世界的好奇和探索兴趣、对真理的不懈追求？我们的专业负责人和课程负责人在教学方法、教学内容、教学环节的设计上，要有相应的手段和措施，以更好地体现高校独特的价值追求。

(二)当前学校人才培养中存在的六个不充分问题

当前学校人才培养中还存在着诸多不充分的方面,我认为以下六个不充分的问题比较突出。

第一,对一流大学的责任、功能、贡献、使命的认识不充分。我们应该培养出高级领导干部、培养解决人类生存发展的重大问题的领军人才,这涉及对一流大学责任使命的认识。中国大学分许多类别、层次,我们要走在一流、跨入顶尖,必须义不容辞地承担起一流大学引领社会发展的责任,全校上下必须在这方面形成共识。

第二,对人才培养的主导地位认识不充分。改革开放以后,一批中国的高水平大学从教学型走向研究型,在这个过程中,人才培养的中心地位受到了一定的冲击。回顾现代大学发展历程,从德国洪堡大学到美国威斯康星大学,大学的职能从人才培养拓展到科学研究、社会服务、文化传承创新、国际交流合作,但万变不离其宗的是人才培养。育人为本,人才培养是大学若干功能中的重中之重。任何世界顶尖的研究型大学,都把人才培养放在特别重要的位置。习近平总书记指出,高校立生之本在于立德树人,只有培养出一流人才的高校,才能称之为世界一流大学。所谓一流人才,既包括治理国家、治理世界的领袖,也包括解决人类生存发展的重大科学问题、技术问题的专业人才,还包括对产业有重要贡献的企业CEO、董事长等,这些都是一流人才。教师的天职和使命就是教书育人。教师通过高水平研究,始终保持学术水平和对前沿的掌控能力、对学科发展的预判能力,反过来再把前沿知识、研究方法传授给学生。科学研究最终的目的还是为人才培养服务。只有充分认识到人才培养的主体地位,才会围绕这个中心,思考研究人才培养模式、绩效评价、激励机制等应该如何改革。从另外一个维度来讲,教师做科研是自发的,开展教学则需要自觉,需要一些政策引导和保障,这是我们综合改革需要研究和解决的问题。

第三,对一流毕业生的素质能力结构的认识还不充分。我们对一流人才的判别标准、一流人才应该具备什么样的素质能力结构的研究思考还不够充分。东南大学获得了很多资源支持,承载了政府、社会和人民的厚望,我们应该培养什么样的人才?如果我们要培养具有世界眼光、中国情怀和东大品质,以解决行业、国家、人类生存发展的重大问题为己任的一流领军人才,这样的人才应该具备什么样的素质能力结构?我们应该重点培养学生的哪些能力和素质?针对这些要素,应该建立什么样的教学体系和教学模式,设计什么样的教学环境?这些问题都应当深入地研究和认识。

第四,对文化建设在学校发展中的作用认识不充分。我们绝大多数领导干部都是工程专业出身,工程思维痕迹较重,表现为重知识、重技术、轻文化。思想文化的力量是无穷的,常常是社会发展重要拐点的催化剂。我们今天推进改革和“双一流”建设,首先要从思想文化上出发。从人才培养角度看,我们对文化建设在育人体系中的地位和作用认识不够充分,认识问题时更多是从科学、技术层面去思考,没能上升到战略和文化层面。目前我们的毕业生到重点地区、重大工程、重大项目、重要领域等能发挥更大价值的单位就业的意愿不够强烈,需要我们从文化层面进一步反思。要培养一流领军人才,必须建设引导学生立大志、入主流、担大责的一流大学文化。

第五，对国际化实现路径的认识不充分。我们从“十二五”开始提出国际化战略，十多年来，对国际化重要性的认识基本一致，但是对实现国际化路径的认识不充分，虽然在课程设计上投入了很多经费和精力，但是，“十二五”以来，全英文课程建设的情况离我们的要求还有一定差距，一个专业的课程全部采用英文授课才有可能真正推进国际化，双语教学只是过渡的方式，部分课程采用英文教学也不是国际化。国际化和国际交流不是一回事，我们对这个“化”的认识理解不够充分。

第六，对学生的社会责任和历史责任的认识不充分。我们应当关注毕业生的主要去向，其中有多少在江苏就业、有多少在市甚至区以下就业、有多少去国内顶尖的行业大企业就业。因顾虑收入太低，有些行业的龙头企业，我们的毕业生基本不去，而是更愿意去离家近、生活条件好、收入高、工作轻松的岗位就业。学生做这样的选择无可厚非，但是东大培养的学生应该对国家有贡献、对民族有担当。我们也鼓励学生下到基层当村官，但即使从基层做起，也要有远大的抱负。鼓励学生立大志、做大事不是远离基层，而是身在基层也要明确自己为社会肩负的责任，要让学生充分认识到自己担负的使命、对社会的贡献和责任，到祖国最需要的地方去，到能实现自身价值最大化的地方去，而不是去最安逸的就业岗位。我们应引导学生在职业发展规划中更多地考虑自身的社会价值、社会使命。因为东南大学招收的学生在同龄段青年里是最优秀的，在全国的生源都是名列前茅的，这批学生培养出来必须能够肩负推动人类文明进步、国家富强、民族复兴、产业发展的重任。

三、做到“五个统一”，开展好教育思想大讨论

开展好此次教育思想大讨论，要注意做好以下“五个统一”。

第一，内容和形式的统一。讨论的形式可以有报告会、讨论会、研讨会、座谈会等多种，但所有都要聚焦到教育思想认识理念上来，达到形式和内容的统一。

第二，民主和集中的统一。现在这个阶段是充分发挥民主，充分相信群众、发动群众、依靠群众，让更多的师生关心并积极参与讨论这个问题。讨论过程要充分民主，充分汲取师生员工的智慧，讨论的共识要在人才培养计划的修订中体现。院（系）和职能部门的党政班子要深入学习、认真思考、仔细研究，在这里要特别强调，人才培养是学校的中心工作，绝对不仅仅是分管本科生教育和分管研究生教育的分管领导的事，首先是院（系）书记、院长的事。

第三，顶天和立地的统一。所谓“顶天”，就是要以党的十九大精神来指导讨论，上升到国家、人民、历史赋予我们的使命和责任的高度来认识讨论。所谓“立地”，就是要结合学校的具体工作，统一思想认识。在大讨论的总体框架下，还要协调好本科生和研究生的具体差异等问题。

第四，内部和外部的统一。既要分析学校现状、存在的问题、目标定位和路径举措，还要对标和借鉴国内外顶尖高校的具体做法。宣传部门要把国内外顶尖高校关于教育思想讨论和人才培养的一些思路、做法、举措，通过各种媒介推送给大家，帮助丰富思想、开拓眼界，助力大讨论。

第五，理念和措施相统一。思想的再解放，不仅是“头脑风暴”，更是实际行动。教育

思想大讨论不能仅仅停留在理念和想法层面,大讨论形成的共识和结论还需重在应用。我们要以积极主动的精神研究和提出改革举措,在下半年人才培养计划的修订中体现大讨论的成果,为东南大学加快建设世界一流大学探索出新的路径,为中国高等教育改革提供鲜活的东大经验。

思想是行动的先导,有思想上的“破冰”,才会有行动上的“突围”。东南大学有思想解放和改革创新的优良传统,改革开放以来,学校通过一轮又一轮的思想解放和改革创新取得了跨越式发展,也产生了广泛的社会影响。新时代对学校事业发展提出了新要求,也为改革创新提供了新机遇,希望全校师生积极参与教育思想大讨论,为一流人才培养提供智慧和力量。我们坚信,开展好此次大讨论,必将推动学校教育思想再解放、综合改革再深入、人才培养再抓实,必将凝聚起建设世界一流大学的强大力量,必将推动学校在世界一流大学建设新征程、新起点上实现新突破!

传承荣光　再创辉煌
以改革开放精神加快建设世界一流大学

——在庆祝改革开放 40 周年暨东南大学复更名 30 周年座谈会上的讲话

校党委书记　左惟

（2018 年 6 月 5 日）

尊敬的各位老领导、各位来宾、老师们、同学们：

今天我们齐聚在具有数百年文化积淀的六朝松下，热烈庆祝改革开放 40 周年暨东南大学复更名 30 周年。首先，我代表学校，代表广军校长，向所有参与、关心、支持东南大学教育改革与发展的老领导们、老师们、同学们和广大校友们表示衷心的感谢！也向筹备今天座谈会的同志们、校友们表示感谢！

刚才我们很多领导、老师、校友做了精彩的发言，他们为今天的座谈会做了精心的准备，基本都准备了书面的发言稿，我们这些领导、老师、校友以真挚的情感、深刻的智慧带领我们回顾了国家改革开放 40 年和东南大学复更名 30 年来的巨大变化。

1978 年 12 月 18 日，我们党召开了具有划时代意义的十一届三中全会，做出了把党和国家工作重点转移到经济建设上来、实行改革开放的历史性决策，开启了中华民族改革复兴的求索之路。40 年来，在改革开放大旗的指引下，中国发生了翻天覆地的变化，当代中国的命运从此发生根本改变，中华民族从此走上富强、民主、文明、和谐的康庄大道。四十年的变革风云际会，四十年的征程波澜壮阔。今天我们已经进入了中国特色社会主义新时代，习近平总书记关于继续深化改革开放的战略部署必将指引全国人民在建设新时代中国特色社会主义的历史画卷上描绘出更加美好的图景。

这四十年，更是我国高等教育空前发展的四十年，我们迎来了教育和科学发展的春天，实现了高等教育大众化，正在向高等教育强国和人才资源强国迈进。四十年来，东南大学这所百年学府始终与国家、时代的发展同呼吸共命运，乘改革开放带来的国家发展大势，在办学规模、培养层次、教育质量、科研水平、服务社会、国际合作等方面都取得了历史性的大跨越，正在加快向世界一流大学迈进。

1988 年 6 月，学校由南京工学院复更名为东南大学，这是学校办学历史上具有里程碑意义的一项重大战略抉择。复更名东南大学开启了南京工学院由单一的工科院校向以工科为主要特色的综合型大学的转变；复更名东南大学承扬了学校深厚的历史文化底蕴和以“止于至善”校训为核心的大学精神，凝聚了东南大学海内外广大校友的共识、人心。

光阴荏苒，物换星移，回顾往昔，30 年光辉灿烂的发展历程让我们深感不易、倍感荣光。

——这 30 年，是东大人抢抓机遇、奋进争先的 30 年。学校在 30 年的发展中，牢牢把握住了每一个重大历史机遇。1988 年，经原国家教委批准，复更名为东南大学，从工科为主的院校转变为综合型为主的院校；同年，征地千余亩，建设了浦口校区，开启了多校区

办学的模式。1991 年,作为国家教委的改革试点单位,在全国高校中率先进行了校内管理体制改革;1993 年,在全国高校中率先进行招生及奖学金制度的改革;1996 年,入选“211 工程”建设大学名单;2000 年,学校与南京铁道医学院、南京交通高等专科学校、南京地质学校合并成立新的东南大学;2001 年,入选“985 工程”建设大学名单;2003 年,进入中管高校行列;2006 年,面积达 3 752 亩、奠定未来百年基业的九龙湖主校区正式投入使用;2017 年,学校进入国家“双一流”大学建设高校 A 类名单,正式开启了建设世界一流大学的新征程。正是把握住了这些重大历史机遇,使得东南大学稳立全国高校第一方阵,大跨步进入一流大学建设的快车道。

——这 30 年,是东大人筚路蓝缕、开拓创新的 30 年。经过 30 年的不懈奋斗,我们顺利完成了向综合性大学的转变。多学科生态建设取得丰硕成果。从 1988 年的 18 个系、44 个本专科专业、37 个硕士专业、14 个博士专业到今天设有 30 个学院、76 个本科专业、49 个硕士学位一级学科授权点、30 个博士学位一级学科授权点、30 个博士后科研流动站。特别是 2017 年,学校入选一流大学建设高校 A 类名单,11 个学科入选一流学科名单,在教育部组织的第四轮学科评估中,获得 A+的学科 5 个,数量并列全国高校第 8 位,学校初步形成了“强势工科、优势理科、精品文科、特色医科”的学科布局,为加快推进世界一流学科建设奠定了坚实的学科基础。

——这 30 年,是东南大学英才云集、名师荟萃的 30 年。30 年来,我们高度重视师资队伍建设和人才培养。在师资队伍建设上,通过深化人事体制机制改革,广延八方英才。从 1988 年的专任教师 1 403 人,正、副高级职称 420 人,发展到目前有专任教师 2 832 人,正、副高级职称 1 935 人,具有博士学位的教师比例达 80%,博士生指导教师 925 人,硕士生指导教师 2 151 人,两院院士 12 人,欧洲科学院院士 1 人,国务院学位委员第七届学科评议组成员 13 人,入选国家“万人计划”专家 16 人,入选国家“千人计划”专家 23 人,“青年千人计划”26 人,“长江学者奖励计划”特聘教授、讲座教授 45 人,长江学者青年学者项目 10 人,国家级教学名师奖获得者 5 人,“万人计划”教学名师 3 人,国家杰出青年科学基金获得者 43 人。经过 30 年的持续努力,我们初步形成了大师引领、中青年才俊为继、薪火相传的高素质师资队伍,形成了多层次、多类型办学的完整的人才培养体系,为一流人才培养提供了有力的保障和支撑。

——这 30 年,是东南大学立德树人、培英育华的 30 年。从 1988 年在校本专科生 10 683 人,研究生 1 249 人,发展到目前全日制在校本科生 15 856 人,研究生 15 614 人。学校目前正围绕“高层次、复合型、多样性、国际化”的拔尖创新人才培养目标,按照“强基础、强实践、强能力、重素质、创一流”的改革思路,坚持以提高质量为核心,努力培养拔尖创新人才,全面提升学生的综合素质和创新实践能力。30 年春华秋实,20 万余名毕业学子已经成为祖国各行各业的中流砥柱和栋梁之才。

——这 30 年,是东大人科技创新、矢志报国的 30 年。30 年来,我们高度重视科学研究和科技创新,致力于向研究型、创新型大学转变。东南大学以“科教报国”为己任,从国民经济和社会发展的需要出发,积极开展基础研究、应用基础研究和重大战略高技术研究,已成为在国内外具有较大社会影响的高新技术研究和辐射的重要基地。科研经费从 1988 年的 2 120 万元增长到 2017 年的 23.1 亿元。从 1988 年各类论文发表总量 958 篇

增长到2017年SCI收录论文2 689篇、EI收录论文2 644篇。30年来，在各个不同社会发展时期，东大人始终怀着强烈的社会责任感，为国家富强、民族振兴、人民幸福拼搏奋斗，从大国重器的研发制造，到抗击非典，再到地震灾区的重建，都有东大人的积极参与和担当奉献。

——这30年，是东南大学开放办学、走向世界的30年。30年来，我们不断推进国际化办学进程，持续提升国际合作层次，拓展国际合作领域，积极推进与世界一流大学的全面合作。通过国际化办学，国际合作交流工作取得新突破。东南大学—蒙纳士大学苏州联合研究生院成为国内首个正式获批的研究生教育中外合作办学机构；2017年5月，牵头成立中英大学工程教育与研究联盟；今年5月底，我们又和法国雷恩第一大学合作成立了东南大学—雷恩研究生学院，开辟了研究生培养和科研合作的新渠道。学校出国(境)交流学生人数从1979—1988年共计343人增至2017年的2 300人。海外留学生人数从1988年的67人增至2017年的1 813人，总数增长近30倍，当前学历留学生1 313人，占总人数的72.4%，留学研究生495人，学历留学生和留学研究生数均居全省第一。今日的东南大学正以崭新的国际形象，走向世界高等教育的舞台。

“落其实者思其树，饮其流者思其源。”回望光辉历程，作为一名东大人，我们内心充满了感慨。复更名30年来东南大学取得的辉煌成就，体现了改革开放40年来在中国共产党领导下，中国人民凭着一股逢山开路、遇水架桥的闯劲，凭着一股滴水穿石的韧劲，成功走出一条中国特色的社会主义道路；体现了韦钰校长和当时学校领导班子对时代脉搏、办学规律和中国高等教育发展趋势的准确把握；更凝聚着学校全体师生员工同心同德、共筑世界一流大学梦想的拼搏奉献。我们要向伟大的时代致敬，向为学校改革发展作出重要贡献的各位离退休老领导、老同志，向奋战在学校各条战线上的全体师生员工致敬，向工作在各行各业的广大校友致以崇高的敬意和衷心的感谢！在这里，我们也要深切缅怀那些为推动学校发展做出过历史性贡献的已经离开我们的一些老领导。没有他们的真知灼见和执着努力，可能不会有我们今天的成绩。

回望今天，我们也深知，学校的发展中还存在一些不足：如何服务“双一流”建设，集聚更多的大师；如何立足立德树人根本任务，培养出能够担当国家民族复兴大任的一流领军人才；如何瞄准世界科技前沿，引领科技发展方向，开展高质量科学研究，做新时代科技创新的排头兵；如何顺应时代潮流和社会需要，在服务国家和区域发展中做出更多更大的贡献；如何在高水平国际化办学中进一步提升国际竞争力，不断提升东南大学在全国和全球的知名度、影响力和办学声誉等等。只有进一步解放思想，用更高的站位、更宽广的视野、更扎实的行动来认识和解决这些问题，东南大学各项事业才能发展得更好，才能不负国家和人民的期望，不负先贤前辈、各级领导、海内外朋友和广大校友的期待！

今天，我们所处的时代，是前所未有的伟大时代，更是充满希望与挑战的新时代。建设世界一流大学的“东大梦”也从来没有像今天这么临近和真切。作为国家“双一流”建设高校，我们唯有不断继承和弘扬改革开放的时代精神，坚持自强不息、勇于担当、奋力开拓，才能不辱使命、再创辉煌。

我们要坚持党的教育方针，坚定社会主义办学方向，切实加强学校党委对学校工作的全面领导，为学校各项事业改革发展和“双一流”建设提供坚强有力的政治保证。我们

要坚定不移聚焦一流人才培养,认真贯彻落实立德树人根本任务,树牢“四个意识”、坚定“四个自信”、坚决做到“两个维护”,坚持“四个服务”,重塑人才培养目标定位,全面深化人才汇聚和培养体制机制改革,以一流师资培育具有家国情怀和国际视野、能担当引领未来和造福人类的一流领军人才;我们要坚定不移走以创新为主导的世界一流大学发展道路,聚焦一流学科战略重点,全力实施“一流学科攀升计划”,着力攻克关键核心技术,破解创新发展难题,争取重大科技领域不断取得突破,不断提升一流学科的核心竞争力;充分发挥各个学科对产业的支撑、推动和引领作用。我们要坚定不移走以服务国家和区域发展相结合的建设道路,扎根中国大地、扎根江苏建设世界一流大学,以一流的贡献服务创新性国家建设和“强富美高”新江苏建设。我们要坚定不移走彰显文化特色的兴校之路,加快构建以“止于至善”校训为核心的精神文化体系,以东大章程为基础的制度文化体系,以“学在东大”为标识的行为文化体系和以校标校歌为代表的形象文化体系,建设东大特色先进大学文化,为一流领军人才培养营造优良的校园文化生态。我们要坚定不移走以人为本的依法依规治校之路,不断完善以《东南大学章程》为基础的现代大学制度体系,不断优化学校内部治理结构,提升治理能力和水平,切实提升学校的制度竞争力。我们要坚定不移走国际化办学的强校道路,深入实施国际化办学战略,不断深化国际交流和对外开放,持续提升国际合作和办学水平,不断提升学校的国际竞争力和海外办学声誉。

各位领导、各位校友、老师们、同学们,改革开放 40 年波澜壮阔,更名东南 30 载岁月峥嵘。回首过去,我们为已经取得的成就而自豪,也倍感奋斗之艰辛、前人之伟大;展望未来,记筚路蓝缕之苦,擎未来宏图之任,我们深知使命之光荣、责任之重大。让我们携起手来,凝心聚力、共谋发展,为国家和民族育天下英才,在中华民族伟大复兴和人类文明进步的浩荡洪流中,再次续写属于东南大学的光辉新篇章!

谢谢大家!

深入学习贯彻党的十九大精神
奋力开拓新时代世界一流大学建设新境界

——中共东南大学第十四届代表大会2017年年会工作报告

党委书记 左 惟

(2018年1月12日)

各位代表,各位同志:

本次大会是在党的十九大胜利召开、中国特色社会主义进入新时代、东南大学加快推进世界一流大学建设新征程的关键时期召开的一次十分重要的会议。会议的主要任务是:高举习近平新时代中国特色社会主义思想伟大旗帜,以党的十九大精神为指引,落实立德树人根本任务,持续深化综合改革,扎实推进学校第十四次党代会决策部署,深入实施“十三五”事业发展规划,启动实施“双一流”建设方案,总结2017年工作,研究部署2018年工作,动员全校各级党组织和全体共产党员不忘初心、牢记使命、团结拼搏、砥砺前行,奋力开拓新时代世界一流大学建设新境界。

下面,我代表校党委向大会报告工作,请各位代表审议。

一、围绕第十四次党代会确定的目标任务,团结拼搏、务实进取,学校各项事业取得新进展

2017年,校党委以习近平新时代中国特色社会主义思想为指导,紧紧围绕中国特色世界一流大学建设目标,以迎接中央专项巡视和落实巡视整改任务、深入学习贯彻落实党的十九大和全国高校思想政治工作会议精神为重点,深入实施综合改革方案和“十三五”事业发展规划,团结和带领广大师生员工,奋发有为、改革创新,加快推进“双一流”建设,各项工作取得明显成效。

1. 牢固树立“四个意识”,自觉接受中央专项巡视,认真抓好巡视整改

2017年3月3日至4月30日,中央第四巡视组对校党委进行了专项巡视。校党委自觉增强“四个意识”,主动接受、认真配合中央巡视,保障了巡视工作的顺利完成。中央巡视组反馈巡视意见后,校党委认真组织整改落实,明确了三方面125条整改任务,由29个单位牵头负责,5个专项工作组协同推进落实,以制度形式巩固整改成果。集中整改期间,共修订或制定规章制度88项。认真制定并落实意识形态工作责任制整改方案。巡视整改工作全面完成后,继续深化拓展整改成果,工作成效不断彰显。

2. 深入学习宣传贯彻党的十九大精神

通过组织师生员工集中收看、传达会、座谈会、辅导报告、开设专题网站等多种形式,认真学习宣传贯彻十九大精神。筹备成立专门研究机构,加强习近平新时代中国特色社会主义思想研究。组织校理论学习中心组集体学习研讨会2次,面向全校中层干部和教工党支部书记举办专家辅导报告会3次,选派基层党委书记分批次参加十九大精神专题

培训,发放专题学习资料 4 000 余册,学习宣传贯彻十九大精神不断深入。

3. 以迎接中央巡视为契机,大力加强政治建设

修订了校党委理论学习中心组学习实施细则,推动校领导班子强化思想理论武装,牢固树立"四个意识",自觉向以习近平同志为核心的党中央看齐。坚持和完善党委领导下的校长负责制,修订完善了《东南大学党委领导下的校长负责制实施办法》《东南大学党委常委会议事决策规则》《东南大学校长办公会议事决策规则》。启动了党委全委会议事决策规则的制订工作。通过理论学习和民主生活会等,校领导班子的担当意识和责任意识进一步增强。

4. 思想和宣传工作有力加强

全面贯彻落实全国高校思想政治工作会议精神,出台了关于加强和改进学校思想政治工作的实施办法和任务清单。加强和改进教师思想政治工作,成立了党委教师工作部。出台了系列管理办法和规程,切实加强意识形态阵地管理。围绕中心工作加强宣传,全年刊发报道近 1 000 篇,其中中央级媒体 240 篇、中央电视台 21 篇。完成了学校中英文主页的改版。成功举办了 115 周年校庆系列活动,学校凝聚力、影响力和文化特色不断彰显。

5. 干部人事制度改革持续深化

进一步完善干部选拔任用工作机制,修订了《东南大学中层领导干部选拔任用工作条例》,探索实践多种干部选任方式,促进优秀人才脱颖而出。修订了《东南大学中层领导后备干部选拔培养办法》,切实加强后备干部队伍建设。出台了《东南大学中层领导干部兼职管理暂行办法》,进一步加强中层领导干部兼职管理。

6. 基层党组织建设扎实推进

加强院(系)党委班子建设,党员行政班子成员任党委委员。切实加强基层党支部建设,加强了对支部书记的培训和二级党组织对党支部书记的业务指导。出台了《关于进一步加强在教职工中发展党员的意见》《东南大学院(系)级党组织党校工作条例》《关于推进"两学一做"学习教育常态化制度化的实施方案》。启动实施了以"抓整改促服务、抓项目促落实"为主要内容的大走访大落实活动。

7. 立德树人根本任务不断落实

认真贯彻落实全国高校思想政治工作会议精神,切实加强学生理想信念教育和社会主义核心价值观教育。开展纪念建团 95 周年暨 2017 年"五四"表彰大会、"永远在路上"红色讲堂等活动 500 余场。出台了"建设青年马克思主义者学堂"等育人载体的系列文件,加强育人平台建设。学生志愿工作在服务全省重大活动中获得广泛好评。在"挑战杯"全国赛中获"优胜杯",总分位列全国第 3。出台了加强辅导员、学生兼职辅导员、班主任队伍建设等系列管理办法,学生思想政治教育队伍建设不断强化。师生获"第九届全

国辅导员年度人物”提名奖、“中国大学生自强之星标兵”等表彰。

8. 进一步深化党风廉政建设与反腐败斗争

召开2017年度党风廉政建设工作会议，进一步提升工作规范性和内控机制建设水平。校领导班子成员认真开展“一次专题调研、一次廉政教育、一次工作汇报”，切实落实“党政同责，一岗双责”。坚持开展中层党政领导班子和领导干部党风廉政建设责任制年度检查考核。进一步加强纪委监督责任落实和履职力度。聚焦重点领域和关键环节，出台了《东南大学自主招生及特殊类型招生等监督工作规范》。修订出台了《东南大学校领导机动费管理细则》《东南大学领导干部经济责任审计实施办法》等规章制度。切实加强纪检监察队伍和二级纪委建设，选聘了新一届党风党纪监督员和特邀监察员，新成立了成贤学院纪委。多项廉政文化作品获教育部、江苏省奖励。

9. 和谐校园建设深入推进

大学文化建设有力加强，学校“十三五”文化建设规划纲要发布实施，新校史馆顺利开馆。校园民主建设持续推进，多名党外代表人士在各级人大政协、民主党派和统战团体换届中担任重要职务。开展了以“致敬传统，重温经典”为主题的多党派联合文化活动。入选江苏首批“为侨服务工作站”。深入推进提案办理工作机制建设，启动提案日常受理机制。校园民生建设不断深化。不断优化资源配置，统筹各类资金，确保人员支出。积极兑现住房补贴、提租补贴、公积金、养老金、交通补贴等地方补贴政策。适度调整了癌症用药范围和自负比例，减轻患者经济负担。出台了教职工大病医疗互助金管理办法，进一步完善了患病及生活困难教职工联系帮扶机制。江宁东南大学附属幼儿园建成。校务公开工作扎实开展，荣获“全国厂务公开民主管理先进单位”称号。二级关工委常态化建设合格验收工作持续推进。探索实施了“一方隶属、多方共建”的离退休党员党建工作体制。“平安校园”建设进一步加强，“法制化、信息化、精细化、常态化”校园安全管理体系进一步完善。

10. 学校事业发展再上新台阶

学校入选一流大学建设高校A类名单，11个学科入选“双一流”建设学科名单，入选学科数位列全国第8。在全国第四轮学科评估中，5个学科获评A+，获评A+的学科总数位列全国第8。进入ESI全球前1%的学科数增至11个，继工程学后，计算机科学首次进入前1‰，其中工程学位列第34、计算机科学位列第26。顺利通过本科教学工作审核评估。科研创新能力不断增强，在2017年度国家科学技术奖评选中，牵头获国家三大科技奖励4项，获奖总数并列全国高校第6位。发明专利申请2 500余项，授权1 500余项。科研总经费超过23亿元。高端师资队伍建设成效明显，对外交流与合作不断拓展，开放办学持续推进。财务、审计、基本建设、后勤服务和管理、资产管理、图书档案、学报、异地办学、独立学院、继续教育、附属中大医院医教研等各项工作均取得长足发展。

同志们，2017年是我校各项事业蓬勃发展、成果丰硕的一年。这些成绩，凝聚着全体党员干部和师生员工的智慧和汗水，也凝聚着刚刚离任的易红书记的倾情贡献。在这

里,我谨代表学校党委向大家表示诚挚的感谢!

二、深入学习贯彻党的十九大精神,不忘初心、牢记使命,以新气象新作为奋力开拓新时代世界一流大学建设新境界

党的十九大报告提出了“加快一流大学和一流学科建设,实现高等教育内涵式发展”“建设教育强国”的新使命。学校各级党组织要不断把学习贯彻十九大精神引向深入,用马克思主义中国化最新成果、习近平新时代中国特色社会主义思想来武装全校师生员工,使全校党员干部和师生员工切实把思想和行动统一到十九大精神上来,把精神和力量凝聚到新时代世界一流大学建设伟大实践中来,加快推进“双一流”建设,推进学校各项事业实现内涵式发展。

1. 奋力开拓新时代中国特色世界一流大学建设新境界,要切实增强决胜一流大学建设近期目标的危机感、责任感、使命感

根据学校第十四次党代会精神制定的学校“双一流”建设方案,进一步明晰了学校新“三步走”的发展目标。方案确立的近期目标是到2020年实现一批学科进入世界一流学科行列,若干优势学科进入世界一流学科前列,学校整体实力达到世界一流大学水平。2017年,我校高质量入选一流大学建设高校A类名单,并在新一轮学科评估中取得了良好成绩,有力增强了全体东大人冲击世界一流大学的信心、勇气和底气。我们也清醒地认识到,学校在世界一流学科储备、内部治理结构和现代大学治理能力、先进大学文化建设、国际化办学等方面与理想目标还有较人的差距。百舸争流,破浪者领航;千帆竞发,奋勇者当先。我们要以时不我待的紧迫感和只争朝夕的拼搏精神,加快培育一流领军人才,建设一流学科,推进一流合作,完善一流治理,产出一流成果,作出一流贡献,激发学校内生动力和创造活力,为决胜2020年近期发展目标打下坚实基础。

2. 奋力开拓新时代中国特色世界一流大学建设新境界,要坚持世界眼光、坚守中国情怀、彰显东大特色

建设世界一流大学是东南大学坚定不移的奋斗目标和始终不渝的初心。我们要建设的是具有鲜明中国特色、东大气质及人民满意的世界一流大学。在迈向世界一流的新征程中,我们必须坚持世界眼光、坚守中国情怀、彰显东大特色。

坚持世界眼光,就是要切实从全球高等教育的基本规律、发展趋势和人类社会发展的大格局中来谋划学校事业发展,紧紧围绕世界一流目标、一流标准,坚定不移走国际化办学的强校之路,加快引育具有全球竞争力的人才,鼓励师生面向国际学术前沿、竞技全球学术舞台,为人类进步作出更大贡献。深入实施国际化联合战略,大力实施卓越大学伙伴计划,通过一流国际合作,学习借鉴一流办学经验。

坚守中国情怀,就是要扎根中国大地,把东南大学建设世界一流大学与实现“两个一百年”奋斗目标结合起来,与实现中华民族伟大复兴的中国梦结合起来,坚定不移走与国家和区域经济社会发展相结合的建设道路,勇担国家科技创新使命,面向国家重大需求、面向国民经济主战场,做出学术上的重要创造和技术上的重大创新。强化科研战略布

局，优化科研组织管理，推进产学研协同创新，主动培育前沿、新兴和交叉科研方向，积极谋划国家级科研大平台、大项目、大团队、大成果，积极参与国家级大科学装置建设，力争实现前瞻性基础研究，引领性原创成果重大突破，增强科技创新引领支撑作用和哲学社会科学智库作用，为创新型国家建设作出东大贡献。

彰显东大特色，就是要坚定不移走彰显学科和文化特色的兴校之路，全力实施一流学科攀升计划，充分发挥各个学科对产业的支撑、推动和引领作用。大力实施"十三五"文化建设规划纲要，加快构建以"止于至善"校训为核心的精神文化体系、以东大章程为基础的制度文化体系、以"学在东大"为标识的行为文化体系和以校标校歌为代表的形象文化体系，建设东大特色先进大学文化，不断提升文化软实力。

3. 奋力开拓新时代中国特色世界一流大学建设新境界，要抢抓机遇、深化改革、创新引领

当前正值国家朝着"两个一百年"伟大目标砥砺奋进的关键历史时期。在世界一流大学建设新征程中，东南大学正面临前所未有的宝贵机遇，也面临更加艰巨的挑战，我们必须珍惜机遇、直面挑战，切实增强一流大学认识能力、战略谋划能力、引领社会发展能力、支撑产业发展能力、攻坚克难能力，用好改革创新的关键一招，突破制约学校事业发展的瓶颈难题，在改革中寻求突破，在创新中获取动力，以改革创新精神开创一流大学建设新局面。

我们坚信，在党的十九大精神的指引下，我们以一张蓝图干到底的执着、撸起袖子加油干的劲头，锐意进取、团结奋斗，一定能够开拓新时代世界一流大学建设新境界。

三、紧紧围绕世界一流大学建设目标，推进学校各项事业又好又快发展

2018 年是贯彻党的十九大精神的开局之年，是东南大学全面实施"双一流"建设方案、加快实现"世界一流、国内前十、全球百强"奋斗目标的重要一年，校党委将坚定不移落实第十四次党代会确定的各项任务，重点做好以下工作：

1. 着力加强思想建设和理论武装，为学校改革发展营造良好的思想和舆论环境

以学习习近平新时代中国特色社会主义思想、深入贯彻十九大精神为重点，加强思想建设和理论武装。制订并实施 2018 年度学习计划，打造以"至善理论讲堂"为主要载体的教育阵地，扎实开展好领导干部和教职工思想理论学习。充分发挥理论专家库作用，推进十九大精神传播深入基层。依托学校特色文科和智库资源，深入开展十九大精神、习近平新时代中国特色社会主义思想研究。严格落实意识形态工作责任制，把好意识形态工作领导权、管理权、话语权。

2. 深入实施"十三五"事业发展规划，全面实施"双一流"建设方案，持续深化综合改革，完善内部治理结构

认真开展"十三五"规划中期检查，了解、掌握和调整规划进展，确保"十三五"规划在进度内高质量完成。启动并全面实施"双一流"建设方案。根据党的十九大精神和"双一

流”建设新目标、新任务，修订综合改革方案。深入实施内设机构改革、人员聘任和分配机制改革、“放管服”改革，进一步完善与一流大学相适应的内部治理结构。

3. 从严加强基层党组织和干部队伍建设，夯实改革发展的组织基础和干部队伍支撑

继续推进“两学一做”学习教育常态化、制度化。加强基层党支部建设，不断增强党支部的创造力、凝聚力和战斗力。持续做好党员发展，特别是在教职工中发展党员工作。实施院(系)党建学术“双带头人”培育工程，强化教师党支部政治功能和服务功能，推动立德树人和教学科研“双促进”。加大中层领导干部轮岗交流力度，切实提高中层干部的执行力、组织力和协调力。完善干部队伍建设规划，切实加强后备干部队伍建设。按照中央统一部署，在处级以上领导干部中开展“不忘初心、牢记使命”主题教育。

4. 完善立德树人协同育人体系，增强领军人才培养合力

突出思想引领和价值塑造，坚持“四为”方针，培养学生的大视野、大胸襟、大格局、大情怀，营造“入主流、做大事”的育人氛围。持续推进“铸魂”“青马”“磐石”等品牌工程，培养锻炼学生的领袖气质、领导才能。努力构建“服务学生发展，促进有效学习，助力健康成长，充满青春活力”的学生服务体系。深入推进专兼职辅导员队伍建设，提高辅导员引领学生发展水平。扎实推进共青团改革，不断增强服务青年成长成才合力。继续完善经济困难学生资助体系，进一步健全学习困难学生、少数民族学生等群体帮扶机制。持续办好文化育人、实践育人、典礼育人、志愿服务、研究生支教、创业创新等品牌活动。继续完善校、院、班、宿四级心理健康教育体系。

5. 进一步加强纪律建设、作风建设和反腐倡廉建设，着力构建与世界一流大学相适应的优良政治生态和学术生态

继续巩固拓展巡视整改成果，构建全面从严治党的长效机制。深入开展党内法规学习教育活动，持续增强党员干部师生的纪律意识、规矩意识。进一步健全贯彻落实中央八项规定精神制度体系，持续深入推进作风建设。持续加强党风廉政责任体系建设，切实增强二级领导班子和主要负责人履职尽责的主动性。坚持挺纪在前，准确运用监督执纪“四种形态”，重点运用好前两种形态，加大谈话提醒、约谈函询力度。完善信访举报分析研判机制，发挥信访举报核心职能。深入推进关键岗位和关键少数的管理与监督工作。将廉洁教育全面融入新任中层干部、新入职教师及新生入学的教育内容中，切实提升廉洁教育实效。完善教师荣誉体系、选树优秀教师典范，开展“师德师风建设年”系列活动，深入开展“学在东南、志在四方”主题学风教育，形成良好师风学风，营造良好学术生态。

6. 加强保障体制机制建设，为学校改革发展构建和谐的校园生态

加强党外代表人士队伍建设，充分发挥党外代表人士参政议政、民主监督作用。持续加强校、院(系)两级教代会建设。进一步加强党委对群团组织的领导，发挥好工会、共青团、学生会、研究生会、退离休协会等群众组织的桥梁纽带作用。切实加强学生工作服

务体系、教职工关爱体系、校园维权服务体系建设。不断完善机关作风建设考评办法，进一步提升机关服务意识和工作质效。持续加强校园民生建设，在推进事业发展中，切实增强师生员工的获得感和东大命运共同体意识。加强信息基础设施建设，进一步提升信息化对学校服务管理的支撑能力。发挥学校高端智库的政策咨询作用，做好专家建言类信息报送。进一步增强师生保密意识，持续提升保密工作制度化、规范化水平。

各位代表、各位同志，新时代新气象，新征程新作为，2018 年校党委将持续发挥好领导核心作用，不断抓好改革发展稳定工作，全力支持学校行政推进综合改革、落实各项工作部署。让我们紧密团结在以习近平同志为核心的党中央周围，团结一心、奋力拼搏，加快建设世界一流大学进程，为实现中华民族伟大复兴的中国梦作出新的更大贡献！

重整行装再出发　奋进之笔谱新篇
坚定不移推动全面从严治党向纵深发展

——在2018年东南大学全面从严治党工作会议上的讲话

校党委书记　左　惟

(2018年6月1日)

同志们：

大家好！

本次会议的名称由以往的“党风廉政建设工作会”改成了“全面从严治党工作会”，名称的变化既体现了党中央的重大战略部署，也体现了中纪委和教育部党组深入推进高校巡视整改的新要求，更意味着学校党的建设内涵的深化、外延的拓展、要求的提升。本次会议的主要内容是全面贯彻落实党的十九大及十九届二中、三中全会精神，习近平总书记在十九届中央纪委二次全会上的重要讲话和中纪委二次全会精神，认真贯彻落实党中央和教育部党组关于全面从严治党工作新要求，总结2017年学校全面从严治党工作，全面部署2018年学校全面从严治党重点任务，严格落实党委主体责任和纪委监督责任，为东南大学加快推进中国特色世界一流大学建设营造风清气正的良好氛围。

习近平总书记在十九届中央纪委二次全会上指出：“全面从严治党，要全面贯彻党的十九大精神，以新时代中国特色社会主义思想为指导，增强‘四个意识’，坚定‘四个自信’，紧紧围绕坚持和加强党的全面领导，紧紧围绕维护党中央权威和集中统一领导，全面推进党的政治建设、思想建设、组织建设、作风建设、纪律建设，把制度建设贯穿其中，深入推进反腐败斗争，在坚持中深化、在深化中发展，实现党内政治生态根本好转，不断增强党的创造力、凝聚力、战斗力，为决胜全面建成小康社会、全面建设社会主义现代化国家提供坚强保证。”这一重要指示精神，为我校在新时代贯彻落实全面从严治党工作、全力推进“双一流”建设提供了基本遵循，注入了强大动力。

借今天这个会，我讲三点意见。

一、准确把握全面从严治党战略部署的新形势新要求

党的十九大做出了中国特色社会主义进入了新时代的重大政治判断，鲜明提出了新时代党的建设总要求。习近平总书记在十九届中央纪委二次全会上强调，“重整行装再出发，以永远在路上的执着把全面从严治党引向深入，开创全面从严治党新局面。”发出了在新的历史起点全面从严治党再出发的动员令，揭开了党的十九大后全面从严治党的新篇章。贯彻落实十九大后全面从严治党战略部署，首先要充分认识、深刻领会坚定不移推动全面从严治党向纵深发展对东南大学建设世界一流大学、办人民满意教育的重大意义。

1. 推进全面从严治党向纵深发展，是坚持党的领导、坚定正确办学方向的根本政治要求

习近平总书记指出，办好我国高等教育，必须全面加强党对高校的领导，牢牢掌握党

对高校的领导权，这是中国特色社会主义教育的本质特征，不能含糊，要旗帜鲜明。全面从严治党，必须坚持和加强党的全面领导。东南大学要建设的一流大学是中国特色的、社会主义的世界一流大学，坚持党的领导是方向性问题，必须旗帜鲜明、立场坚定。我们要坚持以党的政治建设为统领，以实际行动坚定“四个自信”，牢固树立和践行“四个意识”，坚决维护习近平总书记的核心地位、维护党中央权威和集中统一领导。要把从严的要求贯穿到学校党的建设工作的全过程，贯穿到建设中国特色世界一流大学建设的全过程。我们要毫不动摇地坚持党管办学方向、党管干部、党管人才，把党委对学校工作的全面领导落到实处，在战略部署上扣扣子，在责任履行上担担子，在任务落实上钉钉子，扎实推动学校第十四次党代会各项部署落地生效，充分发挥学校党委管党治党、办学治校的领导核心作用。

2. 推进全面从严治党向纵深发展是落实立德树人根本任务的内在要求

习近平总书记强调，一个政党必须有自己的政治灵魂，中国共产党的政治理念就是马克思主义真理信仰、共产主义远大理想、中国特色社会主义共同理想。坚持党的领导，是中国特色社会主义教育的灵魂，是培养德智体美全面发展的社会主义事业建设者和接班人的根本保证。东南大学作为国家重点建设高校，我们的人才培养必须坚持为人民服务、为中国共产党治国理政服务、为巩固和发展中国特色社会主义制度服务、为改革开放和社会主义现代化建设服务，必须坚定不移推动全面从严治党向纵深发展，坚定不移以习近平新时代中国特色社会主义思想为指导，深入贯彻落实全国高校思想政治工作会议精神，始终把加强对青年学生的理想信念教育放在首位，坚持不懈传播马克思主义科学理论，坚持不懈培育和弘扬社会主义核心价值观，坚持不懈促进学校和谐稳定，坚持不懈培育优良校风和学风。牢牢把握意识形态工作领导权，严格落实意识形态责任制，坚决反对和抵制各种错误观点，为培养担当民族复兴大任的时代新人营造风清气正的育人环境。

3. 推进全面从严治党向纵深发展是东南大学加快“双一流”建设的必然要求

建设世界一流大学是一代代东大人始终不渝的初心和夙愿。去年学校入选“双一流”建设A类高校，建设世界一流大学从学校的自觉愿望变成了国家使命和重大政治任务。机遇难得，使命光荣，责任重大，我们必须清醒地认识到，在2020年初步实现世界一流大学建设目标、2035年左右学校实现“1-10-100”的奋斗目标，决不是轻轻松松、敲锣打鼓就能实现的，我们必须准备为此付出更为艰巨、更为艰苦的努力。建设世界一流大学一定是全体东大人的共同事业，需要通过包括全体党员干部在内的4万余名师生员工乃至全体东大校友一起“共筑梦想”。办好中国的事情关键在党，办好东大的事情关键在于学校各级党组织和全体共产党员。面对新的历史机遇，我们以什么样的精神状态来担负历史使命，以什么样的行动姿态来实现奋斗目标，以什么样的办学成效在新一轮高等教育竞争中脱颖而出，关键取决于我们能否通过坚定不移推动全面从严治党向纵深发展，充分发挥好学校党委的领导核心作用、院系党委的政治核心作用、基层党支部的战斗堡垒作用、广大党员的先锋模范作用，团结带领广大师生员工，加快汇聚一流人才、建设一

流学科、培育一流领军人才、推进一流合作、完善一流治理、产出一流成果、作出一流贡献，为决胜2020、为2035年实现“1-10-100”的奋斗目标打好基础。

二、全面从严治党工作取得的成效与当前存在的主要问题

2017年是学校推进全面从严治党的重要一年，学校以迎接中央巡视为契机，以学习贯彻党的十九大精神为中心，认真贯彻落实党中央、教育部党组决策部署，一手坚定不移抓办学改革发展，一手坚持不懈抓全面从严治党，形成了管党治党的鲜明导向和浓厚氛围，政治建设得到加强。修订了校党委理论学习中心组学习实施细则，推动校领导班子强化思想理论武装，牢固树立“四个意识”，自觉向以习近平同志为核心的党中央看齐。进一步健全完善党委领导下的校长负责制、党内民主集中制。校领导班子的政治站位不断提升、担当意识和责任意识不断增强。思想政治建设开创新局面。全方位、多渠道加强对十九大精神的宣传教育研究和贯彻落实。认真制定并落实“意识形态工作责任制整改方案”，出台了系列管理办法、规程和举措，意识形态阵地管理有力加强。出台并实施了加强和改进学校思想政治工作的实施办法和任务清单，全面贯彻落实全国高校思想政治工作会议精神。通过健全机构、完善政策、建强队伍等系列措施，加强和改进教师思想政治工作。以各类活动载体和平台建设为抓手，切实加强学生理想信念教育和社会主义核心价值观教育。干部队伍管理更加严格。出台了《中层领导干部兼职管理暂行办法》，进一步加强中层领导干部兼职管理。严格执纪，加大对违纪干部的纪律处分。基层党组织建设扎实推进。推动交叉任职，切实加强了院(系)党委班子建设。加强了对支部书记的培训和二级党组织对党支部书记的业务指导。进一步加强教职工党员的发展和培训工作，持续推进“两学一做”学习教育常态化制度化。通过实施“抓整改促服务、抓项目促落实”大走访大落实活动，作风建设成果持续巩固。纪律约束更加严格。坚持挺纪在前，信访举报及重点领域监督工作扎实推进。聚焦重点领域和关键环节，继续深入开展重点领域监督工作，出台了系列制度，持续强化规范管理意识，强化制度约束。纪检监察队伍和二级纪委建设进一步加强。全面从严治党制度体系不断完善。通过接受中央巡视、落实巡视整改任务，健全和完善了管党治党制度体系，全面从严治党从宽松软走向严紧硬。责任落实机制不断完善。通过召开年度党风廉政建设工作会议、扎实推进校领导班子成员落实“党政同责，一岗双责”“三个一”、认真开展中层党政领导班子和领导干部党风廉政建设责任制检查考核工作，全面从严治党责任不断落实。

在取得成绩的同时，我们也应清醒地认识到，与上级要求以及师生群众的期待相比，学校全面从严治党工作仍存在一些问题与不足。

1. 落实中央巡视整改的成效需要进一步巩固和拓展

巡视意见反馈后，学校进行了集中整改。集中整改主要是针对中央巡视组在政治巡视中发现的一些具体问题，但有些整改工作和制度落实需要长期坚持深化，一些老问题随形势变化有反弹和反复的可能，有些巡视时未出现的新情况新问题还在发生，这需要我们坚持不懈地把巡视整改成果的巩固、拓展和应用情况纳入日常监督，对新制定的各项制度的执行、落实情况进行督查。要持之以恒地推进作风建设，推动中央八项规定精

神在学校的落地生根。

2. 部分单位落实全面从严治党主体责任不够到位

部分二级单位存在贯彻落实全面从严治党的政治站位不够高、意识不够强、对本单位教职工廉洁教育不够到位等情况。二级党委议事制度普遍欠缺，二级党委的政治核心作用发挥不充分，不少二级单位存在用党政联席会代替党委会的情况。需要我们进一步健全完善学校内部治理结构，健全二级党委的议事决策制度，充分发挥好二级党委的政治核心作用。

3. 部分单位防控廉政风险点的主动性不够

部分二级单位主动预防、主动发现、主动纠正廉政风险的积极性不够，一些重点领域的廉洁风险依然存在，防控风险的压力依然较大。需要我们进一步增强防控廉政风险的积极性、主动性，切实加强二级单位常态化制度化的廉政风险防控自查自纠机制建设，多举措筑牢廉政风险防控基石。

三、大力推进全面从严治党向纵深发展

2018 年是贯彻落实党的十九大精神的开局之年，是实施“十三五”规划承上启下的关键一年，是教育系统党建质量年，是学校“双一流”建设的正式启动之年，同时也是学校全面从严治党的再出发之年。我们将坚持以习近平中国特色社会主义思想为指导，切实贯彻落实党的十九大和十九届二中、十九届中央纪委二次全会精神，认真贯彻落实 2018 年教育系统全面从严治党工作视频会议、教育部直属高校深化巡视整改暨推进巡察工作座谈会精神，以党的政治建设为统领，全面推进党的建设，以永远在路上的执着把全面从严治党引向深入，为学校加快推进世界一流大学建设提供坚强的政治保证。

（一）以政治建设为统领，切实加强党委对学校工作的全面领导

1. 切实发挥好校党委的领导核心作用

认真执行党委领导下的校长负责制，根据教育部党组要求，细化党委运行体制机制实施办法，健全贯彻民主集中制的具体制度，不断改进领导方式和工作方法，承担好管党治党、办学治校主体责任，从政治上、政策上、机制上把好方向、管好大局、做好决策、保好落实。

2. 切实提升基层党组织组织力和战斗力

完善治理结构，巩固和深化院（系）党政共同负责制。进一步规范院（系）党组织会议和党政联席会议制度，提高院（系）议事决策的民主化、科学化、规范化水平，确保党组织在基层院（系）发挥政治核心作用。要健全完善党建工作测评体系，继续开展二级党组织书记抓基层党建述职评议考核，推动基层党组织全面进步、全面过硬。坚定推进全面从严治党向基层延伸，完善校党委、院（系）二级党组织、党支部、党员四位一体的党建工作

体系,探索创新党组织设置方式,确保每一名党员都纳入党组织的有效管理。认真实施党支部书记“双带头人”培育工程,强化教师党支部在政治引领、规范组织生活、团结凝聚师生和促进学校中心工作等方面的重要作用。

3. 切实严肃党内政治生活

各级党组织要严格执行新形势下党内政治生活的若干准则,推动党的组织生活制度化、经常化、规范化,抓好“三会一课”、民主生活会、双重组织生活、民主评议党员等制度的落实。校领导要坚持以上率下,带头加强和规范党内政治生活,通过参加双重组织生活会,发挥领导干部示范带头作用。二级单位负责人要带头用好批评与自我批评这一有力武器,定期分析本单位党内政治生活状况,切实提高组织生活质量,确保有实质内容、实际效果,不流于形式。分管校领导以及纪检监察部门要有针对性地列席二级单位领导班子民主生活会,加强对准则执行情况的监督检查,不断增强党内政治生活的政治性、时代性、原则性、战斗性。

4. 切实营造风清气正的政治生态

要严明政治纪律和政治规矩。坚持“两个维护”,牢固树立“四个意识”,高度警惕“七个有之”,坚决清除对党不忠诚不老实、阳奉阴违的两面人、两面派。严格落实意识形态工作责任制,强化教师授课纪律和规矩,管好各类思想文化阵地,严肃处理突破政治底线和价值底线的现象。要把坚定理想信念作为价值坚守,结合“不忘初心、牢记使命”主题教育,引导党员干部更加自觉地学习党章、遵守党章、维护党章。要坚持党管干部原则,坚持正确用人导向,把好选人用人政治关、廉洁关、形象关,对政治上有问题的人一票否决,对廉洁上有硬伤的人坚决防止“带病提拔”。

(二)以钉钉子精神打好作风建设持久战

1. 坚持抓深抓细,巩固拓展中央八项规定精神贯彻落实成果

要深入学习和掌握中央八项规定精神、纠正“四风”、加强作风建设等方面的规定要求,做到心中有数、心中有戒。要查找“四风”的新问题新表现,要密切关注隐形变异的享乐主义、奢靡之风,切实纠正改头换面的形式主义、官僚主义,重点查找文风、会风和担当作为、服务等方面存在的不足,抓住问题症结,研究对策措施,强化督查督办,狠抓整改落实。要挺纪在前,严肃查处顶风违纪行为,坚决防止“四风”问题反弹回潮。

2. 坚持以上率下,切实加强党风政风建设

“其身正不令则行,其身不正虽令不从。”各级领导干部要切实发挥示范引领作用,带头改进工作作风,带头密切联系师生,严格约束自己,严格家教家风。着力营造想做事、能做事、做成事、干大事的浓郁氛围,以优良的党风政风带动学风校风。

3. 坚持弘扬高尚师德,全面加强师德师风建设

认真贯彻落实中央《关于全面深化新时代教师队伍建设改革的意见》,坚持把提高教

师思想政治素质和职业道德水平摆在首要位置，抓紧落实文件要求，不断改进政策措施，健全师德建设长效机制，强化以形成高尚师德和良好师风为核心的教师培训工作，加强教师党支部和党员队伍建设，进一步提高教师思想政治素质、规范教师科研行为，引导广大教师以德立身、以德立学、以德施教，成为先进思想文化的传播者、党执政的坚定支持者、学生健康成长的指导者。

（三）以制度建设为主线，贯穿全面从严治党全过程

1. 健全完善管党治党制度建设

坚持思想建党和制度治党同向发力，坚持和完善高校党委领导下的校长负责制，持续巩固和深化院（系）党政共同负责制，持续加强基层党建工作制度，不断完善作风建设制度体系，实现管党治党制度和纪律规章与时俱进。

2. 狠抓制度的执行

法规制度的生命力在于执行。2017 年，通过落实中央巡视整改任务，学校出台了一批制度，全面从严治党的制度体系不断完善。贯彻执行法规制度关键在真抓，靠的是严管。要强化法规制度意识，认真开展好法规制度宣传教育，引导广大党员干部师生牢固树立法治意识、制度意识、纪律意识，形成尊崇制度、遵守制度、捍卫制度的良好氛围。各部门、院（系）要加大贯彻执行力度，确保各项法规制度落地生根。同时要切实加强制度执行的监督检查，对违规违纪、破坏规矩制度踩“红线”、越“底线”、闯“雷区”的，要坚决严肃查处，坚决防止“破窗效应”。

（四）以落实“两个责任”为抓手，推动全面从严治党落到实处

1. 各级党组织要全面履行主体责任

校领导班子成员首先要带头示范，要统一思想认识、自我加压，自觉全面履行主体责任，并主动接受监督。各级党组织要切实提高政治站位，时刻肩负起全面从严治党这个政治责任、主体责任、第一责任；切实强化党建工作，真正担负好直接教育、管理、监督党员，组织、宣传、凝聚、服务群众和广大师生的职责。各级领导干部要切实履行“一岗双责”，认真做好职责范围内的从严治党工作；严格执行“三重一大”决策制度，做贯彻执行民主集中制的表率；带头落实中央“八项规定”精神，做加强作风建设的表率；自觉遵守廉洁自律各项规定，做遵守党纪规矩的表率。

2. 强化主体责任压力传导机制

各级党组织要把管党治党的责任层层传导、层层压实，打通“末梢神经”。要防止“推一推就动一动”“不推就不动”的不作为状态，不做“吼吼嗓子”“做做样子”“摆摆架子”的表面文章，力戒“上有政策，下有对策”搞变通的错误行为。学校将进一步优化和健全责任考核机制，强化责任追究，推动责任落实。

3. 校纪委要进一步把监督执纪工作做细做实

校党委将坚定不移地大力支持纪检监察部门深化“三转”、突出主业，支持纪委履行监督执纪问责工作，以“零容忍”的态度严惩腐败。纪检监察部门要准确地把握中央要求的精神实质，提升政策业务水平，做到精准执纪。要坚持把纪律和规矩挺在前面，加大约谈、函询和诫勉谈话、纪检监察建议书等监督手段的运用，对于在各种监督检查和纪律审查中发现的问题，要及时提出改进的建议并督促落实。对违纪违规行为要加大执纪问责的力度。

（五）以开展校内巡察为抓手，把全面从严治党责任落地落实

1. 牢牢把握中央巡视工作基本要求

深入学习习近平总书记巡视工作思想，深入学习贯彻《中国共产党巡视工作条例》《中央巡视工作规划(2018—2022)》和教育部党组巡视工作规划，充分认识开展巡视巡察工作的重要性，切实增强责任感、使命感和紧迫感，牢牢把握新时代巡视工作“发现问题、形成震慑、推动改革、促进发展”的原则，切实把巡视巡察作为党委落实主体责任的重要抓手和具体行动落到实处，认真开展好十八届中央巡视整改任务复查工作，为迎接十九届中央巡视打下坚实基础。今天上午的党委常委会讨论了相关的两个议题：一是部署对我们去年巡视整改的落实情况进行复查；二是专门研究了从今年起，学校党委对二级单位党组织进行巡察的原则意见和办法，近期还将建立相应的工作体制机制。

2. 全面启动校内巡察工作

根据党中央和教育部关于加强巡察工作的有关精神，今天上午的常委会讨论通过了成立巡察工作领导小组等相关机构，学校党委后续还将出台巡察工作办法和工作规划，进一步健全上下联动的校内巡察体制机制和方法方式，切实加强巡察工作干部队伍建设，启动并认真开展好校内政治巡察工作。校内巡察要和中央对省部级单位的巡视上下联动，十九届中央要对省部级单位进行新一轮巡视全覆盖；作为基层党委，在本届学校党委的五年任期内，要对二级党组织巡察实现全覆盖。巡察工作将突出政治巡察，把握政治定位，聚焦党的领导、党的建设、全面从严治党，坚持“六个围绕”，践行“两个维护”，强化“四个意识”，紧扣中央关于政治巡视的新要求、紧扣贯彻落实中央、教育部及省委重大决策部署、紧扣严肃党内政治生活、紧扣加强巡视巡察整改、紧扣学校党政重点工作任务落实等情况，切实推进巡察工作。校内政治巡察将充分发挥巡察监督的标本兼治战略作用，坚持问题导向，把推动解决问题作为巡察工作的落脚点，强化反馈意见整改，强化移交问题和线索处置，强化治本功能，强化督查督办，切实做好巡察“后半篇文章”，着力打通全面从严治党的“最后一公里”。各二级单位党委要切实担负起主体责任，深刻认识校内政治巡察对推进党的建设、促进事业发展的重大意义，知责明责、积极有为，确保校内巡察工作有力有效开展。

同志们，全面从严治党的新征程已经开启，让我们更加紧密地团结在以习近平同志

为核心的党中央周围，切实担负起全面从严治党主体责任，团结带领全体党员、领导干部和广大师生员工，紧紧围绕学校中心工作，不忘初心、继续前行，真抓实干、砥砺奋进，着力把全面从严治党落实到学习贯彻党的十九大精神上来，落实到深入推进“双一流”建设上来，落实到贯彻践行内涵式发展上来，为东南大学实现“1-10-100”的奋斗目标，为加快实现中华民族伟大复兴的中国梦而努力奋斗！

谢谢大家！

开启校内巡察工作新局面，为“双一流”建设提供坚强保障

——在东南大学党委首轮巡察工作部署动员大会上的讲话

校党委书记 左 惟

(2018 年 11 月 8 日)

同志们：

下午好！

今天我们召开“东南大学党委首轮巡察工作部署动员大会”，标志着学校党委对二级单位党组织巡察进入具体实施阶段。此前，根据教育部党组的要求，学校已经相继成立党委巡察工作领导小组、党委巡察工作办公室，完成了相关组织、领导机构的设置。此外，学校还多次召开党委常委会专题讨论巡察工作。特别是从今年 6 月起，分别在全面从严治党工作会议、暑假期间的“不忘初心、牢记使命、担当责任”研修班和下半年的全体中层干部大会上，对巡察工作的开展进行了部署、提出了要求。这学期开学以来，党委巡察办对巡察工作相关文件做了进一步完善和梳理，对重点工作也做了细化，并在一定范围内征求了意见。

经过前期的充分准备，10 月 30 日召开的校党委常委会研究决定：学校成立 4 个巡察组，对自动化学院、人文学院、化学化工学院和公共卫生学院 4 家单位的党委进行首轮巡察。11 月 9 日起，4 个巡察组将进驻被巡察单位，代表学校党委正式开展首轮巡察。

下面，我就学校党委的首轮巡察工作，讲三个方面的意见。

一、充分认识学校党委开展巡察工作的重要意义

关于巡察工作，中央有要求，党章有规定。巡察本质上是政治监督、组织监督和纪律监督。作为中国现代大学制度建设和大学治理体系的有机组成部分，学校党委对二级单位党组织巡察是贯彻落实中央精神、强化中央巡视整改所必需的举措，更是推进“双一流”建设、实现更好更快发展的坚强保障。

1. 开展巡察工作是贯彻落实党中央精神的必然要求

党的十八大以来，党中央把巡视作为全面从严治党的重大举措和党内监督的战略性制度安排，深入推进巡视工作理论创新、实践创新、制度创新，不断赋予巡视制度新的活力，探索了一条实现党自我净化的有效路径，为坚持党的领导、加强党的建设、全面从严治党提供了有力支撑。党的十九大以来，中央明确提出，各级党委(党组)要切实担负起巡视巡察工作主体责任，建立健全巡视巡察机构，在持续推进巡视工作的同时，全面开展巡察工作。新修订的党章也专门对建立巡视巡察制度作出了规定。教育部党组在今年 3 月举行的教育系统全面从严治党工作视频会议上，要求“推动直属高校党委对二级单位党组织开展巡察工作。每届党委应在任期内对二级单位党委实施巡察全覆盖”，突出政治巡察，以基层党组织领导班子及其成员，特别是一把手作为巡察重点，着力解决弱化、

虚化、边缘化问题。5月17日，教育部党组召开“教育部直属高校深化巡视整改暨推进巡察工作座谈会”，就高校党委对二级单位党组织开展巡察做出进一步部署。学校党委即时启动巡察工作，就是对党中央、教育部党组相关要求的全面贯彻落实。

2. 开展巡察工作是做好中央巡视整改“后半篇文章”的重要途径

中央要求，要将上级巡视巡察反馈意见、整改情况纳入本级巡视巡察重点，做到成果运用上下联动。去年上半年，学校党委接受了中央巡视。巡视意见反馈后，学校进行了集中整改。集中整改主要是针对中央巡视组在政治巡视中发现的一些具体问题，但有些整改工作和制度落实需要长期坚持，一些老问题随着形势变化有可能反弹和反复，有些巡视时未出现的新情况、新问题还在发生，这就要求我们必须坚持不懈地把巡视整改成果的巩固、拓展和应用情况纳入日常监督。作为巡视工作向基层的延伸和拓展，学校党委开展对二级单位党组织的巡察工作，目的就在于与巡视相互借力、同向发力，做好巡视整改的“后半篇文章”，持续强化巡视整改工作落实、巩固整改成果、推动成果运用，最终达到标本兼治的效果。

3. 开展巡察工作是推进“双一流”建设的坚强保证

去年，我校入选一流大学建设高校A类名单，11个学科入选“双一流”建设学科名单，建设世界一流大学从学校的自主愿望变成了国家使命和重大政治任务。推进“双一流”建设，实现“1-10-100”的奋斗目标，必须紧紧依靠各基层院（系）和全体师生。学校党委开展巡察，其中一项重要任务就是进一步强化基层党组织建设和院（系）领导班子建设，督促基层党委在院（系）的价值导向、生态构建、氛围营造等方面下功夫。基层院（系）的价值导向正确了，政治和学术生态健康了，整体氛围积极向上了，院（系）党委的政治核心作用、基层党支部的战斗堡垒作用、广大党员的先锋模范作用发挥出来了，才能更好地凝聚共识、团结一致，建设一流学科，培育一流领军人才，推进一流合作，完善一流治理，产出一流成果，为学校的“双一流”建设、“十三五”事业发展和全面综合改革做出一流贡献，并最终实现学校事业发展与师生自我发展的双赢。

二、以巡察工作深入推进全面从严治党

对二级单位党组织进行巡察工作，是学校党委在新时代、新形势和新要求下加强党的建设、强化党内监督的重要举措，是督促和检查基层党组织把政治责任更好落实到位的工作抓手，是学校党委全面从严治党总体布局的重要组成部分与环节。我们要深刻领会中央精神，以党内巡察深入推进学校党建工作。

1. 开展巡察工作是加强党的建设的重要内容

党的十八大、十九大明确指出，党的建设是中国特色社会主义事业的核心和关键，是实现“两个一百年”中国梦的核心和关键。落实到学校的具体工作中，党的建设也是我们建设世界一流大学的核心和关键。面对新时代新征程，我们要高质量地完成立德树人根本任务，扎根中国大地办中国特色世界一流大学，必须要牢牢把握高校党建工作目标要

求,将管党治党、办学治校的主体责任落实到位,夯实培养社会主义建设者和接班人重大历史责任的基础。巡察是政治体检,整改是政治任务。大家一定要明确,巡察是党内的"政治体检"、作风的"综合会诊"、精神的"集中补钙"和思想的"深刻警醒",是学校党委工作的重要内容,是学校党委落实全面从严治党主体责任的重要抓手和具体行动,巡察工作办公室是学校党委的组成部门。

2. 开展巡察工作是推进全面从严治党向基层延伸的有力举措

习近平总书记强调,党内监督要纵向到底,压力必须传导下去。学校的发展,基础在院(系)。学校党委开展对二级单位党组织的巡察,发挥巡察的政治"显微镜"和"探照灯"作用,一方面可以将中央的精神、政策、要求和学校党委的部署落细落实,持续提升学校全面从严治党工作的质量和水平,营造更加积极、健康、向上的校园政治生态和学术生态;另一方面可以把党内监督触角延伸到基层一线,实现全面从严治党"最后一公里"向基层延伸、向纵深推进。学校党委开展巡察一定要务求实效,我们要通过巡察,进一步明确政治纪律和政治规矩,进一步规范各项工作开展,进一步强化基层党组织的凝聚力、向心力。

3. 开展巡察工作是对加强高校党建工作的全新探索

高校对二级单位党组织进行巡察,是着力加强新时期党建工作的一种全新探索。虽然有部分高校已经开展了巡察,有的甚至已经开展了几年,但是,各个高校开展巡察的方式各有不同,效果也各有不同。对于东南大学来说,在总结和参考兄弟高校相关工作经验的基础上,最重要的就是要立足东大实际,通过建立符合我校校情的巡察制度,丰富学校党建工作的内容与途径,进一步提升党建工作的质量和水平,为学校事业发展提供坚强保证。这是一项全新的工作,也是逐步探索的过程,巡察组与被巡察单位不仅是巡察与被巡察的关系,更是共同探索学校从严治党的合作关系。既然是探索,就会有成功的经验,也会有不足之处,需要每一位同志切实提高政治站位,提升大局观,理解、支持巡察工作,积极保证各项措施落实到位。通过共同的探索、实践,不断完善制度、形成体系,以扎实的成效更好地服务学校发展。

三、认真落实首轮巡察工作的根本要求

学校各相关单位要在学校党委的统一领导下,牢牢把握新时代巡察工作的政治定位,从政治高度认识巡察工作,严守巡察工作纪律和作风,扎实履职,树立好学校党委的形象,展现出学校党委的领导核心作用。

1. 聚精会神推动问题的解决

尽管中央巡视给我们指出了一些问题,我们也开展了相应的整改措施,但有些正在发生和将要发生的问题仍需引起我们重点关注。例如,新制定、修订实施的规章制度的贯彻执行效果还有待提升,"三重一大"决策制度的落实情况还需持续加强,二级单位党组织运用监督执纪"四种形态"特别是运用好第一种形态开展日常教育、管理、监督还需

进一步推进，重点领域、重点岗位的风险防控体制机制建设还需进一步加强，中央八项规定精神在学校落地生根还需持续推进，作风建设还要继续深化等。学校党委开展巡察，不是走形式、走过场，不是简单地对上有交代、完成任务，而是要在学校党委的统一部署下，坚持以问题为导向，紧扣院（系）特点，推动基层关注问题、发现问题、解决问题、预测问题，并尽最大的努力避免问题的发生，最终为推动改革、促进发展提供有力保障。全校各基层党组织要深刻领会中央精神、学校党委要求，强化责任担当，积极发挥党组织在基层的政治核心作用。要以巡察为机遇，正视困难和矛盾，实现接受巡察与进一步推进全面从严治党工作相结合，与彻底解决本单位存在的历史问题、难点重点问题相结合，与提升院（系）的治理能力相结合，以此推动贯彻落实学校第十四次党代会精神，推动全面实施学校“十三五”发展规划及“六大支撑计划”，推动综合改革落到实处，推动“双一流”建设迈上新台阶。

2. 同心协力完成巡察任务

全校上下要对巡察工作准确定位、认识到位，同心协力做好首轮巡察，凸显实效。学校各级党组织和领导干部要全面贯彻落实习近平新时代中国特色社会主义思想和党的十九大精神，增强“四个意识”，坚定“四个自信”，坚决做到“两个维护”，把接受学校党委巡察作为一项重要的政治任务纳入本单位中心工作。各基层党委要做好组织动员，以高度的政治自觉和使命担当，带领单位师生员工全力支持、积极配合巡察组开展工作，做到巡察前即知即改、巡察中立行立改、巡察后全面整改。对于巡察组提出的工作要求，各相关职能部门及单位要予以支持。相关职能部门要充分利用干部培训、校内外各种媒体等途径，宣传、介绍学校党委巡察工作，教育引导全校各级党组织和各级领导干部切实提高政治站位，深刻领会和把握开展校内巡察工作的意义与要领，为健康推动开展巡察工作营造良好的氛围。

3. 严格遵守巡察工作纪律

被巡察单位要依规依纪接受巡察。被巡察期间，要做到日常工作与接受巡察“两不误”“双促进”。巡察组入驻期间，被巡察单位党政主要负责人，不要到外地出差；如确有特殊情况，需与巡察组协商，并向分管校领导请假报备。巡察组依靠被巡察单位党组织开展工作，不干预被巡察单位的正常工作，不履行执纪审查职责，不对重要情况和重大问题作个人表态，依规依纪开展巡察。首轮巡察共成立 4 个巡察组，每个组设组长 1 名、副组长 2 名、成员 2 名、联络员 1 名。所有成员都是从学校各单位抽调的，前期也和各单位主要负责同志做过沟通和交流。在驻点巡察期间，巡察干部抽调单位要全力支持被抽调干部开展巡察工作；巡察组干部在巡察期间应以巡察工作为主，如遇特殊情况，可以适当兼顾原单位工作。巡察组干部要严格遵守工作纪律，保持政治本色；要把巡察工作作为锻炼和提升自己综合能力、全面了解学校整体工作、各单位相互学习的契机，为更好地开展本职工作积累经验。

最后，我想再和大家强调两点：第一，确定的首轮巡察的 4 家单位是学校党委根据学科分布、学院教职工及党员基本情况、各单位平时工作基础等综合考量的结果。第二，巡

察是学校党委当前和今后一个时期的主要工作任务之一,学校党委会持续推进巡察工作的常态化、制度化,结合院(系)党政换届工作,在本届学校党委任期内实现对基层党组织巡察的全覆盖。

各位同志,以今天的会议为标志,我校的巡察工作进入实际操作阶段。全面从严治党永远在路上,学校党建工作也将迈上新的征程。我们要以高度的政治责任感,深刻理解“两个维护”是巡察工作的根本政治任务,“五个持续”是深化政治巡察的具体要求,认真贯彻落实习近平新时代中国特色社会主义思想,紧扣高等教育建设和发展规律,紧密结合学校党建工作实际,团结一致,勠力同心,在首轮巡察工作中交上一份满意的答卷!

谢谢大家!

在2018年春季全校中层干部大会上的讲话

党委书记　左　惟

（2018年2月23日）

一、2017年学校党委主要工作

（一）自觉接受中央专项巡视，认真抓好巡视整改工作

2017年3月3日至4月30日，中央第四巡视组对校党委进行了专项巡视。校党委自觉增强“四个意识”，主动接受、认真配合中央巡视，保障了巡视工作的顺利完成。中央巡视组反馈巡视意见后，学校党委认真组织整改落实，明确了三方面125条整改任务，由29个单位牵头负责，巡视整改工作领导小组下设5个专项工作组协同推进落实整改。认真制定并落实意识形态工作责任制整改方案，持续抓好后续整改，拓展整改成果，工作成效不断彰显。

通过接受此次巡视和开展巡视整改，学校领导干部增强了党性修养，严肃了工作纪律。各级党组织增强了活力和战斗力。学校在巡视整改中，全方位梳理了各项规章制度，着力补齐短板。学校党员领导干部理想信念更加坚定，组织生活更加严肃，组织纪律更加严明，组织活力更加迸发，党建重点更加明确。

（二）深入学习党的十九大精神和习近平新时代中国特色社会主义思想

学校各级党组织通过组织师生员工集中收看、传达会、座谈会、辅导报告、开设专题网站、主题征文等多种形式，认真学习宣传贯彻党的十九大精神。筹建专门研究机构，加强习近平新时代中国特色社会主义思想研究。组织校、院（系）两级理论学习中心组集体学习，面向全校中层干部和教工党支部书记开设“至善理论讲堂”，举办专家辅导报告会，选派基层党委书记分批次参加十九大精神专题培训。

党的十九大精神和习近平新时代中国特色社会主义思想内容极其丰富，对党和国家未来的发展具有重要的意义，同时也为学校未来的发展指明了方向。相关精神的学习领会不是几个月就可以完成的，一是需要我们更加深入地学，领会其深刻、丰富的内涵；二是需要我们结合学校发展实际去学，把十九大精神和习近平新时代中国特色社会主义思想用于指导学校建设世界一流大学的发展实践；三是需要我们朝着“学懂、弄通、做实”的方向去努力。

（三）顺利通过教育部本科教学工作审核评估

去年年末，我们顺利通过了教育部本科教学工作审核评估。大学的根本任务就是立德树人，大学培养学生如同军队就要打仗、农民就要种地，教师就要教书育人，这是天经地义的。像东南大学这样底蕴深厚、具有优良办学传统的学校，顺利通过本科教学工作审核评估是非常重要的办学基础。通过这样的审核评估，我们总结了办学经验和做法，

梳理了办学思路和发展理念，寻找、发现了仍存在的问题，并倒逼我们研究和解决这些问题。虽然评估顺利通过了，但是这项工作并未完成，今后还要继续做下去。今年要进行教育思想大讨论，包括本科人才培养和研究生人才培养都要进行讨论，这也是巩固和深化本科教学工作审核评估的成果、保障各项既定任务顺利完成所做的后续安排部署。

(四)学校入选一流大学建设高校A类名单，11个学科入选"双一流"建设学科；第四轮学科评估成绩喜人

去年是学校学科建设成果集中展示的一年。学科建设的成绩实际上是一段时间以来，学校脚踏实地，秉承"止于至善"的校训，致力于内涵式发展的集中体现，是学校优势学科的一次集体展示，也是东南大学走向世界一流的重要基础。无论是学校广大师生员工和校友，还是关注学校的各界朋友，都为学校在"双一流"建设和第四轮学科评估中取得的成绩感到高兴、鼓舞。

在这里，特别要提一下：艺术学入选一流学科并被评为A+学科，哲学和应用经济学被评为B+学科。我们从1988年复更名东南大学就开启了从南京工学院走向东南大学的进程，30年来，我们在多学科融合发展方面取得了重要成绩。2017年在"双一流"建设和第四轮学科评估中，我们这几个学科取得的成绩，实际上就是学校30年来向综合性大学发展的一个重要成果。回顾哲学和应用经济学学科30年前的发展基础，就能感受到这两个学科能评到B+的不易。在这里，也对为学校在"双一流"建设和第四轮学科评估取得优异成绩做出支持和贡献的相关学院、学科的领导和老师表示由衷的祝贺和感谢！

二、2018年学校党委重点工作

(一)根据中央部署，以组织开展好"不忘初心、牢记使命"主题教育作为今年党内思想教育的主线

党的十九大对这项工作已有了总体要求，这项工作是学习贯彻十九大精神的一项重要部署，也是加强党的思想建设、作风建设的重要举措。要按照中央统一部署，认真组织实施，以处级以上领导干部为重点，开展"不忘初心、牢记使命"主题教育，引导广大党员干部不忘为中国人民谋幸福、为中华民族谋复兴的初心，勇担办中国最好大学、世界一流大学的神圣使命。

(二)根据党的十九大精神和中央统一部署要求，修订学校综合改革方案

一是在上半年教育思想大讨论的基础上统一思想，通过对学校综合改革方案的讨论和修订，形成一流大学建设的重要时间节点、学校发展定位、学校建设目标、学生培养目标等重大问题的统一共识。

二是延续学校党委自去年10月以来开始酝酿的内设机构的调整改革，结合"放管服"改革的精神以及今年中央深化党和国家机构改革的要求，制订、完善学校内设机构设置调整方案。随着现代社会分工越来越细，我们用于沟通和协调的精力越来越多。因

此，面对新形势、新要求，需要我们进一步研究内设机构的合理设置，提高干部的沟通意识、沟通技巧，完善机构运行的流程。通过优化内设机构设置，提高学校开展各项工作的协调性，推进管理中心的不断下移。

三是要组织力量研究推进“强势工科、优势理科、精品文科、特色医科”计划的实施路径与方法、时间节点与标志。针对当前新工科如火如荼的发展形势和工科理科化、理科工科化、医工结合、文理结合等发展趋势，我们要从思想准备、策略研究、人才储备、学科优化等方面有更积极的态度、更顶层的设计、更合理的谋划、更坚定的落实。

四是以人事制度改革作为综合改革的关键点和突破点。回顾改革开放 40 年的发展历程，中国高等教育进行了全方位、深层次的改革，但是每一轮改革都是以聘用、考核、分配为核心的人事制度改革为关键点和突破点。

（三）进一步加强组织建设

一是切实加强基层党组织建设。以全面推进教师党支部书记“双带头人”培育工程和后备干部培养、充实党支部领导班子为重点，加强对基层党组织建设的指导，扎实推进基层党组织建设。

二是以制度化、规范化和加强理论学习为重点，加强院（系）、部处的班子建设。高度重视理论学习，以多种方式、多种层次并重的形式提升学习效果。

三是以优化结构为重点，深入贯彻落实《东南大学中层领导干部选拔任用工作条例》的要求。优化领导干部的年龄结构、党派结构、学科结构，并考虑班子成员的性格特点等综合情况，努力提高人岗匹配度。保证领导干部能认清形势，有清晰地解决问题的思路，并能准确研判未来发展的趋势。坚持正确的用人导向，加强干部作风建设，引导领导干部不断学习、不断努力，以持续胜任建设世界一流大学的责任和要求；同时，要不断探索选人用人的新理念、新途径，以适应新时代的新要求。

（四）突出“人才年”主题

一是外延扩张和内涵提升相结合，以更大气力抓好教师队伍建设。人才培养靠人才，培养的是人才，依靠的也是人才；培养的是学生，依靠的是教师。学校目前的师资队伍在质量和数量上都与世界一流大学、国内顶尖大学存在比较大的差距；同时，学校对人才引进的力度跟兄弟院校相比，差距也很大。学校不少部门、院（系）不善于、不敢于对教师考核，其结果导致一些教师“掉队”。因此，要以对教师发展负责任的态度，加大对教师的考核力度，提升对教师的要求。

二是以教育思想大讨论为基础，强化人才培养意识，提升人才培养能力，彰显人才培养贡献。大学的五大职能中，最基本的是人才培养。在中国特色社会主义新时代，建设中国特色世界一流大学，需要解决“培养什么人、怎样培养人、为谁培养人”这一根本问题。要解决这一问题，需要坚持“四为”方针：为人民服务，为中国共产党治国理政服务，为巩固和发展中国特色社会主义制度服务，为改革开放和社会主义现代化建设服务。要认真研究、解决我们在接受本科教学工作审核评估中梳理出的问题，结合教育思想大讨论所形成的共识，提出解决思路和方法。

（五）结合党的十九大精神，各单位都要深入思考本单位发展不充分、不平衡的问题

在优异的成绩面前，我们要深刻思考现存的问题和隐患。要用改革创新的态度和办法，解决我们在认识理念、思想方法、发展路径、运行惯性、目标要求等方面存在的与习近平新时代中国特色社会主义思想、与世界一流大学建设要求不适应的问题和薄弱环节。面对社会高速的发展和激烈的竞争，我们必须以更加坚定的决心、更加艰苦的努力、更加积极的担当去谋划学校的改革发展，深入思考本单位存在的发展不平衡、不充分的矛盾和问题。

新年开春之际，万象更新，希望全校上下能凝聚共识、共谋发展，通过共同努力，推动学校高质量发展，为能按预定计划在 2020 年初建成世界一流大学而不懈努力。

在 2018 年秋季中层干部大会上的讲话

校党委书记　左　惟

（2018 年 8 月 20 日）

各位同志：

大家下午好！新学期好！

下面就结合上半年学校党委工作开展的情况，对下半年党委的工作思路和重点工作谈一些意见。

下半年，学校党委将按照年初确定的工作总要求和总部署，以深入学习贯彻落实党的十九大精神和习近平新时代中国特色社会主义思想为主线，贯彻“改革、质量、效率”关键词，坚持重塑目标、深化改革、激发活力、引领发展，聚焦“人才年”的工作定位，以巩固拓展全校教育思想大讨论的成果为重点，深入实施综合改革方案、“十三五”规划和“六大支撑计划”，认真贯彻落实“双一流”建设方案，力争学校各项事业取得新突破、再上新台阶。

一、围绕学校确定的“人才年”主题和“质量、改革、效率”关键词，抓好师资队伍建设和人才培养工作

今年的主题是“人才年”，主要包含两个方面的内容：一是人才培养，二是培养人才的人才。

（一）师资队伍建设

建设世界一流大学，其中很重要的就是要建设一支世界一流水平的师资队伍，这涉及我们常说的高端师资、高端人才问题。借这个机会，我想讲几个观点，供大家参考。

第一，依靠现有的师资水平以及现有的高端人才增长模式、增长态势，东南大学在未来十几年内，甚至二十年内要完成世界一流大学的建设任务，可能比较困难。不仅如此，如果这种状况在近几年得不到大幅度甚至根本性的改变，东南大学还将在未来 5～10 年之内被兄弟学校赶超，甚至可能跌出前二十、前三十。

第二，学校近年来在高端师资引进、培育方面的成效很大，但是对比一些国内“双一流”建设高校，我们在高端人才上与他们的差距不是在缩小，而是在加大，甚至原来属于“211”层次的一批学校，现在在高端人才的增长上也都比我们快、比我们多。原来跟我们层次水平差不多、属于同一方阵的一些学校，现在每年在“国字号”人才的增长量上几倍甚至十几倍于我们，差距在不断拉大。从某些意义上来讲，我们和原来差不多的学校已经不在一个层级上。所以说，我们和自己比，成绩“斐然”；横向比，心惊肉跳。

第三，在学校“十三五”规划的“六大支撑计划”中有“高端师资倍增计划”，据了解，实施效果可能不太理想，数据不太乐观。我们有些院（系）长期没有“国字号”人才；有些院（系）经过多年努力，刚刚解决了“国字号”人才有无的问题；还有一些基础不错的院（系），这两年出现了明显的人才断层，没有补充新的“国字号”人才。我们很少看到一级学科有

分布合理、阵容强大的“国字号”人才队伍,包括现在建设成就很不错的一些院(系)在内;二级学科分布比较合理、年龄梯队和研究方向分布比较合理、都有“国字号”人才队伍的情况也不多见。这种状况如果不能迅速转变,东大今天的成绩可能在未来大踏步地后退,甚至被打回原形,这是目前我们遇到的很大的挑战,也是我们冲击世界一流过程中很大的障碍。

问题出在哪里?如何破解?这是全校上下都必须深入思考和付诸努力的。学校上下,从学校领导到职能部门、到院(系)、到学科带头人,都要从认识、胸襟、体制、机制、政策、文化等方面进行反思,并且采取更加积极、更加坚决、更加有效的措施来解决。我们的职能部门,特别是每个院(系)必须进行深刻的总结反思,必须立足学校、院(系)的长远目标和实际,研究出台切实可行的解决方案。院(系)领导、办学骨干必须有宽广的胸襟来争取更多优秀的高端人才加盟。我们引进高端人才,嘴巴上的共识多,思想上、行动上的共识少,我们可以从成效看出这一点。我们在引进高端人才方面,没人可用时才着急,燃眉之急时才真引;但在可有可无、希望锦上添花时,是不着急的。个别教师还有高端人才引进后会和自己分资源的顾虑。

按照我们“十三五”规划和“高端师资倍增计划”当初的设定,到 2020 年,我们的高端师资总量应该达到 300 人左右的规模,目前,我们大概只有 200 人。还有 2 年多的时间,我们必须引进 100 人,才能让高端人才占我们专任教师的比例大致达到 10%。考虑到体育、外语这类院(系)可能在引进高端人才方面确实存在一定困难,因此,发展得较好的一些院(系),高端人才占比应稍高一些,大概要达到 25%。对比一下,我们每个院(系)的任务都很艰巨。一方面,学校人事处、发展规划与学科建设处应考虑拿出一份可行、可操作的思路和方案,包括公共与个性相结合的支持政策,详细的任务分解,可行、可考核的措施,以此来推进解决。另一方面,也希望全校所有院(系)要把高端人才的引进与培育当成院(系)发展的重中之重来考虑、谋划。强调一下,这里说的人才,除了我们年度常规引进的博士和教授外,特别强调学科带头人、顶尖高层次人才、“国字号”人才重要。

今年下半年,要秉持“人才是第一资源”的战略思想,坚持把一流师资队伍建设作为人才工作的核心。坚持“优化结构、创新机制、激发活力”的人才发展思路,大力推动实施“高端师资倍增计划”,扩大高端人才增量,激发现有人才队伍活力。创新人才工作机制,充分发挥人才工作领导小组的顶层设计和组织协调作用,健全和完善校、院(系)两级人才工作责任制,着力营造引才、聚才、育才的良好氛围和让人才充分发挥作用的工作环境。坚持内外联合,结合一流学科建设布局,探索实施“大师+大团队+大平台”的引育模式,努力建设一流师资队伍。以高水平人才队伍建设为核心,进一步深化人事制度综合改革,健全师资队伍薪酬体系和人才工程。建立健全关键业绩指标(KPI),综合考核各职能部门的指标评价体系。

今年是“人才年”,年终时,我们可能要分析各院(系)人才引进的情况,检查人才队伍状况是否有实质性的改善。

(二) 人才培养

今年上半年,我们在全校范围内开展了以“深化教育综合改革,培养一流创新人才”

为主题的教育思想大讨论。大讨论确定的主题与教育部上半年在成都召开的本科人才工作会议提出的坚持“以本为本”“四个回归”在内涵上高度吻合。

大讨论开展的成效有目共睹，我们形成了院（系）、职能部处的总结报告和专项研究报告，召开了总结大会，认真总结了大讨论的各项成果。通过大讨论，我们凝聚了对人才培养的新共识，其中最重要、最突出的就是人才培养定位从原先的“栋梁之才”转变为“领军人才”。人才培养目标定位的重塑为制订学校“2020 一流本科教育行动计划”、研究生教育综合改革方案以及全面修订学校综合改革方案、人才培养方案奠定了思想基础。

今年下半年，在人才培养方面的重点任务就是迅速把共识落实为行动。根据新的领军人才培养目标确定新的人才培养方案，完善、修订综合改革方案，全面深化人才培养体制机制改革。紧紧围绕“努力造就具有家国情怀和国际视野、担当引领未来和造福人类的领军人才”的培养目标，加强体制创新，优化人才培养治理结构。探索构建更加合理顺畅的人才培养管理体系，建立适应大类招生和大类培养的纵横交叉、运行高效的管理结构，深入推进教学基层组织在各院（系）教学工作中的关键作用。构建“可视、公开、约束、激励”的政策机制，激发办学活力。加强教师在岗位聘任中的教学考核。优化招生机制，建立特殊人才考核评价标准，优化职称（职级）晋升制度，构建教学与科研共生协调的教师考核评价模式。改革研究生导师评聘评价机制。探索实施大类招生、大类精英培养，综合性、复合型人才培养的方案。构建本硕博一体化的培养方案，实现课程与研究的贯通设计。通过多种方式和途径，提升学生跨文化交流、学习和工作能力，培养学生的领军意识和能力。遵循思想引领、知识传授、能力发展的原则，构建学习课堂、实践课堂、文化课堂“三位一体”的育人体系。建立教师自评、学生评教、校内外同行专家评价、督导与领导评价“四位一体”的教师教学评价体系。为各类教育教学活动顺利开展提供更科学有效的设施条件，切实体现学校以学生发展为中心的理念。

在这里也要特别指出，我们要清醒地看到，大讨论并没有解决我们所有的问题，部分同志、部分单位在观念、认识、做法上没有跟上学校发展的步伐，还停留在过去熟悉的观念、习惯和做法上，需要我们引起高度的重视。

二、从改革寻找发展动力，用改革破解发展难题

关于改革，我想强调三点：第一，未来社会的任何发展和进步，依靠的都是改革创新；第二，今天的东南大学比历史上任何时候都接近世界一流，也都更加迫切地需要改革创新，这是由我们面向新时代、建设世界一流大学的目标所决定的，也是由我们目前的发展和改革举步维艰的现状所决定的；第三，自上而下、系统设计的改革极其重要，先行先试、以点带面、示范引领的改革也极其重要。

东南大学有非常良好的改革传统，曾经有过许多在全国高校开创先河的改革举措，取得过许多令人瞩目的改革成效和社会声誉，其中不乏很多标志性、引领性、旗帜性的改革，比如内部管理体制改革、招生制度改革、学生奖励制度改革、人事制度改革。但是，近年来在全国产生重大影响的改革不多。东南大学近年来的建设发展成绩不错，师生满意、校友满意、社会赞同，是改革开放以来发展最好的时期，这在很大程度上归功于在此之前学校历任主要领导推行的一系列改革，但总体而言，东南大学改革创新的整体性、系

统性、深刻性、成效性和影响力，从目前来看，还不在前列。我们需要认真向兄弟学校学习，他们的改革已经走在了我们前面，他们的改革成效已经得到了一定程度的检验。

为什么要改革？因为我们的发展目标变了，我们的发展战略调整了，我们心中有了新的“诗和远方”。为什么要改革？很现实的原因是我们遇到了极大的挑战和困难，我们发展的步伐相对较慢，我们有被别人远远甩开的危险。如果我们的高端人才总数、学校经费总量、ESI论文排名等长期在国内二十名到三十名左右徘徊，我们很难建成世界一流大学，我们就很难拿自己的业绩去赢得国家、社会、人民的信任和尊重。所以在前两天的暑期战略研讨会上，我提出我们要有危机意识、忧患意识，“生于忧患，死于安乐”，越是在取得成绩的时候，越要警惕安乐，越要激发自己的危机意识、忧患意识。坦率地讲，我们现在确实有一些同志，包括一些中层以上领导干部，缺乏危机感和忧患意识，没有切实感受到改革的迫切性、必要性。

改什么？怎么改？这是一个宏大的命题，需要进一步凝聚共识，需要严密论证。最近一两年来，通过一些研讨和部署，尤其是通过“十三五”规划、综合改革、“双一流”建设以及全校科技工作会议和上半年的教育思想大讨论，我们已经具备了一定的改革共识，也更加明确了改革的方向和路径。比如，干部制度的改革、人事制度的改革、组织机构的改革、决策机制的改革，都是我们需要思考和探索的重点。改革是我们共同的事业，无论你是领导、干部、教师还是学生，每一位同志都是改革的主体，都肩负着改革创新的神圣使命。党委应首先义不容辞、责无旁贷地做好全校改革的谋划、组织、协调和推动，同时坚定不移、旗帜鲜明地当好改革的总后台、“保护伞”。学校领导班子必须更加坚定地扛起改革的重任，做好分管领域改革的策划、组织、落实工作，更加积极主动地协调、支持、配合其他领域的改革。机关部门的负责同志是学校专项改革的设计者、谋划者、参与者、实施者，必须对专项工作的改革方向、思路、举措有思考、有谋划、有部署、有落实。同时，院(系)的试点改革、综合改革极其重要，院长书记们、院(系)的领导班子必须审时度势、自我加压、勇于创新、大胆改革。只要方向看准了、条件具备了，可以先行先试；需要学校支持的，积极向学校争取。我们也希望所有院(系)通过改革解决发展瓶颈，寻求发展突破，学校也会与院(系)一道解决好院(系)改革中遇到的新矛盾、新问题，并且建立容错纠错的机制和文化，为一心为公、大胆探索的干部撑腰鼓劲。同时，也积极鼓励在权责一致、自觉自律的原则指导下，积极审慎地推进权力下放，期待、欢迎院(系)提出方案，来向学校要权、要发展、要机遇。

改革需要加快行动。今年的一个重要关键词是“效率”，改革方案确定以后，关键是要动起来。全校的各级领导干部要主动担当、积极思考、大胆实践。学校要加大鼓励，宽容失败，戒除推诿、懈怠、不作为和光说不做。

改革需要全员参与，学校每一个岗位都是“双一流”建设的主力军，不允许尸位素餐。

学校层面还要积极推动管理重心下移，落实院(系)主体地位，形成分工科学、运转顺畅高效的管理架构和运行机制。院(系)层面要大力加强院(系)综合改革力度，全面深化试点学院综合改革工作，着力推行全员聘用制度。进一步完善校院两级管理方案；加强各级各类学术组织建设，充分发挥学术组织在学科建设、学术评价、学术发展中的主导作用。

综合改革要坚持以师生为本，推动管理服务部门优化重组，进一步完善综合事务跨部门协调机制，全面提高机关处室的服务质量、服务意识和服务能力。不断完善师生综合服务大厅服务流程，加强管理，着力解决广大师生反映强烈的跨部门办事难等问题。

三、以新时代党建“双创”工作为抓手，为世界一流大学建设提供坚强的保证

要抓好人才培养质量和深化改革创新这两个问题，需要我们以强有力的党建工作来支撑，充分发挥好党委的领导核心作用、院（系）党委的政治核心作用、党支部的战斗堡垒作用和党员的先锋模范作用，以党建示范创建和质量创优为加快一流大学和一流学科建设提供坚强的组织保证，这是我们建设中国特色世界一流大学的政治优势。

一是深入加强政治建设。牢牢把握党对学校的领导权，把党的建设贯穿办学治校的全过程，确保学校党委“把方向过硬、管大局过硬、做决策过硬、保落实过硬”，充分发挥领导核心作用。按照中央统一部署和上级组织要求，用党的创新理论武装头脑，不断增强“四个意识”，坚定“四个自信”，坚决做到“两个维护”，通过加强政治建设，使我们的广大领导干部更加自觉地为实现新时代东南大学建设中国特色世界一流大学的新使命不懈奋斗。根据上级最近的指示精神，我们在学校层面统一修订并实施院（系）党委议事决策规则，完善院（系）“三重一大”决策制度，进一步发挥好院（系）党委政治核心作用，不断完善院（系）治理结构，提升院（系）治理能力。

二是切实抓好意识形态工作。刚才我们提到了改革，改革不是随心所欲，而是要基于对人才培养规律、高等教育建设发展规律、高等学校建设发展规律、中国特色社会主义建设发展规律的认识和把握。改革要讲究方法、路径和策略。要切实增强责任感、使命感、危机感。要加强学习研究，提升干部、教师、机关人员理解改革、支持改革、认真执行改革任务的能力。这就需要我们加强对广大干部、教师和机关管理人员的教育培训。要加强习近平新时代中国特色社会主义思想、高等教育理论、人才培养理论、高校办学理论的相关培训。我们的“双肩挑”干部，作为教授、专家，是专业方面的高手，但转到管理岗位后，依托的是人品和素质，而不是知识，他们亟需完成学习、实践的转型。

对干部、教师、机关管理人员的系统培训，党委组织部、党委宣传部、党委教师工作部、各基层党委和党支部都要抓。习近平总书记说，意识形态工作极端重要。学校的意识形态工作不是一句空话，而有两个层面，一个是党和国家层面的，一个是学校层面的。“两个一百年”奋斗目标、“四个意识”、“两个维护”、“四个服务”是国家层面的；“1-10-100”奋斗目标、“领军人才”等新的目标定位、学校学科建设“四合战略”等都是东南大学的意识形态。我们对内的思想宣传工作就是使党和国家的总目标、学校的建设发展目标入脑入心，最终有效转化为改革创新的行动指南。

三是切实加强基层党组织建设和干部队伍建设。与学校党委领导核心的作用相比，基层党组织，特别是教工党支部政治核心作用发挥不够是高校较为普遍的现象，也是未来高校党建需要解决的一个重要问题。今年下半年，我们的工作重点就是要突出政治功能和组织力，进一步加强基层党组织建设，健全和完善院（系）党政共同负责制，充分发挥好院（系）党委的政治核心作用。院（系）基层党委要把健全和完善院（系）内部治理结构，党政共同落实人才工作责任制作为重点抓好、抓实。学校层面将进一步完善基层党组织

工作考核和基层党组织书记抓党建述职评议工作方案,切实推动基层党建工作全面进步、全面过硬。

政治路线确定以后,干部是关键因素、决定因素。广大领导干部是决定我们世界一流大学建设速度快慢、质量好坏的关键少数。习近平总书记强调,要把我们党建设好,必须抓住“关键少数”。东南大学要实现“双一流”建设目标,各级领导干部就要明确这是党和国家交给我们的历史使命,勇于担当学校稳定、改革、发展的重任,把践行谋事创业、改革创新贯穿于日常工作中,养成一种习惯、化为一种境界、融入一种方式。要带头用“止于至善”来度量我们各方面的工作。今年下半年,我们将继续深化干部人事制度改革,推进干部人事管理的科学化、规范化、制度化,建立健全以德为先、任人唯贤、人岗相适、人事相宜的校内干部选拔任用制度。贯彻落实学校《中层领导干部选拔任用工作条例》,拓宽选人用人的视野和渠道,以学校内部机构改革为契机,推动干部轮岗交流,进一步加强中层干部的党政交流、机关院(系)交流、干部教师交流,不断增强干部队伍活力。我们当前在这方面工作遇到一些认识上的阻力,可能要进行一些探索尝试。领导干部既要能从教授中来,也要能回到教授中去,这是高校在干部政策改革上理应做出的积极探索。同时,还要进一步加大年轻干部的培养力度,切实加强后备干部队伍建设的梯度。

四是认真开展好十八届中央巡视整改任务复查工作,全面启动对校内二级党委的巡察工作。巡视是全面从严治党的重大举措,是党内监督的战略性制度安排,巡察是巡视工作在基层单位的拓展、深化和补充。党的十九大对巡视巡察工作提出了新的更高要求,中央要求各级党委(党组)要切实担负起巡视巡察工作主体责任,建立健全巡视巡察机构,在持续推进巡视工作的同时,全面开展巡察工作。今年 6 月,学校召开了全面从严治党工作会议,起草了巡察工作实施细则;7 月,党委发文成立了学校党委巡察工作办公室;9 月,今年的我校巡察工作即将全面启动,首轮将开展试点工作,力争在一届任期内完成学校巡察工作全覆盖。巡察组将在学校党委的统一领导下,按照有关规定,通过个别谈话、问卷调查、受理来信来电来访、抽查调阅资料、实地走访调研、召开座谈会、列席有关会议、听取汇报等方式开展工作。各基层党组织要高度重视、积极准备迎接学校党委巡察:一是要深刻领会中央精神、学校党委要求,强化责任担当,充分发挥表率作用,依规依纪接受巡察。被巡察党组织党政主要负责人为巡察工作主体责任第一责任人,领导班子要履行“一岗双责”,要充分认识巡察是政治体检,整改是政治任务。二是要将落实巡察整改任务作为强化“四个意识”、落实“两个维护”的具体行动,牢固树立巡察整改不落实就是对党不忠诚的意识,在前期集中整改的基础上,对照整改方案、整改报告,抓好后续整改,持续巩固巡察整改工作成果,重点做好巡视集中整改期间出台的相关制度的落实工作。三是对新一轮的校内巡察要做到巡察前即知即改、巡察中立行立改、巡察后全面整改,为迎接新一轮中央巡视打好基础、做好准备。

四、加快综合改革,完善适应一流大学建设的体制机制和大学文化

要准确把握“双一流”建设大学和“一流学科”建设大学之间的差异。“双一流”建设大学肩负着在一流人才培养、一流学科建设、一流大学制度、一流大学文化等各方面全面冲击世界一流的任务,包涵着生产力和生产关系两个方面。深化综合改革就是通过体制

机制改革来提升我们人才培养、科学研究、社会服务、文化传承创新和国际交流合作的能力，通过调整生产关系来促进生产力水平的提高。

加快综合改革，要善于学习先进经验，通过调研政府机构改革和国内顶尖高校体制机制改革的做法和经验，坚持问题导向，找准问题症结，对症下药，深化改革。要坚持目标引领、坚持生产力标准，及时调整和完善与一流大学、一流学科建设目标不适应的体制机制，不断探索和完善符合中国国情及东大实际、管用有效的现代大学制度体系。

大学文化是一所大学的上层建筑，是一所大学的文化软实力。纵观世界一流大学，一流的大学文化是一流大学的灵魂，一流大学必定有一流的校园文化。我们要坚定不移地走彰显文化特色的兴校之路，建设东大特色先进大学文化，为一流领军人才培养营造优良的校园文化生态。大力实施"十三五"文化建设规划纲要，加快构建以"止于至善"校训为核心的精神文化体系，以东大章程为基础的制度文化体系，以"学在东大"为标识的行为文化体系和以校标校歌为代表的形象文化体系，不断提升文化软实力。

下半年，要建立健全校园文化建设领导和协调机构，切实加强文化育人体系建设，开展好相关系列学生活动，引导新生充分感受百年东大深厚的文化底蕴。完成校园导览与标识系统建设。策划开展东南大学文化建设丛书出版，挖掘百年东大优良传统资源。以社会主义核心价值观学园为载体，加强学生公寓文化氛围的营造、挖掘、培育、宣传等系列活动。尤其要加强一流校园管理文化建设，为提高学校管理服务效率、树立正确管理价值导向、促进学校改革创新营造更好的校园管理文化生态。

各位同志，目标催人奋进，使命呼唤担当。今年下半年学校改革发展的任务重、力度大、要求高、困难多，希望大家进一步凝聚共识、振奋精神、团结拼搏，以饱满的精神和奋斗的姿态全力推进"双一流"建设，圆满完成 2018 年各项工作任务。

谢谢大家！

共担新使命　同筑东大梦

——在东南大学建校116周年纪念大会上的讲话

校　长　张广军

(2018年6月6日)

尊敬的各位领导、各位来宾、各位校友,老师们、同学们:

大家上午好!

仲夏时节,万物欣荣。今天是属于东大人的节日,我们满怀喜悦,相聚在美丽的九龙湖畔,共同纪念东南大学建校116周年、复更名30周年。首先,我谨代表学校、代表左惟书记,向长期以来关心支持和帮助学校发展的各位领导和各界友人表示最热烈的欢迎和最衷心的感谢!向在各个工作岗位竭诚奉献、爱校荣校的全体师生员工和离退休老领导、老同志,向关爱母校、回馈母校的海内外校友,致以最崇高的敬意和最诚挚的节日祝福!

悠悠历史,巍巍东南。在116年历史长河和奋斗之路中,东大应国运而生,顺时代而兴。秉承"止于至善"的精神追求和"以科学名世、以人才报国"的办学理念,一代代东大人不忘初心,勇担使命,培养输送了33万名精英人才,引领产出了一大批科技创新成果,也积淀铸就了深厚鲜明的文化特质。116年的光辉历程已然证明,东大是中国近现代高等教育兴国强国的重要见证者、引领者和开拓者。

我们时刻铭记,116年前,在中华民族危难深重、救亡图存之际,无数前辈先贤勇担民族大义和强国使命,拉开了东大人探求真理、化育英才的历史序幕。20世纪20年代,郭秉文校长主张"寓师范于大学中",并力主以南京高等师范学校为基础建立了国立东南大学。这一划时代的步伐迈出了走向辉煌的百年之路。之后短短几年,东大声誉鹊起,与北大遥相呼应,成为当时国内仅有的两所国立综合性大学和"中国高等教育上的两大支柱",也成为当时国内院系最全、规模最大的大学之一。

我们时刻铭记,30年前的今天,在国家波澜壮阔的改革开放大潮中,在高等教育跨越式发展的历史转折中,南京工学院复更名为东南大学,千余名师生见证了那一历史性时刻。正如时任校长韦钰所说,"学校历史揭开新的一页,决心继往开来,开拓前进。"从此,东南大学再次拉开了向综合性大学发展的历史序幕。30年来,全体东大人秉承诚朴求实、止于至善的大学精神和勇于创新、敢于引领的历史传统,从单一工科学院到布局综合性研究型大学,从恢复发展文理科到建设医科与生命科学再到多学科协调发展,从引领教育教学改革到勇担科技强国使命,从建设浦口新校区到落成九龙湖新校区,从"三个坚定不移"的发展战略到"早日建成世界一流大学"的奋斗目标,从"211工程""985工程"建设到"双一流"建设……东大取得了无比辉煌的历史成就,迎来了腾飞跨越的黄金时代。可以说,在30年发展历程中,东大既传承了向综合性大学发展的百年传统,也书写了投身国家改革开放和高等教育发展壮大的时代新篇。

在此,请允许我特别提议,让我们用热烈的掌声,向为复更名30年来作出历史性贡献的刘忠德老书记、韦钰老校长、历届领导和广大师生校友致以最崇高的敬意和最诚挚

的感谢!

铭记历史是为了更好地开创未来。对于东大而言,2018年注定将成为具有重要意义的一年。这一年不仅是国家改革开放40周年、东大建校116周年和复更名30周年,更是新时代学习贯彻党的十九大精神的开局之年,是加快推进"双一流"建设、努力实现内涵式发展的奋进之年。

站在历史的节点,我们在满怀豪情中时刻警醒,在肩负重任中直面未来。过去的一年,东大的机遇与挑战同在,成绩与问题并存。我们坚持落实立德树人根本任务,顺利通过教育部本科教学工作审核评估,人才培养改革持续推进,在"挑战杯""互联网+"等创新创业竞赛中取得佳绩;我们正式入选国家"双一流"建设A类高校,并有11个学科入选一流学科建设名单,同时5个学科在全国第四轮学科评估中获批A+,入选一流学科数和获评A+学科数均位列全国高校第8。11个学科进入ESI世界前1%,其中工程学、计算机科学进入前1‰,分别位列第27和第26,量子信息、人工智能、网络安全、智能制造、智慧城市、智能网联交通、脑科学、生物医学大数据等新兴、前沿和交叉学科顺利推进;我们大力推进"人才强校"战略,着力实施"高端师资倍增计划",持续深化人事体制机制改革,强化综合改革绩效考核,健全师资队伍成长成才体系与薪酬体系;我们全力推动科技创新,牵头获4项国家科技奖励,获奖数位列全国高校第6。布局组建一批新型科研机构并大力推进国家级科研平台建设,科研总经费超过23亿元;我们大力推进国际交流与合作,建筑国际化示范学院和东南大学—雷恩研究生学院获批成立,作为中方牵头高校组建了中英大学工程教育与研究联盟,并纳入中英高级别人文交流机制。此外,我们坚持开放办学、服务社会、融合发展,大力推进江宁区环东南大学知识创新圈、东南大学江北新区创新研究院和东南大学玄武区设计产业园项目建设。

马克思曾说,问题就是时代的声音。习近平总书记也多次强调,要有强烈的"问题意识",坚持问题导向。实践证明,改革开放的历程,是不断倾听时代声音,不断发现和解决问题的历程。同样,东南大学复更名30年的历程,也是围绕国家战略不断坚持问题导向,不断重塑目标、提升理念、优化战略的历程。当前,面对新时代国家发展的新机遇和新需求,面对"双一流"建设千帆竞发、百舸争流的新态势和新挑战,东南大学面临的机遇从未像今天这样宝贵,面临的挑战也从未像今天这般严峻,特别是面临着高层次人才偏少、内涵发展后劲不足、综合改革步伐不快的严峻形势。对此,我们必须不断提高加强忧患意识和危机意识,必须不断提高加强发展意识和进位意识,凝心聚力抓创新、促改革、谋发展。

一个时代有一个时代的主题,一代人有一代人的使命。当前,中国特色社会主义进入新时代,正处于社会主要矛盾发生变化、国家将强未强的关键历史时期,这一新的历史方位决定了高等教育新的历史使命。正如习近平总书记在北京大学师生座谈会上所说,党和国家事业发展对高等教育的需要,对科学知识和优秀人才的需要,比以往任何时候都更为迫切。因此,新时代"加快一流大学和一流学科建设,实现高等教育内涵式发展"的使命更为神圣、目标更为高远、任务更为艰巨。

在新时代,我们必须深刻地认识到,东南大学是党领导下的高校,是中国特色社会主义高校,也是代表国家冲击世界一流的中央高校之一,我们必须始终坚持正确的政治方

向不动摇,始终坚持党对高校工作的全面领导不动摇,并自觉坚持同我国发展的现实目标和未来方向紧密联系在一起,扎根中国大地建设中国特色世界一流大学,为中国特色社会主义事业培养造就一流领军人才,这是我们当前和未来办学的政治站位和政治共识,也是党和国家赋予我们的光荣使命和神圣职责。

使命呼唤担当,梦想引领未来。聚焦东大"2020"和"2030"奋斗目标,回应广大师生和校友的殷切期待,我们正在习近平新时代中国特色社会主义思想指导下,围绕"培养什么样的人、如何培养人以及为谁培养人"这个根本问题,抢抓国家"双一流"建设这个黄金机遇,坚持"以科学名世,以人才报国"的办学理念,按照"瞄准前沿、服务战略、师生为本、人才为先"的办学思路和"强势工科、优势理科、精品文科、特色医科"的学科布局,通过"重塑目标、深化改革、激发活力、引领发展"推进东大内涵式发展,弯道超车,努力实现"1-10-100"的"东大梦"愿景,即到2030年前后,东南大学建成世界一流大学、居国内前十位左右、跻身世界前百位。

创新是第一动力,人才是第一资源。今年年初,我们聚焦问题、回归主题,把2018年定位为"人才年",把关键词确立为"改革、质量、效率",学校将着力深化综合改革,释放办学活力,大力提升人才培养和师资队伍建设质量,加快推进"双一流"建设进程,努力实现人才培养、师资队伍建设、科学研究、学科建设、国际合作等方面的新突破。当前,我们正在总体前瞻谋划,全面深化改革,认真思考路在何方,特别是探索如何走好东大未来高质量和内涵式发展之路。为此,学校将在以下三个方面率先探索、着力突破。

1. 如何走好立德树人之路,高质量培养一流领军人才

立德树人是高校的根本任务和永恒主题。复更名后,东大曾在国内率先试点校内管理体制改革和招生、奖学金制度改革,引领形成了具有东大特色,"重基础、重实践、重素质"的育人传统和严谨求实的教风学风,但对标新时代人才培养需求和"双一流"建设要求,仍然任重道远。为此,学校在上半年启动了全校教育思想大讨论,为深化教育教学改革、实施"2020一流本科教育行动计划"和研究生教育综合改革抓好开局、打好基础、形成合力。当前,我们要坚持以"培养中国特色社会主义合格建设者和可靠接班人"为根本遵循,重塑人才培养目标,重构人才培养体系,加强通识教育,实施大类招生、大类培养,切实践行以学生为本的育人宗旨,大力实施有温度的教育,努力构建思想引领、能力提升、知识传授"三位一体"的育人体系,积极探索导师制、书院制、完全学分制和小班化、个性化、国际化、卓越化、本研一体化的"三制五化"的培养模式。

2. 如何走好人才强校之路,高质量汇聚一流高端师资

"功以才成,业由才广"。师资队伍是第一资源而且是战略资源,对学校"双一流"建设和未来发展具有决定性作用。当前,人才之争日趋严峻,学校高层次人才数量和质量不够理想,已成为制约学校"双一流"建设的主要瓶颈。我们唯有以时不我待、只争朝夕的精神付出百倍努力,不遗余力地推动"人才强校"战略,提高站位、凝聚共识、强化责任、狠抓落实,特别是着力实施"高端师资倍增计划",大力加强中青年教师培养,并以深化人事制度改革为突破,全面推进分配制度、晋升制度、考核制度改革,大力营造全员引才、聚

才、育才的良好氛围和生态，加快形成高端人才、优秀中青年、骨干教师等多层次、多类别、具有活力的一流师资队伍和一流人才高地。

3. 如何走好科技创新之路，高质量产出一流科研成果

创新决胜未来，改革关乎国运。在刚刚闭幕的两院院士大会上，习近平总书记强调，"中国要强盛、要复兴，就一定要大力发展科学技术，努力成为世界主要科学中心和创新高地。"复更名30年来，东大秉承"以科学名世"的追求，在科技创新方面始终勇立潮头，但面对新时代科技创新新要求和新使命，仍需砥砺奋进。东南大学要做有学术穿透力的科研，强化原始创新，强化战略布局，强化协同组织，强化制度保障。我们要着力谋划国家级大项目、大平台、大团队、大成果，主动凝练面向"2030"的十大科学技术问题，积极培育前沿、新兴与交叉科研方向，大力推进军民融合战略，全面融入国家科技创新体系。希望明天即将召开的全校科技工作大会认真贯彻落实习近平总书记重要讲话精神，聚焦研讨我校科技工作的新目标、新理念、新思路和新政策。

校友们、老师们、同学们，习近平总书记说，"生活从不眷顾因循守旧、满足现状者，而将更多机遇留给勇于、敢于和善于改革创新的人们。"历史终将会忘记我们，但历史不能没有我们。我们有内化于心的至善追求和诚朴品格，更有逐梦世界舞台中央、引领全球竞争格局的奋斗激情和智慧胆识。置身国家伟大变革的历史转折，投身民族伟大复兴的时代大潮，我们应该也必须担当教育强国和科技强国的崇高使命。让我们携手一道，加快推进"双一流"建设进程，聚力追逐"1-10-100"的"东大梦"愿景，并为国家之和平崛起、民族之伟大复兴、人类之可持续发展，同心同德、砥砺奋斗，共同筑就引领未来的伟大梦想，奋力谱写逐梦一流的时代华章！

谢谢大家！

迈上新征程　勇担新使命
为加快实现一流大学的“东大梦”而不懈奋斗

——东南大学第八届教代会第二次全体会议工作报告

校　长　张广军

(2018年1月12日)

各位代表,老师们、同志们:

在2018年开年之际,东南大学第八届教职工代表大会第二次全体会议隆重开幕。首先,我代表学校党政对大会的召开表示热烈的祝贺!向在座的各位代表、老师,并通过你们向一年来辛勤耕耘在教学、科研、管理、医疗、服务等岗位的全校教职员工表示衷心的感谢和诚挚的问候!

根据大会议程,我向大会作学校行政工作报告,请各位代表审议。

一、2017年学校行政工作

2017年是党的十九大胜利召开之年,也是东南大学大力实施“十三五”规划、全面深化改革的关键之年。一年来,在习近平新时代中国特色社会主义思想和党的十九大精神指引下,在教育部、江苏省委省政府的关心指导下,学校领导班子带领全体师生员工,以新发展理念引领学校发展,谋篇布局、改革创新、砥砺奋进,按要求完成中央专项巡视及巡视整改工作,顺利完成本科教学工作审核评估,入选国家“双一流”建设A类高校,11个学科入选一流学科建设名单,5个学科在全国第四轮学科评估中获评A+,成功举办115周年校庆系列活动。学校各项事业发展取得显著成绩,呈现出蓬勃向上的发展活力。

(一)人才培养质量显著提升

持续深化人才培养改革,全面落实“立德树人”根本任务,人才培养质量不断提升。召开本科教育教学工作会议,顺利完成教育部本科教学工作审核评估工作。本科生和研究生生源质量稳步提高,郭秉文文科实验班和江苏省综合评价录取试点首批招生成效显著,实施“博士新生奖学金”计划,完成首届国家重大专项博士班招考工作。

本科生教育教学改革持续推进。入选2017年度全国创新创业典型经验高校。获2017年江苏省教育教学成果奖特等奖4项、一等奖6项、二等奖6项,特等奖获奖数位列全省高校第2。6 655人次获得各级各类竞赛项目奖励,其中获得第三届中国“互联网”大学生创新创业大赛季军和第十五届“挑战杯”全国大学生课外学术科技作品竞赛总分第3位,全国大学生数学建模竞赛和全国大学生电子设计竞赛一等奖获奖数均并列全国第一。研究生培养改革扎实推进,获批全国示范性工程专业学位研究生联合培养基地1个,国家留学基金委首批录取联合培养研究生240人。研究生助研学酬金系统上线运行,研究生学位论文网络评审平台投入运行。优化修订博士研究生申请博士学位科研成果考核标准,出台《东南大学研究生指导教师责任制实施办法》。

（二）学科建设取得重要突破

继续推进学科建设内涵发展，全力实施“一流学科攀升计划”。学校进入我国“双一流”建设A类高校名单，共有11个学科入选一流学科建设名单，入选学科数位列全国第8，“双一流”建设方案正式公布。在全国第四轮学科评估中，建筑学、土木工程、交通运输工程、生物医学工程、艺术学理论等5个学科评估结果为A+，电子科学与技术学科评估结果为A，6个学科评估结果为A-，获评A+学科数位列全国高校第8。积极组织和推进ESI学科建设，进入ESI世界前1%的学科增至11个，继工程学后，计算机科学首次进入1‰，其中工程学位列第34、计算机科学位列第37。在2017年国家学位授权审核工作中，新增马克思主义理论、力学、基础医学为一级学科博士学位授权点，新增临床医学为博士专业学位授权点（已公示）。入选国家首批“一流网络安全学院建设示范项目高校”。

（三）师资队伍建设成效明显

深入实施“高端师资倍增计划”，深化人才发展体制机制改革，强化综合改革绩效考核，健全师资队伍快速成长成才体系，制定出台《东南大学一流师资队伍建设方案》等系列人才支撑计划或方案。新增“长江学者”特聘教授1人，“长江学者”青年学者5人；新增“千人计划”青年项目7人；新增优秀青年科学基金项目3人；新增“万人计划”科技领军人才4人，哲学社会科学领军人才1人，教学名师1人（公示中）；新增“百千万工程”国家级人选2人，并授予“有突出贡献中青年专家”荣誉称号；新增享受国务院政府特殊津贴5人；新增江苏特聘教授3人；新增江苏省“双创团队”1个，“双创人才”6人；新增江苏省高校“青蓝工程”优秀教学团队1个，中青年学术带头人2人，优秀青年骨干教师3人；新增江苏“六大人才高峰”创新人才团队项目3个，高层次人才项目23个。具有博士学位的教师占比超过80%，45岁以下教师占比达到57%，具有一年及以上海外留学经历的教师占比达到47%。曹进德教授当选巴基斯坦科学院外籍院士；崔铁军教授团队入选“全国高校黄大年式教师团队”；宋爱国教授获宝钢优秀教师特等奖；邱海波教授荣获“白求恩奖章”；刘攀教授荣获“江苏青年五四奖章”；刘加平教授荣获全国杰出工程师奖；滕皋军教授荣获美国介入放射学会金奖。

（四）科技创新获得重要进展

全力实施“原创能力突破计划”，坚持面向世界科技前沿、面向国家重大需求、面向经济主战场布局科研发展战略，优化科研组织管理。牵头获自然科学奖二等奖1项、技术发明奖二等奖2项、科技进步奖二等奖1项，获奖数位列全国高校第6。4位教授获首届“全国创新争先奖”奖状表彰，获奖人数并列全国高校第2。以第一完成单位获高等学校科学研究优秀成果奖（科学技术）10项，获奖总数位列全国第5。申报国家自然科学基金各类基金项目1 314项，获批276项，获资助总经费达1.57亿元；获批3项国家社科基金重大项目和1项重大重点项目，立项数创历史新高。申请中国发明专利2 556项，授权1 545项。3人入选全球2017年“高被引科学家”。科研总经费达到23.1亿元。出台《东南大学新型科研机构管理办法（试行）》，成立东南大学丘成桐中心、东南大学未来地下空

间研究院、量子信息研究中心、东南大学—威斯康星大学智能网联交通联合研究院等新型科研机构。组建东南大学苏州医疗器械研究院、东大—联想穿戴式心脏—睡眠—情绪智能监控联合实验室、东南大学江北新区创新研究院等科研平台。获批国防科工局高分辨率对地观测系统江苏数据与应用中心。

(五)国际合作与交流持续推进

大力拓展交流与合作,国际化办学内涵不断提升。与威斯康星大学麦迪逊分校、贝尔法斯特女王大学等世界一流大学签署合作协议。东南大学建筑国际化示范学院获国家外国专家局与教育部正式批准并揭牌运行。东南大学—雷恩研究生学院正式获教育部批复设立,成为我校获批的第二个中外合作办学机构。作为中方牵头高校组建了中英大学工程教育与研究联盟,并纳入中英高级别人文交流机制。东南大学道德发展研究院与耶鲁大学全球正义研究中心签署合作协议,共建社会公正与人类道德发展研究中心。外国留学生人数达到 1 947 人,其中学位生 1 492 人,学位留学生比例达到 76.6%。与东南大学合办的 3 所海外孔子学院在学汉语生人数达 7 000 多人。

(六)"美丽东大"建设呈现新面貌

加快推进"美丽东大"建设,改善办学条件,加强民生建设,优化办学环境。完成九龙湖校区快递中心建设。完成东南大学附属幼儿园(江宁)的基础建设,并积极筹备开园前的相关工作。积极推进九龙湖校区桃园北食堂的开业准备工作,完成桃园南食堂的维修改造。游泳馆项目已完成委托设计和方案设计工作,目前正在进行施工图设计。土木交通教学科研楼、能环科研综合楼、生医科研综合楼 3 个项目已被教育部列入"双一流"建设重点项目。

(七)其他各项事业迈上新台阶

采取形式多样的方式认真学习宣传贯彻党的十九大精神,全面贯彻落实全国高校思想政治工作会议精神,持续开展"两学一做"学习教育,切实加强党风廉政建设,认真履行"党政同责,一岗双责"。顺利完成中央专项巡视和巡视整改工作。召开深化院(系)综合改革工作部署会,与 5 个深化综合改革试点学院签署目标责任书。财务总收入 39.84 亿元。圆满完成 115 周年校庆系列活动,新校史馆正式开馆。学校信息公开、对口支援和定点扶贫工作稳步推进,综合服务大厅正式投入运行。

与湖南省人民政府、中国航天科工集团公司、中国路桥工程有限责任公司等签署战略合作协议,与南京医科大学签署战略合作实施协议,组建东南大学—兰州理工大学联合技术转移中心、东南大学城市与建筑遗产保护教育部重点实验室(西北中心)。与江宁区签署共建环东南大学知识创新圈合作协议,共同积极推动并取得实质性进展。全年共签约落实捐赠 120 多项,协议总额近 8 000 万元,2 972 位师生共获 1 293 万元奖助金。

创业维艰,奋斗以成。2017 年成绩的取得凝聚着全体师生员工的智慧和奋斗,凝聚着海内外校友的关心和回馈,凝聚着社会各界朋友的帮助和支持,也凝聚着刚刚离任的易红书记的心血和贡献。在此,谨向全校师生员工、海内外校友、社会各界朋友和易红书

记表示诚挚的敬意和衷心的感谢！

在取得成绩的同时，我们也清醒地认识到，相比“双一流”建设的目标和师生员工的期待，学校改革发展还存在诸多需要破解的瓶颈问题，比如，高层次人才增速不够理想，有影响力的学术带头人、知名学者和创新团队较为缺乏；服务国家重大战略需求的前沿研究和颠覆性技术创新能力不足；领军人才培养理念与模式尚需进一步提升和改革；内部治理结构还需进一步健全和完善。面对新时代国家发展的新机遇和新需求，面对“双一流”建设千帆竞发、百舸争流的新态势和新挑战，我们深刻地认识到，东南大学面临的机遇从未像今天这样宝贵，面临的挑战也从未像今天这般严峻，在改革中寻求突破、在创新中获取动力的任务十分迫切，也十分艰巨，如何进一步加快改革发展，如何通过新的奋斗踏上新征程，是我们全体东大人肩负并践行的历史使命。

二、2018 年拟重点推进的行政工作

新故相推，日生不滞。2018 年是学习贯彻党的十九大精神的开局之年，是改革开放 40 周年，是决胜全面建成小康社会、实施“十三五”规划承上启下的关键一年。对于学校来说，2018 年是全面推进“双一流”建设、加快实现“1-10-100”东大梦的重要一年。正如习近平总书记所说，“惟改革者进，惟创新者强，惟改革创新者胜。”新的一年，我们将始终坚持“以科学名世，以人才报国”的办学理念，继续按照“瞄准前沿、服务战略、师生为本、人才为先”的办学思路，重塑目标、深化改革、激发活力、引领发展，坚持以“推动人才强校、深化综合改革”为主题，以“提高教育质量、推动内涵发展”为主线，大力实施多学科融合、理工文医综合、产学研结合和国际化联合的“四合”战略，努力实现人才培养、师资队伍建设、科学研究、学科建设、国际合作等方面的新突破，在中国特色世界一流大学建设进程中培育一流领军人才，服务国家重大战略，推进人类文明进步。

（一）继续坚持社会主义办学方向

在习近平新时代中国特色社会主义思想和党的十九大精神指引下，贯彻落实全国高校思想政治工作会议精神，以新发展理念引领学校教育事业新的发展，牢牢把握社会主义办学方向，扎根中国大地，努力创建中国特色世界一流大学。坚持和完善党委领导下的校长负责制，贯彻落实学校第十四次党代会精神，持续巩固中央巡视整改成果，拓展“两学一做”学习教育成效，扎实加强党风廉政建设工作，立足全局、科学谋划，积极为提高我国高等教育发展水平、加快建设创新型国家、增强国家核心竞争力做出东大贡献。

（二）继续落实“立德树人”根本任务

只有培养出一流人才的高校才能够成为世界一流大学。东大坚持把“立德树人”作为中心环节，把思想政治工作贯穿教育教学全过程，把创新创业教育融入人才培养全过程。坚持以学生为中心，大力实施有温度的教育，持续加强思想引领、知识传授和能力培养，着力打造学习、实践和文化三个课堂。进一步深化吴健雄学院、文科实验班、少年生班人才培养模式的改革。以本科教学工作审核评估整改为契机，开展本科教育思想大讨论，科学构建知识结构和课程体系，积极探索人才培养新模式，完善“可视、公开、约束、激

励”的管理机制,持续深化教育教学改革,切实形成一流人才培养新格局,努力培养具有家国情怀和国际视野、担当引领未来和造福人类的领军人才。

(三) 继续着力推动科技创新

面向世界科技前沿、面向经济主战场、面向国家重大需求继续强化战略布局和科研组织,努力做有学术穿透力的科研,创造一流学术成果,为科技创新和国家创新发展驱动战略发挥引领与支撑作用。积极谋划国家级大项目、大平台、大团队、大成果,着力推进国家重大科技基础设施、国家实验室、国家重点实验室(工程中心)、国家工程实验室与协同创新中心等的立项和建设。大力推动新型科研机构建设与发展,谋划“十大科学技术问题”,积极培育量子信息、人工智能、网络安全、智能制造、智慧城市、智能网联交通、脑科学、生物医学大数据等前沿、新兴与交叉科研方向。

(四) 大力实施“人才强校”战略

以“优化结构、创新机制、激发活力”为指导方针,按照“立足校内、深化海外、重点高端、面向未来”的人才引育工作思路,大力营造全员引才、聚才、育才的良好氛围和生态。采取有效措施切实贯彻落实“高端师资倍增计划”,不断加大人才引进和培育力度。优化完善校内人才体系,持续汇聚一大批高质量、负责任的学术群体,努力形成高端人才、优秀中青年、骨干教师等多层次、多类别、具有活力的一流师资队伍与一流人才高地。根据教育部部署,推进绩效工资改革、社会保障和养老保险工作。

(五) 继续全面深化综合改革

对接国家发展战略对高等教育的新需求,以体制机制改革为核心,以深化人事制度改革为突破,以调动全体师生员工积极性为重要标志,全面深化各主要领域综合改革,着力破除体制机制障碍。大力加强院(系)综合改革力度,全面深化试点学院综合改革工作,积极推动学校管理重心下移,落实院(系)主体地位,形成分工科学、运转顺畅高效的管理架构和运行机制。继续优化学校内部治理结构,完善现代大学制度。

(六) 继续推进一流大学文化建设

文化自信是更基础、更广泛、更深厚的自信。我们将传承东大优良的文化传统,弘扬东大深厚的文化精神,加强一流的先进文化建设。大力实施“十三五”文化建设规划纲要,加快构建具有东大特色的精神文化、制度文化、行为文化和形象文化体系,不断提升学校在海内外的凝聚力、感召力和影响力,充分发挥文化在育人体系中的思想引领与示范作用。进一步健全校友与母校交流合作的平台,汇聚海内外校友爱校、荣校的赤诚之心与无限智慧。

(七) 持续推进“美丽东大”与民生建设

坚持“以人民为中心”的发展理念,切实以师生为本,持续改善办学条件,使广大师生员工获得感、幸福感、安全感更加充实、更有保障、更可持续。切实发挥校、院(系)两级教

代会的民主管理和民主监督作用，保障师生对学校重大事项的知情权、参与权。主动关心教职员工特别是广大学生和青年教师，努力提高服务师生的能力。大力推进江宁区环东南大学知识创新圈建设，努力形成在江宁区"一体两翼一保障"的融合发展格局，为"美丽东大"与民生建设提供坚实基础。

各位代表，老师们、同志们，未来属于脚踏实地的实干家，属于刻苦钻研的创新者，属于搏击风浪的弄潮儿。在决胜全面建成小康社会、夺取新时代中国特色社会主义伟大胜利的历史时期，我们要认真贯彻落实党的十九大精神，以习近平新时代中国特色社会主义思想统揽全局、指导工作，不忘初心、牢记使命，持续深化各领域综合改革，全力推进内涵式发展，努力形成加快创建世界一流大学的不竭动力和全新格局。让我们以永不懈怠的精神状态和一往无前的奋斗姿态，以新气象、新作为续写新时代东大发展的新篇章，为早日实现中华民族伟大复兴的"中国梦"和中国特色世界一流大学的"东大梦"做出新的更大贡献！

奋斗新时代　奋进新征程
——在东南大学2018级硕士研究生与秋季入学博士研究生开学典礼上的讲话

校　长　张广军

(2018年8月31日)

亲爱的同学们,老师们:

大家好!

今天,我们相聚在九龙湖畔,举行东南大学2018级硕士研究生和秋季入学博士研究生开学典礼,共同见证4 882名硕士研究生和724名秋季入学博士研究生成为东大人的神圣时刻。首先,我代表左惟书记,代表学校全体师生员工,向你们开启东大求学新生涯表示衷心祝贺和热烈欢迎!

在2018级4 882位硕士研究生中,有全日制硕士研究生4 162人,学术学位硕士研究生2 069人。2018年东大博士研究生招生规模首次突破1 000人,共录取1 091位博士研究生,其中全日制博士研究生862人,分春季和秋季两次入学。在秋季入学的724位博士研究生中,有优秀本科直博生78人,本校硕博连读生89人,国家重大专项博士生班工程博士研究生180人。你们都是新时代的青年才俊,都是东大渴求的拔尖人才。感谢你们在这个大有可为的黄金时代,在你们人生的青春年华选择东大作为奋斗的舞台。

历史告诉我们,每个人的前途命运都与国家和民族的前途命运紧密相连,个人命运只有融入时代的主题和坐标中,才能找到人生的意义,实现人生的价值。国学大师钱穆先生曾这样说,一个人怎么样做人,怎么样做学问,怎么做事业,一个共同的基本条件就是一定先要认识我们的时代。当前,随着中国特色社会主义进入新时代,青年一代的前途命运也进入了新的历史方位。习近平总书记强调,“青年一代有理想、有担当,国家就有前途,民族就有希望”。在新时代,我们比历史上任何时期都更加接近中华民族伟大复兴的目标,对高等教育的需要比以往任何时候都更加迫切,对科学知识和卓越人才的渴求比以往任何时候都更加强烈。在新时代,你们使命神圣、责任重大,也无比幸运、格外幸福,因为你们有幸见证国家从“赶上时代”到“引领时代”的伟大跨越,有幸置身国家呼唤创新、渴求人才和追求一流的黄金机遇,更有幸投身实现“两个一百年”奋斗目标和中华民族伟大复兴中国梦的伟大历史进程。

“以科学名世,以人才报国。”这是东大人矢志不渝的初心,也是东大人奋斗不息的使命。116年来,一代代东大人肩负民族大义,勇担强国使命,始终坚守“止于至善”的大学之道,业已培养33万名英才,并走出200多位院士,也拥有“中国居里夫人”吴健雄、首位中国“建筑界诺贝尔奖”普利兹克奖得主王澍这样的杰出校友,同时东大在推动国家科技进步和传承中华优秀传统文化进程中发挥了重要的引领作用。可以说,东大见证了中国近现代高等教育发展史,也谱写了一部始于初心、止于至善的奋斗史。

近年来,全体东大人开拓创新、艰苦奋斗,学校综合办学实力不断提升。去年,学校入选“双一流”建设A类高校,11个学科入选“双一流”建设学科,5个学科在第四轮学科

评估获评为A+，两项指标均位列全国第8，同时顺利通过本科教学工作审核评估。今年是新时代和“双一流”建设开局之年，也是在东大建校116周年和复更名30周年。当前，我们正肩负新时代的国家使命，按照“瞄准前沿、服务战略、师生为本、人才为先”的办学思路和“强势工科、优势理科、精品文科、特色医科”的学科布局，努力培养具有家国情怀和国际视野、担当引领未来和造福人类的领军人才，为早日实现中国特色世界一流大学的“东大梦”和中华民族伟大复兴的“中国梦”而努力奋斗！希望你们从今天起能够尽快融入东大“双一流”建设的新征程，与东大师生员工一道，不忘初心、担当使命，共同在这片学府圣地和创新热土书写奋斗新时代、奋进新征程的东大故事。

同学们，面对历史的机遇与挑战，面对时代的使命与担当，你们准备好了吗？你们将如何开启在东大的新征程？习近平总书记说：“奋斗本身就是一种幸福，只有奋斗的人生才称得上幸福的人生。”在我看来，这个问题的答案如果是一个词，就是习总书记强调的“奋斗”。为了使大家更好地把握人生转折点，我想用三个关于奋斗的主题词与大家共勉。

1. 奋斗的方向

习近平总书记曾指出：“青年面临的选择很多，关键是要以正确的世界观、人生观、价值观来指导自己的选择。”他接着说：“青年时代，选择吃苦也就选择了收获，选择奉献也就选择了高尚。”新时代是奋斗者的时代，党的伟大事业、国家的宏伟蓝图为你们提供了奋发有为的黄金机遇和广阔舞台，在感恩国家、感恩时代的同时，希望你们坚定理想、志存高远、担当使命、引领时代，在人类社会大发现、大变革、大融合、大发展的历史关头，坚持把成为中国特色社会主义合格建设者和可靠接班人作为新时代的奋斗方向，并以更高的站位、更宽的眼界、更大的格局展现奋斗姿态，用实际行动担当新时代中国特色社会主义事业建设、民族复兴和人类进步的历史使命。

2. 奋斗的智慧

“非学无以广才”，学习是事业之梯，创新是奋斗之魂。从人才成长规律看，25～35岁是人生中最富创造与激情的时期，许多科学家和著名学者的成功大多源于研究生期间的发现及其养成的永无止境的探索精神。学会创新和奋斗的智慧也是你们的一门必修课，其中非常关键的一点就是要把握时代的脉搏和发展的趋势，在科技创新中瞄准国际前沿、服务国家战略。希望你们在研究生阶段的奋斗过程，特别是科研创新中，始终保持对未知问题的冲动和永恒追求，着眼于创新源头、技术攻关、学科交叉和国际联合，并养成批判性、独立性、创造性的思维方式，努力成为新理念、新知识、新技术的超越者和引领者，在创新发展中彰显奋斗的智慧。

3. 奋斗的勇气

奋斗惟其艰难才更显勇毅。习近平总书记说：“奋斗是艰辛的，艰难困苦、玉汝于成，没有艰辛就不是真正的奋斗。”艰苦的奋斗是需要勇气的，你们既要勇做走在时代前面的奋进者、开拓者、奉献者，敢领时代之先、敢为天下之先；又要勇于坚持不懈，在艰苦奋斗

中净化灵魂、磨砺意志，做到不忘初心、牢记使命。同时，还希望你们要勇于承认不足、虚怀若谷。高尚之人、成功之士大多怀有谦逊之心，并把这种谦逊化作更大的勇气和动力。已故的吕志涛院士立志并用实际行动让中国成为世界预应力的中心，但他也谦逊地称自己是“从小山村走出来的院士”和“学院普通的一名教师”，在他身上体现的就是东大人诚朴雄伟、止于至善的追求和情怀。

崇高的奋斗方向、超越的奋斗智慧、坚毅的奋斗勇气是我们对人生、对奋斗的一种理解与追求。我相信在座的各位对这种理解会有更多的思考与行动，并更加坚定“用奋斗开创幸福未来”的信念。

“青年兴则国兴，青年强则国强。”同学们，引领新时代、踏上新征程，你们必将因奋斗大有可为，也必将因奋斗大有作为。马克思在 1835 年中学毕业论文《青年在选择职业时的考虑》中写到：“如果我们选择了最能为人类福利而劳动的职业，那么，重担就不能把我们压倒，因为这是为大家而献身。”希望你们始终与时代同呼吸、与祖国共命运，把个人的理想追求融入新时代国家和民族的事业，融入为实现中华民族伟大复兴的“中国梦”的奋斗之中，以青春和智慧在新时代中国特色社会主义伟大征程中谱写壮美篇章！

谢谢大家！

开启奋斗之路　引领幸福未来

——在东南大学2018年本科生毕业典礼暨学位授予仪式(第二场)上的讲话

校　长　张广军

(2018年6月21日)

亲爱的同学们，尊敬的各位来宾、校友，老师们：

大家上午好！

又是一年毕业时，再启人生新征程。今天，我们如期而至、相聚一堂，共同以毕业典礼和学位授予仪式致敬你们大学四年的美好青春，并开启你们人生崭新的奋斗之路。首先，我代表左惟书记、代表全校师生员工向本次获得学士学位的2 390名毕业本科生表示热烈的祝贺！向辛勤培育你们、为你们成长默默奉献的所有老师与员工们表示衷心的感谢！向今天共同见证这个神圣时刻、一起分享这份无上荣光的各位来宾和亲朋好友们致以热烈的欢迎和诚挚的敬意！

大学时光总是美好而短暂的。四年来，你们在课堂学习新知、在图书馆饱览群书，你们在实验室淬炼思维、在体育场挥洒汗水……从青涩懵懂到成熟自信，从追求真理到升华思想，你们在东大的家园辛勤耕耘，在东大的舞台放飞梦想，都书写了属于自己的青春故事，收获了超越自己的幸福点滴。

在本届毕业生中，有222位同学获得国家奖学金、36位同学获得校长奖学金、22位同学获得“江苏省三好学生”称号、16位同学获得“江苏省优秀学生干部”称号、12个班集体获得“江苏省先进班集体”称号，还有10位同学被评为“最具影响力毕业生”，你们用智慧与汗水筑就了属于你们的青春榜样。化工学院的潘强同学本科期间积极参与分子铁电体领域创新项目研究，在国际顶级期刊发表2篇SCI论文，与刘志博、马榕蔚、魏如苑同学共同参与的这一项目获得第十五届“挑战杯”全国竞赛特等奖。土木学院的俞涛同学四年间不懈追求卓越境界，共获得73.5个SRTP学分，26项国内外竞赛奖，并发表2篇SCI论文、获1项发明专利。经管学院的况璐莎同学在东大全面发展，不仅活跃在话剧舞台，还勇于走上世界舞台绽放风采，她是世界青年发展论坛的优秀成员，也曾深入非洲肯尼亚贫民窟志愿支教、奉献爱心。我相信，每一位同学都曾用奋斗的足迹记录更美的光景，遇见最好的自己。

四年的大学时光，你们成就了自己，也成就了东大，你们用青春、智慧和汗水与东大同呼吸、共命运，是学校四年来各项事业发展的重要参与者、奉献者和见证者。从第十四次党代会“早日建成世界一流大学”总体目标和“强势工科、优势理科、精品文科、特色医科”学科布局的确立，到“瞄准前沿、服务战略、师生为本、人才为先”的办学思路和“1-10-100东大梦”愿景的提出，你们见证了学校谋篇布局、锐意改革、逐梦一流的坚强决心；从正式入选“双一流”建设A类高校、11个学科入选“双一流”建设学科，到5个学科获得第四轮学科评估全国第一，你们见证了学校“双一流”建设的良好开局；从学校顺利通过教育部本科教学工作审核评估，到深入开展教育思想大讨论并全力实施“2020一流本科教

育行动计划”,再到东大学生团队在“挑战杯”“创青春”“互联网+”等全国大学生赛事取得佳绩,你们见证了学校人才培养质量的不断提升;从王建国教授当选为中国工程院院士到曹进德教授当选为欧洲科学院院士,再到“人才强校”战略大力实施,你们见证了学校师资队伍的逐渐壮大;从四年牵头摘得12项国家科技大奖,到学校科研团队在载人航天工程、第五代移动通信技术、AMS空间科学实验、500 m口径球面射电望远镜、国学中心建设、雄安新区规划等重大战略领域和工程中做出积极贡献,你们见证了学校科技创新的持续进步;从东南大学—蒙纳士大学苏州联合研究生院、建筑国际化示范学院到东南大学—雷恩研究生学院,再到牵头组建中英大学工程教育与研究联盟,你们见证了学校国际化强校之路的坚定步伐。在此,我代表学校感谢你们与学校发展荣辱与共,感谢你们为学校改革发展作出的重要贡献!

纵有万般不舍,但终有一别。同学们,毕业是大学生涯的终点,也是下一段人生旅程的起点。在这个即将面对的十字路口,你们有没有做好准备?你们有没有思考选择什么样的人生道路、成为什么样的人?我了解到,截至目前,在你们这届毕业生中,已有超过50%的同学选择在国内外高校院所继续深造,还有的同学选择了就业和创业。我相信,无论你们做出怎样的选择,对你们而言,都应该是深思熟虑、无愧于心的最好选择,但你们要想获得真正的幸福和超凡的成功,必定会选择一条共同的道路,就是担当引领未来和造福人类的奋斗之路。马克思17岁时曾在他的中学毕业论文中写到:“如果我们选择了最能为人类福利而劳动的职业,那么,重担就不能把我们压倒,因为这是为人类而献身。”习近平总书记说:“幸福都是奋斗出来的,奋斗本身就是一种幸福,只有奋斗的人生才称得上幸福的人生。”对于你们来说,如果以奋斗担当使命,以奋斗引领未来,你们一定会不断收获属于你们的幸福。借此机会,为了让大家更好地开启未来的奋斗之路,我想分享三点希望,与你们一起思考与共勉。

1. 希望你们为人生奋斗之路树立大志向

“立志而圣,则圣矣;立志而贤,则贤矣。”曾在国立东南大学时期任职的竺可桢老先生说过,“大学教育之目的,在于养成一国之领导人材”,国立中央大学时期罗家伦老校长勉励学子要担当“建立有机体的民族文化”之使命,陶行知老先生也立誓要“捧着一颗心来,不带半棵草去”。当前,中国特色社会主义进入新时代,这个新时代属于每一个人,每一个人都是新时代的见证者、开创者、建设者。我相信,你们的志向和目标决定着你们人生的方向和选择,在新时代树立远大目标并为之而奋斗,每个人的梦想才终将成真。在党和国家更加渴求科学知识和卓越人才的时代背景下,希望你们早立志、立大志,主动担当时代赋予的历史使命,将自己的成长目标与国家发展目标同向同行,为推动社会发展和人类文明进步作出贡献。

2. 希望你们为人生奋斗之路构建大格局

“曾经沧海难为水,除却巫山不是云”,只有经过惊涛骇浪,才能真切感悟“沧海桑田寻常事”的深意。当今世界正面临着前所未有之大变局,置身新时代,你们也要构建与世界、与他人、与自我的大格局。建立与世界的格局,就要融入时代的使命和国家的事业中

并与之同奋进、共进退，主动走近世界舞台的中央；建立与他人的格局，就要做到坚守高尚、博爱雅量，并在同舟共济中扩大你的朋友圈；建立与自我的格局，就要有至高的眼光和视野、至宽的胸襟和气度、至深的精致和情怀。“大其心，容天下之物；虚其心，爱天下之善。”两江师范学堂时期“嚼得菜根，做得大事”的崇高理念，东大“学衡派”柳诒徵老先生在抗战胜利后为恢复图书馆藏书不惜“长跪以求”，都彰显了大格局中的大气度。希望你们不断涵养世界眼光、中国情怀、东大气质，不断传承东大人“钟山之崇高，大江之雄毅，玄武之深静”的大品格和“止于至善”的大境界。

3. 希望你们为人生奋斗之路迈出大步伐

“功崇惟志，业广惟勤。”人生的奋斗之路没有捷径，唯有坚持不懈的前行。东大建校116年、复更名30周年的光辉历程正是一代代东大人执着追求的“诚朴求实、止于至善”的大学之道，中华民族伟大复兴的中国梦也终将在一代代青年的接力奋斗中变为现实。“其心不失于一物之细，而后可以胜天下之大。”你们有着黄金机遇和广阔空间，既要勇立历史潮头、瞄准世界前沿、紧跟时代步伐，敢为天下先、敢于涉险滩，又要审时度势、脚踏实地、身体力行、久久为功，真正做到蹄疾步稳、驰而不息。人生最清晰的脚印，往往印在最泥泞的路上，通往幸福的奋斗之路也往往是艰难而寂寞的。即使荆棘密布、充满坎坷，也希望你们不忘为何出发，更不要在吃苦的年纪、奋斗的青春选择安逸和放弃。因为我相信，只要奋斗的步伐不停歇，你就一定能看到别样的风景、收获稳稳的幸福。

爱国诗人艾青曾有诗云，“为什么我的眼里常含泪水？因为我对这土地爱得深沉。”此时此刻，每当唱起《送别》，总会充满眷恋与不舍。我们脚下的这片学府圣地，演绎过一代代东大人“以科学名世，以人才报国”的至善追求，演绎过《建国大业》《致青春》《人民的名义》这样的艺术巨作，同样演绎过你们的青春与回忆。同学们，你们即将迈出东大校门，成为母校的新校友；你们即将开启新的奋斗征程，担当属于青年的时代使命。母校将永远祝福你们，永远期盼你们再回家园。未来的母校将在“双一流”建设中不忘初心、砥砺奋进，也希望你们心系母校、关心母校，与我们共同筑就中国特色世界一流大学的“东大梦”！

“历尽千帆，归来仍少年。”最后，祝愿各位同学在新的人生奋斗之路转型、超越并创造美好的未来！

谢谢大家！

奋斗新征程　引领新时代

——在东南大学2018年研究生毕业典礼暨学位授予仪式(第2次)上的讲话

校　长　张广军

(2018年6月20日)

亲爱的同学们,尊敬的各位来宾、校友,老师们:

大家好!

仲夏六月,热情似火。在这个属于东大人的校庆季、毕业季和感恩季,我们相聚在雄伟典雅的大礼堂,隆重举行2018年研究生毕业典礼暨学位授予仪式,共同见证你们在东大学成毕业的神圣时刻。首先,我代表左惟书记和全校师生员工向本届117名获得博士学位和3 289名获得硕士学位的研究生同学们表示最热烈的祝贺!向悉心指导、精心培育你们的导师们,以及为你们成长成才辛勤付出的教职员工们表达最衷心的感谢!向今天齐聚大礼堂并分享你们荣光的亲朋好友们致以最诚挚的欢迎!

“大学乃大人之学。”几度春秋,你们在东大孜孜以求、成才成贤,书写出属于你们也属于这片“学府圣地”的美丽故事。六朝松下,你们笃学不倦,感悟千年文脉;九龙湖畔,你们宁静致远,激扬真理火花;丁家桥头,你们妙手回春,淬炼大医精诚。你们把学术成果、创新智慧和责任担当汇入东大116年的历史长河,也融入东大“以科学名世、以人才报国”的办学理念和“止于至善”的校训精神。夜晚,实验室和图书馆的灯光总是最迷人的,我相信每一位同学都在东大追求真理、履行使命的美好时光中沐浴过它。可以想象你们在灯光下刻苦钻研、屡克难关的动人身影和苦尽甘来、破茧成蝶的心路历程。

这几年,你们瞄准前沿、选准方向,在科研道路上取得了一大批学术成果。117位获得博士学位的研究生同学共发表了374篇SCI论文。其中,化工学院的王猛同学读博期间致力于高分子材料领域的基础应用研究,共发表SCI论文8篇,累计影响因子达27.5,其中1篇发表于*Nature*子刊;能环学院的张书平同学读博期间共发表SCI论文20余篇,其中第一作者论文13篇,I区论文7篇,同时获5项发明专利。

这几年,你们勇担使命、敢为人先,在“大众创业、万众创新”的时代大潮中积极发挥学科优势,在全国最高层次的大学生创新创业大赛舞台上展示东大风采。机械学院的史昀珂同学在学期间先后创立了多支赛车车队,在国内外竞赛中获奖,并创业成立了电动赛车领域科技型公司,积极推广汽车文化和创客精神。今年,他领衔的创业项目已获得“创青春”江苏省大学生创业大赛金奖并代表学校顺利入围全国决赛。

这几年,你们奉献爱心、服务社会,以实际行动践行“止于至善”的校训精神。艺术学院的徐娇娇同学读研期间热心公益、志愿服务,她曾在云南南华扶贫地支教、担任学院辅导员,也是首届学生事务校长特别助理成员,并积极担当中国艺术学年会、敦煌壁画高校巡回展、江苏省青少年科技夏令营等活动志愿者,被评为“正·青年”2018年东南大学优秀研究生。

“上下同欲者胜,风雨共舟者兴。”在东大这个命运共同体,你们是学校科技创新的生

力军，是学校改革发展的参与者和见证者，更是学校全力培养的领军人才。从“以科学名世、以人才报国”的办学理念到“瞄准前沿、服务战略、师生为本、人才为先”的办学思路，从“早日建成世界一流大学”的党代会蓝图到“1-10-100”的东大梦愿景，从学校“双一流”建设正式启航到第四轮学科评估再创佳绩，你们参与并见证了近年来全体东大人谋篇布局、凝心聚力、逐梦一流的奋斗历程。

“立德树人”是学校的立身之本和根本任务。你们见证了学校在教学成果奖、特色专业建设、精品课程、教学创新团队、创新创业教育改革等人才培养指标上位居全国高校前列的显著成绩。去年，学校顺利通过了教育部本科教学工作审核评估，并以此为契机，正在深入开展教育思想大讨论，全力实施“2020 一流本科教育行动计划”，力争在 2020 年基本形成中国特色世界一流大学的一流本科教育新格局。同时，你们也见证了学校在招生、培养、学位和导师队伍等方面不断深化的研究生教育综合改革的铿锵步伐。

师资队伍是学校“双一流”建设发展第一资源，代表并决定着学校发展的未来。近年来，学校大力实施“人才强校”战略，启动推进“高端师资倍增计划”，不断优化引育人才体系，努力建设一流师资队伍与一流人才高地。近五年，学校新增院士 2 人，长江学者 9 人，青年长江学者 15 人，“千人计划”专家 12 人，“青年千人”专家 27 人，“杰青”12 人，“优青”19 人。你们见证了学校这些年只争朝夕、聚力建设高端人才队伍的决心和行动。

学科建设是学校改革发展的基础和龙头。近年来，你们见证了学校大力推进“强势工科、优势理科、精品文科、特色医科”的学科发展布局。去年，学校入选国家“双一流”建设 A 类高校，11 个学科入选“双一流”建设学科，5 个学科获评全国第四轮学科评估 A+，两项指标均位列全国高校第 8；ESI 世界前 1%的学科增至 11 个，其中工程学、计算机科学进入世界前 1‰，分别位列第 27、26 位；同时，你们也见证了学校顺利入选国家首批“示范性微电子学院”以及“一流网络安全学院”项目。

科技创新是创新型国家建设的动力和源泉。近五年，学校共牵头获得 16 项国家科技奖励，获奖总数位居全国高校前列。你们见证了学校科研团队在在量子行走、毫米波新型基片、电磁超材料、分子铁电材料、分子影像等多个基础研究和应用基础研究领域实现重大原始性突破，也见证了在载人航天工程、第五代移动通信技术、AMS 空间科学实验、500 m 口径球面射电望远镜、国学中心建设、雄安新区规划等重大战略领域和工程中做出的积极贡献，同时，你们还见证了学校首次入选“国防科工局—教育部共建高校”并在军民融合领域取得的重大突破。

同学们，学校“双一流”建设迈出的坚定步伐、取得的点滴成就，都凝聚着你们的青春、智慧、奋斗和汗水。在此，我代表学校，向你们为母校和社会做出的重要贡献和无私奉献表示由衷的感谢！

相聚离别终有时。毕业是你们在东大时光的一个终点，更是你们人生奋斗的一个新起点。习近平总书记曾说，“我们的国家，我们的民族，从积贫积弱一步一步走到今天的发展繁荣，靠的就是一代又一代人的顽强拼搏，靠的就是中华民族自强不息的奋斗精神。”他又说，“奋斗本身就是一种幸福。只有奋斗的人生才称得上幸福的人生。”此时此刻，如何以奋斗获得幸福的人生？如何以奋斗引领新时代？应该成为你们在东大的最后人生命题。毕业之际，我想与大家共同思考关于奋斗的时代答卷，并提出三点希望与你们共勉。

1. 希望你们以奋斗引领时代的高度

“得其大者可以兼其小。”当前，中国特色社会主义进入新时代，你们作为新时代开局之年毕业的青年学子也即将迈入新的历史方位。在新时代，你们生逢其时、责任重大，你们无比幸运，也格外幸福，因为你们有幸置身国家呼唤创新、渴求人才的黄金时代，也有幸投身从“赶上时代”到“引领时代”的伟大跨越。正如习总书记所说：“青年一代有理想、有本领、有担当，国家就有前途，民族就有希望。”你们选择怎样的时代梦想和人生理想，就决定着国家和民族有怎样的前途和命运。你们是东大培养的领军人才，希望你们始终不忘初心、牢记使命，站在新时代的历史高度坚定理想、选准方向、提升格局，勇担复兴大任和强国使命，并在奋斗中践行东大人“以科学名世，以人才报国”的理念和追求。

2. 希望你们以奋斗引领时代的深度

创新作为引领发展的第一动力，也是新时代社会主要矛盾转化和经济高质量发展转型的战略支撑与核心引擎。当前，伴随着互联网、大数据、人工智能和实体经济的深度融合，深海、深地、深空、深蓝等战略高技术领域部署的不断强化，中国的创新之路正向纵深拓展。在研究生阶段，你们经受了学术训练、形成了创新思维、攻克了技术难关，但这仅仅是迈出了创新的第一步。创新之路永无止境，也往往是困难而寂寞的。假如未来有失败，很可能你们输给的不是竞争对手，而是这个“不创新落后，创新慢了也要落后”的时代。希望你们不要在奋斗的时代选择安逸和等待，而要像华为勇闯创新无人区一样一往无前，继续勤练科研内功、提升创新内涵、深耕发展本领，锲而不舍地追求创新的极致和深度。

3. 希望你们以奋斗引领时代的广度

古人云：“受光于庭户见一堂，受光于天下照四方。”习总书记也指出，“当代青年建功立业的舞台空前广阔、梦想成真的前景空前光明”。在新时代，你们要不断拓展广阔的视野。高度决定视野，而视野决定格局。希望你们要坚持放眼全球、瞄准前沿，以国际视野和历史眼光对标自我、参与竞争。在新时代，你们要主动搭建广阔的舞台。新时代是个人奋斗的时代，更是合作共赢、资源共享、优势互补的时代，希望你们要学会与他人精诚合作、共享共赢。在新时代，你们要坚持磨炼广阔的胸怀。“海纳百川，有容乃大”，希望你们要坚持涵养家国情怀，崇德向善、见贤思齐，以宽广的胸襟和宽宏的气量追求“止于至善”的精神境界。

“长亭外，古道边，芳草碧连天。”这是百余年前曾在东大任教的李叔同先生写下的一曲《送别》。离歌回响，你们即将迈出东大校门，成为东大的新校友；昂首向前，你们即将开启新征程，成为引领新时代的奋斗者。衷心期待你们以高远的志向、不懈的创新和广阔的胸怀成就自我、造福人类、引领时代、担当未来。同时，期盼你们一如既往地关心支持母校的发展，与建设中国特色世界一流大学的“东大梦”同向同行。

最后，衷心祝愿大家在未来的人生路上砥砺前行、转型超越，并续写奋斗新征程、引领新时代的美丽篇章！

谢谢大家！

在 2018 年度“双一流”建设项目启动会上的讲话

校　长　张广军

（2018 年 5 月 9 日）

各位领导，老师们、同学们、同志们：

今天，我们召开 2018 年度“双一流”建设项目启动会，并对今年“双一流”建设工作进行集中动员与部署。

刚才，保昇校长对学校的“双一流”建设方案、2018 年度建设项目的总体思路和论证过程进行了阐述；建筑学院和网络空间安全学院分别代表一流学科建设单位和新兴交叉学科建设单位汇报了各自的工作方案；教务处汇报了对于人才培养目标、建设内容和具体措施等方面的思考。实际上，自去年年底“双一流”建设方案正式公布以来，学校各有关职能部门和各院系都积极主动地按照既定目标进行论证推进，取得的工作进展和成效值得肯定。借此机会，我代表学校、代表左惟书记对各有关职能部门和各院系以及沈炯校长为“双一流”建设做出的努力、付出的心血表示衷心的感谢！

下面，我就推进“双一流”建设相关工作再讲几点意见。

一、要深化共识，在更高的站位上重塑目标、担当使命

当前，正如习近平总书记所说，党和国家事业发展对高等教育的需要，对科学知识和优秀人才的需要，比以往任何时候都更为迫切。东南大学是党领导下的高校，是中国特色社会主义高校，也是代表中国冲击世界一流的高校之一，我们的“双一流”建设要始终同我国发展的现实目标和未来方向紧密联系在一起。这是我们当前和未来办学的政治站位，也是全校师生的政治共识。

去年 9 月，学校入选国家“双一流”建设 A 类高校，并有 11 个学科入选一流学科建设名单，入选学科数位列全国第 8，同时学校“11＋4＋N”的“双一流”建设方案也得到教育部批复并正式公布，为学校后续改革发展开了好局、起了好步。但我们始终强调，要对当前学校“双一流”建设的形势高度警醒，特别是对标新时代需求、“双一流”建设目标以及学校“1-10-100”目标，我们的使命光荣、形势严峻、压力巨大。我们不得不承认，学校现在的发展还是处于国内的第二方阵，处于需要加倍努力爬坡的关键时期，稍有松懈便会很快被超越，更何况我们的目标是进入国内的第一方阵。对此，我们必须不断提高加强忧患意识和危机意识，必须不断提高加强发展意识和进位意识，凝心聚力抓创新、促改革、谋发展，并着力破解学校发展面临的高层次人才偏少、内涵发展后劲不足、综合改革步伐不快的瓶颈。

当前，习近平新时代中国特色社会主义思想为高等教育内涵式发展和加快推进“双一流”建设指明了发展方向。前不久的“五四”青年节前，习近平总书记在北京大学师生座谈会上发表的重要讲话，是深化教育综合改革、办好社会主义大学的最新遵循。他强调，培养社会主义建设者和接班人，是我们党的教育方针，是我国各级各类学校的共同使命，高校只有抓住培养社会主义建设者和接班人这个根本才能办好，才能办出中国特色

世界一流大学。同时,习近平总书记强调要做好三项基础性工作,一是坚持办学的正确政治方向,二是建设高素质教师队伍,三是形成高水平人才培养体系。之后,在5月4日举行的"双一流"建设国际研讨会上,孙春兰副总理也指出,我国统筹推进"双一流"建设,就是要促进高等教育内涵式发展,坚持扎根中国大地办大学,坚持特色办学、协调发展,坚持面向世界、融通中外,办出中国特色世界一流大学,提升高等教育整体水平,更好服务国家现代化建设,更好服务人类文明进步。

近年来,东南大学在"十三五"发展规划中提出了三个战略重点,即一流人才培养、一流学科建设、一流师资建设,逐步形成共识并明确了"瞄准前沿、服务战略、师生为本、人才为先"的办学思路,同时把2018年主题确立为"人才年",全面提升人才培养质量、大力加强师资队伍建设。可以说,这一系列部署紧扣了时代主题、体现了政治站位、遵循了教育规律。在此基础上,我们要进一步深化共识,特别是要以"双一流"建设为契机,通过重塑目标、深化改革、激发活力、引领发展,努力实现东大转型发展、弯道超车,以实际行动担当代表中国建设世界一流大学、培养社会主义建设者和接班人的历史重任。

二、要优化布局,以一流学科牵引"双一流"建设

去年,学校在"双一流"建设和第四轮学科评估中取得佳绩,这是机遇,更是挑战;是动力,更是压力。比如,在第四轮评估中,我们尽管有5个学科位列A+,但A类学科数仅12个,位居国内并列第19,"学科优秀率"指数是23.08%,全国排名第21位,这与我们的奋斗目标相比还有较大的差距。即使是一些排名前列的学科也与先进学校存在着差距,比如,在人才培养方面,国家级教学成果奖、课程、教材的数量偏少,学生赴国(境)外6个月以上交流的比例偏低;在高层次人才队伍建设方面仍需要加强,尤其是长江学者特聘教授、国家杰青、"万人计划"领军人才、"青年人才"等国家级人才的选聘和培养;在国家奖等标志性科研成果方面,部分学科近年来也一直没有取得突破。

凡事预则立,不预则废。在"双一流"建设方案中,我们提出了"强势工科、优势理科、精品文科、特色医科"的学科布局和"多学科融合、理工文医综合、产学研结合、国际化联合"的一流学科建设思路,并确立了重点建设生物医学工程等15个学科(群),量子信息、网络空间安全、智能制造、智慧城市等前沿、新兴、交叉学科以及两个公共平台。希望通过发挥重点建设学科(群)的引领和辐射作用,牵引、带动学校所有学科协调发展,推动学校整体水平快速提升。

本轮"双一流"建设项目周期是五年,即从2016年到2020年。经过前期多方论证,2018年"双一流"建设项目经费已正式下达。学科科研平台建设项目听取了学术委员会(学科建设项目咨询会)的评审意见,并经校长办公会讨论确立了进入下一轮建设论证阶段和需要加快论证的项目,并要求项目经费分配和使用要遵照竞争性原则,加强适时动态调整,确保高质量和规范使用。此外,学校要尽快启动2019年和2020年"双一流"建设方案制定工作,并于2019年初完成。

在这个过程中,我们还要做好以下四项基础性工作。

1. 多方汇聚办学资源

“双一流”建设特别是一流学科建设要有大量、持续的经费支撑。目前，国家“双一流”建设经费还是很有限的，即使考虑江苏省的配套经费，也远远不能满足我校所有学科的发展需求，这就需要我们多方汇聚资源，其中一个路径是努力从国家获取资源，特别是要主动对接国家重大战略需求，获得国家重大科研项目支持，同时促进大平台、大团队和大成果；另一个路径是大力推进开放办学，积极与南京、无锡、苏州等地方政府合作以及通过广大校友、社会各界等渠道获取更多资源，同时实现校地融合、共赢发展。

2. 集中力量打造重器

此次“双一流”建设项目的论证坚持“扶优扶强扶特”，避免分散建设、重复建设，最大限度提高有限投入的产出效率，特别是产出具有显示度和标志性的重大成果。为此集中力量打造了以下三类学科科研平台建设项目：一是面向国家重大战略需求和经济社会发展中的重大问题，以重大项目为牵引的一流学科建设项目；二是面向科技前沿及具有前瞻布局的新兴、交叉学科建设项目；三是面向全校多学科的共同需求，建设大数据中心、分析测试中心等校级大型仪器设备共享平台，力争打造代表东大未来的重器。

3. 高度重视并大力推进理科和文科的建设与发展

在新时代和“双一流”建设背景下，理科与文科对于一流领军人才（能够适应复杂社会变化和引领社会发展）和一流学科建设的支撑作用愈发重要和迫切。学校和职能部门要在师资队伍建设、人才培养等方面给予理科和文科政策倾斜和扶持，理科和文科的相关学部、院系也要加快形成发展规划和实施方案，以实际行动加快推进优势理科和精品文科建设。

4. 持续做好学位授权点动态调整与布局

2017 年，学校新增了马克思主义理论、力学、基础医学一级博士学位点和临床医学专业博士点，学科布局进一步完善。今年学校将按照教育部的部署，做好各学位授权点的自评估工作，借此契机完善学科布局，对学位授权点进行动态调整，促进工科、理科、医科、人文社科等多学科协调发展，形成科学合理的学科生态。

三、要统筹推进，将“双一流”建设项目与主题工作有机融合

“双一流”建设是一项涉及学校各个方面的系统工程，需要考虑并理顺与多项主题工作的关系，努力实现统筹推进、融通并进。

1. 要与教育思想大讨论活动与人才培养工作有机融合

习近平总书记在全国高校思想政治工作会议上明确强调，高校立身之本在于立德树人。只有培养出一流人才的高校，才能够成为世界一流大学。办好我国高校，办出世界一流大学，必须牢牢抓住全面提高人才培养能力这个核心点，并以此来带动高校其他工

作。对东大而言,尽管我们有着优良的传统,但对标新时代领军人才的培养需求,对标教育部本科教学工作审核评估整改的要求,当前人才培养质量仍不能满足“双一流”建设要求,政策支持和资源投入远远不够。

为此,我们在今年4月份正式开启了全员教育思想大讨论活动,汇聚全校落实“立德树人”根本任务和一流人才培养的智慧和共识,为深化教育教学改革、实施“2020一流本科教育行动计划”和研究生教育综合改革抓好开局、打好基础、形成合力。一流领军人才培养要有一流的学科支撑,这也是“双一流”的根本任务。教育思想大讨论既是推进“双一流”建设,也是当前学校实现转型发展的一次思想动员和自我革新。

一个多月以来,各个院系部门积极开展大讨论,形式多样、成效显著。在教育思想大讨论过程中,我们还要根据新要求、新精神不断丰富讨论主题,近期特别是要深入学习贯彻习近平总书记在北京大学师生座谈会上重要讲话的精神。习总书记指出,“目前,我国大学硬件条件都有很大改善,有的学校的硬件同世界一流大学比没有太大差别了,关键是要形成更高水平的人才培养体系。”为此,我们就要聚焦讨论如何立足于培养什么人、怎样培养人这个根本问题,并通过教育教学改革来建设并形成更高水平的人才培养体系;如何加强党的领导和党的建设,加强思想政治工作体系建设,把我们的特色和优势有效转化为培养社会主义建设者和接班人的能力。

2. 要与师资队伍建设工作有机融合

师资队伍是学校发展的第一资源,对学校“双一流”建设和未来发展具有决定性作用。当前,地方和高校的人才之争日趋严峻甚至残酷,学校高层次人才数量增速不够理想,有影响力的学术带头人、知名学者和创新团队较为缺乏,已成为制约学校“双一流”建设的主要瓶颈之一。全校上下唯有不断增强危机感和紧迫感,并付出百倍努力,协同推进、形成合力,切实把重视师资队伍建设的共识变成坚强有力的实际行动。“双一流”建设项目启动后,要把师资队伍作为考量“双一流”建设项目能否完成的首要因素,把是否能引育出一支高端师资队伍作为评估“双一流”建设项目产出的首要因素。各院系要自觉担当主体责任,切实将师资队伍建设作为首要任务,为各类人才搭建快速成长并脱颖而出的平台,特别是要在海内外高端引进人才上,努力做到“引得进、留得住、成长快”,以时不我待、只争朝夕的精神加快形成高端人才、优秀中青年、骨干教师等多层次、多类别、具有活力的一流师资队伍和一流人才高地。

3. 要与全面深化综合改革有机融合

惟改革者进,惟创新者强,惟改革创新者胜。学校在定位2018年为“人才年”的同时,把关键词确立为“改革、质量、效率”。今年及未来,我们要着力深化综合改革,强化绩效导向,推动组织机构优化重组,强化院(系)的主体地位,释放学部、院(系)等基层组织的办学活力,特别是以深化人事制度改革为突破,部署推进分配制度、晋升制度、考核制度改革,加快破解人事制度存在的政策扁平化、晋升定量化、考核定性化、成果个体化等瓶颈,探索建立规范化的考核激励机制和相应的薪酬调整机制,以此推动学校围绕新时代和在“双一流”建设背景下的教学和科研等工作的综合改革。

各位领导，老师们、同学们、同志们，今天的“双一流”建设项目启动会主要是动员和部署，后续还有多个项目需要继续论证和实施，时间紧、任务重、要求高，最后还要强调必须狠抓项目落实，确保产出实效。希望全校师生员工立即行动起来，以奋斗的态度、坚强的力度和超前的速度扎实推进“双一流”建设项目，为深化新时代一流人才培养、实现高等教育内涵式发展奠定坚实基础，合力走出一条具有东大特色、展现东大风采的奋斗之路！

谢谢大家！

勇担时代使命　争做领军人才

——在东南大学2018级本科生开学典礼上的讲话

校　长　张广军

(2018年8月31日)

亲爱的同学们,老师们:

大家好!

今天,我们相聚在九龙湖畔,为2018级4 000名本科新生和首批入学的26名留学生举行开学典礼,共同见证你们圆梦东大并成为新一代东大人的神圣时刻! 首先,我代表左惟书记和全校师生员工向你们表示最热烈的祝贺和最诚挚的欢迎!

“得天下英才而育之”是大学的荣耀,是教师的快乐,而有机会培养出超越自己的一流人才更是教师最大的幸福。十年寒窗,静待一朝,对你们而言,刚刚度过的这个夏天注定是不平凡的,你们经历了高考的洗礼和期许,也经历了圆梦的欣喜与向往。你们很幸运,因为你们是在新时代和“双一流”建设开局之年,也是在东大建校116周年和复更名30周年的历史节点入学的本科新生。在今年的本科新生中,共有13种招考类别,374位同学分别来自27个少数民族,男女生比例约为6∶4,320位同学为“01后”,5位少年生年龄最小,都只有15岁,其中孙诚同学高考成绩超出安徽省理工类本科一批分数线112分。东大很幸运,因为你们都是这一代青年学子中脱颖而出的佼佼者,感谢你们在人生最美好的时光选择东大作为你们新的人生起点和梦想舞台! 从今天起,我们就成为命运的共同体,并将在这片学府圣地和成长热土上共同书写引领时代的东大故事!

大学之大,在于大师之大、大爱之大,更在于使命之大、责任之大。进入大学,意味着你们迈上了新征程、翻开了新篇章,意味着你们的命运将与新时代的发展交织共融,也意味着你们担当新使命、奋发新作为的重任责无旁贷。面对更高的人生起点,你们准备如何确立自己的人生坐标? 面对全新的大学生活,你们又将以何种姿态度过大学时光? 这应该是你们入学之际首先遇到的两个命题。习近平总书记始终对青年一代寄予厚望,他这样说到,“幸福都是奋斗出来的,奋斗本身就是一种幸福,只有奋斗的人生才称得上幸福的人生。”我想,无论青年一代追求怎样的人生,奋斗都应该是获得幸福人生的必修课和打开幸福之门的金钥匙。在此,我首先以奋斗为关键词,与大家探讨关于奋斗的三个共识。

1. 你们处于“必须奋斗”的新时代

青年兴则国家兴,青年强则国家强。习近平总书记说,我们面临的新时代,既是近代以来中华民族发展的最好时代,也是实现中华民族伟大复兴的最关键时代。在新时代,党和国家对科学知识和卓越人才的渴求比以往任何时候都更加强烈,青年一代所肩负的时代使命更为神圣,任务也更为艰巨。正如当年曾在东大任教的梁启超先生在《少年中国说》一文中写道:“今日之责任,不在他人,而全在我少年。”同样,当代青年是同新时代共同前进的一代,在呼唤青年一代责任担当和青春奋斗的新时代,你们更加责无旁贷,必

须以青春之我拥抱新时代、奋斗新时代。

2. 你们拥有“应该奋斗”的好年华

青春理想、青春活力、青春奋斗，是中国精神和中国力量的生命力所在，大学生更是青年一代最具创造活力与激情的群体。你们大都属于“00后”，正值即将步入成年的好年华。你们自主、个性并富有张力，更具有极强创造力。你们的青春与活力、你们的担当与奋斗代表并决定着新时代祖国的前途、民族的希望、创新的未来。本科阶段将是你们升华思想、提升能力、学习知识的关键时期，你们应该在大学四年全面发展、止于至善，奠定引领未来、造福人类的坚实基础。

3. 你们置身“可以奋斗”的大舞台

在新时代，你们建功立业的舞台空前广阔、梦想成真的前景空前光明，而东大就是你们“可以奋斗”的大舞台。在东大这片学府圣地上，有千年文脉的底蕴和116载春秋的积淀，有“止于至善”的校训精神，更有“以科学名世、以人才报国”的办学理念。当前，东大已开启国家“双一流”建设的历史新篇，正围绕早日建成中国特色世界一流大学的奋斗目标和“1-10-100”的“东大梦”愿景，按照“瞄准前沿、服务战略、师生为本、人才为先”的办学思路，大力推进“人才强校”战略，着力实施有温度的教育，努力做有学术穿透力的科研，这为你们搭建了可以追逐理想、砺翅高飞的奋斗舞台。

人生奋斗的目标是什么？这是确立三个奋斗共识后的第二个问题。今年上半年，我们开展了全校范围的教育思想大讨论，师生共同聚焦在新时代、新征程中如何承担新使命、建设“双一流”。在此，我也想问同学们，作为新时代和“双一流”建设开局之年的东大人，你们未来想成为什么样的人？在我看来，每个人都充满无穷的潜力和无限的可能，甚至你想成为什么样的人就能成为什么样的人，关键看你想不想、怎么想。对学校来说，我们要重塑人才培养目标，就是要“培养具有家国情怀和国际视野，担当引领未来和造福人类的领军人才”。为此，学校正在制订“2020一流本科教育行动计划”，加快形成思想引领、能力培养、知识传授的一流人才培养新格局，并不断提升一流人才培养新境界。对你们而言，如果说“奋斗”是基本的人生态度，那么“引领”就应该是你们奋斗的目标和方向。为了让大家更好地思考如何做好新时代的引领者，我再提三点希望。

1. 要有引领时代的志气

苏轼说：“古之立大事者，不惟有超世之才，亦必有坚忍不拔之志。”崇高的志向和使命是大学引领发展的源泉，也是人生永续奋斗的动力。116年来，每当重大历史关头，一代代东大人都能勇立时代潮头、肩负民族大义，其中在国家抗战、民族危难之际，国立中央大学时期校长罗家伦毅然提出并践行《中央大学之使命》，即“为中国建立有机体的民族文化”；在中国特色社会主义建设历程中，一代代东大人锐意进取，有33万名各行各业之英才，形成了一批科技创新。如今，新时代呼唤新担当，在国家将强未强、实现伟大中国梦的关键历史时期，东大人毅然选择勇担使命、接续奋斗、引领时代。希望同学们早立志、立大志，胸怀引领时代的志气，而不仅仅是为了自己的一份好工作或者一份好生活，

应该勇担使命、逐梦一流，与新时代“两个一百年”奋斗目标同向同行。

2. 要有引领创新的勇气

创新是引领发展的第一动力。一代代东大人敢为人先、勇于创新，赢得了“以科学名世”的广泛赞誉。其中，东大首任校长郭秉文勇开中国高教之先河，首任工科主任茅以升是第一个独立建造现代化大桥的中国人，创办我国首个地学系的竺可桢是近代地理学和气象学的奠基者……在历届杰出校友中，吴健雄被誉为“中国居里夫人”，任新民、黄纬禄等被授予“两弹一星功勋奖章”，王澍获得“建筑界诺贝尔奖”普利兹克奖……如今，在新一轮科技革命和产业变革中，东大人坚守创新使命，在多个国家战略性新兴产业领域自主创新并实现重大原创性突破。希望同学们也能传承东大引领创新的勇气，淬炼创新思维、苦练创新本领，真正以创新进、以创新强、以创新胜，同时要脚踏实地、永不言弃，切莫在奋斗的年纪选择安逸、辜负韶华。

3. 要有引领至善的正气

小胜靠力，中胜靠智，大胜靠德。“人无德不立，国无德不兴”，道德是文化传承创新的根基。正如罗家伦老校长在《道德的勇气》一文中所说，要在道德修炼中，养成一种至大至刚的“浩然之气”。一直以来，东大人对于“至善”的执着追求从未停歇，“止于至善”的浩然之气以及爱国家、爱社会、爱他人的道德要求，激励着东大人始终践行“以科学名世、以人才报国”的办学理念，并铸就了东大人诚朴求实、崇学向善的文化特质。希望同学们也能始终传承至善精神，涵养家国情怀、陶冶高尚情操、坚定文化自信，努力树立“钟山之崇高，玄武之恬静，大江之雄毅”的东大品格，以实际行动追求引领至善的浩然正气。

引领时代的志气、创新的勇气和至善的正气，是我们对“领军人才”的一种期许和要求。我相信大家会对这三点有更多的思考与行动。

“日新臻化境，四海领风骚”，这是东大校歌中的一句歌词，彰显的是东大人的昂扬斗志和蓬勃自信。一周前，在你们报到入学之际，你们的学长、刚刚本科毕业并将直接读博的潘强同学获得第十一届“中国青少年科技创新奖”并在颁奖大会上代表100名获奖学生发言，这是东大本科生首次获此殊荣并首次应邀大会发言，他是东大的骄傲，也希望成为你们的榜样。

同学们，中华民族伟大复兴的中国梦、“1-10-100”的东大梦新篇章期待你们接力和续写，静待花开的大学生活期待着你们的珍惜。让我们携手一道，在追求一流、“止于至善”的圆梦征程中不忘初心、同心同德，潜心奋斗、砥砺前行！

最后，衷心祝愿你们在即将开启的东大生涯和人生旅程中，映照时代的光辉、彰显东大的自信、成就最好的自己，并创造美好的未来！

谢谢大家！

坚守教育初心　培育一流人才

——在2018年庆祝第34个教师节大会上的讲话

校　长　张广军

（2018年9月7日）

老师们，同学们，同志们：

兴师重教，国运恒昌。今天，我们隆重聚会，共同庆贺我国第34个教师节。首先，我代表左惟书记、代表学校党政，向长年奉献在教学、科研岗位上的老师们，向奋斗在管理、服务和医疗岗位上的教职员工，向广大离退休老教师、老同志，致以崇高的敬意和美好的祝愿！

一年来，广大教师勇担使命、奋发有为、忠于职守、无私奉献，以饱满的热情和积极的态度，投身到学校深化综合改革和“双一流”建设当中，有力地推动了学校各项事业的改革与发展，学校综合实力与核心竞争力显著增强。一是坚持落实“立德树人”根本任务，顺利通过教育部本科教学工作审核评估，并以此为契机，在全校范围开展教育思想大讨论，为制定《2020东南大学一流本科教育行动计划》和《东南大学研究生教育综合改革方案》凝聚新理念、新思想、新共识。2018年博士生招生规模首次突破1 000名。在新一轮国家教学成果奖评选中获得2项一等奖，7项二等奖（待公示），获奖数位居全国高校前列。二是进一步深化人事制度综合改革，以高水平人才队伍建设为核心，大力实施“人才强校”战略，深入推进“高端师资倍增计划”，形成了较为完善的高端师资薪酬体系和人才梯队引育体系，师资队伍建设成效明显。新增第十四批“千人计划”创新人才长期项目专家4人、外国专家项目专家2人，“青年千人”6人；新增长江学者1人、青年学者5人；新增“万人计划”领军人才5人、青年拔尖人才2人、教学名师1人。修订完善院（系）年度综合KPI考核体系以及院（系）教师工作量考核办法，同时根据国家政策规定，切实做好广大教职员工的生活和养老保障工作。三是坚持面向世界科技前沿、面向国家重大需求、面向经济主战场布局科研发展战略，优化科研协同组织。召开科技工作会议，形成新时代“双一流”建设背景下科技工作的新理念、新认识、新定位、新任务。2018年度国家科学技术奖通过初评5项，获国家自然科学基金资助项目300项，其中杰青基金项目1项、优青基金项目5项、创新研究群体项目1项、重大科研仪器研制项目2项、重点项目11项；获国家社科基金项目17项，其中重点项目2项。作为托管单位筹建的“网络通信与安全紫金山实验室”正式揭牌，生物医学大数据、国家重大科技基础设施等国家级科研平台立项工作顺利推进。同时，积极培育量子信息、人工智能、网络安全、智能制造、智慧城市、智能网联交通、脑科学等前沿、新兴与交叉科研方向。四是进一步优化学科布局，鼓励和支持基础、新兴、交叉学科发展，促进形成多学科协调发展、科学合理的学科生态。入选一流大学建设高校A类名单，11个学科入选“双一流”建设学科名单。11个学科进入ESI世界前1%，其中工程学、计算机科学进入前1‰，分别位列第27和第26。在全国第四轮学科评估中，5个学科评估结果为A+，获评A+学科数位列全国高校第8。网络空间安全学院正式揭牌，人

工智能学院正式成立,学科内涵式建设持续深化。五是大力实施国际化合作战略,积极推进高层次国际交流与合作,与东京工业大学、加拿大英属哥伦比亚大学等世界一流大学签署各项合作协议 14 份。稳步推进与法国雷恩一大联合办学,东南大学—雷恩研究生学院建设进展顺利。积极推进中英大学工程教育与研究联盟、大学校长论坛及博士生领导力创新项目。现代城市智能交通技术创新引智基地入选“111 计划”,国际化办学水平稳步提升。六是坚持以人为本,着力改善办学条件,进一步优化办学环境,继续推进“美丽东大”建设,加强校园基础设施、文化景观等建设,办学条件和办学环境呈现出新的面貌。七是持续深化开放办学,与南京签署 13 个分别落户江宁区、江北新区和玄武区的“两落地一融合”项目协议。扎实推进异地办学,与无锡、苏州新一轮合作办学工作顺利推进。

老师们、同学们、同志们,学校发展的每一个进步,所取得的每一份成绩,都凝聚着广大教师的智慧与汗水,充分彰显了广大教师同心同德、奋勇攀登的使命意识,开拓创新、实干拼搏的进取精神和甘作人梯、倾心育才的奉献境界。借此机会,请允许我代表学校,再次向广大教师致以最崇高的敬礼和最诚挚的谢意!

“教育兴则国家兴,教育强则国家强。”正如习近平总书记强调指出,我们对高等教育的需要比以往任何时候都更加迫切,对科学知识和卓越人才的渴求比以往任何时候都更加强烈。在新时代,在从大国迈向强国、将强未强的关键历史时期,我国正面临新一轮科技革命和产业变革的机遇和挑战,人才越来越成为推动经济社会发展的战略性资源,教育的基础性、先导性、全局性地位和作用更加凸显,由此,国家对高等教育特别是“双一流”建设所赋予的使命更为神圣、责任更为重大、方向更为明确。上半年,我们经过全面深入的教育思想大讨论,更加清醒地认识到,担当新使命、引领新时代就是东南大学义不容辞的历史责任和奋斗共识。当前,我们正秉承“以科学名世、以人才报国”的办学理念,按照“瞄准前沿、服务战略、师生为本、人才为先”的办学思路,通过重塑目标、深化改革、激发活力、引领发展,积极落实立德树人根本任务,深入实施“人才强校”战略,着力培育一流领军人才,加快推进“双一流”建设,奋力向 2020 年整体实力达到世界一流大学水平、2030 年稳居世界一流大学行列的奋斗目标阔步前进。

“善之本在教,教之本在师。”教师是人类灵魂的工程师,承担着立德树人的神圣职责,承担着传播知识、传播思想、传播真理的历史使命,肩负着塑造灵魂、塑造生命、塑造人的时代重任,是教育发展的第一资源,是国家富强、民族振兴、人民幸福的重要基石。时代越是向前,知识和人才的重要性就愈发突出,教育和教师的地位和作用就愈发凸显。立德树人是大学的立身之本,培养各类精英人才是一流大学的根本任务和永恒主题。在新时代全国高等学校本科教育工作会议上,陈宝生部长强调,要坚持“以本为本”,推进“四个回归”,把人才培养的质量和效果作为检验一切工作的根本标准。因此,我们每一位教师都要坚持教书与育人相统一、言传与身教相统一、潜心问道与关注社会相统一、学术自由与学术规范相统一,争做有理想信念、有道德情操、有扎实知识、有仁爱之心的“四有”好教师,成为信仰之师、品行之师、学问之师,全心全意做学生锤炼品格、学习知识、创新思维、奉献祖国的引路人,倾心培养具有家国情怀和国际视野、担当引领未来和造福人类的领军人才。

1. 坚定理想信念,成为“信仰之师”

正确的理想信念是教书育人、开创未来的指路明灯。坚持社会主义办学方向,培养社会主义事业合格建设者和接班人,这是事关为谁培养人、培养什么样的人、怎样培养人的根本问题。广大教师的理想信念应该以这一要求为基准,始终同党和人民站在一起,不断提高自身政治和道德修养,自觉做中国特色社会主义共同理想和中华民族伟大复兴“中国梦”的坚定信仰者、忠实实践者和积极传播者,做学生健康成长指导者和引路人。要引导学生树立坚定的理想信念和社会主义核心价值观,将个人的发展和国家民族的前途命运交织互融。

2. 坚持身正为范,成为“品行之师”

“师也者,教之以事而喻诸德者也。”育有德之人,靠有德之师。品行立于天地而众仰之,教师的职业特性决定了教师必须首先是一位道德高尚的人。习近平总书记指出,教师要成为学生做人的镜子,以身作则、率先垂范,以高尚的人格魅力赢得学生敬仰,以模范的言行举止为学生树立榜样,把真善美的种子不断播撒到学生心中。师德师风是教师素质评价的第一标准,每位教师都要坚持以学生为本,以德立身、以德立学、以德施教,自觉坚守精神家园、坚守人格底线,带头弘扬社会主义道德和中华传统美德,以自己的模范行为影响和带动学生。

3. 坚持创新引领,成为“学问之师”

学术性、多样性和卓越性是一所大学永恒的追求。陶行知先生曾指出:要想学生好学,必须先生好学;惟有学而不厌的先生才能教出学而不厌的学生。每位教师都要成为“止于至善”的践行者,执着追求在教学、科研、管理等方面的全面发展、融会贯通。既要主动瞄准国际前沿,放下杂念潜心向学,对教学精益求精,积极探索教育教学规律,改革教学内容、方法和手段;又要进行探索性创新研究,不断向未知领域进军、向科技和学术高峰攀登,丰富自身的学识和学养,努力实现科研与教学双轮驱动。

习近平总书记在北京大学师生座谈会上强调,建设政治素质过硬、业务能力精湛、育人水平高超的高素质教师队伍是大学建设的基础性工作。在“双一流”建设中,学校将始终把“人才强校”战略作为核心战略,把不断加强师资队伍建设作为基础性工作抓好抓细,切实把对教师的关爱与尊重落到实实在在的行动上,热情关心教师,不断加大投入,努力改善工作和生活环境,尽最大努力解决广大教师的实际困难,让广大教师安心从教、乐育英才。

老师们、同学们、同志们,新时代要有新作为,让我们携手一道,坚守教育初心、回归教育本真、涵养教师情怀,在教书育人工作中全力培养一流领军人才,不断追求“止于至善”的崇高境界,为实现“1-10-100”的“东大梦”和民族复兴“中国梦”努力奋斗、共谱华章!

最后,再次祝大家节日快乐、工作顺利、阖家幸福!

谢谢大家!

东南大学2020一流本科教育行动计划

一、指导思想

在党的坚强领导下,以习近平新时代中国特色社会主义思想为指导,全面贯彻全国教育大会精神和新时代全国高等学校本科教育工作会议精神,深入落实立德树人根本任务,把思想政治工作贯穿教育教学全过程,努力培养德智体美劳全面发展的社会主义建设者和接班人。坚持"以本为本",推进"四个回归",弘扬"诚朴求实、止于至善"的校训精神,秉承"以科学名世,以人才报国"的办学理念,构建具有东大特色的教育体系,形成综合性研究型大学一流本科人才培养体系,进一步提升"卓越化、国际化、研究型"的质量内涵,为加快"双一流"建设、夺取新时代中国特色社会主义伟大胜利、实现中华民族伟大复兴的中国梦做出新的更大的贡献。

二、总体目标

围绕党和国家在新时代赋予"双一流"高校的新使命、新要求,按照"1-10-100"的东大梦愿景,全面落实教育思想大讨论所达成的新理念和新共识,以培养具有家国情怀和国际视野、引领未来和造福人类的领军人才为目标,按照"思想引领、能力培养、知识传授"的育人新格局,以强化内涵建设为根本,以重构知识体系为重心,以深化模式改革为推力,以完善体制机制为保障,全面提升人才培养质量。

到2020年,按照"厚基础、宽口径、重交叉、强创新"的培养路径,重构通识教育基础上宽口径、个性化专业培养新体系;实施"三制五化"相结合的人才培养新模式;建立"可视、公开、约束、激励"的教育教学管理新机制;建成一批优质的"双万课程"和优势的"双万专业";本科生深造率达到65%以上,基本形成一流本科教育新格局。到2025年,一大批优势专业、优质课程、精品教材、改革成果和学生创新创业成效等位居全国高校前列,学校本科教育在全国高等教育中发挥示范引领作用,并具有国际影响力;到2030年,本科教育水平达到国际知名,跻身世界一流大学行列。

三、改革思路

坚持问题驱动。围绕培养领军人才目标,解决体制机制障碍,破除多部门协调联动困境,破解人才培养知识体系滞后于新形势下社会经济发展和学生发展需求等关键问题,全校上下要把握新时代高等教育的重大历史机遇,找准支点、综合施力、攻坚克难、勇于担当、把控风险,驱动深化一流人才培养体系改革。

坚持目标引领。按照《教育部关于加快建设高水平本科教育全面提高人才培养能力的意见》要求,结合东南大学综合改革方案和学校"双一流"建设方案,遵循世界高等教育发展新趋势,紧紧围绕开创一流本科人才培养新格局,以强化内涵建设为根本,落实相应工作方案和任务清单,实行分类建设,打造一流品牌,凸显示范引领。

坚持体制创新。强化顶层设计,坚持统筹规划,按照"可视、公开、约束、激励"的原

则，改革现有人才培养治理结构与管理体制，出台一系列与领军人才培养相配套的政策与制度，引导广大教师以人才培养为根本，激发教师严谨笃学、潜心教学的热情，全面提升人才培养质量。

四、改革任务

（一）重塑人才培养目标

为开创一流人才培养新格局，学校开展了全校教育思想大讨论，经过师生深入研讨、专家反复论证，达成了培养领军人才新共识，确立了与新时代特征相适应的东南大学人才培养新目标，在继承的基础上实现了超越。人才培养新目标如下：

以建设中国特色世界一流大学为根本宗旨，以培养德智体美劳全面发展的社会主义建设者和接班人为根本遵循，秉承“止于至善”校训精神，弘扬“以科学名世，以人才报国”办学传统，大力推进教育教学改革和条件资源建设，培养学生坚定的理想信念、高尚的道德情操、扎实的知识基础、深厚的人文素养和突出的创新能力，努力造就具有家国情怀和国际视野，担当引领未来、造福人类的领军人才。

（二）重构知识体系，培养领军人才

根据学校培养领军人才的战略部署，在通识教育基础及宽口径个性化专业培养理念指导下，按照“厚基础、宽口径、重交叉、强创新”的培养路径，在适应国家本科专业质量标准的基础上，融合国内外专业认证标准和“六卓越一拔尖”新要求，认真审视各专业知识、能力、素质体系与经济社会发展和学生发展需求的契合度、课程体系与培养目标和毕业要求的耦合度、教学大纲与思想政治教育元素的融合度，重构具有东南大学特色、符合领军人才培养要求并逐步与世界一流大学接轨的本科人才培养方案。

（三）创新培养模式，鼎力学生发展

按照大类招生、大类培养的整体规划，实施导师制、书院制、完全学分制，小班化、个性化、国际化、卓越化、本研一体化的“三制五化”创新人才培养模式改革；着力构建由拔尖创新人才培养特区、“卓越计划 2.0”试验区、建筑国际化示范学院、工科试验班、文科试验班、理科试验班、主辅修专业/学位等多种形式构成的体系开放、机制灵活、渠道互通、选择多样的人才培育模式；深入推进“理论导研、实践强研、课外拓研、网络助研”四位一体的研究型教学模式深度改革，致力发挥每一位学生在不同领域的创新潜能和创业活力。

（四）深化体制机制改革，激发办学活力

优化学生指导服务机构，强化学生思想引领、学业发展指导、职业发展指导、心理健康指导、帮困助学服务等全方位指导服务；创新教务处、学生处、实验与设备管理处、团委、教师教学发展中心协同育人模式，提升多部门协调联动工作效率，汇聚一流人才培养的强大合力；强化目标导向，以人事制度改革为突破口，清除体制机制障碍和阻力，增强

投入教育教学的内生动力与活力,建立“可视、公开、约束、激励”的教育教学管理机制,引导和激励广大师生员工潜心教书育人。

(五) 加强教育教学保障,提升培养质量

全面落实人才培养中心地位,增加教育教学资源和经费投入,构建与领军人才培养相匹配的软硬件环境;大力实施教师教学能力提升计划;着力加强对影响教学质量的诸多环节、因素等的有效监控与保障,严格执行主要教学环节的质量标准,形成由“目标—标准—运行—控制—反馈—改进”等构成的完整闭环系统,全面提升人才培养质量。

五、重点工作

以立德树人为根本任务,以总体目标和改革任务为行动指引,坚持“以本为本”,推进“四个回归”,开创一流人才培养新格局,提升一流人才培养新境界,重点做好以下教改二十条。

第一条　优化专业生态布局,强化专业内涵建设。按照“突出优势、强化特色、创新机制、打造品牌”的要求,建立健全专业动态调整机制,通过专业认证和专业评估,做好存量升级、增量优化、余量消减。结合我校学科专业特色与优势,对接国家发展战略和经济社会发展需求,主动布局,增设 2～3 个与国家战略性新兴产业发展和民生改善急需相关的专业。以学校最强势的重点学科、国家本科人才培养基地、国家或部委重点实验室为依托,通过对培养模式、教学团队、课程教材、教学方式、教学管理等专业发展重要环节的进一步综合改革,加快推进卓越工程师、卓越医生、卓越法治等“六卓越一拔尖”2.0 的专业升级与改造,力争至 2020 年使一批优势专业入选国家“双万专业”。大力推进专业认证与专业评估,重点支持国家级特色专业、省级品牌专业、省级特色专业、校级品牌专业和校级特色专业,促其加强自身内涵建设,并发挥示范作用。至 2020 年,50%左右的工科专业通过教育部或行业的专业认证与评估。

第二条　推进大类招生、大类培养,拓宽自主选择空间。按照“拓宽口径、鼓励交叉、注重个性”的人才培养思路,进一步拓展大类招生类别。在已实施大类招生的基础上,进一步扩大覆盖面,2019 年逐步实施理科试验班、电子信息类、计算机类、自动化类、土木交通类、机械动力类、医学类等大类招生,进一步扩大学生自主选择专业的空间。在此基础上,按照“厚基础、宽口径、重交叉、强创新”的培养路径,全面修订 2019 级本科人才培养方案,增加学科基础课和专业主干课的学分,增设 6～8 学分给在导师指导下选择专业或跨专业的选修课程,同时在课程教学设计中,实现课程思政教育不断线、研究型教学不断线、全英文授课不断线、创新创业教育不断线,将思想引领、创新精神、创业意识、国际视野以“润物无声”的方式深深地植入学生心田,使其逐步成为担当引领未来和造福人类的领军人才。

第三条　推动“三个课堂”有机融入思想政治教育元素,凸显价值引领作用。全面落实《普通高校思想政治理论课建设体系创新计划》和《高等学校思想政治理论课建设标准》要求,学校已于 2018 年将“两课”学分数由 11.5 学分增加至 16 学分。紧抓教材、教师、教学三大关键要素,注重课堂教学、网络运用和社会实践有机融合,开展以问题为导

向的专题式、启发式等教学模式改革，实施中班教学、小班研讨，增强思政课程的亲和力和针对性，满足学生成长发展需求和期待。建立健全思政课教师教学能力培训与提升机制，力争到2020年有10位左右教师成为思想政治理论课名师示范课堂的主讲教师，1～2位在全国产生较大影响力。投入专项教改经费，大力推进课程思政校级示范课改革试点立项，推动“课程思政”与“思政课程”同向同行，实现全员、全程、全方位的育人格局，到2020年课程思政将覆盖所有专业。为更好地促进第一课堂(通识基础＋专业教育)、第二课堂(创新创业＋社会实践)和第三课堂(文化育人＋国际交流)相互联动，教务处会同团委、学生处，围绕学校育人中心任务，以项目库建设为核心，整合校内资源、统筹文化活动，以政治性、思想性、学术性、艺术性为指导原则，立项建设50个左右的精品化项目，将思想引领贯穿于教育教学全过程、各环节，突出育人价值。

第四条　加强创新实践教育，提升创新创业能力。把深化创新创业教育改革作为推进学校本科教育综合改革的突破口，推动创新创业教育与专业教育、思想政治教育紧密结合，深化创新创业课程体系、教学方法、实践训练、队伍建设等关键要素改革。2019级本科人才培养方案中设置至少21个学分的创新创业课程，通过改造必修课、盘活通选课、引进创业课，立项建设50门左右高质量创新创业示范课程，将创新创业教育贯穿育人全程。每年举办或外派教师参加相关专项培训不少于100人次，提升创新创业教育能力。充分发挥“互联网＋”大赛等重要学科竞赛的引领推动作用，提升创新创业实践水平。第一，在课外实践方面，加大基于教师科研的SRTP项目资助数量，力争每年立项500多项，提升学生自主开展专业研究、联合开展跨界研究、解决复杂问题的能力，进而发表高水平研究论文、申请国家发明专利等；第二，通过大学科技园、东大众创带、九龙5G创业谷、大学生创业孵化基地等，每年开展1 500多项创新创业训练项目、100余项创新创业竞赛，力争有若干项目获得创业风险投资资金支持。

第五条　强化实验教学改革，提高综合能力。重塑实验课程体系及实验项目内容，减少传统验证性实验，重构综合设计型实验，强化研究探索型实验。2019级人才培养方案中要求综合性、设计性、创新性实验项目超过2/3；设置2门及以上综合课程设计和专业综合设计，每门至少涵盖3门及以上专业课程内容，使学生具备解决复杂问题的能力。紧紧围绕立德树人和领军人才培养的新要求，以学校强势学科和重点实验室为依托，以重大科研成果和引领世界的重大工程转化为途径，建设100余项融入思想政治教育、理想信念教育、家国情怀教育元素的特色实验教学项目和虚拟仿真实验教学项目。通过顶层设计、人员引进、强化培训、优化职称晋升要求等措施，提升实验技术队伍的学历、职称等结构，提高实验技术队伍的综合素质。探索设立高水平实验技术人才岗位的政策机制，逐步建立一支支撑一流学科发展、引领实验教学改革、核心骨干相对稳定、固定与流动相结合的高水平实验技术骨干队伍。

第六条　推进辅修专业/学位建设，培养复合型创新人才。鼓励各专业结合学科专业基本知识体系要求，充分考虑学生的学习特点和职业发展需求，灵活构建课程体系，制定辅修专业/学位培养方案，供学生跨学科修读。制定激励与约束机制，对开设二学位专业的学院，按照修读人数，给予一定的经费支持。在满足基本工作量的情况下，对承担二学位课程的教师，按照标准，给予一定课时补贴或计算相应工作量。二学位课程和正常

课程一样纳入学校统一管理范畴,接受督导检查、学生评价、同行评价等。在现有 7 个二学位专业基础上,至 2020 年扩大到 20 个左右,学生修读人数达 300 人以上,促进学生的知识自我对流、学习潜力自我激发与思维模式自我创新,逐渐成为创新能力强的复合型人才。

第七条　构建本研一体化的培养体系,提升创新研究潜力。本研一体化体系的构建有助于解决现有培养模式阶段的割裂、科研训练环节的脱节、时间资源利用的不足等问题。①持续推进本研一体化教学新系统的研发,建立本研贯通课程库,实现排课与选课互联互通,打破学生身份限制,为学生选课提供更多选择。②修订 2019 级本、研人才培养方案。第一,构建贯穿本研的课程体系,合理调整本研阶段的课程层次和授课内容,实现本研教学运行贯通、课程互选贯通;第二,实施研究能力的贯通培养,把本科阶段的 SRTP、学科竞赛等课外研学与研究生阶段的课题研究贯通设计,课题从本科学习阶段延伸至研究生学习阶段,持续提升其创新研究能力。

第八条　探索导师制、书院制与完全学分制,促进学生个性发展。①导师制。为鼓励学生进行自主学习和主动学习,挖掘学生的个性潜质,2019 级培养方案中设置 6～8 学分的专业选修和跨学科课程,由学生接受导师学业指导,参加学术讨论、研究交流和真实的科研与实践,同时制订研究学分与课程学分的替换办法;②书院制。促进不同专业背景的交叉、不同思维模式的碰撞、不同兴趣爱好的交融,健全和完善吴健雄学院书院制的功能定位和管理模式,推进秉文试验班、庆来试验班的改革试点工作;③完全学分制。基于大类培养模式,增设自主发展学分和课程,推进完全学分制和个性化培养。2019 年开始在建筑学院和吴健雄学院实施完全学分制,通过构建“1＋X”或“2＋X”培养体系,允许学生在弹性学制范围内,根据自身的特点,选择修读的课程,达到某个专业毕业和学位授予条件即获得其证书。

第九条　提高国际化人才培养的深度与广度,拓展国际视野。坚定不移地走国际化强校之路,树立国际意识,加强国际交流合作,积极探索人才国际联合培养的新机制。①加强顶层设计和指导,完善跨部门工作协调机制,整体推进国际化办学迈上新台阶。②在培养方案中规定全英文课程的门数,在全英文课程的大纲中明确其基本要求,至 2020 年至少开设高质量的全英文课程 150 门以上,聘请外籍教师 100 名以上来校长期或短期授课。③扩大与海外一流高校或顶尖专业联合培养项目和教育合作,将人才培养国际化纳入学院绩效考核范围。④加大对本科生出国(境)交流学习的支持力度,完善出国交流管理办法,鼓励本科生到国外一流大学学习交流、竞技,至 2020 年派出交流生占比 30％左右。⑤加强教师国际化教育教学能力培训,每年选派 10 名左右的骨干教师到国外高水平大学进行全英文授课培训,以提高全英文授课水平。

第十条　推进“四位一体”研究型教学模式改革,提升课堂教学质量。持续深化“理论导研、实践强研、课外拓研、网络助研”四位一体研究型教学体系深层次改革,实现从以教师为中心向学生为中心的转变,切实提高课堂教学质量。①淘汰“水课”、打造“金课”,全面梳理各门课程的教学内容,合理提升学业挑战度、增加课程难度、拓展课程深度。②打破大班授课为主的教学组织形式,建立以主讲教师—助讲教师—教辅人员为团队,根据课型和效果灵活组织的教学模式。③推进以问题为中心的探究式、讨论式、

小班化教学，倡导教师根据各学科专业特点，针对某一专题方向的核心知识和最新发展动态，将学科前沿、科研课题、科技开发、工程实践、社会服务中的课题引入课堂教学。④推动信息化技术与学科知识在课堂上深度融合，推行线上线下混合式教学。⑤改革课程考核内容和方式，增加考核环节，使作业、练习、报告、课堂表现、测验等共同构成综合的过程性考核；提倡讲一、练二、考三，使学生的学习拓展能力、思维创新能力等得到全面、科学的评价。

第十一条　实施精品战略，打造优质资源。针对全校通识选修、系列研讨、学科基础、专业主干、创新创业、在线开放等课程，实施精品课程战略，着力提升质量和品牌。通识选修重点在“文化与信仰、审美与诠释、生命与伦理、人类与社会、科学与自然、创新与创业”等领域中立项建设，至2020年新建高品质通识选修课50门左右，提高学生综合素养。系列研讨重点在“学科导引式、前沿专题式、实践探索式、学科交叉式”等课程中开展建设，至2020年建成50门左右示范性系列专题研讨课，让学生在课程学习中亲历研究过程。学科基础课和专业主干课建设重点体现在内容体系的更新上，至2020年立项建设200门左右的优质课程，让学生掌握该专业的核心知识。进一步加大国家精品在线开放课程的立项建设力度，每年立项30门左右，至2020年共建成100门以上的精品在线课程，形成具有东南大学特色的在线开放课程体系。通过一系列课程建设，有40门左右获“国家级精品在线开放课程”称号，一批优势课程入选国家级、省级“双万”精品课程。大力实施精品教材战略，重点建设主干基础课程教材、专业核心课程教材，加强实验实践类教材建设，推进数字化教材建设，至2020年建设30部左右国家级、省级“十三五”规划(重点)教材。推进校企协同基地建设，加强与行业重点企业合作，重构校企共建课程体系和教学内容，强化工程实践和工程创新能力，至2020年，使每个专业至少拥有一个以上高水平的行业协同育人基地，并新建100门左右高水平的校企共建课程。

第十二条　深化学生就业质量工程与终身教育体系，提升综合素养。全面提升就业质量，培养全球治理人才，普及终身教育理念。①坚持战略和前沿导向，将民族担当和家国情怀融入学生的就业观、择业观中，积极做好“四重”岗位就业引领。围绕“一带一路”“长江经济带”“京津冀协同发展”等国家重大战略，每年举办高端职业论坛、“四重”岗位研习项目，为重点地区、重大工程、重大项目、重要领域储备和输送高质量人才。服务国家发展战略的毕业生占当年就业人数的比例在2020年达到50%，2025年达到55%，2030年达到60%。②完善就业与招生、人才培养联动机制，挖掘优质教育资源，拓宽深造渠道，每年与重点科研单位加强交流合作，至2020年本科生深造率达65%以上。③开展全球治理能力专项教育，构建国际组织求职服务平台。每年组织国际组织专项实习和国际志愿实习实践活动。④建立覆盖全员、贯穿全程的全链条式生涯教育体系。以教师、朋辈、企业为主体，教学、体验与实践层层递进、相互贯通，聚焦学生不同阶段的发展需求，分别开展生涯发展启蒙项目、专业认知进阶项目、实践能力拓展项目和职业能力提升项目。⑤实施学生生涯发展终身关爱计划。制定学生生涯发展指导手册，启迪学生终身教育的意识，建立学生生涯发展档案，健全督促和反馈机制，完善毕业生职业发展追踪分析，为学生提供个性化和发展式的生涯教育和服务。

第十三条　探索虚拟寒、暑期学校制度,丰富学生假期学习生活。探索“二长(四学季)”+“虚拟暑期学校”“虚拟寒假学校”制度。两个长学期长度各18周,分秋、冬、春、夏学季,各9周;寒假5周,暑期11周,设立虚拟暑期学校和寒假学校。在暑期、寒假的虚拟学校安排国外优秀学者开设特别课程和短期学术讲座;设立暑期(寒假)国际夏令营;参加或举办国际学术交流活动;开设精品人文课程;开展创新实践等各类实践活动;参加导师科研等。学生根据教学计划安排和自身实际,自主选择暑期学校和寒假学校,开阔视野、促进交流、获得丰富的学术滋养。

第十四条　优化人才培养治理结构,与提升协同联动效率。构建适合大类招生和大类培养的纵横交叉、运行高效的管理结构。对承担人才培养任务的最关键部门,教务处、学生处、实验与设备管理处、团委和教师教学发展中心建立起协同联动机制,综合发力,确保各项任务及时分解并落实到位,高质量地完成各项工作;统筹学生的学习辅导、心理健康、就业指导、学生发展等相关中心,建立学生综合指导与服务中心,汇聚优质育人资源,帮助学生早规划、早定位、早发展、早成才。

第十五条　完善教师培训机制,提升教学能力。针对教师个性化、专业化发展和人才培养的需求,重点围绕教师成长发展轨迹链、教师专业发展进阶链和教学专题活动载体链三条主线,进一步完善“入职培训→助教培训→首开课培训→青年教师授课竞赛→骨干教师培养→教学名师培养”六层次教师教学培养机制,努力为教师发展提供更高水平的专业化支持与服务。以校本为依托建构面向全校教师、重点针对助教和中青年教师的教学培训体系,建设“教学基本理论、教学基本技能、专业提升技能”系列培训课程模块,通过校内专题培训、专家主题讲座、境外课程进修等多元化的培训机制,推动教师把始于问题、基于实践、体现创造的研究型教学落到学生培养的实处,促进课程教学目标有效达成。至2020年,修订并完善教师教学系列培训课程20门左右,外聘国内外讲学专家40名左右来校开展培训,派遣30位左右教师出国进行课程进修。加强基于网络的教育技术培训,重点结合网络教学资源开展“翻转课堂”与“混合式学习”的教学改革实践,推进与信息技术融合的教学方法的改革,提高教师运用信息技术教学的技能和综合素养。至2020年,为每一位教师建立电子教学档案袋,帮助教师进行教学反思,促进教师教学交流、合作、研讨和优秀教案分享等,进一步提升教师教学能力。

第十六条　优化教学奖励机制,激励教师潜心育人。为激励教师潜心本科教学、开展教学改革与研究,增强其从事教育事业的成就感,在全校范围内形成尊师重教、爱岗敬业的教学文化和育人氛围,设立多层次教学奖励制度。①校级教学名师荣誉制度:为省级、国家级教学名师申报做好人才储备,发挥其示范引领作用。②三级教学奖励制度。教学杰出奖:在教育领域和全校享有较高的知名度和影响力,具有鲜明的示范和引领作用;教学优秀奖:在为人师表、爱岗敬业、无私奉献等方面有感人的事迹,教学水平高、教学评价优,深受广大学生推崇和喜爱;教学新秀奖:青年教师在做好科研的同时,积极投身本科教学与人才培养工作,教学效果好,深受学生和同行好评。③学科竞赛指导教师/团队奖励制度:高水平教师指导学生参加国内、国际高水平竞赛,并取得佳绩。④教学督导奖励制度:为教师发展提供专业化的支持、协助、咨询与服务,为教学质量提供机制性保障。

第十七条　完善教师考核、职称/职级晋升制度,提升教育教学质量。优化人事积分系统,增加教学部分的基准分值,提高人才培养工作的权重。充分发挥院(系)在人才培养中的主体职责,给予允许院(系)根据自身特点和实际情况调整与教学相关的量化性指标的加权系数。修订和完善职称/职级晋升等相关规章制度,加大教学效果考核评价结果在教师专业技术职务晋升(或晋级)、岗位聘用、评优奖励等中的运用力度,并将国家教学成果奖等同国家科技成果奖纳入晋升或晋级破格条件。完善教师教学考核办法,教学考核不合格的教师必须重新参加学校组织的教师教学能力培训,合格后方能授课,否则取消其教师任职资格。

第十八条　夯实教学基层组织,强化院(系)人才培养的主体职责。根据《东南大学基层教学组织管理规定(试行)》(校发〔2017〕200 号)文件要求,建立责权利相统一的激励与约束机制,夯实基层教学组织在制定课程标准、落实教学任务、促进教师教学发展、开展教研活动、推进教学改革等方面的主体作用,同时将基层教学组织的工作纳入院(系)人才培养综合绩效(KPI)考核范畴,强化院(系)人才培养的主体职责,进一步提升人才培养质量。

第十九条　建立院(系)绩效考核办法,提升人才培养质效。根据学校 KPI 考核的总体要求,按照按劳分配、兼顾定量与定性、突出贡献、强化教育教学质量的原则,制订院(系)人才培养绩效考核办法。学校考核主要有教学工作量、授课质量、教学成效和学生发展四个部分,四者之间占比可根据实际情况进行动态调整,其中,教学成效包括教学成果奖、教学名师、专业建设、实验室建设、教学改革、教材建设、课程建设、学生竞赛、学生成果、学生出国交流人数、基层教学组织运行情况、教学事故、学生管理事故等内容。院(系)根据学校考核结果和自身实际情况制定具体绩效分配方案。

第二十条　完善教学质量保障体系,形成全校管理合力。学校及各学院的主要负责人是教学质量的第一责任人,分管教学的副校长、副院长是教学质量的直接责任人,各职能部门全面参与,实行教育教学质量的分层分级管理。严格执行教学事故认定办法,维护正常的教学秩序,保证教学质量。建立教学质量保障评估中心,强化教学过程管理,确保影响人才培养质量的关键因素和环节始终处于受控状态,构建任务明确、权责清晰、高效运行的教学质量保障机制和教学质量监控体系。制定落实教育教学质量责任制,强化校级、部门级、院系级、学生和教师不同主体的相互配合和相互协调,共同促进教学质量的发展和提高。建立科学的评教办法,构建教师自评、学生评教、校内外同行专家评价、督导与领导评价"四位一体"的教师教学评价体系,更加全面科学地评价教师课堂教学质量。完善人才培养质量跟踪反馈机制,通过毕业生、校友、用人单位以及专门研究机构形成人才质量的有效反馈,并将结果及时反馈至相关学院与教师本人,形成人才培养质量持续改进的闭环。

六、预期成效

按照总体目标导引、改革任务引领,统筹集成学校各领域、各环节、各方面的育人资源和育人力量,全面落实教改二十条,为基本形成一流本科教育新格局奠定发展基础。具体预期成效见下表。

“2020一流本科教育行动计划”预期成效一览表

<table>
<tr><th>改革内容</th><th>改革目的</th><th>改革举措</th><th>预期成效</th></tr>
<tr><td rowspan="5">重构知识体系</td><td rowspan="5">培养领军人才</td><td>坚持立德树人</td><td rowspan="5">1. 课程思政覆盖所有专业,思想政治教育覆盖所有培养活动,实现价值引领。
2. 具有东大特色、培养领军人才、与世界一流大学接轨的人才培养方案。
3. 实现理科试验班、电子信息类、计算机类、自动化类、土木交通类、机械动力类、医学类等大类招生。
4. 第一课堂、第二课堂、第三课堂互为联动的创新创业教育体系。思政课程、研讨课程、英语授课课程、创新创业教育课程学习全程不断线。
5. 本科人才培养方案中设置至少21个学分的创新创业课程;建设50门左右高质量的创新创业示范课程;加大基于教师科研的SRTP项目资助数量;开展1 500多项创新创业训练项目,100余项创新创业竞赛。
6. 建成20个左右的二学位专业课,修读学生达300人以上。
7. 新本研一体化教学管理新系统;本研教学运行贯通,课程互选互通;研究能力贯通培养,创新研究能力持续提升。</td></tr>
<tr><td>推进大类招生、大类培养</td></tr>
<tr><td>加强创新实践教育</td></tr>
<tr><td>推进辅修专业/学位建设</td></tr>
<tr><td>构建本研一体化的培养体系</td></tr>
<tr><td rowspan="6">创新培养模式</td><td rowspan="6">鼎力学生发展</td><td>优化专业生态布局,强化专业内涵建设</td><td rowspan="6">1. 完成卓越工程师、卓越医生、卓越法制等“六卓越一拔尖”2.0的升级与改造,一批优势专业入选国家“双万”专业;50%左右的工科专业通过专业认证(评估);新增2～3个国家战略性新兴产业发展和改善民生急需的相关专业。
2. 设置6～8学分专业选修和跨学科课程,学生接受导师学业指导,同时制订研究学分与课程学分的替换办法;健全和完善吴健雄学院书院制的功能定位和管理模式,推进秉文试验班、庆来试验班的改革试点工作;在建筑学院、吴健雄学院建成完全学分制,并以此探索“1+X”或“2+X”培养体系,允许学生在弹性学制范围内自定修读计划。
3. 建成高品质通识选修课50门左右;建成示范性系列专题研讨课50门左右;建设优质学科基础课和专业主干课200门左右;建成精品在线课程100门以上,40门左右获国家级在线开放课程称号;一批优势课程入选国家级、省级“双万”精品课程;建设30部左右国家级、省级“十三五”规划(重点)教材;新建100门左右高水平校企共建课程。
4. 设计性、创新性、综合性实验项目超过实验总项目2/3以上;建成一批特色实验教学项目和虚拟仿真实验教学项目。
5. 聘请外籍教师100名以上;本科生到国外一流大学学习交流达30%左右;加大国际化建筑示范学院建设力度;开设高质量的全英文课程150门左右。</td></tr>
<tr><td>探索导师制、书院制与完全学分制</td></tr>
<tr><td>实施精品战略,打造优质资源</td></tr>
<tr><td>强化实验教学改革,提高综合能力</td></tr>
<tr><td>提高国际化人才培养的深度与广度</td></tr>
<tr><td>推进“四位一体”研究型教学模式改革</td></tr>
</table>

（续　表）

<table>
<tr><th>改革内容</th><th>改革目的</th><th>改革举措</th><th>预期成效</th></tr>
<tr><td rowspan="8">深化体制机制改革</td><td rowspan="8">激发办学活力</td><td>优化人才培养治理结构</td><td rowspan="8">1. 建成人才培养关键部门协同机制；建成学生综合指导与服务中心。
2. 实现大类与专业培养的无缝式、整体式、对接式培养与管理。
3. 教学基层组织在人才培养、教研活动、教学改革等方面发挥重要作用。
4. 一批学生在重大战略、重点地区、重大工程、重大项目、重要领域等就业；本科升造率 65%以上；建立覆盖全员、贯穿全程的全链条式生涯教育体系；建成学生生涯发展终身关爱计划。
5. 增加学生自主安排，通过暑假、寒假学校的丰富活动，开阔视野、促进交流、丰富学术滋养。
6. 建成助教和中青年教师的教学培训体系、多元化培训机制、系列化培训课程模块；修订并完善教师教学系列培训课程 20 门左右，外聘国内外讲学专家 40 名左右来校开展培训，派遣 30 位左右教师出国进行课程进修。
7. 多层次教学奖励体系，实现教师潜心育人。
8. 优化人事积分系统，修订完善职称/职级晋升考核等相关制度，促进教学与科研均衡发展。
9. 优化 KPI 积分考核制度，开展院（系）人才培养绩效考核并与院（系）绩效挂钩，提升人才培养质效。</td></tr>
<tr><td>夯实教学基层组织</td></tr>
<tr><td>深化学生就业质量工程与终身教育体系</td></tr>
<tr><td>探索虚拟寒假、暑假学校制度</td></tr>
<tr><td>完善教师培训机制</td></tr>
<tr><td>优化教学奖励机制</td></tr>
<tr><td>完善教师考核、职称/职级晋升制度</td></tr>
<tr><td>建立院（系）绩效考核办法</td></tr>
<tr><td>加强教育教学保障</td><td>提升培养质量</td><td>完善教学质量保障体系</td><td>1. 实行教育教学质量的分层分级管理。
2. 严格执行教学事故认定办法，维护正常的教学秩序。
3. 设立教学质量保障评估中心，建立相对完整的教学质量保障机制和教学质量监控体系，制定落实教育教学质量责任制。
4. 建成教师教学电子档案袋，实行“四位一体”教师教学评价体系。
5. 完善人才培养跟踪反馈机制，完善持续改进机制，实现教学质量保障闭环体系。
6. 各项教学条件充分保障教学高效、有序、平稳运行，形成全校管理合力。</td></tr>
</table>

“联通·贯通·融通” 培养一流领军人才

——东南大学“三全育人”综合改革试点实施方案

一、指导思想

以习近平新时代中国特色社会主义思想为指引，全面贯彻落实全国高校思想政治工作会议精神，深入学习贯彻习近平总书记在北京大学师生座谈会上的重要讲话精神，以立德树人为根本任务和中心环节，着力联通各领域、贯通各环节、融通各方面育人资源和育人力量，加快构建一体化思想政治工作体系，探索“卓越化、个性化、特色化、集成化、小班化”的思想政治教育模式，努力形成全员、全过程、全方位育人格局，为培养造就具有东大气质、中国情怀、全球视野、担当引领未来和造福人类使命的一流领军人才打下坚实基础。

二、基本思路与原则

坚持育人为本，统筹集成。遵循人才培养规律和思想政治工作规律，全面集成学校各领域、各环节、各方面的育人资源和育人力量，推动思想引领、知识传授、能力培养的有机结合，使思想政治工作贯通学科、教学、教材、管理等体系，把思政工作优势和潜力有效转化为育人能力。

坚持问题导向，改革创新。以新思政观引领改革，着力解决人才培养方面普遍存在的思想政治教育责任落实不到位、参与面不够广、阵地建设不够强、育人各环节衔接不连贯等问题，打通“三全育人”的最后一公里，形成全面贯通融合的思想政治工作体系。

坚持目标引领，彰显特色。立足本校办学和人才培养工作实际，结合学校“双一流”建设方案实施，紧紧围绕学校“一流领军人才”培养目标定位，在贯彻落实《高校思想政治工作质量提升工程实施纲要》任务清单和校内分工方案的基础上，进一步探索构建具有东大特色的一体化“三全育人”格局。

三、建设目标

紧紧围绕“一流领军人才”培养目标定位，充分发挥中国特色社会主义教育的育人优势，以理想信念教育为核心，以社会主义核心价值观为引领，以全面提高人才培养能力为关键，大力实施“培元计划、求真计划、行知计划、弘文计划、强网计划、润心计划、善治计划、优服计划、金钥计划、领航计划”等十大计划，着力推动各领域、各环节、各方面的育人资源和育人力量的联通、贯通、融通，强基础、突重点、建规范、实责任，推动全体教职员工把工作重心和目标落在育人成效上，将思想政治工作融入人才培养各环节，推动价值塑造、知识教育与能力培养“三位一体”有机结合，加快构建既有东大特色又可普及推广的一体化育人体系，着力培养红专并进、基础扎实、素质全面、能力突出、创新进取、适应未来社会复杂变化的卓越拔尖创新人才，并造就一批具有家国情怀、国际视野、东大气质，担当引领未来和造福人类使命的一流领军人才。

四、建设内容

（一）实施“培元计划”，统筹推进课程育人

以社会主义核心价值观培元固本，充分发挥课程教学在思想政治教育中的主渠道作用。

1. 加强思政课程建设

深入推动习近平新时代中国特色社会主义思想进教材、进课堂、进头脑，创新教学模式方法，推进相关教改课题立项，持续加强“名师示范课堂”“青年马克思主义学堂”“红色大讲堂”等课程载体建设，及时将党的最新理论创新成果融入课程教学内容，不断增强师生的思想认同、理论认同、情感认同。深入实施思政理论课建设体系创新计划，创新教学方法，提高教学质量，培育教学名师，建设精品课程。建立完善思政课教师的院系联系制度。落实领导干部定期给学生上思政理论课制度。思想政治理论课与专业课程小班化教学同向同行，切实增强思想政治教育课程的亲和力。

2. 推进课程思政建设

修订课程大纲，梳理通识课程以及专业课程的“思政元素”，将知识教育和思政教育有机结合。开展多种形式的“课程思政”教育教学改革专题培训，使教师养成在课程教学中加强思想政治教育的自觉意识。持续做好“课程思政”校级示范课改革试点工作，发挥专业教师课程育人的主体作用。设立“课程育人”研究专项，培育选树一批校内“学科育人示范课程”。修订教材引进选用管理办法。落实领导和校院两级教学督导听课制度。实施课程体系和教育教学创新计划。完善课程体系管理机制，修订学校本科和研究生课程建设管理、新课开设管理等有关文件。精心打造学校通识教育课程体系。

3. 强化学科引领作用

充分发挥马克思主义学科对哲学社会科学学科体系的支撑带动作用。建设马克思主义理论一级学科，重点建设马克思主义基本原理与马克思主义中国化二级学科，努力使全国重点马克思主义学院申报成功。探索研究设置马克思主义理论双学位培养方案，培养党和国家急需的马克思主义理论复合型人才。

4. 抓好思政工作人才队伍建设

不断优化思想政治理论课教师队伍结构，形成一支专职为主、专兼结合、数量充足、素质优良的师资队伍。认真实施《东南大学一流思想政治理论课教师队伍建设专项工作实施方案》，按照中央要求配置专职思想政治理论课教师和本科生、研究生专职辅导员岗位。实施思政课特聘教授制度，让领导干部、学科大师等各行业领军人物走上思政课讲台。加大对中青年骨干教师的培养力度；加强专兼职教师的有机整合；建立和完善思政课教师准入机制、增能机制、退出机制和淘汰机制，探索适合思想政治理论课教育教学的

教师评聘和考核机制。选派优秀青年骨干教师担任德育导师,在学习、生活、品德和心理方面为学生提供全方位、个性化的指导和帮助。完善师生交流和导师遴选、培训、考核、激励等各项机制。

(二)实施“求真计划”,着力加强科研育人

牢固树立追求真理的价值观念,通过科研活动培育学生健全的人格和为人类文明进步服务的崇高理想。

1. 培育科学精神和创新意识

改进科研管理环境,把思想价值引领贯穿选题设计、科研立项、项目研究、成果运用全过程,把思想政治表现作为组建科研团队的底线要求。实施科研创新团队培育支持计划、科教协同育人计划、产学研合作协同育人计划等项目,引导学生积极参与科技创新团队和科研创新训练,掌握科技前沿动态,培养科学精神和创新意识。在集体攻关、联合攻坚中培育团队精神和协作意识。

2. 推动哲学社会科学育人

充分发挥学校哲学、艺术学、经济学、政治学、法学等领域的学科优势和特色,努力建设有国际视野、中国气质和东大特色的哲学社会科学学科体系。重点建设好“中国特色社会主义发展研究院”和“道德发展研究院”两个省级智库,力争在国家级智库建设上实现突破。发挥社会科学基金等的重要作用,建设一批哲学社会科学协同创新中心和重点研究基地。加强习近平新时代中国特色社会主义思想研究。在《东南大学学报》(哲学社会科学版)开设马克思主义和习近平新时代中国特色社会主义思想研究专栏。

3. 完善科研评价标准和评价方法

健全具有中国特色的学术评价标准和科研成果评价办法,构建集教育、预防、监督、惩治于一体的学术诚信体系,治理遏制学术研究的不良倾向。坚持政治标准和学术标准相统一,建立科学权威、公开透明的哲学社会科学学术评价体系及激励机制。

4. 加强学术规范与学术道德建设

组织编写师生学术规范与学术道德读物,在本科生中开设相关专题讲座,在研究生中开设相应公选课程,加强校风学风宣传教育。加大学术名家、优秀学术团体先进事迹的宣传教育力度。大力培育黄大年式的教师团队,培养选树一批科研育人示范项目、示范团队。

(三)实施“行知计划”,扎实推动实践育人

坚持知行合一、以知促行、以行求知,健全完善实践培养体系,培育学生的科学精神、实干精神、创新能力、创业意识、社会责任感和社会服务能力。

1. 推进实践育人体系建设

深入推进实践教学改革,分类制订实践教学标准,适度增加实践教学比重。推进校

园创新创业实践育人体系建设，强化第二课堂育人效应，支持学生成立创新创业类社团，不断丰富创新创业实训体系和服务体系。健全社会实践和志愿服务制度，制订学生志愿服务评价认定办法。广泛开展社会公益活动，培育学生的社会责任感和公益心。进一步完善军训制度，落实学生国防意识培养新要求。持续深化体育育人工作。推动专业课实践教学、社会实践活动、创新创业教育、志愿服务、军事训练等载体有机融合，构建实践育人协同体系。

2. 拓展实践育人平台

建立一批相对稳定、多种形式的校外社会实践、创业就业实习和文化体验基地。着力建设一批实践育人与创新创业示范基地。持续加强“暑期三下乡”、西部支教、青年志愿者等学校社会实践传统品牌建设，依托“紫光阁计划”等全国最高层次的优秀大学生实习实践品牌活动，让东大学子入主流、上大舞台。积极联合团省委、团市委、团区委等，推动东大学子走进政府机关部门实习体验。积极打造重点单位基层岗位体验营，走访如航空、军工、核能等与专业相关且服务于国家重大战略和经济社会发展的重点单位，走访全国重点经济开发区和重点地域。

3. 创新实践育人形式

广泛开展社会调查、生产劳动、社会公益、志愿服务、科技发明、勤工助学等社会实践活动。组织实施好“牢记时代使命，书写人生华章”“追寻习近平总书记成长足迹”“重走复兴之路”“红色筑梦之旅”等新时代社会实践精品项目。推动暑期社会实践工作与创新创业教育、思想政治教育有机融合，与乡村振兴战略、精准扶贫脱贫相结合。依托教育部“青年红色主梦之旅”品牌项目，鼓励学生以“科技中国小分队”“幸福中国小分队”“健康中国小分队”“教育中国小分队”“法治中国小分队”等形式走近革命老区、贫困地区，传承红色基因。开展青年乡村创客沙龙、乡村社会发展调研等，将青年学子的智力、技术和项目资源辐射到广大农村地区。探索开展师生志愿服务评价认证。利用学生宿舍围合布局，依托原有的“社会主义核心价值观学园”，结合学校书院制改革，打造集党建、生活、社交、文化、学习于一体的多元共享空间，构建融价值观教育、知识教育、素质教育、能力教育于一体的学园书院制。

（四）实施“弘文计划”，深入推进文化育人

坚持以优秀文化育人，切实增强学生的文化自信，为学生树魂立根打好底色。

1. 弘扬中华优秀传统文化

依托学校人文教育资源优势，实施“中华经典诵读工程”“中国传统节日振兴工程”，持续开展人文大讲堂、高雅艺术进校园、戏曲进校园、“礼敬中华优秀传统文化”“民族传统体育推广”“书香东大”经典阅读等系列活动，开设以中华优秀传统文化为主要内容的专题课程和国学讲堂，开展丰富多彩的传承国学活动。邀请传统文化名家、非物质文化遗产传承人等进校园、进课堂，引导高雅艺术、非物质文化、民族民间优秀文化走近师生。

2. 大力传承红色革命文化

挖掘校史中丰厚的红色文化资源及其育人内涵,实施“革命文化教育资源库建设工程”,开展“传承红色基因、担当复兴重任”主题教育活动,编排展演创作一批以革命先驱为原型的舞台剧、以革命精神为主题的歌舞音乐、以革命文化为内涵的网络作品。充分发掘东南大学丰富的历史积淀和光荣的革命传统,并将其转化为生动的教育资源。在烈士纪念日、国家公祭日等重要时间节点,设计开展革命文化主题教育活动。积极打造红色文化讲堂,邀请各类专家学者开展革命文化教育。

3. 大力弘扬社会主义先进文化

以“铸魂工程”为统揽,以“青马工程”为重点,着眼思想引领和价值塑造,建设培育和践行社会主义核心价值观的长效机制。广泛开展社会主义核心价值观主题教育活动,选树一批先进典型。进一步完善涵盖研究平台、培训平台、网络平台、实践平台的“四位一体”的核心价值观培育践行体系,着力培养东大学子的大视野、大胸襟、大格局、大情怀。加强社会主义先进文化教育,深化党史、国史、改革开放史和社会主义发展史的学习教育。结合重要时间节点,邀请各类专家学者与青年学生面对面开展报告会、分享会、座谈会,深入学习习近平新时代中国特色社会主义思想等系列活动。

4. 大力繁荣校园文化

全面实施《东南大学“十三五”文化建设规划纲要》。挖掘校史校风校训校歌的教育作用,持续加强校史馆建设,切实加强校史研究编撰,充分挖掘文化育人价值。加强对红色遗址梅庵的保护开发,启动新一轮全国重点文物保护单位“中央大学旧址”的保护规划。创新校园文化品牌,实施“校园原创文化经典推广行动计划”。广泛开展文明校园创建,持续高质量开展新生文化季、廉洁校园、国防文化季、学生科技节等文化品牌活动。参评“全国文明校园”,把校园建设成为社会主义精神文明高地。营造关心体育、崇尚体育的校园体育文化氛围。大力推进“美丽东大”建设,加强校园绿化、景观提升工程建设,制作发布校园优秀人文景观、自然景观名录,推动实现校园的使用、审美、教育功能的和谐统一。

(五)实施“强网计划”,创新推动网络育人

加强网络育人体系建设,牢牢把握新时代网络育人的发展脉搏与话语权,把思想政治工作“做到家”“入心田”。

1. 推进网络育人平台建设

强化网络阵地育人意识,挖掘学校现有网络教育资源,建设一批面向学生的网站、微信公众号、网络社区及应用平台。依托新媒体技术,推进以慕课、微课为核心的网络学习平台项目建设,提升微博、微信等官方新媒体平台影响力,构建校园新媒体思政教育矩阵。整合学校各级各类网络思想政治教育平台资源,探索建立学生喜闻乐见并满足学生

需求的思想政治教育网站集群。

2. 加强校园网络文化建设

通过新生入学教育、专题讲座沙龙、座谈交流等途径，开展大学生网络素养教育，帮助学生建立正确的网络安全观。引导学生遵守网络行为规范，养成文明网络生活方式。创新网络思想政治教育，把牢意识形态领导权，壮大主流思想舆论，推动思想政治工作联网上线。丰富网络文化内容，开展网络文化建设活动，创作和传播优秀网络内容和网络产品。

3. 健全网络思政工作体系

推动教学名师、思想政治理论课骨干教师、优秀辅导员、学生干部等进网络，建设一支政治强、业务精、作风硬的网络思政工作队伍。探索建立网络文化成果评价认证体系，推动将优秀网络文化成果纳入学校科研成果统计，列为教师职务职称评聘条件，作为师生评奖评优依据，作为思政教师职务职称评聘的重要参考条件和专兼职辅导员工作业绩考评的重要内容。

4. 营造健康安全的网络环境

加强网络舆情工作，完善网络舆情监测、预警、报送与处置机制，规范网上信息传播秩序，营造风清气正的网络环境。规范师生自媒体管理，出台校园新媒体建设与管理、校园网络信息安全管理等管理办法。以实施国家首批“一流网络安全学院建设示范项目”为契机，培养一流网络安全人才，并产出基础性、原创性、颠覆性的一流科技成果，并以实际行动服务国家安全战略需求。

（六）实施“润心计划”，大力促进心理育人

以心润心、以心暖心、以心育心，大力实施有温度的教育，完善校内心理育人体系，促进学生心理健康素质与思想道德素质、科学文化素质协调发展。

1. 健全心理育人体制机制

健全“校、院、班、宿”四级预警防控工作体系及转介诊疗机制，建立“全覆盖”保障机制，提升心理健康教育的干预效度。建立“双系统”课程机制，加强心理健康教育的育人力度。建立“全方位”抓手机制，提高心理健康教育感知敏度。保证生均经费投入和心理咨询辅导专用场地面积，建设校内外心理健康教育素质拓展培养基地，探索建设“校园心理健康教育示范中心”。

2. 创新心理育人方式方法

把心理健康教育课程纳入学校整体教学计划，实现心理健康知识教育全覆盖。编写大学生心理健康教育示范教材，开设全校性的大学生心理健康教育选修课和心理辅导讲座等。着力开展各种特殊学生群体的心理辅导活动，建设心理辅导跟踪体系，多渠道多

维度感知学生心灵。坚持举办“5·25”大学生心理健康节等品牌活动。加强预防干预,引进权威性心理量表和评价系统,覆盖全校学生开展心理普查工作,建立和更新心理档案,注重学生心理信息的采集、分析与运用,及时掌握学生心理状况。在四级心理网络体系的基础上,充分汇聚学校学科及临床优势,建立一体化的诊疗干预系统。

3. 加强心理育人队伍建设

拓展心理健康教育教师的选拔聘用渠道。按照师生比不低于1∶4 000的比例配备心理健康教育专职教师。发挥专职心理健康教育教师的引领和带动作用,鼓励任课教师结合专业教学渗透心理健康教育。将校内外心理健康教育与精神卫生领域的各级专家与教师纳入心理健康教育队伍,加强朋辈心理关怀工作,不断提升心理健康教育咨询与服务水平。

(七)实施“善治计划”,切实强化管理育人

不断完善学校内部治理结构,提升治理能力和水平,以一流管理育一流人才。

1. 健全完善管理育人制度体系

研究梳理学校各管理岗位的育人元素,编制岗位说明书,明确管理育人的内容和路径,丰富完善不同岗位和群体的公约体系,引导师生自觉培育规则意识、强化自律。坚持师生思想动态采集分析机制,坚持校领导联系院(系)制度、机关党支部和学生党支部共建制度以及领导干部联系师生、谈心谈话制度,及时了解师生思想状况和具体诉求,鼓励师生积极为学校管理建言献策,增强师生的参与感和获得感。深入开展依法治校创建活动,健全依法治校评价指标体系,进一步完善学校法律事务审核处理、合同管理、无形资产管理等机制。

2. 提升管理育人活动内涵

持续抓好“双抓双促”大走访大落实等活动,定期深入了解基层情况,帮助解决基层工作矛盾和师生员工困难。健全依法治校评价指标体系,深入开展依法治校创建活动。加强少数民族学生的教育与管理,筑牢各民族学生反分裂反渗透的思想防线。加强经费使用管理,科学编制经费预算,确保教育经费投入的育人导向。

3. 完善管理育人队伍建设

加强干部队伍管理,制订干部培训五年规划。按照好干部标准,选好配强各级领导干部和领导班子,提高干部育人能力。把育人责任落实纳入管理岗位考核评价范围,作为评奖评优条件。培育评选一批“管理育人示范岗”“机关示范科室(窗口)”“工作标兵”等,引导管理干部用良好的管理模式和管理行为影响和培养学生。

(八)实施“优服计划”,不断深化服务育人

健全精细化、精准化服务体系,以一流服务保障一流人才成长。

1. 健全服务育人体系

研究梳理各类服务岗位所承载的育人功能，强化服务引导能力。增强学校服务的针对性、主动性、有效性。健全后勤基建、生活服务、安全保卫、卫生保健、网络信息、学业发展支持、就业创业指导、图书文献档案资源等体系建设，优化服务空间，注重用户体验，提高服务效率，为培养一流人才提供精准化的一流服务。

2. 强化服务育人保障功能

充分发挥师生综合服务大厅的作用，突出“一站式”和“综合性”服务功能。加强线上综合服务大厅建设，逐步实现基本审批网上解决。强化后勤服务育人，持续开展“节粮节水节电”“节能宣传周”“光盘行动”“文明宿舍”等主题教育活动，推动节约型校园建设建档。增强供给能力，加强后勤服务信息化建设。实施后勤员工素质提升计划，切实提高后勤保障水平和服务育人能力。加强卫生保健服务育人，制订并实施健康教育教学计划，培养师生公共卫生意识和卫生行为习惯。加强安全保卫服务育人能力，全面开展安全教育，培养师生安全意识和法制观念。

3. 完善服务育人考核评价工作

加强监督考核，落实服务目标责任制，把服务质量和育人效果作为评价服务岗位效能的依据和标准，进一步完善考核与绩效奖惩制度。持续开展“先进服务集体”“服务明星”评选活动，培育一批校园“服务育人示范岗”，选树一批服务育人先进典型模范。

（九）实施“金钥计划”，全面推进资助育人

持续推进校内资助体系建设，以资助和励志这样的“金钥匙”为学生打开绿色通道，开启成才之门。

1. 加强资助工作顶层设计

构建具有国家奖学金、助学贷款、勤工助学、学费减免、困难补助等多种方式，资助对象、资助标准、资金分配、资金发放协调联动的精准资助工作体系。坚持助人育人相结合，加强诚信、励志、感恩教育。依托“诚信教育月”活动，开展诚信教育。多角度组织励志活动，深化奖励和荣誉的激励作用，树立榜样，突出先进典型。搭建学生服务社会的有效平台，培养学生的感恩意识和责任感。

2. 持续完善精准资助体系

精准认定家庭经济困难学生，健全四级资助认定工作机制，采用家访、大数据分析和谈心谈话等方式，合理确定认定标准，建立家庭经济困难学生档案，实施动态管理。坚持实施“多节点、多对象”的特色资助项目，重点关注“新生入学、寒冬时节、返乡过年、毕业求职、突发事件”等时间节点和“少数民族经济困难学生”“建档立卡经济困难学生”等资助对象，通过“路费补助、求职补贴、冬季寒衣、建档立卡学生生活补助”等特色资助项目，

解决学生生活面临的实际困难。根据家庭经济困难学生的需求设计育人方案。设立与学生专业、专长相适应的勤工助学岗位，建立勤工助学星级员工考评体系，实施分级薪资，推动勤工助学工作良性发展。

3. 坚持资助育人导向

实施“发展型资助的育人行动计划”“家庭经济困难学生能力素养培育金钥匙计划”，开展“助学·筑梦·铸人”“诚信校园行”等主题教育活动，组织国家奖学金获奖学生担任“学生资助宣传大使”。在奖学金评选发放环节，培养学生的奋斗精神和感恩意识。在国家助学金申请发放环节，培养学生爱党爱国爱社会主义的意识。在国家助学贷款办理过程中，培养学生的法律意识、风险防范意识和契约精神。在勤工助学活动开展环节，培养学生自强不息、创新创业的进取精神。在基层就业、应征入伍的学费补偿、贷款代偿等工作环节，培育学生树立正确的成才观和就业观。培育建设一批“发展型资助的育人示范项目”，推选展示资助育人优秀案例和先进人物。

（十）实施“领航计划”，积极优化组织育人

突出党旗领航，充分发挥学校各级党组织在学生思想政治工作中的统领作用，着力培养德才兼备、又红又专、全面发展的中国特色社会主义的可靠接班人。

1. 发挥校院(系)两级组织育人功能

进一步理顺党委领导体制机制，明确党委职责和决策机制，健全和完善党委领导下的校长负责制，推动学校各级党组织自觉担负起管党治党、办学治校、育人育才的主体责任。在处级以上领导干部中开展“不忘初心、牢记使命”主题教育，继续推进“两学一做”学习教育常态化、制度化。全面实行院(系)党组织书记抓思想政治工作和党的建设述职评议考核制度，将思想政治和意识形态工作列入各级党委班子和领导干部民主生活会和年终述职的规定内容。

2. 发挥基层党支部育人功能

选优配强教师、学生党支部书记，实施教师党支部书记“双带头人”培育工程，注重从优秀大学生党员中选拔学生党支部书记。开展全校基层党支部书记的集中轮训，实现师生党支部书记培训一年一覆盖，强化党的基本知识、纪律规矩和党建工作方法的学习培训。实施“基层党建对标争先计划”，广泛开展党建标杆院系、样板支部创建活动，继续开展支部风采展示活动，培养选树一批优秀共产党员、优秀党务工作者。

3. 突出组织育人红色传承

搭建学生党支部建设与学生党员教育的新体系，让红色基因贯穿学生党建全过程。持续开设“永远在路上”红色讲堂，引领青年学生明党史、树理想、强信念；构建红色网络阵地，建设有特色、针对性强的学生党建红色网络；组织红色实践，深入开展学生党支部精品活动培育专项；建强红色堡垒，围绕组织力提升，着力在支部凝聚力、战斗力、号召力

建设上下功夫，充分发挥支部的战斗堡垒作用；树立红色榜样，充分发挥先进典型的示范作用，引导学生党员率先成长成才、率先奋发有为。

4. 发挥基层群团组织育人功能

推动共青团、工会、学生会等创新组织动员、引领教育的载体与形式，更好地代表师生、团结师生、服务师生，支持各类师生社团开展主题鲜明、健康有益、丰富多彩的活动，充分发挥教研室、学术梯队、班级、宿舍在师生成长中的凝聚、引导、服务作用。完善学生社团成立、注销和年检制度，选拔优秀教师担任指导老师，把握学生社团的建设和发展方向。培育建设一批文明社团、文明班级、文明宿舍。

五、进度安排

坚持将“三全育人”综合改革试点工作与学校“双一流”建设有机融合，试点工程分 2 年实施，分四步落实：

1. 2018 年 8 月：顶层设计

以培养一流领军人才为目标，成立由学校党委书记和校长牵头的“三全育人”工作领导小组，领导小组根据 10 个支撑计划，下设 10 个专题工作组。领导小组和各专题工作组制定任务分解方案、责任书、路线图、时间表、考评办法。

2. 2018 年 9 月：全面实施

学校“三全育人”工作领导小组和各专题工作组按照学校总体改革方案和各计划子方案，狠抓落实，着力解决“三全育人”重点难点问题。同时开展线上线下宣传，凝聚改革共识，全员落实责任，为改革顺利推进营造良好的工作氛围。

3. 2019 年 9 月：中期检查

按照时间过半任务过半的总体进程安排，“三全育人”工作领导小组对方案的实施进行中期检查，找出进度执行中存在的问题和不足，提出整改建议，同时向教育部提交中期进展报告。

4. 2020 年 6 月：总结验收

基本建成与学校“双一流建设”要求相适应的，既有东大特色又可推广普及的一体化的“三全育人”工作体系。“三全育人”工作领导小组组织校内验收，总结主要经验、存在的问题、进一步深化改革的思考与建议，向教育部提交试点工作总结报告。

六、组织领导和保障机制

（一）加强组织领导

学校成立“三全育人”综合改革领导小组，领导小组下设办公室和 10 个专项工作组

等,全面推进落实“三全育人”综合改革试点实施方案,加强工作统筹、决策咨询和评估督导。建立部门协作常态机制和项目负责人制度,形成党委统一领导、党政齐抓共管、职能部门组织协调、社会各方积极参与的工作格局。

(二) 落实分工任务

实施思政项目制,加强全校思政工作的责任落实和工作推进机制。通过立项方式联通、融通、贯通学校各环节、各方面的育人机制,通过项目制落实育人责任。以“十大育人体系”为基础,系统梳理归纳各个群体、各个岗位的育人要素,并作为职责要求和考核内容融入制度设计和具体实施各环节,抓好任务的分解落实,明确责任、细化任务,建立完善协调推进和督查机制,推动各项工作真正落实落地。

(三) 加大宣传动员

通过校园各宣传平台,结合网站、新媒体等媒介加大宣传力度。转变思想观念,凝聚校内共识,增强教学、科研、管理、服务等各条战线人员的责任意识,将立德树人根本任务落到实处,为“三全育人”顺利开展营造浓厚热烈的氛围。

(四) 加强经费支持

在学校“双一流”建设经费中单列“三全育人”专项经费项目,实施项目化管理,为改革试点工作顺利实施提供有力的经费保障。

(五) 强化考核监督

坚持定性分析和定量分析相结合、工作评价和效果评价相结合,制定项目考核实施办法。除按进度进行中期检查外,把项目实施情况列入年终党建述职评议考核领导干部目标管理和绩效考核。

东南大学"至善青年学者"支持计划实施办法

2018 年 4 月 23 日

第一章 总 则

第一条 为加快东南大学世界一流大学和一流学科的建设步伐，根据东南大学中长期发展规划和"十三五"高端师资倍增计划，进一步加大海内外优秀青年教师的引进力度，为校内青年教师的专业发展提供良好的政策环境，特设立东南大学"至善青年学者"支持计划（以下简称"支持计划"）。

第二条 "支持计划"着眼于培养和支持一批学术基础扎实、具有突出的创新能力和发展潜力的青年学术带头人或青年学术骨干，为学校施行"青年长江""青年拔尖人才""国家自然基金优秀青年基金获得者"等高水平人才计划扩大师资储备。通过 A、B、C 三个层次的支持体系，坚持培育成果与培养人才相统一。通过"A 层次"的支持，培育标志性成果，培养高层次青年才俊；通过"B 层次"的支持，培育高水平成果，培养优秀青年骨干教师；通过"C 层次"的支持，培育创新性成果，培养青年后备人才。

第三条 "支持计划"实行聘期制，学校根据学科发展规划，在相关学科领域遴选优秀青年教师进行重点支持。入选者冠以东南大学"至善青年学者"称号。

第四条 "支持计划"是东南大学设立的专项基金，由学校财政专款拨付。入选者在聘期内享受相应层次的待遇或经费资助。

第二章 基本条件

第五条 "支持计划"入选对象应分别具备以下基本条件：

（一）东南大学"至善青年学者"（A 层次）

1. 具有博士学位，在申报当年度的 1 月 1 日，年龄不超过 35 周岁。

2. 海内外引进的优秀青年教师，业绩成果特别突出且经学校评审通过的具有副高级专业技术职务者。

3. 校内成果特别突出的青年教师，且具有教师系列副高级专业技术职务：

（1）承担本科生或研究生的教学任务，教学效果优秀。

（2）取得标志性成果，包括国家级科研项目的负责人；国家级教学、科研奖的主要获奖者；以第一作者身份发表高影响因子、高他引率的 SCI、SSCI 论文或 A&HCI 论文，或发表国内本学科最高级权威刊物论文等。

（二）东南大学"至善青年学者"（B 层次）

1. 具有博士学位，在申报当年度的 1 月 1 日，年龄不超过 35 周岁。

2. 海内外引进的优秀青年教师，业绩成果突出且经学校评审通过的具有中级专业技术职务者。

3. 校内成果突出的青年教师，且具有教师系列中级专业技术职务：

（1）承担本科生或研究生的教学任务，教学效果优秀。

(2) 取得高水平成果，包括国家级科研项目的负责人、省部级科研项目的负责人；国家级、省部级教学、科研奖的主要获奖者；以第一作者身份发表 SCI、SSCI 论文或 A&HCI 论文，或发表国内本学科最高级权威刊物论文等。

(三) 东南大学“至善青年学者”(C 层次)

1. 具有博士学位，在申报当年度的 1 月 1 日，年龄不超过 35 周岁。

2. 业绩成果优秀的青年教师，且具有教师系列中级专业技术职务。

3. 承担本科生或研究生的教学任务。

4. 学风端正、治学严谨，在教学改革和科学研究方面具有创新性构想和战略性思维，获得校内学术同行认可的、确有学术发展潜力的青年教师。

第六条　以上条件均为申报相应层次的基本条件，学校将根据岗位设置和整体学科发展情况，择优聘任。优先考虑学校优势学科、基础学科和交叉学科的青年教师。

第三章　岗位职责

第七条　“至善青年学者”主要职责：

1. 热爱高等教育事业，品德高尚，潜心研究，敬业奉献，具有强烈的事业心以及开阔的学术视野。

2. 致力于人才培养，讲授本学科核心课程，引导学生树立问题意识，建设有较强创新能力的研究团队。

3. 时刻关注本学科国内外发展的最新学术动向，承担国家级、省部级科研项目以及对经济社会发展有积极影响的前沿课题。

4. 获得高水平的研究成果，在国内外重要的学术刊物上发表科研论文(第一作者和通讯作者署名单位均为东南大学)。

5. 以入选“青年长江”“青年拔尖人才”“国家自然基金优秀青年基金获得者”等高层次青年人才计划为目标。

第四章　遴选与聘用

第八条　学校人才工作领导小组负责指导“支持计划”的评选工作，并成立评选工作小组(以下简称“工作小组”)，具体负责评选工作。

第九条　遴选程序主要包括申报、资格审核、推荐评议、学校工作小组评审推荐、学校人才工作领导小组评审决定、评审结果公示、聘用等环节。

1. 申请人申报，通过学院审核推荐，报送学校工作小组，申请人连续参加遴选不得超过 2 次。

2. 学校工作小组根据遴选条件对申请人的资格和条件进行审核和初评。工作小组通过的初步人选建议名单报学校人才工作领导小组讨论。通过后形成初步人选名单。

3. 学校工作小组依据学院审核意见进行评审，形成候选人推荐名单，报校人才工作领导小组。校人才工作领导小组对候选人推荐名单进行评审，采取无记名投票方式，获得投票人数三分之二同意票数的候选人通过。通过的候选人名单在校内公示，由工作小组受理异议，公示期为一周。

4. 公示无异议后正式聘用。

第五章 考核与管理

第十条 “支持计划”实行聘期目标管理，聘期 3 年，聘期结束后纳入学校正常体系。三个层次的入选者在聘期结束后可申请高一层次的“支持计划”。原“东南大学优秀青年教师教学科研资助计划”入选者须在聘期结束后再申请东南大学“至善青年学者”支持计划。

第十一条 东南大学与受聘者签订聘用合同，规定聘期及双方的权利和义务。

第十二条 “支持计划”入选者每年须向其所在院系汇报履行岗位职责情况及工作进展情况，进行聘期年度考核，并报学校审核批准。

第十三条 聘期结束前一个月，“支持计划”入选者须向所在院系全体教师汇报履行岗位职责情况，并提出今后的工作目标，学校将对其进行期满考核。

第六章 待 遇

第十四条 聘期内“支持计划”中“A 层次”入选者执行协议工资制，标准 30 万元/年，“B 层次”入选者执行协议工资制，标准 25 万元/年。此收入为税前收入，包括养老保险、医疗保险、失业保险、生育保险、工伤保险和公积金，包含学校的突出成果奖励，个税按国家规定自理。

第十五条 聘期内给予“支持计划”中“C 层次”入选者：理、工、医科类科研经费资助 20 万～30 万(3 年)，文科、管理学科科研经费资助 10 万～20 万(3 年)，用于支持入选者的教学和科研工作。

第十六条 “支持计划”入选者在聘期内入选国家级或省部级更高层次的人才工程项目，或入选“首席教授”“青年首席教授”等各类校内人才计划体系，学校将中止本“支持计划”。

第十七条 凡在该“支持计划”资助下取得的成果和发表的论著等，成果标注单位必须是东南大学。

第十八条 对考核不合格、未能正常履行工作职责或调离学校教学、科研岗位的入选者，以及违反学术道德或违反法律的入选者，学校解除与其签订的“支持计划”聘用合同，停止相应待遇或停拨资助经费，且不得再次参加遴选。

第七章 附 则

第十九条 本“支持计划”的解释权在东南大学人事处，“支持计划”实施的日常工作由人事处负责。

第二十条 本“支持计划”自颁布之日起执行。原办法自动废止。

校发〔2018〕73 号

东南大学校长办公室 2018 年 4 月 23 日印发

东南大学“卓越引智计划”实施与管理办法(试行)

2018 年 5 月 22 日

第一章　总　　则

第一条　为进一步提升东南大学引进国外智力的层次,促进海外高层次人才与我校科研骨干的融合,形成国际化学术团队,开展高水平合作研究、高层次人才培养、高质量学术交流,更好地实施和发展东南大学“卓越引智计划”,推动东南大学“双一流”建设,制定本办法。

第二条　“卓越引智计划”的总体目标是瞄准国际学科发展前沿,围绕国家需求,结合东南大学具有国际前沿水平或国家重点发展的学科领域,以优势特色学科为基础,以国家、省、部级重点科研基地为平台,原则上从世界排名前 100 位的大学、研究机构或世界一流学科队伍中,引进、汇聚众多国际学术大师以及学术骨干,与校内优秀学科带头人和创新团队相互融合,形成高水平的研究队伍,努力取得具有重大国际影响的科研成果,提高学校的整体水平和国际地位。

第二章　支持范围与条件

第三条　申请“卓越引智计划”原则上应是东南大学优势特色学科,有着良好的国际合作研究基础。依托学科应有人才团队 10 人以上,研究团队学术带头人的年龄一般不超过 60 周岁,科研骨干成员年龄一般不超过 50 周岁。

第四条　“卓越引智计划”引进对象和条件:

(1) 应聘请 6 名以上海外人才,其中包括 5 名以上海外学术骨干,原则上需聘请 1 名以上国际学术大师。

(2) 海外人才原则上应在世界排名前 100 位的大学、研究机构任职或受聘于世界一流学科的教学科研岗位,与本学科有良好的合作研究基础。

(3) 海外人才应品德高尚,治学严谨,富于合作精神。国际学术大师年龄一般不超过 65 岁(诺贝尔奖获得者可适当放宽),学术骨干年龄一般不超过 55 岁。

(4) 国际学术大师应为外国国家科学院、工程院院士或国际公认的一流专家学者,其学术水平在国际同领域处于领先地位,取得过国际公认的重要成就。

(5) 海外学术骨干应具有所在国副教授以上或其他同等职位,在所属领域取得过同行公认的创新性成果。

(6) 国内工作时间:国际学术大师每年在学院累计工作时间原则上不少于 1 个月;海外学术骨干每年在学院累计工作时间原则上不少于 3 个月。在项目正式立项前应提交当年国际学术大师及海外学术骨干来我校工作的意向书。

第五条　不同的东南大学“卓越引智计划”不得引进同一名海外人才。

第三章 申报、评审及立项

第六条 各相关院系按照年度实施方案的具体要求进行申报。以院系为单位，每个院系每个申请周期限报一项。

第七条 申报单位根据核定的申报名额、本办法规定的申报条件和本单位实际情况进行遴选、推荐，组织填写《东南大学“卓越引智计划”项目申请书》，并与相关材料一并报送至国际合作处。

第八条 科研院、国际合作处负责组织项目的评审工作。项目评审程序为：

(1) 对申报材料进行形式审查，凡审查不合格者将不予受理。

(2) 组织专家进行会议评审，对相关情况进行综合评议并填写评审意见表。

(3) 汇总专家意见，并根据专家意见制定年度支持方案，报分管外事的校领导审核批准。

(4) 公示“卓越引智计划”年度项目立项名单和资助经费额度。

第九条 予以立项的“卓越引智计划”责任院系须填写《东南大学“卓越引智计划”项目任务书》，作为中期绩效检查和验收的依据。

第四章 组织管理与验收评估

第十条 “卓越引智计划”项目建设周期为 3 年，每个项目须从建设期首年度开始建立年度进展报告制度，每年根据相关要求将进展报告报送国际合作处。“卓越引智计划”项目在申请国家“111 引智基地”并获教育部、国家外专局立项后，将对周期进行调整，停止下一年度拨款。

第十一条 予以立项的“卓越引智计划”根据计划任务书的要求，须持续提升引进的国外人才层次和水平，同时在项目周期内还至少引进 1 名“千人”或“青年千人”，积极争取承担国内外重大科研任务，引领和支撑一流学科建设。

第十二条 相关院系是“卓越引智计划”建设的责任单位，获得“卓越引智计划”资助的院系应加强对学科创新引智工作的监测、检查监督。

第十三条 “卓越引智计划”实行年度绩效检查制度，对立项建设的项目进行年度绩效检查。年度绩效检查中出现下列情况之一的，要求予以整改或中止建设：

(1) 明显未达到引智计划要求、难以完成预期目标的。

(2) 保障条件不能落实，无法按原建设方案实施的。

(3) 其他因人为因素严重影响项目正常建设的。

第十四条 年度绩效检查由东南大学国际合作处牵头组织实施，检查包括海外人才引进、重点工作等进展，并形成年度绩效检查报告。

第十五条 “卓越引智计划”3 年建设期结束后，“卓越引智计划”所在学院应按要求填写《东南大学“卓越引智计划”项目验收申请报告》，报国际合作处。

第十六条 国际合作处、科研院组织专家对“卓越引智计划”项目进行现场验收，验收程序包括：听取项目负责人汇报，审核验收材料，对照任务书确定的建设目标，重点对引进的海外人才和国际化团队建设、创新能力和国际学术影响力、学科提升和高层次人

才培养、高水平国际合作等进行验收并形成验收意见。

第十七条　受“卓越引智计划”项目经费支持人员所发表的相关论文、专著、研究报告、资料、鉴定证书及成果报道等，均须标注“东南大学卓越引智计划资助”(Supported by the Excellence Project of Southeast University)和项目编号。

第五章　建设经费与使用管理

第十八条　“卓越引智计划”项目建设期间可获得学校专项经费支持，3 年建设周期资助 200 万元。3 年建设期结束后考核特别优秀的可以滚动支持。

第十九条　专项建设经费的使用与管理应严格执行国家和学校的相关财务规章和制度，并接受财务审计部门的监督和检查。

第二十条　专项经费主要用于支付聘请外国专家的费用，部分可用于与“卓越引智计划”建设相关的费用。

第六章　附　则

第二十一条　“卓越引智计划”由国际合作处牵头，国际合作处、科研院、财务处、人事处、教务处、研究生院共同实施。本办法由国际合作处负责解释。

校发〔2018〕96 号

东南大学博士研究生指导教师遴选办法(修订)

2018 年 11 月 13 日

研究生教育作为国民教育体系的顶端，是培养高层次专门人才的主要途径，是国家人才竞争的重要支柱，是建设创新型国家的核心要素。研究生导师是我国研究生培养的关键力量，肩负着培养国家高层次创新人才的使命与重任。为全面贯彻落实《中共中央国务院关于全面深化新时代教师队伍建设改革的意见》《教育部关于全面落实研究生导师立德树人职责的意见》和江苏省学位委员会、江苏省教育厅《关于加强研究生导师队伍建设的意见》等文件精神，建设一支有理想信念、道德情操、扎实学识、仁爱之心的博士研究生导师队伍，结合我校实际，制定本办法。

一、博士生导师遴选的指导思想、总体要求和基本原则

(一) 指导思想。高举中国特色社会主义伟大旗帜，以马克思列宁主义、毛泽东思想、邓小平理论、“三个代表”重要思想、科学发展观、习近平新时代中国特色社会主义思想为指导，增强中国特色社会主义道路自信、理论自信、制度自信、文化自信。全面贯彻党的教育方针，把立德树人作为研究生导师的首要职责，为实现“两个一百年”奋斗目标、实现中华民族伟大复兴的中国梦，培养德才兼备、全面发展的高层次专门人才。

(二) 总体要求。落实导师是研究生培养第一责任人的要求，坚持社会主义办学方向，坚持教书和育人相统一，坚持言传和身教相统一，坚持潜心问道和关注社会相统一，坚持学术自由和学术规范相统一，以德立身、以德立学、以德施教。遵循研究生教育规律，创新研究生指导方式，潜心研究生培养，全过程育人、全方位育人，做研究生成长成才的指导者和引路人。

(三) 基本原则。按需设岗，按岗位职责择优遴选；遵循标准明确、程序严格、公平公正、保证质量的原则；有利于加强和促进学科建设，特别是国家急需学科和一流学科建设。

二、博士生导师申请人应具备的基本条件

(一) 政治素质过硬。坚持正确的政治方向，拥护中国共产党的领导，不断提高思想政治觉悟；贯彻党的教育方针，严格执行国家教育政策，坚持教育为人民服务，为中国共产党治国理政服务，为巩固和发展中国特色社会主义制度服务，为改革开放和社会主义现代化建设服务；自觉维护祖国统一、民族团结，具有高度的政治责任感，将思想教育与专业教育有机统一，成为社会主义核心价值观的坚定信仰者、积极传播者、模范实践者。

(二) 师德师风高尚。模范遵守教师职业道德规范，为人师表，爱岗敬业，以高尚的道德情操和人格魅力感染、引导学生，成为先进思想文化的传承者和社会进步的积极推动者；谨遵学术规范，恪守学术道德，自觉维护公平正义和风清气正的学术环境；科学选才，规范招生，正确行使导师权力，确保招生录取公平公正；有责任心和使命感，尽职尽责，确保有足够的时间和精力及时给予研究生启发和指导；有仁爱之心，以德育人，以文化人。

(三) 业务素质精湛。具有深厚的学术造诣和执着的学术追求,关注社会需求,推动知识文化传承发展;熟悉国家招生政策,胜任考试招生工作;秉承先进教育理念,重视课程前沿引领,创新教学模式,丰富教学手段;不断提升指导能力,着力培养研究生创新能力,实现理论教学与实践指导之间的平衡,助力研究生成长成才。

(四) 在本学科领域教学、科研一线岗位上工作的我校在岗人员,具有博士学位和副教授(不含上岗副教授)及以上专业技术职务(或相当专业技术职务),且具有硕士生导师资格。年龄一般不超过55周岁。

三、博士生导师申请人应具备的业务条件

(一) 教授(或相当专业技术职务)申请博士生导师,近5年应主持过或正在主持1项基础研究或高技术研究的省部级以上科研项目(清单见附件)。副教授(或相当专业技术职务)申请博士生导师资格,任现职以来(超过5年的按近5年算)应主持过或正在主持1项国家自然科学基金或国家社会科学基金项目。

(二) 申请人分工学和医学、理学、人文社科类和艺术学、管理学学科,应分别达到下列相应条件之一:

1. 工学和医学

发表高水平论文、获科研奖励等情况达到以下条件之一:①发表论文被SCI、SSCI、A&HCI收录3篇(收录论文限第一作者,下同);②发表论文被SCI、SSCI、A&HCI收录2篇,且出版专著1部或国家级规划教材1部(专著或国家级规划教材限第一作者,下同);③发表论文被SCI、SSCI、A&HCI收录2篇,且获省部级以上科研奖励1项(国家级奖前7名,省部级一等奖前5名,省部级二等奖前3名);④发表论文被SCI、SSCI、A&HCI收录2篇,且作为第一发明人获授权发明专利2项。

对于建筑学、城乡规划学、风景园林学科,申请人应至少发表1篇SCI、SSCI、A&HCI收录论文,除此之外,在学科最高级期刊(《建筑学报》《城市规划》《中国园林》)上发表论文1篇可等效为1篇SCI、SSCI或A&HCI论文。

2. 理学

发表高水平论文、获科研奖励等情况达到以下条件之一:①发表论文被SCI、SSCI、A&HCI收录4篇;②发表论文被SCI、SSCI、A&HCI收录3篇,且出版专著1部或国家级规划教材1部;③发表论文被SCI、SSCI、A&HCI收录3篇,且获省部级以上科研奖励1项(国家级奖前7名,省部级一等奖前5名,省部级二等奖前3名);④发表论文被SCI、SSCI、A&HCI收录3篇,且作为第一发明人获授权发明专利2项。

3. 人文社科类和艺术学

发表高水平论文、获科研奖励等情况达到以下条件之一:①发表论文被SCI、SSCI、A&HCI收录2篇;②发表论文被SCI、SSCI、A&HCI收录1篇,且出版专著或国家级规划教材1部;③发表论文被SCI、SSCI、A&HCI收录1篇,且获省部级以上科研奖励(国

家级奖前 7 名,省部级一等奖前 5 名,省部级二等奖前 3 名,省部级三等奖第 1 名);④发表 CSSCI 论文 8 篇,且出版专著或国家级规划教材 1 部。

被《新华文摘》《中国社会科学文摘》《高等学校文科学术文摘》《人大复印报刊资料》全文转载的论文(第一作者,正文字数 3 000 字以上)可等效为发表 CSSCI(核心版)源刊论文一篇,已发表在 CSSCI(核心版)源刊上的不重复计算。

在《求是》《人民日报》《光明日报》《文汇报》《中国教育报》理论版上发表学术论文(第一作者,正文字数 2 000 字以上)一篇可等效为发表 CSSCI(核心版)源刊论文一篇。

4. 管理学

发表高水平论文、获科研奖励等情况达到以下条件之一:①发表论文被 SCI、SSCI、A&HCI 收录 3 篇;②发表论文被 SCI、SSCI、A&HCI 收录 2 篇,且出版专著或国家级规划教材 1 部;③发表论文被 SCI、SSCI、A&HCI 收录 2 篇,且获省部级以上科研奖励(国家级奖前 7 名,省部级一等奖前 5 名,省部级二等奖前 3 名,省部级三等奖第 1 名)。

以上成果的计算时间为:教授(或相当专业技术职务)申请博士生导师时,为近 5 年;副教授(或相当专业技术职务)申请博士生导师时,为任现职以来(超过 5 年的按近 5 年算)。

为鼓励申请人发表高质量论文,发表高水平论文(JCR 分区表中相应学科领域 Q1 的期刊论文)1 篇可等效 2 篇 SCI、SSCI、A&HCI 论文。

为了更好地体现质量优先的原则,鼓励教师从事前沿科学研究,撰写高水平学术论文,对申报期限内在《Science》《Nature》《CELL》等国际权威杂志上发表论文的申请人,其论文数量可不作要求;对获奖级别、数量超过规定者,或有其他重要成果(教学成果奖等)者,其论文数量的要求可适当降低。

(三) 有培养研究生的经验,系统主讲过一门研究生课程或本科生核心课程,教学质量良好,且在近 5 年内指导的硕士研究生没有论文抽检不合格的情况。

(四) 为进一步支持优秀青年教师发展,对于年龄 35 周岁(含)以下、副教授(或相当专业技术职务)、成果突出的申请人,业务条件的计算可不受“任现职以来”限制。遴选程序见四(三)。

四、博士生导师资格的遴选程序

(一) 基本程序

1. 申请人须认真对照上述“基本条件”和“业务条件”,如实向申请学科所在的学位评定分委会(以下简称“分委会”)提交《东南大学博士研究生指导教师资格申请表》(以下简称《申请表》)以及附件材料。申请人必须保证所有申请材料的真实性和准确性,不得伪造有关证明,一经发现作伪并核实,将取消其申报资格,且 5 年内不再接受其申报。

2. 分委会秘书对《申请表》所填内容核实无误后,分委会开会对申请人材料进行评议和投票表决,对获赞成票超过分委会到会人数的三分之二(含)者,提交材料至研究生院。

3. 研究生院对各分委会提交的申请材料进行复审,并组织校内专家成立学校专家评议组,对申请人材料进行评议和择优遴选,对获赞成票超过到会专家数的三分之二(含)

者,网上公示名单一周。公示期满,对无异议者发文公布其具备了博士生导师资格。

(二) 高端人才通道

1. 院士直接具有博导资格。

2. 其他高端人才(包括:聘期内的"千人计划"专家、"万人计划"专家、长江学者奖励计划;项目执行期内的国家杰出青年科学基金获得者、国家优秀青年科学基金获得者、国家自然科学基金创新研究群体负责人,以及从外单位调入我校的或我校合同聘任的高端师资等),由本人或所在院系提出申请,研究生院审核后,提交至由校学位评定委员会成员构成的专家组,按快捷程序、不定期进行评审。对于该评审未通过的申请人,再次申请时,须按上述基本程序参评。

(三) 对于年龄35周岁(含)以下、副教授(或相当专业技术职务)、成果突出、业务条件不按"任现职以来"计算的,由本人提出申请,学科所在分委会推荐,研究生院审核后,学校组织评议,单列指标,择优遴选。

(四) 兼职博士生导师申请人应具备正高职称,是本学科领域中的知名专家学者,并与申请学科有着长期密切的合作,其资格遴选参照上述遴选程序进行。

五、博士生导师岗位履职履责考核

(一) 完善评价考核机制。坚持立德树人,把教书育人作为研究生导师评价的核心内容,突出教育教学业绩评价,将人才培养这一中心任务落到实处。各院(系)要结合自身办学实际和学科特色,制订研究生导师立德树人职责考核办法,以年度考核为依托,坚持学术委员会评价、教学督导评价、研究生评价和导师自我评价相结合,建立科学、公平、公正、公开的考核体系。

(二) 落实督导检查机制。各院(系)要把研究生导师立德树人职责落实情况纳入教学督导范畴,加强督导检查。对于未能履行立德树人职责的研究生导师,视情况采取约谈、限招、停招、取消导师资格等处理措施;对有违反师德行为的,实行一票否决,并依法依规给予相应处理。

六、本办法由研究生院负责解释

七、本办法自颁布之日起执行

校发〔2018〕247号

东南大学教育教学改革专项资金管理办法（暂行）

2018 年 10 月 19 日

第一章　总　则

第一条　为贯彻落实《财政部　教育部关于改革完善中央高校预算拨款制度的通知》(财教〔2015〕467 号)和《财政部　教育部关于印发〈中央高校教育教学改革专项资金管理办法〉的通知》(财科教〔2016〕11 号)等文件精神，进一步加强和规范我校教育教学改革专项资金管理，提高资金使用效益，根据国家有关规定以及预算管理改革的有关要求，制定本办法。

第二条　中央财政设立中央高校教育教学改革专项资金(以下简称"专项资金")，用于支持深化教育教学改革，提高教学水平和人才培养质量。

第三条　学校推进教育教学改革领导小组对专项资金的管理和使用负责。专项资金实行项目分配与项目考核相结合的办法，根据经费拨付情况，由领导小组审核确定经费分配原则、分配标准和分配程序，按照议事决策规则，履行学校"三重一大"决策程序。

教务处是专项资金的项目管理部门，负责学校推进教育教学改革的规划制定，并对专项资金的使用提出规划指导。

财务处是专项资金的管理部门，根据财政部、教育部的年度预算批复进行资金指标核拨，负责专项资金支持项目经费的核算和管理。

第四条　专项资金年度预算按照客观公正的原则，科学合理地安排专项资金，统筹用于支持我校师生课内和课外教育教学活动，用于教育教学改革、创新创业教育等各个方面。

第五条　突出绩效。我校各预算项目执行单位应强化绩效理念，加强可行性和科学性论证，合理确定预算需求，设定绩效目标，加强绩效管理，提高资金使用效益。

第二章　预算管理

第六条　专项资金预算由财务处会同教务处牵头负责编制上报，财政部、教育部采用因素法(基础因素、改革因素、绩效因素、政策因素等)分配安排专项资金预算额度。

第七条　学校在教育部、财政部下达的预算额度内，根据教育教学改革实际，编制具体的实施方案，按规定合理安排使用专项资金，进一步明确绩效目标及指标，同时报教育部、财政部备案。

第八条　用款计划是在教育部、财政部批准的预算范围内，根据财政拨款进度、事业发展和项目进度编制的资金执行进度计划。各子项目必须严格按照资金执行进度安排用款计划，确保项目实施进度和预算执行进度稳步推进，并实施绩效目标跟踪。主管部门按要求将明细项目安排、预算调剂、资金使用等情况在校内部公开。

第三章　支出和决算管理

第九条　按照要求,专项资金用于支持深入推进教育教学改革、创新创业教育改革、国家试点学院改革,巩固本科教学基础地位,提升教师教学能力,优化调整学科专业结构,完善协同育人机制,推进信息技术与教育教学深度融合,探索拔尖人才培养,对口支援西部地区高等学校工作等方面。我校将根据每个年度教育教学改革的工作重点,统筹安排专项资金的分配和使用。

第十条　按照规定,专项资金不得用于基本建设;不得购买单价 40 万元以上的大型仪器设备;不得分摊学校公共管理和运行费用;不得作为其他项目的配套资金;不得用于偿还贷款、支付罚款、捐赠、赞助、投资等支出;也不得用于按照国家规定不得列支的其他支出。

第十一条　专项资金的资金支付按照国库集中支付制度有关规定执行,财务处全面负责国库集中支付的管理与监督工作,学校职能部门按照各部门负责领域的管理职能,协助做好国库集中支付工作。属于政府采购范围的,按照政府采购有关法律规定执行。

第十二条　专项资金使用单位应当加强资产配置管理,提高资产配置的科学性,杜绝重复配置。使用专项资金形成的资产均属国有资产,应当按照国家国有资产管理的有关规定加强管理,提高资产使用效率。

第十三条　年度终了,按规定将专项资金收支情况纳入年度单位决算,由财务处负责结转结余资金,按照财政部关于结转结余资金管理有关规定执行。各子项目负责单位应向学校上报年度总结报告。

第四章　绩效评价与监督检查

第十四条　年度终了,各子项目负责单位对照实施方案和设定的绩效目标,进行资金使用绩效自我评价,内容主要包括:项目进展情况、预算执行情况、资金使用效益情况、资金管理情况、存在的问题和建议等,形成年度绩效自评报告,并经教务处、财务处汇总,编写学校专项资金年度总结报告,报送教育部、财政部。

第十五条　学校对专项资金的使用实行执行进度考评制度。学校对国库专项资金的项目均设有执行进度考核时点要求,具体考核时点以当年度学校下拨经费的相关文件的规定为准。执行进度和规范使用的考核结果与次年预算下拨项目安排挂钩,并不断完善绩效激励机制。

第十六条　严格遵守财经纪律,自觉接受审计、监察、财政及主管部门等监督检查。使用专项资金的子项目和子项目负责人应对资金的合法性、合理性、真实性和相关性负责,并承担相应的法律责任。

第十七条　学校将不定期组织有关职能部门对子项目资金使用效益和资金管理等情况进行监督检查,如发现有违规行为,以及因管理不善导致资金浪费、资产毁损、效益低下的,学校将暂停其经费使用,限期整改。对情节严重的责任人员,将按国家和学校有关规定追究责任。

第十八条　根据教育部、财政部相关文件及《东南大学信息公开实施细则》的要求,

专项资金实行信息公开制度。资金的款项下拨情况以公文形式在全校范围内公开；各子项目经费使用情况和预算执行进度在一定范围内公开，并作为最终项目绩效考核的依据之一。

第五章　附　则

第十九条　本办法未尽事宜，按国家法律、法规、规章和规范性文件以及学校相关规章制度的规定执行。

第二十条　本办法由学校授权财务处、教务处负责解释。

第二十一条　本办法自发布之日起执行。

校发〔2018〕236 号

东南大学科技成果资产评估项目备案工作实施细则(暂行)

2018 年 3 月 30 日

第一条　根据《教育部关于规范和加强直属高校国有资产管理的若干意见》(教财〔2017〕9 号),《关于落实直属高校国有资产管理有关政策的通知》(教财司〔2018〕33 号)以及《教育部直属高等学校、直属单位国有资产管理工作规程(暂行)》(教财函〔2013〕55 号),为保障学校科技成果转移转化工作高效、规范开展,结合学校实际情况,制定本细则。

第二条　本细则所称"科技成果"是指学校技术团队和发明人的职务发明以及在科研中形成的知识产权(含专有技术、专利、软件著作权等),其所有权归学校所有。

第三条　本细则所称"科技成果资产评估项目备案"是指按有关规定将科技成果进行资产评估后,在相应经济行为发生前将评估项目的有关情况专题向学校报告并由其受理的行为。

第四条　本细则适用范围:

(一) 采用作价投资方式转移转化的科技成果。

(二) 采用直接转让方式转移转化,且单件或批量金额在 500 万元(含)以上的科技成果。

(三) 学校认为需要进行评估项目备案的科技成果。

第五条　科技成果资产评估项目备案工作由科研院、资产经营管理处共同组织开展,财务处审核,学校备案。

第六条　办理评估项目备案流程:

(一) 申请:技术团队和发明人就拟转移转化的科技成果经所在院(系)签署意见后,向科研院提出申请。科研院予以审核,并会同资产经营管理处开展资产评估项目备案工作。

(二) 评估:资产经营管理处委托具有相应资质的资产评估机构对拟转移转化的科技成果资产进行评估。

(三) 公示:资产经营管理处将评估报告通报技术团队和发明人并予以公示。

(四) 决策:科研院、资产经营管理处根据科技成果转移转化相对应的经济行为,上报学校讨论决策。

(五) 审核:资产经营管理处将科技成果资产评估报告、学校关于科技成果转移转化的决策文件等材料报财务处审核。

(六) 备案:财务处审核后报学校备案。

第七条　办理备案需要材料

(一)《东南大学科技成果转移转化申请表》(附件一)。

(二)《东南大学科技成果资产评估项目备案表》(附件二,一式三份)。

(三) 关于科技成果资产评估项目相对应的经济行为批准文件。

（四）科技成果资产评估报告（评估报告书、评估说明和评估明细表等）。

（五）学校在评估基准日的报表及评估基准日上一年度的决算报告。

（六）其他材料（转让合同、知识产权变更协议、通知等）。

第八条　办理备案工作的要求：

（一）技术团队和发明人向科研院、资产经营管理处提出科技成果转移转化申请，科研院、资产经营管理处向财务处报评估项目事项备案，均应对申报材料的真实性、合法性、有效性、准确性负责。申报材料不符合要求的，财务处将《审核意见》反馈科研院、资产经营管理处，并由其根据反馈意见补充材料，财务处审核合规后，按规定程序办理相关手续。

（二）资产经营管理处负责按照学校相关规定组织选聘具有资产评估资格的评估机构，并签订委托评估协议。

（三）资产经营管理处收到评估机构出具的评估报告，经过初审后，将结果通告技术团队和发明人，并在资产经营管理处网站上公示。

（四）财务处收到资产经营管理处报送的备案材料后，对材料齐全的，应在 10 个工作日内办理备案手续；对材料不齐全的，待补充完善有关材料后予以办理。

第九条　科技成果资产评估项目备案后，需对评估结果进行调整的，由科研院、资产经营管理处自调整之日起 15 个工作日内向财务处重新办理备案手续，原备案表由财务处收回。

第十条　财务处应在每年度终了 15 个工作日填写《科技成果资产评估项目备案汇总表》（附件三）和《科技成果资产评估项目备案明细表》（附件四）报送教育部财务司国资处。

第十一条　财务处负责科技成果资产评估项目备案的档案管理。档案材料至少应包括《东南大学科技成果转移转化申请表》、《东南大学科技成果资产评估项目备案表》、相关的会议纪要、科技成果资产评估报告等，一项一册，长期保存。

第十二条　加强对科技成果资产评估项目备案情况的监督检查，确保备案项目经济行为和国有资产评估行为的合法性。

第十三条　本细则由财务处、资产经营管理处负责解释。

校发〔2018〕58 号

东南大学临床医学(“5＋3”一体化)专业学生学籍管理规定

2018 年 3 月 23 日

为贯彻落实《教育部卫生部关于实施卓越医生教育培养计划的意见》(教高〔2012〕7 号)、《教育部办公厅关于做好七年制临床医学教育调整为“5＋3”一体化人才培养改革工作的通知》(教高厅〔2015〕2 号)和《国务院办公厅关于深化医教协同进一步推进医学教育改革与发展的意见》(国办发〔2017〕63 号)的文件精神,进一步加强临床医学(“5＋3”一体化)专业学生学籍管理工作,特在《东南大学全日制本科学生学籍管理规定》和《东南大学研究生学籍管理规定》的基础上,结合我校临床医学(“5＋3”一体化)专业学生学习与管理的实际情况,制定本规定。

第一条　我校临床医学(“5＋3”一体化)专业的学生,除本文有专门规定之外,在本科阶段学习执行《东南大学全日制本科学生学籍管理规定》,在硕士研究生阶段学习执行《东南大学研究生学籍管理规定》。临床医学(“5＋3”一体化)专业的学生,系指 5 年本科阶段结束符合学校相关规定的合格者,直接进入本校与住院医师规范化培训有机衔接的 3 年临床医学硕士专业学位研究生教育阶段学习,实施一体化人才培养的学生。

第二条　满足以下条件的学生,进入 3 年临床医学硕士专业学位研究生教育阶段学习:

1. 在本科学习期间,未出现下列情况之一者:在校期间有违背国家法律和法规规定的言行,经教育仍不悔改;或受到行政拘留以上处罚;或违反校纪校规受记过以上(含记过)处分;或行为规范综合考评两次为不合格。

2. 在校实际学习满五年时(从入学取得学籍算起),获得学士学位者。

第三条　未满足第二条规定的学生,须转入五年制临床医学本科专业学习,按《东南大学五年制临床医学本科专业培养方案》和相关管理规定执行。

第四条　本规定未涉及事宜按《东南大学大学生手册》《东南大学研究生手册》《东南大学临床医学(“5＋3”一体化)专业培养方案》的相关规定执行。

第五条　本规定从 2018 级学生开始执行。

第六条　本规定由教务处、研究生院负责解释。

校发〔2018〕43 号

东南大学人文社会科学资深教授遴选办法

2018年3月29日

为了推进我校精品文科和人文社科师资队伍建设，引进在人文社会科学发展和研究方面取得卓越成就的专家学者，激励我校在人文社会科学发展和研究方面做出杰出贡献的专家学者，学校决定设立人文社会科学资深教授（以下简称资深教授）岗位。为做好有关遴选工作，特制定本办法。

第一条 资深教授的遴选原则

资深教授是东南大学自主设立的人文社会科学最高学术岗位。资深教授将严格按照条件和程序遴选，遵循公正、公平、公开、客观、高标准的原则，每两年评选一次。学校将结合学科情况，同时接受校内外人员申报，岗位优先，择优聘用，名额由学校确定。校外申请人员入选后，人事关系须正式调入东南大学（外国国籍或中国香港、澳门和台湾地区人士，聘期内须在东南大学全职全时工作）。

第二条 资深教授的基本条件

（一）从事教学和科研工作30年、教授任职20年及其以上，年龄一般不超过65周岁（截至遴选当年1月1日）。

（二）政治立场坚定，思想品德高尚；治学严谨，学风正派，有深广的学术胸怀以及强烈的奉献精神、团队意识；团结同事，学术民主，充分尊重学术领域中的不同意见；与所在学科的成员同心同德，团结意识和协作精神强。

（三）身体健康，能坚持正常的教学、科研等学术活动。

（四）对本学科学术梯队的建设和发展做出了重大贡献，成绩突出，须同时具备以下条件：

1. 国家重点学科或学科评价位居前列学科、国家人文社科智库、教育部人文社会科学重点研究基地的创建者或主要带头人、主要负责人，在推进学科建设与发展方面做出了杰出贡献。

2. 担任过国家级或国际重要学术组织的主要负责人，在相应学术领域学术影响力居于国内前列，并享有较高的国际学术影响力。

3. 牵头承担过国家级重要科研项目并获得国家级科研成果奖励，在重要学术领域取得了公认的系统性和原创性的重大学术成就。

4. 在教学和人才培养方面取得突出成绩。

第三条 资深教授的评选程序

（一）学校人才工作领导小组负责指导资深教授的评选工作。

（二）遴选程序主要包括申报、资格审核、推荐评议、校外专家通讯评审、学校组织专家评审、学校人才工作领导小组审议、评审结果公示、校党委常委会核定、聘任等环节。

1. 申请人申报，通过学院审核推荐，报送学校，申请人连续参加遴选不得超过2次。

2. 根据遴选条件对申请人的资格和条件进行审核和初评。通过的初步人选建议名单报学校人才工作领导小组讨论，通过后形成人文社会科学资深教授初步人选名单。

3. 将初步人选的申请材料分送五位国内著名高校人文社会科学资深教授或中国社科院学部委员(包括荣誉学部委员)进行同行评审。评审结果作为下一评审环节的重要参考。

4. 学校组织专家进行评审,形成资深教授候选人建议名单,报学校人才工作领导小组。学校人才工作领导小组对候选人建议名单进行审议,审议通过后形成资深教授候选人名单。候选人名单在校内公示,由工作小组受理异议,公示期为半个月。凡有弄虚作假、侵占剽窃等学风不端或违反学术道德者,一经核实即取消资格,且不得再次参加遴选。

5. 学校党委常委会对通过公示的候选人从政治思想表现、学术地位、学风道德情况等方面进行全面考核,确认评审结果,做出聘任决定。

6. 校长根据党委常委会的决定颁发资深教授聘书。

(三) 资深教授遴选实行回避制度。申请人及其亲属均不能参加资深教授申报资格审核及评议、评审等有关工作。每位申请人可以提出不超过 2 人的校外同行专家回避名单。

第四条　资深教授的待遇

资深教授在聘期间享受与院士相同的校内岗位津贴或年薪,任职期限同院士。对执行年薪制的入选者,按国家和学校政策,所取得的科研劳务绩效不得超过年度协议工资的 50%。

第五条　资深教授的职责

资深教授应发挥学术带头人的领军作用,承担学校的教学工作和重大科研任务,推动学科发展、队伍建设和人文社会科学领域的国际交流与合作。同时要积极参与制定学校人文社会科学发展规划,并根据资深教授的基本条件举荐资深教授候选人。

第六条　附则

本办法由学校人才工作领导小组负责解释。

本办法自公布之日起执行。原办法自动废止。

校发〔2018〕48 号

东南大学人文社科科研机构管理办法

2018 年 8 月 27 日

第一条　为加强和规范我校人文社科科研机构的管理，进一步推动我校人文社科科研工作的跨越式发展，打造“强精优”、具有“东大气质”的一流精品文科，根据国家有关法律、法规及有关文件精神，并结合我校人文社科科研工作的实际情况，特制定本管理办法。

第二条　学校人文社科科研机构的设置应有利于我校人文社科科研工作与重点学科建设持续、稳定、协调的发展；有利于集成校内外相关学科的资源和人才优势形成科研团队，共同争取国家和地方的科学研究资源；有利于形成在国内相关学科领域具有优势和特色的科研基地和人才培养基地，并逐步升级为国家级、省部级重点科研基地。

第三条　人文社科科研机构设置

校级人文社科科研机构根据研究内容分为：基础研究类科研机构、应用研究类科研机构。

1. 基础研究类科研机构主要从事具有原创性的基础理论研究，培养研究生，承担基础研究项目，研究成果主要以发表高水平的学术论文、出版高水平的学术著作为主。

2. 应用研究类科研机构主要从事应用研究，承担国家级、省部级攻关项目，或企事业单位委托项目，研究成果以决策咨询等研究报告为主。

第四条　人文社科科研机构名称统一为：东南大学×××研究所（中心）。

第五条　人文社科科研机构主要任务与职能

1. 致力于学科建设，探索学科新增长点。

2. 推出哲学社会科学成果，推动哲学社会科学事业发展，加强我校思想政治工作和意识形态工作评价和管理。

3. 面向文化传承创新发展的国家重大战略需求，以东大特色、世界一流为核心，提升我校在文化传承创新中的综合实力，显著增强传承弘扬中华优秀传统文化、推动新时代中国特色哲学社会科学建设的原始创新能力。

4. 开展学术活动，组织和参加国内外有关的学术会议，增强信息交流，提高知名度。

5. 培养硕士生和博士生，为本领域输送人才。

6. 承接基础研究、应用研究项目。

第六条　校级人文社科科研机构设立程序

1. 由拟设立科研机构的负责人提出书面申请，所在学院签署意见后报社科处。如果涉及意识形态或政治敏感问题的，需由所在学院签署意见后报党委宣传部签署意见后报社科处；如果涉及境外高校或机构的，需由所在学院签署意见后报国际合作处（港澳台办公室）等有关部门签署意见后报社科处。

2. 社科处根据本办法进行审查。

3. 人文社科科研机构审核专家会审核，形成初步意见。

4. 主管校长审批，由主管校长批准成立。

5. 根据主管校长指令,社科处发文。

第七条　人文社科科研机构应具备的条件

1. 以优势学科为基础、相关学科为支撑,可以开展意义重大、方向明确,为学科前沿、经济建设、决策咨询等服务的科学研究工作,已有明确的、相对稳定的中长期研究方向、目标和任务,有一定数量的科研项目和科研经费保证研究工作的进行。

申请基础研究类科研机构,近三年内年均到校科研经费不低于 10 万元(其中纵向科研经费不少于 50%);或年均 SSCI、AHCI、CSSCI 三大检索文章不少于 8 篇;或年均出版高水平学术专著不少于 5 部;或近三年获部、省级以上奖励成果 1 项。

申请应用研究类科研机构,近三年内年均到校科研经费不低于 30 万元;年均 SSCI、AHCI、CSSCI 三大检索文章不少于 8 篇;或被党和国家省部级以上机构采纳的决策咨询研究报告不少于 3 篇;或近三年获部、省级以上奖励成果 1 项。

2. 积极响应中共中央国务院关于加强和改进新时代高校思想政治工作和意识形态工作的指示精神,坚持正确的思想政治和意识形态导向,加强哲学社会科学成果的思想政治和意识形态审查,明确成果评价问责制度。

3. 在科学研究、人才培养方面已取得了显著成绩,在国内有一定影响,且有承担和完成重大科研任务和持续培养研究生的能力。

4. 具有学科搭配得当、人员结构合理、以中青年骨干力量为主体、专职与兼职相结合的科技人才队伍。研究机构负责人学风正派、讲奉献、讲团结、富有开拓精神并具有组织协调能力,科研机构的专职人员和兼职人员及研究生的人数应达到一定数量和比例。

第八条　校级人文社科科研机构的管理体制

1. 校级人文社科科研机构研究所(中心)以本学科为中心,以科研项目为纽带,以课题组或研究所为基本研究单元。

2. 校级人文社科科研机构研究所(中心)设所长(主任)1 人,副所长(副主任)1～3 人,下设若干研究所及有关负责人。研究所(中心)所长(主任)由校内外有较高学术声望的专家担任。研究所(中心)实行所长(主任)负责制,所长(主任)负责研究所(中心)的全面工作。

3. 校级人文社科科研机构的组成人员中本校人员不脱离原所在部、处、院、系的人事、组织关系,不影响承担相应的教学任务及党政工作。校外兼职人员由科研机构研究所(中心)聘任。

4. 校级科研机构研究所(中心)不设置本科专业,直接着眼于科学研究和研究生培养。研究生管理工作接受学生学籍所在院(系)及研究生院的领导,其他业务工作接受社科处管理和领导。

5. 校级人文社科科研机构为非独立法人单位,所签订的任何协议或合同必须报学校有关部门审查批准,加盖学校有关公章或技术合同专用章,违者视作私自签约处理,其后果自负并追究研究所(中心)负责人的责任。

6. 校级人文社科科研机构无人员编制,无行政级别,学校不给经费。

第九条　校级人文社科科研机构的考核办法

1. 校级人文社科科研机构每年年底必须向社科处递交年终工作总结及填报年度考

核表。社科处根据工作总结和考核表，必要时结合实地考察，对每个科研机构进行考核评估。

2. 对评估结果优秀的机构，学校将给予表彰或奖励，并作为推荐科研机构升级上报的必要依据；对缺乏竞争实力，争取不到相应的科研项目和经费，或管理运行不善，评估不合格的机构，学校将提出警告，限期一年整改，连续两年评估不合格的机构，则由社科处报请主管校长批准后予以撤消。

3. 校级人文社科科研机构出现违背政治问题的将按照中共中央印发的《中国共产党纪律处分条例》追究学院党委和机构负责人的责任。

第十条　校级人文社科科研机构统一由社科处审核、人文社科科研机构审核专家会审核、主管校长审批设立，院（系）等无权自行设立人文社科科研机构，否则将追究负责人的责任。

第十一条　经社科处审核、人文社科科研机构审核专家会审核、主管校长批准成立的人文社科科研机构若有需要，可凭批文到相关部门办理制牌手续。

第十二条　所有未经学校法人代表授权的科研机构均不得对外签订经济合同。

第十三条　本办法由东南大学社科处负责解释。

第十四条　本办法自学校批准公布之日起执行。

校发〔2018〕182 号

抄送：各党工委，各基层党委、党总支、直属党支部，党委各部、委、办，工会、团委。

东南大学校长办公室　　　　2018 年 8 月 27 日印发

东南大学首席教授、青年首席教授聘用办法

2018 年 3 月 29 日

第一章　总　　则

第一条　为推动东南大学世界一流大学建设,大力推进“人才强校”战略,持续加大海内外高层次人才引进和培养力度,加大院士、人文社会科学资深教授、长江学者和国家杰出青年科学基金获得者等高层次人才队伍建设,培养、造就在国内外处于领先水平的学术带头人,特制定“东南大学首席教授”和“东南大学青年首席教授”聘用办法。

第二条　首席教授、青年首席教授的聘用坚持公开招聘、平等竞争、择优聘用、严格考核、动态管理的原则。校外申请人员人事关系须正式调入东南大学(外国国籍或中国香港、澳门和台湾地区人士,聘期内须在东南大学全职全时工作)。

第二章　岗位设置

第三条　首席教授、青年首席教授岗位的设置,与学校重点优势学科和新兴交叉学科建设相结合,与加强学校教育教学工作、提高人才培养质量相结合,突出重点、合理布局,保证质量、注重实效。

第四条　首席教授、青年首席教授岗位实行聘期制,聘期三年。聘期结束后,按照工作程序重新进行申报和评审。

第三章　申报条件

第五条　国内外的著名教授和同行公认的知名学者,其从事的研究领域应符合东南大学重点发展的学科方向。身体健康,在教学科研一线工作,一般应具有博士学位,具有教师系列正高级专业技术职务,热爱东南大学,模范遵守职业道德规范,具有强烈的事业心和协作精神。申请当年,首席教授人选年龄一般不超过 62 周岁,青年首席教授人选年龄一般不超过 40 周岁(截至遴选当年 1 月 1 日)。

第六条　在所在领域中获得以下突出成绩之一者,可以申报首席教授:

1. 近三年新获得以下奖项:国家自然科学、技术发明、科技进步二等奖及以上的第一获奖者;文科国家哲学社会科学规划基金项目优秀成果奖、中宣部“五个一工程”奖、教育部高等学校科学研究优秀成果奖(人文社会科学)一等奖的第一获奖者;国家级教学成果一等奖及以上的第一完成人;公认的国际重要学术奖项的第一获得者。

2. 近三年新获得国家重点研发计划项目、国家自然基金重大项目、国家社科基金重大项目等国家级重大项目的负责人,以及资金为 1 000 万以上(执行期三年)的国家纵向项目负责人;或者曾经主持过两项及以上国家自然基金重大项目、国家社科基金重大项目的负责人。

第七条　在所在领域中获得以下优秀成绩之一,可以申报青年首席教授:

1. 近三年新获得以下奖项:国家自然科学、技术发明、科技进步奖前三名或省部级一

等奖及以上的第一获奖者；人文社科省部级一等奖及以上的第一获奖者；国家级教学成果一等奖前三名的获奖者。

2. 近三年新获得国家自然基金重点项目、国家社科基金重点项目等国家级重点项目的负责人。

第八条　以上为东南大学首席教授、青年首席教授的基本要求，凡符合上述条件者均可申报推荐，学校将结合学科情况，岗位优先，择优聘用。

第九条　对学校学科发展急需的优秀人才及在人才培养方面取得突出业绩者，可突破条件申报。

第十条　聘期内的教育部“长江学者奖励计划”特聘教授、项目执行期内的国家杰出青年科学基金获得者，直接聘为东南大学首席教授，聘期与“长江”聘期、“杰青”项目期重叠；聘期内的教育部“长江学者奖励计划”青年学者、项目执行期内的国家自然科学基金委优秀青年科学基金项目获得者、以东南大学为平台入选的“青年千人”，直接聘为东南大学青年首席教授，聘期与“长江”聘期、“优青”项目期、“青千”首聘期重叠。

第四章　工作任务和目标

第十一条　首席教授工作任务和目标：

1. 讲授本学科核心课程，指导青年教师和研究生，在高层次创新型人才培养中做出突出贡献。

2. 引领学科发展方向，组织团队协作攻关，并取得国际领先水平的创新性研究成果。

3. 面向国家重大战略需求和国际科学与技术前沿，策划和承担国家重大科研项目以及对经济社会发展有重大影响的前沿课题，取得重大学术成就或社会经济效益。

4. 领导团队成员与国际知名大学和研究机构联合开展科研合作与交流，承担国际合作重大项目，扩大本学科在国内外的影响力。

第十二条　青年首席教授工作任务和目标：

1. 主讲本学科核心课程，并指导青年教师和研究生。

2. 把握本学科的发展方向，提出具有战略性、前瞻性和创造性的发展思路，带领本学科赶超或保持国际先进水平。

3. 承担国家重大科研项目，在本学科领域开展原创性研究和关键共性技术研究，获得具有重大标志性创新成果，并在国际重要的学术刊物上发表科研论文。

4. 领导本学科发展方向和学术梯队建设，根据学科特点和发展需要，组建并带领学术团队进行教学科研工作。

第五章　遴选与聘用

第十三条　学校人才工作领导小组负责指导首席教授和青年首席教授的评选工作。

第十四条　遴选程序主要包括申报、资格审核、推荐评议、校外专家通讯评审、学校组织专家评审推荐、学校人才工作领导小组评审决定、评审结果公示、聘任等环节。

1. 申请人申报，通过学院审核推荐，报送学校工作小组，申请人连续参加遴选不得超过 2 次。

2. 根据遴选条件对被申请人的资格和条件进行审核和初评。通过的初步人选建议名单报学校人才工作领导小组讨论。通过后形成初步人选名单。

3. 将初步人选的申请材料分送五位同行评审。评审结论作为下一评审环节的重要参考。

4. 学校组织专家进行评审,形成候选人推荐名单,报学校人才工作领导小组。学校人才工作领导小组对候选人推荐名单进行评审,采取无记名投票方式,获得投票人数三分之二同意票数的候选人通过。通过的候选人名单在校内公示,由工作小组受理异议,公示期为一周。凡有弄虚作假、侵占剽窃等学风不端或违反学术道德者,一经核实即取消资格,且不得再次参加遴选。

5. 公示无异议后正式聘用。

第十五条　遴选严格实行回避制度,申请人及其亲属均不能参加申报资格审核及评议、评审等有关工作。每位申请人可以提出不超过 2 人的校外同行专家回避名单。

第六章　管理和考核

第十六条　东南大学与受聘者签订聘用合同,规定聘期及双方的权利和义务。

第十七条　聘期结束时,首席教授和青年首席教授须向其所在院(系)全体教师汇报履行岗位职责情况,院(系)根据聘用合同的约定对其履行聘用合同项下义务进行期满考核,同时向学校提交书面聘期总结报告。

第十八条　首席教授和青年首席教授在聘用期内有违反学术道德规范或违反法律的,学校将解除与其签订的首席教授和青年首席教授聘用合同。

第七章　待　遇

第十九条　聘期内首席教授、青年首席教授执行协议工资制。首席教授协议工资 60 万元/年,其中长江特聘教授协议工资 70 万元/年(含教育部 20 万元免税津贴);青年首席教授协议工资 40 万元/年,其中长江青年学者协议工资含教育部 10 万元免税津贴、“青年千人”待遇按学校当年度政策执行。此收入为税前收入,包括养老保险、医疗保险、失业保险、生育保险、工伤保险和公积金,包含学校的突出成果奖励,个税按国家规定自理。首席教授入选者按国家和学校政策,所取得的科研劳务绩效等不得超过年度协议工资的 50%。

第八章　附　则

第二十条　本聘用办法的解释权在东南大学人事处。

第二十一条　本聘用办法自颁布之日起执行。原办法自动废止。

校发〔2018〕47 号

东南大学硕士研究生指导教师遴选办法(修订)

2018 年 11 月 13 日

研究生教育作为国民教育体系的顶端,是培养高层次专门人才的主要途径,是国家人才竞争的重要支柱,是建设创新型国家的核心要素。研究生导师是我国研究生培养的关键力量,肩负着培养国家高层次创新人才的使命与重任。为全面贯彻落实《中共中央国务院关于全面深化新时代教师队伍建设改革的意见》《教育部关于全面落实研究生导师立德树人职责的意见》和江苏省学位委员会、江苏省教育厅《关于加强研究生导师队伍建设的意见》等文件精神,建设一支有理想信念、道德情操、扎实学识、仁爱之心的硕士研究生导师队伍,结合我校实际,制定本办法。

一、硕士生导师遴选的指导思想、总体要求和基本原则

(一) 指导思想。高举中国特色社会主义伟大旗帜,以马克思列宁主义、毛泽东思想、邓小平理论、"三个代表"重要思想、科学发展观、习近平新时代中国特色社会主义思想为指导,增强中国特色社会主义道路自信、理论自信、制度自信、文化自信。全面贯彻党的教育方针,把立德树人作为研究生导师的首要职责,为实现"两个一百年"奋斗目标、实现中华民族伟大复兴的中国梦,培养德才兼备、全面发展的高层次专门人才。

(二) 总体要求。落实导师是研究生培养第一责任人的要求,坚持社会主义办学方向,坚持教书和育人相统一,坚持言传和身教相统一,坚持潜心问道和关注社会相统一,坚持学术自由和学术规范相统一,以德立身、以德立学、以德施教。遵循研究生教育规律,创新研究生指导方式,潜心研究生培养,全过程育人、全方位育人,做研究生成长成才的指导者和引路人。

(三) 基本原则。按需设岗,按岗位职责择优遴选;遵循标准明确、程序严格、公平公正、保证质量的原则;有利于加强和促进学科建设,特别是国家急需学科和一流学科建设。

二、硕士生导师申请人应具备的基本条件

(一) 政治素质过硬。坚持正确的政治方向,拥护中国共产党的领导,不断提高思想政治觉悟;贯彻党的教育方针,严格执行国家教育政策,坚持教育为人民服务,为中国共产党治国理政服务,为巩固和发展中国特色社会主义制度服务,为改革开放和社会主义现代化建设服务;自觉维护祖国统一、民族团结,具有高度的政治责任感,将思想教育与专业教育有机统一,成为社会主义核心价值观的坚定信仰者、积极传播者、模范实践者。

(二) 师德师风高尚。模范遵守教师职业道德规范,为人师表,爱岗敬业,以高尚的道德情操和人格魅力感染、引导学生,成为先进思想文化的传承者和社会进步的积极推动者;谨遵学术规范,恪守学术道德,自觉维护公平正义和风清气正的学术环境;科学选才,规范招生,正确行使导师权力,确保招生录取公平公正;有责任心和使命感,尽职尽责,确保足够的时间和精力及时给予研究生启发和指导;有仁爱之心,以德育人,以文化人。

(三) 业务素质精湛。具有深厚的学术造诣和执着的学术追求，关注社会需求，推动知识文化传承发展；熟悉国家招生政策，胜任考试招生工作；秉承先进教育理念，重视课程前沿引领，创新教学模式，丰富教学手段；不断提升指导能力，着力培养研究生创新能力，实现理论教学与实践指导之间的平衡，助力研究生成长成才。

(四) 在本学科领域教学、科研一线岗位上工作的我校在岗人员，具有硕士及以上学位和副教授及以上专业技术职务(或相当专业技术职务)，年龄一般不超过 55 周岁。对于业务条件符合三(三)的申请人，专业技术职务可放宽到讲师。

三、硕士生导师申请人应具备的业务条件

(一) 目前正在主持适合培养硕士研究生的科研项目，有较充足的用于培养硕士研究生的经费。

(二) 申请人分理学、工学和医学，艺术学、管理学和人文社科类学科，任现职以来(超过 3 年的按近 3 年算)应分别达到下列条件之一。

1. 理学、工学和医学

发表高水平论文、获科研奖励等情况达到以下条件之一：①发表论文被 SCI、SSCI、A&HCI 收录 1 篇(收录论文限第一作者，下同)；②出版专著或国家级规划教材 1 部(专著或国家级规划教材限第一作者，下同)；③获省部级以上科研奖励 1 项(国家奖前 7 名，省部一等奖前 5 名，省部二等奖前 3 名)；④作为第一发明人获授权发明专利 2 项。

2. 艺术学、管理学和人文社科类学科

发表高水平论文、获科研奖励等情况达到以下条件之一：①发表论文被 SCI、SSCI、A&HCI 收录 1 篇；②出版专著或国家级规划教材 1 部；③获省部级以上科研奖励 1 项(国家奖前 7 名，省部一等奖前 5 名，省部二等奖前 3 名，省部三等奖第 1 名)；④发表论文被 CSSCI 收录 3 篇。

被《新华文摘》《中国社会科学文摘》《高等学校文科学术文摘》《人大复印报刊资料》全文转载的论文(第一作者，正文字数 3 000 字以上)可等效为发表 CSSCI(核心版)源刊论文一篇，已发表在 CSSCI(核心版)源刊上的不重复计算。

在《求是》《人民日报》《光明日报》《文汇报》《中国教育报》理论版上发表学术论文(第一作者，正文字数 2 000 字以上)一篇可等效为发表 CSSCI(核心版)源刊论文一篇。

为鼓励申请人发表高质量论文，发表高水平论文(JCR 分区表中相应学科领域 Q1 的期刊论文)1 篇可等效 2 篇 SCI、SSCI、A&HCI 论文。

为了更好地体现质量优先的原则，鼓励教师从事前沿科学研究、撰写高水平学术论文，对申报期限内在 *Science*、*Nature*、*CELL* 等国际权威杂志上发表论文的申请人，对其论文数量可不作要求；对获奖级别、数量超过规定者，或有其他重要成果(教学成果奖等)者，对其论文数量的要求可适当降低。

(三) 对于教学、科研一线岗位上具有博士学位的讲师，任现职以来，如同时满足以下两项条件，可申请硕士研究生指导教师资格：

1. 主持过或正在主持 2 项基础研究或高技术研究的省部级以上科研项目(清单见附件)，其中至少 1 项获国家自然科学基金或国家社会科学基金。

2. 作为第一作者发表论文被 SCI、SSCI、A&HCI 收录 3 篇。

四、硕士生导师资格的遴选程序

（一）申请人须认真对照上述“基本条件”和“业务条件”，如实向申请学科所在的学位评定分委会（以下简称“分委会”）提交《东南大学硕士研究生指导教师资格申请表》（以下简称《申请表》）以及附件材料。申请人必须保证所有申请材料的真实性和准确性，不得伪造有关证明，一经发现作伪并核实，将取消其申报资格，且 5 年内不再接受其申报。

（二）分委会秘书对《申请表》所填内容核实无误后，分委会开会对申请人材料进行评议和投票表决，对获赞成票超过分委会到会人数的三分之二（含三分之二）者，提交材料至研究生院。

（三）研究生院对各分委会提交的申请材料进行复审，并组织校内专家成立学校专家评议组，对申请人材料进行评议和择优遴选，对获赞成票超过到会专家数的三分之二（含）者，网上公示名单一周。公示期满，对无异议者发文公布其具备了硕士生导师资格。

五、硕士生导师岗位履职履责考核

（一）完善评价考核机制

坚持立德树人，把教书育人作为研究生导师评价的核心内容，突出教育教学业绩评价，将人才培养中心任务落到实处。各院（系）要结合自身办学实际和学科特色，制订研究生导师立德树人职责考核办法，以年度考核为依托，坚持学术委员会评价、教学督导评价、研究生评价和导师自我评价相结合，建立科学、公平、公正、公开的考核体系。

（二）落实督导检查机制

各院（系）要把研究生导师立德树人职责落实情况纳入教学督导范畴，加强督导检查。对于未能履行立德树人职责的研究生导师，视情况采取约谈、限招、停招、取消导师资格等处理措施；对有违反师德行为的，实行一票否决，并依法依规给予相应处理。

六、本办法由研究生院负责解释

七、本办法自颁布之日起执行

校发〔2018〕248 号

东南大学学生违纪处分条例

2018 年 5 月 31 日

第一章　总　则

第一条　为了维护学校正常的教学秩序和生活秩序，加强校风、校纪建设，促进学生的健康成长，为国家培养合格建设人才，根据《中华人民共和国教育法》《普通高等学校学生管理规定》以及其他有关规定，结合我校实际情况，制定本条例。

第二条　学校对违纪学生的处分要做到证据充分、依据明确、定性准确、程序正当、处分恰当。

第三条　本条例适用于东南大学全日制研究生、本科生。

第四条　违纪处分种类

（一）警告；

（二）严重警告；

（三）记过；

（四）留校察看；

（五）开除学籍。

学生确有违反校规、校纪的行为，但情节轻微尚不足给予违纪处分的，由学生所在院（系）进行批评教育或通报批评，督促其改正错误。

第五条　受处分者，附加给予下列处理：

（一）受到警告、严重警告、记过处分后，在 6 个月内不具有申请“三好学生”等荣誉称号及奖助学金的资格；受到留校察看处分后，在一年内不具有申请“三好学生”等荣誉称号及奖助学金的资格。

（二）受违纪处分前申报的“三好学生”等荣誉称号，自处分之日起尚未给予表彰的，取消表彰资格；已受表彰的，情节严重的可撤销所获荣誉称号。

第六条　两人以上共同违纪的，根据各自的行为、情节、危害后果，按共同违纪分别给予处分。

第七条　行为同时违反两条以上校纪的，或由一个违纪行为引发另一个违纪行为的，按多个违纪行为处分中较重的处理。

第八条　违反校纪，有下列情形之一的，可以从重处分：

（一）已受过违纪处分或者通报批评的；

（二）对检举人、证人进行威胁、打击报复的；

（三）教唆、胁迫、诱骗、指使他人违纪的；

（四）策划或组织群体违纪的，或在共同违纪中起主要作用的；

（五）确有违纪行为，但拒不承认错误的。

第九条　警告、严重警告、记过处分的期限为 6 个月，留校察看的期限为 12 个月，处分期限从做出处分决定之日起计算。警告、严重警告、记过处分，处分期满自动解除。留

校察看处分，在察看期内由学生所在院（系）负责考察，察看期满后，经本人书面申请，所在院系及主管部门提出处理意见，报分管校领导批准后，可做出解除留校察看决定。解除处分后，学生获得表彰、奖励及其他权益，不再受原处分的影响。

学校规章制度中另有规定的，按照相应规定执行。

第二章　违纪行为和处分

第十条　有违反宪法，反对四项基本原则的言论和行为，组织和煽动闹事，扰乱社会秩序、破坏安定团结，策划、组织非法游行示威，侮辱和诽谤他人，未受到国家有权机关处理的：

（一）经教育尚能改正的，给予记过或留校察看处分；

（二）情节严重或经教育坚持不改的，给予开除学籍处分；

（三）擅自组建非法社团或组织活动的，视情节给予通报批评、警告、严重警告处分，情节严重造成不良后果的，给予记过、留校察看直至开除学籍处分。

第十一条　违反国家法律、法规，受国家有权机关处理的：

（一）违反法律、法规，受到行政处罚，根据情节，给予严重警告、记过、留校察看或开除学籍处分。其中，被处以治安警告或罚款的，给予记过处分；被处以行政拘留的，给予留校察看直至开除学籍处分。

（二）违反国家法律，构成刑事犯罪，被处刑罚者，给予开除学籍处分。

第十二条　结伙斗殴或殴打他人、侵犯他人人身权利的：

（一）虽未动手打人，但挑起事端或偏袒一方，促使事态扩大的，给予警告或严重警告处分；造成严重后果的，给予记过以上处分；

（二）动手打人，情节较轻的，给予警告或严重警告处分；情节严重或造成严重后果的，给予记过、留校察看直至开除学籍处分。

第十三条　偷窃、诈骗、故意损毁等侵害公私财物的，除追回赃款、赃物或赔偿损失外：

（一）情节较轻的，给予严重警告及以下处分；

（二）情节严重但尚未构成犯罪的，视其情节，给予记过或留校察看处分；

（三）违反治安管理规定受到处罚，性质恶劣或构成刑事犯罪的，给予开除学籍处分。

第十四条　对违反网络管理规定的行为，视其情节及危害程度分别给予以下处分：

（一）通过网络盗用他人 IP 地址、用户帐号，入侵他人电脑、网站，危害网络安全的，视其情节轻重，给予警告或严重警告处分；情节严重的，给予记过以上处分；造成经济损失的，须承担赔偿责任；

（二）故意制作、传播或利用计算机病毒等破坏性程序，影响或破坏计算机信息系统的正常运行的，视其情节轻重，给予严重警告以上处分；

（三）在互联网上撰写或转载具有歪曲事实或侮辱诽谤他人人格、暴力或反动等内容的文章信息，造成恶劣影响的，视其情节轻重给予记过或记过以上处分。

第十五条　以现金、有价证券等物品为赌注，进行赌博的：

（一）首次参与赌博，给予警告或严重警告处分；

(二) 屡次参与赌博,给予记过或留校察看处分;情节严重的,给予开除学籍处分。

第十六条　从事或者参与有损大学生形象、有损社会公德的活动的,给予记过或留校察看处分,情节严重的,给予开除学籍处分;从事色情活动或嫖娼卖淫的,给予开除学籍处分。

第十七条　制作、复制、传播淫秽物品的,给予留校察看或开除学籍处分,情节严重的,送交公安机关处理。

第十八条　持有、吸食、贩买毒品的给予开除学籍处分。

第十九条　参与或者介绍他人参加非法传销活动,或其他非法商业活动,不听劝阻的,给予严重警告处分;由此造成恶劣影响的,给予记过以上处分。

第二十条　有下列行为的,视情节轻重,分别给予警告、严重警告、记过、留校察看,直至开除学籍处分:

(一) 在餐馆、饭厅、宿舍或其他公共场所酗酒、哄闹、砸酒瓶、烧杂物等扰乱公共秩序的;

(二) 扰乱课堂、校园、会场、影剧院等公共场所秩序的;

(三) 违反规定使用明火的;

(四) 造成火灾或其他严重危害后果的;

(五) 寻衅滋事的;

(六) 拒绝、阻碍国家工作人员或学校管理人员依法或依校规执行公务的;

(七) 隐匿、毁弃或私拆他人邮件的;

(八) 投放异物,对他人造成不良影响的;

(九) 其他违反国家及学校管理规定的行为。

第二十一条　转借、盗用、涂改、伪造各类证件及其他证明文件的:

(一) 转借学生证、校园一卡通等证件,造成不良影响的,给予警告以上处分;

(二) 盗用、涂改、伪造各种证件或其他证明文件的,给予严重警告以上处分;造成严重后果的,给予记过以上处分;

(三) 盗用、涂改、伪造学历、学位证书的,给予记过以上处分。

第二十二条　持有或使用违章电器的:

(一) 在学生宿舍持有或使用违章电器的,给予严重警告或记过处分;造成事故或有造成事故危险的,给予留校察看或开除学籍处分;

(二) 在校园其他场所违反规定使用违章电器,造成严重后果的,参照上项规定处理。

第二十三条　携带、持有枪支、匕首、三棱刀、弹簧刀或其他管制刀具的,给予严重警告以上处分;造成事故或有事故危险的,给予留校察看或开除学籍处分。

第二十四条　携带、持有易燃、易爆或者其他危险品的,给予严重警告以上处分;造成事故或有造成事故危险的,给予留校察看或开除学籍处分。

第二十五条　一学期内旷课累计达到60学时的(擅自离校的,旷课一天按实际授课时累计),给予开除学籍处分。

第二十六条　在教室、图书馆、实验室等校内公共场所携带播放工具、通讯设备影响公共秩序,经教育不改的,给予警告或严重警告处分。

第二十七条　违反考场、考试纪律的：

（一）凡违反考场纪律的，给予警告或严重警告处分；

（二）凡考试作弊的，视情节给予记过、留校察看直至开除学籍处分；

（三）凡考试作弊行为严重的，给予开除学籍处分。违纪行为、作弊行为以及作弊行为严重的认定详见《东南大学学生考试管理办法》及《国家教育考试违规处理办法》。

第二十八条　违反学术道德规范的，视情节给予警告、严重警告直至开除学籍处分。违反学术道德规范行为的认定详见《东南大学学生学术道德规范条例》。

第二十九条　本条例未有规定者的，可参照以上条例给予处分。

第三章　处分程序

第三十条　处分决定报批程序及处分材料的管理：

（一）本科生的处分，主管部门为学生处；研究生的处分，主管部门为研究生院。

（二）严重警告以下（含严重警告）的处分决定，由院（系）讨论决定，主管部门审核后报学校备案。

（三）记过、留校察看、开除学籍的处分，由主管部门提出处理意见，记过、留校察看的处分报分管校领导批准；开除学籍的处分由校长授权的东南大学学生工作领导小组会议研究决定。

（四）跨院（系）学生的违纪事件，由主管部门牵头，相关院（系）协同处理。

（五）适用第十至第二十四条的，由保卫处协同院（系）调查；适用第二十五至第二十八条的，由教务处、研究生院协同院（系）调查，认定其性质。

（六）处分决定除分别报主管部门备案外，犯有第十至第二十四条的报保卫处备案，犯有第二十五至第二十八条的报教务处或研究生院备案。开除学籍的处分决定，报省教育厅备案，其中因政治问题受开除学籍处分的，须报省教育厅审批。

（七）学生的处分决定、处分决定书及解除处分决定书归入本人档案及学校文书档案。学生受处分后应及时通知其家长，以便配合教育。

（八）被开除学籍的学生由学校发给学习证明，档案、户口退回其家庭户籍所在地，在15日内办完离校手续并离校。

第三十一条　在对学生作出处分决定之前，以书面形式告知学生作出决定的事实、理由及依据，并告知学生享有陈述和申辩的权利，学生及其代理人可在收到告知书之日起5日内进行陈述和申辩。

第三十二条　处分决定书应当直接送达学生本人并由本人签收；学生拒绝签收的，可以以留置方式送达；已离校的，可以采取邮寄方式送达；难以联系的，可以利用学校网站、新闻媒体等以公告方式送达。处分决定书送达后，处分生效。

第四章　申　诉

第三十三条　学生对处分决定有异议的，可以在收到学校处分决定书之日起10日内，向学校学生申诉处理委员会提出书面申诉。

学生申诉处理委员会对学生提出的申诉进行复查，并在收到书面申诉之日起15日

内,做出复查结论并告知申诉人。情况复杂不能在规定期限内作出结论的,经学校负责人批准,可延长 15 日。学生申诉处理委员会认为必要的,可以建议学校暂缓执行有关决定。

学生申诉处理委员会经复查,认为做出处理或者处分的事实、依据、程序等存在不当的,可以作出建议撤销或变更的复查意见,要求相关职能部门予以研究,重新提交决议机构做出决定。

第三十四条 学生对复查决定有异议的,在收到学校复查决定书之日起 15 日内,可以向学校所在地省级教育行政部门提出书面申诉。

第三十五条 从处分决定或者复查决定送交之日起,学生在申诉期内未提出申诉的,学校或者省级教育行政部门不再受理其提出的申诉。复查或申诉期间,不停止处分决定的执行。

第三十六条 本章未作规定的,依照《东南大学学生申诉实施办法》执行。

第五章 附 则

第三十七条 东南大学非全日制学生的违纪处分参照本条例执行。

第三十八条 本条例所称以上、以下,包括本数。

第三十九条 本条例中违章电器指《关于限定学生宿舍可使用电器种类的通知》(校通知〔2008〕161 号)中规定的学生宿舍可使用电器之外的其他电器。

第四十条 本条例自公布之日起执行。其他有关规定与本条例抵触的,以本条例为准。

第四十一条 本条例学校授权学生处负责解释。

校发〔2018〕106 号

东南大学支持建设南京市新型研发机构实施细则（试行）

2018 年 10 月 28 日

为落实《中共南京市委　南京市人民政府〈关于建设具有全球影响力创新名城的若干政策措施〉》（宁委发〔2018〕1 号）文件精神，全力助推南京市创新名城建设和支持南京市建设综合性国家科学中心和科技产业创新中心，构建一流创新生态体系。东南大学积极响应南京市“两落地一融合”号召，探索建立科技成果转移转化和服务地方经济社会发展新机制，支持科技成果、新型研发机构落地。

为进一步规范我校参与南京市新型研发机构建设，根据《中华人民共和国促进科技成果转化法》《南京市关于新型研发机构的备案管理办法（试行）》《东南大学促进科技成果转移转化实施方案》等有关文件精神，结合学校实际，特制定本细则。

第一章　总　则

第一条　东南大学支持建设新型研发机构。根据《南京市关于新型研发机构的备案管理办法（试行）》的有关规定，本细则所指的新型研发机构是指以支撑引领南京市战略性新兴产业发展为目标，以多主体方式投资、多样化模式组建、市场需求为导向、企业化模式运作，集高技术研发与产业化为一体的混合所有制形式的独立企业法人组织。

第二条　本细则所指的科研团队是指以东南大学在职教师为负责人和主要成员的团队，且科研团队与其他合作方不存在不正当利益关联关系。

新型研发机构的建设依托科研团队所在学校的科研平台和科技成果，其建设和发展需要与学校的学科发展、科研布局、人才培养相结合，让学校始终成为南京新型研发机构的科技成果源头，持续引领产业的升级与发展。

第三条　东南大学授权东南大学科研院牵头负责支持新型研发机构建设和管理考核新型研发机构的科研团队，相应具体工作由科研院应用技术院执行。

第二章　新型研发机构的设立

第四条　学校在学生实习就业、研究生工作站建设、科研资源共享使用、项目基地合作申报方面给予新型研发机构全面优先支持。

新型研发机构建设运行过程中引进的高端科研人员亦可以作为兼职科研人员参与学校科研平台的建设。

第五条　新型研发机构及其运营实体的名称：

新型研发机构及其运营实体的名称由共建方合意确定，以工商核准名称为准，但名称中不得使用“东南大学”“东大”“东南”字样。

第六条　新型研发机构设立应具备如下条件：

1. 共建方具备良好的合作基础，且各方主体明确，不存在不正当利益关联关系；

2. 有明确的研究方向和产业化目标，符合地方政府产业发展需求；

3. 与学院、所依托的校内高水平科研平台充分沟通，明确相互支持的发展关系。

第七条　新型研发机构的校内设立办理工作由科研院牵头，并会同资产经营管理处、资产经营公司等部门共同执行。

新型研发机构的设立程序如下：

1. 学校相关科研团队与学院、地方政府、合作企业商议形成协议初稿，并递交加盖院(系)公章的申请成立报告；

2. 协议初稿递交科研院初审，主要审查新型研发机构名称、团队组成、知识产权使用等条款；

3. 科研团队签署知识产权使用等相关承诺书；

4. 科研院、资产经营管理处、资产经营公司对协议初稿组织专家评审，评审通过后递交校法制办审核并由其出具意见书；

5. 科研团队负责人根据会审意见和法制办意见进行修改，由学院分管科研的院长和院长分别签字盖章后递交科研院；

6. 科研院、资产经营管理处、资产经营公司会签；

7. 科研院汇总审核材料并报分管校长审批后出具同意书；

8. 学校与新型研发机构签订知识产权许可、转让协议，并按照学校相关规定办理知识产权许可、转让等手续；

9. 相关原始文件材料交科研院存档。

第八条　校内团队要按照《南京市关于新型研发机构的备案管理办法(试行)》等文件的要求建设新型研发机构，接受南京市有关部门的备案和评估。

第三章　新型研发机构的管理

第九条　科研院负责对新型研发机构的科研团队进行管理和考核。科研团队每年度向科研院递交建设运行报告，重点报告内容主要包含新型研发机构实际经营情况、开展产学研合作和成果转化情况、高端人才引进和交流情况、获得奖励和知识产权情况、企业孵化等情况，发生涉及学校的重大事宜，应及时向相关部门汇报。年度建设运行报告由科研院统一抄送校内相关部门。

第十条　参与新型研发机构建设的校内科研团队应肩负起学校“双一流”建设和服务地方经济的使命，积极推动学校高水平科技成果的产出与转化，科研团队承担的科技服务合同每年到校经费不低于300万元，经费使用具体参照《东南大学科技成果转化项目经费管理办法(试行)》执行。对于做出显著业绩的新型研发机构和个人，学校给予表彰和相应奖励。

第十一条　根据《南京市关于新型研发机构的备案管理办法(试行)》相关规定，应将新型研发机构中政府股权收益部分不低于30%的部分奖励给高校，科研团队在建设运行中要确保该资金到位。学校将该资金用于科技成果转化基金，用于支持学校成果转移转化和人才团队建设等。

第四章　新型研发机构的知识产权

第十二条　新型研发机构建设和运营过程中，东南大学科研团队获得的成果(包括

论文、专著以及科技奖等)，东南大学应作为第一完成单位。东南大学科研团队执行东南大学的任务或者利用东南大学的物质技术条件所完成的发明创造为职务发明创造，申请专利的权利属于东南大学，申请被批准后，东南大学为专利权人。

对于由东南大学科研团队参与研发但不属于执行东南大学的任务或者利用东南大学的物质技术条件所完成的与新型研发机构相关的发明创造，东南大学科研团队在参与研发之前，应向东南大学相关学院和科研院做出书面汇报，并由科研院与新型研发机构协商确定本款所述发明创造之申请专利的权利及专利权的归属。

第十三条　东南大学将相关专有技术、专利等无形资产通过授权许可的方式给新型研发机构使用的，许可协议由东南大学与新型研发机构另行签订，许可协议需明确相关技术专利等知识产权的名称及权利范围，并经相关权利人知晓且同意。东南大学向新型研发机构收取技术许可使用费，前三年每年为学校团队在新型研发机构的营业收入部分(按团队在新型研发机构的占股比例计算)的 1%，后两年每年为学校团队在新型研发机构的营业收入部分(按团队在新型研发机构的占股比例计算)的 2%，五年后根据科技转化成果实施情况另行商议后续授权使用方案和费用。

东南大学将相关专有技术、专利等无形资产通过转让的方式给新型研发机构使用的，转让协议由东南大学与新型研发机构按学校相关办法和流程另行签订。

第五章　附　则

第十四条　新型研发机构是独立法人机构，其建设运行过程产生的一切风险和后果由其自行承担。

第十五条　本办法由学校科研院负责解释。

第十六条　本办法自公布之日起施行。

校发〔2018〕240 号

东南大学中央高校建设世界一流大学(学科)和特色发展引导专项资金管理办法(暂行)

2018 年 7 月 20 日

第一章 总 则

第一条 为更好地推进学校“双一流”建设,进一步加强“中央高校建设世界一流大学(学科)和特色发展引导”专项资金管理,提高资金使用效益,依据《国务院关于印发统筹推进世界一流大学和一流学科建设总体方案的通知》(国发〔2015〕64 号)、《教育部 财政部 国家发展改革委关于印发〈统筹推进世界一流大学和一流学科建设实施办法(暂行)〉的通知》(教研〔2017〕2 号)、《中央高校建设世界一流大学(学科)和特色发展引导专项资金管理办法》(财科教〔2017〕126 号)及国家有关财经法律法规,结合学校“双一流”建设方案,制定本办法。

第二条 “中央高校建设世界一流大学(学科)和特色发展引导”专项资金(以下简称“专项资金”)用于引导中央高校加快推进世界一流大学和一流学科建设以及特色发展,提高办学质量和创新能力。

第三条 专项资金坚持“目标导向、多学科融合、高端人才引育和培养、分类支持、突出成效”的原则。

第四条 专项资金的管理原则是:集中使用,突出重点;总体规划,分年实施;项目管理,绩效考评。

第五条 凡使用专项资金形成的资产纳入学校国有资产统一管理,大型设备共享,合理使用,精心维护。

第二章 管理职责

第六条 学校推进世界一流大学和一流学科建设领导小组对专项资金的管理和使用负责。专项资金实行项目分配与项目考核相结合的办法,根据经费拨付情况,由领导小组审核确定经费分配原则、分配标准和分配程序,按照议事决策规则,履行学校“三重一大”决策程序。

第七条 发展规划与学科建设处(“双一流”建设办公室)是专项资金的项目管理部门,负责学校推进世界一流大学和一流学科建设的规划制定,并对专项资金的使用提出规划指导。具体包括项目管理的总体方案,编制资金年度预算;组织预算执行,检查、监督项目建设进度;组织项目验收、绩效考评以及编写建设项目的评价报告。

第八条 财务处是专项资金的管理部门,根据财政部、教育部的年度预算批复进行资金指标核拨,负责专项资金支持项目经费的核算和管理。

第九条 实验室与设备管理处负责专项资金购置仪器设备的论证、采购管理及资产管理工作。

第十条 专项资金按项目类型确定相应的归口管理部门,各归口管理部门在分管校

领导的领导下，对项目全过程负责。各个归口管理部门职责划分如下：

（一）“拔尖创新人才培养”项目按人才培养类型分别归口研究生院、教务处管理，人才培养建设内容中涉及其他部门部分的，由归口管理部门统筹规划。

（二）“师资队伍建设”项目归口人事处管理，负责规划高层次人才建设、学术领军人物和创新团队建设等内容。

（三）“提升自主创新和社会服务能力”项目归口发展规划与学科建设处（“双一流”建设办公室）管理，负责规划学科建设、科技创新资助等内容。

（四）“文化传承创新”项目归口党委宣传部，负责规划文化内涵建设等内容。

（五）“国际合作交流”项目归口国际合作处管理，管理学校所有国际合作交流工作，统筹规划其他部门涉及国际合作交流的内容。

各个归口管理部门应负责组织编制项目可行性研究报告；组织、控制及实施项目建设；审核批准各子活动预算；组织编写年度报告、项目总结报告并做好项目绩效评价等相关工作。

第十一条　项目大类下各子活动负责人负责审批子活动项目下的各项支出，对资金使用的合法性、合理性和有效性负责。

第三章　预算管理

第十二条　专项资金实行项目管理，学校按拔尖创新人才培养、师资队伍建设、提升自主创新和社会服务能力、文化传承创新、国际合作交流五方面设置项目，项目内子活动按照批准的支出科目自主安排。

第十三条　专项资金支出规划要以学校“双一流”建设方案为出发点，结合学校中长期发展规划，科学合理的规划，应建立专项资金项目库，项目库实行预算评审和滚动管理模式。

第十四条　学校各个财政专项经费和其他渠道资金在“双一流”建设框架内统筹安排预算，杜绝不同资金来源对同一内容低水平重复建设。

第十五条　凡列入学校专项资金支持的项目归口管理部门，每年 6 月份前应根据项目的建设目标、建设内容及任务，制定后三年项目实施方案，建立滚动项目库，并细化下一年度相关内容，向学校提交建设经费实施方案，包括已有工作基础、本年度建设计划及预期目标、经费支出明细预算及使用说明。

第十六条　学校根据项目可行性研究报告，对归口管理部门提交的年度实施方案审核其可行性及经费计划的合理性。审核结果作为学校编制当年经费预算的依据。

第十七条　学校根据财政部、教育部下达的中央财政专项资金预算控制数，结合年度规划实施方案，编制专项资金预算，送教育部、财政部审批，并报上级有关部门备案。

第十八条　专项资金预算一经审定，必须严格执行；五大类项目类内调整的，履行校内预算调整程序；项目大类之间进行调剂需报教育部、财政部审批。

第十九条　专项资金预算纳入学校总体预算，实现收支平衡。

第二十条　对于年度预算工作要提早谋划、预先论证，各级领导干部要担当责任、主动作为，尽快提高年度项目执行进度和力度。专项资金预算执行中具体规定为：

(一) 专项资金执行过程中各单位应严格按项目评审报告的评审意见和评审金额对照项目申报书内容执行,不得自行调整、不得串项使用。

(二) 各项目归口管理部门及子活动项目负责单位务必高度重视项目预算执行,下大力气抓好项目执行进度。项目明细预算论证应在每年3月前完成并下拨子活动经费。每年6月30日前预算执行进度应不低于50%,9月30日前预算执行应不低于75%,11月30日前使用完毕;对没有按进度完成的项目将根据情况收回部分或全部经费,调整安排预算下拨使用。

(三) 专项资金中涉及采购招标的部分,必须在本年4月30日前启动招标;6月30日前完成招标,并在9月30日前按合同要求完成资金支付。

(四) 按照财政部、教育部要求,专项资金需年初编制年度用款计划和政府采购计划,并要求按编制的月度用款计划和政府采购计划执行。

(五) 专项资金中的设备购置(通用设备单台套≥50万元,专用设备单台套≥100万元)必须申报"中央级行政事业单位新增资产配置预算",设备入库批复后方可列入购置计划。

(六) 专项资金执行中的资金支付按国库集中支付相关规定办理。相关科目支出结算,必须以公务卡结算或银行对公转账形式进行。

第四章　支出管理

第二十一条　专项资金的使用应严格按照国家有关规定和学校相关规章制度执行。具体支出范围包括与"双一流建设与特色发展"相关的人员经费、业务费、设备购置费、维修费等。

(一) 人员经费主要用于人才引进、人才聘任、培养学术领军人才和优秀创新团队等。应有利于促进学校人事管理制度改革创新,有利于建立健全人才激励机制、人才评价机制和与之适应的收入分配制度。

(二) 业务费指为完成项目建设任务而必须开支的专项业务支出。支出内容必须符合已获批准的项目资金预算。业务费支出包括学术交流差旅费、会议费、印刷出版费、图书资料购置费、国际合作与交流等。

(三) 设备购置费指与项目建设相关的教学、科研仪器设备所发生的支出。购买设备特别是大型仪器设备要做好前期论证工作,确保设备购置在必要性、环境评测、配套条件、维保成本、使用绩效评价及价值公允等方面达到最优。

(四) 维修费指用于项目相关的教学、科研仪器和实验设备、教学科研用房和附属设施的修理、维护以及提供条件支撑的教学科研基础设施改造所发生的支出。

第二十二条　凡纳入政府采购、招投标管理范围的支出项目,必须按照有关规定,经过政府采购、招投标等规范程序后方可列支。

第二十三条　使用专项资金形成的资产属国有资产,纳入学校固定资产统一管理。各项目建设单位要做好设备资产的验收、保管、建帐等工作,并有专人负责。

第二十四条　专项资金不得用于偿还贷款、支付罚款、捐赠、赞助、对外投资等支出,不得用于房屋建筑物购建等支出,不得作为其他项目的配套资金,不得用于与"双一流建

设与特色发展”项目建设无关的日常公用经费的开支,也不得用于按国家规定不得开支的其他支出。

第二十五条　各项经费支出必须严格执行已批准的预算,预算内的各项开支由项目负责人审批。

第二十六条　专项资金在支出核算中按照东南大学相关财经政策和国家有关政策法规执行。

第五章　决算管理

第二十七条　会计年度末,各项目归口管理部门应向学校上报年度总结报告。内容主要包括:项目进展情况、预算执行情况、资金使用效益情况、资金管理情况、存在的问题和建议等。

第二十八条　财务处在每年度终了编制专项资金收支情况报表,纳入学校年度财务决算,统一上报教育部。

第二十九条　发展规划与学科建设处(双一流建设办公室)在各项目归口管理部门年度总结的基础上,负责编写学校专项资金年度总结报告,并随专项资金决算报表上报教育部。

第三十条　项目归口管理部门应切实掌握项目下各子活动项目预算的执行进度,按年度编报用款计划,并严格执行当年的经费支出计划,必须做到当年计划当年完成。在规定时间内尚未使用的资金,学校有权通过调整计划另行安排项目。对于当年有结转资金的项目,将暂缓下拨下一年度预算。

第六章　监督与绩效

第三十一条　各项目归口管理部门应对所分配资金的使用负总责,及时安排预算资金的下拨工作,并对下拨资金使用的规范性和进度进行跟踪管理(包括对暂付款的冲销)。加强对下拨项目的绩效考核,对使用效果差和使用进度缓慢的经费应及时做出调整,确保专项资金的预算执行进度要求。

第三十二条　专项资金实行定期检查、不定期抽查制度。学校组织有关职能部门对各项目单位的预算执行、资金使用效益和资金管理等情况进行监督检查,如发现有截留、挪用、挤占专项资金的行为,以及因管理不善导致资金浪费、资产毁损、效益低下的,学校将暂停其后续拨款,限期整改。待核查确已纠正的,恢复或适当调整拨款。对情节严重的责任人员,将按国家有关规定追究其行政或法律责任。

第三十三条　根据《东南大学信息公开实施细则》的要求,专项资金实行信息公开制度。资金的款项下拨情况以公文形式在全校范围内公开;各个项目经费使用情况和预算执行进度在一定范围内公开,并作为最终项目绩效考核的依据之一。

第三十四条　专项资金实行绩效考评制度。项目完成时,学校组织专家进行评审验收及绩效考评,并向财政部、教育部报送绩效自评报告。绩效考评以批复的预算评审报告、绩效目标申报表和项目预算执行情况作为考核依据,对项目的建设情况、完成情况、建设质量和专项资金使用效益进行评估并做出合理客观评价。

第七章　附　则

第三十五条　此前规定与本办法不一致的,按本办法执行。

第三十六条　本办法未尽事宜,按国家法律、法规、规章和规范性文件、学校相关规章制度的规定执行。

第三十七条　本办法由学校授权财务处、发展规划与学科建设处(“双一流”建设办公室)负责解释。

第三十八条　本办法自发布之日起执行。

校发〔2018〕166 号

东南大学专职科研系列人员聘用管理办法

2018 年 11 月 25 日

第一章 总 则

第一条 为完善我校专业技术人员队伍结构,进一步推动我校科研工作,加强科研队伍建设,提升学校参与国家重大项目和争创高水平科研成果的能力,发挥学校科研人才在服务经济社会、促进科技进步中的作用,学校决定设置专职科研系列岗位,在《东南大学专职科研系列人员聘用管理办法(试行)》的基础上,特制定本办法。

第二条 专职科研系列人员是指学校根据科研工作的需要,在学校科研机构和团队,以及学校与地方政府共建的研究院(以下简称地方研究院)等单位,按聘用制聘用为专职从事科学研究工作的非事业编制人员,以及按劳动合同聘用,参与科研项目研究或为科研项目服务的劳务派遣人员。

第二章 岗位设置与聘用条件

第三条 学校根据科研工作需要,按照“总量控制、按需设岗、按岗聘用、合同管理、合理流动”的原则设置专职科研系列岗位。

第四条 专职科研系列岗位设置在有明确科研目标任务,并有充足研究资金的科研团队、科研平台以及地方研究院。根据科学研究的内容、目标与任务,分设三类岗位:

A 类岗位,学校全额资助岗位,主要设立在基础研究、人文社科、新型交叉学科的专职科研岗位,按合同约定,完成学校要求的科研任务和考核指标;

B 类岗位,学校差额资助岗位,学校承担科研人员的基本岗位工资,绩效奖励由项目支出,主要设立在应用基础研究、重大专项和重大科研任务的专职科研岗位,按合同约定,完成科研项目和学校要求的指标任务;

C 类岗位,科研项目资助岗位,岗位工资和绩效奖励由科研团队项目支出,主要设置在协同创新中心、地方产业研究院、技术推广和企业合作项目。

第五条 专职科研系列岗位分研究员、副研究员、助理研究员、研究助理四个级别岗位,其中研究员、副研究员、助理研究员岗位为中高级岗位,中高级岗位人员以非在编人事代理方式聘用;研究助理岗位为初级岗位,初级岗位人员以劳务派遣方式使用,在科研项目中从事临时性、辅助性的工作。

第六条 岗位聘用基本条件

研究员岗位:首聘时年龄不超过 50 周岁,海外助理教授及以上,或特别优秀的海外名校博士,或国内著名高校、研究机构具有副高及以上职称,发表多篇高水平研究论文,国内申请者至少主持过 1 项国家级项目。

副研究员岗位:首聘时年龄不超过 45 周岁,海内外知名大学、研究机构优秀博士后或博士,发表多篇高水平研究论文,国内申请者至少主持过 1 项部省级及以上科研项目。

助理研究员岗位:首聘时年龄不超过 40 周岁,具有博士学位。

研究助理岗位:首聘时年龄不超过30周岁,原则上应具有本科及以上学历。

在不低于学校规定的基础上,各院系可结合所在学科特点制定具体的聘用条件。

第三章 岗位聘用的组织与程序

第七条 学校成立"专职科研系列人员岗位核定、岗位设置与聘用委员会"(以下简称"专职科研系列人员岗位聘用委员会"),负责专职科研系列人员的岗位核定、岗位设置与岗位聘用有关工作,决定有关事宜。委员会主任由校长任命,成员由学校委派,由学校主管领导、相关职能部门主要负责人和各学科专家组成。委员会授权人事处负责全校专职科研人员聘用、考核及薪酬发放等工作的组织和管理。

第八条 专职科研系列岗位的指标设置和聘任办法如下:

A类岗位:A类岗位的指标需经过学校专职科研系列人员岗位聘用委员会讨论决定。各学院应制定岗位聘任办法及聘用程序,报学校专职科研系列人员岗位聘用委员会审定通过,院(系)在指标内按照本学院制定的岗位聘任办法及聘用程序进行评聘工作,评聘结果报岗位聘用委员会审核批准。

B类岗位:学校鼓励聘任B类岗位,所有院(系)、科研平台、教师团队通过竞争性方式获得的经费均可用于B类岗位的绩效资助。各院系制定岗位聘任办法,人事处、科研院、社科处审核通过,各院(系)根据办法进行评聘,报人事处、财务处、科研院或社科处审核备案。

C类岗位:C类岗位的设置与要求、年度用人计划和聘用程序等由科研团队和项目负责人自主设置,报学校人事处、财务处、科研院或社科处审核备案。

第四章 聘期管理与考核

第九条 专职科研系列岗位为有固定期限的聘用岗位,合同聘期一般应与项目起止时间一致。合同期满,考核合格,有新的科研项目支撑和科研经费支持的可以续聘。原则上专职科研人员聘用期限不超过六年,超过六年的各类、各级别的专职科研人员聘用一律须再次经学校审核确定。

第十条 专职科研人员的专业技术职务实行评聘分开,受聘期内以合同约定聘用的专业技术职务岗位,聘期内可以申报学校相应学科的专业技术职务。

第十一条 专职科研人员受聘期内可根据学校规定和相关流程申请学校相应学科的专任教师岗位。

第十二条 专职科研系列人员在受聘期内可以以所聘用的研究员、副研究员、助理研究员和研究助理名义对外申报各类基金项目。

第十三条 专职科研系列人员在受聘期内因工作需要,在不影响工作的前提下,经院(系)(或学校直属科研机构)同意,可申请短期出国(境)进行学术交流或合作研究。

第十四条 专职科研系列人员考核分年度绩效考核和聘期考核。

1. 年度绩效考核

各院(系)制定年度绩效考核办法,其中A类岗位年度绩效考核办法,报学校专职科

研系列人员岗位聘用委员会审核；B类岗位年度绩效考核办法，报人事处、财务处、科研院或社科处审核；C类岗位年度绩效考核办法，由各科研团队自主制定，报各学院审核确认。

A类和B类岗位的年度绩效考核由各院（系）根据本单位年度绩效考核办法和聘用合同内容对聘用人员进行考核，并将考核结果报人事处、财务处、科研院或社科处审核后发放绩效奖励津贴，C类岗位由科研团队自主进行年度绩效考核，经各（院）系确认后将考核结果和年度绩效奖励津贴发放意见报学校人事处、财务处备案。

2. 聘期考核

由人事处组织专家和科研团队共同根据聘用合同中的科研任务和工作要求进行考核，并将考核结果报至学校专职科研系列人员岗位聘用委员会，根据考核结果与双方意向确定是否续签聘用合同。

第十五条　聘用合同的签订、变更、解除和终止根据合同约定条件和国家有关规定执行。

第十六条　专职科研系列人员在受聘期内出现违法违纪行为的，按国家法律法规和学校有关规定处理。

第十七条　申诉处理。专职科研系列人员可就考核和纪律处分等方面的问题，在公布结果后的5个工作日内，向学校科研管理部门提出书面申诉，并提供相关证明材料。超出规定期限不予受理。

书面申诉经科研管理部门确认有效后，学校成立申诉处理小组，成员由纪委监察部门、工会、人事处、科研管理部门和有关学科专家组成。申诉处理小组原则上应在成立之日起15个工作日内完成调查（情况复杂的可适当延长调查时间），形成调查意见，通知申诉人。申诉处理后，若无新证据，不再受理重复申诉。

第五章　薪酬与福利

第十八条　专职科研系列人员薪酬实行协议年薪制，由岗位工资和绩效奖励组成。绩效奖励根据聘用合同约定的科研任务完成情况进行发放，聘用合同约定的科研成果不再重复享受学校的突出成果奖励。

第十九条　专职科研系列人员薪酬要严格遵守国家财经纪律，体现学科行业差异和市场价值导向。人事处负责定期发布专职科研系列各类各级岗位人员的薪酬待遇建议标准。

第二十条　专职科研系列人员为学校非事业编制人员，人事档案不进入学校，按国家有关规定参加社会保险，离职或退休后享受社会保险相关待遇。

第六章　地方研究院的专职科研系列人员的聘用与管理

第二十一条　地方研究院参照学校专职科研系列岗位设置的程序进行岗位设置，报学校人事处备案。

第二十二条　地方研究院聘用的专职科研人员按照学校专职科研系列人员聘用条

件和程序进行评审,由地方研究院聘用。

第二十三条　地方研究院聘用的专职科研系列人员,薪酬待遇全部由地方研究院承担。专职科研人员的管理与考核由地方研究院负责。

第七章　附　则

第二十四条　本办法依据国家、地方和学校有关规定、政策制定。如相关规定、政策发生调整,按新规定、政策执行。此前有关规定与本办法不一致的,以本办法为准。

第二十五条　本办法自公布之日起执行,原《东南大学专职科研系列人员聘用管理办法(试行)》即行废止,由人事处负责解释。

校发〔2018〕261 号

发展规划工作

综　述

2018年，发展规划与学科建设部(处)深入学习习近平新时代中国特色社会主义思想和党的十九大精神，落实全国教育大会要求，以立德树人为根本，着力推进“三全育人”，加强机关作风建设，不断提升服务能力，进一步推动东南大学事业发展。在机构重组、人员缺位的情况下，发扬艰苦奋斗、勇于担当的精神，较好地完成了各项工作。

完成《东南大学综合改革方案》的修订工作。根据新时代、新要求，全面调整下一阶段学校综合改革思路，为学校进一步发展谋篇布局，破除学校事业发展的体制机制障碍，建立起更加完善的具有中国特色、东大特点的现代大学制度和内部治理体系，同时拿出新的切实措施，以改革促发展，为学校实现中国特色、世界一流的宏伟蓝图构筑更加坚实的基础。

开展学校“十三五”发展规划落实情况中期检查。全面核查评价我校“十三五”规划实施以来的总体情况，总结经验，查摆问题，明确下一阶段学校发展的重点，促进“十三五”整体规划建设目标的有效达成。

完成2018年中央高校建设一流大学(学科)和特色发展引导专项资金预算制定和使用计划论证工作。本年度的中央财政拨款3.7亿元年前就开始布置，2～5月份进行了多轮次项目论证，尤其是15个一流学科平台建设方案的论证，以及量子信息、网络空间安全、智慧城市、智能制造、脑科学、人工智能等基础、前沿、新兴、交叉学科的平台建设方案的论证，为整个“十三五”时期的发展奠定坚实基础。5月底完成计划批准和拨款。在后续执行环节，学科办对各项目的实施进度进行了及时的督促，11月初又进行后续经费使用安排的讨论，争取整个项目在年底顺利完成。

做好优势理科攀升计划和精品文科攀升计划的方案论证和实施工作。和数学学院、化工学院、物理学院等理科相关学院讨论优势理科攀升计划的建设方案，已经通过校长办公会和党委常委会讨论决定，进入实施阶段。和人文学院、艺术学院、经管学院、法学院、外国语学院、马克思主义学院、体育系等文科相关院系讨论精品文科攀升计划的建设方案，也已经通过校长办公会和党委常委会讨论决定，进入准备实施阶段。

帮助学校新增3个博士学位授权一级学科和1个博士专业学位授权点。通过艰苦工作，马克思主义理论、力学、基础医学等3个已有博士学位授权二级学科新增为博士学位授权一级学科，新增临床医学博士专业学位授权点。我校将按照党的十九大实现高等教育内涵式发展的要求，进一步加强学位授权点建设，做好研究生培养工作，不断提高培养质量。

推动学科建设取得实效。2018年11月发布的数据，我校进入ESI学科排名的学科11个，分别为工程学、计算机科学、材料科学、数学、物理学、化学、临床医学、生物学与生物化学、药理学与毒理学、神经科学与行为科学、社会科学总论，各学科数据均呈上升趋势，其中工程学位列第25、计算机科学位列第23，这两个学科都已进入ESI世界前1‰。

组织申报学位授权自主审核单位和对已有的工程硕士、博士专业学位授权点进行对应调整工作。积极组织申报学位授权自主审核单位，8月31日之前将有关材料提交给江苏省学位办。组织完成对已有的工程硕士、博士专业学位授权点进行对应调整的申报工作，同时申报电子信息、机械、材料与化学、资源与环境、能源动力、土木水利、生物与医药、交通运输等8个专业学位类别的博士和硕士学位授予权，将有关材料提交给江苏省学位办。

组织完成学位授权点合格评估的自我评估工作。组织学位授权点进行自我评估，填写《学位授权点基本情况统计表》和《学位授权点自我评估总结报告》，邀请校外专家进行评审。9月底，把2014年之前获得授权的学位授权点基础数据信息表报送省学位办。10月份，协助参加本轮合格评估的81个学位授权点根据报送的基础数据信息表修改完善学位授权点自我评估总结报告，并提出修改意见和建议，在11月份把这些学位授权点自我评估总结报告提交“全国学位与研究生教育质量信息平台”。

做好江苏高校优势学科建设工程二期项目验收工作和三期项目任务书制定工作。根据省教育厅学科办《关于做好江苏高校优势学科建设工程二期项目验收工作的通知》，组织我校14个优势学科填报二期项目验收报告，并根据汇总数据统计并填写《责任高校总结报告》；配合校审计处工作组织各优势学科填报《二期结项审计附表》、财务明细账和台账、项目实施基本情况和效益情况等。为确保验收工作顺利完成，对所有验收报告和审计材料进行了多次检查和返修，最终我校14个优势学科顺利通过了本轮验收。根据《关于做好江苏高校优势学科建设工程三期项目拟立项建设学科任务书制订工作的通知》，组织我校12个优势学科三期项目拟立项建设学科制定任务书，经公示和专家评审后12个拟立项建设学科获得正式立项。

做好“十三五”省重点学科中期检查工作。根据《省教育厅办公室关于做好“十三五”省重点学科中期检查工作的通知》，组织我校11个“十三五”省重点学科填写《中期检查报告》，经审核修改后提交至省教育厅信息平台。

完成各项全校性统计工作。严格落实统计工作要求，完成《高等教育基层统计报表》数据填报。负责教育部高等教育教学评估中心2018年度《高等教育质量监测国家数据平台》数据填报的组织协调工作，及时协调和督促学校相关数据填报单位的填报。负责THE、QS等大学排行榜的数据填报，解读THE、QS等大学排行榜的指标体系及数据填报任务分解工作，如实、客观地反映和扩大东南大学的学术影响力。

党建与思想政治工作

党风廉政建设与纪检监察工作

2018 年，东南大学纪检监察、巡察工作在学校党委的领导下，围绕全面贯彻落实十九届中央纪委二次全会、全国教育大会、教育部 2018 年全面从严治党工作视频会精神等，扎实服务学校中心工作，各项工作取得理想成效。

（一）进一步巩固、深化巡视整改成果

将巡视整改作为强化“四个意识”、落实“两个维护”的具体行动。在前期集中整改的基础上，对照整改方案、整改报告，抓好后续整改，持续巩固巡视整改工作成果，重点做好巡视集中整改期间出台的相关制度的落实工作。围绕学校二级单位贯彻执行中央巡视整改后新出台制度情况和“三重一大”决策制度执行情况、2017 年校中层领导班子和领导干部落实党风廉政建设责任制自查情况、监察建议书的落实整改情况等，在全校范围内开展专项督查，推进相关工作落实到位。

（二）协助党委扎实推进全面从严治党整体工作

1. 注重政治纪律和政治规矩的监督检查

从严加强干部监督和管理，在干部监督工作中，制定实施《东南大学廉洁意见回复暂行办法》，严把政治观，将政治规矩和政治纪律作为首要条件；在首轮巡察中，坚持贯彻习近平新时代中国特色社会主义思想，坚持政治巡察职能定位，按照新时代党的建设总要求，聚焦基层党的领导、党的建设和全面从严治党，重点检查五个着力方面存在的问题。

2. 配合学校党委组织召开 2018 年东南大学全面从严治党工作会议

围绕贯彻落实党的十九大精神、习近平总书记在十九届中央纪委第二次全会上的重要讲话、中纪委二次全会精神以及教育部党组关于推进全面从严治党工作的最新要求，

对进一步深化巡视整改、推进整改成果应用、学校党委开展对二级单位党组织的巡察工作等进行部署与安排。

3. 协助学校党委启动对二级单位党组织的首轮巡察

出台东南大学巡察工作办法、巡察工作规程，召开东南大学党委首轮巡察工作动员部署会议，对自动化学院、人文学院、化学化工学院以及公共卫生学院四个学院党委进行首轮巡察。本学期结束之前，完成对四个党委的反馈意见。

4. 中层以上领导干部主体责任落实工作有效推进

开展校领导班子成员履行"党政同责、一岗双责"，做好"三个一"的工作；开展2018年度校中层党政领导班子和领导干部党风廉政建设责任制检查考核。

（三）深入开展信访举报相关工作

1. 截止2018年12月31日，2018年纪委监察处共收到信访件84件，其中受理问题线索58件，另有非受理范畴来信26件。经核查，纪委监察处对上述问题线索相关责任人、单位依纪依规作出处理，共计给予开除党籍处分1人次，党内警告处分4人次，行政警告处分1人次，诫勉谈话4人次，批评教育7人次，提醒谈话6人次，下达监察建议书1份，责令辞职1人次。

2. 完成驻部纪检组及相关上级部门交办件、依纪依法安全审查调查工作自查自纠核查工作等的统计、上报。

（四）监督工作进一步规范、有序

1. 持续深化"三转"，做好监督的再监督

学校纪委转变过去配合主责部门开展业务检查的做法，将监督检查的切入点转变到对职能部门履行职责的再监督上。加大对采购流程规范性的监督，推动采购制度建设，退出采购现场监督，进一步完善、补充评标专家库建设，推动评标现场远程视频监督；推进货物和服务委托社会代理机构招标工作，进一步规范学校采购办法限额标准以上的货物和服务的采购流程。

2. 积极防范选人用人、采购、招生及校办企业等重点领域的廉政风险

2018年出具党风廉政情况意见回复87份，充分发挥各基层党组织在一般干部的管理与监督工作中的积极作用。进一步完善自主招生及特殊类型招生等监督工作规范，重点关注2018年自主招生、综合评价等特殊类型招生考试工作以及国有资产管理等领域的廉政风险并做好监督工作。

（五）多途径开展廉洁教育工作

1. 开展 2 场全校廉洁教育专题报告会，组织 1 次警示教育参观活动

积极贯彻落实教育部直属系统警示教育大会精神，举行主题为“深入学习十九大精神，学习党章，扎实推进教育系统全面从严治党”“腐败实质与防治策略”的廉洁教育专题报告。组织 2018 年新任研究生导师、部分机关部处科级以上干部等赴江宁监狱开展警示教育活动。

2. 微信、校报专栏等廉洁教育平台建设有效推进

编印《警示教育手册——第一辑：贯彻落实中央八项规定精神》，面向全校中层干部发放；制作《全面贯彻落实中央八项规定精神　进一步推进廉洁校园建设宣讲提纲》；在官方微信“东南风清”栏目推出“落实中央八项规定精神，这些‘红线’不能踩”等专题微信；在《东南大学报》“党风廉政建设”专栏推出“高校科研经费使用廉政风险防范”等警示教育文章；制作电子版《警示教育学习资料》在办公系统中向全校中层干部推送。

（六）协助学校党委顺利完成首轮巡察

1. 做好开展首轮巡察的各项准备工作

制定实施《中共东南大学委员会巡察工作实施办法（试行）》《中共东南大学委员会巡察工作规程（试行）》、首轮巡察工作观测点，构建校党委统一领导、巡察工作领导小组具体负责、相关职能部门支持配合的工作格局，开展巡察工作培训。召开东南大学党委首轮巡察工作部署动员大会，对首轮巡察工作进行部署和动员。

2. 完成学校党委对 4 个学院党委的首轮巡察

完成对自动化学院、人文学院、化学化工学院、公共卫生学院 4 家学院党委的首轮巡察。巡察组紧密围绕党的政治建设、思想建设、组织建设、作风建设、纪律建设、夺取反腐败斗争压倒性胜利等方面，发现问题 68 个，向被巡察党组织提出整改意见 20 条，提交专题报告 5 份，向党委有关职能部门提出意见建议 7 条。

（七）纪检监察干部队伍建设不断加强

1. 开展对专兼职纪检干部的培训

全年共派出 8 位同志参加关于巡察工作、纠正“四风”、纪检监察综合业务等方面的培训，被抽调参与教育部巡视检查 2 人次，参与省纪委案件联合审理 3 人次，参与驻教育部党组纪检监察组以案代训 1 人次，通过培训、参与工作不断提升纪检监察专职干部的职业素养。召开第十四届纪委全委（扩大）会议，组织专兼职纪检监察干部专题学习监察法。

2. 加强高校之间的业务学习与交流

到复旦大学、山东大学、西安交通大学、江南大学等兄弟高校学习调研，取长补短、共同提高。

组织工作

2018年，党委组织部以习近平新时代中国特色社会主义思想为指导，按照中组部、教育部、江苏省委及学校党委的总体部署和要求，围绕中心、服务大局，以改革创新为动力，努力推进干部队伍、党员队伍、人才队伍建设，大力加强党建工作，进一步提升组织工作科学化水平，为学校“双一流建设”提供坚强有力的组织保证。

一、深入推进干部的培养、选用、管理和监督工作

1. 贯彻执行中央《党政领导干部选拔任用工作条例》《东南大学中层领导干部选拔任用工作条例》

严格规范选人用人工作程序，进一步完善干部选拔任用各个环节，拓宽选人用人视野和渠道，加强中层干部的党政交流、机关院(系)交流，进一步提高选人用人科学化水平，干部队伍活力不断增强

截至2018年底，我校共有处级领导干部281人，其中正处级领导干部91人，平均年龄50.6周岁；副处级领导干部190人，平均年龄46.1周岁。处级领导干部中具有高级职称的有222人，比例为79.0%；具有研究生学历的有227人，比例为80.8%，其中有博士学位的165人，比例为58.7%；党外干部37人，比例为13.2%；女干部76人，比例为27.0%。

突出政治标准，严把选人用人关。全面贯彻中央干部工作新要求，选人用人始终把政治标准放在第一位，严格规范选人用人工作程序，进一步完善干部选拔任用工作机制。2018年全年任免中层领导干部77人，其中新提拔任用21人，平级调整38人，因另有任用、到龄退休、个人请辞等免职18人。新提拔任用的21人中，14人采用民主推荐方式产生，6人采用竞争上岗方式产生，1人采用公开选拔方式产生。启动了25个岗位的选拔和推荐程序，考察岗位人选39人，考察谈话900余人次，参加考察测评1 400余人次；对拟提拔的考察对象均严格执行了“凡提四必”要求，对39名考察对象的档案进行了审核、征求了纪委意见；对规定范围内的25名考察对象进行了个人有关事项报告的核查。试用期满、经考核合格正式任用干部12人；发出离任干部审计通知单8份。调整任用党务科级干部32人，其中晋升28人。

2. 严格执行领导干部个人有关事项报告制度

认真贯彻落实中共中央办公厅、国务院办公厅《领导干部报告个人有关事项规定》和

《领导干部个人有关事项报告查核结果处理办法》，结合我校实际制定实施方案，召开专题培训大会，认真抓好学习宣传和贯彻落实，完成集中组织填报工作 130 人，随机核查 15 人，重点填报、核查 29 人。认真完成了函询、诫勉等规定的落实工作，并按上级要求及时将相关情况报送中组部和教育部。

3. 加强中层领导干部兼职及出国管理

严格执行《东南大学中层领导干部兼职管理暂行办法》，进一步加强和完善了中层领导干部在社会团体、基金会、民办非企业单位和企业的兼职管理。进一步加强和完善对干部兼职的管理，全年审批干部兼职 22 人。严格干部出国（境）审批制度，做好全校 300 多名中层以上干部出国（境）审批以及证件管理，落实相关管理与监督工作。

4. 拓宽选人用人视野，挖掘培养优秀年轻干部

依据《东南大学中层领导后备干部选拔培养办法》，为进一步拓宽选人视野和用人渠道，统筹全校干部资源，挖掘和培养信念坚定、政治可靠、有担当精神、有发展潜力的年轻优秀干部和愿意从事管理工作的骨干教师，培养造就一支结构合理、数量充足、素质优良、担当重任、年轻优秀的干部人才队伍，在充分发扬民主、广开推荐渠道的基础上，在全校各院（系）开展了年轻干部人才情况摸底调查，建立了年轻干部信息库，探索识别优秀年轻干部的常态化机制。

5. 积极配合中组部和教育部进行校级领导干部、年轻干部的选拔推荐、考察工作

顺利完成 2017 年度校领导班子和领导干部年度考核及干部选拔任用“一报告两评议”工作。完成 2017 年度中组部《中央单位领导班子成员情况统计表》及《事业单位领导人员情况统计表》统计年报工作，认真收集数据，按照要求完成年报统计与数据分析。

二、全面加强党建工作

1. 贯彻落实《中共中央组织部　中共教育部党组关于印发〈高校党建工作重点任务〉的通知》的精神，制订工作任务清单，确保每一项工作都落实到位，推动全校党建工作迈上新台阶。

2. 根据教育部党组文件精神，实施“对标争先”建设计划，严格对标看齐，勇于改革创新，努力争创先进，突出政治功能，充分发挥基层党组织的战斗堡垒作用和党员的先锋模范作用，有效提升基层党组织组织力。土木学院党委入选“全国党建工作标杆院系”，数学学院系统科学系党支部和材料科学与工程学院建材党支部入选“全国党建工作样板支部”，信息科学与工程学院 2016 级硕士通信党支部入选全国高校“百个研究生样板党支部”，评选确定了 84 个校级样板党支部建设单位，19 个校级党支部书记工作室示范点建设单位。

根据江苏省委组织部《关于组织实施“双百双千”领学计划的通知》，经过推荐申报、资格审查、集中评审、实地考察、研究确定、名单公示等环节，数学学院数学与应用数学党支部入选江苏省党支部书记工作室示范点。

根据《教育部思想政治工作司关于推荐基层党组织书记工作案例的通知》,建筑学院党委“打造红色实境课堂,践行党员乡建使命”工作案例进入拟入选名单。

3. 根据教育部党组文件精神,全面实施教师党支部书记“双带头人”培育工程,推动教师党支部书记普遍成为党建带头人和学术带头人。

4. 根据《关于在全校基层党组织推行基层党建“书记项目”管理工作的通知》,经各基层党组织遴选申报、党委组织部审核、校党委常委会讨论通过,确定 39 个党建项目作为全校基层党组织“书记项目”,以此为抓手,进一步落实党建工作责任制,夯实基础,推进学习型、服务型、创新型党组织建设。

5. 开展党组织书记述职评议考核工作。重点围绕贯彻落实全国组织工作会议精神,以提升组织力为重点,突出政治功能,提高基层党建工作质量。在以往对二级党组织全覆盖的基础上,进一步扩展到全校基层党支部。

6. 继续开展“最佳党日活动”评选,经过推荐申报和评审,共遴选出 34 个党日活动作为东南大学 2017—2018 学年“最佳党日活动”,其中建筑学院党委“星星之火,可以燎原——社会主义新农村建设在地实践”和土木学院党委“砼心抗震,共筑新梦——汶川地震十周年系列活动”两个项目被推荐参加 2018 年度全省高校“最佳党日活动”评比。

7. 全年共发展党员 1 620 人,其中教职工党员 17 人、学生党员 1 603 人;预备期满转正 1 432 人。

8. 开展全校基层党组织督查调研。为进一步提升基层党组织组织力,推动“高校党建工作重点任务”落实,保障学校“双一流”建设,在全校开展基层党组织督查调研工作,采取对标自查、总结汇报、座谈访谈、查阅资料等方式,推进基层党建工作规范化和科学化。

三、扎实做好人才工作

制定并实施《东南大学关于进一步加强“援藏(青)”“援疆”“定点扶贫”等各类外派干部人才工作的意见》,加大对相关干部人才的支持力度。开展新一轮援疆、援藏、滇西扶贫、博士服务团、苏北扶贫、江苏省科技镇长团等外派干部人才的选派工作,促进校地之间的交流与合作,为区域经济建设和社会发展做出积极贡献。选拔推荐滇西定点扶贫挂职干部 1 名,到村第一书记 1 名;援藏干部人才中期轮换 2 名;博士服务团成员 1 人;省扶贫帮扶工作队员(到村第一书记)1 名;省科技镇长团 18 名,其中团长 1 名。组织学校和相关部门领导赴云南、新疆、西藏、江苏等地慰问考察挂职干部。接收对口支援、合作交流等兄弟高校来我校挂职的干部 4 名,全面做好服务和考核等相关工作。

四、进一步办好党校,加强对干部、党员和入党积极分子的培训工作

举办了学习贯彻党的十九大精神专题培训班,集中副处级以上领导干部等 300 余人进行为期五天的脱产培训,课程内容有深度、有高度、有广度。举办“不忘初心　牢记使命　担当责任”院(系)党组织书记暑期研修班,开展集中培训和研讨、赴上海交通大学、中共一大会址等地调研等活动,取得了良好效果。组织基层党组织领导班子和教职工党支部书记集中学习全国教育大会精神活动。举办两期全校党员发展对象培训班,共培训

党员发展对象 2 974 名。举办第二十五期预备党员培训班，共培训预备党员 1 575 名。选派 12 名干部参加省委党校第 20 期、第 21 期高校党政干部培训班。选派校领导班子成员、中层党政干部、教职工和学生党支部书记参加上级举办的各类培训活动。组织 50 名教师党支部书记双带头人参加“2018 年全国高校基层党支部书记学习贯彻党的十九大精神”专题网络培训班。

五、不断强化服务意识，深入推进作风建设

1. 坚持深入基层，不断加强紧密联系

一是定期召开基层党组织党务秘书工作会议，在传达文件精神、交流工作心得的基础上，进一步加强联系、增进了解、统一认识。二是通过多种形式，加强与基层互动，如参加基层党组织工作座谈会、对党员发展出现问题的院（系）进行现场指导等，起到了联系基层、了解基层、服务基层的良好效果。三是通过督查调研，从机制上建立密切联系，推进各方面工作。

2. 全面做好广大干部师生服务工作

随着各种外派干部和来校挂职干部的人数不断增加，我们在做好推荐、选拔和落实岗位工作的同时，为进一步体现人文关怀，及时与这些干部沟通谈心、交流思想，为他们联系落实相关政策，如办理保险、生活补助、安排住宿及送岗等，逢年过节为他们送上慰问和祝福，适时安排前往看望，尽力为他们排忧解难、解决思想问题和相关实际问题。在接待老同志信访、干部个人有关事项报告、因私出国（境）证件管理方面，尽管工作面广量大，情况复杂，但相关同志都能在坚持原则的前提下，耐心细致地做好工作，充分体现党组织的关心与关怀。

3. 持续推进工作信息化水平

在原有基础上，继续完善组织管理信息系统，以党组织管理和党员管理为基本职能，逐步覆盖干部任免、考评，党内评优、评奖、党费收缴与管理等日常工作，通过党员日常管理、实时提醒待办事宜、综合查询人员信息等功能设计，极大地简化了办事流程，提高了服务质量。

4. 不断加强自身建设

党委组织部的全体同志，始终按照习近平总书记对新时期组工干部提出的“讲政治、重公道、业务精、作风好”的要求，不断强化大局意识、担当意识、奉献意识、自律意识，努力做忠诚、公正、务实、担当的优秀组工干部，树立和维护组织部门的良好形象。一是坚持努力学习，不断提高综合素质；二是坚持勤奋工作，保质保量完成各项任务；三是坚持团结共事，精心营造和谐的工作氛围；四是坚持纪律严明，严格把握规矩底线；五是坚持廉洁自律，永葆纯洁政治本色。

宣传思想工作

2018 年,党委宣传部在校党委的有力领导下,深入学习贯彻习近平新时代中国特色社会主义思想和十九大精神,贯彻落实全国教育大会和全国宣传思想工作会议精神,承担好新形势下宣传思想工作部门“举旗帜、聚民心、育新人、兴文化、展形象”的使命任务,坚持开拓思维、积极进取、真抓实干,推动形成学校宣传思想工作的良好局面,为学校“双一流”建设和落实立德树人根本任务营造了积极的思想、舆论和文化环境,获得了 2018 年江苏省委宣传部全省宣传思想工作先进集体等荣誉。

(一) 思想建设与理论武装有力加强,意识形态工作根基不断夯实

1. 思想理论武装工作成效明显

把学习贯彻习近平新时代中国特色社会主义思想和党的十九大精神作为深化理论武装工作的首要政治任务,先后制订《东南大学 2018 年度党员领导干部和教职工思想理论学习安排》《下半年补充安排》,编列全年 12 个学习专题,组织全校中层领导干部和教职工深入学习习近平新时代中国特色社会主义思想和中央有关重大决策部署。充分发挥至善理论网、“东南大学学习贯彻十九大精神专题网”、官方微信等网上阵地功能,及时更新线上线下学习资料,编印《东南大学校党委理论学习中心组(及扩大)学习资料》8 期。加强全校理论学习平台品牌“至善讲堂”建设,2018 年全年先后组织了 9 次全校中层干部集中学习培训、10 次校党委中心组集中学习研讨。推进基层党组织思想理论武装工作,指导 32 家基层党委(党总支)制订了年度学习计划,先后选派基层党委书记、思政工作骨干等 12 人次参加中央党校、教育部、江苏省各类培训。紧扣全国“两会”、全国教育大会、庆祝改革开放 40 周年大会等重大主题,面向师生组织座谈、访谈,开展学习情况信息征稿。组织全校师生开展“同上一堂课”、全省学习习近平新时代中国特色社会主义思想知识竞赛等理论学习教育活动。我校师生深入学习习近平总书记在北大师生座谈会上的重要讲话精神等专题学习情况,先后被中央电视台、教育部简报、《人民日报》等媒体关注报道。

2. 思想政治工作不断加强

推动全国高校思想政治工作会议精神落实落地,起草了《东南大学思想政治工作质量提升工程实施细则》等文件,围绕我校师德建设长效机制、思政理论课队伍、宣传思想文化等工作开展自查,形成自查报告上报教育部、省教育厅。作为主要成员单位参与起草《东南大学“三全”育人综合改革试点申报书》《东南大学三全育人综合改革试点实施方案》,成功申报全国高校“三全育人”综合改革试点高校。成功承办全省“马克思主义·青年说”闭幕式暨东南大学专场活动,省委常委、宣传部长王燕文为我校颁发“优秀组织奖”。开展“东南·朗读者”活动,16 位青年教师和大学生先后受邀朗读马列经典。组织全校师生观看《厉害了,我的国》《邹碧华》、改革开放 40 周年大会以及中央电视台有关

"反间防谍"工作影片等视频节目。加强教师思想政治教育和师德师风建设,先后3次开展全校教职工思想动态调研,组织教师参观校史馆、观看校史纪录片、参观爱国主义教育基地并聆听革命故事、祭奠革命英烈、参观"砥砺奋进的江苏"大型主题图片、新入职教师入职宣誓等实践活动,不断增强教师思政和师德师风教育实效。报送的《东南大学着力打造新时代一流研究生导师队伍》被教育部研究生司主页采用。推荐2位教师申报教育部首批"高校网络教育名师培育支持计划"。

3. 意识形态工作推动有力

严格落实党委意识形态工作责任制,强化党委统一领导、党委宣传部统筹协调、各基层党组织分工负责的意识形态工作机制。全年面向各基层单位开展落实意识形态工作责任制情况督查工作2次。以下半年校党委首轮巡察和基层党组织党建专项督查为契机,深入了解各基层党委(党总支)开展意识形态工作的情况。根据教育部、省委宣传部、省教育厅等要求,先后对全校哲学社会科学、抵御防范宗教渗透、国家安全教育、意识形态安全维稳等意识形态领域工作开展了6次专项自查,及时给教育部、省委宣传部报送了《东南大学党委落实意识形态工作责任制情况报告》《东南大学党委意识形态领域风险排查自查报告》《党的十八大以来东南大学哲学社会科学总体建设情况报告》等10份专项报告。落实对相关宣传思想文化活动、出版物和文化产品的严格审批管理,全年审批讲座、论坛、报告会以及横幅、海报、出版物等申请129场(次)。成功上线校园哲学社会科学类讲座、论坛等活动审批以及信息发布的网上审批系统。

(二)新闻宣传水平全面提高,影响力提升工作扎实开展

1. 新闻宣传彰显特色

持续开展网络直播、新闻发布、新媒体联动等新闻宣传"一贯制"平台建设,坚持宣传部与基层院系互联互通、校内外新媒体与平面媒体"齐发联动"的新闻传播模式,强化新闻专题策划能力建设,不断提升新闻宣传能力水平。紧扣"五四"青年节、改革开放40周年、东南大学116周年校庆与复更名30周年等重要时间节点,聚焦科技获奖、科创人才培养、"双一流建设"等重大主题,围绕师生典型宣传,讲好东大故事、传递东大声音,在各大媒体推出系列重点报道,展示新时代我校良好形象。今年共举行各种新闻发布活动三十余次,累计刊发各级媒体宣传报道800余篇,其中中央级媒体报道250余篇,包括中央电视台报道14篇(其中《新闻联播》1篇、《朝闻天下》2篇、《新闻直播间》1篇、《焦点访谈》1篇、《新闻周刊》1篇、《面对面》1篇)。在116周年校庆与复更名30周年之际,策划由30对东大伉俪、200多名师生参与的"一路有你,爱在东大"快闪活动,吸引了《人民日报》、新华社等数十家媒体的报道。

2. 校报转型发展稳步推进

围绕学校的中心工作,积极开展深度报道,努力提升校报传播力、影响力。全年共出版校报29期,校报中的20件作品先后在2017年度全国及江苏省报纸和高校校报优秀作

品评选中获得7个一等奖、6个二等奖和7个三等奖。紧紧围绕教育思想大讨论活动,全面采写、深入挖掘,在校报上开设《教育思想大讨论》专栏,编写《东南大学教育思想大讨论简报》10期,发布信息180余条、20余万字。组织召开“江苏高校校报研究会第八次会员大会”,当选江苏省高校校报研究会会长单位,当选中国高校校报协会常务理事单位。

(三) 校园文化建设稳步推进,文化育人引领功能有力彰显

1. 文化校园建设深入开展

落实《东南大学“十三五”文化建设规划纲要》,积极推动文化校园建设。全年先后组织拍摄我校首部英文对外形象宣传片《东南大学》、校庆电视片《东南如此多娇——庆祝东南大学建校116周年》、校庆快闪电视片《一路有你》、电视片《风从东南来,华彩三十年——纪念东南大学复更名30周年》、迎新电视片《相聚东南　不负芳华——2018,东南大学,我来了!》以及《东南大学2018年新闻集锦》等6部电视宣传片,协助无锡分校、网络空间安全学院等学校有关单位拍摄相关视频资料。出版发行《郭秉文教育文集》。东南大学校园导览系统上线发布,九龙湖校区全新导览地图投入使用。成功举办全国高等教育学会宣传工作分会2018年年会暨第二届宣传工作创新发展高层论坛,来自教育部、省教工委和全国近100所高校的150余位参会代表齐聚南京,共同探讨高校宣传工作的创新与发展。

2. 文化育人引领功能积极发挥

成功举办庆祝改革开放40周年暨东南大学复更名30周年座谈会、征文比赛以及“止于至善　逐梦一流”成就展等系列活动,回顾和展示东南大学教育事业改革开放40年的办学成就。举办“我们的六月”东南大学首届诗歌节、“澄怀味像”张乾元教授画展、校园文化创意设计大赛、东南大学第四届“与声俱来”配音大赛等系列校园文化活动,师生累计参与人数达上万人次。以社会主义核心价值观、校风校训、政治公益等为文化宣传主题,完成九龙湖校区道旗的更换,制作发布近400幅校园宣传横幅,通过校内LED电子屏播放核心价值观等宣传视频近200条,通过广播台播放高品质文化节目17 480分钟,营造积极向上的育人文化环境。加强校园文化品牌建设,牵头以“梅庵派古琴艺术”为题成功申报教育部中华优秀传统文化传承基地。《文化自信从哪里来》《背影》《初心》等微电影创意视频在半月谈、腾讯微视等媒体平台推出,《微视频:网络思想政治教育的新场域》入选2018年度高校宣传工作创新推广案例。

(四) 网络建设工作扎实开展,健康校园网络生态建设积极构建

1. 校园网站建设与管理水平进一步提升

积极推进学校英文官方主页、新闻网的改版升级工作,目前已完成相关版面设计、线上调试等工作,将于元旦前上线。及时更新维护学校中英文主页,全年发布相关主页信息1 000余条、更新主页大图150幅。开通“教育思想大讨论”专题网站和“弘扬报国志

建功新时代"专题页面,发布各类信息 260 多条。对标学校"双一流"建设要求,召开学校二级单位网站建设整改工作推进会,全年对全校各二级网站建设情况进行 2 次专项巡查,协助各二级单位基本完成网站建设质量整改提升工作。

2. 新媒体传播影响力持续加强

新媒体影响力位居全国和全省高校前列,官方微博、微信累计关注人数 28 万人。官方微信全年发布文章 300 余篇,3 篇微信文章阅读量超过 10 万,多篇微信文章被《人民日报》《光明日报》《新华日报》《凤凰网》等媒体报道或转载。官方微博全年发布微博 3 000 余条,最高阅读量 189 万次,最高转发量 2 000 余次。新媒体工作室获 2017 年度教育部"教育政务新媒体成长奖"、中国(江苏)高校传媒联盟"2017—2018 年度十佳校园媒体"等荣誉。

3. 网络意识形态安全工作扎实开展

加强网上舆情监测、采集、预警、报送工作,先后处置了桃园食堂台湾茶饮店标识不当、"东南大学表白墙"、自主招生考试网络故障、江苏同天组织发布涉我校信息等 13 起负面网上舆情事件,全年未形成重大舆情事件。参加教育部网络舆情机制工作,全年编写上报的网络舆情专报 350 余篇,根据教育部思政司部署认真参与重大舆情值班工作。

安全保卫工作

2018 年,在学校党政的正确领导下,在省、市政府有关部门的大力支持下,在全校各学院、各部门和广大师生的积极参与、不懈努力下,我校的安全责任制进一步落实,校园安全防范网络进一步完善。一年中,我们以维护校园稳定为中心,以服务师生为前提,以防火防盗为重点,加强信息工作,精心组织、周密部署,协同全校各单位,着眼立查立改,深入开展校园安全治理活动和系列主题宣传教育活动,查事故隐患、抓隐患治理,着重开展以消防、交通、实验室为主的清查行动,坚持对各校区楼宇、食堂、校车、学生宿舍和实验室等定期检查,及时整治化解安全隐患,使学校的安全保卫工作不断取得新成就,陶冉、黄黎炜、谭文龙等 3 位同志获得南京市公安局年度先进个人,钱舵获得南京市消防安全先进个人。

2018 年,保卫处紧紧围绕"安全管理,服务师生"的主题,始终坚持安全导向、安全发展和以师生为本的理念,进一步深化作风建设,提高服务意识,规范办事流程,创新服务方式,更新安全信息,扎实推进各项安全保卫工作,努力完成各项安保服务。

一、积极发挥工作积极性与主动性,推动平安校园建设再上新台阶,经过教育厅层层考核,东南大学荣获"江苏省平安校园建设示范高校"的荣誉称号

积极推进各项安全保卫工作,2018 年度被南京市公安局评为先进集体。

二、加强制度建设，延伸服务触角

1. 7月份以来，为了进一步维护我校教学、科研、生产、生活的正常秩序，提高校园安全水平，经过多次走访调研和小组讨论、保卫处例会，制定了一系列安全工作新规定。

(1) 规范基建、维修等施工行为，特制定发布《东南大学校内基建、维修等施工安全管理办法》。

(2) 加强学校安全巡查和隐患治理工作，增强隐患治理效果，提升安全巡查和隐患治理工作的质量，落实校区综合巡查执勤工作规范，制定《校园安全综合巡查及隐患治理工作规范》。一是三校区联控联防，构建一体化体系。采用日常综合性巡查、专业性巡查、专项性巡查和季节性巡查的方式，三个校区对所辖公共区域和重要场所进行安全隐患的巡查巡防，巡查内容涵盖了政保、治安、消防、户籍、基建、维修等，并采用线下的方式将信息上传信息技术科和办公室，进行汇总、分类、派发、协调、监督整改，做到共性问题统一整改、个性问题分类解决。从9月至12月，通过巡防巡查共发现安全隐患446起，已整改416起，需要协调相关部门、正在整改中30起，及时消除了校园内的不安全因素，为师生员工营造了安全和谐绿色的校园环境。二是联动职能部门有效治理安全隐患。面对重难点问题或历史遗留问题，能够和相关职能部门对接、沟通、协调，共同制定科学合理的整治方案，并联合督促整改。10月至12月份，针对其他院校发生多起实验室爆炸事件，先后3次会同实验室与设备管理处成立联合检查小组对所有实验室进行安全隐患排查，对查出的问题，两部门联合发文，督促相关实验室落实整改要求，有效地规范了实验室的安全管理，为师生创造了安全的实验环境。9月份，针对保密场所"三铁两警"建设和使用不规范、设备老化、功能丧失等安全问题，协同保密办梳理保密场所现状，及时解决当前存在的安全隐患，制定科学的建设规划，确保保密场所安全管理规定落到实处。

(3) 日常工作均以师生利益为重，小处见大，如一份盒饭被盗、一件内衣被偷等，都及时研判。开展专项行动，9月份以来抓获8名犯罪嫌疑人，夜间主动护送晚归单身女生回宿舍178人次。

10月18日，九龙湖校区法学院解同学放在纪忠楼212教室的一台苹果平板电脑被人偷走。保卫处经多方调查后锁定犯罪嫌疑人，系我校已经毕业的研究生林某某。10月26日，林某某再次进入我校后，保卫人员将林某某控制，当场搜出谢同学丢失的苹果平板电脑，后将林某某移交给百家湖派出所处理。

11月2日，四牌楼校卫队巡查发现一可疑人员，疑似走进女厕所，后在楼宇内游荡。保卫处立即赶到现场，将该男子抓获，报警后经警务平台查询发现是一名精神病病人，当即移交公安机关处理。

11月7日晚，四牌楼校区复习考研的学生郝某报案，中山院有可疑男子擅自进入女厕所偷窥。保卫处及时赶到现场，并对中山院进行搜查，未发现嫌疑人。经查看监控，不断对比摸排，并根据监控线索锁定嫌疑人，安排人员轮班蹲点守候，终于在15日晚7:20左右将犯罪嫌疑人抓获，并下载录像作为证据，一并移交公安机关处理。

11月初，丁家桥保卫办接到女生反映称晾晒衣物丢失。保卫办立即展开走访调查，根据部署，连续多天对重点区域进行监控守候。11月14日，在学生宿舍晒衣场将正在实

施作案的嫌疑人抓获，并移交警方处理。

加强巡防巡查，反复调阅监控，抓获多次盗刷他人一卡通嫌疑人 2 名；抓获猥亵女生的嫌疑人 1 名，并交公安机关处理；抓获砸坏教室电视机嫌疑人 1 名（后检讨赔偿）；协助公安机关找到进入学生宿舍盗窃苹果手机、苹果电脑的盗窃嫌疑人的重要线索；协助公安机关找到盗窃学生滑板的外来嫌疑人线索；妥善解决学生认错自行车纠纷 3 起。

2. 积极协同实验室与设备管理处、总务处等单位，充分调动各级各类资源和力量，优化整合现有资源，跟进现代化、智慧型校园建设，完善信息平台建设，促进信息资源共享，建立全方位、多层次、综合性的安全信息体系，推进完善集综合治理、安全防御、安全监测和安全服务为一体的综合管理平台建设。

3. 建立"线下"校园安全防范综合监控指挥管理系统（2019 年初完成）。以《校园安全综合巡查及隐患治理工作规范》等规章制度为依据，以综合管理办公室和信息技术科为协调，及时获取一线安全隐患全信息，分类存档、转发办理、综合协调、科学决策、合理处置，建立科学合理高效的综合监控指挥管理系统，确保信息互联互通，安全隐患得到及时排查治理。

4. 建立"线上"校园安全防范综合监控指挥管理系统（2020 年底拟完成）。按照智慧校园、智慧安防的要求，对全校的安防系统进行全面摸排，梳理出存在的问题、隐患，制定出科学有效的整改整合方案，将所有安防子系统集成到一个平台，构建智慧校园监控管理综合管理平台，筑牢校园安全防范网，使人防、物防、技防有机结合，实现统一监控指挥、统一落地执行、统一督查督办。

5. 密切关注校园动态，制定舆情信息分析安全预警快速反应和排查化解联动处置机制、工作责任制，加强安全保卫工作队伍建设，各校区积极推动安全工作规划，组建有 7 名精英的应急保障队伍，加强警校联动，定期开展应急演练。

三、安全教育形式多样，扎实有效，消防安全工作到位

1. 积极做好安全宣传和教育，举办安全知识讲座 12 场，内容涉及网络安全、预防诈骗、消防安全等。积极组织 4 000 名新生进行消防安全演练和安全知识测试，经过三轮考试，选拔出三名同学组成东南大学代表队参加江苏省第七届大学生安全知识竞赛，顺利通过初赛和复赛，进入决赛，并获得二等奖。

2. 积极开展校园服务人员安全培训工作，举办食堂、宿管等后勤服务人员消防培训 10 场，举办校园保安队员技能素质培训 32 场。在校园网页上发布各类安全信息 113 篇，在江苏省大学生安全教育网上发文 15 篇，在电子显示屏上发送安全提醒 121 条，在"东南大学平安校园"微信号公众号上推送安全信息 155 条，上报江苏省公安厅和南京市公安局信息快报 17 期。

3. 认真维护更新各类消防器材，部分区域增配 35 kg 推车式灭火器 2 台、地箱 28 只、3 kg 干粉灭火器 164 具、灭火毯 40 只，及时更换疏散应急标志 96 个、应急灯 66 个。审核办理施工申请 109 件、施工许可申请 93 件、施工验收申请 102 件、易制毒化学品购买申请 1 469 件、动火申请 34 份，并对动火现场跟踪检查。各校区完善微型消防站建设，提高校园消防安全的保障能力和灭火效能。

4. 迅速有效处理物理学院121实验室废液回收事故及青教公寓北侧外环路边植被起火(路人烟头引火)、本科教学楼东南角草坪火情(小孩点火)、九龙湖图书馆洗手间烘手器自燃、土木学院实验室火情等多起消防安全隐患。

四、技术安防惠及楼宇,提升楼宇安全度

1. 继续完善三校区部分楼宇的门禁系统改造工作,同时根据部分楼宇情况更换或加固大门,确保楼宇安全及安全度的提升。

2. 各校区视频系统完成高清改造,使校区治安环境水平升级。人脸识别、车辆自动跟踪、远距离视频监视、球场全景监视等手段已经具备,技术防范水平得到极大提高,校园安全环境得到提升,各类案件明显下降。

3. 建设有东南大学特色的智慧消防管理平台(包含五大块:消防设施可视化管理系统、消防控制主机的集成化管理系统、消防水系统远程智能化管理系统、消防泵房远程控制管理系统、消防应急广播系统),在全国高校中处于领先地位。

五、热诚为师生做好校园安全管理服务工作

1. 认真处理全校师生来电咨询各类问题约36 800余人次;整理查阅档案材料6 000余份;网上发布安全信息106条,浏览次数59 051次。

2. 为师生办理出国(境)手续232人次、政审197人次,在学校微信公众号上推送安全信息137条,电子显示屏发送安全提醒146条,年审、新办一卡通1 203份,办理离校和入学手续962人次,新生落户证明1 162人,户口迁出48人。借用、归还、补办《常住人口登记表》1 725人次,开具居住证明1 479份。

3. 积极做好东南大学一站式服务。在九龙湖综合服务大厅10号窗口为师生做好各项办证和咨询服务,2018年九龙湖综合服务大厅共接待师生来人来电咨询和办理事务共10 000多人次。其中:开具迁入证明69份,中途迁出证明23份,学生活动及宣传品审批备案1 200多次,《常住人口登记表》借出500多人次,开具、补办常住表证明140多份,办理居住证700多人次,发放2015届和2016届学生居住证4 000张,新办教职工车辆通行证120多人次,车辆信息变更60多人次,师生出入境登记100多人次,教师、学生离校审核盖章380多人次,现场和电话咨询7 000人次,完成本、硕、博新生落户手续共1 070人,整理新生入学材料5 000多份。

4. 认真做好135次校园大型活动的安全保障,审批各类校园活动约1 459次,有效防止诈骗案件,积极协助学生查找遗忘、失窃物品,返还师生现金30 000余元、笔记本电脑144台、手机13部、自行车26辆、背包或拎包9个、钱包23个、滑板2副、限量版球鞋一双,钥匙、U盘、温湿度测量仪、身份证、一卡通、银行卡等约480件。

特别是9月,我校交通学院博士生由于自己不慎,在校园内丢失贵重的Kindle(电子阅读器)一台,到我处求助,治安科张一龙同志立即帮助他调阅监控,查找捡拾物品人员,同时指导张贴遗失启事,经过五天的不懈努力,终于帮助其找回丢失物品,失主非常高兴,为表达谢意,特定制锦旗一面前来感谢。

5. 积极协助处理上访大事件3次,特别是资产经营处处理门面房和退休人员上访事

件;妥善处理校园纠纷和突发事件,做好思想工作,确保校园平稳。

6. 校内交通管理提档升级,管理更加规范,措施更加到位。全面优化交通设施,危险区域安装了隔离栏,设置了提示、提醒牌,主要道口设置了车辆减速带,设置了车辆行驶警示标志,交通事故明显下降,校园交通井然有序,有效地保障了师生的校内交通安全。全面优化三校区的车牌识别系统,科学严格地审核机动车辆进出校门,2018 年车辆门禁审核 317 份,信息变更 431 份。

随着高校的发展,今后的安全工作更加任重道远,我们一定会继续努力,牢记"以人为本"的理念和"安全责任重于泰山"的意识,坚持优化长效机制,查找问题、解决问题,以全校师生的满意度来评判工作,实现长远规范管理,推动安全保卫工作作风建设走上制度化、规范化和常态化的轨道,积极研究探讨新时期高校保卫工作,为学校"创国际一流大学"的发展目标保驾护航。

统战工作

2018 年,党委统战部在学校党委的领导下,紧紧围绕大学习、大调研、强基层三个关键词,在强化高校党外人士思想政治引导,加强党外代表人士队伍建设,充分发挥党外知识分子作用方面积极开展了以下工作:

一、加强对党外知识分子的思想政治引领工作,加大培训力度和广度

本年度先后两次组织党派基层组织负责人和中青年党外知识分子共计 18 人前往重庆党派发源地进行调研考察培训;推送 2 位党外代表人士参加 E9 高校组织的大别山红色基地调研考察活动。推荐党派主委和党外骨干教师 7 人次参加省委统战部、省委教育工委及各党派省委组织的培训活动。

3 月 15 日,党委统战部部长冯建明面向全校新进教师开展"新型政党制度与高校统战工作"的专题培训。6 月 12 日,冯建明部长参加教育部思想政治工作司在西安交通大学举办的全国高校统战部长培训班。10 月 24 日,邀请原江苏省民族事务委员会、宗教事务局党组副书记、巡视员顾传勇面向校领导、全校副处级以上中层领导干部(含副处级调研员)、全校辅导员、教工党支部书记、基层统战委员开展"新时代宗教工作专题辅导报告会"。

二、党派组织建设和干部队伍建设有序推进

1. 各党派党员发展情况

协助各党派做好党员发展的基层党组织考察工作,本年度共发展民主党派成员 19 人,其中民革 3 人(葛明、汪敏达、陈小敏),民盟 4 人(薛巍立、梁金星、刘琳、陆文彬),民建 1 人(何裕仁),农工 2 人(吕鸿江、卞忠凯),致公党 3 人(文峰、赵晟、蔡浩),九三学社 6 人(付大伟、陈阳、傅宗云、苏适、张臣、苏翔)。

2. 东南大学党派基层委员会换届工作稳步进行

经与省致公党沟通协商,10 月 16 日,在东南大学四牌楼校区礼东二楼报告厅举行了致公党东南大学总支换届选举大会,会议以无记名投票方式选举产生了致公党东南大学总支第四届委员会委员。

3. 积极沟通,多层次向校外推送我校优秀党外人士

周勤任江苏省政府参事;韩俊海当选民进中央第十四届妇女儿童委员会委员;吕晓迎当选第十次全国归侨侨眷代表大会代表;倪振华、金石当选江苏省党外知识分子联谊会会员;李舒宏当选南京市党外知识分子联谊会常务理事,余冉、张娟当选南京市党外知识分子联谊会理事;李舒宏当选玄武区党外知识分子联谊会副会长,舒嘉、花为当选玄武区党外知识分子联谊会理事;李黎藜当选江苏省海外交流协会第六届理事;王珏当选江苏省妇女联合会第十三次代表大会执委,余冉当选江苏省妇女联合会第十三次代表大会代表。

三、宣传工作和文化建设持续加强

积极响应中央大统战格局建设,加强党委与党外代表人士沟通渠道,开展特色活动,增加组织活力。支持民主党派加强政治建设,支持各民主党派、统战团体围绕纪念中共中央发布“五一口号”70 周年、改革开放 40 周年、学校复更名 30 周年开展系列活动;支持各民主党派、统战团体扎实开展“不忘合作初心,继续携手前进”等主题活动。

我校吴智深教授“关于应对工业 4.0,深化江苏智能制造发展战略的建议”的提案获政协江苏省第十一届委员会第五次会议优秀提案。王志功教授“关于我国集成电路设计人才培养、技术研究和核心芯片开发与工程应用的建议”获得中国侨联授予的“中国侨联特聘专家建言献策一等奖”。冉斌教授获第七届“中国侨界贡献奖”二等奖。

四、接待来访调研、检查督查

1. 民革中央常务副主席郑建邦到东南大学调研座谈

1 月 10 日,民革中央常务副主席郑建邦一行到东南大学就民主党派发展及如何发挥作用进行专题调研座谈。民革江苏省委主委陈星莺陪同。东南大学党委书记左惟与郑建邦常务副主席就如何在高校进一步加强民主党派建设、完善社会主义政治协商等问题进行了深入交流。随后,郑建邦一行与学校无党派人士代表进行座谈,座谈会由党委统战部部长冯建明主持。

2. 全国人大常委、民盟中央副主席徐辉到东南大学调研

4 月 19 日,全国人大常委、民盟中央专职副主席徐辉一行就民主党派基层组织建设到东南大学进行调研。江苏省政协副秘书长、民盟江苏省委专职副主委吴胜兴及民盟中央组织部副部长蔡葵等陪同。校党委书记左惟会见了徐辉一行,校党委统战部负责同

志、校民盟盟员代表参加了调研座谈会。

3. 江苏省委统战部副部长瞿超一行到东南大学调研

4 月 19 日，江苏省委统战部副部长瞿超一行到东南大学就民主党派组织建设工作进行调研。校党委书记左惟会见了瞿超一行，校党委统战部负责同志、民主党派代表人士参加了调研座谈会。

4. 省政协副秘书长、民进省委副主委朱毅民到我校调研

4 月 20 日，省政协副秘书长、民进省委副主委朱毅民一行到我校开展“长三角区域科技协同创新体系一体化建设”专题调研，资产经营处处长江汉、科研院副院长张晓兵以及社科处、大学科技园等有关负责同志、经济管理学院专家教授代表参加了调研座谈，座谈会由党委统战部部长冯建明主持。

5. 致公党江苏省委组织“引凤工程”海外留学人员到东南大学考察交流

6 月 22 日，为服务江苏经济转型升级及“人才强省”战略，实施东南大学“高端师资倍增计划”，由致公党江苏省委主办、东南大学党委统战部承办的第九届“引凤工程”海外留学人员东南大学考察交流活动在榴园宾馆新华厅顺利举行。致公党江苏省委副主委、南京市政协副主席胡勤刚，东南大学党委副书记郑家茂，致公党江苏省委及致公党东南大学总支，东南大学人事处和相关院系负责人出席会议。会议由校党委统战部部长冯建明主持。来自英国牛津大学、美国哥伦比亚大学、美国伊利诺伊理工大学、澳大利亚国立大学、日本京都大学等知名学府的 70 余名海外留学人员参加考察交流。

6. 江苏省委常委杨岳到东南大学调研高校宗教工作

9 月 4 日上午，江苏省委常委、统战部部长杨岳在省委统战部副部长、省民委主任、省宗教局局长陈正邦，省教育工委副书记徐子敏等的陪同下到东南大学调研高校宗教工作。东南大学党委书记左惟、副书记郑家茂，以及党委统战部、保卫部、学工部、团委、海外学院有关负责人陪同参加调研。

7. 省委统战部黄仕亮副部长到我校调研统战工作

10 月 25 日，省委统战部黄仕亮副部长一行到我校实地调研统战工作，省委统战部党外知识分子工作处处长胡毅、调研员张大华陪同随行。东南大学党委副书记、纪委书记任利剑、党委统战部部长冯建明、副部长李黎藜参加了座谈会。

8. 认真开展防范抵御宗教向校园渗透工作专项排查相关工作

根据省委统战部“关于开展防范抵御宗教向校园渗透工作专项排查”的相关通知精神，积极组织相关职能部门、学院开展自查工作，按要求向上级部门汇报自查报告并积极准备落实整改工作。

9. 江苏高校统战工作第二协作片区工作会议在我校顺利举行

10 月 25 日,江苏高校统战工作第二协作片区工作会议在我校顺利举行。省委统战部副部长黄仕亮应邀出席会议,省委统战部党外知识分子处处长胡毅、调研员张大华和省委教育工委统群处副处长郝峰参加了会议。东南大学党委副书记任利剑到会并致辞。我校作为江苏高校统战工作第二协作片牵头单位承办了此次会议,会议共有 24 所高校参加,校党委统战部部长冯建明主持会议。

五、强化党委主体责任,加强基层统战工作,完善制度建设

1. 进一步完善联谊交友制

为进一步推进我校党员领导干部与党外代表人士联谊交友工作的常态化和规范化,对现行的《东南大学党员领导干部与党外代表人士联谊交友制度》进行了修订,并分别确定了校院两级领导干部与党外代表人士联谊交友的名单。

2. 开展调查研究活动

为进一步落实推进基层统战工作,学校党委统战部在全校范围内开展了大走访大调研活动。全年共计走访了 30 个基层学院,9 个基层民主党派、统战团体,向学院和党派团体通报学校近期统战工作,了解学院的基本情况,初步确定了 38 位民主党派成员后备人选和 96 位无党派后备人选,逐步建立党外后备干部人选数据库。

3. 东南大学党委统战部网站正式上线

为了更好地塑造东南大学党委统战部的形象,发挥网站的宣传作用,响应学校关于二级网站建设与管理的相关文件要求,积极准备筹划、设计沟通,11 月 30 日,拥有自己独立域名的东南大学党委统战部网站正式上线。

附:各级人大代表、政协委员、民主党派成员、省政府参事任职情况及有关机构设置

一、各级人大代表

江苏省第十三届人大代表:崔铁军(常委、九三)
南京市第十六届人大代表:成玉宁(无党派) 王保平(中共)
鼓楼区第十八届人大代表:邱海波(中共)
玄武区第十八届人大代表:孙伟峰(中共) 李爱国(无党派) 刘攀(中共)
江宁区第十七届人大代表:金志军(民盟)

二、各级政协委员

全国第十三届政协委员:吴智深(教育)
江苏省第十二届政协委员:肖国民(常委、新闻出版) 韩冬青(常委、科技) 马坤岭(民革)

王修信(九三) 王雪梅(科技) 尹立红(民进) 孙子林(农工)
李启明(民建) 肖 睿(科技) 赵春杰(致公) 徐春祥(农工)
葛 明(科协) 薛 涛(致公) 左 惟(教育) 冯建明(社科)

南京市第十四届政协委员:梅姝娥(科协) 石 邢(经济) 况迎辉(少数民族)
鼓楼区第二届政协委员:王彩莲
玄武区第十二届政协委员:赵剑锋(政协副主席) 孔令龙 徐盈之
浦口区第四届政协委员:王大勇
江宁区第十一届政协委员:陈文彦(常委)
无锡市新吴区第一届政协委员:李 冰

三、民主党派成员、侨联成员在各级组织任职情况

民盟第十二届中央委员:肖国民
农工第十六届中央委员:吴智深
九三第十四届中央委员:崔铁军
民进中央第十四届妇女儿童委员会委员:韩俊海

民革第十一届江苏省委员会委员:马向真(兼监督委员会副主任)

民盟第十二届江苏省委员会委员:梅姝娥

民建第九届江苏省委员会:滕皋军(民建第十一次全国代表大会代表)
专委会:苟少华(监督委员会副主任委员)
李启明(金融委员会主任)
王彩莲(医药卫生委员会副主任)
周革利(对外联络委员会副主任)
民进十届江苏省委员会常委:尹立红(民进第十二次全国代表大会代表)
专委会监督委员会成员:韩俊海

农工党第十二届江苏省委员会副主任委员:吴智深(农工党第十六次全国代表大会代表)
常委:孙子林(兼任直属委员会主任、农工党第十六次全国代表大会代表)
委员:徐春祥
专委会中青年工作委员会副主任:陈惠苏
医疗卫生工作委员会委员:王艳丽 王玉华

致公党第六届江苏省委员会常委:赵春杰
委员:薛 涛

专委会参政议政委员会委员:石　邗
文化体育委员会委员:卢爱华
青年工作委员会委员:王大勇
党务研究会副主任:陶思炎

九三学社第八届江苏省委员会常委:王修信
崔铁军(九三学社第十一次全国代表大会代表)
江苏省归国华侨联合会七届常委:吕晓迎

江苏省政府参事室聘任参事:缪昌文(中共)　林保平　成　虎　徐康宁(中共)　周　勤

江苏省第六届伊斯兰教协会会长:达庆利(2013.11.28)

全国中央文史馆馆员:陶思炎(2011.02)

民主党派东南大学机构设置

民革二届东南大学总支部委员会(2016.12.27 换届,32 人)
主 任 委 员:马向真
副主任委员:周　勤　马坤岭

民盟四届东南大学委员会(2014.06.26 换届,235 人)
主 任 委 员:肖国民
副主任委员:钱瑞明　梅姝娥　王世和　薛星美　魏家泰
委　　　员:王秋严　陆建明　周子华　何　平　金志军　徐立臻　杨舒惠　吴祖民
康学军　毛世怀　陈文彦　丁建东

民建一届东南大学基层委员会(2017 年 12 月 6 日成立,31 人)
主 任 委 员:李启明
副主任委员:苟少华　王彩莲　周革利
委　　　员:朱纪军　周　臻　葛丽芹

民进四届东南大学委员会(2012.05.07 换届,63 人)
主 任 委 员:尹立红
副主任委员:董寅生　郭　毅　曹玖新　肖　睿
委　　　员:孙　瑾　郭　斐　韩俊海　梁衡弘　戴启明　高　冲

农工四届东南大学委员会(2016.11.29 换届,126 人)
主 任 委 员:徐春祥

副主任委员：孙子林　陈惠苏
委　　　员：徐春祥　孙子林　陈惠苏　王玉华　糜长稳　章美华　蔡永胜　刘　松
张绍东

致公党四届东南大学总支委员会(2018.10.16 换届,52 人)
主 任 委 员：赵春杰
副主任委员：李智群　薛　涛
委　　　员：马民华　王大勇　吴晓菁　章　炜

九三四届东南大学委员会(2017.06.04 换届,213 人)
主 任 委 员：王修信
副主任委员：崔铁军　舒华忠　叶行舟　赵剑峰
委　　　员：戴　丽　祁争建　辛海洋　郑意楠　柳　萍　王雪梅　徐盈之　施智祥
俞　燕　袁榴娣　程科萍

社会团体东南大学机构设置

东南大学侨联四届(2012 年 12 月 8 日换届)
名 誉 主 席：林中达　林金明
主　　　席：吕晓迎
副　主　席：李先宁　丁锡宁　李　丽
委　　　员：孙清江　李俐平

东南大学无党派知识分子联谊会(2014.01.08 成立)
会　　　长：崔铁军
副　会　长：杨永宏　田玉平　肖　睿　李维滨
秘　书　长：杨永宏(兼)
副 秘 书 长：何　勇(经管)

老干部工作

2018 年,老干部处在党的十九大精神指引下,紧紧围绕学校“双一流”建设的大局,研究探索寻找老干部工作与学校主体工作的结合点与切入点,积极主动研究离退休工作机制,组织全校四千多名离退休人员共同开展为党和人民的事业增添正能量的活动,积极推进关工委工作常态化、科学化。

一、助力“三全育人”改革试点。

2018 年是我国改革开放四十周年,也是东南大学复更名三十周年,围绕校内外开展

的系列主题活动,老干部处组织离退休老同志参加了“在宁高校纪念改革开放四十周年老同志书画作品展”“我们的六月——东南大学首届诗歌节”“离退休协会纪念改革开放四十周年文艺演出;与土木学院研究生党支部开展了“改革开放辉煌路、止于至善东大情”的教育思想讨论会。活动期间有 5 名老同志获书画展优秀作品奖,9 名老同志分获诗歌节优秀作品一、二、三等奖。关工委秘书获诗歌节优秀组织奖。

二、“一方隶属,多方管理”的离退休党建示范项目验收

东南大学党委老干部处 2015 年与青石村社区申请了江苏省“一方隶属,多方管理”离退休党建示范社区。2018 年东南大学和鼓楼区中央门街道青石村社区“一方隶属,多方管理”的离退休党建示范项目召开调研验收会,老干部处处长做了”学习落实十九大精神,做好社区离退休干部党建工作——省级共建社区离退休干部党建试点工作汇报”的报告。

三、承办教育部直属高校第一协作关工委组工作会议

2018 年 11 月 6 日,东南大学承办的 2018 年教育部直属高校关工委第一协作组工作交流研讨会在四牌楼校区召开。教育部关工委常务副主任姚喜双,江苏省教育系统关工委主任葛高林,东南大学党委副书记、关工委主任郑家茂出席会议并讲话。江苏省教育系统关工委副秘书长、江苏省委老干部局退休处处长出席会议,教育部直属高校关工委第一协作组高校、在宁十所高校关工委负责同志以及东南大学院系关工委负责同志共计省内外 24 所高校 80 余人参加会议,党委老干部处处长和关工委常务副主任主持会议。会议编撰了《不忘初心,砥砺前行》《夕阳下璀璨的芳华》两本书、关工委画册及会议论文集。

四、深入开展“三送”“四就近”的服务活动

老干部处深化“送学习、送温暖、送服务”活动,将“三送”和“四就近”相结合,领导带头,全处人员走访慰问离退休干部,做到家家到、户户访、不遗漏、全覆盖。

五、坚持开展为党和人民的事业增添正能量活动

为贯彻落实中组部老干通字〔2018〕6 号文件精神,老干部处发布了《关于在东南大学离退休干部中开展“我看改革开放新成就”专题研讨的通知》,围绕“我看改革开放新成就”主题,通过召开离休干部党委专题座谈会、各院系退休党支部专题研讨会、个别访谈等不同方式,组织老同志畅谈对改革开放 40 年来国家发展变化的感受、意见和建议。

六、巩固提高关工委工作常态化建设

老干部处通过关工委工作平台,组织离退休老同志担任校内教风学风监督员和“兼职组织员”,参与学生党建和思想政治工作,聘请离退休教师参加学习辅导中心工作,常年承担学习困难学生的帮扶工作。离休干部多人多次捐资助学。校关工委开展了“院系二级关工委工作常态化建设巩固提高”验收工作,组织评选表彰了东南大学关心下一代工作先进集体和先进个人。

工会工作

2018年，校教代会、工会在学校党委和行政的正确领导下、在上级工会组织的指导下，主动对标党和国家对工会组织提出的各项任务要求，积极转变思想观念、角色定位、管理模式，围绕学校“双一流”建设总体目标，找准切入点和着力点，加强教代会、工会工作与学校发展事业的结合，在助推学校民主管理、完善现代大学治理结构，服务“立德树人”根本任务和“人才强校”战略，助推和谐校园建设与大学文化建设、提高管理服务水平等方面开展了一系列有益的工作。

一、发挥两级教代会作用，助推学校民主管理工作

1. 依托教代会参与学校民主管理

召开第八届教职工代表大会第二次会议。召开教代会执委会议，审议《东南大学2018年度校内执行预算》《东南大学院系关键业绩指标(KPI)绩效考核与管理实施办法(试行)》等文件草案。组织教代会执委通讯评议学校拟推荐上报的“改革开放杰出贡献”候选人等事项。

2. 深化院(系)二级教代会建设工作

建立二级教代会会议情况报告制度，督促年会工作规范有序地开展。据统计，截止2018年11月底，各院(系)本届教代会2018年年会的预报告工作全部完成。原有27个院(系)的教代会年会陆续召开，网络空间与安全学院于2018年12月23日召开了首届教代会第一次会议。在二级教代会建设过程中，有些单位将涉及学院发展和与教职工切身利益相关的重要事项提交大会讨论，有些单位开展了提案工作。承办了第七届卓越大学联盟高校教代会工作会议，围绕如何开展好二级教代会建设的考核和评估工作深入地交流和研讨。

3. 完善提案办理工作机制

坚持提案落实推进会制度，及时明确提案办理的牵头单位、办理流程和办理期限；针对关乎教职工切身利益的提案，工会组织相关职能部门会商，推进“提案办理主办、协办协商共同办理”的工作机制，不断提升提案办理的水平和成效；坚持提案日常受理机制。据统计，八届二次教代会共收到提案40件，立案17件，转建议处理22件，不立案1件，提案人对立案提案办理态度的满意率为94.1%，对立案提案处理结果的满意率为100%，对转建议处理的提案办理态度的满意率为95.5%。

二、弘扬师德师风正能量，服务“立德树人”根本任务

1. 表彰践行师德师风的模范典型

重视广大教职工在“立德树人”中的主体作用，并从学校教学科研、管理、服务各条战

线选树践行师德师风的优秀人物,表彰了 76 名东南大学“三全育人”积极分子。结合工会工作实际,评选表彰了 76 名“优秀工会积极分子”、10 个“工会工作先进集体”。

2. 组织申报上级荣誉奖励

根据上级文件要求,组织校内推荐工作,1 名教职工荣获“江苏省‘五一’劳动奖章”,6 名女教职工在江苏省教育科技工会组织的“好家风好家训”评选活动中获奖。

3. 做好先进模范的服务和宣传工作

组织开展两次劳模慰问工作,并为家庭生活遇困的劳模申请特殊补助。通过《东南大学报》、学校网站、江苏省教科工会网站等,加强对先进模范典型的宣传,激发教职工为人师表、立德树人的荣誉感和责任感,营造齐力育人的良好氛围。

4. 组织开展教育思想大讨论

围绕学校“深化教育综合改革　培养一流创新人才”的教育思想大讨论活动,制定、执行校工会工作方案,进一步明确创新工会工作、精准服务教职工的工作理念,为营造培养一流领军人才的良好环境做贡献。

三、重视青年教职工发展需求,服务“人才强校”战略

1. 推进校青年工作委员会分会建设

2018 年,校工会与机关党委达成共识,成立校机关青年工作委员会分会,共有近 200 名 35 周岁以下的青年管理干部加入。

2. 服务青年教职工的成长发展

协同教师教学发展中心,组织我校 3 位青年教师参加第二届全省本科高校青年教师教学竞赛,并荣获二等奖。

3. 加强对青年教职工的人文关怀

关心单身教职工的婚恋,组织参加江苏省省直机关工会和省教育科技工会联合主办的“2018 年度盛典”大型交友联谊活动等。关心青年教职工的子女教育,支持校幼儿园的相关工作,支持部门工会组织开展形式多样的温馨亲子活动。

四、关注教职工的美好生活需要,助推和谐校园建设

1. 落实学校党委对广大教职工的关怀和慰问

学校依据江苏省相关文件的最高标准,将在职、在岗的工会会员 2019 年的节日慰问经费从 1 000 元提升至 1 800 元,生日慰问经费从 300 元提升至 400 元,并从文件下发之日起计,补齐 2018 年的慰问;制订关于在职、在岗工会会员的结婚、生育、住院等日常慰

问办法。组织2018年元旦、春节给困难职工“送温暖”活动，共向210名在职和退休职工发放10万余元慰问金。学校关心教职工的身体健康，2018年新增两项癌症指标检查，将公费医疗门诊处方药品的限额从100元提高到200元。发挥校医院、附属中大医院的医疗资源优势，组织开展与教师职业疾病相关的健康讲座、义诊咨询等活动。

2. 坚持做好教职工大病医疗互助工作

遵照《东南大学教职工大病医疗互助金管理办法》规范管理互助基金，使其成为教职工公费医疗普惠基础的有效补充，2018年，共向520名教职工发放305余万元互助基金。

3. 持续推进“教工之家”共建工作

继2017年6个共建“教工之家”揭牌投入使用后，2018年校工会又与机械工程学院等4家单位签署协议，开展共建工作，两年累计投入40余万元共建经费。

4. 为维护教职工合法权益搭建桥梁

2018年，校专业技术职务评审工作申诉审议委员会和岗位聘用与考核申诉委员会共接收2起申诉，在向有关部处、院(系)调查取证后，召开申诉委员会会议，形成处理意见和建议，并向学校高级职称评审委员会、校岗位聘用与考核委员会汇报；协同相关部处、单位处理了2起劳动争议事项。

五、发挥教育引领作用，助推大学文化建设

1. 打造工会品牌活动

服务各类教职工的精神文化需求，并形成品牌活动。如结合女教职工的兴趣爱好，开办女教职工形体培训班、“女知联”国画书画班等；为青年教职工组织开展国防教育拓展活动等；承办2018年“长三角”地区高校教职工合唱演唱会，共有7所高校的500余名教职工参加，活动取得良好的效果；摄影、棋牌、羽毛球等各类协会定期为有共同兴趣爱好的教职工、校友组织开展专题活动。

2. 开展丰富多彩的文体活动

将繁荣校园文化与加强教职工的思想政治教育相结合，开展主题鲜明、格调高雅、意义深远的校园文化活动，以寓教于乐、润物无声的方式传递社会主义核心价值观。如在东南大学建校116周年暨复更名30周年之际，组织女教职工旗袍秀快闪、教职工手机摄影展等活动，激发广大教职工爱校荣校的热情。据统计，2018年，校工会共主办各类文体活动10次，参与教职工达3 500余人次；校工会主办、部门工会承办大型活动8次，参与教职工达1 200余人次；各院(系)部门工会和各协会举办活动近60次，参与教职工达4 000余人次。

六、加强队伍建设,提高管理服务水平

1. 认真抓好工会干部队伍建设

定期组织专兼职工会干部的理论学习,参加第六届卓越大学联盟高校工会工作会议,召开基层工会主席工作交流会议,组织开展在宁高校东片工会干部学习党的十九大精神、中国工会十七大精神等专题活动,切实提高工会专兼职干部的理论水平和实践能力。

2. 持续加强作风建设

对工作实行目标管理,2018 年初,制定完成共计 60 项工作任务的全年工作计划表,并逐项落实完成;推行工作日志管理制度,进一步加强工作的规范化管理,培养良好的工作作风;不断提高思想认识,严格执行中央"八项规定"。

3. 积极推进网上工会建设

进一步完善工会会员信息基本数据库,研发完成工会会员管理、活动报名、二级教代会、评优树先 4 个工作平台。

2018 年,在江苏省教育科技工会组织的"三互三评"活动暨基层工会全面建设考察评比中,东南大学工会被评为"五星级职工之家"。

共青团工作

2018 年,东南大学团委以习近平新时代中国特色社会主义思想为指导,深入学习宣传贯彻党的十九大精神,学习贯彻落实全国教育大会精神和全国宣传思想工作会议精神,结合习近平总书记"七二"重要讲话精神、习近平总书记北大师生座谈会重要讲话精神和习近平总书记关于青年工作的重要思想,围绕团十八大精神,以保持和增强政治性、先进性、群众性为目标,紧扣立德树人根本任务,始终突出思想价值引领这一核心使命任务,着力推动第二课堂拔尖创新人才培养体系建设,充分发挥共青团在学校立德树人工作中的生力军作用,畅通东南大学共青团联系服务青年学生的"最后一公里",创新工作理念与思路,改革工作方式与方法,开展了大量扎实而富有成效的工作,切实服务东大青年全面发展、健康成长。

2018 年,东南大学团委获评"全国'五四'红旗团委",这是东南大学共青团十余年来首次获此殊荣。荣获全国社会实践先进单位、江苏省"十佳"理论学习型团组织、江苏省团史主题宣传阵地等多项重要奖项。在"创青春"全国大学生创业大赛中斩获 3 项金奖,首次蝉联"优胜杯"。在"磐石工程""青年学习社""青智库""赞赞新时代""寻访中国大学生自强之星""志交会"等团中央、团省委专项工作中均取得多项荣誉表彰。承接了"共和国脊梁""马克思主义青年说""江苏青年庆祝改革开放 40 周年专场活动""江苏省青少年

高校科学营开营仪式"等中科协、省委宣传部、团省委、省科协交办的多项大型活动。指导学生荣获"中国青少年科技创新奖""全国大学生自强之星""全国大学生践行社会主义核心价值观先进个人标兵"等多个全国性重要奖项。新华社、中央电视台、《中国青年报》、江苏电视台、《新华日报》等各大媒体多次关注东南大学共青团相关重点工作,年度发稿量达 67 篇,取得了广泛而深远的影响。现将东南大学共青团 2018 年具体工作总结如下。

一、以深入学习宣传贯彻习近平新时代中国特色社会主义思想为主线,深入开展思想政治引领工作

1. 进一步聚焦东南大学共青团工作的主责主业,推动"青年大学习"走向深入、取得实效

东南大学团委积极动员广大青年深入学习、研究、宣传习近平新时代中国特色社会主义思想,在校院两级建立"青年学习社",与"不忘初心牢记使命"主题教育相结合、与学习宣传贯彻团的十八大精神相结合、与解放思想大讨论活动相结合、与提升青少年思想文化素养相结合,组织青年明主题、学原文、悟经典、学榜样、话初心、励前行,形成较为完整的学习闭环。激发了校级、各学院团委、各级学生组织、各支部"青年学习社"的首创精神,突出专业、支部、学习组织的特点,打造了一批高质量、有深度、易推广的学习品牌。开展"马克思主义青年说",通过"我读马列经典"校园沙龙、"与信仰对话"主题活动、"青马公开课"等形式,发挥"东南大学青年马克思主义培养者学堂"的载体作用,培养一批青年马克思主义者。推广"我的讲台,我的娃""我的青春故事",以青春访谈、朗诵分享、网红团课等形式,引领东大青年青春建功新时代。

2. 进一步围绕学校党政中心,在团学组织中深入开展教育思想大讨论

围绕学校"教育思想大讨论"整体部署,全面推动学校全体团干部和团员青年围绕"深化教育综合改革,培养一流创新人才"主题参与教育思想大讨论,统一思想、凝聚共识,思考并回答"为谁培养人,培养什么人,怎样培养人"的问题,分析并解决东南大学共青团服务人才培养大局不平衡、不充分的问题,在团学组织层面构建了"一中心、四聚焦"的工作格局。"一中心"即以"我想成为什么样的人"大讨论为中心,以校团委、校学生会、校研究生会为主体,以"我想成为什么样的人"为主题,开展"东大好青年""正 · 青年优秀研究生评选"等主题活动,并在团支部层面、学生组织层面组织开展了系列座谈会 20 余场,组织 600 余名学生参与讨论。依托各学院团委、学生会及研究生会,开展院(系)团学组织层面的主题座谈讨论活动 50 余场,参与学生数超过 2 000 人。"四聚焦"即聚焦领军人才培养、聚焦思想政治引领、聚焦创新创业人才培养、聚焦服务学生成长成才,开展了四个专题的专项调研与座谈活动,举办了"本科生导师制"意见征集与模式探索、本科生社会实践工作体系改革与完善、东南大学文化育人工作讨论等多个专题研讨会,成立了"青马工程——领军人才培养""磐石工程——普遍性思想引领工作提升""本科生导师制——课外创新创业育人体系构建""第二课堂成绩单——文化育人实践育人体系构建"四个专题调研组,赴清华、上交、浙大、华科、武大、同济等多所高校调研,并结合学校实

际,就这四个重点领域的工作提出了后续改革推进方案。在“教育思想大讨论”期间,共举办各类座谈会、互动分享会50余场,举办各类主题系列活动6场,访谈校内外教育专家和共青团工作专家20余人,搜集整理100余位学生典型的观点,在全校团员青年中进一步凝聚了“培养领军人才”“成为领军人物”的共识。

3. 持续深入加强团员青年理想信念教育

深入开展学习宣传贯彻习近平总书记系列重要讲话精神“四进四信”系列活动70余场,通过进支部、进社团、进网络、进团课这“四进”,向青年学生“讲”好、让青年学生“学”好习近平新时代中国特色社会主义思想,不断强化团员青年“四个意识”。扎实推进以“与信仰对话”“奋斗的青春最幸福”“梦想公开课”为主题的报告会、学习交流会、网络平台分享、演讲比赛等教育实践活动,邀请中国电子科技集团公司首席科学家及预警指挥机总设计师陆军院士、著名运载火箭专家龙乐豪院士、著名雷达专家贲德院士、大唐电信副总裁杨毅刚教授等社会各界知名人士来校,打通线上线下学习互动渠道,有效吸引、凝聚并影响广大青年学子。依托“东南大学人文大讲堂”资源优势,开设“感悟中国历史”“大学的现代化”精品人文课,邀请六朝博物馆馆长胡阿祥教授、武汉大学“名嘴”李工真教授、《吴健雄传》作者江才健、中国科学院大学张瑜教授、金陵图书馆馆长董群教授,“第十二届江苏青年五四奖章”获得者及东南大学交通学院院长刘攀教授等举办核心价值观主题讲座20余场。在烈士纪念日、国家公祭日等重要时间节点,开展以原创育人素材编撰为核心、线上推广与线下仪式相结合的“一体两翼”式主题教育活动,通过线上推广扩大覆盖面和影响力,通过线下仪式增强触动性和感染力,提升团员青年价值引领工作成效。

4. 扎实推进社会主义核心价值观教育工作

筹划拍摄影片《信仰的力量》,连续4年举行烈士纪念日敬献鲜花仪式,连续4年举行国家公祭日烛光祭活动。积极选树先进典型,依托团中央“寻访中国大学生自强之星”品牌,推动生物科学与医学工程学院郝世杰同学等典型学子的励志事迹在全校团员青年中广泛传播,最终郝世杰获评“中国大学生自强之星标兵”和“中国电信奖学金·天翼奖”暨“践行社会主义核心价值观先进个人标兵”。大力开展2018年“东大好青年”评选工作,评选出金鼎鑫等10名青年先进典型。

5. 深化青年马克思主义者培养工程

自2014年以来进一步摸索和创新,构建了具有东南大学特色的“青年马克思主义者培养工程”建设体系,进一步结合学校实际与特色,加强工作谋划,着力破解难题,梳理现有资源,调研青年需求,集全校各部门的资源和力量,分层分类构建了青马工程培育体系,2018年培养了315位学生组织骨干、77位专兼职团干部及298位新任团支部书记。选派70余名优秀团员参加团中央及团省委组织开展的“中央国家机关紫光阁计划”“省级机关实习计划”等各级“青马工程”培训活动。选派1名学生干部赴江苏省学联担任驻会主席,1名学生干部赴团江苏省委志工部担任“西部计划”项目工作人员,1名学生干部

赴省委组织部借调工作。继续开展“新思想”青智库专项课题研究，探索更为有效的校级层面学生骨干培养路径，不断创新与改进“青马工程”培养模式，获批团江苏省委第一批“新思想”青智库基地。

6. 创新开展团学组织网络思想价值引领作用

强化互联网思维，加快推进“网上共青团”和“网上学生会”建设，积极打造“青年东大说”“东南大学学生会”“东南大学研究生”三大微信公众平台，累计覆盖在校师生与校友10万余人，关注量与影响力在团中央、全国学联排行榜中始终保持前列。注重把握学生关注点，及时策划设置网络话题；抓住重要契机，集中进行网络主题宣传，使思想政治工作新起来、活起来、火起来。策划专题微信，其中《东南大学，116岁生日快乐！关于我爱东南的66件小事》《大美初雪|愿与你在三地皓首相伴，看遍东南美景》《校庆福利@SEUer：你有一份东大拼图和校庆专属甜点待领取》《东大最牛学生会：12位“老干部”全被哈佛、剑桥、哥大等国内外名校录取》《解锁东大第一网红餐厅：桃园新食堂试吃体验，拿走不谢！》等推送在校内外引起较强反响。多次在“团中央学校部”“江苏共青团”“团学苏刊”等团属微信公众平台上发表新媒体作品，配合团中央完成团十八大手绘作品三篇等专题策划。建立东南大学团属新媒体联盟，积极打造网上共青团的团组织活力和凝聚力。

二、以深入推进人文校园和高雅校园建设为重点，进一步着力打造文化浸润工程

1. 进一步提升精品校园文化活动品牌效应

连续第八年举办“东南大学新生文化季”，通过东南大学学生团体联合招新、“初识东南”系列名家高层演讲、“我的青春故事”、“我爱东大”校史知识竞赛、“中华赞”经典诵读大赛、“我的讲台我的娃”、新生文艺汇演、《马兰花开》和《吴健雄》话剧展演等八大版块在内的数十场活动，让2018级新生在入学之初就充分感受东南大学深厚的文化底蕴、崇高的精神追求和多彩的校园生活。借助东南大学“人文大讲堂”平台，邀请英国工程技术学会当选主席、英国皇家工程院院士 M D Carr，中国工程院院士、东南大学建筑学院王建国教授，中国科学院院士、西北大学早期生命研究所所长舒德干教授、北京大学法学院原院长朱苏力教授等文化名家举办高层次人文讲座30余场，全面提升校园文化品位和层次。邀请维也纳春之声交响学院奏响“2019东南大学新年音乐会”。承办江苏省纪念改革开放四十周年暨“诵读学传”主题活动、第二届“马克思主义·青年说”闭幕式暨东南大学专场活动等高层次活动。

2. 积极弘扬中华优秀传统文化

开设“传统艺术鉴赏”精品选修课程，邀请国乐大师方锦龙，著名书法家、陕西省书法家协会副主席邱宗康，著名琴箫演奏家伉俪、天津音乐学院王建欣、李凤云教授等来校讲座。引导和支持全校各级团组织和学生组织开展包括“中华赞”经典诵读大赛在内的弘扬中华优秀传统文化的活动20余项。邀请石小梅、柯军、李鸿良、金喜全等多位中国戏剧“梅花奖”得主来校讲演。邀请上海评弹团及江苏省演艺集团昆剧院、京剧院、扬剧团、

木偶剧团来校举办专场演出和传统艺术鉴赏活动。

3. 继续着力营造“健康东大”校园氛围

按照团中央统一部署，积极开展“走下网络、走出宿舍、走向操场”主题群众性课外体育锻炼活动，以此加强广大团员青年对身体健康素质和积极向上的生活理念的重视，大力倡导“每天锻炼一小时，健康工作五十年，幸福生活一辈子”的理念。指导学生会、研究生会、学生社团和学院团委开展2018“院系杯”系列赛事、射箭竞赛、四季跑、接力大作战、爱心公益跑、为圆梦而跑、风筝节、迎校庆“荧光夜跑”等丰富多彩的“三走”系列活动。

三、以完善创新创业竞赛育人体系为核心，提升拔尖创新人才培养实效

1. 加大推进“优秀本科生提前进入知名教授实验室”计划，为2019年“挑战杯”冲刺做准备

充分发挥共青团在组织动员、资源整合、载体搭建、氛围营造等方面的工作优势，以优化激励机制和完善资源配置为重点，提升“优秀本科生提前进入知名教授实验室”计划实施成效。以拔尖创新人才培养为引领，全校启动第十六届东南大学“大学生课外学术科技作品竞赛”，全校各个专业共有93件作品参赛，校团委从中遴选出20支重点备赛队伍，覆盖能源化工、信息电子、社会科学、机械动力等专业和学科。在“挑战杯”重点备赛队伍组建的基础上，邀请更多基础学科的教授加入“优秀本科生提前进入知名教授实验室”计划中，联系并邀请数学学院院长曹进德教授、物理学院“青年千人”吕俊鹏教授、生命科学研究院“青年千人”王苏教授等加入计划，吸引更多优秀本科生提早进入实验室。

2. 扎实开展第二课堂创业教育实践活动，“创青春”“互联网+”全国总决赛喜获佳绩

在关注启蒙意识、传授知识、提升技能等创业教学层面工作的同时，将部分注意力转向科技成果转化、初创项目孵化、资金政策扶持等创业实践层面的工作，以市场化为导向、以实践为目标，着力打通学生创业教学与创业实践之间的通道，围绕竞赛育人体系建设，通过团队组建、初赛答辩、导师配备、理论指导、模拟答辩、资金扶持等一系列举措，从百余件大学生创业项目中遴选了18支重点孵化团队，搭建了学生团队、专业教师、创业导师、职能部门之间充分沟通的机制与平台，有效提升了项目孵化质量。在2018年“创青春”全国大学生创业大赛中，我校“南京达斯琪数字科技有限公司”“无际通信——5G快速开发验证平台”“实时数字控制系统——Rtunit”三个团队获得金奖、“小禾苗公益团队”获得银奖、“南京速羽动力科技有限公司”获得铜奖，金奖总数与清华大学、北京理工大学、武汉大学等并列全国高校第八位，同时学校也以团体总分440分首次蝉联“创青春”全国赛“优胜杯”。在第四届中国“互联网＋”大学生创新创业大赛“我的创新创业故事”微视频大赛中荣获一等奖，在同期举办的第四届中国“互联网＋”大学生创新创业大赛全国总决赛上，“EXCEL——微滴操控专家”“石墨烯‘黑金’滤材”获得2项银奖、“实时数字控制系统——Rtunit”“5G快速开发验证平台”获得2项铜奖。

3. 积极推进大学生创新创业实践服务载体建设

抓住科技育人、创新驱动的主线，全面推进“2018 年东南大学学生科技节”，圆满举办包括科技活动、学术交流、科技讲座、竞赛评比等 4 大类共计 312 场学术科技子活动。其中研究生层面 165 场，本科生层面 147 场，涵盖了学校所有学科方向，累积参与学生万余人次。成功举办 2018 年全国青少年高校科学营东南大学分营活动，接待 360 名参与其中优秀高中生，让他们感受东南大学深厚的历史底蕴和科学精神，多措并举，产生了广泛的社会影响，获得中国科协青少年科技中心荣誉表彰。持续开展“创新创业冬令营”“创业大讲堂”“双创暑期实训营”等品牌工作，组建以知名投资人为主的大学生创新创业导师团队，依托校友力量进一步提升大学生创新创业项目指导扶持力度，邀请林嘉喜、王蔚等知名投资人和创业名人来校与双创团队及广大团员青年面对面交流。积极培育大学生创业协会等创新创业类社团俱乐部。

四、以管理制度优化与实践平台拓展为手段，不断提升志愿实践育人成效

1. 不断规范和完善社会实践组织管理，把握时代主题，推动社会实践提档升级

继续打造以“三下乡”暑期社会实践为主，寒假“回访母校谢师恩”主题社会实践为辅，课外志愿服务、公益活动等常规社会实践相结合的工作格局。组织近 2 000 名同学在 2018 年寒假举办了以“回访母校谢师恩”为主题的社会实践活动，引导学生回到自己的母校开展形式多样、内容丰富的寒假社会实践活动，扩大了东南大学的影响。在 2018 年暑期社会实践里，紧密围绕“青年大学习　奋斗新时代”主题，创新遴选出六个重大专项、八个重点主题、团中央专项计划等共 690 支团队到基层、农村、边疆、老区，到脱贫一线、改革一线、攻坚一线中，去深刻感知改革开放 40 年的新成就、新面貌，在生动实践中了解国情社情，明晰担当民族复兴大任的时代使命，参与人数达到 7 000 余人。2018 年全面拓宽学生参与渠道，积极组织网络双选，打造“第二课堂”网络平台，全面实现“管理项目化、运作团队化、考核学分化”。高度重视社会实践宣传工作，得到《中国青年报》专题报道，在多家媒体发布新闻报道逾百篇。举行社会实践表彰大会，表彰先进典型，分享成功经验，编写 2018 年《东南大学暑期社会实践工作集锦》，涵盖工作指南、数据指数、经典指引等三个方面，为更好地开展社会实践提供指导性意见。在各级评比中喜获佳绩，校团委荣获暑期“三下乡”社会实践活动“全国先进单位”和“省先进单位”；经济管理学院“寻访东大创业者，探索团队领导力调研团”获“千校千项”活动“最具影响好项目”；建筑学院“小小建筑师——高芒建设青年团”获得第七届阿克苏诺贝尔中国大学生社会公益奖最佳传承大奖；交通学院“向阳花爱心实践团”获得第七届阿克苏诺贝尔中国大学生社会公益奖全国银奖；经济管理学院“湘豫古今”团队获“为爱上色”中国大学生农村支教全国银奖；数学学院“未来东南，煤黑蜕变小分队”获得团中央“镜头中的三下乡”优秀摄影奖；数学学院“不忘初心，梦回井冈”获得团中央“镜头中的三下乡”优秀视频奖；信息科学与工程学院“至善归宿团队”获得 2018 年第二届中国大学生农村支教奖全国铜奖。机械工程学院“至善东南 · 筑梦闽西支教团”等 6 支团队荣获“省级优秀团队”，电子科学与工程学

院栗雨蒙等5位团干部荣获“省级先进工作者”，艺术学院石欣雨等7位同学荣获“省级先进个人”，土木工程学院陈佳龙荣获“省十佳个人”，医学院《“探医、知医、助医”——基于健康中国战略以江苏阜宁县、河南长葛县为例对乡村基层医疗状况调查研究》等两篇报告荣获“省级优秀调研报告”，法学院推荐的“南京市江宁区美丽乡村普法服务中心”荣获“省级优秀社会实践基地”。

2. 进一步推动研究生支教团工作稳步发展

完善招募选拔、培训教育、出征送行、支教服务、慰问看望、总结表彰等环节在内的完备的工作体系。通过支教知识培训、校史校情专题讲座、团队意识培养、历届支教队员座谈、教育心理培训、教学观摩等课程对我校第二十届研究生支教团成员开展全面深入的系统培训。在2018届本科生毕业典礼上专项表彰22名即将赴内蒙古准格尔旗、江西共青城、云南南华、新疆石河子开展支教工作的研究生支教团成员，并举行出征仪式为支教团成员壮行。在第二十一届研究生支教团的招募过程中，严格按照“公开招募、自愿报名、择优选拔”的原则，在学院考核的基础上精心组织笔试、面试、体检等相关工作，对报名学生的思想政治素质、学习成绩、在校表现、志愿服务经历等进行综合考察，高质量完成选拔工作。东南大学研究生支教团成员华璧辰、刘立获准格尔旗2018年度青少年科技创新大赛优秀科技辅导员，秦阳获准格尔旗优秀科技工作者；李国锦获2017年度共青城市先进青年荣誉称号，黄威龙获2017年度共青城市优秀西部计划志愿者，王晨获2017年度新疆生产建设兵团优秀志愿者、2017年度石河子市优秀志愿者，并当选共青团新疆生产建设兵团第六次代表大会代表；何映、张梦瑶、常鸣华获2017年度石河子市优秀志愿者。

3. 不断拓展志愿公益服务实践平台，品牌活动蓬勃开展

以东南大学研究生支教团西部支教服务点为布局核心，推动全校志愿服务活动蓬勃开展。东南大学2018志愿服务实践学堂开营，精心打造理论提升、观摩实践和项目孵化等重要环节，对全校近200名志愿服务骨干进行志愿服务工作指导和提升。信息科学与工程学院“无线梦想夏令营”，土木工程学院“爱在共青城”活动、自动化学院与研究生支教团内蒙古分队“蒲公英圆梦计划”、计算机科学与工程学院、软件学院与研究生支教团“至善科技夏令营”，支教协会“至善黔程”等都取得社会好评。与南京博物院、六朝博物院、江宁织造博物馆、中国科举博物馆等文化场所进行志愿服务共建，打造精品实践品牌和志愿品牌，达成了“院院有品牌，个个有特色”的工作目标。积极参加大型赛事活动的志愿服务，在第二届未来网络发展峰会、南京马拉松、卓越大学联盟校长联席会议等多个大型活动中展现了“东南名片”的志愿风采。积极参与江苏省和全国志交会，“小禾苗——留守儿童数据可视化平台”项目获第四届中国青年志愿服务大赛银奖，“青檬——‘青年自主参与型’性健康教育”项目获首届全省卫生健康行业青年志愿服务项目金奖，“‘薪火相传’——打造‘实践—实境’志愿服务课堂”项目获得第三届江苏省志愿服务展示交流会优秀项目奖。江苏省志愿者行动评选活动喜获丰收，东南大学第十八届研究生支教团成员、土木工程学院2017级研究生聂文伟荣获“江苏省十佳青年志愿者”称号，外

国语学院 2014 级本科生杨晓蕾荣获“江苏省优秀青年志愿者”称号；人文学院博士生导师陈爱华教授获“江苏省青年志愿服务事业贡献奖”；土木工程学院“爱在共青城”志愿服务项目被评为“江苏省优秀青年志愿服务项目”；信息科学与工程学院青年志愿者服务中心荣获“江苏省青年志愿服务行动组织奖”。

五、以扎实开展全校共青团基层基础建设为依托，推进全面从严治团走向深入

1. 全面推进共青团改革，加强基层团组织建设

大走访大调研推动改革走向全面深化，进一步加强基层团组织建设，通过对全校 877 个团支部、25 493 名团员、77 位专职团干部的随机抽取，以走访学院、座谈会、问卷调查、文件分析、电话访谈等形式，深入了解学校基层团支部组织力及活力现状，梳理当前基层团支部工作中存在的问题和短板，总结先进做法和经验，就下一步如何提升基层团支部组织力和活力提出可行性建议，形成了专题调研报告，并出台了《关于加强东南大学基层团组织建设工作的指导意见》《关于东南大学“班团一体化”工作实施方案（试点）的通知》《关于选聘东南大学团支部导师的通知》等一系列通知和措施。其中东南大学“磐石工程”基层团支部活力提升工程被《中国青年报》、团中央微信公众号等主流媒体报道，引起全团广泛关注，相关工作成果呈报团中央书记处。

2. 成立“团课教研室”，推动支部团课制度化、规范化、系统化、专业化建设

结合学校基层团支部的实际情况，成立了以学校资深专兼职团干部为主、马克思主义学院教师为辅的“团课教研室”，并将其打造成为组织和协调全校基层团支部团课的平台、讨论和研究团课教学内容及方式的中心、增进团课授课教师交流和促进他们发展的“加油站”。目前已经以研究课题的形式安排“团课教研室”成员分组研究制定第 1 学期共 6 讲团课的教学大纲和教学材料，并组织“团课教研室”成员向全校试讲，以每两周一次团课的频率，选择 6 个学院进行团课试点工作，完成了组织团课质量及成效评估。

3. 积极开展“五四”表彰活动

围绕学校“育人”的根本目标，发挥先进模范的示范引领作用，圆满完成“五四”表彰工作，共评选出 6 个“五四”红旗团委、2 个国旗团支部、5 个国旗团支部提名、10 个国旗团支部入围、30 个特级团支部、65 个甲级团支部、28 个先进团支部，7 名东南大学青年“五四”奖章（教师 4 名、学生 3 名）、8 名优秀团务工作者、140 名优秀团干、784 名优秀团员。通过分级评比、评优和表彰，青年团员和团学干部的责任感得到进一步提升，团组织的战斗力得到进一步增强。2018 年东大共青团在各级“五四”表彰中喜获佳绩。东南大学团委获评“全国‘五四’红旗团委”；土木工程学院于路港、法学院范洁被评为“江苏省优秀共青团员”；建筑学院团委书记张琰被评为“江苏省优秀共青团干部”；东南大学化学化工学院团委被评为“江苏省‘五四’红旗团委”；东南大学交通学院 2014 级茅以升团支部、东南大学成贤学院经济管理学院 14 级财务管理 2 班团支部被评为“江苏省‘五四’红旗团支部”。

4. 持续加强基层团组织的建设

以“磐石计划”(组织建设专项)为载体,深入实施高校基层团支部活力提升工程,有效提升基层团组织的运行活力、工作开展活力和团员的参与活力。2018 年上半年围绕“认真学习宣传贯彻党的十九大精神”专题,广泛开展有意义的团日活动。共有来自 24 个学院的 130 个申报项目,最终评选出 130 个项目作为“磐石计划”立项项目。圆满完成 2017 年第二期(短期)及 2018 年第一期(短期)项目的结项工作。2018 年下半年围绕学习宣传贯彻习近平新时代中国特色社会主义思想“四进四信”、深入学习宣传贯彻党的十九大精神、学习贯彻落实团十八大精神、培育践行社会主义核心价值观、“青年梦·中国梦”、纪念改革开放四十周年等多个主题开展专项团日活动。共收到来自 24 个学院的 334 个申报项目,最终评选出 301 个项目作为 2018 年第二期“磐石计划”(短期)立项项目。同时为鼓励更多的优质团日活动产生,将“磐石计划”进一步提档升级。开展了东南大学 2018 年“磐石计划”精品项目专项申报工作,共有全校来自 25 个学院的 25 个项目申报,最终评选出 23 个项目作为 1 年培育周期的精品项目。

六、以发挥学生组织自主性与创造性为目标,不断加强和改进对学生组织的指导和监督

1. 积极促进全校学生组织健康发展

贯彻落实《学联学生会组织改革方案》《高校学生社团管埋暂行办法》等有关政策文件要求,坚持正确的政治方向,坚持学生主体地位,坚持依法依章程开展工作,坚持问题导向深化改革,制定并实施《关于促进东南大学学生组织健康发展的改革实施意见》,根据上级文件精神及学校工作实际,修订《东南大学社团管理办法(试行)》。以改革文件精神为指导,成功召开了东南大学第二十六次学生代表大会和第十次研究生代表大会。

2. 指导学生会工作

认真落实共青团中央、教育部、全国学联共同下发的《学联学生会组织改革方案》,就新形势下的学联、学生会组织改革积极探讨、勇于革新。结合改革方案要求、删减副职,精简组织架构。指导并组织校院两级研究生骨干学习贯彻习近平总书记系列重要讲话精神专题活动,强化思想引领,开展“雨花英烈诵读会”“一二·九”纪念活动。充分发挥学生会在丰富校园文化、服务同学成长中的重要作用,指导学生会举办健身舞蹈大赛、十佳歌手大赛、“向经典致敬”诵读竞赛、“吾爱吾师”——我最喜爱的老师评选、宿舍文化节、领跑大学路等各类活动 30 余项。指导学生会进行有关学习、生活、实践等方面的调研 20 余次,了解学生的具体需求;与食堂、宿舍等部门定期召开座谈会,听证会 30 余场,面对面解决校园问题。接受并处理学生投诉共 800 余起,提供各类备考资料 100 余类,组织针对性学习辅导 200 余对。加强学生会内部培训机制,开展首届内部培训营,严抓作风纪律问题,组织学生会干部开展以专题座谈等为形式、内容广泛的内部学习活动,并

定期与各高校交流学习。指导学生会进行新媒体平台建设，扩大新媒体影响力。微信公众号粉丝接近 4 万人，累计发布活动预告、教务资讯、热点社评、服务追踪等信息数千条，把学生会新媒体平台打造成为学生意见、建议以及构建校园文化的重要征集渠道，多次登顶江苏省学联新媒体影响力排行榜。

3. 指导研究生会工作

指导并组织校院两级研究生骨干学习贯彻习近平总书记系列重要讲话精神专题活动。指导校研究生会开展"弘扬社会主义核心价值观"系列活动 12 场。指导校研究生会积极响应全国学联号召，精简机构，强化组织职能。指导校研究生会加强"服务为本"意识，合并设立志愿服务与权益中心，成立"网上学生会"新媒体平台，全心全意做好研究生校园服务工作。指导研究生会树立青年学生榜样，策划并举办第四届"正·青年"东南大学杰出研究生评选大赛；树立良好师德师风典范，打造第八届"我最喜爱的研究生导师"评选大赛。指导研究生会举办学生科技节、辩论赛、十佳歌手大赛、周末舞会、研究生四大体育联赛、国际文化周等活动 300 余场。指导研究生会举办"3·15"维权调研、研究生生活质量调研、校园文化调研、学生宿舍调研、食堂卫生情况调研等调研活动 20 余次。指导研究生会广泛收集研究生在科研、学习、生活等诸多方面的意见和要求，及时向有关部门反馈并汇集为维权白皮书，累计处理学生投诉 60 余起。指导研究生会积极开拓新媒体平台，微信公众号粉丝数量突破 8 万人，在全国高校研究生会微信排行中稳居前列，累计阅读量达 300 万人次，在全校研究生群体中营造了良好的网络舆论氛围。指导校研究生会抓好传统宣传媒介，出版活动预告 40 期、《善研》杂志 2 期、《东南研究生》报纸 2 期、研究生会风采录 2 期、《Hello SEU》新生手册，累计受众 20 000 余人次。

4. 指导学团联工作

指导学团联及百余个校级社团围绕年度重点主题举办"百团大战"学生团体联合招新、"社团达人秀"等文体活动 300 余场。指导学生团体联合会积极调研各学生社团对当前学团联管理工作的意见，制定并完善了"台账"管理制度，对学生团体星级评比、"十佳"学生团体评比等具体考核条例做了补充与修正。指导学生团体联合会积极开拓学生社团宣传平台，拓宽新媒体宣传阵地，持续完善学团联微信公众平台，加强与社团新媒体平台的互动，同时加强了对于社团新媒体平台的规范化、制度化管理。指导学团联组织和指导社团组建实践团队，深入开展社会实践活动，在学校社会实践评比中获团队奖 7 个，个人奖 32 个。指导学团联召开学生团体代表大会，对学生团体联合会各项章程做出修订，并顺利完成换届选举工作。指导学生团体联合会在现在社团管理体制的基础上进一步改革，建立并实行线上审批机制，加强校级社团管理的规范化，提高了工作效率。推报东南大学足球协会获评 2017 年度"全国百佳校园足球社团"。

2018 年，在校党委和上级团组织的正确领导下，在全校各职能部门的通力协作下，在全校团员青年和广大专兼职团干部的共同努力下，东南大学共青团的各项工作均在 2018 年度均取得显著进展，社会影响在 2018 年度中进一步扩大。新华社、《中国青年报》、《新华日报》、新浪网、腾讯网、中国青年网、中国新闻网、江苏电视台、南京电视台、《扬子晚

报》、《金陵晚报》、《现代快报》等各大媒体多次关注东南大学共青团相关重点工作，发稿量达到67篇。其中《中国青年报》三篇专题报道和一篇联合报道：《东南大学打造“磐石工程”——让大咖“入驻”团支部》《东南大学：到基层一线开思政课堂》《东南大学学生会：优化服务打造“温度链接”》《江苏打造青年身边的共青团》；由校团委集中力量编撰的《东南大学共青团2018大事记》《东南大学共青团2018新闻集锦》，全面展示了东南大学共青团的工作成绩，受到了社会各界的充分肯定。

东南大学共青团将进一步深入梳理和总结2018年度的各项工作经验与改革创新成果，在迈入新时代伟大征程的起点上，紧扣立德树人根本任务，进一步凝心聚力、强基固本、改革创新、优化机制，努力在青年学生思想政治引领、理想价值塑造、成长成才服务等方面推出更多更具实效的创新举措，团结带领全校团员青年为实现建设中国特色世界一流大学的“东大梦”和中华民族伟大复兴的“中国梦”而努力奋斗！

学科建设与研究生教育

综　述

2018 年是我国改革开放 40 周年，也是东南大学大力实施“十三五”规划、全面深化综合改革的关键之年。研究生院在习近平新时代中国特色社会主义思想指引下，紧紧围绕“立德树人”根本任务，全面贯彻习近平总书记在全国教育大会和北京大学师生座谈会上的讲话精神，改革创新，砥砺奋进，在招生、培养、学位评定、研究生导师队伍建设，以及研究生管理等方面皆取得显著成绩，呈现出一片蓬勃向上、日新月异的大好局面，为东南大学实现“双一流”奋斗目标、培养一流人才打下坚实基础。

优秀研究生生源质量稳步提升，博士生招生规模取得重大突破。主动对接国家重大战略需求，积极争取国家急需学科高层次人才培养支持专项计划。推进研究生优质生源工程，打通“本—硕—博”贯通式的人才成长通道，积极争取增加推荐免试名额，不断提高本校优秀本科生的升学比例。实施博士新生奖学金计划，优化博士生“申请考核”选拔机制，鼓励跨学科跨院（系）联合招生、协同培养，有效提高学术学位博士生中本科直博生和硕博连读生的比例。积极开展暑期学校、夏令营等招生宣传活动，吸引更多来自高水平学校及优势学科的优秀推免生源。2018 年博士生招生规模取得重大突破，录取人数达到 1 092 名，比 2017 年增加 36%，其中，新增临床医学博士专业学位授权点，招收临床专博 50 名；招收国家重大专项博士 180 名，比去年增加 152 名。

教育教学改革不断深化，研究生人才培养成果丰硕。不断深化教育教学理论与实践的探索，2018 年获中国学位与研究生教育学会教学成果一等奖 1 项，获江苏省研究生教育改革成果一等奖 1 项。继续建设研究生创新能力提升工程，2018 年获批江苏省各类研究生培养创新工程 258 项，获批江苏省研究生工作站 25 个，获“江苏省优秀企业工作站”荣誉称号 1 个。遴选出优秀博士学位论文基金项目 89 项，资助研究生参加国际学术会议和短期访学 494 人次。大力推进与国（境）外一流大学联合开展研究生培养，加强东南大学—蒙纳士大学苏州联合研究生院建设，成立东南大学—雷恩研究生学院。与 40 余名世界知名大学专家学者共同组织全英文教学课程 40 门。249 人获国家留学基金委资

助留学,其中攻读学位 42 人、联合培养 207 人。19 名博士生导师获国家留学基金委资助进行短期访学。全面落实研究生导师立德树人职责,优化导师资格遴选办法,进一步加强研究生导师队伍建设。实施导师能力提升计划,建立新导师培训和老导师轮训相结合、定期集中培训和不定期专题论坛相结合的培训制度,构建校、院、学科协同的培训交流机制。

学位评定工作常抓不懈,学位论文质量持续提高。发布 2018 年新版博士研究生申请学位的成果标准并从 2018 级博士生开始实施;组织完成英文版的学位论文格式要求制定;修订《东南大学博士研究生毕业与学位授予分离实施办法(试行)》。签订委托教育部学位中心送审研究生学位论文协议,共享中心论文质量分析数据,与自建盲审平台互为补充,有效提高了评审效率与质量;组织研发"研究生学位论文院(系)网上评审系统",为院(系)学位论文送审提供服务平台,并在部分院(系)开展试运行。2018 年有江苏省优秀博士学位论文 8 篇、优秀硕士论文 25 篇。我校校友杨江金、喻云龙二人获得全国第三届"做出突出贡献的工程硕士学位获得者"荣誉称号。

研究生创新创业学科竞赛和社会实践活动成果突出。获 2018 年教育部"蓝火计划"博士生工作团优秀组织单位。获"华为杯"首届中国研究生创芯大赛优秀组织奖,第十三届中国研究生电子设计竞赛华东分赛区优秀组织奖,第十五届中国研究生数学建模竞赛优秀组织奖,首届江苏省研究生"健康江苏"创意大赛优秀组织单位。获中国研究生数模竞赛一等奖 3 项(全国并列第一),"劳则立"团队同时获"华为专项奖"(全国仅 10 个)和"最佳数模报告奖"(全国仅 3 个),CCF TCARCH 挑战赛(计算机体系结构挑战赛)蝉联冠军,第五届"紫金奖·建筑及环境设计大赛"金奖 2 项,2018 全国大学生嵌入式芯片与系统设计竞赛一等奖 1 项,江苏省研究生计算机视觉科研创新实践大赛一等奖 1 项,中国机器人技能大赛一等奖 1 项等优异成绩。340 人获"东南大学优秀毕业研究生"、1 人获宝钢优秀学生特等奖、4 人获"江苏省三好学生"、10 人获"江苏省优秀研究生干部"、1 个研究生党日活动获 2018 年全国高校"两学一做"支部风采展示特色成果奖、7 个班级获"江苏省先进班集体"、1 个党支部获全国高校"百个研究生样板党支部"等荣誉称号。

2018—2019 年度博士学位研究生招生专业及指导教师

(以姓名拼音为序)

学科门类	学科(一级学科)	专业(二级学科)	指导教师(以姓名拼音为序)
哲学 (01)	哲学	(按一级学科招生)	董　群　樊和平　马向真　乔光辉　王　珏　王　珂　魏福明　夏保华　徐菲菲　徐　嘉　许建良　姚新中(兼)　岳　瑨
经济学 (02)	应用经济学	(按一级学科招生)	陈淑梅　胡汉辉　华　生(兼)　刘修岩　邱　斌　邵　军　吴利华　徐盈之　岳书敬　周　勤
		金融学	董　斌　刘晓星　周　勤

（续　表）

学科门类	学科(一级学科)	专业(二级学科)	指导教师(以姓名拼音为序)
法学(03)	法学	(按一级学科招生)	龚向和　李　川　刘艳红　孟鸿志　欧阳本祺　汪进元　肖　冰　张明楷(兼)　张卫平(兼)　周佑勇
	马克思主义理论	马克思主义基本原理	高晓红　刘　魁　孙迎联　袁健红　袁久红
		思想政治教育	陈美华　李霄翔　廖小琴　许苏明
理学(07)	数学	(按一级学科招生)	曹进德　曹婉容　陈建龙　李铁香　李玉祥　梁金玲　刘继军　卢剑权　聂小兵　孙志忠　唐达林　王冠军　王海兵　王栓宏　徐君祥　余星火　虞文武
	物理学	(按一级学科招生)	陈世华　董　帅　董正高　范吉阳　郭　昊　蒋维洲　吕　准　倪振华　邱　腾　施智祥　汪　军　王金兰　徐春祥　徐明祥　徐庆宇　薛　鹏　杨文星　叶　巍　翟　亚　周海清
	生物学	(按一级学科招生)	柴人杰　巢　杰　方　明　韩俊海　林承棋　刘莉洁　刘向东　陆　巍　罗卓娟　毛晓华　潘玉峰　武秋立　谢　维　张建琼　赵春杰　周子凯
工学(08)	力学	固体力学	郭小明　何小元　李兆霞　糜长稳　杨福俊
		工程力学	费庆国　郭　力　郭小明　何小元　靳　慧　李兆霞
	机械工程	(按一级学科招生)	毕可东　陈善广(兼)　陈云飞　陈　震　费庆国　韩　良　贾民平　蒋书运　李　普　刘　磊　罗　翔　倪中华　沙菁契　帅立国　苏　春　孙蓓蓓　汤文成　王建立　王兴松　幸　研　许飞云　薛澄岐　杨决宽　易　红　殷国栋　张建润　张　艳　张志胜　周一帆　周忠元
	光学工程	(按一级学科招生)	崔一平　顾　兵　雷　威　李　青　李晓华　娄朝刚　屠　彦　王保平　王春雷　王琦龙　王著元　夏　军　恽斌峰　张家雨　张晓兵　张　雄　张　雄(外籍)　赵志伟　朱　利
	仪器科学与技术	(按一级学科招生)	蔡体菁　陈熙源　程向红　房建成(兼)　李宏生　李建清(兼)　李　旭　潘树国　秦文虎　宋爱国　王爱民　王立辉　王　庆　夏敦柱　徐晓苏　严如强　杨　波　杨功流(兼)　张广军　张　涛　张　彤　张为公　赵立业
	材料科学与工程	(按一级学科招生)	曾桥石　陈惠苏　陈　坚　储成林　丁　辉　董寅生　方　峰　高建明　郭丽萍　郭新立　蒋建清(兼)　蒋金洋　廖恒成　刘加平　刘玉付　缪昌文　潘钢华　潘　冶　钱春香　邵起越　沈宝龙　孙正明　陶　立　涂益友　万克树　王继刚　王增梅　薛　烽　于　金　余新泉　张亚梅　张友法　张云升　周　健　朱鸣芳

(续　表)

学科门类	学科(一级学科)	专业(二级学科)	指导教师(以姓名拼音为序)
工学(08)	材料科学与工程	材料物理与化学	丁收年　付大伟　付德刚　苟少华　顾忠泽　姜　勇　李新松　林保平　刘松琴　娄永兵　骆培成　祁争健　任丽丽　孙柏旺　孙岳明　王明亮　王雪梅　王怡红　王志飞　卫　伟　吴东方　谢一兵　熊仁根　杨　洪　叶恒云　游雨蒙　张　闻　张一卫　张　毅　张袁健　周建成　周钰明　诸海滨
	动力工程及工程热物理	(按一级学科招生)	蔡　亮　陈晓平　陈亚平　陈永平(兼)　陈振乾　段伦博　段钰锋　归柯庭　黄亚继　金保昇　李舒宏　李益国　梁　财　梁彩华　陆　勇　吕剑虹　潘　蕾　钱　华　邵应娟　沈德魁　沈　炯　沈来宏　盛昌栋　司风琪　宋　敏　苏志刚　王培红　王　军　向文国　肖　睿　熊源泉　许传龙　杨建刚　杨林军　殷勇高　余艾冰　张会岩　袁竹林　张　军　张小松　张亚平　张耀明　赵伶玲　钟文琪　仲兆平　周　宾
		★能源环境工程	陈晓平　段钰锋　归柯庭　黄亚继　金保昇　肖　睿　熊源泉　钟文琪　仲兆平
	电气工程	(按一级学科招生)	陈　武　陈　中　程　明　窦晓波　樊　英　房淑华　高丙团　高赐威　高　山　顾　伟　胡敏强(兼)　胡仁杰　花　为　黄学良　黄允凯　金　龙　李　扬　林鹤云　林明耀　陆于平　马伟明(兼)　曲小慧　汤　奕　王蓓蓓　王　政　吴在军　肖华锋　徐青山　余海涛　张建忠　赵剑锋　郑建勇
	电子科学与技术	物理电子学	崔一平　顾　兵　雷　威　李　青　李晓华　娄朝刚　屠　彦　王保平　王春雷　王琦龙　王著元　夏　军　肖金标　恽斌峰　张家雨　张　彤　张晓兵　张　雄　张　雄(外籍)　赵志伟　朱　利
		电路与系统	陈莹梅　樊祥宁　黄风义　李文渊　李智群　孟　桥　苗　澎　吴建辉　杨　春　张　萌　朱　恩
		微电子学与固体电子学	单伟伟　丁德胜　黄庆安　黄晓东　廖小平　陆生礼　秦　明　尚金堂　时龙兴　孙立涛　孙伟锋　万　能　汪正平(兼)　吴建辉　徐　峰　杨　春　杨　军　张　萌　周再发
		电磁场与微波技术	曹振新　陈继新　陈志宁(兼)　程　强　崔铁军　郝张成　郝张成　洪　伟　胡三明　华　光　蒋卫祥　蒋之浩　陆卫兵　马慧锋　孟洪福　孙忠良　王海明　吴　柯　徐金平　杨　非　殷晓星　赵洪新　周健义　朱晓维
		★集成电路设计	单伟伟　丁德胜　李　冰　陆生礼　时龙兴　孙伟锋　杨　军

（续 表）

学科门类	学科(一级学科)	专业(二级学科)	指导教师(以姓名拼音为序)
工学 (08)	信息与通信工程	(按一级学科招生)	陈　明　丁　峙　方世良　高西奇　衡　伟 黄永明　金　石　李春国　刘　楠　孟　桥 潘志文　盛　彬　宋铁成　汪　茂(兼) 王东明　王家恒　王俊波　王　桥　王　炎 徐平平　许　威　杨绿溪　尤肖虎　张　华 张在琛　赵春明　赵涤燹　赵　力　郑　军 郑文明　邹采荣(兼)
	控制科学与工程	(按一级学科招生)	曹进德　柴　琳　陈杨杨　达飞鹏　盖绍彦 费树岷　郭　雷(兼)　李　俊　李　奇(兼) 李世华　李新德　路小波　钱　堃　孙长银 田玉平　汪　峥　魏海坤　武玉强(兼) 严洪森　杨　俊　杨万扣　余星火　翟军勇 张凯锋　张侃健　张　亚
		导航、制导与控制	蔡体菁　程向红　徐晓苏　张　涛
	计算机科学与技术	(按一级学科招生)	曹玖新　陈　阳　陈汉武　程　光　东　方 高志强　耿　新　蒋嶷川　李宝生(兼) 李必信　李小平　李幼平　刘　波　刘肖凡 罗军舟　罗立民　倪巍伟　漆桂林 芮　勇(兼)　沈　军　舒华忠　宋爱波　陶　军 汪　芸　王红兵　吴巍炜　杨冠羽　杨　明
	建筑学	(按一级学科招生)	陈　薇　程泰宁　淳　庆　戴　航　韩冬青 冷嘉伟　李　飚　李　华　孟建民(兼) 闵鹤群　鉾井修一(外籍)　齐　康　石　邢 王彦辉　张　宏　张　彤　郑　炘　周　琦 周　颖
	土木工程	(按一级学科招生)	Mohammad Noori(外籍)　陈锦祥　陈忠范 戴国亮　丁汉山　丁幼亮　范圣刚　冯　健 冯若强　龚维明　郭　彤　郭正兴　何　磊 惠　卓　李爱群(兼)　李建春　李　霞 梁书亭　刘伟庆(兼)　刘　钊　陆　勇(兼) 罗　斌　潘金龙　秦顺全(兼)　邱洪兴 舒赣平　孙　安　万春风　汪　昕　王　浩 王景全　吴　刚　吴　京　吴智深　徐赵东 杨才千　张继文　张　建　张喜刚(兼) 赵　坚　周　臻　朱　虹　宗周红
		岩土工程	蔡国军　邓永锋　杜广印　杜延军　洪振舜 刘松玉　刘志彬　缪林昌　童立元　章定文 朱志铎
		市政工程	邓　琳　傅大放　黄　娟　孙　越　杨小丽
		供热、供燃气、通风及空调工程	蔡　亮　陈亚平　陈永平(兼)　陈振乾 李舒宏　梁彩华　钱　华　王　军　殷勇高 张小松
		桥梁与隧道工程	黄　侨　万　水　王克海(兼)　王文炜
		★土木工程建造与管理	郭正兴　李启明
		★土木工程材料	陈惠苏　高建明　郭丽萍　刘加平　缪昌文 潘钢华　钱春香　张亚梅　张云升

(续　表)

学科门类	学科(一级学科)	专业(二级学科)	指导教师(以姓名拼音为序)
工学(08)	化学工程与技术	(按一级学科招生)	程 林　丁收年　付大伟　苟少华　黄 凯　吉远辉　姜 勇　李新松　廖志新　林保平　刘松琴　娄永兵　骆培成　祁争健　任丽丽　孙柏旺　孙岳明　王明亮　王怡红　卫 伟　吴东方　肖国民　谢一兵　熊仁根　杨 洪　张一卫　张袁健　周建成　周钰明　诸海滨
	交通运输工程	(按一级学科招生)	陈 峻　陈先华　陈一梅　程建川　程 琳　邓永锋　杜延军　顾兴宇　郭建华　过秀成　何 杰　洪振舜　黄 卫　黄晓明　季彦婕　李文权　刘 攀　刘志远　陆 建　罗 桑　马 涛　缪林昌　倪富健　钱振东　冉 斌　任 刚　王 昊　王 炜　夏井新　项乔君　徐宿东　杨 军　杨 敏　叶智锐　于 斌　张 磊　张 永　章定文　赵永利
		★交通测绘与信息技术	高成发　胡伍生　王 炜　翁永玲
	环境科学与工程	(按一级学科招生)	陈晓平　段伦博　段钰锋　归柯庭　黄亚继　金保昇　李先宁　吕锡武　沈德魁　沈来宏　盛昌栋　宋 敏　肖 睿　熊源泉　杨林军　余艾冰　余 冉　张会岩　张 军　张亚平　赵伶玲　钟文琪　仲兆平　周 宾　朱光灿
	生物医学工程	(按一级学科招生)	白云飞　陈 扬　陈 战　葛丽芹　葛芹玉　顾 宁　顾万君　顾忠泽　何农跃　何思渊　黄宁平　姜 晖　李志勇　刘 宏　刘宏德　刘全俊　卢晓林　陆祖宏　吕晓迎　钱卫平　孙剑飞　孙清江　孙 啸　唐达林　王进科　王雪梅　吴富根　夏 强　肖鹏峰　肖忠党　熊 非　徐春祥　徐 华　杨 芳　张天柱　张 宇　赵祥伟　赵远锦
		★学习科学	邓慧华　康学军　周仁来(兼)
		★神经信息工程	卢 青　王海贤　韦 钰　禹东川　郑文明
	城乡规划学	(按一级学科招生)	段 进　李百浩　王兴平　吴 晓　阳建强　杨俊宴
	风景园林学	(按一级学科招生)	陈 薇　成玉宁　石 邢　王晓俊　郑 炘
	软件工程	(按一级学科招生)	高志强　耿 新　郭百宁(兼)　李必信　李小平　漆桂林　王红兵　薛 晖　张敏灵　周德宇
	网络空间安全	(按一级学科招生)	曹玖新　陈立全　程 光　东 方　胡爱群　黄 杰　康 维　李幼平　梁金玲　林文松　刘 波　卢剑权　宋爱波　陶 军　吴巍炜　杨 明　虞文武
	工程博士领域(085200)	电子与信息	时龙兴等
		先进制造	吕锡武等

（续 表）

学科门类	学科(一级学科)	专业(二级学科)	指导教师(以姓名拼音为序)
医学(10)	基础医学	免疫学	窦骏 高大庆 刘培党 孟继鸿 沈传来 王立新 夏洪平(兼) 姚红红
	临床医学	内科学	巢杰 陈宝安 陈立娟 陈平圣 樊红 葛峥 郭凤梅 黄培林 孔祥清(兼) 李玲 刘必成 刘玲 刘乃丰 刘志红(兼) 吕林莉 马根山 马坤岭 孟继鸿 邱海波 施瑞华 孙子林 汤成春 汤日宁 王少华 王尧 杨毅 姚玉宇 张晓良 赵伟
		儿科	郭怡菁 张爱华(兼)
		神经病学	柏峰 郭怡菁 任庆国 谢春明 袁勇贵 张志珺
		影像医学与核医学	郭金和 居胜红 刘培党 马根山 滕皋军
		临床检验诊断学	高大庆 沈艳飞 王立新 王书奎 吴国球
		外科学	陈陆馗 陈明 李维勤(兼) 陆军 吕凌(兼) 任建安(兼) 芮云峰 孙倍成(兼) 王学浩(兼) 吴小涛 杨建军 于振坤(兼) 周家华
		妇产科学	陈明 窦骏 贺林(兼) 沈杨
		肿瘤学	陈宝安 郭金和 黄培林 沈传来 唐秋莎 吴国球 张海军
	公共卫生与预防医学	流行病与卫生统计学	巢健茜 胡志斌(兼) 金辉 刘沛 沈洪兵(兼) 沈孝兵 王蓓 卫平民
		劳动卫生与环境卫生学	陈瑞 梁戈玉 刘冉 浦跃朴 吴巍 尹立红 张娟
		营养与食品卫生学	康学军 孙桂菊 许茜
		卫生毒理学	唐萌 王大勇 薛玉英
	临床医学(105100)	临床医学专业学位	陈宝安 陈陆馗 陈明 陈鑫(兼) 葛峥 郭金和 胡娅莉(兼) 嵇振岭 居胜红 刘必成 刘乃丰 马根山 邱海波 施瑞华 孙凌云 孙子林 汤成春 滕皋军 王彩莲 王少华 王尧 吴小涛 闫福岭 杨建军 杨毅 袁勇 张业伟 张志珺 周家华
管理学(12)	管理科学与工程	(按一级学科招生)	陈良华 陈伟达 陈志斌 邓小鹏 杜运周 何建敏 何勇 胡汉辉 李东 李廉水(兼) 李启明 李四杰 刘新旺 吕鸿江 梅姝娥 舒嘉 王海燕 王文平 吴芃 吴应宇(兼) 徐泽水(兼) 薛巍立 袁竞峰 张建坤 张玉林 赵林度 仲伟俊 庄亚明
		★金融工程	何建敏 李守伟 刘晓星 庄亚明
艺术学(13)	艺术学理论	(按一级学科招生)	甘锋 季欣 李蓓蕾 龙迪勇 沈亚丹 汪小洋 王廷信 谢建明(兼) 徐习文 徐子方 郁火星

注：★为自主设置的二级学科

2018—2019 年度硕士学位研究生招生学科、专业

学术学位招生学科、专业

学科门类	学科(一级学科)	学科、专业(二级学科)
哲学	● 哲学	
经济学	● 应用经济学	金融学
法学	● 法学	
	政治学	政治学理论
	● 社会学	
	● 马克思主义理论	
教育学	● 教育学	
	● 心理学	
	● 体育学	
文学	● 中国语言文学	
	外国语言文学	英语语言文学;日语语言文学;俄语语言文学;外国语言学及应用语言学
理学	● 数学	
	● 物理学	
	● 化学	
	● 生物学	生物物理学
	● 统计学	
工学	● 力学	
	● 机械工程	
	● 光学工程	
	● 仪器科学与技术	
	● 材料科学与工程	材料物理与化学
	● 动力工程及工程热物理	
	● 电气工程	
	电子科学与技术	物理电子学;电路与系统;微电子学与固体电子学 电磁场与微波技术;电子科学与技术(集成电路设计)
	● 信息与通信工程	
	● 控制科学与工程	导航、制导与控制
	● 计算机科学与技术	

（续　表）

学科门类	学科（一级学科）	学科、专业（二级学科）
工学	● 建筑学	
	● 土木工程	岩土工程；市政工程；供热、供燃气、通风及空调工程；桥梁与隧道工程；土木工程（土木工程材料）；土木工程（土木工程建造与管理）
	● 测绘科学与技术	
	● 化学工程与技术	
	● 交通运输工程	
	● 环境科学与工程	
	● 生物医学工程	
	● 城乡规划学	
	● 风景园林学	
	● 软件工程	
	● 网络空间安全	
医学	● 设计学	
	● 基础医学	
	临床医学	内科学；儿科学；神经病学；精神病与精神卫生学；影像医学与核医学；临床检验诊断学；外科学；妇产科学；眼科学；耳鼻咽喉科学；肿瘤学；麻醉学；急诊医学
	公共卫生与预防医学	流行病与卫生统计学；劳动卫生与环境卫生学；营养与食品卫生学；卫生毒理学
	中医学	中医内科学
	药学	药理学
	● 护理学	
管理学	● 管理科学与工程	
	● 工商管理	会计学；旅游管理
	● 公共管理	
	● 图书情报与档案管理	
艺术学	● 艺术学理论	
	● 设计学	

专业学位招生类别、领域

学科门类	类别	领域
经济学	金融	
	应用统计	
	国际商务	
法学	法律	法律(非法学) 法律(法学)
	社会工作	
教育学	汉语国际教育	
	应用心理	
文学	翻译	英语笔译
工学	建筑学	
	工程	机械工程 光学工程 仪器仪表工程 材料工程 动力工程 电气工程 电子与通信工程 集成电路工程 控制工程 计算机技术 软件工程 建筑与土木工程 水利工程 化学工程 交通运输工程 环境工程 生物医学工程 工业设计工程 物流工程
	城市规划	
	风景园林	
医学	临床医学	
	公共卫生	
	护理	
管理学	工商管理	
	公共管理	
	会计	
	工程管理	
艺术学	艺术	美术 艺术设计

入选江苏省 2018 年度普通高校学术学位研究生科研创新计划项目名单

序号	院系名称	编号	申请人	项目名称	项目类型	研究生层次	导师
1	建筑学院	KYCX18_0104	张军学	基于中国本土化的能值理论方法评估建筑生态可持续性研究	自然科学	博士	彭昌海
2	建筑学院	KYCX18_0160	陈海宁	基于"紧凑城市"理念的轨道交通场站综合开发城市设计研究	自然科学	博士	王建国
3	建筑学院	KYCX18_0162	周海飞	游憩体验中的情绪可视化研究——以景观桥梁为例	自然科学	博士	冷嘉伟
4	建筑学院	KYCX18_0161	郑　屹	数字化城市场景意象交互平台建构	自然科学	博士	杨俊宴
5	机械工程学院	KYCX18_0064	李凤芹	基于聚乳酸材料的药物洗脱支架性能研究	自然科学	博士	倪中华
6	机械工程学院	KYCX18_0070	杨　轩	时变非均匀温度下复合材料夹芯板动响应分析方法研究	自然科学	博士	费庆国
7	机械工程学院	KYCX18_0066	佘道明	基于深度学习的滚动轴承健康评估与剩余寿命预测研究	自然科学	博士	贾民平
8	机械工程学院	KYCX18_0063	张　琦	面向穿戴式外骨骼应用的套索人工肌肉的研究与设计	自然科学	博士	王兴松
9	机械工程学院	KYCX18_0065	马凯威	复杂形状零件磨削机器人研究	自然科学	博士	韩　良
10	机械工程学院	KYCX18_0062	蔡　爽	基于二维半导体材料的微电子器件基础研究及应用	自然科学	博士	陈云飞
11	机械工程学院	KYCX18_0067	李忠武	仿生碳纳米管膜海水淡化器件设计	自然科学	博士	陈云飞
12	机械工程学院	KYCX18_0068	郭一鸣	基于数据融合的多通道信号质量建模方法研究	自然科学	博士	张志胜
13	机械工程学院	KYCX18_0069	朱嫣绯	复杂系统数字界面设计对视觉认知的影响机制研究	自然科学	博士	张志胜
14	能源与环境学院	KYCX18_0153	李　骅	生物电化学强化人工湿地中抗生素去除及抗性基因动态归趋研究	自然科学	博士	李先宁
15	能源与环境学院	KYCX18_0154	周彩玲	碳基纳米磷铁材料修重金属污染土壤的作用机制	自然科学	博士	肖　睿
16	能源与环境学院	KYCX18_0086	韩超灵	基于第一性原理的掺杂石墨烯表面氧分子吸附过程研究	自然科学	博士	陈振乾
17	能源与环境学院	KYCX18_0087	杨　嵩	用于制备合成气的新型蝶式聚光反应系统设计与研究	自然科学	博士	王　军 Wojciech Lipinski
18	能源与环境学院	KYCX18_0091	张　凡	太阳能溶液调温调湿系统热力学分析方法及蓄能特性	自然科学	博士	殷勇高
19	能源与环境学院	KYCX18_0082	王璐璐	高硫石油焦化学链气化及硫迁移研究	自然科学	博士	沈来宏

(续　表)

序号	院系名称	编号	申请人	项目名称	项目类型	研究生层次	导师
20	能源与环境学院	KYCX18_0089	查健锐	燃煤过程中硅酸盐矿物结构畸变与重金属固化关联性研究	自然科学	博士	黄亚继
21	能源与环境学院	KYCX18_0084	陈　超	有机/无机杂化钙钛矿表面化学稳定性的模拟研究	自然科学	博士	赵伶玲
22	能源与环境学院	KYCX18_0090	张　瑞	基于水汽相变的协同 PM2.5/SO_3 高效脱除与烟气水分回收研究	自然科学	博士	杨林军 赵伶玲
23	能源与环境学院	KYCX18_0083	马晓飞	微气象学尺度大气污染物扩散特性研究	自然科学	博士	钟文琪
24	能源与环境学院	KYCX18_0088	庞　磊	加压流化床煤富氧燃烧过程特性研究	自然科学	博士	钟文琪
25	能源与环境学院	KYCX18_0085	汤红健	燃煤烟气汞形态选择性吸附机理研究	自然科学	博士	蔡　亮 段钰锋
26	信息科学与工程学院	KYCX18_0098	徐之遐	新型超材料器件的研制	自然科学	博士	殷晓星
27	信息科学与工程学院	KYCX18_0099	吴利婷	人工声表面波的调控与应用研究	自然科学	博士	孙忠良
28	信息科学与工程学院	KYCX18_0097	张　磊	时空联合编码超材料的特性研究及应用	自然科学	博士	崔铁军
29	信息科学与工程学院	KYCX18_0164	郭　兴	合作竞争多智能体网络的一致性研究	自然科学	博士	梁金玲
30	土木工程学院	KYCX18_0060	程家幸	柔性电子器件力电疲劳损伤理论及寿命评估	自然科学	博士	李兆霞
31	土木工程学院	KYCX18_0061	张永超	改性对 FRP 复合材料力学性能影响研究	自然科学	博士	糜长稳
32	土木工程学院	KYCX18_0115	朱文波	桥梁吸力试沉箱基础长期承载特性研究	自然科学	博士	戴国亮
33	土木工程学院	KYCX18_0127	曹小林	水平循环荷载下 FRPC 组合桩桩土相互作用动力响应研究	自然科学	博士	龚维明
34	土木工程学院	KYCX18_0105	王馨玉	索杆张力结构形态与控制方法研究	自然科学	博士	冯　健
35	土木工程学院	KYCX18_0109	蒋洪波	基于螺栓连接的带边柱全预制装配式混凝土剪力墙结构	自然科学	博士	邱洪兴
36	土木工程学院	KYCX18_0110	刘路路	FRP 型材连接一体化设计及长期荷载下损伤机理和性能研究	自然科学	博士	吴智深 汪　昕
37	土木工程学院	KYCX18_0111	李　婷	耐高温树脂基 FRP 筋嵌入式加固 RC 构件耐火性能试验研究	自然科学	博士	朱　虹
38	土木工程学院	KYCX18_0120	王　谆	装配式混凝土框架结构“非等同现浇”抗震设计理论研究	自然科学	博士	吴　刚
39	土木工程学院	KYCX18_0121	田永丁	基于非接触式视觉测量的结构快速测试及理论开发	自然科学	博士	张　建
40	土木工程学院	KYCX18_0108	倪向勇	600 MPa 级钢筋混凝土剪力墙抗震性能研究	自然科学	博士	曹双寅

（续 表）

序号	院系名称	编号	申请人	项目名称	项目类型	研究生层次	导师
41	土木工程学院	KYCX18_0118	黄林杰	带暗牛腿-顶底摩擦耗能自复位混凝土框架抗震性能研究	自然科学	博士	周　臻
42	土木工程学院	KYCX18_0125	肖　君	纳米颗粒胁迫下新型组合基质人工湿地的运行特性研究	自然科学	博士	黄　娟
43	土木工程学院	KYCX18_0113	庄美玲	基于无网格法钢箱梁疲劳裂纹扩展研究	自然科学	博士	缪长青
44	土木工程学院	KYCX18_0114	杨　俊	氯盐环境下预应力混凝土装配整体式框架的时变抗震性能研究	自然科学	博士	郭　彤
45	土木工程学院	KYCX18_0122	党隆基	装配式剪力墙竖向接缝连接性能及耗能减震机理研究	自然科学	博士	梁书亭
46	土木工程学院	KYCX18_0112	董尧荣	高耗散黏弹性减震装配式框架结构研究	自然科学	博士	徐赵东
47	土木工程学院	KYCX18_0119	刘　路	预应力节段预制拼装桥墩的抗爆性能研究	自然科学	博士	宗周红
48	土木工程学院	KYCX18_0091	张　凡	基于宽频强震混合模拟的跨断层梁桥震害机制研究	自然科学	博士	王景全
49	土木工程学院	KYCX18_0117	郑文智	考虑温度效应的强震下隔震连续梁桥地震响应分析及控制	自然科学	博士	王　浩
50	土木工程学院	KYCX18_0201	李　薇	基于价值网与计算实验的 PPP 项目收益形成机理研究	自然科学	博士	袁竞峰
51	土木工程学院	KYCX18_0203	朱诗尧	老旧小区改造可持续性的度量方法及提升机制研究	自然科学	博士	李德智
52	电子科学与工程学院	KYCX18_0071	陈　帅	非极性 n 型 AlGaN 材料的掺杂技术及机理的研究	自然科学	博士	张　雄（外籍）
53	数学学院	KYCX18_0053	周蒙蒙	基于递归神经网络计算新型广义逆	自然科学	博士	陈建龙
54	数学学院	KYCX18_0051	孙春龙	分布型分数阶扩散方程中权函数的反演	自然科学	博士	刘继军
55	数学学院	KYCX18_0052	王亚琦	攻击下的信息物理系统的群体性质的研究	自然科学	博士	梁金玲 卢剑权
56	数学学院	KYCX18_0054	魏若宇	四元数忆阻神经网络的动力学分析	自然科学	博士	曹进德
57	自动化学院	KYCX18_0100	李晨龙	基于多维泰勒网非线性时滞系统的预测控制研究	自然科学	博士	严洪森
58	自动化学院	KYCX18_0102	谭学刚	基于事件驱动的分布式协同优化控制研究	自然科学	博士	曹进德
59	自动化学院	KYCX18_0101	陶焕杰	基于视频分析的黑烟车检测算法研究	自然科学	博士	路小波
60	计算机科学与工程学院	KYCX18_0103	高　扬	车载网中自私性路由关键技术的研究	自然科学	博士	陶　军

(续　表)

序号	院系名称	编号	申请人	项目名称	项目类型	研究生层次	导师
61	计算机科学与工程学院	KYCX18_0163	蒋明敏	引入外部知识的图像描述	自然科学	博士	周德宇
62	物理学院	KYCX18_0057	刘　通	低维紧束缚模型的量子相变研究	自然科学	博士	郭　昊
63	物理学院	KYCX18_0055	水　涛	相干介质中电磁感应光栅的理论研究	自然科学	博士	杨文星
64	物理学院	KYCX18_0056	肖　磊	可扩展的全光量子行走的机理与实验	自然科学	博士	薛　鹏
65	生物科学与医学工程学院	KYCX18_0156	王庆宇	基于病人在体图像的动脉粥样硬化斑块易损性研究	自然科学	博士	唐达林
66	生物科学与医学工程学院	KYCX18_0157	王智明	氧化铁复合纳米材料类酶效应与急性髓系白血病耐药	自然科学	博士	熊　非
67	生物科学与医学工程学院	KYCX18_0158	苏倩倩	基于有序多孔纳米结构基底的蛋白质相互作用传感研究	自然科学	博士	钱卫平
68	生物科学与医学工程学院	KYCX18_0159	华先武	碳点用于核仁成像及细胞核靶向载药	自然科学	博士	吴富根
69	生物科学与医学工程学院	KYCX18_0155	唐传高	基于深度学习的孤独症儿童面部行为分析与辅助诊断	自然科学	博士	郑文明
70	材料科学与工程学院	KYCX18_0078	吴　萌	新型石灰基低碳胶凝材料的设计、制备及性能研究	自然科学	博士	张云升
71	材料科学与工程学院	KYCX18_0079	戴伟绩	钴、镍基硫化物制备及其电催化析氧性能研究	自然科学	博士	潘　冶
72	材料科学与工程学院	KYCX18_0081	糜人杰	荷载-碳化耦合作用下再生混凝土微结构演变与寿命预测	自然科学	博士	潘钢华
73	电气工程学院	KYCX18_0092	朱新凯	双定子高温超导励磁场调制风力发电机的分析与设计	自然科学	博士	程　明
74	电气工程学院	KYCX18_0095	艾　建	光伏发电用高效变流技术设计与研究	自然科学	博士	林明耀
75	电气工程学院	KYCX18_0096	李　亚	车用磁轴偏移式混合永磁电机设计与分析	自然科学	博士	林鹤云
76	电气工程学院	KYCX18_0093	黄　煜	新能源发电预测误差对电网安全运行影响评价方法研究	自然科学	博士	徐青山
77	电气工程学院	KYCX18_0094	戴剑丰	超高占比新能源电网电压和频率主动控制技术	自然科学	博士	蒋　平
78	化学化工学院	KYCX18_0080	李朋喜	二元改性过渡金属氧酸盐纳米材料的电导电容研究	自然科学	博士	谢一兵
79	化学化工学院	KYCX18_0129	华武杨	基于NO供体的抗肿瘤诊断治疗学前药研究	自然科学	博士	苟少华

（续 表）

序号	院系名称	编号	申请人	项目名称	项目类型	研究生层次	导师
80	化学化工学院	KYCX18_0133	江　娴	氨基导电小分子辅助合成碳载 Pd 基纳米材料及其电催化性能	自然科学	博士	周建成
81	化学化工学院	KYCX18_0128	周　晴	富勒烯基复合材料的制备及其光电化学生物传感应用	自然科学	博士	张袁健
82	化学化工学院	KYCX18_0130	杨海堂	聚 ADP 核糖聚合酶的高通量灵敏检测	自然科学	博士	卫　伟
83	化学化工学院	KYCX18_0131	邬　斌	快速喷射混合强化反溶剂结晶过程实验研究与数值模拟	自然科学	博士	骆培成
84	化学化工学院	KYCX18_0132	陈稳霞	基于 ZIF－67 多孔纳米催化剂的构筑及性能研究	自然科学	博士	张一卫
85	交通学院	KYCX18_0106	郭易木	基于 CPTU 的能源桩热力响应分析与设计方法研究	自然科学	博士	刘松玉
86	交通学院	KYCX18_0123	王健华	考虑径向非等应变疏浚泥真空预压大应变固结模型研究	自然科学	博士	洪振舜
87	交通学院	KYCX18_0124	周实际	砷、重金属复合污染土壤原地封存技术研究和现场应用	自然科学	博士	杜延军
88	交通学院	KYCX18_0107	孙潇昊	地铁管片裂缝微生物固化修复技术研究	自然科学	博士	缪林昌
89	交通学院	KYCX18_0126	李　霞	ECC/RPC－钢组合桥面板的受力性能与试验研究	自然科学	博士	王文炜
90	交通学院	KYCX18_0141	贾彦顺	沥青路面性能退化可靠性评价研究	自然科学	博士	高　英
91	交通学院	KYCX18_0142	杨　涛	高 RAP 掺量厂拌热再生沥青混合料优化控制研究	自然科学	博士	赵永利
92	交通学院	KYCX18_0152	王书易	面向自动驾驶车辆的公路线形优化设计研究	自然科学	博士	于　斌
93	交通学院	KYCX18_0138	马耀鲁	渗流-荷载联合作用下的排水沥青路面透水性能研究	自然科学	博士	陈先华
94	交通学院	KYCX18_0151	宋占国	基于大数据的区域交通信号协同控制模型研究	自然科学	博士	黄　卫 郭建华
95	交通学院	KYCX18_0146	郑彬双	无人驾驶车辆制动抗滑需求及沥青路面供给特性研究	自然科学	博士	黄晓明
96	交通学院	KYCX18_0147	丁珣昊	基于多尺度分析的热再生沥青混合料再生机理研究	自然科学	博士	马　涛
97	交通学院	KYCX18_0137	吴淑印	钢桥高延性水泥基材料铺装体系设计和性能研究	自然科学	博士	杨　军
98	交通学院	KYCX18_0135	叶　娇	面向城市交通枢纽的多模式组合出行效用及网络承载力评估	自然科学	博士	陈　峻
99	交通学院	KYCX18_0140	董长印	客货分离式多车道高速公路智能引导与控制研究	自然科学	博士	王　昊

(续　表)

序号	院系名称	编号	申请人	项目名称	项目类型	研究生层次	导师
100	交通学院	KYCX18_0144	赵晶娅	连续流交叉口运行效率与交通安全分析	自然科学	博士	刘　攀
101	交通学院	KYCX18_0148	秦　余	可变线路公交的运营调度优化研究	自然科学	博士	李文权
102	交通学院	KYCX18_0150	刘　洋	基于多源数据融合的交通状况预测模型研究	自然科学	博士	刘志远
103	交通学院	KYCX18_0143	王鹏飞	考虑实时信息下乘客乘车选择影响的公交调度优化研究	自然科学	博士	陈学武
104	交通学院	KYCX18_0139	李嫚嫚	不确定环境下基于有限理性的交通网络设计研究	自然科学	博士	陆　建
105	交通学院	KYCX18_0136	郑　元	智能网联高速公路主线与匝道车辆群体协同控制策略研究	自然科学	博士	冉　斌
106	交通学院	KYCX18_0149	曹　奇	基于多源数据的动态 OD 在线估计模型与算法	自然科学	博士	任　刚
107	交通学院	KYCX18_0134	魏雪延	低碳交通背景下电动汽车推广应用激励政策优化研究	自然科学	博士	王　炜
108	交通学院	KYCX18_0145	朱明晨	基于模型误差补偿技术的对流层延迟模型精化研究	自然科学	博士	胡伍生
109	仪器科学与工程学院	KYCX18_0072	孟　静	基于稀疏的旋转机械故障诊断方法研究	自然科学	博士	赵立业
110	仪器科学与工程学院	KYCX18_0073	柳　笛	惯性/天文/卫星深组合导航技术研究	自然科学	博士	陈熙源
111	仪器科学与工程学院	KYCX18_0077	郭　鑫	仿生毛发传感器的研究	自然科学	博士	杨　波
112	仪器科学与工程学院	KYCX18_0076	张　波	准静态 GNSS 多径信号抑制关键技术研究	自然科学	博士	王　庆
113	仪器科学与工程学院	KYCX18_0074	欧阳强强	基于神经反应的触觉感知建模及其在触觉再现中的应用	自然科学	博士	吴　涓
114	仪器科学与工程学院	KYCX18_0075	沈　飞	迁移学习理论及其在旋转机械故障诊断的应用研究	自然科学	博士	严如强
115	生命科学研究院	KYCX18_0058	周梦晗	组蛋白甲基化修饰在 ESCC 中的预后评估价值与作用机制	自然科学	博士	樊　红
116	生命科学研究院	KYCX18_0059	巴　茹	皮层浅层神经元特化调控机制的研究	自然科学	博士	赵春杰
117	公共卫生学院	KYCX18_0195	张　畅	拷贝数扩增驱动的长链非编码 RNA CASC9 调控肺癌发生机制研究	自然科学	博士	沈洪兵
118	公共卫生学院	KYCX18_0191	赵　超	基于代谢组学的亚硝胺暴露对大鼠毒效应机制研究	自然科学	博士	尹立红
119	公共卫生学院	KYCX18_0192	孙　浩	PM2.5 暴露对肺部细胞能量代谢通路毒性以及损伤修复作用研究	自然科学	博士	陈　瑞

（续 表）

序号	院系名称	编号	申请人	项目名称	项目类型	研究生层次	导师
120	公共卫生学院	KYCX18_0194	王　甜	食管鳞状细胞癌中 Linc-ROR 通过影响 p53 稳定性抑制细胞凋亡的作用及机制研究	自然科学	博士	刘　冉
121	公共卫生学院	KYCX18_0190	吴文娟	LncRNA 在壬基酚促宫颈癌发生发展中的作用及机制研究	自然科学	博士	梁戈玉
122	公共卫生学院	KYCX18_0186	夏　惠	枸杞多糖对 2 型糖尿病人及血清代谢组学及降糖机制研究	自然科学	博士	孙桂菊
123	公共卫生学院	KYCX18_0187	杨　贤	小麦低聚肽对胃肠手术围手术期营养及辅助治疗作用研究	自然科学	博士	孙桂菊
124	公共卫生学院	KYCX18_0188	訾宁歌	地表水中非甾体抗炎药污染监测新方法研究	自然科学	博士	许　茜
125	公共卫生学院	KYCX18_0189	魏婷婷	碲化镉量子点诱导的细胞自噬对树突状细胞发育的影响	自然科学	博士	唐　萌
126	公共卫生学院	KYCX18_0193	刘焕良	MXL-3 调控氧化石墨烯毒效应分子调控机制研究	自然科学	博士	王大勇
127	医学院	KYCX18_0165	郭　玫	高表达优势抗原 MUC1 的结直肠癌干细胞疫苗抗肿瘤效应及机制研究	自然科学	博士	窦　骏
128	医学院	KYCX18_0166	黄荣荣	circHECTD1/miR-142 在脑卒中引起的血脑屏障破坏中的作用	自然科学	博士	姚红红
129	医学院	KYCX18_0169	曾凯旋	环状 RNA circANKS1B 促进乳腺癌细胞上皮间质转化及侵袭转移的作用机制研究	自然科学	博士	王书奎
130	医学院	KYCX18_0170	马文琦	ERRγ 调控 PDK4 在糖尿病血管钙化中的机制研究	自然科学	博士	刘乃丰
131	医学院	KYCX18_0172	石瑞峰	Clec11a 在脂毒诱导的胰岛损伤中的角色及其机制探讨	自然科学	博士	孙子林
132	医学院	KYCX18_0173	田　赛	血管紧张素转化酶参与 T2DM 轻度认知功能障碍的机制研究	自然科学	博士	王少华
133	医学院	KYCX18_0174	李　娜	LncRNA 差异表达分析及其在 CD 发病中的作用机制研究	自然科学	博士	施瑞华
134	医学院	KYCX18_0182	鲁　荐	尿液中细胞微粒检测技术在慢性肾脏病进展中的临床应用研究	自然科学	博士	马坤岭
135	医学院	KYCX18_0183	王立婷	钙敏感受体介导的内皮表型改变在 CKD 血管钙化中的作用	自然科学	博士	汤日宁
136	医学院	KYCX18_0171	汤涛涛	巨噬细胞微囊泡包裹地塞米松对肾脏炎症的治疗作用研究	自然科学	博士	刘必成
137	医学院	KYCX18_0175	何灿灿	5-羟色胺通路基因多态性影响抑郁症自杀行为的脑网络机制研究	自然科学	博士	谢春明
138	医学院	KYCX18_0184	左　蕾	长链非编码 RNA lnc-MC 在卒中相关性感染的作用及其机制研究	自然科学	博士	闫福岭

(续　表)

序号	院系名称	编号	申请人	项目名称	项目类型	研究生层次	导师
139	医学院	KYCX18_0167	朱　琳	后嗅皮层向腹外侧眶额皮层(POR-vlOFC)神经投射在AD早期视空间记忆中的损害及早期干预疗效	自然科学	博士	张志珺
140	医学院	KYCX18_0168	虞大凡	Shh介导卒中后抑郁星形胶质细胞参与神经重塑的机制研究	自然科学	博士	郭怡菁
141	医学院	KYCX18_0176	朱　磊	酸敏感离子通道1a调控内质网应激在椎间盘退变中机制研究	自然科学	博士	吴小涛
142	医学院	KYCX18_0177	胡慧英	复发性呼吸道乳头状瘤局部免疫抑制的研究与治疗的改进	自然科学	博士	于振坤
143	医学院	KYCX18_0178	吴海露	miR-31作为一种新的结直肠癌生物标志物及其调控机制研究	自然科学	博士	吴国球
144	医学院	KYCX18_0179	王曦辉	多功能智能纳米超声微泡的构建及在卵巢癌诊治中的研究	自然科学	博士	唐秋莎
145	医学院	KYCX18_0180	苏翔宇	载二氯乙酸钠脂质体调控肺腺癌微环境增敏免疫治疗机制研究	自然科学	博士	王彩莲
146	医学院	KYCX18_0185	丁　双	基于器官芯片的个体化肺癌模型构建及疗效预测	自然科学	博士	张海军
147	医学院	KYCX18_0181	彭　菲	HGF激活c-Met/mTOR信号通路改善脓毒症血管内皮细胞损伤的机制研究	自然科学	博士	杨　毅
148	经济管理学院	KYCX18_0211	王彦芳	价值链分工与区域经济协调发展:基于GVC与NVC动态耦合	人文社科	博士	陈淑梅
149	经济管理学院	KYCX18_0212	贺娅萍	金融安排、技术创新与“中等收入陷阱”	人文社科	博士	徐康宁
150	经济管理学院	KYCX18_0198	石喜爱	“互联网+”与制造业全要素生产率	自然科学	博士	李廉水
151	经济管理学院	KYCX18_0200	吴中明	广义Nash均衡模型的应用及其算法研究	自然科学	博士	李　敏
152	经济管理学院	KYCX18_0202	汪伟忠	基于二型模糊的复杂系统安全风险评估理论及应用	自然科学	博士	刘新旺
153	经济管理学院	KYCX18_0204	夏晓东	融资策略下的低碳再制造生产决策研究	自然科学	博士	陈伟达
154	经济管理学院	KYCX18_0196	刘丽萍	全生命周期质量管理视角下模块化产品服务的研究	自然科学	博士	赵林度
155	经济管理学院	KYCX18_0197	何　鹏	有限理性下绿色服务供应链演化稳定策略及动态协调研究	自然科学	博士	何　勇
156	经济管理学院	KYCX18_0199	谢婉莹	基于概率不确定语言信息的多准则评价理论与方法研究	自然科学	博士	徐泽水
157	法学院	KYCX18_0213	周乐军	行政规范性文件的司法审查	人文社科	博士	龚向和
158	法学院	KYCX18_0214	张运昊	“三权分置”下集体土地征收补偿制度重构研究	人文社科	博士	孟鸿志

（续 表）

序号	院系名称	编号	申请人	项目名称	项目类型	研究生层次	导师
159	人文学院	KYCX18_0210	李 娴	论范冲淹的“内圣外王”政治伦理建构及其当代价值	人文社科	博士	魏福明
160	人文学院	KYCX18_0208	王有凭	马克思与黑格尔“精神”理念的道德哲学对话	人文社科	博士	樊和平
161	人文学院	KYCX18_0209	赵志辉	具身隐喻视角下的道德决策实验研究	人文社科	博士	马向真
162	人文学院	KYCX18_0207	陈晓莹	道德主体的伦理责任：公正性视角下的精准医学计划研究	人文社科	博士	王 珏
163	人文学院	KYCX18_0207	王晓娣	先秦儒家的环境伦理思想研究——以德性伦理为视角	人文社科	博士	徐 嘉
164	人文学院	KYCX18_0205	贾浩然	当代技术创新的非功能价值设计思想研究	人文社科	博士	夏保华
165	马克思主义学院	KYCX18_0215	杨程程	基于创新生态系统完善的创新型国家建设研究	人文社科	博士	袁健红
166	马克思主义学院	KYCX18_0216	许 丽	新时代中国特色社会主义文化发展战略研究	人文社科	博士	袁久红
167	艺术学院	KYCX18_0227	任 洁	古筝重奏演奏艺术的研究与教学	人文社科	博士	谢建明
168	艺术学院	KYCX18_0228	窦慧菊	求境之道：宋代文人的琴画主题学研究	人文社科	博士	李蓓蕾
169	艺术学院	KYCX18_0229	白 云	基于文献知识库的中国艺术学理论发展历程研究	人文社科	博士	汪小洋
170	外国语学院	KYCX18_0218	蒋 丰	唐·德里罗小说中清教伦理思想研究	人文社科	硕士	胡永辉
171	外国语学院	KYCX18_0217	陈 宓	西方早期翻译思想溯源研究	人文社科	硕士	高圣兵
172	外国语学院	KYCX18_0219	沈珏莹	多丽丝·莱辛小说中的老年女性研究	人文社科	硕士	吴兰香
173	外国语学院	KYCX18_0220	陈 玲	多模态视角下的日语公益广告话语分析	人文社科	硕士	魏金美
174	外国语学院	KYCX18_0221	唐何雯	老龄化时代旅游式养老中日比较研究	人文社科	硕士	周 琛
175	外国语学院	KYCX18_0222	陈 虹	性别研究视角下的中日宅文化研究	人文社科	硕士	陆薇薇
176	外国语学院	KYCX18_0223	程慧莹	汉语流行语英译本海外认知度研究	人文社科	硕士	侯 旭
177	外国语学院	KYCX18_0225	王雪霞	“一带一路”倡议下江苏省政府外语服务研究	人文社科	硕士	陈美华
178	外国语学院	KYCX18_0226	赵笑笑	多模态视角下慕课在英语写作翻转课堂教学中的应用研究	人文社科	硕士	朱善华
179	外国语学院	KYCX18_0224	王心月	中国二语与三语学习者的非语言抑制控制对比研究	人文社科	硕士	马冬梅

入选江苏省 2018 年度研究生教育教学改革研究与实践课题(省立省助)

序号	单位	编号	课题名称	主持人
1	建筑学院	JGZZ18_004	基于先进数字平台与深度学习模式的当代风景园林学研究生培养方法创新与实践	成玉宁　李　哲
2	研究生院	JGZZ18_005	以创新实践竞赛为视角的研究生创新能力培养探索与实践	钟文琪　王　婷
3	外国语学院	JGZZ18_006	多模态视角下学术英语翻转课堂教学模式本硕博联运创新研究	朱善华

入选江苏省 2018 年度研究生教育教学改革研究与实践课题(省立校助)

序号	单位	编号	课题名称	主持人
1	医学院	JGLX18_003	护理专业学位研究生 360 度评价体系模式的构建与实证研究	封海霞
2	交通学院	JGLX18_004	交通运输规划类创新创业人才培养模式研究	过秀成
3	人文学院	JGLX18_079	新工科背景下研究生《工程伦理》课程建设的理论与实践研究	夏保华　张学义
4	数学学院	JGLX18_080	工科研究生《数值分析》教学改革与实践	曹婉容
5	建筑学院	JGLX18_081	面向大数据时代的卓越规划专业人才培养模式改革研究	杨俊宴

入选江苏省 2018 年度普通高校专业学位研究生实践创新计划项目名单

序号	院系名称	编号	申请人	项目名称	项目类型	研究生层次	导师
1	建筑学院	SJCX18_0014	张景璇	结合校园文化建设的校园规划和建筑设计	自然科学	硕士	陈　宇
2	建筑学院	SJCX18_0015	姜惠芸	江苏省健康建筑室内声环境优化与设计研究	自然科学	硕士	傅秀章

（续　表）

序号	院系名称	编号	申请人	项目名称	项目类型	研究生层次	导师
3	建筑学院	SJCX18_0013	刘子洋	乡村收储住宅中“半公共性空间”的改造与利用	自然科学	硕士	朱　雷
4	建筑学院	SJCX18_0012	陈斯予	乡土建筑气候适宜性策略在当代乡村复兴的应用研究	自然科学	硕士	张　彤
5	建筑学院	SJCX18_0060	胡　燕	中国城市设计导则的公众参与研究	自然科学	硕士	高　源
6	建筑学院	SJCX18_0061	肖　蒙	基于环境行为学的适老性景观研究	自然科学	硕士	陈　烨
7	机械工程学院	SJCX18_0018	冯晨光	高压输电线路巡检机器人	自然科学	硕士	钱瑞明
8	机械工程学院	SJCX18_0019	傅方舟	基于纳米孔的中药筛选平台生物活性模块设计与实验研究	自然科学	硕士	沙菁契
9	机械工程学院	SJCX18_0020	李　田	转向系统参数对汽车拖车组合系统稳定性的影响	自然科学	硕士	张　宁
10	机械工程学院	SJCX18_0021	刘帅鹏	基于GNSS的智能农机导航姿态控制系统研究	自然科学	硕士	殷国栋
11	能源与环境学院	SJCX18_0022	王颢然	煤与生物质混燃比例监测系统	自然科学	硕士	许传龙
12	能源与环境学院	SJCX18_0023	吴志鸿	水热法处理食品废弃物为生物炭	自然科学	硕士	赉昊玺
13	信息科学与工程学院	SJCX18_0024	陈　峰	神经信号的再生与驱动	自然科学	硕士	李文渊
14	土木工程学院	SJCX18_0028	张旻权	建筑索结构关键节点设计与构造研究	自然科学	硕士	罗　斌
15	土木工程学院	SJCX18_0025	潘　杰	先张预应力预制砼梁梁端内插H型钢的耐火性能研究	自然科学	硕士	郭正兴
16	土木工程学院	SJCX18_0026	刘豪伟	煤矸石中重金属淋滤特征研究	自然科学	硕士	高海鹰
17	土木工程学院	SJCX18_0027	黎思源	基于BIM的路桥养护管理系统开发研究	自然科学	硕士	万春风
18	土木工程学院	SJCX18_0017	郑逸轩	大变形自复位屈曲约束支撑结构的抗震性能与可恢复评估	自然科学	硕士	周　臻
19	电子科学与工程学院	SJCX18_0029	刘雨璇	染料掺杂液晶随机激光的研究	自然科学	硕士	叶莉华
20	微电子学院	SJCX18_0059	贾洪太	低温等离子体的数值模拟程序设计	自然科学	硕士	周再发
21	微电子学院	SJCX18_0057	肖　宁	5G MTC物联网多模射频芯片中CMOS小数分频器设计	自然科学	硕士	樊祥宁
22	微电子学院	SJCX18_0058	李建军	深度神经网络加速器的二值化实现的优化设计	自然科学	硕士	张　萌
23	自动化学院	SJCX18_0016	杨雪旗	基于视频分析的居家环境下的人体跌倒检测的方法与实现	自然科学	硕士	章国宝
24	计算机科学与工程学院	SJCX18_0030	蔡　宁	基于深度学习的低剂量CT图像去噪方法	自然科学	硕士	陈　阳
25	生物科学与医学工程学院	SJCX18_0031	骆晨曦	用于食管支架的仿生涂膜制备研究	自然科学	硕士	葛丽芹

(续　表)

序号	院系名称	编号	申请人	项目名称	项目类型	研究生层次	导师
26	材料科学与工程学院	SJCX18_0033	朱建峰	等离子体法构建锂金属电池负极人工 SEI 膜的研究	自然科学	硕士	陈　坚
27	材料科学与工程学院	SJCX18_0032	郑燕梅	TiO2 基异质半导体的制备及其在光电化学水分解领域的应用	自然科学	硕士	郭新立
28	电气工程学院	SJCX18_0037	张昊一	基于人工智能的配电网可靠性分析	自然科学	硕士	窦晓波
29	电气工程学院	SJCX18_0038	刘同民	燃料电池用高效高功率密度 DC/DC 变流器的技术设计与研究	自然科学	硕士	林明耀
30	化学化工学院	SJCX18_0039	朱凯迪	新型纸基三联吡啶钌电化学发光免疫传感器	自然科学	硕士	丁收年
31	化学化工学院	SJCX18_0040	韩玄玄	超高电压窗口水性超级电容器的开发与设计	自然科学	硕士	王育乔
32	交通学院	SJCX18_0041	马梦頔	江苏潮滩海岸带柔性植被对波浪的动力衰减规律研究	自然科学	硕士	徐宿东
33	交通学院	SJCX18_0043	林　祎	基于交通波理论的沪宁高速公路拥堵识别与疏导研究	自然科学	硕士	冉　斌
34	交通学院	SJCX18_0044	卢桂林	基于纳米压痕的沥青路面老化横向分布特征探究	自然科学	硕士	杨　军
35	交通学院	SJCX18_0046	赵润民	无人驾驶车辆紧急制动策略与沥青路面抗滑特性研究	自然科学	硕士	黄晓明
36	交通学院	SJCX18_0049	王家豪	基于 BIM 的公路养护管理平台设计及应用研究	自然科学	硕士	程建川
37	交通学院	SJCX18_0051	颜　倩	大型工程车驾驶员长期疲劳状态下驾驶行为研究	自然科学	硕士	马永锋
38	交通学院	SJCX18_0052	刘　锋	季节性冻土区毛细导水材料对路基水分场调控机理研究	自然科学	硕士	刘志彬
39	交通学院	SJCX18_0053	冯国鑫	面向大众导航的低成本高精度定位算法研究	自然科学	硕士	喻国荣
40	交通学院	SJCX18_0054	徐浠鹏	城市快速路出入口分合流区安全提升策略与评价方法研究	自然科学	硕士	项乔君
41	交通学院	SJCX18_0045	张　煌	新疆戈壁土的工程特性与填筑体边坡稳定性分析	自然科学	硕士	丁建文
42	交通学院	SJCX18_0048	祁孔庆	多孔弹性路面的橡胶颗粒-混合料界面损伤研究	自然科学	硕士	廖公云
43	交通学院	SJCX18_0050	龙　振	基于 4G 手机数据和通勤出行识别的城市道路交通运行状态判别	自然科学	硕士	陆振波
44	交通学院	SJCX18_0042	陈　坦	行人—自行车共享人行横道效能优化研究	自然科学	硕士	王　炜
45	交通学院	SJCX18_0047	孟祥成	基于机器学习的沥青路面破损图像提取与分析技术研究	自然科学	硕士	于　斌
46	仪器科学与工程学院	SJCX18_0055	张　鹏	一种移动指纹付费装置的研发	自然科学	硕士	王澄非

（续　表）

序号	院系名称	编号	申请人	项目名称	项目类型	研究生层次	导师
47	仪器科学与工程学院	SJCX18_0056	胡振原	基于机器学习的穿戴式心电衣预警系统的研究	自然科学	硕士	李建清
48	公共卫生学院	SJCX18_0075	郑梦云	大学生健康素养与生命质量相关性研究	自然科学	硕士	金　辉
49	公共卫生学院	SJCX18_0073	鹿　倩	生活饮用水生物毒性综合评价方法的建立及其在饮用水评价中的在应用	自然科学	硕士	刘　冉
50	公共卫生学院	SJCX18_0074	李欣宇	外来民工子弟学校学生伤害的流行病学研究	自然科学	硕士	张徐军
51	公共卫生学院	SJCX18_0077	范思宇	炎症小体与冠心病 MACEs 关联的孟德尔随机化研究	自然科学	硕士	王莉娜
52	公共卫生学院	SJCX18_0078	甘俊英	重组人金属硫蛋白对 UVB 致 HaCat 细胞损伤的保护作用研究	自然科学	硕士	薛玉英
53	公共卫生学院	SJCX18_0081	周燕华	扬州市苯作业工人的健康风险评估	自然科学	硕士	张　娟
54	公共卫生学院	SJCX18_0080	李　莹	江苏省 2 型糖尿病疾病负担及被动吸烟归因疾病负担研究	自然科学	硕士	武　鸣
55	公共卫生学院	SJCX18_0076	蔡瑞雪	南京市社区老年人代谢综合征患病现状及管理模式研究	自然科学	硕士	巢健茜
56	公共卫生学院	SJCX18_0079	宫　苗	C-MYC/BCL-2 双肿瘤蛋白同时传感检测方法的建立与评价	自然科学	硕士	王晓英
57	医学院	SJCX18_0062	杜紫薇	中国不同民族 HbA1c 诊断切点研究	自然科学	硕士	孙子林
58	医学院	SJCX18_0068	张　静	基于双靶向液相芯片技术早期诊断耐药髓系白血病的研究	自然科学	硕士	陈宝安
59	医学院	SJCX18_0069	蔡杰瑞	D-乳酸及二胺氧化酶对克罗恩病活动性的诊断价值	自然科学	硕士	陈　洪
60	医学院	SJCX18_0064	华　欣	环状 RNA hsa_circ_0000911 作为肺癌早期诊断分子标志物的研究	自然科学	硕士	朱晓莉
61	医学院	SJCX18_0070	李棒棒	早产儿脑病状态下环状 RNA 对少突胶质细胞的调控机制研究	自然科学	硕士	乔立兴
62	医学院	SJCX18_0065	刘瑷瑜	丁苯酞改善急性缺血性脑卒中侧枝循环评估及预后的研究	自然科学	硕士	谢春明
63	医学院	SJCX18_0071	朱高洁	带状疱疹患者血脑屏障改变与后神经痛的关系研究	自然科学	硕士	王　飞
64	医学院	SJCX18_0066	刘国臻	枕颈融合角度及手术对下颈椎矢状面平衡的影响	自然科学	硕士	王运涛
65	医学院	SJCX18_0067	谢睿扬	miR-612 靶向纳米复合体构建及其调控前列腺癌细胞代谢的研究	自然科学	硕士	陈　明

(续　表)

序号	院系名称	编号	申请人	项目名称	项目类型	研究生层次	导师
66	医学院	SJCX18_0063	胡昕滢	新生血管相关因子 PEDF 和 CRY-AB 在晶状体上皮细胞中的表达	自然科学	硕士	栾　洁
67	医学院	SJCX18_0072	王金龙	糖皮质激素联合治疗对顽固性感染性休克内皮损伤的影响	自然科学	硕士	黄英姿
68	医学院	SJCX18_0082	颜　涵	乳腺癌术后患者创伤后成长心理干预研究	自然科学	硕士	徐翠荣
69	经济管理学院	SJCX18_0034	栾淑洁	供应信息不对称环境下企业的均衡采购策略研究	自然科学	硕士	薛巍立
70	经济管理学院	SJCX18_0035	魏海军	基于碳减排设备融资租赁的再制造生产决策研究	自然科学	硕士	陈伟达
71	经济管理学院	SJCX18_0036	宗思雨	基于物联网环境的设备及其耗材定价研究	自然科学	硕士	李四杰
72	法学院	SJCX18_0083	姜锴明	医疗暴力刑事司法实践的大数据研究	人文社科	硕士	陈玉玲
73	人文学院	SJCX18_0084	程文秀	正念训练对青少年注意力的影响研究	人文社科	硕士	王海贤
74	艺术学院	SJCX18_0090	欧阳欣畅	设计思维主导下的江苏传统工艺创新新模式研究	人文社科	硕士	许继峰
75	苏州联合研究生院	SJCX18_0086	王雨希	中国文化对外传播技术路径	人文社科	硕士	赵建红
76	苏州联合研究生院	SJCX18_0087	余　苗	众包翻译优缺点分析及模式建议—基于国内众包翻译平台分析	人文社科	硕士	黄文英
77	苏州联合研究生院	SJCX18_0088	胡　怡	交替传译中笔记对翻硕学生的口译效果干扰性研究	人文社科	硕士	刘　超
78	苏州联合研究生院	SJCX18_0089	李媛媛	App 打卡机制在翻硕学生自主学习中的应用研究	人文社科	硕士	许克琪
79	苏州联合研究生院	SJCX18_0085	刘建航	校企合作翻译项目管理模式创新实践探究	人文社科	硕士	高圣兵

入选 2018 年度江苏省企业研究生工作站名单

序号	工作站名称	技术领域	工作站类型	设站院系	总负责导师
1	张家港市佳禾汽车部件有限公司	机械	企业	机械工程学院	薛澄岐
2	张家港兴宇机械制造有限公司	机械	企业	机械工程学院	帅立国

序号	工作站名称	技术领域	工作站类型	设站院系	总负责导师
3	江苏优轧机械有限公司	现代制造	企业	机械工程学院	帅立国
4	张家港清研首创再制造科技有限公司	先进制造	企业	机械工程学院	倪中华
5	泰州神舟传动科技有限公司	先进制造与自动化	企业	机械工程学院	张建润
6	苏州工业园区格比机电有限公司	现代制造	企业	机械工程学院	殷国栋
7	苏州恒美电子科技股份有限公司	F 新能源与节能	企业	机械工程学院	周怡君
8	江苏省华星医疗器械实业有限公司	生物医药	企业	机械工程学院	程　洁
9	中设设计集团股份有限公司	新能源与节能	企业	能源与环境学院	陈振乾
10	南京大德减震科技有限公司	其他	企业	土木工程学院	舒赣平
11	江苏丰海新能源工程技术有限公司	新能源与节能	企业	自动化学院	章国宝
12	江苏苏港和顺生物科技有限公司	现代农业	企业	自动化学院	章国宝
13	江苏鑫信润科技股份有限公司	现代制造	企业	材料科学与工程学院	储成林
14	常州威克医疗器械有限公司	生物医药(外科器械)	企业	材料科学与工程学院	薛　烽
15	南京嘉翼精密机器制造股份有限公司	现代制造	企业	材料科学与工程学院	张亚梅
16	江苏金源高端装备股份有限公司	现代制造	企业	电气工程学院	汤　奕
17	江阴通利光电科技有限公司	新材料	企业	化学化工学院	周钰明
18	南京红太阳生物化学有限责任公司	化工	企业	化学化工学院	周钰明
19	扬州富威尔复合材料有限公司	新材料	企业	化学化工学院	周建成
20	张家港汇普光学材料有限公司	新材料	企业	化学化工学院	周钰明
21	江苏晟欣防排水材料有限公司	新材料	企业	化学化工学院	周建成
22	中集凯通物流发展有限公司	其他	企业	交通学院	张　永
23	中咨城建设计有限公司南京分公司	其他	企业	交通学院	任　刚
24	张家港市铉荣金属科技有限公司	新材料	企业	材料科学与工程学院	薛　烽
25	江苏能华微电子科技发展有限公司	新材料	企业	微电子学院	徐　申

2018 年度新增博士研究生指导教师名单

各校区,各院、系、所,各处、室、直属单位,各学术业务单位:

根据《关于印发〈东南大学博士研究生指导教师遴选办法(修订)〉的通知》(校发〔2016〕299 号)的有关规定,学校遴选和确认 77 位教师为 2018 年度新增博士研究生指导教师,具体名单公布如下:

建　筑　学:David Earl Leatherbarrow　夏铸九

机 械 工 程:张　辉

动力工程及工程热物理:张程宾　佟振博　贲昊玺　马隆龙(兼职)

信息与通信工程:夏亦犁

土 木 工 程:张志强　蔡建国　陆金钰　王春林　张国柱　庄　妍

电子科学与技术:尹奎波　常昌远　雷双瑛　朱　敏　徐　申　聂　萌　韩　磊　张婧婧　郑海梅(兼职)　单建安(兼职)

光 学 工 程:芮光浩

数　　　学:温广辉

关秀翠物理学:吕俊鹏

控制科学与工程:曹向辉　章国宝

计算机科学与技术:姜龙玉

软 件 工 程:戚晓芳

网络空间安全:于　全(兼职)　杨　林(兼职)

生物医学工程:陶纬国

材料科学与工程:曾宇乔　王育乔

叶琼化学工程与技术:张久洋

法　　　学:钱小平　陈洪兵　崔晓静(兼职)

思想政治教育:叶海涛

哲　　　学:范志军　周　琛

管理科学与工程:吴　斌

应用经济学:唐　攀

交通运输工程:胡晓健　于先文　董　侨　李志斌　沈永俊

电 气 工 程:周　赣　蒋　玮　邓富金

仪器科学与技术:曾　洪　刘澄玉

艺术学理论:赫　云　李轶南

生　物　学:王　苏

免　疫　学:季　勇(兼职)　夏洪平(兼职)

临 床 医 学：金保方　张业伟　朱维铭（兼职）　宋　勇（兼职）　王学浩（兼职）
孙倍成（兼职）　张爱华（兼职）　孔祥清（兼职）　吕　凌（兼职）
公共卫生与预防医学：刘起展（兼职）　靳光付（兼职）　顾爱华（兼职）　陈　峰（兼职）
沈洪兵（兼职）　胡志斌（兼职）

东南大学
2018 年 2 月 26 日

东南大学校长办公室　2018 年 2 月 26 日印发

2018 年度新增硕士研究生指导教师名单

各校区,各院、系、所,各处、室、直属单位,各学术业务单位:

根据《东南大学硕士研究生指导教师遴选办法(修订)》的有关规定,学校遴选出 2018 年度新增硕士研究生指导教师 131 名。现将名单公布如下:

建　筑　学:郭　药　张四维　周　欣

城乡规划学:朱彦东　易　鑫

风景园林学:周聪惠　陈洁萍

机 械 工 程:刘晓军　王金湘　魏志勇　罗　晨　莫景文　孙东科　张　辉(2017.11)

动力工程及工程热物理:杨　柳

环境科学与工程:陈惠超　吴义锋　刘　猛

信息与通信工程:何世文　党　建　沈　弘

土 木 工 程:贺志启　徐　照　陆　莹　鲁　聪　汤昱川　Rajendra Prasad Singh (辛格)　孙泽阳　庄　妍(2017.12)

力　　　学:吴邵庆

电子科学与技术:汤文轩　蒋政波　张念祖　钱钦松　刘斯扬　黄见秋　王立峰　陈　洁　徐　刚　王科平　傅晓建　沈一竹　贺龙兵

数　　　学:何　薇　钟思佳　闫　亮　赵　璇

物　理　学:陈　华　吕俊鹏

控制科学与技术:王晓俊　王辰星

计算机科学与技术:姜龙玉　杨绍富

软 件 工 程:倪庆剑

网络空间安全:吴　桦

生物医学工程:王遵亮　周雪锋　孙　博　周光泉　崔兴然　陶纬国

材料科学与工程:高　云　田无边　冯　攀

化学工程与技术:高李璟

化　　　学:罗洋辉　陈飞虹　刘安然　赵　健

哲　　　学:刘　作　程国斌　庞俊来(2017.04)

公 共 管 理:杨　煜

心　理　学:张光珍

法　　　学:陈道英　陈洪兵(2017.11)

马克思主义理论:陈良斌　陈　怡

应用经济学:尹　威

工 商 管 理:浦正宁　赵　驰

电 气 工 程:尤　鋆　喻　洁　吴　熙　黄　磊　阳　辉　谭林林　王　伟

外国语言文学:张静宁　汤　斌　刘　萍

交通运输工程:杨若冲　沈永俊　张伟光　周博见
仪器科学与技术:朱利丰　陈　翰　张　军　刘澄玉
艺术学理论:萧宗志
基 础 医 学:王丽虹(2017.12)　王建东(兼职)
临 床 医 学:毛　路　徐　治　朱海东　魏　琼　刘燕文　冯亚东　张　群　洪　鑫
秦永林　张业伟(2017.06)　段满林(兼职)　周志强(兼职)
褚晓源(兼职)　李　杰(兼职)　马驰原(兼职)　龚剑峰(兼职)
吴海卫(兼职)　顾　军(兼职)　刘刚(兼职)　龚德华(兼职)
杨妙芳(兼职)
中医内科学:屈留新
护　理　学:孙　琳(兼职)
公共卫生与预防医学:张　婷　马　超　王玲玲(兼职)
生　物　学:王　苏　李默怡　田　垚

东南大学
2018 年 1 月 9 日

东南大学校长办公室　　2018 年 1 月 9 日印发

江苏省优秀硕士专业学位论文获奖名单(2018)

序号	院系名称	姓名	学号	专业学位类别	专业领域	论文题目	学校指导教师	企业指导教师	获奖年度
1	建筑学院	郭梓峰	140004	建筑学硕士		功能拓扑关系限定下的建筑生成方法研究	李　飚	周　宁	2018
2	机械工程学院	刘正全	140327	工程硕士	机械工程	乙烯基 POSS 的改性、复合及其改善润滑油摩擦性能研究	刘　磊	张　敏	2018
3	能源与环境学院	丁卫科	150536	工程硕士	动力工程	低温等离子体改性吸附剂烟气脱汞脱硫	段钰锋	薛建明	2018
4	信息科学与工程学院	窦建青	140755	工程硕士	电子与通信工程	滤波器组多载波关键技术研究	张在琛	张　晗	2018
5	土木工程学院	丁智霞	141009	工程硕士	建筑与土木工程	考虑局部屈曲卷边 C 形截面不锈钢构件承载力研究	范圣刚	赵建生	2018
6	土木工程学院	朱冬平	141042	工程硕士	建筑与土木工程	带耗能元件自复位墙在近断层地震作用下抗震性能分析	周　臻	梁沙河	2018
7	自动化学院	崔宏宇	141404	工程硕士	控制工程	永磁同步电机弱磁调速系统的抗干扰控制方法研究	李世华	齐丹丹	2018
8	计算机科学与工程学院	侯　鹏	141535	工程硕士	计算机技术	基于标记分布的机器学习方法研究	耿　新	崔自峰	2018
9	电气工程学院	王学庆	142194	工程硕士	电气工程	T 型三电平双三相永磁同步电机直接转矩控制及容错控制研究	王　政	陈　昊	2018
10	电气工程学院	刘传德	142197	工程硕士	电气工程	TORA 系统周期性轨迹稳定控制策略研究	谢吉华	陈　宁	2018
11	外国语学院	袁金明	153298	翻译硕士	英语笔译	语义翻译和交际翻译视角下的工程合同翻译报告(英译汉)	罗天妮	包亚芝	2018
12	法学院	陶　沙	142760	法律硕士(非法学)		江苏省 A 市盗窃罪发展趋势预测——基于多元线性回归模型的分析	刘艳红	魏昌东	2018
13	公共卫生学院	徐　润	142871	公共卫生硕士		基于代谢组学的 4-壬基酚暴露与子宫肌瘤患病的关联研究	许　茜	吉文亮	2018

2018 年学术型博士学位授予名单

序　号	姓　名	专业名称
1	尹　飞	哲学
2	周天策	中国哲学
3	窦立春	伦理学
4	李小燕	伦理学
5	古　璇	伦理学
6	赵　浩	伦理学
7	王　皓	科学技术哲学
8	张　驰	应用经济学
9	王贤梅	应用经济学
10	黄送钦	应用经济学
11	李松林	应用经济学
12	秦　蒙	区域经济学
13	王　飞	金融学
14	盛巧燕	产业经济学
15	黄　玲	产业经济学
16	杨晓云	国际贸易学
17	吴立香	法学
18	孟星宇	法学
19	丁　捷	马克思主义基本原理
20	楼　健	马克思主义基本原理
21	吴之昕	马克思主义基本原理
22	顾　萍	马克思主义基本原理
23	张　然	思想政治教育
24	羊笑亲	艺术学
25	汪　帆	数学
26	范龙玲	数学
27	许三长	数学
28	陈红委	数学
29	涂正文	数学

（续　表）

序　号	姓　名	专业名称
30	高月凤	数学
31	罗小光	物理学
32	李云海	物理学
33	张慧云	物理学
34	李　雄	物理学
35	孙萍萍	物理学
36	王晓玉	物理学
37	吴其胜	物理学
38	范宝路	物理学
39	王英华	物理学
40	周　双	物理学
41	赵英鹤	物理学
42	刘少鹏	物理学
43	詹　翔	物理学
44	边志浩	物理学
45	邢相灼	物理学
46	凌崇益	物理学
47	吴　俊	生物学
48	毕彩丽	生物学
49	李　倩	生物学
50	贺桂琴	生物学
51	夏淑婷	生物学
52	余诗奕	生物学
53	支灵通	生物学
54	程　诚	生物学
55	王韶莉	生物学
56	陈丹丹	生物学
57	刘　斌	遗传学
58	郝红霞	统计学
59	段凤君	统计学
60	靳天姣	固体力学

（续　表）

序　号	姓　名	专业名称
61	陈振宁	固体力学
62	戴云彤	固体力学
63	邵新星	固体力学
64	徐　军	固体力学
65	严　洁	固体力学
66	王新月	工程力学
67	张　芹	工程力学
68	摩　卡	工程力学
69	张大海	工程力学
70	周亚东	工程力学
71	夏　杰	工程力学
72	焦　磊	机械制造及其自动化
73	黄　笛	机械制造及其自动化
74	王海巧	机械制造及其自动化
75	郭哲锋	机械制造及其自动化
76	张　辉	机械制造及其自动化
77	包达飞	机械制造及其自动化
78	严　岩	机械制造及其自动化
79	朱　林	机械制造及其自动化
80	薛　飞	机械制造及其自动化
81	洪慧慧	机械电子工程
82	张　慧	机械电子工程
83	陈慧玲	机械电子工程
84	张　菀	机械电子工程
85	施建平	机械电子工程
86	司　伟	机械设计及理论
87	孙明磊	机械设计及理论
88	朱　庆	机械设计及理论
89	黄亚洲	机械设计及理论
90	阮文廉	车辆工程
91	沈张帆	机械工程(工业设计)

(续　表)

序　号	姓　名	专业名称
92	周小舟	机械工程(工业设计)
93	赵　宁	光学工程
94	谢　意	光学工程
95	代　倩	光学工程
96	黄　博	光学工程
97	黄光光	光学工程
98	李　玲	仪器科学与技术
99	朱澄澄	仪器科学与技术
100	徐振峰	仪器科学与技术
101	周　玲	仪器科学与技术
102	丁徐锴	仪器科学与技术
103	高　阳	仪器科学与技术
104	孙　进	仪器科学与技术
105	徐　祥	仪器科学与技术
106	宋　锐	仪器科学与技术
107	徐启敏	仪器科学与技术
108	刘　渊	仪器科学与技术
109	孙慧玉	仪器科学与技术
110	倪得晶	仪器科学与技术
111	苗敏敏	仪器科学与技术
112	乔运峰	材料科学与工程
113	陈　衡	材料科学与工程
114	王倩楠	材料科学与工程
115	崔　冬	材料科学与工程
116	陈兴芬	材料科学与工程
117	孙柳霞	材料科学与工程
118	张礼华	材料科学与工程
119	李　炜	材料科学与工程
120	许国东	材料科学与工程
121	李星洲	材料科学与工程
122	祁　兵	材料科学与工程

（续 表）

序 号	姓 名	专业名称
123	陈怀成	材料科学与工程
124	常洪雷	材料科学与工程
125	宋 立	材料科学与工程
126	张庆宇	材料科学与工程
127	马 瑞	材料科学与工程
128	沈奇真	材料科学与工程
129	王 宁	材料科学与工程
130	赵 丽	材料科学与工程
131	汤金辉	材料科学与工程
132	詹其伟	材料科学与工程
133	周 扬	材料科学与工程
134	朱睿健	材料科学与工程
135	陈 菲	材料科学与工程
136	王山林	材料科学与工程
137	张 力	材料物理与化学
138	来常伟	材料物理与化学
139	李克文	材料物理与化学
140	周英智	材料物理与化学
141	米 利	材料物理与化学
142	赵志超	材料物理与化学
143	杨旭锋	材料物理与化学
144	田 亮	材料物理与化学
145	张 鑫	材料物理与化学
146	刘顺利	材料物理与化学
147	李鹏飞	材料物理与化学
148	陈 承	材料物理与化学
149	路 露	材料物理与化学
150	史 超	材料物理与化学
151	韩四维	动力工程及工程热物理
152	陈 曦	动力工程及工程热物理
153	庄亚明	动力工程及工程热物理

(续　表)

序　号	姓　名	专业名称
154	黄欣鹏	动力工程及工程热物理
155	朱　林	动力工程及工程热物理
156	吴石亮	动力工程及工程热物理
157	任少君	动力工程及工程热物理
158	赵善国	动力工程及工程热物理
159	乔正辉	动力工程及工程热物理
160	许　波	动力工程及工程热物理
161	祁　晶	动力工程及工程热物理
162	张书平	动力工程及工程热物理
163	吴　波	动力工程及工程热物理
164	孙　俊	动力工程及工程热物理
165	许万军	动力工程及工程热物理
166	李盼盼	动力工程及工程热物理
167	张　琳	动力工程及工程热物理
168	胡　斌	动力工程及工程热物理
169	周　磊	动力工程及工程热物理
170	徐俊超	动力工程及工程热物理
171	张丽徽	动力工程及工程热物理(能源环境工程)
172	丁石川	电气工程
173	黄天罡	电气工程
174	李　烽	电气工程
175	黄　凯	电气工程
176	魏新迟	电气工程
177	季振亚	电气工程
178	施振川	电气工程
179	封宁君	电气工程
180	朱克东	电气工程
181	董晓霄	电气工程
182	邵凌云	电气工程
183	张　丽	电气工程
184	刘　宇	电气工程

（续 表）

序 号	姓 名	专业名称
185	宁 佳	电气工程
186	徐 帅	电气工程
187	全相军	电气工程
188	董 坤	电气工程
189	宋 梦	电气工程
190	楼冠男	电气工程
191	姜雷杰	电气工程
192	陶在红	物理电子学
193	巫中伟	物理电子学
194	孙明明	物理电子学
195	徐 军	物理电子学
196	王 坚	物理电子学
197	单 锋	物理电子学
198	黄小丹	物理电子学
199	郭静菁	物理电子学
200	王 莹	物理电子学
201	潘江涌	物理电子学
202	徐 季	物理电子学
203	张 浩	物理电子学
204	唐 欣	电路与系统
205	陶万军	电路与系统
206	唐继斐	电路与系统
207	阁兰花	电路与系统
208	张有明	电路与系统
209	罗贤亮	电路与系统
210	王林锋	电路与系统
211	范 忱	电路与系统
212	陈 阳	电路与系统
213	李晓倩	微电子学与固体电子学
214	王 镇	微电子学与固体电子学
215	杨锦江	微电子学与固体电子学

(续　表)

序　号	姓　名	专业名称
216	董　辉	微电子学与固体电子学
217	沈昱婷	微电子学与固体电子学
218	周奕龙	微电子学与固体电子学
219	刘　野	微电子学与固体电子学
220	张　龙	微电子学与固体电子学
221	闫　浩	微电子学与固体电子学
222	季柯丞	微电子学与固体电子学
223	叶一舟	微电子学与固体电子学
224	严嘉彬	微电子学与固体电子学
225	潘柏操	电磁场与微波技术
226	王　龙	电磁场与微波技术
227	檀　雷	电磁场与微波技术
228	孟　凡	电磁场与微波技术
229	窦江玲	电磁场与微波技术
230	徐俊珺	电磁场与微波技术
231	许恒飞	电磁场与微波技术
232	任凤朝	电磁场与微波技术
233	范奎奎	电磁场与微波技术
234	陶　醉	电磁场与微波技术
235	史　俊	电磁场与微波技术
236	黎重孝	电磁场与微波技术
237	潘云龙	电磁场与微波技术
238	赵　捷	电磁场与微波技术
239	范湉湉	电磁场与微波技术
240	姚云鹏	电子科学与技术(集成电路设计)
241	王　冲	电子科学与技术(集成电路设计)
242	顾　斌	信息与通信工程
243	曹红丽	信息与通信工程
244	贾林琼	信息与通信工程
245	孙大飞	信息与通信工程
246	孙　晨	信息与通信工程

（续　表）

序　号	姓　名	专业名称
247	裴氏莺	信息与通信工程
248	朱文祥	信息与通信工程
249	管　瑞	信息与通信工程
250	魏　超	信息与通信工程
251	王　玉	信息与通信工程
252	茆意伟	信息与通信工程
253	武贵路	信息与通信工程
254	范立行	信息与通信工程
255	方兰婷	信息与通信工程
256	刘　瑞	信息与通信工程
257	黄　伟	信息与通信工程
258	周　庆	信息与通信工程
259	袁骥德	信息与通信工程
260	林　艳	信息与通信工程
261	李　喆	信息与通信工程
262	张　铖	信息与通信工程
263	章建军	信息与通信工程
264	章跃跃	信息与通信工程
265	潘怡瑾	信息与通信工程
266	杨照辉	信息与通信工程
267	吴　俊	信息与通信工程
268	胡津铭	信息与通信工程
269	张　桐	信息与通信工程
270	任　红	信息与通信工程
271	凌昕彤	信息与通信工程
272	王　博	控制科学与工程
273	彭良红	控制科学与工程
274	熊晶晶	控制科学与工程
275	宋志宝	控制科学与工程
276	曹青青	控制理论与控制工程
277	蒋南云	控制理论与控制工程

(续　表)

序　号	姓　名	专业名称
278	刘　鹏	控制理论与控制工程
279	康安明	控制理论与控制工程
280	孙启鸣	控制理论与控制工程
281	李刘文	控制理论与控制工程
282	赵振华	控制理论与控制工程
283	邵敬平	控制理论与控制工程
284	张教军	控制理论与控制工程
285	孙振兴	控制理论与控制工程
286	韩玉群	控制理论与控制工程
287	陈　磊	控制理论与控制工程
288	冒建亮	控制理论与控制工程
289	陈文亮	控制理论与控制工程
290	王　颖	控制理论与控制工程
291	贺　伟	控制理论与控制工程
292	张　超	控制理论与控制工程
293	杜一君	检测技术与自动化装置
294	谢　超	检测技术与自动化装置
295	王忠民	系统工程
296	吴军建	系统工程
297	楚永杰	系统工程
298	李亚玮	模式识别与智能系统
299	邓　星	模式识别与智能系统
300	柳天虹	模式识别与智能系统
301	饶　立	模式识别与智能系统
302	朱倚娴	导航、制导与控制
303	姚逸卿	导航、制导与控制
304	王亚敏	计算机科学与技术
305	毕　卉	计算机科学与技术
306	张玉健	计算机科学与技术
307	刘　进	计算机科学与技术
308	张晓峰	计算机软件与理论

（续　表）

序　号	姓　名	专业名称
309	全志斌	计算机软件与理论
310	顾晓丹	计算机应用技术
311	陈　龙	计算机应用技术
312	朱琛刚	计算机应用技术
313	沈　典	计算机应用技术
314	马丽敏	建筑学
315	李京津	建筑学
316	梁　洁	建筑学
317	邓寄豫	建筑学
318	王海宁	建筑学
319	王荷池	建筑学
320	陈　勐	建筑学
321	孙晓倩	建筑学
322	罗佳宁	建筑学
323	桂汪洋	建筑学
324	万　晶	建筑学
325	宫　聪	建筑学
326	陈　亮	建筑历史与理论
327	戚　立	建筑设计及其理论
328	王恩琪	建筑设计及其理论
329	刘　源	建筑设计及其理论
330	卢　漫	建筑设计及其理论
331	刘　坤	建筑设计及其理论
332	赵　烨	建筑设计及其理论
333	丁　颖	建筑设计及其理论
334	侯可明	建筑设计及其理论
335	鲍洁敏	建筑学(景观建筑学)
336	胡占芳	建筑学(建筑遗产保护与管理)
337	吕　晓	土木工程
338	武江传	土木工程
339	端茂军	土木工程

（续　表）

序　号	姓　名	专业名称
340	张号浩	土木工程
341	赵　杏	土木工程
342	牛　杰	土木工程
343	陶　欣	土木工程
344	周彬彬	土木工程
345	马军卫	土木工程
346	刘焕芹	土木工程
347	董志强	土木工程
348	徐　超	土木工程
349	支　清	土木工程
350	马　康	土木工程
351	刘少波	土木工程
352	王　震	土木工程
353	陈哲衡	土木工程
354	谢　钦	土木工程
355	李宏敏	土木工程
356	周广盼	土木工程
357	徐志峰	土木工程
358	李　帅	土木工程
359	赵　颖	土木工程
360	梁止水	土木工程
361	蔡景明	土木工程
362	戚家南	土木工程
363	史慧媛	土木工程
364	夏志远	土木工程
365	杨　建	土木工程
366	伊　斯	土木工程
367	曹志亮	土木工程
368	陶天友	土木工程
369	范日东	岩土工程
370	覃小纲	岩土工程

（续 表）

序 号	姓 名	专业名称
371	史 剑	岩土工程
372	邹海峰	岩土工程
373	宋苗苗	岩土工程
374	周 敏	岩土工程
375	夏威夷	岩土工程
376	张明飞	岩土工程
377	林 军	岩土工程
378	李学鹏	岩土工程
379	曹 莹	市政工程
380	杨玉立	市政工程
381	司 强	供热、供燃气、通风及空调工程
382	周 波	供热、供燃气、通风及空调工程
383	任大龙	桥梁与隧道工程
384	付一小	桥梁与隧道工程
385	蒋正文	桥梁与隧道工程
386	沈孔健	桥梁与隧道工程
387	佟兆杰	桥梁与隧道工程
388	郑宇宙	桥梁与隧道工程
389	吴 刚	桥梁与隧道工程
390	左文强	土木工程(土木工程材料)
391	秦晓东	化学工程与技术
392	张牧阳	化学工程与技术
393	胡伟伟	化学工程与技术
394	韦 静	化学工程与技术
395	孙开涌	化学工程与技术
396	孙 昊	化学工程与技术
397	施天一	化学工程与技术
398	徐梓宸	化学工程与技术
399	诗 曼	化学工程与技术
400	游朝群	化学工程与技术
401	张 晶	化学工程与技术

(续　表)

序　号	姓　名	专业名称
402	宋相海	化学工程与技术
403	方嘉声	化学工程与技术
404	阿　泽	化学工程与技术
405	张　超	化学工程与技术
406	赵　硕	化学工程与技术
407	何　熠	应用化学
408	毛　霖	交通运输工程
409	胡军红	交通运输工程
410	李　根	交通运输工程
411	侯　佳	交通运输工程
412	郁　烨	交通运输工程
413	李军龙	交通运输工程
414	王　路	交通运输工程
415	丁浩洋	交通运输工程
416	龚小林	交通运输工程
417	朱　丽	交通运输工程
418	李英帅	交通运输工程
419	孔德文	交通运输工程
420	杨　硕	交通运输工程
421	冯佩雨	交通运输工程
422	赵　颢	交通运输工程
423	张小元	交通运输工程
424	邓涵文	交通运输工程
425	刘　为	交通运输工程
426	朱晟泽	交通运输工程
427	李亚平	交通运输工程
428	吴静娴	交通运输工程
429	许明涛	交通运输工程
430	汤　涛	交通运输工程
431	王晓威	交通运输工程
432	高　翔	交通运输工程

（续　表）

序　号	姓　名	专业名称
433	张春波	交通运输工程
434	孙　超	交通运输工程
435	王　超	交通运输工程
436	施晓蒙	交通运输工程
437	赵瑜隆	交通运输工程
438	高　旺	交通运输工程
439	彭尔兴	交通运输工程(交通地下工程)
440	丁茂华	交通运输工程(交通测绘与信息技术)
441	张跃峰	环境科学与工程
442	周长城	环境科学与工程
443	李娟红	环境科学与工程
444	王　辉	环境科学与工程
445	张　帅	环境科学与工程
446	丁　琪	生物医学工程
447	马　超	生物医学工程
448	张军毅	生物医学工程
449	徐寒黎	生物医学工程
450	安　帅	生物医学工程
451	张晓峰	生物医学工程
452	丁海波	生物医学工程
453	艾巴兹	生物医学工程
454	李沐升	生物医学工程
455	鲍学亮	生物医学工程
456	徐新慧	生物医学工程
457	刘　航	生物医学工程
458	胡先运	生物医学工程
459	肖　可	生物医学工程
460	刘晓丽	生物医学工程
461	王丹阳	生物医学工程
462	李俊吉	生物医学工程
463	梁福鹏	生物医学工程

(续　表)

序　号	姓　名	专业名称
464	陈　博	生物医学工程
465	丁德武	生物医学工程
466	王　莹	生物医学工程
467	潘光玉	生物医学工程
468	赵　泽	生物医学工程
469	张　玲	生物医学工程
470	张贝贝	生物医学工程
471	陈　玲	生物医学工程
472	刘　兵	生物医学工程
473	许　鹏	生物医学工程
474	李　里	生物医学工程
475	刘盼苗	生物医学工程
476	李柏霖	生物医学工程
477	张　宁	生物医学工程
478	王琪炜	生物医学工程
479	束传军	生物医学工程
480	宣红云	生物医学工程
481	祝秋香	生物医学工程
482	刘　东	生物医学工程
483	王　强	生物医学工程
484	李程程	生物医学工程
485	池俊杰	生物医学工程
486	张大淦	生物医学工程
487	付繁繁	生物医学工程
488	王　欢	生物医学工程
489	张明明	生物医学工程(神经信息工程)
490	宗　源	生物医学工程(神经信息工程)
491	毕　昆	生物医学工程(神经信息工程)
492	沈彦婷	生物医学工程(学习科学)
493	田　飞	生物医学工程(学习科学)
494	王　敬	生物医学工程(学习科学)

（续　表）

序　号	姓　名	专业名称
495	张小聪	生物医学工程(学习科学)
496	王　羽	生物医学工程(学习科学)
497	韩雪莲	生物医学工程(制药工程)
498	周　倩	生物医学工程(制药工程)
499	顾大治	城乡规划学
500	葛天阳	城乡规划学
501	陆　涵	城乡规划学
502	王　慧	城乡规划学
503	陈宏胜	城乡规划学
504	谭　明	风景园林学
505	孔祥龙	软件工程
506	周张泉	软件工程
507	吴天星	软件工程
508	潘吴斌	网络空间安全
509	艾　丁	免疫学
510	张　雷	免疫学
511	赵金金	免疫学
512	白　莹	免疫学
513	哈　瓦	免疫学
514	万　昕	免疫学
515	周泽伟	免疫学
516	徐　艳	内科学
517	王碧蕾	内科学
518	左　智	内科学
519	徐秀萍	内科学
520	韩雨晨	内科学
521	吴　雪	内科学
522	郭银凤	内科学
523	李　婷	内科学
524	程正源	内科学
525	闻　毅	内科学

（续　表）

序　号	姓　名	专业名称
526	孙宇宁	内科学
527	朱伯谦	内科学
528	李　冰	内科学
529	吴春华	内科学
530	周乐汀	内科学
531	于复超	内科学
532	蔡蓉蓉	内科学
533	王　颖	内科学
534	张光昊	内科学
535	李慧娟	儿科学
536	王　欢	神经病学
537	公卫刚	神经病学
538	叶　青	神经病学
539	龚　亮	神经病学
540	侯正华	神经病学
541	邓齐文	神经病学
542	顾丽华	神经病学
543	王从晓	影像医学与核医学
544	潘　涛	影像医学与核医学
545	陆　建	影像医学与核医学
546	仲斌演	影像医学与核医学
547	蔡　予	影像医学与核医学
548	高　蓉	临床检验诊断学
549	余泽前	外科学
550	王　锋	外科学
551	谢志阳	外科学
552	凌志新	外科学
553	张桂龙	外科学
554	王　勇	肿瘤学
555	韩　勇	肿瘤学
556	王西勇	肿瘤学

（续　表）

序　号	姓　名	专业名称
557	贾　刚	肿瘤学
558	徐月霜	肿瘤学
559	郑士亚	肿瘤学
560	王诗远	流行病与卫生统计学
561	李小杉	流行病与卫生统计学
562	顾佳怡	流行病与卫生统计学
563	王祥虎	劳动卫生与环境卫生学
564	褚兰玲	营养与食品卫生学
565	魏军波	管理科学与工程
566	闫华锋	管理科学与工程
567	朱　兵	管理科学与工程
568	汤长保	管理科学与工程
569	顾正娣	管理科学与工程
570	肖怀云	管理科学与工程
571	曾贺奇	管理科学与工程
572	邹　翔	管理科学与工程
573	蔡传晰	管理科学与工程
574	李文文	管理科学与工程
575	朱　辉	管理科学与工程
576	邬松涛	管理科学与工程
577	吴　亮	管理科学与工程
578	杨浩昌	管理科学与工程
579	石广平	管理科学与工程(金融工程)
580	王　进	管理科学与工程(金融工程)
581	李林俐	艺术学理论
582	吴彦颐	艺术学理论
583	李　制	艺术学理论
584	邢　涵	艺术学理论
585	朱　磊	艺术学理论
586	李　坤	艺术学理论
587	谢九生	艺术学理论

2018 年专业型博士学位授予名单

序　号	姓　名	专业领域
1	张力江	工程博士(电子与信息)
2	陶洪琪	工程博士(电子与信息)
3	张喜全	工程博士(先进制造)

2018 年学术型硕士学位授予名单

一、学历硕士研究生

序　号	姓　名	专业名称
1	幸晓雪	哲学
2	徐　徐	哲学
3	范阿翔	哲学
4	陶尚强	哲学
5	周世露	哲学
6	胡海月	哲学
7	肖玉飞	哲学
8	王　聪	哲学
9	李姗姗	哲学
10	刘源昕	哲学
11	田　青	伦理学
12	吴洁莹	应用经济学
13	段美娟	应用经济学
14	安梦丹	应用经济学
15	陈思奥	应用经济学
16	李丹丹	应用经济学
17	李明坤	应用经济学
18	李　悟	应用经济学

（续　表）

序　号	姓　名	专业名称
19	宓梦丹	应用经济学
20	慕文珺	应用经济学
21	宋小琪	应用经济学
22	唐　琦	应用经济学
23	王利敏	应用经济学
24	徐晓彤	应用经济学
25	严春蕾	应用经济学
26	杨家庆	应用经济学
27	杨　阳	应用经济学
28	杨雨晴	应用经济学
29	姚晓雯	应用经济学
30	应　珊	应用经济学
31	周格旭	应用经济学
32	周　桐	应用经济学
33	赵星云	应用经济学
34	刘　琦	应用经济学
35	曾一玮	应用经济学
36	李剑锋	应用经济学
37	方　云	应用经济学
38	汪艳红	应用经济学
39	赵　爽	应用经济学
40	周守奇	应用经济学
41	申　杰	应用经济学
42	杨雅丽	应用经济学
43	张玉玲	应用经济学
44	吕　情	应用经济学
45	许江红	应用经济学
46	阮氏祥薇	应用经济学
47	武琼枝	应用经济学
48	陈氏金容	应用经济学
49	顾诚嘉	金融学

(续　表)

序　号	姓　名	专业名称
50	姜丽宏	金融学
51	吴之悦	金融学
52	杨　婷	金融学
53	张礼乐	金融学
54	郑锦波	金融学
55	卞慧敏	金融学
56	王宇帆	金融学
57	刘　敏	金融学
58	菏　泽	国际贸易学
59	法利亚	国际贸易学
60	安卡丽	国际贸易学
61	王　吉	国际贸易学
62	梅　琳	国际贸易学
63	维多利亚	国际贸易学
64	扎　曼	国际贸易学
65	阿曼莉	国际贸易学
66	克林娜	国际贸易学
67	黄美铃	国际贸易学
68	尼海香	国际贸易学
69	莎　莎	国际贸易学
70	奇　拉	国际贸易学
71	玛丽娜	国际贸易学
72	索　克	国际贸易学
73	科　多	国际贸易学
74	曼　迪	国际贸易学
75	伊丽娜	国际贸易学
76	安妮塔	国际贸易学
77	莉　玛	国际贸易学
78	窦一豪	法学
79	储天阳	法学
80	杲沈洁	法学

（续　表）

序　号	姓　名	专业名称
81	顾泽慧	法学
82	景　逸	法学
83	李乐齐	法学
84	林颢楠	法学
85	刘仙亮	法学
86	王　迪	法学
87	王　倩	法学
88	徐　华	法学
89	徐　可	法学
90	杨　娟	法学
91	于　琪	法学
92	张韵儒	法学
93	赵雪颖	法学
94	周平阳	法学
95	方　勇	法学
96	张明丹	法学
97	陈洪安	法学
98	段宣荣	法学
99	梁锡祥	法学
100	刘　晶	法学
101	王理敏	法学
102	房韵青	法学
103	施倩倩	法学
104	高晴梅	法学
105	孙碧雅	法学
106	张梦圆	法学
107	王　萱	法学
108	李　聪	法学
109	葛淑怡	法学
110	刘双阳	法学
111	龚善要	法学

(续　表)

序　号	姓　名	专业名称
112	毕鸿昌	政治学理论
113	刘寒芬	政治学理论
114	李文浩	政治学理论
115	陈若敏	政治学理论
116	周　杨	政治学理论
117	方　正	政治学理论
118	刘　丽	政治学理论
119	高　婉	政治学理论
120	方　彬	政治学理论
121	史名蕊	政治学理论
122	陆珈怡	社会学
123	曹思华	社会学
124	李姝峥	社会学
125	徐　笑	社会学
126	周其义	社会学
127	王思瑜	社会学
128	刘　晶	社会学
129	王雪雁	马克思主义理论
130	王若男	马克思主义理论
131	张海梅	马克思主义理论
132	吴丹丹	马克思主义理论
133	郑　菊	马克思主义理论
134	何　燃	马克思主义理论
135	李　洁	马克思主义理论
136	张冠楠	马克思主义理论
137	朱传慧	马克思主义理论
138	周　然	马克思主义理论
139	何妍娇	教育学
140	徐　豪	教育学
141	周晓旭	教育学
142	江　露	教育学

（续 表）

序 号	姓 名	专业名称
143	陈庆雯	教育学
144	高 瑾	教育学
145	王 妍	教育学
146	陈 亚	教育学
147	杨选瑾	教育学
148	赵馨蕊	教育学
149	张艳群	教育学
150	陈 红	心理学
151	李雪艳	心理学
152	方燕玉	心理学
153	王 桑	心理学
154	童 莹	心理学
155	杨 韵	心理学
156	曾 艳	心理学
157	李晓晨	体育学
158	郭 璠	体育学
159	谢峥嵘	体育学
160	陈 佩	体育学
161	吴涵玉	中国语言文学
162	费 蝶	中国语言文学
163	金 钰	中国语言文学
164	刘丹丹	中国语言文学
165	石 婷	中国语言文学
166	杨 帆	中国语言文学
167	顾 娇	中国语言文学
168	姚 娴	中国语言文学
169	史诗源	中国语言文学
170	郑诗娟	中国语言文学
171	何卫滨	中国语言文学
172	贝 特	中国古代文学
173	美 丽	中国现当代文学

(续　表)

序　号	姓　名	专业名称
174	于　婷	英语语言文学
175	丁　婕	英语语言文学
176	顾菲儿	英语语言文学
177	洪莎莎	英语语言文学
178	李家言	英语语言文学
179	林秦怡	英语语言文学
180	汪　琳	英语语言文学
181	王　璐	英语语言文学
182	王　颖	英语语言文学
183	吴　杨	英语语言文学
184	张洁琪	英语语言文学
185	宗小琦	英语语言文学
186	吉　露	英语语言文学
187	朱　婷	英语语言文学
188	钱蓉蓉	英语语言文学
189	郑　芳	英语语言文学
190	李　阳	日语语言文学
191	刘亚茹	日语语言文学
192	张可馨	日语语言文学
193	马　婷	日语语言文学
194	杨婷婷	日语语言文学
195	曹嘉璐	外国语言学及应用语言学
196	陆义莹	外国语言学及应用语言学
197	沈　阳	外国语言学及应用语言学
198	孙雨嫣	外国语言学及应用语言学
199	田媛媛	外国语言学及应用语言学
200	鞠　瑶	外国语言学及应用语言学
201	狄宜婷	外国语言学及应用语言学
202	张　曼	外国语言学及应用语言学
203	陈雨婷	外国语言学及应用语言学
204	方　舒	外国语言学及应用语言学

（续　表）

序　号	姓　名	专业名称
205	鲍　凌	外国语言学及应用语言学
206	汪慧莹	外国语言学及应用语言学
207	蔡　燕	外国语言学及应用语言学
208	冯　婷	外国语言学及应用语言学
209	年思慧	外国语言学及应用语言学
210	黎氏琼梅	外国语言学及应用语言学
211	郝伟娜	数学
212	白苗苗	数学
213	陈　超	数学
214	龚亚娟	数学
215	惠爱英	数学
216	金　莹	数学
217	李美林	数学
218	梁　佳	数学
219	刘　超	数学
220	沈丽娜	数学
221	石秀成	数学
222	王　川	数学
223	杨紫赢	数学
224	叶　尔	数学
225	张萌萌	数学
226	赵　亮	数学
227	江海华	数学
228	冯　丰	数学
229	刘平萍	数学
230	陈碧月	数学
231	王艳艳	数学
232	郝春暖	数学
233	黄丽芹	数学
234	丁　慧	物理学
235	王琪琪	物理学

（续　表）

序　号	姓　名	专业名称
236	严振中	物理学
237	颜　鹏	物理学
238	董兴民	物理学
239	冯连森	物理学
240	刘　芳	物理学
241	张　昊	物理学
242	周荣青	物理学
243	郭　磊	物理学
244	杨小之	物理学
245	朱念闯	物理学
246	代传俊	物理学
247	凡　未	物理学
248	李战峰	物理学
249	王玉龙	物理学
250	韦　超	物理学
251	陈　晨	物理学
252	蔡先明	物理学
253	高蕙敏	物理学
254	郭皓文	物理学
255	王小平	物理学
256	李金焕	物理学
257	付　强	物理学
258	赖阳军	物理学
259	张　云	物理学
260	冯民昌	化学
261	郭　强	化学
262	唐　敏	化学
263	范珍珍	化学
264	田佳卉	化学
265	李玲雪	化学
266	范佳慧	化学

（续　表）

序　号	姓　名	专业名称
267	沙学蓉	化学
268	孙潘琴	化学
269	刘勤尧	化学
270	韩亭亭	化学
271	马梦瑶	化学
272	陈昌慧	化学
273	任璐璐	化学
274	王靖雯	化学
275	杜　杰	化学
276	牧惜惜	化学
277	王　丹	化学
278	赵　堃	化学
279	杨丹丹	化学
280	马小悦	化学
281	周金慧	化学
282	刘晶晶	化学
283	王　亚	化学
284	徐　唱	化学
285	朱　潇	化学
286	林梦琪	化学
287	刘红柳	化学
288	徐晓林	化学
289	刘雨芳	化学
290	刘　敏	化学
291	孙小粉	化学
292	方梦莹	化学
293	芦　洋	化学
294	许　晶	化学
295	张亚可	化学
296	刘　琪	化学
297	卢绍祥	化学

（续　表）

序　号	姓　名	专业名称
298	成　琳	生物学
299	王明雅	生物学
300	王　萍	生物学
301	蔡婷婷	生物学
302	黄　聪	生物学
303	黄　懿	生物学
304	郑　颖	生物学
305	左　静	生物学
306	于笑笑	生物学
307	姜昆鹏	生物学
308	吴红燕	生物学
309	吉洪亮	生物学
310	虞美娟	生物学
311	方　聪	生物学
312	宣传莹	生物学
313	许曼曼	生物学
314	舒李鑫	生物学
315	肖红梅	生物学
316	杨梦君	生物学
317	章雯璇	生物学
318	陈萌萌	生物学
319	何　丽	生物学
320	李文杰	生物学
321	周云燕	生物学
322	孙文娟	生物学
323	郭会芳	生物学
324	韩利芳	生物学
325	周凯星	生物学
326	王　果	生物学
327	杨西月	生物学
328	许晓晨	生物学

（续　表）

序　号	姓　名	专业名称
329	赵　立	生物学
330	韩晓晓	生物学
331	蔡凌峰	生物物理学
332	徐　巍	生物物理学
333	袁楚晓	生物物理学
334	王　巧	生物物理学
335	郭逸薇	生物物理学
336	白苗君	统计学
337	林令强	统计学
338	吴凯杰	统计学
339	尹　旭	统计学
340	李英连	统计学
341	魏婉梦	统计学
342	唐一萌	力学
343	陶　楠	力学
344	吴莎莎	力学
345	徐向阳	力学
346	朱　锐	力学
347	耿　超	力学
348	刘璟泽	力学
349	钱意彦	力学
350	钟　杰	力学
351	周李真辉	力学
352	周　鑫	力学
353	金传领	力学
354	程　健	力学
355	刘智欣	力学
356	马银行	力学
357	陈素芳	力学
358	崔鹏飞	力学
359	吴家林	力学

（续　表）

序　号	姓　名	专业名称
360	范　刚	力学
361	陈天池	机械工程
362	程龙飞	机械工程
363	葛荣祥	机械工程
364	耿垭洲	机械工程
365	顾　昊	机械工程
366	顾益庆	机械工程
367	郭小强	机械工程
368	何崇伟	机械工程
369	何　苗	机械工程
370	胡玉波	机械工程
371	黄蔚灵	机械工程
372	姜武杰	机械工程
373	孔德福	机械工程
374	雷鹏坤	机械工程
375	李成喜	机械工程
376	李　桃	机械工程
377	李延辉	机械工程
378	刘碧茜	机械工程
379	刘　歌	机械工程
380	刘民毅	机械工程
381	刘平文	机械工程
382	刘志成	机械工程
383	钱智婷	机械工程
384	桑　文	机械工程
385	石　勇	机械工程
386	史昫珂	机械工程
387	孙中洲	机械工程
388	唐　攀	机械工程
389	王登铭	机械工程
390	王赛君	机械工程

（续　表）

序　号	姓　名	专业名称
391	王先根	机械工程
392	王　扬	机械工程
393	王一鸣	机械工程
394	尉　玉	机械工程
395	魏秋雨	机械工程
396	吴瀛东	机械工程
397	伍　力	机械工程
398	许俊军	机械工程
399	殷　超	机械工程
400	尹棋烽	机械工程
401	岳尚军	机械工程
402	张国飞	机械工程
403	张金伟	机械工程
404	张　奕	机械工程
405	张云泽	机械工程
406	张子烨	机械工程
407	赵　晖	机械工程
408	郑超强	机械工程
409	周　双	机械工程
410	朱峰冰	机械工程
411	龚　蕾	机械工程
412	梁道尧	机械工程
413	秦高强	机械工程
414	郭金栋	机械工程
415	司　强	机械工程
416	温蒙蒙	机械工程
417	邢嘉路	机械工程
418	占卓帆	机械工程
419	张　凯	机械工程
420	周兵兵	机械工程
421	庄佳宇	机械工程

(续 表)

序 号	姓 名	专业名称
422	刘 田	机械工程
423	刘 鑫	机械工程
424	张雨露	机械工程
425	许 英	机械工程
426	武 振	机械工程
427	马继山	机械工程
428	朱亚旋	机械工程
429	吴之政	机械工程
430	张 鹏	机械工程
431	叶佳佳	机械工程
432	蒋永强	机械工程
433	焦松龙	机械工程
434	张 可	机械工程
435	张文蝶	机械制造及其自动化
436	蔡 潇	机械工程(工业工程)
437	陈章扬	光学工程
438	邓苏晓	光学工程
439	范美勇	光学工程
440	费嘉远	光学工程
441	王 南	光学工程
442	张兰兰	光学工程
443	梁宗文	光学工程
444	冯倩茹	光学工程
445	祁怡君	光学工程
446	张迎娣	光学工程
447	王肖磊	光学工程
448	陈平原	光学工程
449	李 鑫	光学工程
450	曹辉辉	光学工程
451	徐鑫泉	光学工程
452	王 乐	光学工程

（续　表）

序　号	姓　名	专业名称
453	王玲玲	光学工程
454	郑志华	光学工程
455	陈伟东	光学工程
456	孙　超	光学工程
457	张传龙	光学工程
458	张瑞文	光学工程
459	辛　明	光学工程
460	邓昱坤	光学工程
461	刘　全	仪器科学与技术
462	敖焕轩	仪器科学与技术
463	毕校伟	仪器科学与技术
464	陈天元	仪器科学与技术
465	成利梅	仪器科学与技术
466	戴雨彤	仪器科学与技术
467	杜凯颖	仪器科学与技术
468	付亚涛	仪器科学与技术
469	韩　啸	仪器科学与技术
470	韩　啸	仪器科学与技术
471	蒋红亮	仪器科学与技术
472	蒋　荣	仪器科学与技术
473	李文瑶	仪器科学与技术
474	林　珍	仪器科学与技术
475	刘飞翔	仪器科学与技术
476	孙　彤	仪器科学与技术
477	谭康霞	仪器科学与技术
478	陶红兴	仪器科学与技术
479	田珊珊	仪器科学与技术
480	吴　昊	仪器科学与技术
481	吴　磊	仪器科学与技术
482	夏　亮	仪器科学与技术
483	徐　磊	仪器科学与技术

（续　表）

序　号	姓　名	专业名称
484	易润泽	仪器科学与技术
485	尤　剑	仪器科学与技术
486	余玉卿	仪器科学与技术
487	袁祖龙	仪器科学与技术
488	张　慧	仪器科学与技术
489	张　琪	仪器科学与技术
490	张俏薇	仪器科学与技术
491	赵　奚	仪器科学与技术
492	赵正扬	仪器科学与技术
493	周梦杰	仪器科学与技术
494	王言鑫	仪器科学与技术
495	范　振	仪器科学与技术
496	李文祥	仪器科学与技术
497	吕　正	仪器科学与技术
498	彭邦龙	仪器科学与技术
499	强家辉	仪器科学与技术
500	薛　锋	仪器科学与技术
501	宗玉杰	仪器科学与技术
502	马　群	仪器科学与技术
503	何赏赏	仪器科学与技术
504	陶依贝	仪器科学与技术
505	张陈晨	仪器科学与技术
506	张　攀	仪器科学与技术
507	陈　仁	仪器科学与技术
508	朱丹丹	仪器科学与技术
509	杨志远	仪器科学与技术
510	陈凯媛	材料科学与工程
511	杨秋蔓	材料科学与工程
512	何彤彤	材料科学与工程
513	季培蓓	材料科学与工程
514	匡　桐	材料科学与工程

（续　表）

序　号	姓　名	专业名称
515	李　俊	材料科学与工程
516	梁程瑶	材料科学与工程
517	陆晨君	材料科学与工程
518	秦　霞	材料科学与工程
519	锁晓静	材料科学与工程
520	汤倩玉	材料科学与工程
521	唐云逸	材料科学与工程
522	王　健	材料科学与工程
523	王　凯	材料科学与工程
524	王立萍	材料科学与工程
525	吴　叶	材料科学与工程
526	夏晓燕	材料科学与工程
527	邢丽科	材料科学与工程
528	徐俊杰	材料科学与工程
529	曾一平	材料科学与工程
530	张　敏	材料科学与工程
531	郑雪皎	材料科学与工程
532	顾永攀	材料科学与工程
533	曹瑞桦	材料科学与工程
534	曹霄宇	材料科学与工程
535	陈　高	材料科学与工程
536	陈沙然	材料科学与工程
537	崔国健	材料科学与工程
538	杜　仪	材料科学与工程
539	顾腾飞	材料科学与工程
540	胡翔宇	材料科学与工程
541	倪凯翔	材料科学与工程
542	徐丹丹	材料科学与工程
543	张根垒	材料科学与工程
544	赵亚松	材料科学与工程
545	李　峰	材料科学与工程

（续　表）

序　号	姓　名	专业名称
546	李　恒	材料科学与工程
547	湛　位	材料科学与工程
548	卜丽丽	材料科学与工程
549	刘　雨	材料科学与工程
550	臧文洁	材料科学与工程
551	龚　飞	材料科学与工程
552	焦三珊	材料科学与工程
553	龙令军	材料科学与工程
554	李广敬	材料科学与工程
555	刘　迪	材料科学与工程
556	张功托	材料科学与工程
557	陈慧娟	材料科学与工程
558	周　晖	材料科学与工程
559	何　琪	材料科学与工程
560	白　青	材料科学与工程
561	钱如胜	材料科学与工程
562	刘苏丽	材料科学与工程
563	范小路	材料科学与工程
564	杨兆春	材料科学与工程
565	郝　建	材料科学与工程
566	张　琦	材料科学与工程
567	王晓辉	材料科学与工程
568	布瑞克	材料科学与工程
569	许秀秀	材料物理与化学
570	张　鑫	材料物理与化学
571	周　洁	材料物理与化学
572	卢婷婷	材料物理与化学
573	薛兴颖	材料物理与化学
574	杨　洋	动力工程及工程热物理
575	刘　燮	动力工程及工程热物理
576	索明琛	动力工程及工程热物理

（续　表）

序　号	姓　名	专业名称
577	赵云飞	动力工程及工程热物理
578	胡引引	动力工程及工程热物理
579	蔡莼莼	动力工程及工程热物理
580	曹仲勋	动力工程及工程热物理
581	陈海轩	动力工程及工程热物理
582	崔婷婷	动力工程及工程热物理
583	戴楠楠	动力工程及工程热物理
584	戴俏波	动力工程及工程热物理
585	邓传杰	动力工程及工程热物理
586	丁奕文	动力工程及工程热物理
587	冯　浩	动力工程及工程热物理
588	耿　健	动力工程及工程热物理
589	顾佳雯	动力工程及工程热物理
590	郭　源	动力工程及工程热物理
591	黄婷婷	动力工程及工程热物理
592	黄喜军	动力工程及工程热物理
593	黄源烽	动力工程及工程热物理
594	季佳圆	动力工程及工程热物理
595	景亚杰	动力工程及工程热物理
596	雷丽君	动力工程及工程热物理
597	李春峰	动力工程及工程热物理
598	李　珂	动力工程及工程热物理
599	李　萍	动力工程及工程热物理
600	李　腾	动力工程及工程热物理
601	李　弯	动力工程及工程热物理
602	李玮豪	动力工程及工程热物理
603	李雅宁	动力工程及工程热物理
604	廖先伟	动力工程及工程热物理
605	林江帆	动力工程及工程热物理
606	麻建超	动力工程及工程热物理
607	马　泉	动力工程及工程热物理

(续　表)

序　号	姓　名	专业名称
608	潘　晗	动力工程及工程热物理
609	邵恩泽	动力工程及工程热物理
610	沈　倩	动力工程及工程热物理
611	苏成林	动力工程及工程热物理
612	孙俊阳	动力工程及工程热物理
613	王　杨	动力工程及工程热物理
614	吴　轩	动力工程及工程热物理
615	夏文青	动力工程及工程热物理
616	熊　尾	动力工程及工程热物理
617	严倩雯	动力工程及工程热物理
618	羊冰清	动力工程及工程热物理
619	杨小宇	动力工程及工程热物理
620	殷俊平	动力工程及工程热物理
621	于　点	动力工程及工程热物理
622	于　吉	动力工程及工程热物理
623	詹　俊	动力工程及工程热物理
624	张文静	动力工程及工程热物理
625	赵文超	动力工程及工程热物理
626	赵　阳	动力工程及工程热物理
627	郑功杭	动力工程及工程热物理
628	周心澄	动力工程及工程热物理
629	周　正	动力工程及工程热物理
630	朱静文	动力工程及工程热物理
631	朱灵瑜	动力工程及工程热物理
632	邹丹丹	动力工程及工程热物理
633	邹凯凯	动力工程及工程热物理
634	彭　松	动力工程及工程热物理
635	朱伟伟	动力工程及工程热物理
636	邓敏强	动力工程及工程热物理
637	黄宁宁	动力工程及工程热物理
638	姜清尘	动力工程及工程热物理

（续　表）

序　号	姓　名	专业名称
639	骆　毅	动力工程及工程热物理
640	孙淑娟	动力工程及工程热物理
641	孙子文	动力工程及工程热物理
642	田书耘	动力工程及工程热物理
643	王馥郁	动力工程及工程热物理
644	王　浩	动力工程及工程热物理
645	王　健	动力工程及工程热物理
646	魏志伟	动力工程及工程热物理
647	谢兴旺	动力工程及工程热物理
648	张　贝	动力工程及工程热物理
649	赵　杨	动力工程及工程热物理
650	钟振宇	动力工程及工程热物理
651	周　颖	动力工程及工程热物理
652	单贵苏	动力工程及工程热物理
653	吴亚军	动力工程及工程热物理
654	岳小洋	动力工程及工程热物理
655	朱益飞	动力工程及工程热物理
656	骆律源	动力工程及工程热物理
657	王　铮	动力工程及工程热物理
658	吴　健	动力工程及工程热物理
659	田晓芳	动力工程及工程热物理
660	王延涛	动力工程及工程热物理
661	陈　超	动力工程及工程热物理
662	吴雪琴	动力工程及工程热物理
663	张　伟	动力工程及工程热物理
664	付　山	动力工程及工程热物理
665	瓦　齐	动力工程及工程热物理
666	周　娇	动力工程及工程热物理(能源环境工程)
667	宋　阳	电气工程
668	殷天然	电气工程
669	张剑楠	电气工程

(续　表)

序　号	姓　名	专业名称
670	周佺桢	电气工程
671	朱　磊	电气工程
672	黎　柯	电气工程
673	曹佳伟	电气工程
674	曹晓峻	电气工程
675	陈　晖	电气工程
676	陈　倩	电气工程
677	陈斯雨	电气工程
678	陈心桐	电气工程
679	陈昕儒	电气工程
680	丁一帆	电气工程
681	董　力	电气工程
682	范子恺	电气工程
683	高仁栋	电气工程
684	顾盼盼	电气工程
685	姜宇轩	电气工程
686	姜云磊	电气工程
687	孔硕颖	电气工程
688	孔　赟	电气工程
689	郎伊紫禾	电气工程
690	乐　越	电气工程
691	李天一	电气工程
692	刘海波	电气工程
693	柳瑶瑶	电气工程
694	娄藕蝶	电气工程
695	骆芳芳	电气工程
696	钱正国	电气工程
697	邵　雷	电气工程
698	邵雨薇	电气工程
699	盛奕达	电气工程
700	宋　杉	电气工程

（续 表）

序 号	姓 名	专业名称
701	孙立成	电气工程
702	汤 成	电气工程
703	王 蕊	电气工程
704	王一波	电气工程
705	王雨薇	电气工程
706	吴 丹	电气工程
707	吴冬皓	电气工程
708	夏超鹏	电气工程
709	谢 畅	电气工程
710	徐小涵	电气工程
711	杨 瑾	电气工程
712	余樨源	电气工程
713	张 潮	电气工程
714	张明利	电气工程
715	张 涛	电气工程
716	张天伟	电气工程
717	张星宇	电气工程
718	郑斌青	电气工程
719	周晓薇	电气工程
720	周雨琪	电气工程
721	朱 蕾	电气工程
722	朱亮亮	电气工程
723	朱 萌	电气工程
724	朱振宇	电气工程
725	梁君涵	电气工程
726	马亚林	电气工程
727	沈天骄	电气工程
728	谭 超	电气工程
729	王小虎	电气工程
730	张贝贝	电气工程
731	卓 青	电气工程

(续 表)

序 号	姓 名	专业名称
732	潘书磊	电气工程
733	殷芳博	电气工程
734	蒋晓剑	电气工程
735	刘金成	电气工程
736	孙一帆	电气工程
737	应 俊	电气工程
738	晓 宇	电气工程
739	张 磊	电气工程
740	韩 松	电气工程
741	王 晨	电气工程
742	王建豪	电气工程
743	周志强	电气工程
744	常莉敏	电气工程
745	张天琪	电气工程
746	孙鹤辉	电气工程
747	黄丽丽	电气工程
748	哈 山	电气工程
749	凯 乐	电气工程
750	凯 琳	电气工程
751	诺 曼	电气工程
752	瑞 曼	电气工程
753	埃 达	电气工程
754	加莫森	电气工程
755	索米尔	电子科学与技术
756	西 德	电子科学与技术
757	阿德南	电子科学与技术
758	木思况	电子科学与技术
759	管孟文	物理电子学
760	胡威漪	物理电子学
761	黄新锐	物理电子学
762	蒋晓月	物理电子学

（续　表）

序　号	姓　名	专业名称
763	金岑芩	物理电子学
764	李芳杰	物理电子学
765	刘怡然	物理电子学
766	马士杰	物理电子学
767	彭　舒	物理电子学
768	饶言红	物理电子学
769	徐　健	物理电子学
770	石在耀	物理电子学
771	金凯文	物理电子学
772	周　朦	物理电子学
773	仇云萍	物理电子学
774	冯　程	物理电子学
775	高　攀	物理电子学
776	江彬礼	物理电子学
777	雷　笔	物理电子学
778	林际斌	物理电子学
779	杨婷婷	物理电子学
780	张镇波	物理电子学
781	汤景浪	物理电子学
782	史士鹏	物理电子学
783	万　勇	物理电子学
784	王　镇	物理电子学
785	王宝宝	物理电子学
786	江　晗	物理电子学
787	朱成军	物理电子学
788	崔宝龙	物理电子学
789	郭振钊	物理电子学
790	夏　凯	物理电子学
791	王　垒	物理电子学
792	窦　楠	物理电子学
793	陈广甸	物理电子学

（续　表）

序　号	姓　名	专业名称
794	黄博鋆	物理电子学
795	卢亚迪	电路与系统
796	蔡韫奇	电路与系统
797	傅玮烽	电路与系统
798	李晓兴	电路与系统
799	杨丽娟	电路与系统
800	宋雯炼	电路与系统
801	丁　煜	电路与系统
802	董益灿	电路与系统
803	范文杰	电路与系统
804	张美生	电路与系统
805	李雪松	电路与系统
806	史鹏鹏	电路与系统
807	唐　伟	电路与系统
808	柳浦生	电路与系统
809	李海辉	电路与系统
810	祁维城	电路与系统
811	顾　泓	电路与系统
812	朱志锐	电路与系统
813	戴张印	电路与系统
814	胡　航	电路与系统
815	黄泽宇	电路与系统
816	王　帅	电路与系统
817	翟广超	电路与系统
818	赵玉豪	电路与系统
819	高梓怡	电路与系统
820	孙知非	电路与系统
821	黄　俊	微电子学与固体电子学
822	尹　玲	微电子学与固体电子学
823	祁　琛	微电子学与固体电子学
824	丁远哲	微电子学与固体电子学

（续　表）

序　号	姓　名	专业名称
825	范　傲	微电子学与固体电子学
826	傅　娟	微电子学与固体电子学
827	高思为	微电子学与固体电子学
828	高馨雅	微电子学与固体电子学
829	郭易辰	微电子学与固体电子学
830	胡静洁	微电子学与固体电子学
831	胡子炎	微电子学与固体电子学
832	黄鑫鹏	微电子学与固体电子学
833	吉　昊	微电子学与固体电子学
834	寇兴鹏	微电子学与固体电子学
835	李乐乐	微电子学与固体电子学
836	刘　畅	微电子学与固体电子学
837	刘　睿	微电子学与固体电子学
838	刘泽恒	微电子学与固体电子学
839	马　青	微电子学与固体电子学
840	邵梓桥	微电子学与固体电子学
841	史智慧	微电子学与固体电子学
842	万　亮	微电子学与固体电子学
843	王　敏	微电子学与固体电子学
844	谢明枫	微电子学与固体电子学
845	徐亭亭	微电子学与固体电子学
846	严　晖	微电子学与固体电子学
847	杨　丹	微电子学与固体电子学
848	余嘉程	微电子学与固体电子学
849	张　蓉	微电子学与固体电子学
850	张玉浩	微电子学与固体电子学
851	周健洋	微电子学与固体电子学
852	周陶梅	微电子学与固体电子学
853	朱吉喆	微电子学与固体电子学
854	朱荣华	微电子学与固体电子学
855	董　薇	微电子学与固体电子学

（续　表）

序　号	姓　名	专业名称
856	郭欣格	微电子学与固体电子学
857	蒋网扣	微电子学与固体电子学
858	陆启乐	微电子学与固体电子学
859	鹿　麟	微电子学与固体电子学
860	潘　宇	微电子学与固体电子学
861	潘智华	微电子学与固体电子学
862	孙　晨	微电子学与固体电子学
863	滕　腾	微电子学与固体电子学
864	田豪傑	微电子学与固体电子学
865	王辅强	微电子学与固体电子学
866	王梓丞	微电子学与固体电子学
867	夏云汉	微电子学与固体电子学
868	杨　力	微电子学与固体电子学
869	游玉洁	微电子学与固体电子学
870	过恒荣	微电子学与固体电子学
871	严德洋	微电子学与固体电子学
872	杨恒山	微电子学与固体电子学
873	沈海云	微电子学与固体电子学
874	陈友国	微电子学与固体电子学
875	杨远敏	微电子学与固体电子学
876	甘兴锋	微电子学与固体电子学
877	平　瑶	微电子学与固体电子学
878	杨翰琪	微电子学与固体电子学
879	胡二洋	微电子学与固体电子学
880	张铭书	微电子学与固体电子学
881	肖　申	微电子学与固体电子学
882	张　乐	微电子学与固体电子学
883	袁建超	电磁场与微波技术
884	曹正庭	电磁场与微波技术
885	郎　纾	电磁场与微波技术
886	林　波	电磁场与微波技术

（续　表）

序　号	姓　名	专业名称
887	张大旭	电磁场与微波技术
888	王宝杰	电磁场与微波技术
889	黄　菲	电磁场与微波技术
890	王　丹	电磁场与微波技术
891	吴兴旺	电磁场与微波技术
892	叶　璐	电磁场与微波技术
893	张言明	电磁场与微波技术
894	王　昆	电磁场与微波技术
895	张祥伍	电磁场与微波技术
896	李　杨	电磁场与微波技术
897	严建杰	电磁场与微波技术
898	米从威	电磁场与微波技术
899	危　桑	电磁场与微波技术
900	钟建坦	电磁场与微波技术
901	孙　涛	电磁场与微波技术
902	张　娜	电磁场与微波技术
903	赵娇健	电磁场与微波技术
904	周　健	电磁场与微波技术
905	陈晓晴	电磁场与微波技术
906	夏华婧	电磁场与微波技术
907	蒋桂云	电磁场与微波技术
908	李逸之	电磁场与微波技术
909	邹珍珍	电磁场与微波技术
910	费星凯	电磁场与微波技术
911	高梓晟	电磁场与微波技术
912	李　筱	电磁场与微波技术
913	张剑雄	电磁场与微波技术
914	刘　俊	电磁场与微波技术
915	张　强	电磁场与微波技术
916	陆玉国	电磁场与微波技术
917	李　洋	电磁场与微波技术

(续　表)

序　号	姓　名	专业名称
918	马荣杰	电磁场与微波技术
919	蔡华磊	电磁场与微波技术
920	丁耀慧	电磁场与微波技术
921	陈廷蓉	电磁场与微波技术
922	熊　涛	电磁场与微波技术
923	宿　城	电磁场与微波技术
924	胡　博	电磁场与微波技术
925	陈圣华	电子科学与技术(集成电路设计)
926	邵为建	电子科学与技术(集成电路设计)
927	阎述昱	电子科学与技术(集成电路设计)
928	卜　磊	电子科学与技术(集成电路设计)
929	张恒峰	电子科学与技术(集成电路设计)
930	胡志武	电子科学与技术(集成电路设计)
931	程德朋	信息与通信工程
932	尹浩浩	信息与通信工程
933	陈黎明	信息与通信工程
934	陈朋瑶	信息与通信工程
935	陈淑菁	信息与通信工程
936	邓榆钦	信息与通信工程
937	丁　翠	信息与通信工程
938	董雨晴	信息与通信工程
939	都之夏	信息与通信工程
940	杜鹏程	信息与通信工程
941	樊　浩	信息与通信工程
942	龚　宓	信息与通信工程
943	郭明皓	信息与通信工程
944	黄志超	信息与通信工程
945	贾栋红	信息与通信工程
946	梁　霄	信息与通信工程
947	刘诚征	信息与通信工程
948	刘明霞	信息与通信工程

（续　表）

序　号	姓　名	专业名称
949	卢丽慧	信息与通信工程
950	卢欣桐	信息与通信工程
951	马　恺	信息与通信工程
952	马骁驰	信息与通信工程
953	倪路遥	信息与通信工程
954	秦宗南	信息与通信工程
955	施　屹	信息与通信工程
956	王　辰	信息与通信工程
957	王圆圆	信息与通信工程
958	吴艳飞	信息与通信工程
959	夏子贤	信息与通信工程
960	肖大家	信息与通信工程
961	谢秀坤	信息与通信工程
962	杨　杰	信息与通信工程
963	张　弛	信息与通信工程
964	张苏春	信息与通信工程
965	赵　越	信息与通信工程
966	朱秋瑜	信息与通信工程
967	邹辉辉	信息与通信工程
968	朱翰宬	信息与通信工程
969	张　旭	信息与通信工程
970	杨　阳	信息与通信工程
971	赵亚军	信息与通信工程
972	黄博南	信息与通信工程
973	黄　勇	信息与通信工程
974	徐庆云	信息与通信工程
975	许瑞宁	信息与通信工程
976	赵　凡	信息与通信工程
977	吕志伟	信息与通信工程
978	胡亚洲	信息与通信工程
979	阮湖岗	信息与通信工程

(续　表)

序　号	姓　名	专业名称
980	刘　昊	信息与通信工程
981	周敏睿	信息与通信工程
982	刘思青	信息与通信工程
983	陈　硕	信息与通信工程
984	朱建霞	信息与通信工程
985	康　泓	信息与通信工程
986	孔令玉	信息与通信工程
987	庞依韵	信息与通信工程
988	曹　琪	信息与通信工程
989	金余概	信息与通信工程
990	黄立新	信息与通信工程
991	王　猛	信息与通信工程
992	王娜娜	信息与通信工程
993	孟令震	信息与通信工程
994	刘　敏	信息与通信工程
995	卢宇亭	信息与通信工程
996	欧阳俊	信息与通信工程
997	王　帅	信息与通信工程
998	杨耀栋	信息与通信工程
999	石晨楠	信息与通信工程
1000	顾喆旭	信息与通信工程
1001	潘倩倩	信息与通信工程
1002	王　畑	信息与通信工程
1003	王文正	信息与通信工程
1004	杨　普	信息与通信工程
1005	杨雅涵	信息与通信工程
1006	张　珊	信息与通信工程
1007	陈翔宇	信息与通信工程
1008	乔露露	信息与通信工程
1009	陶文武	信息与通信工程
1010	王雪梅	信息与通信工程

（续　表）

序　号	姓　名	专业名称
1011	路　娟	信息与通信工程
1012	杨　堤	信息与通信工程
1013	汤　楠	信息与通信工程
1014	余锦斌	信息与通信工程
1015	王　昕	信息与通信工程
1016	徐家辉	信息与通信工程
1017	冯　淼	信息与通信工程
1018	刘　鑫	信息与通信工程
1019	王　茜	信息与通信工程
1020	王诗佳	信息与通信工程
1021	朱泽政	信息与通信工程
1022	肖剑锋	信息与通信工程
1023	刘　杰	信息与通信工程
1024	袁其祥	信息与通信工程
1025	王子昕	信息与通信工程
1026	蔡　恒	信息与通信工程
1027	程飞翔	信息与通信工程
1028	朱芳枚	信息与通信工程
1029	王书乔	信息与通信工程
1030	吴鸿凯	信息与通信工程
1031	苏梓睿	信息与通信工程
1032	宋楠楠	信息与通信工程
1033	王茜茜	信息与通信工程
1034	李莹莹	信息与通信工程
1035	吴其生	信息与通信工程
1036	武　曦	信息与通信工程
1037	陈钟汇	信息与通信工程
1038	郑　义	信息与通信工程
1039	蒋　程	信息与通信工程
1040	蒋建东	信息与通信工程
1041	申怡飞	信息与通信工程

(续　表)

序　号	姓　名	专业名称
1042	徐略钧	信息与通信工程
1043	董启宏	信息与通信工程(信息安全)
1044	王伟康	信息与通信工程(信息安全)
1045	胡奥婷	信息与通信工程(信息安全)
1046	吕荣毅	信息与通信工程(信息安全)
1047	陆雅雯	信息与通信工程(信息安全)
1048	张方宇	信息与通信工程(信息安全)
1049	杨慧文	信息与通信工程(信息安全)
1050	罗　平	信息与通信工程(信息安全)
1051	段　然	信息与通信工程(信息安全)
1052	张峻瑞	信息与通信工程(信息安全)
1053	周　微	信息与通信工程(信息安全)
1054	李晶琪	信息与通信工程(信息安全)
1055	武晨旭	信息与通信工程(信息安全)
1056	骆弘珊	信息与通信工程(信息安全)
1057	王　睿	信息与通信工程(信息安全)
1058	张克落	信息与通信工程(信息安全)
1059	殷　青	信息与通信工程(信息安全)
1060	高海丹	控制科学与工程
1061	蔡　敏	控制科学与工程
1062	陈孟孟	控制科学与工程
1063	陈　睿	控制科学与工程
1064	崔佳威	控制科学与工程
1065	丁思娴	控制科学与工程
1066	冯逸霏	控制科学与工程
1067	付胜国	控制科学与工程
1068	葛永彦	控制科学与工程
1069	胡　坤	控制科学与工程
1070	胡　悦	控制科学与工程
1071	黄旭舟	控制科学与工程
1072	李海昇	控制科学与工程

（续 表）

序 号	姓 名	专业名称
1073	李建宇	控制科学与工程
1074	李天煌	控制科学与工程
1075	刘 阳	控制科学与工程
1076	刘宇征	控制科学与工程
1077	陆灿楠	控制科学与工程
1078	马 炯	控制科学与工程
1079	马志伟	控制科学与工程
1080	潘城屹	控制科学与工程
1081	潘建龙	控制科学与工程
1082	潘 婕	控制科学与工程
1083	阙宇翔	控制科学与工程
1084	邵 楠	控制科学与工程
1085	石 珂	控制科学与工程
1086	孙振华	控制科学与工程
1087	唐 静	控制科学与工程
1088	陶 鹏	控制科学与工程
1089	汪 野	控制科学与工程
1090	王 杰	控制科学与工程
1091	王祥栋	控制科学与工程
1092	王 瑶	控制科学与工程
1093	魏银平	控制科学与工程
1094	吴 飞	控制科学与工程
1095	吴 浩	控制科学与工程
1096	徐彬彬	控制科学与工程
1097	姚 祥	控制科学与工程
1098	印海蓉	控制科学与工程
1099	郁程熿	控制科学与工程
1100	臧 凯	控制科学与工程
1101	张炜森	控制科学与工程
1102	章 晨	控制科学与工程
1103	郑夏勋	控制科学与工程

(续　表)

序　号	姓　名	专业名称
1104	周　欣	控制科学与工程
1105	高　歌	控制科学与工程
1106	曹昕卉	控制科学与工程
1107	陈　明	控制科学与工程
1108	陈　愿	控制科学与工程
1109	姜蘅育	控制科学与工程
1110	李飞飞	控制科学与工程
1111	童珠满	控制科学与工程
1112	徐翔鸣	控制科学与工程
1113	张　超	控制科学与工程
1114	周　源	控制科学与工程
1115	葛志霞	控制科学与工程
1116	吴　晗	控制科学与工程
1117	相银堂	控制科学与工程
1118	蒋　笠	控制科学与工程
1119	沈冬冬	控制科学与工程
1120	蒋　闯	控制科学与工程
1121	臧雨飞	控制科学与工程
1122	成翔昊	控制科学与工程
1123	万　强	控制科学与工程
1124	范　琨	控制科学与工程
1125	曹一格	控制科学与工程
1126	施洪宝	控制科学与工程
1127	刘浩宇	控制科学与工程
1128	吴其华	控制科学与工程
1129	何　敏	控制科学与工程
1130	魏向义	控制科学与工程
1131	陈仁思	控制科学与工程
1132	杨龙文	控制科学与工程
1133	潘　灏	控制科学与工程
1134	万里红	控制科学与工程

（续　表）

序　号	姓　名	专业名称
1135	刘　超	控制科学与工程
1136	戴　忱	控制科学与工程
1137	郑志成	控制理论与控制工程
1138	钟玖林	系统工程
1139	董　亚	导航、制导与控制
1140	代　维	导航、制导与控制
1141	吴　梅	导航、制导与控制
1142	吴晓飞	导航、制导与控制
1143	闫琳宇	导航、制导与控制
1144	周月华	导航、制导与控制
1145	王永杰	导航、制导与控制
1146	党一菲	计算机科学与技术
1147	汤小虎	计算机科学与技术
1148	陈后锦	计算机科学与技术
1149	陈克强	计算机科学与技术
1150	陈巧云	计算机科学与技术
1151	陈泽隆	计算机科学与技术
1152	戴树唯	计算机科学与技术
1153	丁文江	计算机科学与技术
1154	葛文锦	计算机科学与技术
1155	贡　欢	计算机科学与技术
1156	何展鹏	计算机科学与技术
1157	洪婉坪	计算机科学与技术
1158	洪　沿	计算机科学与技术
1159	胡　静	计算机科学与技术
1160	黄亚澎	计算机科学与技术
1161	贾程浩	计算机科学与技术
1162	李华繁	计算机科学与技术
1163	李京昊	计算机科学与技术
1164	李　林	计算机科学与技术
1165	林　柯	计算机科学与技术

（续　表）

序　号	姓　名	专业名称
1166	罗　朋	计算机科学与技术
1167	马斯霈	计算机科学与技术
1168	沈　璧	计算机科学与技术
1169	盛亮亮	计算机科学与技术
1170	时　鹏	计算机科学与技术
1171	宋世渊	计算机科学与技术
1172	孙坚运	计算机科学与技术
1173	王　飞	计算机科学与技术
1174	王　力	计算机科学与技术
1175	王　瑶	计算机科学与技术
1176	吴昊天	计算机科学与技术
1177	武文茂	计算机科学与技术
1178	严祥光	计算机科学与技术
1179	杨　云	计算机科学与技术
1180	姚育华	计算机科学与技术
1181	张润环	计算机科学与技术
1182	周鹏程	计算机科学与技术
1183	陈复超	计算机科学与技术
1184	董永娜	计算机科学与技术
1185	倪泽阳	计算机科学与技术
1186	桑燕五	计算机科学与技术
1187	吴嘉楠	计算机科学与技术
1188	周佳欢	计算机科学与技术
1189	周文烽	计算机科学与技术
1190	乔　科	计算机科学与技术
1191	邱诗洁	计算机科学与技术
1192	王　坤	计算机科学与技术
1193	何秀军	计算机科学与技术
1194	段　旭	计算机科学与技术
1195	潘光磊	计算机科学与技术
1196	陆　健	计算机科学与技术

（续　表）

序　号	姓　名	专业名称
1197	杨雨婷	计算机科学与技术
1198	李成明	计算机科学与技术
1199	常　成	建筑学
1200	韩春楠	建筑学
1201	韩宜丹	建筑学
1202	孟　斌	建筑学
1203	赵　男	建筑学
1204	黄恩泽	建筑学
1205	江　琪	建筑学
1206	王琳嫣	建筑学
1207	吴　珺	建筑学
1208	杨小剑	建筑学
1209	叶　枝	建筑学
1210	余君望	建筑学
1211	张　诺	建筑学
1212	孟　哲	建筑学
1213	郭逸文	建筑学
1214	王　笑	建筑学
1215	成　佳	建筑学
1216	张玮玮	建筑学
1217	梁　静	建筑学
1218	王　顺	建筑学
1219	李直清	建筑学
1220	郑　蒨	建筑学
1221	唐朝璐	建筑学
1222	安　华	建筑学
1223	伯斯克	建筑学
1224	阿　曼	建筑学
1225	卢博娜	建筑学
1226	丹　佳	建筑学
1227	苏迪托	建筑学

（续　表）

序　号	姓　名	专业名称
1228	马　琰	建筑学
1229	朱贤西	土木工程
1230	刘　安	土木工程
1231	张　罕	土木工程
1232	卞　宇	土木工程
1233	高杨梅	土木工程
1234	韩鹏飞	土木工程
1235	何冰冰	土木工程
1236	胡小锋	土木工程
1237	黄志挺	土木工程
1238	江　申	土木工程
1239	蒋丛笑	土木工程
1240	李　贺	土木工程
1241	李　阳	土木工程
1242	梁　航	土木工程
1243	刘　军	土木工程
1244	娄　凡	土木工程
1245	鲁　梦	土木工程
1246	马明宇	土木工程
1247	沙　奔	土木工程
1248	施路遥	土木工程
1249	孙　辉	土木工程
1250	孙凯奇	土木工程
1251	孙梦琳	土木工程
1252	田　静	土木工程
1253	王辰熙	土木工程
1254	王斯妮	土木工程
1255	王永标	土木工程
1256	魏孝胜	土木工程
1257	吴　丹	土木工程
1258	伍　艺	土木工程

（续　表）

序　号	姓　名	专业名称
1259	夏天阳	土木工程
1260	向需文	土木工程
1261	荀智翔	土木工程
1262	晏　浩	土木工程
1263	杨意志	土木工程
1264	杨玉泽	土木工程
1265	张晨辉	土木工程
1266	张　骞	土木工程
1267	张昭雯	土木工程
1268	张祯楠	土木工程
1269	邵耳东	土木工程
1270	操　宇	土木工程
1271	周　康	土木工程
1272	胡晚亭	土木工程
1273	陈　龙	土木工程
1274	丛　戎	土木工程
1275	董　勃	土木工程
1276	冯　瑞	土木工程
1277	华　坤	土木工程
1278	黄　樊	土木工程
1279	李云杰	土木工程
1280	孙　方	土木工程
1281	许鹏杰	土木工程
1282	张皓清	土木工程
1283	张秦嘉	土木工程
1284	周广仁	土木工程
1285	周吴新	土木工程
1286	周宇航	土木工程
1287	黄　睿	土木工程
1288	陆凯卫	土木工程
1289	徐子炎	土木工程

（续　表）

序　号	姓　名	专业名称
1290	柴　舜	土木工程
1291	李文超	土木工程
1292	孙后伟	土木工程
1293	张晓明	土木工程
1294	王军健	土木工程
1295	代兴云	土木工程
1296	艾德豪	土木工程
1297	苗安男	土木工程
1298	吴　熙	土木工程
1299	周　通	土木工程
1300	杨连坤	土木工程
1301	许傲逸	土木工程
1302	苗梦瑶	土木工程
1303	郝要文	土木工程
1304	徐贵良	土木工程
1305	赵　祥	土木工程
1306	熊　强	土木工程
1307	薛荣乐	土木工程
1308	强玮良	土木工程
1309	任逸文	土木工程
1310	张　强	土木工程
1311	杨　露	土木工程
1312	张伊洲	土木工程
1313	张　凯	土木工程
1314	高凯强	土木工程
1315	戴　安	土木工程
1316	裴潘辉	土木工程
1317	柯达思	土木工程
1318	阿　迈	土木工程
1319	丹　史	土木工程
1320	曼　索	土木工程

（续　表）

序　号	姓　名	专业名称
1321	张雅娜	土木工程
1322	顾素恩	岩土工程
1323	刘嵘沁	岩土工程
1324	谭风雷	岩土工程
1325	童天志	岩土工程
1326	吴　建	岩土工程
1327	薛皓辰	岩土工程
1328	杨　鹏	岩土工程
1329	张　润	岩土工程
1330	常腾飞	岩土工程
1331	魏启炳	岩土工程
1332	项　莲	岩土工程
1333	詹博博	岩土工程
1334	范立雄	岩土工程
1335	郑晓培	岩土工程
1336	邢益坤	市政工程
1337	付　顺	市政工程
1338	胡如幻	市政工程
1339	芮玉菡	市政工程
1340	于佳正	市政工程
1341	赵恩普	市政工程
1342	徐　磊	市政工程
1343	杨飞凯	市政工程
1344	朱兆阳	市政工程
1345	张贺志	供热、供燃气、通风及空调工程
1346	蒋　淳	供热、供燃气、通风及空调工程
1347	查小波	供热、供燃气、通风及空调工程
1348	单楠楠	供热、供燃气、通风及空调工程
1349	丁　林	供热、供燃气、通风及空调工程
1350	季已辰	供热、供燃气、通风及空调工程
1351	贾　曦	供热、供燃气、通风及空调工程

(续　表)

序　号	姓　名	专业名称
1352	马晓凡	供热、供燃气、通风及空调工程
1353	满　亮	供热、供燃气、通风及空调工程
1354	谢　腾	供热、供燃气、通风及空调工程
1355	史珍妮	供热、供燃气、通风及空调工程
1356	华　齐	供热、供燃气、通风及空调工程
1357	陈　章	桥梁与隧道工程
1358	刘　奎	桥梁与隧道工程
1359	任　政	桥梁与隧道工程
1360	宋元印	桥梁与隧道工程
1361	郑华凯	桥梁与隧道工程
1362	李文贤	桥梁与隧道工程
1363	刘华琛	桥梁与隧道工程
1364	刘祁杰	桥梁与隧道工程
1365	张　娴	桥梁与隧道工程
1366	严永阳	桥梁与隧道工程
1367	黄　珺	土木工程(土木工程建造与管理)
1368	李　丹	土木工程(土木工程建造与管理)
1369	李皓燃	土木工程(土木工程建造与管理)
1370	钱　锐	土木工程(土木工程建造与管理)
1371	邱良良	土木工程(土木工程建造与管理)
1372	吴天宝	土木工程(土木工程建造与管理)
1373	周文韬	土木工程(土木工程建造与管理)
1374	朱　钰	土木工程(土木工程建造与管理)
1375	陈天圣	土木工程(土木工程建造与管理)
1376	徐贝贝	土木工程(土木工程建造与管理)
1377	栾利影	土木工程(土木工程建造与管理)
1378	陈　为	土木工程(土木工程建造与管理)
1379	张　一	土木工程(土木工程建造与管理)
1380	高亚南	土木工程(土木工程建造与管理)
1381	范丽婵	水利工程
1382	柳成林	水利工程

（续 表）

序 号	姓 名	专业名称
1383	夏 峰	水利工程
1384	张梦成	水利工程
1385	陈文娇	测绘科学与技术
1386	胡惠卿	测绘科学与技术
1387	胡卓良	测绘科学与技术
1388	姜钧陶	测绘科学与技术
1389	郭 奇	测绘科学与技术
1390	孙 博	测绘科学与技术
1391	林 静	化学工程与技术
1392	汪会平	化学工程与技术
1393	柏茜茜	化学工程与技术
1394	蔡志岚	化学工程与技术
1395	陈 勇	化学工程与技术
1396	樊丽丹	化学工程与技术
1397	霍萌萌	化学工程与技术
1398	蒋 伟	化学工程与技术
1399	卢 璐	化学工程与技术
1400	潘刘鹏	化学工程与技术
1401	仝 远	化学工程与技术
1402	吴元锋	化学工程与技术
1403	杨兴辉	化学工程与技术
1404	杨怡然	化学工程与技术
1405	钟熙	化学工程与技术
1406	沈鹏欣	化学工程与技术
1407	张雅雯	化学工程与技术
1408	邢 君	化学工程与技术
1409	查贤君	化学工程与技术
1410	李 帅	化学工程与技术
1411	葛斯佳	化学工程与技术
1412	钟建刚	化学工程与技术
1413	陈冬冬	化学工程与技术

（续　表）

序　号	姓　名	专业名称
1414	吴欣然	化学工程与技术
1415	李仁杰	化学工程与技术
1416	董　浩	化学工程与技术
1417	江鹏飞	化学工程与技术
1418	张　威	化学工程与技术
1419	蔡振宇	化学工程与技术
1420	宋　丽	化学工程与技术
1421	杨闪光	化学工程与技术
1422	丁　莉	化学工程与技术
1423	范东晓	化学工程与技术
1424	秦　敏	化学工程与技术
1425	王中伟	化学工程与技术
1426	何金鑫	化学工程与技术
1427	井晓芳	化学工程与技术
1428	李红颜	化学工程与技术
1429	苏肖肖	化学工程与技术
1430	殷　姿	化学工程与技术
1431	辛泽昊	交通运输工程
1432	严　钰	交通运输工程
1433	段婷婷	交通运输工程
1434	武丽佳	交通运输工程
1435	杨炅宇	交通运输工程
1436	张晓田	交通运输工程
1437	曹青青	交通运输工程
1438	陈佳洁	交通运输工程
1439	陈　沁	交通运输工程
1440	陈婷婷	交通运输工程
1441	谌　越	交通运输工程
1442	丁　微	交通运输工程
1443	付　旻	交通运输工程
1444	黄　蓉	交通运输工程

（续　表）

序　号	姓　名	专业名称
1445	姜严旭	交通运输工程
1446	李居宸	交通运输工程
1447	廖　辉	交通运输工程
1448	林　早	交通运输工程
1449	吕俊秀	交通运输工程
1450	罗天铭	交通运输工程
1451	孟　琳	交通运输工程
1452	沈涵瑕	交通运输工程
1453	孙春洋	交通运输工程
1454	孙翠翠	交通运输工程
1455	吴　凡	交通运输工程
1456	吴炜光	交通运输工程
1457	闫雪彤	交通运输工程
1458	杨惠婷	交通运输工程
1459	杨　璐	交通运输工程
1460	杨宛钰	交通运输工程
1461	杨越思	交通运输工程
1462	尹　硕	交通运输工程
1463	俞志钢	交通运输工程
1464	张慧琳	交通运输工程
1465	张嘉明	交通运输工程
1466	张　婷	交通运输工程
1467	赵敏慧	交通运输工程
1468	钟　宁	交通运输工程
1469	周　昊	交通运输工程
1470	祝　蕾	交通运输工程
1471	朱诚成	交通运输工程
1472	蔡　琪	交通运输工程
1473	曹先琦	交通运输工程
1474	陈　尧	交通运输工程
1475	谌偲翔	交通运输工程

(续　表)

序　号	姓　名	专业名称
1476	程蓝星	交通运输工程
1477	郭一凡	交通运输工程
1478	黄帅凤	交通运输工程
1479	林　莉	交通运输工程
1480	刘博文	交通运输工程
1481	刘梦吉	交通运输工程
1482	刘修宇	交通运输工程
1483	彭　俊	交通运输工程
1484	阙方洁	交通运输工程
1485	孙培翔	交通运输工程
1486	王家舒	交通运输工程
1487	王　坤	交通运输工程
1488	王耀卿	交通运输工程
1489	徐利彬	交通运输工程
1490	徐琪烽	交通运输工程
1491	杨　琦	交通运输工程
1492	张蔓苑	交通运输工程
1493	张雯靓	交通运输工程
1494	张　垚	交通运输工程
1495	周　东	交通运输工程
1496	朱凯轩	交通运输工程
1497	谢　路	交通运输工程
1498	张凌翔	交通运输工程
1499	贺　申	交通运输工程
1500	胡桂松	交通运输工程
1501	肖　烽	交通运输工程
1502	胡　权	交通运输工程
1503	张　辉	交通运输工程
1504	张逸阁	交通运输工程
1505	李　瑞	交通运输工程
1506	刘　勇	交通运输工程

（续　表）

序　号	姓　名	专业名称
1507	许丁斌	交通运输工程
1508	贝志达	交通运输工程
1509	张炳森	交通运输工程
1510	周琳琳	交通运输工程
1511	华明壮	交通运输工程
1512	魏小皓	交通运输工程
1513	杜明洋	交通运输工程
1514	曹　屹	道路与铁道工程
1515	袁群兵	交通信息工程及控制
1516	余华平	环境科学与工程
1517	常　岩	环境科学与工程
1518	黄天娇	环境科学与工程
1519	李　蕾	环境科学与工程
1520	李欣怡	环境科学与工程
1521	彭丽红	环境科学与工程
1522	施丽君	环境科学与工程
1523	石　坤	环境科学与工程
1524	孙孜非	环境科学与工程
1525	侯大伟	环境科学与工程
1526	李　莲	环境科学与工程
1527	顾　霞	环境科学与工程
1528	陈太飞	环境科学与工程
1529	赛　可	环境科学与工程
1530	黄建福	生物医学工程
1531	李　波	生物医学工程
1532	陈鹤鸣	生物医学工程
1533	陈　鹏	生物医学工程
1534	陈　伟	生物医学工程
1535	陈　伟	生物医学工程
1536	陈　妍	生物医学工程
1537	郝政宇	生物医学工程

（续　表）

序　号	姓　名	专业名称
1538	胡　月	生物医学工程
1539	姜雪瑞	生物医学工程
1540	李亚鹏	生物医学工程
1541	李已晴	生物医学工程
1542	陆颖琪	生物医学工程
1543	马思雨	生物医学工程
1544	史丽霞	生物医学工程
1545	仝政霖	生物医学工程
1546	汪丽平	生物医学工程
1547	王　敏	生物医学工程
1548	吴子谦	生物医学工程
1549	夏威夷	生物医学工程
1550	徐晓岚	生物医学工程
1551	杨　通	生物医学工程
1552	詹晓彤	生物医学工程
1553	张春明	生物医学工程
1554	张福聃	生物医学工程
1555	张　航	生物医学工程
1556	张明月	生物医学工程
1557	朱传清	生物医学工程
1558	朱　烨	生物医学工程
1559	范晓阳	生物医学工程
1560	郭　健	生物医学工程
1561	韩　微	生物医学工程
1562	林凌云	生物医学工程
1563	谭　俊	生物医学工程
1564	周哲典	生物医学工程
1565	昂朝满	生物医学工程
1566	方思远	生物医学工程
1567	马伟恒	生物医学工程
1568	夏　楠	生物医学工程

（续　表）

序　号	姓　名	专业名称
1569	郑境国	生物医学工程
1570	许海涛	生物医学工程
1571	朱　珠	生物医学工程
1572	谢　凡	生物医学工程
1573	辛丽斐	生物医学工程
1574	杨　越	生物医学工程
1575	彭　俊	生物医学工程
1576	孟　天	生物医学工程
1577	唐李天一	生物医学工程
1578	高寒松	生物医学工程
1579	黄宇翔	生物医学工程
1580	陈　良	生物医学工程
1581	周　鑫	生物医学工程
1582	韩中骁	生物医学工程
1583	骆　爽	生物医学工程
1584	周泽冀	生物医学工程
1585	项建新	生物医学工程
1586	韩培佩	生物医学工程
1587	郑夏雯	生物医学工程
1588	王　柳	生物医学工程
1589	陈　玲	生物医学工程
1590	赵　君	生物医学工程
1591	王　琰	生物医学工程
1592	葛海琦	生物医学工程
1593	包　镇	生物医学工程
1594	蔡国超	生物医学工程
1595	黄　朔	生物医学工程
1596	赵冠宇	生物医学工程
1597	杨庆苒	生物医学工程
1598	蔡旭皓	生物医学工程
1599	付光彬	生物医学工程

(续　表)

序　号	姓　名	专业名称
1600	倪杨阳	生物医学工程
1601	李　昊	生物医学工程
1602	陈彬宇	生物医学工程
1603	孙　杰	生物医学工程
1604	贾晓冬	生物医学工程
1605	王天诺	生物医学工程
1606	蔡友谊	生物医学工程(神经信息工程)
1607	叶佳音	生物医学工程(神经信息工程)
1608	杨乔生	生物医学工程(神经信息工程)
1609	戚静瑜	生物医学工程(神经信息工程)
1610	孙高鹏	生物医学工程(神经信息工程)
1611	莫昭奇	生物医学工程(神经信息工程)
1612	宋文凯	生物医学工程(神经信息工程)
1613	方　娜	生物医学工程(神经信息工程)
1614	吴韵巧	生物医学工程(神经信息工程)
1615	李　娜	生物医学工程(学习科学)
1616	丁梦媛	生物医学工程(学习科学)
1617	周　晶	生物医学工程(学习科学)
1618	柳雄威	生物医学工程(学习科学)
1619	段彩灵	生物医学工程(学习科学)
1620	吴　彦	生物医学工程(学习科学)
1621	柏露露	城乡规划学
1622	顾祎敏	城乡规划学
1623	何倩倩	城乡规划学
1624	胡雪倩	城乡规划学
1625	可怡萱	城乡规划学
1626	林允琦	城乡规划学
1627	王健南	城乡规划学
1628	蔚　风	城乡规划学
1629	吴　迪	城乡规划学
1630	谢　亚	城乡规划学

（续 表）

序 号	姓 名	专业名称
1631	徐肖薇	城乡规划学
1632	周俊汝	城乡规划学
1633	刘入嘉	城乡规划学
1634	方永华	城乡规划学
1635	宁昱西	城乡规划学
1636	夏丝飔	城乡规划学
1637	朱 骁	城乡规划学
1638	缪岑岑	城乡规划学
1639	徐礼佳	城乡规划学
1640	王凌瑾	城乡规划学
1641	张 露	城乡规划学
1642	索哈玫	城乡规划学
1643	莫 瑟	城乡规划学
1644	麦 乐	城乡规划学
1645	高寒钰	风景园林学
1646	胡馨蕾	风景园林学
1647	倪佳佳	风景园林学
1648	石德群	风景园林学
1649	吴 琼	风景园林学
1650	张 璐	风景园林学
1651	刘海滨	风景园林学
1652	张 旭	风景园林学
1653	简倍强	风景园林学
1654	霍增炜	软件工程
1655	石 珺	软件工程
1656	司马强	软件工程
1657	陶梦霞	软件工程
1658	王 敬	软件工程
1659	王李荣	软件工程
1660	王 煜	软件工程
1661	胥海明	软件工程

（续　表）

序　号	姓　名	专业名称
1662	张倩汶	软件工程
1663	张心悦	软件工程
1664	张致恺	软件工程
1665	钟　芳	软件工程
1666	林二静	软件工程
1667	刘佳欢	软件工程
1668	缪　磊	软件工程
1669	彭成伦	软件工程
1670	师　京	软件工程
1671	周　敏	软件工程
1672	徐华鹏	软件工程
1673	王东东	软件工程
1674	李佳杰	软件工程
1675	花　琪	软件工程
1676	朱玲媛	软件工程
1677	沈　轩	网络空间安全
1678	袁堂飞	网络空间安全
1679	孙竹山	网络空间安全
1680	戴玉祺	设计学
1681	李　珏	设计学
1682	张雄飞	设计学
1683	梁　慧	设计学
1684	李　菲	基础医学
1685	刘　宏	基础医学
1686	俞晓毓	基础医学
1687	周玲娜	基础医学
1688	吴玮依	基础医学
1689	杨惠泉	基础医学
1690	杨佩颖	基础医学
1691	裴纬亚	基础医学
1692	张圆圆	基础医学

（续　表）

序　号	姓　名	专业名称
1693	汪礼敏	免疫学
1694	王天元	内科学
1695	吴伟君	内科学
1696	谢金阳	内科学
1697	王晓航	内科学
1698	王思思	内科学
1699	沈　朵	内科学
1700	张　睿	内科学
1701	疏佳萍	儿科学
1702	孙　柏	影像医学与核医学
1703	温凌宇	影像医学与核医学
1704	陈　曦	影像医学与核医学
1705	王可欣	影像医学与核医学
1706	李书书	影像医学与核医学
1707	胡秀秀	临床检验诊断学
1708	唐文东	临床检验诊断学
1709	张明明	临床检验诊断学
1710	胡敏杰	外科学
1711	刘俊延	外科学
1712	李炳乾	外科学
1713	轩　谋	外科学
1714	贾　军	外科学
1715	王　灿	外科学
1716	森　格	外科学
1717	比　克	外科学
1718	徐　慧	妇产科学
1719	刘　欢	眼科学
1720	吕洋洋	肿瘤学
1721	徐晓婷	急诊医学
1722	刘芙香	急诊医学
1723	梁城龙	急诊医学

(续　表)

序　号	姓　名	专业名称
1724	宋　玥	流行病与卫生统计学
1725	王崇旭	流行病与卫生统计学
1726	张　聪	流行病与卫生统计学
1727	徐梓翔	流行病与卫生统计学
1728	邓　琳	流行病与卫生统计学
1729	方　坤	流行病与卫生统计学
1730	潘俊霞	流行病与卫生统计学
1731	吴楠楠	流行病与卫生统计学
1732	薛芳静	流行病与卫生统计学
1733	程晓庆	流行病与卫生统计学
1734	汪　清	流行病与卫生统计学
1735	姚欲清	流行病与卫生统计学
1736	刘梦歆	劳动卫生与环境卫生学
1737	张　颖	劳动卫生与环境卫生学
1738	曹驰程	劳动卫生与环境卫生学
1739	孙海翔	劳动卫生与环境卫生学
1740	尚牧禾	劳动卫生与环境卫生学
1741	戴抒豪	劳动卫生与环境卫生学
1742	赵　颖	劳动卫生与环境卫生学
1743	洪伟伟	劳动卫生与环境卫生学
1744	孙凤霞	劳动卫生与环境卫生学
1745	徐　诚	劳动卫生与环境卫生学
1746	张婉琳	劳动卫生与环境卫生学
1747	陆润泽	劳动卫生与环境卫生学
1748	马　蕾	劳动卫生与环境卫生学
1749	彭　慧	劳动卫生与环境卫生学
1750	吕荣荣	劳动卫生与环境卫生学
1751	陈　晨	劳动卫生与环境卫生学
1752	孙凤梅	劳动卫生与环境卫生学
1753	高　颖	劳动卫生与环境卫生学
1754	杨　圣	劳动卫生与环境卫生学

（续 表）

序 号	姓 名	专业名称
1755	曹卫鑫	营养与食品卫生学
1756	董淑楠	营养与食品卫生学
1757	钱靓靓	营养与食品卫生学
1758	王敌	营养与食品卫生学
1759	梁晓瑜	营养与食品卫生学
1760	王君君	卫生毒理学
1761	陆 杰	卫生毒理学
1762	苏方方	中医内科学
1763	张嫣红	药理学
1764	宋一帆	药理学
1765	周孟春	药理学
1766	张东芳	护理学
1767	曹小彤	护理学
1768	陈泓颖	护理学
1769	杨俐娴	护理学
1770	祝逸超	管理科学与工程
1771	毕慕超	管理科学与工程
1772	陈娇娇	管理科学与工程
1773	黄慧敏	管理科学与工程
1774	贾斯佳	管理科学与工程
1775	金 玲	管理科学与工程
1776	李 好	管理科学与工程
1777	骆 娟	管理科学与工程
1778	沈思思	管理科学与工程
1779	王晨迪	管理科学与工程
1780	王柳英	管理科学与工程
1781	王蓉蓉	管理科学与工程
1782	吴 洁	管理科学与工程
1783	华沐阳	管理科学与工程
1784	孟建涛	管理科学与工程
1785	王小颖	管理科学与工程

(续　表)

序　号	姓　名	专业名称
1786	王桂林	管理科学与工程
1787	李蓉蓉	管理科学与工程
1788	张　宣	管理科学与工程
1789	许　祥	管理科学与工程
1790	张炳根	管理科学与工程
1791	赵欢欣	管理科学与工程
1792	杨　帆	管理科学与工程
1793	毕兴明	管理科学与工程
1794	陈　晨	管理科学与工程
1795	郭琪涵	管理科学与工程
1796	何　静	管理科学与工程
1797	黄佳惠	管理科学与工程
1798	姜黛青	管理科学与工程
1799	金　颖	管理科学与工程
1800	李雅光	管理科学与工程
1801	刘弯弯	管理科学与工程
1802	刘振芳	管理科学与工程
1803	唐　坤	管理科学与工程
1804	汪　洋	管理科学与工程
1805	薛超义	管理科学与工程
1806	朱锦红	管理科学与工程
1807	朱莎莉	管理科学与工程
1808	凌端新	管理科学与工程
1809	王文婷	管理科学与工程
1810	宋宇轩	管理科学与工程
1811	钟　彪	管理科学与工程
1812	徐　颖	管理科学与工程
1813	沈　忱	管理科学与工程
1814	王　玉	管理科学与工程
1815	徐小晶	管理科学与工程
1816	张明慧	管理科学与工程

（续　表）

序　号	姓　名	专业名称
1817	章万取	管理科学与工程
1818	左　雪	管理科学与工程
1819	徐智婷	管理科学与工程
1820	潘万晴	管理科学与工程
1821	张红燕	管理科学与工程
1822	宋　凯	管理科学与工程
1823	苏静静	管理科学与工程
1824	顾诗云	管理科学与工程
1825	樊舒舒	管理科学与工程
1826	戴麒麟	工商管理
1827	高秀慧	工商管理
1828	顾　莹	工商管理
1829	韩承轩	工商管理
1830	何媛媛	工商管理
1831	黄镜蓉	工商管理
1832	黄　骏	工商管理
1833	江　俊	工商管理
1834	李昌书	工商管理
1835	梅志敏	工商管理
1836	蒲云峤	工商管理
1837	孙　策	工商管理
1838	巫梦馨	工商管理
1839	张　军	工商管理
1840	章学纠	工商管理
1841	易寒寒	工商管理
1842	赵智鹏	工商管理
1843	张　艳	工商管理
1844	童瑞霞	工商管理
1845	钱楚慧	工商管理
1846	周红星	工商管理
1847	陈天平	会计学

(续　表)

序　号	姓　名	专业名称
1848	汪　艳	会计学
1849	陈雪雁	会计学
1850	段雨晴	会计学
1851	范　毅	会计学
1852	李　晓	会计学
1853	王　芳	会计学
1854	吴　敏	会计学
1855	徐雪飞	会计学
1856	汤　爽	会计学
1857	姜　婕	会计学
1858	赵经纬	会计学
1859	朱宇轩	会计学
1860	刘　爽	会计学
1861	张丹丹	旅游管理
1862	傅莞乔	旅游管理
1863	蒋烨琳	旅游管理
1864	杨　珊	旅游管理
1865	李舒婷	旅游管理
1866	何云梦	旅游管理
1867	邓氏连	旅游管理
1868	高蔓薇	公共管理
1869	李　悦	公共管理
1870	戚晓萌	公共管理
1871	周　丽	公共管理
1872	郑　超	公共管理
1873	陈松燕	公共管理
1874	华　瑞	公共管理
1875	汤胜楠	公共管理
1876	于瑞娟	公共管理
1877	蒋　银	图书情报与档案管理
1878	宋　钰	图书情报与档案管理

（续　表）

序　号	姓　名	专业名称
1879	潘　颖	图书情报与档案管理
1880	喻　艳	图书情报与档案管理
1881	孙文佳	图书情报与档案管理
1882	郑　茹	图书情报与档案管理
1883	徐娇娇	艺术学理论
1884	段少华	艺术学理论
1885	韩　颖	艺术学理论
1886	瞿嘉文	艺术学理论
1887	马　平	艺术学理论
1888	汤舒逸	艺术学理论
1889	朱小峻	艺术学理论
1890	季　彪	艺术学理论
1891	吴　旭	艺术学理论
1892	黄焕焕	艺术学理论
1893	蔡雨霏	艺术学理论
1894	刘金晶	艺术学理论
1895	徐顺昌	艺术学理论
1896	潘　平	艺术学理论
1897	邵伟婷	艺术学理论
1898	张玉娟	艺术学理论
1899	孙晨旭	艺术学理论
1900	陶　锐	艺术学理论
1901	白　军	艺术学理论
1902	陆逸鸣	美术学
1903	薛　哲	美术学
1904	李伟强	美术学
1905	徐　辰	美术学
1906	方弘毅	美术学
1907	刘静文	美术学
1908	张　晏	美术学
1909	张　郁	设计学

（续　表）

序　号	姓　名	专业名称
1910	胡毓佳	设计学
1911	奚　柯	设计学
1912	杨理理	设计学
1913	杨培枫	设计学
1914	赵罗曼	设计学
1915	彭露滨	设计学
1916	杜岩岩	设计学
1917	石　琴	设计学
1918	栾昭琦	设计学
1919	莎　菲	设计学

二、非学历硕士研究生

序　号	姓　名	专业名称
1	安　丽	内科学
2	苏瑞霞	内科学
3	张亚娟	内科学
4	贡铁凯	内科学
5	蒋文秀	内科学
6	荆春平	儿科学
7	张天平	影像医学与核医学
8	马青梅	影像医学与核医学
9	赵立刚	外科学
10	张炜宇	外科学
11	刘　盼	外科学
12	姜根炳	外科学
13	孙　怡	外科学
14	顾兴伟	外科学
15	吴　凯	外科学
16	周　剑	外科学
17	虞泽珑	外科学
18	汤小霞	妇产科学

（续 表）

序 号	姓 名	专业名称
19	赵 文	妇产科学
20	张娟娟	妇产科学
21	邵莉莉	耳鼻咽喉科学

2018年硕士专业学位授予名单

一、学历硕士研究生

序 号	姓 名	专业领域名称
1	董聪聪	应用统计硕士
2	袁 硕	应用统计硕士
3	张培培	应用统计硕士
4	王宇涵	应用统计硕士
5	张 俊	应用统计硕士
6	张 婷	应用统计硕士
7	欧阳晨枫	国际商务硕士
8	王 浏	国际商务硕士
9	沈嘉文	国际商务硕士
10	赵 蕾	国际商务硕士
11	李 毅	国际商务硕士
12	陆东篱	国际商务硕士
13	陈振亚	国际商务硕士
14	王 全	国际商务硕士
15	黄 杨	国际商务硕士
16	杨 欣	国际商务硕士
17	于松琪	国际商务硕士
18	吴雅丹	国际商务硕士
19	李 迪	国际商务硕士
20	赵家钰	国际商务硕士

(续　表)

序　号	姓　名	专业领域名称
21	张雪洁	国际商务硕士
22	肖浥雯	国际商务硕士
23	李芮芮	国际商务硕士
24	凌芸芸	国际商务硕士
25	宋　璇	国际商务硕士
26	肖培姿	国际商务硕士
27	张冶塑	国际商务硕士
28	包柳晴	国际商务硕士
29	雷园园	国际商务硕士
30	冯婷婷	国际商务硕士
31	黄　革	国际商务硕士
32	赵劲草	国际商务硕士
33	周芷茹	国际商务硕士
34	吴伊灵	国际商务硕士
35	陈沁沁	国际商务硕士
36	杨崇悦	国际商务硕士
37	曹琳子	国际商务硕士
38	甄　祎	国际商务硕士
39	朱雨晨	国际商务硕士
40	曾彦博	国际商务硕士
41	张志倩	国际商务硕士
42	朱星炜	国际商务硕士
43	杨　悦	国际商务硕士
44	顾雅文	资产评估硕士
45	何　茜	资产评估硕士
46	刘佳奇	资产评估硕士
47	孙　娜	资产评估硕士
48	张懿晟	资产评估硕士
49	程营丹	法律硕士(非法学)
50	陈思远	法律硕士(非法学)
51	蒋素梅	法律硕士(非法学)

（续 表）

序 号	姓 名	专业领域名称
52	周 勤	法律硕士(非法学)
53	李 杨	法律硕士(非法学)
63	王 洁	法律硕士(非法学)
64	舒 畅	法律硕士(非法学)
65	曹 蕾	法律硕士(非法学)
66	王晶晶	法律硕士(非法学)
67	马晓楠	法律硕士(非法学)
68	张甜甜	法律硕士(非法学)
69	王诗梦	法律硕士(非法学)
70	梅 雪	法律硕士(非法学)
71	胡静静	法律硕士(非法学)
72	胡玉阁	法律硕士(非法学)
73	唐慧文	法律硕士(非法学)
74	周维栋	法律硕士(非法学)
75	管玲玲	法律硕士(法学)
76	杨贺竹	法律硕士(法学)
77	蔡 爽	法律硕士(法学)
78	郝亚赛	法律硕士(法学)
79	何泓学	法律硕士(法学)
80	刘亚伟	法律硕士(法学)
81	侍子月	法律硕士(法学)
82	周梦吉	法律硕士(法学)
83	吴常红	法律硕士(法学)
84	姚元莉	法律硕士(法学)
85	张子辰	法律硕士(法学)
86	徐 瑶	法律硕士(法学)
87	周 涛	法律硕士(法学)
88	李昱然	法律硕士(法学)
89	章思涵	法律硕士(法学)
90	龚文杰	社会工作硕士
91	余海琴	社会工作硕士

(续　表)

序　号	姓　名	专业领域名称
92	侯淑银	社会工作硕士
93	孙　佩	社会工作硕士
94	潘震华	社会工作硕士
95	梁　露	社会工作硕士
96	神璐璐	社会工作硕士
97	危振仓	社会工作硕士
98	冯晓丽	社会工作硕士
99	任海艳	社会工作硕士
100	臧昱怡	教育硕士(科学与技术教育)
101	杨媛媛	教育硕士(科学与技术教育)
102	吴林宇	教育硕士(科学与技术教育)
103	张伟达	教育硕士(科学与技术教育)
104	魏利利	教育硕士(科学与技术教育)
105	王小乐	教育硕士(科学与技术教育)
106	陈慧珍	教育硕士(科学与技术教育)
107	马　慧	教育硕士(科学与技术教育)
108	王怀永	教育硕士(科学与技术教育)
109	何　珺	教育硕士(科学与技术教育)
110	范梦楠	汉语国际教育硕士
111	余梦静	汉语国际教育硕士
112	张　博	汉语国际教育硕士
113	胡　芊	汉语国际教育硕士
114	林　菁	汉语国际教育硕士
115	陆贝怡	汉语国际教育硕士
116	施衙茹	汉语国际教育硕士
117	秦新楠	汉语国际教育硕士
118	曹丹妮	汉语国际教育硕士
119	米艾莉	汉语国际教育硕士
120	卫　雅	汉语国际教育硕士
121	任达万	汉语国际教育硕士
122	张若尚	汉语国际教育硕士

（续　表）

序　号	姓　名	专业领域名称
123	李雨飞	汉语国际教育硕士
124	宫昊辰	应用心理硕士
125	王浩骅	应用心理硕士
126	梁泽玉	应用心理硕士
127	李　翠	应用心理硕士
128	倪济生	翻译硕士(英语笔译)
129	詹　涵	翻译硕士(英语笔译)
130	刘　唱	翻译硕士(英语笔译)
131	赵一杰	翻译硕士(英语笔译)
132	王彤匀沿	翻译硕士(英语笔译)
133	卞颖颖	翻译硕士(英语笔译)
134	肖仕文	翻译硕士(英语笔译)
135	汪芳芸	翻译硕士(英语笔译)
136	李锦月	翻译硕士(英语笔译)
137	徐家慧	翻译硕士(英语笔译)
138	张振甲	翻译硕士(英语笔译)
139	梁宝丹	翻译硕士(英语笔译)
140	贡英桐	翻译硕士(英语笔译)
141	黄梦迪	翻译硕士(英语笔译)
142	施雪琴	翻译硕士(英语笔译)
143	李敏秀	翻译硕士(英语笔译)
144	王嘉楠	翻译硕士(英语笔译)
145	孙　政	翻译硕士(英语笔译)
146	姚　佳	翻译硕士(英语笔译)
147	李赛男	翻译硕士(英语笔译)
148	渠文琦	翻译硕士(英语笔译)
149	宋彦仪	翻译硕士(英语笔译)
150	吴思燕	翻译硕士(英语笔译)
151	汪　浴	翻译硕士(英语笔译)
152	王爱玲	翻译硕士(英语笔译)
153	王晓惠	翻译硕士(英语笔译)

（续　表）

序　号	姓　名	专业领域名称
154	陈　喆	翻译硕士(英语笔译)
155	朱天发	翻译硕士(英语笔译)
156	黄　月	翻译硕士(英语笔译)
157	刘　彤	翻译硕士(英语笔译)
158	周艺苑	翻译硕士(英语笔译)
159	黄成园	翻译硕士(英语笔译)
160	虎赛芳	翻译硕士(英语笔译)
161	朱　雅	翻译硕士(英语笔译)
162	陈普妆	翻译硕士(英语笔译)
163	刘越吾	翻译硕士(英语笔译)
164	陆天阳	翻译硕士(英语笔译)
165	胡文雅	翻译硕士(英语笔译)
166	王　尧	翻译硕士(英语笔译)
167	吕骥超	建筑学硕士
168	包宇喆	建筑学硕士
169	陈　乐	建筑学硕士
170	陈　卓	建筑学硕士
171	方　磊	建筑学硕士
172	李晓明	建筑学硕士
173	李哲健	建筑学硕士
174	练玲玲	建筑学硕士
175	刘海芊	建筑学硕士
176	刘宇鹏	建筑学硕士
177	马　驰	建筑学硕士
178	任晓霏	建筑学硕士
179	任雅静	建筑学硕士
180	桑蓉棋	建筑学硕士
181	沈　宓	建筑学硕士
182	孙　柏	建筑学硕士
183	唐时月	建筑学硕士
184	汪　睿	建筑学硕士

（续 表）

序 号	姓 名	专业领域名称
185	王振宇	建筑学硕士
186	肖 威	建筑学硕士
187	肖 葳	建筑学硕士
188	熊子楠	建筑学硕士
189	殷晨欢	建筑学硕士
190	虞 菲	建筑学硕士
191	曾 媛	建筑学硕士
192	湛 洋	建筑学硕士
193	张 濛	建筑学硕士
194	朱梦源	建筑学硕士
195	马如月	建筑学硕士
196	陈 涵	建筑学硕士
197	陈益超	建筑学硕士
198	陈煜君	建筑学硕士
199	冯玉青	建筑学硕士
200	顾 鹏	建筑学硕士
201	任文静	建筑学硕士
202	吴奕帆	建筑学硕士
203	杨 洋	建筑学硕士
204	周 琪	建筑学硕士
205	曾从炜	建筑学硕士
206	王文彬	建筑学硕士
207	曹家铭	建筑学硕士
208	陈子健	建筑学硕士
209	顾兰雨	建筑学硕士
210	季 程	建筑学硕士
211	黎治同	建筑学硕士
212	刘曦文	建筑学硕士
213	刘晓薇	建筑学硕士
214	倪钰翔	建筑学硕士
215	沈秀梅	建筑学硕士

(续　表)

序　号	姓　名	专业领域名称
216	孙心莹	建筑学硕士
217	孙一帆	建筑学硕士
218	王美琪	建筑学硕士
219	王　艺	建筑学硕士
220	魏亚萍	建筑学硕士
221	徐培超	建筑学硕士
222	闫景月	建筑学硕士
223	周　璐	建筑学硕士
224	朱甜馨	建筑学硕士
225	杨大映	建筑学硕士
226	周　阳	建筑学硕士
227	韩亚兰	建筑学硕士
228	刘泽坤	建筑学硕士
229	蔡陈翼	建筑学硕士
230	郝雪峰	建筑学硕士
231	何之凡	建筑学硕士
232	胡婷婷	建筑学硕士
233	普　舟	建筑学硕士
234	施晓梅	建筑学硕士
235	涂　靖	建筑学硕士
236	严如杰	建筑学硕士
237	张　珲	建筑学硕士
238	张佳石	建筑学硕士
239	张汪亚	建筑学硕士
240	张易文	建筑学硕士
241	郑天乐	建筑学硕士
242	周佳卿	建筑学硕士
243	冯雪庭	建筑学硕士
244	花修堂	建筑学硕士
245	刘腾霄	建筑学硕士
246	鹿偲琳	建筑学硕士

（续 表）

序 号	姓 名	专业领域名称
247	商韶鑫	建筑学硕士
248	吴雨桐	建筑学硕士
249	徐丹艳	建筑学硕士
250	徐 洋	建筑学硕士
251	杨 峻	建筑学硕士
252	张 挺	建筑学硕士
253	窦 娜	建筑学硕士
254	沈 添	建筑学硕士
255	黄 旭	建筑学硕士
256	凌致远	建筑学硕士
257	侯经纬	建筑学硕士
258	邢艺凡	建筑学硕士
259	隋 璐	建筑学硕士
260	苏凯强	建筑学硕士
261	张安强	建筑学硕士
262	崔旭峰	建筑学硕士
263	冯 璐	建筑学硕士
264	魏唐辰希	建筑学硕士
265	严星瑶	建筑学硕士
266	刘 超	建筑学硕士
267	季晨子	建筑学硕士
268	范旭艳	建筑学硕士
269	刘立坤	建筑学硕士
270	马腾飞	建筑学硕士
271	丁西齐	工程硕士(机械工程)
272	胡照勇	工程硕士(机械工程)
273	黄洁如	工程硕士(机械工程)
274	姜长城	工程硕士(机械工程)
275	刘 杰	工程硕士(机械工程)
276	罗 橙	工程硕士(机械工程)
277	罗宏亮	工程硕士(机械工程)

(续　表)

序　号	姓　名	专业领域名称
278	任成龙	工程硕士(机械工程)
279	田春雨	工程硕士(机械工程)
280	王占栋	工程硕士(机械工程)
281	闻　月	工程硕士(机械工程)
282	吴勇超	工程硕士(机械工程)
283	吴志勇	工程硕士(机械工程)
284	徐　冰	工程硕士(机械工程)
285	张梦飞	工程硕士(机械工程)
286	周松华	工程硕士(机械工程)
287	訾旭昌	工程硕士(机械工程)
288	张志康	工程硕士(机械工程)
289	刘吴翰	工程硕士(机械工程)
290	胡梦然	工程硕士(机械工程)
291	钱　程	工程硕士(机械工程)
292	王　萍	工程硕士(机械工程)
293	陈更明	工程硕士(机械工程)
294	代蒙蒙	工程硕士(机械工程)
295	李静之	工程硕士(机械工程)
296	李　祥	工程硕士(机械工程)
297	李兴汉	工程硕士(机械工程)
298	王逸铭	工程硕士(机械工程)
299	吴继超	工程硕士(机械工程)
300	吴君炜	工程硕士(机械工程)
301	张晓春	工程硕士(机械工程)
302	倪晓俊	工程硕士(机械工程)
303	查华臣	工程硕士(机械工程)
304	李镇宇	工程硕士(机械工程)
305	夏乐祥	工程硕士(机械工程)
306	张　晋	工程硕士(机械工程)
307	来　晓	工程硕士(机械工程)
308	孙润民	工程硕士(机械工程)

（续　表）

序　号	姓　名	专业领域名称
309	洪　锋	工程硕士(机械工程)
310	田清华	工程硕士(机械工程)
311	周　伟	工程硕士(机械工程)
312	龚　文	工程硕士(机械工程)
313	李　刚	工程硕士(机械工程)
314	田　建	工程硕士(机械工程)
315	朱卫刚	工程硕士(机械工程)
316	朱永恒	工程硕士(机械工程)
317	陈　雨	工程硕士(机械工程)
318	李伟强	工程硕士(机械工程)
319	翟　晟	工程硕士(机械工程)
320	丘军委	工程硕士(机械工程)
321	刘克欣	工程硕士(机械工程)
322	韦国钧	工程硕士(机械工程)
323	甘振波	工程硕士(机械工程)
324	陈岳文	工程硕士(机械工程)
325	李　飞	工程硕士(机械工程)
326	林乙蘅	工程硕士(机械工程)
327	刘　畅	工程硕士(光学工程)
328	焦林森	工程硕士(光学工程)
329	姚　雷	工程硕士(光学工程)
330	梁振周	工程硕士(光学工程)
331	陈子逸	工程硕士(光学工程)
332	刘盼盼	工程硕士(光学工程)
333	仲　凯	工程硕士(光学工程)
334	马言宝	工程硕士(光学工程)
335	江静枝	工程硕士(光学工程)
336	王　皓	工程硕士(光学工程)
337	董仁杰	工程硕士(光学工程)
338	黄　银	工程硕士(光学工程)
339	李　丰	工程硕士(光学工程)

(续　表)

序　号	姓　名	专业领域名称
340	刘毓森	工程硕士(光学工程)
341	胡　亮	工程硕士(光学工程)
342	朱靖达	工程硕士(仪器仪表工程)
343	邓　猛	工程硕士(仪器仪表工程)
344	李晓寒	工程硕士(仪器仪表工程)
345	魏宏明	工程硕士(仪器仪表工程)
346	陈安然	工程硕士(仪器仪表工程)
347	戴志勇	工程硕士(仪器仪表工程)
348	李　旭	工程硕士(仪器仪表工程)
349	刘超霖	工程硕士(仪器仪表工程)
350	马婉婉	工程硕士(仪器仪表工程)
351	冉琴琴	工程硕士(仪器仪表工程)
352	王　果	工程硕士(仪器仪表工程)
353	王　愚	工程硕士(仪器仪表工程)
354	吴俊强	工程硕士(仪器仪表工程)
355	张　勐	工程硕士(仪器仪表工程)
356	蔡岩松	工程硕士(仪器仪表工程)
357	林嘉森	工程硕士(仪器仪表工程)
358	孟田翠	工程硕士(仪器仪表工程)
359	商　亮	工程硕士(仪器仪表工程)
360	汪秋华	工程硕士(仪器仪表工程)
361	王健松	工程硕士(仪器仪表工程)
362	王自强	工程硕士(仪器仪表工程)
363	杨怀宁	工程硕士(仪器仪表工程)
364	杨　松	工程硕士(仪器仪表工程)
365	张　震	工程硕士(仪器仪表工程)
366	郭　郛	工程硕士(仪器仪表工程)
367	王　冲	工程硕士(仪器仪表工程)
368	乔玉岩	工程硕士(仪器仪表工程)
369	周　君	工程硕士(仪器仪表工程)
370	谷银银	工程硕士(仪器仪表工程)

（续　表）

序　号	姓　名	专业领域名称
371	黄力弘	工程硕士(仪器仪表工程)
372	舒南樟	工程硕士(仪器仪表工程)
373	王　鑫	工程硕士(仪器仪表工程)
374	柏　帆	工程硕士(仪器仪表工程)
375	刘永涛	工程硕士(仪器仪表工程)
376	王亚辉	工程硕士(仪器仪表工程)
377	王小虎	工程硕士(仪器仪表工程)
378	詹　超	工程硕士(仪器仪表工程)
379	司马健	工程硕士(仪器仪表工程)
380	连　杰	工程硕士(仪器仪表工程)
381	黄嘉宇	工程硕士(仪器仪表工程)
382	张晓栋	工程硕士(仪器仪表工程)
383	赵鹏飞	工程硕士(仪器仪表工程)
384	赵　珏	工程硕士(仪器仪表工程)
385	程　俊	工程硕士(材料工程)
386	李兆银	工程硕士(材料工程)
387	罗　文	工程硕士(材料工程)
388	唐　强	工程硕士(材料工程)
389	韦　桂	工程硕士(材料工程)
390	韦静新	工程硕士(材料工程)
391	闫　健	工程硕士(材料工程)
392	叶长强	工程硕士(材料工程)
393	杨　彬	工程硕士(材料工程)
394	赵佩佩	工程硕士(材料工程)
395	陈　龙	工程硕士(材料工程)
396	张　健	工程硕士(材料工程)
397	库勇昌	工程硕士(材料工程)
398	王家凯	工程硕士(材料工程)
399	耿银雪	工程硕士(材料工程)
400	莫　丹	工程硕士(材料工程)
401	王大鹏	工程硕士(材料工程)

(续　表)

序　号	姓　名	专业领域名称
402	吴　昊	工程硕士(材料工程)
403	凌　晨	工程硕士(材料工程)
404	王兆华	工程硕士(材料工程)
405	张　尧	工程硕士(材料工程)
406	周飞飞	工程硕士(材料工程)
407	杨星梅	工程硕士(材料工程)
408	王　杰	工程硕士(材料工程)
409	韩丽娜	工程硕士(材料工程)
410	叶　明	工程硕士(材料工程)
411	张青松	工程硕士(材料工程)
412	戴文哲	工程硕士(材料工程)
413	张　斌	工程硕士(材料工程)
414	朱文杰	工程硕士(材料工程)
415	石仁强	工程硕士(材料工程)
416	吁卫东	工程硕士(材料工程)
417	徐凯丽	工程硕士(材料工程)
418	朱　琳	工程硕士(材料工程)
419	李　辉	工程硕士(材料工程)
420	王成成	工程硕士(材料工程)
421	肖夫兰	工程硕士(材料工程)
422	徐云华	工程硕士(材料工程)
423	陈　晨	工程硕士(材料工程)
424	刘　斌	工程硕士(材料工程)
425	郑　勇	工程硕士(材料工程)
426	祝　龙	工程硕士(材料工程)
427	鹿　琳	工程硕士(动力工程)
428	陈　睿	工程硕士(动力工程)
429	桑泉巍	工程硕士(动力工程)
430	李　明	工程硕士(动力工程)
431	黄刘平	工程硕士(动力工程)
432	刘鹏飞	工程硕士(动力工程)

（续 表）

序 号	姓 名	专业领域名称
433	寇潇文	工程硕士(动力工程)
434	李俊菲	工程硕士(动力工程)
435	王思雨	工程硕士(动力工程)
436	吴 锵	工程硕士(动力工程)
437	徐黎鑫	工程硕士(动力工程)
438	徐民江	工程硕士(动力工程)
439	羊 琛	工程硕士(动力工程)
440	章重洋	工程硕士(动力工程)
441	周诗齐	工程硕士(动力工程)
442	杨 靖	工程硕士(动力工程)
443	卜欢欢	工程硕士(动力工程)
444	岑婷玲	工程硕士(动力工程)
445	陈守海	工程硕士(动力工程)
446	封 遥	工程硕士(动力工程)
447	刘祥祥	工程硕士(动力工程)
448	赵 阳	工程硕士(动力工程)
449	王文燕	工程硕士(动力工程)
450	杨 旭	工程硕士(动力工程)
451	戴宝鑫	工程硕士(动力工程)
452	高瑞琦	工程硕士(动力工程)
453	徐家欣	工程硕士(动力工程)
454	周树青	工程硕士(动力工程)
455	朱佳丽	工程硕士(动力工程)
456	李宇旭	工程硕士(动力工程)
457	陶正新	工程硕士(动力工程)
458	王博飞	工程硕士(动力工程)
459	高宪花	工程硕士(动力工程)
460	孙剑	工程硕士(动力工程)
461	孙焰峰	工程硕士(动力工程)
462	陈 涛	工程硕士(动力工程)
463	罗俊杰	工程硕士(动力工程)

(续　表)

序　号	姓　名	专业领域名称
464	周璐璐	工程硕士(动力工程)
465	许健勇	工程硕士(动力工程)
466	高　健	工程硕士(动力工程)
467	郭枭爽	工程硕士(动力工程)
468	张　璐	工程硕士(动力工程)
469	杨　钊	工程硕士(动力工程)
470	胡　磊	工程硕士(动力工程)
471	马　越	工程硕士(动力工程)
472	都艺伟	工程硕士(动力工程)
473	窦元元	工程硕士(动力工程)
474	刘道洁	工程硕士(动力工程)
475	袁世魁	工程硕士(动力工程)
476	陶　炜	工程硕士(动力工程)
477	张　洋	工程硕士(动力工程)
478	崔　健	工程硕士(动力工程)
479	陈　彩	工程硕士(动力工程)
480	朱玲莉	工程硕士(动力工程)
481	龙　磊	工程硕士(动力工程)
482	奚国强	工程硕士(动力工程)
483	郭　闯	工程硕士(动力工程)
484	王晓奇	工程硕士(动力工程)
485	边顺甬	工程硕士(电气工程)
486	曹　磊	工程硕士(电气工程)
487	曹小鹏	工程硕士(电气工程)
488	陈　明	工程硕士(电气工程)
489	杜元翰	工程硕士(电气工程)
490	范栋琛	工程硕士(电气工程)
491	胡靖宜	工程硕士(电气工程)
492	蒋贤强	工程硕士(电气工程)
493	焦　阳	工程硕士(电气工程)
494	阚沁怡	工程硕士(电气工程)

（续 表）

序 号	姓 名	专业领域名称
495	雷 蕾	工程硕士(电气工程)
496	李 琦	工程硕士(电气工程)
497	刘莉莉	工程硕士(电气工程)
498	马 雷	工程硕士(电气工程)
499	潘 登	工程硕士(电气工程)
500	邵立雪	工程硕士(电气工程)
501	宿维玉	工程硕士(电气工程)
502	谭广颖	工程硕士(电气工程)
503	王 创	工程硕士(电气工程)
504	王 宁	工程硕士(电气工程)
505	王沈晟	工程硕士(电气工程)
506	吴木木	工程硕士(电气工程)
507	徐 沛	工程硕士(电气工程)
508	徐伟庭	工程硕士(电气工程)
509	杨 奕	工程硕士(电气工程)
510	张 亮	工程硕士(电气工程)
511	周 玲	工程硕士(电气工程)
512	郝 攀	工程硕士(电气工程)
513	罗 京	工程硕士(电气工程)
514	宁 威	工程硕士(电气工程)
515	汤 铭	工程硕士(电气工程)
516	储佳伟	工程硕士(电气工程)
517	范韩璐	工程硕士(电气工程)
518	李海思	工程硕士(电气工程)
519	吕 力	工程硕士(电气工程)
520	沈 政	工程硕士(电气工程)
521	施冬敏	工程硕士(电气工程)
522	施志强	工程硕士(电气工程)
523	王 瑞	工程硕士(电气工程)
524	王 文	工程硕士(电气工程)
525	杨海清	工程硕士(电气工程)

(续　表)

序　号	姓　名	专业领域名称
526	杨志超	工程硕士(电气工程)
527	鲁　波	工程硕士(电气工程)
528	史言威	工程硕士(电气工程)
529	殷大朋	工程硕士(电气工程)
530	耿　治	工程硕士(电气工程)
531	杨　睿	工程硕士(电气工程)
532	李彦青	工程硕士(电气工程)
533	胡鹏飞	工程硕士(电气工程)
534	陈铕旭	工程硕士(电气工程)
535	刘煜谦	工程硕士(电气工程)
536	冯银飞	工程硕士(电气工程)
537	陈珉烁	工程硕士(电气工程)
538	景妍妍	工程硕士(电气工程)
539	徐永康	工程硕士(电子与通信工程)
540	杨　江	工程硕士(电子与通信工程)
541	刘舒平	工程硕士(电子与通信工程)
542	杨靖文	工程硕士(电子与通信工程)
543	施豪栋	工程硕士(电子与通信工程)
544	陈　迪	工程硕士(电子与通信工程)
545	乐鹏飞	工程硕士(电子与通信工程)
546	李　广	工程硕士(电子与通信工程)
547	何俊锋	工程硕士(电子与通信工程)
548	付德健	工程硕士(电子与通信工程)
549	周德华	工程硕士(电子与通信工程)
550	董金华	工程硕士(电子与通信工程)
551	鲍开业	工程硕士(电子与通信工程)
552	董晓婉	工程硕士(电子与通信工程)
553	丁高杰	工程硕士(电子与通信工程)
554	郑　枭	工程硕士(电子与通信工程)
555	张　歆	工程硕士(电子与通信工程)
556	查　衡	工程硕士(电子与通信工程)

（续　表）

序　号	姓　名	专业领域名称
557	黄　蓓	工程硕士(电子与通信工程)
558	徐梦苑	工程硕士(电子与通信工程)
559	范亚男	工程硕士(电子与通信工程)
560	沈哲敏	工程硕士(电子与通信工程)
561	汤飞鸿	工程硕士(电子与通信工程)
562	柳　楠	工程硕士(电子与通信工程)
563	蔡　瑞	工程硕士(电子与通信工程)
564	陈阳阳	工程硕士(电子与通信工程)
565	谢发山	工程硕士(电子与通信工程)
566	何友恒	工程硕士(电子与通信工程)
567	张　金	工程硕士(电子与通信工程)
568	孙垚垚	工程硕士(电子与通信工程)
569	褚炜雯	工程硕士(电子与通信工程)
570	吴曼丽	工程硕士(电子与通信工程)
571	杨　栋	工程硕士(电子与通信工程)
572	李玉环	工程硕士(电子与通信工程)
573	张　静	工程硕士(电子与通信工程)
574	狄晓伟	工程硕士(电子与通信工程)
575	戈璐璐	工程硕士(电子与通信工程)
576	崔梦佳	工程硕士(电子与通信工程)
577	柯　超	工程硕士(电子与通信工程)
578	张秀玉	工程硕士(电子与通信工程)
579	刘友为	工程硕士(电子与通信工程)
580	余纷艳	工程硕士(电子与通信工程)
581	邹　倩	工程硕士(电子与通信工程)
582	赵叶梅	工程硕士(电子与通信工程)
583	邵章磊	工程硕士(电子与通信工程)
584	崔潇婷	工程硕士(电子与通信工程)
585	王子豪	工程硕士(电子与通信工程)
586	张栩菲	工程硕士(电子与通信工程)
587	王佳才	工程硕士(电子与通信工程)

(续　表)

序　号	姓　名	专业领域名称
588	吴至榛	工程硕士(电子与通信工程)
589	王丛超	工程硕士(电子与通信工程)
590	丁俊朋	工程硕士(电子与通信工程)
591	王　刚	工程硕士(电子与通信工程)
592	姜耀华	工程硕士(电子与通信工程)
593	陈银坤	工程硕士(电子与通信工程)
594	王永建	工程硕士(电子与通信工程)
595	胡征宇	工程硕士(电子与通信工程)
596	李朝松	工程硕士(电子与通信工程)
597	杨　锦	工程硕士(电子与通信工程)
598	陈　蔚	工程硕士(电子与通信工程)
599	仲中原	工程硕士(电子与通信工程)
600	刘　恒	工程硕士(电子与通信工程)
601	黄文龙	工程硕士(电子与通信工程)
602	李　楠	工程硕士(电子与通信工程)
603	陆丽玲	工程硕士(电子与通信工程)
604	林开贤	工程硕士(电子与通信工程)
605	张建川	工程硕士(电子与通信工程)
606	牛　岩	工程硕士(电子与通信工程)
607	汪弋阳	工程硕士(电子与通信工程)
608	范世君	工程硕士(电子与通信工程)
609	马妙丽	工程硕士(电子与通信工程)
610	洪　涛	工程硕士(电子与通信工程)
611	常承鹏	工程硕士(电子与通信工程)
612	刘　凯	工程硕士(电子与通信工程)
613	王　岭	工程硕士(电子与通信工程)
614	钱　昊	工程硕士(电子与通信工程)
615	范　特	工程硕士(电子与通信工程)
616	温英杰	工程硕士(电子与通信工程)
617	顾立豪	工程硕士(电子与通信工程)
618	姜振豪	工程硕士(电子与通信工程)

（续　表）

序　号	姓　名	专业领域名称
619	徐颖群	工程硕士(电子与通信工程)
620	张驰远	工程硕士(电子与通信工程)
621	赵　突	工程硕士(电子与通信工程)
622	朱竑谕	工程硕士(电子与通信工程)
623	侯　琪	工程硕士(电子与通信工程)
624	马　峰	工程硕士(电子与通信工程)
625	王越超	工程硕士(电子与通信工程)
626	陈玉红	工程硕士(电子与通信工程)
627	徐鹏飞	工程硕士(电子与通信工程)
628	李卓青	工程硕士(电子与通信工程)
629	唐身正	工程硕士(电子与通信工程)
630	李腾飞	工程硕士(电子与通信工程)
631	陈嘉伟	工程硕士(电子与通信工程)
632	韦　煜	工程硕士(电子与通信工程)
633	范文斯路	工程硕士(电子与通信工程)
634	王星尧	工程硕士(电子与通信工程)
635	柳　旭	工程硕士(电子与通信工程)
636	岳苗苗	工程硕士(电子与通信工程)
637	唐於烽	工程硕士(电子与通信工程)
638	陈秀芹	工程硕士(电子与通信工程)
639	徐梦圆	工程硕士(电子与通信工程)
640	梁　欢	工程硕士(电子与通信工程)
641	徐　婧	工程硕士(电子与通信工程)
642	陆　凯	工程硕士(电子与通信工程)
643	刘梅萍	工程硕士(电子与通信工程)
644	王慕阳	工程硕士(电子与通信工程)
645	袁　梦	工程硕士(电子与通信工程)
646	纪　策	工程硕士(电子与通信工程)
647	胡宗稳	工程硕士(电子与通信工程)
648	苏清玲	工程硕士(电子与通信工程)
649	王玉婷	工程硕士(电子与通信工程)

（续　表）

序　号	姓　名	专业领域名称
650	王迪翰	工程硕士(集成电路工程)
651	常　颖	工程硕士(集成电路工程)
652	沙浩源	工程硕士(集成电路工程)
653	殷庆会	工程硕士(集成电路工程)
654	焦华杰	工程硕士(集成电路工程)
655	卞方娟	工程硕士(集成电路工程)
656	陈佳旭	工程硕士(集成电路工程)
657	洪　潮	工程硕士(集成电路工程)
658	秦祎繁	工程硕士(集成电路工程)
659	苏　君	工程硕士(集成电路工程)
660	孙丹丹	工程硕士(集成电路工程)
661	杨海平	工程硕士(集成电路工程)
662	赵星博	工程硕士(集成电路工程)
663	张云栋	工程硕士(集成电路工程)
664	邓玉培	工程硕士(集成电路工程)
665	苗　龙	工程硕士(集成电路工程)
666	阮　星	工程硕士(集成电路工程)
667	李秀军	工程硕士(集成电路工程)
668	白　娇	工程硕士(集成电路工程)
669	荆　璐	工程硕士(集成电路工程)
670	杨　旭	工程硕士(集成电路工程)
671	柳　成	工程硕士(集成电路工程)
672	陈　欣	工程硕士(集成电路工程)
673	葛　鑫	工程硕士(集成电路工程)
674	林铭洲	工程硕士(集成电路工程)
675	刘　欢	工程硕士(集成电路工程)
676	孙婉琳	工程硕士(集成电路工程)
677	王　春	工程硕士(集成电路工程)
678	谢宝婷	工程硕士(集成电路工程)
679	张一帆	工程硕士(集成电路工程)
680	赵敏娜	工程硕士(集成电路工程)

（续　表）

序　号	姓　名	专业领域名称
681	赵英相	工程硕士(集成电路工程)
682	赵玉星	工程硕士(集成电路工程)
683	朱惠敏	工程硕士(集成电路工程)
684	韩　志	工程硕士(集成电路工程)
685	李昱岐	工程硕士(集成电路工程)
686	明　畅	工程硕士(集成电路工程)
687	王福安	工程硕士(集成电路工程)
688	何维捷	工程硕士(集成电路工程)
689	黄　坤	工程硕士(集成电路工程)
690	亢吉男	工程硕士(集成电路工程)
691	梁栋国	工程硕士(集成电路工程)
692	穆　林	工程硕士(集成电路工程)
693	钱　威	工程硕士(集成电路工程)
694	汪　超	工程硕士(集成电路工程)
695	王庆贺	工程硕士(集成电路工程)
696	薛　颖	工程硕士(集成电路工程)
697	张伟东	工程硕士(集成电路工程)
698	夏　熙	工程硕士(集成电路工程)
699	华鲁驰	工程硕士(集成电路工程)
700	张　娟	工程硕士(集成电路工程)
701	祁来莉	工程硕士(集成电路工程)
702	戎海龙	工程硕士(集成电路工程)
703	徐海强	工程硕士(集成电路工程)
704	吕俊宇	工程硕士(集成电路工程)
705	刘　俊	工程硕士(集成电路工程)
706	蒋林洋	工程硕士(集成电路工程)
707	刘文斌	工程硕士(集成电路工程)
708	黄琰玲	工程硕士(集成电路工程)
709	梅　灵	工程硕士(集成电路工程)
710	陶　红	工程硕士(集成电路工程)
711	俞　清	工程硕士(集成电路工程)

(续　表)

序　号	姓　名	专业领域名称
712	童　鑫	工程硕士(集成电路工程)
713	王　芹	工程硕士(集成电路工程)
714	许　鹤	工程硕士(集成电路工程)
715	李　烨	工程硕士(集成电路工程)
716	陈佳俊	工程硕士(集成电路工程)
717	黄薛佺	工程硕士(集成电路工程)
718	王　楠	工程硕士(集成电路工程)
719	朱斌超	工程硕士(集成电路工程)
720	钟　毅	工程硕士(集成电路工程)
721	杨超凡	工程硕士(集成电路工程)
722	史书芳	工程硕士(集成电路工程)
723	夏少东	工程硕士(集成电路工程)
724	孙明明	工程硕士(集成电路工程)
725	金长长	工程硕士(集成电路工程)
726	冯冠宇	工程硕士(集成电路工程)
727	孙　雷	工程硕士(集成电路工程)
728	马亚南	工程硕士(集成电路工程)
729	樊柯延	工程硕士(集成电路工程)
730	黄　灿	工程硕士(集成电路工程)
731	宋海洋	工程硕士(集成电路工程)
732	孙凤影	工程硕士(集成电路工程)
733	邹　璇	工程硕士(集成电路工程)
734	韩建民	工程硕士(集成电路工程)
735	李　硕	工程硕士(集成电路工程)
736	孙干余	工程硕士(集成电路工程)
737	胡晓彤	工程硕士(集成电路工程)
738	李　振	工程硕士(集成电路工程)
739	翁子清	工程硕士(集成电路工程)
740	俞向荣	工程硕士(集成电路工程)
741	陈　壮	工程硕士(集成电路工程)
742	刘江伟	工程硕士(集成电路工程)

（续　表）

序　号	姓　名	专业领域名称
743	高新程	工程硕士(集成电路工程)
744	胡巨涛	工程硕士(集成电路工程)
745	张治学	工程硕士(集成电路工程)
746	方云超	工程硕士(集成电路工程)
747	赵利锋	工程硕士(集成电路工程)
748	李　丹	工程硕士(集成电路工程)
749	张　乐	工程硕士(集成电路工程)
750	郑　阳	工程硕士(集成电路工程)
751	李盛鹏	工程硕士(集成电路工程)
752	黄　然	工程硕士(集成电路工程)
753	夏咏志	工程硕士(集成电路工程)
754	丁　妍	工程硕士(集成电路工程)
755	贡鹏飞	工程硕士(集成电路工程)
756	程　章	工程硕士(集成电路工程)
757	曾小波	工程硕士(集成电路工程)
758	王仁国	工程硕士(集成电路工程)
759	唐　瑞	工程硕士(集成电路工程)
760	胡　欢	工程硕士(集成电路工程)
761	朱智洋	工程硕士(集成电路工程)
762	栾志伟	工程硕士(集成电路工程)
763	曹子轩	工程硕士(集成电路工程)
764	王　凯	工程硕士(集成电路工程)
765	潘　高	工程硕士(集成电路工程)
766	刘旭东	工程硕士(集成电路工程)
767	张昆鹏	工程硕士(集成电路工程)
768	刘　松	工程硕士(控制工程)
769	刘安国	工程硕士(控制工程)
770	罗德朝	工程硕士(控制工程)
771	唐　路	工程硕士(控制工程)
772	万潇月	工程硕士(控制工程)
773	徐丽娜	工程硕士(控制工程)

(续　表)

序　号	姓　名	专业领域名称
774	纪晓强	工程硕士(控制工程)
775	鲁　浩	工程硕士(控制工程)
776	徐　显	工程硕士(控制工程)
777	郭　哲	工程硕士(控制工程)
778	韩　冰	工程硕士(控制工程)
779	李韶旭	工程硕士(控制工程)
780	许云涛	工程硕士(控制工程)
781	杨　璐	工程硕士(控制工程)
782	曾露露	工程硕士(控制工程)
783	彭　翔	工程硕士(控制工程)
784	汤忠强	工程硕士(控制工程)
785	王　伟	工程硕士(控制工程)
786	朱信帅	工程硕士(控制工程)
787	顾春辉	工程硕士(控制工程)
788	冯攀峰	工程硕士(控制工程)
789	韩　帅	工程硕士(控制工程)
790	朱　晨	工程硕士(控制工程)
791	郤月杰	工程硕士(控制工程)
792	张天乐	工程硕士(控制工程)
793	郑欣洋	工程硕士(控制工程)
794	周　浩	工程硕士(控制工程)
795	聂文祥	工程硕士(控制工程)
796	王维舟	工程硕士(控制工程)
797	李大伟	工程硕士(控制工程)
798	张玉晴	工程硕士(控制工程)
799	李　鑫	工程硕士(控制工程)
800	刘倩倩	工程硕士(控制工程)
801	洪　晨	工程硕士(控制工程)
802	玄　璇	工程硕士(控制工程)
803	郑俊飞	工程硕士(控制工程)
804	徐晓晨	工程硕士(控制工程)

（续 表）

序 号	姓 名	专业领域名称
805	韩 健	工程硕士(控制工程)
806	胡天超	工程硕士(控制工程)
807	祝 亮	工程硕士(控制工程)
808	张盛平	工程硕士(控制工程)
809	吴忠文	工程硕士(控制工程)
810	熊双辉	工程硕士(控制工程)
811	嵇登臣	工程硕士(控制工程)
812	朱 科	工程硕士(控制工程)
813	薛 玮	工程硕士(控制工程)
814	王 志	工程硕士(控制工程)
815	郝春燕	工程硕士(控制工程)
816	刘行言	工程硕士(计算机技术)
817	陈 新	工程硕士(计算机技术)
818	李 洁	工程硕士(计算机技术)
819	李灵奇	工程硕士(计算机技术)
820	李 芃	工程硕士(计算机技术)
821	李小敏	工程硕士(计算机技术)
822	徐 晨	工程硕士(计算机技术)
823	郑 发	工程硕士(计算机技术)
824	徐晨炜	工程硕士(计算机技术)
825	万雨桐	工程硕士(计算机技术)
826	杨文琪	工程硕士(计算机技术)
827	徐 奕	工程硕士(计算机技术)
828	陈晓鹏	工程硕士(计算机技术)
829	冯志刚	工程硕士(计算机技术)
830	顾啸林	工程硕士(计算机技术)
831	李肖肖	工程硕士(计算机技术)
832	刘 彤	工程硕士(计算机技术)
833	刘子健	工程硕士(计算机技术)
834	潘 伟	工程硕士(计算机技术)
835	孙 涛	工程硕士(计算机技术)

（续　表）

序　号	姓　名	专业领域名称
836	陶　勇	工程硕士(计算机技术)
837	王　辉	工程硕士(计算机技术)
838	徐俊男	工程硕士(计算机技术)
839	姚　胜	工程硕士(计算机技术)
840	张　喆	工程硕士(计算机技术)
841	周滢滢	工程硕士(计算机技术)
842	朱亚锋	工程硕士(计算机技术)
843	李振南	工程硕士(计算机技术)
844	何　玲	工程硕士(计算机技术)
845	汤　铭	工程硕士(计算机技术)
846	郑　涛	工程硕士(计算机技术)
847	费欢欢	工程硕士(计算机技术)
848	靳娜娜	工程硕士(计算机技术)
849	田腾飞	工程硕士(计算机技术)
850	张成帅	工程硕士(计算机技术)
851	陈　剑	工程硕士(计算机技术)
852	魏黎明	工程硕士(计算机技术)
853	张叶炼	工程硕士(计算机技术)
854	王秉凤	工程硕士(计算机技术)
855	施裕豪	工程硕士(计算机技术)
856	汪　巍	工程硕士(计算机技术)
857	周威威	工程硕士(计算机技术)
858	葛治文	工程硕士(计算机技术)
859	杨晓荣	工程硕士(计算机技术)
860	陈　涛	工程硕士(计算机技术)
861	程　健	工程硕士(计算机技术)
862	吴琼颖	工程硕士(计算机技术)
863	曾　朋	工程硕士(计算机技术)
864	王孟烽	工程硕士(计算机技术)
865	何伟亮	工程硕士(计算机技术)
866	杨　森	工程硕士(计算机技术)

（续　表）

序　号	姓　名	专业领域名称
867	李国清	工程硕士(计算机技术)
868	蒋南允	工程硕士(计算机技术)
869	李淳宇	工程硕士(计算机技术)
870	张　赏	工程硕士(计算机技术)
871	朱国丞	工程硕士(计算机技术)
872	黄翰林	工程硕士(计算机技术)
873	汪　昊	工程硕士(计算机技术)
874	严　洋	工程硕士(计算机技术)
875	柳　郁	工程硕士(计算机技术)
876	黄亚坤	工程硕士(计算机技术)
877	高显强	工程硕士(计算机技术)
878	黄露露	工程硕士(计算机技术)
879	曲　悦	工程硕士(计算机技术)
880	陶成之	工程硕士(计算机技术)
881	杨晨旭	工程硕士(计算机技术)
882	刘学斌	工程硕士(计算机技术)
883	臧聪聪	工程硕士(计算机技术)
884	张磊磊	工程硕士(计算机技术)
885	陈春霖	工程硕士(计算机技术)
886	虞　威	工程硕士(计算机技术)
887	潘　聪	工程硕士(计算机技术)
888	付炳军	工程硕士(计算机技术)
889	王　森	工程硕士(计算机技术)
890	赵仕进	工程硕士(计算机技术)
891	邢陈康	工程硕士(计算机技术)
892	黄苏豪	工程硕士(计算机技术)
893	杜　瑶	工程硕士(计算机技术)
894	王　攀	工程硕士(计算机技术)
895	冯嘉康	工程硕士(计算机技术)
896	刘嘉顺	工程硕士(计算机技术)
897	余云秀	工程硕士(计算机技术)

(续　表)

序　号	姓　名	专业领域名称
898	赵　祎	工程硕士(计算机技术)
899	丛肖达	工程硕士(计算机技术)
900	陈观喜	工程硕士(计算机技术)
901	刘　丰	工程硕士(计算机技术)
902	黄　刚	工程硕士(计算机技术)
903	肖嘉鸣	工程硕士(计算机技术)
904	刘晗潇	工程硕士(计算机技术)
905	胡　莹	工程硕士(计算机技术)
906	沙　陆	工程硕士(计算机技术)
907	莫　宝	工程硕士(计算机技术)
908	索　黑	工程硕士(计算机技术)
909	王成昌	工程硕士(软件工程)
910	刘建勋	工程硕士(软件工程)
911	巢周楚	工程硕士(软件工程)
912	丁　磊	工程硕士(软件工程)
913	陈荣延	工程硕士(软件工程)
914	金　成	工程硕士(软件工程)
915	程　都	工程硕士(软件工程)
916	张海越	工程硕士(软件工程)
917	黎　菁	工程硕士(软件工程)
918	杨　燕	工程硕士(软件工程)
919	汤　奇	工程硕士(软件工程)
920	徐　涛	工程硕士(软件工程)
921	杨　扬	工程硕士(软件工程)
922	何　衍	工程硕士(软件工程)
923	陈心怡	工程硕士(软件工程)
924	张建辉	工程硕士(软件工程)
925	杨　更	工程硕士(软件工程)
926	刘佳林	工程硕士(软件工程)
927	季安安	工程硕士(软件工程)
928	余　媛	工程硕士(软件工程)

（续 表）

序 号	姓 名	专业领域名称
929	杨 唯	工程硕士(软件工程)
930	邓献文	工程硕士(软件工程)
931	曾 盼	工程硕士(软件工程)
932	石博凡	工程硕士(软件工程)
933	郭良俊	工程硕士(软件工程)
934	刘亚中	工程硕士(软件工程)
935	樊 森	工程硕士(软件工程)
936	杨开广	工程硕士(软件工程)
937	吕荣荣	工程硕士(软件工程)
938	连冠宇	工程硕士(软件工程)
939	石冬冬	工程硕士(软件工程)
940	王 晓	工程硕士(软件工程)
941	刘 贺	工程硕士(软件工程)
942	胡冬冬	工程硕士(软件工程)
943	袁向铎	工程硕士(软件工程)
944	潘 禄	工程硕士(软件工程)
945	张 潇	工程硕士(软件工程)
946	刘 煜	工程硕士(软件工程)
947	邱志国	工程硕士(软件工程)
948	程 意	工程硕士(软件工程)
949	赵家祝	工程硕士(软件工程)
950	罗佳斌	工程硕士(软件工程)
951	王彦力	工程硕士(软件工程)
952	王 鹤	工程硕士(软件工程)
953	田康维	工程硕士(软件工程)
954	李明军	工程硕士(软件工程)
955	徐 涛	工程硕士(软件工程)
956	胡育诚	工程硕士(软件工程)
957	王林木	工程硕士(软件工程)
958	郑新宇	工程硕士(软件工程)
959	王海同	工程硕士(软件工程)

(续　表)

序　号	姓　名	专业领域名称
960	孟令伍	工程硕士(软件工程)
961	曹汝帅	工程硕士(软件工程)
962	周　恺	工程硕士(软件工程)
963	张佐亮	工程硕士(软件工程)
964	王　凌	工程硕士(软件工程)
965	陶　涛	工程硕士(软件工程)
966	宫　晨	工程硕士(软件工程)
967	陈玲霞	工程硕士(软件工程)
968	周　蒙	工程硕士(软件工程)
969	花道科	工程硕士(软件工程)
970	詹　斌	工程硕士(软件工程)
971	张梦易	工程硕士(软件工程)
972	朱　正	工程硕士(软件工程)
973	皮思遥	工程硕士(软件工程)
974	张艺峰	工程硕士(软件工程)
975	高士连	工程硕士(软件工程)
976	张晓宇	工程硕士(软件工程)
977	朱玉豆	工程硕士(软件工程)
978	顾云波	工程硕士(软件工程)
979	姜　阳	工程硕士(软件工程)
980	陈　阔	工程硕士(软件工程)
981	秦俊雪	工程硕士(软件工程)
982	杨　阳	工程硕士(软件工程)
983	房惠宇	工程硕士(软件工程)
984	周　佺	工程硕士(软件工程)
985	王　飞	工程硕士(软件工程)
986	沈晔星	工程硕士(软件工程)
987	胡　博	工程硕士(软件工程)
988	查丹柯	工程硕士(软件工程)
989	郭展宏	工程硕士(软件工程)
990	蔡磊磊	工程硕士(软件工程)

（续　表）

序　号	姓　名	专业领域名称
991	朱雪帅	工程硕士(软件工程)
992	沈文武	工程硕士(软件工程)
993	王　盼	工程硕士(软件工程)
994	孙冲冲	工程硕士(软件工程)
995	严明达	工程硕士(软件工程)
996	章　云	工程硕士(软件工程)
997	秦　浩	工程硕士(软件工程)
998	贾　磊	工程硕士(软件工程)
999	翁志成	工程硕士(软件工程)
1000	郦家骅	工程硕士(软件工程)
1001	黄诗鹤	工程硕士(软件工程)
1002	郝　凯	工程硕士(软件工程)
1003	周　鹏	工程硕士(软件工程)
1004	韩　雪	工程硕士(软件工程)
1005	李　娟	工程硕士(软件工程)
1006	章　铖	工程硕士(软件工程)
1007	周伟东	工程硕士(软件工程)
1008	谢　伟	工程硕士(软件工程)
1009	郭梦梦	工程硕士(软件工程)
1010	陈　张	工程硕士(软件工程)
1011	孙五九	工程硕士(软件工程)
1012	郭奕庭	工程硕士(软件工程)
1013	张晨梦	工程硕士(软件工程)
1014	范雪梅	工程硕士(软件工程)
1015	陈玉红	工程硕士(软件工程)
1016	李思达	工程硕士(软件工程)
1017	包敦风	工程硕士(建筑与土木工程)
1018	陈福平	工程硕士(建筑与土木工程)
1019	陈梦晖	工程硕士(建筑与土木工程)
1020	陈　鸣	工程硕士(建筑与土木工程)
1021	崔常慧	工程硕士(建筑与土木工程)

(续　表)

序　号	姓　名	专业领域名称
1022	崔弥达	工程硕士(建筑与土木工程)
1023	高　慧	工程硕士(建筑与土木工程)
1024	何剑侠	工程硕士(建筑与土木工程)
1025	洪至彦	工程硕士(建筑与土木工程)
1026	黄依涵	工程硕士(建筑与土木工程)
1027	蒋耀东	工程硕士(建筑与土木工程)
1028	廖家男	工程硕士(建筑与土木工程)
1029	刘海浪	工程硕士(建筑与土木工程)
1030	刘家良	工程硕士(建筑与土木工程)
1031	刘禹臣	工程硕士(建筑与土木工程)
1032	马　颖	工程硕士(建筑与土木工程)
1033	梅　方	工程硕士(建筑与土木工程)
1034	穆发利	工程硕士(建筑与土木工程)
1035	聂　斐	工程硕士(建筑与土木工程)
1036	彭宇昐	工程硕士(建筑与土木工程)
1037	任　选	工程硕士(建筑与土木工程)
1038	宋志新	工程硕士(建筑与土木工程)
1039	汤镇宁	工程硕士(建筑与土木工程)
1040	陶轩洁	工程硕士(建筑与土木工程)
1041	陶　赟	工程硕士(建筑与土木工程)
1042	汪黎明	工程硕士(建筑与土木工程)
1043	王　芳	工程硕士(建筑与土木工程)
1044	王李麒	工程硕士(建筑与土木工程)
1045	王正昌	工程硕士(建筑与土木工程)
1046	吴　超	工程硕士(建筑与土木工程)
1047	吴佳佳	工程硕士(建筑与土木工程)
1048	吴青宇	工程硕士(建筑与土木工程)
1049	吴森坤	工程硕士(建筑与土木工程)
1050	徐　秀	工程硕士(建筑与土木工程)
1051	徐梓栋	工程硕士(建筑与土木工程)
1052	闫宁宁	工程硕士(建筑与土木工程)

（续　表）

序　号	姓　名	专业领域名称
1053	杨哲慧	工程硕士(建筑与土木工程)
1054	叶　帅	工程硕士(建筑与土木工程)
1055	臧芃乔	工程硕士(建筑与土木工程)
1056	张楚楚	工程硕士(建筑与土木工程)
1057	张春水	工程硕士(建筑与土木工程)
1058	张莉亚	工程硕士(建筑与土木工程)
1059	张良尘	工程硕士(建筑与土木工程)
1060	张婉平	工程硕士(建筑与土木工程)
1061	张　颖	工程硕士(建筑与土木工程)
1062	张　颖	工程硕士(建筑与土木工程)
1063	张玉平	工程硕士(建筑与土木工程)
1064	赵　柔	工程硕士(建筑与土木工程)
1065	郑家理	工程硕士(建筑与土木工程)
1066	朱　峰	工程硕士(建筑与土木工程)
1067	朱　洁	工程硕士(建筑与土木工程)
1068	王　潇	工程硕士(建筑与土木工程)
1069	丁　俊	工程硕士(建筑与土木工程)
1070	周　侗	工程硕士(建筑与土木工程)
1071	王孟伟	工程硕士(建筑与土木工程)
1072	方佳伟	工程硕士(建筑与土木工程)
1073	胡佳佳	工程硕士(建筑与土木工程)
1074	黄照广	工程硕士(建筑与土木工程)
1075	刘　广	工程硕士(建筑与土木工程)
1076	苏　浩	工程硕士(建筑与土木工程)
1077	孙求知	工程硕士(建筑与土木工程)
1078	汤　杰	工程硕士(建筑与土木工程)
1079	唐　剑	工程硕士(建筑与土木工程)
1080	王登科	工程硕士(建筑与土木工程)
1081	夏塑杰	工程硕士(建筑与土木工程)
1082	颜　文	工程硕士(建筑与土木工程)
1083	殷之祺	工程硕士(建筑与土木工程)

(续　表)

序　号	姓　名	专业领域名称
1084	于续春	工程硕士(建筑与土木工程)
1085	袁良健	工程硕士(建筑与土木工程)
1086	彭傲霜	工程硕士(建筑与土木工程)
1087	王　恺	工程硕士(建筑与土木工程)
1088	王其昊	工程硕士(建筑与土木工程)
1089	熊泽龙	工程硕士(建筑与土木工程)
1090	杨　勇	工程硕士(建筑与土木工程)
1091	管文竹	工程硕士(建筑与土木工程)
1092	陈振宇	工程硕士(建筑与土木工程)
1093	卢一鸣	工程硕士(建筑与土木工程)
1094	李　宁	工程硕士(建筑与土木工程)
1095	戴建洲	工程硕士(建筑与土木工程)
1096	赵扬阳	工程硕士(建筑与土木工程)
1097	晏　平	工程硕士(建筑与土木工程)
1098	沈文兵	工程硕士(建筑与土木工程)
1099	周　俊	工程硕士(建筑与土木工程)
1100	程晓强	工程硕士(建筑与土木工程)
1101	吴天祺	工程硕士(建筑与土木工程)
1102	田雪兆	工程硕士(建筑与土木工程)
1103	李　昂	工程硕士(建筑与土木工程)
1104	鲁　静	工程硕士(建筑与土木工程)
1105	宋培源	工程硕士(建筑与土木工程)
1106	靳　凯	工程硕士(建筑与土木工程)
1107	胡　谦	工程硕士(建筑与土木工程)
1108	董明京	工程硕士(建筑与土木工程)
1109	陈桐清	工程硕士(建筑与土木工程)
1110	丁彦月	工程硕士(建筑与土木工程)
1111	高雨晴	工程硕士(建筑与土木工程)
1112	张　倩	工程硕士(建筑与土木工程)
1113	卡蜜儿	工程硕士(建筑与土木工程)
1114	卢　贝	工程硕士(建筑与土木工程)

（续 表）

序 号	姓 名	专业领域名称
1115	帝 多	工程硕士(建筑与土木工程)
1116	胡兰妮	工程硕士(建筑与土木工程)
1117	欧 歌	工程硕士(建筑与土木工程)
1118	胡 月	工程硕士(建筑与土木工程)
1119	维 因	工程硕士(建筑与土木工程)
1120	缇 莎	工程硕士(建筑与土木工程)
1121	王 闻	工程硕士(建筑与土木工程)
1122	瓦 达	工程硕士(建筑与土木工程)
1123	约 索	工程硕士(建筑与土木工程)
1124	库瓦吉	工程硕士(建筑与土木工程)
1125	毛剑东	工程硕士(水利工程)
1126	朱星桦	工程硕士(水利工程)
1127	刘重威	工程硕士(水利工程)
1128	杨 珂	工程硕士(水利工程)
1129	杨雪晴	工程硕士(测绘工程)
1130	曹一茹	工程硕士(测绘工程)
1131	陈 祥	工程硕士(测绘工程)
1132	江燕云	工程硕士(化学工程)
1133	徐流龙	工程硕士(化学工程)
1134	杨 超	工程硕士(化学工程)
1135	靳秀凤	工程硕士(化学工程)
1136	王淑敏	工程硕士(化学工程)
1137	王智利	工程硕士(化学工程)
1138	姬中祥	工程硕士(化学工程)
1139	夏学可	工程硕士(化学工程)
1140	朱 恺	工程硕士(化学工程)
1141	任 慧	工程硕士(化学工程)
1142	孙玉玲	工程硕士(化学工程)
1143	兰媛媛	工程硕士(化学工程)
1144	许重九	工程硕士(化学工程)
1145	张定一	工程硕士(化学工程)

(续　表)

序　号	姓　名	专业领域名称
1146	任建山	工程硕士(化学工程)
1147	刘　帅	工程硕士(化学工程)
1148	彭　景	工程硕士(化学工程)
1149	郃　建	工程硕士(化学工程)
1150	蒋叶豪	工程硕士(化学工程)
1151	杨大伟	工程硕士(化学工程)
1152	李智德	工程硕士(化学工程)
1153	李长盼	工程硕士(化学工程)
1154	胡　慕	工程硕士(化学工程)
1155	王明鑫	工程硕士(化学工程)
1156	周言庆	工程硕士(化学工程)
1157	黄梦秋	工程硕士(化学工程)
1158	刘婷婷	工程硕士(化学工程)
1159	陈诗雨	工程硕士(化学工程)
1160	姚善昆	工程硕士(化学工程)
1161	张晓露	工程硕士(化学工程)
1162	孙玉堂	工程硕士(化学工程)
1163	高　燕	工程硕士(化学工程)
1164	刘世玉	工程硕士(化学工程)
1165	刘甲文	工程硕士(化学工程)
1166	邹晓悦	工程硕士(化学工程)
1167	陈　晨	工程硕士(化学工程)
1168	黄素丽	工程硕士(化学工程)
1169	高华颖	工程硕士(化学工程)
1170	刘文景	工程硕士(化学工程)
1171	范长春	工程硕士(化学工程)
1172	张继磊	工程硕士(化学工程)
1173	马晓兰	工程硕士(化学工程)
1174	夏淑冉	工程硕士(化学工程)
1175	赵川川	工程硕士(化学工程)
1176	魏会敏	工程硕士(化学工程)

（续　表）

序　号	姓　名	专业领域名称
1177	刘沙沙	工程硕士(化学工程)
1178	陈会敏	工程硕士(化学工程)
1179	耿富娟	工程硕士(化学工程)
1180	胡慧书	工程硕士(化学工程)
1181	刘诗新	工程硕士(化学工程)
1182	王延芳	工程硕士(化学工程)
1183	王慧敏	工程硕士(化学工程)
1184	汤启峰	工程硕士(化学工程)
1185	郑　玄	工程硕士(化学工程)
1186	陈海朋	工程硕士(化学工程)
1187	陈龙军	工程硕士(化学工程)
1188	聂明杰	工程硕士(化学工程)
1189	李万春	工程硕士(化学工程)
1190	王小红	工程硕士(化学工程)
1191	彭亚成	工程硕士(交通运输工程)
1192	陈安琪	工程硕士(交通运输工程)
1193	陈华庆	工程硕士(交通运输工程)
1194	陈　乐	工程硕士(交通运输工程)
1195	陈之惟	工程硕士(交通运输工程)
1196	韩　翀	工程硕士(交通运输工程)
1197	韩　笑	工程硕士(交通运输工程)
1198	胡圣堃	工程硕士(交通运输工程)
1199	黄婧婧	工程硕士(交通运输工程)
1200	李梦莹	工程硕士(交通运输工程)
1201	廖源铭	工程硕士(交通运输工程)
1202	刘　亚	工程硕士(交通运输工程)
1203	马丽莎	工程硕士(交通运输工程)
1204	邵孜科	工程硕士(交通运输工程)
1205	王玮岳	工程硕士(交通运输工程)
1206	魏星华	工程硕士(交通运输工程)
1207	伍　艺	工程硕士(交通运输工程)

(续　表)

序　号	姓　名	专业领域名称
1208	谢德虎	工程硕士(交通运输工程)
1209	杨　炳	工程硕士(交通运输工程)
1210	于乐乐	工程硕士(交通运输工程)
1211	岳　阳	工程硕士(交通运输工程)
1212	张佳运	工程硕士(交通运输工程)
1213	张梦可	工程硕士(交通运输工程)
1214	陈凤涛	工程硕士(交通运输工程)
1215	董　飞	工程硕士(交通运输工程)
1216	么　娆	工程硕士(交通运输工程)
1217	张　翔	工程硕士(交通运输工程)
1218	王凌云	工程硕士(交通运输工程)
1219	戴冠臣	工程硕士(交通运输工程)
1220	杨　焱	工程硕士(交通运输工程)
1221	程玉琨	工程硕士(交通运输工程)
1222	傅　松	工程硕士(交通运输工程)
1223	高俊祥	工程硕士(交通运输工程)
1224	郭瑞琦	工程硕士(交通运输工程)
1225	洪倩雯	工程硕士(交通运输工程)
1226	李　溻	工程硕士(交通运输工程)
1227	刘　娟	工程硕士(交通运输工程)
1228	刘　强	工程硕士(交通运输工程)
1229	陆佳炜	工程硕士(交通运输工程)
1230	孙常聪	工程硕士(交通运输工程)
1231	王　茜	工程硕士(交通运输工程)
1232	王宇清	工程硕士(交通运输工程)
1233	王　雨	工程硕士(交通运输工程)
1234	席佳琦	工程硕士(交通运输工程)
1235	杨　斌	工程硕士(交通运输工程)
1236	杨　阳	工程硕士(交通运输工程)
1237	叶　斌	工程硕士(交通运输工程)
1238	张晨阳	工程硕士(交通运输工程)

（续　表）

序　号	姓　名	专业领域名称
1239	朱娇娇	工程硕士(交通运输工程)
1240	刁志伟	工程硕士(交通运输工程)
1241	彭　鹏	工程硕士(交通运输工程)
1242	覃　达	工程硕士(交通运输工程)
1243	杨　岩	工程硕士(交通运输工程)
1244	张崇旗	工程硕士(交通运输工程)
1245	曹　洋	工程硕士(交通运输工程)
1246	单　睿	工程硕士(交通运输工程)
1247	巩金芝	工程硕士(交通运输工程)
1248	张　瑞	工程硕士(交通运输工程)
1249	刘　伟	工程硕士(交通运输工程)
1250	李　喆	工程硕士(交通运输工程)
1251	于　影	工程硕士(交通运输工程)
1252	张　严	工程硕士(交通运输工程)
1253	焦振飞	工程硕士(交通运输工程)
1254	吴春伟	工程硕士(交通运输工程)
1255	林盛梅	工程硕士(交通运输工程)
1256	石劭阳	工程硕士(交通运输工程)
1257	张　爽	工程硕士(交通运输工程)
1258	陈信超	工程硕士(交通运输工程)
1259	李长光	工程硕士(交通运输工程)
1260	刘志鹏	工程硕士(交通运输工程)
1261	王群慧	工程硕士(交通运输工程)
1262	齐张丽	工程硕士(交通运输工程)
1263	刘艳芳	工程硕士(交通运输工程)
1264	刘微微	工程硕士(交通运输工程)
1265	颜　聪	工程硕士(交通运输工程)
1266	董　桢	工程硕士(交通运输工程)
1267	方　钊	工程硕士(交通运输工程)
1268	冯若潇	工程硕士(交通运输工程)
1269	付颖娜	工程硕士(交通运输工程)

(续　表)

序　号	姓　名	专业领域名称
1270	贾　若	工程硕士(交通运输工程)
1271	姜　妍	工程硕士(交通运输工程)
1272	刘子豪	工程硕士(交通运输工程)
1273	梅　杰	工程硕士(交通运输工程)
1274	邱　琛	工程硕士(交通运输工程)
1275	汪　津	工程硕士(交通运输工程)
1276	徐亚楠	工程硕士(交通运输工程)
1277	许晓慧	工程硕士(交通运输工程)
1278	周　扬	工程硕士(交通运输工程)
1279	邹戴晓	工程硕士(交通运输工程)
1280	刘良芸	工程硕士(交通运输工程)
1281	徐惠娟	工程硕士(交通运输工程)
1282	王　倩	工程硕士(交通运输工程)
1283	龚　申	工程硕士(交通运输工程)
1284	何　楠	工程硕士(交通运输工程)
1285	程宏飞	工程硕士(交通运输工程)
1286	陈人杰	工程硕士(交通运输工程)
1287	林浛宇	工程硕士(交通运输工程)
1288	张　洋	工程硕士(交通运输工程)
1289	邵　洋	工程硕士(交通运输工程)
1290	田　佳	工程硕士(交通运输工程)
1291	王　琦	工程硕士(交通运输工程)
1292	雷　铭	工程硕士(交通运输工程)
1293	姚　昱	工程硕士(交通运输工程)
1294	曹佩韦	工程硕士(交通运输工程)
1295	周　均	工程硕士(交通运输工程)
1296	高　辉	工程硕士(交通运输工程)
1297	朱韵芝	工程硕士(交通运输工程)
1298	陈　全	工程硕士(交通运输工程)
1299	潘园园	工程硕士(交通运输工程)
1300	沈　凌	工程硕士(交通运输工程)

（续　表）

序　号	姓　名	专业领域名称
1301	卡　达	工程硕士(交通运输工程)
1302	邱玉雪	工程硕士(环境工程)
1303	覃榴滨	工程硕士(环境工程)
1304	檀香逸	工程硕士(环境工程)
1305	杜　阳	工程硕士(环境工程)
1306	刘连清	工程硕士(环境工程)
1307	张黎明	工程硕士(环境工程)
1308	陈思远	工程硕士(环境工程)
1309	吉志一	工程硕士(环境工程)
1310	陈月云	工程硕士(环境工程)
1311	周世娟	工程硕士(环境工程)
1312	韩　群	工程硕士(环境工程)
1313	李　飞	工程硕士(环境工程)
1314	时嘉慧	工程硕士(环境工程)
1315	张小玲	工程硕士(环境工程)
1316	陆　斌	工程硕士(环境工程)
1317	黄　金	工程硕士(环境工程)
1318	贺　凯	工程硕士(生物医学工程)
1319	胡敏达	工程硕士(生物医学工程)
1320	李　彤	工程硕士(生物医学工程)
1321	阮　俊	工程硕士(生物医学工程)
1322	朱　禾	工程硕士(生物医学工程)
1323	蔡庆东	工程硕士(生物医学工程)
1324	陈　策	工程硕士(生物医学工程)
1325	时　旭	工程硕士(生物医学工程)
1326	杨　佩	工程硕士(生物医学工程)
1327	董　莉	工程硕士(生物医学工程)
1328	徐琼华	工程硕士(生物医学工程)
1329	马　婧	工程硕士(工业工程)
1330	汤浩晨	工程硕士(工业工程)
1331	郑侨宏	工程硕士(工业工程)

(续　表)

序　号	姓　名	专业领域名称
1332	王　昴	工程硕士(工业工程)
1333	盛祺元	工程硕士(工业工程)
1334	张　培	工程硕士(工业工程)
1335	田凯燕	工程硕士(工业设计工程)
1336	潘龙玉	工程硕士(工业设计工程)
1337	姜金麟	工程硕士(工业设计工程)
1338	包　涵	工程硕士(工业设计工程)
1339	车攀红	工程硕士(工业设计工程)
1340	胡　裕	工程硕士(工业设计工程)
1341	孙　哲	工程硕士(工业设计工程)
1342	谭　浩	工程硕士(工业设计工程)
1343	孙铖皓	工程硕士(工业设计工程)
1344	李晓凡	工程硕士(工业设计工程)
1345	朱霄汉	工程硕士(工业设计工程)
1346	李　嫱	工程硕士(工业设计工程)
1347	李　扬	工程硕士(工业设计工程)
1348	陈若童	工程硕士(工业设计工程)
1349	林　松	工程硕士(工业设计工程)
1350	叶逢雨	工程硕士(工业设计工程)
1351	赵德明	工程硕士(工业设计工程)
1352	刘　奇	工程硕士(工业设计工程)
1353	马　婧	工程硕士(工业设计工程)
1354	汤文哲	工程硕士(工业设计工程)
1355	李秋萍	工程硕士(工业设计工程)
1356	周　赟	工程硕士(工业设计工程)
1357	汪　丽	工程硕士(工业设计工程)
1358	孙文贤	工程硕士(工业设计工程)
1359	洪志华	工程硕士(工业设计工程)
1360	沈擎阳	工程硕士(工业设计工程)
1361	王佳珂	工程硕士(工业设计工程)
1362	姚施琪	工程硕士(工业设计工程)

（续　表）

序　号	姓　名	专业领域名称
1363	王欣悦	工程硕士(工业设计工程)
1364	李　爽	工程硕士(工业设计工程)
1365	张敏青	工程硕士(工业设计工程)
1366	张馨予	工程硕士(工业设计工程)
1367	陈祺琳	工程硕士(工业设计工程)
1368	郑　斐	工程硕士(工业设计工程)
1369	蔡明君	工程硕士(物流工程)
1370	王林炜	工程硕士(物流工程)
1371	汪　伟	工程硕士(物流工程)
1372	陈宗琴	工程硕士(物流工程)
1373	金邹苹	工程硕士(物流工程)
1374	陆正江	工程硕士(物流工程)
1375	翟优子	工程硕士(物流工程)
1376	张　静	工程硕士(物流工程)
1377	何琳莉	工程硕士(物流工程)
1378	姜　雯	工程硕士(物流工程)
1379	綦浩然	工程硕士(物流工程)
1380	许灼炎	工程硕士(物流工程)
1381	胡　慧	工程硕士(物流工程)
1382	梁泰鹏	工程硕士(物流工程)
1383	徐　林	工程硕士(物流工程)
1384	李帅伟	工程硕士(物流工程)
1385	仇婧妍	城市规划硕士
1386	李梦柯	城市规划硕士
1387	王乙喆	城市规划硕士
1388	曾艺元	城市规划硕士
1389	李国维	城市规划硕士
1390	赵文飞	城市规划硕士
1391	郭　超	城市规划硕士
1392	黄玮琳	城市规划硕士
1393	蒋瑾涵	城市规划硕士

(续　表)

序　号	姓　名	专业领域名称
1394	刘清清	城市规划硕士
1395	梅佳欢	城市规划硕士
1396	沈　硕	城市规划硕士
1397	徐　森	城市规划硕士
1398	许闻博	城市规划硕士
1399	朱　宁	城市规划硕士
1400	吴　浩	城市规划硕士
1401	吴　东	城市规划硕士
1402	安　忻	城市规划硕士
1403	郭冷秀	城市规划硕士
1404	姜若磐	城市规划硕士
1405	杨林童	城市规划硕士
1406	郁　晨	城市规划硕士
1407	刘　亚	风景园林硕士
1408	冯　琳	风景园林硕士
1409	李　琦	风景园林硕士
1410	林馨瑶	风景园林硕士
1411	吴振男	风景园林硕士
1412	李　雪	风景园林硕士
1413	宗成灿	风景园林硕士
1414	赵宇丹	风景园林硕士
1415	陈潘婉洁	风景园林硕士
1416	张　楠	风景园林硕士
1417	车紫薇	风景园林硕士
1418	任梓帅	风景园林硕士
1419	周　杰	临床医学硕士(本硕连读)
1420	柏文华	临床医学硕士(本硕连读)
1421	鲍晓玲	临床医学硕士(本硕连读)
1422	曹　玲	临床医学硕士(本硕连读)
1423	陈美丽	临床医学硕士(本硕连读)
1424	储　霞	临床医学硕士(本硕连读)

（续　表）

序　号	姓　名	专业领域名称
1425	段晓宇	临床医学硕士(本硕连读)
1426	封逍遥	临床医学硕士(本硕连读)
1427	付　凯	临床医学硕士(本硕连读)
1428	龚文斌	临床医学硕士(本硕连读)
1429	胡阳波	临床医学硕士(本硕连读)
1430	黄季晨	临床医学硕士(本硕连读)
1431	黄亭亭	临床医学硕士(本硕连读)
1432	黄银银	临床医学硕士(本硕连读)
1433	姜　茜	临床医学硕士(本硕连读)
1434	解彤彤	临床医学硕士(本硕连读)
1435	金　雯	临床医学硕士(本硕连读)
1436	李　甲	临床医学硕士(本硕连读)
1437	李泽敏	临床医学硕士(本硕连读)
1438	刘玉秋	临床医学硕士(本硕连读)
1439	鲁攀攀	临床医学硕士(本硕连读)
1440	马浩鑫	临床医学硕士(本硕连读)
1441	冒晨昱	临床医学硕士(本硕连读)
1442	倪　媛	临床医学硕士(本硕连读)
1443	庞新岗	临床医学硕士(本硕连读)
1444	乔　木	临床医学硕士(本硕连读)
1445	邵　雯	临床医学硕士(本硕连读)
1446	盛安康	临床医学硕士(本硕连读)
1447	史经伟	临床医学硕士(本硕连读)
1448	宋佳磊	临床医学硕士(本硕连读)
1449	孙佳锐	临床医学硕士(本硕连读)
1450	汪沭源	临床医学硕士(本硕连读)
1451	王　轩	临床医学硕士(本硕连读)
1452	吴　航	临床医学硕士(本硕连读)
1453	徐　赫	临床医学硕士(本硕连读)
1454	徐　涛	临床医学硕士(本硕连读)
1455	徐孝新	临床医学硕士(本硕连读)

(续　表)

序　号	姓　名	专业领域名称
1456	杨鸿盛	临床医学硕士(本硕连读)
1457	杨　腾	临床医学硕士(本硕连读)
1458	姚　羽	临床医学硕士(本硕连读)
1459	余　航	临床医学硕士(本硕连读)
1460	禹沛然	临床医学硕士(本硕连读)
1461	喻　傲	临床医学硕士(本硕连读)
1462	张永强	临床医学硕士(本硕连读)
1463	张　玉	临床医学硕士(本硕连读)
1464	朱霖泽惠	临床医学硕士(本硕连读)
1465	朱月琳	临床医学硕士(本硕连读)
1466	祝如愿	临床医学硕士(本硕连读)
1467	左　朦	临床医学硕士(本硕连读)
1468	林丽华	临床医学硕士
1469	沈　肖	临床医学硕士
1470	张慧欣	临床医学硕士
1471	王佳敏	临床医学硕士
1472	张　悦	临床医学硕士
1473	王丽凤	临床医学硕士
1474	文　博	临床医学硕士
1475	杨　亦	临床医学硕士
1476	葛路遥	临床医学硕士
1477	潘天帆	临床医学硕士
1478	潘　扬	临床医学硕士
1479	佟　腾	临床医学硕士
1480	肖　旻	临床医学硕士
1481	徐卫卫	临床医学硕士
1482	李红霞	临床医学硕士
1483	陆　婷	临床医学硕士
1484	史奕奕	临床医学硕士
1485	吴　浩	临床医学硕士
1486	杜　颖	临床医学硕士

（续 表）

序 号	姓 名	专业领域名称
1487	孙飞虎	临床医学硕士
1488	杨 洁	临床医学硕士
1489	张汉卿	临床医学硕士
1490	张琦荃	临床医学硕士
1491	郑孝飞	临床医学硕士
1492	葛 敏	临床医学硕士
1493	马艺洪	临床医学硕士
1494	刘 贞	临床医学硕士
1495	陈 阳	临床医学硕士
1496	贾 鑫	临床医学硕士
1497	张科科	临床医学硕士
1498	窦 婷	临床医学硕士
1499	徐 圣	临床医学硕士
1500	唐 庚	临床医学硕士
1501	陈圣妮	临床医学硕士
1502	孙白云	临床医学硕士
1503	高亚婷	临床医学硕士
1504	陈 燕	临床医学硕士
1505	陈晓云	临床医学硕士
1506	卞荣荣	临床医学硕士
1507	张佩丽	临床医学硕士
1508	王海丽	临床医学硕士
1509	林 敏	临床医学硕士
1510	邵海磊	临床医学硕士
1511	张福侠	临床医学硕士
1512	袁雪璐	临床医学硕士
1513	胥新平	临床医学硕士
1514	刘 燕	临床医学硕士
1515	郁媛媛	临床医学硕士
1516	杨 楠	临床医学硕士
1517	辜祖玄	临床医学硕士

(续　表)

序　号	姓　名	专业领域名称
1518	高圆圆	临床医学硕士
1519	笪美红	临床医学硕士
1520	黛　薇	临床医学硕士
1521	曼　哈	临床医学硕士
1522	潘　妮	临床医学硕士
1523	维　达	临床医学硕士
1524	苏　曼	临床医学硕士
1525	萨罗杰	临床医学硕士
1526	莱　斯	临床医学硕士
1527	南　高	临床医学硕士
1528	比　娜	临床医学硕士
1529	苏　晨	临床医学硕士
1530	黎　明	临床医学硕士
1531	尼　则	临床医学硕士
1532	查　薇	临床医学硕士
1533	玛　芮	临床医学硕士
1534	贝　提	临床医学硕士
1535	米珂拉	临床医学硕士
1536	阿　梅	临床医学硕士
1537	徐文玲	临床医学硕士(内科学)
1538	陶慧文	公共卫生硕士
1539	张锐芝	公共卫生硕士
1540	张　妍	公共卫生硕士
1541	曹　烨	公共卫生硕士
1542	陈　林	公共卫生硕士
1543	成　晨	公共卫生硕士
1544	苏　健	公共卫生硕士
1545	杨　梅	公共卫生硕士
1546	李　圳	公共卫生硕士
1547	常　倩	公共卫生硕士
1548	任雪丹	公共卫生硕士

（续　表）

序　号	姓　名	专业领域名称
1549	王　杨	公共卫生硕士
1550	肖红梅	公共卫生硕士
1551	胡名媛	公共卫生硕士
1552	马翠荣	公共卫生硕士
1553	何婷婷	公共卫生硕士
1554	王　君	公共卫生硕士
1555	朱媛媛	公共卫生硕士
1556	肖培培	公共卫生硕士
1557	王祎杰	公共卫生硕士
1558	汪　圳	公共卫生硕士
1559	高晓洁	公共卫生硕士
1560	金　光	公共卫生硕士
1561	毕斯塔	公共卫生硕士
1562	拉　弗	公共卫生硕士
1563	巴　塔	公共卫生硕士
1564	维　力	公共卫生硕士
1565	安　格	公共卫生硕士
1566	安妮塔	公共卫生硕士
1567	妮　哈	公共卫生硕士
1568	张　玥	公共卫生硕士
1569	林　卡	公共卫生硕士
1570	卡　拉	公共卫生硕士
1571	奥丽安	公共卫生硕士
1572	金　兰	公共卫生硕士
1573	如　朵	公共卫生硕士
1574	洛　黛	公共卫生硕士
1575	郭　家	公共卫生硕士
1576	王草源	护理硕士
1577	夏丽霞	护理硕士
1578	王静静	护理硕士
1579	张　琦	护理硕士

(续 表)

序 号	姓 名	专业领域名称
1580	刘晶宝	护理硕士
1581	陈 飞	工商管理硕士
1582	陈 果	工商管理硕士
1583	陈 楠	工商管理硕士
1584	陈相荣	工商管理硕士
1585	陈卓群	工商管理硕士
1586	成中杰	工商管理硕士
1587	崔 健	工商管理硕士
1588	笪 雷	工商管理硕士
1589	戴晓冬	工商管理硕士
1590	戴雅惠	工商管理硕士
1591	戴亦迪	工商管理硕士
1592	单 耀	工商管理硕士
1593	丁桂琴	工商管理硕士
1594	丁 杰	工商管理硕士
1595	丁小红	工商管理硕士
1596	丁亦飞	工商管理硕士
1597	顾善昉	工商管理硕士
1598	郭启萌	工商管理硕士
1599	韩国玲	工商管理硕士
1600	贺光辉	工商管理硕士
1601	贺文慧	工商管理硕士
1602	衡 宁	工商管理硕士
1603	洪福斌	工商管理硕士
1604	胡名睿	工商管理硕士
1605	胡 叶	工商管理硕士
1606	胡智文	工商管理硕士
1607	黄 华	工商管理硕士
1608	吉佳斌	工商管理硕士
1609	姜秀峰	工商管理硕士
1610	金 村	工商管理硕士

（续　表）

序　号	姓　名	专业领域名称
1611	居　明	工商管理硕士
1612	孔文健	工商管理硕士
1613	冷聪颖	工商管理硕士
1614	李　锋	工商管理硕士
1615	李　谷	工商管理硕士
1616	李光明	工商管理硕士
1617	李慧东	工商管理硕士
1618	李　梦	工商管理硕士
1619	刘　璐	工商管理硕士
1620	刘晓羽	工商管理硕士
1621	陆启明	工商管理硕士
1622	陆志军	工商管理硕士
1623	马晓慧	工商管理硕士
1624	茆清扬	工商管理硕士
1625	茆祖伟	工商管理硕士
1626	孟海权	工商管理硕士
1627	孟　浪	工商管理硕士
1628	弭　娟	工商管理硕士
1629	闵舒逸	工商管理硕士
1630	潘春艳	工商管理硕士
1631	潘　勇	工商管理硕士
1632	潘　云	工商管理硕士
1633	庞雅菲	工商管理硕士
1634	彭亚薇	工商管理硕士
1635	乔祎昀	工商管理硕士
1636	任　钦	工商管理硕士
1637	任伟民	工商管理硕士
1638	苏三福	工商管理硕士
1639	苏亚梅	工商管理硕士
1640	孙　敏	工商管理硕士
1641	谭　论	工商管理硕士

(续 表)

序 号	姓 名	专业领域名称
1642	谭 妮	工商管理硕士
1643	汪 蓓	工商管理硕士
1644	汪玲钰	工商管理硕士
1645	王 兵	工商管理硕士
1646	王涣涣	工商管理硕士
1647	王 俊	工商管理硕士
1648	王 茂	工商管理硕士
1649	王 清	工商管理硕士
1650	王文贵	工商管理硕士
1651	王晓红	工商管理硕士
1652	王晓文	工商管理硕士
1653	王 妍	工商管理硕士
1654	魏 颂	工商管理硕士
1655	魏净辰	工商管理硕士
1656	邬 建	工商管理硕士
1657	吴冰清	工商管理硕士
1658	吴 剑	工商管理硕士
1659	吴 恺	工商管理硕士
1660	吴 新	工商管理硕士
1661	吴志根	工商管理硕士
1662	武志利	工商管理硕士
1663	席彬夏	工商管理硕士
1664	夏 凡	工商管理硕士
1665	谢小飞	工商管理硕士
1666	邢振彬	工商管理硕士
1667	徐辰达	工商管理硕士
1668	徐大伟	工商管理硕士
1669	徐 凡	工商管理硕士
1670	徐 润	工商管理硕士
1671	徐 陟	工商管理硕士
1672	严晓明	工商管理硕士

（续 表）

序 号	姓 名	专业领域名称
1673	杨洁琼	工商管理硕士
1674	杨晓丹	工商管理硕士
1675	姚 滢	工商管理硕士
1676	袁子杰	工商管理硕士
1677	张寒蕾	工商管理硕士
1678	张钧懿	工商管理硕士
1679	张 鹏	工商管理硕士
1680	张小雯	工商管理硕士
1681	张晓艳	工商管理硕士
1682	张学林	工商管理硕士
1683	张云淇	工商管理硕士
1684	郑一鸣	工商管理硕士
1685	周 江	工商管理硕士
1686	周凌晨	工商管理硕士
1687	左晨玉	工商管理硕士
1688	李政良	工商管理硕士
1689	刘人杰	工商管理硕士
1690	马跃亮	工商管理硕士
1691	赵 军	工商管理硕士
1692	王小可	工商管理硕士
1693	张大澍	工商管理硕士
1694	单 婷	公共管理硕士
1695	邓潇然	公共管理硕士
1696	顾一舟	公共管理硕士
1697	梁 政	公共管理硕士
1698	卢 玥	公共管理硕士
1699	唐 勇	公共管理硕士
1700	滕 欢	公共管理硕士
1701	吴 尚	公共管理硕士
1702	徐建业	公共管理硕士
1703	颜国彬	公共管理硕士

(续　表)

序　号	姓　名	专业领域名称
1704	杨董恺	公共管理硕士
1705	周　群	公共管理硕士
1706	朱一诺	公共管理硕士
1707	龚　裕	公共管理硕士
1708	胡　婷	公共管理硕士
1709	金　翎	公共管理硕士
1710	李　伟	公共管理硕士
1711	梁润芝	公共管理硕士
1712	刘月婷	公共管理硕士
1713	齐梓辰	公共管理硕士
1714	孙　晶	公共管理硕士
1715	田　璇	公共管理硕士
1716	万谦逸	公共管理硕士
1717	王倩茜	公共管理硕士
1718	王胜全	公共管理硕士
1719	王晓荣	公共管理硕士
1720	王星耘	公共管理硕士
1721	吴恒建	公共管理硕士
1722	许梦瑶	公共管理硕士
1723	杨　洋	公共管理硕士
1724	杨　洋	公共管理硕士
1725	翟丽丽	公共管理硕士
1726	张修文	公共管理硕士
1727	周晶晶	公共管理硕士
1728	贺菊花	公共管理硕士
1729	蔡英杰	会计硕士
1730	陈舒静	会计硕士
1731	迟颖颖	会计硕士
1732	褚　扬	会计硕士
1733	洪　顺	会计硕士
1734	胡文溪	会计硕士
1735	胡雨菲	会计硕士

（续　表）

序　号	姓　名	专业领域名称
1736	贾　茹	会计硕士
1737	姜　岩	会计硕士
1738	姜媛媛	会计硕士
1739	金雅怡	会计硕士
1740	兰天宁	会计硕士
1741	孙建国	会计硕士
1742	徐文曦	会计硕士
1743	杨书婷	会计硕士
1744	李　玥	会计硕士
1745	高　锐	会计硕士
1746	马　季	会计硕士
1747	马　偲	会计硕士
1748	张　芮	会计硕士
1749	傅启凡	会计硕士
1750	刘娟娟	工程管理硕士
1751	郭　凯	工程管理硕士
1752	葛季承	工程管理硕士
1753	乔路军	工程管理硕士
1754	胡珈齐	艺术硕士(美术)
1755	王　妤	艺术硕士(美术)
1756	朱　可	艺术硕士(美术)
1757	胡　毓	艺术硕士(美术)
1758	张慧敏	艺术硕士(美术)
1759	郭梦露	艺术硕士(美术)
1760	王　立	艺术硕士(美术)
1761	胡　蝶	艺术硕士(艺术设计)
1762	何　哲	艺术硕士(艺术设计)
1763	胡小苏	艺术硕士(艺术设计)
1764	黄雨馨	艺术硕士(艺术设计)
1765	钱亚洁	艺术硕士(艺术设计)
1766	熊晓雨	艺术硕士(艺术设计)
1767	余家仪	艺术硕士(艺术设计)
1768	朱　云	艺术硕士(艺术设计)

（续　表）

序　号	姓　名	专业领域名称
1769	崔　翔	艺术硕士(艺术设计)
1770	宋佳佳	艺术硕士(艺术设计)
1771	江中立	艺术硕士(艺术设计)
1772	谢超华	艺术硕士(艺术设计)
1773	张小雪	艺术硕士(艺术设计)
1774	韩　舟	艺术硕士(艺术设计)
1775	吕卓洋	艺术硕士(艺术设计)
1776	高雅斯	艺术硕士(艺术设计)

二、非学历硕士研究生

序　号	姓　名	专业领域名称
1	徐雄鹰	法律硕士
2	秦秀琴	法律硕士
3	单益萍	法律硕士
4	卞鹏萱	法律硕士
5	王利娟	法律硕士
6	郑天勇	法律硕士
7	仇大源	法律硕士
8	贾　玲	法律硕士
9	付　强	法律硕士
10	刘　昇	法律硕士
11	周圣兵	法律硕士
12	包　正	法律硕士
13	许炜炜	法律硕士
14	顾晓光	法律硕士
15	何　苹	法律硕士
16	任　峰	法律硕士
17	郁登前	法律硕士
18	洪　潮	法律硕士
19	孙　乐	法律硕士
20	张凌燕	法律硕士

（续　表）

序　号	姓　名	专业领域名称
21	彭　鹏	法律硕士
22	刘　沫	法律硕士
23	王　律	法律硕士
24	朱祖辉	法律硕士
25	查春敏	法律硕士
26	沈卜铭	法律硕士
27	陈　宁	法律硕士
28	陈晓华	法律硕士
29	陈振华	法律硕士
30	程玲玲	法律硕士
31	丁峰松	法律硕士
32	丁久阳	法律硕士
33	丁晴晴	法律硕士
34	杜新强	法律硕士
35	黄　亮	法律硕士
36	黄　韬	法律硕士
37	季　明	法律硕士
38	贾　庆	法律硕士
39	蒋大为	法律硕士
40	李冬晨	法律硕士
41	李　宣	法律硕士
42	李志江	法律硕士
43	林　星	法律硕士
44	刘保成	法律硕士
45	刘　斌	法律硕士
46	刘宏轩	法律硕士
47	刘　佳	法律硕士
48	刘媛媛	法律硕士
49	龙华兰	法律硕士
50	钱莉萍	法律硕士
51	申　浩	法律硕士

（续　表）

序　号	姓　名	专业领域名称
52	沈　利	法律硕士
53	施　箭	法律硕士
54	孙　波	法律硕士
55	孙　洋	法律硕士
56	唐成彧	法律硕士
57	王可炜	法律硕士
58	吴翎翎	法律硕士
59	徐小溪	法律硕士
60	许力文	法律硕士
61	薛　松	法律硕士
62	杨浩杰	法律硕士
63	袁慧婷	法律硕士
64	臧　艳	法律硕士
65	张孝慧	法律硕士
66	赵卫卫	法律硕士
67	周　娴	法律硕士
68	朱　鹏	法律硕士
69	曹　佳	法律硕士
70	曹　钦	法律硕士
71	陈　安	法律硕士
72	陈春华	法律硕士
73	陈金浩	法律硕士
74	陈士金	法律硕士
75	邓　凯	法律硕士
76	丁文浩	法律硕士
77	杜　航	法律硕士
78	杜　文	法律硕士
79	方荣国	法律硕士
80	顾云霞	法律硕士
81	扈冰玉	法律硕士
82	黄瑞娟	法律硕士

（续 表）

序 号	姓 名	专业领域名称
83	吉雅梅	法律硕士
84	江 辉	法律硕士
85	姜光程	法律硕士
86	李丹丹	法律硕士
87	李 林	法律硕士
88	李巧云	法律硕士
89	李 熙	法律硕士
90	刘 磊	法律硕士
91	刘学威	法律硕士
92	罗小雨	法律硕士
93	马 阳	法律硕士
94	钱 聪	法律硕士
95	钱豪奕	法律硕士
96	钱益东	法律硕士
97	邱 雷	法律硕士
98	石学友	法律硕士
99	侍海洲	法律硕士
100	宋 辉	法律硕士
101	苏志娟	法律硕士
102	谭超英	法律硕士
103	唐昌勇	法律硕士
104	王红梅	法律硕士
105	王赛赛	法律硕士
106	王泽锋	法律硕士
107	王兆康	法律硕士
108	徐 敏	法律硕士
109	薛 阳	法律硕士
110	袁诗吟	法律硕士
111	臧宏年	法律硕士
112	张二超	法律硕士
113	张鹤扬	法律硕士

(续　表)

序　号	姓　名	专业领域名称
114	张正军	法律硕士
115	赵　静	法律硕士
116	赵万坤	法律硕士
117	郑春琼	法律硕士
118	周　浩	法律硕士
119	周正媛	法律硕士
120	朱玲玲	法律硕士
121	邹　洁	法律硕士
122	邹玉星	法律硕士
123	卜靓文	法律硕士
124	陈　光	法律硕士
125	鲁伟蟒	法律硕士
126	钟　丽	法律硕士
127	王卫平	工程硕士(机械工程)
128	谭振芳	工程硕士(机械工程)
129	刘建波	工程硕士(机械工程)
130	夏平国	工程硕士(机械工程)
131	俞文生	工程硕士(机械工程)
132	刘　慧	工程硕士(机械工程)
133	吉青山	工程硕士(机械工程)
134	甄　帅	工程硕士(机械工程)
135	汪文杰	工程硕士(机械工程)
136	沈启鹏	工程硕士(仪器仪表工程)
137	夏庆水	工程硕士(材料工程)
138	张世伟	工程硕士(动力工程)
139	刘　骁	工程硕士(动力工程)
140	方　威	工程硕士(动力工程)
141	袁　亮	工程硕士(动力工程)
142	杨伟忠	工程硕士(动力工程)
143	顾柳栋	工程硕士(动力工程)
144	潘朝文	工程硕士(电气工程)

（续　表）

序　号	姓　名	专业领域名称
145	郑小军	工程硕士(电气工程)
146	肖乾望	工程硕士(电气工程)
147	唐自强	工程硕士(电气工程)
148	施　凯	工程硕士(电气工程)
149	李佑伟	工程硕士(电气工程)
150	胡恒箫	工程硕士(电气工程)
151	袁　磊	工程硕士(电气工程)
152	于润泽	工程硕士(电气工程)
153	王　皓	工程硕士(电气工程)
154	秦　辉	工程硕士(电气工程)
155	赵　文	工程硕士(电气工程)
156	田　园	工程硕士(电气工程)
157	徐宽广	工程硕士(电气工程)
158	师　魁	工程硕士(电气工程)
159	张　引	工程硕士(电气工程)
160	林元飞	工程硕士(电气工程)
161	刘明辉	工程硕士(电气工程)
162	高显扬	工程硕士(电气工程)
163	王海兵	工程硕士(电气工程)
164	童　斌	工程硕士(电气工程)
165	吴　闯	工程硕士(电气工程)
166	邹　杰	工程硕士(电气工程)
167	师庆磊	工程硕士(电气工程)
168	虞海涛	工程硕士(电气工程)
169	王　东	工程硕士(电气工程)
170	吴　怡	工程硕士(电气工程)
171	王国华	工程硕士(电气工程)
172	钱　鹏	工程硕士(电气工程)
173	李　超	工程硕士(电气工程)
174	武佩帅	工程硕士(电气工程)
175	马鸣亮	工程硕士(电气工程)

(续　表)

序　号	姓　名	专业领域名称
176	蔡　鹏	工程硕士(电气工程)
177	俞　阳	工程硕士(电气工程)
178	潘晓明	工程硕士(电气工程)
179	许飞宇	工程硕士(电气工程)
180	顾　炜	工程硕士(电气工程)
181	陈　琦	工程硕士(电气工程)
182	俞晓锋	工程硕士(电气工程)
183	陈春茂	工程硕士(电气工程)
184	朱文韬	工程硕士(电气工程)
185	胡　喆	工程硕士(电气工程)
186	郎燕娟	工程硕士(电气工程)
187	孙　惠	工程硕士(电气工程)
188	王连杰	工程硕士(电气工程)
189	李　珵	工程硕士(电气工程)
190	朱智强	工程硕士(电气工程)
191	唐信荣	工程硕士(电子与通信工程)
192	钱志宇	工程硕士(电子与通信工程)
193	卢庆麟	工程硕士(电子与通信工程)
194	彭雪松	工程硕士(电子与通信工程)
195	钱　刚	工程硕士(电子与通信工程)
196	王彦恺	工程硕士(电子与通信工程)
197	朱臣伟	工程硕士(电子与通信工程)
198	张　玥	工程硕士(电子与通信工程)
199	程　冰	工程硕士(电子与通信工程)
200	蔡　茂	工程硕士(电子与通信工程)
201	李成中	工程硕士(电子与通信工程)
202	刘烈君	工程硕士(电子与通信工程)
203	刘　众	工程硕士(电子与通信工程)
204	提文雁	工程硕士(电子与通信工程)
205	肖功亚	工程硕士(电子与通信工程)
206	段卓骏	工程硕士(电子与通信工程)

（续　表）

序　号	姓　名	专业领域名称
207	闵　洁	工程硕士(电子与通信工程)
208	吴闽浩	工程硕士(电子与通信工程)
209	杨华菊	工程硕士(电子与通信工程)
210	刘　杰	工程硕士(电子与通信工程)
211	李剑群	工程硕士(电子与通信工程)
212	朱晓卫	工程硕士(电子与通信工程)
213	徐　倩	工程硕士(电子与通信工程)
214	蔡美玲	工程硕士(电子与通信工程)
215	陈　亮	工程硕士(电子与通信工程)
216	董一鸣	工程硕士(电子与通信工程)
217	侯逸琼	工程硕士(电子与通信工程)
218	解建红	工程硕士(电子与通信工程)
219	金煜晨	工程硕士(电子与通信工程)
220	卢春晖	工程硕士(电子与通信工程)
221	卢　郸	工程硕士(电子与通信工程)
222	卢有康	工程硕士(电子与通信工程)
223	徐　瑞	工程硕士(电子与通信工程)
224	余华伟	工程硕士(电子与通信工程)
225	罗帅涛	工程硕士(电子与通信工程)
226	王鸣昕	工程硕士(电子与通信工程)
227	徐乙珅	工程硕士(电子与通信工程)
228	杨春雷	工程硕士(电子与通信工程)
229	俞白军	工程硕士(集成电路工程)
230	周海枫	工程硕士(集成电路工程)
231	薛爱杰	工程硕士(集成电路工程)
232	朱震辉	工程硕士(集成电路工程)
233	许美程	工程硕士(集成电路工程)
234	王彦武	工程硕士(集成电路工程)
235	陶　镳	工程硕士(集成电路工程)
236	吴小安	工程硕士(集成电路工程)
237	盛昕炜	工程硕士(集成电路工程)

(续　表)

序　号	姓　名	专业领域名称
238	顾　惠	工程硕士(集成电路工程)
239	汪志成	工程硕士(集成电路工程)
240	於晨晨	工程硕士(集成电路工程)
241	董育其	工程硕士(集成电路工程)
242	周　俊	工程硕士(集成电路工程)
243	陈召萍	工程硕士(集成电路工程)
244	张雪峰	工程硕士(集成电路工程)
245	盛　乾	工程硕士(控制工程)
246	康　杰	工程硕士(控制工程)
247	陈　静	工程硕士(控制工程)
248	窦伯圣	工程硕士(控制工程)
249	陈小龙	工程硕士(控制工程)
250	陈　珑	工程硕士(控制工程)
251	陈　枫	工程硕士(控制工程)
252	范青青	工程硕士(控制工程)
253	周　明	工程硕士(控制工程)
254	李振卿	工程硕士(控制工程)
255	梁辰明	工程硕士(控制工程)
256	邵轩禹	工程硕士(控制工程)
257	卞　恺	工程硕士(控制工程)
258	王仲浩	工程硕士(控制工程)
259	陈　力	工程硕士(控制工程)
260	吴凡超	工程硕士(控制工程)
261	许俊奎	工程硕士(控制工程)
262	陈新洋	工程硕士(控制工程)
263	王桂春	工程硕士(控制工程)
264	侯　萌	工程硕士(控制工程)
265	王宇帆	工程硕士(控制工程)
266	张　群	工程硕士(控制工程)
267	才岩峰	工程硕士(计算机技术)
268	卜言彬	工程硕士(计算机技术)

（续　表）

序　号	姓　名	专业领域名称
269	王　渊	工程硕士(计算机技术)
270	王恒亮	工程硕士(计算机技术)
271	郭　骞	工程硕士(计算机技术)
272	葛雯雯	工程硕士(计算机技术)
273	唐　波	工程硕士(计算机技术)
274	张冠群	工程硕士(计算机技术)
275	周伟杰	工程硕士(计算机技术)
276	郝风平	工程硕士(计算机技术)
277	弓　佩	工程硕士(计算机技术)
278	张冀明	工程硕士(计算机技术)
279	陈延彬	工程硕士(计算机技术)
280	王敏洁	工程硕士(计算机技术)
281	杨显博	工程硕士(计算机技术)
282	王清河	工程硕士(软件工程)
283	戴兆明	工程硕士(软件工程)
284	陈　蔚	工程硕士(软件工程)
285	秦　宇	工程硕士(软件工程)
286	张伟威	工程硕士(软件工程)
287	庞　建	工程硕士(软件工程)
288	孙　跃	工程硕士(软件工程)
289	蔡　健	工程硕士(软件工程)
290	董君毅	工程硕士(软件工程)
291	张三军	工程硕士(软件工程)
292	丁屹峰	工程硕士(软件工程)
293	李　伟	工程硕士(软件工程)
294	范　扬	工程硕士(软件工程)
295	王新刚	工程硕士(软件工程)
296	谢山青	工程硕士(软件工程)
297	顾鑫鹏	工程硕士(软件工程)
298	杨忠纬	工程硕士(软件工程)
299	郑　屹	工程硕士(软件工程)

（续　表）

序　号	姓　名	专业领域名称
300	许卫明	工程硕士(软件工程)
301	徐红波	工程硕士(软件工程)
302	刘大鹏	工程硕士(软件工程)
303	高　骏	工程硕士(软件工程)
304	王　栋	工程硕士(软件工程)
305	周　超	工程硕士(软件工程)
306	张　骁	工程硕士(软件工程)
307	丁　心	工程硕士(软件工程)
308	王　棚	工程硕士(软件工程)
309	刘海昀	工程硕士(软件工程)
310	牛　磊	工程硕士(软件工程)
311	陈　璐	工程硕士(软件工程)
312	魏　震	工程硕士(软件工程)
313	王小维	工程硕士(软件工程)
314	史锦超	工程硕士(软件工程)
315	沈金华	工程硕士(软件工程)
316	周桢怡	工程硕士(软件工程)
317	张　翰	工程硕士(软件工程)
318	王青峰	工程硕士(软件工程)
319	吴晓庆	工程硕士(软件工程)
320	陈　宏	工程硕士(软件工程)
321	赵　倩	工程硕士(软件工程)
322	刘　行	工程硕士(软件工程)
323	戴秋平	工程硕士(软件工程)
324	马小泉	工程硕士(软件工程)
325	薛建中	工程硕士(软件工程)
326	陈珍梅	工程硕士(软件工程)
327	王　珩	工程硕士(软件工程)
328	韩进宾	工程硕士(软件工程)
329	陈以藟	工程硕士(软件工程)
330	章志莹	工程硕士(软件工程)

（续 表）

序 号	姓 名	专业领域名称
331	方以恒	工程硕士(软件工程)
332	羊 栋	工程硕士(软件工程)
333	王 磊	工程硕士(软件工程)
334	周文娟	工程硕士(软件工程)
335	朱 林	工程硕士(软件工程)
336	郝 菁	工程硕士(软件工程)
337	徐玉菁	工程硕士(软件工程)
338	朱金娟	工程硕士(软件工程)
339	吕雪驹	工程硕士(软件工程)
340	冯 健	工程硕士(软件工程)
341	邱亮亮	工程硕士(软件工程)
342	邹 凯	工程硕士(软件工程)
343	眭 旻	工程硕士(软件工程)
344	崔成生	工程硕士(软件工程)
345	王 健	工程硕士(软件工程)
346	潘慕礼	工程硕士(软件工程)
347	崔曜华	工程硕士(软件工程)
348	吉 丽	工程硕士(软件工程)
349	李晓宇	工程硕士(软件工程)
350	冯潇翔	工程硕士(软件工程)
351	曹青云	工程硕士(软件工程)
352	刘 燕	工程硕士(软件工程)
353	李元年	工程硕士(软件工程)
354	李玥蓉	工程硕士(软件工程)
355	段延锐	工程硕士(软件工程)
356	孙 星	工程硕士(软件工程)
357	吴国苏州	工程硕士(软件工程)
358	李 政	工程硕士(软件工程)
359	李大勇	工程硕士(建筑与土木工程)
360	姜 锐	工程硕士(建筑与土木工程)
361	王 佳	工程硕士(建筑与土木工程)

(续　表)

序　号	姓　名	专业领域名称
362	李玉飞	工程硕士(建筑与土木工程)
363	赵　媛	工程硕士(建筑与土木工程)
364	张　锋	工程硕士(建筑与土木工程)
365	陈　杰	工程硕士(建筑与土木工程)
366	陈　刚	工程硕士(建筑与土木工程)
367	张　磊	工程硕士(建筑与土木工程)
368	李平云	工程硕士(建筑与土木工程)
369	李　健	工程硕士(建筑与土木工程)
370	胡　黎	工程硕士(建筑与土木工程)
371	雷　鸣	工程硕士(建筑与土木工程)
372	郭海峰	工程硕士(建筑与土木工程)
373	秦　放	工程硕士(建筑与土木工程)
374	周小燕	工程硕士(建筑与土木工程)
375	王　炜	工程硕士(建筑与土木工程)
376	单斌斌	工程硕士(建筑与土木工程)
377	陈　伟	工程硕士(建筑与土木工程)
378	鲁　松	工程硕士(建筑与土木工程)
379	谈珂威	工程硕士(建筑与土木工程)
380	于　强	工程硕士(建筑与土木工程)
381	李　磊	工程硕士(建筑与土木工程)
382	刘长秀	工程硕士(建筑与土木工程)
383	陶　磊	工程硕士(建筑与土木工程)
384	居则上	工程硕士(建筑与土木工程)
385	蒋　赟	工程硕士(建筑与土木工程)
386	王　琦	工程硕士(建筑与土木工程)
387	史晓川	工程硕士(建筑与土木工程)
388	苏卫宁	工程硕士(建筑与土木工程)
389	朱悦箫	工程硕士(建筑与土木工程)
390	沈黎明	工程硕士(建筑与土木工程)
391	王烨伟	工程硕士(建筑与土木工程)
392	徐　婷	工程硕士(建筑与土木工程)

（续　表）

序　号	姓　名	专业领域名称
393	闫长玥	工程硕士(建筑与土木工程)
394	袁建勇	工程硕士(建筑与土木工程)
395	程　穗	工程硕士(建筑与土木工程)
396	黄文洁	工程硕士(建筑与土木工程)
397	伍雁华	工程硕士(建筑与土木工程)
398	顾伟祥	工程硕士(建筑与土木工程)
399	娄晓峰	工程硕士(建筑与土木工程)
400	尹豪君	工程硕士(交通运输工程)
401	夏少青	工程硕士(交通运输工程)
402	章　彦	工程硕士(交通运输工程)
403	王昊铖	工程硕士(交通运输工程)
404	姜长宇	工程硕士(交通运输工程)
405	费　梁	工程硕士(交通运输工程)
406	戴世宏	工程硕士(交通运输工程)
407	魏玉莲	工程硕士(交通运输工程)
408	左　洁	工程硕士(交通运输工程)
409	王　凡	工程硕士(交通运输工程)
410	胡兴国	工程硕士(交通运输工程)
411	张　喆	工程硕士(交通运输工程)
412	郭　猛	工程硕士(交通运输工程)
413	李文平	工程硕士(交通运输工程)
414	李　阳	工程硕士(交通运输工程)
415	许　健	工程硕士(交通运输工程)
416	何国华	工程硕士(交通运输工程)
417	林玉峰	工程硕士(交通运输工程)
418	韩　超	工程硕士(交通运输工程)
419	杨　斐	工程硕士(交通运输工程)
420	刘　杰	工程硕士(交通运输工程)
421	詹　友	工程硕士(交通运输工程)
422	施　浩	工程硕士(交通运输工程)
423	涂玉林	工程硕士(交通运输工程)

（续　表）

序　号	姓　名	专业领域名称
424	王昊平	工程硕士(交通运输工程)
425	徐明波	工程硕士(交通运输工程)
426	杨永强	工程硕士(交通运输工程)
427	朱晓阳	工程硕士(交通运输工程)
428	何栋奎	工程硕士(交通运输工程)
429	胡　颖	工程硕士(交通运输工程)
430	吴　迪	工程硕士(交通运输工程)
431	王晨竹	工程硕士(交通运输工程)
432	吴念允	工程硕士(环境工程)
433	汪　琪	工程硕士(生物医学工程)
434	江金伟	工程硕士(生物医学工程)
435	林世康	工程硕士(生物医学工程)
436	朱　军	工程硕士(工业工程)
437	王晶晶	工程硕士(工业设计工程)
438	穆　兰	工程硕士(项目管理)
439	张志新	工程硕士(项目管理)
440	周云静	工程硕士(项目管理)
441	曹文丽	工程硕士(项目管理)
442	苗　青	工程硕士(项目管理)
443	郭维维	工程硕士(项目管理)
444	朱振华	工程硕士(项目管理)
445	李中凤	工程硕士(项目管理)
446	赵卫健	工程硕士(项目管理)
447	杨向云	工程硕士(项目管理)
448	廖志勇	工程硕士(项目管理)
449	王爱民	工程硕士(项目管理)
450	闫　俊	工程硕士(项目管理)
451	张子芳	工程硕士(项目管理)
452	鞠金林	工程硕士(项目管理)
453	徐海林	工程硕士(项目管理)
454	余　昊	工程硕士(项目管理)

（续　表）

序　号	姓　名	专业领域名称
455	杨　帆	工程硕士(项目管理)
456	张　俊	工程硕士(项目管理)
457	陈玉婷	工程硕士(项目管理)
458	洪　如	工程硕士(项目管理)
459	张　伟	工程硕士(项目管理)
460	戴　勇	工程硕士(项目管理)
461	黄谢平	工程硕士(项目管理)
462	李安安	工程硕士(项目管理)
463	钱建峰	工程硕士(项目管理)
464	石　泉	工程硕士(项目管理)
465	屠　正	工程硕士(项目管理)
466	王　立	工程硕士(项目管理)
467	王婷婷	工程硕士(项目管理)
468	章青青	工程硕士(项目管理)
469	戴礼正	工程硕士(项目管理)
470	胡　涛	工程硕士(物流工程)
471	刘金霞	工程硕士(物流工程)
472	周小青	工程硕士(物流工程)
473	刘彬彬	工程硕士(物流工程)
474	陈彦竹	风景园林硕士
475	栗丹丹	风景园林硕士
476	潘念念	风景园林硕士
477	陈啊雄	风景园林硕士
478	陈雪文	风景园林硕士
479	孙琳然	风景园林硕士
480	王　凯	风景园林硕士
481	董梦琪	风景园林硕士
482	陈　颖	公共卫生硕士
483	贾　俊	公共卫生硕士
484	李慧敏	公共卫生硕士
485	李　卿	公共卫生硕士

（续　表）

序　号	姓　名	专业领域名称
486	李　秀	公共卫生硕士
487	刘　莎	公共卫生硕士
488	邵佳奇	公共卫生硕士
489	田树慧	公共卫生硕士
490	王建峰	公共卫生硕士
491	王　琴	公共卫生硕士
492	王小亮	公共卫生硕士
493	韦正亚	公共卫生硕士
494	魏崇崇	公共卫生硕士
495	吴　杨	公共卫生硕士
496	吴瑶佳	公共卫生硕士
497	谢庆磊	公共卫生硕士
498	杨飞朋	公共卫生硕士
499	张林林	公共卫生硕士
500	张　彧	公共卫生硕士
501	周静岚	公共卫生硕士
502	朱卫国	公共卫生硕士
503	曹成群	公共卫生硕士
504	丁　超	公共卫生硕士
505	杜明轩	公共卫生硕士
506	冯寒娇	公共卫生硕士
507	何　挚	公共卫生硕士
508	宦　静	公共卫生硕士
509	黄　萍	公共卫生硕士
510	金网刚	公共卫生硕士
511	李晓颖	公共卫生硕士
512	刘　涛	公共卫生硕士
513	刘志远	公共卫生硕士
514	卢昊旻	公共卫生硕士
515	卢肖晔	公共卫生硕士
516	陆丽花	公共卫生硕士

（续　表）

序　号	姓　名	专业领域名称
517	钱培军	公共卫生硕士
518	乔健健	公共卫生硕士
519	沈　艳	公共卫生硕士
520	孙武东	公共卫生硕士
521	陶　钊	公共卫生硕士
522	万晓君	公共卫生硕士
523	王朝松	公共卫生硕士
524	王鲁烨	公共卫生硕士
525	王　荣	公共卫生硕士
526	王　颖	公共卫生硕士
527	吴　燕	公共卫生硕士
528	徐　永	公共卫生硕士
529	杨　帆	公共卫生硕士
530	于　超	公共卫生硕士
531	张　强	公共卫生硕士
532	周文琳	公共卫生硕士
533	朱玥琳	公共卫生硕士
534	邹国华	公共卫生硕士
535	谢　杨	公共卫生硕士
536	蒋海军	高级管理人员工商管理硕士
537	高　峰	高级管理人员工商管理硕士
538	俞有忠	高级管理人员工商管理硕士
539	肖　伟	高级管理人员工商管理硕士
540	何振刚	高级管理人员工商管理硕士
541	马晓青	高级管理人员工商管理硕士
542	朱福刚	高级管理人员工商管理硕士
543	缪放嵘	高级管理人员工商管理硕士
544	王传兵	高级管理人员工商管理硕士
545	严志荣	高级管理人员工商管理硕士
546	王　芳	高级管理人员工商管理硕士
547	潘国辉	高级管理人员工商管理硕士

（续　表）

序　号	姓　名	专业领域名称
548	朱爱民	高级管理人员工商管理硕士
549	李永军	高级管理人员工商管理硕士
550	蔡汉青	公共管理硕士
551	陈丹艳	公共管理硕士
552	陈心月	公共管理硕士
553	黄凯枫	公共管理硕士
554	纪　成	公共管理硕士
555	季宝铁	公共管理硕士
556	贾薇薇	公共管理硕士
557	江　晶	公共管理硕士
558	姜丽华	公共管理硕士
559	孔　杰	公共管理硕士
560	李　慧	公共管理硕士
561	毛云超	公共管理硕士
562	潘　维	公共管理硕士
563	钱春苑	公共管理硕士
564	王　勇	公共管理硕士
565	余文超	公共管理硕士
566	翟安琪	公共管理硕士
567	朱嘉慧	公共管理硕士
568	朱旨昂	公共管理硕士
569	蔡守东	公共管理硕士
570	陈冬云	公共管理硕士
571	陈　健	公共管理硕士
572	胡　旋	公共管理硕士
573	黄海翔	公共管理硕士
574	荆　雷	公共管理硕士
575	李　刚	公共管理硕士
576	李　琨	公共管理硕士
577	李晓岑	公共管理硕士
578	李云海	公共管理硕士

（续 表）

序 号	姓 名	专业领域名称
579	马 杰	公共管理硕士
580	沈黎芳	公共管理硕士
581	沈晓敏	公共管理硕士
582	孙牧莹	公共管理硕士
583	王谷炜	公共管理硕士
584	王乐乐	公共管理硕士
585	吴龙龙	公共管理硕士
586	夏文燕	公共管理硕士
587	许巧云	公共管理硕士
588	杨 宁	公共管理硕士
589	张 琳	公共管理硕士
590	张舒扬	公共管理硕士
591	陈 娟	艺术硕士(美术)
592	丁 娟	艺术硕士(美术)
593	郭正冬	艺术硕士(美术)
594	何柳青	艺术硕士(美术)
595	孙凤驹	艺术硕士(美术)
596	王 婧	艺术硕士(美术)
597	陈丽娜	艺术硕士(美术)
598	傅君毛	艺术硕士(美术)
599	高 博	艺术硕士(美术)
600	谷春梅	艺术硕士(美术)
601	郭玲玲	艺术硕士(美术)
602	胡志群	艺术硕士(美术)
603	裴青云	艺术硕士(美术)
604	孙 一	艺术硕士(美术)
605	王成刚	艺术硕士(美术)
606	徐 驰	艺术硕士(美术)
607	赵广双	艺术硕士(美术)
608	沈曦元	艺术硕士(艺术设计)
609	张轶哲	艺术硕士(艺术设计)

(续　表)

序　号	姓　名	专业领域名称
610	梁琨琳	艺术硕士(艺术设计)
611	张　敏	艺术硕士(艺术设计)
612	安　炜	艺术硕士(艺术设计)
613	陈　婧	艺术硕士(艺术设计)
614	陈予里	艺术硕士(艺术设计)
615	段　薇	艺术硕士(艺术设计)
616	樊振华	艺术硕士(艺术设计)
617	范传俊	艺术硕士(艺术设计)
618	高景帅	艺术硕士(艺术设计)
619	胡　雯	艺术硕士(艺术设计)
620	胡耘枫	艺术硕士(艺术设计)
621	解霓霓	艺术硕士(艺术设计)
622	李　颢	艺术硕士(艺术设计)
623	李金刚	艺术硕士(艺术设计)
624	李晓娴	艺术硕士(艺术设计)
625	林静霞	艺术硕士(艺术设计)
626	刘秀颖	艺术硕士(艺术设计)
627	马　力	艺术硕士(艺术设计)
628	平　朔	艺术硕士(艺术设计)
629	唐艳丽	艺术硕士(艺术设计)
630	王永刚	艺术硕士(艺术设计)
631	肖黎娴	艺术硕士(艺术设计)
632	徐　丹	艺术硕士(艺术设计)
633	徐　淦	艺术硕士(艺术设计)
634	颜沁梅	艺术硕士(艺术设计)
635	杨　欢	艺术硕士(艺术设计)
636	张业柱	艺术硕士(艺术设计)
637	章柏平	艺术硕士(艺术设计)
638	朱雅丽	艺术硕士(艺术设计)
639	宗平贵	艺术硕士(艺术设计)

科 技 工 作

综　　述

2018年全校科技工作紧紧围绕学校建设与发展总体工作目标，紧密结合国家统筹推进“创建世界一流大学，创建世界一流学科”建设的战略决策方针。在学校党政领导指导下，科研院团结努力、发奋工作，全面完成了年度各项工作预定目标和任务，取得较为突出的成绩，全校科技工作呈现跨越式发展与提高，全年科技工作科研总经费25.41亿元。

一、项目申报

1. 国家自然基金

2018年度，全年共申报各类基金项目1 283项，申报项目组织涵盖了数理科学部、化学科学部、工程与材料科学部、管理科学部、地球科学部、信息科学部、生命科学部、医学科学部等八个学部。申请类别包括面上项目674项、青年基金项目309项、国家杰出青年科学基金项目37项、优秀青年科学基金项目、重点项目37项、创新研究群体项目6项、联合基金项目20项、国际(地区)合作与交流项目68项、海外及港澳学者合作研究基金项目12项、重大科学仪器设备开发专项12项、重大研究计划22项等。

获得国家自然科学基金委批准资助项目305项，获资助总经费达到2.07亿元(直接经费)，立项率23.7%。其中包括面上项目立项173项，青年基金项目立项97项，重点国际合作2项，仪器专项2项，重点项目11项，海外港澳学者项目4项，应急管理项目1项，优秀青年基金项目5项，“外青”4项，“群体”1项，“杰青”1项，联合基金1项，重大项目课题2项，等等。

2. 国家重点研发计划

我校共牵头申报19个项目，共有7个项目获科技部立项支持，立项经费为13 879万元。共有30个牵头课题获科技部立项支持(含隶属于我校牵头项目的8个课题)，立项

经费为 13 128 万元(其中,隶属于外单位牵头项目的 22 个课题的立项经费为 8 370 万元)。

另有 1 项国家重点研发计划港澳台科技创新合作重点专项项目获科技部立项支持,立项经费为 135 万元。

3. 国家科技重大专项

共参与 7 个国家科技重大专项项目,获立项经费为 4 582 万元。

4. 国际合作

申请发展中国家杰出青年科学家来华工作岗位 3 个。协助推进东南大学“一带一路”相关工作,推进东南大学—蒙纳什大学苏州联合研究院的建设工作。完成了东南大学 2017—2018 年国际科技合作重点工作年度调研。

5. 人才和团队建设

2018 年,我校生物科学与医学工程学院顾宁教授团队获批国家自然科学基金创新研究群体项目,获批江苏省高校优秀科技创新团队。

6. 江苏省厅局项目

2018 年度,经校内专家的评审遴选,共计申报江苏省自然科学基金项目 179 项,其中省“杰青”14 项、省“优青”9 项、面上项目 40 项(以上项目为限项申报)、青年基金 116 项已获公示。江苏省自然科学基金立项资助 92 项,其中省“杰青”4 项,省“优青”6 项、面上项目 24 项,青年基金 58 项,获得资助总金额 2 090 万元。

完成了 2018 年度江苏省重点研发计划的申报和立项工作,其中产业前瞻与共性关键技术类:申报 16 项,立项 8 项,较 2017 年立项数增加 3 项,立项经费为 980 万元; 社会发展类:申报 10 项,立项 4 项,立项经费为 200 万元; 现代农业类:申报 3 项,立项 2 项,较 2017 年立项数增加 2 项,立项经费为 100 万元。

7. 基本科研业务费

在协调全校基本科研业务费下达工作的同时,完成了基础科研扶持项目等各类项目的申报、评审、合同签订及经费下达工作,其中基础科研扶持类项目 211 项(其中:高水平论文 49 项、“杰青”“优青”培育项目 16 项),试点学院改革项目 54 项,东大与南医大合作项目 33 项(其中:重点项目 7 项、面上项目 26 项)。完成了东南大学中央高校基本科研业务费 2017—2018 年的工作实施情况的上报汇总工作。协助校长完成重大引导项目(校长定向)的项目遴选及立项工作,新立项 24 项,获拨经费 544 万元。

8. 东南大学十大科学与技术问题

完成了东南大学十大科学与技术问题的校内征集、讨论、凝练工作,并形成初步的支持与考核方案。十大科学与技术问题分别为:数字“克隆”人、6G 移动通信先期研究、信

息超材料、分子铁电材料的精准设计与可控合成、基于分布式协同的网络群体智能研究、数字化城市设计新理论与关键技术体系、宽电压高能效集成电路设计方法与关键电路、原子尺度下二维材料的精准构筑及新原理器件、分布式综合能源系统协同控制、面向未来的法律大数据与人工智能技术。

二、成果与知识产权管理方面

（一）科技成果管理

1. 国家科学技术奖牵头获奖数量全国高校排名第七，全省第一

2018年牵头申报国家奖16个项目，比去年增加6个，其中：自然奖4个、发明奖2个、进步奖10项，合作申报9项，最终我校获国家科学技术奖二等奖7项，牵头获奖5项，合作获奖2项，牵头获奖数量比去年增加1项，

5个牵头获奖项目分别是：崔铁军教授牵头的自然科学奖“新型微波超材料对空间波和表面等离激元波的自由调控或实时调控”、陈云飞教授牵头的自然科学奖“摩擦界面的声子传递理论与能量耗散模型”、王炜教授牵头的科技进步奖“城市多模式公交网络协同设计与智能服务关键技术及应用”、王庆教授牵头的科技进步奖“土地调查监测空地一体化技术开发与装备研制”和方世良教授牵头的科技进步奖“××××××关键技术及应用”。

2. 省部级牵头获奖数量保持较高水平

江苏省奖牵头一等奖数量全省第一，教育部奖取得不俗成绩。2018年，我校牵头申报江苏省科学技术奖16个项目，比去年多3个，最终牵头获一等奖8项(含中大医院1项)，牵头一等奖数量全省排名第一，牵头二等奖2项，三等奖1项，加上合报共获奖24项。江苏省科学技术一等奖牵头获奖项目有：土木学院吴刚教授牵头的项目“混凝土结构智能检测与主动高效加固关键技术及应用”；电子学院杨军教授牵头的项目“物联网低功耗关键技术研发和应用”；生医学院顾宁教授牵头的项目“医药脂质纳米材料及其产业化关键技术”；材料学院刘加平教授牵头的项目“现代混凝土早期变形与收缩裂缝控制”；仪科学院宋爱国教授牵头的项目“复杂环境下远程巡检机器人关键技术及应用”；机械学院费庆国教授牵头的项目“航空航天装备使役状态分析的数字化关键技术及应用”；仪科学院潘树国教授牵头的项目“高精度多模多频GNSS基准站网关键技术及应用”；中大医院张业伟教授牵头的项目“肝癌多模态诊疗”。

2018年，申报22项高等学校科学研究优秀成果奖(科学技术)(含直报3项)，共获奖11项，牵头一等奖3项，比去年增加1项，牵头二等奖6项，合作获一等奖1项，合作获二等奖1项。牵头一等奖项目分别是：生医学院顾宁教授牵头完成的自然科学奖“功能磁性纳米材料的构建及诊疗应用基础”；交通学院刘攀教授牵头完成的技术发明奖“快速道路交通安全设计与主动控制关键技术及应用”；电子学院黄庆安教授牵头完成的技术发明奖“宽量程MEMS风速风向传感器设计与制造关键技术及应用”。

3. 2018 年度“中国高等学校十大科技进展”

为了推动高等学校的科技创新，促进创新人才的脱颖而出，在教育部科技委组织每年评选一次的“中国高等学校十大科技进展”上，2018 年我校熊仁根团队的项目“世界首例无金属钙钛矿型铁电体”成功入选。

4. 第 46 届瑞士日内瓦国际发明展取得佳绩

东南大学 7 个项目参加此届国际发明展，全部获奖，获得了 1 项特别金奖、2 金、3 银、1 铜的佳绩。其中，生物科学与医学工程学院顾宁教授参展的“磁性微气泡”项目获得特别金奖。仪器科学与工程学院宋爱国教授参展的“面向触摸屏图像交互的多模式力触觉笔和再现方法”项目获得金奖，同时获锡比乌大学代表团颁发的特别奖；土木工程学院张建教授参展的“智慧桥梁自动化检测与快速测试方法及系统”获得金奖。电气工程学院王政教授、能源与环境学院陈亚平教授及生物科学与医学工程学院张天柱教授参展的 3 个项目分别获得银奖，机械工程学院殷国栋教授参展的项目获得铜奖。

5. 2018 年度其他奖项

我校合作获其他省部级科学技术奖一等奖 3 项，二等奖 2 项，三等奖 1 项。

我校牵头获国家一级学会科学技术奖一等奖 7 项，二等奖 6 项，合作获 7 个一等奖，牵头获全国优秀城乡规划设计奖一等奖 1 项，二等奖 7 项。较好地完成了 2018 年度江苏省教育科学研究成果奖(高校自然科学类)申报工作，牵头获奖 6 项，合作获奖 3 项，共获奖 9 项。

6. “三大检索”论文

中国科学技术信息技术研究所发布了 2017 年度中国科技论文统计数据。该数据显示，2017 年东南大学 SCIE 收录论文 3 126 篇，比 2016 年增加 437 篇，排名第 17 位，提高了 2 位；EI 收录论文 2 610 篇，排名第 13 位；CPCI－S 收录论文 872 篇，排名 14 位；表现不俗论文 1 396 篇，比 2016 年增加 192 篇。

7. 其他相关工作

完成了 2017 年度论文和科技奖项的突出成果奖励分配工作、各类科技成果和论文的数据统计、审核认定及上报，顺利完成了科技大会表彰的相关工作。

(二) 知识产权管理

1. 专利奖：获“江苏省第二届专利发明人奖”1 项、“第二十届中国专利奖”优秀奖 1 项、南京市优秀专利奖 1 项；

2. 优化管理，提升服务：组织推进学校的“专利申请系统”与学校的财务系统对接的工作，简化发明人专利申请的手续，减轻发明人的工作量；

引进“高校专利管理信息平台”服务，以便完善全校教师信息，并分配老师用户权限，

方便老师查询个人申请的所有专利的信息；

3. 2018年我校国内发明专利申请2 848件，国内发明专利授权1 437件，PCT申请103件，国外专利申请27件，国外专利授权11件(以证书到为准)；截至2018年底我校有效发明专利数量为6 857件；

据国家知识产权局中国专利信息中心统计数据显示，我校2018年国内发明专利授权量位列全国高校第3位，截至2018年底有效发明专利数量位列全国高校第4位。

4. 其他：组织完成申报2017年度、2018年度省、市、区专利(包括PCT)相关的资助/奖励资金工作，获得资助/奖励400多万元。

三、基地建设

(一) 省部级及以上科研基地建设与管理

1. 紫金山实验室

(1) 紫金山实验室已完成正式挂牌的相关工作。

(2) 组织完成2次紫金山实验室托管方案校内论证。

2. 前沿科学中心

(1) 组织召开了多次前沿科学中心建设方案推进会。

(2) 组织完成1次校内专家论证会和1次校外专家论证会。

(3) “移动信息通信与安全”前沿科学中心迎接教育部认定。

3. 生物医学大数据重大科技基础设施

(1) 初步完成了生物医学大数据建设方案。

(2) 入选教育部科学技术司重大科技基础设施“十四五”培育项目库。

4. 国家重点实验室

(1) 完成了我校3家国家重点实验室2017年年度考核工作和2017年年报的统计上报工作。

(2) 完成了生物电子学国家重点实验室整改方案的制定、论证和上报工作。

(3) 完成了生物电子学国家重点实验室领导班子和学术委员会的换届工作。

(4) 完成了我校毫米波和移动通信2个国家重点实验室科研仪器设备经费预算申报工作。

5. 科研基地申报工作

(1) 新增1个国家级平台：智慧建造与运维国家地方联合工程研究中心。

(2) 组织申报了江苏省重点实验室2个、江苏省工程研究中心2个、网络空间国际治理研究基地1个、国家地方联合工程研究中心1个。

(3) 获得了 2 个省部级基地:江苏省污泥安全处置与资源化工程研究中心、网络空间国际治理研究基地。

6. 科研基地中期检查、验收和绩效评估工作

(1) 顺利完成了 3 个教育部工程研究中心和 1 个江苏省重点实验室的验收工作; 完成了 1 个江苏省重点实验室的中期检查。

(2) 完成了江苏省网络与信息安全重点实验室的整改核查工作,并顺利通过整改。

(3) 完成了 6 个江苏省高校重点实验室的考核评估工作,其中 3 个实验室评估成绩为优秀,优秀率位列全省第一。

(4) 完成了 2 个江苏省科技公共服务平台的绩效评估工作,完成了 4 个工程领域教育部重点实验室的绩效评估工作,其中 1 个实验室评估成绩为优秀,3 个实验室为良好。

7. 科研基地日常管理工作

(1) 组织完成了我校 11 家教育部重点实验室 2017 年年度考核报告的审核上报工作。

(2) 组织完成了我校 19 家国家级、省部级科技创新平台 2017 年年度建设运行情况调查工作。

(3) 组织完成了我校 14 个发改委创新平台建设和运营情况的摸底调研工作。

(4) 组织完成了我校 9 家江苏省重点实验室的 2017 年年度考核工作。

(5) 组织完成了我校 32 家省部级科研基地 2018 年基本科研业务费的下拨工作,并密切关注经费的使用情况,及时通知各个基地的相关负责人,督促经费合理、科学地使用。

(6) 组织完成了省部级重点实验室 2017 年度中央高校基本科研业务费实施情况总结工作以及 2019 年度基本科研业务费的预算工作。

(7) 组织完成了教育部相关学科领域科研基本情况调查表的报送工作。

(8) 组织完成了教育部关于高等学校工程化科研平台相关信息的报送工作。

(9) 组织完成了教育部新材料领域重点创新平台和团队有关情况的上报工作。

(二) 协同创新工作

(1) 完成了教育部协同创新中心的现场评估工作。

(2) 完成了 2018 年度省级协同创新中心的年度专项报告和经费预算。

(三) 新型科研机构和校内三无所

(1) 成立 3 个新型科研机构:东南大学—南京医科大学医工创新研究院、东南大学—艾伦研究所脑数据联合研究中心、学习科学研究中心。

(2) 协调丘成桐中心的运行工作,完成了新型科研机构 2018 年的基本业务费的下拨,以及 2017 年工作总结和 2018 年工作计划。

(3) 成立了 8 个三无所,另一个所更名。

（四）基地人才工作

1. 专职科研人员

（1）修订并发布专职科研人员申报政策文件，推进各院系制定专职科研人员考核办法。

（2）完成两批专职科研人员的申报，共通过 50 人。

2. 重大科技项目岗

完成了两批重大科技项目岗的申报工作，上岗研究员 6 人，副研究员 10 人。

四、国防

1. 军民融合

成立东南大学军民融合发展领导小组、东南大学军民融合办公室和东南大学技术转移中心军民融合分中心；参与中国高等教育学会军民融合教育研究分会、江苏省军民科技协同创新工作交流会、南京市军民协同创新联盟、玄武区军民融合行业协会等组织；加入国家军民融合公共服务平台信息报送组织管理体系；多位从事国防科研的教师被遴选为江苏省军民融合发展专家咨询委员会专家。

2. 综合改革

编制国防科研综合改革方案，完成职称、职级、博导等配套政策制度的编写。协调人事处、研究生院等部门，修订并发布博导条例，职称职级条例已经校领导审阅提交人事处。

3. 重大项目

围绕前沿新兴学科，积极谋划重大项目。成功获批载人航天工程千万级预研项目；某装置获某军种批量订货，并力争完成定型；获批南极科考能源支撑平台项目；广域通信、南海岛礁、大基座等项目取得一定成效。

4. 资质体系

通过装备发展部对我校装备承制单位资格扩项审查，为装备定型奠定基础；组织完成 2017—2018 年度质量管理体系的内部审核、管理评审；完成 GJB9001C—2017 质量程序手册换版工作；通过中国新时代认证中心对我校质量管理体系标准换版及再认证审核；通过国防科工局对我校武器装备科研生产许可证监督审核。

5. 政产学研合作

接待中央网信办、国家 AQ 部来访；与航天一院签署战略合作框架协议，在此框架

下,相关学院与一院 211 厂、14 所及 15 所签署了具体合作协议；与中船重工 716 所签署全面合作协议,并与中船重工 716 所、航天科工 301 所、AQ 部、国动科技有限公司、富技腾机电科技有限公司成立联合实验室；接待航天科工集团、船舶重工集团来访；组织与广核集团,中核核动力院,空军研究院,航天五院、五院钱学森实验室,航天科技 504 所,航天九院 13 所,中电 55 所,中船重工 701 所、724 所、602 院,中航工业 601 所,航天科工二院 23 所、706 所、8511 所,金陵智造研究院和苏州英诺赛科公司等企业院所的交流活动。

6. 平台建设

国家高分辨率对地观测系统江苏数据与应用中心启动建设,江苏数据中心上线运行,数据已用于南部新城建设；获得先进电子材料/器件教育部协同创新中心培育立项；与 8511 所共建电磁信息超构系统军民融合创新中心；以李文正楼为基础,建设先装科研集聚区,编制新型科研机构进驻规划；策划海洋院等新型科研机构的建设方案。

7. 项目与经费

截至 2018 年底,合同总额为 18 150 万元,其中纵向 11 843 万元、横向 6 307 万元；经费到款总额 17 057 万元,其中纵向 9 581 万元,横向 7 476 万元。本年度新立项装发预研领域基金重点/一般项目 8 项、装备预研教育部联合基金 3 项、科技委创新特区项目 33 项(合同额约 2 500 万)、其他基金(国防科技重点实验室基金、航空基金、CALT 基金、SAST 基金等)近 50 项。

五、服务江苏推动地方经济

(一) 东南大学技术转移中心公司化建设和有关工作

2018 年,由技术转移中心负责建设的东南大学科技成果转移转化信息平台已上线试运行。技术转移公司化建设进入实施阶段,正在办理公司名称变更、法人变更等手续,落实办公场地。2019 年,将进行人员招聘工作。在泰州靖江、湖南长沙新建 2 家技术转移地方分中心。由中心牵头完成东南大学科技成果转化与技术转移基地申请工作,申请已通过教育部初评,教育部近期将来校现场考察。负责学校技术合同交易认定登记工作,学校获得合同登记机构资格。

(二) 校企产学研联合研发中心建设

2018 年,学校有关科研团队与重点企业建立 15 家校企联合研发中心。新建“东大—南钢金恒工业互联网与智能制造联合研发中心”“东大—亨通光/量子通信与传感技术联合研发中心”等 15 家校企联合研发中心,到账科研经费近 2 000 万元。继续深入推进与国内外大型企业的全面合作,提升学校产学研合作品牌与层次。与华为、联想签署了关于人工智能领域全面合作协议,与华为签署了深化全面战略合作协议,与苏宁易购的全面战略合作协议正在协调签署中。

（三）南京“两落地一融合”建设

2018年1月11日下午，南京市委书记张敬华、市长缪瑞林一行来东南大学考察调研，校地双方就建设一批重点校地融合发展建设项目达成共识。东南大学高度重视与南京市的合作，为此，学校专门成立了“东南大学—南京市共建重点项目推进工作领导小组”，党委书记左惟、校长张广军担任组长。出台《东南大学支持建设南京市新型研发机构实施细则（试行）》，支持科技成果、新型研发机构落地。

近一年来，有关工作取得积极进展。截至目前，成立“南京网络空间安全技术研究院”“南京低功耗芯片技术研究院”“江苏东印智慧工程技术研究院”等新型研发机构24家，备案6家。其中：落户鼓楼区1家；建邺区1家；玄武区1家；栖霞区3家；江宁区7家；雨花台区2家；江北新区8家；溧水区1家。

学校实现校地融合发展的思路基本明确，对与学校校区所在的江宁区、玄武区、江北新区融合发展进行了规划设计。将江北新区定位为打造世界一流的以生物医学大数据为驱动和特色的集科技研发、成果转化、创业孵化加速、教育培训、科技服务、贸易服务等于一体的生命健康科技与产业创新生态系统和策源地。将玄武区定位为建设东大南京设计名城，依托东南大学建筑、土木、交通、艺术等设计学科群优势和高端人才集聚优势，南京市玄武区中心城区区位、科教、人才和文化优势，推动南京市玄武区环东大区域产业经济和城市空间整体转型升级和高质量发展。在江宁区打造环东南大学知识创新圈，努力形成东南大学在江宁区“一体两翼”的融合发展办学新格局，助推创建信息产业名城。

一批重点建设项目取得初步进展。网络通信与安全紫金山实验室、生物医学大数据国家重大科技基础设施、东大玄武创新设计研究院、国家集成电路产业创新中心、量子信息国家实验室南京联合实验室、人工智能研究院、制造业创新中心、网络空间安全学院、东南大学—雷恩研究生学院、东南大学国家大学科技园（江宁）双创基地、智能网联交通研究院、智慧城市研究院、未来地下空间研究院、健康建筑研究院、清洁能源研究院、亚洲建筑档案中心建设等项目都在积极推进，有些已取得初步成效。

（四）异地研究院

1. 按照新的模式深入推进江北创新研究院和泰州生物医药与医疗器械研究院的管理运行机制改革，在执行院长人选推荐、绩效考核方面做了大量细致的工作。

2. 健全新建研究院的各项规章制度，并以此为已建研究院和后续新建研究院提供范本。

（五）产学研活动与窗口服务

1. 组织参加省市区各级地方政府组织的科技对接活动，参加教育部组织的高校科技成果交易会、上海工博会等展会。

2. 不断改进和提升窗口服务质量，优化安排两地办公时间，积极配合科研管理新系统的开发。

2018 年国家重点研发计划项目

序号	项目编号	项目名称	负责人	所在院系	经费/万元
1	2017YFA0700200	微波毫米波数字编码和现场可编程超构材料的理论体系与关键技术	崔铁军	信息科学与工程学院	2 674
2	2017YFA0700500	人体器官芯片的精准介观测量	顾忠泽	生物科学与医学工程学院	2 811
3	2018YFB0605400	煤的化学链燃烧和气化技术	沈来宏	能源与环境学院	1 087
4	2018YFB1003800	面向服务的群智化生态化软件开发方法与环境	王红兵	计算机科学与工程学院	1 766
5	2018YFC0830200	面向诉讼全流程的一体化便民服务技术及装备研究	周佑勇	法学院	2 324
6	2018YFC1314000	糖尿病肾病早期监测与适宜替代治疗新技术研究与推广	刘必成	附属中大医院	1 222
7	2018YFC1902600	废乘用车轮胎高效裂解与副产物综合利用技术	肖　睿	能源与环境学院	1 995
8	2017YFE0121500	低功耗高效 5G 毫米波无线传输关键技术研究	李　潇	信息科学与工程学院	135

2018 年度国家科技重大专项

序号	课题编号	课题名称	负责人	所在院系	经费/万元
1	2017ZX07202004	“十三五”水专项太滆运河水产养殖业废水净化回用技术集成与应用示范	李先宁	能源与环境学院	287
2	2017ZX07202－004	太滆运河高适应性村落生活污水处理技术集成与应用示范	吕锡武	能源与环境学院	402
3	2018ZX03001008	基于 R15 支持毫米波的 5G 终端基带芯片和射频芯片工程样片研发	王东明	信息科学与工程学院	1 395.96
4	2018ZX03001015－005	基于 R15 5G 核心网预商用设备研制与验证	赵新胜	信息科学与工程学院	94.9
5	2018ZX03001027	毫米波 5G 分析仪开发	蒋政波	信息科学与工程学院	832.92
6	2018ZX01031－10	面向智能终端的嵌入式高能效深度学习引擎开发与产业化	单伟伟	电子科学与工程学院	1 500
7	2017ZX09309024－002	中药 1 类新药 Sm－5 的创新药物研究	熊　非	生物科学与医学工程学院	70

2018 年江苏省自然科学基金项目立项清单

序号	项目类别	项目编号	承担单位	申报人	所在院系	省拨款/万元
1	省杰出青年项目	BK20180011	大规模分布式移动通信	朱鹏程	信息学院	100
2	省杰出青年项目	BK20180012	通信干扰攻击下信息物理系统安全控制问题研究	曹向辉	自动化学院	100
3	省杰出青年项目	BK20180013	高频高可靠电机驱动系统及其控制	王　政	电气学院	100
4	省杰出青年项目	BK20180014	生物质定向热解	张会岩	能环学院	100

(续　表)

序号	项目类别	项目编号	承担单位	申报人	所在院系	省拨款/万元
5	省优秀青年项目	BK20180059	面向大数据、大系统的 DNA 电路与计算关键技术研究	张　川	信息学院	50
6	省优秀青年项目	BK20180060	面向"系统面板"的 InGaZnO 基新型非易失性存储器及其在构建新型像素电路中的应用研究	黄晓东	电子学院	50
7	省优秀青年项目	BK20180061	神经元轴突切向投射及可塑性调控的分子机制研究	田　垚	生命科学院	50
8	省优秀青年项目	BK20180062	复合材料薄壁结构上分布随机动载荷识别与试验验证	吴邵庆	土木学院	50
9	省优秀青年项目	BK20180063	UHPC 桥梁预应力锚固机理及轻量化设计方法研究	贺志启	土木学院	50
10	省优秀青年项目	BK20180064	Mn 掺杂白光钙钛矿纳米晶电致发光器件及维度依赖的色度调控技术	徐淑宏	电子学院	50
11	省青年基金项目	BK20180407	导电高分子水凝胶的界面仿生构筑与增强机理	章　炜	材料学院	20
12	省青年基金项目	BK20180382	基于数据驱动的可再生能源并网区间预测与耦合建模研究	龙　寰	电气学院	20
13	省青年基金项目	BK20180387	环保型 SF6 替代气体电弧粒子输运特性与磁流体行为研究	仲林林	电气学院	20
14	省青年基金项目	BK20180391	规模化储能参与电网调频的集约型分配方案与控制研究	张圣祺	电气学院	20
15	省青年基金项目	BK20180395	电容故障下模块化多电平换流器可靠运行关键技术研究	邓富金	电气学院	20
16	省青年基金项目	BK20180356	应用于分频海上风电系统的级联型矩阵变换器稳定控制策略研究	雷家兴	电气学院	20
17	省青年基金项目	BK20180359	基于等离激元增强非辐射共振能量转移机制的混合结构发光二极管研究	庄　喆	电子学院	20
18	省青年基金项目	BK20180371	NLRP3 炎症小体活化在量子点诱导的中枢炎症和神经细胞焦亡中的作用和机制研究	吴添舒	公共卫生学院	20
19	省青年基金项目	BK20180366	面向应用智能窗的光子晶体膜的可控构筑及其红外辐射性能研究	王泳娟	化工学院	20
20	省青年基金项目	BK20180406	具有可控亲疏水表面的荷叶仿生材料研究	王　猛	化工学院	20

（续 表）

序号	项目类别	项目编号	承担单位	申报人	所在院系	省拨款/万元
21	省青年基金项目	BK20180360	新型圆极化天线电磁探测系统研究	任近静	机械学院	20
22	省青年基金项目	BK20180384	基于纳米孔阵筛的循环游离 DNA 分选方法的研究	贾　原	机械学院	20
23	省青年基金项目	BK20180392	海洋工程装备水下激光增材修复工艺及影响机理研究	严　岩	机械学院	20
24	省青年基金项目	BK20180400	面向恶性肿瘤早期诊断的外泌体 miRNA 检测技术及基础理论研究	章　寅	机械学院	20
25	省青年基金项目	BK20180401	自主地面车辆空地协同智能环境感知关键技术研究	耿可可	机械学院	20
26	省青年基金项目	BK20180356	基于多 Agent 技术的异质众包系统质量优化模型研究	王万元	计算机学院	20
27	省青年基金项目	BK20180369	基于多 Agent 系统的网络协作学习自适应决策模型研究	周一峰	计算机学院	20
28	省青年基金项目	BK20180390	基于居民行为空间刻画的传统村落保护与更新政策实施评估研究——以江苏省为例	徐　瑾	建筑学院	20
29	省青年基金项目	BK20180381	考虑出行方式转移的电动汽车充电站桩布局与动态优化方法研究	华雪东	交通学院	20
30	省青年基金项目	BK20180397	基于行程时间可靠性的城市多模式交通系统参与者出行决策机理研究	柏　璐	交通学院	20
31	省青年基金项目	BK20180402	面向轨道交通建设时期的城市常规公交线网瓶颈疏解策略研究	陈景旭	交通学院	20
32	省青年基金项目	BK20180404	基于分子模拟技术的废旧沥青再生剂制备与机理研究	徐光霁	交通学院	20
33	省青年基金项目	BK20180386	面向 CO_2 负排放的煤/生物质流化床富氧燃烧研究	刘雪娇	能环学院	20
34	省青年基金项目	BK20180388	基于化学链燃烧的准东煤氧化分级技术研究	葛晖骏	能环学院	20
35	省青年基金项目	BK20180394	复合生物质半焦分级脱除合成气中焦油及氮硫氯杂质的机理研究	宋　尧	能环学院	20
36	省青年基金项目	BK20180398	多孔颗粒含液流化过程中液体的多尺度迁移机制研究	马吉亮	能环学院	20

(续　表)

序号	项目类别	项目编号	承担单位	申报人	所在院系	省拨款/万元
37	省青年基金项目	BK20180405	多重乳液相际传质的 Marangoni 对流机理研究	邓梓龙	能环学院	20
38	省青年基金项目	BK20180409	嗜甲烷菌—微藻共生体系强化生物气制备油脂过程的机理研究	陆勇泽	能环学院	20
39	省青年基金项目	BK20180352	冠脉粥样硬化斑块在体材料性质,形态和力学因素对斑块行为的预测研究	王　梁	生医学院	20
40	省青年基金项目	BK20180374	纳米颗粒在胰岛低温保存中协同效应的研究	张　淼	生医学院	20
41	省青年基金项目	BK20180408	微结构可控材料的仿生力学设计及激光增材制造	顾洪成	生医学院	20
42	省青年基金项目	BK20180354	带双时间尺度马尔科夫链的随机最优控制理论及其应用	吕思宇	数学学院	20
43	省青年基金项目	BK20180367	复杂动态网络系统的分布式事件驱动控制与优化	许文盈	数学学院	20
44	省青年基金项目	BK20180383	地震荷载下考虑混杂纤维协同效应的 UHPC 多尺度损伤机理研究	姚一鸣	土木学院	20
45	省青年基金项目	BK20180385	基于小型预制 UHPC 壳的装配式混凝土框架结构抗震性能和设计方法	管东芝	土木学院	20
46	省青年基金项目	BK20180389	基于混凝土宏细观徐变分析的大跨度 PC 梁桥长期下挠和开裂机理研究	仝　腾	土木学院	20
47	省青年基金项目	BK20180393	基于梁柱子结构的装配式混凝土框架抗倒塌性能及抗倒塌设计方法	曾以华	土木学院	20
48	省青年基金项目	BK20180399	基于新型不锈钢高强度螺栓连接的不锈钢结构梁柱节点的抗震性能研究	郑宝锋	土木学院	20
49	省青年基金项目	BK20180403	秦淮河流域水文极端事件模拟优化及不确定性研究	朱　仟	土木学院	20
50	省青年基金项目	BK20180353	基于机器学习算法的钙钛矿材料的筛选与设计	周蹬桦	物理学院	20
51	省青年基金项目	BK20180357	超分辨 MIMO 雷达连续域稀疏目标定位技术研究	陈　鹏	信息学院	20
52	省青年基金项目	BK20180362	非理想信道信息下大规模 MIMO 下行预编码方法研究	卢安安	信息学院	20

（续　表）

序号	项目类别	项目编号	承担单位	申报人	所在院系	省拨款/万元
53	省青年基金项目	BK20180363	多通道低功耗可穿戴式肌电信号探测芯片设计	周智君	信息学院	20
54	省青年基金项目	BK20180364	基于向列型液晶的可重构玻璃天线技术研究	蔡龙珠	信息学院	20
55	省青年基金项目	BK20180368	太赫兹成像读出电路阵列系统	吴　旭	信息学院	20
56	省青年基金项目	BK20180376	分子伴侣介导自噬在 LAMP2 基因 G93R 突变导致肥厚型心肌病中的作用机制研究	徐　婧	中大医院	20
57	省青年基金项目	BK20180370	血管内皮生长因子信号通路介导海马神经再生及突触可塑参与卒中后抑郁的机制研究	岳莹莹	中大医院	20
58	省青年基金项目	BK20180372	Tim－3 信号通路在多发性骨髓瘤缺氧适应中的作用和机制研究	王　飞	中大医院	20
59	省青年基金项目	BK20180373	基于机器学习的抑郁症脑网络连接特征分型对抗抑郁剂的疗效预测研究	尹营营	中大医院	20
60	省青年基金项目	BK20180375	基于 FAP 分子的乳腺癌多模态分子成像及其在 siRNA 基因沉默疗效评价中的应用	常　娣	中大医院	20
61	省青年基金项目	BK20180377	p38 MAPK 信号通路调控糖尿病小鼠中胰腺导管腺恶性转化的谱系示踪及分子机制研究	王立山	中大医院	20
62	省青年基金项目	BK20180378	功能磁共振在糖尿病肾脏微循环障碍及纤维化早期评价中的应用	王远成	中大医院	20
63	省青年基金项目	BK20180379	miR－132/PTEN 轴调控 tau 蛋白过度磷酸化的机制研究	王燕娟	中大医院	20
64	省青年基金项目	BK20180380	VASH2 的 α－tubulin 去酪氨酸化作用在自噬相关的脉络膜新生血管中的作用及机制研究	丁瑜芝	中大医院	20
65	省青年基金项目	BK20180355	基于单摄像机的无标记多人体运动捕捉方法研究	王雁刚	自动化学院	20
66	省青年基金项目	BK20180358	基于自适应采样的分布式融合跟踪方法研究	陆科林	自动化学院	20
67	省青年基金项目	BK20180361	势博弈框架下的集群系统自主编队策略研究	薛　磊	自动化学院	20
68	省青年基金项目	BK20180365	数据流场景下的表情预检测研究	谢利萍	自动化学院	20

（续　表）

序号	项目类别	项目编号	承担单位	申报人	所在院系	省拨款/万元
69	面上项目	BK20181285	通过界面调控优化 Ag－MAX 新型电接触材料	田无边	材料学院	10
70	面上项目	BK20181280	基于多目标补偿的磁场耦合式无线电能传输关键技术研究	曲小慧	电气学院	10
71	面上项目	BK20181283	光伏并网系统拓扑统一形成规律及其统一模型研究	王建华	电气学院	10
72	面上项目	BK20181268	高分辨率、高均质性喷墨印刷电子技术的应用基础研究	吴　俊	电子学院	10
73	面上项目	BK20181284	二维材料原子结构调控的原位电镜研究	徐　涛	电子学院	10
74	面上项目	BK20181274	高质量二维二硫化钼可控制造的关键技术研究	黄　鹏	机械学院	10
75	面上项目	BK20181267	面向动态复杂场景的光场图像三维信息提取	姚　莉	计算机学院	10
76	面上项目	BK20181275	相变蓄能墙体内部传热传湿相互作用特性研究	金　星	建筑学院	10
77	面上项目	BK20181278	基于时序分析的悬索桥状态评估及预后研究	黄　侨	交通学院	10
78	面上项目	BK20181279	基于微观结构表征和细观缺陷仿真的水稳碎石路面基层材料开裂行为研究	董　侨	交通学院	10
79	面上项目	BK20181282	软土地区多源加卸荷环境高铁桥梁桩基承载性能变异及其致灾机理研究	童立元	交通学院	10
80	面上项目	BK20181281	燃煤过程中层状硅酸盐矿物结构畸变与半挥发性重金属固化关联性研究	黄亚继	能环学院	10
81	面上项目	BK20181276	装配式建筑施工安全风险智能诊控方法及技术研究	陆　莹	土木学院	10
82	面上项目	BK20181277	大跨度悬索桥非线性自激气动力模型和颤振理论	张文明	土木学院	10
83	面上项目	BK20181263	时空对称粒子链结构的光学响应及其应用设计	王　进	物理学院	10
84	面上项目	BK20181264	雾无线接入网边缘缓存理论方法研究	蒋雁翔	信息学院	10
85	面上项目	BK20181273	BDE47 干扰 ER 调控线粒体生物合成诱导精子发生障碍的分子机制研究	黄少萍	医学院	10

（续　表）

序号	项目类别	项目编号	承担单位	申报人	所在院系	省拨款/万元
86	面上项目	BK20181266	基于运动准备脑电信号动态特征的上肢运动预测研究	曾　洪	仪科学院	10
87	面上项目	BK20181270	小行星微重力环境机器人取样探测关键技术研究	张　军	仪科学院	10
88	面上项目	BK20181265	基于任务驱动的深层特征表示模型的研究	潘　泓	自动化学院	10
89	面上项目	BK20181269	基于彩色投影的三维重建关键问题研究	盖绍彦	自动化学院	10
90	面上项目	BK20181271	MiR－199a－3p 通过 mTOR 信号通路调控肺泡巨噬细胞分泌自噬小体介导 ARDS 炎症反应的机制	刘　玲	中大医院	10
91	面上项目	BK20181272	基于 5－羟色胺通路基因甲基化的抑郁症脑网络异常：药物影像表观遗传学研究	徐　治	中大医院	10
92	面上项目	BK20181487	RVG 修饰外泌体运载 miR－26a 对尿毒症心肌损害的治疗作用研究	王　彬	中大医院	10

2018 年国防科技活动大事记

1. 成立东南大学军民融合发展领导小组和东南大学军民融合办公室；
2. 完成国防科研评价体系(职称、职级、博导)改革方案
3. 完成 GJB9001C－2017 质量程序手册换版工作；
4. 通过装备承制单位资格扩项审查；
5. 获得先进电子材料/器件教育部协同创新中心培育立项；
6. 高分辨率对地观测系统国家重大科技专项江苏数据中心上线运行；
7. 首次获批载人航天工程千万级预研项目；
8. 首次获得某军种某型装置批量订货；
9. 获得南极科考能源支撑平台项目；
10. 与中船重工 716 所、航天科工 301 所、AQ 部、国动科技有限公司、富技腾机电科技有限公司成立联合实验室。

2018 年国防科技项目

2018 年年鉴资料(国防)

一、2018 年新上国防国家级项目

序号	项目负责人	所在院系	项目类别	批准金额/万元
1	雷　威	电子	预研	406
2	张志强	电子	预研	350
3	周子凯	生科	科技委创新特区	50
4	卢晓林	生医	科技委创新特区	30
5	李铁香	数学	预研	77.34
6	夏敦柱	仪科	科技委创新特区	50
7	费庆国	机械	预研	200
8	陆卫兵	信息	预研	300
9	周小阳	信息	预研	400
10	徐　欧	信息	领域基金	50
11	房淑华	电气	领域基金	50
12	周忠元	机械	领域基金(重点)	210

（续　表）

序号	项目负责人	所在院系	项目类别	批准金额/万元
13	仲　明	医学	科技委创新特区	50
14	熊　非	生医	科技委创新特区	50
15	张　辉	机械	科技委创新特区	50
16	武其松	信息	海军预研	60
17	杨　波	仪科	领域基金	40
18	孟洪福	信息	预研(参加)	100
19	姚　帅	信息	预研(参加)	100
20	李宏生	仪科	预研	240
21	沈宝龙	材料	科技委创新特区	50
22	吴富根	生医	科技委创新特区	50
23	孙剑飞	生医	科技委创新特区	50
24	何思渊	生医	预研	20
25	张　辉	机械	预研(参加)	180
26	胡三明	信息	科技委创新特区	40
27	殷国栋	机械	科技委创新特区	30
28	刘斯扬	电子	装发教育部联合基金	80
29	孙东科	生医	装发教育部联合基金	80
30	赵涤燹	信息	装发教育部联合基金	80
31	李连鸣	信息	装发教育部联合基金	100
32	赵立业	仪科	装发教育部联合基金	100
33	陈永平	能环	装发教育部联合基金	100
34	葛裕华	化工	国防基础科研(参加)	253
35	刘晓军	机械	预研	70
36	张　涛	仪科	预研	320
37	徐　华	生医	科技委创新特区	50
38	张培伟、费庆国	机械	重大专项	200
39	李新德	自动化	预研	125
40	巴　龙	生医	科技委创新特区	50
41	夏敦柱	仪科	科技委创新特区	70
42	王兴松	机械	科技委创新特区	50
43	尚金堂	电子	科技委	500

（续　表）

序号	项目负责人	所在院系	项目类别	批准金额/万元
44	武其松	信息	预研	50
45	韩　宁	信息	海军预研	62.03
46	方世良	信息	海军预研	118.55
47	尚金堂	电子	科技委创新特区	50
48	漆桂林	计算机	预研(参加)	130
49	周小阳	信息	预研	30
50	窦文斌	信息	预研(参加)	100
51	雷　威	电子	科技委创新特区	50
52	刘澄玉	仪科	科技委创新特区	20
53	赵立亚	仪科	科技委创新特区	190
54	姜　勇	化工	科技委创新特区	150
55	刘加平	材料	科技委创新特区	700
56	徐　华	生医	科技委创新特区	50
57	王志飞	化工	科技委创新特区	100
58	杨　洪	化工	科技委创新特区	50
59	程　光	网安	科技委创新特区	60
60	尚金堂	电子	科技委创新特区	100
61	孙剑飞	生医	科技委创新特区	50
62	仲　明	医学	科技委创新特区	50
63	梁金星	仪科	科技委创新特区	90
64	李宏生	仪科	科技委创新特区	100
65	薛澄岐	机械	预研	50
66	赵　力	信息	预研	40
67	赵　力	信息	预研	60
68	吴邵庆	机械	预研(参加)	100
69	曾　洪	仪科	科技委创新特区	200
70	陈熙源	仪科	装备预研教育部联合基金	100
71	郝张成	信息	科技委基础加强	270
72	孟洪福	信息	预研(参加)	100
73	陆卫兵	信息	预研	100
74	陈永平	能环	重大专项(参加)	50
75	巴特尔	信息	预研	1200

二、2018 年 100 万以上新上国防横向项目

序号	项目负责人	所在院系	金额/万元
1	曹振新	信息	500
2	方世良	信息	400
3	方世良	信息	300
4	倪江生、金伟明	仪科	192
5	费庆国	机械	128
6	宋爱国	仪科	120
7	孙伟锋	电子	118
8	朱小良	能环	116
9	曹振新	信息	100
10	赵新胜	信息	100
11	李智群	信息	100

2018 年国家重点研发计划课题

序号	课题编号	课题名称	所在院系	负责人	金额/万元
1	2017YFA0700201	数字编码超构材料对电磁波的调控机理	信息科学与工程学院	崔铁军	963
2	2017YFA0700503	人体器官芯片中生物表界面的精准测量	生物科学与医学工程学院	徐春祥	722
3	2017YFA0700404	肝脏的空间蛋白质组信息精准介观测量	生物科学与医学工程学院	陶纬国	656
4	2017YFA0700504	基于三维智能支架的人体器官芯片在线检测	生物科学与医学工程学院	顾忠泽	808
5	2017YFE0301403	耐温高强度结构及高性能绝缘材料的关键问题研究	材料科学与工程学院	孙正明	820
6	2018YFF01010602	MEMS 微型风速风向传感器驱动与测量技术	电子科学与工程学院	秦　明	90
7	2018YFF01010601	MEMS 微型风速风向传感器芯片设计、制造与封装技术	电子科学与工程学院	易真翔	94
8	2018YFF0215203	应用等离激元光纤传感器的高灵敏度检测技术	生物科学与医学工程学院	董　健	149
9	2018YFF0215202	高灵敏度多靶标检测试纸条研发	医学院	吕海芹	116

(续　表)

序号	课题编号	课题名称	所在院系	负责人	金额/万元
10	2018YFC1314002	糖尿病肾病诊断及疾病进展生物标志物研究	附属中大医院	刘必成	400
11	2018YFC0830201	诉讼自动导引和咨询支撑技术研究及一体化便民服务综合应用平台构建	法学院	王禄生	708
12	2018YFC0705806	建筑工程现场组装式大型3D打印设备及其3D打印技术	土木工程学院	蔡建国	320
13	2018YFC0705601	自感知与自修复智能结构体系	土木工程学院	张　建	279
14	2018YFC0705401	UHPC微结构形成与多尺度性能调控	材料科学与工程学院	蒋金洋	240
15	2018YFC0705306	工业建筑围护结构节能与低品位热能利用技术研究	能源与环境学院	殷勇高	330
16	2018YFC0704704	基于全碳效率的县域城镇典型设施网络化配置研究	交通学院	陈　峻	308
17	2018YFB1106104	非接触式高频超声检测装备研制与系统集成	材料科学与工程学院	戴　挺	405
18	2018YFB1105404	微机电系统典型器件创新设计及制造	机械工程学院	陈云飞	450
19	2018YFB1004303	多源不确定数据挖掘方法与技术	计算机科学与工程学院	张敏灵	342
20	2018YFB1003801	面向服务的群智化生态化新型软件开发理论、方法与关键技术研究	计算机科学与工程学院	王红兵	479
21	2018YFB0803404	大连接复杂异构条件下的物联网一体化安全机制	网络空间安全学院	杨　明	384
22	2018YFB0605404	3MW煤化学链燃烧技术的试验	能源与环境学院	沈来宏	241
23	2018YFB0605301	常压/加压煤富氧分级燃烧、传热及污染物协调控制机理	能源与环境学院	段伦博	284
24	2018YFB0605203	燃煤烟气中有机污染物高效吸附剂及吸附控制技术	能源与环境学院	杨林军	525
25	2018YFB0605102	炉内重金属控制关键技术和设备	能源与环境学院	黄亚继	501
26	2018YFC1901202	重金属、二噁英、生物毒性等危害特性热阻断技术	能源与环境学院	金保昇	282
27	2018YFC1902602	连续高效裂解关键技术与设备研发	能源与环境学院	肖　睿	437
28	2018YFD1100402	村镇建筑地震灾变机理与抗倒塌设计理论	土木工程学院	徐　明	779
29	2018YFC1803101	农药污染场地易迁移污染物源阻控技术遴选与研发	交通学院	杜延军	305
30	2018YFD1100302	村镇聚落空间类型谱系识别与数字交互仿真	建筑学院	杨俊宴	711

2018 年度高等学校科学研究优秀成果奖（科学技术）奖励项目

序号	项目名称	主要完成人	奖励类别	获奖等级	主要完成单位	院系
1	功能磁性纳米材料的构建及诊疗应用基础	顾宁、张宇、杨芳、许海燕、孙剑飞、孟洁、葛玉卿、胡克	自然科学	一等奖	东南大学、中国医学科学院基础医学研究所	生物科学与医学工程学院
2	宽量程 MEMS 风速风向传感器设计与制造关键技术及应用	黄庆安、秦明、陈蓓、易真翔、董自强、李伟华	技术发明	一等奖	东南大学	电子科学与工程学院
3	快速道路交通安全设计与主动控制关键技术及应用	刘攀、徐铖铖、张纪升、李志斌、王昊、丁建明	技术发明	一等奖	东南大学、交通运输部公路科学研究所、东南大学建筑设计研究院有限公司	交通学院
4	较弱非退化条件的 KAM 定理与两类椭圆型方程正解的存在性和集中性	徐君祥、王俊、张福保、吴昊、张东峰	自然科学	二等奖	东南大学、江苏大学	数学学院
5	循环流化床富氧燃烧基础研究	段伦博、陈晓平、刘道银、赵长遂、卜昌盛、周骛、李庆钊	自然科学	二等奖	东南大学	能源与环境学院
6	大规模天线阵列系统无线传输技术及应用	黄永明、鲁照华、何世文、杨绿溪、戚晨皓、朱伏生	技术发明	二等奖	东南大学、中兴通讯股份有限公司	信息科学与工程学院
7	新型直驱式波浪发电系统	胡敏强、余海涛、黄磊	技术发明	二等奖	东南大学	电气工程学院
8	海洋混凝土结构用长寿命高强耐蚀钢筋制备与应用关键技术	蒋金洋、麻晗、刘加平、孙伟、金祖权、宋丹、施锦杰、王凤娟、张建春、艾志勇、褚洪岩、郑琦、李阳、赵家七、左龙飞	科技进步	二等奖	东南大学、江苏省沙钢钢铁研究院有限公司、江苏省建筑科学研究院有限公司、青岛理工大学、河海大学	材料科学与工程学院
9	肝癌的可视化诊治	张业伟、董晓臣、邵进军、张婷	科技进步	二等奖	东南大学、南京工业大学、江苏省肿瘤医院	中大医院

（续　表）

序号	项目名称	主要完成人	奖励类别	获奖等级	主要完成单位	院系
10	城市群空间多尺度集约利用决策关键技术与应用	方创琳、杨俊宴、张兵、周艺、黄解军、匡文慧、李广东、陈睿、黄金川、王振波、鲍超、马海涛、何伦志、张蔷、曹俊	科技进步	一等奖（合报）	新疆大学、中国科学院地理科学与资源研究所、东南大学、中国城市规划设计研究院、武汉理工大学、中国科学院遥感与数字地球研究所	建筑学院
11	新型功能化沥青路面关键技术及工程应用	许涛、黄晓明、陈俊、侯曙光、廖公云、吴建涛、李国芬、李志栋、马翔、陈景雅、王宏畅、张东、袁峻	科技进步	二等奖（合报）	南京林业大学、东南大学、河海大学、中交瑞通路桥养护科技有限公司、南京工业大学、甘肃昌恒公路养护技术有限责任公司	交通学院

2018 年度江苏省科学技术奖奖励项目

序号	项目名称	主要完成人	奖励类别	授奖等级	主要完成单位	院系
1	物联网低功耗关键技术研发和应用	杨军、时龙兴、吴建辉、戚隆宁、刘昊、单伟伟、陈超	应用类	一等奖	东南大学	电子科学与工程学院
2	医药脂质纳米材料及其产业化关键技术	顾宁、吉民、夏强、蔡进、杨芳、李锐、熊非、王祥建、徐静、张勇、刘海东	应用类	一等奖	东南大学、苏州东南药业股份有限公司、苏州纳康生物科技有限公司、正大天晴药业集团股份有限公司、江苏东南纳米材料有限公司	生物科学与医学工程学院
3	现代混凝土早期变形与收缩裂缝控制	刘加平、田倩、王育江、徐文、李磊、姚婷、李华、张守治、王文彬、王瑞、高南箫	应用类	一等奖	东南大学、江苏苏博特新材料股份有限公司、江苏省建筑科学研究院有限公司	材料科学与工程学院

（续　表）

序号	项目名称	主要完成人	奖励类别	授奖等级	主要完成单位	院系
4	航空航天装备使役状态分析的数字化关键技术及应用	费庆国、姜东、张大海、张培伟、仝宗凯、何顶顶、李彦斌、吴邵庆、董萼良、曹芝腑、廖涛	应用类	一等奖	东南大学、中国航天科工集团第三研究院第三总体设计部、南京林业大学	机械工程学院、土木工程学院
5	复杂环境下远程巡检机器人关键技术及应用	宋爱国、许春山、徐宝国、宋光明、包加桐、程敏、林欢、刘爽、赵国普、闵济海、曾洪	应用类	一等奖	东南大学、亿嘉和科技股份有限公司、扬州大学、南京天创电子技术有限公司	仪器科学与工程学院
6	高精度多模多频 GNSS 基准站网关键技术及应用	潘树国、徐地保、姚宜斌、高旺、武军郦、高成发、贺成成、陈明、许超钤、喻国荣、梁霄	应用类	一等奖	东南大学、江苏省测绘工程院、武汉大学、国家基础地理信息中心、上海华测导航技术股份有限公司	仪器科学与工程学院
7	混凝土结构智能检测与主动高效加固关键技术及应用	吴刚、张建、魏洋、王春林、朱虹、蒋剑彪、何小元、谢正元、吁新华、刘钊、丁幼亮	应用类	一等奖	东南大学、北京特希达科技有限公司、柳州欧维姆机械股份有限公司、南京林业大学、江西赣粤高速公路股份有限公司	土木工程学院
8	肝癌多模态诊疗	张业伟、董晓臣、邵进军、许文景、周家华、潘峥、余泽前	应用类	一等奖	东南大学附属中大医院、南京工业大学	附属中大医院
9	车辆瞬态操纵稳定性智能底盘控制理论、方法及应用	殷国栋、王金湘、皮大伟、倪绍勇、钟国华、沙文瀚、陈南、张丙军、刘琳	应用类	二等奖	东南大学、南京理工大学、奇瑞新能源汽车技术有限公司、南京汽车集团有限公司	机械工程学院
10	高可靠性 MEMS 压力传感器设计与制造关键技术及应用	黄庆安、周再发、聂萌、李维平、黄见秋、黄标、刘海韵、李伟华、唐洁影、王磊	应用类	二等奖	东南大学、南京高华科技股份有限公司	电子科学与工程学院
11	高性能智能微电网系统集成关键技术及计测控装备研发与应用	郑建勇、闫书芳、梅飞、陈文藻、张宸宇、史明明、梅军	应用类	三等奖	东南大学、江阴长仪集团有限公司、河海大学、国网江苏省电力有限公司电力科学研究院	电气工程学院
12	高可靠海洋光纤光缆关键技术与成套装备	陈伟、许人东、孙小菡、沈纲祥、张功会、肖华、王林、郝常吉、袁健、孙贵林、胡涛平	应用类	一等奖（合报）	江苏亨通光纤科技有限公司、江苏亨通海洋光网系统有限公司、江苏亨通光电股份有限公司、东南大学、苏州大学	电子科学与工程学院

（续　表）

序号	项目名称	主要完成人	奖励类别	授奖等级	主要完成单位	院系
13	智能电网终端通信接入网关键技术及产业化应用	韦磊、郭经红、黄永明、高昇宇、郭少勇、刘锐、朱红、姚继明、李维、张源、李文璟	应用类	二等奖（合报）	国网江苏省电力有限公司、东南大学、全球能源互联网研究院有限公司、北京邮电大学、南瑞集团有限公司	信息科学与工程学院
14	基于雾霾监测预报的大范围电网防污闪关键技术及应用	周志成、章炎麟、高嵩、王黎明、王铭民、赵天良、方江、毕晓甜、黄亚继、张星、刘闯	应用类	二等奖（合报）	江苏省电力试验研究院有限公司、南京信息工程大学、清华大学深圳研究生院、江苏省气象台、江苏神马电力股份有限公司、东南大学、南京埃森环境技术股份有限公司	能源与环境学院
15	高性能工业机器人交流伺服系统关键技术研发	吴波、李世华、杨俊、齐丹丹、姚瑱、杨凯峰	应用类	（二合等报奖）	南京埃斯顿自动化股份有限公司、东南大学	自动化学院
16	光通信网智能保护与连接装备	王立军、任献忠、石新根、朱敏、樊鹤红、王静媛、吴锦辉、石俊伟、王乃峰、陆文艳、王绪章	应用类	三等奖（合报）	常州太平通讯科技有限公司、东南大学	信息科学与工程学院、电子科学与工程学院
17	货运集配电子商务系统关键技术研究及集成应用	施文进、宋余庆、刘哲、郁培昌、朱轶、刘毅、倪巍伟、施俊	应用类	三等奖（合报）	惠龙易通国际物流股份有限公司、江苏大学、东南大学	计算机科学与工程学院
18	基于标准化染色的细胞病理学智能诊断整体解决方案及其应用	姚斌、张智弘、印永祥、左露露、杨冠羽、王征	应用类	（三合等报奖）	南京福怡科技发展股份有限公司、江苏省人民医院、东南大学、无锡市妇幼保健院	计算机科学与工程学院、网络空间安全学院
19	万吨级聚氨酯泡沫用有机硅匀泡剂关键技术开发及产业化	孙宇、李丰富、唐雄峰、祁争健、陈青、尹迎阳、俞伟民、许晓辰、李树贵、洪满心、孙添源	应用类	三等奖（合报）	江苏美思德化学股份有限公司、东南大学	化学化工学院
20	煤制油(气)苛刻工况成套特种阀门关键技术研发及产业化	吴建新、张清双、王建新、余新泉、陈林、张立宏、郁正涛	应用类	三等奖（合报）	江苏神通阀门股份有限公司、东南大学	材料科学与工程学院

（续　表）

序号	项目名称	主要完成人	奖励类别	授奖等级	主要完成单位	院系
21	电站检修平台关键技术研发及应用	郭余庆、王军、杨可、张伟刚、许飞云、许尧、王读根、施吉祥、王家文、胡建中、孙曙光	应用类	三等奖（合报）	江苏能建机电实业集团有限公司、东南大学、河海大学常州校区、江苏省特种设备安全监督检验研究院泰州分院、国电泰州发电有限公司	机械工程学院
22	智能化高效防爆除尘装备关键技术创新与工程应用	范兰、仲兆平、万加兵、王加东、高文超、陈立萍、王雅倩、章亚振、杜浩然	应用类	三等奖（合报）	盐城市兰丰环境工程科技有限公司、东南大学	能源与环境学院
23	现代城市综合体复杂钢结构设计建造关键技术研究与应用	张谨、李国建、舒赣平、毛小勇、宫长义、谈丽华、周观根、王国佐、徐纲、杨律磊、李宗京	应用类	三等奖（合报）	中亿丰建设集团股份有限公司、中衡设计集团股份有限公司、东南大学、苏州科技大学、浙江东南网架股份有限公司、江苏沪宁钢机股份有限公司	土木工程学院
24	无创产前筛查和诊断技术体系的研发及应用	黄欢、邹秉杰、张国英、肖鹏峰、周国华、卢守莲、叶卉、姜海风	应用类	三等奖（合报）	江苏省人民医院、中国人民解放军东部战区南京总医院、东南大学	生物科学与医学工程学

2018 年度国家科学技术奖奖励项目

序号	项目名称	主要完成人	奖励类别	授奖等级	主要完成单位	院系
1	新型微波超材料对空间波和表面等离激元波的自由调控或实时调控	崔铁军、沈晓鹏、蒋卫祥、程强、马慧锋	自然科学	二等奖	东南大学	信息科学与工程学院
2	摩擦界面的声子传递理论与能量耗散模型	陈云飞、杨决宽、倪中华、毕可东、魏志勇	自然科学	二等奖	东南大学	机械学院

(续　表)

序号	项目名称	主要完成人	奖励类别	授奖等级	主要完成单位	院系
3	城市多模式公交网络协同设计与智能服务关键技术及应用	王炜、刘攀、孙正良、汪林、王昊、杨敏、胡晓健、殷广涛、刘冬梅、徐棱	科技进步	二等奖	东南大学、公安部交通管理科学研究所、交通运输部公路科学研究所、中国城市规划设计研究院、南京莱斯信息技术股份有限公司、南京全司达交通科技有限公司	交通学院
4	土地调查监测空地一体化技术开发与装备研制	王庆、李钢、张小国、顾和和、孙杰、胡明星、尹鹏程、王云帆、谭靖、马超	科技进步	二等奖	东南大学、中国矿业大学、中国测绘科学研究院、徐州市国土资源基础测绘中心、北京航天泰坦科技股份有限公司、广州南方测绘科技股份有限公司	仪器科学与工程学院
5	(内部公布)	方世良、王晓燕、罗昕炜、胡兵、安良、严琪、姚帅、梅启勇、王伟、孙承光	科技进步	二等奖	东南大学、中船重工海声科技有限公司、中国船舶重工集团公司第七一五研究所	信息科学与工程学院
6	心理生理信息感知关键技术及应用	胡斌、徐向民、郑文明、栗觅、马义德、赵庆林	技术发明	二等奖(合报)	兰州大学、东南大学、华南大学、北京理工工业大学	生物科学与医学工程学院
7	严寒季冻区高速铁路毫米级变形标准下路基平稳性控制技术及应用	赵国堂、叶阳升、蔡德钩、蒋金洋、刘伟平、张西泽、杨西锋、杨国涛、闫宏业、冷景岩	科技进步	二等奖(合报)	中国铁道科学研究院、中国铁路设计集团有限公司、东南大学、中国铁路沈阳局集团有限公司、中国铁路哈尔滨局集团有限公司、哈大铁路客运专线有限责任公司、中铁第一勘察设计院集团有限公司	材料科学与工程学院

2018 年国家自然科学基金项目

序号	负责人	院系所	项目名称	项目类别	直接费用/万元
1	卢　伟	07 数学学院	二次型以及数论中一些相关问题的研究	青年科学基金项目	21
2	马红铝	07 数学学院	Kirchhoff 型波动方程的吸引子问题的研究	青年科学基金项目	25
3	吕思宇	07 数学学院	带双时间尺度马尔科夫链的随机最优控制问题及其在金融数学中的应用	青年科学基金项目	23
4	李　星	05 土木工程学院	岩石动态破坏的多尺度颗粒数值流形法研究	青年科学基金项目	24
5	李彦斌	02 机械学院	缝合式复合材料夹芯板的宏/细观协同动响应预示研究	青年科学基金项目	26
6	王　梁	11 生医学院	冠状动脉斑块材料性质在体确定,预测及其力学分析	青年科学基金项目	20
7	何小元	05 土木学院	大型结构高精度三维动态变形测量分析系统研制	国家重大科研仪器研制项目	818
8	董　帅	10 物理学院	新型铁基非正规铁电体材料探索及磁电耦合物理研究	重点项目	310
9	王栓宏	07 数学学院	乘子余群胚理论和代数量子群胚的双 Galois 理论及交叉 Yetter - Drinfeld -模范畴	面上项目	53
10	张小向	07 数学学院	凝聚环上的三角范畴	面上项目	46
11	徐君祥	07 数学学院	哈密顿系统退化低维 KAM 环面与 KAM 理论若干问题研究	面上项目	51
12	周春晖	07 数学学院	流体力学方程组稳态解的若干研究	面上项目	53
13	王小六	07 数学学院	相变模型中界面运动方程的定性研究	面上项目	50
14	钟　敏	07 数学学院	Banach 空间基于非光滑惩罚项的迭代正则化算法及其应用	面上项目	52
15	糜长稳	05 土木学院	考虑表面弹塑性本构的闭孔纳米泡沫金属强度理论与模型校验	面上项目	63
16	国洪轩	06 电子学院	基于原位电子能量损失谱的溶液中纳米粒子表面双电层研究	面上项目	64
17	范吉阳	10 物理学院	低维卤化物钙钛矿晶体光激发载流子和激子动力学研究	面上项目	64
18	吕昌贵	06 电子学院	基于表面等离激元混合波导中金属表面电子浓度分布调控的光调制特性研究	面上项目	64
19	邱　腾	10 物理学院	多级结构金属管状微马达的精准构筑及耦合增强拉曼光谱技术研究	面上项目	63

(续　表)

序号	负责人	院系所	项目名称	项目类别	直接费用/万元
20	韩　宁	04 信息学院	特征提取置前的主动目标检测方法研究	面上项目	63
21	张　辉	02 机械学院	耦合声波导的多模谐振机理及其应用研究	面上项目	64
22	宗利利	19 化工学院	新型多胍盐相转移(离子对)催化剂的设计、应用及其机理研究	青年科学基金项目	25
23	石萍萍	19 化工学院	多极轴分子基铁电体研究	青年科学基金项目	27.5
24	YUE WU	11 生医学院	高密度单晶压电氧化物纳米线阵列型表面声学器件的设计及增强酶催化研究	海外及港澳学者合作研究基金	18
25	谢卓颖	11 生医学院	光子晶体增强激光解吸离子化基底及其在应激生物标志物检测中的应用研究	面上项目	60
26	刘松琴	19 化工学院	二氧化碳自呼吸阴极构建及其生物传感与生物燃料电池应用的基础研究	面上项目	65
27	徐淑宏	06 电子学院	维度依赖的色度调控新技术及其在低维单组份白光掺杂钙钛矿纳米晶电致发光器件的应用	面上项目	64
28	张　闻	19 化工学院	氢键型分子基相变材料中的同位素效应	面上项目	65
29	孙岳明	19 化工学院	实现低压驱动、高功率效率湿法磷光器件中主体材料的合成与性能研究	面上项目	65
30	唐　萌	24 公卫学院	NOX1 及 mtROS 介导的 eNOS 解偶联在 PM2.5 致心血管毒性中的作用及机制研究	面上项目	66
31	张一卫	19 化工学院	基于聚合离子液体卡宾结构位置锚定与体系交叉孔道调控的高分散性纳米 Pt 簇催化剂的构筑及反应性能研究	面上项目	65
32	吴东方	19 化工学院	新型高效生物质水相加氢催化剂与催化反应体系研究	面上项目	66
33	孔佑勇	09 计算机学院	融合多模态脑成像的群组及个性化丘脑核团分区研究	青年科学基金项目	25
34	李　艳	11 生医学院	纳米磁驱动调控成骨效应的研究	青年科学基金项目	25
35	程珊珊	27 生命科学研究院	PQBP1 调控神经元轴树突生长发育的机制研究	青年科学基金项目	25
36	黄宁平	11 生医学院	人心脏组织芯片构建的新方法及在药物评估应用中的研究	面上项目	61
37	李　健	27 生命科学研究院	中国人群乙型肝炎病毒基因组突变诱发原发性肝癌的机制研究	面上项目	59
38	张子超	27 生命科学研究院	智障相关蛋白 PQBP1 调控 mRNA 选择性加尾的机制研究	面上项目	60
39	刘全俊	11 生医学院	纳米孔限位空间内单分子蛋白质电阻抗谱研究	面上项目	59

（续　表）

序号	负责人	院系所	项目名称	项目类别	直接费用/万元
40	韦　胜	01 建筑学院	高铁站点选址布局对城市空间发展影响效应研究——基于高铁“一城多站”的分析视角	青年科学基金项目	25.6
41	田　馨	21 交通学院	基于时序 InSAR 协方差矩阵估计的城镇化场景分类方法研究	青年科学基金项目	25
42	缪蜀江	05 土木学院	夏热冬冷地区雨水花园对城市微气候的调控机理研究	青年科学基金项目	21
43	李建春	05 土木学院	地震作用下工程岩体失稳诱灾机制与安全评价研究	重点项目	301
44	黄　磊	16 电气学院	可控双端口直线-旋转直驱式波浪发电机理及其控制系统研究	面上项目	62
45	蔡国军	21 交通学院	基于 CPTU 原位测试的软弱土岩土参数敏感性辨识与应用研究	面上项目	61
46	刘志彬	21 交通学院	污染场地原位热传导强化气相抽提多场演化与污染物去除机理研究	面上项目	61
47	杜延军	21 交通学院	聚磷基分散剂改性膨润土竖向工程屏障阻隔高风险重金属污染物的机理和性能研究	面上项目	62
48	孙　俊	06 电子学院	10 nm 以下金属与碳纳米管接触时的塑性变形及其机理研究	青年科学基金项目	29
49	李冰珏	02 机械学院	基于平面刚体链的古人类颅骨形态测量研究	青年科学基金项目	24
50	庄伟超	02 机械学院	网联混合动力汽车车速控制与能量管理的耦合机理及动态博弈控制方法研究	青年科学基金项目	25
51	莫景文	02 机械学院	高效能微型电喷射推进技术基础理论研究	青年科学基金项目	24
52	孙　立	03 能环学院	基于数据驱动的热工过程不确定性补偿控制研究	青年科学基金项目	24
53	王晓佳	03 能环学院	高通量煤化学链燃烧中载氧体/煤焦定向分离机制及其协同作用机理研究	青年科学基金项目	22
54	马吉亮	03 能环学院	多孔颗粒含液流化床中液体多尺度迁移行为的关联机制研究	青年科学基金项目	24
55	龙　寰	16 电气学院	面向数据特征的可再生能源区间预测与并网分层调度模型研究	青年科学基金项目	22
56	周苏洋	16 电气学院	电力市场环境下基于实时交通流的电动车充电设施交易模式及运行优化研究	青年科学基金项目	24
57	冯　双	16 电气学院	含高渗透并网变流器电力系统宽频强迫振荡机理及监测方法研究	青年科学基金项目	24
58	林　达	16 电气学院	高密度分布式光伏的主动式动态集群协调控制研究	青年科学基金项目	21

（续　表）

序号	负责人	院系所	项目名称	项目类别	直接费用/万元
59	王晨清	16 电气学院	混合多端直流输电线路主动式继电保护与重合/重启方法研究	青年科学基金项目	22
60	何嘉弘	16 电气学院	基于智能优化电场计算与空间电荷积聚规律的直流复合绝缘子表面电弧发展机理研究	青年科学基金项目	22
61	刘康礼	16 电气学院	弱电网下多逆变器并机谐振失稳量化定责及抑制策略研究	青年科学基金项目	25
62	李　力	01 建筑学院	基于用户行为模式挖掘的建筑使用效能研究	青年科学基金项目	20
63	任思捷	01 建筑学院	中尼古道沿线塔庙建筑研究:以加德满都—吉隆路段为例	青年科学基金项目	25
64	徐　瑾	01 建筑学院	基于“空间-行为”理论的传统村落保护与更新的影响评估研究	青年科学基金项目	26
65	刘　聪	03 能环学院	我国城市居住建筑 PM2.5 成分的室内外关联特性及影响机理研究	青年科学基金项目	24
66	陆勇泽	03 能环学院	甲烷氧化菌—微藻共生体系的油脂强化产生机制	青年科学基金项目	25
67	管东芝	05 土木学院	预制 UHPC 壳局部增强装配式混凝土框架结构的抗震性能和设计方法	青年科学基金项目	25
68	郑宝锋	05 土木学院	不锈钢结构高强度螺栓端板连接节点的抗震性能与设计方法研究	青年科学基金项目	25
69	徐伟杰	05 土木学院	基于多项式混沌展开的实时混合模拟不确定性评价方法研究	青年科学基金项目	25
70	竺明星	05 土木学院	组合荷载下大直径基桩耦合作用机理及承载力计算方法研究	青年科学基金项目	26
71	仝　腾	05 土木学院	基于细观尺度时变模型的大跨度 PC 梁桥长期下挠开裂耦合分析	青年科学基金项目	25
72	田龙岗	05 土木学院	混凝土盾构隧道衬砌裂损演化及断裂破坏特性研究	青年科学基金项目	25
73	赵岩荆	21 交通学院	树脂沥青类钢桥面铺装层疲劳开裂内聚力模型与 CT 重构仿真分析	青年科学基金项目	25
74	徐光霁	21 交通学院	基于分子动力学的再生沥青激活行为与修复机理研究	青年科学基金项目	24
75	杜二峰	05 土木学院	弦支穹顶结构实际火灾全过程中行为响应机理研究	青年科学基金项目	24
76	刘　磊	02 机械学院	精密测量方法与技术	优秀青年科学基金项目	130
77	张会岩	03 能环学院	生物质定向热转化	优秀青年科学基金项目	130

（续 表）

序号	负责人	院系所	项目名称	项目类别	直接费用/万元
78	蔡建国	05 土木学院	可展与折叠结构	优秀青年科学基金项目	130
79	Zhen He	05 土木学院	电化学技术辅助正渗透膜生物反应器缓解盐累积与汲取液回用研究	海外及港澳学者合作研究基金	18
80	顾　宁	11 生医学院	高性能医用铁基纳米材料的制备新技术及其机理研究	重点项目	305
81	杨俊宴	01 建筑学院	基于大数据的城市中心区空间规划理论与关键技术研究	重点项目	300
82	成玉宁	01 建筑学院	低影响开发下的城市绿地规划理论与方法	重点项目	300
83	吴　刚	05 土木学院	装配式混凝土结构"非等同现浇"抗震设计新理论研究	重点项目	305
84	王建国	01 建筑学院	建筑学科现状调研及发展战略研究	应急管理项目	20
85	Ioannis Fotidis	05 土木学院	Development of novel lyophilized bioaugmentationinocula to alleviate ammonia toxicity in anaerobic reactors	国际（地区）合作与交流项目	39.99
86	Pooya Sareh	05 土木学院	Computational design of novel origami — inspired transformable structures with targeted functional properties	国际（地区）合作与交流项目	20
87	曾桥石	12 材料学院	高熵合金的压力诱导多形态研究	面上项目	60
88	黄志海	12 材料学院	Ag@CPPs(细胞穿膜肽)纳米簇的生理微环境稳定性、光致发光及辐照增敏效应研究	面上项目	60
89	王瑞兴	12 材料学院	生物固碳钢渣建材制品中的固碳胶结机制与调控技术基础研究	面上项目	60
90	邓艾东	03 能环学院	变工况下多源信息深度融合的风电传动系统运行状态评估研究	面上项目	60
91	夏　丹	02 机械学院	海豚式空中翻转机理及其在跃水机器人中的应用	面上项目	60
92	陈锦祥	05 土木学院	玄武岩纤维增强树脂复合材料甲虫板的等效模型及其振动机理研究	面上项目	59
93	项　楠	02 机械学院	基于电指纹差异的循环肿瘤细胞精准检测芯片研究	面上项目	60
94	幸　研	02 机械学院	氮化镓微纳结构各向异性湿法刻蚀工艺机理与界面演化模型研究	面上项目	60
95	李舒宏	03 能环学院	电渗析分离 NH3—H20—LiBr 三元溶液中 LiBr 的机理及其对氨吸收式制冷性能的影响	面上项目	60
96	张小松	03 能环学院	空气处理过程中液滴产生机理及传播特性基础研究	面上项目	60

(续　表)

序号	负责人	院系所	项目名称	项目类别	直接费用/万元
97	郝勇生	03 能环学院	基于证据驱动的超临界 W 火焰锅炉水冷壁健康状态诊断方法	面上项目	60
98	张俊礼	03 能环学院	双堆多机核动力系统快速变负荷协调运行机理和控制方法研究	面上项目	60
99	邵应娟	03 能环学院	面向超临界 CO_2 循环的煤加压流化床富氧燃烧基础问题研究	面上项目	58
100	张　军	03 能环学院	水磁化对燃煤 PM2.5 在过饱和水汽环境中长大的影响及其机制	面上项目	63
101	段钰锋	03 能环学院	机械化学法改性飞灰烟气喷射脱汞及产物稳定化机理研究	面上项目	60
102	杨　柳	03 能环学院	混合纳米流体传热传质与光催化特性的耦合机制	面上项目	58
103	王建立	02 机械学院	金属纳米薄膜的非傅立叶导热机制及其对界面传热的影响	面上项目	60
104	谭林林	16 电气学院	电动汽车动态充放电技术及集群式充放电策略研究	面上项目	57
105	汤　奕	16 电气学院	基于物理-数据融合的电力系统暂态频率态势预测理论与方法	面上项目	57
106	周　赣	16 电气学院	GPU 加速潮流算法的多重并行度挖掘及规则化重构策略研究	面上项目	57
107	赵　波	16 电气学院	微电网群体系架构及能量协同优化运行的 SoS 方法研究	面上项目	55
108	王青松	16 电气学院	面向分布式新能源发电就地消纳的电力弹簧系统规划理论与控制研究	面上项目	58
109	蒋　玮	16 电气学院	基于不对称状态估计和功率控制的分布式混合储能系统研究	面上项目	62
110	赵剑锋	16 电气学院	大规模可再生能源的柔性直流并网系统及其稳定控制研究	面上项目	63
111	樊　英	16 电气学院	电动汽车用交替极混合励磁电机驱动系统广域高效运行机理研究	面上项目	60
112	徐青山	16 电气学院	以波动性容量价值提升和调度策略一体化输出为特征的新能源储能渐进式规划方法	面上项目	57
113	范　奇	19 化工学院	多元复合硫碳电极的三维构建及其在电化学反应过程中协同作用的机制研究	面上项目	60
114	刘　捷	01 建筑学院	多重尺度城市形态整合和优化控制研究	面上项目	59
115	蔡凯臻	01 建筑学院	多层及低层居住街区空间形态对避震疏散安全可达效能的影响机制与优化方法	面上项目	60
116	李永辉	01 建筑学院	建筑遗产砖石表面微生物劣化的环境成因及其控制方法研究	面上项目	60

（续 表）

序号	负责人	院系所	项目名称	项目类别	直接费用/万元
117	蒋 楠	01 建筑学院	基于价值实现的工业遗产保护与再利用绿色技术路径及其评价体系研究	面上项目	59
118	吴 晓	01 建筑学院	职业视角下大城市进城务工人员的就业空间结构和时空轨迹研究——以南京市为实证	面上项目	49
119	王海卉	01 建筑学院	资本驱动视角下的乡村空间变化及规划应对研究	面上项目	60
120	陈洁萍	01 建筑学院	当代城乡接合部自然-社会双重作用下的景观修复机制与模式研究——以苏南地区为例	面上项目	60
121	余 冉	03 能环学院	蛭弧菌对污泥的生物裂解脱水减量并协同削减抗生素抗性基因作用与机理	面上项目	60
122	范圣刚	05 土木学院	多种屈曲模态下冷弯薄壁开口截面不锈钢构件统一设计理论的研究	面上项目	60
123	冯 健	05 土木学院	张拉整体结构形态分析与抗冲击性能研究	面上项目	60
124	王春林	05 土木学院	近场强震下齿槽拼缝预应力装配耗能剪力墙的工作机理和易损性分析	面上项目	60
125	汪 昕	05 土木学院	FRP 型材-高耐久连接一体化设计及长期荷载下损伤机理和性能研究	面上项目	60
126	周 臻	05 土木学院	带暗牛腿-变摩擦耗能预应力自复位混凝土框架的抗震性能与易损性研究	面上项目	60
127	万 水	21 交通学院	非均质点阵结构力学性能表征及其波动特性研究	面上项目	60
128	陈惠苏	12 材料学院	基于非球形颗粒堆积结构的非饱和水泥基复合材料反应传输性能建模	面上项目	61
129	张云升	12 材料学院	带裂缝混凝土的非饱和传输特性试验与理论研究	面上项目	60
130	郭小明	05 土木学院	基于域信息传递及撤出机制的混凝土损伤跨尺度演化分析方法的研究	面上项目	60
131	蒋金洋	12 材料学院	负泊松比混凝土超材料的 3D 打印制备及其力学行为研究	面上项目	60
132	王文炜	21 交通学院	FRP/SMA 复合材料的热-力学性能与预应力激活机理研究	面上项目	60
133	童立元	21 交通学院	软土地下开挖对被动桩水平承载力的弱化机理与安全控制方法研究	面上项目	60
134	章定文	21 交通学院	微生物产气降饱和度法处理既有建构筑物下可液化地基的机制研究	面上项目	60
135	邓永锋	21 交通学院	基于级配和胶凝作用的水泥土强度形成机制与调控技术	面上项目	60

(续　表)

序号	负责人	院系所	项目名称	项目类别	直接费用/万元
136	戴国亮	05 土木学院	不同沉桩方式下钙质砂土中大直径钢管桩承载特性研究	面上项目	60
137	王　昊	21 交通学院	面向智能网联环境的快速路瓶颈区域通行能力分析与提升方法研究	面上项目	60
138	顾兴宇	21 交通学院	基于嵌入式 MD/FEM 多尺度耦合的再生沥青砂浆细观开裂机理研究	面上项目	62
139	于　斌	21 交通学院	基于代谢理论的公路物质消耗时空演化规律与生命周期环境效应研究	面上项目	60
140	马　涛	21 交通学院	基于多尺度分析的冷再生沥青混合料强度机理与疲劳失效机制研究	面上项目	62
141	刘　攀	21 交通学院	快速道路匝道影响区交通事故风险影响机理与安全优化设计	面上项目	60
142	王　炜	21 交通学院	综合交通运输体系一体化交通分析技术	面上项目	60
143	钱振东	28ITS 中心	车致随机振动对公路钢桥面铺装施工干扰效应研究	面上项目	60
144	高　英	21 交通学院	基于双向形状记忆效应的沥青路面裂缝修复机理研究	面上项目	60
145	赵志伟	06 电子学院	沉积物中基于无机/有机导体的三维导电网络的结构特征及其导电机理	面上项目	61
146	徐宿东	21 交通学院	海岸带柔性植被环境下波浪动力衰减的数值模拟方法与机理研究	面上项目	60
147	潘　旻	23 医学院	孕妇外周血胎儿 DNA 的生物学特征用于无创产前诊断的研究	青年科学基金项目	26.5
148	蒋之浩	04 信息学院	基于柱形超表面的新型天线的机理研究和实验验证	青年科学基金项目	26
149	董　蕾	06 电子学院	基于无线 LC 传感技术的智能轴承转速测量方法研究	青年科学基金项目	24
150	杨　成	04 信息学院	大规模数字超材料的场路混合建模与非线性电磁散射研究	青年科学基金项目	26
151	陈　鹏	04 信息学院	基于连续域稀疏特征的超分辨 MIMO 雷达定位技术研究	青年科学基金项目	24
152	卢安安	04 信息学院	大规模 MIMO 鲁棒预编码传输理论方法研究	青年科学基金项目	25
153	尤　力	04 信息学院	面向广域覆盖的波束域毫米波大规模 MIMO 无线通信理论方法研究	青年科学基金项目	25.5
154	李古月	04 信息学院	移动通信 FDD 信道密钥生成方法研究	青年科学基金项目	22.5
155	李顺礼	04 信息学院	基于信号空间的超宽带天线时域表征和设计方法	青年科学基金项目	25
156	罗章杰	04 信息学院	有源功率依赖性电抗表面的线性化关键技术研究	青年科学基金项目	24

（续 表）

序号	负责人	院系所	项目名称	项目类别	直接费用/万元
157	程 旭	08 自动化学院	基于稀疏编码网络结构的目标迁移跟踪算法研究	青年科学基金项目	26
158	谢利萍	08 自动化学院	基于在线学习的人脸表情预检测研究	青年科学基金项目	25
159	许文盈	07 复杂系统与网络科学研究中心	复杂动态网络环境下多智能体系统事件驱动协调控制研究	青年科学基金项目	27
160	俞 灏	21 交通学院	考虑数据环境不确定性的区域信号优化控制机理研究	青年科学基金项目	20
161	王 腾	08 自动化学院	基于端到端学习的道路配准与匹配算法及其在非 GPS 无人机定位中的应用	青年科学基金项目	27
162	董 璐	08 自动化学院	事件驱动的非线性网络控制系统自适应优化控制策略研究	青年科学基金项目	27
163	张 龙	06 电子学院	高压 SOI - LIGBT 器件短路失效机理与模型研究	青年科学基金项目	24
164	庄 喆	06 电子学院	基于量子阱-金属-量子点结构的等离激元增强非辐射共振能量转移机制研究	青年科学基金项目	26
165	郑丽霞	31 无锡分校	SPAD 增益非均匀性的电路自适应抑制方法研究	青年科学基金项目	22
166	翟雨生	06 电子学院	基于光子-表面等离激元耦合原理的窄带光电探测器中的关键问题研究	青年科学基金项目	25
167	薛 磊	08 自动化学院	基于势博弈的集群系统编队控制方法研究	青年科学基金项目	22
168	王万元	09 计算机学院	混杂协作式环境中基于多 Agent 博弈的众包质量优化模型研究	青年科学基金项目	25
169	王雁刚	08 自动化学院	单彩色相机多人体无标记运动捕捉方法研究	青年科学基金项目	27
170	李 潍	22 仪科学院	面向大规模数据行人重识别的相对邻域信息方法研究	青年科学基金项目	25
171	崔兴然	11 生医学院	基于穿戴式生理信号监测的学生课堂学习状态评测研究	青年科学基金项目	20
172	周一峰	09 计算机学院	面向网络协作学习的多 Agent 自适应决策模型研究	青年科学基金项目	20
173	顾 宁	11 生医学院	血管信息工程	创新研究群体项目	1 050
174	王著元	06 电子学院	生物光子学	优秀青年科学基金项目	130
175	李 硕	09 计算机学院	心脏 CT 图像“一站式”诊断平台中图像处理关键算法研究	海外及港澳学者合作研究基金	18
176	钱克矛	08 自动化学院	EMD 理论及其光学三维测量与识别应用研究	海外及港澳学者合作研究基金	18

（续　表）

序号	负责人	院系所	项目名称	项目类别	直接费用/万元
177	胡三明	04 信息学院	面向高速率移动互联的硅基毫米波反向阵芯片关键技术	重点项目	278
178	曹进德	07 复杂系统与网络科学研究中心	基于群体智能的分布式优化理论、方法及应用研究	重点项目	285
179	Matjaz Humar	11 生医学院	Plasmon - Coupled Microcavities for Real — Time Molecular Sensing Inside Live Cells	国际（地区）合作与交流项目	40
180	Naveed UL Hassan	06 电子学院	Unlocking TV White Space Potential for Intelligent IoT	国际（地区）合作与交流项目	40
181	洪　伟	04 信息学院	面向无人机高速无线通信的高效率自适应毫米波收发信机研究	国际(地区)合作与交流项目	396
182	沈　弘	04 信息学院	全双工无线回传 UDN 中的空域信号传输优化	面上项目	63
183	许　威	04 信息学院	高频段通信阵列传输与广域覆盖理论方法	面上项目	63
184	柏宁丰	06 电子学院	基于宽带人工超材料衰减器的 Ka 波段平面行波管关键技术研究	面上项目	60
185	余旭涛	04 信息学院	复杂结构量子通信网络容量问题研究	面上项目	61
186	梁　霄	04 信息学院	多色 μLED 可见光通信传输理论研究	面上项目	63
187	谢　骁	06 电子学院	基于亚纳米分辨透射电子显微学的 DNA 单分子测序技术研究	面上项目	63
188	陶　俊	04 信息学院	单载波水声通信均衡技术研究	面上项目	66
189	张　川	04 信息学院	DNA 逻辑电路与计算系统关键技术研究	面上项目	63
190	徐　建	04 信息学院	基于超再生混沌特性的 OOK 无线接收机研究	面上项目	63
191	陈　阳	09 计算机学院	基于深度特征学习的快速低剂量 CT 成像	面上项目	63
192	吴建辉	06 电子学院	基于高 Q 值射频阻抗合成器的自适应抗阻塞射频接收系统理论及电路研究	面上项目	63
193	戚晨皓	04 信息学院	多用户毫米波大规模 MIMO 系统的波束训练与混合波束成形	面上项目	16
194	陈汉武	09 计算机学院	量子纠错码基础理论及其在量子通信协议中的应用研究	面上项目	60
195	白云飞	11 生医学院	基于三代高通量测序的环状 RNA 可翻译性研究	面上项目	63
196	王东明	04 信息学院	基于网络全双工的密集分布式 MIMO 无线传输理论与技术研究	面上项目	60

（续 表）

序号	负责人	院系所	项目名称	项目类别	直接费用/万元
197	路小波	08 自动化学院	交通监控环境下面向驾驶员辨识的人脸识别关键技术研究	面上项目	63
198	姜龙玉	09 计算机学院	浅海高分辨稳健阵列处理技术研究	面上项目	63
199	夏敦柱	22 仪科学院	六轴全解耦单片集成 SOI 微惯性单元研究	面上项目	63
200	罗守华	11 生医学院	基于深度学习的低剂量显微 CT 高质量成像方法研究	面上项目	67
201	张婧婧	04 信息学院	量子变换光学的研究及其在表面等离激元采光器件设计上的应用	面上项目	67
202	陈　明	04 信息学院	未来移动通信系统全局无线资源分配的分布式计算	面上项目	63
203	李小平	09 计算机学院	带数据安全等级约束的云服务工作流调度	面上项目	64
204	李必信	09 计算机学院	面向不确定性需求的智能化软件架构演化优化和自适应技术研究	面上项目	63
205	东　方	09 计算机学院	面向深度学习应用的边缘计算执行框架与优化机制研究	面上项目	64
206	肖卿俊	09 计算机学院	海量网络流量数据的跨时空域协同分析和性能优化研究	面上项目	64
207	王翔宇	08 自动化学院	受扰多智能体系统的主动抗干扰分布式优化控制研究	面上项目	63
208	翟军勇	08 自动化学院	非线性切换系统的输出反馈控制研究	面上项目	63
209	邓富金	16 电气学院	柔性直流输电系统分层协同故障诊断和容错控制研究	面上项目	61
210	崔建伟	22 仪科学院	基于精细触觉交互的助残手灵巧动作控制技术研究	面上项目	63
211	陈熙源	22 仪科学院	城市峡谷环境基于最大似然估计和惯性辅助的车载超紧耦合导航定位理论和方法	面上项目	64
212	王　政	16 电气学院	SiC 器件电流源型电动汽车永磁同步电机驱动系统及其控制	面上项目	16
213	张　军	22 仪科学院	扑翼机器人仿生集群运动多通道感知与交互机理和控制方法研究	面上项目	67
214	戴先中	08 自动化学院	面向人机混合生产线的机器人行为机制与安全问题研究	面上项目	63
215	王志功	04 信息学院	基于微电子技术的糖尿病治疗神经调控方法研究	面上项目	63
216	杨　波	22 仪科学院	基于量子巨隧道磁阻效应的高精度 MEMS 加速度计研究	面上项目	63

（续　表）

序号	负责人	院系所	项目名称	项目类别	直接费用/万元
217	祝　靖	06 电子学院	GaN 功率器件用高压驱动芯片高侧驱动技术理论模型与新结构研究	面上项目	63
218	时龙兴	06 电子学院	面向低电压芯片设计的统计分布模型研究	面上项目	63
219	王春雷	06 电子学院	基于快速分子交换技术的锰掺杂卤化物钙钛矿纳米晶阵列及其 LED 器件	面上项目	16
220	张　彤	06 电子学院	宽谱吸收的表面等离激元双异质结太阳能电池中热载流子机理及其界面调控研究	面上项目	60
221	刘庆山	07 复杂系统与网络科学研究中心	基于模型分解和群集神经动力学网络的分布式优化算法研究	面上项目	64
222	伍家松	09 计算机学院	复数及四元数域卷积神经网络的构造方法及其应用研究	面上项目	62
223	金诚杰	21 交通学院	基于大规模实验的高密度行人流运动机理和建模仿真	青年科学基金项目	17
224	牛亚峰	02 机械学院	面向眼控系统交互式界面元素的视觉表征与评价机制研究	青年科学基金项目	19
225	朱　蕾	05 土木学院	基础设施项目外部效应的演化机理、多维评价与生态补偿研究	青年科学基金项目	19
226	都　牧	14 经管学院	城市绿色物流多能源车队配置-调度的联合优化方法研究	青年科学基金项目	17
227	李绍芳	14 经管学院	异质信念与资产价格行为：关联机制及其模型构建	青年科学基金项目	18
228	程　龙	21 交通学院	城市建成环境对老年人活动-出行行为影响机理及出行能力提升研究	青年科学基金项目	19
229	华雪东	21 交通学院	车路协同环境连续交通流微观建模与仿真研究	青年科学基金项目	18
230	丁　溢	14 经管学院	面向新产品开发的多级供应链配置优化模型与算法研究	青年科学基金项目	19
231	许　勤	14 经管学院	下属主动行为对上级的影响：社会影响理论与目标一致理论的整合研究	青年科学基金项目	19
232	薛巍立	14 经管学院	物流与供应链管理	优秀青年科学基金项目	130
233	舒　嘉	14 经管学院	供应链网络设计的优化理论和方法	重点项目	230
234	杨东辉	14 经管学院	在线医疗的用户网络精准推荐及其多选择供应链协调	面上项目	45
235	仲伟俊	14 经管学院	电子商务中考虑消费者隐私信息关注的定向广告投放策略研究	面上项目	46
236	夏井新	28ITS 中心	基于深度学习的大规模城市路网车流动态 OD 在线快速估计及分析	面上项目	49

（续　表）

序号	负责人	院系所	项目名称	项目类别	直接费用/万元
237	薛澄岐	02 机械学院	面向复杂信息系统的人机交互信息可视化设计与决策关联机制研究	面上项目	48
238	李志斌	21 交通学院	快速道路亚稳态交通环境下网联车辆行为协同优化	面上项目	48
239	李四杰	14 经管学院	考虑消费者策略行为的产品升级和换购服务决策及物联网环境的影响研究	面上项目	48
240	项乔君	21 交通学院	城市快速路出入口危险驾驶行为致因机理及调控方法	面上项目	48
241	宁　延	05 土木学院	组态视角下全过程工程咨询项目多主体协同治理研究	面上项目	48
242	陈志斌	14 经管学院	政府规制、产品市场竞争网络与企业财务风险衍化的交互作用机制研究	面上项目	48
243	吕鸿江	14 经管学院	多元领导力及其影响领导力效能的权变机理研究：三层多重 CAS 网络的视角	面上项目	48
244	周路路	14 经管学院	中国情境下组织正念的内容结构及对创新行为的跨层影响：认知和情感的双重视角	面上项目	48
245	顾　欣	14 经管学院	中国与"一带一路"沿线国家跨境电力贸易的潜力评估、效应模拟与机制设计研究	面上项目	49
246	胡汉辉	14 经管学院	以"一带一路"创新牵引中国区域产业转移、转型并高质量发展的机理、路径与政策研究	面上项目	48
247	吴　雪	26 中大医院	人源性淋巴瘤异种移植耐药模型的构建及新型 PET/CT 探针早期检测在其中的应用	青年科学基金项目	21
248	王　栋	26 中大医院	NF-κB/miR-425/单羧酸转运体 4 信号轴在糖尿病内皮损伤中的作用和机制研究	青年科学基金项目	21
249	余金波	26 中大医院	血糖波动通过上调 ROS 诱导心房心肌细胞焦亡促进心房纤维化的机制研究	青年科学基金项目	21
250	林　昊	26 中大医院	Wnt7a 依赖组蛋白赖氨酸激活干细胞标记基因维持 PSC 静止状态的机制研究	青年科学基金项目	22
251	薛建新	23 医学院	缺血预适应介导 miR-376c-3p 促进血管修复与新生对肾缺血再灌注损伤后的保护作用及机制	青年科学基金项目	21
252	夏　林	27 生命科学研究院	磁性三维纳米阵列调控神经干细胞定向分化为螺旋神经元及新生神经突定向生长作用研究	青年科学基金项目	21
253	杨娇娇	26 中大医院	CRH 神经元在应激致七氟烷暴露后新生大鼠远期认知功能损伤中的作用及机制	青年科学基金项目	21
254	王燕娟	26 中大医院	miR-132/PTEN 轴调控 tau 蛋白过度磷酸化的机制研究	青年科学基金项目	21

(续　表)

序号	负责人	院系所	项目名称	项目类别	直接费用/万元
255	居玲莎	26 中大医院	BDNF－Narp 介导的神经微环路 γ 振荡在氯胺酮调控恐惧消退中的作用及机制	青年科学基金项目	21
256	尹营营	26 中大医院	基于机器学习的抑郁症脑网络连接特征分型对抗抑郁剂的疗效预测研究	青年科学基金项目	21
257	王　艳	26 中大医院	lncRNA IGF2AS 在绝经后认知功能减退中的作用及机制	青年科学基金项目	21
258	王远成	26 中大医院	糖尿病肾脏微循环障碍及纤维化的早期功能磁共振评价	青年科学基金项目	21
259	王　赞	26 中大医院	皮层下血管性认知障碍疾病进程脑连接组学与免疫炎症系统关联研究	青年科学基金项目	21
260	常　娣	26 中大医院	乳腺癌转移相关 FAP 分子的靶向多模态成像及 siRNA 基因沉默诊疗一体化研究	青年科学基金项目	22
261	徐秀萍	26 中大医院	NBR1 介导自噬调控黏着斑解离在 MSC 归巢修复 ARDS 中的作用和机制研究	青年科学基金项目	21
262	陈达伟	23 医学院	LINC01134 通过突变型 p53 介导的转录调控促进肝癌发生发展的作用及机制研究	青年科学基金项目	21
263	张晨曦	23 医学院	G4 解旋酶 RHAU 调控 Skp2 转录促进肺鳞癌发生发展的机制研究	青年科学基金项目	21
264	王　静	23 医学院	ciR－0013395/Collagen I 通路参与二氧化硅诱导的肺内皮间质转化的分子机制研究	青年科学基金项目	21
265	杨　瑾	24 公卫学院	艾滋病感知歧视的内隐效应、慢性压力对临床治疗效果影响的心理-生理机制研究	青年科学基金项目	21
266	邓伟民	26 中大医院	基于“精血同源”研究补肾养血法通过 PLCγ 改善睾丸微循环促进睾丸生精功能的作用机制	青年科学基金项目	20
267	滕皋军	26 中大医院	面向多脏器恶性肿瘤的精准介入内放疗手术机器人的研制	国家重大科研仪器研制项目	790
268	张志珺	26 中大医院	神经导航 rTMS 刺激视觉皮层个体化快速抗抑郁及其机制和生物学标记研究	重点项目	293
269	居胜红	26 中大医院	肝癌智能影像诊断的新技术与新方法	重点项目	294
270	陈　瑞	24 公卫学院	肿瘤微环境调控乙酸代谢通路参与结直肠癌转移和预后的作用及其机制研究	国际(地区)合作与交流项目	200
271	刘　玲	26 中大医院	MiR－199a－3p 通过 mTOR－Atg13/Rab8a 通路调控肺泡巨噬细胞分泌自噬小体介导 ARDS 炎症反应的机制	面上项目	56
272	马根山	26 中大医院	RNA 甲基化修饰在心脏祖细胞来源外泌体治疗心肌梗死中的作用及机制研究	面上项目	56

（续 表）

序号	负责人	院系所	项目名称	项目类别	直接费用/万元
273	刘向东	27 生命科学研究院	IL－21 信号通路基因异常在原发性胆汁性胆管炎发病机制中的作用研究	面上项目	58
274	张晓良	26 中大医院	巨噬细胞 Migrasome 调控成纤维细胞转分化:糖尿病肾病肾间质纤维化形成的新机制	面上项目	57
275	孙子林	26 中大医院	胰岛星状细胞和胰岛内皮细胞相互作用对胰岛功能的影响及其机制研究	面上项目	57
276	吴同智	23 医学院	苦味受体介导肠道激素的血糖调控作用	面上项目	57
277	王少华	26 中大医院	O－GlcNAc 糖基化修饰途径介导葡萄糖毒性致 tau 蛋白过度磷酸化的分子机制及其神经网络特征	面上项目	57
278	任庆国	26 中大医院	视空间学习训练通过 NLRP3/caspase－1/IL－1β 通路改善 PR5 小鼠认知损害的机制研究	面上项目	56
279	赵春杰	23 医学院	皮层深层投射神经元有丝分裂后亚型特化的调控机制研究	面上项目	56
280	谢春明	26 中大医院	利用影像遗传策略探讨抑郁症自杀行为的脑网络机制	面上项目	56
281	孙　超	26 中大医院	脂肪干细胞通过脂联素改善 2 型糖尿病大鼠阴茎勃起功能的机制研究	面上项目	57
282	彭新桂	26 中大医院	新型 p38MAPK 抑制剂治疗癌症相关恶病质中白色脂肪棕色化的多模态 MR 评估	面上项目	53
283	刘澄玉	22 仪科学院	高原低氧环境下穿戴式动态心电监测研究	面上项目	57
284	郭凤梅	26 中大医院	MSC 旁分泌 HGF 调控 Akt/FOXO1 影响 ARDS 肺血管内皮自噬机制研究	面上项目	25
285	吴小涛	26 中大医院	内体形成与转运信号调控在脊索快速空泡化与髓核慢性去空泡化中的效应机制研究	面上项目	55
286	芮云峰	26 中大医院	HMGB1－RAGE 信号通路在糖尿病肌腱干细胞错误分化中的作用及其机制研究	面上项目	57
287	程张军	26 中大医院	BRIX1 在肝癌发生和发展中的作用及机制研究	面上项目	54
288	许　斌	26 中大医院	LncRNA CCAT1 通过结合 AR 共激活因子 p68 参与前列腺癌细胞激素非依赖转化及其机制研究	面上项目	55
289	蔡云朗	26 中大医院	肿瘤细胞释放自噬小体(TRAP)诱导 Tfh 样细胞及其调节 Breg 产生对卵巢癌的免疫调节作用与机制研究	面上项目	57

(续　表)

序号	负责人	院系所	项目名称	项目类别	直接费用/万元
290	张业伟	26 中大医院	长链非编码 RNA IRAIN 抑制肝癌干细胞增殖的机制研究	面上项目	57
291	刘　冉	24 公卫学院	环状 RNA 靶向 RTK 信号通路介导 EMT 参与亚硝胺联合藻毒素致食管癌的作用机制研究	面上项目	57
292	尹立红	24 公卫学院	基于多组学的毒作用模式对亚硝胺暴露致食管癌风险研究	面上项目	59
293	孙桂菊	24 公卫学院	ω-3 多不饱和脂肪酸对 2 型糖尿病人群和模型动物高密度脂蛋白亚组分和动脉粥样硬化影响及机制研究	面上项目	59
294	王　蓓	24 公卫学院	基于微生物多组学的育龄女性生殖道支原体定植与生育力 TTP 的关联及机制研究	面上项目	57
295	张　娟	24 公卫学院	苯诱导 p21 基因异常表达在骨髓造血抑制中的作用及机制研究	面上项目	57
296	王适之	24 公卫学院	MiR-143/145 宿主基因 CARMN 低表达参与宫颈癌遗传易感及其机制研究	面上项目	57
297	巢健茜	24 公卫学院	基于动态贝叶斯网络的老年人心血管并发症预测模型构建及应用研究	面上项目	25
298	朱新建	23 医学院	海马犬尿氨酸代谢失衡在颞叶癫痫中的作用及其机制研究	面上项目	57
299	易宏伟	23 医学院	异甜菊醇通过 PKC-β-SREBP1C-SCD1/GPAT 通路改善非酒精性脂肪肝病脂质沉积的机制研究	面上项目	57
300	孙大林	26 中大医院	基于"肾藏精"理论研究补肾填精法通过 LncRNAH19 调控 StAR 促进睾酮合成的作用机制	面上项目	62
301	缪昌文	12 材料学院	新型土木工程材料及其与工程结构的基础关系	重大项目/课题申请/高性能可持续土木工程材料与结构基础理论	500
302	顾　伟	16 电气学院	能源市场环境下多能互补系统协调运行理论及方法研究	联合基金项目/重点支持项目/智能电网联合基金	260
303	花　为	16 电气学院	电动汽车用新型磁通切换电机系统基础理论研究	国家杰出青年科学基金	350
304	蒋卫祥	04 信息学院	地面室内场环境下多馈源多目标电磁建模理论与方法研究	重大项目/课题申请/空间复杂动态多目标电磁特征的表征与重构基础理论及关键技术	209

（续 表）

序号	负责人	院系所	项目名称	项目类别	直接费用/万元
305	王 军	03 能环学院	新型材料在太阳能光热系统中的应用	国际（地区）合作与交流项目/在华召开国际（地区）学术会议/NSFC - AF（中芬）	1.9

2018 年东南大学专利授权表

序号	发明专利名称	申请院系（单位）	设计人	授权日	证书号
1	多方向 ***** 隔减振器	土木工程学院	徐赵东 周绪红 葛 腾 李东旭 杨建中 罗 敏 刘界鹏	2018. 06. 29	国密第 55291 号
2	用于 ***** 装置及方法	电子科学与工程学院	赵 健 夏 军	2018. 08. 17	国密第 56201 号
3	用于 ***** 确认方法	电子科学与工程学院	赵 健 夏 军	2018. 08. 17	国密第 56199 号
4	带有 ***** 制备方法	电子科学与工程学院	尚金堂 吉 宇 吴 蕾 甘 琦	2018. 08. 17	国密第 56196 号
5	带有 ***** 制备方法	电子科学与工程学院	尚金堂 吉 宇 吴 蕾 甘 琦	2018. 08. 17	国密第 56182 号
6	基于 ***** 磁强计	电子科学与工程学院	尚金堂 吴 蕾 吉 宇 甘 琦	2018. 09. 14	国密第 56519 号
7	利用 ***** 磁力计	电子科学与工程学院	尚金堂 甘 琦 吉 宇 吴 蕾	2018. 09. 14	国密第 56520 号
8	一种 ***** 制备和应用	化学化工学院	杨 洪 宗德超 刘 敏 郭玲香 林保平	2018. 07. 20	国密第 55495 号
9	一种 * * * * 聚合物薄膜	化学化工学院	杨 洪 柳 芳 林保平	2018. 05. 04	国密第 54296 号
10	基于线性反馈移位寄存器的 N 比特计数器及控制方法	电子科学与工程学院	吴 金 杨俊浩 郑丽霞	2015. 12. 09	第 1872831 号
11	基于角速率输入的构造频域捷联惯导姿态优化方法	仪器科学与工程学院	陈熙源 汤传业 黄浩乾 方 琳	2016. 01. 20	第 1893054 号
12	云数据安全的多写入模型的公共审计设计方法	信息科学与工程学院	万长胜 周 琳	2016. 03. 23	第 1996867 号

（续　表）

序号	发明专利名称	申请院系(单位)	设计人	授权日	证书号
13	基于李氏制约竞争计数编码的16线-4线编码电路	电子科学与工程学院	李　冰　朱　斌	2016.03.23	第1997389号
14	云数据安全的一个有效的多写入者模型公共审计方法	信息科学与工程学院	万长胜　周　琳	2016.05.18	第2078525号
15	基于李氏制约竞争计数编码的显示译码电路	电子科学与工程学院	李　冰　胡姮菲	2016.08.03	第2157414号
16	基于紫外光扫描光导形成透镜像素的液晶透镜阵列	电子科学与工程学院	李　青　严　静　胡　凯　李东平　曾倩倩	2016.08.17	第2189581号
17	基于李氏制约竞争计数编码的4线-16线译码电路	电子科学与工程学院	李　冰　王　浩	2016.08.31	第2223734号
18	云计算的一个分布式访问控制方法	信息科学与工程学院	万长胜　周　琳	2016.09.21	第2243886号
19	格雷码转李氏制约竞争计数编码的码制转换电路	电子科学与工程学院	李　冰　王　浩	2016.12.28	第2322622号
20	一种硬件实现hash链表的装置	电子科学与工程学院	李　冰　高　洲　顾　巍　杨　宇　董　乾　赵　霞　刘　勇　陈　帅　王　刚	2017.01.02	第2761093号
21	一种滚珠丝杠副轴向加载装置	机械工程学院	汤文成　朱彦清　包达飞　徐楠楠　钱智婷　安树阳	2017.01.02	第2761257号
22	一种高速公路电动汽车快速充电站排队算法	电气工程学院	黄学良　陈立兴　陈　中　荆　彧　程　骏　周雨奇	2017.01.02	第2760919号
23	一种异质结纳米光催化材料的制备方法及该材料的应用	化学化工学院	周建成　陈　静　陈　耀　葛　阳　魏凌飞　李乃旭	2017.03.20	第2852558号
24	一种快硬早强型泡沫混凝土及其制备方法	土木工程学院、中国十七冶集团有限公司	耿　飞　尹万云　刘晓军　金仁才　邵传林　秦庆东	2017.10.13	第2653157号
25	基于可调光栅型微环的三维集成光功分/波分器	电子科学与工程学院	孙小菡　吕　涛　蒋卫锋　田　勇　崔　晗　李　元	2017.10.31	第2674544号
26	一种视、触觉文件格式转换装置及其方法	机械工程学院	帅立国　陈　玲　朱宝立　张恒东　张　磊	2017.11.03	第2682931号
27	一种具有量子点p区结构的紫外发光二极管	电子科学与工程学院	张　雄　代　倩　吴自力　崔一平	2017.11.07	第2687580号
28	一种面向超宽电压的在线监测单元及其控制电路	电子科学与工程学院	单伟伟　戴文韬	2017.11.07	第2687585号

（续 表）

序号	发明专利名称	申请院系(单位)	设计人	授权日	证书号
29	一种可控压力体积修正式汽轮机油含气量的测量计算方法	能源与环境学院	王志芳 郭 瑞 傅行军 杨建刚 邓艾东 邢海波	2017.11.07	第 2687637 号
30	一种在 IPv6 下基于 IPSec 硬件防火墙的系统及处理方法	电子科学与工程学院	李 冰 蔡鹏程 刘 勇 董 乾 赵 霞 王 刚	2017.11.07	第 2687592 号
31	一种蜂窝夹层板	土木工程学院	张晓明 陈锦祥 谢 娟 李 敏	2017.11.07	第 2687664 号
32	基于二维压缩感知的 MIMO-OFDM 通信系统下行信道估计方法、装置	信息科学与工程学院	巴特尔 仲 文 高西奇	2017.11.14	第 2695986 号
33	基于二线制等电势法的阻性传感器阵列测试电路	仪器科学与工程学院	吴剑锋 何赏赏 李建清	2017.11.14	第 2696366 号
34	双工通信传输模式选择方法、装置及双工通信方法、系统	信息科学与工程学院	许 威 刘 健 张 华	2017.11.14	第 2696356 号
35	一种 P 型射频横向双扩散金属氧化物半导体器件	电子科学与工程学院	刘斯扬 孙陈超 王剑锋 叶 然 张春伟 孙伟锋 陆生礼 时龙兴	2017.11.14	第 2695963 号
36	室内可见光通信系统中成像接收机设计方法	信息科学与工程学院	王家恒 李宝龙 梁 霄 沈 弘	2017.11.14	第 2696363 号
37	一种基于二线制等电势法的阻性传感器阵列测试电路	仪器科学与工程学院	吴剑锋 何赏赏 李建清	2017.11.14	第 2696367 号
38	一种地籍测量事后数据处理方法	仪器科学与工程学院	吴 峻 纪东良 张 健 施成功 闫 晶	2017.11.14	第 2696326 号
39	特高压直流分层接入方式下混联系统强弱判断的计算方法	电 气 工 程 学 院学院	汤 奕 陈 斌 皮景创 朱亮亮 王 琦 李辰龙	2017.11.24	第 2713371 号
40	一种适用于沙漠地区核电厂的双单元互补式间接空冷装置	能源与环境学院	冷 杉 宋 涛 胡敬阔 陈绍炳 王 超 董晨鹏	2017.11.24	第 2713356 号
41	一种基于可见光通信的滤光镜参数优化方法	信息科学与工程学院	梁 霄 葛鹏飞 王家恒 赵春明	2017.11.24	第 2713343 号
42	岩土体热物性参数原位测试仪	交通学院	张国柱 刘松玉	2017.11.24	第 2713358 号
43	一种无电感跨导增强无源混频器	电子科学与工程学院	陈 超 吴建辉 牛疆航 黄 成 李 红	2017.11.28	第 2716293 号
44	二氢吲哚-2-酮类 D3 受体配体及其制备方法和用途	化学化工学院	蔡 进 吉 民 周本华	2017.11.28	第 2716302 号

（续　表）

序号	发明专利名称	申请院系(单位)	设计人	授权日	证书号
45	一种适用于薄片工件的多尺寸真空夹具	机械工程学院	蒋书运　徐春冬	2017.11.28	第 2716453 号
46	一种基于模糊算法的分布式绞盘液压油温度监测方法	仪器科学与工程学院	李　旭　徐启敏　匡立刚	2017.11.28	第 2715818 号
47	巴瑞替尼的中间体及其制备方法及由该中间体制备巴瑞替尼的方法	化学化工学院	吉　民　许娇娇　王　鹏　王　影　蔡　进	2017.11.28	第 2716166 号
48	一种病原体现场快速检测系统	生物科学与医学工程学院	何农跃　陈　慧　邬燕琪　邓　燕　苏恩本	2017.11.28	第 2716028 号
49	基于手机定位数据的城市公共空间踩踏事故实时预警方法	建筑学院	杨俊宴　刘鹏程	2017.11.28	第 2716297 号
50	一种免压蒸预应力高强管桩混凝土及管桩制备方法	材料科学与工程学院	张亚梅　李保亮　施锦杰　张培根　孙正明	2017.11.28	第 2715621 号
51	一种分级还原燃烧制取烧结矿并分离 CO_2 的装置及方法	能源与环境学院	陈时熠　胡　骏　向文国	2017.11.28	第 2716245 号
52	基于相变调温板的隧道防冻保温结构及施工方法	交通学院	张国柱　高　源　刘松玉	2017.11.28	第 2716194 号
53	一种合成气还原燃烧制取烧结矿并分离 CO_2 的装置及其方法	能源与环境学院	陈时熠　胡　骏　向文国	2017.11.28	第 2715666 号
54	一种快速合成硫化钨纳米粉末的方法	物理系	洪昆权　葛　兴	2017.11.28	第 2715847 号
55	一种超大型海工装备低应力无余量焊接方法和装置	机械工程学院	孙桂芳　周　瑞　卢　轶　郁学东　倪中华	2017.11.28	第 2716247 号
56	一种用于 LED 亮度调节的可控硅调光控制系统	电子科学与工程学院	常昌远　唐　瑞　李　振　洪　潮　曹子轩	2017.11.28	第 2716120 号
57	一种认知无线电中用于求解感智地隙长度的近似方法	信息科学与工程学院	宋铁成　顾　斌　胡　静　孙大飞　张　雷　吴　名　郭　洁　沈连丰	2017.11.28	第 2716181 号
58	一种大规模 MIMO 系统中基于相干时间的导频分配方法	信息科学与工程学院	张　华　郑心如　许　威	2017.11.28	第 2716119 号
59	聚苯胺-碳层-氮化钛纳米线阵列复合材料及其制备方法和应用	生物科学与医学工程学院	夏　池　谢一兵	2017.11.28	第 2716187 号

（续　表）

序号	发明专利名称	申请院系(单位)	设计人	授权日	证书号
60	一种平滑奇异值分解的酉变换矩阵的优化方法	信息科学与工程学院	何世文　李元稳　陈　鹏　黄永明　王海明　杨绿溪	2017.11.28	第 2716313 号
61	应用于心脑血管相关疾病早期、快速、实时动态监测与多模态成像的检测试剂	生物科学与医学工程学院	王雪梅　来兰梅　赵春秋	2017.11.28	第 2716104 号
62	多色可见光 DCO - OFDM 通信系统的前导设计和信道估计方法	信息科学与工程学院	赵春明　陶于阳　梁　霄	2017.11.28	第 2716428 号
63	基于虚拟仪器的动物标签测试系统	信息科学与工程学院	裴文江　高　伟　薛　峰	2017.11.28	第 2716160 号
64	一种基于状态观测的模块化多电平逆变器故障诊断方法	电气工程学院	张建忠　胡　省　徐　帅　姜永将	2017.11.28	第 2716330 号
65	一种预测 ISP 域内任意两节点之间路由路径的方法	信息科学与工程学院	衡　伟　殷庆荣	2017.11.28	第 2715855 号
66	新型磨煤机出口温度控制系统及其控制方法	能源与环境学院	门　冉　盛昌栋　李晓东	2017.11.28	第 2716174 号
67	一种基于 ZedBoard 的远程监控 FPGA 中电路运行的方法	计算机科学与工程学院	杨全胜　罗　继　吴　强　杨慧德　王　飞　王晓蔚　黄　华　李　林	2017.11.28	第 2715982 号
68	一种基于区别性稀疏表示的盲图像质量评价方法	计算机科学与工程学院	陈　阳　石路遥　罗立民　李松毅　鲍旭东	2017.11.28	第 2716112 号
69	一种折叠式线性跨导上变频器	电子科学与工程学院	陈　超　吴建辉　李　红　黄　成	2017.11.28	第 2716250 号
70	一种波长脉宽编解码方法及光编码器	电子科学与工程学院	孙小菡　张　旋　陈　斯　陆凤军　朱　敏	2017.11.28	第 2716347 号
71	SINS/DVL 组合中 DVL 方位安装误差估计方法	仪器科学与工程学院	刘锡祥　刘志鹏　宋　清　杨　燕　刘贤俊　黄永江	2017.11.28	第 2716370 号
72	一种纵向双向耐压功率半导体晶体管及其制备方法	电子科学与工程学院	祝　靖　孙　轶　杨　卓　孙伟锋　陆生礼　时龙兴	2017.11.28	第 2715977 号
73	自适应矩阵卡尔曼滤波姿态估计方法	仪器科学与工程学院	徐晓苏　徐　祥　杨冬瑞　王捍兵	2017.11.28	第 2715852 号
74	一种 TDD/FDD 双模可重构的无线通信系统及通信方法	信息科学与工程学院爱斯大林泰克(上海)高频通讯技术有限公司	黄风义　唐旭升　姜　楠　张有明　胡　权	2017.12.12	第 2735518 号

(续　表)

序号	发明专利名称	申请院系(单位)	设计人	授权日	证书号
75	一种有机无机杂化防水涂料及其制备方法	材料科学与工程学院南京钢巴新材料科技有限公司	张友法　苏有荣 张青松　蒋小平	2017.12.15	第2741120号
76	一种面向高动态非高斯模型鲁棒测量的高精度数据融合方法	仪器科学与工程学院	陈熙源　崔冰波 宋　锐　汤传业 方　琳	2017.12.19	第2743914号
77	一种磁力计实时校正装置及方法	仪器科学与工程学院	陈熙源　吕才平 赵正扬　黄浩乾 藏云歌　方　琳	2017.12.19	第2743888号
78	一种基于虚拟仪器的RFID标签最小触发功率的测试方法	信息科学与工程学院	裴文江　汪晓慧 王　开	2017.12.19	第2744136号
79	一种小型的极化可重构天线	信息科学与工程学院	郝张成　王宏慧 刘晓明	2017.12.19	第2743844号
80	一种再热冷段双回热加热器再热蒸汽流量的测定方法	能源与环境学院	王培红　韦思超 张　骞　苏志刚 郝勇生　赵　刚	2017.12.19	第2743457号
81	一种再热冷段单回热加热器再热蒸汽流量的测定方法	能源与环境学院	苏志刚　张　骞 韦思超　赵　刚 王培红　郝勇生	2017.12.19	第2743953号
82	硅基低漏电流固支梁场效应晶体管混频器	电子科学与工程学院	廖小平　陈子龙	2017.12.19	第2743562号
83	氮化镓基低漏电流悬臂梁开关场效应晶体管混频器	电子科学与工程学院	廖小平　陈子龙	2017.12.19	第2744048号
84	硅基低漏电流固支梁浮动栅的与非门	电子科学与工程学院	廖小平　褚晨蕾	2017.12.19	第2744000号
85	砷化镓基低漏电流双固支梁开关双栅倍频器	电子科学与工程学院	廖小平　韩居正	2017.12.19	第2744082号
86	硅基低漏电流悬臂梁栅金属氧化物场效应晶体管或非门	电子科学与工程学院	廖小平　陈子龙	2017.12.19	第2744070号
87	硅基低漏电流固支梁栅金属氧化物场效应晶体管或非门	电子科学与工程学院	廖小平　陈子龙	2017.12.19	第2744036号
88	一种基于JPEG2000的图像采集传输系统	信息科学与工程学院	王建新　朱　恩 祁友杰　钱　进 姜　军　彭金龙	2017.12.19	第2743631号
89	一种石膏矿渣发泡水泥保温板及其制备工艺	材料科学与工程学院	潘钢华　洪　斌 唐美玲　潘文佳	2017.12.19	第2744113号
90	一种考虑施工效应的沟埋式塑料管道挠曲变形的预测方法	交通学院	周　敏　杜延军 王　非	2017.12.19	第2743829号
91	以水溶性碲化镉量子点为发光层搭建水溶性量子点LED的方法	电子科学与工程学院	徐淑宏　杜锦华 王春雷　崔一平	2017.12.19	第2744116号

（续 表）

序号	发明专利名称	申请院系(单位)	设计人	授权日	证书号
92	一种可重构的单脉冲天线	信息科学与工程学院	郝张成　王宏慧	2017.12.19	第2744121号
93	一种计算实时混合模拟试验瞬时时滞和幅值误差的方法	土木工程学院	徐伟杰　郭　彤　陈　城	2017.12.19	第2744087号
94	一种四自由度双向无线电能传输系统双参数监测方法	电气工程学院	谭林林　颜长鑫　黄学良　郭金鹏　王　维	2017.12.19	第2743649号
95	一种氨基硅烷改性生态纳米胶凝材料及其制备方法	材料科学与工程学院	郭丽萍　雷东移	2017.12.19	第2743467号
96	一种多层冷成型钢整体预制装配房屋及其拼接方法	土木工程学院	叶继红　江力强	2017.12.19	第2743896号
97	一种基于金属载氧体的化学链制氢装置及方法	能源与环境学院	刘卫东　沈来宏　顾海明	2017.12.19	第2744132号
98	一种原状脱硫石膏聚苯颗粒轻质保温材料及其制备方法	材料科学与工程学院	郭丽萍　雷东移	2017.12.19	第2743959号
99	一种原状脱硫石膏泡沫混凝土及其制备方法	材料科学与工程学院	郭丽萍　雷东移	2017.12.19	第2743811号
100	一种双向单层索网结构的无支架高空溜索施工方法	土木工程学院	罗　斌　孙　岩　郭正兴　丁明珉　江登峰	2017.12.19	第2744090号
101	一种圆饼紫菜脱水称重自动落料成型装置及其成型方法	吴健雄学院	高　峥　唐炜洁	2017.12.19	第2744141号
102	一种连杆仿腿式行走机构及方法	机械工程学院	陈　开	2017.12.19	第2743423号
103	一种高均匀性工模具钢的制备方法	材料科学与工程学院、江苏天工工具有限公司	周雪峰　刘　迪　方　峰　蒋建清　朱旺龙　朱小坤	2017.12.19	第2743602号
104	一种角度可调式预压钢结构疲劳加固构件	土木工程学院	郭　彤　刘　杰	2017.12.19	第2743608号
105	基于高次模谐振的Q波段超高速无线局域网移动终端天线	江苏中兴微通信科技有限公司、信息科学与工程学院	张　彦　宋　超　王海明　洪　伟　姚雄生	2017.12.19	第2742476号
106	枝晶状三维石墨烯及其制备方法	材料科学与工程学院	曾宇乔　李晨俊　葛　创　何美平　向　桦　张旭海　郭新立　蒋建清	2017.12.22	第2748038号
107	一种超高速滚动轴承性能测试仪	机械工程学院	蒋书运　徐春冬	2017.12.22	第2748264号
108	一种改进的含氮三环类多巴胺D3受体配体的制备方法	化学化工学院	吉　民　蔡　进　周本华	2017.12.22	第2748251号

(续　表)

序号	发明专利名称	申请院系(单位)	设计人	授权日	证书号
109	一种制备超疏水、耐磨、导电且具有自清洁功能膜的方法	电子科学与工程学院	孙立涛　毕恒昌　万　树	2017.12.22	第 2748010 号
110	一种适用于大型交通枢纽处的出租车拼车方法	交通学院	刘付志　颖远娜　王帅安　黄　凯	2017.12.22	第 2748268 号
111	网球拍动态测试装置及方法	机械工程学院	韩　良　高　超	2017.12.22	第 2748266 号
112	一种阻燃增稠剂的制备方法	化学化工学院	倪恨美　张丽娟　刘俊秀　周金慧　吴　敏	2017.12.22	第 2748105 号
113	一种模拟土中挥发性有机污染物运移一维试验装置	交通学院	毛柏杨　刘松玉　刘志彬	2017.12.22	第 2748192 号
114	一种基于 E-STATCOM 的强迫功率振荡抑制方法及系统	电气工程学院	蒋　平　冯　双　吴　熙　范子凯	2017.12.22	第 2748212 号
115	一种从天然物中提取营养素并制剂的系统	化学化工学院	焦　真　王秀东　王梓屹　查闲君　王　晨　殷玉婷	2017.12.22	第 2748026 号
116	一种适用于中国地区的无气象参数对流层延迟改正方法	交通学院	胡伍生　韩　伟　夏晓明	2017.12.22	第 2748223 号
117	一种简易分体装配式螺栓紧固件	土木工程学院	郑宏伟	2017.12.22	第 2748211 号
118	一种混凝土用复合矿物掺合料	材料科学与工程学院	张亚梅　李保亮　施锦杰　张培根　孙正明	2017.12.22	第 2748273 号
119	利用内部热耦合精馏塔的氨水吸收式制冷循环系统	能源与环境学院	刘　腾　杜　垲	2017.12.22	第 2748165 号
120	一种亲水性抗污染的聚醚砜膜的制备方法及应用	化学化工学院	周建成　殷　俊　王苑婷　许景程　李景程　李乃旭　李　璟	2017.12.22	第 2748179 号
121	一种多维减振/震的调谐质量阻尼器	土木工程学院	徐赵东　杨　杨　盖盼盼　尹学军	2017.12.22	第 2748013 号
122	用于海绵城市市政道路的生物净化滞留带及其施工方法	交通学院	顾兴宇　王晓威	2017.12.22	第 2748269 号
123	基于定子无功分级控制的双馈风机次同步振荡抑制方法	电气工程学院	吴　蒋　熙　平　杨　湘　宁　威	2017.12.22	第 2747929 号
124	孔压静力触探标定罐系统	交通学院	刘松玉　杨　岩　蔡国军　李俊才	2017.12.22	第 2748152 号
125	一种血管支架耦合系统血流动力学性能测试装置	机械工程学院	程　洁　魏延宾　倪中华　项　楠　张鑫杰	2017.12.22	第 2748245 号

（续　表）

序号	发明专利名称	申请院系(单位)	设计人	授权日	证书号
126	一种三色荧光粉及其制备方法和应用	物理系	徐庆宇　周　双 董　帅	2017.12.22	第 2748277 号
127	一种双开口直纤维型软接头人工肌肉	机械工程学院	王兴松　巩永强	2017.12.22	第 2748232 号
128	城市道路用渗蓄水罐及其施工方法	建筑学院	成玉宁　谢明坤	2017.12.22	第 2748072 号
129	一种城市道路专用快速排水系统	建筑学院	成玉宁　成　实	2017.12.22	第 2748116 号
130	不同坐标系间载荷的投影方法	机械工程学院	朱　锐　费庆国 杭晓晨　姜　东 陈　强	2017.12.22	第 2748258 号
131	无线传感器簇形网络中基于时空关联的离群数据检测方法	信息科学与工程学院	黄　杰　陈　磊 王恩飞　张　莎 陈叶荣　张　丽 孙　熊	2017.12.22	第 2748009 号
132	适用于双极化多天线卫星移动通信的导频与信道估计方法	信息科学与工程学院	江　彬　羌　波 高西奇　杨　杨 顾立新	2017.12.22	第 2748283 号
133	一种长时间细胞膜成像试剂及其制备方法	化学化工学院	吴富根　贾浩然 王宏银	2017.12.22	第 2748021 号
134	天然菱铁矿石在制备 SCR 脱硝催化剂中的应用	能源与环境学院	梁　辉　归柯庭 查贤斌　蔡　森 王　瑞　王晓波	2017.12.22	第 2748145 号
135	无线传感器网络中长数据流的完整性保护方法	信息科学与工程学院	万长胜　刘　军	2017.12.22	第 2748217 号
136	降低系统上行传输时延的三维资源动态分配方法和装置	信息科学与工程学院	赵新胜　詹马俊	2017.12.22	第 2748216 号
137	一种基于公钥的无线图像传感器数据完整性保护方法	信息科学与工程学院	万长胜　潘　浩	2017.12.22	第 2747927 号
138	一种锂位掺杂与金属氧化物包覆的锂离子电池正极材料及其制备方法	化学化工学院	雷立旭 米萨尔·艾德楠		
139	一种用于卫星姿态确定的交互式滤波方法	仪器科学与工程学院	徐晓苏　徐　祥 王捍兵　杨冬瑞 田泽鑫　邹海军	2017.12.22	第 2748252 号
140	一种大跨度桥梁钢箱梁涡振控制的吹气方法	土木工程学院	王　浩　荀智翔	2017.12.22	第 2748019 号
141	一种耦合纯氧气化的燃煤化学链燃烧分离 CO2 方法	能源与环境学院	金保昇　王晓佳 张　勇　胡晓雨	2017.12.22	第 2748063 号
142	一种惯性辅助的多通道混合型矢量跟踪方法	信息科学与工程学院	陈熙源　杨　阳 王熙赢　崔冰波	2017.12.22	第 2748467 号

(续　表)

序号	发明专利名称	申请院系(单位)	设计人	授权日	证书号
143	测试粒状材料剪切波速的压电环激发装置及室内试验装置	交通学院	张　涛　蔡国军	2017.12.22	第 2748104 号
144	一种楼宇型冷热电联供系统动力装置选型方法	能源与环境学院	唐志炳　王明春	2017.12.22	第 2748235 号
145	钢-混凝土组合梁抗剪连接件的锈蚀试验装置及方法	交通学院	汪　炳　黄　侨 邹　韵　张海龙	2017.12.22	第 2748081 号
146	大规模 MIMO 系统低复杂度多项式展开矩阵求逆方法及应用	信息科学与工程学院	高西奇　卢安安 肖承山	2017.12.22	第 2748254 号
147	一种采用镁铁砖封装熔盐的高温蓄热谷能利用装置	能源与环境学院	陆　勇　段文军 鹿浩伟　钟文琪	2017.12.22	第 2748133 号
148	一种基于远程诊疗模式的医药配送系统及配送方法	经济管理学院	赵林度　陈　娅 王　明　禹梦雅	2017.12.22	第 2748069 号
149	一种基于视觉和力觉反馈的 UAV 群双边遥操作控制系统及其方法	仪器科学与工程学院	宋光明　孙慧玉 张　颖　宋爱国	2017.12.22	第 2748199 号
150	伺服式多工位转台及其精度特性测试装置	机械工程学院	韩　良　颜凯歌	2017.12.22	第 2748220 号
151	一种低实现复杂度的 LTE 系统下行辅同步信号检测方法	信息科学与工程学院	巴特尔　仲　文 黄　城　朱　峰 高爱勇　林　宇 贾子昱	2017.12.22	第 2748275 号
152	三轴立体足球状微陀螺仪及其加工方法	仪器科学与工程学院	夏敦柱　高海钰 邓　睿　胡异炜	2017.12.22	第 2748157 号
153	基于脑磁图和弥散张量成像的多模态脑功能重建评估方法	生物科学与医学工程学院	卢　青　姚志剑 毕　昆	2017.12.22	第 2748005 号
154	一种避免因丢包而连续损失两组报文的报文处理方法	仪器科学与工程学院	张小国　王　庆 姚荣亮　徐美娇	2017.12.26	第 2752188 号
155	一种基于分布式计算框架下海量数据加权 top－k 查询方法	计算机科学与工程学院	何洁月　罗　浩	2017.12.26	第 2752128 号
156	基于运动传感器提高智能设备手势识别精度的误差补偿方法	信息科学与工程学院	徐平平　杨璐纯	2017.12.26	第 2752279 号
157	硅基低漏电流悬臂梁栅的开关电容滤波器及制备方法	电子科学与工程学院	廖小平　褚晨蕾	2017.12.26	第 2752041 号
158	一种机床主轴非接触永磁加载装置	机械工程学院	蒋书运　邱玉江	2017.12.26	第 2752274 号

（续 表）

序号	发明专利名称	申请院系(单位)	设计人	授权日	证书号
159	一种黑色素掺杂单分散二氧化硅胶体粒子的量产制备方法	生物科学与医学工程学院	谢卓颖 刘盼苗 顾忠泽	2017.12.26	第 2752042 号
160	一种城市近地面层热环境多点即时取样测量方法	建筑学院	杨俊宴 代 鑫 石 邢	2017.12.26	第 2752171 号
161	循环交替缺氧/厌氧/好氧脱氮除磷方法	能源与环境学院	吕锡武 陈文亮 姚重华	2017.12.26	第 2752030 号
162	基于硅基低漏电流双固支梁可动栅的频率检测器	电子科学与工程学院	廖小平 严嘉彬	2017.12.29	第 2760205 号
163	基于虚拟仪器的 RFID 标签空中接口协议符合性自动化测试方法	信息科学与工程学院	裴文江 张 逊 王 开 夏亦犁	2017.12.29	第 2759338 号
164	一种基于车路协同的快速道路可变限速控制方法	交通学院	王 昊 李 烨 邢 璐 赵 德 董长印	2017.12.29	第 2760194 号
165	基于移动智能终端通用软件的测试优化方法、装置及系统	仪器科学与工程学院	丁 飞 宋爱国	2018.01.02	第 2761302 号
166	一种基于进场散射的流动二维速度场测量装置及方法	能源与环境学院	许传龙 谭 浩 张 彪	2018.01.02	第 2761352 号
167	一种机载偏振多光谱遥感成像仪、成像方法及确定地面摇杆目标的方法	信息科学与工程学院	陆泽橼 吴乐南 张煜东 戚晨皓	2018.01.02	第 2761332 号
168	一种双栈 IPSec VPN 装置	电子科学与工程学院	李 冰 郭 安 朱卫卫 涂云晶 刘 勇 陈 帅 董 乾 赵 霞 王 刚	2018.01.02	第 2761341 号
169	太阳能除湿装置	建筑学院	田志超 石 邢	2018.01.02	第 2761122 号
170	一种沟槽隔离横向绝缘栅双极型晶体管	电子科学与工程学院	祝 靖 李莜媛 杨 卓 孙伟锋 陆生礼 时龙兴	2018.01.02	第 2761296 号
171	一种光纤传感网络一体化同步共线解调系统及传感系统	土木工程学院	吴智深 孙 安	2018.01.02	第 2761262 号
172	一种利用小波计算导数检测谱特征峰的方法	仪器科学与工程学院	王 玲 赵奉奎 王汉森 王爱民	2018.01.02	第 2761280 号
173	一种可自动伸缩的刚性板遮阳系统	土木工程学院	蔡建国 任 政 冯 健	2018.01.02	第 2761344 号
174	一种硬件实现的 IP/TCP 校验装置	电子科学与工程学院	李 冰 宫德宏 刘 勇 陈 帅 赵 霞 董 乾 王 刚 邵 尉	2018.01.02	第 2761085 号

(续　表)

序号	发明专利名称	申请院系(单位)	设计人	授权日	证书号
175	有源单向声传播装置及实现单向声传播的方法	信息科学与工程学院	韩　宁　方世良	2018.01.02	第26761162号
176	一种FRP-三维间隔织物增强水泥基复合材料布及其制造方法	材料科学与工程学院	陈惠苏　张方圆	2018.01.02	第2761187号
177	MIMO DCO-OFDM通信方法、信号接收装置及系统	信息科学与工程学院	沈　弘　邓榆钦　赵春明	2018.01.02	第2761105号
178	基于千兆以太网视觉协议的以太网控制器IP核及方法	电子科学与工程学院	叶莉华　姚克奇　杭建军　涂平平　彭佩红　薛扣粉　崔一平	2018.01.02	第2761340号
179	一种阻性传感器阵列的数据读出方法、装置	仪器科学与工程学院	吴剑锋　王　愚　何赏赏　李建清　乐英高　杨　坚　姜晓彤	2018.01.02	第2761087号
180	一种面向粗粒度可重构系统的多模式动态可配高速访存接口	电子科学与工程学院	刘　波　刘　杨　张冬明	2018.01.02	第2761265号
181	一种模拟混凝土孔溶液中钢筋锈蚀测试的腐蚀池	材料科学与工程学院	施锦杰	2018.01.02	第2760859号
182	一种内置式永磁同步电动机	电气工程学院	樊　英　谭　超　陈斯雨	2018.01.02	第2760959号
183	一种获取城市大型活动的道路限速值的方法	交通学院	陆　建　毛悍琪　杨　斌　苏子毅　赵　顗	2018.01.02	第2760923号
184	一种面向大型活动车队的交通信号灯控制方法和系统	交通学院	陆　建　顾怀中　洪媛媛　陈文斌　胡晓健	2018.01.02	第2760925号
185	一种耐热复合材料及其制备方法	材料科学与工程学院	刘玉付　张　尧	2018.01.02	第2760727号
186	双自由度自张紧式皮带取料分拣机	机械工程学院	闵　剑　王小彤　张志胜　蔡洋洋	2018.01.02	第2760731号
187	不对齐ABS机制的信道质量批示上报方法	信息科学与工程学院	潘志文　卞曹明　尤肖虎	2018.01.05	第2766428号
188	一种基于异构网络的D2D高能效功率优化方法	信息科学与工程学院	蒋雁翔　刘　强　鲁宁宁　尤肖虎	2018.01.05	第2766424号
189	一种预拌沥青玛蹄脂制备自密实沥青混凝土的方法	交通学院　中国铁路总公司　中国铁道科学研究院　中国铁道科学研究院铁道建筑研究所	陈先华　杨　军　赵国堂　杨国涛　蔡德钩　王　征　叶阳升　韩自力　张千里　王建伟　闫宏业	2018.01.05	第2766420号

（续　表）

序号	发明专利名称	申请院系(单位)	设计人	授权日	证书号
190	一种多结构数据库集成查询方法	信息科学与工程学院	徐平平　董海玲　董　襲	2018.01.05	第 2766417 号
191	一种端粒长度测量方法	电子科学与工程学院	宗慎飞　陈　晨　王著元　崔一平	2018.01.05	第 2766405 号
192	一种发电机组进相能力的建模方法	电气工程学院	汤　奕　徐　筝　李辰龙　戴玉臣　陈　斌	2018.01.12	第 2778487 号
193	一种用于 LCC 谐振 DC-DC 变换器的混合控制方法	电气工程学院	赵剑锋　朱　朱　高铁峰　张松波　张　森	2018.01.12	第 2778484 号
194	一种普通办公室用照明能效评分方法	电气工程学院	周　赣　符　旺　李永昆　秦成明　顾　伟　傅　萌	2018.01.12	第 2774853 号
195	一种低电源电压二次变频射频接收前端	电子科学与工程学院	陈　超　吴建辉　李　红	2018.01.16	第 2779499 号
196	一种旋转加速度计重力梯度仪标定方法	仪器科学与工程学院	蔡体菁　钱学武	2018.01.16	第 2779644 号
197	一种表面具有微结构图案的柔性自支撑石墨烯导电薄膜及其制备方法	生物科学与医学工程学院	徐　华　路一飞　项建新　顾忠泽	2018.01.16	第 2779672 号
198	一种连通管中水蒸气等效传质系数非稳态测量方法	能源与环境学院	邢甜媛　张　辉　张　晶　闫　奔　杨　靖	2018.01.16	第 2780074 号
199	利用尾矿砂制备的具有高延性纤维水泥防渗墙及制备方法	交通学院	伍浩良　杜延军　邓涵文　李志辉　钱晄智	2018.01.16	第 2779895 号
200	一种固定吸附重金属的钢渣路基土处治办法	交通学院	顾兴宇　张小元　吕俊秀　王天宇	2018.01.16	第 2779543 号
201	一种基于细观模拟的沥青混合料虚拟性能试验预估方法	交通学院	马　涛　张　垚　黄晓明　丁珣昊　赵永利	2018.01.16	第 2779488 号
202	一种用于高架桥桥墩的复合多层防爆装置	土木工程学院	宗周红　刘　路　娄　凡　许有胜	2018.01.16	第 2779951 号
203	一种可展式桁架结构锁定装置及其使用方法	机械工程学院	周　李　赵　辉　费庆国　董萼良　姜　东　曹芝腑	2018.01.16	第 2779643 号
204	一种以树状分子为核的分子影像探针及其应用	化学化工学院	王怡红　钱　坤　李新辈　魏術海	2018.01.16	第 2779936 号
205	一种聚合特集成波导布拉格光栅折射率传感器	电子科学与工程学院	恽斌峰　胡国华　张若虎　钟　嫄	2018.01.16	第 2779809 号

(续　表)

序号	发明专利名称	申请院系(单位)	设计人	授权日	证书号
206	一种应用于低功耗 PipelineADC 的比较器	电子科学与工程学院	吴建辉　郭　娜　陈　超　黄　成　李　红　张　萌	2018.01.16	第 2779960 号
207	一种实现空间波与太赫兹人工表面等离激元波转换的装置	信息科学与工程学院	崔铁军　傅晓建　张浩驰　徐俊珺	2018.01.16	第 2779820 号
208	一种基于空间不变特性的快速体积测量方法	仪器科学与工程学院	张小国　万雪音　徐美妖	2018.01.16	第 2779574 号
209	LTE/LTE-A 链路级仿真中 SNR 有效区间的搜索方法	信息科学与工程学院	衡　伟　张清华　陈雪倩	2018.01.16	第 2779845 号
210	单纯疱疹病毒性角膜炎疫苗及其制备方法	医学院	胡　凯	2018.01.16	第 2779838 号
211	氮化镓基低漏电流固支梁场效应晶体管倒相器及制备方法	电子科学与工程学院	廖小平　王凯悦	2018.01.16	第 2779556 号
212	硅基低漏电流固支梁栅的环形振荡器及制备方法	电子科学与工程学院	廖小平　褚晨蕾	2018.01.16	第 2779532 号
213	一种用于输电网谐波状态估计的量测配置方法	电气工程学院	顾　伟　邱海峰　王旭冲　储佳伟	2018.01.16	第 2779757 号
214	一种快速制备白光 LED 器件的方法	电子科学与工程学院	张家雨　高小钦	2018.01.16	第 2780011 号
215	一种大孔改性蛋清细胞培养支架材料的制备方法	生物科学与医学工程学院	张天柱　郭振超　杨新明　顾　宁	2018.01.16	第 2779959 号
216	一种半刚性叠合梁防撞护栏及其施工方法	材料科学与工程学院	郭丽萍　马　瑞　谌正凯　陈　波	2018.01.16	第 2780013 号
217	一种用于室内水下目标定位的时延估计方法及装置	仪器科学与工程学院	陈熙源　臧云歌　王熙赢	2018.01.16	第 2779693 号
218	一种三相异步电动机系统的能效评分方法	电气工程学院	周　赣　李永昆　符　旺　秦成明　顾　伟　傅　萌	2018.01.16	第 2783379 号
219	一种基于升降压式和隔离型 DC/DC 电路的直流电力弹簧拓扑及其控制方法	电气工程学院	王青松　程　明　姜云磊	2018.01.16	第 2779957 号
220	一种基于全局导纳分析的 APF 并机系统稳定性判定方法	电气工程学院　江苏博力电气科技有限公司　江苏宝斯特电气科技有限公司	曹　武　赵剑锋　刘康礼　范栋琛	2018.01.19	第 2783895 号

（续 表）

序号	发明专利名称	申请院系(单位)	设计人	授权日	证书号
221	混合加密方法及实现该方法的装置	电子科学与工程学院	赵 霞 王珍妮 丁 凤 刘 勇 李 冰 王 刚 董 乾 陈 帅 王 凡 张 余 杜 清	2018.01.26	第 2795044 号
222	一种预应力条形钢碳复合构件	土木工程学院	郭正兴 管东芝 朱明亮 钱晓军 丁明珉	2018.01.30	第 2796124 号
223	一种自保温墙体用石膏基复合材料及其制备方法	土木工程学院	耿 飞 尹万云 汤 维 金仁才 桂敬能 殷 建 邵传林 秦庆东	2018.01.30	第 2795903 号
224	一种多路径传播宽带主动声信号的分离方法	计算机科学与工程学院	姜龙玉 贺润国 洪亚萍 张 喆 伍家松 舒华忠	2018.01.30	第 2795975 号
225	分布式视频流媒体转码访问控制的方法和系统	仪器科学与工程学院	丁 飞 宋爱国	2018.01.30	第 2796001 号
226	一种具有刚性撑杆的可折叠柱面膜结构	土木工程学院	蔡建国 王馨玉 冯 健 周宇航	2018.01.30	第 2796069 号
227	在额定风速以上协调风力发电机转速与功率的控制方法	电气工程学院	樊 英 赵雪浩	2018.01.30	第 2796082 号
228	大规模 MISO 多小区低复杂度波束生成方法	信息科学与工程学院	黄永明 施妍如 何世文 杨绿溪	2018.01.30	第 2795970 号
229	一种具有刚性压杆的可折叠柱面索膜结构	土木工程学院	蔡建国 王馨玉 冯 健 周宇航	2018.01.30	第 2796066 号
230	一种适用于变重力环境下的蒸汽发生器	能源与环境学院	施 娟 陈振乾 李盼盼 张景博	2018.01.30	第 2795967 号
231	一种面向 FFT 和 FIR 的共享数据缓存结构及管理方法	电子科学与工程学院	刘 波 季 程 王晓彤 张冬明 曹 鹏	2018.01.30	第 2795987 号
232	一类含有生物活性基团的四价铂配合物及其制备方法	化学化工学院	苟少华	2018.02.02	第 2803011 号
233	一种两步法制备有机钙钛矿甲基胺基碘化铅薄膜的方法	物理系	徐庆宇 朱 凯 张 昊 范 奇 董 帅	2018.02.02	第 2803007 号
234	含节点注入功率不确定性的有源配电网量测优化配置方法	能源与环境学院	吴在军 徐俊俊 戴桂木 窦晓波 周 力	2018.02.02	第 2803141 号
235	一种非的硝化产物粉末低温低压合成纳米金刚石的方法	电子科学与工程学院	孙立涛 苏 适 马 青 沈昱婷	2018.02.02	第 2803149 号

（续　表）

序号	发明专利名称	申请院系(单位)	设计人	授权日	证书号
236	一种萘的硝化产物低温低压合成纳米金刚石的方法	电子科学与工程学院	孙立涛　苏　适　马　青　沈昱婷	2018.02.02	第2803131号
237	一种芘的硝化产物低温低压合成纳米金刚石的方法	电子科学与工程学院	孙立涛　苏　适　马　青　沈昱婷	2018.02.02	第2803207号
238	一种一维有序二氧化钛纳米棒阵列复合材料的制备方法	化学化工学院	王　玮　李长盼　廉佳宁　白一超　杨大伟　王育乔　孙岳明	2018.02.02	第2803143号
239	一种新型集成充电机功能的电动车驱动系统	电气工程学院	王　政　刘博辰　张　玥　程　明	2018.02.02	第2802997号
240	一种生态型的破损护岸修复结构	交通学院	陈一梅　施文杰	2018.02.02	第2803052号
241	一种直驱式波浪发电用全超导初级励磁直线发电机	电气工程学院	黄　磊　杨　健　胡敏强　陈珉烁　酒辰霄　赵东东	2018.02.02	第2803206号
242	一种水溶性季铵盐化碳纳米球及其制备方法与应用	材料科学与工程学院	吴富根　蒋耀文　高　歌	2018.02.02	第2801207号
243	一种单开口直纤维型软接头人工肌肉	机械工程学院	王兴松　巩永强	2018.02.02	第2803211号
244	一种组合分闸弹簧的高压断路器用单稳态永磁机构	电气工程学院	林鹤云　杨　明　蒋佳明　黄超信　梁艳群	2018.02.02	第2803122号
245	一种太阳能面板智能除污融冰装置	电气工程学院	余海涛　董　坤　仲伟波　封宁君　施振川　黄　磊	2018.02.02	第2803114号
246	一种利用聚二甲基硅氧烷快速转移黑磷薄膜的方法	电子科学与工程学院	孙立涛　史智慧　万　树　苏　适　毕恒昌　尹奎波	2018.02.02	第2803077号
247	基于相变调温混凝土的隧道防冻保温结构及施工方法	交通学院	张国柱　高　源　刘松玉	2018.02.02	第2803027号
248	基于相变调温喷射混凝土的隧道防冻保温结构及施工方法	交通学院	张国柱　高　源　刘松玉	2018.02.02	第2803013号
249	锂电池极片自动卷绕方法	机械工程学院	韩　良　赵怀云	2018.02.02	第2803186号
250	一种基于球型全流孔压触探贯入仪及其固结系数评价方法	交通学院	蔡国军　夏　涵	2018.02.02	第2803051号
251	一种六硼化镧粉末的制备方法	材料科学与工程学院	潘　冶　李陈林　顾腾飞　景力军　陆　韬	2018.02.02	第2803133号

（续　表）

序号	发明专利名称	申请院系(单位)	设计人	授权日	证书号
252	一种气固液三相界面的制备方法及其应用	化学化工学院	刘松琴　米　利 俞佳超	2018.02.02	第2803097号
253	废弃土发泡聚苯乙烯颗粒轻质路堤填料的拌合设备及方法	交通学院	缪林昌　陈艺南 林　飞　赵　偲	2018.02.02	第28032992号
254	一种救援清障车吊臂超载预警方法	交通学院	李　旭　蔡志祥 曹继文　徐启敏	2018.02.02	第2803055号
255	基于大规模粗粒度嵌入式可重构系统及其处理方法	电子科学与工程学院	刘　波　朱婉瑜 刘　杨　曹　鹏 汪芮合　杨苗苗	2018.02.02	第2801197号
256	动力锂离子电池极片自动检测方法	机械工程学院	韩　良	2018.02.02	第2801301号
257	基于判决反馈的扩频信号频率偏移估计方法	信息科学与工程学院	彭林宁　胡爱群	2018.02.02	第2803104号
258	球壳状三维石墨烯及其制备方法	材料科学与工程学院	曾宇乔　陈瑾梅 何美平　李晨俊 葛　创　张旭海 郭新立　蒋建清	2018.02.02	第2803187号
259	原子磁强计碱金属气室内温度分布的测量装置与方法	信息科学与工程学院	陈熙源　张　红 邹　升	2018.02.02	第2801238号
260	一种量子点与等离子体耦合的彩色滤色片制备方法	电子科学与工程学院	张家雨　廖　晨 樊　恺	2018.02.02	第2803188号
261	一种混合式半球谐振微陀螺仪及其加工工艺	仪器科学与工程学院	夏敦柱　高海钰	2018.02.02	第2803134号
262	基于混合料细观结构特性的沥青和集料导热系数反演方法	交通学院	张　磊　任仲山 张立安　于　斌 张　晗　单　睿 朱凯轩　谌偲翔 彭　攀　林　雄 史　超　戴　鹏 王　握　朱凯轩 谌偲翔　彭　攀 林　雄　史　超 戴　鹏　王　握	2018.02.02	第2800466号
263	对称型过约束结构体系的几何稳定性判别方法	土木工程学院	陈　耀　冯　健	2018.02.02	第2803194号
264	一种在声场环境中降低柴油机尾气悬浮颗粒物的方法	能源与环境学院	黄亚继　乔正辉 董　卫　王永兴 程　梅	2018.02.02	第2802960号
265	一种多级波分复用环形光网络	电子科学与工程学院	孙小菡　郑　宇 毛子荐　马士杰 朱　敏　樊鹤红	2018.02.02	第2803144号

(续　表)

序号	发明专利名称	申请院系(单位)	设计人	授权日	证书号
266	基于状态观测的模块化多电平逆变器故障诊断方法	电气工程学院	张建忠　胡　省　徐　帅　姜永将	2018.02.02	第2803199号
267	一种基于有限元模型的行波管内部温度软测量方法	电子科学与工程学院	赵兴群　林艺文　孙小菡　韦　朴	2018.02.02	第2803124号
268	一种贮能消磁电源的储能电容和滤波电感、电容选不定期方法	电气工程学院	王念春　吴晓玉　滕春阳	2018.02.02	第2803071号
269	二氧化钛或氮化钛支撑的碳量子点修饰聚吡咯纳米阵列材料及其制备方法和应用	生物科学与医学工程学院	谢一兵　杜洪秀	2018.02.02	第2803125号
270	一种集成温度敏感单元的石英双梁力频谐振器	仪器科学与工程学院	梁金星　白凤蕊	2018.02.02	第2803201号
271	一种基于信道质量信息的自适应交织方法及装置	信息科学与工程学院	杨绿溪　李长庚　魏明君　陈　峰　王雅芳	2018.02.02	第2802959号
272	一种协同过滤中的用户相似度度量方法	计算机科学与工程学院	顾　梁　杨　鹏　董永强	2018.02.02	第2803094号
273	一种电站锅炉NOX排放动态软测量方法	能源与环境学院	沈　炯　谢　翀　刘西陲　吴　啸　潘　蕾　李益国	2018.02.02	第2803165号
274	一种硅微机械线振动式陀螺及其正交误差刚度校正方法	仪器科学与工程学院	李宏生　曹慧亮　倪云舫　黄丽斌　徐　露	2018.02.02	第2803212号
275	一种适用于多跳无线mesh网络的资源分配方法	信息科学与工程学院	王　捷　唐瑞欣　陈　俊	2018.02.02	第2800624号
276	一种纳米多孔结构的氮化钛酸锂纳米线/纳米膜一体化材料及其制备方法和应用	化学化工学院	谢一兵　宋　飞	2018.02.02	第2801202号
277	一种用于直接醇类燃料电池的阳极催化材料及其制备方法	材料科学与工程学院	潘　冶　张　威　王先飞　陆韬	2018.02.02	第2803197号
278	一种基于Saastamoinen模型的BP神经网络对流层延迟改正方法	交通学院	胡伍生　韩　伟　陈永潮	2018.02.02	第2803215号
279	一种基于BP-时间序列融合的地铁结构变形预报方法	交通学院	胡伍生　仲　洁　潘　栋	2018.02.02	第2801218号
280	一种多小区多用户MIMO系统的上下行功率分配方法	信息科学与工程学院	金　石　张　琦　朱洪波	2018.02.06	第2835673号
281	一种多体征参数采集的穿戴装置	仪器科学与工程学院	李建清　李珊珊　罗　堪　秦　钦　蔡志鹏	2018.02.06	第2808489号

（续 表）

序号	发明专利名称	申请院系(单位)	设计人	授权日	证书号
282	硅基低漏电流悬臂梁栅CMOS传输门及制备方法	电子科学与工程学院	廖小平 王凯悦	2018.02.06	第2808403号
283	氮化镓基低漏电流固支梁开关场效应晶体管或非门	电子科学与工程学院	廖小平 陈子龙	2018.02.06	第2808397号
284	硅基低漏电流悬臂梁可动栅的环形振荡器及制备方法	电子科学与工程学院	廖小平 褚晨蕾	2018.02.06	第2808393号
285	氮化镓基低漏电流固支梁场效应晶体管传输门及制备方法	电子科学与工程学院	廖小平 王凯悦	2018.02.06	第2805790号
286	氮化镓基低漏电流悬臂梁场效应晶体管倒相器及制备方法	电子科学与工程学院	廖小平 王凯悦	2018.02.06	第2808406号
287	双质量硅微陀螺仪的机械耦合误差抑制装置与方法	仪器科学与工程学院	杨 波 邓允朋 王行军 胡 迪 吴 磊	2018.02.06	第2808447号
288	高强底筋预制混凝土框架结构	土木工程学院	郭正兴 管东芝 刘家彬 于建兵	2018.02.06	第2808383号
289	一种带有磁桥及辅助弱磁线圈的高压真空断路器用长行程永磁操动机构	电气工程学院	房淑华 倪海妙 林鹤云 杨延举	2018.02.06	第2808346号
290	一种基于线激光扫描的喷砂机器人自动路径生成方法	自动化学院	周 波 吴宝举 戴先中 孟正大 曲志兵	2018.02.06	第2808354号
291	一种适用于GNSS微弱信号的组合导航数据融合方法	仪器科学与工程学院	陈熙源 崔冰波 宋 锐 杨 阳 方 琳	2018.02.06	第2808446号
292	基于二阶混合谐振器的带通滤波器	信息科学与工程学院	朱晓维 黎重孝 盖 川	2018.02.06	第2808444号
293	一种低位热能驱动的温湿度独立处理空调系统	能源与环境学院	殷勇高 董亚明 张小松	2018.02.06	第2808398号
294	一种多方向出口射流散热器	机械工程学院	孙蓓蓓 王 立 杨雪健 丁 琦 储雨奕 吴 丹	2018.02.06	第2805786号
295	一种纯氧燃烧实现CO_2捕集和水循环利用的方法及系统	能源与环境学院	段伦博 段元强 赵长遂	2018.02.06	第2808482号
296	铌酸钠钾纤维基复合材料的柔性纳米发电机的制备方法	材料科学与工程学院	王增梅 朱睿健	2018.02.06	第2808488号
297	一种用于SINS-DVL组合导航系统的DVL失效处理方法	仪器科学与工程学院	程向红 朱倚娴 周 玲 胡 杰	2018.02.06	第2805799号

(续　表)

序号	发明专利名称	申请院系(单位)	设计人	授权日	证书号
298	一种基于分布式预测控制策略的微电网电压恢复方法	电气工程学院	顾　伟　楼冠男	2018.02.06	第2808490号
299	一种应变动力系数的测定方法	土木工程学院	丁幼亮　赵瀚玮　王高新　李爱群　岳　青　吴来义	2018.02.06	第2808469号
300	基于有限时间一致性的孤岛微电网分布式协调控制方法	电气工程学院	顾　伟　陈　明　柳　伟　楼冠男　薛　帅　曹　戈	2018.02.06	第2808374号
301	一种永磁同步电机准无差拍模型预测磁链控制方法	电气工程学院	花　为　黄文涛　程　明	2018.02.06	第2808371号
302	一种透明超疏水纳米阵列及其制备方法	材料科学与工程学院	张友法　张　静　安力佳　余新泉　陈　锋	2018.02.06	第2808365号
303	一种低转矩脉动永磁同步电机转子结构	电气工程学院	林明耀　孔　永	2018.02.06	第2808478号
304	一种基于水汽相变耦合电聚并的除尘预处理装置和方法	能源与环境学院	徐俊超　张　军　于　燕　孟　强	2018.02.06	第2808404号
305	双定子直线旋转永磁电机的一体化位置检测装置及方法	电气工程学院	徐　磊　付兴贺　林明耀　刘　凯	2018.02.06	第2808468号
306	一种活细胞超分辨光学成像探针及其制备方法	电子科学与工程学院	宗慎飞　蒋晓月　王著元　崔一平	2018.02.06	第2805776号
307	一种钢桥细节疲劳裂纹扩展评估方法	土木工程学院	郭　彤　刘中祥　刘　杰　柴　舜	2018.02.06	第2808451号
308	一种考虑预紧力的螺栓连接结合面刚度模拟方法	机械工程学院	姜　东　曹芝腑　费庆国　谭志勇	2018.02.06	第2805805号
309	一种自循环式压电材料预应力混凝土箽梁	土木工程学院	王新宁　郭瑞琦	2018.02.06	第2805793号
310	一种混合励磁同步电机无位置传感器直接转矩控制方法	电气工程学院	林明耀　赵纪龙	2018.02.06	第808384号
311	一种模块化多电平换流器子模块拓扑结构	国家电网公司、电气工程学院、南京南瑞继保电气有限公司、国网浙江省电力公司	梅　军　马　天　郑建勇　缪惠宇　杜晓舟　吉　宇	2018.02.09	第2813799号
312	一种饱和铁芯型故障限流器	电气工程学院、国家电网公司、南京南瑞集团公司电网电力科学研究院	郑建勇　吴维宁　董志军　赵　晔　沙浩源　梅　军	2018.02.09	第2813859号
313	一种电感式温度传感器及其制作方法	电子科学与工程学院	任青颖　王立峰　黄　燕　黄庆安	2018.02.123	第2827113号

（续 表）

序号	发明专利名称	申请院系(单位)	设计人	授权日	证书号
314	自然场景多方向文本检测方法	自动化学院	杨 彬 夏思宇	2018.02.13	第2817794号
315	基于砷化镓基低漏电流双悬臂梁开关或非门的RS触发器	电子科学与工程学院	廖小平 严嘉彬	2018.02.13	第2817935号
316	基于数字图像处理的烟叶精确剔除控制方法	电子科学与工程学院	叶莉华 涂平平 杭建军 姚克奇 崔一平	2018.02.13	第2817664号
317	一种低成本水下潜器地形辅助惯性组合导航定位方法	仪器科学与工程学院	程向红 周 玲 朱倩娴 戴晨曦	2018.02.13	第2817668号
318	一种基于介质沉积型表面等离子波导的SOI基MZI型1×2热光开关	电子科学与工程学院	胡国华 戚志鹏 李 磊 恽斌峰 张若虎 钟 嫄 崔一平	2018.02.13	第2817798号
319	一种带有检测孔的MEMS微梁应力梯度的测试结构和测量方法	电子科学与工程学院	唐洁影 王 磊 蒋明霞	2018.02.13	第2817962号
320	基于土壤蓄能的热源塔热泵系统	能源与环境学院	梁彩华 陈 睿 张小松	2018.02.13	第2817623号
321	基于水生生物生态毒性评价的藻类培养的均匀光照装置	能源与环境学院	孙丽伟 孙洪芹 吕锡武	2018.02.13	第2817663号
322	一种高转矩密度永磁磁阻同步电机转子结构	电气工程学院	林明耀 孔 永	2018.02.13	第2817783号
323	一种制备铅原子链的方法	电子科学与工程学院	万 能	2018.02.13	第2817928号
324	一种往复式机电能量变换器	电气工程学院	付兴贺 王 标 林明耀	2018.02.13	第2842995号
325	一种基于SINR干扰模型的能量有效的链路调度方法	信息科学与工程学院	徐平平 尤星秒 朱文祥	2018.02.13	第2817627号
326	一种多模干涉光学集成型加速度计	电子科学与工程学院	肖金标 官绪冬	2018.02.13	第2817956号
327	一种异构网络中基于用户公平性的ABS模式动态调整方法	信息科学与工程学院、大唐移动通信设备有限公司	赵新胜 李 春 邹素玲 王浩娟 杨 哲	2018.02.13	第2817750号
328	一种无线通信网络中多源单中继系统的协作中继策略	信息科学与工程学院	衡 伟 龙 芳 梁 天	2018.02.23	第2827016号
329	一种滚珠丝杠副磨损测量试验台	机械工程学院	汤文成 徐楠楠 李建勋 徐向红	2018.02.23	第2826945号

(续　表)

序号	发明专利名称	申请院系(单位)	设计人	授权日	证书号
330	一种纳米级碳化物透射电镜萃取复型样的制备方法	材料科学与工程学院	周雪峰　江红兵　方　峰　蒋建清　涂益友　黄慧玲　陈雷雷	2018.02.23	第 2827074 号
331	氮化镓基低漏电流悬臂梁的环形振荡器及制备方法	电子科学与工程学院	廖小平　褚晨蕾	2018.02.23	第 2824503 号
332	氮化镓基低漏电流固支梁的环形振荡器及制备方法	电子科学与工程学院	廖小平　褚晨蕾	2018.02.23	第 2824496 号
333	硅基低漏电流双悬臂梁可动栅分频器	电子科学与工程学院	廖小平　韩居正	2018.02.23	第 2826942 号
334	硅基低漏电流固支梁栅CMOS传输门及制备方法	电子科学与工程学院	廖小平　王凯悦	2018.02.23	第 2824473 号
335	氮化镓基低漏电流四悬臂梁开关的RS触发器	电子科学与工程学院	廖小平　王小虎	2018.02.23	第 2827133 号
336	氮化镓基低漏电流悬臂梁场效应晶体管传输门及制备方法	电子科学与工程学院	廖小平　王凯悦	2018.02.23	第 2824470 号
337	一种基于微孔电极的微流控检测芯片及其应用	生物科学与医学工程学院	赵祥伟　翟景艳　朱纪军　顾忠泽	2018.02.23	第 2824517 号
338	一种基于时域滚动控制的交直流混合微电网运行优化方法	电气工程学院	黄学良　孙厚涛　季振亚　李　军	2018.02.23	第 2827142 号
339	适用于新能源直流并网的高效直流变换器及其控制方法	电气工程学院	陈　武　宁光富	2018.02.23	第 2827119 号
340	一种AMOLED像素电路及其驱动方法	电子科学与工程学院	黄晓东　黄见秋	2018.02.23	第 2824465 号
341	一种带自反馈节流的静压球形推力轴承	机械工程学院	蒋书运　徐春冬	2018.02.23	第 2827135 号
342	一种温湿度集成的无源无线传感器	电子科学与工程学院	任青颖　王立峰　黄　燕　黄庆安	2018.02.23	第 2826935 号
343	硅基悬臂梁耦合直接加热式毫米波信号检测仪器	电子科学与工程学院	廖小平　严嘉彬	2018.02.23	第 2824522 号
344	一种协作无线传感网增强网络生命周期的节点选择方法	信息科学与工程学院	徐平平　刘　琨　武贵路	2018.02.23	第 2826966 号
345	一种液体流量仪表动态及方法	自动化学院	牛　丹　王碧波　王晓俊　贺国睿　沈后威　王　哲　周杏鹏	2018.02.23	第 2827020 号
346	一种基于无刷谐波励磁的混合励磁容错电机系统	电气工程学院	樊　英　张　丽	2018.02.23	第 2827239 号

（续　表）

序号	发明专利名称	申请院系(单位)	设计人	授权日	证书号
347	交直流混合电力系统的次同步振荡评估方法	国网江苏省电力公司、经济技术研究院、电气工程学院、国家电网公司	高　山　蔡　晖　祁万春　赵　欣　王　哲　王思成　李　辰　窦　飞　陆　军　韩海腾　张　潮	2018.02.27	第 2827903 号
348	一种具有旋转激励的平移振荡装置的动态周期性轨迹控制方法	电气工程学院	高丙团　刘传德　谢吉华	2018.02.27	第 2830914 号
349	内外组合式预应力钢丝绳加固空心板的系统及方法	土木工程学院	吴　刚　李兴华　王德山	2018.02.27	第 2827912 号
350	一种基于 MALAB 的 C/C++程序生成辅助方法	计算机科学与工程学院、国网福建省电力有限公司、经济技术研究院	徐青山　王煜奇　林章岁　李喜兰	2018.02.27	第 2808128 号
351	基于 Wishbone 总线的 ESP 封装处理装置	电子科学与工程学院	李　冰　周岑军　刘　勇	2018.02.27	第 2827973 号
352	一种基于情感分布学习的情感成分分析方法及其系统	计算机科学与工程学院	耿　新　周　颖	2018.03.02	第 2852469
353	一种地铁隧道电缆支架疲劳可靠性的预测方法	江苏省电力公司、南京供电公司中国能源建设集团、江苏省电力设计院有限公司、电气工程学院、国网江苏省电力公司、国家电网公司	李　雪　李　晨　肖　晶　丁　宁　郭　彤　吴锁平　陶青松　曹志亮　张瑞永　吴述关　缪志伟　仪　涛	2018.03.06	第 2835637 号
354	一种基于半监督极限学习机的多类图像分类方法	自动化学院	孙长银　刘金花　于化龙　杨万扣	2018. 03. 09	第 2841222 号
355	高稳定性的表面增强拉曼光谱的液相检测装置及检测方法	生物科学与医学工程学院	顾　宁　柏婷婷　谭逸斌　邹捷萌	2018.03.09	第 2841263 号
356	一种多功能山地车挡板	材料科学与工程学院	金　晶　储成林	2018.03.09	第 2841238 号
357	一种基于水凝胶的高分辨率 LC 式无源无线 pH 值传感器	电子科学与工程学院	董　蕾　王立峰　黄庆安	2018.03.09	第 2841232 号
358	一种单点温补的多功能 FRP 智能锚杆及其制作方法	土木工程学院	万春风　夏　呈　吴智深　吴　刚	2018.03.09	第 2841277 号
359	一种超密集网络中基于图着色的频域资源分配方法	信息科学与工程学院	潘志文　谈冬晖　刘　楠　尤肖虎	2018.03.13	第 2843199 号
360	无线可见光通信网络中的多用户多接入点稳定配对方法	信息科学与工程学院	王家恒　陈凌蛟　梁　霄	2018.03.13	第 2843092 号

（续　表）

序号	发明专利名称	申请院系(单位)	设计人	授权日	证书号
361	一种基于手机定位数据的综合客运枢纽客流实时监测方法	交通学院	冉　斌　钟　罡 张　健　尹婷婷 万　霞　李　锐	2018.03.13	第2843149号
362	一种用于加氢脱氯反应的过渡金属磷化物的制备方法及应用	化学化工学院	任丽丽　刘晓梦	2018.03.13	第2842979号
363	一种便捷式无线电能传输系统多自由度实验工装及其使用方法	电气工程学院	黄学良　王　维 潘书磊　谭林林	2018.03.13	第2843233号
364	一种基于探测线圈检测的双向无线电能传输系统自启动方法	电气工程学院	谭林林　颜长鑫 黄学良　郭金鹏 王　维	2018.03.13	第2843235号
365	基于功率波动标准差最小的双源无线供电系统间距寻优方法	电气工程学院	谭林林　郭金鹏 黄学良　闻　枫	2018.03.13	第2842981号
366	一种适用于原子磁强计的原子密度实时在线测量方法	仪器科学与工程学院	陈熙源　张　红 邹　升	2018.03.13	第2843064号
367	一种操控共振金属纳米粒子运动方式的装置和方法	电子科学与工程学院	芮光浩　王晓雁 顾　兵　詹其文 崔一平	2018.03.13	第2843188号
368	四色可见光通信系统色移键控星座点优化照明方法	信息科学与工程学院	梁　霄　袁　鸣 史锋峰　赵春明	2018.03.13	第2843154号
369	一种基于热双层执行梁的LC式无源无线温度传感器	电子科学与工程学院	董　蕾　王立峰 黄庆安	2018.03.13	第2843017号
370	一种W形钢筋芯玻纤筋连接的预制混凝土夹心保温外墙板	土木工程学院	刘家彬　郭正兴 江焕芝　支　清	2018.03.13	第2843143号
371	一种利用电子束诱导淀积制备纳米管道的方法	电子科学与工程学院	万　能	2018.03.13	第2843087号
372	一种具有多重密封效果的一体化伺服液压摆动缸	机械工程学院	谢中取	2018.03.13	第2843168号
373	一种基于GIS和PEMS的城市公交线路节点处排放估算方法	交通学院	李铁柱　王　雷 于　谦	2018.03.13	第2843015号
374	一种基于ORB特征检测测量载体速度的方法	仪器科学与工程学院	陈熙源　赖泊能 李庆华	2018.03.16	第2849437号
375	一种可展拱桥结构	土木工程学院	蔡建国　王馨玉 冯　健	2018.03.16	第2847639号
376	一种止承式折叠桁架桥结构	土木工程学院	蔡建国　王馨玉 冯　健	2018.03.16	第2848791号

（续 表）

序号	发明专利名称	申请院系(单位)	设计人	授权日	证书号
377	自驱动折叠网架结构	土木工程学院	蔡建国 莫思阳 冯 健 贾文文	2018.03.16	第 2848524 号
378	一种具有对称初始缺陷的套管约束防屈曲支撑	土木工程学院	蔡建国 周宇航 柳杨青 冯 健 章玉婷	2018.03.16	第 2847716 号
379	基于分布传感和小波解析技术的实时基线及去噪处理方法	土木工程学院	吴智深 黄 璜	2018.03.16	第 2848758 号
380	非平坦信道下 DCO - OFDM 直流偏置和功率联合优化方法	信息科学与工程学院	王家恒 凌昕彤 梁 霄 赵春明	2018.03.20	第 2852421 号
381	一种基于 PXI 仪器的无线通信信号监测分析方法及系统	信息科学与工程学院	裴文江 崔铁虎 姜 坤	2018.03.20	第 2852720 号
382	一种无刷型混合励磁永磁涡流调速装置	电气工程学院	林鹤云 李毅搏 阳 辉	2018.03.20	第 2852379 号
383	大规模天线系统高能效资源优化方法	信息科学与工程学院	蒋雁翔 张家典 郑福春 高西奇 尤肖虎	2018.03.20	第 2852738 号
384	一种平台式惯导系统的三向等刚度橡胶减振器设计方法	机械工程学院	张 鹏 费庆国 李彦斌 吴邵庆	2018.03.20	第 2852403 号
385	一种微型燃气轮机冷热电三联供系统的协调控制方法	能源与环境学院	朱明娟 沈 炯 吴 啸 李益国 张俊礼	2018.03.20	第 2852716 号
386	一种宽带表面等离激元辐射器	信息科学与工程学院	崔铁军 尹佳媛 张浩驰	2018.03.20	第 2852734 号
387	一种 Cu 掺杂 Fe - N 软磁薄膜及其制备方法	材料科学与工程学院	陈瑾梅 张旭海 董 岩 何美平 陈 龙 杨星梅 莫 丹 曾宇乔 蒋建清	2018.03.20	第 2852415 号
388	一种基于空时旋转的三维比特交织方法及装置	信息科学与工程学院	杨绿溪 李长庚 王民锋 李 恒 高 苏	2018.03.20	第 2852717 号
389	一种用于评价砂土液化的可测试抗拔阻力动力触探装置	交通学院	蔡国军 段 伟 段伟宏 彭 鹏	2018.03.20	第 2852763 号
390	一种提高单电感多输出电源变换器负载瞬态响应的方法	电子科学与工程学院	孙伟锋 薛尚孙 张玉浩 宋慧滨 李 杰 祝 靖 陆生礼 时龙兴	2018.03.20	第 2852743 号
391	一种二氧化钛中空纤维材料的制备方法	材料科学与工程学院	孙正明 郑 伟 张培根 张亚梅 杨 莉 丁健翔	2018.03.20	第 2852744 号

(续　表)

序号	发明专利名称	申请院系(单位)	设计人	授权日	证书号
392	基于既有城市道路与排水条件的海绵工程系统及其施工方法	建筑学院	成玉宁　成　实	2018.03.20	第 2852662 号
393	一种制备单分散纳米 α 氧化铝的方法	材料科学与工程学院	董　岩　宋　立　邵起立　邵起越　蒋建清	2018.03.20	第 2852605 号
394	一种基于边缘修复的虚拟视点图像频域快速获取方法	电子科学与工程学院	赵　健　夏　军	2018.03.20	第 2852847 号
395	一种导电薄膜材料残余应力的在线测量方法及测量装置	电子科学与工程学院	周再发　顾一帆　黄庆安　李伟华	2018.03.20	第 2852848 号
396	结合路面维修的城市道路海绵工程系统及其施工方法	建筑学院	成玉宁　谢明坤	2018.03.20	第 2852661 号
397	基于微管结构的三维集成可调波分器及其制备方法	电子科学与工程学院	孙小菡　蒋卫锋　崔　晗　吕　涛　田　勇　李　元	2018.03.20	第 2852729 号
398	一种无熟料锂渣复合胶凝材料	材料科学与工程学院	张亚梅　李保亮　潘　东　张培根　孙正明	2018.03.20	第 2852827 号
399	静电悬浮三轴球壳谐振微陀螺仪及其加工方法	仪器科学与工程学院	夏敦柱　高海钰　邓　睿　胡异炜	2018.03.20	第 2852791 号
400	一种具有双光子晶体结构的量子点发光二极管	电子科学与工程学院	张　雄　吴自力　崔一平	2018.03.20	第 2853026 号
401	一种基于环氧丁烷单体合成的聚醚润滑油基础油的制备方法	化学化工学院	周建成　邓金全　田庆文　刘佳慧　王　猛	2018.03.20	第 2852385 号
402	一种两核苷酸合成测序分析多模板 PCR 产物的方法	生物科学与医学工程学院	肖鹏峰　浦　丹　潘荣芳	2018.03.20	第 2852519 号
403	基于多亮点回波模型的目标径向速度测量方法	信息科学与工程学院	方世良　黄舒夏	2018.03.20	第 2852823 号
404	以原铁矿石为载体的中低温负载型脱硝催化剂的制备及测试方法	能源与环境学院	王　瑞　归柯庭　梁　辉　王晓波	2018.03.20	第 2852703 号
405	一种多跳传输二粒子纠缠态的方法	信息科学与工程学院	余旭涛　熊佩颖　张在琛　邹珍珍　王　侃	2018.03.20	第 2852530 号
406	一种高压静电纺丝法制备阳离子交换膜的方法	化学化工学院	倪恨美　杨亚冬　陈奕炫　吴　敏	2018.03.20	第 2853017 号
407	一种改性再生剂及其制备方法与应用	交通学院	顾兴宇　周　洲　高　磊　姜言旭	2018.03.20	第 2852613 号
408	一种双开口编织网型软接头人工肌肉	机械工程学院	王兴松　巩永强	2018.03.20	第 2852585 号

（续 表）

序号	发明专利名称	申请院系(单位)	设计人	授权日	证书号
409	一种降低激光增材件气孔率的表面强化方法	机械工程学院	孙桂芳 卢 轶 王占栋 倪中华	2018.03.20	第 2852866 号
410	一种梯度泡沫混凝土的制备方法	交通学院	万 水 沈孔健 彭元诚 宗 昕 王文州 李志宏	2018.03.20	第 2852751 号
411	一种自动考虑能量修正及动态响应的动力贯入仪	交通学院	段 伟 蔡国军	2018.03.20	第 2852307 号
412	一种发射机中 IQ 不平衡的补偿方法和装置	信息科学与工程学院	裴文江 赵 芬 夏亦犁	2018.03.20	第 2852814 号
413	碳包覆钛基纳米阵列材料及其制备方法和应用	生物科学与医学工程学院	谢一兵 夏 池	2018.03.20	第 2852408 号
414	农用耕作拖拉机牵引板自动测平调平器及测调平方法	机械工程学院	王伟达	2018.03.20	第 2852501 号
415	一种多头六分螺旋折流板换热器的折流板支撑结构	能源与环境学院	陈亚平 杨诗繁 吴嘉峰	2018.03.20	第 2852632 号
416	一种带有道路曲率的增强型数字矢量地图制作方法	仪器科学与工程学院	李 旭 王 宇 李晨晓	2018.03.20	第 2852833 号
417	一种自适应快速电源电压调节系统	电子科学与工程学院	单伟伟 范 傲	2018.03.20	第 2852521 号
418	一种硅基片上波长与偏振混合复用/解复用器	电子科学与工程学院	肖金标 徐 银	2018.03.20	第 2852850 号
419	用于毫微微蜂窝网络的动态混合接入控制方法	信息科学与工程学院	沈连丰 刘诚毅 夏玮玮 陈 庚 李俊超 张 瑞	2018.03.20	第 2852864 号
420	树脂类危废流化床高温焚烧净化一体化装置及方法	能源与环境学院	段钰锋 杜鸿飞 刘 猛 姚 婷 陈明明 薛 源	2018.03.20	第 2852723 号
421	一种低转矩脉动高效率永磁电机定转子结构	电气工程学院	林明耀 徐 磊	2018.03.20	第 2852807 号
422	数据驱动的火电机组 SCR 脱硝扰动抑制预测控制方法	能源与环境学院	吴 啸 李益国	2018.03.20	第 2852715 号
423	一种基于优化算法的预应力索杆结构初始构形的设计方法	土木工程学院	陈 耀 冯 健	2018.03.20	第 2852350 号
424	一种基于模式演变原理的硅基纳米线偏振分束器	电子科学与工程学院	肖金标 徐 银	2018.03.20	第 2852721 号
425	一种晶体管小信号等效电路模型	信息科学与工程学院	黄风义 唐旭升 张有明 彭振宁 张雪刚	2018.03.20	第 2852680 号

(续　表)

序号	发明专利名称	申请院系(单位)	设计人	授权日	证书号
426	一种基于高度约束的扩展卡尔曼滤波定位方法	电子科学与工程学院	庄　园　马金凤　戚隆宁　刘新宁　杨　军	2018.03.20	第 28524141 号
427	间接矩阵变换型多相多电平永磁电机系统及其控制方法	建筑学院	王　政　肖　扬　游　帅　李昊旻　程　明	2018.03.20	第 2852377 号
428	一种基于工件模型的机器人作业任务生成方法	自动化学院	甘亚辉　戴先中　邢继生　王政伟　郭　哲	2018.03.20	第 2853012 号
429	一种协同实现火电机组储能调峰和碳捕捉的装置及方法	能源与环境学院	段伦博　苏成林　陈　健　段元强　余志健	2018.03.20	第 2852843 号
430	一种异位土壤热脱附装置	能源与环境学院	张　勇　金保昇　钟文琪　肖睿琪　肖　睿	2018.03.20	第 2852597 号
431	一种高效光催化剂 $SrTiO_3$/Bi_2WO_6 的制备方法及其应用	化学化工学院	周建成　陈　静　滕宏程　靳　晶　魏凌飞　李乃旭	2018.03.20	第 2852884 号
432	小蜂窝系统高能效功率控制方法	信息科学与工程学院	蒋雁翔　鲁宁宁　郑福春　高西奇　尤肖虎	2018.03.20	第 2852737 号
433	一种物理改良与荷载联合减小膨胀土膨胀势的方法	交通学院	缪林昌　陈艺南　王　非	2018.03.20	第 2852831 号
434	基于 DNA 分子链置换反应提取实现组合逻辑的 CRNs 的方法	信息科学与工程学院	张　川　戈璐璐　钟志伟　尤肖虎	2018.03.20	第 2852675 号
435	一种锅炉燃烧调整工况经济性比较方法	能源与环境学院	睢　刚　张洪源	2018.03.20	第 2852378 号
436	基于星座轨迹图像特征的设备指纹提取及设备识别方法	信息科学与工程学院	姜　禹　胡爱群　彭林宁	2018.03.20	第 2852528 号
437	一种生命周期评价数据的质量评估方法	能源与环境学院	肖　军　袁言言　沈来宏	2018.03.20	第 2852410 号
438	海上大直径钢管桩桩侧注浆装置及其施工方法	土木工程学院	龚　邓维　会明　元　戴国亮　万志辉	2018.03.20	第 2852890 号
439	一种带有道路纵向坡度的增强型数字矢量地图制作方法	仪器科学与工程学院	李　旭　王　宇　徐启敏	2018.03.20	第 2852845 号
440	一种利用聚烯烃弹性体快速转移石墨烯薄膜的方法	电子科学与工程学院	孙立涛　史智慧　万　树　苏　适　毕恒昌　尹奎波	2018.03.20	第 2852746 号

（续　表）

序号	发明专利名称	申请院系(单位)	设计人	授权日	证书号
441	一种钢-纤维复合材料混凝土组合柱及其震后修复方法	土木工程学院	孙泽阳　吴　刚	2018.03.20	第 2852676 号
442	一种开关磁阻电机的三相位置信号检测方法	电子科学与工程学院	钟　锐　陈　青　田洪益　孙伟锋　陆生礼　时龙兴	2018.03.20	第 2852342 号
443	一种开关磁阻电机位置信号传感器的校准系统	电子科学与工程学院	钟　锐　田洪益　郭小强　陈　青　孙伟锋　陆生礼　时龙兴	2018.03.20	第 2852586 号
444	一种卧式油门踏板	机械工程学院	卢　熹　张建润　谢艳华　陈广鑫　贾　雪　杨冬萍	2018.03.20	第 2852869 号
445	一种卧式油门踏板机械结构	机械工程学院	张建润　贾　雪　卢　熹　谢艳华　杨冬萍　陈广鑫	2018.03.20	第 2852868 号
446	一种基于微生物矿化诱导技术制备固体废弃物建材制品的方法	材料科学与工程学院	钱春香　伊海赫　王　凯	2018.03.20	第 2852822 号
447	一种单相到三相逆变电机驱动系统的高输入功率因数控制方法	电气工程学院	林明耀　杨公德　张贝贝	2018.03.20	第 2852344 号
448	一种簇结构多载波水声传感器网络的混合型 MAC 协议方法	信息科学与工程学院	李　霞　吴哲昊　赵冬雪	2018.03.20	第 2851124 号
449	一种面向孤独症谱系障碍儿童的智能教学系统	学习科学与研究中心	禹东川	2018.03.20	第 2851063 号
450	一种基于柔性基板 MEMS 开关结构的曲率传感器	电子科学与工程学院	韩　磊　肖　申　于　洋	2018.03.23	第 2853199 号
451	一种制备单分散金红石型纳米二氧化钛的方法	材料科学与工程学院	董　岩　宋　立　邵起越　蒋建清	2018.03.23	第 2853210 号
452	一种恶二唑三苯胺-氟硼二吡咯红光化合物 OPA-BODIPY 及其制备方法和应用	化学化工学院	钱　鹰　李　倩　李金创	2018.03.23	第 2853221 号
453	基于聚类分析的复合材料结构有限元模型修正方法	机械工程学院	费庆国　曹芝腑　姜　东　刘璟泽	2018.03.23	第 2853208 号
454	大掺量矿物掺合料混凝土测强曲线的建立方法	材料科学与工程学院	张云升　杨永敢	2018.03.30	第 2862224 号
455	IPv6 下 IPSec 协议外出处理硬件实现系统	电子科学与工程学院	李　冰　张龙飞　郭　新	2018.03.30	第 28671801 号

(续　表)

序号	发明专利名称	申请院系(单位)	设计人	授权日	证书号
456	再热机组有疏水冷源损失时回热作功比与回热增益率测定方法	能源与环境学院	王培红　孙　文　苏志刚　刘朝阳　赵佳骏	2018.03.30	第2861400号
457	基于分段CRC校验的极化解码方法	信息科学与工程学院	张　川　周华羿　尤肖虎	2018.03.30	第2861833号
458	一种PAM-DMT系统的符号检测方法	信息科学与工程学院	党　建　项　楠　张在琛　吴　亮	2018.04.03	第2867002号
459	一种超奈奎斯特速率通信的DL-CNN解调器	信息科学与工程学院	吴乐南　欧阳星辰	2018.04.03	第2867220号
460	一种火电机组给水流量测定方法	能源与环境学院	王培红　王德鹏　赵　刚　苏志刚　郝勇生	2018.04.03	第2867217号
461	一种对称的扩展二元相移键控调制和解调方法	信息科学与工程学院	冯　熳　彭　珊	2018.04.03	第2867248号
462	四色可见光通信系统的预编码和驱动电流联合优化方法	信息科学与工程学院	梁　霄　吴艳飞　吕　游　王家恒　赵春明	2018.04.03	第2867278号
463	一种橡胶沥青混合料	交通学院	马　涛　洪锦祥　黄晓明　赵永利　何　亮　陈　呈	2018.04.03	第2867244号
464	一种用于量子Mesh网络的路由方法	信息科学与工程学院	刘明阳　余旭涛　张在琛　占海涛　熊佩颖　王霄峻	2018.04.03	第2866966号
465	一种具有高线性度的电容式压力传感器及其制备方法	电子科学与工程学院	聂　萌　包宏权　黄庆安	2018.04.03	第2867786号
466	一种适用于低电源电压模数转换器采样的自举开关电路	电子科学与工程学院	吴建辉　孔路平　陈　超　黄　成　李　红	2018.04.03	第2867556号
467	一种光OFDM中基于逆序叠加的四色谱信号复用传输方法	信息科学与工程学院	许　威　徐锦丹　张　华	2018.04.03	第2867545号
468	一种悬挂式单轨铁路无线供电系统	电气工程学院	谭林林　刘　瀚　黄学良　颜长鑫　郭金鹏　王　维	2018.04.03	第2867055号
469	一种城市风环境多点取样的辅助测量设备及测量方法	建筑学院	杨俊宴　王玉琢　史　宜　傅秀章	2018.04.03	第2867325号
470	基于船舶防撞装置的桥墩碰撞系统的试验装置及其试验方法	交通学院	万　水　杨　湛　陆文超　田俊良　李遂生　郭英杰　刘文娟　常灿华　张晓军	2018.04.03	第2866985号

（续 表）

序号	发明专利名称	申请院系(单位)	设计人	授权日	证书号
471	一种模块化内置式永磁电机转子结构	电气工程学院	林明耀 徐 磊	2018.04.03	第2867044号
472	一种有源矩阵有机发光二极管像素电路及驱动方法	电子科学与工程学院	黄晓东 黄见秋	2018.04.03	第2867432号
473	一种单层叠绕组磁通切换无刷电机	电气工程学院	花 为 邵凌云 程 明	2018.04.03	第2867558号
474	一种微流控气体阻尼器及调节方法	机械工程学院	倪中华 张鑫杰 项 楠	2018.04.03	第2867761号
475	一种基于混叠滤波的可自动调节阻塞抑制率接收射频前端	电子科学与工程学院	吴建辉 华 超 陈 超 李 红 黄 成	2018.04.03	第2866923号
476	一种制备块体石墨烯气凝胶的方法	化学化工学院	任丽丽 高丙莹 贺 赫 卢绍祥	2018.04.03	第2867380号
477	一种直扩信号截获检测方法	信息科学与工程学院	王晓燕 方世良 李帝水 姚 帅	2018.04.03	第2867763号
478	一种基于调控纳米颗粒空间分布的光子晶体制备方法	电子科学与工程学院	张家雨	2018.04.03	第2867530号
479	一种三电平变流器并联复合环流抑制方法	电气工程学院	赵剑锋 杨 斌 刘梦轩 赵志宏	2018.04.03	第2867227号
480	一种预制墩柱安装定位装置	交通学院	王文炜 张 涛 张 磊 冉 旭 宋元印 田 俊 朱忠锋 郑宇宙 曹晓清 黄 辉	2018.04.03	第2866921号
481	一种铝硅镁合金压铸件节能高效热处理方法	材料科学与工程学院	潘 冶 薄 兵 徐俊杰 陆 韬	2018.04.03	第2867246号
482	基于硅基微机械悬臂梁T型结直接加热式毫米波信号检测器	电子科学与工程学院	廖小平 严嘉彬	2018.04.03	第2867553号
483	一种用于高粘附性树脂基材料的脱模剂及其制备方法	材料科学与工程学院、南京锎巴新材料科技有限公司	张友法 苏有荣 张青松 蒋小平	2018.04.06	第2871786号
484	一种用于腿部骨折的自动牵引和旋转复位装置	机械工程学院	王兴松 孙小刚	2018.04.06	第2871789号
485	使用气囊传感器的下肢外骨骼机器人控制方法	机械工程学院	王兴松 姜 充	2018.04.06	第2871528号
486	一种UPFC阻尼控制的定位方法	江苏省电力公司、电气工程学院	陈 中 徐 贤 周 涛	2018.04.06	第2872710号
487	一种基于混合向量投影的人脸识别方法	自动化学院	路小波 胡长晖	2018.04.06	第2870734号

(续　表)

序号	发明专利名称	申请院系(单位)	设计人	授权日	证书号
488	一种基于 SRAMPUF 的安全认证方法及一种终端、认证系统	电子科学与工程学院	李　冰　陈　帅　顾　巍	2018.04.06	第 2870736 号
489	一种功率变换器中功率 MOS 管的栅极驱动电路	电子科学与工程学院	钱钦松　刘　鹏　俞居正　刘斯扬　孙伟锋　陆生礼　时龙兴	2018.04.06	第 2870738 号
490	一种提升纤维增强复合材料耐碱性能的改性方法及纤维增强复合材料	土木工程学院	吴智深　施嘉伟　朱俊杰	2018.04.06	第 2870740 号
491	基于多点协作传输模式选择的网络节能方法	信息科学与工程学院	尤肖虎　童　恩　龚淑蕾	2018.04.06	第 2870769 号
492	一种计及发电机先进控制器的电力系统 AGC 优化方法	电气工程学院	李　璐　张　强　李金文	2018.04.10	第 2875465 号
493	非再热机组有电动泵时回热作功比与回热增益率测定方法	能源与环境学院	王培红　江承潮　郝勇生　赵佳骏　孙　文	2018.04.10	第 2875468 号
494	网络数据包缓存空间 ID 管理单元	电子科学与工程学院	李　冰　史俊达　杨　宇　陈　帅　刘　勇　董　乾　赵　霞　王　刚　张龙飞	2018.04.10	第 2875466 号
495	一种宽输入范围高电源抑制比的带隙基准电压源	电子科学与工程学院	祝　靖　冷　静　禹　括　孙伟锋　陆生礼　时龙兴	2018.04.13	第 2881607 号
496	一种利用微生物沉积碳酸钙强化再生混凝土细骨料的方法	材料科学与工程学院、镇江建科建设科技有限公司	潘钢华　陆小军　付明华	2018.04.20	第 2890062 号
497	基于轮空调度的无线局域网接入方法	信息科学与工程学院、南京东大移动互联技术有限公司	沈连丰　夏玮玮　胡　静　宋铁成	2018.04.20	第 2892417 号
498	一种环氧树脂粘层油洒布装置	江苏扬子大桥股份有限公司、交通学院	陈雄飞　汪　锋　王建伟　沈永富　罗　桑　朱志远　孙孝婷　孙洪滨　李永鳞　钟　科	2018.04.20	第 2892613 号
499	一种基于自适应时隙分配的车载网接入方法	信息科学与工程学院、南京东大移动互联技术有限公司	沈连丰　茆玮玮　夏玮玮　胡　静　宋铁成	2018.04.24	第 2899472 号

（续 表）

序号	发明专利名称	申请院系(单位)	设计人	授权日	证书号
500	一种LISP标识承载接入网支持终端移动接入的方法	信息科学与工程学院	王 刚 陈晓曙 唐志军	2018.04.24	第2898694号
501	一种自适应控制基站节能的方法	信息科学与工程学院	徐平平 杨继振 秦 汉	2018.04.24	第2899213号
502	一种基于机器视觉的定位方法	自动化学院	李新德 徐叶帆	2018.04.24	第2899699号
503	基于免费放行界的高速公路收费站自动放行系统及其方法	交通学院	李梦甜 纪翔峰 曲 栩 冉 斌	2018.04.24	第2899033号
504	一种带有电压自举的高速基准缓冲电路	电子科学与工程学院	吴建辉 孙 杰 姚 芹 李 红 黄 成 张 萌	2018.04.24	第2900030号
505	一种永磁直线电机控制方法	电气工程学院	余海涛 程 帆 徐鸣飞 胡敏强 黄 磊 封宁君	2018.04.24	第2899984号
506	一种电动汽车动态无线供电系统分段发射线圈切换方法	电气工程学院	谭林林 刘 瀚 黄学良 王 维 郭金鹏	2018.04.24	第2898701号
507	一种透明超双疏表面层及层层原位喷涂反应制备法	材料科学与工程学院	张友法 朱海燕 余新泉	2018.04.24	第2901008号
508	一种用于确定沥青路面灌缝材料黏度要求的实验方法	智能运输系统(ITS)研究中心	陈磊磊 钱振东 张 勐 姚 波 刘雨萱	2018.04.24	第2898286号
509	一种基于地物散乱点逐点增加的轮廓构建算法	仪器科学与工程学院	张小国 周 斌 吕家东 王 庆	2018.04.24	第2899626号
510	一种基于横卧T形梁的MEMS微梁应力梯度的各向异性测试结构和测量方法	电子科学与工程学院	唐洁影 王 磊	2018.04.24	第2900278号
511	一种无源无线微机械开关	电子科学与工程学院	王立峰 黄庆安 汪东澍 金 月	2018.04.24	第2897867号
512	一种高亮度单色性好的溴化物钙钛矿量子点材料及其制备方法	电子科学与工程学院	王春雷 江 晗 徐淑宏 崔一平	2018.4.24	第2899686号
513	一种调变Ni-P化合物结构晶型的方法	化学化工学院	任丽丽 吴东方 许杭慧	2018.04.24	第2897583号
514	一种基于虚拟惯量的风电场黑启动频率控制方法	电气工程学院	汤 奕 刘煜谦 冯祎鑫	2018.04.24	第2898840号
515	一种基于长标距光纤光栅传感器的索结构监测方法	土木工程学院	张 建 李攀杰 吴智深	2018.04.24	第2898130号

(续　表)

序号	发明专利名称	申请院系(单位)	设计人	授权日	证书号
516	一种罗丹明-双吡啶甲基氨基萘酰亚胺荧光探针 REPN 及其制备方法和应用	化学化工学院	钱　鹰　刘剑峰	2018.04.24	第 2901037 号
517	通用型包含恒功率和下垂控制的微电网群分布式控制方法	电气工程学院	曹　戈　柳　伟　顾　伟　楼冠男　陈　明	2018.04.24	第 2901041 号
518	一种利用自发极化电场的非极性太阳能电池	电子科学与工程学院	张　雄　吴自力　崔一平	2018.04.24	第 2899782 号
519	一种响应光谱可调节的光电探测器	电子科学与工程学院	王琦龙　陈广甸　翟雨生	2018.04.24	第 2900162 号
520	一种单膨胀机实现热能梯级分时有机朗肯循环装置及方法	能源与环境学院	陈九法　王晓奇　庄昆明　王　楠	2018.04.24	第 2899880 号
521	低频减振聚氨酯弹性体的制备方法、复合聚氨酯助剂及其制备方法	化学化工学院	林保平　陶俊杰　杨　洪　孙　莹　张雪勤	2018.04.24	第 2900279 号
522	一种波长互组播型过程层光网络结构	电子科学与工程学院	樊鹤红　胡威漪　孙小菡　朱　敏	2018.04.24	第 2897960 号
523	一种用于实现拉索或拉杆快速断开的装置	土木工程学院	陆陈金　守钰一　郑宏伟　仲　春	2018.04.24	第 2898830 号
524	一种用于生物固体物质的微波辐射溶剂萃取联用深度脱水的方法及装置	能源与环境学院	黄　瑛　张林栋　林子增　施志伟	2018.04.24	第 2898704 号
525	一种用于芯片结构的热分布分析方法	电子科学与工程学院	韩　磊　仝振阳	2018.04.24	第 2898861 号
526	一种基于总方差的光纤电流互感器随机误差特性分析方法	仪器科学与工程学院	王立辉　魏广进　黄嘉宇	2018.04.24	第 2900218 号
527	用于恶性肿瘤和心脑血管相关疾病早期快速检测及多模态成像的金属离子试剂和影像制剂	生物科学与医学工程学院	王雪梅　赵春秋　杜天宇　任　发　来兰梅	2018.04.24	第 2900213 号
528	一种基于随机森林和用户关系的 OSN 用户情感分析方法	计算机科学与工程学院	曹玖新　马　卓　王　瑶　刘　波　陈高君	2018.04.24	第 2900723 号
529	一种基于三维区别性特征表示的低剂量 CT 图像分解方法	计算机科学与工程学院	陈　阳　刘　进　罗立民　李松毅　鲍旭东	2018.04.24	第 2900716 号
530	一种离散的四角切圆速度场中声线追踪计算方法	能源与环境学院	沈　炯　杨　康　刘西陲　李益国	2018.04.24	第 2901103 号
531	一种利用现场数据建立神经网络模型的方法	能源与环境学院	雎　刚　钱　磊	2018.04.24	第 2898113 号

（续 表）

序号	发明专利名称	申请院系(单位)	设计人	授权日	证书号
532	缝隙内嵌相位幅度校准的平面喇叭天线	信息科学与工程学院	赵洪新 刘艳群 殷晓星	2018.04.24	第 2899695 号
533	WiFi 综测仪中基于 IEEE802.11n 标准的数据处理方法	信息科学与工程学院	裴文江 蒋春霞 郝金光	2018.04.24	第 2899578 号
534	一种复杂结构耦合损耗因子的预示方法	机械工程学院	费庆国 王 攀 陈 强 张 鹏 李彦斌 吴邵庆	2018.04.24	第 2898625 号
535	一种获取耦合损耗因子的数值方法	机械工程学院	李彦斌 张 鹏 费庆国 吴邵庆 杨 轩 姜 东	2018.04.24	第 2901204 号
536	一种基于对偶模态方程的确定性声固耦合响应预示方法	机械工程学院	费庆国 张 鹏 李彦斌 吴邵庆 杨 轩 姜 东	2018.04.24	第 2899448 号
537	一种湍流边界层载荷模型的等效方法	机械工程学院	费庆国 张 鹏 李彦斌 吴邵庆 陈 强 姜 东	2018.04.24	第 2899447 号
538	一种制作银纳米线柔性透明导电薄膜的方法	机械工程学院	项 陈 楠 科 王 欣 倪中华	2018.04.24	第 2898759 号
539	一种磁性纳米氧化铁的制备方法	生物科学与医学工程学院	顾 宁	2018.04.24	第 2898758 号
540	一种水溶液中光触发合成超细银纳米线的方法	电子科学与工程学院	张晓阳 张 彤 薛小枚	2018.04.24	第 2898980 号
541	一种移动机器人任务规划与执行异常情况处理方法及装置	自动化学院	房 芳 马陈强 钱 堃 马旭东	2018.04.24	第 2898970 号
542	钠插层二氧化锰/石墨烯双壳空心微球材料及其制备方法和应用	化学化工学院	谢一兵 林金中 冀静静	2018.04.24	第 2898960 号
543	一种单电感多输出开关电源变换器的次环控制系统	电子科学与工程学院	祝 靖 薛尚嵘 张玉浩 陆扬扬 卜爱国 孙伟锋 陆生礼 时龙兴	2018.04.24	第 2900479 号
544	聚苯胺/液晶弹性体复合膜材料及其制备方法	化学化工学院	杨 洪 刘 伟 林保平	2018.04.24	第 2900478 号
545	一种基于状态观测器的冷热电三联供系统预测控制方法	能源与环境学院	廖霈之 李益国 沈 炯 刘西陲 吴 啸	2018.04.24	第 2900225 号
546	一种采用基片集成波导的背腔缝隙圆极化天线	信息科学与工程学院	王海明 无 奇 余 晨 洪 伟	2018.04.24	第 2901115 号

（续　表）

序号	发明专利名称	申请院系(单位)	设计人	授权日	证书号
547	一种糖类衍生物膨胀型阻燃协效剂的制备方法	化学化工学院	倪根美　张丽娟 吴　敏　丁　峰	2018.04.24	第 2898122 号
548	一种硅基槽波导集成型光功分器	电子科学与工程学院	肖金标　徐　银	2018.04.24	第 2900031 号
549	一种非同轴水平浓淡低NOx直流煤粉燃烧器	吴健雄学院	唐炜洁　高　峥	2018.04.24	第 2897555 号
550	一种 IGBT 功率开关器件的短路保护方法及其电路	电子科学与工程学院	祝　靖　钱　威 陆扬扬　孙伟锋 陆生礼　时龙兴	2018.04.24	第 2901120 号
551	一种真空管式炉系统	物理学院	洪昆权　王文达 曹广霞　郭皓文	2018.04.24	第 2897623 号
552	一种电网友好型设备参与电网调频的控制方法	电气工程学院	李　扬　吴奇珂 陈昕儒	2018.04.24	第 2900422 号
553	使用弱酸加速微生物矿化碱性废弃物制备建材制品的方法	材料科学与工程学院	钱春香　伊海赫 王　凯	2018.04.24	第 2899637 号
554	一种轻质空心保温板及其制备方法	材料科学与工程学院	张亚梅　李保亮 孙　超　张培根 孙正明	2018.04.24	第 2899480 号
555	具有盐壳的纳米化合物颗粒及其制备方法	材料科学与工程学院	董　岩　宋　立 邵起越　蒋建清	2018.04.24	第 2898843 号
556	一种头戴式多功能工作灯控制系统	电子科学与工程学院	徐嘉铭　郑姚生 汤勇明	2018.04.24	第 2898836 号
557	一种基于 TDOA 的快速定位方法	仪器科学与工程学院	徐晓苏　金博楠 姚逸卿　童金武 吴　梅　闫琳宇	2018.04.24	第 2899814 号
558	一种利用聚二甲基硅氧烷快速转移氮化硼薄膜的方法	电子科学与工程学院	孙立涛　史智慧 万　树　苏　适 毕恒昌　尹奎波	2018.04.24	第 2897589 号
559	一种原边反馈反激式变换器的输出电压恒压控制方法	电子科学与工程学院	徐　申　周健洋 沈　乾　司开心 陶思文　孙伟锋 陆生礼　时龙兴	2018.04.24	第 2901032 号
560	双重 HDAC/BRD4 抑制剂及其制备方法和应用	化学化工学院	蔡　进　陈国庆 吉　民　李丛丛 郭明亮　徐　华 刘文景	2018.04.24	第 2899335 号
561	一种应用于成像系统的Vivaldi 天线装置	信息科学与工程学院	崔铁军　潘柏操 孙忠良	2018.04.24	第 2900939 号

（续 表）

序号	发明专利名称	申请院系(单位)	设计人	授权日	证书号
562	基于三苯胺共轭聚合物电致变色材料及其制备方法和应用	化学化工学院	林保平 戴 斌 孙 莹 杨 洪 张雪勤	2018.04.24	第2900938号
563	一种利用秸秆催化加氢液化制备生物油的方法	化学化工学院	马全红 周丽君 许雪松 周建成	2018.04.24	第2900847号
564	一种蒽的硝化产物粉末低温低压合成纳米金刚石的方法	电子科学与工程学院	孙立涛 苏 适 马 青 沈昱婷	2018.04.24	第2900846号
565	微型空气弹簧笔记本硬盘隔振器	机械工程学院	卢 熹 吴 丹 张建润 孙蓓蓓	2018.04.24	第2899832号
566	一种用于评估毫米波天线测试平台的双向喇叭天线	信息科学与工程学院	胡三明 沈一竹 孟洪福 窦文斌	2018.05.0.4	第2910388号
567	一种流量测量装置	能源与环境学院	钱 华 刘 荔 周 琦	2018.05.01	第2900388号
568	一种公共楼宇空调负荷广泛参与的电网负荷高度方法	电气工程学院、国家电网公司、国网福建省电力有限公司、经济技术研究院、江苏省电力公司	徐青山 杨辰星 李喜兰 颜庆国	2018.05.01	第2907543号
569	一种用于异构网络中的自适应小区扩展偏置调整方法	信息科学与工程学院、大唐移动通信设备有限公司	赵新胜 房 耿 邹素玲 王浩娟 杨 哲	2018.05.01	第2908992号
570	一种高模量改性再生沥青混合料及制备方法与应用	交通学院	黄晓明 祝谭雍 李 伟 邓交龙	2018.05.01	第2908540号
571	三维超材料阵列的大规模喷墨打印方法	电子科学与工程学院	张晓阳 张 彤 徐佳佳 苏 丹	2018.05.04	第2914153号
572	一种提高原边反馈反激电源在CCM下输出恒压稳定性的方法	电子科学与工程学院	孙伟锋 沈 乾 黄 智 陶思文 徐 申 陆生礼 时龙兴	2018.05.04	第2911456号
573	聚氨酯空隙弹性混合料与沥青混合料的界面粘结方法	交通学院	廖公云 孙铭鑫 孙培翔 陈华庆	2018.05.04	第2910951号
574	一种基于遗传算法的效率优化电源控制方法	电子科学与工程学院	钱钦松 谢明枫 俞居正 朱俊杰 孙伟锋 陆生礼 时龙兴	2018.05.04	第2910074号
575	一种具有p-i-n隧道结的多有源区发光二极管	电子科学与工程学院	张 雄 王肖磊 崔一平	2018.05.04	第2910306号

(续　表)

序号	发明专利名称	申请院系(单位)	设计人	授权日	证书号
576	一体化杂多酸修饰聚苯胺/氮化钛核壳纳米线阵列复合材料及其制备方法和应用	化学化工学院	谢一兵　路　露	2018.05.04	第2911310号
577	一种主被动结合的混合型弧岛检测方法	电气工程学院	蒋　冯　平　双　高　蕾　吴　熙	2018.05.04	第2912177号
578	一种太赫兹基波混频模块	信息科学与工程学院	杨　非　孟洪福　王宗新　窦文斌　孙忠良	2018.05.04	第2911179号
579	一种基于身份的拉格朗日插值密钥管理协议	信息科学与工程学院	万长胜　仇瑞腾　黄　杰	2018.05.04	第2911186号
580	一种选择性大量纯化扩增干细胞的方法	生物科学与医学工程学院	肖忠党　孙　博　王　秀　王俊华　胡飞虎	2018.05.04	第2911015号
581	一种CMOS栅压自举开关电路	电子科学与工程学院	胡　晨　姚　芹　孙　杰　陈　超　吴建辉　李　红	2018.05.04	第2913124号
582	基于长期实测数据的桥梁风振响应直接预测方法	土木工程学院	王　浩　荀智翔　茅建校	2018.05.04	第2914200号
583	一种接入网服务商监测用户到视频服务器延迟特性方法	计算机科学与工程学院	吴　桦　程　光	2018.05.04	第2914204号
584	一种氮化钼/氮化钛纳米管阵列复合材料及其制备方法和应用	化学化工学院	谢一兵　田　芳	2018.05.04	第2911704号
585	基于多变量区间约束预测的SCR脱硝优化控制系统及方法	能源与环境学院	李益国　谈晨伟　沈　炯　刘西陲	2018.05.04	第2912467号
586	基于有源级联表面等离子体激元谐振腔的激光陀螺	电子科学与工程学院	张　彤　钱　广　张晓阳　唐　杰　万峰华	2018.05.04	第2912469号
587	一种复合增强碱激发矿渣砂浆板及其制备方法	材料科学与工程学院	张亚梅　李　涛　戴建国	2018.05.04	第2912524号
588	一种透水性水泥土的制备方法	交通学院	邓永锋　吴子龙　刘松玉　刘华山　刘晓培	2018.05.04	第2912233号
589	基于电压矢量的开关磁阻电机直接瞬时转矩控制方法	自动化学院	李　涛　章国宝　朱叶盛　黄永明	2018.05.04	第2912237号
590	一种基于STATCOM/BESS的风电机群协调自启动控制方法	电气工程学院	蒋　平　冯士睿	2018.05.04	第29＊10305号

（续 表）

序号	发明专利名称	申请院系(单位)	设计人	授权日	证书号
591	径向伸缩网架结构	土木工程学院	蔡建国 吴森坤 冯 健 陆 栋 朱奕锋	2018.05.04	第 2910665 号
592	南极低温低压环境模拟舱	能源与环境学院	陈永平 朱炳朋 沈超群 张程宾	2018.05.04	第 2912429 号
593	基于光电振荡器的 X 波段高速扫频信号产生装置及其方法	电子科学与工程学院	陈 翰 夏明宇 孙小菡	2018.05.04	第 2911822 号
594	平面径向开合屋盖结构	土木工程学院	蔡建国 马瑞君 吴森坤 冯 健 陆 栋 朱奕锋	2018.05.04	第 2910666 号
595	一种蜂窝与 D2D 混合网络中的拥塞控制和传输调度方法	信息科学与工程学院	沈连丰 李俊超 夏玮玮 刘诚毅 张 瑞	2018.05.08	第 2917275 号
596	一种基于个体活动链的公交客流时空分布仿真系统	交通学院	杨 敏 汤斗南 吴静娴 罗天铭	2018.05.08	第 2916932 号
597	一种利用太阳能驱动的窗式新风机	能源与环境学院	郑晓红 黄如春 吕政飞 谢晓亮 钱 华	2018.05.08	第 2916333 号
598	一种宽带高增益双圆极化贴片天线	信息科学与工程学院	张 彦 庄建兴 洪 伟 王海明	2018.05.08	第 2915608 号
599	一种基于 PXI 仪器的 Wifi 并行产测方法	信息科学与工程学院	裴文江 孙 珂	2018.05.08	第 2918556 号
600	公路桥梁支座及伸缩装置的竖向抗冲击服役性能评定方法	土木工程学院	黄跃平 周明华 何顶顶	2018.05.08	第 2918058 号
601	一种基于相似类型匹配估算的 SQLite 删除数据恢复方法	计算机科学与工程学院	宋宇波 戚姗姗 陈 飞 项睿清 顾荣荣 浦希益 胡爱群	2018.05.08	第 2915162 号
602	一种基于形态学对建筑物图像快速识别的方法	仪器科学与工程学院	张小国 王 庆 任 阳 任 胜	2018.05.08	第 2914713 号
603	一种基于新型人工电磁材料的电压控制波束可调透镜天线	信息科学与工程学院	汤文轩 武展妮 崔铁军	2018.05.08	第 2918389 号
604	一种锅炉排烟热损失的测定方法	能源与环境学院	王培红 周志成 韦思超 苏志刚 郝勇生	2018.05.08	第 2915741 号

（续　表）

序号	发明专利名称	申请院系(单位)	设计人	授权日	证书号
605	一种高耐磨超疏水复合涂层及其制备方法	材料科学与工程学院	张友法　王山林　张　静　余新泉　陈　锋	2018.05.08	第2916804号
606	一种基于离散元的沥青混合料压实模拟方法	交通学院	高　英　刘卫东　戴雄威	2018.05.08	第2916150号
607	一种微波单片集成压控振荡器调谐增益线性化的方法	信息科学与工程学院	陈　喆　洪　伟　陈继新	2018.05.08	第2914722号
608	基于陶瓷封装的二维热式风速风向传感器及其制作方法	电子科学与工程学院	秦　明　叶一舟　姚玉瑾　黄庆安	2018.05.08	第2918398号
609	一种超疏水纳米涂料制作方法及超疏水纳米涂料涂布	化学化工学院	姜　郃　勇　丽　赵正柏　张大明	2018.05.08	第2915623号
610	一种天空可视域的标准测量方法	建筑学院	杨俊宴　曹　俊　史　宜	2018.05.08	第2917297号
611	一种城市风环境数字地图制作及显示方法	建筑学院	杨俊宴　方永华	2018.05.08	第2916499号
612	一种扩散型混凝土表层抗渗性能测试仪器及其测试方法	机械工程学院	帅立国　陈慧玲　张雨露	2018.05.08	第2915229号
613	一类铂(II)配合物及其制备方法和用途	化学化工学院	房　雷	2018.05.08	第2917241号
614	一种医用高分了材料纳米纤维的表面生物功能化方法	生物科学与医学工程学院	黄宁平　张　宁　张　峰	2018.05.08	第2915009号
615	一种铝硅铜锌合金泡沫及其制备方法	生物科学与医学工程学院	何思渊　陈诗婷　赵　炜　王永超　戴　戈　张　益　许婷婷	2018.05.08	第2916003号
616	紫外条件下的混合催化剂超声雾化有机污水净化系统	电子科学与工程学院	汪　栋　甘舜予　徐　峰	2018.05.08	第2917595号
617	一种图案化聚多巴胺涂层及其制备方法	生物科学与医学工程学院	顾忠泽	2018.05.08	第2915625号
618	一种直扩信号码片宽度估计方法	信息科学与工程学院	王晓燕　方世良　李帝水　姚　帅	2018.05.08	第2915709号
619	一种爬杆机器人	机械工程学院	吴宣勇　王　希　闵　剑　秦博豪	2018.05.08	第2916664号
620	基于虚拟磁链定向的功率前馈预测直接功率的控制方法	电气工程学院	林明耀　谢程洲　台流臣	2018.05.08	第2917945号
621	一种盾构隧道衬砌壁后微生物注浆装置及方法	交通学院	徐向春　刘松玉　章定文　童立元　张国柱	2018.05.08	第2915855号
622	超超临界机组主蒸汽管道用斜三通外廓自由锻成形方法	材料科学与工程学院	王舒涛　高锦张　叶　明	2018.05.08	第2915316号

（续 表）

序号	发明专利名称	申请院系(单位)	设计人	授权日	证书号
623	一种基于回音壁模式微腔阵列的微流控检测芯片	生物科学与医学工程学院	赵祥伟 张 迪 包 镇 倪海彬 顾忠泽	2018.05.08	第2918113号
624	基于平板显示TFT基板的大面积红外探测器件及其驱动方法	电子科学与工程学院	雷 威 李 青 张晓兵 刘 向 陈 静 王保平	2018.05.08	第2915722号
625	下一代WiFi中基于干扰代价信息的多小区功率分配方法	信息科学与工程学院、南京东大移动互联技术有限公司	夏玮玮 林子敬 沈连丰 胡 静 宋铁成	2018.05.08	第2917494号
626	一种预应力纤维片材加固柱的装置及方法	土木工程学院	吴 刚 李兴华 蒋剑彪 李东平 陆绍辉	2018.05.11	第2922438号
627	一种基于多维总线的通用体系结构可视化建模方法	计算机科学与工程学院	沈 军 高 文	2018.05.15	第2925259号
628	一种普适和手机平台VPU视频编码性能检测方法	电子科学与工程学院	齐 志 金弘晟 张 亚 孟 炜 李 志	2018.05.15	第2926762号
629	一种生鲜农产品货架期自修正系统和方法	经济管理学院	赵林度 邓 超 赵芳芳 拜小霞 欧阳娇 周 成	2018.05.15	第2924296号
630	多信道蜂窝用户情况下的D2D功率分配快速优化算法	信息科学与工程学院	王家恒 张建飞 梁 霄 赵春明	2018.05.15	第2924908号
631	含可调负荷和分布式电源的售电公司日前优化调度方法	电气工程学院	顾 伟 高 君 任佳依 朱俊澎	2018.05.15	第2924281号
632	一种基于界面缺陷的量子点比率荧光温敏探针及其制备方法	电子科学与工程学院	王春雷 黄光光 徐淑宏 崔一平	2018.05.15	第2923458号
633	一种基于多梁比对结构的MEMS微梁应力梯度的测试结构和测量方法	电子科学与工程学院	唐洁影 王 磊	2018.05.15	第2924912号
634	以褐煤和生物质为燃料制备富含氢气合成气的装置及方法	能源与环境学院	肖 睿 曾骥敏 张会岩 陈 星	2018.05.15	第2923865号
635	一种与喷射器耦合的复叠式制冷循环系统	能源与环境学院	江巍雪 杜 垲 李彦军	2018.05.15	第2924729号
636	竹形屈曲约束支撑	土木工程学院	王春林 刘 烨 曾 滨 陈 泉	2018.05.15	第2926007号
637	矩形竹节屈曲约束支撑	土木工程学院	王春林 曾 滨 刘 烨 陈 泉	2018.05.15	第2926009号

（续　表）

序号	发明专利名称	申请院系(单位)	设计人	授权日	证书号
638	一种铜修饰氮掺杂二氧化钛薄膜的制备方法	材料科学与工程学院	方　峰　张夜雨 陈海洋　张旭海 周雪峰　蒋建清	2018.05.15	第 2925376 号
639	一种提高大桥缆索用镀锌钢丝扭转性能的方法	材料科学与工程学院	方　峰　周立初 季培蓓　王凌烽 陈华青　蒋建清	2018.05.15	第 2926360 号
640	一种促进湿式电除尘器脱除PM2.5 的装置及方法	能源与环境学院	杨林军　雒　飞 吴　昊　袁竹林	2018.05.15	第 2922988 号
641	基于不同数量负载接入的单中继多负载无线电能传输系统工作频率稳定方法	电气工程学院	黄学良　王　维 李佳承　潘书磊 谭林林	2018.05.15	第 2922997 号
642	一种压送式高压密相多路气力输送发料罐及其输送系统	能源与环境学院	熊源泉　沈湘林 周海军	2018.05.15	第 2926886 号
643	碳量子点-聚苯胺/碳纤维一体化复合材料及其制备方法和应用	化学化工学院	谢一兵　赵志超	2018.05.15	第 2923613 号
644	一种铝介材料及其制备方法	材料科学与工程学院	张　耀　陈　岗	2018.05.15	第 2924989 号
645	一种席夫碱类多功能荧光探针及其制备方法与应用	化学化工学院	赵　红　薛兴颖 汀道勇　张　晗 贺祖茂　杨买娥	2018.05.15	第 2924259 号
646	一种治疗痛经的中药组合物及其制备方法和应用	附属中大医院	金保方　孙大林 蔡　滨　邓伟民 金亦涵　许维娜 陈荔旸　陆亚娜	2018.05.15	第 2923246 号
647	一种计及非共振传输的中频动响应预示简化分析方法	机械工程学院	费庆国　张　鹏 李彦斌　吴邵庆 陈　强　姜　东	2018.05.15	第 2923005 号
648	一种 MIMO 分布式基站系统中能量效率最优化的方法	信息科学与工程学院	刘　楠　任　红	2018.05.15	第 2926731 号
649	一种列车车轮空转及滑行的实时监测方法	交通学院	张　磊　刘　攀 陈先华　杨国涛 赵国堂　王　握 单　睿　谌偲翔 贾　通	2018.05.15	第 2925645 号
650	一种基于两核苷酸合成焦测序寻找新突变/SNP 位点的方法	生物科学与医学工程学院	肖鹏景　殷豪景 唐　健	2018.05.15	第 2925616 号
651	一种基于六边形几何的二维张拉整体结构单元	土木工程学院	陈　耀　冯　健 孙求知	2018.05.15	第 2925736 号

（续 表）

序号	发明专利名称	申请院系(单位)	设计人	授权日	证书号
652	一种用于生物固体物质的超声波辐射溶剂萃取联用深度脱水的方法及装置	能源与环境学院	黄　瑛　张　栋　何　源	2018.05.15	第 2924531 号
653	基于点集对比的 SAR 图像相似性度量方法	信息科学与工程学院	蒋忠进　崔铁军　王诗琦	2018.05.15	第 2924532 号
654	一种基于折半搜索算法的电离层穿刺点坐标计算方法	交通学院	余龙飞　胡伍生　韩理想	2018.05.15	第 2926746 号
655	一种数字体积相关算法在边界问题上的处理方法	材料科学与工程学院	万克树　吕长月	2018.05.15	第 2926111 号
656	差别性使用高性能材料的预制预应力混凝土框架梁柱节点	土木工程学院	冯　健　刘亚非　金如元　陈　耀　庞　涛　蔡建国　刘立新	2018.05.15	第 2926170 号
657	一种基于增强型数字地图的车辆优化选星定位方法	仪器科学与工程学院	李　旭　高怀堃　徐启敏	2018.05.15	第 2924730 号
658	一种视频图像中运动目标的像素坐标轨迹预测方法	信息科学与工程学院	衡　伟　吕正荣　吴细老　黄　勇	2018.05.15	第 2626330 号
659	一种具有复合极性面电子阻挡层的发光二极管	电子科学与工程学院	张　雄　王　南　崔一平	2018.05.15	第 2923159 号
660	一种移相全桥式车载充电机死区时间的动态调节系统	电子科学与工程学院	孙伟锋　付君宇　俞居正　司开心　钱钦宇　陆生礼　时龙兴	2018.05.15	第 2923376 号
661	基于改进的约束总体最小二乘的地磁测量误差补偿方法	仪器科学与工程学院	王立辉　乔　楠　黄嘉宇	2018.05.15	第 2924090 号
662	吡咯并嘧啶类化合物、其制备方法及其用途	化学化工学院	吉　蔡　民　进　王　鹏　许娇娇	2018.05.15	第 2923612 号
663	一种适用于 OFDM-WLAN 射频测试系统的定时同步方法	信息科学与工程学院	裴文江　罗向丽	2018.05.15	第 2926464 号
664	一种两亲嵌段聚合物及其制备方法	化学化工学院	焦　真　樊文景　王梓屹　王秀东	2018.05.15	第 2923216 号
665	超密集无线网络中基于 PSS 干扰消除的小站发现方法	信息科学与工程学院	潘志文　彭　帅　刘　楠　尤肖虎	2018.05.15	第 2923222 号
666	一种基于轮廓线的三维人脸迭代预处理和特征点提取方法	自动化学院	俞　毅　达飞鹏　张　璞	2018.05.15	第 2923451 号
667	一种向量点积的 OpenCL 自动化实现方法	电子科学与工程学院	戚隆宁　黄少珉　汪　晨	2018.05.15	第 2924501 号

（续　表）

序号	发明专利名称	申请院系(单位)	设计人	授权日	证书号
668	非再热机组有疏水冷源损失时回热作功比与回热增益率测定方法	能源与环境学院	王培红　刘朝阳　苏志刚　孙　文　赵佳骏	2018.05.18	第 2926958 号
669	一种可重构系统的局部重构控制器	电子科学与工程学院	曹　鹏　申艾麟　杨锦江　胡建兵　刘　波　杨　军　时龙兴	2018.05.18	第 2929581 号
670	一种可降解人工皮肤支架及其制备方法	生物科学与医学工程学院	王　婷　崔　青　刘　旭　喻曦子　郭悦彤　陈　战	2018.05.18	第 2927703 号
671	一种用于 IPSec 协议下的 AES 算法硬件实现装置	电子科学与工程学院	李　冰　涂云晶　李　兵　郭　安　刘　勇　陈　帅　赵　霞　董　乾　王　刚	2018.05.18	第 2929896 号
672	基于喷氨敏感阀锁定的 SCR 系统自动控制方法	能源与环境学院	沈德魁　刘国富　肖　睿	2018.05.18	第 2927339 号
673	平面开合屋盖结构	土木工程学院	蔡建国　马瑞君　吴森坤　冯　健　陆　栋　朱奕锋	2018.05.18	第 2927889 号
674	一种折叠式拱桥结构	土木工程学院	蔡建国　张　骞　王馨玉　冯　健	2018.05.18	第 2929984 号
675	一种双向折叠桁架桥结构	土木工程学院	蔡建国　张　骞　王馨玉　冯　健	2018.05.18	第 2928354 号
676	一种形状记忆合金单向驱动的热开关	土木工程学院	蔡建国　张　骞　冯　健	2018.05.18	第 2927224 号
677	一种单程形状记忆合金驱动的热开关及控制方法	土木工程学院	蔡建国　张　骞　冯　健	2018.05.18	第 2927225 号
678	基于归并聚类的并行化频繁概率子图搜索方法	计算机科学与工程学院	杨　鹏　顾　梁　王春艳	2018.05.18	第 2930575 号
679	一种中速磨煤机的多变量推断预测控制方法	能源与环境学院	焦　健　李益国　沈　炯　刘西陲　吴　啸	2018.05.18	第 2929834 号
680	一种基于快速遗传算法和灰箱模型的磨煤机故障诊断方法	能源与环境学院	梁修凡　沈　炯　李益国　刘西陲　吴　啸　潘　蕾	2018.05.18	第 2928058 号
681	基于虚拟仪器的 RFID 标签一致性测试系统	信息科学与工程学院	裴文江　李　倩　王　开　夏亦犁	2018.05.18	第 2927309 号
682	地铁减振隔振道床轻质混凝土拌合装置及其拌合方法	交通学院	缪林昌　陈艺南　尤　佺	2018.05.18	第 2930175 号

（续 表）

序号	发明专利名称	申请院系(单位)	设计人	授权日	证书号
683	基于可见光通信标签的移动终端信息推送系统	信息科学与工程学院	胡 静 宋铁成 黄嘉乐 沈雅娟 夏玮玮 沈连丰	2018.05.18	第 2928018 号
684	一种借助通信总线提供电源的分布式采集系统	信息科学与工程学院	吴 强	2018.05.22	第 2934786 号
685	一种焦测序定量检测甲基化的方法	生物科学与医学工程学院	肖鹏峰 陈 玲	2018.05.25	第 2938151 号
686	一种两核苷酸合成焦测序定量检测甲基化的方法	生物科学与医学工程学院	肖鹏峰 刘文斌	2018.05.25	第 2938152 号
687	一种微机械位移传感器及其制造方法	电子科学与工程学院	秦 明 王庆贺 穆 林 叶一舟 高磬雅	2018.05.25	第 2935540 号
688	一种一对多电动汽车路面供电系统功率及效率调节方法	电气工程学院	谭林林 郭金鹏 黄学良 刘 瀚 颜长鑫	2018.05.25	第 2935545 号
689	一种轴向磁场磁通切换型混合永磁体记忆电机矢量控制方法	电气工程学院	林明耀 杨公德 李 念	2018.05.25	第 2938979 号
690	一种旋流燃烧器	吴健雄学院	唐炜洁 高 峥	2018.05.25	第 2937225 号
691	一种具有刚性屋面板的平面径向开合屋盖结构	土木工程学院	蔡建国 吴森坤 冯 健 王馨玉 朱奕锋	2018.05.25	第 2935159 号
692	一种具有梯形刚性屋面结构单元的平面径向开合屋盖结构	土木工程学院	蔡建国 吴森坤 冯 健 王馨玉 朱奕锋	2018.05.25	第 2935162 号
693	一种氧化钼/碳包覆氮化钛纳米管阵列复合材料及其制备方法和应用	化学化工学院	谢一兵 田 芳	2018.05.25	第 2935542 号
694	异质结激子太阳能电池及制备方法	电子科学与工程学院	雷双瑛 沈海云	2018.05.25	第 2936022 号
695	一种横向变摩擦纤维夹片	柳州欧维姆结构检测技术有限公司、土木工程学院、北京九通衢检测技术股份有限公司	李兴华 吴 刚 庞忠华 蒋剑彪	2018.05.25	第 2938873 号
696	一种基于演化的软件架构评估方法	计算机科学与工程学院	李必信 姜雨晴 廖 力	2018.05.29	第 2941740 号

（续　表）

序号	发明专利名称	申请院系(单位)	设计人	授权日	证书号
697	检测抗原抗体特异性结合的纳米通道及其制备方法和检测方法	机械工程学院	沙　菁　石鸿佼 陈云飞　袁志山	2018.05.29	第2939415号
698	一种单相并联型有源电力滤波器的滞环电流控制方法	电气工程学院	许　刘　康胜礼 赵剑锋　曹　武	2018.05.29	第2940701号
699	一种多层电感无源无线 LC 温度传感器	电子科学与工程学院	任青颖　王立峰 黄　燕　黄庆安	2018.052.23	第2827043号
700	一种基于特性系数的单抽供热机组热电负荷分配方法	能源与环境学院	王培红　张　骞 郝勇生　苏志刚 赵　刚	2018.06.01	第2945696号
701	一种基于需求响应的电动汽车经济高度方法	交通学院	高赐威　潘樟惠	2018.06.01	第2945701号
702	一种应用于无线 Mesh 网中的位置辅助路由方法	信息科学与工程学院	王　捷　陈　灿 李　磊　粟　勇	2018.06.01	第2945703号
703	一种高速低功耗的2/3双模预分频器	电子科学与工程学院	吴建辉　程　康 张文通　陈　超 黄　成　李　红	2018.06.01	第2944405号
704	一种智能温室大棚的测控方法及测控装置	电气工程学院	汤　李　奕　峰 申　振　冯祎鑫	2018.06.01	第2946568号
705	一种桥梁颤振时域计算方法	土木工程学院	张文明	2018.06.01	第2943423号
706	一种用于分离乳化油的金属纤维毡及其改性方法和应用	材料科学与工程学院	张友法　高　琳 余新泉	2018.06.01	第2946658号
707	无直流偏置高效频谱利用率的光正交频分复用通信方法	信息科学与工程学院	吴　亮　张在琛 党　建	2018.06.01	第2945900号
708	一种绝缘子表面积污的清理方法	能源与环境学院	袁竹林　张　林	2018.06.01	第2944446号
709	一种大尺寸信息存储单晶体的生长方法	化学化工学院	付大伟　熊仁根 叶　琼　张　毅 叶恒云　游雨蒙 戈加震	2018.06.01	第2944452号
710	一种微机电多值存储器件	电子科学与工程学院	万　能	2018.06.01	第2944457号
711	一种自动隔冷浴帘	能源与环境学院	杨　柳　徐新懿 袁天鹏	2018.06.01	第2944580号
712	泡沫铝熔体的表观黏度和孔隙率的实时测量装置及方法	生物科学与医学工程学院	何思渊　张　益 王永超　戴　戈 陈诗婷　赵　炜 张法铭　盛宁悦 顾孙望	2018.06.01	第2945967号
713	一种全方位移动的搬运小车	机械工程学院	吴宣勇　王　希 江　苏	2018.06.01	第2946754号

（续　表）

序号	发明专利名称	申请院系(单位)	设计人	授权日	证书号
714	具有变流量自适应功能的热源塔布液装置	能源与环境学院	梁彩华　陈　睿　张小松	2018.06.01	第 2946836 号
715	一种永磁直线电机伺服控制方法	电气工程学院	余海涛　张　涛　程　帆　胡敏强　黄　磊	2018.06.01	第 2946704 号
716	径向伸缩网壳结构	土木工程学院	蔡建国　吴森坤　冯　健　陆　栋　朱奕锋	2018.06.05	第 2950309 号
717	再热机组有汽动泵时回热作功比与回热增益率测定方法	能源与环境学院	王培红　郑卫东　赵　刚　陈小龙　顾玉顺	2018.06.05	第 2951284 号
718	非再热机组有加热器散热损失时回热作功比与回热增益率测定方法	能源与环境学院	王培红　陈小龙　赵　刚　郑卫东　顾玉顺	2018.06.05	第 2947654 号
719	一种基于信道状态信息的自适应交织方法及装置	信息科学与工程学院	杨绿溪　李长庚　魏明君　张皓月　张晓燕　李双龙	2018.06.05	第 2950273 号
720	一种 DDR2 - SDRAM 控制器及其低延迟优化方法	电子科学与工程学院	刘　昊　何雅乾　黄　成	2018.06.05	第 2950125 号
721	一种具备跳跃功能的球形机器人	机械工程学院	帅立国　郭　锐　陈慧玲　徐乾荣　刘金肖	2018.06.05	第 2949414 号
722	一种季节性冻胀地基处理方法及处理装置	交通学院	彭尔兴　章定文　胡晓莹	2018.06.05	第 2948646 号
723	一种连接装置及链接方法	土木工程学院	张晓明　陈锦祥　郭振胜	2018.06.05	第 2950032 号
724	大规模 MISO 多小区协同功率分配方法	信息科学与工程学院	黄永明　施妍如　何世文　杨绿溪	2018.06.05	第 2948329 号
725	一种基于 Tikhonov 正则化的亚像素位移测量方法	土木工程学院	何顶顶　郑成林　费庆国	2018.06.05	第 2948990 号
726	变频空调负荷参与需求响应的节电潜力评估方法	电气工程学院	高赐威　丁小叶	2018.06.12	第 2957567 号
727	一种基于色移键控的多色空间调制方法及光通信方法	信息科学与工程学院	许　威　王　佳　张　华	2018.06.12	第 2957979 号
728	一种微型全桥触探探头	交通学院	蔡国军　李学鹏	2018.06.12	第 2957173 号
729	适用于中高压直流并网的级联 DC/DC 变换器及其控制方法	电气工程学院	陈　武　宁光富　吴子成	2018.06.12	第 2957048 号
730	一种增量式直线旋转两自由度位置检测装置	电气工程学院	徐　丁　磊　超　林明耀　付兴贺	2018.06.12	第 2955715 号

（续 表）

序号	发明专利名称	申请院系(单位)	设计人	授权日	证书号
731	基于负载功率均衡的单中继多负载无线电能传输系统最优频率配置方法	电气工程学院	黄学良 王 维 郭金鹏 潘书磊 谭林林	2018.06.12	第2959161号
732	一种LED可见光通信在线自适应比特、功率分配和码率选择方法	信息科学与工程学院	赵春明 韩 伟 沈 弘 黄 鹤	2018.06.12	第2958357号
733	一种轴向磁场磁通切换型混合永磁体记忆电机弱磁控制方法	电气工程学院	林明耀 杨公德 李 念	2018.06.12	第2957735号
734	基于硅基悬臂梁T型结直接加热式毫米波信号检测仪器	电子科学与工程学院	廖小平 严嘉彬	2018.06.12	第2957059号
735	一种基于等腰梯形接收阵的减小测向多值问题的方法	信息科学与工程学院	韩 宁 方世良	2018.06.12	第2956609号
736	利用统计信道状态信息的MIMO多址接入无线通信方法	信息科学与工程学院	高西奇 吴泳澎	2018.06.12	第2956087号
737	一种基于移动终端的局域网集群双工语音通信方法	信息科学与工程学院	衡 伟 孙 慧 徐 明	2018.06.15	第2962401号
738	一种云存储中多用户的加密搜索方法	信息科学与工程学院	万长胜 潘 浩 黄 杰	2018.06.15	第2960431号
739	一种可实现多点测量的柔性温度传感器及其制备方法	电子科学与工程学院	聂 萌 章 丹 黄庆安	2018.06.15	第2960300号
740	一种改进的三环宽带频率综合器的实现方法和装置	信息科学与工程学院	田 玲 刘 泊	2018.06.15	第2961625号
741	基于人工表面等离激元的带阻滤波器及其阻带引入方法	信息科学与工程学院	崔铁军 尹佳媛	2018.06.15	第2960671号
742	一种肥皂重整器	机械工程学院	迟 鹏	2018.06.15	第2959299号
743	一种中央空调负荷聚合及参与平抑分布式电源出力的策略	电气工程学院	高赐威 张良杰	2018.06.15	第2962744号
744	一种氧化石墨烯-氧化铝复合气凝胶的制备方法	化学化工学院	任丽丽 贺 赫	2018.06.15	第29060946号
745	一种磨煤机入口一次风管路及管路内风量风温测量方法	能源与环境学院	韦红旗 陈经纬	2018.06.15	第2961377号
746	一种直线旋转两自由度永磁电机的位置检测方法	电气工程学院	徐 磊 林明耀 付兴贺 张亚光	2018.06.15	第2959871号
747	一种双轮自平衡车及其方法	机械工程学院	孙承栋 许国树 闵 剑 蔡道清	2018.06.15	第2959390号
748	一种互补型磁齿轮双转子电机	电气工程学院	程 明 文宏辉 孙 乐 宋利华	2018.06.15	第2962633号

（续 表）

序号	发明专利名称	申请院系(单位)	设计人	授权日	证书号
749	基于有限时间一致性的直流微电网分布式协同控制方法	电气工程学院	顾 伟 曹 戈 薛 帅 柳 伟 陈 明 楼冠男 洪灏灏	2018.06.15	第 2962410 号
750	一种互补反馈式栅极开关电荷泵电路	电子科学与工程学院	吴建辉 陈怀昊 丁 欣 陈 超 李 红	2018.06.15	第 2960645 号
751	一种分离式 FRP-混凝土-钢组合梁桥结构及施工方法	交通学院	宋晓东 张海龙 黄 侨 佟兆杰 赵 刚	2018.06.15	第 2959878 号
752	一种用于动物组织原位对照培养的微流控芯片	电子科学与工程学院	朱 真 陈 攀 陈炜捷 田倍通 方 磊	2018.06.15	第 2960154 号
753	内嵌钢珠 FRP 筋内锥式粘结锚具及其实施方法	土木工程学院	秦卫红 惠 卓 张 璇 秦诗达	2018.06.15	第 2959197 号
754	一种抗高温氧化耐磨钴基合金丝材及其制备方法	材料科学与工程学院	储成林 张 斌 郭 超	2018.06.15	第 2959397 号
755	一种耐磨抗蚀镍基合金丝材的制备方法	材料科学与工程学院	储成林 张 斌 郭 超	2018.06.15	第 2959266 号
756	一种光伏发电参与的功率就地消纳方案	电气工程学院	汤 奕 伏祥运 刘 明 王华雷 杜先波 王 琦 谭敏刚 居佳琪	2018.06.19	第 2965267 号
757	基于混合型模块化多电平变换器的四端口电力电子变压器	电气工程学院	赵剑锋 李东野 季振东 孙毅超	2018.06.19	第 2967235 号
758	混杂网络移动节点覆盖探测方法及节点部署选择方法	仪器科学与工程学院	丁 飞 宋爱国	2018.06.19	第 2965969 号
759	一种基于卡尔曼滤波的道路坡度增强型数字地图制作方法	仪器科学与工程学院	李 旭 王 宇 蒋 荣	2018.06.19	第 2964596 号
760	一种组装式半球谐振微陀螺仪及其加工工艺	仪器科学与工程学院	夏敦柱 高海钰	2018.06.19	第 2962927 号
761	基于信息预评判及补偿修正的 SINS/DVL/ES 组合导航方法	仪器科学与工程学院	徐晓苏 童金武 张 涛 李 瑶 王捍兵 孙 进 刘义亭 姚逸卿 杨冬瑞 陈立平 石宏飞 金博楠	2018.06.19	第 2962925 号
762	外套管约束折叠钢板耗能支撑	土木工程学院	陆金钰 杨连坤 谯旭东	2018.06.19	第 2965316 号

（续　表）

序号	发明专利名称	申请院系(单位)	设计人	授权日	证书号
763	内套管约束折叠钢板耗能支撑	土木工程学院	陆金钰　杨连坤　谯旭东	2018.06.19	第2964678号
764	一种基于染料敏化的上转换发光复合材料及其制备方法	材料科学与工程学院	邵起越　李晓松　董　岩　曾宇乔　蒋建清	2018.06.19	第2967897号
765	一种具有液晶性质的近红外吸波材料	化学化工学院	杨　洪　刘梅花　郭玲香	2018.06.19	第2963663号
766	基于可重构系统配置多模式传输的可控缓存实现系统	电子科学与工程学院	刘　波　季　程　王晓彤　龚　宇　曹　鹏　杨　军	2018.06.19	第2966649号
767	一种早强自密实混凝土及其配合比设计方法	材料科学与工程学院	钱春香　张惠敏　王　健	2018.06.19	第2965403号
768	一种针对复杂结构的瞬态能量响应高精度预示方法	机械工程学院	费庆国　陈　强　李彦斌　吴邵庆　杨　轩　王　攀	2018.06.19	第2967832号
769	一种模态试验中多传感器附加质量消除方法	机械工程学院	费庆国　朱　锐　杭晓晨　姜　东	2018.06.19	第2968950号
770	一种计及非共振传输的中频动响应预示方法	机械工程学院	李彦斌　张　鹏　费庆国　吴邵庆　杨　轩	2018.06.19	第2964910号
771	一种制备单分散纳米氧化物颗粒的方法	材料科学与工程学院	董　岩　宋　立　邵起越　蒋建清	2018.06.19	第2963420号
772	一种深水液压系统	机械工程学院	张建润　杜晓飞　李成喜　吕剑乔	2018.06.19	第2965836号
773	一种基于对称三波导定向耦合器结构的TE模检偏器	电子科学与工程学院	肖金标　倪　斌	2018.06.19	第2967102号
774	钌配位聚吡咯纳米球团簇材料及其制备方法和应用	化学化工学院	谢一兵　周英智	2018.06.19	第2962916号
775	一种适用于UFMC波形的同步符号设计方法	信息科学与工程学院	盛　彬　刘　恒　张　辉　吴　琼　刘媛美	2018.06.19	第2962914号
776	一种超黑纳米柱状Co及其制备方法	材料科学与工程学院	曾宇乔	2018.06.19	第2962911号
777	一种表征浅基础动力特性的现场动力试验装置	交通学院	段　伟　蔡国军　刘松玉	2018.06.19	第2966063号
778	氧化铜-氧化亚铜-铜三元复合电极材料的制备及应用	化学化工学院	王育乔　王莎莎　李红颜　孙岳明	2018.06.19	第2966787号

（续 表）

序号	发明专利名称	申请院系(单位)	设计人	授权日	证书号
779	一种用于浑浊介质中结构表面检测的阵列相机观测方法	土木工程学院	何小元 刘 聪 戴美玲 邵新星	2018.06.19	第 2962903 号
780	高速公路应急车道占用监督处罚方法和系统	交通学院	叶智锐 严 钰 朱娇娇 黄瑛子 孙翠翠	2018.06.19	第 2966910 号
781	一种多自由度磁流体推进式水下悬浮粒子集群系统	电气工程学院	张 花 淦 为 吴旭东 程 明	2018.06.19	第 2968174 号
782	一种具有双谐振频率的LLC谐振电源变换器	电子科学与工程学院	孙伟锋 田豪傑 俞居正 苏 畅 钱钦松 陆生礼 时龙兴	2018.06.19	第 29665619 号
783	一种基于形状特征的三维打印模型细节区域分区填充方法	机械工程学院	戴 敏 张志胜 张俊卿 胡玉波	2018.06.19	第 2966785 号
784	一种具有智能校正功能的MMC模块电压测量方法	电气工程学院	李东野 赵剑锋 季振东 苏嘉彬 陈璐瑶	2018.06.19	第 2966115 号
785	一种太阳能与地热联合两级闪蒸双工质循环发电热水系统	能源与环境学院	王 军 刘婷婷 黄秀勇	2018.06.19	第 2967390 号
786	一种基于有机朗肯循环的烟气余热回收及烟气处理系统	能源与环境学院	胥建群 张 方 陈飞翔	2018.06.19	第 2967090 号
787	适用于毫米波 LOS MIMO 的子阵列天线结构及设计方法	信息科学与工程学院	何世文 薛 明 王海明 薛春林 黄永明 王海明 杨绿溪 洪 伟	2018.06.19	第 2968160 号
788	基于可调谐表面等离激元耦合器的光纤陀螺谐振腔芯片	电子科学与工程学院	张 彤 钱 广 路 宇 唐 杰 张晓阳	2018.06.19	第 2966339 号
789	一种变周期汽车防撞雷达帧结构及其设计方法	信息科学与工程学院	黄永明 严 鑫 王海明 张 铖 何世文	2018.06.19	第 2967298 号
790	疏水表面固相单层均匀SERS基底的制备方法	电子科学与工程学院	朱 利 陆 辉 崔一平	2018.06.19	第 2965699 号
791	一种应用于炎症相关疾病多模态诊疗的靶向试剂	生物科学与医学工程学院	王雪梅 赵春秋 陈 芸 来兰梅 苏美娜	2018.06.19	第 2964525 号
792	非理想信道下大规模 MIMO线性检测硬件构架及检测方法	信息科学与工程学院	张 川 梁 霄 王 丰 杨俊梅 尤肖虎	2018.06.19	第 2964880 号

(续　表)

序号	发明专利名称	申请院系(单位)	设计人	授权日	证书号
793	大规模 MIMO 线性检测中矩阵求逆的硬件构架及方法	信息科学与工程学院	张　川　王　丰　梁　霄　杨俊梅　尤肖虎	2018.06.19	第 2964706 号
794	一种近眼式视线跟踪方法及其系统	电子科学与工程学院	刘硕硕　夏　军	2018.06.19	第 2964663 号
795	一种基于空间域的联合非相干积分矢量跟踪方法	信息科学与工程学院	陈熙源　杨　阳　王熙赢　崔冰波　汤新华　祝雪芬	2018.06.19	第 2968154 号
796	一种基于表情分析的抑郁程度自动评估系统	信息科学与工程学院	王　桥　刘　瑞　袁勇贵　夏　睿　陆　建	2018.06.19	第 2964807 号
797	一种 GNSS 跟踪环路软件相关器设计及自适应智能跟踪方法	信息科学与工程学院	陈熙源　杨　阳　崔冰波　王熙赢　汤新华　祝雪芬	2018.06.19	第 2967722 号
798	一种去除 ISAR 图像条纹干扰的方法	信息科学与工程学院	蒋忠进　崔铁军　李希同	2018.06.19	第 2962896 号
799	基于复合式振动料斗的喷油泵柱塞芯磨床自动送料装置及方法	机械工程学院	韩　良　李　响	2018.06.19	第 2966778 号
800	公交停靠站安全服务水平定量评价方法及系统	交通学院	叶智锐　陈恩惠　王　超　王　炜	2018.06.19	第 2964588 号
801	一种光伏太阳能热泵发电热水系统	能源与环境学院	王　军　刘婷婷　邴旖旎　仇秋玲　周元兴	2018.06.19	第 2965533 号
802	双沟槽高压屏蔽的横向绝缘栅双极器件及其制备方法	电子科学与工程学院	祝　靖　黄　超　张　龙　卜爱国　孙伟锋　陆生礼　时龙兴	2018.06.19	第 2967807 号
803	一种用于集成核磁共振磁体和探头的装置	机械工程学院	陆荣生　易　红　雷鹏坤　倪中华　周新龙　胡剑雄　尹奇峰　姜晓文	2018.06.22	第 2968488 号
804	一种分形结构的干蒸汽发生装置	能源与环境学院	张程宾　朱益飞　陈永平	2018.06.22	第 2971674 号
805	一种应用于高温差沙漠地区的热管式集水装置	能源与环境学院	李　浩　张程宾	2018.06.22	第 2972408 号
806	一种下承式折叠桁架桥结构	土木工程学院	蔡建国　张　骞　王馨玉　冯　健	2018.06.22	第 2972076 号

（续　表）

序号	发明专利名称	申请院系(单位)	设计人	授权日	证书号
807	一种基于指套式力触觉交互装置的物体柔软度再现方法	仪器科学与工程学院	吴　涓　龚　逸　李　娜　邓　鹏　宋爱国	2018.06.22	第2971527号
808	一种基于概率参照的城市用地限高确定方法	建筑学院	王建国　张　愚	2018.06.22	第2972245号
809	一种电力通信混合系统仿真平台及仿真方法	电气工程学院	汤　陈　奕　斌　李　峰　王　琦	2018.06.26	第2976213号
810	在电力系统中按机组参与因子大小来选择等值方式的方法	江苏省电力公司、电气工程学院、华北电力大学	周　涛　朱　斌　张建鹏　任必兴　陈　中	2018.06.26	第2973624号
811	一种双指运动跟踪及力反馈装置	仪器科学与工程学院、中国航天员科研训练中心	宋爱国　曹家梓　崔建伟　胡海桦　姜国华　刘玉庆　周伯河	2018.06.26	第2974566号
812	一种多边形格构式格栅-柱结构夹层板	土木工程学院	张晓明　谢　娟　陈锦祥　郭振胜	2018.06.29	第2980296号
813	一种微型核磁共振探头	机械工程学院	倪中华　易　红　雷鹏坤　陆荣生　周新龙	2018.06.29	第2983322号
814	一种聚焦光场相机内外参数标定方法	能源与环境学院	许传龙　孙　俊　张　彪　李　健　王式民	2018.06.29	第2979760号
815	一种改进的CBC模式3DES加密方法	电子科学与工程学院	李　冰　李　兵　涂云晶　金　涛　刘　勇　赵　霞　陈　帅　董　乾　王　刚	2018.06.29	第2980576号
816	一种超细孔隙水凝胶支架及其制备方法	生物科学与医学工程学院	王　婷　俞　倩　马　靖　程　帆　陈　战	2018.06.29	第2982503号
817	一种基于混合经验模态分解的去噪方法	仪器科学与工程学院	陈熙源　王　威　崔冰波　宋　锐	2018.06.29	第2983358号
818	一种基于角度变化的MEMS微梁应力梯度的测试结构和测量方法	电子科学与工程学院	唐洁影　王　磊　蒋明霞	2018.07.03	第2986939号
819	一种检测和接收涡旋光场的装置及方法	电子科学与工程学院	芮光浩　詹其文　顾　兵　崔一平	2018.07.03	第2984355号
820	适于小蜂窝与大规模天线两层异构网络的功率控制方法	信息科学与工程学院	蒋雁翔　鲁宁宁　郑福春　高西奇　尤肖虎	2018.07.03	第2986660号

（续　表）

序号	发明专利名称	申请院系(单位)	设计人	授权日	证书号
821	一种配电网电压无功优化的线性逼近求解方法	电气工程学院	吴在军　王　洋　徐怡悦　窦晓波　胡敏强	2018.07.03	第2984564号
822	一种体积补偿隔离式单出杆磁流变阻尼器	土木工程学院	徐赵东　王　成　赵玉亮　苗安男　黄兴淮　徐业守　王军健	2018.07.06	第2988833号
823	一种模块化多电平整流器中改进的混合单周期控制法	国家电网公司、电气工程学院、南京南瑞继保电气有限公司、国网浙江省电力公司	梅　军　王　创　缪惠宇　郑建勇　丁　然　马　天	2018.07.06	第2990078号
824	一种柴油机尾气颗粒污染物控制装置及其方法	能源与环境学院	乔正辉　董　卫　黄亚继	2018.07.06	第2988091号
825	一种反射型体全息光栅波导结构	电子科学与工程学院	张宇宁　翁一士　沈忠文	2018.07.06	第2990505号
826	一种微滴可自输运的楔形非均匀润湿性表面及其制备方法	材料科学与工程学院	张友法　安力佳　余新泉　陈　锋	2018.07.06	第2988843号
827	一种高灵敏电容式压力传感器及其制作方法	电子科学与工程学院	秦　明　高磬雅　穆　林　王庆贺　黄庆安	2018.07.06	第2990763号
828	一种育种装置及其方法	电子科学与工程学院	万　能	2018.07.06	第2991945号
829	一种基于联合检测器的路面破损检测方法	交通学院	赵池航　张秋各　党　倩	2018.07.06	第2991792号
830	一种应用于$\sum\Delta$模数转换器调制器的动态元件匹配方法	电子科学与工程学院	吴建辉　卜亮宇　张　俊　陈　超　李　红　黄　成　张　萌	2018.07.06	第2992353号
831	单信道蜂窝用户情况下的D2D功率分配快速优化算法	信息科学与工程学院	王家恒　张建飞　梁　霄　赵春明	2018.07.06	第2992738号
832	基于复式验证的安全最值数据融合方法	信息科学与工程学院	陈立全　王立坤　张远方　黄　杰	2018.07.06	第2992729号
833	一种硅基微环偏振解复用器	电子科学与工程学院	肖金标　徐　银	2018.07.06	第2990577号
834	一种基于扰动观测器的微电网并离网平滑切换控制方法	电气工程学院、国网江苏省电力公司、电力科学研究院	顾　伟　楼冠男　袁晓冬　陈　明　柳　伟　曹　戈	2018.07.10	第2994476号

（续 表）

序号	发明专利名称	申请院系(单位)	设计人	授权日	证书号
835	基于实时平均功率频域分析的洗衣机运行非侵入辨识方法	电气工程学院	周 赣 符 旺 傅 萌 李永昆 姚 勋 张 亮 张 旭 秦成明 顾 伟	2018.07.13	第2998924号
836	超薄轨道角动量螺旋相位板天线及其设计方法	信息科学与工程学院	崔铁军 师传波 李允博 吴 伟	2018.07.17	第3002509号
837	一种纤维增强复合材料动态剪切本构模型的构建方法	机械工程学院	费庆国 郭 飞 王 猛 张培伟 李彦斌	2018.07.17	第3002775号
838	一种基于遗传算法的含铰结构非线性参数识别方法	机械工程学院	姜 东 周李真辉 费庆国 曹芝腑 董萼良	2018.07.17	第3002769号
839	电磁流体表面矢量推进器及运用该推进器的水下装置	电气工程学院	张 花 淦 为 吴旭东 程 明	2018.07.17	第3004246号
840	一种基于辅助环储能系统的双频载波移相PWM控制方法	电气工程学院	黄丽丽 蒋 玮 张 磊	2018.07.17	第3000831号
841	用于低位热驱动吸收式制冷的热管降膜发生器	能源与环境学院	殷勇高 梁之琦 徐孟飞	2018.07.17	第3002545号
842	一种预应力钢丝绳抗剪加固混凝土箱梁及其加固方法	土木工程学院	吴 刚	2018.07.17	第3000850号
843	一种基于激光测距的门窗开度记录装置及其应用方法	能源与环境学院	郑晓红 史珍妮 钱 华 高迎梅	2018.07.17	第3000858号
844	一种基于视觉的轮式移动机器人快速目标跟踪方法	自动化学院	翟军勇 肖大伟	2018.07.17	第3004190号
845	氧化铅薄膜制备有机钙钛矿甲基氨基碘化铅薄膜的方法	物理学院	徐庆宇 朱 凯 张 昊 王嘉盛 范 奇 董 帅	2018.07.17	第3000582号
846	一种基于格栅选择的街巷空间形态布局方法	建筑学院	杨俊宴 陆小波	2018.07.17	第3000623号
847	污染土柱试验用非饱和带气体多点瞬时同步采样装置	交通学院	毛柏杨 刘松玉 刘志彬	2018.07.17	第3004237号
848	一种火电机组套管式热电偶温度测量的动态校正方法	能源与环境学院	杨明建 汤可怡	2018.07.17	第3004238号
849	好氧转筒式微生物膜电化学反应器及其应用	能源与环境学院	宋海亮 张 帅 杨小丽 刘 茜	2018.07.17	第3004241号
850	带有U形筋和套筒的预制预应力混凝土框架梁柱节点	土木工程学院	冯 健 刘亚非 金如元 陈 耀 庞 涛 蔡建国 刘立新	2018.07.17	第3002304号

(续　表)

序号	发明专利名称	申请院系(单位)	设计人	授权日	证书号
851	一种基于卡尔曼滤波的光纤电流互感器温度补偿方法	仪器科学与工程学院	王立辉　魏广进　黄嘉宇	2018.07.17	第3000610号
852	留兰香精油在制备治疗敏性皮肤病药物中的应用	医学院	易宏伟	2018.07.17	第3001823号
853	一种无线通信 MAC 协议实现方法	信息科学与工程学院	黄永明　高承志　许道峰	2018.07.17	第3003985号
854	一种基于视觉背景提取的高速公路车辆检测方法	自动化学院	路小波　卫　朋　曾维理　李　聪　姜胜芹	2018.07.17	第3003999号
855	高导热主链尾接型液晶高分子膜材料及其制备方法	化学化工学院	杨　洪　王　猛　林保平	2018.07.17	第3004535号
856	UHPC-普通混凝土叠层复合桥面板构造及其施工方法	土木工程学院	刘　钊　卓为顶　张文明	2018.07.17	第3002802号
857	集中式多电平调制策略的状态机型脉冲分配方法	电气工程学院	孙毅超　赵剑锋　李东野　宋　杰　金　成　季振东	2018.07.17	第3003424号
858	一种低功耗高转换增益无源混频器	电子科学与工程学院	陈　超　吴建辉　李　红	2018.07.17	第3001498号
859	一种频率响应与系数量化位数弱相关的半带滤波器结构	电子科学与工程学院	吴建辉　张　俊　陈　超　黄　成　李　红	2018.07.17	第3002091号
860	一种近阈值低功耗正交压控振荡器	电子科学与工程学院	吴建辉　丁　欣　陈怀昊　陈　超　李　红　黄　成	2018.07.17	第3000596号
861	一种对缺失数据修补的位移场重构方法	土木工程学院	郭　力　周　鑫	2018.07.17	第3002008号
862	一种毛线团状三氧化钨光催化剂及其绿色合成方法	化学化工学院	吴东方　谷一冉	2018.07.17	第3002271号
863	一种用于配电网馈线的等效系统谐波阻抗的测量方法	电气工程学院	顾　伟　邱海峰　王旭冲　储佳伟	2018.07.17	第3002782号
864	一种基于区间聚类的城市道路交叉口运行状态判别方法	交通学院	饶文明　廖南楠　陆振波　夏井新　吕伟韬　安成川　欧吉顺　刘玲慧　王　拓	2018.07.17	第3004212号
865	一种基于疏水材料的液滴直径分布测量方法	能源与环境学院	徐洁月　黄世芳　梁彩华　张小松	2018.07.17	第3001668号

（续　表）

序号	发明专利名称	申请院系(单位)	设计人	授权日	证书号
866	一种 SOI 基结构的电光逻辑门	电子科学与工程学院	胡国华　李　磊　戚志鹏　恽斌峰　张若虎　钟　嫄　崔一平	2018.07.17	第 3002034 号
867	面向可靠 WIFI 连接的移动机器人自主巡航方法	自动化学院	钱　堃　房　芳　孙自飞　马陈强　高　歌	2018.07.17	第 3001536 号
868	一种基于直流偏置的滤波器组多载波可见光通信系统及方法	信息科学与工程学院	党　建　张在琛　吴　亮	2018.07.17	第 3003826 号
869	一种基于特征建模的新能源发电量预测方法	电气工程学院	喻　洁　王小龙　费树岷	2018.07.17	第 3001830 号
870	一种低电压高线性度上变频器及上变频信号输出方法	电子科学与工程学院	陈　超　吴建辉　黄　成　李　红　田　茜	2018.07.17	第 3004295 号
871	一种双膨胀节的太阳能真空集热管	能源与环境学院	苏中元　王　军　张耀明	2018.07.17	第 3001131 号
872	L 型箱式码头及其建造方法	交通学院	谢耀峰　柳成林　姜　宁	2018.07.20	第 3004655 号
873	一种柔性悬挂式模块建筑结构	土木工程学院	吴　刚　叶智航　王春林	2018.07.20	第 3005659 号
874	一种基于舵机传动的三指夹取机械手	机械工程学院	耿　闯　张　康　张剑秋　高　峰　王伟达	2018.07.20	第 3007753 号
875	一种四核铁簇合物及其晶体结构和制备方法	化学化工学院	罗洋辉　孙伯旺　温高举　王明鑫　蒋叶豪	2018.07.20	第 3006604 号
876	一种用于消除离面位移影响的高温应变测量方法	机械工程学院	何顶顶　郑成林　费庆国	2018.07.20	第 3006729 号
877	一种高官能度双亲共聚物原油金属螯合剂及其制备方法	化学化工学院	梁　爽　吴文婷　李世伟　蔡志岚　杨海涌　谈梦璐　孟闻飞　卢莹炜　周天悦　周钰明　姚清照　黄镜怡　孙　伟	2018.07.20	第 3007860 号
878	一种全向蠕动分拣平台及方法	机械工程学院	张志胜　张　琪	2018.07.20	第 3005983 号
879	燃气轮机余热锅炉双 S 型均流扩散过渡烟道	能源与环境学院	赵伶玲　季佳圆　李偲宇	2018.07.20	第 3007542 号

(续 表)

序号	发明专利名称	申请院系(单位)	设计人	授权日	证书号
880	一种分布反馈式激光器时频响应曲线的确定方法	能源与环境学院	周 宾 李 可 许 康 程禾尧 陆 勇	2018.07.20	第3005223号
881	一种结合GPU软硬件架构特点设计的直流故障筛选方法	电气工程学院	周 赣 孙立成 张 旭 柏 瑞 冯燕钧 秦成明 傅 萌	2018.07.20	第3004405号
882	一种基于PUF的伪随机序列发生器	电子科学与工程学院	李 冰 杨超凡 周岑军 王 凯 陈 帅 涂云晶 金 涛 顾 巍 刘 勇 赵 霞 董 乾 王 刚	2018.07.20	第3007535号
883	一种混凝土挡浪块	材料科学与工程学院	张亚梅 李保亮 潘 东 张培根 孙正明	2018.07.20	第3004514号
884	一种永磁轴承轴向承载能力测试装置	机械工程学院	蒋书运 邱玉江 张海波	2018.07.20	第3004517号
885	一种贴壁射流气固两相速度场的同步测量装置与方法	能源与环境学院	张 勇 钟文琪 孙文琪 孙文静 金保昇	2018.07.20	第3006848号
886	一种基于截角四面体几何的张拉整体结构单元	土木工程学院	陈 耀 冯 健 孙求知	2018.07.20	第3005967号
887	特高压直流分层接入方式下混联系统的稳定性评价方法	电气工院学院	汤 奕 朱亮亮 陈 斌 皮景创 王 琦 李辰龙	2018.07.20	第3005255号
888	基于软件定义网络的端到端路径上逐跳时延测量方法	计算机科学与工程学院	程 光	2018.07.20	第3005252号
889	一种氧化石墨烯粉末低温低压合成纳米金刚石的方法	电子科学与工程学院	孙立涛 苏 适 马 青 沈昱婷	2018.07.20	第3004325号
890	一种环保型原油脱钙剂及其制备方法	化学化工学院	周钰明 马帅帅 黄镜怡 蔡志岚 梁 爽 孙 伟 吴文导	2018.07.20	第3005974号
891	用于检测细菌及真菌死活状态的荧光染色试剂、制备方法及用途	生物科学与医学工程学院	吴富根 贾浩然 祝雅璇	2018.07.20	第3004441号
892	用于高速公路路面应变测量的数字图像采集分析方法	土木工程学院	何小元 刘 聪	2018.07.20	第3005224号
893	基于软件定义网络的端到端路径上逐跳链路丢包测量方法	计算机科学与工程学院	程 光	2018.07.20	第3005253号

（续　表）

序号	发明专利名称	申请院系(单位)	设计人	授权日	证书号
894	一种可重构系统的动态局部重构控制器及其控制方法	电子科学与工程学院	曹　鹏　赵利峰　申艾麟　杨锦江　刘　波	2018.07.20	第3007409号
895	一种具有低触发电压的静电放电保护器件	电子科学与工程学院	孙伟锋　袁永胜　叶　然　魏家行　薛　颖　刘斯扬　陆生礼　时龙兴	2018.07.20	第3006660号
896	内外双套管约束折叠钢板耗能支撑	土木工程学院	陆金钰　杨连坤　谯旭东	2018.07.20	第3006561号
897	基于PLC控制的电机转子压铸自动化模具库	仪器科学与工程学院	夏敦柱　高海钰	2018.07.20	第3007626号
898	一种基于状态监测的MMC模块电压测量和故障定位方法	电气工程学院	李东野　赵剑锋　季振东　苏嘉彬　陈璐瑶	2018.07.20	第3007628号
899	一种绝缘栅双极型晶体管的关断性能提升方法	电子科学与工程学院	祝　靖　周锦程　杨　卓　孙伟锋　宋慧滨　陆生礼　时龙兴	2018.07.20	第3007631号
900	一种利用给水调节磨煤机进口风温的系统及方法	能源与环境学院	周克毅　胡引引　唐海宁	2018.07.20	第3007693号
901	一种带塑性铰引导机制的两边连接装配式折痕钢板剪力墙	土木工程学院	陆金钰　谯旭东　杨连坤	2018.07.20	第3006764号
902	面向多媒体移动终端交互应用的笔式力-触觉再现装置	仪器科学与工程学院	宋爱国　陈大鹏　田　磊　曹家梓　余玉卿	2018.07.20	第3005875号
903	基于试探式预测控制技术的火电机组SCR脱硝优化控制系统	能源与环境学院	吕剑虹　陈雨亭　秦文炜　崔晓波　于　冲	2018.07.20	第3004298号
904	一种测试滚珠丝杠副控制方法性能的方法	机械工程学院	汤文成　包达飞　董　亮　史培捷	2018.07.20	第3005349号
905	拉伸应力与环境耦合作用下FRP筋耐久性能实验装置	材料科学与工程学院	孙　伟　蒋金洋　王桂玲　武胜萍　王凤娟　王彭生	2018.07.20	第3004556号
906	一种应用于IGBT的整形保护电路	电气工程学院	林鹤云　梁艳群　黄超信　杨　明	2018.07.20	第3005940号
907	基于接触特征的评价及预测沥青混合料车辙性能的方法	交通学院	倪富健　蒋继望　吴　凡　崔戌秋　杜　慧	2018.07.20	第3004708号

(续　表)

序号	发明专利名称	申请院系(单位)	设计人	授权日	证书号
908	一种基于 GIS 和公交 GPS 数据的公交线路匹配方法	交通学院	李铁柱　王　雷	2018.07.20	第 3005874 号
909	一种导磁材料磁特性的测量装置	电气工程学院	付兴贺　徐　磊　林明耀　丁　超　刘　凯	2018.07.20	第 3005259 号
910	一种双向无线电能传输系统的最大效率点跟踪方法	电气工程学院	谭林林　颜长鑫　黄学良　王　维　刘　瀚　郭金鹏	2018.07.20	第 3006856 号
911	一种基于匹配效率集元素穷举法的无线电能传输系统功率效率优化方法	电气工程学院	谭林林　颜长鑫　黄学良　郭金鹏　刘　瀚　王　维　潘书磊　李佳承	2018.07.20	第 3005576 号
912	一种水推产电型微生物膜电化学反应器及处理农村生活污水的方法	能源与环境学院	宋海亮　张　帅	2018.07.20	第 3007223 号
913	一种综合能源系统中的分布式电源的配置方法	电气工程学院	顾　伟　唐沂媛　王志贺　骆　钊　王　珺　陆　帅	2018.07.20	第 3006076 号
914	一种多能种能源互联路由器及其控制方法	电气工程学院	王青松　程　明　姜云磊	2018.07.20	第 3007738 号
915	一种基于化学反应动力学的组合逻辑电路设计方法	信息科学与工程学院	张　川　戈璐璐　钟志伟　尤肖虎	2018.07.20	第 3006048 号
916	一种以定转子最小对称单元为几何模型的电机有限元热分析方法	电气工程学院	程　明　朱　洒　蔡秀花	2018.07.20	第 3006036 号
917	重金属及有机物复合污染土用的固化剂及制备和应用方法	交通学院	夏威夷　杜延军	2018.07.20	第 3007019 号
918	一种基于脑电耳机的动态个性化歌曲推荐系统及其方法	仪器科学与工程学院	曾　洪　石春凤　杨骏逸　端　豪　郑亚君　张艺璇　宋爱国	2018.07.20	第 3007614 号
919	一种关于设备间通信的安全资源分配与功率控制方法	信息科学与工程学院	王家恒　朱道华　赵春明	2018.07.20	第 3007563 号
920	用于部分纠缠量子对桥接通信网络的路由方法	信息科学与工程学院	余旭涛　蔡晓菲　王　侃　张在琛　徐　进	2018.07.20	第 3006483 号
921	一种基于患乾行为轨迹的医院药品配送方法	经济管理学院	赵林度　王　敏　楚永杰	2018.07.20	第 3004762 号

（续 表）

序号	发明专利名称	申请院系(单位)	设计人	授权日	证书号
922	一种火焰三维温度场测量的成像装置、测量装置及测量方法	能源与环境学院	许传龙 孙 俊 张 彪 王式民	2018.07.24	第 3010914 号
923	一种应用于三维水声传感器网络基于分层的分簇路由协议方法	信息科学与工程学院	李 霞 赵冬雪 吴哲昊	2018.07.24	第 3011268 号
924	基于预截断的 JPEG2000 感兴趣区域编码方法	信息科学与工程学院	王建新 朱 恩 王 健 钱 进 姜 军 祁友杰	2018.07.24	第 3009592 号
925	一种再生活性掺和料及其制备方法	材料科学与工程学院	陆小军 潘钢华 杨 琳	2018.07.27	第 3014677 号
926	一种大规模 MIMO 检测方法及检测装置	信息科学与工程学院	张 川 杨俊梅 尤肖虎	2018.07.27	第 3012326 号
927	长期演进系统中的网络虚拟化框架和资源块分配方法	信息科学与工程学院	潘志文 高吕炀 刘 楠 尤肖虎	2018.07.27	第 3014414 号
928	一种集群风电杨波动性建模方法	电气工程学院、国网福建省电力有限公司、经济技术研究院、国网江西省电力科学研究院	徐青山 郑维高 林章岁 李喜兰 辛建波	2018.07.27	第 3013262 号
929	一种应用于长期演进系统的跨层编解码方法	信息科学与工程学院	姜 明 杨海涛 赵春明 黄 鹤 梁 霄	2018.07.27	第 3014711 号
930	一种端部具有交错金字塔型耗能单元的屈曲控制支撑	土木工程学院	蔡建国 周宇航 冯 健 柳杨青 马瑞君	2018.07.27	第 3011575 号
931	基于双电容模块的 MMC 型多端口电力电子变压器	电气工程学院	李东野 赵剑锋 季振东 孙毅超	2018.07.27	第 3011933 号
932	一种极化码的 BP 译码方法及装置	信息科学与工程学院	张 川 任远瑞 尤肖虎	2018.07.27	第 3013475 号
933	一种面向电网业务的光交换方法及网络	电子科学与工程学院	孙小菡 郑 宇 周 谓 朱 敏 张福鼎	2018.07.27	第 3014956 号
934	一种喷气导流板	能源与环境学院	王 贺	2018.07.27	第 3013192 号
935	一种电容式硅微型麦克风及其制作方法	电子科学与工程学院	黄晓东 黄见秋 蒋明霞	2018.07.27	第 3014666 号
936	一种变刚度空气弹簧隔振器	机械工程学院	卢 熹 吴 丹 张建润 孙蓓蓓 邵灵芝	2018.07.27	第 3013808 号
937	一种声波测温信号的选取方法及锅炉测温方法	能源与环境学院	刘西陲 赵东晓 沈 炯 李益国	2018.07.27	第 3013179 号

(续 表)

序号	发明专利名称	申请院系(单位)	设计人	授权日	证书号
938	径向双层伸缩网架结构	土木工程学院	蔡建国 吴森坤 冯 健 陆 栋 朱奕锋	2018.07.27	第3012692号
939	高压高频脉冲静电除尘电源抗干扰控制系统及方法	南京比恩机电科技有限公司、电气工程学院	尤 鋆 廖延涛 金 龙 杨 俊	2018.08.07	第3025923号
940	一种基于脱硫废水蒸发处理的燃煤烟气 PM2.5/SO_3/Hg联合脱除方法	能源与环境学院	杨林军 胡 斌 刘 勇 温涛源	2018.08.10	第3029753号
941	一种以空气源热泵综合性能最佳为目标的除霜控制方法	能源与环境学院	梁彩华 杨明涛 汪 峰 张小松	2018.08.10	第3027900号
942	一种跨座式单轨铁路无线供电系统	电气工程学院	谭林林 刘 瀚 黄学良 郭金鹏 颜长鑫 王 维	2018.08.10	第3029155号
943	一种膜蒸馏浓缩溴化锂溶液的吸收式制冷循环系统	能源与环境学院	倪瑜菲 杜 垲 江巍雪 李舒宏	2018.08.10	第3027526号
944	一种应用于近阈值SAR ADC的二进制电容阵列及其低功耗开关方法	电子科学与工程学院	吴建辉 吴爱东 杜 媛 陈 超 李 红 张 萌	2018.08.10	第3028829号
945	一种基于锁相环的二段式时间数字转换电路	电子科学与工程学院	吴 金 汪 超 史书芳 郑丽霞 孙伟锋	2018.08.10	第3028510号
946	一种计及新风系统的中央空调建模及调控策略	电气工程学院	高赐威 张良杰	2018.08.10	第3028608号
947	一种基于二值光栅离焦投影的三维测量方法	自动化学院	达飞鹏 赵立伟 郑东亮 孔玮琦 程思培 汤 明	2018.08.10	第3028575号
948	一种基于信号分离的抗阻塞接收射频前端结构	电子科学与工程学院	吴建辉 华 超 陈 超 李 红 黄 成	2018.08.10	第3027924号
949	一种高灵敏度压阻式压力传感器及其制备方法	电子科学与工程学院	聂 萌 夏云汉 黄庆安	2018.08.10	第3027925号
950	一种基于LTE-A的链路级到系统级仿真的接口方法	信息科学与工程学院	衡 伟 张清华 李 翔 林爽爽 韩冠男	2018.08.10	第3027558号
951	一种基于波形匹配的谐波电压责任的划分方法	电气工程学院	顾 伟 邱海峰 王旭冲 储佳伟	2018.08.10	第3027184号
952	一种具有视觉功能的模块化安全交通护栏	交通学院	陈大伟 巫诚诚 李旭宏	2018.08.10	第3026904号
953	一种基于活性酶制备的多功能复配式扬尘抑制剂	土木工程学院	黄 张 娟 雷 蒋耀东 张 雪	2018.08.10	第3029671号

（续　表）

序号	发明专利名称	申请院系(单位)	设计人	授权日	证书号
954	一种高孔隙率水溶性陶瓷型芯及其制备方法	材料科学与工程学院	刘玉付　沈　杰	2018.08.10	第 3029011 号
955	稳态追踪自矫正的联合循环机组排烟含氧量在线测量方法	能源与环境学院	司风琪　孔　羽 黄志军　周建新	2018.08.10	第 3028272 号
956	一种压送式高压密相气力输送装置及气力输送方法	能源与环境学院	熊源泉　沈湘林 周海军	2018.08.14	第 3034590 号
957	一种地形辅助惯导紧组合的水下潜器导航定位方法	仪器科学与工程学院	程向红　周　玲 朱倚娴　戴晨曦 王　乐　刘　全	2018.08.14	第 3032054 号
958	一种小容量薄膜电容变频器系统的永磁同步电机控制算法	电气工程学院	林明耀　张贝贝 杨公德　台流臣 付兴贺　刘　凯	2018.08.14	第 3033711 号
959	一种 UPFC 参与交直流系统直流闭锁故障后有功控制的方法	国网江苏省电力公司、电气工程学院、国家电网公司江苏省送变电公司	王思成　吉　宏 于　东　俞春华 凌　建　赵　欣 黄学良　李　刚 廖江华　李权权 张海鹏　巫吉祥	2018.08.14	第 3031053 号
960	一种铝材各向异性超疏水表面及其制备方法	材料科学与工程学院	张友法　张文文 余新泉　陈　锋	2018.08.17	第 3036770 号
961	一种带自检测装置的压阻式压力传感器及其制备方法	电子科学与工程学院	聂　萌　杨恒山 黄庆安	2018.08.17	第 3037255 号
962	一种偏振度可调的柔性薄膜随机激光器及其制备方法	电子科学与工程学院	叶莉华　刘　波 王著元　顾　兵 李芳杰　崔一平	2018.08.17	第 3037927 号
963	一种节省硬件资源的数字电源模糊自适应 PID 控制器	电子科学与工程学院	吴建辉　孟　楠 邹　萌　钱文明 徐　力　陈　超 黄　成　李　红	2018.08.17	第 3035797 号
964	一种模拟人眼结构的显示器件测量装置及测量方法	电子科学与工程学院	张宇宁　屠　彦 李晓华　王保平 沈忠文	2018.08.17	第 3035800 号
965	采用电压比控制的双向无线电能传输系统效率提升方法	电气工程学院	谭林林　颜长鑫 黄学良　王　维 刘　瀚　郭金鹏	2018.08.17	第 3037336 号
966	一种自钻式承压水头原位测试装置及其使用方法	交通学院	童立元　张明飞 孟长江　万义辉 郭　俊　车鸿博	2018.08.17	第 3035442 号
967	一种基于辅助问题原理的主动配电网分布式无功优化方法	电气工程学院	顾　伟　陈　明 柳　伟　楼冠男 曹　戈	2018.08.17	第 3035805 号

(续　表)

序号	发明专利名称	申请院系(单位)	设计人	授权日	证书号
968	一种多输入多输出可见光通信系统	信息科学与工程学院	吴　亮　张在琛　党　建	2018.08.17	第 3038379 号
969	一种桥墩防船撞装置	土木工程学院	张文明　刘　钊	2018.08.17	第 3039620 号
970	一种盘式双定子混合励磁电动机	电气工程学院	樊　英　谭　超	2018.08.17	第 3038414 号
971	一种高精度微型扁铲侧胀仪	交通学院	段　伟　蔡国军　刘松玉　邹海峰	2018.08.17	第 3039667 号
972	一种公交线路站点间运行瓶颈识别系统	交通学院	杨　敏　徐　特　王　楠　罗小康　朱　梅　赵怡原　祁　辉	2018.08.17	第 3039669 号
973	一种兼具动力触探与静力触探的贯入仪及其测量方法	交通学院	蔡国军　段　伟　刘松玉	2018.08.17	第 3038745 号
974	一种基于卡尔曼滤波的定子永磁型记忆电机调磁方法	电气工程学院	林明耀　杨公德　李　念　谭广颖　张贝贝	2018.08.17	第 3038515 号
975	一种带十字板的吸力式沉箱基础	土木工程学院	戴国亮　朱文波　龚维明	2018.08.17	第 3035953 号
976	一种具有温度补偿的宽温度全 MOS 电压基准源	电子科学与工程学院、无锡集成电路技术研究所	孙伟锋　田伟娜　陆扬扬　祝　靖　陆生礼　时龙兴	2018.08.17	第 3038069 号
977	能信路由器及用于管理电能网络和信息网络的应用系统	电气工程学院	汤　奕　申　振	2018.08.17	第 3039247 号
978	面向社交媒体文本的无监督的事件抽取和分类方法	计算机科学与工程学院	周德宇　张致恺　张　炫	2018.08.21	第 3041726 号
979	一种基于差分进化-局部单峰采样算法的模糊控制系统优化方法	能源与环境学院	向文国　刘一君　陈时熠	2018.08.21	第 3042381 号
980	基于大空间结构体和独立式外围护结构的建筑及建造方法	建筑学院	张　宏　张军军　丛　勐　罗佳宁　刘　聪　印　江　冯世虎	2018.08.21	第 3042593 号
981	一种生物质气化制取合成气的装置及其方法	能源与环境学院	肖　军　吕　潇　孙亭亭　李　巧　沈来宏	2018.08.21	第 3040192 号
982	一种基于浆涂料涂覆法制备碳化钛包覆碳纤维的方法	材料科学与工程学院	孙正明　郑　伟　张培根　张亚梅　丁健翔　刘玉爽	2018.08.21	第 3042629 号
983	一种木塑预制板及其制备方法	建筑学院	吕清芳　熊泽龙　宋志新	2018.08.21	第 3042804 号

（续　表）

序号	发明专利名称	申请院系(单位)	设计人	授权日	证书号
984	一种防粘连医用聚丙烯材料的制备方法	苏州研究院	张天柱　胡琬君 王红吉	2018. 08. 21	第 3042101 号
985	一种基于周期移动时间窗的被动水声定位方法	仪器科学与工程学院	张　涛　王自强 朱永云　胡贺庆 杨书天	2018. 08. 21	第 3039935 号
986	一种基于 GPU 加速的直流故障筛选方法	电气工程学院	周　赣　孙立成 张　旭　柏　瑞 冯燕钧　秦成明	2018. 08. 21	第 3040897 号
987	一种季铵盐化荧光硅点及其制备方法与应用	材料科学与工程学院	吴富根　张晓东 陈晓凯　杨婧婧	2018. 08. 21	第 3042303 号
988	差别化使用高性能材料的预制混凝土框架体系	土木工程学院	冯　健　陈　耀 蔡建国　张　晋	2018. 08. 21	第 3041403 号
989	梁底中强度预应力筋与普通钢筋套筒连接的梁柱节点	土木工程学院	冯　健　陈　耀 蔡建国　张　晋	2018. 08. 21	第 3041402 号
990	毫米波 MIMO 时域有限信道状态信息反馈方法及装置	信息科学与工程学院	黄永明　何世文 黄　伟　王海明 叶日平　姜波儿	2018. 08. 21	第 3040550 号
991	面向 MIMO 信道检测系统中粗粒度可重构阵列及路由结构	电子科学与工程学院	刘　波　张冬明 龚　宇　曹　鹏 杨　军　时龙兴	2018. 08. 21	第 3041955 号
992	一种开关磁阻电机控制器电路板的检测系统	电子科学与工程学院	孙伟锋　郭小强 田洪益　钟　锐 陆生礼　时龙兴	2018. 08. 21	第 3040547 号
993	一种基于小波变换边缘检测的手机图像去噪方法	自动化学院	路小波　韩　雪 曾维理　刘春雪 伍学惠	2018. 08. 21	第 3040311 号
994	一种 pH 值发光指示材料及其制备方法和应用	生物科学与医学工程学院	陈　扬　戚泽万	2018. 08. 21	第 3040868 号
995	一种基于改进的 T－S 模糊预测建模的火电机组机炉协调控制方法	能源与环境学院	吕剑虹　阮　浩 索明琛	2018. 08. 21	第 3040863 号
996	用于二氧化碳分离和提纯的装置	化学化工学院	雷立旭　李发骏 赵肖媛　侯培杰 卢莹炜	2018. 08. 21	第 3040246 号
997	一种基于球机监控视频的机场外来异物检测方法	信息科学与工程学院	衡　伟　郭子钰 吕正荣　程一帆	2018. 08. 21	第 3041229 号
998	一种自适应的听力补偿方法	信息科学与工程学院	王　侠　梁瑞宇 王青云　陶华伟 赵　力　邹采荣	2018. 08. 21	第 3040988 号

（续　表）

序号	发明专利名称	申请院系(单位)	设计人	授权日	证书号
999	基于 SRQKF 的 SINS/DVL 水下大失准角对准方法	仪器科学与工程学院	徐晓苏　杨　博　徐　祥　周　峰　王捍兵　田泽鑫	2018.08.21	第 3041972 号
1000	一种平面表面等离激元馈电的宽角度频率扫描贴片阵列	信息科学与工程学院	崔铁军　尹佳媛	2018.08.21	第 3042568 号
1001	笔记本电脑散热装置	机械工程学院	孙蓓蓓　王　立　杨雪健　丁　琦　储雨奕　吴　丹	2018.08.21	第 3043820 号
1002	一种超高速水润滑轴承空蚀试验装置	机械工程学院	蒋书运	2018.08.21	第 3043533 号
1003	一种低相位噪声、低功耗差分多模分频器	信息科学与工程学院	李连鸣　付宇鹏　牛晓康　冯　军	2018.08.21	第 3043531 号
1004	一种基于三色荧光标记的核酸测序方法	生物科学与医学工程学院	肖鹏峰　王　柳	2018.08.21	第 3039922 号
1005	支持多天线传输的广带异步可调多载波无线传输方法及系统	信息科学与工程学院	高西奇　赵锦程　王闻今	2018.08.21	第 3043530 号
1006	一种以硫酸铅作为活性物质的铅酸电池正极及利用该正极制备铅酸电池的方法	化学化工学院	雷立旭　张　科　刘　巍　马蓓蓓	2018.08.21	第 3039820 号
1007	一种方形扁平无引脚封装结构的功率模块	电子科学与工程学院	刘斯扬　王　宁　魏家行　刘　超　孙伟锋　陆生礼　时龙兴	2018.08.21	第 3041371 号
1008	一种流水线极化编码器	信息科学与工程学院	张　川　周华羿　杨俊梅　尤肖虎	2018.08.21	第 3042940 号
1009	一种用于广播信号监测的数字信道化接收机系统	信息科学与工程学院	裴文江　张　旭　郝金光	2018.08.21	第 3039676 号
1010	接枝聚合物及基于表面接枝的抗菌软镜的制备方法	化学化工学院	王志飞　江燕云　汤雪娇　谢心慧	2018.08.21	第 3040254 号
1011	适于高维 GNSS/INS 深耦合的容积卡尔曼滤波方法	仪器科学与工程学院	陈熙源　崔冰波　王　威　赵正扬　方　琳	2018.08.21	第 3041963 号
1012	实验散斑场的优化制备方法	土木工程学院	何小元　陈振宁	2018.08.21	第 3042659 号
1013	一种柔性导电线路室温焊接方法	电子科学与工程学院	张　彤　徐佳佳　张晓阳　吴静远　单　锋　马小丹　陈逾璋	2018.08.21	第 3043208 号
1014	一种自旋交叉中空纳米球及其制备方法和应用	化学化工学院	罗洋辉　孙伯旺　王靖雯　吴鸿帅　张雅雯	2018.08.21	第 3069859 号

（续 表）

序号	发明专利名称	申请院系(单位)	设计人	授权日	证书号
1015	自适应隔震层数的顶部隔震模块建筑结构	土木工程学院	叶智航 吴 刚 张 简 吴 京	2018.08.21	第 3042215 号
1016	一种面向跟车安全的无人驾驶车辆控制参数标定方法	交通学院	王 炜 李 烨 邢 璐 华雪东 董长印	2018.08.21	第 3042353 号
1017	基于零电势法的二维阻性传感阵列的读出电路及读出方法	仪器科学与工程学院	吴剑锋 杨 坚 何赏赏 王 愚 李建清	2018.08.21	第 3039882 号
1018	磁阻转子双定子四电气端口无刷双馈电机	电气工程学院	程 明 朱新凯 韩 鹏 魏新迟	2018.08.21	第 3041259 号
1019	一种 SCR 脱硝预除尘装置及方法	仪器科学与工程学院	张 勇 方 姚 金保昇	2018.08.21	第 3040915 号
1020	一种高速铁路桥梁车-桥振动性能的安全预警方法	土木工程学院	赵瀚玮 丁幼亮 王蔓亚 李爱群	2018.08.21	第 3041996 号
1021	一种基于半路径时序预警法的监测点偏差调节电路及方法	电子科学与工程学院	单伟伟 万 行	2018.08.21	第 3041087 号
1022	一种 BET/HDAC 双靶点抑制剂及其制备方法和应用	化学化工学院	蔡 进 李丛丛 吉 民 徐 华 刘文景	2018.08.21	第 3042911 号
1023	一种城市高架桥的单叶双曲面高墩结构	土木工程学院	徐文平 强玮良 郭 进 袁吉汗 邓 欣 徐 彤 戴 航 夏叶飞	2018.08.21	第 3040924 号
1024	一种等离极化激元横向异质集成的太阳电池	电子科学与工程学院	张 彤 张晓阳 王善江 苏 丹	2018.08.21	第 3042607 号
1025	双端直流配电网保护方法	电气工程学院	吴在军 高仁栋 范文超 窦晓波 胡敏强	2018.08.21	第 3041668 号
1026	一种三维黑色纳米金属宽光谱吸光薄膜的制备方法	电子科学与工程学院	张晓兵 张 彤 单 锋	2018.08.21	第 3041244 号
1027	一种山区公路事故易发路段分车型限速牌的连续设置方法	交通学院	徐铖铖 包 杰 刘 攀 吴家明	2018.08.21	第 3043029 号
1028	一种悬索桥加劲梁施工期支座	土木工程学院	张文明	2018.08.21	第 3042229 号
1029	一种随机噪声环境下基于对偶模态方程的动响应分析方法	机械工程学院	李彦斌 张 鹏 费庆国 吴邵庆 杨 轩 姜 东	2018.08.21	第 3043047 号
1030	悬索桥吊杆无应力下料长度修正方法	土木工程学院	张文明 施路遥 李 林 刘 钊	2018.08.21	第 3039986 号

(续　表)

序号	发明专利名称	申请院系(单位)	设计人	授权日	证书号
1031	一种缝合式夹芯板有限元参数化建模方法	机械工程学院	李彦斌　杨　轩　费庆国　吴邵庆　陈　强	2018.08.21	第3043042号
1032	基于人工表面等离子体激元的跃层传输线	信息科学与工程学院	崔铁军　潘柏操　陶醉	2018.08.21	第3042342号
1033	一种面向孤独症谱系障碍儿童的执行功能评测与训练系统	学习科学与研究中心	禹东川	2018.08.21	第3046686号
1034	一种基于表面等离子激元波导的可调谐自校准光学陀螺	电子科学与工程学院	张　彤　唐　杰　张晓阳	2018.08.21	第3039874号
1035	一种端部具有刻槽型诱导单元的屈曲诱导支撑	土木工程学院	蔡建国　冯　健　汪子哲　周宇航　柳杨青　马瑞君	2018.08.21	第3043337号
1036	VLC MU-MISO系统下行波束成型方法、装置及VLC MU-MISO系统	信息科学与工程学院	沈　弘　邓榆钦　赵春明	2018.08.21	第3043488号
1037	间歇优先公交专用道的动态设置方法、装置及车载装置	交通学院	吴鼎新　邓　卫　黄　凯	2018.08.21	第3040399号
1038	一种适用于配电网在线分析的改进直流潮流算法	电气工程学院	吴在军　王　洋　窦晓波　胡敏强　黄冬冬　周　欣　胡靖宜	2018.08.21	第3042920号
1039	一种端部具有变长度凤梨型诱导单元的屈曲诱导支撑	土木工程学院	蔡建国　冯　健　汪子哲　周宇航　柳杨青　马瑞君	2018.08.21	第3090592号
1040	一种抗流量分析攻击的源节点位置隐私保护方法	信息科学与工程学院	黄　杰　张　丽　孙　雄	2018.08.21	第3039788号
1041	基于网络虚拟化的运营商间资源共享方法	信息科学与工程学院	尤肖虎　夏　婷　潘志文　刘　楠	2018.08.21	第3043502号
1042	一种基于大规模粗粒度可重构处理器的SHA256实现方法及系统	电子科学与工程学院	曹　鹏　陈圣华　杨锦江　陆启乐　刘　波	2018.08.21	第3040148号
1043	基于筒状双层分流结构微通道的换热系统	能源与环境学院、上海卫星工程研究所	陈永平　邓梓龙　曹建光　陈　钢　王　江	2018.08.21	第3041886号
1044	一种端部具有变长度四折痕型诱导单元的耗能型屈曲诱导支撑	土木工程学院	蔡建国　冯　健　汪子哲　周宇航　柳杨青　马瑞君	2018.08.21	第3040409号
1045	一种可折叠柱面网壳结构	土木工程学院	蔡建国　王馨玉　冯　健　周宇航	2018.08.21	第3042786号

（续 表）

序号	发明专利名称	申请院系(单位)	设计人	授权日	证书号
1046	一种基于静电与电容传感器阵列的粉体质量流量测量装置及方法	能源与环境学院	许传龙 王胜南 李 健 王式民	2018.08.21	第 3041899 号
1047	适用于结构健康监测的传感器布设方法及结构识别方法	土木工程学院	张 建 吴智深 周立明	2018.08.21	第 3040397 号
1048	一种端部具有环向凤梨型诱导单元的屈曲诱导支撑	土木工程学院	蔡建国 刘 鹏 冯 健 周宇航 柳杨青 马瑞君	2018.08.21	第 3074200 号
1049	一种具有加长凤梨型诱导单元的套管屈曲诱导支撑	土木工程学院	蔡建国 冯 健 周宇航 杨海龙 柳杨青	2018.08.21	第 3071313 号
1050	一种具有交错金字塔型耗能单元的套管约束防屈曲支撑	土木工程学院	蔡建国 周 宇 冯 健 柳杨青 马瑞君	2018.08.21	第 3041765 号
1051	一种端部具有双向金字塔型耗能单元的屈曲控制支撑	土木工程学院	蔡建国 周宇航 冯 健 柳杨青 马瑞君	2018.08.21	第 3041231 号
1052	平面径向开合屋盖-膜组合结构	土木工程学院	蔡建国 马瑞君 吴森坤 冯 健 陆 栋 朱奕锋	2018.08.21	第 3040736 号
1053	一种具有六块刚性板折叠单元的可展开柱面网壳结构	土木工程学院	蔡建国 王馨玉 冯 健 周宇航	2018.08.21	第 3042836 号
1054	大规模 MIMO 低复杂度迭代接收方法	信息科学与工程学院	高西奇 张亚萍 尤 力	2018.08.21	第 3042870 号
1055	一种基于转化时间优先级列表的聚合空调负荷控制方法	电气工程学院	李 扬 周 磊 陈 晋 沈运帷 焦系泽 王 琛 王 喆	2018.08.21	第 3043599 号
1056	一种阵列式射流触觉实验装置	机械工程学院	帅立国 李镇宇 张子烨 刘 杰 张雨露	2018.08.21	第 3042433 号
1057	一种基于分布式双向中继系统的鲁棒波束成型方法	信息科学与工程学院	李春国 王 毅 杨绿溪 王东明 郑福春	2018.08.21	第 3041415 号
1058	一种端部具有对称初始缺陷单元的耗能型屈曲约束支撑	土木工程学院	蔡建国 周宇航 柳杨青 冯 健 章玉婷	2018.08.21	第 3041766 号
1059	一种蓝相液晶相位调制光学系统	电子科学与工程学院	严 静 李 青 郭正波 邢宇菲 敏 晓	2018.08.21	第 3039785 号

(续　表)

序号	发明专利名称	申请院系(单位)	设计人	授权日	证书号
1060	基于运算约束的云服务工作流调度方法	计算机科学与工程学院	李小平　付志昆 朱　夏	2018.08.21	第3042859号
1061	一种采用中强预应力筋的预制混凝土梁柱节点	土木工程学院	冯　健　陈　耀 蔡建国　张　晋	2018.08.21	第3040552号
1062	一种低温低压下柴油发电机性能测试系统	能源与环境学院	陈永平　周　颖 杨　飞　张程宾	2018.08.24	第3045303号
1063	促进可再生能源消纳的电动汽车换电站充放电调度方法	电气工程学院	任佳依　顾　伟 高　君　刘海波 曹　戈	2018.08.28	第3052287号
1064	一种宽带毫米波天线	信息科学与工程学院	周健义　杨彬祺 董云扬　于志强	2018.08.28	第3052280号
1065	一种基于变结构的双向无线电能传输系统能量流动方向控制方法	电气工程学院	谭林林　颜长鑫 黄学良　潘书磊 郭金鹏　刘　瀚 王　维　李佳承	2018.08.28	第3050757号
1066	基于直接转矩控制的五相逆变器双电机系统容错控制方法	电气工程学院	王　伟　张景皓 程　明	2018.08.28	第3049576号
1067	一种基于最大功率匹配的无线电能传输系统功率效率优化方法	电气工程学院	谭林林　颜长鑫 黄学良　郭金鹏 刘　瀚　王　维 潘书磊　李佳承	2018.08.28	第3051190号
1068	一种基于纠错输出编码的无需消歧的无监督词性标注方法	计算机科学与工程学院	周德宇　徐海洋 张致恺	2018.08.28	第3050074号
1069	一种有序介孔-大孔结构的铁基复合催化剂的制备方法	能源与环境学院	熊源泉　茹晋波 吴　波　王淑慧 王金涛　冯　浩	2018.08.28	第3052813号
1070	一种三维土地利用现状数据模型的生成方法	仪器科学与工程学院	王慧青　张小国 郭敬磊　王　庆	2018.08.28	第3048885号
1071	一种基于离线约束图的指针分析方法	计算机科学与工程学院	李必信　刘　飞 Rupesh Nasre (卢佩西·纳斯热)	2018.08.28	第3050607号
1072	一种模拟材料在流场环境中受到循环弯曲载荷的实验装置	材料科学与工程学院	储成林　蒋　俊 金　晶　李　旋 白　晶　郭　超 薛　烽　林萍华	2018.08.28	第3052754号
1073	一种医学图像三维血管显示增强方法	计算机科学与工程学院	杨冠羽　宁秀芳 王　征　舒华忠	2018.08.28	第3052079号

（续　表）

序号	发明专利名称	申请院系(单位)	设计人	授权日	证书号
1074	一种用于语音情感识别的自学习语谱图特征提取方法	信息科学与工程学院	赵　力　陶华伟　魏　昕　梁瑞宇　查　诚　张昕然	2018.08.28	第 3052799 号
1075	电力市场环境下负荷零售商的最优购电方法	电气工程学院	高赐威　陆婷婷	2018.08.28	第 3051713 号
1076	一种双面锥型全流触探探头	交通学院	夏　涵　蔡国军　彭　鹏　刘松玉	2018.08.28	第 3051555 号
1077	一种基于水汽相变强化细颗粒长大的装置	能源与环境学院	于　燕　张　军　徐俊超　闾　荔　钟　辉	2018.08.28	第 3050666 号
1078	一种压缩机用直线振荡电机控制方法	电气工程学院	余海涛　张　涛　施振川　胡敏强　黄　磊	2018.08.28	第 3051883 号
1079	一种基于海浪—光能互补发电的水下航行器感应充电系统	电气工程学院	余海涛　夏　涛　黄　磊　刘小梅　沈天骄　程　帆	2018.08.28	第 3049278 号
1080	一种采用导流丝的气体精馏装置	能源与环境学院	杨　柳　许健勇	2018.08.28	第 3049591 号
1081	一种基于多特征时空关系融合的人类行为识别方法	学习科学研究中心	姚　莉	2018.08.28	第 3051980 号
1082	一种列表连续消除极化码译码方法、装置	信息科学与工程学院	张　川　杨俊梅　尤肖虎	2018.08.31	第 3054108 号
1083	一种统一潮流控制器的两阶段多目标选址方法	国网江苏省电力公司、电气工程学院国家电网公司、江苏省送变电公司	张　潮　吉　宏　邵雨薇　俞春华　凌　建　高　山　黄学良　陈　咏　吴　勇　金振强　庞文亮　韩　鸣	2018.09.04	第 3057763 号
1084	一种高耐碱盐腐蚀玄武岩纤维复合材料	土木工程学院	吴智深　刘建勋　汪　昕　隆　彪　李　宁	2018.09.07	第 3063297 号
1085	一种胶体电解质膜以及电解水装置	化学化工学院	雷立旭	2018.09.07	第 3065688 号
1086	一种基于区域定位功能的分区矩阵照明系统及方法	电子科学与工程学院	张宇宁　王飞霞　翁一士　沈思文	2018.09.07	第 3064835 号
1087	一种全潜分离风机基础	土木工程学院	戴国亮　朱文波　龚维明	2018.09.07	第 3062997 号
1088	一种双轮式海洋静力触探贯入设备及其贯入方法	交通学院	夏　涵　蔡国军　刘松玉　邹海峰	2018.09.07	第 3063705 号

(续　表)

序号	发明专利名称	申请院系(单位)	设计人	授权日	证书号
1089	利用柱状矢量光束实现多焦点三维任意移动的装置及方法	电子科学与工程学院	顾　兵　贡丽萍　芮光浩　崔一平	2018.09.07	第3065241号
1090	基于交叉口过车记录的单点信号控制优化方法	交通学院	夏井新　陆振波　安成川	2018.09.07	第3062949号
1091	一种自动校正垂直度的海床式静力触探设备	交通学院	刘松玉　夏　涵　蔡国军	2018.09.07	第3064338号
1092	一种LCC谐振变换器PWM移相混合控制及效率优化方法	电气工程学院	赵剑锋　仲宙宇　高铁峰　张云龙	2018.09.07	第3063912号
1093	一种基于多源数据的递进式扩展卡尔曼滤波高速公路交通状态估计方法	交通学院	何赏璐　冉　斌　程　阳	2018.09.07	第3065176号
1094	一种直线振荡电机的谐振频率跟踪控制方法	电气工程学院	余海涛　张　涛　施振川　胡敏强　黄　磊	2018.09.07	第3062098号
1095	阻隔有机污染物挥发的黏土覆层开裂的修补装置及其方法	交通学院	杜延军　冯亚松　蒋宁俊　任伟伟	2018.09.07	第3063344号
1096	一种中小城市快速公交阈值确定方法	交通学院	陈　峻　王　斌　张　楚	2018.09.07	第3064813号
1097	基于非线性智能预测控制技术的超临界机组再热汽温优化控制系统	能源与环境学院	吕剑虹　陈雨亭　秦文炜　崔晓波　于　冲　于　吉	2018.09.07	第3062047号
1098	一种低电压单平衡电流复用无源混频器	电子科学与工程学院	陈　超　吴建辉　李　红	2018.09.07	第3064550号
1099	一种水汽过饱和氛围构建方法和过饱和度测量方法及装置	能源与环境学院	张　军　孟　强　徐俊超　于　燕	2018.09.07	第3065410号
1100	一种防内涝补给地下水的路面系统	交通学院	黄晓明　曹青青　巩金芝　丁珣昊　刘修宇　闫天昊　王飏奇	2018.09.07	第3063442号
1101	一种基于心音多维特征提取的身份识别算法及其系统	信息科学与工程学院	刘兰谊　宋宇波　李卓倩　徐　军　蔡金洲　李度洋	2018.09.07	第3063262号
1102	一种高张度钛偃金棒线材的制备方法	材料科学与工程学院、江苏天工科技股份有限公司	周雪峰　李旭敏　方　峰　蒋建清　朱小坤	2018.09.07	

（续 表）

序号	发明专利名称	申请院系(单位)	设计人	授权日	证书号
1103	一种风电场送出线截面削减设计方法	江苏省电力公司电力经济技术研究院、南京电力工程设计有限公司、电气工程学院、国家电网公司	薄　鑫　吴　倩　马宏原　赵菲菲　高丙团　卢思瑶	2018.09.11	第3069265号
1104	一种高强度细晶纯钛棒线材的制备方法	材料科学与工程学院	周雪峰　李旭敏　方　峰　蒋建清　朱小坤	2018.09.14	第3070849号
1105	一种含盐高浓度有机废水处理装置及方法	能源与环境学院	黄亚继　张锦泰	2018.09.14	第3071707号
1106	一种基于未标记数据的数字图像分类方法	计算机科学与工程学院	张敏灵　吴　磊	2018.09.14	第3073168号
1107	多方式多层次综合交通网络图形表达方法	交通学院	王　炜　李晓伟　王　昊　付　闵　华雪东	2018.09.14	第3073305号
1108	基于信道质量的自适应束波加权信息分组反馈方法及装置	信息科学与工程学院	杨绿溪　李长庚　廖树日　吕　川　陆　莹　张　静	2018.09.14	第3070731号
1109	基于能效最优的单用户大规模天线中继系统功率分配方法	信息科学与工程学院	李春国　王　毅　杨绿溪　王东明　郑福春	2018.09.14	第3075295号
1110	一种可用于移动终端的虚拟物体三维形状触觉再现方法	仪器科学与工程学院	吴　涓　钟兴建　邵知宇　李　娜　宋爱国	2018.09.14	第3073010号
1111	一种调节供热与发电的背压机联合系统及方法	能源与环境学院	王祥图　许红胜　庄贺峰	2018.09.14	第3072748号
1112	一种具有斜向螺旋形诱导单元的套管屈曲诱导支撑	土木工程学院	蔡建国　冯　健　刘　鹏　周宇航　柳杨青	2018.09.14	第3074049号
1113	基于螺旋分形的一体化微小型平板热管	能源与环境学院	张程宾　陈　功　万　意　辛佳磊　张孟臣	2018.09.14	第3072754号
1114	并行磁共振的图像重建方法、装置及并行磁共振成像系统	信息科学与工程学院	贺润国　姜龙玉　宋文博　洪亚萍　伍家松　舒华忠	2018.09.14	第3073465号
1115	一种具有刻槽型诱导单元的套管屈曲诱导支撑	土木工程学院	蔡建国　刘　鹏　冯　健　周宇航　柳杨青　马瑞君	2018.09.14	第3071310号
1116	基于可控电抗器抑制电力系统低频振荡的模型预测控制方法	电气工程学院	林克曼　林　明　李　念　万秋兰	2018.09.18	第3079496号

（续　表）

序号	发明专利名称	申请院系(单位)	设计人	授权日	证书号
1117	一种基于时变混叠滤波及辅助电路的信号分离电路	电子科学与工程学院	吴建辉　金　锦　华　超　陈　超　李　红	2018.09.18	第 3078785 号
1118	一种简易硬币分离机	机械工程学院	沙　菁　余文斌　张赢杰　蒋睿智　安　桐　黄久伟　吕　君　段　朝	2018.09.18	第 3076870 号
1119	一种钢管厂穿孔设备余热回收利用装置及其方法	能源与环境学院	向文国　张　琪	2018.09.18	第 3075493 号
1120	一种基于阵列法的双功能全息反射阵天线的增益优化方法	信息科学与工程学院	崔铁军　吴　伟　李允博	2018.09.18	第 3076298 号
1121	一种防燃型超疏水涂料及其制备方法	材料科学与工程学院	张友法　戴文哲　王山林　余新泉	2018.09.18	第 3079392 号
1122	一种基于观测补偿和耦合调节的弱磁控制方法	自动化学院	李世华　吴　超　李　奇　杨　俊　崔宏宇　王翔宇	2018.09.18	第 3077479 号
1123	一种基于交叉口过车记录的干线绿波评估方法	交通学院	夏井新　陆振波　安成川	2018.09.18	第 3078722 号
1124	一种适用于硅胶按键镀金镍材的制备方法	材料科学与工程学院	张友法　张　静　余新泉	2018.09.18	第 3077559 号
1125	基于分布式正阻尼有源导纳的 APF 并机系统稳定性控制方法	电气工程学院	曹　尤　武　鋆　赵剑锋　刘康礼	2018.09.18	第 3076107 号
1126	高低有效氢碳比原料共混催化热解制取燃料的装置及方法	能源与环境学院	肖　睿　张会岩　陈　星　乜建龙　祝敏敏	2018.09.18	第 3078470 号
1127	一种用于预制夹心保温墙体的钩形钢筋芯连续纤维复合连接件	土木工程学院	郭正兴　江焕芝　刘家彬	2018.09.18	第 3079376 号
1128	一种基于建筑信息模型的桥梁竖向变形性能预警方法	土木工程学院	丁幼亮　赵瀚玮　王高新　李爱群　岳　青　吴来义	2018.09.18	第 3075962 号
1129	一种应用于流水线型 ADC 的低功耗比较器	电子科学与工程学院	吴建辉　孙　杰　刘　畅　李　红	2018.09.18	第 3079839 号
1130	一种为能源互联网服务的源/网/储/荷协调管理系统及方法	电气工程学院	黄学良　季振亚　孙厚涛　李　军	2018.09.18	第 3076256 号
1131	一种基于微机械耦合器和间接式功率传感器的风速计	电子科学与工程学院	易真翔　秦　明　黄庆安	2018.09.18	第 3076560 号

（续 表）

序号	发明专利名称	申请院系(单位)	设计人	授权日	证书号
1132	一种基于共面波导传输线的悬臂梁式风速风向传感器及其测量方法	电子科学与工程学院	易真翔 秦 明 黄庆安	2018.09.18	第3076024号
1133	一种基于微机械耦合器和直接式功率传感器的风速计	电子科学与工程学院	易真翔 秦 明 黄庆安	2018.09.18	第3076022号
1134	一种单芯片双轴集成硅微谐振式加速度计闭环驱动控制和频率检测电路	仪器科学与工程学院	杨 波 赵 毅 戚思雨 张 姜 薛 谦	2018.09.18	第3077779号
1135	D2D通信中基于动态调整发送概率的用户设备发现方法	信息科学与工程学院	刘 楠 陈 刚 潘志文 尤肖虎	2018.09.18	第3075802号
1136	D2D通信中基于用户设备分组的用户设备发现方法	信息科学与工程学院	刘 楠 陈 刚 潘志文 尤肖虎	2018.09.18	第3075801号
1137	一种新型改性蛋清细胞培养支架材料的制备方法及应用	生物科学与医学工程学院	张天柱 郭振超 杨新明 房 坤 田吉来 刘培党 顾 宁	2018.09.18	第3076391号
1138	一种采用中间磁极结构的直线旋转永磁作动器及控制方法	电气工程学院	房淑华 郭凯凯 林鹤云	2018.09.18	第3079829号
1139	用于基于纠缠态的无线Mesh量子通信网络的路由方法	信息科学与工程学院	余旭涛 张在琛 施丽惠 王 侃	2018.09.18	第3078043号
1140	一种内燃机消声器	机械工程学院	孙蓓蓓 薛 飞 张建润 卢 熹 陈建栋 焦仁强	2018.09.18	第3077108号
1141	一种高鲁棒性快恢复超结功率半导体晶体管及其制备方法	电子科学与工程学院	祝 靖 卞方娟 杨 卓 黄 智 孙伟锋 陆生礼 时龙兴	2018.09.18	第3078497号
1142	大规模MIMO系统导频长度及功率联合分配方法	信息科学与工程学院	高西奇 薛 昀 江 彬	2018.09.18	第3078972号
1143	一种三位多孔石墨烯微流控芯片及其石墨烯附着方法	机械工程学院	胡 涛 倪中华 桑 文 王 振 叶 亦	2018.09.21	第3083253号
1144	一种变时间常数数字指数波生成器	电子科学与工程学院	常昌远 李 振 唐 瑞 曹子轩 洪 潮 张治学	2018.09.21	第3080574号
1145	装配式框架梁柱连接的可更换耗能连接组件	土木工程学院	吴 京 谢鲁齐 孟少平	2018.09.21	第3084027号
1146	湿法刻蚀石英晶体少量晶面获取全晶面刻蚀速率的方法	机械工程学院	幸 研 张 辉 张 晋 李 源	2018.09.21	第3080742号

（续　表）

序号	发明专利名称	申请院系(单位)	设计人	授权日	证书号
1147	一种基于自冗余状态预测的MMC环流抑制系统及方法	电气工程学院	张建忠　胡　省　徐　帅　姜永将	2018.09.21	第3081247号
1148	四色可见光通信系统中的极化码优化设计方法	信息科学与工程学院	姜　明　朱秋瑜　赵春明	2018.09.21	第3080774号
1149	一种增举办连续可调的射频前端电路	信息科学与工程学院	樊祥宁　陶　健　赵　远　王志功	2018.09.21	第3080152号
1150	一种超薄银纳米板的合成方法	电子科学与工程学院	张晓阳　张　彤　周恒立　单　锋　苏　丹	2018.09.21	第3080394号
1151	超黑纳米多孔Fe及其制备方法	材料科学与工程学院	曾宇乔	2018.09.21	第3084493号
1152	一种复合型无磷原油金属螯合剂	化学化工学院	梁　爽　吴文婷　蔡志岚　李世伟　杨海涌　孟闻飞　卢莹炜　谈梦璐　周天悦　周钰明　姚清照　黄镜怡　孙　伟	2018.09.21	第3080970号
1153	功能化氧化石墨烯修饰聚合物凝胶电解质及其制备方法和应用	化学化工学院	谢一兵　王金辉	2018.09.21	第3084706号
1154	一种高分辨率模拟波束快速训练方法及装置	信息科学与工程学院	何世文　薛春林　黄永明　王海明　杨绿溪　洪　伟	2018.09.21	第3083303号
1155	一种高抗硫超低温SCR脱硝催化剂及其制备方法	能源与环境学院	张亚平　朱一闻　肖　睿　黄天娇　徐海涛　沈　凯	2018.09.21	第3084016号
1156	EEG信号的相位同步度量、耦合特征提取及信号识别方法	学习科学研究中心	王海贤　李晓萌	2018.09.21	第3080786号
1157	一种提高常压封装硅微陀螺零偏性能的系统	仪器科学与工程学院	李宏生　桑鹏程　丁徐锴　黄丽斌　张　婷	2018.09.21	第3080790号
1158	一种无机泡沫材料及其制备方法	材料科学与工程学院	张培根　张亚梅　孙正明　贾子健	2018.09.21	第3083969号
1159	预制剪力墙钢筋笼构件、柱钢筋笼构件及制造装配方法	建筑学院	张　宏　张军军　刘子洁　刘　春　刘　盾　吴　京　冯世虎	2018.09.21	第3080163号
1160	一种铝硅镧硼四元中间合金及其制备方法	材料科学与工程学院	陆　韬　潘　冶　李陈林　顾腾飞　景力军	2018.09.21	第3082979号

（续 表）

序号	发明专利名称	申请院系(单位)	设计人	授权日	证书号
1161	一种氮化碳光电极及其制备方法和应用	化学化工学院	张袁健 娄 爽 沈艳飞 周志新 刘松琴	2018.09.21	第 3081394 号
1162	基于拉线式位移传感器的门窗开度系统及其应用方法	能源与环境学院	钱 华 史珍妮 郑晓红 高迎梅	2018.09.21	第 3080479 号
1163	一种基于相量的发电机强迫扰动源定位方法	电气工程学院	蒋 平 郑斌青 冯 双	2018.09.21	第 3080680 号
1164	水下结构全方位自动检测系统及方法	土木工程学院	吴 刚 李兴华	2018.09.21	第 3080795 号
1165	一种银、氧化锌双相沉积羟基磷灰石纳米材料及其制备方法	材料科学与工程学院	郭 超 薛 娟 林萍华 董寅生 储成林 盛晓波	2018.09.21	第 3081131 号
1166	无信号交叉口冲突消解方法及系统	交通学院	叶智锐 朱娇娇 严 钰 黄瑛子	2018.09.21	第 3080701 号
1167	耐高温发光增强的金纳米簇及其制备方法和应用	生物科学与医学工程学院	陈 扬 尤 其 王慧敏 彭 景 薛忠俊	2018.09.21	第 3081785 号
1168	临近空间飞行器传递对准模型不确定性的鲁棒滤波方法	仪器科学与工程学院	程向红 陈红梅 戴晨曦 王 磊	2018.09.21	第 3081138 号
1169	基于时间序列二维化的电离层垂直总电子含量预报方法	交通学院	胡伍生 王松寒 华远峰 丁茂华	2018.09.21	第 3084004 号
1170	一种无线认知网络全局频谱信息协作感知方法	信息科学与工程学院	宋铁成 吴 名 胡 静 夏玮玮 沈连丰	2018.09.21	第 3082693 号
1171	一种医疗机构智能管理系统及管理方法	信息科学与工程学院	刘英杰 黄华林 莫凌飞 许寄梦	2018.09.21	第 3082888 号
1172	一种 CRAN 中高能效的基站开关选择方法	信息科学与工程学院	刘 楠 匡肃奉	2018.09.21	第 3081220 号
1173	一种兼容多终端接入的电动车定位追盗系统及其方法	信息科学与工程学院	蒋 睿 尹 杰 钱泽虹 周 磊	2018.09.21	第 3083009 号
1174	一种基于六边形几何的可折叠索杆结构单元	土木工程学院	陈 耀 冯 健	2018.09.21	第 3081766 号
1175	基于差分星座轨迹图的无线设备射频指纹特征提取方法	信息科学与工程学院	彭林宁 胡爱群	2018.09.21	第 3081303 号
1176	分离型数模混合收发通信系统中的模拟波束矢量优化方法	信息科学与工程学院	何世文 欧飞飞 叶日平 黄永明 杨绿溪 洪 伟	2018.09.21	第 3080275 号
1177	一种基于时间序列的光纤电流互感器随机噪声实时滤波方法	仪器科学与工程学院	王立辉 魏广进 黄嘉宇	2018.09.21	第 3081443 号

（续　表）

序号	发明专利名称	申请院系(单位)	设计人	授权日	证书号
1178	基于五阶 CKF 的 GPS/SINS/CNS 组合导航方法	仪器科学与工程学院	徐晓苏　刘心雨　孙　进　杨　博　王捍兵	2018.09.21	第 3080721 号
1179	一种模块化电机定子及其端部重叠分数槽绕组结构	电气工程学院	林鹤云　王克羿　阳　辉	2018.09.21	第 3080886 号
1180	毫米波 MIMO 通信多子阵协作波束对准方法及装置	信息科学与工程学院	黄永明　何世文　章建军　张　铖　王海明	2018.09.21	第 3082141 号
1181	一种产生固定负压的功率开关管隔离栅驱动电路	电子科学与工程学院	钱钦松　钱圣宝　俞居正　李　杰　孙伟锋　陆生礼　时龙兴	2018.09.21	第 3080351 号
1182	射流破坏高浓度梯度微流混合芯片	电子科学与工程学院	朱　利　陈科祥　陆　辉　崔一平	2018.09.21	第 3082902 号
1183	基于波束块结构压缩感知的信道估计方法	信息科学与工程学院	黄永明　黄　伟　李双龙　何世文　杨绿溪	2018.09.21	第 3081291 号
1184	一种荧光粉量子效率测量装置	材料科学与工程学院	董　岩　鲍　青　潘文倩　宋冠洲　李政雄　邵起越　蒋建清	2018.09.21	第 3083102 号
1185	计及线路损耗的微电网分布式有功功率经济分配方法	电气工程学院	吴在军　苏　晨　吕振宇　窦晓波　胡敏强	2018.09.21	第 3080334 号
1186	一种小型抽汽式供热汽轮机排汽降湿的方法	能源与环境学院	许　建　司风琪　李家伟　周建新　于海泉	2018.09.28	第 3089527 号
1187	一种风电场的黑启动协调装置及方法	电气工程学院	汤　奕　谭敏刚　刘增稷　张文祺　申　振　韩　啸　杜先波	2018.09.28	第 3093247 号
1188	一种基于高阶累积量的波达估计方法	计算机科学与工程学院	刘　杰　姜龙玉　洪亚萍　伍家松　舒华忠	2018.09.28	第 3092601 号
1189	大规模 MIMO 下行链路自适应传输方法	信息科学与工程学院	高西奇　庞渊源　孙　晨　仲　文	2018.09.28	第 3092822 号
1190	一种密集节点配置系统中的导频复用方法	信息科学与工程学院	王东明　顾何平　魏　浩　赵真灵　段晓霞　尤肖虎	2018.09.28	第 3091630 号
1191	联合时频双工的共享信道特征获得方法	信息科学与工程学院	彭林宁　胡爱群	2018.09.28	第 3091465 号

（续　表）

序号	发明专利名称	申请院系(单位)	设计人	授权日	证书号
1192	具有有源电感结构的前馈共栅跨阻放大器电路	信息科学与工程学院	范　忧　王　蓉　王志功	2018.09.28	第3091817号
1193	一种基于改进粒子群优化的LTE网络覆盖优化方法	信息科学与工程学院	潘志文　潘如君　蒋慧琳　刘　楠　尤肖虎	2018.09.28	第3091821号
1194	基于遗传算法的多维力传感器数据拟合	仪器科学与工程学院	宋爱国　李　昂　李会军　张　强　冷明鑫　徐宝国	2018.09.28	第3091410号
1195	一种流动沸腾微小型换热器	能源与环境学院	张程宾　陈永平　黄永平	2018.09.28	第3093991号
1196	一种端部具有变角度四折痕型诱导单元的耗能型屈曲诱导支撑	土木工程学院	蔡建国　汪子哲　冯　健　周宇航　柳杨青　马瑞君	2018.09.28	第3090041号
1197	一种具有环向梯形诱导单元的套管屈曲诱导支撑	土木工程学院	蔡建国　冯　健　周宇航　杨海龙　柳杨青	2018.09.28	第3090041号
1198	基于双反馈法的阻性传感阵列线性读出电路及其读出方法	仪器科学与工程学院	吴剑锋　汪　峰　何赏赏　王　琦　李建清	2018.09.28	第3093041号
1199	一种负载自偏置电流倍增型无源混频器	电子科学与工程学院	陈　超　吴建辉　李　红　张　萌	2018.10.02	第3096433号
1200	基于单层石墨烯的单一结构的双逻辑门光调制器件	电子科学与工程学院	胡国华　李　磊　戚志鹏　恽斌峰　张若虎　崔一平	2018.10.02	第3096746号
1201	一种基于单分子定位法的超分辨光学成像方法	电子科学与工程学院	宗慎飞　陈　晨　王著元　崔一平	2018.10.02	第3095925号
1202	基于二阶锥优化的售电公司所辖区域配电网的调度方法	电气工程学院	任佳依　顾　伟　高　君　曹　戈　刘海波	2018.10.02	第3096380号
1203	一种电流倍增型低电压电流复用无源混频器	电子科学与工程学院	陈　超　吴建辉　李　红	2018.10.02	第3097042号
1204	基于铜耗最小的轴向磁场磁通切换容错电机容错控制方法	电气工程学院	林明耀　顾卫钢　何春晓	2018.10.02	第3096312号
1205	一种基于共栅cascode低噪声放大器的增益调节结构	电子科学与工程学院	吴建辉　胡子炎　陈　超　李　红	2018.10.02	第3096309号
1206	一种用于穹顶结构下节点的FRP环索转向装置	土木工程学院	秦卫红　惠　卓　秦诗达　张　璇　李云杰	2018.10.02	第3096308号
1207	一种和管道式油烟催化净化设备及方法	能源与环境学院	张　军　徐成威　谢文霞　杨建铡　丁启忠	2018.10.02	第3096715号

（续　表）

序号	发明专利名称	申请院系(单位)	设计人	授权日	证书号
1208	一种提高小容量直流母线电容电压暂态稳定性的永磁同步电机控制算法	电气工程学院	林明耀　张贝贝　台流臣　谭广颖　付兴贺　刘　凯	2018.10.02	第3098310号
1209	一种圆形截面墩或柱的多级防撞击装置	土木工程学院	王　浩　郑文智　茅建校　陶天友	2018.10.02	第3097971号
1210	一种基于甲基乙烯基醚马来酸共聚物/硫酸软骨素pH敏感复合水凝胶及其制备方法	生物科学与医学工程学院	张天柱　马晓娥　周乃珍	2018.10.02	第3098213号
1211	一种半盲干扰对齐发送方法	信息科学与工程学院	张在琛　郑黎丽　吴　亮　党　建	2018.10.02	第3097718号
1212	一种增强的声学聚焦装置	能源与环境学院	董　卫　程　梅　乔正辉　杨良华	2018.10.02	第3094995号
1213	一种中继蜂窝网络中高效地选择用户通信基站的方法	信息科学与工程学院	刘　楠　黎　杰	2018.10.02	第3096773号
1214	一种基于SOI的Si－PLZT异质结结构的混合型电光环形调制器	电子科学与工程学院	胡国华　戚志鹏　刘　畅　李　磊　恽斌峰　张若虎　崔一平	2018.10.02	第3096747号
1215	一种异构网络融合场景中基于遗传运算的资源分配方法	信息科学与工程学院	夏玮玮　王　佩　沈连丰　胡　静　宋铁成　章跃跃　朱亚萍	2018.10.02	第3095831号
1216	行人过街时间模型及信号交叉口人行横道宽度优化方法	交通学院	任　刚　陆丽丽　俞志钢　段婷婷　王　义	2018.10.02	第3098492号
1217	一种基于基站协作的小区休眠节能方法	信息科学与工程学院、中国移动通信集团江苏有限公司	尤肖虎　童　恩　吕　严　丁　飞　潘志文	2018.10.09	第3101260号
1218	一种长期演进网络中基于站点实际负载的网络节能方法	信息科学与工程学院、中国移动通信集团江苏有限公司	尤肖虎　童　恩　王　晔　潘志文　丁　飞	2018.10.09	第3101855号
1219	一种借助表面浸润特性提高电子印刷精度的方法	电子科学与工程学院	吴　俊　夏　军　王保平	2018.10.12	第3105494号
1220	一种可见光通信中基于多色LED的OFDM传输方法	信息科学与工程学院	许　威　孔　磊　张　华　赵春明	2018.10.12	第3104492号
1221	一种沥青混合料高温蠕变失稳点流变次数的确定方法	交通学院	顾兴宇　吕俊秀　邹晓勇　张小元	2018.10.12	第3104897号

（续 表）

序号	发明专利名称	申请院系(单位)	设计人	授权日	证书号
1222	一种空域图样分割多址接入技术的接收机设计方法	信息科学与工程学院	蒋雁翔 李 鹏 郑福春 高西奇 尤肖虎	2018.10.12	第 3106255 号
1223	一种全姿态捷联惯导系统的非线性初始对准方法	仪器科学与工程学院	程向红 冉昌艳	2018.10.12	第 31041596 号
1224	一种结合重力模型与 Fratar 模型的交通份布预测方法	交通学院	王 炜 黄 蓉 华雪东 王 昊	2018.10.12	第 31063666 号
1225	一种外环内六角形空间网格结构装配式节点	土木工程学院	冯若强 刘峰成 朱 洁	2018.10.12	第 3103857 号
1226	一种烟气酸露点在线测量装置和方法	能源与环境学院	段伦博 黄恩和 王善普 曹 玉 孙世超	2018.10.12	第 3103748 号
1227	一种集成自举的高压驱动芯片及其工艺结构	电子科学与工程学院、东南大学无锡集成电路技术研究所	孙伟锋 张允武 禹 括 祝 靖 徐 申 钱钦松 刘斯扬 陆生礼 时龙兴	2018.10.12	第 3106724 号
1228	一种增加年承压水地层基坑抗突涌稳定性的降水方法	苏州市轨道交通集团有限公司、土木工程学院	童立元 王占生 朱 宁 李文峰 张明飞 车鸿博 潘皇宋	2018.10.16	第 3108266 号
1229	计及光伏发电和谐波污染的基于随机潮流的无功优化方法	江苏省电力公司盐城供电公司、电气工程学院	何 育 高 山 陆思远 赵 欣 李 勇 张庆富 刘安宏	2018.10.19	第 3115310 号
1230	一种基于身份的无线传感器网络密钥管理方法	网络空间安全学院	秦中元 张新帅 黄 杰	2018.10.23	第 3119909 号
1231	一种全波段太赫兹三倍频模块	信息科学与工程学院	杨 非 孟洪福 王宗新 孙忠良	2018.10.23	第 3119555 号
1232	应用改进的 ALP 算法优化并串联系统维修的方法	机械工程学院	周一帆 张志胜	2018.10.23	第 3120165 号
1233	薄壁封闭玻璃腔室光学参数的检测系统及方法	仪器科学与工程学院	陈熙源 邹 升 张 红	2018.10.23	第 3120169 号
1234	智能车辆自主性换道时机决策方法	交通学院	张 健 聂建强 冉 斌 曲 栩 万 霞	2018.10.23	第 3120205 号
1235	一种紫檀芪纳米囊及其制备方法	生物科学与医学工程学院	夏 强 马超龙	2018.10.23	第 3117729 号

（续 表）

序号	发明专利名称	申请院系(单位)	设计人	授权日	证书号
1236	一种基于总线的 H2-MAC 消息认证 IP 核硬件装置	电子科学与工程学院	李 冰 刘 洋 刘玉翠 郭 安 刘 勇 陈 帅 董 乾 赵 霞 王 刚	2018.10.23	第 3118056 号
1237	一种 IP 报文分片与重组方法及装置	电子科学与工程学院	李 冰 刘玉翠 胡正华 金 涛 陈 帅 刘 勇 董 乾 赵 霞 王 刚	2018.10.23	第 3118055 号
1238	适用于 MIMO-OFDM 系统的 IQ 不平衡和信道联合估计方法	信息科学与工程学院	裴文江 刘 方 王 开 夏亦犁	2018.10.23	第 3117289 号
1239	一种基于参数高次偏移的全同态加密公钥压缩方法	信息科学与工程学院	陈立全 樊子娟 黎洁昕 张远方	2018.10.23	第 3119811 号
1240	一种小倾斜角螺旋折流板实现大螺旋导程的折流板支撑方法	能源与环境学院	陈亚平 汤红铃 吴嘉峰	2018.10.23	第 3118122 号
1241	一种基于椭球的 GNSS 电离层层析投影矩阵获取方法	交通学院	胡伍生 余龙飞 丁茂华	2018.10.23	第 3118696 号
1242	一种基于点镇定的轮式移动机器人目标跟踪控制方法	自动化学院	翟军勇 肖大伟	2018.10.23	第 3120910 号
1243	一种单向偏心铰接支座及其实施方法	土木工程学院	陈 伟 叶继红 吴乾德 董 梁 夏 梦 孙 昱 姜 波	2018.10.23	第 3119789 号
1244	用于立柱竖向加载试验的多功能组合支座及其实施方法	土木工程学院	姜 波 陈 伟 吴乾德 董 梁 夏 梦 孙 昱 叶继红	2018.10.23	第 3119787 号
1245	一种槽式太阳能联合循环发电系统	能源与环境学院	邴旖旎 王 军 刘婷婷 蒋 川 周元兴 黄秀勇	2018.10.23	第 3117421 号
1246	一种芳香磺酸选择性离子交换树脂的制备方法	土木工程学院	孙 越 罗加腾	2018.10.23	第 3118501 号
1247	基于 MEMS 宽频带相位检测器和温度补偿电阻的分频器	电子科学与工程学院	廖小平 韩居正	2018.10.23	第 3120938 号
1248	基于 MEMS 宽频带相位检测器和温度补偿电阻的倍频器	电子科学与工程学院	廖小平 韩居正	2018.10.23	第 3117609 号
1249	基于 MEMS 宽频带相位检测器的锁相环	电子科学与工程学院	廖小平 韩居正	2018.10.23	第 3117611 号

（续　表）

序号	发明专利名称	申请院系(单位)	设计人	授权日	证书号
1250	一种基于复变量的储能逆变器并离网无缝切换控制算法	电气工程学院	胡敏强　倪春花　全相军　吴在军　窦晓波	2018.10.23	第3121265号
1251	一种基于辅助环储能系统的调谐滤波器设计方法	电气工程学院	黄丽丽　蒋　玮　张　磊	2018.10.23	第3118837号
1252	一种软土盾构隧道衬砌管片壁后微生物注浆方法	交通学院	徐向春　刘松玉　章定文　童立元　彭尔兴	2018.10.23	第3120508号
1253	一种用于光学标识点间距离精确标定的双相机测量方法	土木工程学院	何小元　董　帅	2018.10.23	第3119329号
1254	一种具有不同截面直径焊线的功率模块	电子科学与工程学院	刘斯扬　叶　然　魏家行　宋海洋　王　宁　孙伟锋　陆生礼　时龙兴	2018.10.23	第3120567号
1255	一种高热可靠性功率模块	电子科学与工程学院	刘斯扬　宋海洋　魏家行　方云超　王　宁　孙伟锋　陆生礼　时龙兴	2018.10.23	第3119330号
1256	一种Buck型DC-DC变换器的单输入模糊PID控制方法	电子科学与工程学院	常昌远　曹子轩　洪　潮　唐　瑞　李　振　张治学	2018.10.23	第3120430号
1257	一种大批量、多步合成直径可控的超长银纳米线的方法	电子科学与工程学院	张晓阳　张　彤　薛小枚	2018.10.23	第3118784号
1258	一种手术器械刃口表面的处理方法	机械工程学院	邢佑强　吴　泽　刘　磊　黄　鹏　牛亚峰	2018.10.23	第3118786号
1259	一种工程监测用高精度结构位移测量方法	土木工程学院	茅建校　王　浩　王飞球　朱克宏	2018.10.23	第3117593号
1260	一种提高原边反馈反激电源大功率工作恒压采样精度的方法	电子科学与工程学院	孙伟锋　寇兴鹏　沈　乾　陶思文　徐　申　陆生礼　时龙兴	2018.10.23	第3117592号
1261	一种双层多气路软件驱动器	机械工程学院	张　琪　张志胜	2018.10.23	第3118744号
1262	一种基于手机数据的长距离出行交通方式划分方法	交通学院	李林超　冉　斌　戴冠臣　张　健　徐云霞　洪　阳	2018.10.23	第3118847号
1263	一种石墨烯基中空纤维的制备方法	生物科学与医学工程学院	张继中	2018.10.23	第3117357号
1264	一种带宽连续可调的宽带接收机前端电路	信息科学与工程学院	樊祥宁　陶　健　赵　远　王志功	2018.10.23	第3120014号

(续　表)

序号	发明专利名称	申请院系(单位)	设计人	授权日	证书号
1265	一种基于并行连杆的下肢康复训练机械	仪器科学与工程学院	宋爱国　石　珂　唐心宇　秦超龙　李会军	2018.10.23	第3120015号
1266	一种刚度自动切换的膝关节助力装置	机械工程学院	王兴松　万诗龙　杨明星	2018.10.23	第3118204号
1267	转子调磁型磁通切换电机	电气工程学院	花　为　苏　鹏　潘　登　张　淦　程　明　王保安	2018.10.23	第3118658号
1268	周向传动阈值可调式过载保护装置	机械工程学院	陈　南　朱　耀　左建军　陈　雨　李　哲	2018.10.23	第3118410号
1269	一种悬索桥施工期梁端纵向大位移支座	土木工程学院	张文明　厉勇辉	2018.10.23	第3120930号
1270	悬索桥索夹安装位置修正方法	土木工程学院	张文明　施路遥　李　林　刘　钊	2018.10.23	第3119338号
1271	超临界二氧化碳燃煤循环流化床锅炉及发电系统与发电方法	能源与环境学院	耿晨晨　钟文琪　邵应娟　陈晓乐　展锦程	2018.10.23	第3117661号
1272	一种平面开合屋盖-膜组合结构	土木工程学院	蔡建国　马瑞君　吴森坤　冯　健　陆　栋　朱奕锋	2018.10.26	第3123353号
1273	径向双层伸缩网架-膜组合结构	土木工程学院	蔡建国　吴森坤　冯　健　陆　栋　朱奕锋	2018.10.26	第3123352号
1274	一种基于改进性能指标的PID控制器参数优化整定方法	能源与环境学院	雎　刚　钱晓颖	2018.10.26	第3122748号
1275	基于能效最大化的单天线两跳中继系统联合功率分配方法	信息科学与工程学院	李春国　王　毅　杨绿溪　王东明　郑福春	2018.10.26	第3123091号
1276	多环宽带低相噪频率合成器	信息科学与工程学院	田　玲　刘　泊	2018.10.26	第3122857号
1277	一种改进型LZ4压缩算法的硬件实现系统	电子科学与工程学院	李　冰　顾　巍　王超凡　董　乾　陈　帅　赵　霞　王　刚	2018.10.26	第3121873号
1278	基于等离激元增强的光增强/调制电子发射的装置及方法	电子科学与工程学院	王琦龙　翟雨生　杜小飞　齐志央　李晓华	2018.10.26	第3122871号
1279	电站锅炉烟道内飞灰图像采集装置及光谱衰减系数和散射反照率的在线测量方法	能源与环境学院	张　彪　许传龙　任建新　王式民	2018.10.26	第3123119号

（续 表）

序号	发明专利名称	申请院系(单位)	设计人	授权日	证书号
1280	一种具有钻石型耗能单元的套管约束防屈曲支撑	土木工程学院	蔡建国 周宇航 冯 健 柳杨青 马瑞君	2018. 10. 26	第 3123238 号
1281	一种大型活动交通疏导方法及系统	交通学院	陆 建 陈文斌 洪倩雯 肖 飞 胡晓健	2018. 10. 30	第 3129984 号
1282	一种多微电网分布式经济运行控制方法	电气工程学院	吴在军 苏 晨 窦晓波 胡敏强 吕振宇	2018. 10. 30	第 3128224 号
1283	一种基于肤色和 Adaboost 算法的人脸检测方法	电子科学与工程学院	张 萌 陈萍萍 田 茜 马 慧 庞 伟 李 红	2018. 10. 30	第 3127343 号
1284	一种六箱一体化双污泥反硝化除磷系统及工艺	能源与环境学院	吕锡武 高琪娜 戴喆秦 李 想	2018. 10. 30	第 3127367 号
1285	一种针对原边采用星形不接地连接方式的空载变压器并计及其剩磁影响的选相控制方法	电气工程学院	房淑华 倪海妙 林鹤云 杨延举 程圣剑 黄超信	2018. 10. 30	第 3126958 号
1286	一种填充 BST 材料的共面波导结构移相器单元及移相方法	信息科学与工程学院	余旭涛 占海涛 陈 鹏 张 慧 张在琛 田 玲	2018. 10. 30	第 3126729 号
1287	一种溶液法制备石墨烯绝缘导热硅胶的方法	电子科学与工程学院	孙立涛 毕恒昌 万 树 卜昕阳	2018. 10. 30	第 3129245 号
1288	一种 FSAE 赛车 JH600 发动机专用进排气系统	机械工程学院	蔡道清 蔡新雨 邹雅琳 郑良聪	2018. 10. 30	第 31285093 号
1289	一种双芯层偏振旋转器	电子科学与工程学院	肖金标 黄 炎	2018. 10. 30	第 3126736 号
1290	一种计数器直接控制相位切换的多模可编程分频器结构	电子科学与工程学院	李 红 程 康 吴建辉 陈 超 黄 成	2018. 10. 30	第 3129439 号
1291	一种正交偏置磁场下导磁材料特性的测量方法	电气工程学院	付兴贺 徐 磊 丁 超 林明耀 刘 凯	2018. 10. 30	第 3127591 号
1292	一种短路故障型电压暂降源的辨识方法	电气工程学院	顾 伟 邱海峰 王旭冲 储佳伟	2018. 10. 30	第 3126307 号
1293	一种应用于阵列雪崩二极管的反偏电压调节电路	电子科学与工程学院	郑丽霞 翁子清 胡 欢 朱田友 吴 金 孙伟锋	2018. 10. 30	第 3128329 号

（续　表）

序号	发明专利名称	申请院系(单位)	设计人	授权日	证书号
1294	一种基于主站后备的智能分布式FA故障处理方法	国网江苏省电力公司南京供电公司、电气工程学院、国家电网公司江苏省电力公司	梅　军　徐　迅　王　勇　张明嵇　文　路　蔡月明　张志华　刘明祥　应　俊	2018.10.30	第31226413号
1295	桡骨远端骨折手腕固定护具	机械工程学院	梁　斌　王兴松　解正康　田梦倩	2018.10.30	第3126835号
1296	一种基于海量运行数据的SCR脱硝催化剂寿命预测方法	大唐南京环保科技有限责任公司、能源与环境学院	江晓明　司风琪　喻　聪　李　逗　于爱华　李　倩	2018.11.02	第3133536号
1297	基于多重VCO的低功耗高精度阵列型时间数字转换电路	电子科学与工程学院	吴　金　俞向荣　史书芳　宋　科　郑丽霞　孙伟锋	2018.11.06	第3139407号
1298	一种物流中心能源消耗和污染排放监控及评估系统	交通学院	张　永　杨泽洲	2018.11.06	第3135454号
1299	1-二吡唑甲烷双核锰聚合物及其原位脱羧合成方法及应用	化学化工学院	赵　红　江道勇　冯　超　薛兴颖	2018.11.06	第3138439号
1300	一种伺服系统摩擦的处理方法	自动化学院、南京埃斯自动控制技术有限公司	李世华　吴　超　张　宇　杨　俊　钱　巍　杨凯峰　齐丹丹	2018.11.06	第3135026号
1301	一种半固定式海上风机基础	土木工程学院	戴国亮　朱文波　龚维明	2018.11.06	第3138331号
1302	一种式聚光型的固体氧化物燃料电池发电系统	土木工程学院	杨　帆　王　浩　张锡鑫　田文涛	2018.11.06	第3136630号
1303	一种低功耗复数据滤波器电路	电子科学与工程学院	吴建辉　谢祖帅　高谷刚　陈　超　李　红	2018.11.06	第3136196号
1304	一种隧道通风井的安全遮光装置及遮光方法	交通学院	胡晓健　周佳玮　吕泰然	2018.11.06	第3137960号
1305	一种宽带极化可重构天线	信息科学与工程学院	郝张成　胡　俊	2018.11.06	第3135740号
1306	一种电动汽车短分段动态无线供电系统的控制方法	电气工程学院	谭林林　刘　瀚　黄学良　颜长鑫　郭金鹏　王　维	2018.11.06	第3135120号
1307	一种屈曲约束核心板耗能的自复位钢框架结构	土木工程学院	周　臻　黄小刚　谢　钦　朱冬平　薛荣乐	2018.11.06	第3138598号
1308	参数自适应密化的机器人NURBS曲线运动插补方法	自动化学院	周　波　刘　阳　吴宝举　孟正大　戴先中	2018.11.06	第3135117号

（续 表）

序号	发明专利名称	申请院系(单位)	设计人	授权日	证书号
1309	一种纳米尺寸矿物掺合料的分散及表面处理方法	材料科学与工程学院	郭丽萍 马 瑞 雷东移	2018.11.06	第 3138567 号
1310	一种基于空调负荷的静态电压稳定控制方法	电气工程学院	高赐威 孙玲玲	2018.11.06	第 3138593 号
1311	一种恒流-恒压无线充电系统及其充电方法	电气工程学院	谭林林 潘书磊 颜长鑫 黄学良	2018.11.06	第 3136737 号
1312	一种航空自组织网络拓扑构建及互联网接入的方法	计算机科学与工程学院	陶 军 胡 静 吴昊天	2018.11.06	第 3137906 号
1313	一种基于有源器件的极化转换器及其对入射波的响应方法	信息科学与工程学院	崔铁军 陶 醉 万 向 潘柏操	2018.11.06	第 3135580 号
1314	一种压缩机回油冷却的空气源热泵装置的工作方法	能源与环境学院	张 政 李舒宏	2018.11.06	第 3135518 号
1315	一种移动无线传感网络的数据收集方法	仪器科学与工程学院	李建清 乐英高 杨 坚 秦 钦	2018.11.06	第 3136412 号
1316	一种亲水性药物的磷脂化合物、其药物组合物及应用	化学化工学院	李新松 徐 晨 杜亚伟 凌龙兵 侯永鹏	2018.11.06	第 3135661 号
1317	基于银纳米星自组装的微流控 3D SERS 衬底制备方法	电子科学与工程学院	王著元 范可泉 崔一平	2018.11.06	第 3135150 号
1318	一种基于自偏置频率锁定环的高稳定时钟产生电路	电子科学与工程学院	吴 金 史书芳 李文波 张伟东 郑丽霞 孙伟锋	2018.11.06	第 3135199 号
1319	一种基于虚拟环流分量的单相 MMC 环流抑制器及抑制方法	电气工程学院	梅 军 丁 然 赵剑锋 王 创 缪惠宇 马 天	2018.11.09	第 3143551 号
1320	基于 CFD 数值模拟和智能建模的锅炉燃烧优化系统及方法	能源与环境学院	石 岩 钟文琪 陈 曦 刘 燮	2018.11.09	第 3140076 号
1321	一种荧光硅纳米点及其制备方法与应用	生物科学与医学工程学院	吴富根 陈晓凯 张晓东	2018.11.09	第 3141558 号
1322	一种高真空电弧炉制备镍基高温合金的方法	材料科学与工程学院	余新泉 张可升 陈 锋 张友法	2018.11.09	第 3140219 号
1323	一种防沉淀磁流变阻尼器	土木工程学院	徐赵东 赵玉亮 王 成	2018.11.09	第 3142626 号
1324	基于阻抗模型的高精度牵引示教机器人的速度控制方法	自动化学院	段晋军 甘亚辉 戴先中	2018.11.09	第 3140812 号
1325	刚性条件下基于阻抗模型的双臂协调的加速度控制方法	自动化学院	段晋军 甘亚辉 戴先中	2018.11.09	第 3141340 号
1326	一种多晶超薄金属薄膜及二维纳米图形的制备方法	电子科学与工程学院	张晓阳 张 彤 周桓立	2018.11.09	第 3141337 号

(续 表)

序号	发明专利名称	申请院系(单位)	设计人	授权日	证书号
1327	一种光栅投影三维测量系统的误差校正方法	自动化学院	达飞鹏 饶 立	2018.11.09	第3142822号
1328	坑底桩基水平承载检测传感器导线保护装置及方法	交通学院	李洪江 刘松玉 童立元 哈 斯 周志宏	2018.11.09	第3142475号
1329	一种基于速度精确辨识的永磁同步电机控制系统	电气工程学院	秦英杰 时 斌 宋 卉	2018.11.09	第3144009号
1330	可集成式往复硬币分拣模块	机械工程学院	燕鹏飞 郑晶莹 王亚明	2018.11.09	第3144002号
1331	一种基于电子车牌信息的公交专用道设置影响分析方法	生物科学与医学工程学院	王 炜 李 烨 邢 璐 王 昊 董长印	2018.11.09	第3144001号
1332	采用改进的遗传优化算法精确辨识热工过程状态空间模型参数的方法	能源与环境学院	范 赫 张雨飞	2018.11.09	第3140095号
1333	一种选择性制备2,6-二氯甲苯的方法	化学化工学院	王明亮 单鸿斌 张 伟 王慧敏 彭 景 薛忠俊	2018.11.09	第3143631号
1334	一种工程设施极端暴雨洪水位的模拟预测方法	交通学院	徐宿东 司 怡	2018.11.09	第3142054号
1335	预应力钢丝绳综合加固梁板柱的系统及方法	土木工程学院	李兴华 吴 刚	2018.11.09	第3143569号
1336	一种降低开关磁阻电机噪声的方法	电子科学与工程学院	钟 锐 郭小强 张铭书 孙伟锋 陆生礼 时龙兴	2018.11.09	第3142294号
1337	一种抑制GNSS信息异常的滤波增益动态调整方法	仪器科学与工程学院	王立辉 乔 楠 余 乐 张月新	2018.11.09	第3144265号
1338	一种用于处理抗生素废水的复合催化剂及其制备方法和应用	化学化工学院	吴 敏 曾平川 周宇骋 马东阳 陈龙军 倪恨美 李伟杰	2018.11.09	第3142532号
1339	基于MEMS宽频带相位检测器和温度补偿电阻的锁相环	电子科学与工程学院	廖小平 韩居正	2018.11.09	第3143536号
1340	基于MEMS宽频带相位检测器的分频器	电子科学与工程学院	廖小平 韩居正	2018.11.09	第3143537号
1341	公交车辆在公交站点停靠时间的测算方法及系统	交通学院	叶智锐 王 超 陈恩惠 王 炜	2018.11.09	第3141259号
1342	OFDM-WLAN射频测试系统的IQ不平衡估计与补偿方法	信息科学与工程学院	裴文江 朱 磊 王 开 夏亦犁	2018.11.09	第3143245号

（续 表）

序号	发明专利名称	申请院系(单位)	设计人	授权日	证书号
1343	一种 MIMO 系统的预编码方法	信息科学与工程学院	俞 菲 张皓月 张晓燕 黄永明 杨绿溪	2018.11.09	第 3141093 号
1344	一种基于量子限制斯塔克效应的电光调制器件制备方法	电子科学与工程学院	张家雨 樊 恺 廖 晨	2018.11.09	第 3141036 号
1345	一种氨基化两亲嵌段聚醚增粘剂及其制备方法和应用	化学化工学院	周建成 葛 阳 滕宏程 靳 晶 陈 耀 李乃旭	2018.11.09	第 3144065 号
1346	一种测量气固两相流动颗粒滑移速度的探头及测量方法	能源与环境学院	陆 勇 俞凯骏 段文军 张勉照	2018.11.09	第 3144066 号
1347	一种基于双循环结构的 SON 自优化的方法和装置	信息科学与工程学院	赵新胜 杨伟民	2018.11.09	第 3142178 号
1348	一种硅基量子点显示器及其制作方法	电子科学与工程学院	张晓兵 陈 静 雷 威 黄倩倩 潘江涌	2018.11.09	第 3123222 号
1349	基于无线指纹和 MEMS 传感器的融合导航装置和方法	电子科学与工程学院	庄 园 杨 军 戚隆宁	2018.11.09	第 3143671 号
1350	一种高能效的异构小区接入方法	信息科学与工程学院	许 威 崔宇柯	2018.11.09	第 3140320 号
1351	Wasabi 蛋白纳米抗体及其编码序列与应用	医学院	李淑锋 单海涛 马 芳	2018.11.09	第 3142160 号
1352	蜂蜜在炎症部位动态长时程过红外靶向成像试剂中的应用	生物科学与医学工程学院	王雪梅 来兰梅 陈 芸 赵春秋 李晓琦 姜 晖	2018.11.09	第 3143479 号
1353	桡骨远端骨折复位和测力装置	机械工程学院、南京市第一医院	王兴松 梁 斌 解正康 田梦倩	2018.11.13	第 3148513 号
1354	一种采用手机挂件进行风力风向测试的方法	电子科学与工程学院	秦 明 李佳佳 高慧君 刘伟辉	2018.11.16	第 3152531 号
1355	一种敷设高压电缆的防辐射地铁隧道结构	江苏省电力公司南京供电公司、中国能源建设集团、电气工程学院、江苏省电力设计院有限公司、国网江苏省电力公司、国家电网公司	肖 晶 齐 飞 吴 罡 李征恢 陶青松 赵新宇 吴述关 张瑞永 李 振 黄 磊	2018.11.16	第 3150843 号
1356	一种三相双 T 型五电平变流器及其控制方法	电气工程学院	张建忠 徐 帅 胡 省 姜永将	2018.11.16	第 3152037 号
1357	一种双壳体谐振子及其制备方法	电子科学与工程学院	尚金堂 罗 斌 张 瑾	2018.11.16	第 3150069 号

(续　表)

序号	发明专利名称	申请院系(单位)	设计人	授权日	证书号
1358	一种基于手机数据的高速公路异常事件实时检测方法	交通学院	冉　斌　李林超　张　健　余东豪　杨　帆　张小丽	2018.11.16	第3150302号
1359	一种接收功率低波动电动汽车分段动态无线供电系统	电气工程学院	谭林林　刘　瀚　黄学良　郭金鹏　颜长鑫　王　维	2018.11.16	第3151310号
1360	一种定子永磁型记忆电机驱动和在线调磁协同控制方法	电气工程学院	林明耀　杨公德　李　念　谭广颖　张贝贝　刘　凯　付兴贺	2018.11.16	第3150621号
1361	一种定子永磁型记忆电机高效率和宽调速控制方法	电气工程学院	林明耀　杨公德　李　念　谭广颖　张贝贝　刘　凯　付兴贺	2018.11.16	第3150622号
1362	竹节形圆棒耗能杆	土木工程学院	王春林　刘　烨	2018.11.16	第3152520号
1363	双核可视检屈曲约束支撑	土木工程学院	王春林　刘　烨	2018.11.16	第3152521号
1364	一种提高宝珠砂覆膜砂强度的表面处理方法	材料科学与工程学院	盛晓波　刁艳利　戴　挺　董寅生	2018.11.16	第3150499号
1365	一种混凝土挡浪墙用材料	材料科学与工程学院	张亚梅　潘　东　李保亮　施锦杰　张培根　孙正明	2018.11.16	第3152894号
1366	一种低电压自偏置电流复用无源混频器	电子科学与工程学院	陈　超　吴建辉　李　红	2018.11.16	第3149762号
1367	连续玄武岩纤维池窑用可移动式电极组件及其更换方法	土木工程学院	吴智深　刘建勋	2018.11.16	第3151767号
1368	一种独立新能源混合发电系统优化规划方法	电气工程学院	徐青山　徐敏姣	2018.11.16	第3149647吗
1369	高灵敏硅二维热式风速计及其制备方法	电子科学与工程学院	秦　明　叶一舟　姚玉瑾　黄庆安	2018.11.16	第3151810号
1370	一种高灵敏热式风速传感器及其封装方法	电子科学与工程学院	秦　明　高磬雅　穆　林　王庆贺　黄庆安	2018.11.16	第3151812号
1371	一种热式风速传感器及其封装方法	电子科学与工程学院	秦　明　叶一舟　穆　林　王庆贺　黄庆安	2018.11.16	第3151813号
1372	一种LTE系统中伪随机序列的生成方法	信息科学与工程学院	巴特尔　朱　峰　洪　李　高爱勇　贾子昱　高西奇　黄　清	2018.11.16	第3149570号

（续 表）

序号	发明专利名称	申请院系(单位)	设计人	授权日	证书号
1373	基于逆阻型三电平的储能并网变流器及其控制方法	电气工程学院、江苏博力电气科技有限公司、江苏宝斯特电气科技有限公司	赵剑锋 杨 斌 赵志宏 曹 武 刘康礼	2018.11.20	第31561340号
1374	基于能效最优的大规模多天线中继系统用户数优化方法	信息科学与工程学院	李春国 王 毅 杨绿溪 王东明 郑福春	2018.11.23	第3158038号
1375	多波束移动卫星通信系统多用户下行联合预编码方法	信息科学与工程学院	高西奇 杨 杨 江 彬	2018.11.23	第3160369号
1376	一种燃煤电站锅炉高温过热器壁面温度在线监测的装置及方法	能源与环境学院	许传龙 任建新 张 彪 王式民	2018.11.23	第3157786号
1377	一种粉尘浓度图像采集装置及采集方法	能源与环境学院	许传龙 雷志伟 张 彪 李 健 王式民	2018.11.23	第3160668号
1378	一种分形网架结构	能源与环境学院	郭文璐	2018.11.23	第3160505号
1379	一种具有变长度风梨型诱导单元的套管屈曲诱导支撑	土木工程学院	蔡建国 冯 健 汪子哲 周宇航 柳杨青	2018.11.23	第3158121号
1380	双负反馈前馈共栅结构的差分跨阻放大器电路	信息科学与工程学院	王 蓉 范 忱 王志功	2018.11.23	第3159719号

2017年被SCI/SSCI一区二区期刊、CITA及2018年ESI收录论文统计

（单位：篇）

序号	院系	一区	二区	表现不俗论文	ESI高被引
1	建筑学院	2	5	3	1
2	机械工程学院	28	26	23	0
3	能源与环境学院	128	83	138	18
4	信息科学与工程学院	140	66	131	27
5	土木工程学院	74	58	47	0

（续　表）

序号	院系	一区	二区	表现不俗论文	ESI 高被引
6	电子科学与工程学院	50	49	50	3
7	数学学院	64	24	66	61
8	自动化学院	52	14	40	18
9	计算机科学与工程学院	32	15	24	4
10	物理学院	64	30	50	5
11	生物科学与医学工程学院	118	55	115	43
12	材料科学与工程学院	80	29	63	4
13	电气工程学院	64	34	62	8
14	化学化工学院	148	87	171	22
15	交通学院	66	36	67	3
16	仪器科学与工程学院	14	36	11	1
17	医学院	86	66	30	6
18	公共卫生学院	31	36	15	2
19	生命科学研究院	13	9	14	0
20	中大医院	55	55	81	1
21	经济管理学院	19	23	20	29
	其他	0	0	175	0
	合计	1328	836	1396	256

注明:其他是无院系认领的论文

人文社会科学研究工作

综　述

2018 年是深化改革、推进“精品文科”建设的关键之年，社会科学处紧密结合国家和教育部关于“双一流”的重要决策和部署，在校党委和行政的正确领导下，不忘初心，牢记使命，永不懈怠，锐意进取，开拓创新，不断提升科研管理服务水平，与院系和兄弟部处协同工作，出色完成了本年度各项任务，在建章立制、重大项目、平台建设、服务能力等关键指标方面走在国内以工科为特色的综合性高校前列，人文社会科学的话语权和影响力显著增强。

一、2018 年度社科处主要管理措施

1. 建章立制，完善社科管理服务工作体制机制

社科处多次召开研讨会议，制定文科科研管理章程，先后草拟、制定或印发了“精品文科”发展规划、“一流文科”建设方案与社科政策、《东南大学人文社科科研机构管理办法》《东南大学人文社科 KPI 考核办法》《东南大学文科专职科研人员聘用管理办法》《东南大学文科科研成果奖励办法》等文件；在《国家社会科学基金项目资金管理办法》等文件发布后，社科处及时开展专题调研，陆续制定相关配套政策，对文科项目的直接费、间接费以及绩效考核等问题作出了明确规定，进一步完善了文科科研管理服务规章制度。

2. 切实加强顶层设计，强力推进精品文科建设

校长张广军院士等校领导多次主持召开精品文科建设和发展研讨会，进一步凝练文科办学理念，明确文科发展的阶段目标，创新精品文科的发展模式，制定落实东南大学“双一流建设”文科推进方案的工作规划和措施，实行学科分类支持与动态调整，科学布局文科一级学科发展，强力推进高端文科师资队伍建设，加大青年文科师资的培训力度，夯实文科发展根基，全面提升文科传承文化、原始创新、重大攻关与应用交叉研究能力，切实推动文理工医跨学科研究，大力发展新兴交叉学科，努力形成东大文科学派，在传承

发展中华优秀传统文化、真正建立文化自信方面做出东南大学应有的贡献。

二、2018 年度社科处主要工作

1. 国家社科基金项目等各类社科项目数量再创新高

社会科学处精心准备、积极组织国家社科基金项目申报,努力挖掘新的增长空间,特别注重青年项目、跨学科项目的申报。社科处狠抓"项目培育、课题论证、评审跟踪"三个重要环节。社科处首先改革了基本科研业务费的使用机制,其中的基础科研扶持项目、国家重大重点项目预研项目都以培育提升至国家级为目的,让基本科研业务费切实起到培育高水平科研项目的作用。同时还进一步加大服务力度,在申报过程中,社科处邀请国家社科基金评审专家等全国著名学者来我校举办讲座、指导项目申报,社科处与各学院联合进行至少两轮次的申报评审,在提交申报材料后,社科处还进一步加强了国家社科基金申报后期信息跟踪工作。2018 年,我校获得 27 项国家社科基金各类项目,另外获得国家重点研发计划 1 项,在以理工科为特色的高校中名列前茅。

2. 智库(基地)建设取得重大突破,东大文科知名品牌呼之欲出

我校十分重视智库建设工作,先后多次召开智库(基地)建设工作推进会。校长张广军院士等校领导多次专题调研智库(基地)建设工作,并在学校层面出台政策给予重点支持,校内相关院系和部处积极采取措施加大智库建设力度,使我校智库(基地)建设工作取得较大进展。在东南大学中国特色社会主义研究院、东南大学道德发展智库和东南大学司法大数据研究中心分别获批江苏省首批重点高端智库、最高人民法院首家人民法院司法大数据研究基地的基础上,我校有 2 家智库新入选 CTTI 来源智库,3 家基地获批省级基地。截至 2018 年,我校省部级文科科研机构已达 30 家,在江苏省名列前茅。

3. 试点建立"文科学术特区"

学校先后批准成立了东南大学国家发展与政策研究院、东南大学文化传媒与国际战略研究院等文科学术特区。在社科处的扶持引导下,上述文科学术特区与郭秉文实验班等机构开始在培养人才、构建团队、产出成果、服务社会等方面发挥作用。

4. 加大成果展示力度,扩大东南大学社会科学的影响力

三、学术活动

1. 数据助司法、审判现代化——国家社科基金重大课题"大数据与审判体系和审判能力现代化研究"开题会隆重举行

2018 年 1 月 12 日上午,我校在四牌楼校区榴园宾馆举办国家社科基金重大项目"大数据与审判体系和审判能力现代化研究"开题研讨会。法学院院长刘艳红教授作为首席专家出席会议,南京师范大学法学院李浩教授、苏州大学王健法学院院长胡玉鸿教授、河

海大学法学院院长杨春福教授、杭州师范大学沈钧儒法学院刘练军教授作为特邀专家出席会议；东南大学社科处处长陈志斌教授、副处长甘锋教授，项目成果办公室主任段梅娟副教授出席会议；东南大学数学学院院长曹进德教授，计算机科学与工程学院漆桂林教授、张柏礼副教授、崇志宏副教授，法学院副院长高歌副教授等专家学者参加了开题报告会。东南大学法学院和计算机科学与工程学院部分师生参加了开题研讨会。会议由法学院副院长欧阳本祺教授主持。

重大项目首席专家刘艳红教授首先报告了课题总体研究情况与计划安排。刘艳红教授介绍了课题的意义和选题背景，她介绍说，如何构建结合法学知识和大数据应用的新时期法院现代化的前沿理论，是国家现代化治理战略的重大难题。现有的司法、法院现代化理论缺乏本土性、时代性、互动性，而有待深化，；司法大数据研究有待于法学知识（法学理论知识、法学实践知识、法院一线需求）的深度融合。刘艳红教授详细介绍了本课题的研究视角、主要内容、基本思路和研究方法，并对本课题的重点难点和创新之处进行了剖析。刘艳红教授指出本课题创新之处在于问题选择与学术观点、研究方法与分析工具、话语体系三大方面，强调本课题研究的总体问题在于把科学技术驱动的法院现代化建设与发展中国特色社会主义司法制度，走中国特色的社会主义司法文明发展之路结合起来；推动司法管理体制和司法权运行机制改革，实质提升司法公开、诉讼服务、案件审判、判决执行和司法管理的信息化水平；强调大数据技术在“审判体系和审判能力现代化”中的引领与带动作用。课题拟解决前沿理论、中国模式、技术路线、战略规划、创新路径、支撑生态六大核心问题，概括起来，就是从构建法院现代化中国路径的视角出发，把科学技术驱动的法院现代化建设与发展中国特色社会主义司法制度、走中国特色的社会主义司法文明发展之路结合起来，探讨如何在依托法学经典理论、尊重司法固有属性、回应司法迫切需求的背景下，借助司法大数据的技术推动审判体系和审判能力现代化建设，从而服务于国家治理体系和治理能力现代化转型战略的实现。

人民法院司法大数据基地王禄生副教授、徐珉川老师、冯煜清副教授、陈道英副教授就“大数据与审判体系和审判能力现代化研究”的子课题分别发言。

南京师范大学法学院李浩教授主持开题评议。与会专家们分别对课题汇报及开题报告进行了点评，充分肯定了该项目的重大理论与实践意义，同时也就开题报告中的不足之处与课题负责人进行了充分的交流和探讨。

开题会组织有序，现场气氛融洽，与会专家互动良好。通过开题研讨，课题组进一步明确了课题研究的方向、范围、重点、计划和预期成果。课题组将通过系列研究构建审判体系和审判能力现代化前沿理论，凝练审判体系和审判能力现代化建设的中国模式，形成科学合理的司法大数据技术路线与战略规划及大数据驱动的审判体系和审判能力现代化建设创新路径，努力推动司法管理体制与司法权运行机制改革，为审判体系和审判能力现代化建设提供助力，促进国家治理体系和治理能力现代化转型战略的实现。

（法学院　2018 年 1 月 12 日）

2. 汪小洋教授主持的 2017 年国家社会科学基金重大项目“多卷本《中国宗教美术史》”开题

汪小洋教授担任首席专家的国家社会科学基金重大项目“多卷本《中国宗教美术

史》”(批准号:17ZDA237)开题报告会日前在东南大学举行。开题会特邀专家来自华东师范大学、中央民族大学、四川大学、南京大学、中央美术学院等高校。会议正逢南京首降大雪,各地专家克服航班误点和取消等困难,如期汇聚南京,共同期待“瑞雪兆丰年”。

1月6日,开题报告会在东南大学四牌楼校区举行。华东师范大学阮荣春教授、中央民族大学班班多杰教授、四川大学詹石窗教授、南京大学洪修平教授、中央美术学院郑岩教授应邀担任开题专家。江苏省哲学社会科学规划办公室汪桥红副处长出席会议并讲话。社科处副处长甘锋教授、东南大学艺术学院副院长李轶南副教授、社科处项目成果办主任段梅娟副教授出席会议;与会嘉宾有江苏开放大学学科建设处处长张晓博士、安徽大学王倩教授,以及东南大学艺术学院沈亚丹教授、章旭清副教授、程万里副教授、李牧博士等,另有校内外数十位博士、硕士研究生参加了开题会。开题会由社科处副处长甘锋教授主持。

汪桥红副处长、甘锋副处长和李轶南副院长分别代表江苏省社科规划办、东南大学社科处和东南大学艺术学院致辞,祝贺我校社科研究所取得的成绩,感谢广大专家教授对社科研究的坚守和投入,作为管理部门将为课题研究提供大力支持和优质服务。汪桥红副处长在发言中强调,项目开题一是要体现有限目标,突出研究重点,解决关键问题,明确进度和分工;二是东南大学作为牵头单位,要做好组织工作,落实跨单位、跨学科合作,强化整体理念,实现系统攻关。

开题研讨议程由华东师范大学阮荣春教授主持。首席专家汪小洋教授首先汇报了课题的总体情况,对研究现状和前期成果、遇到的困难和解决思路、研究进度和成果要求等三方面做了重点介绍。接着是各子课题负责人作汇报,负责儒教美术史部分的姚一斌、负责佛教美术史部分的于向东、负责道教美术史部分的陈铮、负责少数民族宗教美术史部分的廖明君和负责民间宗教美术史部分的孔庆茂等分别对各自所承担的子课题研究任务作了系统汇报。

特邀开题专家认真听取了课题组的开题报告,一致认为该课题意义重大,填补了中国宗教美术史在系统梳理和理论体系等方面的一些空白。专家们对课题的总体设计、子课题总体框架、研究进程安排等予以了高度肯定。专家们还认为,课题组成员都是不同宗教美术领域的专家,专业分布合理,前期成果丰富,这是本课题的一个突出特点,课题组有望作出有特色、前沿性突出的成果。同时,各位专家在概念的界定、体系的差异、材料的取舍以及研究时间安排等方面都提出了富有建设性的意见和建议。

最后汪小洋教授总结发言,他指出该课题价值大、任务重、合作单位多,希望各子课题负责人加强合作,充分吸纳评议专家们的意见,推出阶段性的优秀成果,高标准地完成这次重大投标课题。

开题研究还与课题学术活动同步进行。与会专家考察了鸡鸣寺和金陵刻经处,在金陵刻经处,班班多杰教授和刻经处肖永明主任对藏传佛经的翻译等课题进行了深入的学术交流。与会者在栖霞寺作田野调查,栖霞寺净德法师特别展示了馆藏经书,介绍栖霞寺的藏经楼藏经数量之多、种类之全、历史沿革之有序等方面的文献史料特征。郑岩教授在东南大学和南京艺术学院作了关于墓室壁画发展的两场讲座,两校师生热情参与并作了针对性的交流。

(王诗晓　邓新航　2018年1月18日)

3. 东南大学道德发展研究院举办“道德国情与中国道德发展”学术研讨会

2018 年 1 月 21 日,“道德国情与中国道德发展”学术研讨会在南京隆重举行,此次会议由东南大学人文学院、道德发展研究院共同举办,来自中国社会科学院、天津社会科学院、北京师范大学等的近一百五十位专家学者参加盛会,同仁齐聚金陵,共谋东大伦理学科的发展。

会议旨在立足东大伦理团队十年来完成的三轮全国道德国情大调查(2007、2013、2017)和四轮江苏省道德国情调查(2007、2013、2016、2017)大型数据库,交流与讨论“中国伦理道德报告”选题的分配与写作,描绘改革开放四十年中国伦理道德发展的历史轨迹,服务国家社会重大战略需求,塑造伦理道德理论的中国话语。

中国伦理学会副会长、道德发展研究院首席专家郭广银教授致开幕式辞,郭教授强调中国伦理学科发展迎来新时代,面临新机遇,十九大报告具有浓厚的伦理意蕴,始终贯穿着以人民为中心的大伦理观,为中国人民谋幸福、为中华民族谋复兴应当成为伦理学人的自觉追求,东大伦理通过脚踏实地的道德调查研究,系统呈现当前中国社会的伦理道德状况,揭示中国伦理道德的发展轨迹和发展规律,为新时代道德建设提供理论支撑和实践遵循。东南大学人文社会科学学部主任、东南大学道德发展研究院院长樊和平教授认为东大伦理始终追求“顶天立地”的学术气质,力图通过跨学科协作的“兵团推进”,让理论落地生根,为理论建构和政府决策提供坚实的实证支撑,形成“点石成精”的精神风貌,为中国伦理道德发展作出应有贡献。

特邀嘉宾北京师范大学价值与文化研究中心研究员田海平教授,天津社会科学院哲学研究所所长、《道德与文明》主编杨义芹教授,中国伦理学会副会长、中国社会科学院伦理学所研究员孙春晨教授从不同层面肯定了东大伦理的研究方法和研究策略,认为东大伦理致力于伦理学研究的方法论转换,不仅可以评估道德建设的实际成效,而且通过调研发现问题,形成解决中国伦理道德发展难题的可行方案。

经过充分的前期准备和激烈的现场讨论,大会将参会人员分成八个研究小组,分组讨论研究报告的选题并宏观规划研究报告的写作进程,最终形成近百篇研究报告写作计划,内容不仅涵盖中国/江苏伦理道德发展总体报告、群体差异与共识、发展轨迹、发展规律等议题,也聚焦伦理冲突、伦理信任、道德认知、家庭伦理、公平正义等专题研究,同时拟继续推进伦理事件信息库和伦理表情图库的建设工作,科学、系统、全面、深度地呈现中国伦理道德发展,立足现实,发现规律,谋划未来。

最后,樊和平教授鼓励大家克服困难,拿出高质量的研究报告,并相约全体同仁今年相聚北京,为调查报告出版举办新闻发布会和国际学术研讨会,以此丰厚成果纪念改革开放四十周年。

(赵浩,王有凭)

4. 中央编译局国家高端智库思想文化宣传工作调研座谈会在我校举行

2018 年 3 月 14 日上午,中央编译局马克思主义理论研究部马克思主义基本原理研究处处长吕增奎一行来我校就如何发挥国家高端智库在宣传思想文化工作中的作用开展调研工作,调研以座谈会形式进行,江苏省社科规划办副主任汪桥红作为省规划办代

表出席会议,东南大学副校长吴刚,东南大学原党委书记、中国特色社会主义发展研究院院长郭广银出席调研座谈会,会议由东南大学社科处处长陈志斌主持,东南大学相关智库、基地负责人、专家及相关部处负责人参加会议。

吴刚副校长首先代表学校欢迎中央编译局的领导来东南大学调研指导工作,他介绍了东大的发展历史以及近年来在学科建设中取得的成绩。他表示,东南大学对文科发展十分重视,提出发展"精品文科"的理念,并多次召开人文社科及高端智库座谈会,学校近几年的文科建设在工科大背景下取得快速发展,并且可以借助强势的工科背景做支撑,发展交叉学科研究。

江苏省社科规划办副主任汪桥红表示,自十八大以及十八届三中全会召开以来,中央到地方各级领导都十分重视智库建设,特别是中央下发《关于中国特色社会主义智库建设的实施意见》以后,江苏省积极响应,遴选出一批重点高端智库。高质量的智库运行仍存在一定难度,主要体现在体制机制、经费管理、智库考核及如何围绕党的领导方针展开切实工作等方面。

中央编译局马克思主义理论研究部马克思主义基本原理研究处处长吕增奎说明本次调研主题是围绕智库在思想文化宣传方面发挥的独特作用,该调研题目亦被中宣部列为今年的重点调研项目。他表示,江苏省智库研究与建设走在全国前列,本次调研目的在于探讨智库建设过程中遇到的普遍问题及应对对策,为智库建设工作开辟新的思路。

随后,东南大学原党委书记、中国特色社会主义发展研究院院长郭广银,东南大学道德发展研究院副院长、《东南大学学报》主编徐嘉分别就东南大学两家江苏省首批重点智库的发展情况进行了介绍,并分析了当前智库发展中存在的问题及工作思路。相关智库、基地专家分别就调研主题提出了自己的想法与观点,并就如何进一步推动智库建设工作以及发挥智库的思想文化宣传工作提出了建议与思考。

5. 东南大学与省法院共同举办江苏省家事审判心理学重点研究基地专家库成员聘用仪式

3 月 22 日上午,东南大学和省法院在议事园酒店会议中心成功举办了江苏省家事审判心理学重点研究基地专家库成员聘用仪式。我校副校长吴刚和省高院副院长李玉生分别就搭建政府、社会与高校之间的交流平台,积极探索心理疏导介入家事纠纷的工作机制等目标做出相关阐述并提出期待与展望。吴刚副校长、社科处陈志斌处长、人文学院王珏院长、基地负责人马向真教授出席会议,并与省法院领导共同向受聘的专家库成员颁发聘书。马向真教授与省高院民一庭张娅审判长向受聘成员进行培训,介绍了心理疏导介入机制、工作规则、伦理准则以及家事审判中婚姻家庭所涉及的具体案件类型等知识。

6. 我校举行国家社会科学基金重大项目"世界经济的重大结构性矛盾及其深刻影响研究"开题研讨会

2018 年 3 月 29 日上午,由东南大学经济管理学院徐康宁教授任首席专家的国家社会科学基金重大项目"世界经济的重大结构性矛盾及其深刻影响研究"开题研讨会在东

南大学四牌楼校区举行。

本次会议特邀上海立信会计金融学院校长唐海燕教授、浙江大学经济学院院长黄先海教授、南京大学商学院张二震教授、南京财经大学国际经贸学院院长宣烨教授、江苏省社会科学院世界经济研究所所长张远鹏教授等担任专家，并由黄先海教授担任专家组组长。江苏省哲学社会科学规划办公室汪桥红副处长，东南大学党委常委、经济管理学院党委书记仲伟俊教授，东南大学社科处处长陈志斌教授等出席会议。东南大学经济管理学院周勤教授、刘修岩教授、冯伟副教授、陈丰龙博士，以及多位博士生和硕士生参加了此次会议。

会上，仲伟俊教授和汪桥红副处长分别代表东南大学经济管理学院、江苏省哲学社会科学规划办致辞，指出该项目的取得对于科学研究和学科建设具有重要意义。汪桥红副处长在发言中强调，项目开题要突显研究目标，对接国家战略，树立整体理念，多出高水平成果，通过课题研究带动人才培养和学科建设。

课题首席专家徐康宁教授从课题背景、主要研究对象与基本内容、总体研究框架与子课题、研究思路与研究方法、重点突破与创新、总体进度安排等六个方面介绍了课题研究计划，并结合课题谈了对当前世界经济新形势的认识。子课题代表陈丰龙博士从全球价值链再造与良性治理研究层面汇报了子课题的研究内容。与会专家对该课题的选题意义、架构设计以及研究内容等予以充分肯定，提出了许多建设性建议和意见，并就相关学术话题展开研讨。

社科处陈志斌教授作了总结性发言，并对与会专家表示感谢，会议取得圆满成功。

（冯伟　2018 年 3 月 29 日）

7. 中国世界经济学会 2018 年国际贸易论坛在我校成功召开

2018 年 4 月 14—15 日，由中国世界经济学会、国际经济评论杂志社、*China & World Economy* 杂志社以及东南大学经济管理学院联合主办，由东南大学经济管理学院国际经济与贸易系、东南大学经济管理学院经济学学科中心以及江苏经济全球化研究中心共同承办的“新时代中国的对外贸易发展：机遇与挑战”学术研讨会在东南大学成功召开。中国世界经济学会副会长徐康宁教授、中国世界经济学会秘书长邵滨鸿研究员、*China & World Economy* 执行主编冯晓明研究员和东南大学经济管理学院党委书记仲伟俊参加了开幕式并致辞，开幕式由东南大学经济管理学院邱斌教授主持。此次会议以学术研讨为主，出席会议代表共 120 余人。

在 14 日上午的大会主旨报告中，有六位教授基于“新时代中国的对外贸易发展：机遇与挑战”的不同视角作了十分精彩的学术演讲，主旨报告的主持人分别为东南大学国际经济与贸易系主任刘修岩教授和东南大学经济管理学院经济学科中心主任陈健副教授。在主旨报告的上半场，中国世界经济学会副会长徐康宁教授指出中美贸易摩擦的深层次原因是世界经济结构的重大结构性矛盾，并且从世界经济存在四大结构性矛盾出发进行了研究。随后，来自南京大学的范从来教授分析了现阶段中国经济运行的趋势性特征，指出中国经济增速从持续下滑到触底回升，实现了稳中向好、结构转变的新格局。随后，南开大学经济学院院长盛斌教授分析了贸易摩擦升级的过程以及美国的政策动机，

指出美国的目的在于削减贸易不平衡、重定中美战略关系以及遏制中国技术创新与产业升级。

在主旨报告的下半场,上海对外经贸大学国际经贸学院院长黄建忠教授从近年来服务业劳动生产率下降的事实出发展开讨论,认为 2013 年以来政府的强化就业促进政策加速了服务业劳动生产率增速的下滑,这一政策在短期内吸纳了制造业释放出来的失业人员,但是在中长期可能产生不确定的后果。随后,对外经济贸易大学国际经济贸易学院院长洪俊杰教授指出世界贸易格局已经形成了以新兴经济体为中介的发达经济体、落后经济体两大环流,并对中国处于两大环流中的作用进行了分析。最后,广岛大学经济学院 Fukuda 教授阐述了亚洲金融危机、中国加入 WTO 以及 2008 年金融危机对中国福利的影响。

针对上述演讲,南京大学商学院副院长于津平教授、东南大学经济管理学院何玉梅副教授、东南大学经济管理学院邱斌教授、中央财经大学李兵副教授进行了精彩点评。

14 日下午和 15 日上午,大会进行了三个平行的分会场报告。来自全国各地的专家和学者围绕国际贸易理论和经验前沿研究进展、经济全球化新趋势与世界经济结构演化、美国特朗普政府减税等经贸政策对中美贸易的影响、中美贸易摩擦的成因和影响、“一带一路”经贸合作研究、国际贸易新模式与我国贸易强国建设、我国服务贸易发展现状与趋势、我国自贸试验区发展及其对国际贸易的影响、全球价值链与供给侧结构性改革、汇率变化与国际贸易、OFDI 与中国国际产能合作及其他与国际贸易相关的话题进行相关的研究汇报和展示,并进行了热烈的交流和讨论。南开大学经济学院孙浦阳教授、东南大学经济管理学院陈丰龙博士、西南财经大学商学院副院长孙楚仁教授、山东理工大学经济与管理学部主任李平教授、东南大学经济管理学院顾欣副教授和冯伟副教授及江西财经大学国际经贸学院副院长刘建副教授作为分会场主持人和评论人对与会专家和学者的报告进行了点评。

如何应对新时代中国的对外贸易发展中的机遇与挑战已经成为我国一个亟待解决的现实问题,此次研讨会与会专家和学者的精彩报告及积极讨论在一定程度上有助于学术界深化对新时代中国的对外贸易发展的思考和认识,同时也可为学术研究提供一定的理论借鉴和政策参考。

8. 2018“集团伦理”高峰论坛暨协同创新中心与智库理事会顺利召开

2018 年 4 月 16—17 日,东南大学道德发展研究院 2018“集团伦理”高峰论坛暨协同创新中心与智库理事会在东南大学九龙湖校区召开。本次会议旨在向道德发展研究院理事会汇报 2017 年研究院的工作成果和 2018 年的整体设计与发展规划,同时对王珏教授承担的国家社会科学重大项目“后单位时代集体行动的伦理逻辑研究”进行学术研讨,以及对关涉“集团伦理”的奠基性概念的认知交换意见。

与会专家主要包括:东南大学原党委书记、东南大学道德发展研究院理事长郭广银教授,江苏省道德发展智库负责人和首席专家、东南大学道德发展研究院院长樊和平教授,东南大学人文学院院长王珏教授等道德发展研究院主要负责人;华东师范大学人文学院院长、长江学者杨国荣教授,中山大学原党委副书记李萍教授,吉林大学哲学社会学

院院长、长江学者贺来教授，国务院参事、中国社会科学杂志社编审柯锦华教授，中国人民大学教育部重点研究基地主任葛晨虹教授等协同单位负责人。同时，会议特邀德国图宾根大学中国研究系副教授、德国图宾根大学中国中心副主任 Matthias Niedenführ，德国图宾根大学中国中心研究发展经理、研究员 Alisa Jones，山东大学哲学与社会发展学院卞绍斌教授，广州公益慈善书院副院长、中山大学公益慈善伦理研究所执行所长王硕等参与研讨。

16 日晚，樊和平教授向理事会细致汇报了 2017 年研究院的工作，“由点到面”地向理事会展示了研究院目前的研究成果。樊和平教授还详细介绍了 2018 年研究院的工作目标与工作规划。在听取了樊和平教授的汇报之后，李萍教授、杨国荣教授、柯锦华教授等理事会成员从协同中心如何在今后工作中能够加大各个协同单位之间合作给出了相关建议，同时对研究院 2017 年的工作成果给予高度肯定。

17 日上午，与会专家围绕“集团伦理”主题展开紧张且深刻的学术研讨。上半场研讨由柯锦华教授主持，首先王珏教授汇报了其科研团队近十年对于“集团伦理”的研究进展以及获得的相关结论，其后贺来教授、葛晨虹教授、李萍教授对王珏教授提出了“集团与集体的区别”“共同体的界定”“集团伦理学的原则”等前沿问题，王珏教授予以一一细致回答。下半场研讨由李萍教授主持。杨国荣教授、樊和平教授、卞绍斌教授等对“在集团中道德责任者的分类”“提出集团伦理的学术用意”“个体的组织化冲动”等问题进行了充分的讨论。

最后，柯锦华教授对大会作出总结，并提出伦理的前提是个体的实体认同与实体承认的观点。郭广银教授也对各位教授提出的宝贵观点进行了总结，并对各位教授的远道而来表示衷心感谢！

9. 我校举行研究阐释党的十九大精神国家社科基金重大专项开题报告会

2018 年 4 月 21 日上午，我校在四牌楼校区大礼堂二楼礼东报告厅举办研究阐释党的十九大精神国家社科基金重大专项“新时代基于系统性金融风险的国家金融安全体系研究”开题报告会。会议特邀专家有中央财经大学金融学院院长李建军教授、中南财经政法大学金融学院院长唐文进教授、复旦大学刘庆富教授、中国人民银行研究局邹平座首席研究员、厦门大学陈海强教授、南京大学林辉教授；江苏省安全厅沈利处长作为课题合作方代表出席报告会并讲话；江苏省哲学社会科学规划办主管领导出席开题会议；我校李守伟教授、张颖副教授、唐攀副教授、尹威博士、朱冬梅博士、李绍芳博士、王轶伟博士等课题组主要成员和博士、硕士生一起参加了会议。报告会由东南大学社会科学处处长陈志斌教授主持。

江苏省哲学社会科学规划办领导介绍了十九大专项申报情况，全国申报 1 500 多项，立项 103 项，江苏省立项 9 项，竞争激烈，实属不易；向课题组提出了“导向要明”“站位要准”“论点要实”“团队要强”和“学风要正”五点切实意见。陈志斌处长充分肯定了该重大专项课题对我校哲学社会科学发展的重大意义，代表学校对课题的研究和完成提出了要求和期望。

经济管理学院刘晓星教授担任该专项项目首席专家。刘晓星教授从“新时代国家金

融安全演化机制”“系统性金融风险对国家安全影响机制”“系统性金融风险及国家金融安全动态测度”“国家金融安全体系构建”以及“国家金融安全反制体系和投放体系”等几个方面介绍了课题研究背景、内容、计划以及当前研究进展。子课题负责人代表复旦大学—斯坦福大学中国金融科技与安全研究院执行院长刘庆富教授深入介绍了课题协同研究的计划和内容。

开题报告专家组组长由中央财经大学金融学院院长李建军教授担任。与会评审专家对项目的研究价值、课题研究思路、研究内容设计与技术路线规划等进行了高度评价并提出宝贵建议。中国人民银行研究局邹平座首席研究员高度评价了此课题的时效性和重大意义,并提出在具体模型研究中,研究变量不能仅追求数量,更应找到关键变量去测度国家金融安全;中南财经政法大学金融学院院长唐文进教授认为此课题提出“主动性金融安全”具有很强的现实价值,并提出“金融服务‘走出去’服务实体经济”的宝贵建议;厦门大学陈海强教授从课题的进程优化角度,认为每一个子课题都意义重大,因此可以考虑优先研究最需要解决的问题,并对系统性风险的测度给出了详实建议;复旦大学刘庆富教授认为银行仍然是金融风险防范的主要对象,要密切围绕系统性金融风险防范开展研究;南京大学金融系主任林辉教授主要从团队合作角度,认为应深化各单位之间的合作,充分运用大数据展开研究;江苏省安全厅沈利处长建议要理论联系实践在“三反”的具体工作中实现创新。

李建军教授对与会专家的论证建议进行了总结,并提出课题研究内容需要注意的三个关系——“国际关系”“行业内外关系”和“行业内部关系”,从研究过程角度,应处理好“理论与实践”“研究与成果量化”“学科与人才培养”三个关系。最后,刘晓星教授代表课题组成员向专家们致谢,他表示各位专家提供了很多有建设性的宝贵建议,课题组成员一定会认真贯彻十九大精神,齐心协力,深化合作,全力以赴,按时保质完成课题研究。

10. 艺术学院成功举办“新视野中的艺术社会功能”暨第二届艺术社会学青年学者论坛

2018年6月1—2日,由东南大学艺术学院举办的第二届艺术社会学青年学者论坛暨“新视野中的艺术社会功能”学术研讨会在东南大学成功举办。来自全国各高等院校、研究院所的30余位青年学者出席了本次会议。艺术学院王廷信、李轶南、甘锋、孟凡行、卢文超、周渝、方丽晗、杨朗、张真等10余名师生代表参加了本次论坛。

在论坛开幕式上,东南大学艺术学院院长王廷信教授发表了重要讲话,强调艺术社会学要为社会发展作出切实贡献。南开大学文学院周志强教授发表了“寓言论批评与当今文化艺术的阐释方式”,浙江大学艺术学系黄厚明教授发表了“内史还是外史?——从方闻和高居翰说起”的主旨学术讲演,分别就当下现实和过往历史中的艺术社会功能进行了精彩阐述。此后,与会代表围绕着“艺术与审美能动性”“艺术与社会介入”“艺术史中的艺术之用”“艺术的社会功能”“艺术、政治与美学”等主题进行了多角度的深入研讨。此次会议的成功召开,将有力推动艺术社会学学科的建设和发展。

11. 东南大学举办新时代中国特色哲学社会科学繁荣发展高端论坛

时值东南大学116年校庆,由东南大学社科处主办的“新时代中国特色哲学社会科

学繁荣发展高端论坛”于2018年6月8日在九龙湖校区九龙宾馆举行。论坛设开幕式和“三江论坛”“两江论坛”“南高论坛”。《中国社会科学》副总编辑王利民，国务院参事、《中国社会科学》哲学社会科学部前主任柯锦华，中国社会科学院马克思主义研究院院长、党委书记、《马克思主义研究》主编邓纯东，中国社会科学院哲学所纪委书记、副所长，《世界哲学》主编冯颜利，《经济研究》常务副主编郑红亮，《管理世界》副总编辑尚增健，《会计研究》编辑部主任刘国强，《民族艺术》主编许晓明，《美国国际中国哲学季刊》副主编姚新中，《中国外语》副主编常少华，《外语教学研究》主编王克非，《世界政治与经济》副主编黄西宜等国内外重要学术期刊的总编、主编应邀出席论坛。东南大学领导、各人文社科院系领导、部分教授、科研骨干、青年教师代表和研究生等150余人参加论坛。

“新时代中国特色哲学社会科学繁荣发展高端论坛”是社科处举办的学习和落实习近平总书记在哲学社会科学工作座谈会上的重要讲话，加快构建中国特色哲学社会科学的活动，是系统研讨中国特色哲学社会科学话语体系、评价体系、哲学社会科学重大理论与前沿选题，充分发挥学术期刊在我校“双一流”建设中的服务和引领作用的活动，是为加强国内外学术期刊与高校学术交流、助推高水平学术成果搭建的平台。参会代表普遍认为这一论坛非常高端，让大家能有机会与高层次期刊的主编认识和对话，听到高端的深层次的研讨，受益非常大，感谢社科处为他们做了一件非常有意义的实事。

开幕式由社科处陈志斌教授主持。东南大学党委常委、副校长周佑勇教授致欢迎辞，简要介绍了东南大学百年校史，特别是改革开放40年、复更名30年以来学校人文社会科学的快速发展，强调推动中国特色社会主义哲学社会科学繁荣发展是高校的重要职责，而学术期刊是传播科学思想、发布科研成果的重要阵地。一流学术期刊和高校学术研究的互动交流，为学校“双一流”建设建言献策。《中国社会科学》常务副总编王利民先生作主题发言。他介绍了《中国社会科学》的办刊宗旨，强调哲学社会科学工作者必须担负起加快构建中国特色哲学社会科学的历史职责，贯彻落实习近平总书记系列讲话精神，坚持问题导向，准确把握新时期中国特色社会主义的新面貌新变化新矛盾。用中国理论阐释中国实践，用中国实践升华中国理论；坚持问题导向和学科导向相结合。正确处理“问题中的学术”和“学术中的问题”，坚持专业分工和跨学科研究的结合。《马克思主义研究》主编、中国社会科学院马克思主义研究院院长邓纯东教授以“构建中国特色哲学社会科学与当前的紧迫任务”为题，从“认识与行动”“恢复与重构”“甄别与清除”“总结与提炼”四个层面阐述了各学科在中国特色哲学社会发展中的紧迫任务。

本次高端论坛由“三江论坛”“两江论坛”“南高论坛”构成。“三江论坛”由江苏社会科学院副院长、东南大学人文社会科学学部主任樊和平教授主持，主题是“中国特色哲学社会科学评价”。樊和平教授强调科学评价的意义，指出“如果评价成为专门技术，评价本身就会被评价”。《世界哲学》主编冯颜利、《经济研究》常务副主编郑红亮、《民族艺术》主编许晓明、《美国国际中国哲学季刊》副主编姚新中、东南大学马克思主义学院刘魁教授就“中国特色哲学社会科学评价”先后发表演讲。

东南大学原党委书记郭广银教授主持“两江论坛”。围绕“中国哲学社会科学话语体系与学术期刊在‘双一流’建设中的服务和引领作用”，《管理世界》副总编辑尚增健、《中国外语》副主编常少华、《会计研究》副主编刘国强、东南大学法学院副院长欧阳本祺教授

相继发言,就中国特色哲学社会科学话语体系、优秀期刊论文的标准、期刊近期关注热点等开展研讨。

"南高论坛"主要探讨"哲学社会科学重大理论与前沿问题",由《东南大学学报(哲学社会科学版)》主编徐嘉主持。《中国社会科学》哲学社会科学部主任柯锦华强调,哲学研究必须关注所面临的重大理论与前沿问题,探索传统理论如何阐释新时代,探索科技进步带来的一系列社会伦理问题;《外语教学研究》主编王克非、《经济与政治研究》副主编黄西宜、东南大学人文学院洪岩璧副教授等作了精彩的发言。最后,东南大学社会科学处处长陈志斌教授对本次高端论坛作总结。

论坛最后陈志斌教授总结说,当代中国正经历着的广泛而深刻的社会变革,正进行着宏大而独特的实践创新,给理论创造、学术繁荣提供了强大动力和广阔空间。正如习近平总书记所说,我们处在一个需要理论而且一定能够产生理论的时代,处在一个需要思想而且一定能够产生思想的时代。我们应始终面向哲学社会科学创新发展的国家重大战略需求,以打造"强精优"、具有"东大气质"的一流精品文科为战略目标和宏观定位,集中资源夯实哲学社会科学发展根基,尊重哲学社会科学发展规律,继承和发扬百年东大哲学社会科学的优良传统,切实发挥哲学社会科学的育人功能,显著增强东南大学在国家哲学社会科学发展中的贡献度和美誉度。

12. 法学院反腐基地"国家监察体制改革理论与实践"研讨会成功举行

2018 年 6 月 30 日,由江苏高校哲学社会科学重点研究基地"东南大学反腐败法治研究中心"主办,东南大学法学院承办的"国家监察体制改革理论与实践"研讨会在江苏南京榴园宾馆成功举行。此次研讨会由长江学者特聘教授、东南大学法学院刘艳红教授主持,来自武汉大学法学院、上海社会科学院法学研究所、杭州师范大学法学院、华东政法大学法律学院、东南大学法学院等各高校教授学者以及实务界代表们受邀参加,高手云集、观点纷呈。

在开幕致辞与专题发言环节,东南大学党委副书记、纪委书记任利剑教授代表由东南大学党委、东南大学纪委、东南大学法学院合作共建的高校反腐败法治研究中心对代表们的莅临表示由衷的欢迎,并以自己的理解向与会代表们介绍了当下东南大学的发展态势以及愿景。随后,长江学者特聘教授、武汉大学法学院秦前红教授进行专题发言,秦教授针对《中华人民共和国监察法》(以下简称《监察法》)的实施提出了几个问题。监察立法采用的立法技术是"宜粗不宜细";一审二审裁定是 66 条,后来加了 3 条,现行《监察法》是共 69 条。目前看这种立法解决了立法上的很多制度问题,却带来了其他很多执行上的问题。比如监察对象不确定,监察委员会的派出机构、派出人员以及与被派出单位的权利义务关系不明,监察措施和刑事诉讼法的衔接不畅等问题。并指出关于《监察法》的实施问题,大家都是关心《监察法》的法治进步和发展,探索并致力于推动监察改革发展的共同体。

在主题交流环节,来自山东省纪委和省监委、江苏省纪委和省监委、南京市纪委常委、南京市纪委和市监委、无锡市监察委员会、无锡市纪委和市监委、湖南省长沙市纪委、南京市纪委、江苏省广播电视总台监察室等的领导专家们与来自武汉大学法学院、上海

社会科学院法学研究所以及杭州师范大学、华东政法大学、东南大学法学院等理论界专家学者们对“如何进一步加强监察委员的监督职责”“如何进一步推进监察委员会的调查职责”“如何进一步优化监察委员会的处置职责”“如何进一步完善监察委员会的外部衔接机制”等重点、难点问题进行了深入探讨。与会代表们来自各省市的纪检监察实务部门，都很重视此次研讨会并参与交流贡献经验和智慧，资深教授与实务专家同台发言，引起了观点交锋，从而在实践层面和理论层面对国家监察体制改革起到了有力的推动作用。“国家监察体制改革理论与实践”研讨会的成功举办必将促进监察委员会的发展，架设好理论与实践沟通的桥梁，助推国家监察体制改革。

东南大学反腐败法治研究中心作为国内首家以“法治反腐”为主题的综合性官方研究机构，自 2015 年 1 月成立以来一直不忘初心，砥砺前行。2017 年 12 月，中心成功入选“中国智库索引”(CTTI)来源智库；中心成员在《中国法学》等 CSSCI 期刊发表反腐学术论文 30 余篇，出版《加快推进反腐败国家立法研究》等多部著作；获得国家社科基金项目等国家级课题 6 项及省部级课题 20 余项。在新时代国家反腐战略发展背景下，东南大学反腐败法治研究中心将进一步发挥反腐决策咨询功能，为国家监察体制改革提供理论支撑、智力支持与人才保障，矢志不渝地为党和国家腐败治理的重大战略需求服务。

13. “马克思主义与新时代中国”高层论坛召开

2018 年“马克思主义理论学科研究”高层论坛于 8 月 20 日在东南大学举行。论坛以“马克思主义与新时代中国”为主题，来自全国多省高校、社科院、学术期刊社等单位的 90 余位专家学者到会交流。东南大学党委副书记、纪委书记任利剑，中国人民大学党委副书记、纪委书记吴付来，高等教育出版社副总编辑、《马克思主义理论学科研究》主编阎志坚，江苏省委宣传部理论处处长尚庆飞，东南大学原党委书记、中国特色社会主义发展研究院院长郭广银，西南大学原党委书记黄蓉生，《马克思主义理论学科研究》常务副主编、中国人民大学马克思主义学院张雷声教授，《中国社会科学》副总编辑、中国社会科学网总编辑罗文东等出席会议。会议由《马克思主义理论学科研究》编辑部、高校思想政治理论课程研究中心、东南大学中国特色社会主义发展研究院主办，东南大学马克思主义学院承办。

14. 中国法学会宪法学研究会 2018 年年会开幕式与全体会议在东南大学隆重召开

2018 年 9 月 15 日至 16 日，由中国法学会宪法学研究会主办，东南大学法学院承办的中国法学会宪法学研究会 2018 年年会在江苏南京东南大学四牌楼校区成功召开。本次会议的主题是“改革开放 40 年与推进合宪性审查”。参与本次会议的有来自全国法学界的与会代表 300 余人。

上午 8 时，中国法学会宪法学研究会 2018 年年会开幕式在东南大学大礼堂隆重举行，东南大学校党委常委、副校长周佑勇教授担任主持人。东南大学校长张广军教授，中国法学会党组成员、副会长、学术委员会主任张文显教授，江苏省法学会会长林祥国，中国法学会宪法学研究会会长、中国人民大学法学院韩大元教授分别致辞。

东南大学校长张广军教授致欢迎辞。张广军校长指出，2018 年对于宪法学而言，是

一个特别的年份，即完成了宪法修改的重大历史任务，实现了我国宪法的又一次与时俱进。东南大学作为2018年宪法修改后首个宪法学年会的承办方，深知其意义之重大，影响之深远，使命之艰巨。张广军校长代表全校师生向长期以来关心、支持和帮助学校发展的各位领导、各位专家学者和各界友人，表达了真挚的欢迎与真挚的谢意，向在法学前沿引领发展、竭诚奉献、攻坚克难的各位老师致以崇高的敬意。随后，张广军校长向各位专家学者介绍了东南大学的办学渊源、学科建设、师资力量、科研成果、社会评价等基本情况，并着重介绍了东南大学法学学科的悠久历史及法学院正式成立数十年间创新发展形成的办学特色，对法学院在两任院长带领下探索出的在理工科强势大学培养法科人才的特色之路予以高度肯定，指出本次宪法年会的承办是东南大学法学院进步与发展的一个重要契机，他希望各位法学人要用法治的“细雨”润泽制度的“干旱”，实现以良法促善治的崇高使命。他相信，当“止于至善”的东南大学遇上“博学笃行”的宪法年会，必当碰撞出不一样的花火。最后，张广军再次表达了对会议主办方及各位专家学者的感激之情，并祝愿本届年会圆满成功。

年会全体会议由武汉大学副校长周叶中教授担任主持人，中国政法大学法学院廉希圣教授、中国社会科学院大学政法学院马岭教授、深圳大学港澳基本法研究中心主任邹平学教授、山东大学法学院李忠夏教授作主题发言。特邀演讲环节，清华大学法学院张明楷教授作题为“宪法与刑法的解释循环”的精彩演讲，突出本次年会的“宪法与刑法的对话”之亮点。

分论坛会场在东南大学榴园宾馆新华厅、中大厅、东大厅同时进行并进行专题研讨。

第一分论坛第一单元由中国社会科学院法学研究所副所长莫纪宏教授和华南理工大学法学院吴家清教授担任主持人，首都师范大学政法学院郑贤君教授、吉林大学法学院任喜荣教授等人发言，南昌大学法学院程迈教授、中央民族大学法学院郑毅副教授担任评议人。第二单元由湖北警官学院院长刘茂林教授，《法学评论》主编、北京航空航天大学法学院王锴教授、江西财经大学法学院刘国教授等人发言，浙江大学光华法学院郑磊副教授、武汉大学法学院李雷博士担任评议人。第三单元由东南大学法学院汪进元教授和深圳大学港澳基本法研究中心主任邹平学教授担任主持人，中国社会科学院大学柳建龙副教授、兰州理工大学法学院原新利副教授、厦门大学法学院王建学副教授等人发言，云南大学法学院沈寿文教授、清华大学法学院刘晗副教授担任评议人。

第二分论坛第一单元由中央民族大学法学院熊文钊教授、郑州大学法学院院长苗连营教授担任主持人，中南财经政法大学法学院王广辉教授、上海交通大学凯原法学院范进学教授、中南大学法学院蒋清华博士等人发言，武汉大学法学院伍华军副教授、吉林大学法学院刑斌文助理研究员担任评议人。第二单元由北京大学法学院张千帆教授和中南财经政法大学法学院胡弘弘教授担任主持人，中国政法大学副校长李树忠教授、东南大学法学院龚向和教授、西北师范大学法学院王宏英教授等人发言，宁波大学法学院董茂云教授、苏州大学王健法学院程雪阳副教授担任评议人。第三单元由青岛大学法学院董和平教授和中国人民公安大学法学院齐小力教授担任主持人，北京航空航天大学法学院泮伟江副教授、杭州行政学院蔡金荣副教授等人发言，中国社会科学院法学研究所翟国强研究员和中国人民大学王旭教授担任评议人。

第三分论坛“宪法与刑法的对话”第一单元“刑法的合宪性边界”由中国人民大学法学院韩大元教授和北京大学法学院梁根林教授担任主持人，德国波恩大学金德霍伊泽尔教授、四川大学法学院魏东教授、南京师范大学法学院蔡道通教授、中国人民大学法学院张翔教授、中国政法大学陈征教授等人发言，《法制日报》理论部主任、“法学院”专刊蒋安杰主编，东南大学法学院刘艳红教授，中央财经大学法学院白斌副教授担任评议人。第二单元“刑法解释的合宪性”由东南大学法学院汪进元教授和西北政法大学王政勋教授担任主持人，清华大学法学院劳东燕教授、上海政法大学刑事司法学院彭文华教授、中南大学法学院詹红星教授、中国人民大学时延安教授等人发言，中国社会科学院大学政法学院柳建龙副教授、中国人民大学法学院王莹副教授担任评议人。第三单元“刑法体系的合宪性”由武汉大学法学院秦前红教授和四川大学法学院魏东教授担任主持人，北京大学法学院梁根林教授、西南政法大学陈伟教授、南京师范大学法学院姜涛教授等人发言，东南大学法学院欧阳本祺教授、山东大学法学院李忠夏教授担任评议人。

中国法学会宪法学研究会 2018 年年会全体会议于 16 日 10 时 30 分在新华厅举行，由中国社会科学院法学研究所副所长莫纪宏教授担任主持人，清华大学法学院林来梵教授、北京大学法学院张千帆教授、北京大学法学院梁根林教授、浙江大学光华法学院郑磊副教授、上海交通大学凯原法学院林彦教授进行“合宪性审查”对谈环节。11 时 30 分，闭幕式由秘书长张翔教授担任主持人，随后进行本届年会优秀论文的颁奖环节，紧接着东南大学副校长周佑勇教授致辞，表达了对韩会长、莫会长以及宪法学界同仁将本次会议交由东南大学承办的信任与支持的感谢。最后张翔秘书长进行致谢。至此，中国法学会宪法学研究会 2018 年年会在热烈的掌声中圆满结束。

本次年会众位大咖思想碰撞，观点争锋，与会宪法学者与刑法学者围绕“改革开放 40 年与推进合宪性审查”进行深度探讨，加深了宪法与刑法的交互影响，有利于通过宪法的价值辐射实现法律体系的一致性和连贯性，促进刑事政策体系和刑法理论的合宪性发展，最终实现依法治国的目标。

15.《中华人民共和国学位条例》修订研讨会在东南大学召开

2018 年 9 月 20 日，由教育部政策法规司主办、东南大学组织承办的《中华人民共和国学位条例》(以下简称《学位条例》)修订专题研讨会在东南大学四牌楼校区礼东报告厅隆重召开。来自教育部政策法规司、学位管理与研究生教育司、国务院学位委员会办公室、全国人大常委会法工委教育室以及北京大学、中国人民大学、北京师范大学、中山大学、东南大学、中南大学、复旦大学、西南大学、西北政法大学、华中科技大学、华中师范大学、东北师范大学、山东大学、华东政法大学、暨南大学、中国教育科学研究院、上海市学位办、广东省学位办、江苏省学位办、河海大学、南京师范大学、南京航空航天大学、南京工业大学、江苏省法学会立法学研究会等单位的 60 余名专家学者出席了会议。

会议开幕式由东南大学副校长周佑勇主持。东南大学党委书记左惟，教育部政策法规司副司长王大泉，国务院学位委员会办公室副主任、教育部学位管理与研究生教育司副司长徐忠波分别致辞。

左惟书记代表东南大学对与会领导和嘉宾表示热烈欢迎。左惟书记表示，1980 年公

布的《学位条例》是我国第一部教育法律,它对提高研究生培养水平、促进教育发展起到了至关重要的作用。但是随着社会的发展,对《学位条例》进行与时俱进的调整非常必要。左惟书记在向客人介绍了东南大学研究生教育和学位制度实施的基本情况后指出,党的十九大报告和习总书记在全国教育大会上都强调深化教育管理改革,《学位条例》事关每一位学子的切身利益,也事关学校人才培养质量和价值导向,因此在推动《学位条例》修订中,准确把握条例修订方向应有更高的要求。左惟书记强调,2017 年教育部政策法规司决定与我校合作共建"教育立法研究基地",该基地进一步拓展了我校法学学科的研究领域,对于我校法学学科的进一步发展与繁荣必将起到积极的推动作用。左惟书记希望基地成员以共建基地为契机,增进合作交流,对教育实践发展的重大问题进行专门研究,为推动教育立法、教育改革发展提供决策依据和智力支持。

开幕式上,王大泉副司长、徐忠波副司长、左惟书记、周佑勇副校长共同为东南大学教育立法研究基地揭牌。

本次会议分为主题报告和专题研讨两个单元。主题报告环节由王大泉副司长主持。东南大学周佑勇教授、北京大学湛中乐教授、中山大学刘恒教授、山东大学肖金明教授、教育部学位管理与研究生教育司综合处杨大研处长分别就本次中心议题做了主题发言。

在一天的研讨交流中,各位专家学者分别从不同的角度为条例修订提供了专业性意见,内容涉及国内外学位制度的发展与完善、学位授予程序、学位授予条件与标准等,内容详实,观点明确,为共同推进《学位条例》修订建言献策。最后,会议在教育部政策法规司王大泉副司长的总结致辞中圆满结束。

据悉,东南大学教育立法研究基地成立于 2017 年 12 月,由周佑勇教授担任基地主任,孟鸿志教授和龚向和教授为副主任,吸纳了国内众多知名专家学者。本次会议的顺利举行,将进一步促进东南大学教育法学研究,扩大东南大学法学学科在全国相关领域的影响力。

16. 2018 年中国艺术人类学学术研讨会在东南大学召开

2018 年 9 月 25 日至 27 日,由中国艺术人类学学会与东南大学联合主办,东南大学艺术学院承办,民族艺术杂志社协办的 2018 年中国艺术人类学学术研讨会在东南大学召开。本次会议的主题为"艺术人类学与新时代的中国发展",来自国内外艺术人类学及相关学科领域的 200 余位专家学者出席了此次学术盛会。

东南大学党委副书记、纪委书记任利剑教授,中国艺术人类学学会会长、中国艺术研究院艺术人类学研究所所长方李莉研究员,国务院参事室社会调查中心副秘书长、费孝通先生家属代表张喆先生,民族艺术杂志社主编许晓明研究员先后致辞。大会开幕式由东南大学艺术学院院长王廷信教授主持。

在为期三天的会议中,中国艺术研究院方李莉研究员、韩国忠北大学李成宰副教授、日本京都大学田中雅一教授、中央民族大学王建民教授、浙江大学王杰教授、东南大学孟凡行副教授、上海音乐学院洛秦教授、越南国立电影与戏剧学院蔡曙鹏教授、山东大学张士闪教授分别做主题发言,与会者围绕"艺术人类学理论与非物质文化遗产研究""造型艺术研究""表演艺术与民俗研究""艺术人类学与新时代的中国发展"等主题对艺术人类

学的历史、理论与方法、艺术人类学的学科建设、艺术人类学与非物质文化遗产研究、艺术参与乡村建设、艺术与美好生活的关系、艺术人类学与生态中国发展、艺术人类学与艺术学理论交叉学科研究等分议题进行了充分、广泛、深入的讨论。 （艺术学院）

17. 语言服务人才培养的多元化趋势研讨会暨第三届技术传播教育沙龙在外国语学院召开

2018年10月20日至21日，东南大学外国语学院成功举办了语言服务人才培养的多元化趋势研讨会暨第三届技术传播教育沙龙。来自全国各地的专家学者和业界精英汇聚一堂，分享最新的学界研究动态和业界发展趋势。外国语学院的众多教师和研究生也参加了本次会议。

20日上午的开幕式上，陈美华院长热情地欢迎了各位专家学者和业界精英，介绍了东南大学外国语学院翻译专业硕士的学科建设情况，分享了翻译专业硕士办学至今取得的成绩，同时也指出了其目前面临的挑战与困境，以及将对此做出的调整，邀请各位专家学者、业界精英对我院翻译专业人才培养提出宝贵建议。开幕式由马冬梅副院长主持。

会上，联合国驻日内瓦大会管理部口译司原司长李正仁首先做了题为“Skillset Required for Working in the IOS”的演讲。李司长以联合国为例，详细介绍了国际组织的职位架构、核心价值以及对雇员的能力要求，并与在座的师生分享了国际组织招聘的申请途径和最新动态。西交利物浦大学英语系张霄军教授紧接着做了题为“信息时代译员的技术能力培养”的演讲。张教授提出，信息时代的译员面临三大挑战：专业知识、速度和多元化，对译员在知识检索能力、知识存储能力、转化能力和拓展能力等方面提出了很高的要求，译者的技术能力培养应当将通识教育与专业模块相结合。其后，上海外国语大学语言研究院沈骑教授做了题为“全球治理视阈下的中国翻译规划研究”的演讲。沈教授从全球治理背景下翻译人才面临的挑战出发，指出中国翻译学科作为翻译教育规划的核心内容，面临四大转型任务，迫切需要开展翻译教育规划研究来解决当前的问题。浙江大学外国语言文化与国际交流学院、光华法学院双聘教授程乐老师也在会上做了题为“‘一带一路’中的语言服务与人才培养”的演讲。程教授从“一带一路”的社会符号学解读谈起，将“一带一路”与“丝绸之路”的学术研究进行对比，指出“一带一路”倡议的重中之重是经贸投资，对专业的外语服务人才培养提出了必须与国际社会接轨的要求。

20日下午的研讨会上，西交利物浦大学英语系传媒翻译硕士专业负责人王惠博士、北京墨责国际文化发展有限公司林凡林总经理、TC（技术写作）互联发起人赖苑媛女士、资深技术架构师范雷先生等业界精英针对“翻译与能力”及“翻译与技术”两个主题，做了精彩的发言报告。在随后的圆桌讨论环节，与会的专家学者、业界精英和在座师生都纷纷发言、各抒己见，讨论时间一度延长。

21日上午，上海外国语大学英语学院韩子满教授做了题为“论翻译教师的技术素养”的主旨演讲。随后，上海交通大学外国语学院陶庆副教授就“翻译硕士培养：语言研究抑或语言服务”的题目进行了演讲。复旦大学外国语言文学学院汪洪章教授、西安外国语大学英语教育学院吴丹副教授等也作了精彩的报告。

最后，东南大学外国语学院高圣兵教授做了简短的闭幕式致辞，用“多元”“深入”和

“深刻”三个关键词总结了这次会议,对各位远道而来的嘉宾表示感谢。至此,本次会议圆满结束。

18. 法学院在软科 2018“中国最好学科排名”法学学科中跻身前 5%

软科今日(2018 年 11 月 1 日)正式发布 2018“中国最好学科排名”。排名榜单包括 93 个一级学科,共有 460 所高校的 4999 个学科点上榜。其中法学学科排名共有 104 所大学上榜,东南大学法学院以 319 分的优异成绩位于第 10 名,跻身前 5%。东南大学法学院学科体系完整,办学规模不断壮大,办学质量日益提高,已成为我国法学人才培养的重要基地之一,形成了与学校“双一流”建设相匹配的学科优势和办学特色。

“中国最好学科排名”是为了对高校各个学科的水平和发展态势进行分析,软科于 2015 年开发了高校学科发展水平动态监控系统。该系统使用高端人才、科研项目、成果获奖、学术论文、人才培养等方面的 30 余项反映学科竞争力的关键指标,跟踪测量中国高校数千个学科点的实时表现和相对位置。随着国家“双一流”建设的持续推进,一流学科的评价和遴选再次成为高教界和社会讨论的热点。在这样的背景下,基于高校学科发展水平动态监控系统的指标和数据,软科于 2017 年开始发布中国最好学科排名,排名的目的是用客观数据为高校的学科建设提供参考,也为学生择校和公众了解高校的学科水平提供信息。中国最好学科排名采用的学科口径是教育部最新《学位授予和人才培养学科目录》中的一级学科。在每个一级学科,排名的对象是在该一级学科设有学术型研究生学位授权点的所有高校,发布的是在该学科排名前 50%的高校。

19. 2018 年度国家社会科学基金教育学项目举行开题论证会

2018 年 11 月,我校耿有权老师申报的“‘双一流’建设的历史发展及其理论体系研究”(批准号 BIA180177)、张光珍老师申报的“社交退缩行为的发展规律、影响因素、适应结果及干预”(批准号 BBA180081)获得 2018 年度国家社科基金教育学一般项目立项资助。

为规范项目管理,进一步落实课题研究工作,2018 年 11 月 21 日下午,社科处在四牌楼校区李文正楼北 312 会议室举行了国家社科基金教育学项目开题论证会。本次会议特邀南京大学、南京师范大学、南京邮电大学和东南大学的相关学科专家与会,南京大学教育研究院副院长汪霞教授担任专家组组长,主持开题工作。项目负责人及其课题组成员等 20 余人参加了开题论证会。

项目负责人耿有权、张光珍老师就课题的研究目标、研究内容、重点难点、研究方法、组织分工、经费分配与预期成果等分别作了汇报。与会专家对两个课题的时代意义、学术与应用价值、研究内容的逻辑构架、研究方法及团队构建等予以了充分肯定,并就一些基本概念、发展演绎、研究方案的可行性等进行重点论证和质询,提出了具有针对性的意见和建议。如研究“双一流”建设要界定概念和建设标准,坚持理论思考与实践探索相结合,立足中国教育,同时具有一定的国际视野;开展“儿童社交退缩行为”的微观研究,要充分考虑干预方案理论合理性与现实可行性之间的平衡。专家组一致同意通过两项课题的开题报告。

20. 江苏省哲学社会科学界第十二届学术大会政治与法学专场会议在东南大学隆重召开

2018年12月14日，由中共江苏省委宣传部、江苏省哲学社会科学界联合会主办，东南大学法学院、江苏高校区域法治发展协同创新中心区域行政法治发展研究平台承办的江苏省哲学社会科学界第十二届学术大会政治与法学专场会议在南京东南大学四牌楼校区顺利举行。中国社会科学院荣誉学部委员李步云教授，江苏省社科联党组书记、常务副主席刘德海同志，江苏省社科名家、东南大学原党委书记郭广银教授，江苏省社科联党组成员、副主席徐之顺同志，南京审计大学校长刘旺洪教授，东南大学副校长、江苏高校区域法治发展协同创新中心学术委员会主任周佑勇教授，南京大学法学院院长叶金强教授，东南大学法学院院长刘艳红教授，南京大学政府管理学院院长孔繁斌教授，苏州大学王健法学院院长方新军教授，河海大学法学院院长杨春福教授，南京航空航天大学人文与社会科学学院院长王建文教授，南京审计大学法学院院长刘爱龙教授，南京审计大学公共管理学院院长金太军教授，南京工业大学法学院刘小冰教授等100余位政治学与法学代表参加了本次会议。

开幕式由东南大学法学院院长刘艳红主持。开幕式上，东南大学副校长周佑勇和江苏省社科联党组书记、常务副主席刘德海分别致辞。江苏省社科联党组成员、副主席徐之顺宣读《关于省社科界第十二届学术大会政治学与法学专场获奖论文的表彰决定》。

周佑勇在致辞中介绍了东南大学人文社会科学及其法学、公共管理学科的现状和近年来所取得的成就。据2018年“中国最好学科排名”统计，东南大学法学学科位列全国前5%，跻身于全国第10名，创下了人文社科领域的“东南高度”；东南大学公共管理学科也已成为我国公共管理领域人才培养和科学研究的重要基地。

周佑勇表示，此次会议是江苏省内最大规模、最高规格的政治与法学学术交流平台，对于进一步凝聚社科力量，繁荣发展政治学与法学，提升江苏省社科水平具有重要意义。学术思想需要积累，需要碰撞，需要无数个这样的会议提供平台，提供土壤。他认为，这次会议一定能碰撞出思想与智慧的火花，也将进一步增进江苏省政治学与法学的发展，为江苏省乃至全国的政治学与法学建设做出新的贡献。

刘德海在致辞中介绍了江苏在法治建设方面的成就。据介绍，近年来，法治政府和法治江苏建设取得显著成效，比如，推动县级以上党政机关设立法律顾问和公职律师，推进重点领域地方立法和立法信息公开，创立“不见面”审批（服务）新模式，深入推进“放管服”改革，加强地方特色法治理论智库建设，形成6卷本《全面依法治国新时代》智库丛书等一批优秀理论成果，等等。去年年底，江苏率先试行法治社会建设指标体系，这在全国尚属首创。刘德海表示，当前，以创新理念促进社会治理乃至全球治理体系变革，已是大势所趋，这既是一个重大的实践问题，也是一个重大的理论问题，迫切需要广大社科工作者提出新的治理理论和政策建议。比如，共享经济和人工智能时代的到来，呼唤与之相适应的新经济模式和制度安排；预防和化解社会矛盾，需要不断推进政府机构改革，推动社会治理重心向基层下移；环境污染防治、区域协调发展，需要新的组织架构、法律措施和行政手段；推动“一带一路”建设、构建人类命运共同体，需要新的国际政治和外交理论；等等。他希望，面对社会治理变革这样一个时代课题，江苏全省政治学、法学领域专

家学者要把握机遇，借势借力，从多学科、多角度开展研究，努力推动学科建设和全省哲学社会科学创新发展。

开幕式后，南京审计大学校长刘旺洪、中国社会科学院荣誉学部委员李步云、南京大学政府管理学院院长孔繁斌、南京审计大学公共管理学院院长金太军先后作主题演讲。下午，会议分为政治学和法学两组进行研讨。两组议题分别是法学理论创新与社会治理变革和政治学理论创新与社会治理变革。分组研讨后，大会进行学术交流环节，分会场代表发言后，苏州大学法学院院长方新军、南京工业大学法学院教授刘小冰、淮阴师范学院法律政治与公共管理学院院长季秀平、东南大学马克思主义学院副院长盛凌振、东南大学人文学院公共管理系主任季玉群进行学术交流。在大会闭幕式上，刘小冰进行会议总结。

与会学者认为，此次会议是一个高规格、高层次的学习交流平台，其研讨成果必将为法治江苏建设和全省高质量发展贡献智慧力量。

会议共征集到学术论文 90 篇，经专场学术委员会评审，评出获奖论文 27 篇，其中，一等奖 9 篇、二等奖 18 篇。

21. 我校召开 2018 年度国家社科基金项目开题报告会

2018 年 12 月 7 日上午，我校 2018 年度国家社科基金项目开题报告会在四牌楼校区老图书馆 238 会议室召开。东南大学副校长吴刚出席会议并致辞，部分文科院系负责人、特邀专家和 2018 年国家社科立项项目负责人及课题组成员参加了会议。会议由社科处副处长甘锋主持。

吴刚副校长首先对 2018 年获得国家社科基金立项的各位老师表示了祝贺，他指出，东南大学复更名三十周年以来，人文社会科学发展迅速。尤其是近年来，学校大力推进精品文科攀升计划，开设“郭秉文实验班”，遴选人文社科资深教授，不断推进分类考核评价体系的健全与完善，一流文科建设取得了初步成效。国家社科基金是人文社科领域具有标志性的项目，各项目负责人应当合理安排研究进度，确保高质量完成项目；社科处作为学校职能部门，应当为老师做好开展科研的管理与服务工作；并提早谋划，争取在 2019 年国家社科基金项目申报工作中取得更好的成绩。

社科处副处长甘锋对我校国家社科基金项目总体情况及本次开题情况进行了简要介绍。他首先肯定了集中开题的必要性，好的开始是成功的一半，成功的开题对于课题研究的顺利开展具有重要的指导作用。接着，甘锋副处长对 2018 年我校各类国家社科项目的申报及立项情况分院系、分学科做了详细的数据分析。通过对各文科院系国家社科项目在研人数占比情况的分析，指出只有提高在研项目的完成进度与质量，才能进一步盘活科研资源、激发科研活力、提高申报率和立项率。社科处作为科研管理服务部门，一定要做好组织与服务工作，尤其是要出台相关激励措施，为老师顺利进行项目研究做好保障工作。

人文学院教授王华宝、图书馆研究馆员袁曦临、生物科学与医学工程学院副教授张光珍、艺术学院副研究员秦璇、马克思主义学院讲师杨洋作为 2018 年度国家社科基金立项负责人代表发言，重点介绍了各自课题组的开题情况及项目研究规划。随后，特邀专

家艺术学院教授汪小洋、人文学院副院长邵永生、马克思主义学院副院长盛凌振、法学院教授龚向和、经济管理学院教授邵军针对各位项目负责人的汇报，对项目研究内容、方向等提出了专业意见，为新立项项目负责人答疑解惑。最后，社科处项目成果办主任段梅娟就国家社科基金项目管理流程与注意事项做了详细的介绍。

22. “改革开放 40 年中国政治与文化发展”暨第二届习近平新时代中国特色社会主义思想高层论坛在南京举行

2018 年“改革开放 40 年中国政治与文化发展”暨第二届习近平新时代中国特色社会主义思想高层论坛于 12 月 28 日在东南大学四牌楼校区如期举行。来自中国人民大学、华东师范大学、南京大学、厦门大学、东南大学、江苏省委党校、江苏省社科院等单位的 30 余位专家到会交流。会议由东南大学中国特色社会主义发展研究院、东南大学马克思主义学院主办。

江苏省中国特色社会主义理论体系研究中心主任、东南大学中国特色社会主义发展研究院院长郭广银教授在总结讲话中认为，本次论坛具有跨学科、学术性强、层次高等特点，深化了我们对改革开放 40 年中国政治与文化发展的认识，也对未来中国政治文化发展提出了学术性的展望，富有启发意义。

四、2018 年度决策咨询社会服务

1. 刘练军教授出席“新《宪法修正案》与宪法发展”学术研讨会

12 月 1 日，山东省法学会宪法学研究会“新《宪法修正案》与宪法发展”学术研讨会暨 2018 年年会在济南市颐正大厦举行。会议由山东省法学会宪法学研究会主办，山东师范大学承办，来自华东政法大学、东南大学、中国社会科学院大学、山东大学、山东师范大学、山东政法学院、济南大学、青岛大学、山东交通学院、山东工商学院、山东省人大、山东省委党校、山东省煤炭局等高校法学院师生及实务部门专家领导共 30 余人参会研讨。我院刘练军教授应邀出席会议。

山东省法学会宪法学研究会“新《宪法修正案》与宪法发展”学术研讨会暨 2018 年年会共分四个单元，分别是“特邀专家主旨演讲”“宪法学、宪法发展与法治建设：回顾暨展望”“宪法实施、宪法发展与法治建设”“检查制度、合宪性审查与权利保障”。我院刘练军教授作为特邀专家，在会议上发表了题为“监察委员会组织立法刍议”的主旨演讲。在二十分钟的主旨演讲中，刘练军教授主要谈到了三个层面的问题：为何要制定监察委员会组织法，监察委员会组织法如何制定，监察委员会组织法如何对待合署办公。刘教授的观点获得了绝大多数与会者的认可。

刘练军教授此次应邀参会，扩大了我院与山东省高校法学院及山东相关职能部门的学术交流范围，我院在宪法、监察法研究领域的影响力随之得到了进一步的增加。

2. 经济管理学院顾欣获江苏省第九批科技镇长团考核优秀

1 月 13 日，江苏省委组织部对第九批科技镇长团考核优秀人员进行表彰，我院教师

顾欣副教授名列其中。顾欣副教授作为浦口(高新)科技镇长团成员,在国家级园区南京海峡两岸科工园挂职管委会副主任期间,紧密围绕科技镇长团的职责和地方的实际需要开展工作,积极参加科技镇长团在企业服务、产学研对接、人才引进等方面的工作,积累了一定的基层工作经验;充分利用专业所长,为江北新区特色小镇科技支撑体系、科技服务业集聚建设等相关政策研究做了卓有成效的工作,开展的工作获得了地方和媒体的广泛关注,同时也加快了我院相关科技成果的转化,为我院与江苏省的校地合作搭建了有效的沟通桥梁。

五、社科处 2018 年大事记

1 月 5 日 东南大学外国语学院与高等教育出版社外语出版事业部联合举办了全国高等学校混合式外语教学理念与课堂实践研讨会暨走进东南大学项目式教学研修与示范活动。

1 月 6 日 东南大学艺术学院汪小洋教授主持的 2017 年国家社会科学基金重大项目“多卷本《中国宗教美术史》”开题。

1 月 9 日 教育部政策法规司和东南大学法学院合作共建的“教育立法研究基地”落户我校,东南大学副校长、法学院教授周佑勇担任基地主任。

1 月 12 日 东南大学召开 2018 年度国家社科基金申报工作会。

1 月 12 日 数据助司法、审判现代化——国家社科基金重大课题“大数据与审判体系和审判能力现代化研究”开题会隆重举行。

1 月 13 日 东南大学经济管理学院顾欣获江苏省第九批科技镇长团考核优秀。

3 月 1 日 东南大学经济管理学院刘晓星教授喜获研究阐释十九大国家社科重大专项立项。

3 月 16 日 东南大学人文学院王珏教授主持的国家社科基金重点项目“后单位时代集体行动的伦理逻辑研究”(项目号为 11AZX007)结项获评优秀。

3 月 22 日 东南大学与省法院共同举办江苏省家事审判心理学重点研究基地专家库成员聘用仪式。

4 月 21 日 东南大学举行研究阐释党的十九大精神国家社科基金重大专项开题报告会。

6 月 8 日 东南大学举办新时代中国特色哲学社会科学繁荣发展高端论坛。

6 月 27 日 东南大学获批 17 项国家社科基金年度项目。

8 月 20 日 以“马克思主义与新时代中国”为主题的“马克思主义理论学科研究”高层论坛在我校召开。

9 月 12 日 东南大学获批 4 项国家社科基金艺术学项目。

9 月 15 日 中国法学会宪法学研究会 2018 年年会开幕式与全体会议在东南大学隆重召开。

9 月 20 日 《中华人民共和国学位条例》修订研讨会在东南大学召开。

9 月 25 日 2018 年中国艺术人类学学术研讨会在东南大学召开。

10 月 23 日 东南大学郭广银教授、徐康宁教授被授予第三届“江苏社科名家”荣誉

称号。

10月26日 东南大学法学院刘艳红教授当选2018—2022年教育部高等学校教学指导委员会委员。

11月1日 东南大学法学院在软科2018"中国最好学科排名"法学学科中跻身前5%。

11月7日 东南大学人文学院院长王珏教授的项目获批2018年度国家社科基金重大项目。

11月28日 东南大学23项成果获江苏省哲学社会科学优秀成果奖,其中一等奖3项,二等奖10项。

12月7日 东南大学召开2018年度国家社科基金项目开题报告会。

12月22日 东南大学法学院"东南大学交通法治与发展研究中心"和经济管理学院"中国高质量发展综合评价研究院"入选中国智库索引(CTTI)2018年增补来源智库。

12月28日 "改革开放40年中国政治与文化发展"暨第二届习近平新时代中国特色社会主义思想高层论坛于东南大学举行。

2018年人文社会科学主要科研统计表

1. 省部级研究机构

序号	基地名称	依托单位	批准时间	批准部门	负责人	机构性质
1	高质量综合评价研究院	经济管理学院	2018	江苏省教育厅	陈志斌	江苏高校哲学社会科学重点研究基地
2	教育立法研究基地	法学院	2017	教育部政策法规司	周佑勇	教育部研究基地
3	江苏省健康产业发展研究基地	经济管理学院	2017	江苏省教育厅	王海燕	江苏省教育厅校外研究基地
4	中华优秀传统艺术传承发展研究	艺术学院	2017	江苏省教育厅	王廷信	江苏高校哲学社会科学优秀创新团队培育点
5	江苏省社区矫正损害修复理论研究基地	法学院	2017	江苏省司法厅	刘艳红	江苏省司法厅研究基地
6	江苏省青少年工作研究基地(预防青少年违法犯罪)	法学院	2017	共青团江苏团委	李　川	江苏省青少年工作研究基地
7	人民法院司法大数据研究基地	法学院	2016	最高人民法院	刘艳红	最高人民法院批准成立的重点智库
8	江苏省家事审判心理学重点研究基地	人文学院	2016	江苏省高级人民法院	马向真	江苏省高级人民法院重点研究基地

(续　表)

序号	基地名称	依托单位	批准时间	批准部门	负责人	机构性质
9	江苏省中国特色社会主义理论体系研究基地	马克思主义学院等	2015	江苏省委宣传部	郭广银	江苏省中国特色社会主义理论体系研究基地
10	中国特色社会主义发展研究院(简称“中特发展智库”)	马克思主义学院等	2015	江苏省委宣传部	郭广银	首批江苏省重点高端智库
11	道德发展智库	人文学院	2015	江苏省委宣传部	樊和平	首批江苏省重点高端智库
12	反腐败法治研究中心	法学院	2015	江苏省教育厅	刘艳红	江苏省高校哲学社会科学重点研究基地
13	道德国情与道德哲学前沿创新团队	人文学院	2015	江苏省教育厅	樊和平	江苏省教育厅社科优秀创新团队
14	公民道德与社会风尚协同创新中心	人文学院	2014	江苏省人民政府	樊和平	江苏省2011协同创新中心
15	江苏省非物质文化遗产研究基地	艺术学院	2014	江苏省文化厅	王廷信	江苏省非物质文化遗产研究基地
16	公民道德提升与人的现代化研究中心	人文学院	2013	江苏省社科规划办	田海平	江苏省哲社研究基地
17	道德国情调查研究中心	人文学院	2013	江苏省社科联	王　珏	江苏省决策咨询研究基地
18	中国传统艺术的传承与传播研究中心	艺术学院	2013	江苏省教育厅	王廷信	江苏省教育厅社科优秀创新团队
19	亚太语言政策研究中心	外国语学院	2013	江苏省教育厅	陈美华	江苏省教育厅国际问题研究中心(培育)
20	江苏省科技创新体系建设思想库	经济管理学院	2012	江苏省科技厅	仲伟俊	江苏省决策咨询研究基地
21	江苏经济全球化研究中心	经济管理学院	2012	江苏省教育厅	邱　斌	江苏省教育厅校外研究基地
22	交通法治与发展研究中心	法学院	2012	江苏省交通运输厅	周佑勇	江苏省交通运输行业政策法规重点研究基地
23	江苏省重点物流研究基地	经济管理学院	2011	江苏省经信委	赵林度	江苏省物流重点研究基地
24	江苏创新驱动研究基地	经济管理学院	2011	江苏省社科联	仲伟俊	江苏省决策咨询研究基地
25	江苏民生幸福研究基地	经济管理学院	2011	江苏省社科联	徐康宁	江苏省决策咨询研究基地
26	金融统计研究所	数学系	2011	江苏省统计局	林金官	江苏省统计科学研究基地
27	艺术学研究中心	艺术学院	2010	江苏省教育厅	凌继尧	江苏省高校哲学社会科学重点研究基地

（续　表）

序号	基地名称	依托单位	批准时间	批 准 部 门	负责人	机构性质
28	道德哲学与中国道德发展研究所	人文学院	2009	江苏省教育厅	樊和平	江苏省高校哲学社会科学重点研究基地
29	江苏省区域经济与发展研究基地	经济管理学院	2008	江苏省社科规划办	徐康宁	江苏省哲社研究基地

2. 2018 年新增校级研究机构

序号	机构名称	所属单位	成立时间	负责人
1	东南大学艺术人类学与社会学研究所	艺术学院	2018	孟凡行
2	东南大学现代工业工程研究所	经济管理学院	2018	陈伟达
3	东南大学海外中国史料研究中心	外国语学院	2018	陆薇薇
4	东南大学文化发展战略规划研究中心	艺术学院	2018	王廷信

3. 2018 年立项课题

（1）国家社会科学基金项目

课题名称	类别	负责人	单位	经费/万元
改革开放 40 年中国伦理道德数据库建设研究	重大项目	王　珏	人文学院	80
新时代基于系统性金融风险的国家金融安全体系研究	重大专项	刘晓星	经济管理学院	60
中国经济转型中城镇体系规模分布的形成机制与经济影响研究	重点项目	刘修岩	经济管理学院	35
大数据时代政府信息公开制度变革研究	重点项目	孟鸿志	法学院	35
新时代扩大进口推动产业转型升级的理论及对策研究	重点项目	邵　军	经管学院	35
现代中国家庭的伦理支持研究	一般项目	许　敏	人文学院	20
社会主要矛盾转换条件下中国政治发展的生活政治路径研究	一般项目	张　敏	人文学院	20
《太史公书》异文整理与研究	一般项目	王华宝	人文学院	20
全球价值链区块化的形成机理及中国方案的理论与实证研究	一般项目	臧　新	经济管理学院	20
网络服务商刑事责任边界及体系构建研究	一般项目	陈洪兵	法学院	20
《民法典》编纂视野下建设工程合同履行障碍制度研究	一般项目	黄　喆	法学院	20
老龄化背景下《民法典》成年监护制度运行问题与规则完善研究	一般项目	高　翔	法学院	20

（续　表）

课题名称	类别	负责人	单位	经费/万元
新时代我国宗教中国化的路径创新研究	一般项目	杨　洋	马克思主义学院	20
20世纪美国诗歌中先锋画派影响研究	一般项目	朱丽田	外国语学院	20
儿童中文阅读分级标准体系研究	一般项目	袁曦临	图书馆	20
儒学建筑遗产的集群化保护管理与传承利用研究	一般项目	沈　旸	建筑学院	20
网络时代刑法解释理念与方法研究	青年项目	冀　洋	法学院	20
智能汽车产品质量安全法律治理研究	青年项目	杨　洁	法学院	20
马克思资本观的辩证特征及其当代意义研究	青年项目	翁寒冰	马克思主义学院	20
不列颠帝国贸易扩张时期苏格兰的角色分工研究(1603—1901)	青年项目	袁利宏	马克思主义学院	20
改革开放以来我国人民精神生活发展的历程与规律研究	后期资助	廖小琴	马克思主义学院	20
西方艺术史理论体系研究	一般项目	郁火星	艺术学院	18
数字化技术与昆曲艺术创新发展研究	一般项目	秦　璇	艺术学院	18
全球化视野下的江南地域文化景观设计策略研究	一般项目	曾　伟	艺术学院	18
社交退缩行为的发展规律、影响因素、适应结果及干预	一般项目	张光珍	学习中心	20
“双一流”建设的历史发展及其理论体系研究	一般项目	耿有权	高教所	20

（2）教育部人文社会科学研究项目及其他部级项目

课题名称	类别	负责人	单位	经费/万元
新产品开发环境下的多级供应链配置优化研究	青年基金	丁　溢	经管学院	8
“共建、共治、共享”观照下的中国特色高校治理格局研究	规划基金	张　胤	高教所	10
基于交通心理与行为的城市道路信号控制平面交叉口交通拥堵理论研究	规划基金	张国强	交通学院	10
21世纪人与自然生命共同体的生态拯救前沿探究	规划基金	刘　魁	马院	10
中国市场情境下整合审计发展的动因、特征及其经济后果研究	规划基金	涂建明	经管学院	10
习近平总书记关于构建人类命运共同体的重要论述研究	专项任务	游　博	人文学院	5
改革开放四十年我国社会大众伦理道德发展的精神哲学规律的调查研究	专项任务	樊和平	人文学院	2
习近平坚持以人民为中心的新思想研究	专项任务	郭广银	党委	2
新时代中国特色社会主义文化发展方略研究	专项任务	袁久红	马院	2
武内义雄老子研究的翻译与研究	后期资助	许建良	人文学院	10

（续　表）

课题名称	类别	负责人	单位	经费/万元
网络化产业集群的知识增长:面向知识转移、组织学习与知识创新过程的建模分析	后期资助	王文平	经管学院	10
农地“三权分置”权利构造:学说与规范	后期资助	单平基	法学院	10

（3）江苏省哲学社会科学基金项目

课题名称	类别	负责人	单位	经费/万元
智库专项项目	江苏省政府	樊和平	人文学院	200
东南大学“中国特色社会主义发展研究院”—智库(2018)	江苏省政府	袁久红	马克思主义学院	200
两周时期人形装饰研究	青年项目	李小旋	艺术学院	5
民国时期江苏艺术研究	一般项目	沈淑琦	艺术学院	5
中国高校英语学习者在线学习投入量表编制与干预机制研究	一般项目	陈峥嵘	外国语学院	5
“江苏文化符号”传播中的多模态话语分析与认知效果研究	一般项目	吴　婷	外国语学院	5
国家认同视角下内地高校少数民族学生语言教育政策与规划研究	一般项目	韩亚文	外国语学院	5
网络空间治理的“双维”刑事政策研究	一般项目	杨志琼	法学院	5
我国法官助理角色转型研究	青年项目	冯煜清	法学院	5
PPP 模式下公共工程强制招标法律边界研究	重点项目	张马林	法学院	8
江苏老旧小区环境综合整治机制创新研究	一般项目	李德智	土木学院	5
大数据背景下面向新产品开发的多级供应链配置优化研究	青年项目	丁　溢	经济管理学院	5
全面推进江苏省医联体建设的路径与对策研究	一般项目	吴燕平	中大医院	5
全省综合交通体系建设的存在问题、重点任务及思路举措	社科联重大项目及省社科基金项目	过秀成	交通学院	8
全省金融风险可能存在的问题、隐患及预防措施	社科联重大项目及省社科基金项目	张　颖	经济管理学院	8
习近平坚持以人民为中心的新思想研究	重点项目	郭广银	马克思主义学院	20
乡村振兴战略背景下农地“三权分置”法制改革研究	后期资助项目	单平基	法学院	5
数据信息可视化图像艺术	后期资助项目	张志贤	艺术学院	5
明清江苏的医疗生活	江苏省社会科学院文脉研究院	程国斌	人文学院	6
江苏推进开放型经济高质量发展的内涵和对策研究	基地项目	顾　欣	经济管理学院	5

(续　表)

课题名称	类别	负责人	单位	经费/万元
江苏制造业迈向中高端发展的对策研究	基地项目	管驰明	经济管理学院	5
双向开放与江苏外向型经济高质量发展研究	重大项目	邵　军	经济管理学院	20
中国古代江苏地域艺术类古籍伪作及托伪作品研究	重大项目	郭建平	艺术学院	20

(4) 江苏省软科学项目

课题名称	类别	负责人	单位	经费/万元
科技创新驱动江苏社会发展的路径与政策研究	重点项目	仲伟俊	经管学院	30

(5) 江苏省教育厅高校哲学社会科学研究基金项目

课题名称	类别	负责人	单位	经费/万元
新时代江苏电商平台发展研究	重大	张玉林	经济管理学院	12
民生目标实现的区域协调发展行政法律措施	重大	于立深	法学院	12
新时代我国人民美好生活需要的本质内涵和实现规律研究	重点	廖小琴	马克思主义学院	8
中国系统性金融风险多层网络传染机制研究	重点	李守伟	经济管理学院	8
社交媒体在资本市场的角色:来自上市公司战略性信息披露的证据	重点	吴　芃	经济管理学院	8
图像与文字的跨媒介叙事研究	重点	龙迪勇	艺术学院	8
江苏高校哲学社会科学年度研究报告	教育重点委托	胡汉辉	经济管理学院	8
“双融合型”高校学生党建工作模式的研究与探索	党建研究专项	陈　怡	交通学院	1
基于移动端的高校英语视听说数字化教材研究与开发	外语教学专项	毛彩凤	外国语学院	2
智慧环境下高校档案馆服务转型与创新研究	基金项目	江媛媛	档案馆	无
高校档案馆学生成绩翻译网上办理实证研究	基金项目	张魁	档案馆	无

(6) 其他厅局级项目

课题名称	类别	负责人	单位	经费/万元
新的社会阶层人士政治参与的现状及对策研究	南京市、县(区)	周路路	经济管理	2
基本建设廉政风险内控信息化平台建设研究	南京市、县(区)	周　林	基建处	1

（续　表）

课题名称	类别	负责人	单位	经费/万元
建设具有强大凝聚力和引领力的社会意识形态研究	南京市、县(区)	吴艾玲	外国语学院	10
南京强化城市老旧小区精细化治理研究	南京市、县(区)	李德智	土木学院	10
城市制度环境对独角兽企业商业模式创新的影响机理和南京赋能对策研究	中共南京市委宣传部	王　翔	经济管理学院	10
“互联网＋”与江苏实体经济整合发展研究	江苏省其他厅	徐盈之	经济管理学院	2
基本医疗保险与适度保障之探索研究	外市县(区)	张开金	公共卫生学院	5
艾滋病相关歧视与艾滋病临床指标的关联及影响机制研究	外市县(区)	杨　瑾	公共卫生学院	49.92
应用 mHealth 提高 HIV/AIDS 患者疾病自我管理和健康结局的可行性及有效性研究	外市县(区)	杨　瑾	公共卫生学院	6
区域自主创新能力提升路径研究——以南京市江宁区为例	南京江宁区哲学社会科学联合会	王茂祥	经济管理学院	4
基于防范金融风险的事中事后监管研究	南京市发展和改革委员会	唐　攀	经济管理学院	9.8
大数据时代公民数据	江苏省人民政府法制办公室	魏文杰	法学院	0.3
江苏企业家人才创新能力研究	江苏人才发展战略研究院	周路路	经济管理学院	2.5
长三角世界级城市群建设中高端生产要素市场一体化机理与推进策略研究	上海市人民政府发展研究中心	邱　斌	经济管理学院	5
江宁文化研究	中共南京市江宁区委宣传部	王廷信	艺术学院	30
促进江苏科技成果转化的人才评价与激励机制研究	南京理工大学	葛沪飞	经济管理学院	2
全省不良或严重不良行为青少年教育矫治(管护帮教)工作研究	中国共产主义青年团江苏省委员会	李　川	法学院	5
司法共建型法学创新教育模式研究	江苏省东海县人民检察院	李　川	法学院	3
科技创新驱动江苏高质量发展研究	江苏省其他厅	徐盈之	经济管理学院	3.3
舞蹈《送·别离》	南京市、县(区)	曹菲菲	团委	5
江苏省基层政务公开标准化规范化研究	江苏省其他厅	刘启川	法学院	2.5
破解教育领域结构性缺编难题研究	江苏省其他厅	周路路	经济管理学院	1.5
新时代设区的市地方立法研究	其他	孟鸿志	法学院	
推动江苏高质量发展的财税金融政策协同性研究	外市县(区)	葛沪飞	经济管理学院	1.5
产业政策协同支持江苏制造业高质量发展研究	外市县(区)	李　敏	经济管理学院	1.5
苏州加快推进高质量发展的内涵、目标与路径研究	外市县(区)	冯　伟	经济管理学院	30

(7) 横向项目

课题名称	类别	负责人	单位	经费/万元
基于产学研合作的企业技术创新诊断与产业发展咨询及其知识产权战略规划研究	委托项目	胡朝阳	法学院	15
淮安区精准扶贫的模式与实践研究	委托项目	周　勤	经济管理学院	10
济宁市城区停车政策研究及设施布局规划	委托项目	顾大松	法学院	25
江苏交通控股有限公司心灵护航建设	委托项目	马向真	人文学院	2
江宁区江宁街道新市镇建设 PPP 项目咨询合同	委托项目	高　歌	法学院	6
苏州古城区拥堵收费技术方案法律法规适应性研究	委托项目	顾大松	法学院	10
江苏省高校图书馆专利信息传播与利用基地培育	委托项目	李爱国	图书馆	5
江北新区城市创新空间与空间创新研究	委托项目	王兴平	建筑学院	30
国际海洋环境法律制度的发展及主要问题研究	委托项目	刘明全	法学院	4.5
电力行业安全生产法律风险防控研究	委托项目	欧运祥	法学院	20
儿童生长发育状况及营养补充需求调查研究	委托项目	张晶晶	人文学院	50
南京市玄武设计产业发展规划	委托项目	王　翔	经济管理学院	8
企业项目融资方式与风险管理研究	委托项目	何建敏	经济管理学院	30
“中国河津国际民间文化艺术节”规划设计	委托项目	王廷信	艺术学院	18
物业管理规范总成	委托项目	黄　喆	法学院	3
基于深度学习的智能量刑建议系统研究	委托项目	王禄生	法学院	4.5
锂电池行业现状及发展趋势分析	委托项目	何建敏	经济管理学院	5
多语种需求调研	委托项目	汤顶华	外国语学院	17
互联网金融信用风险管理体系研究	委托项目	何建敏	经济管理学院	50
提升南京城市精细化管理水平　打造全国一流的精品城市	委托项目	许苏明	马克思主义学院	8
医药知识产权的协同治理问题研究	委托项目	熊樟林	法学院	5
基于大数据分析的药品仿制法律风险研究	委托项目	徐珉川	法学院	5
医药知识产权刑事法律问题研究	委托项目	刘建利	法学院	5
医药产业新政策实施中法律风险及应对——以泰州医药高新区产业发展为视角	委托项目	刘明全	法学院	5
基于深度学习的智能量刑建议系统研究	委托项目	王禄生	法学院	4.5
长三角世界级城市群建设中高端生产要素市场一体化机理与推进策略研究	委托项目	邱　斌	经济管理学院	5
“上海吴淞国际艺术发展研究院”课题《艺术医疗中心方案设计》(子课题)	委托项目	邓旭阳	学生处	1

（续　表）

课题名称	类别	负责人	单位	经费/万元
以社会主义核心价值观为引领的“马克思主义基本原理”在线开放课程资源库建设	委托项目	叶海涛	马克思主义学院	5
高淳区检察队伍综合素质能力提升研究	委托项目	袁久红	马克思主义学院	6
南京市装配式建筑产业化人才现状调研及政策建议	委托项目	宁　延	土木工程学院	6
聘请税收经济分析专家团队	委托项目	浦正宁	经济管理学院	34
凤阳县2018年美丽乡村建设项目殷涧镇吴窑中心村、毕咀中心村及古塘中心村建设规划	委托项目	徐习文	艺术学院	27.8
国网徐州供电公司“徐州市创新奖”项目实施及申报	委托项目	冯　伟	经济管理学院	19.6
徐州供电公司应对系统内外新形势行动规划研究项目	委托项目	冯　伟	经济管理学院	26.5
徐州淮海经济区中心城市建设对徐州及徐州供电公司发展的影响研究	委托项目	冯　伟	经济管理学院	26.5
压力对于决策行为的影响的头发中皮质醇的定量检测	委托项目	邓慧华	生物科学与医学工程学院	2.43

4. 2018年人文社会科学获奖成果

（1）江苏省第十五届哲学社会科学优秀成果奖名单

序号	成果名称	成果形式	获奖等级	作者	所在单位
1	中国伦理道德报告	著作	一等奖	樊和平	人文学院
2	网络时代言论自由的刑法边界	论文	一等奖	刘艳红	法学院
3	政府会计概念框架论	著作	一等奖	陈志斌	经济管理学院
4	从历史进程看中国道路的独特性	论文	二等奖	袁久红、郭广银、陈硕	马克思主义学院
5	洛文塔尔文学传播理论研究	著作	二等奖	甘锋	艺术学院
6	中国艺术海外传播的国家战略与理论研究	论文	二等奖	王廷信	艺术学院
7	中国艺术史学理论与研究方法	著作	二等奖	李倍雷、赫云	艺术学院
8	艺术的自我整合——从艺术跨界作品表现形式论艺术创意的建构逻辑	论文	二等奖	徐子涵	艺术学院

(续　表)

序号	成果名称	成果形式	获奖等级	作者	所在单位
9	具体的打击错误:从故意认定到故意归责	论文	二等奖	欧阳本祺	法学院
10	重大行政决策概念证伪及其补正	论文	二等奖	熊樟林	法学院
11	异质性出口固定成本、生产率与企业出口决策	论文	二等奖	邱斌、阎志俊(南京大学)	经济管理学院
12	远与近:远程医疗服务模式创新	著作	二等奖	赵林度	经济管理学院
13	流动性与金融系统稳定:传导机制及其监控研究	著作	二等奖	刘晓星	经济管理学院
14	尼采与现代道德哲学	著作	三等奖	范志均	人文学院
15	段玉裁年谱长编	著作	三等奖	王华宝	人文学院
16	明清小说戏曲插图研究	著作	三等奖	乔光辉	人文学院
17	数据素养研究:源起,现状与展望	论文	三等奖	孟祥保、常娥、叶兰(深圳大学)	图书馆
18	当代中国社会心态与道德生活状况研究报告	著作	三等奖	马向真	人文学院
19	房价、迁移摩擦与中国城市的规模分布——理论模型与结构式估计	论文	三等奖	刘修岩、李松林	经济管理学院
20	家族企业治理模式的分类比较与演进规律	论文	三等奖	吕鸿江、吴亮(东南大学)、周应堂(南京农业大学)	经济管理学院
21	Hybrid Strategies, Dysfunctional Competition, and New Venture Performance in Transition Economies(转型经济下混合战略、不良竞争与新企业绩效关系研究)	论文	三等奖	杜运周、Phillip H. Kim(Babson College)、Howard E. Aldrich(University of North Carolina-Chapel Hill)	经济管理学院
22	科技创新驱动江苏省经济增长研究	研究报告	三等奖	徐盈之、朱春晓(江苏省统计局)、岳书敬(东南大学)、郭进(东南大学)、王书斌(东南大学)、赵永平(东南大学)、高嘉颖(中国建设银行)、杨英超(东南大学)	经济管理学院

（续　表）

序号	成果名称	成果形式	获奖等级	作者	所在单位
23	中国丝绸之路上的墓室壁画（7卷本）	普及成果	三等奖	汪小洋、姚义斌（南京航空航天大学）、赵晓寰（悉尼大学）、王诗晓（东南大学）、吴思佳（兰州理工大学）、邓新航（东南大学）、包艳（兰州理工大学）、张骋杰（东南大学）、史亦真（东南大学）、刘刚（兰州理工大学）、段少华（东南大学）、郭振文（华侨大学）、金源（江苏经贸职业技术学院）	艺术学院

（2）第十届江苏省教育教学与研究成果奖名单（研究类）（高校哲学社会科学研究类）

序号	成果名称	奖项类型	奖项级别	作者	所在单位
1	公路资产核算与报告规则研究	著作	二等奖	陈志斌、周曙光、朱迪、汪艳、韩静	经济管理学院
2	所有权性质、盈余管理与企业财务困境	著作	二等奖	吴芃	经济管理学院
3	学科的迷思	著作	二等奖	袁曦临	图书馆
4	道教医世思想溯源	著作	二等奖	杨洋	马克思主义学院
5	我国水权取得之优先位序规则的立法建构	论文	三等奖	单平基	法学院
6	渐显的光芒：中国融资租赁发展理论基础与实践创新	论文	三等奖	张颖	经济管理学院
7	美国文学中的清教伦理思想	著作	三等奖	胡永辉	外国语学院

（3）2018年江苏省教育教学与研究成果奖名单（研究类）（教育研究类）

序号	成果名称	奖项类型	奖项级别	作者	所在单位
1	基于层次分析法的高校探究式课堂教学评价指标体系构建	著作	一等奖	邱文教、赵光、雷威	教务处
2	高校教师终身可持续发展支持体系研究	论文	二等奖	张胤、武丽民	高教所
3	全媒体背景下研究生思想政治教育“三位一体”模式	论文	三等奖	李朝静、奚社新、叶菁	校长办公室

本 科 教 育

综　述

2018 年是我校全面提升人才培养质量、大力加强师资队伍建设并持续深化综合改革的重要一年，是加快推进“双一流”建设、努力实现内涵式发展的奋进之年。在学校党政的正确领导下，经与兄弟部门及院系的共同努力，教务处在教育思想大讨论、教学成果、教育教学内涵建设等方面取得了不俗的成绩。

一、教学研究工作

强化内涵建设，人才培养质量显著提升。以“深化教育综合改革，培养一流创新人才”为主题，围绕着一流的教育理念、一流的办学定位、一流的培养目标、一流的培养模式、一流的改革路径、一流的保障体系等核心问题，在全校范围内开展了为期 2 个多月的教育思想大讨论。通过师生员工百余场全方位、多角度的深入研讨，凝聚了新理念、新思想、新方案，达成了培养领军人才的新共识，出台了《东南大学 2020 一流本科教育行动计划》，明确了五大改革任务和重点教改工作二十条，按照“思想引领、知识传授、能力提升”育人新格局，以强化内涵建设为根本，以重构知识体系为重心，以深化模式改革为推力，以完善体制机制为保障，为加快推进“双一流”建设、开创一流人才培养新格局奠定了坚实的基础。

坚持立德树人。以习近平新时代中国特色社会主义思想和党的十九大精神为指导，全面贯彻落实全国教育大会精神和新时代全国高等学校本科教育工作会议精神，举行“学习新思想千万师生同上一堂课”东南大学专场活动，实现了师生全覆盖。为充分发挥通识课程与专业课程的育人功能，深入挖掘课程的德育内涵和元素，立项建设了“课程思政”校级示范建设课程 22 门。

本科教育教学改革成果显著。获 2018 年高等教育国家级教学成果奖一等奖 2 项、二等奖 7 项(公示已结束)，获奖总数并列全国第三，一等奖总数并列全国第二。

稳步推进本科教育内涵建设。成功获批“网络空间安全”新专业，并于 2018 年正式

招生；申报设立“人工智能”“生物科学”“艺术史论”三个新专业；建筑学等三个专业接受了教育部专业评估（认证）进校考查。41 门在线开放课程在“爱课程——中国大学MOOC”平台上线，2 门获 2017 年国家精品在线开放课程荣誉称号，9 门获 2018 年国家精品在线开放课程荣誉称号（已公示）；4 个课程群、19 门课程（合计 36 门课程）获 2018 年校级在线开放课程（群）立项建设；33 门课程获批校级第五批通选课程建设立项（其中重点项目 9 项，一般项目 24 项）。14 部教材获批 2018 年江苏省重点教材立项（公示中）；44 种教材获 2018 年校级规划教材建设立项。积极支持与无锡地方政府合作办学，进一步推进无锡分校人才培养模式改革。为构建本研一体化人才培养体系，持续提升学生创新研究能力，本研一体化管理新系统正在有序推进。

师资队伍建设成效显著。50 人次入选 2018—2022 年新一届教育部教指委成员，其中主任委员 3 人次、副主任委员 10 人次、秘书长 5 人次、委员 32 人次，入选人次数位居全国第 18 位；宋爱国教授通过“2018 年国家万人计划教学名师”初评（公示已结束）；陈建龙教授获宝钢优秀教师特等奖提名奖，周雨青、张彤、叶海涛三位教师获宝钢优秀教师奖。

二、实践教育教学工作

大学生学科竞赛成绩斐然。2018 年共 7 000 余人次获得各级各类大学生学科竞赛项目奖励，其中包括 2018 年美国大学生数学建模竞赛一等奖、ASC18 世界大学生超级计算机竞赛国际级一等奖、第五届全国大学生基础医学创新论坛暨实验设计大赛一等奖、第十一届全国大学生节能减排社会实践与科技竞赛一等奖、第八届“北斗杯”全国青少年科技创新大赛一等奖、第十二届“恩智浦”杯大学生智能汽车竞赛一等奖、2018 年（第 11 届）中国大学生计算机设计大赛一等奖等。东南大学大学生竞赛排行榜位居全国高校第六。

创新创业实践活动蓬勃开展。2018 年大学生 SRTP 项目立项 1 814 项，参与学生 6 000 余人次。5 件作品入选 2018 年全国大学生创新创业成果展示年会，入选数量位居全国高校前列，其中 1 件作品获最佳创意奖。在中国首届高等教育博览会中，我校 4 个项目入选，斩获金奖 1 项，银奖 3 项。在第四届江苏省“互联网＋”大学生创新创业大赛中，东南大学获得最高奖 4 项，决赛四强占据 2 席，最终获国赛银奖 2 项、铜奖 2 项。

课外研学活动丰富多彩。2018 年共邀请校内外知名学者为本科生举办课外研学讲座 50 余场，讲座包括工学、理学、文学、医学等，参加学生超过 6 000 人次。上半年举办了东南大学第八届大学生学术报告会，大会提交论文 218 篇，其中 78 篇获评优秀论文，下半年举办东南大学 2018 年大学生创新创业成果展，500 余件作品参加展出，江苏省 90 余所高校观摩展会。

毕业设计质量江苏领先。2018 年推出了毕设质量全过程闭环管理措施，加强了校内抽检及校际互评，高质量完成了 2018 届学生毕设工作，江苏省优秀论文获奖数量位列全省第一。

本科国际化培养力度加强。2018 年协助完成与近 30 所国外高水平大学合作协议的

签署。共选派 548 名本科生赴美国加州伯克利分校、伦敦大学学院、加州圣芭芭拉分校等一流大学参加学期交流学习、本硕联合培养，以及寒暑期课程学习、科研实习或国际竞赛。174 名学生获得各类出国交流学习资助，包括国家公派留学基金委奖学金、江苏省境外奖学金和校级资助等；组织选拔出国交流项目 60 余个，共组织各类宣讲会、答疑会、行前培训会等 80 余场，印发《东南大学本科生国际交流项目介绍》及《东南大学本科生国际交流常见问题汇编》。邀请 80 名外教为本科生开设课程和讲座，吸纳其先进的教学理念和方法。选派 4 名优秀教师赴田纳西进行为期一学期的授课培训和助教工作，进一步加强教师国际化教育与培训，提高教师国际化教学水平。

三、教务运行工作

学籍管理高效无误，学务工作公开公正。办理学籍异动 2 745 人次，在读证明约 9 000 份，成绩单、证书复印件等盖章约 28 000 份，证明书、证件等补办约 140 份。制作 2018 级新生学生证 3 632 套，购置 30 套火车优惠卡充值机发至各学院，方便各学院给学生提供优惠卡充值服务，同时共完成在校生约 12 292 人火车优惠卡充值。完成 2018 届学生毕业资格审核 4 027 人，2018 年学士学位资格审核 4 656 人，制作与发放毕业证书 3 979 本，学位证书 4 656 本。完成 2018 级新生学籍电子注册 3 939 人，2018—2019 学年在校生电子注册 12 292 人。毕业或结业电子注册 4 002 人，学士学位电子注册 4 556 人。规范实施本科生 861 人转专业工作，录取 319 人。按程序完成本科生 1 730 人按专业类招生分专业培养的专业类分流工作。本学年留级、退学人数均减少，留级 186 人，退学 69 人。“公正、公平、公开”地实施 2019 届推免生的各项工作，推荐 797 人。完成 2018 年度学习优秀生的审核与选拔工作，推荐 400 人。

运行工作规范有序，新旧系统平稳过渡。科学完成 3 200 门、7 200 余门次的课表编排工作；16 000 余位本科生超过 200 000 次总量的选课平稳有序。全学年安排各类重修课程 12 914 人次左右，重修门次 1 258 门。安排补考 762 门、6 750 人次；安排高等数学、大学物理、大学英语的期中考试、军事理论结课考试，考试总人次超过 14 000 人次。顺利完成 114 485 人次、2 812 个考场的期末考试。完成 15 719 位学生参加的 2018 年全国四、六级外语考试，总考场数 532 个，无一差错。规范通识类选修课、研讨课管理，新引进 6 门创业类 MOOC 供学生学习。对民族特招生、体育特长生单独编班，积极了解预科生学习需求，确保对这几类学生的教学工作顺利展开。开展期中教学检查，调查院系教学工作基本状况，广泛收集学院对教务处工作的意见和建议。新教务管理系统正式上线，2018 级学生的排课、选课及考试管理在新系统中完成，培养方案和教学任务实现贯通，教学进程和教学安排更加严谨。

宣传解读工作到位，主动服务意识不断提高。修订、编制与发放 2018 级新生学习指南、问题简答、办理流程、学习辅导简介等约 4 000 套(共 16 000 份)，并上网上墙公布相关工作信息表和教学运行计划表。修订、编制与发放本科生赴国外交流学习管理手册约 4 000 份。发布《教务与学籍运行简报》8 期。召开学生座谈会、吴健雄学院学生个性化管理研讨、毕业生离校系统协调、新系统学籍管理研讨等专题研讨会约 40 场。

学业辅导与学习预警同进行，工作成效显著。组织与安排各学院进行开学后学期初、中、末学生学业预警审核，走访机械学院等 22 个学院，参加学院、学生及部分家长座谈会，解读相关政策及解答相关问题，检查和督促各学院填写相关表格并帮助学生制订学习计划及指导学生选课。招募课程辅导优秀学生约 546 名，开展通识基础类课程一对一辅导。招募优秀志愿者 64 名，开展课程学习、学业规划等答疑咨询活动；聘请优秀教师，组织安排通识基础类课程学习辅导讲座 12 场。

交流生工作规范有序进行。完成 20 个批次，涉及国(境)外 120 所高校的交流学习项目的报名和审核工作，共推荐 180 人次赴国(境)外高校交流学习并签署协议；完成 110 名交流学习期满回校学生的学分认定与课程成绩转换工作。完成 101 名校外学生赴我校交流学习的审核和接收以及 100 名学生办理离校、出具成绩单和交流学习证明等工作。

四、文化素质教育工作

开设高质量人文课程，拓宽学生视野。本学期文化素质教育中心和吴健雄学院、团委合作，邀请历史学家李工真等数十位校内外优势学科领域著名专家学者推出“科技前沿中的东大”“大学的现代化”“大学之道”3 门高端精品文化素质教育课程作为东南大学第十九届精品人文选修课，和东大学子分享研究心得、探讨科学精神，激发学生学习热情、提升人文素质。

举办诗歌专场报告会，感受生活之美。教务处文化素质教育中心作为 2018 年东南大学首届诗歌节的协办单位，开设诗歌系列专场报告会，有幸邀请了罗振宇、赵勇、陈仲义、刘勇、张海鸥、吴思敬、吕进七位诗歌名家围绕诗歌创作、诗歌赏析等内容进行了题为“诗酒趁年华”“在云端舞蹈”“心灵的自由与诗的发现”等七场诗歌讲座，由古及今、内外兼收，让广大师生在工作学习之余寻回久违的诗意。

组织文化分享活动，体味人生百态。邀请知名青春文学作家、编剧饶雪漫来我校举行“蜕变的青春”全国高校分享会活动，倾听年轻听众的心声，分享书内外的人生经历和成长感悟，探讨成长中关于家庭、友情、未来与爱的真谛，场面火爆，深受同学们的欢迎。同物理学院、东南大学孝慈社合办“不到园林，怎知春色如许”昆曲闺门旦表演艺术名家讲堂活动，邀请著名昆曲表演艺术家孔爱萍以讲座的形式向学生推广昆曲艺术，让广大师生在欣赏现场精彩表演和互动的同时，感受传统艺术的独特魅力和深厚底蕴。

本科专业设置一览表

序号	院系	专业代码	专业名称	修业年限	学位授予门类
1	建筑学院	082801	建筑学	五年	建筑学
2		082802	城乡规划	五年	工学
3		082803	风景园林	五年	工学
4	机械工程学院	080201	机械工程	四年	工学
5		120701	工业工程	四年	工学
6	能源与环境学院	080501	能源与动力工程	四年	工学
7		081002	建筑环境与能源应用工程	四年	工学
8		082502	环境工程	四年	工学
9		082201	核工程与核技术	四年	工学
10	信息科学与工程学院	080706	信息工程	四年	工学
12	土木工程学院	081001	土木工程	四年	工学
13		120103	工程管理	四年	工学
14		080102	工程力学	四年	工学
15		081003	给排水科学与工程	四年	工学
16	电子科学与工程学院	080702	电子科学与技术	四年	工学
17		080905	物联网工程	四年	工学
20	数学学院	070101	数学与应用数学	四年	理学
21		070102	信息与计算科学	四年	理学
22		071201	统计学	四年	理学
23	自动化学院	080801	自动化	四年	工学
24		080803T	机器人工程	四年	工学
25	计算机科学与工程学院	080901	计算机科学与技术	四年	工学
26		080902	软件工程	四年	工学
27	物理学院	070201	物理学	四年	理学
28		070202	应用物理学	四年	理学
30	生物科学与医学工程学院	082601	生物医学工程	四年	工学
31		082601	生物医学工程	七年	工学
32		071003	生物信息学	四年	工学

（续　表）

序号	院系	专业代码	专业名称	修业年限	学位授予门类
33	材料科学与工程学院	080401	材料科学与工程	四年	工学
34	人文学院	030201	政治学与行政学	四年	法学
35		120901K	旅游管理	四年	管理学
36		030301	社会学	四年	法学
37		050101	汉语言文学	四年	文学
38		010101	哲学	四年	哲学
39	经济管理学院	120201K	工商管理	四年	管理学
40		020401	国际经济与贸易	四年	经济学
41		120102	信息管理与信息系统	四年	管理学
42		120203K	会计学	四年	管理学
43		020301K	金融学	四年	经济学
44		020101	经济学	四年	经济学
45		120801	电子商务	四年	管理学
46		120601	物流管理	四年	管理学
47		020302	金融工程	四年	经济学
48	电气工程学院	080601	电气工程及其自动化	四年	工学
49	外国语学院	050201	英语	四年	文学
50		050207	日语	四年	文学
51	化学化工学院	081301	化学工程与工艺	四年	工学
52		081302	制药工程	四年	工学
53		070301	化学	四年	理学
54	交通学院	081802	交通工程	四年	工学
55		081801	交通运输	四年	工学
56		081201	测绘工程	四年	工学
57		081103	港口航道与海岸工程	四年	工学
58		070504	地理信息科学	四年	理学
59		081005T	城市地下空间工程	四年	工学
60		081006T	道路桥梁与渡河工程	四年	工学
61	仪器科学与工程学院	080301	测控技术与仪器	四年	工学

(续 表)

序号	院系	专业代码	专业名称	修业年限	学位授予门类
62	艺术学院	130310	动画	四年	艺术学
63		130401	美术学	四年	艺术学
66		130504	产品设计	四年	艺术学
68	法学院	030101K	法学	四年	法学
70	医学院	100201K	临床医学	五年	医学
71		100201K	临床医学	5+3一体化	医学
72		100203TK	医学影像学	五年	医学
74		101001	医学检验技术	四年	理学
75		083001	生物工程	四年	工学
76	公共卫生学院	100401K	预防医学	五年	医学
77		120403	劳动与社会保障	四年	管理学
78	网络空间安全学院	080911TK	网络空间安全	四年	工学

2018年获江苏省重点教材立项建设项目

新编教材：

序号	院系	申报教材名称	主编姓名	备注
1	建筑	装配式建筑设计理论与方法	张 宏	
2	信息	数字水印与信息隐藏	张毅锋	
3	电子	电子器件与系统可靠性理论基础与应用	樊鹤红	品牌专业
4	物理	大学物理(核心知识)	周雨青 刘 甦 董 科 彭 毅 侯吉旋	
5	生医	生物医学工程中的物理化学	顾忠泽 徐 华 朱 存 杜 鑫	品牌专业
6	经管	创新生态学	赵林度	创新创业

（续　表）

序号	院系	申报教材名称	主编姓名	备注
7	交通	交通流理论及应用	王　昊 金诚杰	品牌专业
8	仪科	捷联式惯性导航系统初始对准理论与方法	刘锡祥 程向红	品牌专业
9	公卫	公共卫生应急技能实训教程	金　辉 朱凤才 谭兆营	

修订教材：

序号	院系	申报教材名称	主编姓名	备注
1	建筑	建筑设计基础	张　嵩 史永高	品牌专业
2	机械	创新思维的培养与实践	张志胜	
3	能环	工程流体力学(第二版)	归柯庭	
4	信息	《电路与电子线路基础》电子线路部分(第二版)	王志功 徐　建 赵鑫泰	品牌专业
5	土木	土力学	童小东 黎　冰	
6	土木	土木工程施工(第 2 版)	郭正兴	品牌专业
7	电气	可再生能源发电技术	程　明 张建忠 王念春	
8	化工	高分子化学与物理实验	郭玲香 宁春花	
9	医学院	疫苗工程学(第 2 版)	窦　骏	
10	医学院	乳腺比较影像诊断学	刘万花	品牌专业

2018 年东南大学在线开放课程立项建设名单

序号	学　　院	课程名称	课　程 负责人
1	建筑学院	建筑技术发展史	张　宏
2	建筑学院	城乡规划概论	阳建强
3	机械工程学院	制造系统建模与仿真	杨俊宇

（续　表）

序号	学　院	课程名称	课　程 负责人
4	土木工程学院	工程合同管理	李启明
5	土木工程学院	土木工程现场施工技术	朱明亮
6	土木工程学院	工程结构设计原理	吴　京
7	土木工程学院	地下结构工程	穆保岗
8	土木工程学院	BIM 技术理论与应用	徐　照
9	土木工程学院	轻轨与地铁工程	惠　卓
10	土木工程学院	结构体系创新与实践	陆金钰
11	经济管理学院	创新创业与管理基础	胡汉辉
12	外国语学院	基础英语	胡永辉
13	仪器科学与工程学院	智能仪器设计技术	吴　峻
14	仪器科学与工程学院	信息通信网络概论	陈熙源
15	法学院	医事与法律的对话	刘建利
16	公共卫生学院	合理膳食与食品安全	孙桂菊
17	公共卫生学院	现代公共卫生导论	金　辉
18	医学院	病理形态实验学(基础篇)	陈平圣
19	电工电子实验中心	模拟电子电路实验	堵国樑

2018 年医学教学基地名单

附属医院：

1. 中大医院
2. 徐州市第四人民医院
3. 扬州市第一人民医院
4. 蚌埠市第一人民医院
5. 江北人民医院
6. 蚌埠市第三人民医院
7. 南京市第二医院
8. 马鞍山市人民医院
9. 江阴市人民医院

10. 盐城市第三人民医院
11. 南京同仁医院
12. 南京市胸科医院
13. 东部战区总医院

教学医院：

1. 北京铁路总医院
2. 天津铁路中心医院
3. 济南铁路中心医院
4. 郑州铁路中心医院
5. 宜兴市人民医院
6. 广州铁路中心医院
7. 上海崇明区中心医院
8. 南京市第一医院
9. 南京鼓楼医院
10. 徐州铁路医院
11. 南京铁路分局中心医院
12. 常州市金坛区人民医院
13. 泰州市姜堰区人民医院
14. 丹阳市人民医院
15. 扬州市江都区人民医院
16. 宿迁市人民医院
17. 新沂市人民医院
18. 无锡市第二人民医院
19. 靖江市人民医院
20. 苏北人民医院
21. 淄博铁路医院
22. 南京市胸科医院
23. 成都铁路中心医院
24. 武汉铁路中心医院
25. 柳州铁路中心医院
26. 西安铁路中心医院
27. 蚌埠铁路中心医院
28. 南京市江宁区人民医院
29. 镇江市解放军三五九医院
30. 淮安市解放军八二医院
31. 连云港市人民医院
32. 常州戚墅堰车辆厂职工医院

33. 南京市浦口区人民医院
34. 南京市六合区人民医院
35. 南京明基医院
36. 响水县人民医院
37. 南京市中心医院

教学防疫站:

1. 江苏省卫生防疫站
2. 南京市卫生防疫站
3. 南京铁路卫生防疫站
4. 北京铁路中心卫生防疫站
5. 沈阳铁路中心卫生防疫站
6. 齐齐哈尔铁路中心卫生防疫站
7. 郑州铁路中心卫生防疫站
8. 济南铁路中心卫生防疫站
9. 广州铁路中心卫生防疫站
10. 上海铁路中心卫生防疫站
11. 成都铁路中心卫生防疫站
12. 福州铁路中心卫生防疫站
13. 丹阳市卫生防疫站
14. 嘉兴市第二医院
15. 徐州市彭城社区卫生服务中心
16. 南京市模范西路社区卫生服务中心
17. 南京市虹桥社区卫生服务中心
18. 南京市小市社区卫生服务中心
19. 南京市中华路社区卫生服务中心
20. 西藏自治区拉萨市疾病预防控制中心
21. 常熟市疾病预防控制中心
22. 苏州吴江区疾病预防控制中心
23. 乌鲁木齐市疾病预防控制中心

健康教育基地:

1. 江苏省盱眙中学

2018 年国家级大学生创新创业训练计划项目立项信息一览表

项目编号	项目名称	负责人	指导老师	项目所属院系
201810286001	基于节能要求的住宅外界面现状调研与整合设计研究——以南京为例	张学荣 01115307	郭药 周欣	建筑学院
201810286002	基于 eCognition 遥感影像解析的风景园林空间密度量化研究	杨宇欣 01515102	李哲	建筑学院
201810286003	基于 Robomaster 机器人大赛的挂载式自主移动射击的哨兵机器人的研制	马浩瀚 02016422	田梦倩	机械工程学院
201810286004	基于麦克纳姆轮移动平台的单纵臂独立悬架	刘伟刚 02016311	夏丹	机械工程学院
201810286005	纯电动方程式四电机轮边系统结构设计	吴荣承 02015528	周芝庭	机械工程学院
201810286006	基于 Robomaster 比赛的发射云台的优化	杨博侃 02017614	许飞云	机械工程学院
201810286007	多出口复合式直线振动传输系统设计研究	杨玉昆 02015224	韩良	机械工程学院
201810286008	纳米氧化锌胁迫下的污水生物脱氮系统氮氧化物释放规律与调控研究	阎春晖 03215709	余冉	能源与环境学院
201810286009	九龙湖校区护校河污染调查及水环境改善策略研究	赵政坤 03216731	吴义锋	能源与环境学院
201810286010	基于气态碳源介入的木质素热重构组装碳纳米材料	孙宇婷 03016205	沈德魁	能源与环境学院
201810286011	ZnO 柔性可编织结构的制备及应用研究	丁冠群 03316523	徐春祥	能源与环境学院
201810286012	耐高温储热混凝土棒充放热性能研究与优化	刘若溪 03116603	匡荛	能源与环境学院
201810286013	环境友好型燃料电池关键材料的制备与研究	张崇辉 03016327	杨帆	能源与环境学院
201810286014	太阳能净化水技术开发研究	陈浩 03016330	苏中元	能源与环境学院
201810286015	基于二维码和机器视觉的激光通信瞄准跟踪系统	吴佳其 04016642	张在琛	信息科学与工程学院
201810286016	基于概率网络的复杂系统实现研究	方崇舟 04016320	张川	信息科学与工程学院
201810286017	基于 PocketLab 的元器件参数测试仪	李颖 04016208	孟桥	信息科学与工程学院
201810286018	基于逆向工程和自动化测试的安卓 APP 安全性评估系统	裘文成 04016613	宋宇波	信息科学与工程学院
201810286019	高频段 MIMO 系统的信道估计方法研究	张泽生 04016442	戚晨皓	信息科学与工程学院

（续　表）

项目编号	项目名称	负责人	指导老师	项目所属院系
201810286020	竖筒悬挂高层结构的折叠展开快速施工技术及其模型实现研究	刘禾玥 05115627	陆金钰	土木工程学院
201810286021	预制地下综合管廊叠合面防水试验研究	宋俊霖 05116113	田龙岗	土木工程学院
201810286022	一带一路基础设施建设风险治理研究	贺佳欣 05215209	邓小鹏	土木工程学院
201810286023	短连续长度的预应力不锈钢拉索栏杆	支新航 05116617	吴　京	土木工程学院
201810286024	粘弹性装配式减震器与节点的理论及试验研究	张　一 05116308	黄兴淮	土木工程学院
201810286025	微生物灌浆技术在加固砂土地基中的应用	高　飞 05116611	邓温妮	土木工程学院
201810286026	基于 BIM 技术的编码方法研究与装配式建筑构件库设计	楼智博 05216114	徐　照	土木工程学院
201810286027	基于转动铰的可变结构体系运动分析及应用初探	梁艺恒 05116524	陈　耀	土木工程学院
201810286028	索杆全张力景观桥梁结构体系开发、力学性能及模型实现研究	邓玉琳 05116104	陆金钰	土木工程学院
201810286029	自适应微型智能节水减压装置及一体化开发	陈　旭 05515114	刘　燚	土木工程学院
201810286030	光滑颗粒材料的临界状态	施子骏 05115401	李　霞	土木工程学院
201810286031	基于机器学习的钢筋混凝土结构计算与评估	刘振韬 05116403	冯德成	土木工程学院
201810286032	基于过约束机构原理与折纸理念的开合屋盖体系开发及模型实现研究	黄　哲 05116213	胡碧琳	土木工程学院
201810286033	基于 FPGA 面向应用的二值化卷积神经网络的电路设计	李盛杰 06A16538	张　萌	电子科学与工程学院
201810286034	基于 RF MEMS 柔性器件弯曲特性的仿真设计与实验研究	吴虹剑 06A16522	韩　磊	电子科学与工程学院
201810286035	基于图像处理的司机驾驶行为测评系统	曾一鸣 06A16308	吴　俊	电子科学与工程学院
201810286036	薄膜压电系数的测试方法研究	张滕远 06A15219	周再发	电子科学与工程学院
201810286037	表面等离激元异质结构中的光电转换效应的微观研究	周辰辉 06015333	赵　宁	电子科学与工程学院
201810286038	相场模型的格子 Boltzmann 的建模与仿真	陈　军 07316126	杜　睿	数学学院
201810286039	反常扩散问题的分数阶微分方程建模及数值求解	杨伊凡 07216110	曹婉容	数学学院
201810286040	多飞行器系统编队控制	钱　成 07316130	虞文武	数学学院

（续　表）

项目编号	项目名称	负责人	指导老师	项目所属院系
201810286041	多导弹智能协同攻击核心理论研究	尤江城 07116114	付俊杰 温广辉	数学学院
201810286042	基于大数据智能算法的交通客流预测系统	徐雨嫣 07116107	赵　璇 曹进德	数学学院
201810286043	基于 Jetson TX2 平台的智能分拣机器人	张　伟 08015116	夏思宇 周　波	自动化学院
201810286044	基于视频的二自由度移动目标自动跟踪云台	施　殊 08116119	金立左	自动化学院
201810286045	微网潮流计算优化	许义程 08016322	陈杨杨	自动化学院
201810286046	基于深度学习与人脸识别的监控报警系统	冯若愚 08016128	夏思宇	自动化学院
201810286047	手机 3D 成像	王凡周 08016101	王辰星	自动化学院
201810286048	双手识别追踪系统	杨祺锴 08016130	王雁刚	自动化学院
201810286049	基于网络嵌入的时序社交网络链接预测研究	孟　越 71Y15102	汪　鹏	计算机与软件学院
201810286050	医患纠纷中的法律要素交互式提取	周之恺 71115232	张柏礼	计算机与软件学院
201810286051	运载火箭问答系统升级计划	刘　骁 71116111	漆桂林	计算机与软件学院
201810286052	基于隐性标识的 Android 智能手机识别技术的研究与开发	张奕裕 09015336	杨　明 凌　振	计算机与软件学院
201810286053	基于多模态磁共振成像的脑部肿瘤自动分割算法研究	吴　锐 09015413	孔佑勇	计算机与软件学院
201810286054	基于无人机的物体识别系统	阳行意 09015236	吴巍炜 方效林	计算机与软件学院
201810286055	星型高分子熔体的粘弹性的研究	王朝晖 10316120	侯吉旋	物理学院
201810286056	基于半导体-贵金属复合纳米结构的表面增强拉曼散射研究	李吉超 10116114	邱　腾	物理学院
201810286057	硫族化合物有机插层超导材料的探索	孙　宇 10315107	施智祥	物理学院
201810286058	利用表面重构制备高性能电池电极材料	秦　鑫 10115121	徐庆宇	物理学院
201810286059	咪唑类 MOF 材料在超级电容器中的应用	刘斯琦 10115131	王育乔	物理学院
201810286060	相对论效应实验升级	唐　枭 10115108	白　羽 李连鸣	物理学院
201810286061	金属掺杂对普鲁士蓝纳米酶催化活性的影响及其机制研究	周子莹 11216117	张　宇	生物科学与医学工程学院

(续　表)

项目编号	项目名称	负责人	指导老师	项目所属院系
201810286062	光学分辨光声成像设备的基础功能优化	薛智萌 11A15102	姜　晖	生物科学与医学工程学院
201810286063	两核苷酸合成高通量测序可行性理论研究	陈默然 11315112	孙　啸 肖鹏峰	生物科学与医学工程学院
201810286064	胎儿DNA富集方法的研究	王欣怡 11315106	葛芹玉	生物科学与医学工程学院
201810286065	基于特征提取运动想象脑电信号处理和实验研究	王　琼 11115101	赵兴群	生物科学与医学工程学院
201810286066	具有腹腔丛神经电磁刺激功能的磁性凝胶	祝晓阳 11315105	孙剑飞	生物科学与医学工程学院
201810286067	基于深度学习的睡眠监测研究	肖文锦 11115117	周　平	生物科学与医学工程学院
201810286068	二维纳米光催化材料的合成与光降解有机污染物的性能研究	岳夏薇 12015301	王继刚	材料科学与工程学院
201810286069	3D打印混凝土材料配方与性能研究	邓智聪 12015119	陈　春 张亚梅	材料科学与工程学院
201810286070	预制构件梁板柱节点混凝土超声专用测强曲线研究	卢　果 12016205	张亚梅	材料科学与工程学院
201810286071	金属有机框架衍生的多孔材料的制备与电化学性能研究	刘芸廷 12016101	陈　坚	材料科学与工程学院
201810286072	界面微纳调控对二维材料电学性能的影响	周梦婷 12015302	陶　立	材料科学与工程学院
201810286073	MgH_2系储氢复合体系的结构、性能和机理研究	高　蕾 12015107	张　耀	材料科学与工程学院
201810286074	基于互联网的东大学生生活服务平台的构建与拓展应用	林琬婷 13416101	王化起	人文学院
201810286075	公共治理视角下网约车监管的困境与出路——基于长三角城市群范围的研究	赵　清 13115107	季玉群	人文学院
201810286076	基于大数据的海岛型旅游地旅游流网络结构特征研究——以海南岛为例	肖梦林 13315125	宣国富	人文学院
201810286077	历史街区原住民旅游开发感知研究	谭雪琪 13316114	郭　垚	人文学院
201810286078	大悲之日的欢歌——土家族丧葬仪式及其文化解读	杨　欢 13216101	胡　伟 闫志丹	人文学院
201810286079	医患关系中医生的角色整合与重塑——以南京第一医院为例	魏皖豫 13216112	张　晶 万　旭	人文学院
201810286080	大数据视角下的中国文学对金陵意象的书写	周倩颖 13416115	张天来	人文学院
201810286081	基于“新乡贤”的区域性乡村治理研究——以浙西申屠宗族为例	严　科 13216130	胡　伟	人文学院
201810286082	科技型初创企业的能力陷阱与商业模式创新研究	宋思涵 14B16611	李　东	经济管理学院

（续 表）

项目编号	项目名称	负责人	指导老师	项目所属院系
201810286083	基于空间社会网络的长三角城市连带演化研究	崔 雪 14616123	曹 裕	经济管理学院
201810286084	电商平台下影响网络消费的因素分析研究——以淘宝和美团为例	贾慧君 14716107	杨东辉	经济管理学院
201810286085	田园综合体模式下的江宁美丽乡村建设发展对策研究——以溪田农业生态园为例	刘心怡 14816102	何 勇	经济管理学院
201810286086	“小窗”APP——大学生心理问题自助平台	李慧聪 14516112	江其玟	经济管理学院
201810286087	互联网金融空间集聚效应及其对市场影响研究	钟至绮 14516114	尹 威	经济管理学院
201810286088	变磁通电机非线性永磁体的磁化装置设计和调磁机理研究	揭宇飞 16016207	阳 辉	电气工程学院
201810286089	基于 Mecanum 轮的自动分拣机器人	邓旭晖 16016328	崔建伟 房淑华	电气工程学院
201810286090	日本传统建造技艺保护与活化传承的经验启示	王 敏 17216113	刘 超	外国语学院
201810286091	英语外宣译本国俗词海外认知度及翻译有效性研究	高诗语 17115109	侯 旭	外国语学院
201810286092	超薄二维 MOF 纳米片的制备及其应用研究	贺 唱 19315102	罗洋辉	化学化工学院
201810286093	g-C_3N_4/Cu/TiO_2 制备及其光催化 CO_2 转化	周怡帆 19216107	李乃旭	化学化工学院
201810286094	铁系催化剂的制备及其催化乙酸加氢制乙醛的研究	刘韵怡 19316102	周建成	化学化工学院
201810286095	新型铂类衍生物前药的抗肿瘤耐药作用及机制研究	成佳壮 19316113	陈飞虹	化学化工学院
201810286096	基于醇溶性热激活延迟荧光材料的研究	苗书荣 19316107	蒋 伟	化学化工学院
201810286097	叶酸靶向载铂 Cu-MSN 纳米粒子的合成及抗肿瘤研究	张 宇 19216114	孙柏旺 罗洋辉	化学化工学院
201810286098	基于金属有机框架材料纳米复合催化剂的可控制备及性能研究	向 馨 19316103	张一卫	化学化工学院
201810286099	多色量子点多组分检测新方法	佟佳凤 19316108	丁收年	化学化工学院
201810286100	二维异质结过渡金属硫化物的电催化性能调控	张春耀 19116112	王育乔	化学化工学院
201810286101	布洛芬晶体溶解机制的分子模拟研究	刘玉健 19216121	吉远辉	化学化工学院
201810286102	海洋经济藻类浒苔化学成分及开发研究	韩成婷 19215109	廖志新	化学化工学院
201810286103	驾驶室复杂环境中驾驶人姿态检测及其识别方法研究	汤 慧 21215108	何 杰	交通学院

(续　表)

项目编号	项目名称	负责人	指导老师	项目所属院系
201810286104	基于大数据和行为数据融合的共享单车接驳地铁出行评估与优化	陈子怡 21016107	杨　敏	交通学院
201810286105	基于地沟油等生活废弃材料的沥青再生剂的制备与性能研究	孙新宇 21016207	赵永利	交通学院
201810286106	基于卡口数据的车辆轨迹再现与交通需求分析	张　柳 21216111	李大韦	交通学院
201810286107	城市道路及公交网络自动构建技术研究	秦　梦 21515110	王　炜	交通学院
201810286108	基于多源数据的公交乘客分布规律的研究	万志杨 21116128	刘志远	交通学院
201810286109	基于纳米压痕的沥青混合料老化规律探究	梅子涵 21716103	杨　军	交通学院
201810286110	基于自发光材料的农村公路交通安全标志研究	陈以争 21016213	马　涛	交通学院
201810286111	交通管理措施对城市道路机动车通行能力及时间阻抗的影响分析	张大牛 21716219	王　炜	交通学院
201810286112	挥发性有机物污染场地定向诱导地下水曝气修复技术研究	尹　涵 21816119	刘志彬	交通学院
201810286113	不同疲劳等级下大型工程车辆驾驶员行驶速度特性研究	谢　雪 21115201	马永锋	交通学院
201810286114	钢结构桥梁耐疲劳性能改进研究	李雅琦 21016204	杨　明	交通学院
201810286115	大型铁路综合客运枢纽换乘导向系统的研究	裴禹清 21116230	过秀成	交通学院
201810286116	小流域暴雨径流研究	辛立宸 21415122	耿艳芬	交通学院
201810286117	基于视觉识别的自动跟踪小车系统	占林茂 22016318	汤新华	仪器科学与工程学院
201810286118	仿生轮腿辅助的扑翼飞行器自主起飞研究	沈玥伶 22015402	张　军	仪器科学与工程学院
201810286119	室内外自动跟随搬运机器人	刘海洋 22015122	吴剑锋	仪器科学与工程学院
201810286120	篮球机器人	陈东方 22016223	崔建伟 莫凌飞	仪器科学与工程学院
201810286121	《民法总则》"绿色原则"对民法物权的影响研究	刘思源 25016227	单平基	法学院
201810286122	儿童权利司法保护的实证研究	王　倩 25016116	张雪莲	法学院
201810286123	家事审判中习惯的识别与适用	鲍生慧 25016201	任丹丽	法学院
201810286124	磁场控制神经系统——磁遗传学研发	汤秋义 43815121	赵　晟	医学院

（续 表）

项目编号	项目名称	负责人	指导老师	项目所属院系
201810286125	缺血后骨骼肌超微结构表型	程勇兵 43215320	甘光明	医学院
201810286126	低强度噪声对发育早期耳蜗传入神经支配的损伤	刘晏伶 43815105	石丽娟	医学院
201810286127	Foxg1 调控皮质神经元投射发育的研究	周子桓 43A16136	刘俊华 赵春杰	医学院
201810286128	果蝇幼虫神经肌肉接头中疑似突触囊泡泄露的研究	高 翔 41116122	甘光明	医学院
201810286129	干细胞体内示踪及其对缺血性脑卒中改善作用的初步机制探究	沈俊贤 43216320	沈 灵 姚红红	医学院
201810286130	STRA6 与钙调蛋白结合位点的定点突变及突变蛋白的活性测试	傅琳清 43315113	仲 明	医学院
201810286131	Foxg1 调控嗅球发育	范 锐 43815131	曹广亮 赵春杰	医学院
201810286132	ASPP1/ER stress 信号通路在矽肺纤维化中的作用机制研究	李 壮 43815127	成于思 巢 杰	医学院
201810286133	人脐血间充质干细胞来源外泌体的提取与鉴定	单政铭 43815129	唐秋莎	医学院
201810286134	lncRNA 在纳米镍诱导大鼠生精——支持细胞凋亡机制研究	张 年 42115203	孔 璐	公共卫生学院
201810286135	基于系统动力学模型的狂犬病不同干预策略效果研究	汪昱彤 42116207	金 辉	公共卫生学院
201810286136	原花青素抑制脂多糖激活神经小胶质细胞以及对 MAPK 信号通道的影响	陈姚姚 42116205	张小强	公共卫生学院
201810286137	胃癌 lncRNA 相关遗传易感性生物标志筛选	唐涵清 42115102	梁戈玉	公共卫生学院
201810286138	活性炭吸附与光触媒降解联合作用对洁净厂房有害物净化效果的研究	伏相瑾 42116110	杨 红	公共卫生学院
201810286139	Evi1 调控小鼠骨髓造血细胞增殖在苯造血毒性中的作用	冯延璐 42115209	孙蓉丽	公共卫生学院
201810286140	多溴联苯醚对秀丽线虫精子产生过程的影响	赵传东 42115116	李云晖	公共卫生学院
201810286141	溶菌酶电化学适体传感器的设计与研究	贺竞宇 42215117	王晓英	公共卫生学院
201810286142	细胞自噬在纳米颗粒暴露诱导早期阿尔茨海默症中作用	臧一腾 42115110	张 婷	公共卫生学院
201810286143	深冻锅菜肴烹饪加工氧化稳定性及品质研究	李 胜 42116214	杨立刚	公共卫生学院
201810286144	不同来源 ω-3 多不饱和脂肪酸对 2 型糖尿病合并血脂异常人群 LDL 及 HDL 亚组分影响研究	魏兰馨 42116202	孙桂菊	公共卫生学院

(续　表)

项目编号	项目名称	负责人	指导老师	项目所属院系
201810286145	不同类型量子点导致的神经小胶质细胞炎性反应及其作用机制的研究	管贵珍 42115205	吴添舒	公共卫生学院
201810286146	糖尿病前期人群健康教育干预的中短期效果评价	张家榕 42116113	王　蓓	公共卫生学院
201810286147	基于航拍视频的车辆运行轨迹智能提取、处理和分析技术	吴启范 61516420	李志斌	吴健雄学院
201810286148	面向未来移动通信系统的大规模稀疏系统研究	王心沅 06015006	张　川	吴健雄学院
201810286149	基于全自治分布式传感器网络和机器学习算法的风电场风速监控及预测系统	崔舒欣 61315131	邓艾东 易真翔	吴健雄学院
201810286150	基于图像识别处理的全自动络筒理管机	曹　博 61516129	贾　方	吴健雄学院
201810286151	基于机器学习的高精度室内定位系统构建	严　格 61516322	王闻今	吴健雄学院
201810286152	超便携智能电动代步板商业化	刘振希 06A16334	葛沪飞	校团委
201810286153	仿生自清洁纳米涂层	安学伟 08016213	吴　俊 杨文燮	校团委
201810286154	archigh:建筑师全栈社区	朱利朋 01514123	胡汉辉 杨冬辉	校团委
201810286155	基于石墨烯基过滤系统的水处理应用	王宗辉 06A16313	邱　峰	校团委
201810286156	面向5G大规模MIMO无线传输的快速开发验证平台	凌泰炀 04017539	王婧菲	校团委
201810286157	核磁共振在癌症检测中的应用	杨朋沛 14516106	陆荣生 徐春宏	校团委
201810286158	基于TOF的智能小车定位跟随技术开发商	袁　槟 14116111	杨文燮 阳　媛	校团委
201810286159	消纳冗余电能的氧空位储氢技术及装置	高　远 03015319	王婧菲 张会岩	校团委
201810286160	生命快递——心脏监护公益社区	苗林霏 14815114	赵林度 葛沪飞	校团委

2018年江苏省高等学校大学生创新创业训练计划项目立项信息一览表

项目编号	项目名称	项目负责人	指导老师	项目所属院系
201810286001Y	大城市空巢青年生活方式与城市服务类业态设施优化研究	佘悦 01215109	马晓甦	建筑学院
201810286002Y	雨水花园参数化设计关键技术研究	常晓旭 01515115	李雱	建筑学院
201810286003Y	基于公共空间周边共享单车时空演进特征的中、青年人群游憩出行规律研究	黄丹如 01515110	周聪惠	建筑学院
201810286004Y	校园生境模拟研究及优化意见	唐荣康 01515123	陈烨	建筑学院
201810286005Y	基于社区研究的居住型历史地段保护	程丽圆 01214206	王承慧	建筑学院
201810286006Y	基于结构方程的当代新中式商业景观空间效能量化研究	陈雪纯 01515131	李哲	建筑学院
201810286007Y	基于形式语法的运河传统商贸聚落物质形态生成研究——以常州市孟城北门历史文化街区为例	王敬宗 01214120	江泓	建筑学院
201810286008Y	基于气动换挡及离合的自动换挡系统	李超 02016423	戴敏	机械工程学院
201810286009Y	两自由度支撑平台硬件结构设计	冯斌 02016209	刘晓军	机械工程学院
201810286010Y	基于MOTEC的CBR600发动机的多种控制策略设计、标定与优化	周欣安 02016304	庄伟超	机械工程学院
201810286011Y	基于拓扑优化的链传动总成轻量化设计	王帅 02016424	帅立国	机械工程学院
201810286012Y	基于麦克纳姆轮的独立车架前臂辅助越障底盘	李世林 02016328	田梦倩	机械工程学院
201810286013Y	电化学制备金属纳米探针及原位分子检测应用	冯海钊 02016233	魏志勇	机械工程学院
201810286014Y	微流控便携细胞精选仪	安照邦 02016520	项楠	机械工程学院
201810286015Y	基于双目视觉系统的无人驾驶车辆定位与速度估计	仲崇昕 02015106	王金湘	机械工程学院
201810286016Y	生物质碳/碳纳米管复合材料的制备及其在污染物脱除中的应用	张杉 03216718	宋敏	能源与环境学院
201810286017Y	基于光场成像技术的气液两相流气泡三维测量方法研究	张家齐 03016417	许传龙	能源与环境学院
201810286018Y	太阳能、空气能、地热等多能源与建筑联合利用设计研究	曾立 03116634	苏中元	能源与环境学院

（续　表）

项目编号	项目名称	项　目 负责人	指导老师	项目所属院系
201810286019Y	高效石油污染降解菌剂开发及其降解性能研究	段丹阳 03215719	余　冉	能源与环境学院
201810286020Y	NSDC－LCNC 体系低温固体氧化物燃料电池性能优化及其测试	谢逸林 03116609	杨　帆	能源与环境学院
201810286021X	面向 VOCs 处理的纳米催化剂制备方法及性能研究	朱尚臻 03316527	段伦博	能源与环境学院
201810286022X	电子烟烟雾在口喉模型中的沉积与成分分析	李玉娟 03316504	贲昊玺 陈晓乐	能源与环境学院
201810286023X	隐私信息获取的研究	董方杰 04016301	康　维	信息科学与工程学院
201810286024X	基于调频连续波的生命体轨迹追踪与探测	杨　挹 04016324	李连鸣	信息科学与工程学院
201810286025X	基于显示器的电磁隐通道研究	郑鹏翔 04016622	宋宇波	信息科学与工程学院
201810286026X	IC 卡控水器	朱宇彤 04016608	张圣清 赵鑫泰	信息科学与工程学院
201810286027X	基于分布式爬虫的低延时学术智能搜索引擎	刘佳丽 04216722	宋宇波	信息科学与工程学院
201810286028X	跨国建筑企业的可持续发展研究:因素,阻碍和策略	孙乐乐 05215131	邓小鹏	土木工程学院
201810286029X	曲面甲虫板的研发	宋毅恒 05116123	陈锦祥	土木工程学院
201810286030X	外套不锈钢复式钢管混凝土短柱承载力试验研究	李佳滕 05116619	范圣刚	土木工程学院
201810286031X	基于振动台的两层单跨钢结构盲测竞赛	王田虎 05116608	王燕华	土木工程学院
201810286032X	装配式多腔体钢板组合剪力墙关键技术研究	陈　欣 05116507	秦　颖	土木工程学院
201810286033X	预应力钢丝束拉索材料高温性能研究	杨谊凡 05116313	杜二峰	土木工程学院
201810286034X	硅藻在紫外/氯消毒条件下对卤代硝基甲烷生成的影响	孙　芸 05516108	邓　琳	土木工程学院
201810286035X	大跨度悬索桥锚跨索股张力计算和测量关键技术研究	廖晓辉 05116311	张文明	土木工程学院
201810286036X	高强冷弯薄壁型钢轴压短柱试验研究	夏梦涛 05116630	秦　颖	土木工程学院
201810286037X	考虑随机性的钢筋混凝土构件承载力计算	常　栋 05116221	冯德成	土木工程学院
201810286038X	船撞力作用下大跨连续刚构桥动力响应	侯力元 05116511	张文明	土木工程学院
201810286039X	3D 打印混凝土材料及技术研究	何至立 05115628	潘金龙	土木工程学院

（续 表）

项目编号	项目名称	项 目 负责人	指导老师	项目所属院系
201810286040X	CLB梁抗火性能试验研究	李 盼 0516610	吕清芳	土木工程学院
201810286041X	基于BIM技术的装配式建筑构件库设计与编码方法研究	章梦霞 05115504	徐 照	土木工程学院
201810286042X	纸型甲虫板芯的研发	李向杰 05115409	陈锦祥	土木工程学院
201810286043X	基于CT扫描技术的ECC初始缺陷分布与开裂行为的相关性研究	李正璋 05115128	鲁 聪	土木工程学院
201810286044X	典型球状塑料颗粒对环境中污染物吸附行为的研究	胡至贤 05516130	秦庆东 许 妍	土木工程学院
201810286045X	环境类PPP项目对住房价值的影响效应研究	包尊杰 05216123	袁竞峰	土木工程学院
201810286046X	用于装配式钢结构中外墙连接节点的开发	陆京京 05716118	范圣刚	土木工程学院
201810286047X	基于案例分析的交通PPP项目的资本结构研究	曹邹灵 05215122	杜 静	土木工程学院
201810286048X	基于振动台的双层单跨框架房屋模型的结构盲测竞赛	唐润欣 05116413	王燕华 陆金钰	土木工程学院
201810286049X	预制拼装综合管廊叠合面力学性能数值模拟分析	鲍金昌 05116212	张 琦	土木工程学院
201810286050X	两栖四足仿生机器人	王成诚 06A16235	汤勇明 郑姚生	电子科学与工程学院
201810286051X	基于e－Core的纯电动方程式赛车整车控制系统	赵颖渊 06A16230	郑姚生	电子科学与工程学院
201810286052X	增强现实三维试衣镜	王文熙 06A16537	夏 军	电子科学与工程学院
201810286053X	弹簧去蠕变压力机恒压控制系统设计(客创)	刘朋朋 06A16240	赵 宁	电子科学与工程学院
201810286054X	基于低功耗方案的可视化音乐盒	葛海涛 06A16229	杨兰兰	电子科学与工程学院
201810286055X	非规则区域上Laplace方程的数值求解方法	段晓琰 07316120	闫 亮	数学学院
201810286056X	基于多代理系统的电力需求侧温控负荷集群控制研究	梅海锋 07316123	胡建强	数学学院
201810286057X	多运动体网络系统编队控制	顾芯怡 07216119	虞文武	数学学院
201810286058X	基于Wong－Zakai近似的随机微分方程数值求解方法	敖文言 07215108	曹婉容	数学学院
201810286059X	机器学习中的算法研究	周韵筹 07215102	李铁香	数学学院
201810286060X	基于双目摄像机的穿戴式盲人辅助导航系统	颜 睿 08116128	钱 堃	自动化学院

(续 表)

项目编号	项目名称	项目负责人	指导老师	项目所属院系
201810286061X	基于摄像机网络的目标跟踪及调度算法设计	楼洲炜 08016227	张 亚	自动化学院
201810286062X	基于机器学习的二维实时手势识别系统	张宇晨 08016121	王雁刚	自动化学院
201810286063X	婴儿头颅三维重建与医学诊断辅助	胥凯林 08116126	李骏扬	自动化学院
201810286064X	具有随机元素的多人策略游戏设计与 AI	方 元 71Y16108	吴巍炜	计算机与软件学院
201810286065X	开源软件许可证合规性评估和冲突识别技术	叶橄强 09015335	李必信 王璐璐	计算机与软件学院
201810286066X	基于许可证合法性的安全开源代码搜索和重用推荐技术	於明嘉 71116401	李必信	计算机与软件学院
201810286067X	基于代码特征识别和匹配的混源代码组成成分分析技术	姜金翰 71115125	王璐璐	计算机与软件学院
201810286068X	自旋光伏电子器件	余婷洁 103105102	徐庆宇	物理学院
201810286069X	金属微纳结构在红外波段电磁响应性质的研究	余承涌 10315115	李家奇	物理学院
201810286070X	3D 打印低密度结构中的三维网格填充算法及其 MATLAB 实现	刘潇阳 11116102	顾洪成	生物科学与医学工程学院
201810286071X	后张预应力混凝土体系电隔离性能研究	魏世夫 12015412	施锦杰	材料科学与工程学院
201810286072X	骨修复用可降解多孔镁支架的耐蚀性表面改性研究	沈佩琦 12015103	白 晶	材料科学与工程学院
201810286073X	用于半导体芯片封装的多功能环保纳米胶	姚建吉 12016125	章 炜	材料科学与工程学院
201810286074X	TMOs 基复合材料的制备与储能应用研究	李雨轩 12016201	陈 坚	材料科学与工程学院
201810286075X	基于单体壳材料等同性测试的铺层实验设计优化与制作工艺改进	陈俊伟 12016227	戴 挺 陆 韬	材料科学与工程学院
201810286076X	CSH 早强剂对超轻发泡水泥性能影响的研究	顾晓雯 12015203	潘钢华	材料科学与工程学院
201810286077X	MXene/氧化物纳米多级结构及其储能性能	熊紫伊 12015110	孙正明 张培根	材料科学与工程学院
201810286078X	课程交互系统开发	张春鹏 12015217	庞超明 朱薇薇	材料科学与工程学院
201810286079X	校园文创——校园纪念品的设计与初步市场投放	王 翩 13416105	李轶南	人文学院
201810286080X	典当行的发展演变与社会功能探析	华 杰 13216127	龙书芹	人文学院
201810286081X	90 后群体恋爱经历对于婚姻忠诚度的影响及成因分析	滕 钺 13215109	高 娜	人文学院

（续　表）

项目编号	项目名称	项　目 负责人	指导老师	项目所属院系
201810286082X	企业不再办社会：北方国企改革对地方社会的影响	许嘉玲 13115110	洪岩璧 王化起	人文学院
201810286083X	将爱进行到底：公共场所母婴室的建设及其运行的动态跟踪研究	杜聿书 13116108	张　晒	人文学院
201810286084X	《西游记》插图的批评功能研究	韩秋宇 13415105	乔光辉	人文学院
201810286085X	基于体验的遗产地旅游模式创新研究——以大明宫为例	谭听雪 13316125	贾鸿雁	人文学院
201810286086X	南京市大学生双创动力机制研究	高明静 13115121	张　敏	人文学院
201810286087X	吴宓诗歌翻译及其对《学衡》翻译的影响研究——以《诗学总论》为切入点	夏琬莹 13415116	张晓青	人文学院
201810286088X	游戏吸引用户的机理及其在其他行业的应用	沈　也 14416122	朱志坚	经济管理学院
201810286089X	无人零售的应用场景及商业生态系统调查研究	王　妍 14915105	葛沪飞	经济管理学院
201810286090X	在线社交网络金融化研究	许　珂 14916101	刘晓星	经济管理学院
201810286091X	中国共享单车运营策略及其监管方式分析与设计——微观运营数据建模与管理策略	金惠杰 14116112	刘新旺	经济管理学院
201810286092X	基于共享经济的停车商业模式研究	张　巧 14216115	张向阳	经济管理学院
201810286093X	不同接地方式下中低压配电网短路电流计算及其对一次设备的影响研究	张涵璐 16016403	仲林林	电气工程学院
201810286094X	基于可调电抗器的多构型 FACTS 技术研究	谢凯桦 16015117	李　周	电气工程学院
201810286095X	面向绿色电能变换的多逆变器并联开关次纹波抑制策略研究	莫嘉轩 16016406	曹　武	电气工程学院
201810286096X	基于高阶累积量的低频振荡辨识方法研究	陆春宇 16016329	冯　双	电气工程学院
201810286097X	变速抽蓄机组运行特性仿真研究	刘　磊 16015119	李　周	电气工程学院
201810286098X	电机绕组热导率计算方法及通用分析软件开发	陈俊燃 16016309	张　淦	电气工程学院
201810286099X	基于麦克纳姆轮技术的高精度多功能搬运机器人	亢丽君 16016104	付兴贺	电气工程学院
201810286100X	基于深度神经网络的高压 GIS 设备机械故障智能诊断研究	何　翔 16016425	仲林林	电气工程学院
201810286101X	航天飞轮储能电机及其控制系统关键问题的研究	顾胜东 16016115	刘　凯	电气工程学院
201810286102X	英语母语使用者对《孔子学院》院刊隐喻翻译接受度的研究	袁晓丹 17115214	侯　旭	外国语学院

(续　表)

项目编号	项目名称	项　目 负责人	指导老师	项目所属院系
201810286103X	古代中日陶瓷流通及现今江苏省宜兴市丁蜀镇与日本陶瓷界交流研究	葛钟宜 17216201	魏金美	外国语学院
201810286104X	网络直播在大学生中兴起的原因与影响之中日对比研究	徐士文 17216105	刘克华 郑小翔	外国语学院
201810286105X	我国大学生英语语音超音段问题诊断及训练有效性研究	王君影 17115322	马冬梅	外国语学院
201810286106X	公益与商业广告语篇中评价语的对比研究	岳珏嘉 17116318	汤　斌	外国语学院
201810286107X	比较形象学视域下当代美剧中华裔形象研究	唐钰淇 17116317	朱丽田	外国语学院
201810286108X	英语外宣译本政治新词海外认知度及翻译有效性研究	丁冬鑫 17115116	侯　旭	外国语学院
201810286109X	多孔金属氧化物负载 Pt 基复合催化剂的制备及其反应性能研究	朱雯瑜 19315104	张一卫	化学化工学院
201810286110X	缩氨基硫脲合镓(III)配合物在肿瘤治疗中的应用研究	熊昱安 19316116	王怡红	化学化工学院
201810286111X	沸石咪唑类骨架材料 ZIF-8 在太阳能电池中的应用研究	杨　钊 19216120	王育乔	化学化工学院
201810286112X	PARP 抑制剂 Niraparib 的合成工艺研究	韦　庆 19216101	蔡　进	化学化工学院
201810286113X	硅橡胶的合成与改性研究	关贵钰 19216122	姜　勇	化学化工学院
201810286114X	戈壁土石混填的道基压实控制与边坡稳定性分析	沈　策 21816127	丁建文	交通学院
201810286115X	地铁票价对出行换乘的影响研究	杨宇栋 21716137	李豪杰	交通学院
201810286116X	基于计算机视觉的室内定位方法研究	张嘉旭 21516112	蔡先华	交通学院
201810286117X	城市典型公共建筑物配建停车泊位共享窗口判定方法与实现	刘泽宇 21016210	陈　峻	交通学院
201810286118X	可渗透性反应墙填料的修复机理研究	徐昭辰 21816120	王　菲	交通学院
201810286119X	半柔性橡胶颗粒多孔水泥混凝土海绵道路	王双平 21016209	董　侨	交通学院
201810286120X	功能性彩色沥青混合料优化设计	张永和 21016212	马　涛	交通学院
201810286121X	城市余泥渣土组分分析与强度特性研究	张旻昊 21815143	章定文	交通学院
201810286122X	多功能覆盖层阻隔有机污染气体的设计、优化与应用	单　杰 21815123	杜延军	交通学院
201810286123X	网络层面的事故风险分析和管理系统	章明钰 21016109	刘　攀 徐铖铖	交通学院

（续　表）

项目编号	项目名称	项　目 负责人	指导老师	项目所属院系
201810286124X	合成孔径雷达在农业土地利用监测中的应用	李宁皓 21316115	田　馨	交通学院
201810286125X	有机质对活性氧化镁固化土碳化效果的影响	王　昌 21715233	杜广印	交通学院
201810286126X	基于大数据的城市用地可达性评估方法及应用研究	邵　洁 21116112	王　卫	交通学院
201810286127X	基于超宽带 TOF 的智能小车定位跟随技术开发	任余杰 22016125	阳　媛	仪器科学与工程学院
201810286128X	面向虚拟现实的触觉反馈体感交互系统及应用	李嘉杰 22015212	朱利丰	仪器科学与工程学院
201810286129X	水杯自动接水装置	章司怡 22015306	吴剑锋	仪器科学与工程学院
201810286130X	基于谐波减速器的机器人关节力测量技术研究	李嘉懿 22016301	崔建伟	仪器科学与工程学院
201810286131X	竞速小车全自主驾驶平台设计开发和感知控制算法研究	李纾昶 22016416	李煊鹏	仪器科学与工程学院
201810286132X	交通管理领域怠于履行职责致害行政法律责任问题研究	陆涵之 25016231	刘　红	法学院
201810286133X	危险驾驶罪新行为的立法合理性反思	郝修齐 25016205	杨志琼	法学院
201810286134X	网约车新规出台行业影响及后续发展研究(以南京市场为例)	刘　微 25016108	顾大松	法学院
201810286135X	我国网络直播的行业现状及合法控制研究	王海馨 25016114	陈道英	法学院
201810286136X	新时期临终关怀纳入医疗保障的模式与路径探索:基于南京城市居民的调查	陈　靓 42216218	张　晓	公共卫生学院
201810286137X	全面性教育网络课件制作	晏　涛 42115220	沈孝兵 王　蓓	公共卫生学院
201810286138X	纳米银致机体氧化损伤效应的研究	马　秘 42116106	薛玉英	公共卫生学院
201810286139X	基于 DRGs 的医疗保险支付方式研究	朱李婷 42216217	张　华	公共卫生学院
201810286140X	探究豚鼠皮层咳嗽高级中枢与咳嗽敏感性的关系	朱婷婷 43216414	夏国华	医学院
201810286141X	基于量子点/碳纳米复合材料的电致化学发光传感器的研究	李　洋 41116115	沈艳飞	医学院
201810286142X	基于纳米光学天线修正模型的近场增强效应研究与实物制作	马浩岩 61516428	唐　路 余旭涛	吴健雄学院
201810286143X	异构无线通信网络基于迁移学习的边缘缓存方法研究	江　林 61516427	蒋雁翔	吴健雄学院
201810286144X	具有光吸收特性仿生自清洁纳米涂层的研究	朱　迪 61516307	吴　俊	吴健雄学院

(续　表)

项目编号	项目名称	项　目 负责人	指导老师	项目所属院系
201810286145X	Leidenfrost 液滴自运动特性的实验研究	苗双双 61115107	张程宾	吴健雄学院
201810286146X	高效脂质体细胞转染试剂的制备	郭一君 61516121	杜　鑫	吴健雄学院
201810286147X	两核苷酸合成测序仪的研制	罗雨菡 11A16209	肖鹏峰	生物科学与医学工程学院
201810286148X	利用废弃矿渣制备耐碱性矿棉的原料组分研究及应用	王　雪 12016107	刘建勋 韩　静	材料科学与工程学院
201810286149X	高透光、强疏水特性的仿生自清洁纳米涂层的研发和产业化	李虹宇 61516302	吴　俊	吴健雄学院
201810286150X	海善鲜电子商务平台	宋佳怡 14916119	葛沪飞	经济管理学院

2018 年文化素质教育中心讲座及活动一览表

序号	主讲人	主讲人介绍	题目	日期
1	宋宇波	东南大学信息科学与工程学院副教授	说到信息安全,我们在讨论什么?	2018/3/6
2			信息安全——人类智力的竞技场	2018/10/23
3	李鸿良 & 江苏省演艺集团昆剧院	著名昆曲表演艺术家、中国戏剧"梅花奖"获得者	幽兰雅韵——江苏省昆剧院精品折子戏专场展演	2018/3/7
4	孙立涛	东南大学电子科学与工程学院、微电子学院(国家示范性微电子学院)院长	石墨烯,有什么用?	2018/3/13
5	许虹 & 江苏省演艺集团木偶剧团	著名木偶表演艺术家、江苏演艺集团木偶剧团团长	中国木偶艺术鉴赏	2018/3/14
6	殷国栋	东南大学机械工程学院教授、博士生导师	机械情、汽车梦——无人驾驶走进我们的生活	2018/3/20
7	徐惠新 & 周红	上海评弹团国家一级演员	文化评弹鉴赏会	2018/3/22
8	金石	东南大学教授、博士生导师	信息随心至,万物触手及——5G 移动通信简介	2018/3/27
9	石小梅	著名昆曲表演艺术家、中国戏剧"梅花奖"获得者	昆曲与南京——昆曲艺术赏析	2018/3/28
	张　弘	江苏省昆剧院国家一级编剧		

（续 表）

序号	主讲人	主讲人介绍	题目	日期
10	王建国	中国工程院院士、东南大学建筑学院教授	城市更新与城市活力营造	2018/4/3
11			城市风貌特色的形成与运营	2018/9/25
12	郭正兴	东南大学土木工程学院建筑工程系教授、博士生导师	“天眼”及索结构工程技术创新	2018/4/10
13	邱宗康	国家一级美术师、中国书法家协会第六届理事	墨彩金文——书法艺术的传承与创新	2018/4/11
14	王　桥	东南大学信息科学与工程学院教授、博士生导师	数据之美——数据科学的前世今生	2018/4/17
15			数据科学之路	2018/11/20
16	方锦龙	中国著名琵琶演奏家、现代五弦琵琶代表人物	寓“乐”于“乐”——国乐名家方锦龙音乐畅“弹”会	2018/4/18
17	江苏省演艺集团扬剧团		扬剧艺术专场赏析会	2018/5/2
18	曹进德	东南大学数学学院院长、欧洲科学与艺术院院士	人工智能中的网络科学理论与方法	2018/5/8
19	柯军	江苏省演艺集团副总经理、国家一级演员	那一场相会，绝非“梦”一场	2018/5/9
20	吕锡武	东南大学能源与环境学院教授	水环境生态修复与海绵城市建设	2018/5/15
21	王建欣	笛箫演奏家、音乐学家、天津音乐学院音乐学系教授	士无故不撤琴瑟——中国琴箫艺术赏析会	2018/5/16
22	李凤云	中国琴会副会长、天津音乐学院教授、硕士生导师		
23	宋爱国	东南大学仪器科学与工程学院院长、教授、博士生导师	从“阿童木”到“阿凡达”——人机交互遥操作机器人研究及应用	2018/5/29
24	金喜全	上海京剧院国家一级演员	粉墨金生——中国京剧小生艺术探趣	2018/5/30
25	胡阿祥	南京六朝博物馆馆长、南京大学历史学院教授	求真的学问	2018/4/9
26			闻“名”识“中国”（上）	2018/4/12
27			闻“名”识“中国”（下）	2018/4/16
28			改朝换代的奥秘与启示（上）	2018/4/19
29			改朝换代的奥秘与启示（下）	2018/5/3
30			一方水土养一方人——中国地域文化的差异（上）	2018/5/7
31	胡阿祥	南京六朝博物馆馆长、南京大学历史学院教授	评说“数风流人物”	2018/5/14
32			一方水土养一方人——中国地域文化的差异（下）	2018/5/11
33			国学与人生（上）	2018/5/17
34			国学与人生（下）	2018/5/21
35			古都南京的兴衰起伏	2018/9/20

(续　表)

序号	主讲人	主讲人介绍	题目	日期
36	吕俊鹏	东南大学物理学院教授	从生活中发现物理	2018/9/18
37	李　昕	美国杜克大学教授	大数据分析:数据与应用	2018/9/19
38	张　瑜	中国科学院大学教授	钱学森先生引领的成才之路	2018/9/27
39	许德旺	2014 年度中国大学生自强之星标兵	东大精英学子的成长和启示	2018/9/29
	申怡飞	2015 年度中国大学生自强之星		
40	罗振亚	南开大学文学院教授、博士生导师、副院长	在云端舞蹈:破译新诗经典的对策	2018/10/8
41	龙乐豪	著名运载火箭技术专家、中国工程院院士	中国的火箭与航天	2018/10/9
42	董　群	东南大学人文学院教授、博士生导师	“止于至善”的意义	2018/10/11
43	赵　勇	北京师范大学文学院教授、博士生导师	流行歌曲的歌词欣赏	2018/10/14
44	陈仲义	北京大学诗歌研究院研究员、厦门城市学院教授	诗性思维训练	2018/10/15
45	杨毅刚	大唐电信科技产业集团副总裁	心怀梦想,挑战人生	2018/10/18
46	董　平	浙江大学“求是”特聘教授、中国哲学博士生导师	礼乐文明与儒家文化精神	2018/10/19
47	刘　勇	文学博士、教育部“长江学者”特聘教授	对话经典:文学与人生的双重融合	2018/10/19
48	张海鸥	复旦大学文学博士、中山大学中文系教授、博士生导师	诗酒趁年华	2018/10/22
49	陆　挺	东南大学吴健雄学院党总支书记	在校园文化中体会无用之大用——开创东大学子人生的黄金岁月	2018/10/25
50	吴思敬	首都师范大学文学院教授、博士生导师	心灵的自由与诗的发现	2018/10/26
51	朱苏力	著名法学家、教育部“长江学者”特聘教授、北京大学法学院原院长	为什么是“天理、国法、人情”	2018/10/28
52	吕　进	西南大学二级教授、博士生导师、中国诗学研究中心主任	中国文化与中国诗歌	2018/10/29
53	贲　德	著名雷达研究专家、中国工程院院士、电子 14 所科学技术协会主席	我的科技人生	2018/10/30
54	彭　林	著名历史学家、清华大学历史系教授	中国传统文化中的德与礼	2018/11/1
55	王　浩	东南大学土木工程学院教授、博士生导师	大跨度桥梁风效应及其监测	2018/11/6

（续　表）

序号	主讲人	主讲人介绍	题目	日期
56	李工真	武汉大学历史学院教授、博士生导师	欧洲大学的兴起	2018/10/22
57			现代化大学的由来	2018/10/23
58			现代化大学的特点	2018/10/24
59			辉煌的哥廷根时代	2018/10/29
60			德国大学生的学习与生活	2018/10/30
61			文化清洗运动与犹太科学家的流亡	2018/10/31
62			美国高校对欧洲流亡科学家的接受	2018/11/5
63	李工真	武汉大学历史学院教授、博士生导师	欧洲知识难民与美国社会	2018/11/6
64			欧洲流亡人文、社会科学家与美国大学	2018/11/7
65			欧洲流亡自然科学家、艺术家与美国大学	2018/11/12
66			欧洲流亡科学家与“曼哈顿工程”	2018/11/13
67			世界科学文化中心的洲际大转移	2018/11/14

2018 届本科毕业生名册

建筑学院　【011】建筑学（118 人）

郁晶晶　卢思霏　陆　琳　王　玥　寇　成　李　甜　张祺媛　朱彦雯　徐雨洁
鲍艳婷　刘苗苗　刘鸿瑶　傅瑞盈　徐思畅　丁　睿　戴伯威　王嘉帅　钱　程
严书楠　王宇轩　徐庆南　章　杰　朱明旸　吴彦臣　贾　冕　王箫剑　杨浩辰
赵楠楠　陆琳茜　杨　洁　王琳晰　汪奕潇　戴思怡　冯聿婷　于佳欣　欧彩琴
魏云琪　林　欣　王奕阳　张　圆　丁　睿　钱　程　尹孟谦　茆　羽　葛鹏飞
黄一凡　范钦锋　钮益斐　方志华　钱润东　陈富强　顾海波　陈嘉豪　梁　爽
周宇琪　丰　远　戴金贝　王　晨　张雅楠　沈芷琳　宋梦梅　杨　晨　洪　玥
吕雅蓓　崔颉颃　范艺安　陈俐蓓　冯文心　张彧恒　薛　原　朱鹏飞　严小虎
雷　达　庞志宇　胡　侃　邱　丰　葛永瑞　徐海闻　程俊杰　李泳笛　钟　瑜
吴逸雯　李　彤　张　煜　吴晓涵　高　益　梅琳丽　顾家铭　詹佳佳　谢　菲
胡　蝶　吕颖洁　庞月婷　华正晨　于广洲　杨一鸣　张　亚　吴江源　马力凌
徐子攸　蒋钰人　吴和根　王举尚　刘一雄　杨嘉桐　诸翰飞　邹传正　曹　艳
王　曦　余梓梁　程奂仑　邸　衎　马亦皋　陈宇龙　曾兰淳　曹蔚祎　张　文

朱梦然

建筑学院　【012】城乡规划(46 人)

曹梦祺　李智蕾　袁维婧　李青青　张　帆　崔家宁　张韩清　陈文君　胡　瑾
侯荟雯　蔡　萌　王梓萌　陈康健　陈一川　冯　毅　顾家维　张冬烨　张赫中
魏　晋　彭思伟　杨柏榆　周海瑶　黄妙琨　张若澜　孙瑞琪　韩心悦　杨　蕾
商莉源　杨凌霄　张莹钰　刘雨欣　钱辰丽　李伊格　伍芳羽　陈思超　项　年
秦　添　刘琛喆　杜春光　王　麟　马俊威　叶　鹏　叶晟之　刘　艺　张程远
张　淦

建筑学院　【015】风景园林(25 人)

马　琳　陈　爽　戴文翼　陶博双　施俊婕　高　雪　崔吉吕　李　灏　刘晓雯
高　弘　殷格兰　蔺明霞　鲍雪蕊　吴　韵　侯艺珍　刘滨钰　王思琪　朱辰昊
陈明辉　容梓昊　林卓文　高寒玉　祝藜嘉　胡　樱　韩　旭

建筑学院　【015】景观学(5 人)

夏　意　梁　晨　盛苏晨　陈振锟　朱孟楠

机械工程学院　【020】机械工程(154 人)

杨　帆　王宏图　钱　诚　黄　星　郝　威　陈　锦　罗俊文　任　波　徐伟文
王宝全　赵天晸　李昌远　付　杰　曲思尧　廖　阳　方勇建　范　鸣　赵进超
潘　晟　王　聪　马树钊　王　辰　刘壮志　董林杰　何湘鹏　李　臻　邹雅琳
李登科　赵　腾　张珂嘉　张祎霖　陈　琛　王纬经　张嘉智　邹　磊　陈　楠
韩恒飞　付　帝　郑朝航　王江林　王洪彬　赵浩祯　李文玕　刘鹏飞　胡　石
戚仁杰　罗国章　蔡劭威　袁　珂　严文强　张立然　王学舟　赵芃青　贾鹏飞
冯昕宇　赵兴景　胡甜赐　王　尹　侯红宇　周圣皓　江　苏　倪文辉　谭桂林
徐子恒　罗伟强　刘　乐　刘文浩　林伟华　陈勇强　罗　炜　简鹏辉　余康宁
赵　恒　李孜轩　覃靖国　梁先勇　徐田阳　钟　义　卢朝立　李成高　李　晨
张　欢　李学文　曹　磊　陈　涛　朱清园　钟　钰　蒋寅凯　韩宏圣　高　畅
张卓然　蒋嘉辉　杨金帅　李鑫磊　黄　凯　陈明惠　徐庆鑫　廖利城　王浩洋
何荣鑫　杨思鹏　蒋天赐　施　维　郑天平　王世文　张志远　李　哲　江云水
任凯炳　汪　其　李丽翟　李　超　黄　康　王哲渊　蔡青松　段福鑫　司欲晓
王炳坤　李　琦　余地松　王祥超　陈　锐　吴名俊　汤玮韬　涂勋鑫　张　巍
朱永康　李承涛　诸葛鸿平　蒋梦瀛　李　季　雷世英　吴闫明　吴嘉恒　谈小铭
古智锋　陈楚天　张　巍　李松华　祝恩杰　肖梦涵　蒋丰韬　何东泽　赵子乾
钟梓燊　成　凯　李朋原　许修祥　周晨光　杨　旭　赵宇涵　王　瑞　王佳卓
徐泽宇

机械工程学院 【026】工业工程(23 人)

刘洁帆 王小红 袁 维 谢梁伟 于新涛 刘力搏 陈彦材 张子楚 周勇鑫
李瑞环 刘 伟 白永余 文思远 孙 泽 沙 杰 张鸿峰 高 意 赵 屹
刘四维 姚之圃 杨江凌 史宇翔 王 辉

能源与环境学院 【030】能源与动力工程(151 人)

殷 琦 江志杰 邢天阳 顾翼泽 冯嘉伟 周建伟 周宇昕 万志伟 张宇峰
顾鹏飞 刘家铭 郑 毅 张 鹏 李颖峰 陈子桥 韩 霜 江子欣 刘 超
苍天欣 黄诗音 徐海玲 牟柯昱 朱华昕 许泽玮 裴宇晨 王 宇 王建辉
丁守一 孙天力 陈锐锋 黄 埔 郑翔升 周清学 罗世梁 张 航 张吴涛
孙海逸 尹 琦 徐宏灿 刘伟珣 黄秉坤 朱旭昱 俞鸿博 杨俊涛 尹宇杰
杨佳成 马 飞 张 翼 陈书榆 刘明枝 陈尚巧 王思宇 樊聪慧 肖 艳
叶昭彤 陈维茜 王子超 郝冠球 张冠斐 和法瑞 王 涵 金 默 秦嘉祺
孙守泰 李垂杰 顾海华 李佳辰 郭 迪 王韵开 方东旭 陈 剑 李 实
高俊屹 刘思炜 于宏宇 胡华军 李佩珊 杨浩蓝 张子鸣 李大鹏 张雪雯
安 尧 张睿菡 徐忻昊 姜牧笛 徐诗越 萨仁图娅 李笑笑 李 晗 汪 杉
陈怡睿 叶佳威 余印振 骆应东 羊飞宇 曾令超 王荣浩 梁天齐 田康宁
徐召鹏 丛秋实 孙 昊 郭世浩 于天池 易思汗 陈子聿 郭 璋 杨 震
陈 克 田星宇 孔祥琛 熊 震 梁晓迪 马 瑞 鲁邦沛 王文楷 游卓澍
罗龙钊 沙于程 吉珣碧 张昱悦 姚依晨 朱雪莲 张贵雯 吴 钊 王晓艺
许天雄 刘兵兵 钱 琪 罗晓云 张立奇 徐 鹤 何俊楠 包智明 罗健威
王统伟 黄阳鹏 杨家宇 王 越 邢宏壮 付童方 金弘琨 张 翔 刘 博
贺伟东 孟华宁 彭国栋 周 鹏 孙 彬 马海默 陆泽康

能源与环境学院 【031】建筑环境与能源应用工程(28 人)

段梦凡 王静怡 孙榕泽 张宇佳 郭雨桐 李钇锌 李梦欣 支 晓 李 蝶
张雅雅 刘雪银 张 超 周晓鹏 方诗阳 张尧灏 张 智 朱亚著 刘浩然
陈子晗 季伟凯 朱 赤 冯嘉晖 孙宇栋 王海鑫 洪天顺 顾 聪 田植政
季建周

能源与环境学院 【032】环境工程(47 人)

戴 文 白洁茹 马万顺 宋 荻 胡柳玉 李 凡 薛梦婷 赵晓宸 熊韫琦
吴际萌 张庭秀 段海昕 徐诗颖 韦小玲 崔婷婷 王丽坤 买 谦 徐玉叶
杨 强 洪家旺 王旭东 张广龙 朱 怿 王 牧 王 黎 李瑞鑫 王达禹
栗浩然 宋青青 李佳齐 蔡思远 焦冠通 康杨天睿 韩襄政 汪 维 陈 功
王 鑫 刘亚勇 呼 煜 祝冲之 秦泽天 李 易 李晓辉 侯宇璐 罗 焱
肖中洲 甫鲁加里·叶尔登才次克

能源与环境学院 【033】核工程与核技术(27 人)

曹　玉　沈文可　程　缘　谭茗月　胡文桢　王善普　李勇勇　孙世超　刘盛豪
靳　爽　吴放勋　周　立　鲁非凡　徐巍巍　刘昌水　杨　晟　练国庆　刘　琦
卞若愚　韩冬雨　姚泽京　韦盘龙　张仁长　刘　京　胡　星　黄恩和　曾梓豪

信息科学与工程学院 【040】信息工程(277 人)

臧　昕　胡晶石　罗东璨　姚　丽　王天阳　李沛文　阎志恒　李林泽　徐良缘
肖贻杰　张天忆　蒋心造　吕成器　叶子玮　张武鹏　杜朝明　李迪威　董翔宇
张一荻　方　恒　苗爱媛　杨孟儒　葛荧萌　翁雨昊　何振耀　朱名扬　蒋帅风
曾宪涵　张博文　王志鹏　刘　彬　周仕铭　张连炜　李怡宁　李灵瑄　刘浩然
聂韵致　郭一鸣　印　航　石　丁　张　澜　郭世泽　陈誉亚　魏　然　周　欢
侯方舒　熊　恬　吴　彧　陈　偲　王安忆　殷　峥　张　亿　章天野　安宁伟
周福昊　吴俊仪　张廷笏　俞思诚　钟捷成　郝培钧　宋泽锋　吴昊峰　邵凯华
缪雨桐　邵喆泰　廖奥嘉　吴　亮　许　多　仇天乐　任翔政　吴　鹏　高志凯
肖晟远　韩品宇　季　澈　徐　傲　周京鹏　黄梦宇　时俊贤　王曜明　丁宁宁
陈　康　杨　睿　刘士博　孟　浩　张浩正　吴紫薇　陈子敏　姚婉婷　陈乐乐
崔晓雪　唐梦华　孙　萍　李娇媛　刘易清　赵海宁　寿立夫　张子鉴　陈奕钢
曾启立　李　进　寇贵昱　肖　田　田　昆　田　乾　来萧桐　王靖普　王　圣
周　睿　胡林枫　聂泽东　易笃裕　樊　明　韩志伟　李安冬　张可涵　周彦昭
唐元博　胡欣毅　王宇轩　殷志文　王静远　崔　竞　王艺慧　石　怡　朱瑞媛
何泽人　丁海婷　李平安　马　克　印　尼　岳子豪　金仲元　何伟梁　阮泽宇
顾朋鹏　陈　臻　朱　超　张明昊　杨宇峰　张弘弛　李泽坤　曾关键　杨长蓉
李俊杰　吴　驰　蔡垚森　徐希庆　曹子建　金义邦　舒常思　何海洋　邓峰杰
陶　嵩　钱一婷　王瀚升　周　莉　尹　超　王中华　张长晟　郑一凡　孙博新
徐　黎　刘嘉爱　俞安澜　易　凤　蒋子彦　赵雅琼　马沛杰　应雅杰　汪佳玮
赵　鹏　李朝升　林德明　李孟超　金子程　杨精诚　丰升泽　张思源　邵张建
钱宇辉　刘奕辰　温栋林　唐　剑　沈天宇　李仪豪　黄　景　陆昊洋　王　迪
陈戈飞　靳　晖　乔文超　钟志伟　张新武　陈　曦　徐茹宁　章　鹏　洪　姝
吉　超　陈明正　韩磊鑫　刘兴文　沙吉瑞　黄健洪　仇一珂　张　立　杨　洋
陈　坤　戴思宇　秦宇静　方晴晴　沈梓原　田红娜　陈　潇　蒲凌宇　张　蔚
张　灿　李子健　姬良雨　肖朝昆　赵灵奇　杨俊杰　周　望　王卫然　谢　凯
陈允鹏　王艾哲　杨龙昊　赵　越　王　森　郑　锐　孙伟航　李佳蔚　耿浩轩
肖　铭　李凯歌　陆韬臣　刘泽楷　赵　斌　王润东　赵博阳　陈子豪　闻　潇
方钱安　董诗琦　张馨予　覃　燕　蔡丹丹　姜瑛璐　孟　冉　张婧媛　丁培程
陈子昂　田　园　崔家瑞　张邦杰　王　强　耿昭杰　沈子涵　徐云逸　李君禾
宛超逸　王　可　林奕俊　张仕奇　郭嘉诚　王佰平　江致文　余若晨　杨含知
何柏宜　翁海伟　张明辉　王　珏　袁倩雯　任　杰　班　浩

土木工程学院 【051】土木工程(192 人)

徐云翔 汪　盟 彭　振 刘志超 孙茜艮 毛朋剑 张子杰 韩斯琪 邓先觉
黎宝山 吴嘉义 王　博 郑博烜 张洛铭 张关立 茅纬城 沈汉元 曾少儒
高　慧 张蕴文 陈　琦 宋　渊 杨子江 宋明泽 陈昊天 陈　前 褚　汉
汤　澄 许胜寒 杨凯文 魏圣坤 舒皓祥 宋来健 苏慕杰 何祥平 张旭雯
罗　干 秦正扬 王志伟 王星童 石一帆 张皓月 王志元 孙枫然 闫泽宇
郑　凯 成谷胜 潘粮今 沈君乾 王思齐 王培龙 翟梦超 贺万里 赵坤松
罗雷杰 杨启航 李鹏东 冯　枫 王　捷 王兵权 黄　钺 蒋鸿鹄 李长通
万一超 梁会琦 刘舒阳 唐　林 严嘉怡 周　仲 王　喆 苏意然 方若愚
茆凌风 钱　峰 刘苏阳 陈盛根 林靖阳 方亦凡 陈励纬 唐小刚 孙彦立
张翼东 肖韩杰 郭振宇 刘　平 沈治锦 王玉珏 李永高 陆　岩 陈虹宇
祝世权 李耀升 邱　锐 吴为强 安一格 张　强 宋　乾 杨以国 吴　睿
赵程烨 杜　硕 郑义明 石　可 胡羽辰 任旻航 黄康逸 李鹤逍 刘轩博
王　冰 耿佳名 陈　萌 孙　昂 张亮亮 付林晨 倪　翔 王　涛 何晨辉
解　江 梁　悦 杨　乾 韦信丞 吴乾德 林　夏 杨秀辉 奚俊杰 徐新卓
曾可扬 曹澄汐 童　倩 游嘉伟 俞　涛 杜木杨 张　旭 张信森 汪　威
李菲洋 周宸宇 霍田浩 许依凡 张　弦 王　闯 陈启阳 沈　鑫 陈佳城
朱健平 韩志臣 林　榕 卢泓明 马　骏 杨　凯 陆晨晨 傅环宇 于海峰
杨　阳 邵彦童 范　熊 李佳澄 李长阳 任国靖 魏斯特 国宣哲 钱臻旭
潘亚豪 张晓迪 李碧淙 孙呈铭 王佳伟 熊呈卓 蓝旭罂 孙任运 叶　健
谢思聪 倪佳诚 沈一聪 练　强 李谈词 王月峰 唐　昆 张　颖 申礼臻
姜　波 李　坚 蔡懿博 杜孟林 王　正 孙　昱 王静远 胡炎浩 曹明伟
刘　尧 卢宏宇 张宸浩

土木工程学院 【052】工程管理(50 人)

朱嘉薇 江　畅 李　波 叶倩雯 李琬莹 张家琦 黄　菊 白　艺 韩裕凯
葛中彬 李　尧 徐　将 王纪元 刘宇钊 李孟超 耿茂文 翟清昊 孙毅骐
马俊伟 段强通 黎铁夫 潘一洲 萧圣达 莫沙・罗相 王若珺 沈伶佳 徐雨晴
季　扬 李宜蔓 何雨田 郁　璐 罗照晨 金梦悦 董鸿儒 田　野 郝晨光
沈　淳 杨天泽 余金城 叶　涛 卢天浩 毛文俊 于海哲 黄诗琳 余炜鑫
周星羽 余宗霖 苏子恒 付良豪 孙嘉言

土木工程学院 【053】工程力学(37 人)

周　阳 孟天成 郑佩岩 孙华强 邵世轩 张承文 倪盼睿 董超杰 包东洲
谭荣球 郑　屹 高治亚 吴同德 陈翔宇 巫　頔 陈　凯 赵东昊 李　翱
詹志文 郑逸川 李增聪 田　驰 杜奕呈 张振仪 陳澤權 王雨竹 马梦婕
陈诗卉 郑宇璠 董　梁 王天怡 张会会 刘晓艺 莫　曼 王　琦 马艳香

陆海翔

土木工程学院　【055】给排水科学与工程(32 人)

钟毅杰　王雨歌　刘　芸　王　琦　王臻妍　廖湘钰　王一江　何雪峰　蹇薪持
陈佳枫　陈诗扬　李涵清　罗建文　陈淇铭　沈佳成　林晓阳　阳　洋　王之卓
张鹏宇　程　晗　张奔驰　王富力　周东旸　毕剑飞　黄　旭　王　鹏　罗　皓
张昊辰　韩　乾　罗　威　韩　煦　陈增睿

土木工程学院　【055】给水排水工程(1 人)

曹　铁

电子科学与工程学院　【060】电子科学与技术(122 人)

邓金易　陈　铖　姚志锴　田慕阳　王少凯　郭晟昊　富楚轩　杨　赟　洪剑龙
蒋东龙　许诗卉　刘明月　朱赛娟　刘一凡　史小雨　崔静怡　聂子晴　李林南
肖如吉　董纪莹　杨政晔　张俊杰　王运琦　侯昆岐　曹　晶　吴成均　林宜东
王永东　张丰铎　钱咨廷　常钦皓　周宇超　孙志泉　周佳凯　王　涛　申靖轩
王若尘　傅　鸣　邢佳斌　张鼎恒　唐　晟　谭　聪　蒋誉天　李舸航　袁　迪
陈　杨　唐　皓　丁　越　宋逸群　何楚唯　蔺文睿　初慧杰　唐辛泉　杜子纯
吴亚楠　柳晓彤　李　影　刘宗锴　王旭亮　冯子琛　朱子锐　耿杨烨　张鹏聪
白　枭　王　蜜　肖文松　李俊辉　文一峰　潘雨晨　曹　诚　郭　旭　王宇琛
汤厚弈　任宇田　覃　天　杨奕宁　金鼎鑫　王　凯　陈文鑫　何　力　高浚玮
陶　涛　项文斌　陆琰琰　王梦琪　陆伊琳　陈知雨　厉俏单　杨　琳　刘　荟
何京苒　李再涵　宣城镇　陈　凯　周星宇　张程灏　过雨亮　戴闻生　苏志刚
薛新伊　罗宇隆　严　薪　宗诗皓　吴　楠　俞　峰　汪家喆　鲍　威　刘皓天
鄢志豪　王泽烜　王琪朝　刘盟宇　郭　涛　曹翊宸　王少朋　董笑涵　张宇宸
韩　琨　汤新月　田润知　杨希梅　侯瑞林

电子科学与工程学院　【061】物联网工程(24 人)

张　倩　陈　欣　徐冰倩　李梦潇　娄诗钰　马　妍　鲁林山　史永佼　吴锦东
葛贤亮　汪　栋　汪金泉　郭鹏鹏　杨　沁　宋章先　赵　方　张雨萌　杜志鸿
陆亦诚　黄旭庭　李博爱　薛文杰　曹闫鹏　锺昊儒

电子科学与工程学院　【063】新能源材料与器件(18 人)

龚　雪　陈颖涵　杜怡然　邵文宇　孟凡喆　傅金鑫　向耿召　马祥宇　闵嘉位
吴宇航　郎旭锐　潘任豪　吴海舸　王兴宇　吴　迪　严振霄　罗　聪　郭悦丰

数学学院　【071】数学与应用数学(32 人)

赵敬雯　曾立云　乔富俐　曹琪琪　刘艺迪　朱晨辉　洪　韬　张　屹　万永烁

陈德祥 曲羿铭 王思锦 王继伟 刘勇 黄一波 朱俊源 霍帅杰 卢添
张占 李超 郝未玮 毛宣 张焜 王烝邦 王尧能 谭哲 郝日旭
王梓蘅 罗杰文 潘子豪 周豪 费正晖

数学学院 【072】信息与计算科学(16 人)

黄雨晴 张嫱 邱敬怡 杨桂秀 桂新平 吴雨翰 冯昱文 朱博文 杨胜
徐书宇 何铭 车晓铭 刘子旗 刘军 郑琪 唐润宇

数学学院 【073】统计学(33 人)

矫文薇 董丽枫 冯雅欣 马晓宇 周莲芳 史云霞 刘梓轩 李君兰 王璐琛
胡慧 尤扬 刘晓芬 孙婉婧 计若予 简晓芳 林茵 安少坤 崔洁
张偲偲 王涵彬 赵道燕 朱国梁 贺正午 谭忠恒 王博闻 周子杰 陈相杰
周嘉铭 周子钦 李园哲 王博 童云祀 陈席林

自动化学院 【080】自动化(94 人)

何容 李文慧 刘静 张娜威 周雪亚兰 丁哲通 方雷 胡荐苛 黄文超
李健 林云智 刘策 普歆然 辛宁 邢永陈 徐浩 徐金城 赵学宁
郑宇柯 左霆华 陆明琦 唐越萌 杨懿琳 戴皎 周圣杰 吕思源 沈煜佳
许桢 易荷田 张杉杉 傅晓东 高若峰 苟思遥 胡鹏程 胡志成 黄亚飞
蒋晨 马昌广 唐梓涵 王旭亮 谢隽然 杨飞 于乐 张弦 周天逸
庄文林 刘页恺 张政 寇林祥 胡传昊 李冰 于雪丽嘉 张梦璐 丁超冉
华张闻 黄新宇 黄志远 姜浩文 蒋光峰 刘炅昊 王超然 王怀远 王辉
王琪善 王雨林 薛聚星 张晓博 张旭佶 耿宗盛 陈一洲 寇天德 陈可欣
董绍娟 肖冰凌 余思嘉 张紫璇 单硕 邓程皓 杜凡 邝野 李文健
李自强 林达 林泰来 刘奕男 刘跃博 孙豪 王润泽 王桢皓 王志浩
郑峰 朱继瑜 朱柠 朱毅成

计算机科学与工程学院 【090】计算机科学与技术(135 人)

刘思豪 王昭悦 顾天韵 鲍晓涵 杨阳 王慕瑶 史津鑫 戈妍妍 江扬帆
王展鹏 马建珣 张凯辉 任冠儒 李成嘉 姜凯夫 曹心成 胡永康 王逸然
郑锜 黄键 常致宇 林航 乔梁 赵满 姜浩威 彭一峰 张树仁
张成颖 吴汉斌 徐忠锴 王兴阳 陶宜鹏 薛思超 肖文鹏 许旖 陈含璐
程威 阎雨田 赵春 胡梁栋 程晓轩 钟瑞 胡轶杰 骆颖 林若瑜
葛丹薇 周安莉 谭曦桐 陈芸丽 范旭辉 赵怡原 陆逢源 杨康 刘兴成
陶飞 利瑞 魏然 王铎 陈佳敏 张特 彭浩 蒋宇翔 严肃
潘东元 何礼周 仇昭焜 李仑 令初宇 龙诗宇 王朝阳 薛峥 王开睫
张晴晴 李娅 孟姝彤 刘佳朋 冯盼贺 冯裕浩 李文博 刘云鹏 张春秋
纪力豪 王哲力 叶蓬 丁佳菡 孙凯 陈翔宇 郑思豪 孙新凯 胡雪猛

连胜杨 罗志凯 舒正洲 张宇超 彭行威 陈俊锟 黄子尧 王欢 黄子瀚
李腾莉 冯丹 金玉 武秋韵 王竞贤 马筱 李凯师 邢泽运 郭立伟
严一凡 杨明璇 史凡奇 岑恩杰 高雨枫 朱浩 施公雷 周明 肖之宇
范文鸿 耿义爽 吴云森 姚仕贤 徐英瑞 王书杰 於泽邦 申晓明 郑力锋
沈聿林 罗珩育 杜博伟 石如泉 申泽怡 窦颢 王翰斌 刘子枭 桂博

物理学院 【101】应用物理学(30 人)

刘家茜 张芸婷 李金钰琳 黄逸婧 孙慧敏 刘琬铃 贺李江 吴艺蕾 吕新然
兰博扬 金天晨 刘悦凯 吕锋 王博 李泽安 侯睿 杨振宇 钱骞
彭朝辉 韩幸志 符彬 孔攀宇 徐飞扬 孙梦 刘站峰 王子瑞 赖林琛
满冲昊 钟富贤 梁振川

物理学院 【103】物理学(9 人)

高婷 杨然 沈傅欢 宋晓波 曹雄辉 史静远 涂中豪 魏永健 于旭晨

生物科学与医学工程学院 【111】生物医学工程(24 人)

陈俊豪 朱晨旭 胡慧怡 刘锦 冯丹妮 盛蕾益 莫欣欣 杨航 韩书彦
胡春景 丁冉 杨子 虞韫之 白晶 夏兴龙 霍恩泽 郁晨阳 陈萌
蔡寒阳 陈勇豪 陈烨 韩宜航 吕郦家 张啸天

生物科学与医学工程学院 【112】生物医学工程(本硕连读)(51 人)

胡自溪 张涵 张彩宁 杜远宁 邓瑜 李星辉 马茗熙 王钟毓 张泽汐
程筱 冯沛严 许鹏飞 马良 许可飞 李绍华 张程 谭超俊 谢晨曦
曾嘉 董傲 金纪勇 李浩 张弛 李毅 徐梓康 钟集杏 张雨薇
牟思豫 张弛 张玉婷 李敏 李药 郑婉璐 郭佳慧 张敏 文星曌
郑长坤 黎东升 杨志浩 蔡天一 许成韬 蔡润泽 殷一帆 陈阳天 王岭枫
卢川 郭铸慷 田培龙 郭占航 佘聪 刘佳腾

生物科学与医学工程学院 【113】生物信息学(11 人)

施锦香 周盈宵 蔡旻淇 黄文娣 杨雪 王弋 王磊 黄清伟 韩维
丁锐 金益康

生物科学与医学工程学院 【261】科学教育(12 人)

程紫怡 潘丽萍 张玉洁 方舟 周艳华 黄文钰 燕傲傲 支伯川 张志强
刘秉鑫 刘磊 裴聪

材料科学与工程学院 【120】材料科学与工程(112 人)

王静 徐勤勤 秦湘倩 高雪 王菁 周镜茹 邱萍 顾梁裕 朱兆辉

樊一鸣　董红建　林　杰　陈　成　向文宇　童　帅　王易围　王会一　欧阳臻旭
喻世平　杨　青　张洪瑄　余　昊　孟亚奎　杜松林　王方圆　李瀚祥　周杨帆
杨瑜冰　张秋月　潘玮珍　马锦雅　古震琦　李文卓　申巧云　刘京荆　金　璐
邓心怡　王佳扬　沈奕阳　谷业含　陈　阳　耿文帅　陈祯泽　王雪祺　汪含宇
孔新宇　邱大可　王　谨　李　凯　颜子尧　孟庭旭　胡易林　吴利民　陈利明
周晨杨　毛靖舟　党宝双　浦智慧　林云敏　王楚赫　王　敏　覃岚芯　俞晓涵
刘　亿　林彤彦　孙毅峰　贾得明　郭鹏业　韩　珂　潘　哲　王　森　汪超翔
郑肇昕　白海霖　常　凯　陈　灵　陈和胜　周横一　葛有文　刘　新　边坚勇
徐益群　周星竹　伍诗捷　赵思韵　张建超　姚　正　杨靖娴　尚真真　何嘉敏
庄瑜奕　马明宇　芮云鹏　王亚利　冯云飞　方正伟　郭　魏　陈　浩　刘智勇
王永超　方大意　陈文宇　袁　帅　陈世通　朱子豪　高文培　李福琛　仲　雯
张明坤　王　崧　殷　琦　岳高源

人文学院　【131】政治学与行政学(32 人)

浦宁益　王若茵　张睿驰　刘　佳　姚泠芊　王　云　鲍　笑　张梦瑶　李林燕
陈　静　西宗卓玛　周蓝青　金晨晨　黄雅萱　韩依玹　於方惠　徐　静　于嘉咏
萨　珍　丁真卓嘎　许墨洁　胡辰璐　徐静雯　雷诗慧　张梦垚　曹则慈　旦增确卓
陈俊儒　泽巴旺修　毕　銪　赵泽丰　孙　贺

人文学院　【132】社会学(33 人)

葛若禺　李冬梅　张阳卉　李文娟　朱文静　王一璇　王子雍　贾胜楠　杜凌菲
刘佳欢　徐　艳　姜　玥　孙一涵　申佳豪　崔玉娇　张雪晴　王晨茜　旦增央宗
杨　舒　钱长虹　格桑央珍　旦增白珍　吴　倩　闻　婕　郑艳儒　杨若雨　张丽芳
木哈热木·买买提明　刘志昊　田明昊　王博文　阿拉帕提·艾力　刘锦涛

人文学院　【133】旅游管理(22 人)

张欢悦　洪　琮　刘克颖　施文琪　李晶晶　尹　欣　王　旭　凌　玲　张　敏
吴　颖　张天阳　张　阳　王佳欣　谭雅玲　殷黎辉　拉达旺堆　平措云旦　张　亮
罗明辉　王奕新　郝　运　周诗韵

人文学院　【134】汉语言文学(31 人)

王　娟　王月桥　梁　芮　刘思瑀　张艺洁　赵　丹　黎万峡　杨　露　吴健健
王秋子　袁华茜　赵姝怡　顿珠卓玛　曲　尼　陈诗璇　龚姝珺　翟蕊晗　周　怡
常梦丹　杨雪雯　杨　洋　朱奕奕　王梦瑶　高雨娜　雷　灏　何柔桑　袁朝凤
何孝国　严众阅　刘汝坚　吴　为

人文学院　【136】哲学(17 人)

王艳萍　丁柏伊　李昕璐　苏牧晴　孔　硕　陈梓钰　黄慧雅　李江姗　王文瀚

旦增曲米　刘嘉伟　薛　飞　董居宸　张乔镇　张晓迪　邓茂林　朱兆丰

经济管理学院　【141】信息管理与信息系统(31 人)

林　凯　丛　鑫　郑　珑　李佳妮　王梦娇　沈昕旸　赵　娟　肖　利　朱　茵
宋浩田　安振露　贺梅晨　张晨歆　张可莹　褚晨予　谢江涛　诸泽宇　刘　阳
王唤阳　王路津　刘泽宇　叶晓鹏　李　浩　侯鹏君　钱　康　陈竑颉　徐　鹏
契佳强　王恒泽　郑士捷　叶子逸

经济管理学院　【142】国际经济与贸易(27 人)

段雅丽　王珮蓉　张梅瑛　苏　娅　李飏希　李堃仪　张如霞　杨　融　张　堃
刘沁清　邓茹月　张慧君　侯泽晗　陆琪瑶　卢　玉　朱登芳　李展兴　马　旺
苏义煌　丁　天　铁留江·奴尔旦嘎孜　范鹏攀　叶泽馨　杨梦磊　石　畅　吴鸣芳
夏鹏飞

经济管理学院　【143】工商管理(26 人)

钟　洁　李　佳　李雅静　于佳越　乔海娇　次仁央宗　谭　琴　德吉央宗　吴康斌
张雨诺　卢晓航　张佳蕾　阿丽米热·阿卜杜瓦伊提　王　琥　刘　龑　张　帅
王　丹　陈克诚　解　灏　巨天贺　廖健翔　韩雷恒　管厚文　周　敏　夏智豪
陈庭锦

经济管理学院　【144】会计学(51 人)

吉轩帆　卢可为　赵益宁　朱　敏　李佳卉　丁子云　法靖雯　周　瑜　鲍仟仟
江琳翊　陈吴越　王　婧　李欣然　杨之琳　赵宇曦　陈佳佳　张　杰　蔡成先
张义康　卢宏发　王　岐　姚远超　倪一博　荣检槐　吴昀宣　陈语萌　刘　怡
张　晗　周忆扬　汪惠敏　鞠晓寒　杨　晨　张　洁　王　双　崔佳慧　吕秋月
冯　敏　王佳旎　马兰亭　胡雪杨　高萍萍　童高洁　况璐莎　蔡蕊婷　曹　爽
任婕妤　俞丽琴　戴静宜　田小红　王龙飞　木热地勒·艾买提

经济管理学院　【145】金融学(54 人)

钮文君　张　航　余子涵　张　琰　郑欣欣　赵　育　邹　奉　孙宇涵　高红梅
赵燕芳　徐慧敏　汤丽娜　邵涌怡　施　敏　张　月　向安妮　刘　越　张颖琦
陆刘蓥　夏　宇　岳跃华　刁艺昕　曹靓宁　范曜钺　施家男　王　聪　朱逸纯
姚欣怡　张皙秀　蔡雨汀　翟　玲　印菲菲　李一楠　侯　赟　徐子琪　陈乐乐
王诗曼　管永梅　陆佳阳　赵美玲　郑娟娟　林泽倩　宁　琳　葛逸云　刘　婷
龙　昕　王　浩　王嘉齐　孙明阳　王　楠　宋钧剑　曹乐云　戴　浪　胡玮全

经济管理学院　【146】经济学(28 人)

李梓豪　陈　敏　蔡　轩　姜媛媛　周芳屹　刘　莹　杨瑞雪　李丹凝　施　琪

贯美晴 戴　玥 张丹阳 刘晓娜 宋超予 陈　雨 马敏霞 盛　洁 蒋文培
李　静 吴旻昊 张宏朔 徐忆谆 王振康 陈家熙 罗开阔 田　博 纪曹阳
应鑫豪

经济管理学院 【147】电子商务(24 人)

陈可旺 苏　航 张　崴 王晓晨 王梦婷 伏毅珍 罗陈斌 李　悦 张云佳
马秋庆 曾子轩 陈　立 李田杰 胡海昌 杨泽宇 张之杰 陆凯鑫 吴智星
李声毅 杜嘉傲 彭　程 孙崇文 汤莎莎 李一鸣

经济管理学院 【148】物流管理(33 人)

潘思佳 俞　悦 许蒙蒙 肖奕婷 王　珺 李　丹 胡雨林 张丽娜 杨　艺
李志雯 张雅婷 许　诺 王　俊 陈　爽 吴运泽 钱琦睿 徐昊天 郎泽坤
汪　志 李梦齐 桑嗣洋 韩　坤 彭科霖 赵　志 林家峰 吴　祥 崔晓豪
袁巨峰 张志勇 朱乐愉 吴风平 汪　雷 郑泽鸣

经济管理学院 【149】金融工程(17 人)

高　乐 叶子璇 徐艺珺 王　赛 陈隆瑞 陆　琪 耿倩月 智清蓉 毕江萍
陈香玉 唐丹丹 刘雪雁 文世航 施玲珑 陈晓风 严　晗 王　磊

经济管理学院 【14Y】国际经济与贸易(英文)(21 人)

胡晨子 钱雨桐 黄振妍 崔子晗 孔淑云 郭佳欣 屠　晨 蔡　萌 周一凡
王靖婷 董嘉琪 李姝婧 俞佳瑶 李婉菱 吴豪杰 张浩远 汤惠杰 杨翼飞
王伟光 胡泽敏 徐方琢

电气工程学院 【160】电气工程及其自动化(163 人)

陈　晨 刘诚恺 张天成 李依凡 叶志远 唐思恒 李明昊 徐　路 胡　宇
储娜娜 杨翠香 许　璐 刘雪君 沈　珺 邹风华 弓　悦 潘宁波 詹若培
安闪闪 孙琦润 张力哲 吴　鹏 胡　凯 闫志鹏 胡子龙 江晓庆 应志平
董家盛 程　煜 胡子健 戴鸿健 陆钰宝 刘杨阳 刘伟成 庄曼玉 缪艺昕
宫　琳 吴洁萍 李　琦 陈逸涵 陈子琳 李一鸣 王　文 张瑞曦 吴　政
汪天允 陈炼铭 卢道明 常　平 潘　彧 桑林卫 黄凌锋 罗首权 徐　伟
韩东良 刘之涵 李兆琨 黄启铭 陈颢元 徐　阳 张文韬 吴一可 张小雨
胡纯一 夏周勤 徐　伟 董羽翔 黄　博 黎顺至 王　伟 李善良 郭　旭
曹　阳 蔡　浩 袁春悟 郭昆健 蔡星浦 段少彪 闵铁琦 侯　宇 杨　扬
石　岩 庄雨轩 张　琛 王洪儒 朱　泽 陶欣昕 袁　泉 陈嘉薇 吴　珏
常　淼 卢皓宇 温从剑 张佐汀 唐　振 张令康 吴宇峰 黎立都 刘昌杰
陈　阳 王文硕 顾玉麟 仝凌云 常广宇 马猛杰 贯志鹏 陈　熙 沈家辉
梅傲琪 虞　悦 聂钢柔 杨　笛 吴　仪 李梦月 琚天鹏 郝韶航 罗哲君

赵伟程　顾嘉乐　许利通　黄天谱　温晓龙　陈云琦　徐高峰　陈　涛　王丁炜
李　天　吴振宇　阿迪雅　潘　啸　马博翔　吴成根　丁一凡　陈鹏程　冷钊莹
梅叶依　张宇豪　郭紫姗　韩　雨　郑华明洲　张　艺　石旭江　史涵璐　吕政霆
蒋欢城　陈宇航　张庭瑞　张津栋　李安持　徐正荣　宁新福　褚旭东　单博航
尹继辉　王灿冰　陈　威　潘　堋　焦　隆　杨　楠　夏　雪　刘晓煜　赫一腾
鄂振扬

外国语学院　【171】英语(39 人)

包　槿　陈晓琳　匡寒玥　杜丹雨　郭倩茹　胡兆娅　沈晓雪　李　梓　陆一旭
苏瑞孜　张楚悦　徐娅婷　张诗静　李世玉　马子阳　孙正楠　郑艾劼　李嘉欣
陈君懿　谢贝珊　石雪颖　张　琦　卞舒婷　刁晨璐　傅琳涵　韩瑜晨　姜国霞
刘梦婷　缪　湘　杨晓蕾　谈　昕　王劭宁　夏佳雨　徐　洁　张溪虔　冯继平
高晨宇　徐清峰　杨长冰

外国语学院　【172】日语(35 人)

安鑫燏　蔡　娇　陈　晔　杜中梅　胡桂铭　李韵涵　刘艳龄　钱　蔚　沈心怡
宋　旻　孙嘉苗　韦伊宁　王潘悦　杨晨曦　于敏坤　张天琦　钟依彤　凌雨浩
张世彪　白若冰　曹馨元　胡鸣岐　丁　煦　龚雅琴　刘　唱　乔敏瑜　沈诣成
许樱凡　孙划仁　陶子婧　游子贤　于小双　赵雅洁　朱清扬　张天正

化学化工学院　【191】化学工程与工艺(40 人)

黄芳芳　李婧祎　马榕蔚　魏如苑　刘雪萍　阮芳玲　向珮嘉　曾　燚　李宛桐
田子尊　高德伟　仇楷博　林　辰　万　祎　彭　程　孙凯凯　杨成函　杨团松
龙耘辰　奴力吉克提·沙帕提　张书铭　刘志博　林芝晔　李美娟　尹林植　许淋军
张静一　陈恺源　蔡浩年　黄依洋　王　磊　潘佳正　南　丁　唐开元　李家维
李先河　钱文一　魏学博　潘　强　张　黎

化学化工学院　【192】制药工程(15 人)

明　晶　李　贞　郭　彤　潘梦梦　曹沐繁　张晓琴　杨岽莓　刘　倩　张梦婷
马倩茹　张富强　冯可健　李兴林　魏宗成　张丽梅

化学化工学院　【193】化学(13 人)

卢莹炜　潘　洁　王秋瑜　沈　杭　韩　策　储　达　焦建敏　廉佳宁　李金钊
侯培杰　李培智　房　地　王　文

交通学院　【210】道路桥梁与渡河工程(茅以升班)(20 人)

杨子晔　朱雅婧　姜嘉玲　王锦亮　任隽丰　李树伟　丁子健　李树仁　郑　兴
顾冠男　朱志远　王锋锋　孙肖寅　马柏杨　汪　锐　张　愉　李　爽　董　理

胡浩辰　邹奕润

交通学院　【210】交通工程(茅以升班)(20人)

魏　薇　王　楠　郑姝婕　朱　梅　谢佼宏　刘　培　史　科　邰静华　吕　成
罗小康　刘子曦　杨沫枫　徐硕研　袁　钰　杨名远　全民圣　张子墨　姜晓辉
傅　宇　郑永涛

交通学院　【211】交通工程(70人)

陈路瑜　吴金莲　罗津宇　康百川　徐　敏　李昕怡　杨袖陵　李　婷　耿昕钰
李彦青　张婧钰　刘以宁　蔡　飏　罗玉洁　刘　琪　赵　荣　应　俊　毛安妮
辜小航　张娴慧　陈　敏　金　雪　单　简　董晓博　陈　诺　胡敏琦　印俊霖
黎　萌　杨昊明　吕伟亭　张一豪　张经纬　孟凌宇　曾　鸣　张雨嘉　王昱昊
徐文杰　周亚倩　程子金　强　禹　孟祥赫　陈俊兰　吴子馨　陶　楠　杨雪梅
戴　钤　裴亚丽　凌　墨　汪晓寒　邹沂娟　郭昊旻　李佳悦　王君羽　许艳平
邱嘉妍　朱　彤　臧铭哲　赵　杨　陈　旭　亢晓妍　李玉娟　阮泽景　段超睿
吕　呈　周子豪　阎含章　张　放　申　强　张霁扬　吴坤润

交通学院　【212】交通运输(33人)

谢欣欣　何泗锜　游茹冰　徐铭蔚　张浩云　孙莲杰　周　婧　吴梁缘纯　李佳佳
侯斯嘉　吴思琦　赖　佳　任　萍　辛一慧　左方敏　杨建新　袁皓阳　曹伟伟
韩　澳　邢毅峰　粟嘉炜　杨明鑫　史海龙　王子彤　胡家铭　钱子晨　吴华杰
谢　陈　寇智奇　傅　玉　李　越　胡　敏　薛子翰

交通学院　【213】测绘工程(23人)

陆丹颖　李晨玉　李小翠　杨尚东　李林华　黄进星　刘永胜　孙璞玉　史天泽
赵　刚　王博昆　凌　航　陈延文　白玛朗加　董利银　朋子涵　杨　艺　王　浪
李　帅　夏有辉　董国庆　艾尼瓦尔·阿卜杜杜喀迪尔　董宪章

交通学院　【214】港口航道与海岸工程(29人)

樊若川　孟萍萍　郭美婷　刘双名　张亦然　云　澍　郭永生　于隽伟　李明轩
韩洪欢　孙晨阳　孙德平　杨　帅　孙一哲　杨　博　骆文博　史　健　涂俊星
张多福　詹天欣　范　成　林沐东　谢雪杰　赵元铭　杨凌涛　刘　轲　李　尧
陆　铮　林思翔

交通学院　【215】地理信息科学(21人)

曲俊蓉　丰　霜　魏　榕　范佩佩　王　茜　张　涵　陆　欣　李梦瑶　王其玉
张琦悦　石桂霖　马　骁　金　坤　叶承赟　陈　博　唐　懿　孙赫杨　许志翔
刘宇航　王瑞超　孙文武

交通学院 【217】道路桥梁与渡河工程(81人)

黄怡 杜力 梁文 王士杰 牛传同 黄少琦 肖隽 郑静怡 李璐
葛飞扬 周雯 董鑫 贾若冰 朱雨 郑柳青 夏悦 郝仲祎 姜浩
张程 张真铨 贺嘉祺 王添令 胡秋明 张汉成 钱楠 刘泽浩 徐兴
杨迪云 孙浩川 高翔 黄牧允 徐叶舟 韩磊 石中琦 丁兆华 何寄言
李克凡 覃忠余 胡韧 方信 余瀚林 申志飞 王烨 张泓 葛乃玲
吴悦青 叶舒凡 刘考凡 刘佳玲 乐琪琦 严佳玉 钱李希 刘曼毓 李婧
王金鸣 董惜杨 范爱华 程迎 张进 徐多 吴曾晗 黄子超 刘自涵
刘胤 王泽琛 高峻凌 刘诗城 王国彤 王栋 黄子文 王国昊 王毛宁
黄迪 骆晓蕾 陈天阔 张晓宇 黄浩 莫振辉 樊海润 汪高峰 李震

交通学院 【218】城市地下空间工程(41人)

吴德忠 盛童 邓雨 卢凡 马鉴珲 韩罡 袁楷轩 郭永旭 李凯
李秋实 胡易宸 张腾龙 李燚 鲁泰山 何心缘 周聪 何家琪 刘康宇
许啸宇 龚泽佳 徐泽瑞 梁奇锋 张彦彬 孙建伟 邹璞 丛禹霖 郑宫龑
尚志恒 李星圻 李钊 罗海鹏 孟嘉 曾珞 肖瑞 吴桐 郭汉宸
陈若愚 苏鑫杰 高旭 黎振南 蔡维维

仪器科学与工程学院 【220】测控技术与仪器(78人)

黄芷莹 熊千千 林静 刘希婧 高菊 董雅轩 李宇时 潘雨晨 施赛佳
王子静 周兴俊 王志宇 李文凯 尚昊 杨凯 黎明汉 李洪江 王昭东
叶升威 范璐 谢奔翌 刘瑞琦 单婧雯 苏雪晴 张婧怡 邓玮雯 延皓
李坤 邢闻 宋扬 李嘉哲 营世煜 周巍 柳迪 王凯旋 吴杨
陆旭 陈文 肖作栋 李宇杰 应晓晨 廖佳运 郭雨辰 钱蕾 廖萌
吴黎明 高烨 陈祎婧 李典 章涛 童真 胡书铭 杨历凡 刘启汉
吴思 余伟杰 胡山山 江朝军 卢世昕 张永敏 王思凡 蔡梓良 陶一豪
完定阳 闻贺 李亚康 黄天意 叶四维 李松涛 李英昊 龙宇飞 王宇
袁志杰 邵斌澄 厉叶 王嘉韵 丁昌鹏 马彬杰

艺术学院 【241】美术学(14人)

杨柳 牛照地 王梦瑶 罗琴芳 王逸菲 杨琪琪 王雪苗 杨格格 徐媛
俞悦 路瑶 黄潇雨 傅子源 杨令杰

艺术学院 【242】动画(18人)

庄雨雁 周雨卉 申思 金晶 朱楠 徐意 陈月 薛秋雅 陈滕羽卉
倪雪婷 邬珍莹 徐慧 李心仪 赵雨心 戴柯羽 王丽坤 王钦诚 余家恒

艺术学院 【243】产品设计(47 人)

沈心怡 季丽亚 毛玲燕 乔雨虹 杨舒婷 陈书贤 张 晓 高 盼 胡 可
段雨欣 钱奕纯 罗心怡 刘巧云 焦 娇 汪苗苗 胡熙苑 汪雨笛 陈 玙
姜 苏 董丹志 周忠旭 王 达 苏何野 彭赫迪 祁 琪 申皓月 邹 宏
徐将依 赵雪涵 蔡宇红 金 琪 陈 洁 陈葭荣 瞿 莹 张悦嘉 鞠 航
余 萍 焦雨晗 马 乐 林诗蝶 张 盟 李 亮 周朋建 徐清晖 徐 鑫
任顾铠 石雅璇

法学院 【250】法学(60 人)

阿曼古丽·艾合米提 陈 璟 陈 弦 丁心叶 勾健颖 顾崇书 韩彦君 黄文青
黄 莉 姜梦宇 金 婷 李诗雯 罗时雨 庞馨黎 沈童非 陶 媛 王晓雨
谢京桐 许忆南 杨晓歌 张 敏 钟佳宇 朱玲瑶 达瓦扎西 杜 震 华梓成
刘 鑫 邵 朗 俞佳鑫 卜萌露 陈奂冰 陈如馨 德吉卓嘎 董慧玲 董怡婷
段宜辰 何欣雨 黄 丽 和亚娟 姜姝婧 李梦琪 李 燕 玛黑扎提·木拉提别克
石语甜 汪凌风 吴京晶 徐 艳 杨瑷绮 张华昕 赵毛毛 朱竹露 赤列顿珠
丁金钰 哈斯特尔·沙力塔那提 马浩轩 杨童桦 掌博文 曹 蕾 邱 晓 刘翰青

无锡分校 【042】信息工程(33 人)

刘奕琳 申婷婷 樊依晨 李仕婷 孙晗祎 李 渊 包雅孟 顾 驰 严立立
朱湘湘 张 璐 王 玥 明 月 徐 骄 刘 祺 朱 明 裔 成 褚洪耀
沈小虎 于佳培 钟 凯 惠鸿儒 华 远 王海卜 张毅远 龚树轩 武芝敏
李欣璘 周苗苗 许 笑 李郭成 吴 悦 陶心怡

无锡分校 【062】电子科学与技术(6 人)

李楚文 顾梦娜 周 媛 刘康妮 丁传传 吴 涛

公共卫生学院 【421】预防医学(43 人)

胡道勤 燕思雨 王之卉 姜 新 钱依宁 陈 阳 时倩雯 杨 姣 蒙沿縣
刘剀剡 王 卿 宛雨佳 杨子杰 陆 强 朱显明 阿吴英·哈得勒别克 刘新刚
张 浩 赵喜生 朱佳倩 彭娜娜 周 旭 杨 贝 黄祯赟 姜 铭 任 怡
李佳琳 施乃扬 陈剑双 余 卓 李嫣菲 岳青青 周旻豪 张 鑫 季悦锴
汪业胜 林晨昊 李玖明 张 虎 高翔宇 李运锋 杨正龙 甘宗友

公共卫生学院 【422】劳动与社会保障(30 人)

徐 桃 罗 措 宗婧清 贡格卓玛 史 越 龚 雪 央 金 王祖煜 刘佳檬
吴美琪 阿孜古丽·热依木拉 卜佑禄 斯朗次仁 次 仁 王心雨 次仁措姆 杜嘉怡
胡 露 顾小琪 次旦卓玛 王 杨 刘亚倩 热依扎·开米勒汗 木尼热·阿布来提

阿合力拜·波拉夏克　次仁罗布　朱宇辉　李伟瑜　巴特勒·努尔兰　卡吾哈尔·赛肯

医学院　【411】生物工程(20 人)

庄　玫　黄子莹　张　远　魏姝瑾　吴晴歌　张诗鑫　朱丹菲　蒋昕钰　肖润宇
李　洋　邢　乐　王钱生　许俨钊　陈江涛　田　浩　张　同　杨　哲　朱昆仑
闫晓彤　赵　访

医学院　【431】临床医学(90 人)

窦萌萌　刘　伟　金心韫　高　慧　陈希熙　徐梦游　李咏使　蒋冬媛　黎虹薇
哈力米拉·买买提　牙合提克孜·木合旦尔　郭悦彤　张宇　王萍　蔡敬宇　曹新蕊
马伟虎　杨展能　徐志伟　杨　涛　吴　泽　麦麦提阿卜拉·托合苏　殷　瀚　崔　青
刘　旭　王　凯　蒋园园　杨　群　范赡文　白文娟　董丁荣　阿吉古丽·亚库普
阿衣其来克·木合达尔　次仁曲吉　扎西卓嘎　周芯夷　马　楠　马安然　幸　琳
哈斯也提　童科贤　王牧一　蒋　文　叶子洋　卞冠男　赵立丁　徐玉柱　刘　洋
岳建良　洪　莹　谭西燕　罗安邦　向　东　杭程程　谭　莹　陈珊珊　王宝霞
刘　畅　吉晓凤　滕莉红　朱凯莉　马　靖　姜志君　马旭霞　付　钰　刘　硕
马　珂　格桑德庆　丁照莹　邱　寒　徐一帆　李思琪　柴森林　李　景　戴诗嬰
刘德承　穆拉迪力·阿卜力克木　陆　逊　刘晓娟　马梦怀　崔　睿　王皓飞　王中旺
董　兵　德　央　喻曦子　朱源源　吴逸璐　李　爽　巴延图尔·艾力普拜克

医学院　【432】临床医学(5+3 一体化)(123 人)

沈　甜　韩钰钰　陶花逸　薛　玉　石霁箐　杨　楠　周安琪　张　娜　马俊怡
陈文达　王思琪　金渊涵　武广焱　胡英杰　李鉴坤　丁　远　蒋运罡　吕沁依
曹　旭　刘桑妮　王　禾　陈子木　张　誉　周　菁　任玲玉　朱慧敏　高　洁
孙雨露　陈思雯　高　玥　汪婷雅　郭　荔　查倩倩　陈政祺　杨凯歌　刘　文
王　振　许吉昊　何　钦　季振军　靳　浩　蒋峥杰　亚力坤·玉苏甫　张嫣然
黄莉棠　曹晨睿　朱怡倩　秦　怡　殷　韵　杨　鑫　薄祥薇　顾　楠　马玉萍
季　璇　张倩男　刘熠赫　易仁鑫　宋振飙　仲之恒　钱佳俊　王　剑　姚　磊
郭光猛　甘　凯　轩文彬　徐月红　潘誉丰　王　杨　钱静益　许邵莹　王艺锦
冯笑笑　贡颖颖　吴静叶　陈亦路　钱君怡　徐　艺　秦鹏菲　陈思越　汪　洋
戴雨晨　祖　娟　曹莉莉　祁安琪　史天一　钱思伟　孙仲煦　高文韬　钱　铭
魏　宁　陆郅尚　茅苏铭　王子杨　李　聪　查明明　史汶沅　张　玄　黄　楠
郭晓颖　陈慧娴　高卓赟　张宁静　顾仕红　姜靓婧　陈　磊　邹雅文　姜秀玉
耿朋朋　郝　彤　郭　敏　沙　俊　李儒雅　施　磊　胡胜烨　汪　超　李熠瑶
吴环宇　孙　岳　田家乐　史宇泽　刘匡正　叶尔那·沙太　徐童童

医学院　【433】医学影像学(29 人)

马紫瑶　冯苏洋　张　进　史　冰　雍千叶　徐　雯　关　爽　陈　琪　程　帆

谢雁蓉 颜超君 李彦林 赵 珏 许 影 袁 栋 孙 雨 周耀辰 陈一飞
徐瑞雪 冯 睿 宗 垚 周健琛 冯筱扬 孔 宇 张茂盛 于 谦 张弘毅
徐枫铖 周 凯

医学院 【434】医学检验技术(17 人)

万晗晓 雷海娟 汤帅雯 孙杨子 符利梅 卓玛德吉 邸凯莉 赵若楠 马梦吟
次 央 丁 莹 纪玥玥 吗依努尔·图尔贡 叶加炜 陈哲昕 盛 哲 顿 追

医学院 【435】护理学(15 人)

格 桑 舒婷婷 凯迪日耶·奥斯曼 周冰莹 陈正飞 阿吉古丽·艾比布拉 郭俊逸
次仁曲色 朱 萌 泽仁德西 陈 飞 阿卜来提·艾则孜 措吉拉姆 李 琴
达瓦吉宗

医学院 【438】临床医学(拔尖创新班)(29 人)

胡梓菡 袁本银 陈思洁 曹无忧 谢爱明 曹 蓉 王 希 胡心惠 嵇婷婷
魏佩佩 陈怡帆 张玉霞 雷思雨 刘 钰 杨璨粼 王慧泽 刘佳宁 王永芳
鲍建彤 黄思佳 陶金园 朱以鹏 汪 盛 李盛伟 黄志豪 李潇坤 李明康
邱 晟 武俊杰

吴健雄学院 【613】道路桥梁与渡河工程(1 人)

雷凯雯

吴健雄学院 【613】电气工程及其自动化(1 人)

肖 鹏

吴健雄学院 【613】电子科学与技术(2 人)

唐晓荷 刘天远

吴健雄学院 【613】机械工程(1 人)

雷思杰

吴健雄学院 【613】交通工程(1 人)

戴昀琦

吴健雄学院 【613】生物医学工程(6 人)

张紫菡 卢 凝 吴晓涵 凤 石 郭家琦 周昕童

吴健雄学院 【613】土木工程(2 人)

闫雪晗 李乐天

吴健雄学院 【613】信息工程(12 人)

李鹏云 方梦初 孙 凯 黄启圣 李杰彬 方祖琦 赵 佳 陈哲恒 孙 榛
万富达 徐允昊 刘雪骢

软件学院 【711】软件工程(112 人)

牛钰茜 焦暄雅 陈冬儿 雷媛元 刘 沛 刘 畅 付 豪 王泽民 韩璐璐
崔 铭 王佳镭 帅治林 周 彬 王步超 李 前 李嘉文 施家健 江昊鸿
刘 迪 兰 威 温 赟 卢修明 李东阳 吴志翔 韦 权 罗 帅 陈名炀
崔颖华 刘 畅 杜 臻 于向前 陈 柱 任向前 崔纪伟 李朝华 韩 添
陈雄辉 曾博晖 章 凯 刘宇轩 田大海 朱雪松 龚健康 田 信 吴正凡
李 耕 黄骋志 殷中钺 贾昊楠 韩雪琛 李鑫涛 陈钰璇 邓小夕 李俊松
苗铁男 尤 博 陶易成 凌丽阳 吕冠岚 袁 皓 聂 超 邓 鹏 尹志超
吴万金 田起光 左建成 程 晨 胡皓然 吕 炀 邢晓昆 包莹星 陈 芬
黄伟杰 吴千乘 吴泽理 项 文 付涵西 刘 宝 陈 宇 韩雪滢 蔡舒畅
宋雅莉 吴雅萱 李 鑫 关龙涛 方 舟 李志男 董传奇 徐赵诚 石宏峰
徐方进 林成栋 贾乾乾 代旭杰 吴兴伟 丁云峰 韩 霖 钟玉祥 王欣允
王 鑫 冯 森 钟佳平 陈陌信 何明胜 白 洋 赵 杨 陈星宇 汪进成
赵 晨 刘泽琼 彭 颖 高奕丽

软件学院 【71Y】软件工程(英文)(24 人)

高舒雯 徐 妤 于 董 孙启凡 王如梦 王海萍 江咏涵 刘月琦 詹 涵
贾岩琦 陶 冶 庄亦舟 黄鑫晨 于海旭 吴小宝 崔浩宇 李昌懋 王颖超
徐 犇 姜 越 金 威 刘 鹤 祁 辉 李卓立

2018 年国家级教育教学成果奖奖励项目表

奖项	成果名称	成果主要完成人	学院
一等奖	学做融创 通合一体——建筑类创新人才培养的系统改革与实践	王建国,韩冬青,鲍莉,孙世界,陈薇,朱雷,张彤,李向锋,夏兵,张嵩,傅秀章	建筑学院
	产业需求牵引的计算机类创新型工程人才培养模式及其实践	罗军舟,李伟,耿新,杨全胜,汪芸,舒华忠,程光,徐立臻,姜龙玉,李雯,吕倩	计算机科学与工程学院

（续 表）

奖项	成果名称	成果主要完成人	学院
二等奖	“科教融合、全程多元、知行合一”的物流创新人才培养改革与实践	赵林度，王海燕，李四杰，何勇，薛巍立，韩瑞珠，孙胜楠，赖明辉	经济管理学院
	基于工程创新研究的能源动力类大学生实践教学改革	钟文琪，肖睿，朱小良，王明春，周克毅，归柯庭，张小松，吕锡武，华永明，陈九法，司风琪，李舒宏	能源与环境学院
	“一轴·双驱·三联动”——德才兼备型土木工程创新人才培养的探索与实践	童小东，吴刚，邱洪兴，陆金钰，李启明，周臻，张培伟，尹凌峰，王燕华，缪志伟，陈韵，舒赣平，傅大放，刘静，王景全	土木工程学院
	构建科教融合、虚实结合、校企联合实践教学平台，创新测控专业人才培养模式	宋爱国，祝雪芬，王立辉，祝学云，陈熙源，张力	仪器科学与工程学院
	适应现代微电子产业发展的本硕博贯通式创新人才培养模式的改革与实践	孙伟锋，汤勇明，仲雪飞，徐申，吴建辉，李智群，孙立涛，时龙兴，王志功，张在琛，凌明	电子科学与工程学院
	“四位一体”建构全员全程进阶式研究型教学体系的改革实践	郑家茂，雷威，邱文教，朱明，熊宏齐，沈孝兵，吴涓，陈峻，邓蕾，潘晓卉	教务处
	思想政治理论课贯彻体现社会主义核心价值观的探索与实践	袁久红，郭广银，许苏明，叶海涛，盛凌振，刘魁，孙志海，刘波，袁健红，翁寒冰，高照明，涂亚峰，孙莉玲，陆挺，廖小琴	马克思主义学院

2018年第一批产学合作协同育人项目立项名单

项目编号	项目类型	项目名称	公司名称	负责人
201801013003	新工科建设	面向“人工智能+结构创新”的新工科复合型人才培养模式探索与实践	National Instruments	陆金钰 王景全
201801086010	教学内容和课程体系改革	运动控制系列课程教学内容和课程体系改革	昆山巨林科教实业有限公司	郝　立
201801233004	教学内容和课程体系改革	多场景动态变化基坑形变检测虚拟仿真实验	南京恒点信息技术有限公司	戚浩平
201801010015	创新创业教育改革	大学生电子综合设计创新能力培养及竞赛实践	德州仪器有限公司	胡仁杰
201801015012	创新创业教育改革	学科竞赛与学术创新能力测试探索	赛灵思公司	汤勇明

2018 年度校级教材建设立项一览表

序号	院系	书名	作者	备注
1	建筑学院	木构记	韩晓峰	新编
2	建筑学院	景观环境行为学	陈　烨 孙茹雁	新编
3	建筑学院	生态城市设计理论与方法	杨俊宴 章　飙	新编
4	机械工程学院	创新思维的培养与实践	张志胜 周芝庭 林　琼 焦　伟	新编
5	机械工程学院	液压与气动控制技术	殷国栋 陈建松 骆　号 张　辉	新编
6	机械工程学院	基于项目的工程训练教程	陈建松 骆　号 杨延清 施吉祥	新编
7	机械工程学院	数字化设计与制造	苏　春	修订
8	能源与环境学院	工程流体力学	归柯庭 汪　军 王秋颖	修订
9	信息科学与工程学院	数字集成电路 EDA 技术——综合与物理实现	胡庆生	新编
10	信息科学与工程学院	通信网原理与技术	王霄峻	新编
11	土木工程学院	隧道工程	陶　津 邓温妮	新编
12	土木工程学院	结构力学	吕令毅	新编
13	土木工程学院	工程造价管理研讨导论	袁　芳	新编
14	土木工程学院	工程管理概论	成　虎 宁　延	新编
15	土木工程学院	土木建筑计算机辅助设计	冯若强	修订
16	电子科学与工程学院	电子器件与系统可靠性理论基础与应用	樊鹤红 刘斯扬	新编
17	数学学院	数学物理方法讲义	杨　明 石佩虎	新编
18	数学学院	非线性发展方程的有限差分方法	孙志忠	新编

（续 表）

序号	院系	书名	作者	备注
19	数学学院	高等数学(上)	陈文彦	修订
20	数学学院	数学分析研读	张福保	新编
21	计算机科学与工程学院	数据结构基础实验指导	王 伟 姜 浩	新编
22	物理学院	大学物理(专题 MOOC 核心知识)	周雨青 刘 甦 董 科 彭 毅 侯吉旋	新编
23	人文学院	大学语文	张天来	新编
24	人文学院	新媒体与中国当代文学	李灵灵	新编
25	人文学院	中国历史文化名城读本	贾鸿雁	新编
26	人文学院	英美经典名著选读(双语)	田兆耀	新编
27	人文学院	剪灯新话课堂讲演录	乔光辉	新编
28	人文学院	诗歌欣赏与诗歌疗法	王 珂	新编
29	经济管理学院	管理思想史精讲	李庆华	新编
30	经济管理学院	电子商务物流	吴清烈	新编
31	经济管理学院	博弈论导论	高彦彦	新编
32	电气工程学院	微特电机及系统	程 明	修订
33	电气工程学院	电气信息技术基础	喻 洁	修订
34	电气工程学院	电力系统智能变电站综合自动化实验教程	陈歆技	新编
35	电气工程学院	优化理论在智能电网中的应用	汤 奕	新编
36	交通学院	测量平差教程	张宏斌等	新编
37	仪器科学与工程学院	C++程序设计	祝雪芬	新编
38	法学院	买卖合同解释论:条文解读、疑难案例与法理阐释	单平基	新编
39	公共卫生学院	公共卫生应急技能实训教程	朱凤才 谭兆营 金 辉	新编
40	公共卫生学院	病案与疾病分类学	孔 璐 王少康	新编
41	公共卫生学院	社会医疗保险概论	张 晓 刘 蓉	修订
42	医学院	介入护理学	李国宏	新编

(续　表)

序号	院系	书名	作者	备注
43	医学院	组织胚胎实验学(双语版)	黄少萍	新编
44	医学院	医学机能实验学(双语版)	刘　桦 陈　晨	修订

第五批通选课程立项结果名单

序号	课程类型	开课单位	课程名称(中文)	课程负责人	学分	职称	立项等级
1	创新创业教育类(自科)	机械工程学院	创客入门	王　亮	2	工程师	一般
2	科技进步与创新类	物理学院	物理思维与创新	戴玉蓉	2	教授	重点
3	学科导论类	生物科学与医学工程学院	心理学与生活	李雪松	2	副教授	一般
4	生命科学类	生物科学与医学工程学院	个体成长与发展	梁宗保	2	副教授	一般
5	社会学类	人文学院	认识社会:定性研究方法与设计	张晶晶	2	副教授	一般
6	社会学类	人文学院	社会心理学导论	刘　莹	2	讲师	一般
7	社会学类	人文学院	社会学视野里的性别与家庭	高　娜	2	讲师	一般
8	社会学类	人文学院	健康、医疗与积极人生	张　晶	2	讲师	一般
9	文化与文学类	人文学院	汉传佛教生命伦理	王富宜	2	副教授	一般
10	文化与文学类	人文学院	中国现当代诗歌经典赏析	张　娟	2	副教授	重点
11	文化与文学类	人文学院	故宫与故宫学	许　丹	2	讲师	一般
12	文化与文学类	人文学院	西方文学名著导读	於　璐	2	讲师	一般
13	社会学类	人文学院	中国旅游	顾秋实	2	讲师	一般
14	艺术类	经济管理学院	书法欣赏与实践入门	汤　薇	2	讲师	一般
15	创新创业教育类(人文)	经济管理学院	创业的商业系统设计	葛沪飞	2	讲师	重点
16	经济与管理类	经济管理学院	资金融科技概论	尹　威	2	副教授	一般
17	科技进步与创新类	化学化工学院	能量转换与存储纳米材料前沿	王育乔	2	教授	一般

（续 表）

序号	课程类型	开课单位	课程名称(中文)	课程负责人	学分	职称	立项等级
18	科技进步与创新类	化学化工学院	新能源技术	谢一兵	2	教授	一般
19	生命科学类	化学化工学院	生理药理学	陈飞虹	2	副教授	一般
20	学科导论类	交通学院	交通运输工程学	过秀成	2	教授	一般
21	科技进步与创新类	仪器科学与工程学院	嵌入式系统的应用与实践	王立辉	2	教授	一般
22	艺术类	艺术学院	影视艺术鉴赏与批评	甘　锋	2	教授	一般
23	艺术类	艺术学院	西方当代艺术鉴赏	崔之进	2	副教授	重点
24	艺术类	海外教育学院	欧美戏剧经典赏析	胡继成	2	讲师	一般
25	其他	公共卫生学院	毒物简史	金　辉	2	副教授	重点
26	生命科学类	公共卫生学院	烹饪理论与技术	王少康	2	副教授	一般
27	生命科学类	公共卫生学院	生活方式与健康	张　晖	2	副教授	一般
28	生命科学类	医学院	中医饮食营养学	朱欣佚	2	副主任医师	一般
29	生命科学类	医学院	睡眠与健康	王长松	2	主任医师	重点
30	科技进步与创新类	工业发展与培训中心	陶艺与创新思维	骆　号	2	工程师	重点
31	其他	马克思主义学院	大学生国家安全教育	李有祥	2	副教授	重点
32	艺术类	艺术指导中心	舞蹈的认知与体验	曹菲菲	2	中级	一般
33	艺术类	艺术指导中心	古琴文化讲习	洪海军	2	副教授	重点

2018 年校级 SRTP 结题优秀项目一览表

序号	项目编号	项目名称	项目级别	项目完成人	指导教师	所属学院
1	201801012	中国城市生活垃圾填埋场特征分析及景观化治理与设计策略研究	重点	01514102 杨　帆 01514118 冯婧婕 01514121 陈　豪 01514106 怀玉菡 21815118 刘涉川	周聪惠	建筑学院

(续　表)

序号	项目编号	项目名称	项目级别	项目完成人	指导教师	所属学院
2	201802064	手工瓷器生产的辅助装置设计	一般	02016635 吕朴贴 02015616 贾乐松	李　晓	机械工程学院
3	201802062	基于麦克纳姆轮的摇臂-转向架平台	一般	02016131 宋浩艺 02016328 李世林 02616113 王家政 02016305 董　畅 02016326 秦新宇	田梦倩	机械工程学院
4	201802030	基于双目视觉系统的无人驾驶车辆定位与速度估计	重点	02015215 林晓辉 02015104 王　迪 02015106 仲崇昕 02015217 张　森	王金湘	机械工程学院
5	201802029	基于 Robomaster 机器人大赛的挂载式自主移动射击的哨兵机器人的研制	重点	02015217 张　森 08116125 方逸然 02016530 罗　荣 02016422 马浩瀚 02017130 孙宇珂	田梦倩	机械工程学院
6	201802058	基于 RoboMaster 比赛的发射云台的优化	一般	02015310 代　雷 02015323 邹凯杰 02017614 杨博侃	田梦倩	机械工程学院
7	201802028	单体壳车架复合式结构的数值仿真与设计优化	重点	21515111 李琳华 02616103 陶沛冉 13216102 张　容	孙东科	机械工程学院
8	201802024	纯电动方程式四电机轮边系统结构设计	重点	02015529 谭韬涌 02015528 吴荣承 21415125 吴荣罡 21216102 刘宝珠 13416106 丁　璇	周芝庭	机械工程学院
9	201802052	基于麦克纳姆轮移动平台的越障射击机器人	一般	02015408 窦昆鸿 02015315 张宇哲 02015706 张雁同 04015644 马瑞凯 16016417 周　航	戴　敏	机械工程学院
10	201802018	功能化纳米复合结构批量化自组装方法的研究	重点	02016631 陈佳乐	李　晓	机械工程学院
11	201802016	交通路锥收放机械手运动结构设计与实现	重点	02016507 华文斌 02016511 韩玉航 02016523 吴　凡 02016512 李　杰	张晓莉	机械工程学院

（续 表）

序号	项目编号	项目名称	项目级别	项目完成人	指导教师	所属学院
12	201802001	基于3D打印的微流控滤头开发与应用	重大	02016520 安照邦 02016521 杜育瑞 02016217 李海宾 02016232 徐昌晖 02016229 张　乐	项　楠	机械工程学院
13	201803043	微藻养殖老化液的资源化循环利用净水技术研究	重点	03215724 刘苏皖 03215729 叶　雷 03215736 铁国磊 03216701 魏　昕	孙丽伟	能源与环境学院
14	201803034	九龙湖校区护校河污染调查及水环境改善策略研究	一般	03216731 赵政坤 03216726 陈世宏 03216722 唐子轩 03216736 林明扬	吴义锋 杨忠莲	能源与环境学院
15	201803022	基于光场成像技术的气液两相流气泡三维测量方法研究	重点	03015208 陈　鹏 03016417 张家齐 03016402 余晨曦 03016403 刘祎璇	许传龙	能源与环境学院
16	201803010	ZnO柔性可编织结构的制备及应用研究	重大	16016301 叶海蓉 06016310 杜舒婷 03016227 吴玉萍 03316523 丁冠群 11217128 蒲素兰	徐春祥	能源与环境学院
17	201803004	太阳能净化水技术开发研究	重大	03016323 金扬皓 03016328 丁业煊 03116611 秦晓彤 03016330 陈　浩 03016329 吴　笛	苏中元	能源与环境学院
18	201803018	高效石油污染降解菌剂开发及其降解性能研究	重点	03215744 侯登峰 03215717 张　静 03215732 董浩宇 03215719 段丹阳 03215731 贺梦凡	余　冉	能源与环境学院
19	201803002	纳米氧化锌胁迫下的污水生物脱氮系统氮氧化物释放规律与调控研究	重大	03215702 何小璐 03215718 谢林培 03215715 闵　卉 03215701 钟丽娟 03215709 阎春晖	余　冉	能源与环境学院
20	201803019	间歇性空调系统负荷特性及能效提升方法研究	重点	03115608 许婉婷 03115629 卞　咏 03115607 雷　亚	殷勇高	能源与环境学院

（续　表）

序号	项目编号	项目名称	项目级别	项目完成人	指导教师	所属学院
21	201803042	校园排水管网的污水排查与整治方案设计	一般	03215705 杨诗月 03216727 张云帆 03216734 聂正鑫 03216720 丁江涛	吴义锋	能源与环境学院
22	201803031	面向柜橱的便携式干燥净化一体机	重点	03115606 陈肖楠 03115603 何韫玉 03015235 朱梓豪	梁彩华	能源与环境学院
23	201803025	电诱导二次流自除尘平板热管散热器	重点	03015231 杨子骁 03015206 刘妍君 03015229 贾鹏琦	施　娟	能源与环境学院
24	201804050	特雷门琴的制作与改良	一般	04016514 郁煜铖 04016511 王翊尧 04016512 肖志达 04016510 曹百威	方　方	信息科学与工程学院
25	201804048	IC 卡控水器	一般	04016601 周涵琪 04016503 高语萱 04016609 秦胜楠 04016608 朱宇彤	赵鑫泰	信息科学与工程学院
26	201804045	基于人脸表情识别的人机交互系统	一般	04016505 郭佳媛 04016509 李宇琪	周　琳	信息科学与工程学院
27	201804027	基于 PocketLab 的电阻/电容/电感表的研制	重大	04016224 顾知新 04016209 郑　冉 04016225 谢绍宇 04016208 李　颖	孟　桥	信息科学与工程学院
28	201804018	基于逆向工程和自动化测试的 Android 安全评估平台的设计与实现	重大	04015443 赖敬之 04015148 孙　达 04015450 马浩鑫 04016613 裘文成	宋宇波	信息科学与工程学院
29	201804007	无线激光通信快速瞄准捕获与跟踪技术研究	重点	04016541 张　权 04016642 吴佳其 10316119 赵威威 04016544 张弘毅	张在琛	信息科学与工程学院
30	201804005	基于显示器接口电磁泄漏的隐通道研究	重点	04016622 郑鹏翔 04016427 林　志 04016543 李　想 04016604 赵　晨	宋宇波	信息科学与工程学院
31	201804003	基于调频连续波的生命体轨迹追踪与探测	重点	04216728 李子箫 61516110 胡正宇 04016136 张津铭 04016324 杨　挹 61516119 许文寒	李连鸣	信息科学与工程学院

（续　表）

序号	项目编号	项目名称	项目级别	项目完成人	指导教师	所属学院
32	201804002	超声波风速风向仪	重点	04016217 李俊玮 04016232 张匀普 04016234 郝　奇 04016233 刘书源	孙　威	信息科学与工程学院
33	201804001	基于模糊测试技术的RFID安全检测技术研究	重点	04016214 王　瀚 04016129 徐浩博 04016218 张晨翔 04016626 余霜枫	姜　禹 秦中元	信息科学与工程学院
34	201804044	软件定义传感网实验系统研制	一般	04015448 刘茵茵 04015330 陈颖琦 04015303 陈文沁	燕　锋	信息科学与工程学院
35	201704065	FSE赛车的高低压混合安全电路的设计	一般	02014205 张祎霖 04015536 陆煜翔 04016243 杨景策 61516219 董　雍 16016107 赵　昕	陈立全	信息科学与工程学院
36	201704062	数字声音抓取放大与分析设备	一般	09015230 李秋霖 04215717 史沛然 61315103 完晓妍	苗　澎	信息科学与工程学院
37	201704011	双通道恒流与低电压(双功能)版肢动仪	重大	04215719 黄　健 04215704 吴启晨 04215711 艾　然 04215709 袁冬宇 04215708 桑　野	王志功	信息科学与工程学院
38	201705060	轴心受压胶合竹柱抗火性能试验研究	一般	05115422 黎贝斯 05115213 李志强 05115628 何至立 05115629 徐华生 05115206 徐瑶函	徐　明	土木工程学院
39	201805056	丛枝菌根真菌(AMF)对美人蕉去除水体中含氮物质的影响	一般	05515117 王武明 12015117 李近川 05515110 李高帆	傅大放	土木工程学院
40	201805063	风力发电机叶片建模及有限元分析	一般	05316117 何子豪 05316118 王锦阳 05316119 童子祥 05316120 钟　政	乔　玲	土木工程学院
41	201805052	配筋方式对复合筋与混凝土界面性能影响的试验研究	一般	05116424 吉章行 05116426 李　明 05116513 李明蔚	孙泽阳	土木工程学院

（续　表）

序号	项目编号	项目名称	项目级别	项目完成人	指导教师	所属学院
42	201805037	中国高铁国际竞争优势提升研究	一般	05215219 李松达 05215212 陈静怡 14516221 李德昊 14616103 王　云 05217101 黄海遥	邓小鹏	土木工程学院
43	201805017	冷成型不锈钢圆管局部压曲性能研究	重大	05116502 王　叶 05116519 赵学斌 05116104 邓玉琳	郑宝锋	土木工程学院
44	201705043	高对称预应力索杆体系的构建与刚度分析	一般	05114611 谢思聪 21714118 夏　悦 05114503 杜木杨 05114631 张宸浩 05114505 张信森	陈　耀	土木工程学院
45	16052031	自适应索杆结构形态控制及模型试验研究	一般	05114502 俞　涛 05114618 张　颖 05114615 李谈词 05114302 刘舒阳	陆金钰	土木工程学院
46	201705068	生态排水渠对氮磷的净化效果研究	一般	05514111 陈佳枫 05515116 王元馨 05515103 吴皙来 05515105 李　轶 05515125 黄　聪	杨小丽	土木工程学院
47	201705008	装配式梁柱节点构造研究	重大	05115209 史左政 05115201 陈艺夫 05115206 徐瑶函 05115205 张婧琛 05115202 石　棚	秦　颖	土木工程学院
48	201705031	SMA自复位耗能支撑的研发	重点	05114210 孙枫然 05114214 潘粮今 05114201 何祥平	舒赣平	土木工程学院
49	201705061	新型隔震箱式建筑的设计与优化	一般	05115311 吴睿喆 05115602 黄健飞 05115601 范健华 05115627 刘禾玥	王春林	土木工程学院
50	201805032	【竞赛专项】装配式多高层建筑中可开合单元结构研究及模型实现	重点	01115309 杜淦琰 05115427 赵于川 05115324 凌　旭 01115305 王佩瑶	胡碧琳 陆金钰	土木工程学院
51	201705029	FRP索穹顶结构性能研究	重点	05115511 张喆泓 05115514 张锋桦 05115512 张宁远 05115510 姬瑞璞	秦卫红	土木工程学院

（续 表）

序号	项目编号	项目名称	项目级别	项目完成人	指导教师	所属学院
52	201705001	偏心受压胶合竹柱抗火性能试验研究	重大	05114603 张晓迪 05115606 王佳欣 05115609 刘常浩 05115624 刘　杰 05115626 陈昊辉	徐　明	土木工程学院
53	201705048	海水侵蚀作用对花岗岩力学性能影响的实验研究	一般	05114516 朱健平 05114517 韩志臣 05114622 蔡懿博 05114509 霍田浩	张　琦	土木工程学院
54	201806049	基于低功耗嵌入式方案的音乐频谱展架设计	一般	06016226 吴昱庚 06016227 汤一顺 06016229 赵颖渊 06016228 葛海涛	杨兰兰	电子科学与工程学院
55	201806038	光纤延时线的特性测试系统设计	一般	06016422 胡新海 06016323 施冉韬 06016319 覃　涛	赵　宁	电子科学与工程学院
56	201806037	基于 ARM 微控制器嵌入方向盘的新型仪表	一般	06016226 吴昱庚 57117232 刘熙达 08017219 李博焓	郑姚生	电子科学与工程学院
57	201806036	基于物联网的可燃气体报警系统设计	一般	06016235 李　超 06A16241 过凯麒	赵　宁	电子科学与工程学院
58	201806034	基于手势控制的航拍四旋翼飞行器	一般	06016113 杨作民 06016402 王雨非 06016114 蔡家璇 06A17506 李可欣 06A17406 蒋明月	郑姚生	电子科学与工程学院
59	201806032	基于 ZYNQ 平台的类 FaceID 人脸识别方案	一般	06116120 刘济源 06016209 张泽童 06016332 秦育彬 06016411 李　唐	张　雄	电子科学与工程学院
60	201806021	基于单片机图像识别的直立自动行驶小车	重点	06A15228 潘玮坤 06A15107 赵雅茹 06A16525 廖宇涵	郑姚生	电子科学与工程学院
61	201806013	3D 打印聚合物结构表面金属化研究	重点	03316503 陈　睿 06016208 何雨珊 03016110 王培任 03316510 刘瀚达	李　霁	电子科学与工程学院
62	201806011	原位透射电子显微镜光—电测试杆的电路系统设计	重大	06016240 史旭龙 06016209 张泽童 06016305 汤佳慧 06016203 张　涵	尹奎波	电子科学与工程学院

（续　表）

序号	项目编号	项目名称	项目级别	项目完成人	指导教师	所属学院
63	201806044	低速风洞的设计和研究	一般	06015142 罗　翔 06115112 曹宗元	易真翔	电子科学与工程学院
64	201706004	基于 Mecanum 轮和 ROS 的室内声控自主移动机器人	重大	04015027 李沙志远 06015105 赵雅茹 06015121 张泽强 06015242 乔哲锋	黄晓东	电子科学与工程学院
65	201807020	复杂几何体上 Poisson 方程的有限差分研究	一般	07316111 张　谦 07216107 程亚哲 07116120 徐雲昊 07216108 盛明捷 07116122 周行建	孙志忠	数学学院
66	201807013	多导弹智能协同攻击核心理论研究	一般	09016306 周希敏 07116124 赵子彦 07116101 袁铃雁 61516422 华笛安 07116114 尤江城	温广辉	数学学院
67	201807012	多智能体飞行器系统有限时间控制	一般	07116131 管梓炜 07116130 赵紫苏 07116127 沈伟皓	虞文武	数学学院
68	201807009	机器学习中的算法研究	重点	07215102 周韵筹 07215101 李若莹 07115104 余　韵 07116107 徐雨嫣 06A16428 柳　源	李铁香	数学学院
69	201807008	基于大数据分析的轨道交通客流预测智能算法研究	重点	07216119 顾芯怡 07116134 秦　浩 07116109 黄景颢 07216114 雷正阳 07116133 覃诗曼	赵　璇 曹进德	数学学院
70	201807001	多飞行器系统编队控制	重大	07316122 田近尧 07316130 钱　成 07316124 李昊辰 09016437 黄相恒	虞文武	数学学院
71	201808041	双手识别追踪系统	一般	61516323 张　响 08016128 冯若愚 08016231 张宝文	王雁刚	自动化学院
72	201808021	单目视觉下的平面标识物特征提取与姿态估计	一般	08116103 臧　璇 08116124 杨雨尧 08116102 李艺童	钱　堃	自动化学院

（续 表）

序号	项目编号	项目名称	项目级别	项目完成人	指导教师	所属学院
73	201808012	基于机器学习的二维实时手势识别系统	一般	08016315 高一峰 08016121 张宇晨 08016107 东航宇 08016212 沈嘉璐 61516106 高炜涵	王雁刚	自动化学院
74	201808006	墙绘机器人(创客)	一般	08015312 陆　易 08015330 李　缘	王　亮	自动化学院
75	201808002	基于视频的移动目标自动跟踪二自由度云台	重大	02015215 林晓辉 08015210 胡斌雁 08116119 施　姝 61517222 包绎成 02017512 丁章烨	金立左	自动化学院
76	201708036	多功能多足机器人	一般	04015335 石城毓 08015137 翟世雄 04015301 刘子群	黄永明	自动化学院
77	201708019	基于人脸识别的小区安保原型系统	一般	08015216 王伟梁 08015111 王行健 08015208 陈乐源 08015121 苏程浩	黄永明	自动化学院
78	201708009	多路电容器检测装置设计开发	一般	06014117 王永东 08015309 李怀宇 08015202 刁　丽 08015220 刘文睿 08015105 肖　婧	牛　丹	自动化学院
79	201808017	面向增强现实的单目摄像机标识物注册跟踪	一般	08015409 边张行 08015421 黄士俊 08015323 胡虎威	钱　堃	自动化学院
80	201808007	基于机械臂的化学实验平台	重大	08015225 王奕峰 08015228 韦民乐 08015212 黄赛金 08015208 陈乐源 08015209 张　明	谈英姿	自动化学院
81	201809008	基于无人机的物体识别系统	重大	09015224 陈　笑 09015236 阳行意 09015418 郝石磊 09015419 陈　义	方效林 吴巍炜	计算机科学与工程学院、软件学院
82	201809001	基于网络嵌入的时序社交网络链接预测方法研究	重大	71115437 陈一雄 71Y15102 孟　越 71115339 肖君彦	汪　鹏	计算机科学与工程学院、软件学院
83	201809039	基于深度学习的 robomaster 装甲板识别算法	一般	09016428 宋子星 09016115 姜景元 09016113 高睿昊 09016414 罗崟洪	崇志宏	计算机科学与工程学院、软件学院

（续　表）

序号	项目编号	项目名称	项目级别	项目完成人	指导教师	所属学院
84	201709016	基于手机摄像头的手的位置捕捉与 VR 交互	重点	71115441 林宜宇 71Y15127 李翔宇 71115427 杨路浩	姚　莉	计算机科学与工程学院、软件学院
85	201810015	基于气凝胶的电池材料的设计和制备	一般	10115126 张　亮 10115113 王昕韬 10115133 宋家兴 10315120 贺宇辰	范　奇 徐庆宇	物理学院
86	201810007	硫族化合物有机插层超导材料的探索	重点	10315107 孙　宇 10115112 洪振坤 10116108 张新钰	施智祥	物理学院
87	201810002	星型高分子熔体的粘弹性的研究	重大	10316115 陆佳华 10316117 张兴晨 10316120 王朝晖	侯吉旋	物理学院
88	201811019	光学分辨光声成像设备的基础功能优化	重点	11115102 薛智萌 11115118 姚维国 11115135 董至诚	姜　晖	生物科学与医学工程学院
89	201811002	基于微流控芯片的多重链置换扩增技术研究	重大	11315119 李霖轩 11315118 顾张雷 11315102 杨奕璇	涂　景	生物科学与医学工程学院
90	201811025	基于深度学习的睡眠监测研究	一般	11115125 黄罗杰 11115117 肖文锦 11115133 赵庆贤 11116101 宋冠玉	周　平	生物科学与医学工程学院
91	201811012	前概念冲突情境下解决科学问题的脑电研究	重点	26116114 李泽涵 26115110 周海函 26115103 袁　琳	朱艳梅	生物科学与医学工程学院
92	201811024	就地取材自生长生物材料	一般	11215121 封开政 11215128 张心平 11216116 张则优 11216114 许冬雨	卢晓林	生物科学与医学工程学院
93	201811001	金属掺杂对普鲁士蓝纳米酶催化活性的影响及其机制研究	重大	11216133 马靖原 11216117 周子莹 11316103 罗雨菡	张　宇	生物科学与医学工程学院
94	201813034	历史街区原住民旅游开发感知研究	一般	01516129 蔡金晓 13616115 闪佳雯 13216124 俞雅楠 13616118 桂润泽 13316114 谭雪琪	郭　垚	人文学院

（续 表）

序号	项目编号	项目名称	项目级别	项目完成人	指导教师	所属学院
95	201813006	雄安新区纺织品行业淘汰落后产能待就业群体现状分析——基于容城县容城镇马庄村的调研	重大	13115110 许嘉玲 13115122 印　泽 13215122 郑　昊 13316116 石　晗 13616113 武怡静	高　娜	人文学院
96	201813064	基于互联网的东大学生生活服务平台的构建与拓展应用	重大	04016214 王　瀚 13216125 沈兴宇 04216710 徐甘闰 13416101 林琬婷	王化起	人文学院
97	201813010	公共治理视角下南京市网约车监管的困境与出路	重点	13115107 赵　清 13115111 朱梓宁 13115113 李知桧 13115101 成小琴 13115121 高明静	季玉群	人文学院
98	201813005	水华治理及其措施——以东南大学九龙湖校区为例	重大	03214703 甫鲁加里·叶尔登才次 13214134 阿拉帕提·艾力 03215726 李　涛 13216107 马丹芬 03216715 付　瑶	龙书芹	人文学院
99	201813042	现代性语境中的杜维明新儒学思想研究	一般	13114116 韩依玹 13614104 苏牧晴 13615113 沈知聪	王富宜	人文学院
100	201814083	大学生互联网金融风险认知与投资行为研究	一般	14515109 解慧新 14516103 张舒芸 14516104 谢心怡 14616101 伊　娜 14516102 黄思涵	尹　威	经济管理学院
101	201814053	关于在大数据平台下的互联网健康险的个性化定制研究	重点	14516218 张馨月 14916123 耿曦玮 14416222 程栎羽	高彦彦	经济管理学院
102	201814016	基于网络舆情分析与挖掘的股票投资策略研究	重大	14115102 林兆丰 14916130 袁　昊 14516124 朱艺凡 14516111 李佞偈 14116109 刘　芷	尹　威	经济管理学院
103	201814005	“小窗”APP——大学生心理问题自助平台	重大	71115310 李志强 25016217 肖　篪 03016105 何好好 14516112 李慧聪 14116103 靖佳琪	江其玟	经济管理学院

（续　表）

序号	项目编号	项目名称	项目级别	项目完成人	指导教师	所属学院
104	201814060	大学生创业潜质素质模型研究	一般	14415206 刘菁雯 14415201 陈思雨 11115116 康　悦 14315102 丁　俐	周路路	经济管理学院
105	201814037	基于数据挖掘场景金融平台服务质量研究	重点	14515201 陈　诺 14916105 袁铃易 14916103 王菁文 14916104 雷雅婷 14516203 唐　榛	尹　威	经济管理学院
106	201814010	高校内宣传品——横幅的使用现状调查与解决方案可行性设计	重大	24215108 韩　潇 71115126 石晨希 09016206 李　青 14916108 周肖丽 08016307 杨　硕	高彦彦 葛沪飞	经济管理学院
107	201814082	对学生食堂满意度的研究及改进建议——以东南大学为例	一般	61516319 罗易凡 14916106 石含嘉 25016218 肖楚逸	王　辰	经济管理学院
108	201814106	星巴克的竞争优势探究及体验式营销模式研究	一般	14y16120 胡　鑫 07316126 陈　军 14y16111 盛雪绒 14y16112 高　雅	陈丰龙	经济管理学院
109	201814049	基于共享经济的停车商业模式研究	重点	04015140 冯　坤 14216115 张　巧 07216107 程亚哲 22016116 万　龙 71y16109 李晓琦	张向阳	经济管理学院
110	201814091	基于淘宝的电商平台价格波动分析	一般	14115117 李　响 71115433 易志军 14316111 郭柯利 14416111 马崇灿 14716107 贾慧君	杨东辉	经济管理学院
111	201814059	消费升级背景下产品质量提升与定价决策研究	一般	14716123 李少飞 14716119 刘　顺 14116126 谷云杨 14316126 赵　桢 14816126 徐化强	孙胜楠	经济管理学院
112	201814029	粉丝经济与消费行为——基于中国大众手机品牌用户忠诚度的研究	重点	14915123 方金伟 14615121 耿　敏 14615120 平　安 14915119 吴桂雪	李绍芳	经济管理学院

（续　表）

序号	项目编号	项目名称	项目级别	项目完成人	指导教师	所属学院
113	201814076	配对交易策略在我国证券市场中的发展前景	一般	14915125 王论意 14915121 郭澎潮 61516412 项文祥	朱冬梅	经济管理学院
114	201814018	高铁开通对房价的影响——以沪宁城际高铁为例	重大	14215110 顾　颐 14515113 韩美青 14Y15108 郭雨竹 17215207 连璞纯	陈丰龙	经济管理学院
115	201814009	基于 witness 的医院就诊流程优化仿真研究	重大	14815121 郑蓉蓉 14815101 戴薛甜 14815124 庞　珞 14815119 步纤屿	赖明辉	经济管理学院
116	201814093	基于主成分分析法的重心法选址改进模型——以日日顺物流公司建仓选址为例	一般	14815108 王丹丹 14815106 杨　萍	孙胜楠	经济管理学院
117	201814015	基于 SVM 的电子产品客户细分的模型研究	重大	14115105 颜娇娇 14115128 吉　胜 14115121 岳滕旭	杨东辉	经济管理学院
118	201716002	基于 ZYNQ 的视觉素描机器人	重点	71Y15115 蔡玉彤 09015208 花璐璐 16015311 孙宇幸 02015307 邓子晗	房淑华	电气工程学院
119	201816030	轻质货箱搬运机械手运动控制平台的设计与实现	一般	16016209 裘雄伟 16016223 徐仲颖 16016216 刘　洋 16016225 许治豪	毛玉良	电气工程学院
120	201816003	基于测控终端及其管理平台的智能电网应用技术研究	重点	16016513 陈　宇 16016511 雷宇通 16016503 刘湛湛 16016516 亓臻康	王　琦	电气工程学院
121	201816025	基于 LabVIEW 的自动分拣机器人	一般	06015127 程天霁 06215601 顾竹妍 04016339 范瑞元 16016328 邓旭晖 02016606 王超超	崔建伟 房淑华 莫凌飞	电气工程学院
122	201716017	基于树莓派的智能拾球车	重点	16015128 郭　潇 16015416 薛栋铭 16015631 孙锴宇 16015116 李奕儒 16015107 闫　昊	李　周	电气工程学院

（续　表）

序号	项目编号	项目名称	项目级别	项目完成人	指导教师	所属学院
123	201716005	基于 LabVIEW 和骨骼信息的高自由度体感机械臂系统	重大	02014405 李鑫磊 16015214 庄文杰 06A15116 肖　秦 06A15315 赵临风 16015107 闫　昊	房淑华	电气工程学院
124	201819012	叶酸靶向载铂 Cu－MSN 纳米粒子的合成及抗肿瘤研究	重点	19216114 张　宇 19216118 王　涛	孙柏旺	化学化工学院
125	201819002	面向新型发光显示的无铅卤化物钙钛矿纳米晶的合成与应用	重大	19316121 刘巴蒂	娄永兵	化学化工学院
126	201819039	超薄二维 MOF 纳米片的制备及其应用研究	一般	19315101 朱滢钰 19315102 贺　唱	罗洋辉	化学化工学院
127	201819036	药食两用植物慈姑中抗肿瘤活性成分的发现	一般	19116116 陆丹晨 19216113 李　建	廖志新	化学化工学院
128	201819020	多色量子点多组份检测新方法	重点	19316108 佟佳凤 19216112 莱丽古丽·图尔荪	丁收年	化学化工学院
129	201819009	新型金属衍生物的抗肿瘤作用和机制研究	重大	19215101 范凤英 19215102 周小清	陈飞虹	化学化工学院
130	201819030	布洛芬晶体溶解机制的分子模拟研究	一般	19216121 刘玉健	吉远辉	化学化工学院
131	201819019	CO_2 加氢制甲醇催化剂的制备与性能研究	重点	19116118 余　猛 19216119 覃金山	吴东方	化学化工学院
132	201819017	g－C3N4/Cu/TiO2 制备及其光催化 CO_2 转化	重大	19115104 闵博雅 19216107 周怡帆	李乃旭	化学化工学院
133	201819005	多孔金属氧化物负载 Pt 基复合催化剂的制备及其反应性能研究	重大	19315104 朱雯瑜 19215123 邵东海 19315118 徐文龙	张一卫	化学化工学院
134	201719020	基于上转换金纳米生物探针的制备及传感研究	一般	19115104 闵博雅	刘松琴	化学化工学院
135	201821018	疲劳状态下大型工程车辆驾驶员行驶速度特性研究	重大	21115229 黄　杰 21115212 王可萩 21115201 谢　雪	马永锋	交通学院
136	201821017	基于大数据和行为数据融合的共享单车接驳地铁出行评估与优化	重大	21115118 牛晓晖 21115128 韦淳义 21016107 陈子怡 21016101 彭显玥 21016112 许邦宇	杨　敏	交通学院

（续　表）

序号	项目编号	项目名称	项目级别	项目完成人	指导教师	所属学院
137	201821063	城市道路网短时交通流预测——以贵阳市为例	一般	21115119 唐　鑫 21115125 孙钰博 21115128 韦淳义	杨　帆	交通学院
138	201821002	基于共享单车APP数据的用户出行特征及影响机理研究	重大	21115222 金雨川 21115222 金雨川 21116206 张陈彧 21116207 何明珈	季彦婕	交通学院
139	201821003	小流域暴雨径流研究	重大	21415118 高伟晨 21415105 罗利娜 21415122 辛立宸 21415124 冶明军 21415125 吴荣罡	耿艳芬	交通学院
140	201821027	电动汽车驾驶者的充电决策和充电站的选择	重点	21115111 王云珊 21115116 姜天琦 21115110 徐朝琦 21115109 陆阳子	刘志远	交通学院
141	201821022	基于自发光材料的农村公路交通安全标志研究	重点	21016214 罗中畅 21016217 曹思涵 21016218 汤俊卿 21016213 陈以争	马　涛	交通学院
142	201821063	城市道路网短时交通流预测——以贵阳市为例	一般	21115119 唐　鑫 21115125 孙钰博 21115128 韦淳义	杨　帆	交通学院
143	201821042	交通管理措施对城市道路机动车通行能力及时间阻抗的影响分析	重点	21515107 夏莞茹 21116201 王欣好 21116224 王建彪 21116209 王　宸 21716219 张大牛	王　炜	交通学院
144	201821014	戈壁土石混填的道基压实控制与边坡稳定性分析	重大	21816126 王首杰 21816125 梅雪松 21116122 李哲贤 21816127 沈　策	丁建文	交通学院
145	201821024	用于液化地基处理的微生物气泡在土体中的稳定性评价试验研究	重点	21816119 尹　涵 21716122 武文杰 21016201 方　苑 21816102 唐紫琼	章定文	交通学院
146	201821107	钢结构桥梁耐疲劳性能改进研究	一般	21015206 吴　阅 21015203 施　维 21716237 赵鑫莹 21016220 宋恒宇 21016204 李雅琦	杨　明	交通学院

(续　表)

序号	项目编号	项目名称	项目级别	项目完成人	指导教师	所属学院
147	201821021	沥青混合料老化规律及微观力学性能探究	重点	21716103 梅子涵 21716127 吴　忧 21716125 李曾珑玙 04016634 王宣成	杨　军	交通学院
148	201821029	挥发性有机物污染场地定向诱导地下水曝气修复技术研究	重点	21715112 费　凡 21815117 孔维昂 21715107 薛梓祺 21816119 尹　涵 21816102 唐紫琼	刘志彬	交通学院
149	201821116	GF-1影像道路智能提取软件开发	一般	21315104 吴艳艳 21315101 来尚婧	戚浩平	交通学院
150	201821056	大比例尺地形图坐标变换程序开发设计	一般	21315112 罗　鹏 21315117 邵沛涵	闻道秋	交通学院
151	201821031	驾驶室复杂环境中驾驶人检测及其姿态识别方法研究	重点	21215117 化丽茹 21215108 汤　慧 21215114 曦　曙 21215113 郑有凤	何　杰	交通学院
152	201821011	基于计算机视觉的室内定位方法研究	重大	21516114 廖泳清 21516109 张灏千 21516112 张嘉旭 21516106 张　悦	蔡先华	交通学院
153	201821039	斜拉桥的火致断索试验研究	重点	21715235 曹宏斌 21715201 陈　健 21715202 孙旭升 21715136 牛泽晖	黄　侨 任　远	交通学院
154	201821078	基于多源数据的公交乘客分布规律的研究	一般	21116116 郑千里 21116128 万志杨 21116104 李昱洁 21716233 杨博冲	刘志远	交通学院
155	201821005	城市典型公共建筑物配建停车泊位共享窗口判定方法与实现	重大	21716224 姜宇翔 04016543 李　想 21016210 刘泽宇 21016106 雷明月 71Y16109 李晓琦	陈　峻	交通学院
156	201822008	基于视觉识别并带有遥控功能的自动跟踪小车	重点	71116443 沈梦烨 06016310 杜舒婷 22016318 占林茂 04017124 王钧池 04017137 盛凯文	汤新华	仪器科学与工程学院

（续 表）

序号	项目编号	项目名称	项目级别	项目完成人	指导教师	所属学院
157	201822004	篮球机器人	重大	22016209 钱禄林 06A16414 史旭龙 22016223 陈东方 22016206 李丹若 06A16239 杨晨曦	崔建伟 莫凌飞	仪器科学与工程学院
158	201822010	仿生轮腿辅助的扑翼飞行器自主起飞研究	一般	22015402 沈玥伶 22015406 杨述焱 22015403 李玉慧 22015420 李博阳	张　军	仪器科学与工程学院
159	201822013	基于多源传感器融合的小车环境感知算法研究与应用	一般	22016416 李纾昶 22016406 何嘉颖 22016418 晋　帅 22016419 周敬淞	李煊鹏	仪器科学与工程学院
160	201822014	结合脑机接口和视线跟踪技术的人-机器人交互系统开发	一般	22015313 林泽洋 22015405 刘　琪 22015314 曲朝晖 22015201 柴川页 22016120 彭移军	曾　洪	仪器科学与工程学院
161	201822002	室内外自动跟随搬运机器人	重大	22015122 刘海洋 22015119 张亦弛 22015111 张一鸣	吴剑锋	仪器科学与工程学院
162	201825007	家事审判中习惯的识别与适用	重点	25015204 范　洁 25016212 刘一帆 25016201 鲍生慧 25016220 熊文菲	任丹丽	法学院
163	201825009	儿童权利司法保护的实证研究	一般	25015218 尹　灏 25016111 施雨薇 25016116 王　倩 25016110 齐超怡 25016115 王默涵	张雪莲	法学院
164	201825011	设区的市地方性法规制定研究	一般	25015220 张书曼 25016107 刘　梦 25016105 龚羽轩 25016106 李雅芳	郑颖慧 刘　红	法学院
165	201825018	环境行政公益诉讼研究	一般	25015209 潘豫皖 25015214 谢微微 25015212 孙晓静 25015213 夏热瓦尼古丽·依萨克	熊樟林	法学院

（续　表）

序号	项目编号	项目名称	项目级别	项目完成人	指导教师	所属学院
166	201825008	基于裁判文书的交通事故特征分析和量刑预测研究	一般	25015211 沈梦洁 71115223 李　竞 25015229 李　赟 25015228 陈憬淏 25015204 范　洁 08016233 吴道凯	杨　洁	法学院
167	201841049	经导管肾交感神经射频消融术治疗 2 型糖尿病犬的实验研究	一般	43115218 甘鑫强 43315121 徐　磊 43115220 薛　棋 43115219 和筱康	朱海东	医学院
168	201841072	应激性刺激对 2 型糖尿病小鼠的影响	一般	43215406 张　敏 43215415 麻雪洁 43215407 汪逸姮 43215320 程勇兵 43215425 金峰永	陈　晨 刘　桦	医学院
169	201841099	APOE 对晚发性抑郁症患者认知障碍相关海马功能连接的影响	一般	43815103 王钰文 43215114 严子玉 43215201 黄玉林	袁勇贵 尹营营	医学院
170	201841076	胸腺肽 α－1 调节巨噬细胞清除凋亡细胞后细胞极化的机制研究	一般	43115122 徐　力 43115217 王致尧 43115123 刘超凡	潘　宁	医学院
171	201842001	情景模拟式性健康教育游戏构建	重大	42116111 沈诩翔 42216207 杨昊韵 42116112 王　玮 42116202 魏兰馨 42116103 张心悦	王　蓓	公共卫生学院
172	201842023	纳米 ZnO 对 BV2 细胞炎性因子分泌及 p38 MAPK 的影响	一般	42116101 范钰莹 42116204 陈颖安 42116106 马　秘	张小强	公共卫生学院
173	201842011	当归不同提取物细胞免疫功能比较研究	重点	42114102 殷明辉 42115210 张秀文 42115218 陈思臻 42216103 王雅丽 42216108 王文君	杨立刚	公共卫生学院
174	201742002	教学实验中心构建 6S 管理	重大	42114119 张中华 42114127 李龙飞 42215103 解李漫冉 42115206 杨　雯	崔梦晶	公共卫生学院
175	201742020	金属纳米镍的生殖毒性及其分子机制研究	一般	42115103 蒋炫励 42115104 黄文妍 42115101 吴志鑫	孔　璐	公共卫生学院

（续　表）

序号	项目编号	项目名称	项目级别	项目完成人	指导教师	所属学院
176	201742021	雌激素效应检测的重组酵母系统构建及其在环境雌激素检测中的应用	一般	42114114 龚煜范 42114115 陈一洲 42114215 曹　猛 42114227 严　庆	刘　冉	公共卫生学院
177	201742011	非糖尿病人群对糖尿病防治的认知及意愿调查	一般	42114114 龚煜范 42114117 鲍明阳 42115220 晏　涛 42115202 冯心怡 42115102 唐涵清	王　蓓	公共卫生学院
178	201742015	枸杞多糖 β - TC6 细胞体外降糖机理研究	一般	42113125 张　浩 42113122 甘宗友 42113108 钱依宁 42113115 宛雨佳	杨立刚	公共卫生学院
179	201861018	基于 MIMO 系统的空间调制与极化码、压缩感知的优化模型研究	一般	06015002 王心沅 04216712 薛　彤 61516125 周啸峰	张　川	吴健雄学院
180	201861017	具有光吸收特性仿生自清洁纳米涂层的研究	一般	61516307 朱　迪 61516302 李虹宇 61516303 沃　媛	吴　俊	吴健雄学院
181	201861014	基于机器学习的高精度室内定位系统构建	一般	61516322 严　格 61516319 罗易凡 04016534 侯宏卫 04016110 房天昊	王闻今	吴健雄学院
182	201861009	基于机器学习的道路路面状况分析与评估	重点	61516413 余　斌 61516410 侯君佶 61516417 李颖慧	王雁刚	吴健雄学院
183	201861005	基于语义分割的自动去头骨算法研究	重点	61516308 俞睿智 61516313 杨佳伟 61516326 熊广为 61516419 王琳淞	孔佑勇 伍家松	吴健雄学院
184	201861003	基于航拍视频的车辆运行轨迹智能提取、处理和分析技术	重大	61516420 吴启范 04216707 王　旖 61516109 王　炎 61516422 华笛安 61516220 卞悠悠	李志斌	吴健雄学院

国际交流合作与港澳台合作

综　述

2018 年在我校“双一流”战略引导下，国际合作处有效应对，积极作为，有针对性进行整体布局，全处协同全校多个部门共同努力，推进学校的国际化进程，增强学校的国际影响力，完成了下列工作，总结如下：

一、国际合作与交流向深度和广度发展

1. 深化与世界一流大学的合作

与加拿大英属哥伦比亚大学、日本东京工业大学、大阪大学、比利时鲁汶大学、英国工程技术学会、联合国教科文组织等世界一流大学、机构和组织新建合作关系，与 14 个国家和地区的大学、机构或组织签署（续签）合作交流和学生交换协议共 34 件。深化了与美国威斯康星大学、加州大学伯克利分校、北卡罗来纳州立大学教堂山分校、加州大学欧文分校、澳大利亚蒙纳士大学、悉尼大学、英国伯明翰大学、帝国理工学院、德国慕尼黑工业大学等世界知名高校的交流与合作。

全年共安排学校领导率 21 个团组出访欧洲、美加和其他地区高校。接待国外 31 个校级代表团 190 人次来校访问。

2. 中英大学工程教育与研究联盟运作良好

2018 年 9 月 21 日，作为联盟中方牵头高校，我校发起并组织在重庆大学召开中英大学工程教育与研究联盟管理委员会会议。会议总结了联盟过去的工作，并探讨 2019 年重点工作和联盟的未来发展。

在此次会议上，剑桥大学（2019 年 QS 世界排名第 6）、利兹大学（2019 年 QS 世界排名第 93）和利物浦大学（2019 年 QS 世界排名第 164）正式加入联盟。三所大学均为英国顶尖名校，也是英国精英大学联盟——罗素大学集团（The Russell Group）的创始成员。

目前，联盟中英方高校达到9所，与中方高校数量持平。此次3所英国顶尖名校的加入标志着联盟建设工作取得重大进展，为联盟进一步做大做强打下了坚实的基础。

2018年11月23日，由我校主办的“中英大学工程教育与研究联盟校长论坛”在南京举行。中英联盟高校成员校领导及各校代表参加了此次论坛，共商中英两国高等教育的发展。在校长论坛环节，与会中英大学校长分别围绕“全球化时代中英两国高等教育面临的机遇和挑战”“国际交流与合作助力世界一流大学建设”“推动校企知识转移与创新的新趋势与新策略”三个主题发言和研讨，为新时代中英高等教育共话发展智慧、共谋合作之道。

2018年11月23日—12月7日，联盟“未来工程师领导力与创新学院”项目在我校成功举办。经过各联盟高校的选拔和推荐，今年有来自中英各15名博士生参加。第一周由贝尔法斯特女王大学提供Mini-MBA课程。第二周课程由我校负责设计完成，主题为“深度学习加速器的设计与应用”。

3. 积极参与中俄工科联盟、中国—东盟等联盟等活动

组织教授和研究生参与各联盟的活动，扩大东南大学的影响。

二、引智工作得到大力推进

2018年我校的外国专家项目申报工作围绕国家急需紧缺领域和重点发展方向，紧跟教育部外国专家局对外专引智项目工作布局的新思路，鼓励学院积极申报国家级项目及学校重点项目。获批外专经费1 080万元，共计29个项目获批立项，其中包括“111计划”、国家重大科技专项外国人才引进计划、“一带一路”教科文卫引智计划、高端外国专家项目等8个国家级项目，学校重点外专项目9项，学校常规外专项目12项；入选“外专千人”长期项目2人。

为推进学校的“双一流”建设工作，促进优势学科发展的国际化，国际合作处牵头设立了东南大学“卓越引智计划”。9月首批“卓越引智计划”项目启动会成功召开。获批国家“111计划”培育的一个项目，由于项目建设目标的一致性，被纳入三个首批卓越项目同步管理，各项目运行情况良好。

积极服务全校引智工作，全年办理签证邀请函159人次；协助办理工作签证4人次；授予客座教授13人。境外专家来华签证邀请函办理平台于10月启用，已办理签证邀请函31人次。名誉称号授予办理平台已上线试用。

在国际合作处的积极推动下，电子工程学院“外专千人”奥利维尔·博诺教授及建筑国际化示范学院外籍院长戴维·厄尔·莱瑟巴罗教授分别获得2017—2018年度“江苏友谊奖”；莱瑟巴罗教授还同时荣获“江苏省荣誉公民”称号。

三、中外合作办学运行良好

1. 深化与澳大利亚蒙纳士大学的合作

进一步统筹协调各相关部处推进深化与蒙纳士联合大学办学与全面合作。于2018年6月和12月分别在苏州与墨尔本召开了两校联合管理委员会(JMC)会议。于2018年5月14日、6月22日、10月29日分别接待了蒙纳士大学校长级团访问我校，商谈联合办

学及全面合作事宜,有力地推进了联合办学的各项事宜。

2. 东南大学雷恩研究生学院正式揭牌

2018 年 5 月 22 日,东南大学雷恩研究生学院揭牌仪式在法国雷恩第一大学举行,左惟书记率代表团出席了揭牌仪式。2018 年 9 月 14 日,东南大学雷恩研究生学院在九龙湖校区正式揭牌。法国驻华使馆科技副参赞、法国驻上海领事馆科技领事、南京师范大学法语联盟校长及法国雷恩一大校长代表团一行参加了此次揭牌仪式。

四、开拓渠道,扩大学生交流交换人数

2018 年,通过国际合作处的学生交流交换项目被国外院校录取的派出学生共 215 人;共接收慕尼黑工业大学、德国双元制大学、瑞典皇家理工学院、悉尼大学、麻省理工学院、巴黎高科、法国公共工程学院、勃艮第高等商学院、雷恩国立应用科学学院、谢菲尔德大学、德州农机大学、华盛顿州立大学、德克萨斯大学达拉斯分校、田纳西大学、爱知大学、爱知工业大学等国外友好学校来华交流交换生共计 322 人。与巴黎电子与计算机信息工程师学院协商沟通并推进整建制本科生班交流学习项目。

五、积极支持召开国际学术会议

全年召开 24 个国际学术会议,共有 755 位境外专家学者来校与会,扩大了学校海外影响,展示了我校相关领域的科研水准,拓展了我校师生同国内外同行交流和合作的渠道,开拓了师生的国际视野。

六、港澳台事务工作进展顺利

2018 年以国台办、省台办对台工作方针、政策为引领,共接待(组织)21 批,421 人次的台湾师生、重要人物。

1. 完成了对台重点项目“海峡两岸青年领袖长三角经济文化研习营”工作,共有 43 名台湾师生参与活动,该项目一直是教育部重点对台项目,获得教育部、台湾师生的好评。举办了东南大学“土木暑期学校”,16 位台湾中央大学学生参加了该项目。

2. 成功举办了“第 20 届海峡两岸信息技术研讨会”,共有 26 位台湾中央大学、台湾大学、台湾云林科技大学、淡江大学等大学的学者出席。

3. 完成了华英文教基金会各项工作。按照该基金会董事会的要求,在规定的时间段内完成了华英文教基金东南大学 2019—2020 年项目遴选工作;并按时完成 12 月 1 日董事会会议材料、报纸编辑出版等工作。

4. 承办、协办其他工作:承办了中国教育国际交流协会“两岸青年领袖研习营”大陆营项目,与南京市台办合办“职场直通车——宁台大学生青春修炼营”实习项目,与江宁台办合办“圆梦江苏、青春有伴——2018 年台湾大学生江宁实习营”项目,以及第六届海峡两岸建筑院校学生交流工作坊、艺术教育工作坊、2018 海峡两岸中生代学者建筑史与文化遗产研究工作坊等。

5. 接待了台湾中华映管股份有限公司梁建铮博士的学术访问、台湾文化大学、台湾东华大学 44 人代表团,以及中央警察大学代表团、台湾铭传大学代表团、台湾政治人士

林为洲夫妇代表团、台湾中正大学代表团等。

6. 按时提交教育部 4 个"港澳与内地高等学校师生交流计划"项目申报、筹备、组织及实施计划。

7. 完成东南大学港澳及港澳台学生事务等多项工作。2018 年我校接待港澳台交流交换生共计 230 人(其中港澳台交换生 41 人),派出交换生 41 人;指导港澳台学生社团开展活动;组织交换生欢迎会、欢送会;积极配合上级部门做好港澳台学生活动组织工作,组织学生参加省台联组织的"共建美好家园"两岸青年公益植树活动;做好交流交换生行前教育工作;严格按照教育部通知,协同学生处、研究生院按时按要求顺利完成港澳台侨学生(本科生、研究生)奖学金的评审工作。

七、提升师生出国境管理与服务水平

学校因公派出师生人数近年来稳步提升,国际合作处不断探讨新形势下因公出国(境)工作面临的难点问题及如何提升对师生的管理与服务。积极优化校内申报审批流程,提高工作效率,提升服务质量,实现了线上申报。目前线上已受理申报 1 000 多位教师的因公出国(境)的审批。工作实践表明,办公系统的信息化对提高工作效率、优化办事流程起到了显著作用。流程的信息化使业务管理人员可把更多精力投入到服务中,并通过系统数据的分析和挖掘,对学校推进国际化提供指导意见。

2018 年,共有 1 483 位教师及 2 000 多名学生赴外参加国际会议、学术交流、合作研究及进修学习。

八、大力提高信息化管理水平

2018 年 6 月上线了教师因公出国(境)申报审批系统,12 月上线了学生因公出国(境)申报审批系统;10 月上线了外国专家邀请系统;11 月上线了东南大学名誉教授申请系统;同时,推动并上线了国际项目管理系统,用以审批管理校际和院级合作协议。完成了国际合作处网站中英文网站改版建设。国际合作处服务于学院、师生的主体工作信息化水平显著提升。

九、留学生工作再上新台阶

2018 年,我校外国留学生人数达到 1 947 人,其中学位生 1 492 人,学位留学生比例达到 76.6%。在读硕士生 509 人,博士生 204 人,硕博研究生在学位生中占比达到 47.8%,位居江苏第一。我校共有五门课程获 2017 年度江苏省省级留学生全英文精品课程,在江苏省高校名列前茅。

十、"孔子学院"建设取得新进展

与东南大学合办的白俄罗斯明斯克国立语言大学孔子学院、美国田纳西大学孔子学院和美国得州大学达拉斯分校孔子学院等三所孔子学院事业蒸蒸日上,在学汉语生 7 000 余人,人数大幅增长。

2018 年与国(境)外高等院校及科研机构合作交流一览表

学校名称或科研机构	合作内容	签约日期	标题
the University of California, Irvine	3＋2 项目协议(金校等)	2018. 7. 6	3＋2 Program Agreement between the University of California, Irvine and Southeast University
The University of Florida	合作协议(框架)	2018. 6. 15	东南大学与佛罗里达大学合作协议书
Wisconsin-Madison	意向书	2018. 10. 15	Letter of Intent between University of Wisconsin-Madison and Southeast University
University of Texas at Dallas	谅解备忘录(荣誉学院)	2018. 3. 13	东南大学吴健雄学院与得克萨斯大学达拉斯分校 Hobson Wildenthal 荣誉学院合作谅解备忘录(中英文)
IEF	协议备忘录	2018. 6. 4	东南大学与国际教育基金会协议备忘录(中英文)
University of California, Berkeley	学生海外学习项目(教务处)	2018. 9. 7	Agreement on Collaboration on Study Abroad Program between Southeast University and The Berkeley International Study Program at the University of California, Berkeley
University of Kansas	文教、科技合作	2018. 8. 13	美国堪萨斯大学和中国东南大学文化、教育以及科技合作协议(中英文)
University of Kansas	本科生参加 Jayhawk 学期	2018. 8. 13	美国堪萨斯大学和中国东南大学 Jayhawk 学期协议
悉尼大学	框架备忘录(交通学院)	2018. 4. 17	Memorandum of Understanding between Southeast University and the University of Sydney (中英文)
Minsk State Linguistic University	框架备忘录	2018. 6. 18	中国东南大学与白俄罗斯明斯克国立语言大学谅解备忘录(中、俄文)
鲁汶大学	框架备忘录	2018. 9. 7	Memorandum of Understanding between Science, Engineering and Technology Group, KU Leuven, Belgium and Southeast University, China
伯明翰大学	MoU(含联合研究中心条款)	2018. 5. 25	东南大学—伯明翰大学谅解备忘录(中英文)
约克大学	访问学生协议及附件(学费折扣)	2018. 12. 13	Visiting Student Agreement between Southeast University and University of York, Schedule 2: Discretionary Reduction of Tuition Fees

（续 表）

学校名称或科研机构	合作内容	签约日期	标题
伦敦南岸大学	公共卫生领域合作备忘录（联合建设“中英健康促进研究中心”）	2018. 8. 23	东南大学与伦敦南岸大学在公共卫生领域的合作备忘录（中英文）
帝国理工学院	框架备忘录（电子学院）	2018. 10. 9	Memorandum of Understanding for Education and Scientific Cooperation
英国工程技术学会	框架备忘录	2018. 10. 16	英国工程技术学会与东南大学合作谅解备忘录（中英文）
UBC	意向书	2018. 5. 14	Statement of Cooperation between the University of British Columbia, Canada and Southeast University, PR China
布拉格捷克技术大学	学生交流	2018. 5. 23	Agreement on Student Exchange between Czech Technical University in Prague, Czech Republic and Southeast University, China
雷恩第一大学（L'Universite de Rennes 1）	框架合作协议	2018. 9. 19	中国东南大学与法国雷恩第一大学合作协议（中、法文）
法国电子与计算机信息学校（EFREI）	学生交流及财务附件	2018. 11. 29	Memorandum of Understanding between Southeast University and EFREI Paris, Engineering School of Digital Technology, Financial Addendum
巴黎电信	学术、科研合作	2018. 9. 3	Memorandum of Agreement for Academic Cooperation between Telecomm Paris Tech and SEU(en)
National Institute for Applied Sciences, (INSA Rennes)	框架备忘录	2018. 4. 5	Memorandum of Understanding between Southeast University and National Institute for Applied Sciences (INSA Rennes) (英文)
Institut National de la Sante et da la Recherche Medicale, Rennes 1	联合实验室	2018. 5. 22	Cooperation Agreement to Set up an International Associated Laboratory
Technische Universität München (TUM) 慕尼黑工大	学生交流续约	2018. 8. 27	Extension of Student Exchange Agreement between Southeast University and Technical University of Munich (TUM), Germany
CEPT 大学	与建筑学院文化、教育、科研合作备忘录	2018. 12. 10	Memorandum of Understanding for Cultural, Educational and Scientific Cooperation between CEPT University, India and School of Architecture, Southeast University, China
CEPT 大学	建筑学院学生交换	2018. 12. 10	Agreement for Student Exchanges between CEPT University (Faculty of Architecture and Faculty of Planning), India and School of Architecture, Southeast University, China

(续　表)

学校名称或科研机构	合作内容	签约日期	标题
CEPT 大学	建筑学院寒暑期学校	2018. 12. 10	Agreement for Student Exchange for Summer Winter School between CEPT University, India and Key Laboratory of Urban and Architectural Heritage Conservation (Southeast University), Ministry of Education, China
罗马大学(University of Rome "La Sapienza")	学生交流协议(土木和工业工程学院与建筑学院)	2018. 5. 14	Student Exchange Agreement between Sapienza University of Rome (Italy) - Faculty of Civil and Industrial Engineering and the Southeast University of Nanjing (People's Republic of China) - School of Architecture for a Student Exchange Programme(英文)
都灵理工业大学	学生交换协议及附录	2018. 6. 27	Student Exchange Agreement between Politecnico di Torino, Italy and Southeast University, Nanjing, China + Addendum to the Students Exchange Agreement between Southeast University, Nanjing (SEU) and Polotecnico di Torino (Polito)
都灵理工业大学	双学位协议及附录	2018. 6. 27	Double Degree Agreement between Politecnico di Torino, Torino, Italy and Southeast University, Nanjing, PR China + Addendum to the Double Degree Agreement between Southeast University, Nanjing (SEU) and Politecnico di Torino (Polito)
都灵理工业大学	学院级过渡形态联合研究所协议	2018. 6. 27	Memorandum of Understanding for the Establishment of the Joint Research Unit "Transitional Morphologies" based at Politecnico di Torino and at Southeast University Nanjing
帕多瓦大学	框架备忘录及其附件	2018. 4. 24	东南大学—意大利帕多瓦大学谅解备忘录及附件(中英意大利文)续签
IUAV 威尼斯建筑大学	教育与科研合作谅解备忘录	2018. 6. 26	Menorandum of Understanding for Educational and Scientific Cooperation between IUAV University of Venice (IUAV), Italy and Southeast University (SEU), China
IUAV 威尼斯建筑大学	学生交换协议	2018. 6. 26	Student Exchange Agreement between IUAV University of Venice, Italy and Southeast University Nanjing, China

（续　表）

学校名称或科研机构	合作内容	签约日期	标题
米兰理工大学	学生交换协议及附录	2018. 6. 28	Student Exchange Agreement between Politecnico di Milano, Italy (Scuola di Architettura, Urbanistica e Ingegneria delle Costruzioni) and Southeast University Nanjing, China (School of Architecture) + Adendum to the Student Exchange Agreement between Southeast University, Nanjing (SEU) and Politecnico di Milano (Milano)
东北大学	续约	2018. 1. 5	Extension of Agreement
东京工业大学	协议续签	2018. 6. 14	Extension Agreement: Agreement on Academic Exchange between Tokyo Institute of Technology, Japan and Southeast University, China(英文)
大阪大学	生医学院与研究生学院工程学院学生交换备忘录	2018. 6. 13	Memorandum of Understanding on Student Exchange between School of Biological Science and Medical Engineering, Southeast University and School of Engineering/Graduate School of Engineering, Osaka University
大阪大学	生医学院与研究生学院工程学院学术交流协议	2018. 6. 13	Agreement between Academic Exchange between School of Biological Science and Medical Engineering, Southeast University and School of Engineering/Graduate School of Engineering, Osaka University
University of Science and Technology, Bannu	学术交流协议	2018. 6. 29	Agreement on Academic Exchange between Southeast University and University of Science and Technology, Bannu
莫斯科国立汽车公路大学	框架备忘录	2018. 6. 13	中国东南大学与莫斯科国立汽车公路大学谅解备忘录(中文、俄文)
UNESCO	MOU	2018. 10. 24	Memorandum of Understanding between Southeast University and United Nations Educational Scientific and Cultural Organization

2018 年名誉称号授予名单

序号	英文姓名	中文姓名	所在单位	专业领域	聘请学院	名誉称号授予	聘请时间	来自国家（地区）	备注
1	Jianwei Huang	黄建伟	香港中文大学	无线通信网络	信息科学与工程学院	客座教授	2018.1—2023.1	中国（香港）	无聘书复印件
2	Bjorn Birgisson	比昂·波基森	美国德克萨斯A&M大学	岩土力学、路面力学分析等	交通学院	客座教授	2018.5—2023.5	美国	无聘书复印件
3	Susan Mary Gass	苏珊·玛丽·盖斯	美国密歇根州立大学	第二语言习得	外国语学院	客座教授	2018.4—2023.4	美国	
4	R. Graham Cooks	无	美国普渡大学	质谱成像	生物科学与医学工程学院	客座教授	2018.6—2023.6	美国	
5	Patrick Reynaert	帕特里克·瑞纳尔特	比利时鲁汶大学	高频、宽带、通信电路	信息科学与工程学院	客座教授	2018.6—2023.6	比利时	
6	Depeng Jiang	蒋德鹏	加拿大曼尼托巴大学	公共卫生	公共卫生学院	客座教授	2018.8—2023.8	加拿大	
7	Saifur Rahman	赛佛·拉赫曼	美国佛吉利亚理工大学	电气、计算机工程	电气工程学院	客座教授	2018.9—2023.9	美国	续聘
8	Kirk Richard St. Amant	柯克·圣·阿芒	美国路易斯安娜理工大学	英语、技术传播教育	外国语学院	客座教授	2018.10—2023.10	美国	
9	SeungDeog Kim	金胜德	韩国世明大学	建筑工程	土木工程学院	客座教授	2018.10—2023.10	韩国	
10	Arup Kumar Raychaudhuri	无	S. N. Bose 国家基础科学中心	凝聚态物理与材料	电子学院	客座教授	2018.11—2023.11	印度	

（续　表）

序号	英文姓名	中文姓名	所在单位	专业领域	聘请学院	名誉称号授予	聘请时间	来自国家（地区）	备注
11	James Charles Whisstock	詹姆斯·查尔斯·韦斯托克	澳大利亚健康与医疗研究理事会	生物信息技术	生命科学研究院	客座教授	2018.11—2023.11	澳大利亚	
12	Luca Maria Andrea Scarantino	卢卡·斯卡兰提诺	意大利优尔姆大学	当代意大利哲学、道德哲学	人文学院	客座教授	2018.11—2023.11	意大利	
13	Roberto Tomas Leon	罗伯托·莱昂	美国佛吉尼亚理工大学	结构工程、材料	土木工程学院	客座教授	2018.12—2023.12	美国	
14	Seeram Ramakrishna	西拉姆·罗摩克里希纳	新加坡国立大学	纳米纤维及纳米技术	化学化工学院	客座教授	2018.12—2023.12	新加坡	

2018 年东南大学举办国际会议/两岸会议情况

序号	会议名称	会议时间	会议主席或召集人	论文数	代表数		总数
					外	内	
1	天线技术国际研讨会:小天线、创新结构及其应用	2018.3.5—2018.3.7	洪　伟	研讨	56	104	160
2	第22届计算机支持的协同设计国际会议	2018.5.9—2018.5.11	罗军舟	研讨	23	127	150
3	山与精神生活国际会议	2018.6.9—2018.6.10	韩冬青	研讨	15	60	75
4	荷中高科技伦理与负责任创新国际研讨会	2018.6.22—2018.6.24	王　珏	研讨	10	30	40
5	中国传统建筑术语注释与翻译国际研讨会,2018	2018.6.23—2018.6.24	韩冬青	研讨	4	25	29
6	微流控芯片与组织工程国际研讨会	2018.7.18—2018.7.20	顾忠泽	研讨	15	60	75
7	亚太人工智能国际会议	2018.8.27—2018.8.31	罗军舟	研讨	65	213	278
8	AS建筑理论研究中心盲点系列研讨会	2018.9.1	无	研讨	20	80	100
9	偏微分方程反问题会议	2018.9.8—2018.9.10	曹进德	研讨	7	45	52
10	全脑神经元重建及其应用会议	2018.9.8—2018.9.10	彭汉川	研讨	17	74	91
11	预防与惩治:转型国家腐败治理经验	2018.9.15—2018.9.16	无	研讨	10	60	70
12	南京近代建筑保护与利用国际研讨会	2018.10.13	无	研讨	15	60	75
13	世界胃肠道疾病介入大会	2018.10.19—2018.10.20	滕皋军	研讨	90	463	553
14	复杂系统与网络国际研讨会	2018.10.19—2018.10.23	曹进德	研讨	5	110	115
15	国际高通量多维生物组学技术研讨会	2018.10.21—2018.10.22	陆祖宏	研讨	15	60	75
16	中国近代建筑遗产研究与保护国际研讨会	2018.11.2—2018.11.3	韩冬青	研讨	4	46	50
17	亚洲历史城市保护国际研讨会	2018.11.3—2018.11.4	韩冬青	研讨	43	27	70
18	生物医学大数据国际研讨会	2018.11.8—2018.11.11	陶纬国	研讨	25	95	120

序号	会议名称	会议时间	会议主席或召集人	论文数	代表数		总数
					外	内	
19	第四届江苏—欧洲新能源国际会议	2018.11.8—2018.11.11	肖　睿	研讨	10	170	180
20	2018 国际伦理共识与人类道德发展会议	2018.11.30—2018.12.1	樊和平	研讨	12	150	162
21	第 20 届海峡两岸信息技术研讨会	2018.11.19—2018.11.23	罗军舟	研讨	(台湾代表)20	50	70
22	实践美学:建构的往昔与未来国际会议	2018.12.1—2018.12.2	韩冬青	研讨	15	60	75
23	世界华人数学家联盟 2018 计算与应用数学会议	2018.12.10—2018.12.14	刘继军	研讨	30	97	127

2018 年东南大学出国(境)人员名单一览表

姓　名	所在学院	学历	国别(地区)	出访任务	时间
唐　坤	交通学院	博士生	美国	国际会议	2018.1.5—2018.1.12
丁　微	交通学院	硕士生	美国	国际会议	2018.1.6—2018.1.11
高良鹏	交通学院	博士生	美国	国际会议	2018.1.6—2018.1.12
顾　宇	交通学院	硕士生	美国	国际会议	2018.1.6—2018.1.12
郭丽昕	交通学院	硕士生	美国	国际会议	2018.1.6—2018.1.12
姜严旭	交通学院	硕士生	美国	国际会议	2018.1.6—2018.1.12
金雨川	交通学院	本科生	美国	国际会议	2018.1.6—2018.1.12
荆文炳	交通学院	硕士生	美国	国际会议	2018.1.6—2018.1.12
马　羊	交通学院	硕士生	美国	国际会议	2018.1.6—2018.1.12
马新卫	交通学院	博士生	美国	国际会议	2018.1.6—2018.1.12
马耀鲁	交通学院	博士生	美国	国际会议	2018.1.6—2018.1.12
王家豪	交通学院	硕士生	美国	国际会议	2018.1.6—2018.1.12
王鹏飞	交通学院	博士生	美国	国际会议	2018.1.6—2018.1.12
王晓威	交通学院	博士生	美国	国际会议	2018.1.6—2018.1.12
杨名远	交通学院	本科生	美国	国际会议	2018.1.6—2018.1.12

（续　表）

姓　名	所在学院	学历	国别(地区)	出访任务	时间
易陈钰	交通学院	硕士生	美国	国际会议	2018.1.6—2018.1.12
张　勐	交通学院	博士生	美国	国际会议	2018.1.6—2018.1.12
郑玉冰	交通学院	博士生	美国	国际会议	2018.1.6—2018.1.12
周　昊	交通学院	硕士生	美国	国际会议	2018.1.6—2018.1.12
周　洲	交通学院	博士生	美国	国际会议	2018.1.6—2018.1/12
孙春龙	数学学院	博士生	韩国	国际会议	2018.1.7—2018.1.12
刘晓曼	数学学院	博士生	韩国	国际会议	2018.1.7—2018.1.12
罗　清	信息科学与工程学院	博士生	美国	国际会议	2018.1.13—2018.1.18
李沐升	生物科学与医学工程学院	博士生	日本	国际会议	2018.1.17—2018.1.20
许育铭	生物科学与医学工程学院	博士生	日本	国际会议	2018.1.17—2018.1.20
江　鹏	生命科学研究院	博士生	日本	国际会议	2018.1.17—2018.1.21
王　婵	生命科学研究院	博士生	日本	国际会议	2018.1.17—2018.1.21
王　璐	生命科研研究院	博士生	日本	国际会议	2018.1.17—2018.1.21
孙　潮	电子科学与工程学院	博士生	日本	国际会议	2018.1.17—2018.1.22
张　玉	电子科学与工程学院	博十生	日本	国际会议	2018.1.17—2018.1.22
徐俊俊	电气工程学院	博士生	澳大利亚	交流学习	2018.1.17—2019.1.17
李　源	机械工程学院	博士生	英国	国际会议	2018.1.20—2018.1.26
叶一舟	电子科学与工程学院	博士生	北爱尔兰	国际会议	2018.1.20—2018.1.26
张　辉	机械工程学院	博士生	英国	国际会议	2018.1.20—2018.1.26
瓦尔(Waseem)	土木工程学院	博士生	巴基斯坦	其他	2018.1.20—2018.4.7
宋浩川	信息科学与工程学院	博士生	美国	国际会议	2018.1.24—2018.1.29
周华羿	信息科学与工程学院	博士生	美国	国际会议	2018.1.24—2018.1.29
曹佳宇	外国语学院	本科生	中国台湾	冬令营	2018.1.28—2018.2.6
付艺伟	外国语学院	本科生	中国台湾	冬令营	2018.1.28—2018.2.6
高诗语	外国语学院	本科生	中国台湾	冬令营	2018.1.28—2018.2.6
胡辰璐	人文学院	本科生	中国台湾	冬令营	2018.1.28—2018.2.6
胡明昊	计算机科学与工程学院	本科生	中国台湾	冬令营	2018.1.28—2018.2.6
黄祯赟	公共卫生学院	本科生	中国台湾	冬令营	2018.1.28—2018.2.6
焦时雨	外国语学院	本科生	中国台湾	冬令营	2018.1.28—2018.2.6
李若晨	经济管理学院	本科生	中国台湾	冬令营	2018.1.28—2018.2.6

（续　表）

姓　名	所在学院	学历	国别(地区)	出访任务	时间
李子萱	外国语学院	本科生	中国台湾	冬令营	2018.1.28—2018.2.6
刘启阳	人文学院	本科生	中国台湾	冬令营	2018.1.28—2018.2.6
刘昱杉	建筑学院	本科生	中国台湾	冬令营	2018.1.28—2018.2.6
卢　婧	经济管理学院	本科生	中国台湾	冬令营	2018.1.28—2018.2.6
徐海川	交通学院	本科生	中国台湾	冬令营	2018.1.28—2018.2.6
杨　雯	公共卫生学院	本科生	中国台湾	冬令营	2018.1.28—2018.2.6
叶橄强	计算机科学与工程学院	本科生	中国台湾	冬令营	2018.1.28—2018.2.6
金　成	电气工程学院	硕士生	新西兰	国际会议	2018.1.30—2018.2.3
张志锋	材料科学与工程学院	博士生	英国	短期学习	2018.1.31—2018.2.4
张倩汶	计算机科学与工程学院	硕士生	美国	国际会议	2018.2.2—2018.2.7
王　彬	计算机科学与工程学院	博士生	美国	国际会议	2018.2.3—2018.2.7
许鸿翔	计算机科学与工程学院	硕士生	美国	国际会议	2018.2.3—2018.2.7
江巍雪	能源与环境学院	博士生	澳大利亚	国际会议	2018.2.3—2018.2.9
张舒阳	能源与环境学院	博士生	澳大利亚	国际会议	2018.2.5—2018.2.9
程　诚	生命科学研究院	博士生	美国	国际会议	2018.2.8—2018.2.15
齐洁玉	生命科学研究院	博士生	美国	国际会议	2018.2.8—2018.2.15
牛晓康	信息科学与工程学院	博士生	美国	国际会议	2018.2.11—2018.2.15
邝紫琼	外国语学院	本科生	美国	国际会议	2018.2.14—2018.2.19
谈　昕	外国语学院	本科生	美国	国际会议	2018.2.14—2018.2.19
夏宏洁	外国语学院	本科生	美国	国际会议	2018.2.14—2018.2.19
姜晓文	机械工程学院	硕士生	美国	国际会议	2018.2.17—2018.2.23
程崇博	能源与环境学院	博士生	法国、英国	国际会议	2018.2.17—2018.2.27
曹　博	吴健雄学院	本科生	德国	短期学习	2018.2.18—2018.3.3
曾少豪	吴健雄学院	本科生	德国	短期学习	2018.2.18—2018.3.3
陈　曦	吴健雄学院	本科生	德国	短期学习	2018.2.18—2018.3.3
陈俊林	吴健雄学院	本科生	德国	短期学习	2018.2.18—2018.3.3
崔舒欣	吴健雄学院	本科生	德国	短期学习	2018.2.18—2018.3.3
冯涵颖	吴健雄学院	本科生	德国	短期学习	2018.2.18—2018.3.3
高炜涵	吴健雄学院	本科生	德国	短期学习	2018.2.18—2018.3.3
郜泽飞	吴健雄学院	本科生	德国	短期学习	2018.2.18—2018.3.3
何泽恒	吴健雄学院	本科生	德国	短期学习	2018.2.18—2018.3.3

（续　表）

姓　名	所在学院	学历	国别(地区)	出访任务	时间
姜进科	吴健雄学院	本科生	德国	短期学习	2018.2.18—2018.3.3
刘凯林	吴健雄学院	本科生	德国	短期学习	2018.2.18—2018.3.3
刘天雨	吴健雄学院	本科生	德国	短期学习	2018.2.18—2018.3.3
刘永帆	吴健雄学院	本科生	德国	短期学习	2018.2.18—2018.3.3
刘兆寰	吴健雄学院	本科生	德国	短期学习	2018.2.18—2018.3.3
吕佳峰	吴健雄学院	本科生	德国	短期学习	2018.2.18—2018.3.3
马一凡	吴健雄学院	本科生	德国	短期学习	2018.2.18—2018.3.3
钱玉春	吴健雄学院	本科生	德国	短期学习	2018.2.18—2018.3.3
任彦桥	吴健雄学院	本科生	德国	短期学习	2018.2.18—2018.3.3
孙雅伦	吴健雄学院	本科生	德国	短期学习	2018.2.18—2018.3.3
唐俊逸	吴健雄学院	本科生	德国	短期学习	2018.2.18—2018.3.3
完晓妍	吴健雄学院	本科生	德国	短期学习	2018.2.18—2018.3.3
王辉征	吴健雄学院	本科生	德国	短期学习	2018.2.18—2018.3.3
王小彤	吴健雄学院	本科生	德国	短期学习	2018.2.18—2018.3.3
王一彪	吴健雄学院	本科生	德国	短期学习	2018.2.18—2018.3.3
魏　楷	吴健雄学院	本科生	德国	短期学习	2018.2.18—2018.3.3
魏庆宇	吴健雄学院	本科生	德国	短期学习	2018.2.18—2018.3.3
徐邵辉	吴健雄学院	本科生	德国	短期学习	2018.2.18—2018.3.3
杨钦江	吴健雄学院	本科生	德国	短期学习	2018.2.18—2018.3.3
余睿智	吴健雄学院	本科生	德国	短期学习	2018.2.18—2018.3.3
张雯惠	吴健雄学院	本科生	德国	短期学习	2018.2.18—2018.3.3
张悦馨	吴健雄学院	本科生	德国	短期学习	2018.2.18—2018.3.3
黄晓丹	成贤学院	本科生	中国台湾	短期学习	2018.2.19—2018.6.26
张吟之	成贤学院	本科生	中国台湾	短期学习	2018.2.19—2018.6.26
沈靖栋	物理学院	博士生	瑞典、波兰	设备考察	2018.2.20—2018.3.10
曹爱凝	法学院	本科生	中国台湾	短期学习	2018.2.22—2018.6.30
李亮斌	交通学院	本科生	中国台湾	短期学习	2018.2.22—2018.6.30
刘珏雯	成贤学院	本科生	中国台湾	短期学习	2018.2.22—2018.6.30
唐蓓蓓	成贤学院	本科生	中国台湾	短期学习	2018.2.22—2018.6.30
万子龙	经济管理学院	本科生	中国台湾	短期学习	2018.2.22—2018.6.30
严　瑾	成贤学院	本科生	中国台湾	短期学习	2018.2.22—2018.6.30

（续 表）

姓　名	所在学院	学历	国别(地区)	出访任务	时间
柏秋阳	成贤学院	本科生	中国台湾	短期学习	2018.2.23—2018.7.3
蒋采宸	成贤学院	本科生	中国台湾	短期学习	2018.2.23—2018.7.3
刘　韵	成贤学院	本科生	中国台湾	短期学习	2018.2.25—2018.7.2
吴志鸿	能源与环境学院	硕士生	日本	国际会议	2018.2.60—201.80.60
刘　瑞	信息科学与工程学院	博士生	法国	国际会议	2018.3.2—2018.3.6
吴木木	电气工程学院	硕士生	美国	国际会议	2018.3.3—2018.3.7
崔潇婷	信息科学与工程学院	硕士生	美国	国际会议	2018.3.3—2018.3.9
仲斌演	医学院	博士生	新西兰	国际会议	2018.3.5—2018.4.11
徐　刚	土木工程学院	博士生	西班牙	国际会议	2018.3.10—2018.3.14
方　钊	土木工程学院	博士生	日本	国际会议	2018.3.10—2018.3.15
王　宁	材料科学与工程学院	博士生	美国	国际会议	2018.3.10—2018.3.15
武世凯	材料科学与工程学院	博士生	美国	国际会议	2018.3.10—2018.3.15
奚旭辰	人文学院	本科生	马来西亚	参加竞赛	2018.3.11—2018.3.21
樊　昊	建筑学院	硕士生	日本	国际会议	2018.3.12—2018.3.16
雷雨川	能源与环境学院	博士生	日本	国际会议	2018.3.12—2018.3.16
李晓明	建筑学院	硕士生	日本	国际会议	2018.3.12—2018.3.16
张　萌	建筑学院	硕士生	日本	国际会议	2018.3.12—2018.3.16
余　航	医学院	硕士生	丹麦、德国	国际会议	2018.3.15—2018.3.22
邵新星	土木工程学院	博士生	加拿大	合作研究	2018.3.15—2018.4.29
白　晨	生物科学与医学工程学院	博士生	美国	国际会议	2018.3.17—2018.3.23
胡鹏程	生物科学与医学工程学院	博士生	美国	国际会议	2018.3.17—2018.3.23
韦定兵	土木工程学院	博士生	荷兰	合作研究	2018.3.17—2018.3.25
李金泽	医学院	博士生	比利时	国际会议	2018.3.19—2018.3.24
孟珊珊	医学院	博士生	比利时	国际会议	2018.3.19—2018.3.24
曹　东	土木工程学院	本科生	美国	参加竞赛	2018.3.20—2018.3.27
陈　钦	土木工程学院	本科生	美国	参加竞赛	2018.3.20—2018.3.27
韩雪欣	土木工程学院	本科生	美国	参加竞赛	2018.3.20—2018.3.27
黄　聪	土木工程学院	本科生	美国	参加竞赛	2018.3.20—2018.3.27
蒋　擎	土木工程学院	本科生	美国	参加竞赛	2018.3.20—2018.3.27
王　宁	土木工程学院	本科生	美国	参加竞赛	2018.3.20—2018.3.27
王少哲	土木工程学院	本科生	美国	参加竞赛	2018.3.20—2018.3.27

(续　表)

姓　名	所在学院	学历	国别(地区)	出访任务	时间
吴睿喆	土木工程学院	本科生	美国	参加竞赛	2018.3.20—2018.3.27
吴宇同	土木工程学院	本科生	美国	参加竞赛	2018.3.20—2018.3.27
张　盼	土木工程学院	本科生	美国	参加竞赛	2018.3.20—2018.3.27
张承文	土木工程学院	本科生	美国	参加竞赛	2018.3.20—2018.3.27
侯　越	生物科学与医学工程学院	博士生	美国	国际会议	2018.3.22—2018.3.26
李金成	生物科学与医学工程学院	博士生	马来西亚	国际会议	2018.3.22—2018.3.26
束传军	生物科学与医学工程学院	博士生	美国	国际会议	2018.3.22—2018.3.26
金皓俊	生物科学与医学工程学院	博士生	奥地利	国际会议	2018.3.25—2018.3.29
屈晓君	生物科学与医学工程学院	博士生	奥地利	国际会议	2018.3.25—2018.3.29
张贝贝	生物科学与医学工程学院	博士生	奥地利	国际会议	2018.3.25—2018.3.29
张书衍	生物科学与医学工程学院	博士生	奥地利	国际会议	2018.3.25—2018.3.29
苏兆喜	电子科学与工程学院	硕士生	意大利	国际会议	2018.3.25—2018.3.30
冯　宇	土木工程学院	博士生	美国	短期学习	2018.3.25—2018.10.9
石志盛	化学化工学院	博士生	日本	国际会议	2018.3.29—2018.4.2
向　梅	化学化工学院	博士生	日本	国际会议	2018.3.29—2018.4.2
刘　烨	土木工程学院	博士生	日本	国际会议	2018.3.29—2018.4.3
孙忠茂	电子科学与工程学院	硕士生	美国	国际会议	2018.4.1—2018.4.5
王　栋	信息科学与工程学院	博士生	美国	国际会议	2018.4.7—2018.4.11
薄西超	信息科学与工程学院	博士生	英国	国际会议	2018.4.7—2018.4.14
刘艳群	信息科学与工程学院	博士生	英国	国际会议	2018.4.7—2018.4.14
徐之遐	信息科学与工程学院	博士生	英国	国际会议	2018.4.7—2018.4.14
尹杰茜	信息科学与工程学院	博士生	英国	国际会议	2018.4.7—2018.4.14
Danny Bwalya	土木工程学院	博士生	尼泊尔	国际会议	2018.4.8—2018.4.12
韦定兵	土木工程学院	博士生	尼泊尔	国际会议	2018.4.8—2018.4.12
吴嘉国	土木工程学院	硕士生	尼泊尔	国际会议	2018.4.8—2018.4.12
谢金丞	土木工程学院	硕士生	尼泊尔	国际会议	2018.4.8—2018.4.12
张骏彧	土木工程学院	博士生	尼泊尔	国际会议	2018.4.8—2018.4.12
刘鹏程	电气工程学院	博士生	波兰、瑞士	国际会议	2018.4.8—2018.4.16
李明熹	生物科学与医学工程学院	博士生	瑞士	参展	2018.4.8—2018.4.19
王　威	仪器科学与工程学院	博士生	美国	国际会议	2018.4.9—2018.4.13

（续 表）

姓 名	所在学院	学历	国别（地区）	出访任务	时间
吴雪花	电气工程学院	博士生	美国	国际会议	2018.4.9—2018.4.13
徐 洁	信息科学与工程学院	硕士生	美国	国际会议	2018.4.9—2018.4.13
张 聪	医学院	博士生	土耳其	国际会议	2018.4.9—2018.4.13
张月新	仪器科学与工程学院	博士生	美国	国际会议	2018.4.9—2018.4.13
钟 敏	仪器科学与工程学院	博士生	美国	国际会议	2018.4.9—2018.4.13
张 菀	机械工程学院	博士生	日本	国际会议	2018.4.9—2018.4.14
陈大鹏	仪器科学与工程学院	博士生	瑞士	参加展览会	2018.4.9—2018.4.16
赵文举	土木工程学院	博士生	瑞士	参加发明展	2018.4.9—2018.4.16
裴逸飞	建筑学院	博士生	荷兰	国际会议	2018.4.9—2018.4.18
桑蓉棋	建筑学院	硕士生	荷兰	国际会议	2018.4.9—2018.4.18
孙 哲	交通学院	硕士生	加蓬、马达加斯加	合作研究	2018.4.9—2018.4.18
艾 丁	医学院	博士生	法国	国际会议	2018.4.10—2018.4.16
芭 哈	医学院	博士生	法国	国际会议	2018.4.10—2018.4.16
郭鑫鑫	经济管理学院	博士生	日本	国际会议	2018.4.10—2018.4.16
吉兴华	经济管理学院	博士生	日本	国际会议	2018.4.10—2018.4.16
梁泰鹏	经济管理学院	硕士生	日本	国际会议	2018.4.10—2018.4.16
尚 优	经济管理学院	博士生	日本	国际会议	2018.4.10—2018.4.16
王 柯	经济管理学院	博士生	日本	国际会议	2018.4.10—2018.4.16
魏文娟	医学院	博士生	法国	国际会议	2018.4.10—2018.4.16
许灼炎	经济管理学院	硕士生	日本	国际会议	2018.4.10—2018.4.16
徐正平	建筑学院	博士生	克罗地亚	国际会议	2018.4.12—2018.4.16
刘 科	建筑学院	博士生	克罗地亚	国际会议	2018.4.12—2018.4.17
严 磊	经济管理学院	博士生	中国香港	国际会议	2018.4.13—2018.4.16
陈 赟	信息科学与工程学院	硕士生	西班牙	国际会议	2018.4.14—2018.4.19
贺 渊	信息科学与工程学院	博士生	西班牙	国际会议	2018.4.14—2018.4.19
潘 登	医学院	博士生	日本	国际会议	2018.4.14—2018.4.19
王 聪	信息科学与工程学院	博士生	西班牙	国际会议	2018.4.14—2018.4.19
吴昊天	计算机科学与工程学院	硕士生	西班牙	国际会议	2018.4.14—2018.4.19
朱文捷	信息科学与工程学院	硕士生	西班牙	国际会议	2018.4.14—2018.4.19
裴 璐	信息科学与工程学院	硕士生	美国	国际会议	2018.4.14—2018.4.20

（续　表）

姓　名	所在学院	学历	国别(地区)	出访任务	时间
李　喆	信息科学与工程学院	博士生	加拿大	国际会议	2018.4.15—2018.4.20
张　铖	信息科学与工程学院	博士生	加拿大	国际会议	2018.4.15—2018.4.20
徐孟晖	信息科学与工程学院	硕士生	加拿大	国际会议	2018.4.15—2018.4.21
徐炜鸿	信息科学与工程学院	硕士生	加拿大	国际会议	2018.4.15—2018.4.21
杨永亮	物理学院	博士生	日本	国际会议	2018.4.15—2018.4.21
陈　芸	生物科学与医学工程学院	博士生	德国	短期学习	2018.4.15—2018.5.13
张　航	生物科学与医学工程学院	硕士生	德国	短期学习	2018.4.15—2018.5.13
阮　俊	生物科学与医学工程学院	硕士生	德国	短期学习	2018.4.15—2018.5.15
肖　磊	物理学院	博士生	日本	国际会议	2018.4.16—2018.4.21
毕晓慧	信息科学与工程学院	硕士生	美国	国际会议	2018.4.17—2018.4.21
王　刚	信息科学与工程学院	硕士生	美国	国际会议	2018.4.17—2018.4.21
许　斌	生物科学与医学工程学院	博士生	中国台湾	合作研究	2018.4.17—2019.1.19
高晓鹏	土木工程学院	博士生	日本	国际会议	2018.4.19—2018.4.22
周宏月	机械工程学院	博士生	新西兰	国际会议	2018.4.19—2018.4.23
王振军	电子科学与工程学院	博士生	新加坡	国际会议	2018.4.21—2018.4.27
严嘉彬	电子科学与工程学院	博士生	新加坡	国际会议	2018.4.21—2018.4.27
叶一舟	电子科学与工程学院	博士生	新加坡	国际会议	2018.4.21—2018.4.27
曹苇杭	吴健雄学院	本科生	美国	国际会议	2018.4.22—2018.4.26
陈晓凯	生物科学与医学工程学院	博士生	印度尼西亚	国际会议	2018.4.22—2018.4.26
丁明远	吴健雄学院	本科生	美国	国际会议	2018.4.22—2018.4.26
顾益庆	机械工程学院	硕士生	印度尼西亚	国际会议	2018.4.22—2018.4.26
郭一君	吴健雄学院	本科生	美国	国际会议	2018.4.22—2018.4.26
何小鲁	吴健雄学院	本科生	美国	国际会议	2018.4.22—2018.4.26
姜雨润	吴健雄学院	本科生	美国	国际会议	2018.4.22—2018.4.26
蒋定祎	吴健雄学院	本科生	美国	国际会议	2018.4.22—2018.4.26
雷重庆	吴健雄学院	本科生	美国	国际会议	2018.4.22—2018.4.26
李凤芹	机械工程学院	博士生	印度尼西亚	国际会议	2018.4.22—2018.4.26
廖哺心	吴健雄学院	本科生	美国	国际会议	2018.4.22—2018.4.26
唐华泽	吴健雄学院	本科生	美国	国际会议	2018.4.22—2018.4.26
田　原	机械工程学院	博士生	印度尼西亚	国际会议	2018.4.22—2018.4.26
吴晨鹏	吴健雄学院	本科生	美国	国际会议	2018.4.22—2018.4.26

（续　表）

姓　名	所在学院	学历	国别(地区)	出访任务	时间
吴悠祺	吴健雄学院	本科生	美国	国际会议	2018.4.22—2018.4.26
薛　炜	吴健雄学院	本科生	美国	国际会议	2018.4.22—2018.4.26
张晓东	生物科学与医学工程学院	博士生	印度尼西亚	国际会议	2018.4.22—2018.4.26
张玉坤	吴健雄学院	本科生	美国	国际会议	2018.4.22—2018.4.26
赵恺雍	吴健雄学院	本科生	美国	国际会议	2018.4.22—2018.4.26
孔　永	电气工程学院	博士生	新加坡	国际会议	2018.4.22—2018.4.27
郐占川	电气工程学院	博士生	新加坡	国际会议	2018.4.22—2018.4.27
章恒亮	电气工程学院	博士生	新加坡	国际会议	2018.4.22—2018.4.27
郭保成	电气工程学院	博士后	新加坡	国际会议	2018.4.22—2018.4.28
汪锦言	电子科学与工程学院	硕士生	美国	国际会议	2018.4.23—2018.4.27
张　劲	电子科学与工程学院	博士生	美国	国际会议	2018.4.23—2018.4.27
张大淦	生物科学与医学工程学院	博士生	印度尼西亚	国际会议	2018.4.23—2018.4.27
刘素梅	土木工程学院	博士生	马来西亚	国际会议	2018.4.24—2018.4.28
王康建	土木工程学院	博士生	马来西亚	国际会议	2018.4.24—2018.4.28
王　震	土木工程学院	博士生	马来西亚	国际会议	2018.4.24—2018.4.28
何砚如	医学院	博士生	美国	国际会议	2018.4.24—2018.4.29
侯建同	医学院	博士生	美国	国际会议	2018.4.24—2018.4.29
凌孙凯	医学院	博士生	美国	国际会议	2018.4.24—2018.4.29
刘　波	医学院	博士生	美国	国际会议	2018.4.24—2018.4.29
王　颖	医学院	博士生	美国	国际会议	2018.4.24—2018.4.29
王　尧	外国语学院	硕士生	中国香港	参加竞赛	2018.4.26—2018.4.30
金　锦	电子科学与工程学院	博士生	日本	国际会议	2018.4.26—2018.5.1
孙　杰	电子科学与工程学院	博士生	日本	国际会议	2018.4.26—2018.5.1
闫成刚	电子科学与工程学院	博士生	日本	国际会议	2018.4.26—2018.5.1
吴小军	马克思主义学院	博士生	美国	国际会议	2018.4.26—2018.5.3
张　静	马克思主义学院	博士生	美国	国际会议	2018.4.26—2018.5.3
卢宇亭	信息科学与工程学院	硕士生	中国台湾	国际会议	2018.4.29—2018.5.2
周　蕾	信息科学与工程学院	硕士生	中国台湾	国际会议	2018.4.29—2018.5.2
赵四东	建筑学院	博士生	以色列	国际会议	2018.4.29—2018.5.3
宫建霞	经济管理学院	博士生	美国	国际会议	2018.5.3—2018.5.7
梁艺馨	经济管理学院	博士生	美国	国际会议	2018.5.3—2018.5.7

（续　表）

姓　名	所在学院	学历	国别(地区)	出访任务	时间
谢俐萨	经济管理学院	硕士生	美国	国际会议	2018.5.3—2018.5.7
曹蔚祎	建筑学院	本科生	缅甸	合作研究	2018.5.4—2008.5.20
陈一川	建筑学院	本科生	缅甸	合作研究	2018.5.4—2008.5.20
顾家维	建筑学院	本科生	缅甸	合作研究	2018.5.4—2008.5.20
李金一	建筑学院	本科生	缅甸	合作研究	2018.5.4—2008.5.20
王孛丽	建筑学院	本科生	缅甸	合作研究	2018.5.4—2008.5.20
徐英浩	建筑学院	本科生	缅甸	合作研究	2018.5.4—2008.5.20
许力文	建筑学院	本科生	缅甸	合作研究	2018.5.4—2008.5.20
杨凌霄	建筑学院	本科生	缅甸	合作研究	2018.5.4—2008.5.20
张　淦	建筑学院	本科生	缅甸	合作研究	2018.5.4—2008.5.20
张程远	建筑学院	本科生	缅甸	合作研究	2018.5.4—2008.5.20
张韩清	建筑学院	本科生	缅甸	合作研究	2018.5.4—2008.5.20
张赫中	建筑学院	本科生	缅甸	合作研究	2018.5.4—2008.5.20
李鸿渐	建筑学院	硕士生	瑞士	合作研究	2018.5.5—2018.5.12
刘凌沁	能源与环境学院	博士生	英国	国际会议	2018.5.7—2018.5.12
刘长奇	能源与环境学院	博士生	英国	国际会议	2018.5.7—2018.5.12
李　丹	公共卫生学院	博士生	美国	国际会议	2018.5.10—2018.5.14
童　帅	能源与环境学院	硕士生	韩国	国际会议	2018.5.13—2018.5.17
李　鹏	机械工程学院	博士生	新加坡	国际会议	2018.5.13—2018.5.18
徐　扬	仪器科学与工程学院	博士生	美国	国际会议	2018.5.13—2018.5.18
李少红	电子科学与工程学院	博士生	美国	国际会议	2018.5.13—2018.5.19
陆扬扬	电子科学与工程学院	博士生	美国	国际会议	2018.5.13—2018.5.19
魏家行	电子科学与工程学院	博士生	美国	国际会议	2018.5.13—2018.5.19
叶　然	电子科学与工程学院	博士生	美国	国际会议	2018.5.13—2018.5.19
池俊杰	生物科学与医学工程学院	博士生	泰国	国际会议	2018.5.15—2018.5.19
陈璐斯	公共卫生学院	博士生	日本	国际会议	2018.5.17—2018.5.21
孙相国	计算机科学与工程学院	博士生	美国	国际会议	2018.5.19—2018.5.24
储良煜	信息科学与工程学院	硕士生	美国	国际会议	2018.5.19—2018.5.25
范栋琛	电气工程学院	博士生	日本	国际会议	2018.5.19—2018.5.25
高　鹏	信息科学与工程学院	硕士生	美国	国际会议	2018.5.19—2018.5.25
何晓坤	电气工程学院	博士生	日本	国际会议	2018.5.19—2018.5.25

（续 表）

姓 名	所在学院	学历	国别(地区)	出访任务	时间
林 燕	信息科学与工程学院	硕士生	美国	国际会议	2018.5.19—2018.5.25
马文焱	信息科学与工程学院	硕士生	美国	国际会议	2018.5.19—2018.5.25
吴 俊	信息科学与工程学院	博士生	美国	国际会议	2018.5.19—2018.5.25
朱翰宬	信息科学与工程学院	硕士生	美国	国际会议	2018.5.19—2018.5.25
朱俊杰	电子科技与工程学院	博士生	日本	国际会议	2018.5.19—2018.5.25
朱亚萍	信息科学与工程学院	博士生	美国	国际会议	2018.5.19—2018.5.25
张 铖	信息科学与工程学院	博士生	美国	国际会议	2018.5.20—2018.5.24
杨诗繁	能源与环境学院	博士生	波兰	国际会议	2018.5.20—2018.5.25
张星池	信息科学与工程学院	本科生	美国	国际会议	2018.5.20—2018.5.25
钟志伟	信息科学与工程学院	本科生	美国	国际会议	2018.5.20—2018.5.25
丁永富	交通学院	硕士生	中国台湾	学术交流	2018.5.20—2018.5.28
侯明瑜	交通学院	博士生	中国台湾	学术交流	2018.5.20—2018.5.28
黎 萌	交通学院	本科生	中国台湾	学术交流	2018.5.20—2018.5.28
李 瑞	交通学院	硕士生	中国台湾	学术交流	2018.5.20—2018.5.28
刘 洋	交通学院	博士生	中国台湾	学术交流	2018.5.20—2018.5.28
刘泽宇	交通学院	本科生	中国台湾	学术交流	2018.5.20—2018.5.28
刘芷辰	交通学院	本科生	中国台湾	学术交流	2018.5.20—2018.5.28
栾 鑫	交通学院	博士生	中国台湾	学术交流	2018.5.20—2018.5.28
马 羊	交通学院	博士生	中国台湾	学术交流	2018.5.20—2018.5.28
涂 强	交通学院	博士生	中国台湾	学术交流	2018.5.20—2018.5.28
王雯钰	交通学院	硕士生	中国台湾	学术交流	2018.5.20—2018.5.28
巫诚诚	交通学院	博士生	中国台湾	学术交流	2018.5.20—2018.5.28
徐文胜	交通学院	硕士生	中国台湾	学术交流	2018.5.20—2018.5.28
蔡适然	建筑学院	硕士生	意大利	国际会议	2018.5.20—2018.6.4
陈 斌	建筑学院	硕士生	意大利	国际会议	2018.5.20—2018.6.4
刘 巧	建筑学院	硕士生	意大利	国际会议	2018.5.20—2018.6.4
吴浩然	建筑学院	博士生	意大利	国际会议	2018.5.20—2018.6.4
王明荃	建筑学院	硕士生	意大利	国际会议	2018.5.20—2018.6.4
王润东	信息科学与工程学院	本科生	智利	国际会议	2018.5.21—2018.5.25
刘增稷	电气工程学院	硕士生	新加坡	国际会议	2018.5.21—2018.5.26
王彦芳	经济管理学院	博士生	德国	国际会议	2018.5.22—2018.5.26

(续　表)

姓　名	所在学院	学历	国别(地区)	出访任务	时间
封　晔	医学院	博士生	丹麦	国际会议	2018.5.23—2018.5.28
胡泽波	医学院	博士生	丹麦	国际会议	2018.5.23—2018.5.28
李作林	医学院	博士生	丹麦	国际会议	2018.5.23—2018.5.28
鲁　荐	医学院	博士生	丹麦	国际会议	2018.5.23—2018.5.28
倪利华	医学院	博士生	丹麦	国际会议	2018.5.23—2018.5.28
周乐汀	医学院	博士生	丹麦	国际会议	2018.5.23—2018.5.29
顾少宸	能源与环境学院	博士生	新加坡	国际会议	2018.5.24—2018.5.27
任冬冬	能源与环境学院	博士生	新加坡	国际会议	2018.5.24—2018.5.27
Sami Iqbal	电子科学与工程学院	博士生	新加坡	国际会议	2018.5.24—2018.5.28
金　娟	生物科学与医学工程学院	博士生	日本	国际会议	2018.5.25—2018.5.29
杨　莉	生物科学与医学工程学院	博士生	日本	国际会议	2018.5.25—2018.5.29
乔睿蕾	经济管理学院	博士生	日本	国际会议	2018.5.26—2018.5.30
薛　琳	材料科学与工程学院	博士生	韩国	国际会议	2018.5.26—2018.6.1
周　靖	材料科学和工程学院	博士生	韩国	国际会议	2018.5.26—2018.6.1
朱睿健	材料科学与工程学院	博士生	日本	国际会议	2018.5.26—2018.6.1
戴　薇	生物科学与医学工程学院	博士生	日本	国际会议	2018.5.27—2018.5.30
武　剑	生物科学与医学工程学院	博士生	日本	国际会议	2018.5.27—2018.5.30
杨宁远	信息科学与工程学院	本科生	意大利	国际会议	2018.5.27—2018.5.31
王宏哲	材料科学与工程学院	博士生	日本	国际会议	2018.5.27—2018.6.1
王坤坤	物理学院	博士生	德国	国际会议	2018.5.27—2018.6.4
肖　磊	物理学院	博士生	德国	国际会议	2018.5.27—2018.6.4
沈昊骢	电气工程学院	博士生	马来西亚	国际会议	2018.5.28—2018.6.2
张　瑾	电子科学与工程学院	博士生	美国	国际会议	2018.5.28—2018.6.3
王一婧	建筑学院	博士生	德国	国际会议	2018.5.28—2018.6.4
谢明坤	建筑学院	博士生	德国	国际会议	2018.5.28—2018.6.4
李盼盼	能源与环境学院	博士生	英国	短期学习	2018.5.28—2018.7.27
赵瀚玮	土木工程学院	博士生	美国	国际会议	2018.5.29—2018.6.1
马文倩	建筑学院	硕士生	德国	国际会议	2018.5.29—2018.6.2
孙琪悦	建筑学院	硕士生	德国	国际会议	2018.5.29—2018.6.2
茅建校	土木工程学院	博士生	美国	国际会议	2018.5.29—2018.6.3
陈宏胜	建筑学院	博士生	柬埔寨、越南	访问交流	2018.5.29—2018.6.4

（续 表）

姓　名	所在学院	学历	国别(地区)	出访任务	时间
胡雪峰	建筑学院	硕士生	柬埔寨、越南	访问交流	2018.5.29—2018.6.4
李冬雪	建筑学院	博士生	柬埔寨、越南	访问交流	2018.5.29—2018.6.4
郁佳影	建筑学院	硕士生	柬埔寨、越南	访问交流	2018.5.29—2018.6.4
邵新星	土木工程学院	博士生	美国	国际会议	2018.5.29—2018.6.10
杨方宜	交通学院	博士生	新加坡	国际会议	2018.5.30—2018.6.1
殷玥琪	公共卫生学院	博士生	中国香港	短期学习	2018.5.31—2018.6.14
刘鸿宇	人文学院	博士生	美国	合作研究	2018.6.1—2018.6.15
蔡志鹏	仪器科学与工程学院	博士生	捷克	国际会议	2018.6.2—2018.6.7
李　茜	信息科学与工程学院	博士生	葡萄牙	国际会议	2018.6.2—2018.6.7
胥　帅	计算机科学与工程学院	博士生	澳大利亚	国际会议	2018.6.2—2018.6.7
张翔宇	仪器科学与工程学院	博士生	捷克	国际会议	2018.6.2—2018.6.7
胡昌淞	能源与环境学院	博士生	日本	国际会议	2018.6.3—2018.6.7
刘玉爽	材料科学与工程学院	博士生	意大利	国际会议	2018.6.3—2018.6.10
杨　莉	材料科学与工程学院	博士生	意大利	国际会议	2018.6.3—2018.6.10
张　恒	材料科学与工程学院	博士生	意大利	国际会议	2018.6.3—2018.6.10
郑　伟	材料科学与工程学院	博士生	意大利	国际会议	2018.6.3—2018.6.10
程启秀	交通学院	博士生	中国香港	国际会议	2018.6.5—2018.6.9
潘天帆	医学院	硕士生	美国	国际会议	2018.6.6—2018.6.10
王　超	医学院	博士生	美国	国际会议	2018.6.6—2018.6.10
张曦文	医学院	博士生	美国	国际会议	2018.6.8—2018.6.13
李　灿	生物科学与医学工程学院	博士生	美国	国际会议	2018.6.8—2018.6.18
顾　鹏	信息科学与工程学院	硕士生	美国	国际会议	2018.6.9—2018.6.14
矣咏燃	信息科学与工程学院	博士生	美国	国际会议	2018.6.9—2018.6.14
黄　琳	生物科学与医学工程学院	博士生	美国	国际会议	2018.6.9—2018.6.17
李太顺	公共卫生学院	博士生	意大利	国际会议	2018.6.10—2018.6.13
侯博瑞	仪器科学与工程学院	博士生	意大利	国际会议	2018.6.10—2018.6.14
周培根	信息科学与工程学院	博士生	美国	国际会议	2018.6.10—2018.6.15
毛礼磊	交通学院	博士生	日本	国际会议	2018.6.10—2018.6.16
江巍雪	能源与环境学院	博士生	日本	国际会议	2018.6.10—2018.6.17
马徐骏	信息科学与工程学院	博士生	美国	国际会议	2018.6.10—2018.6.17
李培帅	电气工程学院	博士生	澳大利亚	国际会议	2018.6.11—2018.6.15

(续　表)

姓　名	所在学院	学历	国别(地区)	出访任务	时间
程龙飞	机械工程学院	硕士生	英国	国际会议	2018.6.12—2018.6.16
沈　堉	自动化学院	博士生	韩国	国际会议	2018.6.14—2018.6.18
赵　鑫	自动化学院	博士生	韩国	国际会议	2018.6.14—2018.6.18
李太顺	公共卫生学院	博士生	新加坡	国际会议	2018.6.15—2018.6.18
朱　尧	医学院	博士生	中国香港	国际会议	2018.6.16—2018.6.17
李　勇	土木工程学院	博士生	韩国	国际会议	2018.6.16—2018.6.20
刘　桐	公共卫生学院	博士生	泰国	国际会议	2018.6.16—2018.6.21
王博深	公共卫生学院	博士生	泰国	国际会议	2018.6.16—2018.6.21
吴文娟	公共卫生学院	博士生	泰国	国际会议	2018.6.16—2018.6.21
黄　琼	生物科学与医学工程学院	博士生	新加坡	国际会议	2018.6.16—2018.6.22
任　凯	机械工程学院	博士生	德国	国际会议	2018.6.16—2018.6.22
孙雨荣	生物科学与医学工程学院	博士生	新加坡	国际会议	2018.6.16—2018.6.22
田　水	生物科学与医学工程学院	博士生	新加坡	国际会议	2018.6.16—2018.6.22
王心怡	生物科学与医学工程学院	博士生	新加坡	国际会议	2018.6.16—2018.6.22
张胜标	机械工程学院	硕士生	西班牙	国际会议	2018.6.16—2018.6.22
Adam Ahmed Abdel-rahman Adam	土木工程学院	博士生	希腊	国际会议	2018.6.17—2018.6.21
刘　锋	自动化学院	博士生	美国	国际会议	2018.6.17—2018.6.22
曹达明	信息科学与工程学院	博士生	美国	国际会议	2018.6.17—2018.6.23
李　涛	土木工程学院	博士生	韩国	国际会议	2018.6.17—2018.6.24
梁艺馨	经济管理学院	博士生	西班牙	短期学习	2018.6.17—2018.6.30
虞亚男	经济管理学院	博士生	冰岛	国际会议	2018.6.18—2018.6.24
卞元超	经济管理学院	博士生	捷克	国际会议	2018.6.19—2018.6.23
孔维一	土木工程学院	博士生	捷克	国际会议	2018.6.19—2018.6.23
石喜爱	经济管理学院	博士生	捷克	国际会议	2018.6.19—2018.6.23
吴伊菡	经济管理学院	博士生	韩国	国际会议	2018.6.20—2018.6.24
秦志国	生物科学与医学工程学院	博士生	中国澳门	国际会议	2018.6.20—2018.6.25
张作恒	生物科学与医学工程学院	博士生	中国澳门	国际会议	2018.6.20—2018.6.25
孙忠茂	电子科学与工程学院	硕士生	美国	国际会议	2018.6.20—2018.6.29

（续 表）

姓　名	所在学院	学历	国别(地区)	出访任务	时间
潘　东	材料科学与工程学院	硕士生	中国澳门	国际会议	2018.6.21—2018.6.25
孙　超	材料科学与工程学院	硕士生	中国澳门	国际会议	2018.6.21—2018.6.25
刘丰源	电子科学与工程学院	硕士生	美国	国际会议	2018.6.21—2018.6.29
江　玥	建筑学院	硕士生	美国	国际会议	2018.6.22—2018.7.1
王天鹏	电子科学与工程学院	硕士生	韩国	国际会议	2018.6.23—2018.6.27
邓文俊	电子科学与工程学院	博士生	中国香港	国际会议	2018.6.23—2018.6.28
高莉莉	电子科学与工程学院	博士生	中国香港	国际会议	2018.6.23—2018.6.28
高适萱	电子科学与工程学院	博士生	中国香港	国际会议	2018.6.23—2018.6.28
刘丰源	电子科学与工程学院	硕士生	美国	国际会议	2018.6.23—2018.6.28
宋逸群	电子科学与工程学院	本科生	中国香港	国际会议	2018.6.23—2018.6.28
王　尚	电子科学与工程学院	博士生	中国香港	国际会议	2018.6.23—2018.6.28
吴宗泽	电子科学与工程学院	硕士生	中国香港	国际会议	2018.6.23—2018.6.28
谢明珠	电子科学与工程学院	博士生	中国香港	国际会议	2018.6.23—2018.6.28
朱嘉儒	电子科学与工程学院	硕士生	中国香港	国际会议	2018.6.23—2018.6.28
那　倾	经济管理学院	硕士生	韩国	短期学习	2018.6.23—2018.6.29
陈　倩	物理学院	博士生	英国	国际会议	2018.6.23—2018.7.3
靳　维	电气工程学院	博士生	韩国	国际会议	2018.6.24—2018.6.28
朱　妍	电气工程学院	硕士生	韩国	国际会议	2018.6.24—2018.6.28
孙悦雯	控制科学与工程学院	博士生	白俄罗斯	国际会议	2018.6.24—2018.6.29
郑亚君	自动化学院	博士生	白俄罗斯	国际会议	2018.6.24—2018.6.29
查　晓	能源与环境学院	博士生	美国	国际会议	2018.6.24—2018.6.30
储长青	土木工程学院	硕士生	美国	国际会议	2018.6.24—2018.6.30
金　娟	生物科学与医学工程学院	博士生	瑞士	访问交流	2018.6.24—2018.6.30
李　帅	土木工程学院	博士生	美国	国际会议	2018.6.24—2018.6.30
张　凡	土木工程学院	博士生	美国	国际会议	2018.6.24—2018.6.30
Zuhair Agab	材料科学与工程学院	博士生	法国	国际会议	2018.6.25—2018.6.30
贺娅萍	经济管理学院	博士生	加拿大	国际会议	2018.6.25—2018.7.1
曹铭聪	机械工程学院	博士生	美国	国际会议	2018.6.26—2018.6.30
张廓然	机械工程学院	博士生	美国	国际会议	2018.6.26—2018.6.30
弥　甜	机械工程学院	博士生	匈牙利	国际会议	2018.6.27—2018.7.1

（续　表）

姓　名	所在学院	学历	国别(地区)	出访任务	时间
钱煜明	信息科学与工程学院	博士生	英国	国际会议	2018.6.27—2018.7.1
朱玲莉	能源与环境学院	硕士生	英国	访问交流	2018.6.28—2018.9.10
吴小桔	经济管理学院	博士生	美国	国际会议	2018.6.30—2018.7.4
任小耿	建筑学院	博士生	日本	国际会议	2018.7.1——201.80.72
吴中明	经济管理学院	博士生	法国	国际会议	2018.7.1—2018.7.6
周蒙蒙	数学学院	博士生	摩洛哥	国际会议	2018.7.1—2018.7.6
陈雨荷	吴健雄学院	本科生	美国	交流	2018.7.1—2018.7.15
董　雍	吴健雄学院	本科生	美国	交流	2018.7.1—2018.7.15
李　洋	吴健雄学院	本科生	美国	交流	2018.7.1—2018.7.15
罗易凡	吴健雄学院	本科生	美国	交流	2018.7.1—2018.7.15
吕嘉鑫	吴健雄学院	本科生	美国	交流	2018.7.1—2018.7.15
马浩岩	吴健雄学院	本科生	美国	交流	2018.7.1—2018.7.15
孙昊宇	吴健雄学院	本科生	美国	交流	2018.7.1—2018.7.15
王　旸	吴健雄学院	本科生	美国	交流	2018.7.1—2018.7.15
王维韬	吴健雄学院	本科生	美国	交流	2018.7.1—2018.7.15
吴超逸	吴健雄学院	本科生	美国	交流	2018.7.1—2018.7.15
朱梦然	建筑学院	本科生	日本	短期学习	2018.7.1—2018.9.6
董亦楠	建筑学院	博士生	意大利	合作研究	2018.7.1—2019.6.30
姜　莹	建筑学院	博士生	俄罗斯	国际会议	2018.7.2—2018.7.8
范琳琳	建筑学院	硕士生	意大利	合作研究	2018.7.2—2018.7.21
滑　芳	建筑学院	硕士生	意大利	合作研究	2018.7.2—2018.7.21
吴则鸣	建筑学院	硕士生	意大利	合作研究	2018.7.2—2018.7.21
金凡伊	建筑学院	本科生	日本	实习	2018.7.2—2018.10.2
熊伟婷	建筑学院	博士生	美国	短期学习	2018.7.3—2019.7.3
陈之中	经济管理学院	博士生	日本	国际会议	2018.7.4—2018.7.7
魏　尉	经济管理学院	博士生	日本	国际会议	2018.7.4—2018.7.7
张宇翔	经济管理学院	博士生	日本	国际会议	2018.7.4—2018.7.7
李　欣	土木工程学院	硕士生	新加坡	国际会议	2018.7.4—2018.7.8
徐　萍	土木工程学院	硕士生	新加坡	国际会议	2018.7.4—2018.7.8
马　程	建筑学院	博士生	俄罗斯	国际会议	2018.7.4—2018.7.10
李　劢	建筑学院	博士生	希腊	国际会议	2018.7.5—2018.7.13

（续　表）

姓　名	所在学院	学历	国别(地区)	出访任务	时间
包绎成	吴健雄学院	本科生	美国	交流	2018.7.5—2018.7.28
操　凡	吴健雄学院	本科生	美国	交流	2018.7.5—2018.7.28
何星熠	吴健雄学院	本科生	美国	交流	2018.7.5—2018.7.28
景昊天	吴健雄学院	本科生	美国	交流	2018.7.5—2018.7.28
李博文	吴健雄学院	本科生	美国	交流	2018.7.5—2018.7.28
李嘉恒	吴健雄学院	本科生	美国	交流	2018.7.5—2018.7.28
李轶为	吴健雄学院	本科生	美国	交流	2018.7.5—2018.7.28
李忠篪	吴健雄学院	本科生	美国	交流	2018.7.5—2018.7.28
刘爱杉	计算机科学院	本科生	美国	交流	2018.7.5—2018.7.28
刘家怡	吴健雄学院	本科生	美国	交流	2018.7.5—2018.7.28
马立源	吴健雄学院	本科生	美国	交流	2018.7.5—2018.7.28
钱　昀	吴健雄学院	本科生	美国	交流	2018.7.5—2018.7.28
陶朝辉	吴健雄学院	本科生	美国	交流	2018.7.5—2018.7.28
熊广为	吴健雄学院	本科生	美国	交流	2018.7.5—2018.7.28
杨佳伟	吴健雄学院	本科生	美国	交流	2018.7.5—2018.7.28
尹尚文	吴健雄学院	本科生	美国	交流	2018.7.5—2018.7.28
袁　瑞	吴健雄学院	本科生	美国	交流	2018.7.5—2018.7.28
原　昊	吴健雄学院	本科生	美国	交流	2018.7.5—2018.7.28
张书岩	吴健雄学院	本科生	美国	交流	2018.7.5—2018.7.28
张天择	吴健雄学院	本科生	美国	交流	2018.7.5—2018.7.28
张学超	吴健雄学院	本科生	美国	交流	2018.7.5—2018.7.28
周兰迪	吴健雄学院	本科生	美国	交流	2018.7.5—2018.7.28
瓦　尔	土木工程学院	博士生	巴基斯坦	合作研究	2018.7.5—2018.9.12
叶　璇	建筑学院	硕士生	日本	国际会议	2018.7.7—2018.7.13
王　翔	信息科学与工程学院	博士生	美国	国际会议	2018.7.7—2018.7.14
无　奇	信息科学与工程学院	博士生	美国	国际会议	2018.7.7—2018.7.14
王庆宇	生物科学与医学工程	博士生	爱尔兰	国际会议	2018.7.8—2018.7.12
于　涵	生物科学与医学工程学院	博士生	爱尔兰	国际会议	2018.7.8—2018.7.12
赵四东	建筑学院	博士生	捷克	国际会议	2018.7.8—2018.7.12
鲍海英	土木工程学院	博士生	西班牙	国际会议	2018.7.8—2018.7.13
侯士通	土木工程学院	博士生	澳大利亚	国际会议	2018.7.8—2018.7.13

(续　表)

姓　名	所在学院	学历	国别(地区)	出访任务	时间
张　建	电子科学与工程学院	博士生	日本	国际会议	2018.7.8—2018.7.14
施一峰	建筑学院	硕士生	捷克、白俄罗斯	合作研究	2018.7.8—2018.8.4
陈适之	土木工程学院	博士生	澳大利亚	国际会议	2018.7.9—2018.7.13
董一琳	自动化学院	博士生	英国	国际会议	2018.7.9—2018.7.14
刘贤俊	仪器科学与工程学院	博士生	英国	国际会议	2018.7.9—2018.7.14
谢文霞	能源与环境学院	博士生	荷兰	国际会议	2018.7.9—2018.7.14
徐成威	能源与环境学院	博士生	荷兰	国际会议	2018.7.9—2018.7.14
邓雨薇	吴健雄学院	本科生	德国	短期学习	2018.7.9—2018.7.27
李耕余	吴健雄学院	本科生	德国	短期学习	2018.7.9—2018.7.27
刘亚轩	吴健雄学院	本科生	德国	短期学习	2018.7.9—2018.7.27
马艺玲	吴健雄学院	本科生	德国	短期学习	2018.7.9—2018.7.27
许翠萍	吴健雄学院	本科生	德国	短期学习	2018.7.9—2018.7.27
宠一村	建筑学院	博士生	泰国	国际会议	2018.7.12—2018.7.16
巴贝尔	交通学院	本科生	美国	短期学习	2018.7.12—2018.8.18
曹思涵	交通学院	本科生	美国	短期学习	2018.7.12—2018.8.18
雷明月	交通学院	本科生	美国	短期学习	2018.7.12—2018.8.18
李　磊	交通学院	本科生	美国	短期学习	2018.7.12—2018.8.18
刘伊洋	交通学院	本科生	美国	短期学习	2018.7.12—2018.8.18
沙良钰	交通学院	本科生	美国	短期学习	2018.7.12—2018.8.18
申辉辉	交通学院	本科生	美国	短期学习	2018.7.12—2018.8.18
徐海川	交通学院	本科生	美国	短期学习	2018.7.12—2018.8.18
俞　越	交通学院	本科生	美国	短期学习	2018.7.12—2018.8.18
张科扬	交通学院	本科生	美国	短期学习	2018.7.12—2018.8.18
张颐南	交通学院	本科生	美国	短期学习	2018.7.12—2018.8.18
刘　翔	计算机科学与工程学院	博士生	瑞典	国际会议	2018.7.13—2018.7.19
彭成伦	计算机科学与工程学院	硕士生	瑞典	国际会议	2018.7.13—2018.7.19
王　科	计算机科学与工程学院	博士生	瑞典	国际会议	2018.7.13—2018.7.19
吴　璇	计算机科学与工程学院	硕士生	瑞典	国际会议	2018.7.13—2018.7.19
徐　宁	计算机科学与工程学院	博士生	瑞典	国际会议	2018.7.13—2018.7.19
陆明飞	土木工程学院	博士生	美国	国际会议	2018.7.13—2018.7.21

（续　表）

姓　名	所在学院	学历	国别(地区)	出访任务	时间
Lisette Cervantes	经济管理学院	博士生	澳大利亚	国际会议	2018.7.14—2018.7.18
李　松	交通学院	博士生	美国	国际会议	2018.7.14—2018.7.19
姚琳怡	交通学院	硕士生	美国	国际会议	2018.7.14—2018.7.19
李　朝	建筑学院	博士生	日本	国际会议	2018.7.14—2018.7.20
王　斐	建筑学院	博士生	日本	国际会议	2018.7.14—2018.7.20
庞育阳	土木工程学院	博士生	法国	国际会议	2018.7.14—2018.7.22
杜　慧	交通学院	博士生	美国	国际会议	2018.7.14—2018.8.19
阮杨捷	土木工程学院	博士生	美国	国际会议	2018.7.15—2018.7.19
沈宇洲	土木工程学院	博士生	美国	国际会议	2018.7.15—2018.7.19
郑辰暐	建筑学院	博士生	日本	国际会议	2018.7.15—2018.7.19
鲍生慧	法学院	本科生	中国香港	学术交流	2018.7.15—2018.7.21
李　婷	土木工程学院	博士生	法国	国际会议	2018.7.15—2018.7.21
李　想	信息科学与工程学院	本科生	中国香港	学术交流	2018.7.15—2018.7.21
李桥瑶	外国语学院	本科生	中国香港	学术交流	2018.7.15—2018.7.21
刘峰成	土木工程学院	博士生	美国	国际会议	2018.7.15—2018.7.21
刘芷辰	交通学院	本科生	中国香港	学术交流	2018.7.15—2018.7.21
孟雅之	经济管理学院	本科生	中国香港	学术交流	2018.7.15—2018.7.21
潘　睿	土木工程学院	博士生	美国	国际会议	2018.7.15—2018.7.21
闪佳雯	人文学院	本科生	中国香港	学术交流	2018.7.15—2018.7.21
孙　铭	机械工程学院	本科生	中国香港	学术交流	2018.7.15—2018.7.21
王　强	土木工程学院	博士生	法国	国际会议	2018.7.15—2018.7.21
王　希	土木工程学院	博士生	美国	国际会议	2018.7.15—2018.7.21
项文祥	吴健雄学院	本科生	中国香港	学术交流	2018.7.15—2018.7.21
张玲峰	土木工程学院	博士生	法国	国际会议	2018.7.15—2018.7.21
朱宝琛	土木工程学院	博士生	美国	国际会议	2018.7.15—2018.7.21
丁替英	建筑学院	博士生	日本	国际会议	2018.7.15—2018.7.22
徐嘉勃	建筑学院	博士生	赞比亚、埃塞俄比亚、吉布提	合作研究	2018.7.15—2018.8.25
彭哲琦	土木工程学院	博士生	法国	国际会议	2018.7.16—2018.7.20
乔　治	土木工程学院	博士生	韩国	国际会议	2018.7.16—2018.7.20

（续　表）

姓　名	所在学院	学历	国别(地区)	出访任务	时间
丁海波	生物科学医学工程学院	博士生	美国	国际会议	2018.7.16—2018.7.22
陆存豪	机械工程学院	博士生	日本	国际会议	2018.7.17—2018.7.22
张作恒	生物科学与医学工程学院	博士生	德国	短期学习	2018.7.17—2018.10.13
丁陈波	医学院	博士生	日本	国际会议	2018.7.18—2018.7.21
Soban	材料科学与工程学院	博士生	韩国	国际会议	2018.7.18—2018.7.22
陈　峰	物理学院	博士生	日本	国际会议	2018.7.18—2018.7.22
陈金龙	材料科学与工程学院	博士生	韩国	国际会议	2018.7.18—2018.7.22
崔兆炎	土木工程学院	博士生	韩国	国际会议	2018.7.18—2018.7.22
单雅琦	物理学院	博士生	日本	国际会议	2018.7.18—2018.7.22
董秀秀	生物科学与医学工程学院	博士生	日本	国际会议	2018.7.18—2018.7.22
秦飞飞	物理学院	博士生	日本	国际会议	2018.7.18—2018.7.22
索　巴	材料科学与工程学院	博士生	韩国	国际会议	2018.7.18—2018.7.22
彭苏浩	生物科学与医学工程学院	博士生	荷兰	国际会议	2018.7.18—2018.7.23
张彤彤	机械工程学院	硕士生	美国	国际会议	2018.7.20—2018.7.25
鄢小安	机械工程学院	博士生	中国香港	国际会议	2018.7.20—2018.7.30
顾　页	医学院	博士生	英国	合作研究	2018.7.20—2018.10.18
张天玉	医学院	博士生	英国	短期学习	2018.7.20—2018.12.19
朱　尧	医学院	博士生	美国	国际会议	2018.7.21—2018.7.25
生丽莎	能源与环境学院	博士生	美国	国际会议	2018.7.21—2018.7.27
石　泉	生物科学与医学工程学院	博士生	美国	国际会议	2018.7.21—2018.7.27
左　波	化学化工学院	博士生	日本	国际会议	2018.7.21—2018.7.27
杨会超	机械工程学院	博士生	国际会议	国际会议	2018.7.21—2018.7.28
叶　瑾	能源与环境学院	博士生	美国	国际会议	2018.7.21—2018.7.28
李　林	能源与环境学院	博士生	英国、爱尔兰	国际会议	2018.7.21—2018.8.4
文宏辉	电气工程学院	博士生	美国	国际会议	2018.7.21—2018.8.4
Muhammad Ismail	化学化工学院	博士生	日本	国际会议	2018.7.22—2018.7.26
杜亚伟	化学化工学院	博士生	日本	国际会议	2018.7.22—2018.7.26
孟　炎	物理学院	博士生	日本	合作研究	2018.7.22—2018.7.31
邢相灼	物理学院	博士生	日本	合作研究	2018.7.22—2018.7.31
吴石亮	能源与环境学院	博士生	英国、爱尔兰	国际会议	2018.7.23—2018.8.3

（续　表）

姓　名	所在学院	学历	国别(地区)	出访任务	时间
黄送钦	经济管理学院	博士生	新加坡	国际会议	2018.7.25—2018.7.27
施震凯	经济管理学院	博士生	新加坡	国际会议	2018.7.25—2018.7.28
罗　栎	公共卫生学院	博士生	加拿大	国际会议	2018.7.25—2018.7.30
杨嘉莹	公共卫生学院	博士生	加拿大	国际会议	2018.7.25—2018.7.30
陈　骁	建筑学院	博士生	埃塞俄比亚、吉布提	合作研究	2018.7.27—2018.8.25
刘　凯	建筑学院	博士生	埃塞俄比亚、吉布提	合作研究	2018.7.27—2018.8.25
赵胜波	建筑学院	硕士生	埃塞俄比亚、吉布提	合作研究	2018.7.27—2018.8.25
蔡承志	吴健雄学院	本科生	美国	国际会议	2018.7.28—2018.8.2
黄　彦	吴健雄学院	本科生	美国	国际会议	2018.7.28—2018.8.2
刘勇超	材料科学与工程学院	硕士生	日本	合作研究	2018.7.28—2018.8.2
陆佳华	物理学院	本科生	美国	国际会议	2018.7.28—2018.8.2
潘子云	材料科学与工程学院	硕士生	日本	合作研究	2018.7.28—2018.8.2
孙昊昕	吴健雄学院	本科生	美国	国际会议	2018.7.28—2018.8.2
王朝晖	物理学院	本科生	美国	国际会议	2018.7.28—2018.8.2
尤南乔	材料科学与工程学院	博士生	日本	合作研究	2018.7.28—2018.8.2
张兴晨	物理学院	本科生	美国	国际会议	2018.7.28—2018.8.2
赵亚松	材料科学与工程学院	博士生	日本	合作研究	2018.7.28—2018.8.2
朱弘智	吴健雄学院	本科生	美国	国际会议	2018.7.28—2018.8.2
刘　翔	信息科学与工程学院	博士生	美国	国际会议	2018.7.30—2018.8.4
陆旻熠	电子科学与工程学院	硕士生	美国	国际会议	2018.7.31—2018.8.4
徐嘉铭	电子科学与工程学院	硕士生	美国	国际会议	2018.7.31—2018.8.4
白国栋	信息科学与工程学院	博士生	日本	国际会议	2018.7.31—2018.8.5
陈　笑	信息科学与工程学院	博士生	日本	国际会议	2018.7.31—2018.8.5
杜健昌	信息科学与工程学院	博士生	日本	国际会议	2018.7.31—2018.8.5
黄禹佳	信息科学与工程学院	博士生	日本	国际会议	2018.7.31—2018.8.5
蒋昊林	信息科学与工程学院	博士生	日本	国际会议	2018.7.31—2018.8.5
吴浩天	信息科学与工程学院	博士生	日本	国际会议	2018.7.31—2018.8.5
杨　进	信息科学与工程学院	博士生	日本	国际会议	2018.7.31—2018.8.5
张信歌	信息科学与工程学院	博士生	日本	国际会议	2018.7.31—2018.8.5

（续　表）

姓　名	所在学院	学历	国别(地区)	出访任务	时间
张　杨	自动化学院	博士生	澳大利亚	合作研究	2018.7.31—2019.7.31
张志锋	材料科学与工程学院	博士生	美国	国际会议	2018.8.2—2018.8.6
如　风	经济管理学院	博士生	加拿大	国际会议	2018.8.2—2018.8.7
吕　凯	材料科学与工程学院	博士生	中国香港	国际会议	2018.8.3—2018.8.10
张安琪	信息科学与工程学院	博士生	新西兰	国际会议	2018.8.3—2018.8.10
郝佳琳	建筑学院	硕士生	埃塞俄比亚	合作研究	2018.8.4—2018.8.8
潘容容	建筑学院	硕士生	埃塞俄比亚	合作研究	2018.8.4—2018.8.8
郭　欢	信息科学与工程学院	博士生	新西兰	国际会议	2018.8.4—2018.8.9
胡　俊	信息科学与工程学院	博士生	新西兰	国际会议	2018.8.4—2018.8.9
胡　云	信息科学与工程学院	博士生	新西兰	国际会议	2018.8.4—2018.8.9
楼冠男	电气工程学院	博士生	美国	国际会议	2018.8.4—2018.8.9
田翰闱	信息科学与工程学院	硕士生	新西兰	国际会议	2018.8.4—2018.8.9
张　琤	信息科学与工程学院	博士生	新西兰	国际会议	2018.8.4—2018.8.9
朱广豫	信息科学与工程学院	博士生	新西兰	国际会议	2018.8.4—2018.8.9
胡文强	电气工程学院	博士生	美国	国际会议	2018.8.4—2018.8.10
罗雁翔	电气工程学院	硕士生	美国	国际会议	2018.8.4—2018.8.10
宋　梦	电气工程学院	博士生	美国	国际会议	2018.8.4—2018.8.10
杜振兴	材料科学与工程学院	博士生	中国香港	国际会议	2018.8.4—2018.8.11
江　星	材料科学与工程学院	博士生	中国香港	国际会议	2018.8.4—2018.8.11
李　贞	材料科学与工程学院	博士生	中国香港	国际会议	2018.8.4—2018.8.11
刘　新	材料科学与工程学院	本科生	中国香港	国际会议	2018.8.4—2018.8.11
潘　浩	材料科学与工程学院	博士生	中国香港	国际会议	2018.8.4—2018.8.11
汤金辉	材料科学与工程学院	博士生	中国香港	博士生	2018.8.4—2018.8.11
王　毅	材料科学与工程学院	博士生	中国香港	国际会议	2018.8.4—2018.8.11
王凤娟	材料科学与工程学院	博士生	中国香港	国际会议	2018.8.4—2018.8.11
叶少雄	材料科学与工程学院	博士生	中国香港	国际会议	2018.8.4—2018.8.11
郑　琦	材料科学与工程学院	博士生	中国香港	国际会议	2018.8.4—2018.8.11
周　扬	材料科学与工程学院	博士生	中国香港	国际会议	2018.8.4—2018.8.11
朱文波	土木工程学院	博士生	奥地利、挪威	国际会议	2018.8.4—2018.8.17
曹瑞林	材料科学与工程学院	博士生	中国香港	国际会议	2018.8.5—2018.8.10
霍彬彬	材料科学与工程学院	博士生	中国香港	国际会议	2018.8.5—2018.8.10

（续　表）

姓　名	所在学院	学历	国别(地区)	出访任务	时间
熊远亮	材料科学与工程学院	博士生	中国香港	国际会议	2018.8.5—2018.8.10
张　超	材料科学与工程学院	博士生	中国香港	国际会议	2018.8.5—2018.8.10
范龙玲	数学学院	博士生	意大利	国际会议	2018.8.5—2018.8.11
郭小亚	数学学院	博士生	意大利	国际会议	2018.8.5—2018.8.11
沈　培	人文学院	博士生	加拿大	国际会议	2018.8.5—2018.8.11
陈永强	医学院	博士生	中国香港	国际会议	2018.8.6—2018.8.11
黄　芳	医学院	博士生	中国香港	国际会议	2018.8.6—2018.8.11
张　越	医学院	博士生	中国香港	国际会议	2018.8.6—2018.8.11
白　敬	仪器科学与工程学院	博士生	澳大利亚	国际会议	2018.8.7—2018.8.13
李　劢	建筑学院	博士生	菲律宾	工作访问	2018.8.9—2018.8.13
李贵鑫	电子科学与工程学院	硕士生	瑞典	国际会议	2018.8.9—2018.8.16
包　蕾	信息科学与工程学院	博士生	韩国	国际会议	2018.8.10—2018.8.16
马　骞	信息科学与工程学院	博士生	韩国	国际会议	2018.8.10—2018.8.16
张　磊	信息科学与工程学院	博士生	韩国	国际会议	2018.8.10—2018.8.16
尤　佺	交通学院	博士生	奥地利	国际会议	2018.8.10—2018.8.17
黄　亮	土木工程学院	博士生	美国	短期学习	2018.8.10—2018.12.31
李贵鑫	电子科学与工程学院	硕士生	瑞典	国际会议	2018.8.11—2018.8.16
徐向春	交通学院	博士生	奥地利	国际会议	2018.8.11—2018.8.17
陈　露	医学院	博士生	法国	国际会议	2018.8.12—2018.8.15
张桂龙	医学院	博士生	法国	国际会议	2018.8.12—2018.8.15
Arjun Sinkemani	医学院	博士生	法国	国际会议	2018.8.12—2018.8.17
孙潇昊	交通学院	博士生	奥地利	国际会议	2018.8.12—2018.8.17
王　恒	交通学院	博士生	奥地利	国际会议	2018.8.12—2018.8.17
李　阳	信息科学与工程学院	博士生	瑞典	国际会议	2018.8.13—2018.8.19
董昊逸	信息科学与工程学院	博士生	澳大利亚	国际会议	2018.8.14—2018.8.18
付宇鹏	信息科学与工程学院	博士生	澳大利亚	国际会议	2018.8.14—2018.8.18
彭志刚	信息科学与工程学院	博士生	澳大利亚	国际会议	2018.8.14—2018.8.18
王　晨	信息科学与工程学院	博士生	澳大利亚	国际会议	2018.8.14—2018.8.18
张嘉俊	信息科学与工程学院	硕士生	澳大利亚	国际会议	2018.8.14—2018.8.18
吴　恺	能源与环境学院	博士生	西班牙	国际会议	2018.8.14—2018.8.19

（续　表）

姓　名	所在学院	学历	国别(地区)	出访任务	时间
邓慧弢	建筑学院	硕士生	瑞典、丹麦、荷兰	合作研究	2018.8.15—2018.8.29
钱　�	建筑学院	博士生	瑞典、丹麦、荷兰	合作研究	2018.8.15—2018.8.29
孙天智	建筑学院	博士生	瑞典、丹麦、荷兰	合作研究	2018.8.15—2018.8.29
曾楚慧	医学院	硕士生	新加坡	国际会议	2018.8.16—2018.8.23
陈孔阳	土木工程学院	博士生	韩国	国际会议	2018.8.17—2018.8.23
梁修凡	能源与环境学院	博士生	丹麦	合作研究	2018.8.17—2018.8.28
王　敬	计算机科学与工程学院	硕士生	英国	国际会议	2018.8.18—2018.8.24
潘天尧	能源与环境学院	博士生	芬兰、瑞典、丹麦	国际会议	2018.8.18—2018.8.28
刘玉乾	生物科学与医学工程学院	博士生	美国	国际会议	2018.8.19—2018.8.23
陈雪梅	材料科学与工程学院	博士生	瑞典	国际会议	2018.8.19—2018.8.24
石军兵	材料科学与工程学院	博士生	瑞典	国际会议	2018.8.19—2018.8.24
唐永波	材料科学与工程学院	博士生	瑞典	国际会议	2018.8.19—2018.8.24
徐向平	自动化学院	博士生	德国	国际会议	2018.8.19—2018.8.25
张亚军	自动化学院	博士生	德国	国际会议	2018.8.19—2018.8.28
陆晋媛	材料科学与工程学院	博士生	荷兰、瑞士	国际会议	2018.8.19—2018.8.31
叶少雄	材料科学与工程学院	博士生	荷兰、瑞士	国际会议	2018.8.19—2018.8.31
王　兵	能源与环境学院	博士生	瑞典、荷兰	短期学习	2018.8.19—2018.9.1
丁伯仪	建筑学院	硕士生	尼泊尔	合作研究	2018.8.20—2018.9.12
高　媛	建筑学院	本科生	尼泊尔	合作研究	2018.8.20—2018.9.12
邱一诺	建筑学院	本科生	尼泊尔	合作研究	2018.8.20—2018.9.12
王加鑫	建筑学院	博士生	尼泊尔	合作研究	2018.8.20—2018.9.12
王丽佳	建筑学院	硕士生	尼泊尔	合作研究	2018.8.20—2018.9.12
谢祺铮	建筑学院	本科生	尼泊尔	合作研究	2018.8.20—2018.9.12
严安妮	建筑学院	硕士生	尼泊尔	合作研究	2018.8.20—2018.9.12
叶　聪	建筑学院	本科生	尼泊尔	合作研究	2018.8.20—2018.9.12
张子凡	建筑学院	本科生	尼泊尔	合作研究	2018.8.20—2018.9.12
朱力辰	建筑学院	本科生	尼泊尔	合作研究	2018.8.20—2018.9.12
南永清	经济管理学院	博士生	日本	国际会议	2018.8.21—2018.8.25
赵　静	医学院	博士生	韩国	国际会议	2018.8.21—2018.8.25

（续 表）

姓 名	所在学院	学历	国别(地区)	出访任务	时间
霍怡佳	能源与环境学院	硕士生	中国香港	国际会议	2018. 8. 21—2018. 8. 26
杨自娟	电气工程学院	博士生	中国香港	国际会议	2018. 8. 21—2018. 8. 26
潘雨婷	能源与环境学院	硕士生	中国香港	国际会议	2018. 8. 21—2018. 8. 28
孙 博	能源与环境学院	博士生	中国香港	国际会议	2018. 8. 21—2018. 8. 28
刘晓云	医学院	博士生	韩国	国际会议	2018. 8. 23—2018. 8. 26
赵福英	医学院	硕士	韩国	国际会议	2018. 8. 23—2018. 8. 26
康明霞	机械工程学院	博士生	新加坡	国际会议	2018. 8. 24—2018. 8. 27
孙兆文	信息科学与工程学院	博士生	美国	国际会议	2018. 8. 24—2018. 8. 30
魏 坤	信息科学与工程学院	博士生	美国	国际会议	2018. 8. 24—2018. 8. 30
朱传奇	信息科学与工程学院	博士生	美国	国际会议	2018. 8. 24—2018. 8. 30
李 贞	材料科学与工程学院	博士生	荷兰	国际会议	2018. 8. 24—2018. 8. 31
李 辉	材料科学与工程学院	博士生	荷兰	国际会议	2018. 8. 25—2018. 8. 29
杜晓飞	机械工程学院	博士生	美国	国际会议	2018. 8. 25—2018. 8. 30
林建军	材料科学与工程学院	博士生	荷兰	国际会议	2018. 8. 25—2018. 8. 30
糜人杰	材料科学与工程学院	博士生	荷兰	国际会议	2018. 8. 25—2018. 8. 30
石灵健	机械工程学院	博士生	美国	国际会议	2018. 8. 25—2018. 8. 30
张 诚	机械工程学院	博士生	美国	国际会议	2018. 8. 25—2018. 8. 30
王 申	材料科学与工程学院	硕士生	荷兰	国际会议	2018. 8. 25—2018. 8. 31
赵亚松	材料科学与工程学院	博士生	荷兰	国际会议	2018. 8. 25—2018. 8. 31
蔡 洪	材料科学与工程学院	博士生	英国	国际会议	2018. 8. 25—2018. 9. 1
孟 姣	材料科学与工程学院	博士生	英国	国际会议	2018. 8. 25—2018. 9. 1
华 梦	信息科学与工程学院	博士生	美国	国际会议	2018. 8. 26—2018. 8. 30
李 沛	信息科学与工程学院	博士生	美国	国际会议	2018. 8. 26—2018. 8. 30
吴 晶	信息科学与工程学院	博士生	美国	国际会议	2018. 8. 26—2018. 8. 30
丁兆明	信息科学与工程学院	博士生	美国	国际会议	2018. 8. 26—2018. 8. 31
胡雅白	信息科学与工程学院	硕士生	美国	国际会议	2018. 8. 26—2018. 8. 31
黄文欢	信息科学与工程学院	硕士生	美国	国际会议	2018. 8. 26—2018. 8. 31
杨 丽	信息科学与工程学院	硕士生	美国	国际会议	2018. 8. 26—2018. 8. 31
王正振	土木工程学院	博士生	法国	国际会议	2018. 8. 26—2018. 9. 1
曹文康	信息科学与工程学院	博士生	芬兰	国际会议	2018. 8. 26—2018. 9. 2
吴利婷	信息科学与工程学院	博士生	芬兰	国际会议	2018. 8. 26—2018. 9. 2

（续　表）

姓　名	所在学院	学历	国别(地区)	出访任务	时间
刘　畅	生物科学与医学工程学院	博士生	法国	国际会议	2018.8.27—2018.8.31
苏倩倩	生物科学与医学工程学院	博士生	法国	国际会议	2018.8.27—2018.8.31
徐炜鸿	信息科学与工程学院	硕士生	葡萄牙	国际会议	2018.8.27—2018.9.1
戴文韬	电子科学与工程学院	博士生	意大利	国际会议	2018.8.31—2018.9.4
耿新泽	能源与环境学院	博士生	韩国	国际会议	2018.9.1—2018.9.7
何忠励	能源与环境学院	博士生	韩国	国际会议	2018.9.1—2018.9.7
黄天放	能源与环境学院	博士生	韩国	国际会议	2018.9.1—2018.9.7
齐　琪	能源与环境学院	博士生	英国	国际会议	2018.9.1—2018.9.7
李　贞	材料科学与工程学院	博士生	中国香港	合作研究	2018.9.1—2019.2.28
黄　娟	生物科学与医学工程学院	博士生	日本	国际会议	2018.9.2—2018.9.5
郭鑫鑫	经济管理学院	博士生	塞尔维亚	国际会议	2018.9.2—2018.9.6
栾　鑫	交通学院	博士生	新加坡	国际会议	2018.9.2—2018.9.6
王　敏	经济管理学院	博士生	塞尔维亚	国际会议	2018.9.2—2018.9.6
周莉君	经济管理学院	硕士生	塞尔维亚	国际会议	2018.9.2—2018.9.6
郭小强	电子科学与工程学院	博士生	希腊	国际会议	2018.9.2—2018.9.7
李　亚	电气工程学院	博士生	希腊	国际会议	2018.9.2—2018.9.7
王　佳	能源与环境学院	硕士生	美国	国际会议	2018.9.2—2018.9.7
郁翀宇	信息科学与工程学院	博士生	德国	国际会议	2018.9.2—2018.9.7
钟　雯	土木工程学院	博士生	西班牙	国际会议	2018.9.2—2018.9.7
陈　琛	能源与环境学院	博士生	日本	国际会议	2018.9.3—2018.9.7
李　靖	交通学院	博士生	西班牙	国际会议	2018.9.3—2018.9.7
周　健	交通学院	博士生	西班牙	国际会议	2018.9.3—2018.9.7
朱明娟	能源与环境学院	博士生	日本	国际会议	2018.9.3—2018.9.7
朱　倩	医学院	博士生	瑞士	国际会议	2018.9.3—2018.9.8
李炜卓	计算机科学与工程学院	博士后	德国	合作研究	2018.9.3—2018.11.30
Raana Fahim	能源与环境学院	博士生	澳大利亚	国际会议	2018.9.5—2018.9.8
张　杨	物理学院	博士生	德国	国际会议	2018.9.6—2018.9.23
刘　梅	化学化工学院	博士生	瑞典	国际会议	2018.9.8—2018.9.12
刘　淼	信息科学与工程学院	博士生	意大利	国际会议	2018.9.8—2018.9.12
王肖肖	化学化工学院	博士生	瑞典	国际会议	2018.9.8—2018.9.12

（续　表）

姓　名	所在学院	学历	国别(地区)	出访任务	时间
丁兆明	信息科学与工程学院	博士生	意大利	国际会议	2018.9.8—2018.9.13
是钧超	信息科学与工程学院	博士生	意大利	国际会议	2018.9.8—2018.9.13
刘天策	建筑学院	硕士生	英国	国际会议	2018.9.9—2018.9.15
杨佳伟	信息科学与工程学院	博士生	哥伦比亚	国际会议	2018.9.9—2018.9.16
刘　蕾	医学院	博士生	美国	短期学习	2018.9.9—2018.12.11
赵江山	建筑学院	硕士生	英国	国际会议	2018.9.9—20185.9.15
金　乐	生物科学与医学工程学院	博士生	新加坡	国际会议	2018.9.11—2018.9.14
倪　斌	电子科学与工程学院	博士生	瑞士	国际会议	2018.9.11—2018.9.14
张　勇	生物科学与医学工程学院	博士生	新加坡	国际会议	2018.9.11—2018.9.14
杜加伟	生命科学研究院	博士生	美国	国际会议	2018.9.11—2018.9.16
徐婷婷	附属中大医院	博士生	美国	国际会议	2018.9.11—2018.9.16
陈　静	交通学院	博士生	波兰	国际会议	2018.9.12.—2018.9.15
沈昱希	交通学院	硕士生	波兰	国际会议	2018.9.12—2018.9.15
王　清	医学院	硕士生	韩国	国际会议	2018.9.12—2018.9.16
李雪飞	建筑学院	博士生	英国	国际会议	2018.9.14—2018.9.16
伊得内	建筑学院	博士生	美国	国际会议	2018.9.15—2018.9.17
卢　干	土木工程学院	硕士生	法国	国际会议	2018.9.15—2018.9.22
袁思奇	土木工程学院	博士生	法国	国际会议	2018.9.15—2018.9.23
苏延旭	自动化学院	博士生	加拿大	短期学习	2018.9.15—2019.3.14
郭鑫鑫	经济管理学院	博士生	美国	合作研究	2018.9.15—2019.9.14
王林星	建筑学院	博士生	美国	短期学习	2018.9.15—2019.9.14
卓为顶	土木工程学院	博士生	法国	国际会议	2018.9.16—2018.9.21
刘静娴	经济管理学院	博士生	西班牙	国际会议	2018.9.17—2018.9.22
马　源	交通学院	博士生	柬埔寨	合作研究	2018.9.17—2018.9.22
唐樊龙	交通学院	博士生	柬埔寨	合作研究	2018.9.17—2018.9.22
童巨声	交通学院	硕士生	柬埔寨	合作研究	2018.9.17—2018.9.22
陈　健	能源与环境学院	博士生	美国	国际会议	2018.9.17—2018.9.28
胡　骏	能源与环境学院	博士生	美国	国际会议	2018.9.17—2018.9.28
孙　朝	能源与环境学院	博士生	美国	国际会议	2018.9.17—2018.9.28
李春雨	土木工程学院	博士生	法国	国际会议	2018.9.18—2018.9.22
杨昕昕	电气工程学院	博士生	日本	国际会议	2018.9.18—2018.9.22

（续　表）

姓　名	所在学院	学历	国别(地区)	出访任务	时间
蔡海亚	经济管理学院	博士生	西班牙	国际会议	2018.9.18—2018.9.23
封媛嘉	材料科学与工程学院	本科生	中国台湾	学术交流	2018.9.18—2018.9.23
成维佳	材料科学与工程学院	硕士生	中国台湾	学术交流	2018.9.18—2018.9.24
蒋守席	能源与环境学院	博士生	美国	国际会议	2018.9.18—2018.9.27
刘卫东	能源与环境学院	博士生	美国	国际会议	2018.9.18—2018.9.27
沈天绪	能源与环境学院	博士生	美国	国际会议	2018.9.18—2018.9.27
王璐璐	能源与环境学院	博士生	美国	国际会议	2018.9.18—2018.9.27
闫景春	能源与环境学院	博士生	美国	国际会议	2018.9.18—2018.9.27
朱　晓	能源与环境学院	博士生	美国	国际会议	2018.9.18—2018.9.27
陈静然	经济管理学院	硕士生	西班牙	国际会议	2018.9.19—2018.9.23
李晗雪	经济管理学院	硕士生	西班牙	国际会议	2018.9.19—2018.9.23
王　昕	电子科学与工程学院	博士生	美国	国际会议	2018.9.21—2018.10.5
张　琦	电子科学与工程学院	博士生	美国	国际会议	2018.9.21—2018.10.5
邵亚丽	能源与环境学院	博士生	美国	国际会议	2018.9.22—2018.9.28
王学庆	电气工程学院	博士生	美国	国际会议	2018.9.22—2018.9.28
夏天琦	电气工程学院	博士生	美国	国际会议	2018.9.22—2018.9.28
姚　宇	电气工程学院	博士生	美国	国际会议	2018.9.22—2018.9.28
张　玥	电气工程学院	博士生	美国	国际会议	2018.9.22—2018.9.28
赵　进	电气工程学院	博士生	美国	国际会议	2018.9.22—2018.9.28
陈　超	能源与环境学院	博士生	加拿大	国际会议	2018.9.23—2018.9.28
黄文涛	电气工程学院	博士生	美国	国际会议	2018.9.23—2018.9.28
马　忠	能源与环境学院	博士生	美国	国际会议	2018.9.23—2018.9.29
孙　哲	交通学院	硕士生	马达加斯加	合作研究	2018.9.23—2018.10.31
韦有恒	交通学院	硕士生	马达加斯加	合作研究	2018.9.23—2018.10.31
蒋吕啸	能源与环境学院	博士生	加拿大	国际会议	2018.9.24—2018.9.28
徐铭梓	能源与环境学院	博士生	加拿大	国际会议	2018.9.24—2018.9.28
郭易木	交通学院	博士生	瑞士	国际会议	2018.9.24—2018.9.29
李培鑫	电气工程学院	博士生	丹麦	国际会议	2018.9.24—2018.9.29
孙潇昊	交通学院	博士生	瑞士	国际会议	2018.9.24—2018.9.29
彭志刚	信息科学与工程学院	博士生	美国	短期学习	2018.9.24—2019.9.30
邓　伟	信息科学与工程学院	博士生	中国澳门	国际会议	2018.9.25—2018.9.29

（续　表）

姓　名	所在学院	学历	国别(地区)	出访任务	时间
刘沁舒	信息科学与工程学院	博士生	中国澳门	国际会议	2018.9.26—2018.9.29
易　扬	机械工程学院	博士生	泰国	国际会议	2018.9.26—2018.9.30
刘国富	能源与环境学院	博士生	德国	国际会议	2018.9.26—2018.10.1
丁替英	建筑学院	博士生	越南	国际会议	2018.9.29—2018.10.6
韩曼曼	医学院	硕士生	德国	国际会议	2018.9.30—2018.10.6
吴春华	医学院	博士生	德国	国际会议	2018.9.30—2018.10.6
郑　屹	建筑学院	博士生	挪威	国际会议	2018.9.30—2018.10.6
何灿灿	医学院	博士生	德国	国际会议	2018.10.1—2018.10.5
黄　蓉	医学院	博士生	德国	国际会议	2018.10.1—2018.10.5
李劭雄	建筑学院	博士生	英国	国际会议	2018.10.1—2018.10.5
石瑞峰	医学院	博士生	德国	国际会议	2018.10.1—2018.10.5
祝祥云	医学院	博士生	德国	国际会议	2018.10.1—2018.10.5
潘　涛	医学院	博士生	德国	国际会议	2018.10.1—2018.10.6
刘　杰	土木工程学院	博士生	美国	短期学习	2018.10.1—2019.3.31
邵　壮	能源与环境学院	博士生	英国	合作研究	2018.10.1—2019.9.30
吴中明	经济管理学院	博士生	新加坡	短期学习	2018.10.1—2019.10.1
何钰昆	建筑学院	硕士生	韩国	国际会议	2018.10.2—2018.10.6
宋　爽	建筑学院	硕士生	韩国	国际会议	2018.10.2—2018.10.6
蒋洪波	土木工程学院	博士生	新西兰	短期学习	2018.10.2—2019.4.1
杨公德	电气工程学院	博士生	韩国	国际会议	2018.10.6—2018.10.10
Elnail Kamal Eldin Idris Ahmed	电气工程学院	博士生	马来西亚	国际会议	2018.10.6—2018.10.11
崔荣华	电气工程学院	博士生	韩国	国际会议	2018.10.6—2018.10.11
戴雪梅	自动化学院	博士生	马来西亚	国际会议	2018.10.6—2018.10.11
郭小强	电子科学与工程学院	博士生	韩国	国际会议	2018.10.6—2018.10.11
刘　艺	电气工程学院	硕士生	韩国	国际会议	2018.10.6—2018.10.11
王克羿	电气工程学院	博士生	韩国	国际会议	2018.10.6—2018.10.11
文宏辉	电气工程学院	博士生	韩国	国际会议	2018.10.6—2018.10.11
宋世龙	医学院	博士生	日本	国际会议	2018.10.7—2018.10.11
王　莹	经济管理学院	硕士生	荷兰	国际会议	2018.10.10—2018.10.16

（续　表）

姓　名	所在学院	学历	国别(地区)	出访任务	时间
杨晓蕾	经济管理学院	硕士生	荷兰	国际会议	2018.10.10—2018.10.16
刘振鹏	建筑学院	本科生	日本	短期学习	2018.10.10—2018.12.28
段铮一	自动化学院	博士生	日本	国际会议	2018.10.11—2018.10.15
吴静远	电子科学与工程学院	博士生	美国	国际会议	2018.10.13—2018.10.18
霍文燚	材料科学与工程学院	博士生	澳大利亚	合作研究	2018.10.14—2019.3.15
张　浩	材料科学与工程学院	博士生	英国	短期学习	2018.10.15—2019.10.14
路　成	信息科学与工程学院	博士生	美国	国际会议	2018.10.16—2018.10.20
马一琳	经济管理学院	博士生	韩国	国际会议	2018.10.16—2018.10.21
ABDUL RAUF	经济管理学院	博士生	加拿大	国际会议	2018.10.18—2018.10.23
廖霈之	能源与环境学院	博士生	澳大利亚	国际会议	2018.10.19—2018.10.27
卫兰兰	公共卫生学院	博士生	美国	短期学习	2018.10.19—2019.4.26
张　璐	自动化学院	博士生	美国	国际会议	2018.10.20—2018.10.24
方崇舟	信息科学与工程学院	本科生	南非	国际会议	2018.10.20—2018.10.25
季雅惠	吴健雄学院	本科生	南非	国际会议	2018.10.20—2018.10.25
金洁珺	吴健雄学院	本科生	南非	国际会议	2018.10.20—2018.10.25
任雨青	信息科学与工程学院	硕士生	南非	国际会议	2018.10.20—2018.10.25
汪雨辰	信息科学与工程学院	本科生	南非	国际会议	2018.10.20—2018.10.25
张亚苹	信息科学与工程学院	硕士生	南非	国际会议	2018.10.20—2018.10.25
王　昕	电子科学与工程学院	博士生	美国	国际会议	2018.10.20—2018.10.27
缪剑雄	材料科学与工程学院	博士生	澳大利亚	合作研究	2018.10.20—2019.1.21
鲍振申	生物科学与医学工程学院	博士生	中国澳门	国际会议	2018.10.21—2018.10.24
蔡怡然	生物科学与医学工程学院	硕士生	中国澳门	国际会议	2018.10.21—2018.10.24
李华梅	生物科学与医学工程学院	博士生	中国澳门	国际会议	2018.10.21—2018.10.24
毕长伟	生物科学与医学工程学院	博士生	中国澳门	国际会议	2018.10.21—2018.10.25
鲁　娜	生物科学与医学工程学院	博士生	中国澳门	国际会议	2018.10.21—2018.10.25
唐传高	生物科学与医学工程学院	博士生	韩国	国际会议	2018.10.21—2018.10.27
宋　畅	信息科学与工程学院	硕士生	韩国	国际会议	2018.10.22—2018.10.25
杨丽君	经济管理学院	博士生	中国澳门	国际会议	2018.10.23—2018.10.26
陈　涛	能源与环境学院	博士生	泰国	国际会议	2018.10.23—2018.10.27
沈　洁	建筑学院	硕士生	韩国	国际会议	2018.10.23—2018.10.27

（续　表）

姓　名	所在学院	学历	国别(地区)	出访任务	时间
李　茜	信息科学与工程学院	博士生	美国	短期学习	2018.10.23—2019.10.22
Yidnekachew Tesmamma Daget	建筑学院	博士生	意大利	国际会议	2018.10.24—2018.10.27
蒋继望	交通学院	博士生	中国香港	国际会议	2018.10.24—2018.10.27
李作林	医学院	博士生	美国	国际会议	2018.10.24—2018.10.29
王立婷	医学院	博士生	美国	国际会议	2018.10.24—2018.10.29
朱小东	医学院	博士生	美国	国际会议	2018.10.24—2018.10.29
李晓高	机械工程学院	博士生	韩国	国际会议	2018.10.25—2018.10.29
杨德山	土木工程学院	博士生	韩国	国际会议	2018.10.25—2018.10.29
景力军	材料科学与工程学院	博士生	日本	国际会议	2018.10.25—2018.10.30
庄文林	自动化学院	硕士生	澳大利亚	国际会议	2018.10.26—2018.12.6
赵姝雅	建筑学院	硕士生	美国	学术交流	2018.10.27—2018.10.29
邓文俊	电子科学与工程学院	博士生	印度	国际会议	2018.10.27—2018.11.1
王　尚	电子科学与工程学院	博士生	印度	国际会议	2018.10.27—2018.11.1
徐炜鸿	信息科学与工程学院	硕士生	美国	国际会议	2018.10.27—2018.11.1
彭盼盼	信息科学与工程学院	硕士生	法国	国际会议	2018.10.27—2018.11.17
潘光胜	电气工程学院	博士生	丹麦	国际会议	2018.10.28—2018.11.1
李子静	建筑学院	硕士生	英国	国际会议	2018.10.28—2018.11.4
米　雪	建筑学院	硕士生	英国	国际会议	2018.10.28—2018.11.4
姬静静	化学化工学院	博士生	澳大利亚	国际会议	2018.10.29—2018.1.103
吕燕芹	化学化工学院	博士生	澳大利亚	国际会议	2018.10.29—2018.11.3
杨　扬	计算机科学与工程学院	硕士生	比利时	国际会议	2018.10.31—2018.11.4
陈东升	生命科学研究院	博士生	美国	国际会议	2018.11.2—2018.11.7
倪　杨	生命科学研究院	博士生	美国	国际会议	2018.11.2—2018.11.7
苏　岩	生命科学研究院	博士生	美国	国际会议	2018.11.2—2018.11.7
魏永杰	生命科学研究院	博士生	美国	国际会议	2018.11.2—2018.11.7
姜升殿	生物科学与医学工程学院	硕士生	美国	国际会议	2018.11.2—2018.11.8
李　萍	生命科学研究院	博士生	美国	国际会议	2018.11.2—2018.11.8
夏晓东	经济管理学院	博士生	美国	国际会议	2018.11.3—2018.11.8
金　熙	生命科学研究院	博士生	美国	国际会议	2018.11.3—2018.11.9

（续　表）

姓　名	所在学院	学历	国别(地区)	出访任务	时间
沈玉倩	生命科学研究院	博士生	美国	国际会议	2018.11.3—2018.11.9
吴静琳	生命科学研究院	博士生	美国	国际会议	2018.11.3—2018.11.9
庄　燕	生命科学研究院	博士生	美国	国际会议	2018.11.3—2018.11.9
沈佳雁	交通学院	博士生	美国	短期学习	2018.11.3—2018.11.29
凌龙兵	化学化工学院	博士生	德国	国际会议	2018.11.4—2018.11.8
王　彬	计算机科学与工程学院	博士生	希腊	国际会议	2018.11.4—2018.11.8
许鸿翔	网络空间安全学院	硕士生	希腊	国际会议	2018.11.4—2018.11.8
张倩茹	电子科学与工程学院	博士生	希腊	国际会议	2018.11.4—2018.11.8
张翔飞	交通学院	博士生	土耳其	国际会议	2018.11.4—2018.11.9
曹云琥	建筑学院	硕士生	瑞典	合作研究	2018.11.4—2018.11.12
程孟晴	建筑学院	硕士生	瑞典	合作研究	2018.11.4—2018.11.12
戴金贝	建筑学院	硕士生	瑞典	合作研究	2018.11.4—2018.11.12
段一行	建筑学院	硕士生	瑞典	合作研究	2018.11.4—2018.11.12
樊中山	建筑学院	硕士生	瑞典	合作研究	2018.11.4—2018.11.12
季云竹	建筑学院	硕士生	瑞典	合作研究	2018.11.4—2018.11.12
蒋茂源	建筑学院	硕士生	瑞典	合作研究	2018.11.4—2018.11.12
林逸风	建筑学院	硕士生	瑞典	合作研究	2018.11.4—2018.11.12
陆　垠	建筑学院	硕士生	瑞典	合作研究	2018.11.4—2018.11.12
牟思聪	建筑学院	硕士生	瑞典	合作研究	2018.11.4—2018.11.12
屈佳慧	建筑学院	硕士生	瑞典	合作研究	2018.11.4—2018.11.12
施昊希	建筑学院	硕士生	瑞典	合作研究	2018.11.4—2018.11.12
汪　琦	建筑学院	硕士生	瑞典	合作研究	2018.11.4—2018.11.12
赵紫彬	建筑学院	硕士生	瑞典	合作研究	2018.11.4—2018.11.12
周园园	建筑学院	硕士生	瑞典	合作研究	2018.11.4—2018.11.12
邹立君	建筑学院	硕士生	瑞典	合作研究	2018.11.4—2018.11.12
邹闻婷	建筑学院	硕士生	瑞典	合作研究	2018.11.4—2018.11.12
王　申	材料科学与工程学院	硕士生	日本	短期学习	2018.11.4—2018.12.5
缪卓伟	信息科学与工程学院	博士生	日本	国际会议	2018.11.5—2018.11.9
魏震楠	信息科学与工程学院	博士生	日本	国际会议	2018.11.5—2018.11.9
张若峤	信息科学与工程学院	博士生	日本	国际会议	2018.11.5—2018.11.9
程德朋	信息科学与工程学院	博士生	日本	国际会议	2018.11.5—2018.11.10

（续　表）

姓　名	所在学院	学历	国别(地区)	出访任务	时间
聂星河	信息科学与工程学院	博士生	日本	国际会议	2018.11.5—2018.11.10
汉　敏	信息科学与工程学院	博士生	日本	国际会议	2018.11.5—2018.11.10
苏长江	信息科学与工程学院	博士生	日本	国际会议	2018.11.6—2018.11.10
徐之遐	信息科学与工程学院	博士生	日本	国际会议	2018.11.6—2018.11.10
任　凯	建筑学院	博士生	韩国	国际会议	2018.11.7—2018.11.11
陈忠涛	材料科学与工程学院	博士生	法国	国际会议	2018.11.8—2018.11.10
刘园园	材料科学与工程学院	博士生	法国	国际会议	2018.11.8—2018.11.10
郝纯澍	医学院	博士生	美国	国际会议	2018.11.9—2018.11.14
韩　权	机械工程学院	博士生	美国	国际会议	2018.11.9—2018.11.15
John Tombe Jada Marcellino	物理学院	博士生	马来西亚	国际会议	2018.11.11—2018.11.14
季一润	电气工程学院	博士生	中国香港	国际会议	2018.11.11—2018.11.15
陈　青	无锡分校	硕士生	日本	国际会议	2018.11.13—2018.11.7
陈虹廷	无锡分校	硕士生	日本	国际会议	2018.11.13—2018.11.7
顾　艺	无锡分校	本科生	日本	国际会议	2018.11.13—2018.11.7
田江江	无锡分校	硕士生	日本	国际会议	2018.11.13—2018.11.7
夏梦雯	无锡分校	硕士生	日本	国际会议	2018.11.13—2018.11.7
张鹏举	无锡分校	本科生	日本	国际会议	2018.11.13—2018.11.7
张滕翔	无锡分校	本科生	日本	国际会议	2018.11.13—2018.11.7
卞　慧	信息科学与工程学院	硕士生	日本	国际会议	2018.11.13—2018.11.17
陈博韬	信息科学与工程学院	本科生	日本	国际会议	2018.11.13—2018.11.17
方崇舟	信息科学与工程学院	本科生	日本	国际会议	2018.11.13—2018.11.17
季雅惠	吴健雄学院	本科生	日本	国际会议	2018.11.13—2018.11.17
寇梓黎	电子科学与工程学院	本科生	日本	国际会议	2018.11.13—2018.11.17
廖晓菲	吴健雄学院	本科生	日本	国际会议	2018.11.13—2018.11.17
牟　星	吴健雄学院	本科生	日本	国际会议	2018.11.13—2018.11.17
孙治华	信息科学与工程学院	本科生	日本	国际会议	2018.11.13—2018.11.17
王辉征	吴健雄学院	本科生	日本	国际会议	2018.11.13—2018.11.17
张　涵	电子科学与工程学院	本科生	日本	国际会议	2018.11.13—2018.11.17
张滕远	电子科学与工程学院	本科生	日本	国际会议	2018.11.13—2018.11.17

(续　表)

姓　名	所在学院	学历	国别(地区)	出访任务	时间
周啸峰	吴健雄学院	本科生	日本	国际会议	2018.11.13—2018.11.17
朱励轩	电子科学与工程学院	本科生	日本	国际会议	2018.11.13—2018.11.17
乔　健	材料科学与工程学院	博士生	澳大利亚	国际会议	2018.11.15—2018.11.19
徐　晖	材料科学与工程学院	博士生	澳大利亚	国际会议	2018.11.15—2018.11.19
陈　露	经济管理学院	博士生	美国	合作研究	2018.11.15—2019.11.14
丁思宇	计算机科学与工程学院	硕士生	新加坡	国际会议	2018.11.16—2018.11.21
邵瑞枫	计算机科学与工程学院	硕士生	新加坡	国际会议	2018.11.16—2018.11.21
胡耀聪	自动化学院	博士生	新加坡	国际会议	2018.11.17—2018.11.22
蒋　燕	自动化学院	博士生	新加坡	国际会议	2018.11.17—2018.11.22
孙路成	自动化学院	博士生	新加坡	国际会议	2018.11.17—2018.11.22
柏正权	机械工程学院	硕士生	德国	国际会议	2018.11.18—2018.11.24
李　龙	机械工程学院	博士生	德国	国际会议	2018.11.18—2018.11.24
周　蓉	机械工程学院	博士生	德国	国际会议	2018.11.18—2018.11.24
沙　鹏	能源与环境学院	博士生	阿联酋	国际会议	2018.11.19—2018.11.23
张　琦	机械工程学院	博士生	德国	国际会议	2018.11.19—2018.11.23
朱建忠	能源与环境学院	博士生	阿联酋	国际会议	2018.11.19—2018.11.23
曹徐阳	土木工程学院	博士生	泰国	国际会议	2018.11.21—2018.11.26
陈志鹏	土木工程学院	博士生	泰国	国际会议	2018.11.21—2018.11.26
王　谆	土木工程学院	博士生	泰国	国际会议	2018.11.21—2018.11.26
张　璐	土木工程学院	博士生	泰国	国际会议	2018.11.21—2018.11.26
蒋　荣	医学院	博士生	澳大利亚	国际会议	2018.11.22—2018.11.27
张　宇	材料科学与工程学院	博士生	澳大利亚	国际会议	2018.11.25—2018.11.29
朱彬荣	土木工程学院	博士生	澳大利亚	国际会议	2018.11.25—2018.11.29
何恒涛	信息科学与工程学院	博士生	美国	国际会议	2018.11.25—2018.11.30
高　磊	法学院	博士生	中国香港	合作研究	2018.11.25—2019.5.25
徐永欢	网络空间安全学院	硕士生	瑞士	合作研究	2018.11.25—2019.11.24
许奇梦	仪器科学与工程学院	硕士生	荷兰	国际会议	2018.11.26—2018.11.30
任庆桦	电气工程学院	博士生	日本	国际会议	2018.11.27—2018.12.1
钟志伟	信息科学与工程学院	硕士生	美国	国际会议	2018.11.27—2018.12.2
马钱挺	经济管理学院	博士生	日本	国际会议	2018.11.28—2018.12.1
任　超	经济管理学院	博士生	日本	国际会议	2018.11.28—2018.12.1

（续　表）

姓　名	所在学院	学历	国别(地区)	出访任务	时间
梁晓龙	交通学院	硕士生	日本	国际会议	2018.11.28—2018.12.2
章天杰	交通学院	硕士生	日本	国际会议	2018.11.28—2018.12.2
耿娜娜	交通学院	博士生	马来西亚	国际会议	2018.11.28—2018.12.3
马凯威	机械工程学院	博士生	德国	国际会议	2018.11.29—2018.11.23
孙悦雯	自动化学院	博士生	美国	短期学习	2018.11.29—2019.5.27
陈　露	经济管理学院	博士生	美国	合作研究	2018.11.30—2019.11.30
汤金辉	材料科学与工程学院	博士生	中国香港	国际会议	2018.12.1—2018.12.6
王亚平	材料科学与工程学院	博士生	中国香港	国际会议	2018.12.1—2018.12.6
李　原	医学院	博士生	美国	短期学习	2018.12.1—2019.11.30
梁鸣璋	交通学院	博士生	美国	短期学习	2018.12.1—2019.11.30
程思远	能源与环境学院	硕士生	中国香港	国际会议	2018.12.3—2018.12.7
刘辉辉	计算机科学与工程学院	博士生	日本	国际会议	2018.12.3—2018.12.7
王　超	建筑学院	博士生	中国香港	国际会议	2018.12.3—2018.12.7
武　玥	建筑学院	硕士生	中国香港	国际会议	2018.12.3—2018.12.7
曹闫鹏	电子科学与工程学院	硕士生	澳大利亚	国际会议	2018.12.3—2018.12.8
高　崴	能源与环境学院	博士生	澳大利亚	国际会议	2018.12.3—2018.12.8
李　蕾	能源与环境学院	博士生	澳大利亚	国际会议	2018.12.3—2018.12.8
刘沁雯	能源与环境学院	硕士生	澳大利亚	国际会议	2018.12.3—2018.12.9
陈　尧	土木工程学院	博士生	中国香港	国际会议	2018.12.4—2018.12.8
丁润民	土木工程学院	博士生	中国香港	国际会议	2018.12.4—2018.12.8
韩建红	土木工程学院	博士生	中国香港	国际会议	2018.12.4—2018.12.8
朱　婷	土木工程学院	硕士生	中国香港	国际会议	2018.12.4—2018.12.8
李春雨	土木工程学院	博士生	中国香港	国际会议	2018.12.4—2018.12.8
童　超	土木工程学院	博士生	中国香港	国际会议	2018.12.4—2018.12.8
谢鲁齐	土木工程学院	博士生	中国香港	国际会议	2018.12.4—2018.12.8
王　佳	计算机科学与工程学院	博士生	墨西哥	国际会议	2018.12.4—2018.12.10
龙柯沅	能源与环境学院	硕士生	泰国	国际会议	2018.12.5—2018.12.8
杨子萱	能源与环境学院	博士生	澳大利亚	国际会议	2018.12.5—2018.12.9
王　柯	经济管理学院	博士生	中国香港	国际会议	2018.12.5—2018.12.9
查俊豪	医学院	硕士生	中国香港	国际会议	2018.12.6—2018.12.9
范　蕊	医学院	硕士生	中国香港	国际会议	2018.12.6—2018.12.9

（续　表）

姓　名	所在学院	学历	国别(地区)	出访任务	时间
王　浩	医学院	硕士生	中国香港	国际会议	2018.12.6—2018.12.9
郭伟然	信息科学与工程学院	博士生	阿联酋	国际会议	2018.12.7—2018.12.13
彭奥奥	信息科学与工程学院	硕士生	阿联酋	国际会议	2018.12.7—2018.12.13
何晓坤	电气工程学院	博士生	新加坡	国际会议	2018.12.8—2018.12.13
陈康建	信息科学与工程学院	硕士生	阿联酋	国际会议	2018.12.8—2018.12.14
施建锋	信息科学与工程学院	博士生	阿联酋	国际会议	2018.12.8—2018.12.14
宋　睿	网络空间安全学院	硕士生	阿联酋	国际会议	2018.12.8—2018.12.14
徐　浩	信息科学与工程学院	博士生	阿联酋	国际会议	2018.12.8—2018.12.14
张仁民	信息科学与工程学院	博士生	阿联酋	国际会议	2018.12.8—2018.12.14
刘　瀚	电气工程学院	博士生	新加坡	国际会议	2018.12.9—2018.12.14
刘志成	信息科学与工程学院	博士生	美国	国际会议	2018.12.9—2018.12.14
赵　进	电气工程学院	博士生	加拿大	合作研究	2018.12.10—2019.12.10
胡善平	电子科学与工程学院	硕士生	日本	国际会议	2018.12.11—2018.12.15
郦光选	电子科学与工程学院	硕士生	日本	国际会议	2018.12.11—2018.12.15
庞宇燕	电子科学与工程学院	硕士生	日本	国际会议	2018.12.11—2018.12.15
沈忠文	电子科学与工程学院	博士生	日本	国际会议	2018.12.11—2018.12.15
王　萍	电子科学与工程学院	硕士生	日本	国际会议	2018.12.11—2018.12.15
王飞霞	电子科学与工程学院	博士生	日本	国际会议	2018.12.11—2018.12.15
翁一士	电子科学与工程学院	博士生	日本	国际会议	2018.12.11—2018.12.15
张天天	电子科学与工程学院	硕士生	日本	国际会议	2018.12.11—2018.12.15
朱秀丽	电子科学与工程学院	硕士生	日本	国际会议	2018.12.11—2018.12.15
葛　欣	建筑学院	博士生	新加坡	国际会议	2018.12.13—2018.12.17
孙小肖	机械工程学院	博士生	马来西亚	国际会议	2018.12.13—2018.12.17
卓为顶	土木工程学院	博士生	美国	短期学习	2018.12.15—2019.3.15
靳来鹏	生物科学与医学工程学院	博士生	西班牙	国际会议	2018.12.18—2018.12.22
蒋浩然	电气工程学院	硕士生	斯里兰卡	国际会议	2018.12.20—2018.12.24
王丹阳	生物科学与医学工程学院	博士生	日本	国际会议	2018.12.26—2018.12.30
张天玉	医学院	博士生	英国	短期学习	2018.12.30—2019.6.27
李　原	医学院	博士生	加拿大	短期学习	2018.12.30—2019.12.31

人才与人事工作

综　述

2018年，人事处为落实“立德树人”根本任务和“双一流”大学建设的新要求，蹄疾步稳，扎实推进，按照“1-10-100”的“东大梦”愿景目标和“人才年”的工作定位，进一步加强人事制度的顶层设计和全盘谋划，以引导教师“以德立身、以德立学、以德施教”为主题，以“优化结构、创新机制、激发活力”为主线，以系统规划并实施“十三五高端师资倍增计划”和“一流师资队伍建设方案”为重点，通过全面深化人才发展体制机制改革，最大限度激发人才创新创造的活力。一年以来，学校人事处在师德师风建设、高水平师资队伍引育、院系KPI考评机制改革、学科引领人才队伍建设、院系综合改革和养老保险参保并轨等方面用新气象书写“奋进之笔”，取得了卓有成效的建设成果。主要工作如下：

1. 人才引进及培养

2018年新增“长江学者奖励计划”特聘教授1人，青年学者5人；新增第十四批“千人计划”创新人才长期项目专家4人，外国专家项目专家2人，青年千人6人；新增“万人计划”领军人才5人，青年拔尖人才2人，教学名师1人；新增享受国务院政府特殊津贴7人；新增江苏省“双创团队”1个，“双创人才”5人(已公示)；新增江苏特聘教授3人；新增第十五批“六大人才高峰”创新人才团队项目2个，高层次人才项目23个；新增“333高层次人才培养工程”第五期首席科学家2人，科技领军人才5人，科学技术带头人17人；新增江苏省高校“青蓝工程”优秀教学团队1个，中青年学术带头人2人，优秀青年骨干教师4人；新增江苏省有突出贡献中青年专家1人。在2018年第十五批“千人计划”申报工作中，共上报15位“千人计划”候选人，55位“青年千人计划”候选人，目前已有8位青年千人候选人通过答辩。2018年度“长江学者奖励计划”正在进行中。

完成校2018年专任教师引进计划，正在着手进行2019年教师引进计划。2018年引进具有博士学位专任教师139人，其中“杰青”2人，正高职称15人，副高29人，具有海外博士学位的36人，具有一年以上海外留学经历的85人；交通学院引进1个外籍院士团

队,化工学院引进李全教授,信息学院与网络空间安全学院引进兼职院士 2 人;以非在编人事代理方式招聘管理岗及实验技术岗人员 60 余人;今年派出出国研修人员 40 余人;完成 2018 年全年教职工公派留学全额资助、"青骨"、江苏省资助、"双创"博士等各类项目的申报、选拔、派出和回国考核管理。

截至 2018 年 12 月,全校教职工总数为 5 355 人(校本部事业编制 3 995 人,大集体 97 人,非在编人事代理 526 人,中大医院事业编制 737 人,合同聘用 40 人),其中院士 11 人;专任教师 2 899 人,具有教授职称的人数为 836 人,副教授职称 1 123 人,高级职称的师资比例达 68%;具有博士学位的教师占教师总数的 84%;45 岁以下的教师 1 613 人,占教师总人数的 57%;具有一年及以上海外留学经历的教师 1 351 人,占师资队伍总人数的 47%。

2. 教职工晋级晋职

完成了 2018 年度职称评审工作,高级职称评审通过 125 人(正高 52 人,"戴帽"教授 3 人,副高 94 人),中初级职称评审通过 136 人;无评审权学科上报江苏省评审通过正高 1 人,副高 2 人。顺利完成了体育教育、学生思想政治教育、教育管理研究系列职称评审权下放后的评审工作,结合职称评审工作,完成总计 83 人次,400 余份材料的同行专家学术评议工作;同时积极做好 2019 年专业技术职务评聘准备工作。

核定 2017 年度全校各专业技术岗位级别的岗位空缺数,完成了 2017 年度专业技术岗位聘用的增补工作(其中晋升正高二级 12 人,正高三级 178 人,副高五级及以下 287 人)。聘请兼职教授 23 人。2018 年度岗位分级聘用工作正在开展,已完成申报资料审核工作,等待安排评审。

完成 2018 年度教师资格认定工作,评审通过 180 人。

开展成果奖励条例修订工作,完善现有的评价制度体系,已形成初步修改意见,拟报校长办公会讨论通过。发放 2018 年第一批突出成果奖励 746 万元,正在核对统计 2018 年第二批突出成果奖励 1 500 万左右。

完成了全校各单位定岗定编方案和全员岗位聘用方案的制定,计划在 2018 年底前经会议讨论通过后实施。

印发《关于开展 2018 年工勤技能岗位技术等级考核工作的通知》《关于开展 2018 年工勤技能岗位技师及高级技师考评工作的通知》,新晋升高级技师 2 人,技师 5 人。

3. 薪酬与劳动社会保障

完成 2018 年全校教职工校内岗位绩效津贴发放比例调整及津贴补发工作。

进一步深化学校综合改革,完善以目标为导向的绩效考核评估体系,制定并试行 KPI 考核与分配办法,2018 年奖励性绩效津贴在上一年度岗位绩效津贴的基础上进行更为细化的考核。

完成了我校在职人员失业保险与工伤保险的年检及缴费基数申报工作;完成事业编制养老保险单位参保登记工作、2014 年 10 月 1 日以后变动人员增减申报工作、社保卡委托制作工作及缴费基数申报工作,完成我校非在编人事代理人员"五险"缴费工作,为我

校工伤职工申报工伤认定,申领工伤待遇。

按月度为到退休年龄的176名教职工办理退休手续并代发退休生活费;根据江苏省人社厅统一部署,于2018年7月完成了全校退休人员基本养老金的调整及补发工作;为我校离休人员调整护理费。

4. 博士后队伍建设

截至2018年12月13日,我校在站博士后共679人,其中统招统分博士后121人,在职博士后376人,企业博士后182人。2018年度,我校博士后共进站179人(其中统招统分博士后59人,在职博士后56人,企业博士后64人);出站86人;退站21人。

5. 教职工服务工作

院士服务:做好院士的日常保健工作;本着“院士工作无小事”的工作要求,及时、周到、热情、高质量地做好院士的服务保障工作,做好院士申报移交人事处的相关交接工作。

退休人员服务:为全校4 000余名退休教职工做好服务工作,今年重阳节为1 688名老寿星举行祝寿活动。进一步建立健全离退休教职工若干慰问工作机制,致力体现学校对退休老同志的全方位关怀,精心打造退休教职工的温馨家园,营造“爱老、敬老、尊老”的校园文化氛围。

补助慰问服务:做好教职工失业保险及工伤保险的参保及认定工作,为工伤职工申请获得医疗及工伤补助;为五六十年代“下放”人员发放2018年生活补助费;全年为83名去世职工妥善办理后事,为他们的遗属发放了2018年度遗属补助费;全年慰问各类病残和经济困难职工数百人。

院士名录

姓名	性别	出生年月	职称	院士名称	当选日期	所在学部	外籍院士	专业	备注
齐　康	男	1931.10	教授	科学院院士	1993.11	技术科学部	1997.02 法国建筑科学院	建筑设计及其理论	2018年10月退休
韦　钰	女	1940.02	教授	工程院院士	1994.11	信息与电子工程学部		生物电子学、分子电子学	2017年4月退休
钟训正	男	1929.07	教授	工程院院士	1997.11	土木、水利与建筑工程学部		建筑学	2018年9月退休
李幼平	男	1935.05	教授	工程院院士	1999.11	信息与电子工程学部		电子与通信技术	2018年10月退休
孙忠良	男	1936.08	教授	工程院院士	2001.11	信息与电子工程学部		微波、毫米波技术	2018年11月退休
张耀明	男	1943.12	教授	工程院院士	2001.11	化工、冶金与材料工程学部		无机非金属材料	
孙　伟	女	1935.11	教授	工程院院士	2005.11	土木、水利与建筑工程学部		无机非金属材料	2018年8月退休
程泰宁	男	1935.12	教授	工程院院士	2005.11	土木、水利与建筑工程学部		建筑学	2018年11月退休
黄　卫	男	1961.04	教授	工程院院士	2007.11	土木、水利与建筑工程学部		道路桥梁及交通工程	
缪昌文	男	1957.08	教授	工程院院士	2011.11	土木、水利与建筑工程学部		建筑材料与制品	
张广军	男	1965.03	教授	工程院院士	2013.11	信息与电子工程学部		精密仪器	
王建国	男	1957.07	教授	工程院院士	2015.11	土木、水利与建筑工程学部		城市设计、建筑设计	

“万人计划”专家名单

姓名	所在单位	类别	年度
尤肖虎	能源与环境学院	科技创新领军人才	2013
王　庆	仪器科学与工程学院	科技创新领军人才	2013
钟文琪	能源与环境学院	青年拔尖人才	2013
高西奇	信息科学与工程学院	科技创新领军人才	2014
刘加平	材料科学与工程学校	科技创新领军人才	2014
王　炜	交通学院	教学名师	2014
戴先中	自动化学院	教学名师	2014
樊和平	人文学院	哲学社会科学领军人才	2014
殷勇高	能源与环境学院	青年拔尖人才	2015
孙伟锋	电子科学与工程学院	青年拔尖人才	2015
虞文武	数学学院	青年拔尖人才	2015
舒　嘉	经济管理学院	青年拔尖人才	2015
吴　刚	土木工程学院	科技创新领军人才	2016
徐赵东	土木工程学院	科技创新领军人才	2016
肖　睿	能源与环境学院	科技创新领军人才	2016
周佑勇	法学院	哲学社会科学领军人才	2016
王建国	建筑学院	教学名师	2016
郭　彤	土木工程学院	科技创新领军人才	2018
李建春	土木工程学院	科技创新领军人才	2018
孙立涛	电子科学与工程学院	科技创新领军人才	2018
孙长银	自动化学院	科技创新领军人才	2018
王廷信	艺术学院	哲学社会科学领军人才	2018
胡仁杰	电气工程学院	教学名师	2018
蒋卫祥	信息科学与工程学院	青年拔尖人才	2018
王　浩	土木工程学院	青年拔尖人才	2018

“千人计划”专家名单

姓名	所在单位	年度
丁　峙	信息科学与工程学院	2009
李万林	信息科学与工程学院	2009
吴智深	土木工程学院	2009
史国均	能源与环境学院	2010
郑福春	信息科学与工程学院	2010
余星火	自动化学院	2010
陈　战	生物科学与医学工程学院	2010
冉　斌	交通学院	2010
Norri N. Muhammad	土木工程学院	2011
Arokia Nathan	电子科学与工程学院	2012
Gerard Marriott	生物科学与医学工程学院	2012
唐达林	生物科学与医学工程学院	2012
Said Easa	交通学院	2012
李志煇	交通学院	2012
Rodrigo Salgado	土木工程学院	2013
孙正明	材料科学与工程学院	2013
凌新生	机械工程学院	2014
Olivier Bonnaud	电子科学与工程学院	2014
Didier Pribat	电子科学与工程学院	2014
James Charles Whisstock	生命科学研究院	2015
赵　坚	土木工程学院	2016
Jeanlouisrene Coatrieux	计算机科学与工程学院	2017
陶纬国	生物科学与医学工程学院	2017
Leatherbarrow David Earl	建筑学院	2018
王俊敏	机械工程学院	2018
Ben Letaief Khaled	信息科学与工程学院	2018
王承祥	信息科学与工程学院	2018
何　田	计算机科学与工程学院	2018
段文会	材料科学与工程学院	2018

“青年千人计划”专家名单

姓名	所在单位	年度
郝张成	信息科学与工程学院	2011
张　建	土木工程学院	2011
温海防	交通学院	2011
叶智锐	交通学院	2012
张袁健	化学化工学院	2013
李　霞	土木工程学院	2014
刘　宏	生物科学与医学工程学院	2014
林承棋	生命科学研究院	2014
胡三明	信息科学与工程学院	2015
谢远长	交通学院	2015
刘志远	交通学院	2015
姚红红	医学院	2015
陈　瑞	公共卫生学院	2015
柴人杰	生命科学研究院	2015
潘玉峰	生命科学研究院	2015
陈　震	机械工程学院	2016
蒋之浩	信息科学与工程学院	2016
赵涤燹	信息科学与工程学院	2016
何　磊	土木工程学院	2016
马志刚	自动化学院	2016
陶　立	材料科学与工程学院	2016
吉远辉	化学化工学院	2016
赍昊玺	能源与环境学院	2017
张婧婧	信息科学与工程学院	2017
郭存兰	化学化工学院	2017
罗卓娟	生命科学研究院	2017
罗　宇	信息科学与工程学院	2018
钟　立	电子科学与工程学院	2018
吕俊鹏	物理学院	2018
冷　真	交通学院	2018
王　苏	生命科学研究院	2018
邓富金	电气学院	2018

全国杰出专业技术人才名单

姓　名	所在单位	入选年度
尤肖虎	信息科学与工程学院	2014

"长江学者奖励计划"特聘教授、讲座教授名单

姓　名	所在单位	入选年度
蔡宁生	能源与环境学院	1999
陆祖宏	生物科学与医学工程学院	1999
尤肖虎	信息科学与工程学院	2000
洪　伟	信息科学与工程学院	2000
王志功	信息科学与工程学院	2000
崔一平	电子科学与工程学院	2000
罗立民	生物科学与医学工程学院	2000
陆　键	交通学院	2000
黄　卫	交通学院	2000
张十庆	建筑研究所	2000
王建国	建筑学院	2001
崔铁军	信息科学与工程学院	2001
田玉平	自动化学院	2001
赵正旭	仪器科学与工程学院	2001
谢　维	基础医学院	2001
黄风义	信息科学与工程学院	2003
吴　柯	信息科学与工程学院	2003
顾忠泽	生物科学与医学工程学院	2003
熊仁根	化学化工学院	2004
黄庆安	电子科学与工程学院	2005
王　炜	交通学院	2005
吴智深	土木工程学院	2005

（续　表）

姓　名	所在单位	入选年度
王江舟	信息科学与工程学院	2006
孙　璐	交通学院	2007
丁　峙	信息科学与工程学院	2007
黄秋庭	信息科学与工程学院	2007
顾　宁	生物科学与医学工程学院	2008
樊和平	人文学院	2008
邹国棠	电气工程学院	2008
余星火	自动化学院	2009
王晓东	信息科学与工程学院	2010
高西奇	信息科学与工程学院	2011
肖　睿	能源与环境学院	2011
姚新中	人文学院	2011
陆　勇	土木工程学院	2012
陈云飞	机械工程学院	2013、2014
刘加平	材料科学与工程学院	2013、2014
周佑勇	法学院	2013、2014
陈志宁	信息科学与工程学院	2013、2014
颜　安	经济管理学院	2013、2014
钟文琪	能源与环境学院	2015
吴　刚	土木工程学院	2015
刘艳红	法学院	2015
李建春	土木工程学院	2016
孙立涛	电子科学与工程学院	2016

“长江学者奖励计划”青年学者名单

姓　名	所在单位	入选年度
黄永明	信息科学与工程学院	2015
郭　彤	土木工程学院	2015

（续　表）

姓　名	所在单位	入选年度
张敏灵	计算机科学与工程学院	2015
舒　嘉	经济管理学院	2015
韩俊海	生命科学研究院	2015
程　强	信息科学与工程学院	2016
蒋卫祥	信息科学与工程学院	2016
王　浩	土木工程学院	2016
虞文武	数学学院	2016
刘　攀	交通学院	2016
丁幼亮	土木工程学院	2017
倪振华	物理学院	2017
董　帅	物理学院	2017
花　为	电气工程学院	2017
游雨蒙	化学化工学院	2017

人事部“百千万人才工程”入选人员名单

姓　名	所　在　单　位	入选年度
陆祖宏	生物科学与医学工程学院	1997
黄　卫	交通学院	1997
王志功	信息科学与工程学院	1999
黄　侨	交通学院	1999
洪　伟	信息科学与工程学院	2000
尤肖虎	信息科学与工程学院	2000
王　炜	交通学院	2000
罗立民	生物科学与医学工程学院	2000
赵春明	信息科学与工程学院	2004
李爱群	土木工程学院	2006
黄庆安	电子科学与工程学院	2006
孙克勤	能源与环境学院	2006

（续　表）

姓　名	所　在　单　位	入选年度
易　红	校长办公室	2007
时龙兴	电子科学与工程学院	2007
宋爱国	仪器科学与工程学院	2009
周佑勇	法学院	2009
赵春杰	生命科学研究院	2009
崔铁军	信息科学与工程学院	2013
刘松玉	交通学院	2013
肖　睿	能源与环境学院	2014
高西奇	信息科学与工程学院	2015
徐赵东	土木工程学院	2017
刘艳红	法学院	2017

江苏省“333高层次人才培养工程”第五期培养对象名单

姓名	所在单位	类别	时间
崔铁军	信息科学与工程学院	一层次	2016
吴智深	土木工程学院	一层次	2016
时龙兴	电子科学与工程学院	一层次	2016
刘加平	材料科学与工程学院	一层次	2016
周佑勇	法学院	一层次	2016
滕皋军	附属中大医院	一层次	2016
高西奇	信息科学与工程学院	一层次	2018
刘松玉	交通学院	一层次	2018
陈云飞	机械工程学院	二层次	2016
倪中华	机械工程学院	二层次	2016
肖　睿	能源与环境学院	二层次	2016
钟文琪	能源与环境学院	二层次	2016
金　石	信息科学与工程学院	二层次	2016

（续　表）

姓名	所在单位	类别	时间
马慧锋	信息科学与工程学院	二层次	2016
潘志文	信息科学与工程学院	二层次	2016
郭　彤	土木工程学院	二层次	2016
吴　刚	土木工程学院	二层次	2016
徐赵东	土木工程学院	二层次	2016
孙立涛	电子科学与工程学院	二层次	2016
孙伟锋	电子科学与工程学院	二层次	2016
李世华	自动化学院	二层次	2016
孙长银	自动化学院	二层次	2016
王金兰	物理学院	二层次	2016
王雪梅	生物科学与医学工程学院	二层次	2016
钱春香	材料科学与工程学院	二层次	2016
陈淑梅	经济管理学院	二层次	2016
邱　斌	经济管理学院	二层次	2016
舒　嘉	经济管理学院	二层次	2016
马冬梅	外国语学院	二层次	2016
陆　建	交通学院	二层次	2016
宋光明	仪器科学与工程学院	二层次	2016
龙迪勇	艺术学院	二层次	2016
刘艳红	法学院	二层次	2016
韩俊海	生命科学研究院	二层次	2016
葛　峥	附属中大医院	二层次	2016
居胜红	附属中大医院	二层次	2016
袁勇贵	附属中大医院	二层次	2016
张业伟	附属中大医院	二层次	2016
殷勇高	能源与环境学院	二层次	2018
郝张成	信息科学与工程学院	二层次	2018
方　峰	材料科学与工程学院	二层次	2018
徐盈之	经济管理学院	二层次	2018
花　为	电气工程学院	二层次	2018
李　玲	附属中大医院	二层次	2018

（续　表）

姓名	所在单位	类别	时间
李　毅	附属中大医院	二层次	2018
杨俊宴	建筑学院	三层次	2016
杨决宽	机械工程学院	三层次	2016
殷勇高	能源与环境学院	三层次	2016
蒋卫祥	信息科学与工程学院	三层次	2016
丁幼亮	土木工程学院	三层次	2016
范俊余	土木工程学院	三层次	2016
卢剑权	数学学院	三层次	2016
赵远锦	生物科学与医学工程学院	三层次	2016
郑文明	生物科学与医学工程学院	三层次	2016
张云升	材料科学与工程学院	三层次	2016
李守伟	经济管理学院	三层次	2016
花　为	电气工程学院	三层次	2016
蔡国军	交通学院	三层次	2016
杜延军	交通学院	三层次	2016
杨　军	交通学院	三层次	2016
章定文	交通学院	三层次	2016
刘锡祥	仪器科学与工程学院	三层次	2016
郭建平	艺术学院	三层次	2016
欧阳本祺	法学院	三层次	2016
柏　峰	医学院	三层次	2016
程　光	网络空间安全学院	三层次	2016
柴人杰	生命科学研究院	三层次	2016
陈陆馗	附属中大医院	三层次	2016
陈恕求	附属中大医院	三层次	2016
黄英姿	附属中大医院	三层次	2016
李　玲	附属中大医院	三层次	2016
刘　玲	附属中大医院	三层次	2016
马坤岭	附属中大医院	三层次	2016
彭新桂	附属中大医院	三层次	2016
芮云峰	附属中大医院	三层次	2016

（续　表）

姓名	所在单位	类别	时间
谢春明	附属中大医院	三层次	2016
杨建军	附属中大医院	三层次	2016
刘燕文	附属中大医院	三层次	2016
许传龙	能源与环境学院	三层次	2018
王景全	土木工程学院	三层次	2018
刘斯扬	电子科学与工程学院	三层次	2018
刘庆山	数学学院	三层次	2018
杨永标	电气工程学院	三层次	2018
马　涛	交通学院	三层次	2018
李会军	仪器科学与工程学院	三层次	2018
季　欣	艺术学院	三层次	2018
罗　桑	智能运输系统研究中心(ITS)	三层次	2018
程张军	附属中大医院	三层次	2018
冯亚东	附属中大医院	三层次	2018
刘松桥	附属中大医院	三层次	2018
汤日宁	附属中大医院	三层次	2018
魏　琼	附属中大医院	三层次	2018
吴剑平	附属中大医院	三层次	2018
夏江燕	附属中大医院	三层次	2018
徐　治	附属中大医院	三层次	2018

江苏省突出贡献青年专家名单

姓　名	所　在　单　位	入选年度
王建国	建筑学院	2001
仲伟俊	经济管理学院	2003
王　炜	交通学院	2005
胡敏强	电气工程学院	2006
易　红	机械工程学院	2006

（续　表）

姓　名	所　在　单　位	入选年度
赵春杰	基础医学院	2008
郑家茂	数学学院	2010
周佑勇	法学院	2010
刘松玉	交通学院	2012
张小松	能源与环境学院	2014
顾　宁	生物科学与医学工程学院	2015
宋爱国	仪器科学与工程学院	2017

江苏特聘教授名单

姓名	所在单位	入选年度
叶继红	土木工程学院	2012
孙伟锋	电子科学与工程学院	2012
赵春杰	医学院	2012
姚红红	医学院	2012
陆　巍	生命科学研究院	2012
钟文琪	能源与环境学院	2013
宋爱国	仪器科学与工程学院	2013
陈　瑞	公共卫生学院	2014
尚金堂	电子科学与工程学院	2014
钱春香	材料科学与工程学院	2015
佟振博	能源与环境学院	2015
李耕林	生命科学研究院	2016
袁　凯	生命科学研究院	2016
钱振东	智能运输系统研究中心(ITS)	2016
金　石	信息科学与工程学院	2017
徐赵东	土木工程学院	2017
王　苏	生命科学研究院	2017
蒋卫祥	信息科学与工程学院	2018
郭　彤	土木工程学院	2018
杨海宁	电子科学与工程学院	2018

2018 年度江苏省“六大人才高峰”入选人员名单

姓名	院系	时间	类别
张程宾	能源与环境学院	2018	新能源和能源互联网 C 类
马慧锋	信息科学与工程学院	2018	新材料 C 类
张　川	信息科学与工程学院	2018	电子信息 A 类
陶　俊	信息科学与工程学院	2018	空天海洋装备 C 类
戴国亮	土木工程学院	2018	新能源和能源互联网 C 类
陆金钰	土木工程学院	2018	建筑 B 类
尹奎波	电子科学与工程学院	2018	新能源和能源互联网 C 类
黄晓东	电子科学与工程学院	2018	新一代信息技术 C 类
吕俊鹏	物理学院	2018	新材料 C 类
舒　嘉	经济管理学院	2018	高端软件和信息服务业团队
窦晓波	电气工程学院	2018	新能源和能源互联网 C 类
邓富金	电气工程学院	2018	高端装备制造 C 类
代云茜	化学化工学院	2018	新材料 B 类
吉远辉	化学化工学院	2018	新材料 C 类
马　涛	交通学院	2018	节能环保 C 类
熊　文	交通学院	2018	建筑 B 类
付　晓	交通学院	2018	高端软件和信息服务业 C 类
王　晨	交通学院	2018	新一代信息技术 B 类
林承棋	生命科学研究院	2018	医药 B 类
王　苏	生命科学研究院	2018	生物技术和新医药 C 类
刘　玲	附属中大医院	2018	卫生 B 类
王　彬	附属中大医院	2018	卫生 C 类
夏江燕	附属中大医院	2018	卫生 C 类
金　楠	附属中大医院	2018	卫生 C 类
居胜红	附属中大医院	2018	生物技术和新医药团队

2018 年度江苏省双创人才入选人员名单

姓名	所在单位	人才工程	时间
陈良勇	能源与环境学院	江苏省双创人才	2018
何　磊	土木工程学院	江苏省双创人才	2018
吕俊鹏	物理学院	江苏省双创人才	2018
曾桥石	材料科学与工程学院	江苏省双创人才	2018
邓富金	电气工程学院	江苏省双创人才	2018
姚红红	医学院	江苏省双创团队	2018

2018 年度入选东南大学首席教授名单

姓名	院系	时间
孙伟锋	电子科学与工程学院	2018
黄庆安	电子科学与工程学院	2018
崔一平	电子科学与工程学院	2018
罗军舟	计算机科学与工程学院	2018
李小平	计算机科学与工程学院	2018
陆祖宏	生物科学与医学工程学院	2018
徐春祥	生物科学与医学工程学院	2018
丁　辉	材料科学与工程学院	2018
徐康宁	经济管理学院	2018
汪小洋	艺术学院	2018

2018 年度入选东南大学青年首席教授名单

姓名	院系	时间
刘　宏	生物科学与医学工程学院	2018
刘志远	交通学院	2018
林承棋	生命科学研究院	2018

2018 年度入选东南大学首批人文社会科学资深教授名单

樊和平　华　生　周锡生　单霁翔

2018 年新聘兼职专家一览表

姓名	性别	所在单位	职称	所在部门
林　鸣	男	中国交通建设股份有限公司	教授级高工	交通学院
蔡　蔚	男	精进电动科技股份有限公司	教授级高工	电气工程学院
王茂祥	男	中国移动通信集团江苏公司	研究员级高工	经济管理学院
郭　建	男	南京市公共工程建设中心	研究员级高工	交通学院
崔建远	男	清华大学	教授	法学院
桑本谦	男	中国海洋大学	教授	法学院
张明楷	男	清华大学	教授	法学院
张卫平	男	清华大学	教授	法学院
于登云	男	中国航天科技集团公司	研究员	土木工程学院
陆　舜	男	上海市胸科医院	主任医师、教授	中大医院
周锡生	男	中国搜索	高级编辑	计算机科学与工程学院
王　斌	男	南京鼓楼医院	研究员	生物医学与科学工程学院
顾凌云	男	上海冰鉴信息科技有限公司	董事长,CEO	计算机科学与工程学院
尹　吉	男	江苏省检察院	高级检察官	法学院
李明安	男	中国土木工程学会/中国中元国际工程有限公司	教授级高级工程师	土木工程学院
徐文伟	男	华为技术有限公司	高级工程师	经济管理学院
卢春房	男	中国铁路总公司	院士	土木工程学院
陈克坚	男	中铁二院工程集团有限责任公司	教授级高级工程师	土木工程学院
蔚保国	男	中国电子科技集团公司第五十四研究所	研究员	仪器科学与工程学院
郑　伟	男	中国航天科技集团钱学森空间技术实验室	研究员	仪器科学与工程学院
郝大海	男	中国人民大学	教授	人文学院
陈星莺	女	河海大学	教授,副校长	电气工程学院
陈正华	男	江苏省建筑工程集团有限公司	高级经济师,董事长	土木工程学院
潘建平	男	加拿大维多利亚大学	教授	计算机科学与工程学院
程和平	男	北京大学	教授,中科院院士	仪器科学与工程学院

2018 年晋升高级专业技术职务人员名单

序号	单位	姓名	通过职务资格	职级	任职资格时间
1	建筑学院	王承慧	教授	正高级	2018.04.30
2	建筑学院	史永高	教授	正高级	2018.04.30
3	建筑学院	彭昌海	教授	正高级	2018.04.30
4	机械工程学院	沙菁契	教授	正高级	2018.04.30
5	能源与环境学院	段伦博	教授	正高级	2018.04.30
6	能源与环境学院	潘　蕾	教授	正高级	2018.04.30
7	信息科学与工程学院	王海明	教授	正高级	2018.04.30
8	土木工程学院	张　晋	教授	正高级	2018.04.30
9	土木工程学院	罗　斌	教授	正高级	2018.04.30
10	土木工程学院	邓小鹏	教授	正高级	2018.04.30
11	数学学院	关秀翠	教授	正高级	2018.04.30
12	数学学院	王海兵	教授	正高级	2018.04.30
13	自动化学院	李　俊	教授	正高级	2018.04.30
14	自动化学院	柴　琳	教授	正高级	2018.04.30
15	计算机科学与工程学院	陈　阳	教授	正高级	2018.04.30
16	计算机科学与工程学院	杨　明	教授	正高级	2018.04.30
17	网络空间安全学院	陶　军	教授	正高级	2018.04.30
18	网络空间安全学院	陈立全	教授	正高级	2018.04.30
19	生物科学与医学工程学院	赵祥伟	研究员	正高级	2018.04.30
20	生物科学与医学工程学院	孙剑飞	研究员	正高级	2018.04.30
21	材料科学与工程学院	邵起越	教授	正高级	2018.04.30
22	人文学院	岳　瑨	教授	正高级	2018.04.30
23	经济管理学院	刘修岩	教授	正高级	2018.04.30
24	经济管理学院	吴　芃	教授	正高级	2018.04.30
25	外国语学院	汤　君	教授	正高级	2018.04.30
26	化学化工学院	任丽丽	教授	正高级	2018.04.30
27	交通学院	张　永	教授	正高级	2018.04.30
28	交通学院	顾兴宇	教授	正高级	2018.04.30

（续　表）

序号	单位	姓名	通过职务资格	职级	任职资格时间
29	智能运输系统研究中心	张　磊	教授	正高级	2018.04.30
30	仪器科学与工程学院	夏敦柱	教授	正高级	2018.04.30
31	艺术学院	李轶南	教授	正高级	2018.04.30
32	能源与环境学院	张会岩	教授	正高级	2018.04.30
33	电子科学与工程学院	黄晓东	教授	正高级	2018.04.30
34	数学学院	温广辉	教授	正高级	2018.04.30
35	自动化学院	杨　俊	教授	正高级	2018.04.30
36	电气工程学院	肖华锋	教授	正高级	2018.04.30
37	电气工程学院	曲小慧	教授	正高级	2018.04.30
38	化学化工学院	王育乔	教授	正高级	2018.04.30
39	交通学院	于　斌	教授	正高级	2018.04.30
40	数学学院	陈文彦	教授	正高级	2018.04.30
41	公共卫生学院	张　娟	教授	正高级	2018.04.30
42	附属中大医院	葛　峥	教授	正高级	2018.04.30
43	附属中人医院	陈　明	教授	正高级	2018.04.30
44	附属中大医院	杨　毅	教授	正高级	2018.04.30
45	附属中大医院	谢春明	研究员	正高级	2013.09.06
46	附属中大医院	刘　玲	主任医师	正高级	2018.04.30
47	附属中大医院	戴启明	主任医师	正高级	2018.04.30
48	附属中大医院	沈　杨	主任医师	正高级	2018.04.30
49	附属中大医院	秦永林	主任医师	正高级	2018.04.30
50	附属中大医院	邵　华	主任药师	正高级	2018.04.30
51	附属中大医院	鞠昌萍	主任护师	正高级	2018.04.30
52	人文学院	贾鸿雁	“戴帽”教授	对外正高级	2018.04.30
53	外国语学院	周　琛	“戴帽”教授	对外正高级	2018.04.30
54	交通学院	陈先华	“戴帽”教授	对外正高级	2018.04.30
55	建筑学院	殷　铭	副教授	副高级	2018.04.30
56	建筑学院	蒋　楠	副研究员	副高级	2018.04.30
57	机械工程学院	吴　泽	副教授	副高级	2018.04.30
58	能源与环境学院	刘道银	副研究员	副高级	2018.04.30

（续　表）

序号	单位	姓名	通过职务资格	职级	任职资格时间
59	能源与环境学院	杨　柳	副研究员	副高级	2018.04.30
60	能源与环境学院	吴嘉峰	副教授	副高级	2018.04.30
61	信息科学与工程学院	吴　亮	副教授	副高级	2018.04.30
62	信息科学与工程学院	万　向	副研究员	副高级	2018.04.30
63	信息科学与工程学院	张　川	副教授	副高级	2013.06.18
64	信息科学与工程学院	余　超	副教授	副高级	2015.06.09
65	信息科学与工程学院	武其松	副研究员	副高级	2015.07.20
66	土木工程学院	孙泽阳	副教授	副高级	2018.04.30
67	土木工程学院	秦　颖	副教授	副高级	2018.04.30
68	土木工程学院	谈超群	副教授	副高级	2018.04.30
69	电子科学与工程学院	贺龙兵	副研究员	副高级	2018.04.30
70	电子科学与工程学院	张晓阳	副教授	副高级	2018.04.30
71	电子科学与工程学院	朱　真	副教授	副高级	2018.04.30
72	电子科学与工程学院	祝　靖	副教授	副高级	2018.04.30
73	电子科学与工程学院	易真翔	副教授	副高级	2018.04.30
74	数学学院	钟　敏	副教授	副高级	2018.04.30
75	数学学院	赵　璇	副教授	副高级	2018.04.30
76	自动化学院	黄永明	副教授	副高级	2018.04.30
77	自动化学院	牛　丹	副教授	副高级	2018.04.30
78	自动化学院	王庆领	副研究员	副高级	2018.04.30
79	计算机科学与工程学院	张竞慧	副教授	副高级	2018.04.30
80	计算机科学与工程学院	张　祥	副教授	副高级	2018.04.30
81	计算机科学与工程学院	赖大荣	副教授	副高级	2018.04.30
82	网络空间安全学院	肖卿俊	副教授	副高级	2018.04.30
83	网络空间安全学院	李　涛	副教授	副高级	2018.04.30
84	物理学院	赵海军	副教授	副高级	2018.04.30
85	物理学院	黄兆聪	副教授	副高级	2018.04.30
86	生物科学与医学工程学院	涂　景	副研究员	副高级	2018.04.30
87	生物科学与医学工程学院	黄　炎	副研究员	副高级	2018.04.30
88	生物科学与医学工程学院	林凤鸣	副研究员	副高级	2015.05.06

（续　表）

序号	单位	姓名	通过职务资格	职级	任职资格时间
89	材料科学与工程学院	张培根	副教授	副高级	2018.04.30
90	人文学院	王富宜	副教授	副高级	2018.04.30
91	人文学院	张晶晶	副教授	副高级	2018.04.30
92	人文学院	陶卓立	副教授	副高级	2011.06.02
93	人文学院	何志宁	副研究员	副高级	2018.04.30
94	经济管理学院	高彦彦	副教授	副高级	2018.04.30
95	经济管理学院	吴一超	副教授	副高级	2018.04.30
96	经济管理学院	朱冬梅	副教授	副高级	2018.04.30
97	经济管理学院	赖明辉	副教授	副高级	2018.04.30
98	经济管理学院	尹　威	副教授	副高级	2018.04.30
99	马克思主义学院	翁寒冰	副教授	副高级	2018.04.30
100	法学院	刘启川	副教授	副高级	2018.04.30
101	法学院	冯煜清	副教授	副高级	2016.01.25
102	电气工程学院	王　伟	副研究员	副高级	2018.04.30
103	外国语学院	王学华	副教授	副高级	2018.04.30
104	外国语学院	宋秀梅	副教授	副高级	2018.04.30
105	外国语学院	刘　超	副教授	副高级	2015.01.22
106	体育系	智永红	副教授	副高级	2018.04.30
107	化学化工学院	陈飞虹	副教授	副高级	2018.04.30
108	交通学院	张　健	副教授	副高级	2018.04.30
109	交通学院	宋晓东	副教授	副高级	2018.04.30
110	交通学院	李豪杰	副教授	副高级	2014.12.24
111	交通学院	王　菲	副教授	副高级	2015.11.25
112	智能运输系统研究中心	王　晨	副研究员	副高级	2016.06.28
113	医学院	赵主江	副教授	副高级	2018.04.30
114	医学院	焦　蕴	副教授	副高级	2018.04.30
115	生命科学研究院	史兴娟	副研究员	副高级	2018.04.30
116	生命科学研究院	李　健	副研究员	副高级	2014.09.25
117	信息科学与工程学院	张　慧	高级工程师	副高级	2018.04.30
118	图书馆	孟祥保	副研究馆员	副高级	2018.04.30

（续　表）

序号	单位	姓名	通过职务资格	职级	任职资格时间
119	数学学院	曹海燕	副教授	副高级	2018.04.30
120	研究生院	黄红富	副研究员	副高级	2018.04.30
121	党委组织部	邢纪红	副研究员	副高级	2018.04.30
122	附属中大医院	袁宝玉	副主任医师	副高级	2018.04.30
123	附属中大医院	卢　芩	副主任医师	副高级	2018.04.30
124	附属中大医院	李卫东	副主任医师	副高级	2018.04.30
125	附属中大医院	张孝平	副主任医师	副高级	2018.04.30
126	附属中大医院	张海军	副主任医师	副高级	2018.04.30
127	附属中大医院	钱丽娟	副主任医师	副高级	2018.04.30
128	附属中大医院	柏志斌	副主任医师	副高级	2018.04.30
129	附属中大医院	赵海军	副主任医师	副高级	2018.04.30
130	附属中大医院	朱　新	副主任医师	副高级	2018.04.30
131	附属中大医院	陈志成	副主任医师	副高级	2018.04.30
132	附属中大医院	张　敏	副主任技师	副高级	2018.04.30
133	附属中大医院	马　明	副主任技师	副高级	2018.04.30
134	附属中大医院	袁晨燕	副主任技师	副高级	2018.04.30
135	附属中大医院	刘志刚	副主任医师	副高级	2018.04.30
136	附属中大医院	王远成	副主任医师	副高级	2018.04.30
137	附属中大医院	招　霞	副主任医师	副高级	2018.04.30
138	附属中大医院	芮冶昊	副主任护师	副高级	2018.04.30
139	附属中大医院	王　俊	副主任护师	副高级	2018.04.30
140	附属中大医院	王春英	副主任护师	副高级	2018.04.30
141	附属中大医院	王艳花	副主任护师	副高级	2018.04.30
142	附属中大医院	惠晓芳	副主任护师	副高级	2018.04.30
143	附属中大医院	樊　慧	副主任护师	副高级	2018.04.30
144	附属中大医院	张红芳	副主任护师	副高级	2018.04.30
145	附属中大医院	谢红伟	副主任护师	副高级	2018.04.30
146	东南大学医院	杜国平	副主任医师	副高级	2018.04.30
147	经济管理学院	薛巍立	教授	正高级	2018.04.30
148	财务处	张慧丽	高级会计师	副高级	2018.08.24

(续　表)

序号	单位	姓名	通过职务资格	职级	任职资格时间
149	财务处	孙红霞	高级会计师	副高级	2018.08.24
150	图书馆	常　娥	研究馆员	正高级	2018.10.16

2018 年专任教师年龄情况统计表

(单位:人)

	合　计	34 岁以下	35～44 岁	45～54 岁	55 岁以上
正高级	836	10	229	350	247
副高级	1 123	93	511	390	129
中级及以下	940	430	340	146	24
总　计	2 899	533	1 080	886	400
其中:女	876	178	352	286	60

2018 年专任教师学历情况统计表

(单位:人)

	合计	博士	硕士	学士及以下
正高级	836	787	34	15
副高级	1 123	922	123	78
中级及以下	940	725	186	29
总　计	2 899	2 434	343	122
其中:女	876	710	138	28

博士后科研流动站一览表

设站学科（一级学科）	招收博士后专业（二级学科）	批准建站时间
建筑学		1985.10
城乡规划学		2012.09
风景园林学		2012.09
机械工程	机械制造及其自动化机械电子工程 机械设计及理论车辆工程 工业设计制造业工业工程	2003.05
动力工程及工程热物理	工程热物理 热能工程 动力机械及工程 制冷及低温工程 流体机械及工程 化工过程机械 能源信息技术 能源环境工程 新能源技术	1995.01
环境科学与工程	环境工程 环境科学	2007.08
信息与通信工程	通信与信息系统 信号与信息处理 信息安全	1985.10
土木工程	岩土工程 结构工程 桥梁及隧道工程 防灾减灾工程及防护工程 市政工程 供热、供燃气、通风及空调工程 土木工程建造与管理	1999.04
力学	工程力学 固体力学 一般力学与力学基础流体力学	2007.08
电子科学与技术	物理电子学 电路与系统 微电子学与固体电子学 电磁场与微波技术 集成电路设计	1985.10
光学工程	（不分设二级学科）	2009.09
数学	应用数学 基础数学 概率论与数理统计 运筹学与控制论 计算数学	2003.05
控制科学与工程	控制理论与控制工程 模式识别与智能系统 检测技术与自动化装置 系统工程 导航、制导与控制	1985.10
计算机科学与技术	计算机系统结构 计算机软件与理论 计算机应用技术 图象处理与科学可观性	2001.05
软件工程		2012.09
物理学	理论物理 粒子物理与原子核物理 原子与分子物理 等离子体物理 凝聚态物理 声学 光学 无线电物理	2012.09

（续　表）

设站学科 (一级学科)	招收博士后专业 (二级学科)	批准建站时间
生物医学工程	生物医学工程　学习科学 生物信息技术　医学图像与医学电子学 生物与医学纳米技术　生物医学材料 制药工程　医学信息学及工程	1999.04
材料科学与工程	材料物理与化学　材料学 材料加工工程　生物材料与组织工程	2003.05
哲学	伦理学　科学技术哲学 外国哲学马克思主义哲学 中国哲学逻辑学 美学宗教学	2007.08
艺术学理论		2003.05
管理科学与工程	(不分设二级学科)	1999.04
应用经济学	国民经济学　区域经济学　财政学　金融学　产业经济学 国际贸易学　劳动经济学　统计学　数量经济学 国防经济	2012.09
电气工程	电机与电器　电力系统及其自动化 电力电子与电力传动　电工理论与新技术 高电压与绝缘技术　应用电子与运动控制技术 电气信息技术　新能源发电与分步式电源	1999.04
化学工程与技术	化学工程　化学工艺　生物化工　应用化学　工业催化	2014.09
交通运输工程	道路与铁道工程　交通信息工程及控制 交通运输规划与管理　载运工具运用工程 交通测绘与信息技术　交通地下工程	2003.05
仪器科学与技术	精密仪器及机械　测试计量技术及仪器 微系统与测控技术	2007.08
公共卫生与预防医学	劳动卫生与环境卫生学　流行病与卫生统计学 营养与食品卫生学　卫生毒理学 军事预防医学	2007.08
生物学	遗传学生理学 生物化学与分子生物学　发育生物学 植物学动物学 水生生物学　微生物学 神经生物学　细胞生物学 生物物理学　生态学	2009.09
临床医学	影像医学与核医学　内科学 儿科学　神经病学 临床检验诊断学　外科学 妇产科学　眼科学 耳鼻咽喉科学　急诊医学 老年医学　精神病与精神卫生学	2009.09

（续 表）

设站学科 （一级学科）	招收博士后专业 （二级学科）	批准建站时间
临床医学	皮肤病与性病学 护理学 肿瘤学 康复医学与理疗学 运动医学 麻醉学	2009.09
马克思主义理论	马克思主义基本原理 马克思主义发展史 马克思主义中国化研究 国外马克思主义研究 思想政治教育 中国近现代史基本问题研究	2014.09

2018 年年底在站博士后名单

单 位	流动站名称	名 单	人数
建筑学院	建筑学 城乡规划学 风景园林学	单 晋 谭 瑛 代晓利 郑德东 卞素萍 张四维 李 哲 万 千 邹 涵 杨京玲 汤晔峥 王 骏 季 欣 徐 宁 俞竞伟 张 蕾 姜清玉 史文娟 姚 涵 余雯蔚 丁建华 Chun HyunJin 王祝根 王 墨 朱 凯 李奕成	26
机械工程学院	机械工程	孙桂芳 高海峰 李金强 姜 东 何 文 赵伟玮 崔建中 许丽娇 欧阳天成 谷先广 李 龙 张 宁 张东桥 龚雪丹 万 铁 张鑫杰	16
能源与环境学院	动力工程及工程热物理环境科学与工程	林 涛 李应林 蒋 洁 钟文镇 陶 贺 刘 斌 吴 啸 殷上轶 刘 莎 佟振博 蒋 彬 曹 俊 李 明 Rusul Naseer Mohammed 李 永 李彦军 孙荣岳 文先太 徐 寅 葛晖骏 黄晓庆 王 琦 崔晓波 邵珊珊 Peter Keliona Wani Likun 辜建强 陈丹丹 宋华庭 夏威夷 John Leju Celestino Ladu 汪楚乔 张书平 潘丹萍	33
信息科学与工程学院	信息与通信工程 电子科学与技术	李正权 卢桂馥 梁庆伟 程加力 吴 游 邓杨保 李 君 齐洪钢 杨 喜 董慧媛 陈 剑 叶新荣 Mohammed Mohsen Mohammed Nasr 丁国如 史宏逵 梁瑞宇 史清江 惠 明 Amin Najam Muhammad 王芳芳 曹文权 胡 莹 章 飞 武军伟 姜彦南 高英杰 苏 抗 雷 涛 王 军 蒋 玮 章 平 邢长友 奚 吉 陈建飞 崔翠梅 韩科锋 高 斌 许丽洁 贾胜利 谈晓思 王建威 Hamza Ahmad Madni 蒲旭敏 李勇峰 徐 杰 张 亮 罗章杰 范 忱 梁小虎 刘逢雪 戚 楠 章跃跃 黄 杰 黄奇伟 张璇如 张先超 李思佳 刘义亭 黄 毅 陶华伟 刘 洋 杨小龙	61
土木学院	土木工程力学	张马林 张 翀 顾卫卫 耿 飞 李万润 冯 秀 李海涛 朱小军 刘 平 成于思 王龙林 陈齐风 沈 正 卢彭真 宋守坛 刘 琳 陆有源 张文华 侯 宁 李 峰 张 明 张 梁 池 沛 曾以华 宋兴禹 卫佩行 王 丁 陈徐东 王贤强 秦 伟 肖 琼 赵 颖 霍少磊 蔡景明 梁止水 Saravanan Jothive 吴嘉瑜 肖同亮 马立波 钱学生 赵莹莹 刘 欣	42

（续　表）

单　位	流动站名称	名　　单	人数
电子科学与工程学院	电子科学与技术光学工程	李智洋　倪亚茹　徐　欧　徐　峰　孙立国　赵增霞　张惠国　闵辉华　朱　超　邓　燕　牟　丹　戴　伟　毕恒昌　Karunakaran Santhosh Kumar　魏鹏江　崔云康　张允武　孙　俊　温佳鑫　高　虹　翟雨生　张　龙　Subramanian Alagesan　常　红　朱铁柱　曾凡明　徐　季　解　磊　沈昱婷	29
数学系	数学	刘俊峰　杜秀丽　王小六　陈向勇　阚　秀　吴小太　王宏兴　赵晓朋　胡鸿翔　刘　洋　赵建强　郭　丽　蔡　静　王康康　廖芳芳　黄　迟　盛兴平　Ashish　张　凡　陈　光　李振兴　刘家保　赵汇涛　梁锦浩　陶　凯　闻　斌　王增赟　沈　浩　王　毅　朱　磊　孙　红　陈小平　李洪利　刘　恒　赵　玮　韩　涛　万　颖　汪　帆　张启峰　王快妮　王忠伟　戴绍虞　余天虎　朱　玲　梁洪晶　查利娟	46
自动化学院	控制科学与工程	贾红云　卢阿丽　陈文彦　卢剑权　丁　建　郑柏超　陈丽换　张元良　许　瑞　王　伟　苗国英　赵环宇　杨成东　宋　超　戚其丰　陈　伟　籍　艳　周兴才　朱晓建　聂仁灿　陆　可　刘　磊　张建宝　谭玉顺　张　亮　李　峻　曹　翔　王建宏　冯立超　钱文华　Rafal Madonski　李方硕　薛　磊　程　旭　沈进中　姜淏予　Zain Anwar Ali　李清波　全志斌　胡长晖　李盛辉　李垣江　邹翼波	43
计算机科学与工程学院	计算机科学与技术软件工程	孙巧榆　吴　桦　董永强　汪　鹏　殷　奕　曹苏群　姚　莉　刘林峰　张三峰　杨　望　余建勇　方效林　董　恺　肖卿俊　杨章静　高尚兵　董瑞志　顾兴健　谈　超　李宗花　张久楼　尚　可　赵奕鑫　崔　燕　武　栋　姚光顺　黄程韦　Khaoula Boutouhami　王占丰　李炜卓　常合友　陈向坚　沈亚田　刘树衎	35
物理系	物理学	李淑萍　陈　华　郭纪源　郭云均　Ashwini Kumar　孙红义　杜宗正　潘海洋　邓晓玮　曹　霑　高　娴　宋学科　王文辉　赵子杰　Jayavelu Rajeev Gandhi　李秀玲　Vikash Agrawal　李如雪	18
生物科学与医学工程学院	生物医学工程	吕卓璇　张程宾　陈金龙　张　帅　孙会刚　王洪吉　尚倩倩　蔡志匡　杨　池　金　赟　张晓红　杜洪秀　倪海彬　简华君　冯天荃　吴平平　方　驹　Chirag Batukbhai Godiya　程　瑶　朱延亮　Arshad Khan　娄志超　高兵兵　张　帅　邵长敏　殷　震　陈明明　李　博　Muhammad Shemyal Nisar Arumugam Gowri Manohari　林文霞　Khan Ghulam Jilany　王　昊　Doulathunnisa　刘　兵　张西磊　丁海波　李　盼　李传江　张海洋　褚兰玲　Purushottam Soni　陈园园　王　璇　唐　浩　张大淦　池俊杰　王　欢	48
材料科学与工程学院	材料科学与工程	王　永　刘　昊　李　健　王建国　张　鸣　徐　怡　储洪强　朱启洋　吴大江　徐正超　毛向阳　巨　佳　黄海威　周　健　胡小刚　汤婷婷　陆　洁　邵宁宁　袁晨晨　吴长军　余瀚森　李旭晖　涂　坚　李欣蔚　马　辉　Dhamodharan Panneerselvam　郁峥嵘　张　雄　潘春宇　董利明　王树宾　赖凤娇　陆成杰　张　扬　檀海维　李其乐　陈晓阳　卜小海	38

（续　表）

单　位	流动站名称	名　　单	人数
人文学院	哲学	陶新宏　徐　进　丁成际　蒋　阳　鲁　杰　张　灿　韩传强　Razieh Kamal　王启辉	9
经济管理学院	管理科学与工程 应用经济学	肖　敏　孔凡柱　杨顺新　高　岳　虞青松　刘长平　程尊水　曹海燕　岳中刚　易　波　岳宇君　李佳成　杨爱军　吴　建　林源源　周　敏　林徐勋　林哲生　杨以文　吴影辉　吴良平　刘兰凤　张　喆　马少晔　都　牧　吉清凯　林　巍　孙国民　侯艳红　李鸿磊　王　聪	31
电气工程学院	电气工程	吕富勇　Krystian Ji　朱石晶　储建华　赵　波　董剑宁　刘瑜俊　刘　凯　谭林林　吴　祥　王伟炳　曾繁鹏　刘世林　张圣祺　潘　鹏　邓　波　鞠　锋　朱志莹　郭保成　刘康礼　王仁书　李金科　张　金　阳　辉　周连俊　宋　梦　孙振兴　谭　笑　雷家兴　彭　飞	30
化学化工学院	化学工程与技术	王遵亮　魏振宏　黄　煊　王　鸣　班鑫鑫　朱云峰　庄海玉　陈　柱　王巧鸣　徐　威　龚晓辉　马玉恒　张新瑜　王人杰　毛麓嘉　赵巧巧　高文跃　陈万民　Zeeshan Ali　邓义飞　赵新花　卞铁铮　杨　飞　马汪洋　孙开涌　安　东	26
交通学院	交通运输工程	吉　锋　张志勇　Alfonz D. Ruth　吴　洋　赵延喜　韩文泉　张　峰　余　沛　郭延永　曾友志　华雪东　蒋宁俊　俞　灏　陈景旭　柏　璐　魏福禄　刘顺青　张瑜杨树　李大韦　范日东　徐　方　冯忠祥　赵金宝　薛运强　朱义欢　史　剑　杨　达　施晓蒙　张小瑞　张德育　徐浩青　武精科　朱俊清	34
仪器与科学工程学院	仪器科学与技术	穆朝絮　郭　语　王建玲　朱松盛　王　芹　郑　睿　包加桐　刘　晓　黄　磊　龚宗洋　朱银龙　张振兴　刘飞飞　冷雨泉　熊鹏文　谢　鸥　吴常铖　乔贵方　王　婷	19
艺术学院	艺术学理论	李　仁　张　顺　于　亮　许继峰　张　莹　王春鸣　袁晓莉　叶公平　杨　蕾　郑　娟　孙易君　宋　眉　葛付柳　杨飞飞　吴新林　顾春军　程　狄　张楠木　张瑞芳　顾　颖　陈　林　王望峰　李世武　刘世文　Boey Teik Soon　怀　康　叶　静　杨　玉　王　璇　陈仕国　齐童巍　武　宁　曹　玲　玉孙慧　李　硕　徐胜男　刘坛茹　韩　潮　王永收　唐闻君　李　永　王堞凡　许宏香　邱　珂	44
公共卫生学院	公共卫生与预防医学	叶宝芬　Hassan Mohamed Ibrahim Abousalem　倪　书　华毛路　吴　旸　Khan Alam Zeb　耿厚法　Irma Belinda Yossa Nzeuwa　张　飞　Said Abasse Kassim	10
医学院	临床医学	王晓艳　李　皓　张立明　王忠敏　孙　玲　刘志广　于　洋　臧光辉　张有为　刘同强　李月峰　姜子瑜　宁松毅　殷海涛　吴　旋　周洪伟　陈昌红　杨立新　张礼荣　刘　羽　刘　斌　韩　鹏　唐　颖　Syam Praveen Kumar J　赵云利	25
生命科学学院	生物学	吴顺凡　杜　好　吴莎莎　夏　林　韩志军　付睿卿　李婉秋　鲍洪宇　马远征　郭　超　汪　娜　朱丹明　景　波　胡鹏超　樊振林　张　园　孙立伟　闫　微　许建坡　易会广　董　栋　Muhammad Waqas　尹海燕　刘　威　程珊珊	25
马克思主义学院	马克思主义理论	杨　洁　王志国　刘建利　孟　飞　吴志刚　娄永涛　孙海涛　胡　明　霍秀红　马　静　张牧遥　李　旻　王　兵	13
合计			701

2018 年博士后获中国博士后科学基金特别资助情况

申报学科	博士后姓名	资助金额/万元
法学	刘建利	15
艺术学理论	陈　林	15
艺术学理论	李世武	15
数学	周兴才	15
材料科学与工程	毕恒昌	15
材料科学与工程	胡小刚	15
材料科学与工程	班鑫鑫	15
信息与通信工程	丁国如	15
交通运输工程	郭延永	15
生物医学工程	高兵兵	15
哲学	韩传强	15
合计		165

2018 年博士后获中国博士后科学基金面上资助情况

申报学科	姓　名	资助等级	资助金额/万元
材料科学与工程	孙　俊	一等	8
材料科学与工程	李欣蔚	二等	5
电气工程	朱志莹	二等	5
电气工程	刘康礼	二等	5
电子科学与技术	许丽洁	一等	8
电子科学与技术	Alagesan Subramanian	一等	8
电子科学与技术	王　军	二等	5
电子科学与技术	罗章杰	二等	5
电子科学与技术	徐　杰	二等	5

（续　表）

申报学科	姓　名	资助等级	资助金额/万元
动力工程及工程热物理	邵珊珊	一等	8
动力工程及工程热物理	陈丹丹	二等	5
管理科学与工程	吉清凯	二等	5
化学	刘　兵	二等	5
化学	张新瑜	二等	5
机械工程	欧阳天成	一等	8
机械工程	冷雨泉	一等	8
机械工程	鞠　锋	二等	5
机械工程	崔建中	二等	5
机械工程	董利明	二等	5
计算机科学与技术	姚光顺	二等	5
建筑学	王祝根	二等	5
交通运输工程	俞　灏	一等	8
交通运输工程	徐　方	一等	8
交通运输工程	柏　璐	二等	5
交通运输工程	华雪东	二等	5
控制科学与工程	崔　燕	一等	8
控制科学与工程	万　颖	一等	8
控制科学与工程	汪　帆	一等	8
控制科学与工程	陈　光	二等	5
控制科学与工程	李洪利	二等	5
控制科学与工程	沈　浩	二等	5
控制科学与工程	王增赟	二等	5
控制科学与工程	赵　玮	二等	5
临床医学	张礼荣	一等	8
临床医学	夏　林	二等	5
生物学	李婉秋	一等	8
生物学	杜　好	一等	8
生物学	汪　娜	二等	5
生物医学工程	陈　柱	一等	8
生物医学工程	邵长敏	一等	8

(续 表)

申报学科	姓　名	资助等级	资助金额/万元
生物医学工程	刘飞飞	二等	5
生物医学工程	丁海波	二等	5
数学	刘　恒	一等	8
数学	王　毅	一等	8
数学	王忠伟	二等	5
数学	王快妮	二等	5
数学	陈小平	二等	5
数学	张启峰	二等	5
土木工程	曾以华	二等	5
土木工程	范日东	二等	5
物理学	李秀玲	一等	8
物理学	宋学科	二等	5
物理学	陈明明	二等	5
物理学	王文辉	二等	5
信息与通信工程	崔翠梅	二等	5
仪器科学与技术	熊鹏文	二等	5
艺术学理论	陈仕国	一等	8
艺术学理论	齐童巍	二等	5
艺术学理论	孙　慧	二等	5
艺术学理论	徐胜男	二等	5
中国语言文学	叶　静	二等	5
合计			365

2018 年博士后获江苏省博士后科研资助计划资助情况

申报学科	姓　名	资助等级	资助金额/万元
材料科学与工程	范日东	C	2
材料科学与工程	陆　洁	C	2

（续 表）

申报学科	姓 名	资助等级	资助金额/万元
电气工程	张 龙	A	8
电子科学与技术	刘康礼	B	5
电子科学与技术	罗章杰	C	2
动力工程及工程热物理	黄晓庆	B	5
化学工程与技术	马玉恒	B	5
交通运输工程	魏福禄	C	2
控制科学与工程	万 颖	C	2
力学	赵 颖	C	2
临床医学	张礼荣	C	2
土木工程	曾以华	B	5
土木工程	卫佩行	C	2
信息与通信工程	薛 磊	C	2
信息与通信工程	蒲旭敏	C	2
仪器科学与技术	熊鹏文	A	8
艺术学理论	孙 慧	C	2
合计			58

2018 年度中国博士后“香江学者计划”人员名单

姓名	一级学科	申请院校
阳 辉	电气工程	中国香港理工大学

2018 年度中国博士后创新人才支持计划人员名单

姓名	资助编号	进站学科
丁海波	BX20180061	电子科学与技术
黄 杰	BX20180062	信息与通信工程

2018 年中国博士后海外交流计划
引进项目人员名单

姓名	全国博士后编号	博士所在单位
陆成杰	220418	巴黎第六大学
张小瑞	219864	德国亚琛工业大学

2018 年中国博士后海外交流计划
派出项目人员名单

姓名	派出国家	派出单位
蔡景明	比利时	荷语天主教鲁汶大学

2018 年调入引进人员名单

建筑学院　葛天阳　李京津　陈宏胜　王逸凡　梁　洁　王　伟　周　详

机械学院　韩　煜　司　伟　张大海　温海营　吴金明　严　岩　周小舟

能环学院　任少君　王楚亚　梁导伦　陈　曦　李　健　边洲峰　宋　尧

信息学院　杨　成　李睿奇　王承祥　吴　凡　刘升恒　潘怡谨　孙　晨　张　铖　凌昕彤　杨　成

材料学院　朱蓓蓓　罗　强　董　华　段文会　何　炜　周　扬

物理学院　马　亮

数学系　刘庆山　陈都鑫　方　腾　杨　凯　吕跃祖　许剑飞　杨　森　卢　星　文　强　钱　成

自动化学院　王　颖

土木学院　翟　钱　董志强　李　泳　汤轶群　邵新星　戚家南　李建春　王文洁　陶天友　张中文　苏　舒　夏妮妮　刘建勋

计算机学院　李传佑　沈　典　何　田　王贝伦　王　萌　孔祥龙　顾晓丹

电子学院　蔡　浩　杨海宁　闫　浩　国洪轩　毛海峰

外国语学院　韩亚文　蒋欣欣　成　思　刘　彬　杨　曈

生医学院 孙　钰
电气学院 汪　波 刘　宇 胡秦然 蔡海维
人文学院 钟　佩 刘　丹 武小西 赵　浩 周锡生 刘　莹
海外学院 王雅楠
经管学院 范　蕊 潘健平 王轶伟
交通学院 吴　恺 谭华春
仪科学院 高　旺 丁徐锴 徐启敏 徐佳文
公卫学院 周　楠 范丽君 王诗远
艺术学院 李　鹏 顾维喜 卢衍鹏 陈少鹏 李小旋
法学院 余　涛 于立深 刘练军
马克思学院 赖婵丹 黄　睿 周　丽
生科院 耿俊华 方海同 安述明 刘　安
体育系 郭　璠
医学院 许　纯 白　莹 朱丽娟 蒲　燕 曲德伟 张　薇 陈佳林
保卫处 殷　卓
审计处 朱靖娟
网络空间学院 龚秋石 童　飞
中大医院 吴剑平 陈　静 樊文香 李拥军 尤承忠 洪　鑫 陈克平 周　白
田　辰 吴春华 徐　治 任　全 刘松桥 霍明东 吴　雪 王逢源
黄　莉 陈　龙 陶庆松 陈耀忠 陆　建 谢志阳 王　勇 魏　芹
汤日宁 何　伟 张正生 潘　涛 王　欢 王　静 金　虹 刘　琳
潘　峥 招　霞 魏　琼 赵登玲

2018 年离校人员名单

陈　聪 刘　蓉 薛　鹏 周子凯 苏振毅 姜险峰 叶恒云 王　俊
戴建军 冯寅强 周韶霞 詹　莹 李　牧 刘　骏 秦福生 黄绿萍
黄　洁 张　腾 刘占召 柳亚敏 刘肖凡 陈龙桂 眭占菱 戴　娟
龚慧林 施　亮 何世文 王　琳 廖伟强 霍海滨 袁　杰 王钱超
唐　诗 郭　佳 李思雨 王洁琳 杨　萌 张　钒 郑　思 蒋永茂
许正圆 刘建勋 严如强 宋　尧 黄　莉 卞　慧 周兰兰

2018 年退休人员名单

保卫处 陆铁军 谷洪良

材料科学与工程学院　李　凡　王　芳
材 料 学 院　孙　伟
财　务　处　李春风　黄　青
党委发展规划部　李可君
电工电子实验中心　邹雁萍
电气工程学院　孟美娟　楼　雪
电子科学与工程学院　舒春玲　施建宁　王东来　殷刚毅　杨晓伟　朱乃华
东 大 医 院　张　筠　刘　彬　任苏坪
东南大学医院　吴宏娟
法　学　院　杨素云
工　　　会　韩成样
公共卫生学院　孔房祥　吴　巍
国际合作处　王　利
后勤党工委　李芝群　唐顺生　刘晓群　高福妹　邱　芳　周慧宁　陈思娟　史慰萍
刘文胜　翟厚田　李传应　李玉红　董　跃　滕学志　张守德　王守荣
朱家安　凌宝珍　袁舒强　常庆龙　马桂华　王长仙　田　政　康金保
杨联明
化学化工学院　王　昶　林保平
机械工程学院　李　萍　顾　清　李晓燕　刘玉祥　朱居辉　陈　南
基　建　处　袁海涛　徐　跃　方　芳
集成电路学院　夏银凤
计算机科学与工程学院　曹　争　费鸿英　谷晓红　刘　润　徐少芸　刘其奇
姜　浩　郑红英
继续教育学院　赵卫民　王月华
建　研　所　齐　康
建 筑 学 院　王海华　周　慧　赖自力　陆　莉　王幼芬　钟训正　程泰宁
交 通 学 院　朱宜生　柴跃进　范国雄　徐　红
教学服务中心　许　华
教育技术中心　方兴安　韦加明　胡欣乔
经 管 学 院　陈小怡
经济管理学院　吴广谋
马克思主义学院　何　苗　陆　军
能源与环境学院　龙如明　冷　杉　黄青萍　黄石红　鲍鹤灵　杨建明　吴同军
吴　晞
人　武　部　江　骏
软 件 学 院　温阳生
审　计　处　季永华
生物科学与医学工程学院　袁春伟　万遂人

实验室与设备管理处　张　旻　许　成
数　学　系　庞小莉
体　育　系　钱景虹　李乐园
图　书　馆　杨冈令　房建湘　薛育祁　濮吟秋　符少北
土木工程学院　韩晓林　张蔼玲　刁文怡　张　蓓
外国语学院　李顺创　罗天妮　张文丽　朱宏清
信息科学与工程学院　张　弘　傅伟斌　刘　进　冯　军　李　娟　杜新新　苗慧贤
孙忠良　刘　萍
学报(社会科学版)　许丽玉
研究生院　王　华　康小珊
医　学　院　孟继鸿　陈　慧　廖静怡　马素霞　万美玲　朱　俊　林　陵
仪器科学与工程学院　陈俊杰　朱　青
艺术学院　倪　进　王和平
资产公司　张　进
资产经营管理处　常力跃　王　玲
资产经营总公司　许立山　章　朴　王晓萍　史建农　张玉祥　许　蓉　耿建平
胡大鸣　赵冬梅　金　彦　唐超权　孙德成　曹　晖　邹　莉
陈　跃　孙祥斌　王民强　刘　菲　丁娉娴　鲁菊蓉
自动化学院　顾　群　陈　强
总　务　处　童　璋　王玉森　王　睿　虞献辉

2018 年死亡人员名单

马记月　马照亮　王一鸣　王义锦　王水康　王式民　王明球　王泽琦
邓文玄　曲家敏　朱汝珍　朱俊成　刘长海　刘文锦　刘德文　江连发
许文彬　阮宝崧　严克祥　杜肇宗　李为华　李金荣　李修哲　李桂卿
李智明　李瑞林　李德祥　杨　玉　杨金荣　杨海秋　吴夕珂　吴建清
吴祖民　吴福源　邱纪卿　余淑清　沈志鸿　张文德　张玉汉　张抱和
张金春　陆启仁　陈永瑞　陈芝兰　陈有熙　陈贤杰　陈思豪　陈雅贞
陈增群　邵开华　邵青春　邵容光　林石元　林均桂　林金娟　金向东
金珠兰　郑自钧　郑志达　项启明　赵子明　柯景凤　柳孝图　施坤祥
姚正银　姚代禄　贺新源　袁　亮　莫纯昌　顾国华　顾岳迁　顾铭谦
徐云兰　徐浦伟　高　亹　高松坡　陶有玉　陶盛林　黄　林　黄玉虎
黄景文　曹洪明　章臣樾　梁美云　蒋　青　蔡炳文　谭金康　翟大方
鞠振业

学 生 工 作

综　述

2018 年，东南大学党委学工部、武装部、学生处和心理健康教育中心全面贯彻落实十九大会议精神和高校思想政治工作会议精神，紧扣学校“十三五规划”“双一流建设规划”的发展大计和奋斗目标，以理想信念教育为核心，以价值塑造为引领，聚焦落实立德树人根本任务，扎实做好大学生思想政治工作，努力构建“服务学生发展，促进有效学习，助力健康成长，充满青春活力”的学生服务体系，努力为新时代培养堪当民族大任的领军人才。

一、进一步加强思想引领、价值塑造，形成思政教育“五红”大格局

1. 坚持党建统领，打造学生党建工作新平台

以“传承红色基因，推进对标争先——东南大学持续深化组织育人”为题，在教育部高校思想政治工作简报专题刊发本科生党建工作，张广军校长批示“请全体校领导、中层正职阅。立德树人、深化改革，努力发挥东南大学在高度教育中的引领作用”。精心打造红色讲堂，全年共举办 10 场，邀请全国优秀共产党员张云泉等嘉宾来校做报告，参与学习党员超过 5 000 人次。扎实开展红色实践，以“不忘初心、牢记使命”为主题，共组织学生党员社会实践队伍 7 支，参与党员 120 余人，分赴国家重点区域重点行业重点企业及红色革命圣地开展学习实践活动。合力构建红色网络，以学工部微信公众号为龙头，各院系党建宣传平台为支撑，开展了“支部微学习”“我与党旗合张影”“我为党旗添光彩”等主题宣传活动，专题推送 100 余篇。着力夯实红色堡垒，扎实开展“领航工程”党支部精品项目建设活动，完成 2017 年项目结题，完成 2018 年项目立项工作。积极树立红色榜样，完成毕业生党员去向统计，遴选 26 名优秀毕业生党员开展“五四”新青年专项宣传，提升党支部凝聚力、战斗力和党员典型示范作用。

2. 坚持核心价值牵引，深度融入主题教育实践活动

完成 2017 年社会主义核心价值观主题教育精品项目结项和成果验收展示，培育建设 13 个 2018 年社会主义核心价值观主题教育精品项目。组织 1 741 名理工科大学生参加江苏省第六届理工科大学生人文社会科学知识竞赛，进一步提升我校学生人文社科素养。

二、进一步推进学生工作队伍专业化、职业化建设，提高引领学生发展水平

1. 持续学习领会会议及文件精神，切实做好贯彻落实工作

深化对十九大、全国高校思政工作会议、庆祝改革开放 40 周年大会等精神的学习，在学生线、学生党支部中组织开展习近平总书记在北京大学师生座谈会上等重要讲话精神的研讨。组织 107 名辅导员参加第六期普通高等学校辅导员专题网络培训，邀请马克思主义学院专家围绕“马克思主义中国化”开展系列培训及学生线业务学习 9 次，开展辅导员沙龙系列研讨活动 2 场，新晋辅导员培训 12 场，帮助辅导员更好担起引领学生发展、关爱学生健康成长的责任。

2. 围绕双一流建设要求，推进《东南大学辅导员队伍建设改革实施方案》的具体落实

改革队伍考核办法，首次将《辅导员工作台账》纳入考核指标，强化管理规范；首次组织“优秀班主任标兵”评选，充分发挥班主任帮助学生成长成才的重要作用；严格准入标准，招聘专职辅导员 6 名、选拔推免生担任辅导员 14 名；实施后备人才培养工程，选拔 24 名优秀青年教师、研究生在兼职辅导员岗位上培养锻炼，使其成为辅导员队伍、学校其他岗位、选调生、国际组织任职等的重要后备力量。

3. 选树典型，激活队伍内生动力和凝聚力

成功举办“你的青春我做伴”——2018 年离岗辅导员欢送会暨辅导员表彰分享活动，承办 2017 江苏省大学生年度人物暨高校辅导员年度人物评选表彰活动。电子学院辅导员邱峰获“第十届全国高校辅导员年度人物”入围奖、建筑学院辅导员张琰获“2017 江苏高校辅导员年度人物”称号、数学学院研究生谷乐获“2017 江苏省大学生年度人物”称号。

三、科学选才，夯实质量，宣传办学成就，吸引优质生源

1. 2018 年，学校总体生源质量在 2017 年基础上稳步提升

18 个省市录取分数线省排名较 2017 年有所提升，其中云南、广东、上海、河南、重庆、辽宁等省份排名提升显著，提升均达 300 名以上。总体上看，理科录取分数线在全国各省市平均位居双一流高校中第 16 位，北上广、江浙等经济发达地区理科文科投档分数线平均位居双一流高校第 14 名。

2. 优化多元选拔模式，完成特殊类型招生

先后组织外语类保送生、高水平艺术团、高水平运动队、台湾保送生、自主招生、综合

评价等多个特殊类型招生,覆盖考生近 9 000 人次,从招生计划、报名程序、录取原则、优录政策和保障措施等方面做到公平、公正、公开,并不断创新选拔方式,提升选才水平。

3. 广泛深入中学,扎实推进长效合作机制

持续开展“感知东南”系列活动,先后赴河南、江西、安徽等多个省市举办“教授进中学活动”;走进南京一中、南京二十九中、南师附中江宁校区等多所中学进行招生政策解读;接待江阴高级中学、无锡一中等全国各地近 3 000 名中学生及中学教师来访。新增厦门外国语学校、福建省莆田第一中学、山西省朔州市朔城区第一中学校、昆明一中、舟山中学等 24 所“优质生源基地”中学;为 60 余所中学校庆发去贺信及祝福视频;参加 30 个省市招生咨询会、百余场高校中学校园开放日;组织 2 000 余名在校生开展“怦然心东”寒假回访母校活动,与中学生分享大学生活。切实将招生宣传工作贯穿全年,构建与中学联系的长效合作机制。

4. 不断创新宣传形式,协同社会媒体网络扩大宣传效果

联合腾讯等新媒体解读学校招生政策,获 45 万人次以上的在线观看量、6 万余人次在线咨询量;在本科招生微信公众号推出“你不知道的东南大学”“专业炫富摔”等主题推送,并在高招期间推出“怦然心东”主题宣传获 35 万余次点击量。制作政策解读动画、开设校园直播栏目等新颖方式宣传学校。

四、以学生发展为中心,助力学生全面成长

1. 扩展学生事务管理与服务渠道

线下,牵头组织设计了学院和书院、学园集成的学生运行和管理模式试点方案,资助工作延伸至学校一站式服务大厅;线上,“东南大学学生事务服务中心”微信公众平台 2018 年推送各类信息 165 次,阅读量达到 253 000 人次,同时积极探索基于学生基础信息大数据建设智能化的学生成长档案。

2. 落实有温度的教育,推动三全育人

自 2017 年 12 月起,校领导和各院系师生开展了形式多样的班级活动。其间,每位校领导定点联系一个或几个本科生班级,通过不定期走访学生课堂、宿舍,参与党团、班级活动,开展沙龙交流、户外活动等,与学生开展广泛而深入的交流与互动,校报对此进行了校庆专版报道;开展了十余场“相伴”师生交流系列活动,校内外教师与东南学子共话成长。

3. 推进“学在东南、胸怀世界”学风建设

落实学风建设“八个到位”;首次开展了东南大学优良学风班及优良学风标兵班评比,展现了东大学子心怀家国、勤学励志的赤子风采;选优树典,开展各类荣誉称号及奖学金评选工作,举办最具影响力毕业生评选和“中国脊梁,东南担当”本科生颁奖典礼,以

榜样育人、以典礼育人。

4. 关注多元化学生特殊需求

2018 年，东南大学预科(非新疆籍)学生首次由学校自主培养，学生处牵头承担了其教育管理服务工作；少数民族办公室实施“五位一体”少数民族优质人才培育计划，选树优秀典型，培育学生骨干，促进民族团结，维护和谐校园。

5. 深化“四措四准”资助工作机制

2018 年共计评审和发放国家、学校和社会捐助的各类奖助学金、生活困难补助、学费减免、勤工助学酬金等 3 000 余万元。2018 年共有 150 名学生组成 40 个家访团队，奔赴河南、安徽、四川、甘肃等 17 个省份，累计走访 255 个新生家庭，夯实精准资助基础。改进勤工助学考评体系。设立与学生专业、专长相适应的勤工助学岗位，建立勤工助学培训体系和星级员工考评体系。

6. 构建发展型资助育人体系

2018 年通过“金钥匙”育人平台开设了街舞、演讲、口语、软件、职业生涯规划、艺术欣赏等课程，累计开课 42 门次，覆盖 1 437 人次，举办“锦瑟流年，梦羽华章”2018 金钥匙展示分享会，学生的综合素养和能力通过金钥匙工程得到显著提升。

7. 学生资助工作屡获佳绩

东南大学坚持育人导向，构建“‘育志’‘育智’双螺旋发展型资助育人体系”荣获教育部全国高校思想政治工作精品项目。学校荣获教育部全国学生资助工作“优秀单位案例典型”，施杰老师获评教育部全国学生资助工作“优秀个人案例典型”。在第五届全国“助学·筑梦·铸人”主题宣传活动中取得优秀组织奖等骄人成绩，视频作品《梦想的门槛》作为颁奖大会开场影片面向全国各高校师生播放。同时获“江苏省学生资助绩效评价”第二名。

五、培养学生积极健康心态，促进学生心理健康素质发展

1. 搭建“四位一体”的心理健康教育工作格局

全面落实《高等学校学生心理健康教育指导纲要》精神，形成了教育教学、实践活动、咨询服务、预防干预“四位一体”的心理健康教育工作格局，已将心理健康教育课程纳入 2019 年秋季学期本科课程，可以完成心理健康教育大一新生全覆盖。开设心理选修课程 6 门；多途径宣传心理健康教育；邀请国内专家及本校老师开展讲座 10 余场；组织开展学生自我成长、人际关系、情绪管理、职业发展等主题团体辅导，组织家庭贫困“心灵加油站”成长团体辅导；举办第五届东南大学心理知识竞赛；通过“观影观心灵”沙龙、“种草种心坊”、“乐心坊·音乐心理放松减压”、“闻心坊·手语大讲堂”提高了学生自我成长的意识；“暖心屋”和谐宿舍关系建设活动，“从寝开始，从心出发”宿舍心理健康教育系列活动，从“校、院、班、舍”四级心理健康教育网络的基础抓起，旨在倡导友爱、文明、和谐的宿

舍关系,“向日葵”班主任心理教育支助计划、辅导员和研究生导师减压促进计划,提高主体育人的能力。继续做好心理委员和大学生心理协会成员的心理培训,提升学生自助与助人的能力,3名“心委”获得首届“全国百佳心理委员”称号。做好新生普查及个案咨询工作,三个校区周一至周五全天候开展咨询服务,并开设夜间求助电话服务、邀请医院专家来中心坐诊,为学生答疑解惑。加强中心专职教师长效定点联系制度,及时关注学生心理健康问题,实施“五色”卡片分级管理反馈制度,提高危机干预的效率。专兼职咨询老师坚持定期参加理论学习、个案讨论、专业督导,中心接收实习生的实习,不断提高中心教师的专业素养。

2. 发挥省示范中心的辐射作用

2017年9月启动“江苏高校团体心理辅导”连续培训项目,2年培训共计3个阶段11天98小时。全省最终有64名学员完成全部理论和实践学习,获得“中国心理卫生协会团体心理与治疗专业委员会”颁发的证书,为江苏省培养一支专业团体心理辅导教师队伍。承办江苏省高校团体心理辅导“精彩活动”展示决赛,并获得“自我探索”类二等奖。本次大赛在全国具有首创性,为全国高校的心理健康教育提供了宝贵经验。“携手花样青春,共享生命活力”南京市高校心理委员论坛暨南京市高校心委联盟成立,全市27所高校的近300名心理委员和心理中心指导老师参加了活动,成为南京市高校心理健康教育建设发展历程中一次里程碑式的事件。

六、以报效国家为己任、打造优质就业品牌

1. 立德树人、重点突破,构建就业工作新格局

加大基层项目的政策宣传和典型示范,激发学生树立服务基层、扎根基层的职业理想。举办春晖计划-公职训练营,进一步丰富公职培训体系,逐步形成包括“理论辅导”“面试培训”“多校联考”的全方位、全程化的公职精准服务体系。启动春晖计划-暑期党政机关实习挂职,先后选派学生选赴山西、广西、陕西等地市党政机关挂职实习。落实基层就业毕业生走访,先后赴福建、陕西、江苏等省市访调研基层就业毕业生职业发展状况,助力其发展。建立并完善基层就业毕业生的表彰制度,召开“东南大学2018届赴基层就业座谈会”,表彰115名2018届赴基层就业毕业生。开展全球治理能力专项教育,依托专业教育与第二课堂,建立宣传引导—理论指导—参访实习—挂职实践为一体的全周期式国际组织职业素养能力培训和服务体系。承办教育部“大学生到国际组织实习任职全国巡讲南京站”活动;设立学生国际组织发展协会(简称“SAIO”);邀请国际组织官员及校友举办国际组织实习任职专题沙龙3场;开展国际组织专项实习,先后组织20余名学生赴维也纳-日内瓦参加SAF国际组织实习培训、2名学生前往联合国教科文组织实习。

2. 强化建设、优质提升,提高职业生涯教育品质

加强就业创业指导队伍建设。2018年先后组织教师参加全球职业规划师培训和生涯团体辅导认证培训。“就业导论”课程模块化教学模式初步建立,形成职业知识与行业

趋势结合、校内教师与校外企业导师结合、课堂理论与职业实战结合的授课模式;初步达到 1/3 以上校外行业精英、企业高管入校进行讲学。提升学生职业生涯规划能力。搭建以教师、朋辈、企业为主体,教学、体验与实践层层递进、相互贯通的三级培育体系,通过重点行业单位岗位体验营、一日职业体验等,提升学生的实践能力和职业素养。

3. 资源整合,品牌塑造,优化就业服务体系

健全精准信息服务机制。推进智慧就业平台"全覆盖",完善内接毕业生移动客户端,中承校园基础数据库,外接全国大学生就业一站式服务系统和江苏省高校毕业生就业网络联盟的立体式就业宣传载体。建立和完善网上签约系统。以就业信息网为主体,集成用人单位校园招聘系统、毕业生就业服务管理系统和校园基础数据库,率先在全省范围内建立并逐步完善网上签约系统。切实保护毕业生就业权益。严格审核用人单位资质、工作岗位信息,重点审核就业中介机构和境外用人单位,严密防范招聘陷阱、就业欺诈、"培训贷"、传销等不法行为。加强毕业生和用人单位诚信教育和管理,做到诚信签约、诚实履约。

七、积极探索,释放国防育人功能

1. 创新军事技能训练模式

根据《关于调整东南大学人民武装部(军事教研室)机构的通知》(校发〔2018〕35 号)的决定,人民武装部进行机构调整后,克服人员短缺等实际困难,创新军事训练课程组织方式、创新军事技能训练模式、创新训练成果宣传模式,是我省唯一一家保持了实弹射击的单位,江苏卫视、腾讯等媒体围绕军事训练、紧急疏散等形式进行多次报道。

2. 全面推进大学生征兵工作

根据国家征兵工作命令,健全征兵工作领导机构,多种途径进行大学生征兵政策宣传。经过学生报名、网上确认、体检和政治审查,共 9 名同学(其中女生 1 名)获得批准走入军营,履行光荣使命。

3. 积极开展各类国防教育活动,努力营造关心国防、献身国防的氛围

围绕中国人民解放军建军 91 周年开展"致敬国防"主题征文比赛,邀请黄培义将军举办了"我与将军面对面"大型报告会,加强广大青年学生的国防观念,树立国家安全意识。举行"东南大学首届国防军事竞技大赛",发挥退役大学生士兵的模范带头作用,在实践中接受国防教育。

4. 指导组建国防军事实践学生社团,加强国防教育实践的综合育人功能

根据习总书记"我们的军队是人民军队,我们的国防是全民国防,要加强全民教育,巩固军政军民团结,为实现中国梦强军梦凝聚强大力量"的精神,成立国防军事实践学生社团,开展了一系列卓有成效的国防教育工作。

实验室建设与设备管理

综　述

2018 年是我校全面实施“十三五”发展规划、深化推进“双一流”建设的关键一年，在学校党政正确领导下，我处紧密围绕“双一流”建设目标，以服务教学、科研为宗旨，积极落实中央放管服文件精神，转变机关作风，严格遵守中央各项规定，增强四个意识，坚持“四个自信”，根据服务师生，提升师生满意度的总体方针，同心协力，不断进取，各方面工作都取得了较好的成效，以优良的作风、扎实的工作为我校“双一流”建设提供了坚实的组织保障。

1. 实验室与设备情况总览

全校共有各类教学、科研建制实验中心(室)76 个，其中教学实验室 33 个，教学科研并重实验室 11 个，科研实验室 32 个，实验室房屋使用面积 17.87 余万 m^2。2018 年，全校各类实验平台为全日制在校各类学生开设 3 851 个实验项目，总学时 3.52 万，总实验人时数 370 万，其中综合(设计)型、研究(创新)型实验项目占 65%以上。全校各类实验室获得省部级以上教研项目 94 项，发表教学、科研论文 5 003 篇，出版实验教材 32 本；教师获得国家级奖励和成果 38 项，省部级奖励 86 项，发明专利 903 项，承担省部级以上科研项目 953 项，其他科研项目 742 项；学生参加省部级以上学科竞赛获奖 559 项。

截至 2018 年 12 月 20 日，我校仪器设备资产总计 167 735 台(套)，总值约 34.54 亿元，其中 10 万～40 万元大型仪器 2 866 台(套)，总值约 6.16 亿元；40 万元及以上大型仪器 1 213 台(套)，总值约 14.88 亿元；2018 年新增设备资产 1.19 万余台(套)，总值约 2.81 亿元。

2. 实验室立项建设

进一步加强实验教学示范中心和虚拟仿真实验教学项目建设工作，积极组织对建筑学院数字景观环境综合训练中心和生物科学与医学工程学院生物医学工程专业实践教

育中心两个省级实验教学与实践教育中心进行检查验收工作。认真做好国家级示范性虚拟仿真实验教学项目立项培育工作，本年度校内立项共 9 个项目，经组织专家进行评选择优推荐了 4 个项目正式上报省教育厅参加立项评审，最终土木工程学院钢筋混凝土墩柱抗爆设计虚拟仿真实验、材料科学与工程学院金属高压铸造技术的虚拟仿真实验、电气工程学院智能电网变电站综合自动化虚拟仿真实验 3 个项目通过了江苏省教育厅组织的立项评审并正式上报教育部。组织召开了江苏省虚拟仿真实验教学共享平台建设研讨会，来自全省兄弟高校 60 余名代表参加了会议，通过研讨，对加快推进我省学科专业虚拟仿真共享平台建设奠定了基础。

积极组织中央级普通高校改善基本办学条件专项资金项目立项申报工作，我校本科教学实验平台设备购置 2019 年度申请入库项目 9 项，申报金额 2 433 万元，所有项目均通过了教育部组织的专家立项评审。今年负责执行了改善基本办学条件专项 8 个项目共计 4 000 余万元用于教学实验室设备更新和环境设施升级，通过项目实施，进一步改善了我校教学实验室硬件装备水平和环境设施条件。

3. 实验技术队伍建设与管理

今年继续施行实验技术队伍职称晋升新条例，有 1 名实验技术人员晋升为高级工程师，有 8 名晋升（含定级）为工程师，11 名认定为助理工程师。认真做好实验技术人员年度考核工作，认真核定相关人员工作量，对实验技术岗位各项工作进行综合评定。

组织实验技术岗位人员 180 余人次参加了江苏省教育技术装备展览会；积极组织实验技术人员参加全国高教仪器设备展示会，开拓实验技术人员的视野。

4. 实验室安全管理

进一步加强并健全实验室安全管理工作，提升实验室安全工作的规范性和有效性。继续推行常态化巡查机制和安全准入制，多次组织三校区的本科生、研究生参加实验室安全知识培训以及应急演练活动，组织实验室安全管理人员参加相关安全管理及应急处置培训；针对教育部、公安、环保等上级部门组织的各项实验室安全检查工作，认真开展校内实验室安全检查工作，积极排查安全隐患，堵塞安全漏洞，落实安全措施；对实验室突发事故积极做出应急响应，妥善处理，努力完善安全事故应急预案；等等。

通过化学品管理平台进行试剂采购和审核工作，做到采购程序规范，采购记录可查，责任明确，便利高效。该平台于 2015 年 12 月正式启用，已在全校运行 3 年时间，在线订单数累计约 6.3 万单，采购金额累计超 1.3 亿元，年均采购金额约 4 000 万元。截至目前，2018 年度累计订单约 23 428 单，累计采购金额超 4 987 万元。该平台目前已登记全校涉及化学品的实验室（或课题组）318 个，实验室房间 419 个，教师用户 1 246 位。该平台目前已进驻在线供应商 80 余家，其中授权管制类化学品供应商为 2 家，2018 年筛选出师生普遍认可的在线供应商 44 家。

完成中央级普通高校改善基本办学条件专项资金管理要求对丁家桥、四牌楼校区实验室化学废气尾气净化处理项目使用资金共计约 328 万元，包括医学院、公共卫生学院、生物科学与医学工程学院、电子科学与工程学院、生命科学研究院等相关学院受益，极大

地改善了相关实验室的工作条件。

本年度完成物理学院 13 枚放射源送贮工作,办理三个校区新增 7 台射线装置、转移 1 台射线装置的环评登记备案;组织 10 名辐射工作人员参加培训,按要求做好辐射工作人员个人辐射剂量检测和健康体检,辐射场所年度监测等工作,顺利完成我校辐射安全许可证重新申领工作。

对九龙湖校区化学品库房内历史遗留过期试剂进行了整体清理和规范化处置,将库房内部环境进行升级改造。本年度四牌楼、丁家桥、九龙湖三个校区实验室化学类危险固废(含实验室废液、实验室废酸、废试剂瓶及包装物、过期化学试剂等类别)累计处置 14 批次,总量 80.92 t;另处置实验室口罩、针管等生物固废约 65 t。

5. 设备固定资产管理

完成全校近 16.8 万台(套)合计 34.54 亿元的仪器设备资产管理工作,工作强度大,任务重,较好地完成各项管理工作,确保国有资产安全。进一步加强仪器设备资产建账管理,强化二级单位资产管理主体责任,提高工作效率,同时也使我校仪器设备资产管理工作更加细化,切实提高了我校设备资产管理水平。

进一步加强仪器设备资产规范化管理,组织专家对各二级单位仪器设备管理情况进行检查。通过检查工作,进一步理清了我校目前可利用的设备资产的存量情况和使用状态,对已达到使用年限并失去使用价值的仪器设备及时进行了清理。

为进一步规范我校固定资产处置管理行为,根据《教育部直属高等学校、直属单位国有资产管理工作规程(暂行)》《教育部关于规范和加强直属高校国有资产管理的若干意见》等文件精神,修订出台了《东南大学固定资产处置管理办法》和《东南大学仪器设备处置管理办法》文件。今年报废处置仪器设备 2 批次,合计 4 306 台(件),账面原值 3 800 余万元。

完成各类设备信息统计及报表报送工作,包括财政部、教育部、国管局、科技部、海关等需要上报的各类数据报表;仪器设备管理系统目前已完成与财政部、学校财务处的数据对接工作,实现仪器设备资产信息的互联共享。根据《关于按财政部要求做好行政事业单位资产管理信息系统》文件要求,为了满足 2019 年正式实施的新的会计制度,顺利开展资产折旧工作,对我校仪器设备资产管理系统中的历史数据进行了整理、校验及完善数量达 15 万条。

根据教育部批复的我校公车改革方案,协同总务处等相关部门启动超标公车的评估、拍卖工作。

6. 设备、材料采购管理(20 万元以下)

为提高采购效率,降低采购成本,规范采购行为,进一步完善零散仪器设备采购网上竞价系统,实现采购过程的公开化、透明化。2018 年度共审核采购申请单约 3 000 单,金额总计 6 000 余万元。在第十一届全国高校竞价网工作年会上,我校相关工作人员荣获先进集体奖和个人荣誉奖。

本年度线下审核 2 万元以上材料合同共计 620 余份,合同金额总计 3 525 余万元。

2018 年度材料平台共审核入库 17 378 单，金额总计 11 524 余万元，切实加强了实验材料的采购登记管理。

签订科教用品免税进口设备合同近 180 项，总价值 1 100 多万美元。完成进口设备合同的审核、海关免税手续、到货验收以及账目管理等工作，严格遵守国家各项法律法规规定，工作中未发生任何差错。

7. 设备采购管理(20 万元及以上)

目前我校大型仪器购置计划论证工作已形成制度化、常态化。通过论证，促进了大型仪器设备的合理布局，有效避免重复建设，有利于大型仪器设备的共建、共用、共享，提高了资金使用效益；今年组织专家共对 86 台(套)的大型仪器设备进行了购置计划论证，总经费预算 9 000 余万元。根据信息领域国家重点实验室项目申报通知要求，组织校内外专家对 200 万元及以上的贵重仪器设备开展联合评议工作，共计对 12 台套经费预算 7 800 余万元的贵重仪器设备进行了专项论证。

今年对所有 20 万元及以上的仪器设备采购项目均进行了信息公开，采取委托代理机构招标采购和自主招标采购相结合的方式，进一步提高采购工作效率。全年共审核并签订 20 万元及以上设备合同 190 余份，合同金额合计 1.66 余亿元；制作了 20 万元以上的设备购置项目公开招标文件 180 余个。组织专家对 230 余个设备采购项目进行谈判。

8. 加强采购流程管理，提高资金执行效率

随着学校事业的快速发展，我校的设备资产总量每年以 3 亿元左右的速度逐年递增，设备采购工作政策严、时间紧、任务重，通过加强管理，优化服务流程，严格按照岗位职责和工作规范积极做好各项工作，保质保量按进度完成各项设备采购任务。根据学科办下达的双一流学科平台建设计划，积极组织专家进行论证和招标采购工作，圆满完成了7 500 万元的学科平台设备采购任务，全校设备购置项目预算执行进度顺利。

9. 大型仪器设备使用管理

我校大型仪器共享管理平台与国家网络管理平台完成了对接工作，实现了大型仪器信息数据实时共享，大型仪器平均有效使用机时相比往年得到进一步提升。目前共安装了大型仪器数据采集监控终端近 270 台(套)，使我校大型仪器设备管理水平处在了国内同类高校的前列。大型仪器管理系统中现有 10 万元以上仪器设备近 1 800 台(套)，其中 40 万以上大型仪器设备 799 台(套)，总价值 12.24 亿元，通过大型仪器共享平台 2018 年度实际测试服务收入近 560 万元。为提高贵重仪器设备的使用效率和投资效益，继续推进东南大学分析测试中心和大数据计算中心两个校级公共服务平台建设，为我校双一流建设奠定坚实的基础。

2017—2018 年度实验室利用情况统计

实验室名称	教师获奖与成果数			学生获奖数	论文和教材数					科研及社会服务情况					毕业设计和论文人数			开放实验					
	国家级	省部级	发明专利		三大检索收录		核心刊物		实验教材	科研项目数		社会服务项目数	教研项目数		专科生人数	本科生人数	研究生人数	实验个数		实验人数		实验人时数	
					教学	科研	教学	科研		省部级以上	其它		省部级以上	校级				校内	校外	校内	校外	校内	校外
建筑物理实验室	0	0	6	0	0	12	1	16	0	10	1	8	0	0	0	30	20	8	10	150	8	3 200	800
建筑运算与应用实验室	0	0	0	0	0	2	2	12	0	6	2	4	0	0	0	16	8	2	6	50	0	2 800	0
CAAD 国家专业实验室	0	1	0	1	2	1	1	8	0	2	1	10	1	0	0	24	12	4	0	200	0	3 600	0
城市与建筑遗产保护教育部重点实验室	2	20	10	20	10	20	6	40	0	36	3	60	0	0	0	180	150	18	16	180	36	12 000	0
机电基础实验分中心	0	0	0	12	0	0	0	0	1	0	0	0	0	0	0	3	1	40	12	3 400	200	47 520	1 200
机电综合实验分中心	1	3	21	67	0	28	0	41	0	28	71	6	0	1	0	198	151	52	0	1 060	0	18 200	0
工业发展与培训中心	0	0	0	12	0	0	1	0	0	1	0	0	0	4	0	40	2	35	29	44 682	940	103 668	73 024
能源与环境学院实验中心	0	0	49	0	0	99	0	99	0	60	29	44	0	0	0	150	82	83	0	274	0	43 000	0
洁净煤燃烧与发电技术教育部重点实验室	0	4	97	1	0	99	0	99	0	91	95	84	0	0	0	50	88	0	0	0	0	0	0
火电机组振动国家工程研究中心	0	1	1	0	0	99	0	99	0	1	2	36	0	0	0	74	12	10	0	172	0	9 000	0
信息科学与工程学院实验中心	0	0	0	50	0	0	0	0	0	0	0	0	0	0	0	0	0	18	0	2 297	0	82 998	0
移动通信国家重点实验室	1	0	81	0	0	258	0	206	0	55	35	0	0	0	0	119	120	0	0	0	0	0	0

（续　表）

实验室名称	教师获奖与成果数			学生获奖数	论文和教材数					科研及社会服务情况					毕业设计和论文人数			开放实验					
	国家级	省部级	发明专利		三大检索收录		核心刊物		实验教材	科研项目数		社会服务项目数	教研项目数		专科生人数	本科生人数	研究生人数	实验个数		实验人数		实验人时数	
					教学	科研	教学	科研		省部级以上	其它		省部级以上	校级				校内	校外	校内	校外	校内	校外
毫米波国家重点实验室	0	0	36	1	0	196	0	2	0	58	43	0	0	0	0	31	69	0	0	0	0	0	0
射频集成电路与系统教育部工程研究中心	1	0	8	0	0	38	0	1	0	9	14	0	0	0	0	48	36	0	0	0	0	0	0
江苏省数码技术工程研究中心	0	0	0	0	0	6	0	6	0	6	5	0	0	0	0	8	10	0	0	0	0	0	0
信息处理实验室	0	1	16	0	0	30	0	10	0	20	20	0	0	0	0	45	60	0	0	0	0	0	0
信息安全研究中心实验室	1	0	10	6	0	0	0	20	0	0	0	0	8	0	0	37	120	0	0	0	0	0	0
力学实验中心	1	2	3	16	0	0	1	2	4	3	2	0	0	0	0	2	11	22	0	7 500	0	15 256	0
土木工程实验中心	0	3	20	0	0	93	0	0	0	28	6	32	0	0	0	50	60	60	0	12 030	0	20 670	0
混凝土及预应力混凝土结构教育部重点实验室	0	3	37	22	0	158	10	44	0	19	6	6	4	3	0	39	38	1	0	5	0	28	0
电子科学与工程学院实验中心	0	0	0	10	0	1	0	1	0	0	0	0	0	1	0	7	19	16	0	230	0	6 160	0
江苏省光通信器件与技术工程研究中心	0	0	6	0	0	29	0	3	0	12	1	0	0	0	0	22	24	22	0	12	0	195	0
江苏省信息显示工程技术研究中心	0	0	14	0	2	21	3	18	0	35	14	5	0	0	0	44	46	8	0	1 781	0	14 841	0
MEMS教育部重点实验室	0	0	99	4	0	76	0	10	0	51	6	0	0	0	0	33	33	6	0	33	0	30	0
国家专用集成电路系统工程技术研究中心	0	1	24	0	51	34	56	34	0	32	0	19	32	0	0	47	82	9	0	411	0	244	0

(续　表)

实验室名称	教师获奖与成果数			学生获奖数	论文和教材数					科研及社会服务情况					毕业设计和论文人数			开放实验					
					三大检索收录		核心刊物		实验教材	科研项目数		社会服务项目数	教研项目数					实验个数		实验人数		实验人时数	
	国家级	省部级	发明专利		教学	科研	教学	科研		省部级以上	其它		省部级以上	校级	专科生人数	本科生人数	研究生人数	校内	校外	校内	校外	校内	校外
光传感/通信综合网络国家地方联合工程研究中心	0	1	20	3	2	15	3	20	0	10	8	8	3	3	0	18	50	3	4	50	50	1 500	150
数学实验室	0	0	0	0	0	0	0	0	0	0	0	0	0	0	0	0	0	20	0	3 100	0	54 000	0
自动化学院教学实验中心	0	0	0	0	0	0	0	0	0	0	0	0	0	0	0	20	0	31	0	850	0	33 500	0
计算机硬件应用实验中心	0	0	0	0	0	0	0	0	0	0	0	0	0	0	0	10	0	55	0	570	0	21 000	0
复杂工程系统测量与控制教育部重点实验室	2	4	31	0	0	134	30	150	0	0	0	0	0	0	0	76	0	0	0	0	0	0	0
计算机教学实验中心	0	7	32	31	0	30	5	75	0	15	69	0	4	4	0	150	120	0	0	3 000	0	300 000	0
计算中心	13	12	0	28	0	0	0	0	0	0	1	0	0	0	0	0	0	122	0	8 000	0	800 000	0
计算机科学与工程学院实验中心	0	0	0	0	0	0	8	0	0	0	0	0	0	0	0	0	0	0	0	15 320	800	146 000	0
计算机网络和信息集成教育部重点实验室	1	0	8	2	0	60	0	20	0	15	10	2	2	0	0	120	80	1	0	20	0	1 000	0
江苏省网络与信息安全高技术研究重点实验室	0	0	24	3	0	94	0	7	0	19	25	2	0	0	0	159	106	0	0	0	0	0	0
江苏省计算机网络技术重点实验室	2	1	10	6	0	26	0	65	0	23	15	2	1	0	0	70	105	65	0	6 000	0	50 000	0
江苏省软件质量研究所	0	0	0	0	0	0	0	0	0	0	0	0	0	0	0	0	0	0	0	0	0	0	0

（续　表）

实验室名称	教师获奖与成果数			学生获奖数	论文和教材数					科研及社会服务情况					毕业设计和论文人数			开放实验					
	国家级	省部级	发明专利		三大检索收录		核心刊物		实验教材	科研项目数		社会服务项目数	教研项目数		专科生人数	本科生人数	研究生人数	实验个数		实验人数		实验人时数	
					教学	科研	教学	科研		省部级以上	其它		省部级以上	校级				校内	校外	校内	校外	校内	校外
影像技术实验室	1	1	4	0	0	30	0	30	0	8	0	4	0	0	0	60	30	0	0	0	0	0	0
物理实验中心	1	0	0	60	0	45	0	0	0	25	2	2	3	3	0	48	42	80	20	3 500	300	265 000	10 000
医用电子技术实验中心	0	0	0	4	0	0	0	0	0	0	0	0	0	0	0	5	0	31	0	49	0	5 264	0
医学电子学实验室	0	0	2	2	0	3	0	4	0	1	2	0	0	0	0	5	10	7	0	57	0	3 556	0
江苏省生物材料与器件重点实验室	1	0	17	0	0	75	0	0	0	11	1	0	0	0	0	12	11	0	0	0	0	0	0
生物电子学国家重点实验室	1	3	51	4	0	237	0	239	2	28	12	0	0	0	0	85	104	0	0	0	0	0	0
生物技术与材料实验中心	0	0	0	0	0	0	1	0	1	0	0	0	0	0	0	0	0	45	0	0	0	13 088	0
材料科学与工程学院实验中心	0	0	1	10	0	2	1	8	5	3	20	17	1	2	0	106	78	183	0	675	0	67 800	0
东南大学分析测试中心	1	0	0	3	0	2	1	6	5	3	20	95	0	2	0	78	124	89	0	385	0	40 500	0
江苏省土木工程材料重点实验室	2	2	11	3	0	27	1	47	1	24	32	12	0	2	0	28	56	8	0	208	0	19 600	0
江苏省先进金属材料重点实验室	0	1	24	3	0	30	2	85	0	32	46	22	0	2	0	78	85	16	0	160	0	16 800	0
人文学院实验中心	0	0	0	0	0	2	0	2	0	5	0	0	0	0	0	0	0	2	0	795	0	1 987	0
经济管理学院实验中心	0	0	0	0	0	0	0	0	0	0	0	0	0	0	0	0	0	121	0	1 161	0	20 700	0
电力工程实验中心	0	0	26	16	0	46	0	9	0	4	16	16	0	0	0	3	10	85	0	10 365	0	43 149	0

（续　表）

实验室名称	教师获奖与成果数			学生获奖数	论文和教材数					科研及社会服务情况					毕业设计和论文人数			开放实验					
	国家级	省部级	发明专利		三大检索收录		核心刊物		实验教材	科研项目数		社会服务项目数	教研项目数		专科生人数	本科生人数	研究生人数	实验个数		实验人数		实验人时数	
					教学	科研	教学	科研		省部级以二	其它		省部级以上	校级				校内	校外	校内	校外	校内	校外
RockWell 自动化实验中心	0	1	13	0	0	50	0	10	0	1	7	7	0	0	0	0	0	3	0	318	0	1 272	0
外语学习中心	0	0	0	0	0	0	0	0	0	0	0	0	0	0	0	0	0	1	0	8 000	0	116 083	0
化学化工实验中心	0	2	0	55	3	280	2	24	0	14	18	0	2	3	0	145	360	170	4	1 000	10	80 200	3 600
交通学院实验中心	0	3	10	2	0	19	2	48	0	9	30	10	0	0	0	305	270	23	0	105	120	18 436	2 400
江苏省交通规划与管理重点实验室	0	0	40	0	0	40	2	32	0	10	40	5	0	0	0	90	94	57	0	184	0	360	0
测控技术与仪器实验室	0	0	0	12	2	3	1	3	0	1	1	0	0	1	0	3	4	208	0	110	0	56 000	0
远程测控技术实验室	1	1	16	10	1	23	1	56	0	12	3	0	1	2	0	22	28	10	0	80	0	4 100	0
艺术学院实验中心	3	5	20	20	30	50	20	50	10	5	4	0	0	2	0	90	80	3	0	60	0	2 400	0
模拟法庭	0	0	0	0	0	0	0	0	0	0	0	0	0	0	0	0	0	10	0	581	0	7 280	0
儿童发展与学习科学教育部重点实验室	0	1	2	5	0	40	0	5	0	41	0	2	29	0	0	14	12	100	0	660	0	852	0
基础医学实验教学中心	0	0	0	1	0	12	0	0	1	4	1	0	0	0	0	20	5	16	2	534	4	147 550	456
感染与免疫实验室	0	0	0	1	1	24	3	9	0	14	0	0	0	0	0	8	28	3	0	4	0	0	0
分子病理实验室	0	0	0	0	0	0	0	0	0	0	0	0	0	0	0	0	0	0	0	0	0	0	0
神经生物学实验室	0	0	0	1	0	1	0	0	0	2	2	0	0	1	0	4	5	4	0	34	0	600	0

（续　表）

实验室名称	教师获奖与成果数			学生获奖数	论文和教材数					科研及社会服务情况					毕业设计和论文人数			开放实验					
	国家级	省部级	发明专利		三大检索收录		核心刊物		实验教材	科研项目数		社会服务项目数	教研项目数		专科生人数	本科生人数	研究生人数	实验个数		实验人数		实验人时数	
					教学	科研	教学	科研		省部级以上	其它		省部级以上	校级				校内	校外	校内	校外	校内	校外
心脑血管疾病行为与功能实验室	0	0	0	0	0	0	0	0	0	0	0	0	0	0	0	0	0	0	0	0	0	0	0
发育与疾病相关基因教育部重点实验室	0	0	0	0	0	28	0	0	0	26	1	4	0	0	0	0	26	5	2	5	4	107	16
公共卫生学院实验中心	0	0	0	5	0	0	0	0	0	0	0	0	0	0	0	0	0	55	0	84	0	10 080	0
环境医学工程教育部重点实验室	0	0	2	0	0	94	0	94	0	9	0	0	0	3	0	40	65	44	0	200	0	26 000	0
临床技能训练中心	0	0	0	2	0	0	0	0	0	0	0	1	0	0	0	186	0	1 310	0	996	0	324 600	0
临床医学实验中心	0	0	0	0	0	0	0	0	0	0	0	0	0	0	0	0	0	0	0	0	0	0	0
临床科学研究中心	0	0	0	0	0	0	0	0	0	0	0	0	0	0	0	0	0	0	0	0	0	0	0
江苏省分子影像与功能影像重点实验室	1	1	1	3	0	25	0	2	0	10	0	0	0	0	0	0	31	25	0	120	0	0	0
软件学院实验中心	0	0	0	0	0	0	0	0	0	0	0	0	0	0	0	0	0	20	0	450	0	45 000	0
电工电子实验中心	1	1	0	42	0	2	5	6	2	6	0	0	3	0	0	0	6	93	72	2 200	1 300	401 000	43 000
实验动物中心	0	0	0	0	0	0	1	3	0	0	0	5	0	0	0	0	0	120	16	840	52	38 000	360

2017—2018年度教学科研仪器设备分布情况统计

单位名称	台件数	金额/万元	单价10万元以下		单价10万～40万元		单价40万元以上	
			台件数	金额/万元	台件数	金额/万元	台件数	金额/万元
总计	129 204	292 748.93	125 776	109 383.21	2 375	50 710.46	1 053	132 655.26
建筑学院	3 408	6 366.96	3 321	3 264.78	70	1 753.43	17	1 348.75
机械工程学院	4 912	11 709.07	4 766	5 150.48	104	2 246.04	42	4 312.55
能源与环境学院	7 932	17 099.99	7 714	8 916.11	162	3 344.26	56	4 839.62
信息科学与工程学院	10 559	45 218.52	9 896	11 494.76	409	8 884.15	254	24 839.61
土木工程学院	6 346	11 547.85	6 232	5 275.67	86	1 871.84	28	4 400.34
电子科学与工程学院	4 447	28 837.74	4 174	5 118.98	172	3 727.95	101	19 990.81
数学学院	1 381	884.11	1 378	774.61	2	44	1	65.5
自动化学院	3 541	5 115.43	3 475	2 942.45	48	984.81	18	1 188.17
计算机科学与工程学院	8 737	10 671.01	8 661	5 702.03	56	1 204.54	20	3 764.44
物理学院	4 386	6 499.41	4 328	3 170.68	41	845.28	17	2 483.45
生物科学与医学工程院	6 686	23 538.8	6 366	6 584.54	207	4 627.41	113	12 326.85
材料科学与工程学院	3 683	10 130.22	3 554	3 064.81	89	1 916.67	40	5 148.74
电工电子实验中心	6 131	2 313.55	6 128	2 129.69	2	28.69	1	155.17
经济管理学院	2 670	2 059.67	2 662	1 909.98	8	149.69	0	0
电气工程学院	3 512	6 698.39	3 419	3 423.49	74	1 464.23	19	1 810.67
外国语学院	2 623	1 417.74	2 614	1 207.37	8	167.75	1	42.62

（续　表）

单位名称	台件数	金额/万元	单价 10 万元以下		单价 10 万～40 万元		单价 40 万元以上	
			台件数	金额/万元	台件数	金额/万元	台件数	金额/万元
体育系	1 082	715.33	1 077	626.82	5	88.51	0	0
化学化工学院	4 226	12 538.56	4 092	3 490.07	88	1 762.50	46	7 285.99
交通学院	7 672	12 557.25	7 544	6 692.30	98	2 033.23	30	3 831.72
仪器科学与工程学院	3 984	6 927.29	3 892	4 034.18	78	1 515.18	14	1 377.93
人文学院	171	122.27	171	122.27	0	0	0	0
法学院	360	268.56	358	232.08	2	36.48	0	0
艺术学院	382	475.83	377	292.86	3	80.21	2	102.76
马克思主义学院	288	138.33	288	138.33	0	0	0	0
东南大学网络空间安全	892	2 180.97	849	1 099.07	38	793.9	5	288
继续教育学院	522	627.76	515	420.18	5	84.25	2	123.33
教育技术中心(电教)	5 819	5 477.02	5 771	3 750.60	37	731.61	11	994.81
网络与信息中心	4 081	10 003.81	3 922	2 413.76	102	2 304.41	57	5 285.64
建筑研究所	246	245.85	246	245.85	0	0	0	0
无锡分校	1 206	891.39	1 199	706.65	6	143.86	1	40.88
无锡分校 ASIC 工程中心	318	956.04	300	178.60	12	273.96	6	503.48
南京通信技术研究院	114	631.9	100	134.55	8	109.01	6	388.34
城市工程科学技术研究院	742	3 131.8	703	824.81	27	608.91	12	1 698.08
东大图书馆	1 507	3 105.62	1 453	1 135.17	42	824.47	12	1 145.98
工业培训中心	1 676	2 687.97	1 636	1 506.01	36	788.32	4	393.64

(续　表)

单位名称	台件数	金额/万元	单价 10 万元以下		单价 10 万～40 万元		单价 40 万元以上	
			台件数	金额/万元	台件数	金额/万元	台件数	金额/万元
软件学院	1 010	666.35	1 007	607.11	3	59.24	0	0
AMS 实验室	410	552.25	405	420.14	4	77.41	1	54.7
吴健雄学院	216	120.03	216	120.03	0	0	0	0
集成电路学院	408	257.65	407	224.86	1	32.79	0	0
生命科学研究院	1 910	5 365.72	1 844	2 073.5	46	1 043.21	20	2 249.01
东大蒙大苏州联合研究院	70	32.45	70	32.45	0	0	0	0
医学院	7 048	28 241.25	6 804	6 111.81	159	3 259.97	85	18 869.47
公共卫生学院	1 684	3 508.56	1 640	1 535.26	34	756.59	10	1 216.71
其他教学部门	206	212.66	202	83.46	3	41.7	1	87.5

财务审计工作

财务工作

一、财务收支情况及分析

（一）财务收支总况

2018 年我校总收入和总支出与上年相比有较大幅度增长，其中收入 457 509.05 万元，比上年增加 58 562.12 万元，增长 14.68%；支出 417 969.19 万元，比上年增加 71 037.18 万元，增加 20.48%。

（二）收入情况及分析

东南大学 2017—2018 年收入构成情况分析表

项目	2017 年/万元	2018 年/万元	占总收入比重/%	增减额/%	增减百分比/%
(一) 财政补助收入	196 292.37	208 951.99	45.67	12 659.62	6.45
1. 教育补助收入	183 754.77	196 197.22	42.88	12 442.45	6.77
(1) 基本支出	107 274.46	111 577.48	24.39	4 303.02	4.01
(2) 项目支出	76 480.31	84 619.74	18.50	8 139.43	10.64
2. 科研补助收入	3 893.07	4 030.07	0.88	137.00	3.52
(1) 基本支出	1 258.07	1 285.07	0.28	27.00	2.15
(2) 项目支出	2 635.00	2 745.00	0.60	110.00	4.17
3. 其他补助收入	8 644.54	8 724.7	1.91	80.16	0.93
(1) 基本支出	8 581.20	8 702.2	1.90	121.00	1.41

（续　表）

项目	2017 年/万元	2018 年/万元	占总收入比重/%	增减额/%	增减百分比/%
(2) 项目支出	63.34	22.5	0.01	−40.84	−64.48
(二) 事业收入	158 235.73	174 338.17	38.11	16 102.44	10.18
1. 教育事业收入	36 146.83	38 749.09	8.47	2 602.26	7.20
2. 科研事业收入	122 088.91	135 589.08	29.64	13 500.17	11.06
(三) 上级补助收入					
(四) 附属单位上缴收入					
(五) 经营收入					
(六) 其他收入	44 418.82	74 218.89	16.22	29 800.07	67.09
合计	398 946.93	457 509.05	100.00	58 562.12	14.68

2018 年我校总收入 457 509.05 万元，其中：教育补助收入 196 197.22 万元，占总收入的 42.88%，事业收入 174 338.17 万元，占总收入的 38.11%，两项收入合计占总收入的 80.99%，是收入的主要来源。

（三）支出情况及分析

东南大学 2017—2018 年支出构成情况分析表

项目	2017 年/万元	2018 年/万元	增减额/万元	增减百分比/%
一、工资福利支出	75 619.08	132 823.43	57 204.35	75.65
其中：1. 基本工资	19 103.88	22 424.21	3 320.33	17.38
2. 津贴补贴	4 398.33	19 260.86	14 862.53	337.91
3. 伙食补助费	187.27	182.94	−4.33	−2.31
4. 绩效工资		48 408.82	48 408.82	
5. 机关事业单位基本养老缴费	7 052.74	8 953.23	1 900.49	26.95
6. 职业年金缴费	2 819.52	3 577.6	758.08	26.89
7. 其他社会保障缴费	1 158.56	328.95	−829.61	−71.61
8. 医疗费		1 841.21	1 841.21	
9. 住房公积金		6310.03	6 310.03	
10. 其他工资福利支出	40 898.78	21 535.58	−19 363.20	−47.34
二、商品和服务支出	124 969.05	145 199.72	20 230.67	16.19
其中：1. 办公费	2 205.82	2 317.07	111.25	5.04
2. 印刷费	5 584.05	5 830.83	246.78	4.42

（续　表）

项目	2017 年/万元	2018 年/万元	增减额/万元	增减百分比/%
3. 水电费	6 028.00	7 052.82	1 024.82	17.00
4. 差旅费	11 761.47	10 443.92	−1 317.55	−11.2
5. 因公出国(境)	97.76	4 178.20	4 080.44	4 173.94
6. 劳务费	15 792.16	17 365.57	1 573.41	9.96
7. 会议费	954.23	737.75	−216.48	−22.69
8. 专用材料费	16 951.65	19 017.38	2 065.73	12.19
9. 委托业务费	20 203.91	25 136.8	4 932.89	24.42
10. 维修费	7 987.49	10 060.53	2 073.04	25.95
11. 其他商品和服务支出	29 347.49	30 610.43	1 262.94	4.30
三、对个人和家庭补助支出	105 127.19	89 256.61	−15 870.58	−15.10
其中:1. 离休费	2 266.83	2 395.89	129.06	5.69
2. 退休费	40 047.69	38 282.72	−1 764.97	−4.41
3. 抚恤金	688.33	779.58	91.25	13.26
4. 生活补助	84.61	92.40	7.79	9.21
5. 医疗费	5 008.61	4 792.77	−215.84	−4.31
6. 住房改革支出	18 292.26	0	−18 292.26	
7. 助学金	36 939.16	41 299.15	4 359.99	11.80
8. 其他对个人和家庭的补助支出	1 799.68	1 614.1	−185.58	−10.31
四、基本建设支出	6 150.46	14 048.00	7 897.54	128.41
其中:1. 房屋建筑物购建	6 150.46	14 048.00	7 897.54	128.41
五、其他资本性支出	35 066.24	36 641.43	1 575.19	4.49
其中:1. 房屋建筑物购建		4 265.56	4 265.56	
2. 办公设备购置费	1 326.93	648.52	−678.41	−51.13
3. 专用设备购置费	29 621.49	29 971.56	350.07	1.18
4. 大型修缮	1 822.71		−1 822.71	
5. 信息网络及网络软件购置更新		270.00	270.00	
6. 文物与陈列品购置		9.80	9.80	
7. 其他资本性支出	2 295.12	1 475.99	−819.13	−35.69
合计	346 932.01	417 969.19	71 037.18	20.48

注:根据财预【2017】98 号,2018 年 1 月 1 日起学校正式全面实施《支出经济分类科目改革方案》(以下简称《方案》),该《方案》对部门经济分类科目核算内容进行了适当调整。如:有劳动合同的在岗人员,包括在职职工、长期聘用人员的人员经费全部在“301 工资福利支出”科目中记录,不在岗人员(包括学生、离退休人员)经费全部在“303 对

个人和家庭的补助科目"中记录。主要涉及但不限于以下支出项目:住房改革支出(逐月住房补贴、公积金)、医疗费、其他工资福利支出等。根据2017年决算口径,在职人员的住房改革性支出(住房公积金、提租补贴、购房补贴)以及在职人员的医疗费均归入"对个人和家庭的补助"科目,2018年决算口径则将在职人员的住房改革性支出、在职人员的医疗费归入"工资福利支出"科目。如上表所示:2018年津贴补贴支出数较上年增加14 862.53万元,主要构成为在职人员逐月住房补贴13 516.88万元,反映在2017年住房改革支出科目下;2017年绩效工资改革尚处入轨阶段,学校执行发放的校内岗位绩效列入了其他工资福利支出科目,2018年都列入了绩效工资科目中;2018年其他社会保障缴费支出较上年减少829.61万元,原因是规范支出科目,长期聘用人员社保支出全部反映在其他工资福利支出中。

2018年支出417 969.19万元,比上年346 932.01万元增加了71 037.18万元,涨幅20.48%。其中,工资福利支出132 823.43万元,较上年75 619.08万元增加57 204.35万元,增幅75.65%,主要原因为前文所述的核算口径变化,即在职人员2017年度"对个人和家庭补助支出"科目中的住房改革支出,2018年反映在"工资福利支出"科目中的津贴补贴和住房公积金中,在职人员的医疗费由2017年归入"对个人和家庭的补助"科目变为2018年归入"工资福利支出"科目;商品和服务支出145 199.72万元,较上年124 969.05万元,增加20 230.67万元,增幅16.19%;对个人和家庭补助支出89 256.61万元,较上年105 127.19万元减少15 870.58万元,减少15.10%;基本建设支出14 048.00万元,较上年6 150.46万元增加7 897.54万元,增幅128.41%;其他资本性支出增至36 641.43万元,增加1 575.19万元,增幅为4.49%。

二、2018年末财务状况分析

东南大学2017—2018年财务状况分析表

项目	2017年/万元	2018年/万元	增减额/万元	增减百分比/%
流动资产:				
货币资金	638 022.56	697 433.04	59 410.48	9.31
财政应返还额度	1 866.77	3 029.86	1 163.09	62.31
应收账款	1 092.79	551.22	−541.57	−49.56
预付账款	6 514.30	7 696.50	1 182.20	18.15
其他应收款	4 245.12	2 882.04	−1 363.08	−32.11
存货	466.64	366.05	−100.59	−21.56
其他流动资产	32.48	12.82	−19.66	−60.52
流动资产合计	652 240.66	711 971.54	59 730.88	9.16
非流动资产:				
长期投资	21 886.09	17 570.09	−4 316.00	−19.72
固定资产	593 051.99	718 196.94	125 144.95	21.10
固定资产原价	593 051.99	718 196.94	125 144.95	21.10
在建工程	34 807.69	52 585.09	17 777.40	51.07
无形资产		11 592.61	11 592.61	
无形资产原价		11 592.61	11 592.61	
非流动资产合计	649 745.73	799 944.73	150 199.00	23.12
资产总计	1 301 986.40	1 511 916.26	209 929.86	16.12
流动负债:				

（续　表）

项目	2017 年/万元	2018 年/万元	增减额/万元	增减百分比/%
应缴税费	3 768.13	2 565.32	−1 202.81	−31.92
应付职工薪酬	36 980.78	53 084.51	16 103.73	43.55
应付账款	464.05	613.62	149.57	32.23
预收账款	11 047.05	5 951.79	−5 095.26	−46.12
其他应付款	42 355.58	30 443.10	−11 912.48	−28.12
其他流动负债	8.58	7.51	−1.07	−12.47
流动负债合计	94 624.18	92 665.84	−1 958.34	−2.07
非流动负债：				
代管款项	7 305.81	2 595.83	−4 709.98	−64.47
非流动负债合计	7 305.81	2 595.83	−4 709.98	−64.47
负债合计	101 929.99	95 261.67	−6 668.32	−6.54
净资产：				
事业基金	286 121.30	322 423.20	36 301.90	12.69
非流动资产基金	649 745.73	799 944.73	150 199.00	23.12
长期投资	21 886.09	17 570.09	−4 316.00	−19.72
固定资产	593 051.99	718 196.94	125 144.95	21.10
在建工程	34 807.65	52 585.09	17 777.44	51.07
无形资产		11 592.61	11 592.61	
专用基金	4 545.56	4 953.19	407.63	8.97
住房基金	4 304.04	4 711.67	407.63	9.47
留本基金	241.52	241.52		
财政补助结转	4 673.28	4 814.95	141.67	3.03
财政补助结余	2 344.72	4 114.18	1 769.46	75.47
非财政补助结转	252 625.81	280 404.34	27 778.53	11.00
净资产合计	1 200 056.41	1 416 654.59	216 598.18	18.05
负债和净资产总计	1 301 986.40	1 511 916.26	209 929.86	16.12

2018 年末资产合计 1 511 916.26 万元，比上年 1 301 986.40 万元增加 209 929.86 万元，增长 16.12%。其中：流动资产 711 971.54 万元，比上年 652 240.66 万元增加 59 730.88 万元，增长 9.16%；固定资产 718 196.94 万元，比上年增加 125 144.95 万元，增长 21.10%；在建工程 52 585.09 万元，比年初增加 17 777.40 万元，增幅 51.07%；2018 年长期股权投资减少 4 316.00 万元。

2018 年末负债合计 95 261.67 万元，比上年 101 929.99 万元减少 6 668.32 万元，减

少 6.54%。负债类变化的主要原因是由于 2019 年 1 月 1 日起高校将全面实施新的政府会计制度,为顺利完成新旧制度的衔接工作,2018 年我校继续推进代管款项清理工作,代管款项比上年减少 4 709.98 万元,同时 2018 年学校加强往来款项管理,财务处成立专项工作小组全面清理往年应付款项、预收款项,重点清理账龄 3 年以上的事项,催促并协助相关部门及老师及时办理款项入账,预收账款比上年末减少 5095.26 万元,其他应付款比上年末减少 11 912.48 万元。应付职工薪酬 53 084.51 万元,比上年末增加 16 103.73 万元,增幅 43.55%。依照《财政部关于机关事业单位实施养老保险制度改革有关预算管理问题的通知》(财预〔2016〕36 号文件)要求,将所预提的由单位承担部分的基本养老金和职业年金计入应付职工薪酬;年末应付职工薪酬余额包含:在编人员基本养老保险 37 739.70 万元和在编人员职业年金 15 344.81 万元。

2018 年末净资产合计 1 416 654.59 万元,比上年 1 200 056.41 万元增加 216 598.18 万元,增长 18.05%。事业基金本年增加 36 301.90 万元,扣除原后勤集团并表减少 451.47 万元,实际增加 36 753.37 万元,其中本年一般基金增加 31 886.61 万元,项目管理费及间接费增加 4 866.76 万元,主要原因是科研项目结题结账以及学校收支差。非流动资产基金年末数为 799 944.73 万元,比年初增加 150 199.00 万元,增加 23.12%。专用基金中住房基金年初数为 4 304.04 万元,年末数为 4 711.67 万元,增加 407.63 万元,主要为 2018 年收取的维修基金。财政补助结转年初为 4 673.28 万元,年末为 4 814.95 万元,增加 141.67 万元,增幅 3.03%。非财政补助结转本年增加 27 778.53 万元,增幅 11.00%;主要是未完成科研项目累计收支差额增加,其中,中央级经费结转增加 4 671.75 万元,其他科研事业结转增加 22 332.05 万元。

三、2018 年财务工作总结

2018 年,财务工作在学校党政的领导下,以习近平新时代中国特色社会主义思想和党的十九大精神为指导,积极对接国家战略,适应改革要求,进一步增强责任感、紧迫感,立足学校发展,紧密围绕学校“双一流”建设目标,落实学校“十三五发展规划”和综合改革任务,深入贯彻教育思想大讨论和年度中心工作任务,持续深化推进“放管服”改革工作,不断提高财务服务水平和管理效益,为学校争创一流做好保障,助推学校各项事业快速健康发展。

(一)坚持科学规范理财、加大预算统筹力度、盘活用好存量资金、积极筹措各类经费、强化规范财务管理,为学校发展与改善民生提供财力保障

在国家财政收入趋紧的形势下,财务处通过落实好国家各项改革工作要求,不断规范财务管理行为,严肃财经纪律,强化预算管理,加大预算统筹力度,推进绩效评价,改进预算下达方式,加快预算执行进度,盘活存量资金,规范收支行为,确保资金管理安全,积极争取财政资金投入,及时清理学费等各类欠费,努力降低税负,完善内部补偿机制,在政策允许范围内科学理财,持续优化财务服务,提高资金使用效益等工作,为学校各项事业发展和改善民生提供财力保障。

（二）组织开展学生财务助理培训和上岗工作，构建财务与教师的交流平台，落实财务精准服务

为深入推进“放管服”工作，进一步加强学校财务管理，提高经费使用效率，学校财务坚持“促发展、控风险、强服务”的工作思路，以促发展为出发点和落脚点，坚持以效果为导向的财务服务质量建设，努力推进财务管理标准化、规范化建设，落实精准服务，构建信息对称和互信，不断提升财务帮助师生处理复杂问题的能力。在财务报销服务方面，专门设立学生财务助理岗位，架起财务人员与老师之间的桥梁。2018 年财务处已组织两批次学生财务助理培训和考核上岗工作，全校近千名在校生报名参加学生财务助理培训，其中 580 名同学通过考核取得合格证书，目前已有 485 名同学取得了“学生财务助理聘书”正式上岗工作，为科研人员提供专业的财务管理服务，把科研人员从繁琐的财务工作中解放出来，潜心科学研究。财务处为学生财务助理提供规范化、常态化的培训服务，并组建学生财务助理微信服务群，在线答疑解决财务业务问题，构建了一个服务科研人员和学生财务助理的交流平台。当前，财务已完成自助投单机的采购工作，后期将全面启用。学生财务助理审核完预约单后有权限使用自助投单机，解决了报销的地域问题，减少报销环节，节约了时间。

（三）多渠道、多手段加强财务信息公开，丰富财务与师生信息交流的平台，着力解决双方信息不对称现象

学校财务努力构建新常态下信息化服务机制，提高工作透明度。自推出“东大财务”微信公众号后，持续优化改进，通过新媒体途径及时准确地将工作流程、财经政策、报销规则、查询信息、科研管理实时动态等信息第一时间推送给师生员工，做到服务人员和服务受众的信息完全共享，使教职工能根据第一手的信息进行其科研教学项目的相关工作，节约时间，提高工作效率。充分利用移动媒体的互动功能，更好地听取师生对财务工作的意见建议，增强财务工作的针对性和时效性。公众号从建立至今，共推送信息 76 条，发布各种政策公告、业务流程等 84 篇，关注人数达到 15 000 人；财务优化改版“财务处网页”，优化功能设置，方便操作使用；整合了业务服务指南、工作业务流程，纸质与电子版均及时公开，改进“网上预约报销系统”中嵌入规则等内容；有针对性举办了若干场政策宣讲会，下院系讲解新近出台的财经政策，为师生现场答疑解惑，做好政策宣传工作；编辑《东南大学财经法规制度汇编》（第十六辑）分发至各部门，并将电子版在财务处网页公开，方便查询。

（四）持续深化推进“放管服”改革工作，不断改进工作方式方法，适时进行政策调整，在调整中体现服务，在管理中突出保障，提高管理和服务的针对性

除上述推进学生财务助理、优化“东大财务”微信公众号等加大信息公开力度工作之外，为进一步提高财务服务质量，方便全校师生办理财务相关业务，在人员编制严重不足、业务骨干严重缺乏和业务管理复杂的情况下，财务处克服重重困难，在今年九月份实现了两校区财务业务的全面开展，极大地方便了九龙湖校区的广大师生，解决了师生跨校区办理财务业务的奔波之苦；财务改变工作思路和方式，服务重心前移，倡导落实有温

度的服务,建立完善财务会审和预审机制,发布了《关于建立财务报销会审机制的管理规定》(校财字〔2018〕11 号)、《财务处关于开展会议费核算预审服务工作的通知》(校财字〔2018〕12 号)。通过流程再造,将部分审核工作前置,提高处理复杂问题的能力,力争财务报销问题一次性发现、一次性解决,提高服务质量;财务深入推进放权和加强管理工作,促进放、管、服的有机结合,2018 年出台的政策主要包括:《关于简化业务接待费报销手续、调整公务出行费用报销相关管理规定的通知》(校财字〔2018〕10 号)、《关于调整因公出差乘坐交通工具等级的通知》(校发〔2018〕262 号)、《东南大学中央高校建设世界一流大学(学科)和特色发展引导专项资金管理办法(暂行)》(校发〔2018〕166 号)、《东南大学教育教学改革专项资金管理办法(暂行)》(校发〔2018〕236 号)等。

(五) 落实财政部、教育部要求,积极组织开展政府会计制度改革工作,重构政府会计核算模式,为进一步提升财务治理能力、促进业财融合打下坚实的基础

新的政府会计制度将于 2019 年 1 月 1 日起正式实施,在此之前有一系列重要的基础准备工作需要认真落实,涉及的部门多、人员多、业务类型多、工作量大、工作复杂程度高、影响重大。为此,财务成立专门的跨科室的专项工作小组,由专人负责牵头组织实施,制定了工作方案,明确职责任务分工和任务期限,协调其他部处工作,抽调骨干人员分批次参加教育部、会计学会、软件公司等组织的政府会计制度和软件升级培训,积极调研学习兄弟院校的经验做法,多次召开推进会、协调会,做好相应的财务系统升级,新科目项目设置及转换,梳理资产账、往来账,厘清财务会计和预算会计的核算边界,确定新的核算方法、系统测试、账务处理测试、财务人员培训等基层工作,为顺利完成转换工作做好了准备,也为后续融入管理会计和成本会计理念,进一步提升我校财务管理水平和效益打下了坚实的基础。

审计工作

2018 年审计处认真学习贯彻党的十九大精神和习近平总书记在中央审计委员会第一次会议讲话精神,紧紧围绕学校的中心工作,按照《审计署关于内部审计工作的规定》(2018 年审计署第 11 号令)文件要求,依法履行审计职责,加大审计工作力度,创新审计工作方式,提高审计工作效益,切实维护学校经济秩序和促进廉政建设,充分发挥学校内部审计"免疫系统"功能作用,审计工作取得了显著成效。

一、财务审计方面

2018 年共计完成各类财务审计项目 34 项,审计涉及金额 264.04 亿元,提交审计报告 35 篇,提出审计意见 22 条。

1. 经济责任审计

根据年初经济责任审计联席会会议决定,本着"应审尽审、凡审必严、严肃问责"的原

则，合理安排经济责任审计工作，确保审计质量。2018 年完成 8 名中层领导干部经济责任审计，审计金额 26 606.27 万元，出具审计报告 8 份，提出审计建议 9 条。

2. 同级财务预算执行和决算审计

重点关注预算管理的规范性、合理性以及控制机制的有效性等事项，加大对预算执行绩效的审计。完成东南大学 2015—2016 年度和 2017 年度财务预算执行情况和决算审计，审计资金总额 2 570 152.40 万元，提交审计报告 2 篇，提出审计建议 8 条。

3. 专项审计调查

对 14 个江苏省优势学科专项资金开展二期结项审计，审计金额 42 160 万元，提交汇总审计报告 1 篇，针对审计发现的问题，积极与学校研究生院、学科项目相关院系、财务处等部门沟通、协调，从项目实施的科学性、实效性、合规性等方面提出建议，确保项目验收顺利通过。

对专项经费资助专著出版进行审计，审计资金总额 1 218 万元，提交审计报告 1 篇，提出审计建议 5 条。

4. 财务收支审计

完成中国勘察设计协会高等院校勘察设计分会、金属工艺研究会、信息学院等院系科研项目验收财务收支审计项目等 9 项，审计金额 309.44 万元，出具审计报告 9 篇。

二、工程审计方面

2018 年共完成工程项目竣工结算审计 408 项，送审金额 36 977.37 万元，核减 2 480.48 万元，核减率 6.71%。其中：

1. 基本建设项目 20 项，送审金额 33 168.43 万元，核减 2 344.86 万元，核减率 7.07%；

2. 修缮工程项目 388 项，送审金额 3 808.94 万元，核减 135.62 万元，核减率 3.56%。

三、强化审签制度，加强审计监督

1. 审签各类科研基金项目 122 项，总经费 2 336.33 万元；

2. 对全校各单位固定资产报废、报损进行审签，全年共审签固定资产报废、报损 4 156 台(件)，总金额 4 945.77 万元。

四、强化审计成效，着力抓好审计结果整改落实

始终树立内部审计重在治本的理念，着力抓好审计结果整改落实。审计报告上报被审计单位分管校领导阅示，增强审计成果落实力度；对审计发现问题较多的单位下达“管理建议书”；通过“审计结果执行情况调查表”和“督办书”，对审计建议落实及时进行协调，对落实过程中出现的难点问题，提出切实可行的办法，促使审计建议落实整改到位。

对 2017 年下达的审计建议进行了跟踪检查,全部得到有效整改。

五、加强队伍建设,切实提高审计人员专业能力

加强学习,不断提高审计人员的业务素质和专业化水平。把加强对审计人员教育培训作为一种制度,将审计法规和制度学习纳入日常的工作安排。改革学习方式,坚持集中学习和个人自学相结合,坚持理论学习和解决实际问题相结合,坚持校内学习和专业培训相结合,坚持业务实践和出外调研相结合。今年参加培训 15 人次,到部属高校调研 10 次,形成调研报告 10 篇。

六、加强内部管理,切实提高服务质量

根据国家有关法规和上级文件精神,结合学校的实际情况,制定并实施《东南大学重点修缮工程项目审计实施细则(试行)》等审计规章制度,规范审计程序、促进内部管理、保证工作效率。制定了《东南大学审计处提升师生服务质量整改方案》,公布审计各校区相关办公室电话号码,设置统一接收审计电子资料的邮箱,做到"让数据多跑腿,让老师少跑路";对于送审项目,做到"首接负责制";优化审计流程;更新了审计处网页,方便师生查询相关业务流程和审计咨询服务。

审计处

2019 年 4 月 12 日

继续教育

综　述

2018 年是继续教育学院转型发展的关键年，在学校党政的正确领导下，在相关职能部处和兄弟院系的大力支持下，学院大力推进非学历继续教育培训工作，全面做好学历继续教育收尾工作，学院各方面均取得了突出的成绩。

1. 继续深入学习宣传贯彻十九大精神，把学习宣传贯彻党的十九大精神作为 2018 年的首要政治任务，分别组织院党委理论学习中心组、党支部书记和在职党员学习习近平同志的重要讲话、全国人大相关会议精神和各类重要文件等；学习《新时代高校教师职业行为十项准则》《教育部关于高校教师师德失范行为处理的指导意见》；组织参观"新四军苏浙军区纪念馆"(浙江长兴)，开展"重温红色历史、传承革命精神"主题党日活动、观看纪录片《厉害了我的国》、参观"筑梦伟大时代，共创美好生活"江苏省庆祝改革开放四十周年图片展，参加庆祝改革开放四十周年暨迎新健步走等活动。

2. 完成"十三五"事业发展规划纲要中期检查。按照"时间过半任务过半"的要求，对照学院"十三五"事业发展规划纲要确定的目标和任务开展了中期检查并形成相应报告。

3. 完成高校继续教育发展年度报告。按照《教育部办公厅关于开展高等学校继续教育发展年度报告工作的通知》(教职成厅函〔2018〕15 号)要求，对学校继续教育办学定位与管理体制、学历继续教育办学情况、非学历继续教育发展情况、社会贡献与改革创新情况、问题与对策建议五个部分进行了全面总结与认真思考，对存在的问题进行了客观分析，并提出了相应的对策与建议，形成年度报告按规定报送江苏省教育厅和教育部。

4. 完成东南大学网络教育办学情况自查自评报告。按照《教育部办公厅关于开展现代远程教育试点高校网络教育办学情况自查自评工作的通知》(教职成厅函〔2018〕48 号)要求，学院对照十个自查要点和总体要求开展了自查自评，形成自查报告，经校党委常委会讨论通过报送教育部。

5. 学历继续教育工作稳定收尾。根据学校校长办公会决定,东南大学 2019 年秋全面停止学历继续教育招生工作。学院领导班子坚决服从学校的决定,团结一致、精心谋划,提前预判,做好应对。2018 年成人教育和远程教育毕业生共计 3 965 人,学位获得者 550 人。

6. 2018 年学院共举办 103 个培训班,年增长率近 8%,培训人数 7 899 人,年增长率近 2%;培训收入 1 406 万元,年增长率 18.6%;校内其他办班单位共举办各类培训 248 班次,培训 66 091 人,培训收入 892.1 万元。

7. 2018 年 11 月 22 日,由我院牵头筹备的东南大学与中国建设银行江苏省分行合作办学举行了签约仪式,双方将以合作办学为切入点,搭建好银校合作的优质资源平台,打造国内独具特色的经济金融领域的职业教育联盟,在产学研一体化、智库开发、实习就业、社会服务、文化传承等众多领域开展深度合作,共建师资、共配课程、共享智库、共育良才。

8. 我院承担的江苏省重点课题"拓宽社会成员终身学习通道的研究"通过验收并顺利结题,其研究成果以论文形式发表于国家级核心期刊《继续教育》;在全国高校现代远程教育协作组等主办的"中国高校远程与继续教育优秀案例库"评选中,我院报送的 2 个案例均获优秀案例奖并入选案例库。顺利完成中组部委托的关于我校干部教育培训的调查报告;我院申报课题"高校干部教育培训的发展路径研究"获中国高等教育学会继续教育分会批准立项。

9. 完成学院用车服务资格入围采购工作。学院成立了用车服务资格入围采购工作小组,通过严格的采购程序,确定了 2 家入围单位和 1 家候选单位,圆满完成学院用车服务资格入围采购工作。同时出台并实施《东南大学继续教育学院培训用车管理办法》。

10. 召开了东南大学继续教育 2018 年工作会议,全面总结了 2017—2018 年远程与成人教育工作,表彰和奖励了 2018 年度优秀校外学习中心及优秀教学管理员;提出了 2019 年工作目标与要求,研究了学历继续教育的教学与管理,探讨了非学历继续教育的合作等问题。

11. 学院荣获"江苏省成人教育改革发展 40 周年 40 佳社教单位"称号;周宁平同志荣获江苏省成人教育突出贡献奖;根据《省教育厅关于公布 2017 年江苏省高等学校微课教学比赛获奖名单的通知》(苏教高函〔2018〕20 号),学院推荐的 10 门微课全部获奖,共获得 4 个一等奖、1 个二等奖和 5 个三等奖。根据《省教育厅办公室关于公布中小学教师培训网络课程资源征集结果的通知》(苏教办师函〔2018〕13 号),由我院组织打造的张赛娟老师的"礼仪形象学"入选优秀课程资源。

12. 成立东南大学继续教育学院校友工作委员会,全面指导学院各类型校友工作;协助成立东南大学校友总会职教师资校友联谊会和南京、常州、镇江、上海、苏州、无锡分会。

2018 年远程教育专业设置一览表

类别	专业名称	学历层次
远程教育	护理学	专科起点本科

2018 年远程教育学生人数统计表

（单位:人）

类型	毕业生数		学位授予	招生数	在校生数
	春季	秋季			
高起专	318	26	/	/	344
专升本	758	442	226	509	1 200
合计	1 076	468	226	509	1 544

2018 年成人教育专业设置一览表

类别	学历层次	专业名称
业余	专升本	护理学
		医学检验
函授	专升本	土木工程
		工商管理
		电气工程及其自动化

2018 年成人教育学生人数统计表

（单位：人）

类型	毕业生数				学位授予数			招生数				在校生数			
	合计	专升本	本科	专科	合计	专升本	本科	合计	专升本	本科	专科	合计	专升本	本科	专科
函授	1 395	1 395	0	0	67	67	0	0	0	0	0	608	467	141	0
业余	1 026	1 026	0	0	324	324	0	0	0	0	0	1 402	1 402	0	0
总计	2 421	2 421	0	0	391	391	0	0	0	0	0	2 010	1 869	141	0

2018 年远程教育高起专毕业生名单（春季）

护理

吕婉菱　夏荷春　沈　委　薛文静　倪梦轩　张春艳　唐密密　方　芳　于　杨
张　翌　陆　丽　朱　蕾　孙小红　高　畅　王翊菡　王　利　罗　倩　孙晓凤
王　敏　章锦梅　陈　莉　马　研　王　雨　文婷婷　曾　姗　吴珊珊　邓雪莲
杨胜利　周　凤　徐蒙蒙　曹倩倩　黄婧宇　孙梦君　张　玥　张国玲　鲍　静
陈雅慧　张海敏　刘思雨　李　婷　冯迎弟　杜　伟　朱　影　于梦颖　张文婷
仲　英　杨　澜　项　苗　项银月　胡雅萍　刘春利　章华利　王兰兰　邱增焕
陈振渊　唐宇峰　沙田子　李　容　杨　琪　徐雯雯　干洪玉　尤梦媛　徐　萌
张　露　郑雅萍　李　楠　杨晓俊　姜　欢　石　洁　张　荣　李　哲　刘　圆
杨　萍　张　童　徐婷婷　时馨雨　姚　川　贾芬芳　靳海瑞　孙梦雪　何　红
赵璐璐　张　瑶　刘　静　夏海月　章琪欣　王　雅　张美容　乙　益　蒋　玮
张佳佳　陆梦云　花颖婕　张　悦　丁　莹　任丹丹　王　娜　徐小甜　武晶晶
武莹莹　朱品竹　李红芳　宋　静　马东霞　朱春节　柳永妍　王　俊　张桂琴
张宝玲　仲苏雅　卢杉杉　卢佳佳　胡可可　陈芳芳　卜　晨　朱　珠　邱亚萍
秦元芹　刘　影　刘　肖　李小楠　秦寒馨　吕瑶瑶　高慧慧　曹　俊　王立坚
谢程尘　陈　琰　包芝婷　谈月莹　储　萍　呙思敏　邵洁茹　王凯悦　余旭丹
王　芳　沈丽佳　许　菁　杨　伟　黄　慧　王　茜　张雨蒙　吴颖涵　王　荣
汪雪芸　朱　莹　王晶雨　冯以娟　陈　晨　王馨怡　张　萱　诸莹倩　李菊琴
张　磊　刘　盼　郑　彤　余菁菁　王佳雯　朱佳嘉　汤凯玉　丁　婷　童甜甜
周红丽　高月红　余　佩　刘　菲　朱晓曼　强文贤　祁　智　王　洋　王瑶佳
纪丽萍　陈　云　李中珊　王　丽　郑　陶　仲　笛　奚卫军　袁　虔　罗　雯

武　玲　徐嘉嘉　黄　慧　仲佳莹　崔　倩　吴盼盼　王彦生　周　娇　刘婧娴
夏秋月　沈　洁　吴守霞　祁苗苗　郭敬玉　朱思雅　周　群　何　震　徐　雯

机电一体化技术

王志明　张立峰　王　丹　李怀志　章　伟　顾　琤　江姗姗　孙伟光　叶宗阳
吴华瑞　邹小进　杨　威　井瑞瑶　刘露露　戴　振　孙　强　刘先睿　武　庄
熊　胤

建筑工程管理

任金山　夏友国　孙怀婷　李海波　丁林峰　张海燕　姜志雄　郭　翔　许哨明
陆　天　吴伟峰　钟丽君　姜丽东　孙晨翔　杨秀娥　徐文迪　张远捷　闵社红
倪国新　吕毅阳　胡莉慧　曹依萍　范建荣　邵强林　王丽君　谢惠贞　刘晓霞
何肇荣　朱春华　陈　芳　詹红光　王春华　赵俊凯　钟成博　龙仁伟　舒站平
陈海航　陈群君　范晨欣　叶铁军　王　珍　陈小玲　傅道义　张金如　王　栋
王晓峰　毛　威　陈郁忠　冯　伟　林上安　吴海华　陆鹏超　叶俊恒　何洪亮
王莉敏　方秋平　周伟林　徐显苗　洪　岩　俞向亮　吴立成　蒋建伟　柳　斌
胡　炜　张　庆　叶建红　姚俊夫　吴爱芳　施佳莉　杨罕城　金春明　徐　婷
宋志康　应洪蒋　楼高峰　盛跃勤　吕宏巍　施歆智　洪建武　黄少伟　曹小露
顾　琴　杜艳艳　秦韩云　严循忠　郭建中　张文娜　辛伟玲　赵　坚　赵　健
卜丽娜　胡建升　柳关兴　钟　旻　陈　剑　孙佰明　陆继华　糜　阳　郭森磊
赵　敏　余　浩

2018 年远程教育专升本毕业生名单(春季)

电气工程及其自动化

谢小华　何　成　韦　柳　杨如聪　詹源宏　张　健　庞海波　林丽丽　庞　龙
张志飞　陈安海　王国良　谭素美　苏时华　林　枫　梁德源　陈宗华　闭永秀
陈　露　回东坡　钟　娇　邓文秀　黄春苗　刘鹏程　韦　明　邓　利　李　冰
王　静　郎　杰　黄松堂　孔贵华　姜启峰　张世杰　曾家其　周远松　杨　霖
李慕雪　赵苏娜　费俊杰　张劲松　夏　晖　任媛媛　黄福旺　吴　翔　黄亦成
徐　杨　杨　恒　孙恩刚　张　超　郑尔盛　郁文俊　张　锋　胡　稀　韩龙杰
庄苏斌　郭　燕　毛浩辰　刘　亚　沙　健　余昌原　陈　超　刘　佳　曹　磊
张仁顺　陈　俊

电子商务

季　苗　童容舟　宋思源　王疃疃　梁哲灏

工程管理

郭　政　金洁鑫　勾雯雯　张　静　林　靓　张　翅　王　艳　朱　刚　颜　震
仇家强　周丽英　朱义正武　邵爱民　李灿宇　盖之玉　仲几坚　王　丹　刘　刚
陈龙喜　宋红燕　朱洪泉　付俊毅　秦晓霞　武　娟　汤启玲　刘　青　陈训言
王　慧　宦定国　许秀娟　丁　涛　朱海伦　陶　洁　张　凯　薛　栋　戴飞艳
戴亚静　华圣平　王赛赛　徐　婕　杨春雨　刘良英　印　微　程　珍　张冬婷
王鸣琰　李　萍　韩光雨　张晓晓　秦璐楠　陈　曦　胡加勇　卜　戈　杨文薰
徐　睿　钱家欢　窦玉娇　张丽丽　杨　明　周培晨　严　丽　刘泉军　吉宜立
胡　岳　孙国波　唐善良　黄　涛　康　军　索　勇　陶晨翔　封　富　周爱莹
张建梅　张立俊　黄连欣　陈爱湧　张　伟　吴洪京　刘仁博　瞿晓青　张玉榕
吴忠浩　王　健　邵长艳　王　璐　李　利　吴志芬　仲亚军　何学东　周丽丽
吴　凌　戴浩亮　胡　磊　张唯伟　张艳华　杭　健　谭建国　戚海燕　沈薛飞
李媛媛　朱晔新

公共事业管理

娄德玉　王　慧　王　玲　赵杰飞　陆杰云　陆海红　翟　李　林　秀　刘　秀
肖　丽　常乐怡　郭颖慧　王　燕　董高森　任疏琴　张哲嘉　高　立　吉咸飞
辛　建　周　韩　何雪静　陈宏敏　温梦含　王　越

护理学

颜兰兰　杨玉美　罗　霞　简泽蓉　曾宪凤　陶启蓓　侯晓丹　梅丽萍　程　燕
王　鹂　张碧云　陈　惠　童翠菊　李桂兰　成宁欣　端贝贝　谈　梅　端家跃
刘　伟　武圣凤　潘　静　孔彩云　迟道露　范书欢　王凌岚　葛桃萍　王　露
张　佳　章　红　王晓声　罗玲琴　魏天凤　罗　莹　张伟伟　白香君　谢　梅
许　濛　陈　洋　何红杏　方　倩　骆红玉　张全凤　窦群群　孔红英　陈永红
刘　颖　汪彩俊　赵国萍　张凯旋　黄海蓉　徐　芳　刘小芳　罗　玲　岳远铖
邵梦迪　路　颜　邵书珣　卜雨薇　师文慧　王雅楠　张　肖　吴翠翠　程世华
刘　丽　孙会平　顾海燕　康　莉　殷　文　陶　羽　冼晶晶　虞丽丽　王　扬
丁丹丹　陈玲霞　任正月　徐　莉　唐周微　吕海燕　吴娇华　章韫泽　韩露霞
杭青艳　汤　怡　张　莉　高家敏　呙　欣　李　佳　韩婉婷　赵　青　王莹莹
张　平　陶　红　王辉辉　杨　阳　王文君　邹依婷　秦　娇　许　旭　史　萍
张爱国　荣秋月　胡　笛　王　婷　吴继芳　张澜川　章　帆　孙秋婷　胡苏齐
文琼峰　周　文　陈　瑶　陈萌萌　曹海燕　朱　萍　徐效梅　黄　琳　操　丽
王莉铭　樊慧琴　吴冬梅　周　聪　王思莹　袁　凤　欧旭芬　陈思琛　张惠子
高雅艳　李　云　刘　恋　康星凌　曹　蕊　王家蓉　曹　川　刘　敏　叶　秀
胡金桦　陈　敏　闵立晶　董友莉　王　慧　张大亮　司　航　艾云妹　张　霞
庄　莉　许园园　赵雪云　赵姗姗　夏　萍　刘　庆　蔡　洁　王　茜　张　丹

顾　敏　王成巧　刘　芳　张　瑾　郤媛媛　徐燕菊　张　琳　陈颖君　吴　皞
袁　红　杨丽君　张　咪　吴文婷　孙茉启　夏冬云　赵巧云　陆小燕　章　朵
聂俊杰　喻　芳　唐聪聪　臧　蒙　黄雪妍　杨　雪　范　英　高小花　赵洪玉
刘哲坚　林云志　钟　欢　钱　斐　王秋萍　秦　莉　曹婷婷　周媛媛　戴忠梅
刘　娟　吴　娟　卢银梅　孙霞辉　庄金冬　周　红　裴一善　孙　倩　毕杨萍
洪　宇　漆晶晶　耿小娜　徐艺琳　周玉娟　朱小敏　李梦玲　王苏婷　戚莉婷
黄蓓蓓　项春霞　杨　菲　万兴月　许网兰　王　琴　叶　娟　张　倩　张媛媛
董静静　孙　丽　刘　琼　卢　茜　王甜甜　尤　芳　徐　锦　朱　艳　袁　超
华海荣　单成霞　朱梦文　何　宁　周　菲　王　营　季梦佳　胡　坚　陈安琪
诸荣萍　徐蓓蓓　康全丽　潘　玉　刘　丽　汪　静　张　悦　周　颖　苏　文
袁州兰　徐　颖　季　昆　宋婷婷　王　燕　陈佳佳　李松梅　陈　郭　李红丽
范　莉　邱彩侠　束　渊　顾玲敏　郑巧丽　季德婷　茅春霞　陆亚凤　迟晓婷
罗　娟　肖艳华　程　森　蔚　雪　杭　倩　蒋琴芬　耿　洁　陆　丽　高　慧
张叶剑　王正莲　史红梅　杨露云　王　敏　周红梅　史　燕　张　文　刘　欢
梁　潇　谢文文　周奕含　常丽娟　朱亚男　卢文琪　曹地芹　陈妍卿　杨丽娜
杨　春　任　元　赵燕华　周　娅　王　洁　薛婷婷　海日妮萨·图尔荪　戴文艳
邢明媚　蔡正云　孙晴晴　沙玲玲　张思霞　李广月　于　敏　张　丹　谭　璐
陈雪颖　杨晓娟　卢莹莹　黄　琳　朱　娟　王香园　曹　娜　张慧洁　李春萱
闵　焱　张红杰　狄玉玲　沈　莉　李　霖　刘美佳　何　新　张　敏　秦梦洁
黄　燕　吕天驰　潘　娇　奚红玉　伍辰晨　伍维洁　谭金桃　匡亚韵　吴婷婷
陈婷婷　姜　羽　戈秀红　张丹丹　王　砚　嵇娟娟　张　敏　王婷婷　王丹丹
赵天游　万　云　赵　怡　陈美荣　王连英　周阳阳　应　欢　肖　凌　蒋冰洁
樊黎贤　纪　云　张　翠　万小林　赵　兰　罗环环　耿梦菲　陶光明　陈　昕
杜宏玲　吕云侠　仇艳玲　王　洁　刘　佳　王媛媛　秦　文　葛甜甜　李亚玲
沈　陈　周　园　周　默　王　蓉　何素莉　胡　敏　于婷婷　张秋华　孟　骄
喻　萍　陈　园　钟　夏　王　菲　魏　涤　尹　雪　许　悦　李露露　杨钰琳
朱雅静　刘　雪　卢小青　吴到璐　董　燕　张玲玲　张　丹　李霞燕　杨　萍
王彩霞　姚马男　丁　蓓　邹春霞　王　静

会计学

叶伏林　马龙庆　王飞燕　夏　禹　匡薇薇　刘　黎　余泽峰　肖春华　苏　影　杜雪娜
袁丽萍　帕力旦木·吐尔干　张存豪　付杰辉　沈　丹　董庆刚　田　燕　王倩雯
李　敏　王楠楠　师文娟　贾　丽　杜　睿　黎国超　马丽娜　古丽孜亚木·买斯木江
刘　媚　范　芳　刘　杰　梁佳欢　王慧茹　王淑华　陈　婷　崔　杰　任香珊
王冬华　徐佳楠　刘惠英　周世立　董玲玲　程　雪　石美玲　马　玲　刘　轶
许玉洁　渠英华　赵小娟　王　倩　黄　源　凌敏娟　张　窈　顾晓雨　封　红
时书丽　王　璇　何雪冬　武　思　王丽娟　施　虹　张丽娟　许　月　甄惠荔
徐文敏　曹湘茹　刘艳杰　吴莹　张海春　汪冬喆

机械设计制造及其自动化

曾黎黎　苌　磊

土木工程

朱梦娇　吴楚桥　陈文军　丁　汀　朱彦凌　彭浩亮　夏　鹤　奚　飞　尹　辉
张　飞　贾　杰　张祖荣　杨寿芹　闫海涛　黄　敏　王增皓　秦怀正　汤　锐
陈　涛　王　佳　高　鹏　卞伟胜　刘俊民　陶振华　宋小燕　杨基明　唐怀贵
耿　伟　杨　豪　王育生　徐晓妹　谈　玲　尚士强　付　冉　李　靖　曹　银
顾雪民　史跃龙　葛晓荣　朱阿壮　钱　刚　张西洋　陈　勇　李　静　李　阳
梁敬伟　梅华冰　田　磊　袁鑫杰　陈　龙　高晓峰　龚　华　吴凌云　刘　军
田　骏　环　森　王　成　金　乐　余　坚　卓　成

物流管理

戴江滨　马　荣　赵希研　程树亮　陈智辉　麻安娜　王　军　郭　昀　李晓兰
潘婷秀　马小梅　肖　磊　赵丽萍　孙云花　高瑞英　陈晓川　顾　艳　张宇轩
张彦伟　李雪情　王永萍　李进军　热飞拉·叶刘斯孜　马俊龙　李桂花　王　兰
汪友天　陈莎莎　李传明　郑红霞　耿瑞麟　胡慧慧　孙　彩

2018 年远程教育高起专毕业生名单(夏季)

护理

管佳云　朱佳佳　朱春林　汪鸿玮　胡　月　徐苗苗　张　瑞　戴婷婷　徐小梦
高梦颖　邵丹丹　王　颖　王丹阳　潘银雪　王　旭　魏从敏　张海莲

机电一体化技术

赵　云

建筑工程管理

严　俊　蔡春红　马　义　王燕峰　沈　峰　陆海涛　罗玉友　吴林烨

2018年远程教育专升本毕业生名单(夏季)

电气工程及其自动化

庞允兰 邓春雷 庞前君 李品儒 李天文 苏世浩 时 如 唐冬生 卞怀朋
慎 健 薛 君 陆 东 王锦庄 汪丽鸿 姜封国 朱 林 高宇恩

电子商务

张 玲

法学

罗键华

工程管理

陈 丹 赵小波 应 磊 徐永刚 周芹瑶 杨保家 刘 祎 汪桂平 陈 健
王福生 江 会 路开行 潘晓东 柯小飞 王奋进 王 玮 史丽敏 张 锐
张建军 王 玉

公共事业管理

宁 艳 方 堃 张素强 吉睿超 胡 威 章 悦

护理学

沈赵丽 马春红 蒋 琳 代 洁 吕 晴 张 鸿 毛玲霞 蒋 敏 王 艳
卢 艳 张 月 陈 欣 陈 莉 黄 娟 王文静 焦雯雯 倪 芳 曹 蕾
唐 程 陈 娇 俞 云 王 红 吕 雪 张 慧 秦美霞 吴月珠 于秋香
潘在艳 吴晓蓓 胡言梦 刘贝贝 王 康 徐 青 盛寅寅 张 烨 王 珏
芮 珊 恽惠雯 芮 珂 郭晶晶 仲逸群 龚晓旦 潘 丽 匡 莉 封 华
王亚兰 孙佳红 吴晓文 周 丹 李文娟 刘春艳 姜 英 王 芳 刘红梅
仇晶晶 朱家婷 王海萍 朱红燕 王 菲 沙 蕾 孙娇君 方 研 董媛媛
袁虹蓥 王 薇 王 妍 孙 森 汪娇娇 徐森梅 吴玉婷 李晓彤 彭丽媛
陈 天 姜 叶 张 媛 陈忠惠 周 莹 刘 敏 魏 玲 殷晓玲 殷珊珊
霍 靖 花雪梅 张竞一 姚敏慧 于倩倩 单婷婷 尚 莹 胡倩倩 姜亚丹
陆金凤 胡丹丹 黄静雯 王辰晨 陈建营 丁晓敏 林 叶 朱 娟 仲 娇
任 茹 葛玲玲 李玖玖 武园园 王虎玉 王小南 侍文婷 管亚粉 周 荣
丁 艳 王立颖 胡 雪 纪从研 刘倩倩 吴海萌 宣佳秀 王应昕 倪 玮
蒋 蕾 顾 晶 黄 燕 张 慧 彭 涧 张海霞 沈 琪 王梦洁 王亚勤
郝守娟 杨 梅 程晓鹃 朱荣荣 郭星辰 朱 静 何 艳 赵 利 张 进

陈硕麟 孙娟 刘梦梦 朱艳 刁小红 吴弘 朱莹 杨凤琴 王颖
朱艳花 蔡玲 吴永萍 施萍 柴玲 张珊珊 杜海慧 马佳玮 姚鑫全
吴荣 杜娟 田莉 袁怀廷 吕婧 张彩霞 费梦婷 王明贤 蔡萍
石佳 杨慧 沈洁 张淼 金洁 陈燕 刘杨 王慧 宋莉莉
赵琳 张荣芳 杨媛媛 吴卓凡 端梦颖 唐蓉 李永娟 徐英平 王晓丽
李咪咪 段红敏 于段段 赵影 吴金秋 李宁丽 王芳华 盛月花 袁媛
甘园园 陆春燕 王青青 任青 杨玉琴 王汉青 韩璐 吴程 裴静
祁静 葛志敏 刘品 赵珊珊 朱世娟 柳昕 史艺红 汪嘉怡 秦秦
徐媛 许艳如 侯静 崔玉 夏莹 魏笑 韩嘉燕 王丽平 李静
叶文文 梁倩 尹群 吴玥 王霞 倪雁兰 宗莹 李霖 秦莉
王静 戴钰 戴燕 邵思梅 刘丽娟 卢薇 孙元元 孙肖肖 葛路
文敏 葛德芳 边露荣 孙晓焱 马琴 刘琪 郁星星 陶昌芳 沈霞
顾苏莹 舒梦醒 孙雪伟 庄静雅 李亚云 姜黎黎 刘丽 杜元元 尚沙
刘静 陈慧倩 祁琪 张险宝 杨海霞 王丽娅 唐娟 王伟 孙丹琴
周军梅 房婷 钱晓婷 刘超 吴银凤 刘轶梅 张潇潇 王佳 昌文晶
陶倩 沈燕萍 薛红梅 裴仁丽 张利丽 吕佳文 吕新琴 刘洋濛 郭晓萌
蒋欣 周丽娜 鲁思彤 周巧 方怡 黄林云 眭丽花 周璇 郑红艳
徐清清 蒋丹平 陆靖 刘明艳 李倩 申玉玲 马咏纯 李婷 吴苗
周龙妹 康金凤 陈月 沙莎 李洪善 刘娟 李莹 谢华艳 荀颖
王彤彤 陈开婷 陆红 李平 陶贵芝 孙蕾蕾 胡敏 朱瑾 石孟丽
胡兰 周梅 闻霞 徐欢宇 牟利君 郑静 张叶环 赵婕 胡雨婷
陈亚芹 张雪花 莫艳 周婷 曹濛濛 伏荧荧 赵培 徐杨媛 丁玲
徐秀娟 王志艳 朱叶蕊 韩婷婷 周燕 胥文花 汤月玲 侯汝希 李伟荣
柳小琴 包洁 田薇 高蔓蔓 李丹丹 王均丽 唐蓉蓉 王玉 叶阳
万淑红 史东祥 马雯婧 曹舒婷 江津津 邱云

会计学

赵丽娟 胡晓燕 顾焱 徐阳 陈剑兵 王轩 张燕妮 闵现文

土木工程

戚晓宇 张强 丁拓 陈广洵 胡圣方 田海涛 陈静 蔡谦 黄涛
高广龙 靳鹏飞 张航 孙翠 杨飞 丁阳 戴守春 叶晓丽 曹利军
何林 沈星龙 陈成 王杰 欧世和 顾志远 郭俊 刘振伟 陶杰

物流管理

杨力 许金余 张颖 方磊杰 张翕

2018 年成人教育业余专升本毕业生名单

电子科学与技术

薛殊娥

电子信息工程

李　放　罗　吉

护理学

张　静　戴文秀　王　琴　孙冬杰　吴　玲　王胜楠　檀德翠　魏　琦　刘　敏
梅玉荣　高　珉　王　乐　李斐雯　孙　青　喻　佳　董亚芬　李心悦　洪　晨
徐珊珊　王　玲　郭云星　邢雪梅　杭雪梅　陈玉平　汪婷婷　严　文　赖珍兰
王　明　黄晶晶　祁　慧　张婉莹　李　悦　孙文奇　杨其云　李　云　倪莎莎
雷　文　徐紫云　左　莹　刘新婷　王　磊　关巧云　王馨敏　徐　倩　王童童
李晓雯　张　青　王　湘　王　慧　徐　蓉　许　佳　胡洁芸　侯其爱　王婵娟
阙慧敏　刘宗媛　裘明雪　王　琪　赵　敏　朱　虹　周世巧　徐佳佳　王健川
孙　茹　林　伟　朱　琳　林开月　杨　潇　范　倩　戴　迪　孙海星　赵梦瑶
宋　娜　蒋　芳　张　洁　黄　玲　朱　迎　孙海琴　耿晓艳　陈　佩　骆　雯
雷晓吟　尹晓丽　张莹莹　丁艳艳　马泽宁　林爱霞　高晨晨　朱　盈　张　楚
刘梦瑶　贾圆圆　章　洁　孟　廷　郭泽慧　张　慧　张　春　苗　娟　张曼琪
刘淑文　夏甜甜　冯曼笛　鲍紫娟　夏　芸　刘　慧　许　琰　朱晓婷　晋　静
许慧敏　吴要娟　滕一青　丁　芳　李　璇　郭莹莹　陈庆倩　徐晶晶　郭　莹
孟　婷　徐梦芸　毛雯雯　顾莎莎　吴千金　李银芳　胡　倩　翟梦宇　解　颖
金慧磊　周梦云　陈亚文　胡　燕　王　青　陈　雲　施　芮　蒋　辉　周小雅
史小梅　郭　艳　左　欣　史修凤　王梦莹　刘　晨　张　云　吴琳琳　汪红英
朱荧荧　史　莹　朱婷婷　罗　丹　赵　丽　刘娜娜　郑玲玲　孙　倩　滕　凡
马玉红　王　恬　丁　青　李　旭　倪　婷　史亚晴　徐　萍　赵英宏　张玉蓉
童　玲　杨　静　吕依娉　王婷婷　薛红雅　张　廉　郭乃智　常　欣　邱亚娟
陈越群　叶仕蓉　李　赟　张　雪　唐　璐　王颖颖　朱梓洁　张国倩　于　露
王　雯　王　敏　李阿慧　周玉文　何　路　沈　茜　沈夏洁　贺丽萍　周丹丹
侯龙元　袁玉花　杨　柳　韩　月　曹　丹　刘玉竹　朱见梅　赵华清　房　霞
席　怡　刘悦悦　张　咪　卜梦月　傅俊棠　招　茜　谢宁伟　陈小婉　施玉露
汪丹丹　陈晓霞　骆颖杰　王　雪　夏冰冰　郭　欣　张　敏　曹滟濛　柯明珠
高　笑　郝彩秀　张佳梅　莫婷婷　王雅兰　周　振　周乐乐　李　琴　夏　青
杨叶千惠　王　慧　何玉婷　邢　筝　赵　昕　解庭庭　李宗育　刘婷婷　戴慧颖
张　沫　李　倩　陈　耘　卢爱红　王婷婷　周　颖　沈　莹　王玮珉　柳　丹

袁　君　邓莹莹　汤　盟　刘　雪　杨　娟　张　娇　潘成成　吴　璇　魏兰兰
尹　青　张佳佳　唐　莉　陶小兰　王苏娟　黄　静　周曼丽　何乐玮　杨慧莲
杨晓燕　王　芳　刘琳琳　赵　萍　池　滢　姚芬芬　刘　蓉　许惠惠　陶　韦
俞丹丹　傅　玲　何春花　徐　云　张兰兰　刁忠婷　聂　宇　丁路萍　齐漫丽
李　兰　章安妮　佘　莉　莫　蓉　周丽丽　潘　诚　徐　葳　陈　濛　周康瑞
许慧慧　方洋洋　常　雪　丁海荣　张　娜　魏　文　张　静　杨继青　王祖绘
张亚静　汪冬霞　赵道丽　姚　芳　谈　敏　周　婉　周家琦　张晓敏　彭慧芬
王　芸　钱　然　唐明红　夏贵培　张林林　李晶晶　王　丽　郑爱雪　刘婷婷
王　娟　龚瑶瑶　芮雪婷　戚　蓉　李思慧　朱苏敏　栾翠莲　吴甜甜　范玉玮
陈中玲　孙贤贤　王　芳　周双双　周雪薇　蒋莹莹　杨　楠　王思苡　李　俊
房子萍　吕　艳　刘　璐　王　瑶　张凌云　郭美辰　端明瑶　李　霞　王玉红
叶晚秋　陶沛佩　邢庭珊　周慧玲　李雨桐　卢碧云　朱雯雯　纪　芳　晁东雪
方　娟　邵　琪　韦业娟　李　楚　董声燕　许佳佳　张　甜　杨　琪　王开月
郄梦晓　朱润喆　项春霞　徐玉姗　胡晓玥　宣晓玉　王馨悦　杨雯雯　徐晶晶
朱　红　王亚进　张玲洁　赵婷婷　丁　雯　杨小敏　崔小敏　杨　东　许　甜
徐丹丹　孙　玲　刘昕如　夏　燕　李　晨　张　凡　祝　欢　任　豪　郭　雪
王淑钰　夏春玉　徐广兵　王　婕　陆文静　王　婷　谈　燕　潘　澄　徐　伟
冯　楠　王　骑　陈　茜　沈茂芳　张　茜　宋彩云　吴书敏　张　露　海译文
陈海燕　张丹丹　王　君　田　云　张　清　刘　丹　陈晓姣　葛其梅　华　艳
高敏捷　陈丹丹　孙婷婷　杨林玲　陈　敏　王家辉　秦媛媛　李慧琴　刘　伟
范丽娟　栾佳丽　潘　玲　殷　韦　徐　洁　吴　娟　徐雅莉　傅婷婷　李　蕊
凌　晶　刘　璐　刘文金　何　云　嵇星辰　王　瑜　蔡　静　李恒艳　晏蔚蔚
俞　悦　张　菊　尤　玮　胡杉杉　张胜男　於秋云　别怀红　谢　琦　马少花
吉海宁　吴爱燕　王　婷　张　雯　陈　青　戴雅倩　蔡琪琪　陈园园　王　芳
周小艳　徐之玲　王文娟　陈　悦　刘晓青　李　磊　陈晶晶　郭佳卉　孙　婷
郭　磊　孙　洁　开　云　沈丹丹　韩　颖　刘　双　陈　慧　史琳璐　蔡　慧
曹　琰　陈　聪　于圣婕　佘　澍　杭静雯　冯志琴　卞雪莲　宋金妹　陆瑶瑶
刘菲菲　刁　琦　徐　雯　张静垚　李　敏　李小明　吉　莹　丁俊凤　许婉妍
张军丽　赵思雨　雷若云　张　琪　吕婷婷　徐逸飞　薄海琪　张　玥　尚晓迎
李葛静　朱　静　夏薇华　赵淑贤　唐玉荣　王俊梅　唐　宇　徐　洁　史文月
关之莹　钱小燕　闵　云　钱丹丹　钱东香　徐晶晶　姜大盼　孔凡霞　朱　慧
樊玉婷　颜　璐　秦　雯　戴　萍　陈逸凡　樊　月　陈　璐　胡晓燕　曾亚男
周　潇　耿小文　常鹏婷　朱　盼　陈菲菲　徐　慧　李心宇　翟　丹　黄玉立
曹亚楠　吉　娇　黄　樱　毛　露　张　慧　向　蕾　戚　优　高　琦　杨　惠
王　维　刘　婕　王　梅　李　玲　钱雁冰　王莹莹　钮亚利　李文文　陈欣宇
张加娟　孙　莉　葛富娟　顾　敏　顾　钰　曹　敏　李宏星　殷会宇　薛　钊
陈玉华　缪　维　沈英楠　周奕璇　郑芸静　杨　娇　穆　菁　张　煜　朱慧君
王赵霞　徐晨悦　尹婷婷　邓秋雯　邹惠婷　雍佳佳　方斯琦　张　玲　杨　杰

田诗卉 褚　俏 陶林林 盛　洁 崔广梅 方文娟 吴　媛 丁　笑 牛淑怡
蔡　娜 朱丽园 邵月玲 盛　颖 赵素素 张红粉 周　静 汤柠嘉 周海莲
陆　婷 李秋燕 蔡　香 王　星 刘秀珍 刘文燕 李雪芬 李　丹 成道双
蔡　童 韩　蕾 赵亭亭 黄钰羚 曹璐璐 高　越 刘　妍 黄　娜 刘　嘉
曹　怡 花薇薇 韩　贝 夏立勤 刘　璐 陈　璐 陈　倩 谈　琦 潘　宇
司　雪 刘　霞 秦　朵 戴小君 顾雨婷 曹珍珍 袁　卉 朱姝媛 许　颖
邱佳慧 潘雅君 王　冰 张　慧 严晓冬 童　慧 杨津平 俞佩柔 申炜君
邵元平 李月光 吴春梅 周天逸 韩　琪 李　燕 张　雯 高波洋 薛庚清
芮萝燕 王治露 朱炎华 滕　旭 孙欣然 王盼盼 庞　潇 孔露露 张常菊
姜　蓉 姚冬美 颜　静 张玮琪 陈　丽 徐昊新 李晓艺 卢　月 张文静
黄雷鑫 邵玥晖 朱香香 徐　蓉 吉　晶 付　笑 邵　娴 丁一鸣 茅涵瑜
陆　云 张江娥 陈秀玲 华　佳 奚柏剑 陈　圆 魏　敏 徐　佳 赵翔宇
王　媛 陈　恬 刘玉洁 张　萍 樊　欢 侯焕凤 孙　旻 徐　萍 陈玉萍
钱　丹 陈利兰 李剑梅 王　婷 陆　叶 吕　娜 孙丽芬 陈丽娟 但凌云
丁会月 鲁盈盈 仇　悦 潘　羊 姜　燕 费羚勤 尹　群 沈文玉 朱　丽
陈　颖 胡文倩 徐　露 陈亚兰 李　萍 朱丽娟 杨　慧 朱　莹 孙玉婷
周梅兰 王　蓉 范丽娟 路一丹 黄　晨 孙　钰 徐　丽 冷　静 陈忆婷
杨　芬 钱　佳 陆长粉 高　玲 符　莺 窦玉凤 史杰辉 李　娟 赵　超
季　菲 刘　玲 张　秀 朱玲玲 潘　凌 袁鑫瑜 刘　琴 黄　澄 陈　倩
徐子娟 殷丹萍 乔　静 左文彩 陈　颖 范如意 蒋佳辉 林　珊 沈建丽
汤娟娟 韩　璐 韩春丽 汤　慧 王文清 蔡芸婧 朱瑶清 蒋　旋 陈玉莹
胡玉鹏 陆　静 张　蓉 马吉美 徐　媛 王　薇 蔡银娣 完　泉 胡美霞
张远翠 郑　润 吴玉云 王　敏 孙佳奇 韦　艺 张盼盼 龚雅婷 黄　雯
杨　莹 史春雅 陆　叶 吕　冰 薛　莲 陈嘉欣 姚金花 李　娇 潘洋洋
陈　朦 徐蕾超 赵旭晴 陆梦莹 丁苏辉 崔婷婷 朱佩琳 钱慧文 毛丽琴
李桂芝 万　双 董迎春 朱小婷 封　瑞 潘丹丹 葛　阳 严　露 陈　媛
刘妮妮 陈亚楠 郁苏云 田秀梅 赵胜男 顾莺莺 靳春红 张卫茹 陈珊珊
景秀丽 章　艳 段　练 胡志青 姬永艳 周晓筱 穆中利 沈　敏 仲　葳
邱　伟 朱婷婷 陈　娴 刘　丹

临床医学

陈　玲 章　琦 彭旭东 孔凡拯 王立桥 华　嵩 赵玲美 徐元祥 刘乃荻
管　花 侯弯弯 薛安庆 佘兴旺 徐　敏 陈开香 赵爱琴 王桂芳 姚桂梅

土木工程

周　博 付朋朋 杨林芳 周国旺 陈　燕 濮晶晶 陈玉龙 刘冬冬 蒋　松
徐　凯 刘成仁 杜琪轶 蒋苏凡 倪大江 吴若麟 庄　园 陈苏圆 杨世昌
黄　超 王　浩 戴鹏宇 张　晴 李芳芳 单连臻 王美茜 徐婷婷 周则仁

史卫泉 吴 静 路 好 张朋飞 张 媛 马 莉 郭子松 张浩霖 周 宁
徐福建 曹雅秋 俞焜爔 曹巧娣 戴东辰 陈宗珍 周媛媛 董又新 陶 闯
杨继彪 李 滨

医学检验

宋嘉君 王爽爽 陈汐璇 刘 璐 金园园 严加林 杨盼盼 文 柯 包 磊
胡静涛 熊智慧 李 慧 朱 凡 秦 虎 谢新园 夏昕晨 谢 予 钱思雨
潘治宇 周振扬 杨 悦 罗 浩 嵇伶俐 周 愿 宋 冉 刘丹丹 何 宇
孙梦婕 周 影 颜廷润 夏前锋 夏前银 李 春 吴 娴 童 毅 司明怡
赵志娟 杨 洋 张亚妮 朱 怡 常碧莹 薛璐瑶 薛安秋 吴佳玙 李泽龙
马超群 王熙婷 纪 萍 刘 萍 芮 婷 夏朝桂 孙 旭 高红梅 殷丹丹
朱时茂 王 佳 吴 凤 李斌馨 孙 露 吴 丹 高婷婷 蒋 忻 孙亚如
张 桃 王 雪 胡 蓉 陈爱华 洪 燕 魏巧玲 吴玉涵 储银凯 赵文逸
王淑敏 毛天敏 杨玲敏 王 敏 王 旭 朱 丽 潘荣延 许 诺 于 波
刘 萍 钱 静 崔 培 张迎春 孙召宇 徐 倩 杨 丽 顾春英 李 芹
吴 艳 陈雨桐 夏冬新 孙月娇 邵怡晨 顾 悦 杨玲玲 李小莉 江 鹏
孙 慧 蔡白雪 孙 静 解宇雁 凌诚倩 芦善之 陈 琳 祝 琳 唐 颖
姜 婷 吕 悦 甘兴园 赵芳芳 邵华杰 孙 清 蔡 媛 张春荣 吴 月

2018年成人教育函授专升本毕业生名单

电气工程及其自动化

倪 明 周秀文 周建华 陈赛赛 高 阁

电子信息工程

徐海达 邵 健 王福飞 徐 芳 林冬成 郑 珏

工程管理

朱明兴 马镇飞 刘 英 伍执慎 蔡 军 俞 洋 严房陵 谷广其 邓尚毅
李卓一 王长师 杨 飞 廉 鹏 郑 磊 杨立云 李 想 李光志 裴 燕
戚露露 王理想 陈 杰 王新春 霍沁湉 韩 信 孙 跃 季 鹏 浦进彬
陆仿来 罗文龙 胥元春 王艳青 徐怀华 周 伟 夏九亮 刘启琴 罗 娜
庞菁菁 袁清泉 高 迪 沈 浩 李 玲 汤 莉 徐 月 戴俊曼 胡蒙蒙
陈 鹏 卜先媛 朱萌萌 刘海宇 许丽华 柏尹华 陈兢超 刘亚军 王 月
郑开梅 周海涛 曾 敏 赵开银 刘佩佩 沈琪琪 张桂平 赵 燕 李文海
孙家勇 孙四同 魏玉琼 刘 颖 安龙龙 罗 杏 周冬冬 田 军 邢金荣

张 琪 张小燕 董 理 卢 旺 羌涛亮 张维栋 王 钢 姜进炀 张 华
庄春飞 姜天一 陈 飞 徐晓东 陈葛全 许晓冬 杨益青 孙 颖

工商管理

马 正 王玉叶 刘志远 陆可为 陈薇薇 丁小青 丁 林 张培莹 孙鹏辉
程 龙 李浩楠 丁永健 陈益祥 刘厚强 史文伟 朱佳丽 彭一桂 洪 敏
许明瑞 王 轲 张文静 张大伟 王绍娟 盛 雯 王 艺 周 婷 代玉洁
时小晴 杨 超 张 志 陈方旭 张龙曼 张 浩 赵崇汉 葛孝兰 张 岩
徐 恒 李 松 仲建飞 赵小娇 高名源 丁光远 权彧太 高 雪 张 春
杨 莹 马 乐 牛 影 张莹莹 周小梅 綦凌枫 常利瑶 邓 清 李 瑞
景梦楚 李蓓蓓 李 秋 王立志 杨智朝 吴 冰 陈红芳 袁雨俊 盛 兴
马 琳 陈 霞 朱 益 沐国芳 陈 军 申薏琦 徐 龙 马 娟 厉虔林
潘 峰 王 红 张英戈 王 愿 李嫚嫚 孔令浩 李 迪 戚宾宾 满孝申
徐 庆 王 贺 王宇肖 张丽丽 盛筱然 尤 政 李程程 陈 莉 辛中伟
杨子正 秦 彬 刘 慧 王云霞 徐 华 曾 艳 方郁强 徐福鹏 戴 君
赵恒欣 李 娜 贯霜霜 曹婷婷 任 珊 冯 飞 倪 洁 田宝宝 聂礼莉
尤 峰 周 洁 吴雪艳 王思柱 寇兆祥 王 雪 刘泽人 韩 盼 李 艳
李 萌 李云光 朱东岳 吴晓龙 黄忠笛 赖银凤 刘 馨 沈 威 李 菲
洪米甲 任 彦 赵思童 孔彬彬 盛在伟 闫 飞 翟新成 吴 尧 彭雷雷
王 雷 李 杨 徐铭涵 蒋迎歌 杨 艺 陈婷婷 闫子瑶 曹瑞忠 毛兴文
来洪飞 关 菲 韦 峰 王 津 李 晴 张闰博 葛阳阳 张 松 陈玉梅
屈慧新 李静丽 周 尚 邹文芳 王 楠 关优利 邢明芳 张 峥 吴 山
苏 博 曹祥凤 赵修鹏 朱 雪 刘 丽 肖轶聃 李方舟 邢洪玮 崔佳琪
杜以虎 常斯琦 方 艳 马 倩 宾宣裴 张 财 刘 晨 徐 曼 刘怡情
孔祥雨 陈 权 李春丽 杨 蕊 迟 凯 梁 琦 杨 洋 庞建国 孙 鲁
魏 东 郭 阳 王 琛 刘像雪 孙 莉 刘 晴 丁倩倩 苗津铭 俞 丹
陆 震 蔡成成 周大晨 节 丽 魏 冰 王姝欢 韩 冰 刘吟雪 金 玮
彭 真 韩 轩 黄 贺 徐 雯 孟献群 张慧敏 王晓庆 沈俊英 葛孝鎏
葛孝婷 王 畅 吴 秀 魏金哲 王 娜 侯宪俊 董一方 马 阳 韩 莉
张 波 曹 永 秦婷婷 燕许凌 姚 鹏 杨 婕 李 娟 牛怡婷 岳小琳
吴颢然 李曼丽 袁 静 尚 佳 秦硕旸 武迎辉 胡靖晗 马小娅 王昱文
许利平 贺鹏飞 袁 圆 历文佳 刘永伟 孟凡炜 程 爽 鹿姣娜 盛 璐
刘淑华 陈 恒 韩向凤 宋明莉 董 生 杜文翠 孟子琪 胡 鹏 黄小函
侯卫娜 张双双 孔喜春 王 蕊 李 杨 鲍 蕊 汪雯莉 王婷婷 董恒恒
鹿 婉 李 明 谭 晴 张 洁 刘 婉 孙晨星 张天昱 蒋宁宁 杨宏年
刘 权 孟 超 陈 辰 朱学姣 梁倩倩 刘思含 潘珍宝 陈 米 刘 丹
鲍 凤 刘 丹 张飞翔 赵兴震 朱友建 马新萍 李志杰 张 敏 马 慧
王 苒 王瑞秀 胡 媛 张孝雨 刘玉玉 马斯汉 李 玲 赵守壹 司 维

王艳 彭雪婷 田倩 陈园园 王莹 马天捷 秦庆 崔巍 权维沙
李鑫 李松 滕尚延 许晴 钱雯 孟燕 许晓峰 李敏 马颖
杨玉娣 孙浩 郭威 李登洋 朱维 许磊 陈莉 徐珍 李越
杭贺 范语轩 刘婉 刘玉 陈晓斌 胡芬芬 余鹏 张倩倩 张苏
余婉 魏浩 刘锋 孙淼 张宪鹏 高扬 周军生 张浩 张晨
蔡丹 马跃 戚传志 况雯 王卓 王雪 李栋 王利 金明超
张蕊蕊 王俊翔 徐晓沛 徐交 陈冲 李九诚 鹿晓晴 苗振东 朱若尘
孟涛 王为为 曹梦瑶 王丽丽 宋清 毛计彬 任小莉 李凡壮 刘蔓
徐珺 迟璐璐 黄丁丁 薄强 邓玲敏 宋池 吴小阳 叶晶晶 张露
曹夫莉 李东亚 刘义 王文国 代长智 朱祥龙 陈月 杜明超 刘汉卿
袁媛 朱新美 张红 彭丹 张琨 刘爽 金鑫 刘涛 赵驰
李晓宁 卜凡胜 姚坤 刘蓓 甄欢欢 李鹤 董青 盛超然 尚贤俊
王丽 岳远 李青 卓鹏 唐亚廷 何静 李云芝 崔梦睿 赵力源
王正 徐福建 孟莹 杨媛媛 杨猛 王禹捷 鹿森 吴贺 周阳
郭猛 滕道爽 魏琪 杨宁 钟同斌 焦翔 秦怡 杜祥瑞 卢山
刘子祺 李璟 郭伟 王冠 王斌 张莹 刘冲 宋宣 周婷婷
魏炳琪 刘金影 毛立斐 李迪 石沛 李珊珊 乔佳宁 闫甜甜 张泗雄
林校 林小锦 钟旭新 陈善恒 徐胜 刘声 赵刘恋 张龙林 王芦
宋恒岳 冯天成 张航空 时维强 郑璇 宋欢 曹杨 武宜萱 邹南
李畅 徐蕾 高红 孙瑶 孙璇 桑昂 吉秋虹 李琳琳 陈艳
曹利锋 曹晓擎 王二伟 周凡舒 孙冬 秦亚腾 魏东 李佳佳 刘丹凤
尹杰 刘志国 刘启栋 赵俊杰 郑惠莲 刘耀龙 许学月 张东旭 李媛
刘欣欣 周忠德 孟舒 武超 孟庆鹏 孙娜 仲苏珊 吴蒙蒙 韩雅茹
杨飞 解勇 王晶 闫聪 王文杰 王晴 杨威 陈季 张健
张寒娜 孙泉泉 宗亚丽 张一春 王维维 蒋来 马阳凤 刘德兰 陆家骐
鞠王滢 王飞 胡轩辕 任辛钦 柏玉雯 马超 杨晓东 杨岚 龙小华
熊秋萍 殷快乐 黄一森 李双 张健 平萍 吴晓斌 郭芙 陈志文
朱星明 陈春山 万绍卉 任唯明 周亚丽 钱斌 陈建芳 刘贯玮 李翔华
金晓飞 常方强 徐美君 何丹丹 殷静 孙孟祥 蒋敏 王萍 毕森森
侍荣来 师影影 范文雅 茅惠芳 杨磊 王源 程瑶 吴明兰 徒玉珍
孙鸣 石云 金云 钟怡 董灵 周丹丹 马红美 汪淑媛 李磊磊
张娟 孙为伟 周陶刚

国际经济与贸易

王钦 金艳

会计学

丁立 田园 杨海花 戴慧 仲燕婷 刘亚磊 韩静雅 张茜 杨卉

金晶　詹妮　叶丽英　严辰　王慧　曹蕾蕾　蒋宏海　杨桃　顾嘉琪
杨阳　季玉婷　谈爱芳　费云　陈红霞　强小丽　王凤　孔晶晶　王苏洁
翟菲菲　马莲娜　吴琼　廖丽华　马敬茹　王芳　陈晨　李斐　李羽
陈曦　薛冰孜　唐香玲　郭亭亭　刘畅　周杰　潘艳　胡海龙　曹丽敏
张雪　孙雪婷　王艺睿　崔惠　董艳艳　王春侠　王婷　董淑芳　陈超
孟清　郝家昕　李蓓　陈桂苹　徐晶　王梓怡　李平　李安琦　李锦
杨冉　张倩　陈嘉婕　岳丽　崔楠楠　徐彭飞　何婷　耿荣　郭成
闫乔乔　李彬　宋桂芳　李丽音　梁彬　孙灿灿　孙璇　孙蒙蒙　蔡旭
陈佳梅　李诗雨　薛骄　张倩　戚光美　高佳佳　蔡莉　黄荣　曹婷
王蕊　杜明然　王茹茹　曹明曦　高红艳　周廷珊　李栓栓　康晨　岳冬梅
朱青　谢金梅　郭云飞　陈息桐　王娟　韩苗苗　王良静　周毅　刘丽丽
彭贝　单晓雨　袁歆桐　张冬　徐振红　马坤　钱有友　汤振　李琳婧
李芹　张亚西　尹琪　满子云　占新颖　王颖　董军　魏忠颖　史明
邢晓　李梦秋　宋婷婷　林金丽　朱效丽　段玉香　梁杉　张利　苗兵
王晨　段思彤　周琪　吕尊圆　孙琴　张洪禹　程相明　焦丽　祝曼青
宋苏潮　王冰洁　陈丽阳　郭丽　范红　郭静　孟晴　沈灿　王升
叶梦婷　廉惠　吴凡　李媛媛　李海侠　程迎迎　殷佳慧　陈晓璐　赵作平
王慧　孙磊　陈彦男　姜兆硕　黄亮　张晶晶　沈君　陈英玲　蔡帅钱
钱儒雅　府宇宁　赵珊　张玲　曹虹燕　王依琴　阮婷婷　钱燕琴　王晨
周丽　蒋俐　夏宇星　陈娇　胡孟飞　赵永顺　吴艳菁　俞玲　张峰
刘淑芹　张予妤

机械设计制造及其自动化

徐键　董冬　杨帆　魏鹏　于轶华　王军　张大尚　苗飞　陈荣
朱厚发　张智超　孙静　程亮　陈伯茹　徐宏俊　王冬　董珊珊　陈桥桥
许金晶　乔琳　郑忠波　杨全鑫　葛晴晴　曹鑫　魏新民　徐欣崎　刘健
张鹏　陈冠军　何弘兆　邱龙　牛梓苹　张希明　王松　陈路　吴新鑫
张海松　陆华　刘玄　谷训慧　谢栋良　秦剑非　郭增强　吴伟　邸俊
刘坤　樊涛　居峰　王洪　张方　訾缋　孙浩　刘杭　张文星
李静　杨飞　卢正伟　王文磊　单翔宇　华佳　祖振海　姜伟　刘洪德
苟争明　刘显　阚久洲　邓永鹏　张海　孙天一　刘昆　张旋　崔喧
鹿百百　范宁　朱守芳　张全

土木工程

陈超　潘杨　陈军　张俊燕　殷善鹏　程俊　薄金鸽　杜鑫　崔天俊
马剑培　朱伟　孙信楠　潘仁丽　李春宝　黄雅莉　朱军　王玉霖　廖世爽
王雪云　黄亚辉　刘飞　付清峰　杨名扬　王旭　陈琛　郑亮　闫海森
娄程程　刘辉　杨丽君　张俭　尚雅　何钰滢　杜建国　韩珍续　郭琛

杨帅 刘露 王芳 戴明言 董广春 卢雪 卜国庆 秦莹 王广坤
曹玲 孟庆虎 陈客步 周娜 毛建龙 王昊宸 佟雪成 周攀登 孟曦
胡磊 尹成琳 柴姗 张玉娇 张焕 蒋涛 张雷 王奎 陈然
王世栋 宁梓辰 魏磊 张华庆 刘新贝 赵致远 吕洪涛 孙晨曦 薛雷
孟庆飞 张维维 张君 刘红梅 孙傲 苏奎 吴婷 蔡明 吴娟
王呈永 张洋 祁冠东 鹿娜 韦懿文 董浩 陆金廷 韩亮亮 王迪
张冰冰 郑园 徐海峰 张钧驰 魏传龙 陈轩 杜贺贺 徐长远 韩洋
曹倍 牛鑫 刘凯 付洋洋 邱波 王超远 卞会会 张硕 陈世利
王子文 宁姣姣 王书哲 梁乐乐 许倩 陈显 周万军 史恒天 李乾坤
杜香龄 王为喜 黄婧 吴奔 满力博 郭甫 孙处处 彭睿 张善武
肖存龙 彭呈宇 王如星 杨辉 黄新经 刘平利 肖天华 聂赛 蒋聪
王青松 马赛 谢聪聪 李中玉 潘莹 李双雨 李丹丹 崔景词 陈潺
段仕奇 夏晓庆 付志鹏 张晨 张乐 董宜荣 魏中杰 王亮 吴东辉
黄凯 李志强 刘红兵 李海 宋波 成昌盛 曹涛 闫丁 程浩
李勇 王迪 单梦颖 谢伟 孙志林 徐奕 杜茂琨 孔遨 张子杰
冒庆庆 刘志天 单峰 巩通 王凯 谢力 庞明东 王健 王东
陆佳 王昌伟 郝旭 蒋岳鸿 向佳 陶玲玲 顾震宇 金建雷 胡清清
李克峰 沈丹丹 陈如海 刘芸 方少林 关露军 刘明 赵亮 姚天宇
何锐 陆敬军 刘洋 侯长伟 仲鹏 许天翔 李可 王德飞 董润捷
蔡子萌 吉红飞 张小童 何世绕 南振宇 周东辰 姜梦如 邵召阳 蔡刚
徐伟伟 吴天园 凌慕华 邵培培 孙威 张琪 成磊 周旭 赵启浩
段昌桂 吕莉 方冲 盖莉娟 李莹 李祥生 李雪飞 赵理想 曹晓燕
刘思凯 徐锋 田兵 周伟 王琦源 贺丹 闫大奎 杨传国 毕鹏
张红雨 孟游游 李旭 周陆燕 桑榕 樊军虎 林森 徐海洲 花秋
潘猛 杨锰 石小飞 陈波 张菲菲 车传征 李海宁 闵冬 褚夫建
郑力嘉 乔金环 张辉 徐海东 潘聪 单旭 杨亮 徐东 许瑞东
赵后波 燕彦龙 杜晓蓓 姜振兴 梁爽 顾湘 李平 吴建明 周童根
沈岩宾 姚国庆 孟丹 牛杨 张起 韩艳 王佳炜 高峰 李刘军
钱相宁 费杰 田红梅 薛峰 吴文昊 顾强飞 曹森远 赵杰 朱帅帅
唐斌 黄建春 汤天珏 李宁 赵力 任飞 吴长征 姜天航 黄龙艳
韩常委 王淼 杨兴元 陈龙 高鹏鹏 陈悦 王立贝 甄云云 乔石
王峋 房斌 许艳玲 汤莹 黄跃东 徐路遥 荣姜沣 汪俊鑫 马悦辉
赵航 纪冬霞 李建良 黄梦冉 陈晓浩 赵宁 严俊杰 吕文 陶丽宇
王巍 胡学瑞 王珺 刘琦帅 马宇飞 杨振兴 王锡鹏 吴文春 陈志祥
蒋超 谌要亮 邵华旭 夏浩 肖春波 王金辉 刘银秋 蒋华为 朱逸民
苏超 张晨晨 邹晓鹏 陈凯 蔡伏 高晨浩 马雪君 郁健 赵雯沁
黄园园 丁楠 李硕 刘凯 单晓佩 戎奇 范存浩 沙伟 陈亚进
陈奇 于旺成 李炜 王雪颖 苗海涛 沈国勋 袁成 曹助伟 朱建文

许黎明　刘　坚　刘堃昊　华　波　许　伟　陶　井　王　琪　李　俊　邱　波
张升海　张绍斌　张　阅　江威呈　李　兰　偰锋华　张雷雷　路涵颖　葛翔宇
陆春宇　蔡　磊　邵　建　马森林　凌　娟　薛海峰　陆　健　秦濠伟　张敏敏
张王炜　夏　昊　严　俊　顾　磊　顾燕花　姜政铭　倪炳江　吴　怿　韦佳华
王晓君　康招林　孙鹤轩　刘天成　刘　霞　纪健健　李选峰　戴玉军　张　昕
徐泽平　张　海　曹荣海　王　博　刘　永　曹　阳　金圣杰　石维豪　金　辉
彭于嫣　陈　军　康　乐　张　洋　胡春雨　余育江

教学科研服务工作

图书馆 2018 年工作综述

在校党政领导的正确指导和学校各部门的大力支持下，图书馆认真学习贯彻党的十九大精神，紧紧围绕《东南大学一流大学建设高校建设方案》等事业发展目标，坚守与变革协同，传承与创新并重。全馆干部职工砥砺奋进、开拓创新、共同努力，强化责任担当，坚持服务大局；聚焦发展目标，夯实发展基础；明确服务方向，强化精准服务：圆满完成了各项工作任务，实现了 2018 年工作目标。

一、落实主体责任，党建工作迈上新台阶

强化责任担当，贯彻执行民主集中制和“三重一大”决策制度，修订和完善内部规章制度；加强党风廉政建设，落实党风廉政建设责任制，认真梳理廉政风险点并积极整改。进一步提高党员理想信念，图书馆领导班子、党总支委员会及党支部组织生活会分层开展学习教育；加强馆员思想政治教育，积极推进“三全育人”，定期举办“馆员沙龙”。加强干部队伍建设，完成东南大学后备干部人才情况摸底调查。强化意识形态阵地管理，筑牢意识形态安全防护墙，完成落实意识形态工作责任制工作情况自查；不断提升基层党组织组织力，第二支部以“知识分享，共筑成长”为主题的馆员沙龙获学校“最佳党日活动”二等奖，书记项目“东南大学党建党史信息服务平台”上线试运行，完成“全省党员教育微视频大赛”参赛作品拍摄制作；建立新媒体时代思想宣传机制，打造微信、微博特色平台，形成网上思想宣传新阵地。

二、传承改革发展，建设与服务工作取得新进展

（一）基础业务工作扎实开展

1. 馆藏发展

文献资源建设。全年文献资源购置经费 3 200 万元，其中纸质资源 1 400 万元、电子资源 1 800 万元，总经费较上一年度增长 10%；截至 2018 年底，纸本馆藏近 440 万册，电子图书近 200 万册，电子期刊 6.36 万种，电子学位论文近 900 万篇，订购(引进)中外文数据库检索平台 131 个，共 196 个数据库，东南大学学位论文数据库新增 4 492 条论文数据；加工多媒体随书光盘 939 张，多媒体资源总数 28 443 条。全年处理院系购书审核 1 574 种、1 964 册；共接收交换单位及各期刊出版社寄送的交换期刊 654 种、2 910 册；向各交换单位寄赠《东南大学学报》800 余份；接受校内外赠书 2 100 余册，做好赠书的筛选、登记、编目和典藏工作；完成艺术学院 1 000 余册、法学院 300 册图书书目数据回溯工作，并对院系资料室业务给予指导性的咨询和回复。

特藏建设。进一步加强特藏文献整理、保护和利用，保证特藏阅览室、饭牛草堂、童寯画室、国鼎图书室等正常开放。教师作品征集及文库建设正在筹备中。完成 6 种大型丛书、共计 2 542 册图书书目数据回溯加工以及“中华再造善本”共 13 399 册的目录细分工作；特藏接受赠书 418 册(件)；整理挖掘南京工学院时期教材信息 141 条。重视特藏空间和资源的宣传工作，先后举办民国图书展、“一课一展”、“民国文献资源保护与建设”讲座及相应的“古籍版本展”、“昆曲小生的表演艺术”及相应的“古典戏曲古籍展”、童寯画展第三期“美国琐忆”等特色活动。

数字典藏。开展东南大学机构知识库建设，梳理机构词典 2 604 条、学者词典 196 215 条、同名学者 529 条，并完成本地平台的部署工作；完成与学校一卡通认证系统的对接工作；数字资源长期保存项目建设稳步开展：下载外文电子书 70 728 册(Wiley 6 847 册，Springer 57 716 册，Elsevier 6 165 册)，已上传到本地平台，总容量 1 TB。

2. 空间改造与功能优化

调整图书馆资源馆藏空间布局。为配合学校部分院系的校区调整以及李文正图书馆内部空间营造(一期)工程，对李文正图书馆的馆藏资源和空间布局进行内部调整，并完成原外文过刊远程二线书库的选址、搬迁工作。

启动李文正图书馆改造工程。成立“李文正图书馆内部空间改造项目工作组”，内部空间营造(一期)工程于 2018 年 11 月 8 日正式启动，旨在满足读者对个性化学习空间的需求，提高用户体验。通过馆舍空间改造，逐步营造功能区划合理、文化氛围浓厚、场所特色鲜明、环境温馨舒适的学习环境。完成四牌楼校区书库墙壁粉刷、电线更换等任务。

3. 设施保障与技术支持

信息基础设施优化保障。完成图书馆机房存储和小型机、自助设备及九龙湖机房环

境监控系统的维护和保养;配合学校网络中心完成图书馆软件系统的安全监控和安全等级升级;新购超融合系统正式启用,对现有存储空间进行规划、整合,已迁移75TB数据资源至校信息中心存储器中。

新技术与图书馆业务紧密结合。为方便广大师生,在九龙湖教学楼综合服务大厅安置1台自助还书机并由机械工程学院团队的无人巴士运送图书,提供24小时还书服务,自9月上线以来共收到还书6 000余册次。同时,引入我校自动化学院自主研发的3D人脸识别系统,分别在九龙湖校区李文正图书馆和丁家桥校区图书馆投入试用。

一批自助设备设施投入运行。在四牌楼校区图书馆和丁家桥校区图书馆共增设4台自助打印复印设备、1台自助还书机、2台自助借书机;设置新的座位管理系统、导引导视系统和大数据发布平台系统。新设备、新技术的应用极大提高了用户的体验感。

(二)教学科研支持取得新成效

认真学习全国教育工作会议精神,以学校开展的教育思想大讨论为抓手,围绕“立德树人”根本任务,强化“三全育人”教育理念,引导广大教职工潜心服务育人,提高服务学生培养和发展、服务学校“双一流”建设的能力和水平。积极支持学校教学科研,围绕学校“强势工科、优势理科、特色医科、精品文科”的学科发展思路,整合、优化全馆各种服务资源,构建多层次的服务体系。

1. 教学支持

文献提供服务。截至2018年底,三校区全年入馆186万人次,网站访问量350万次;全年纸本资源流通量55万册次,委托借还8 763册次,电子资源使用量近1 900万篇次,原文传递5 542篇次,多媒体资源点播总数11万次。全年为师生打印、复印资料逾40万张,印制各类海报1 106幅;各类“研讨与共同学习空间”全年使用3.6万人次,共11万小时;电子阅览室上机7.3万人次,共10万小时。

推进服务嵌入教学过程。致力于将资源和服务嵌入教学过程和虚拟教学环境中,为学生信息素养教育、自主学习、创新教育、教师教学等提供支持。构建分别面向本科生和研究生的信息素养培训体系。以文献检索课教学为核心,以入馆教育、专题报告、讲座定制等为辅助手段,采用线上线下、动静结合、微小课程等形式,共开展信息素养常规培训106场,5 686人次参加;7位馆员共承担3个院系的4门文献检索课授课任务,共计376人次、144学时;辅导本科生SRTP项目2项;围绕资源整合、课题辅导、PBL教学等开展服务20余场次。

开展原版图书荐购活动。面向全校师生举办外文原版图书荐购展,涵盖建筑、机械、能源、通信等15个学科门类,满足读者对进口原版图书的需求。外文书展具有针对性和直观性,既是全校师生了解最新外文原版图书信息的最好平台,也是读者参与图书馆资源采购的重要途径。读者荐购外文图书748册。

2. 科研支持

建立“双一流”学科建设支撑服务团队。在全国高校图书馆界率先成立“双一流”学

科建设支撑团队，积极融入学校“双一流”建设的征程中。建立各院系、学科联络机制，开展决策支持服务，逐步实现“引证查询网络化，学科服务学院化”。馆领导率学科服务团队先后深入计算机科学与工程学院、医学院、能源与环境学院等院系，了解一线科研人员需求。重新确立学科馆员，召开 2 次学科服务研讨会，围绕项目查新、专题服务、定题服务、主题培训等深入开展工作，受到师生的广泛好评。

提供基础专项学科服务。全面支持各类人才项目、奖项申报与评估项目的材料佐证工作，为师生提供论文引证证明 3 116 项，有效数据共 23 万条；审核、确认科研院、社科处奖励论文 4 195 篇；完成科技查新项目 468 项；审核博士生论文开题查新 465 项。“查引查证”系统全面发布与推广，“论文奖励系统”以及投稿指南平台正在测试中；参与“道德发展智库”项目建设。

开展东南大学学科竞争力分析和评价。提供多种计算型服务，形成大量知识产品。为发展规划处、科研院、社科处等部门提供 12 次科研统计数据，并定期发布关于东南大学高水平论文、东南大学进入世界科研机构前 1%的学科、适合东南大学科研人员投稿的高影响因子期刊、高被引论文跟踪等的分析报告 9 份；开展学院科研绩效、学科竞争力对标分析以及学科前沿和研究热点的探索与挖掘工作，先后完成计算机、能源工程、通信、材料、数学、医学、法学等学院(学科)的 10 份决策支持分析报告；为多个学院统计专业资源数量及利用率情况，协助院系完成专业审核评估。

举办“主编面对面”品牌栏目。本年度共 4 次邀请国外知名出版商旗下期刊主编、编辑、审稿专家等来校讲座，为我校师生提供同国际期刊主编面对面接触的机会，指导师生如何提高论文质量、确保论文得到快速审稿和接受发表等；先后召开东南大学高被引学者证书颁发仪式暨图书馆支持大学“双一流”建设研讨会和东南大学 Web of Science 百年回溯开通仪式暨图书馆知识产权服务助力大学“双一流”建设研讨会，对我校师生高质量的学术发表、支持东南大学建设一流大学建设高校和进一步提高自主创新水平等方面具有重大意义。

（三）校园阅读文化持续推进

校园阅读推广工作持续推进并取得良好成绩，多项阅读推广活动获得国家、省、市级荣誉。连续成功举办东南大学读书节、优质服务推广月以及毕业季、迎新季等“两月两季”系列活动。连续出版原创电子杂志《书乐园》，培育学生社团“善渊读书会”、图管部、行知社等，使其成为校园阅读推广的重要载体。

圆满完成“两月两季”系列活动。在“东南大学第十届读书节”期间举办“向经典致敬”“馆长面对面”“缘来你就在这里”“共读一本书”等品牌活动共计 22 场；2018 届毕业季期间策划毕业生拍照留念活动，反响良好；2018 级新生季举办“百战书虫”“新声夺人”等活动共计 8 场，其中，“新生入馆教育”活动累计接待 22 个学院的 3 851 名本科生参观近 30 场次；2018 年优质服务推广月期间，开展送书进院系、学科服务走进院系(讲座)等共计 16 场活动。策划“信仰的光芒——雨花英烈主题书法、美术、摄影作品展”等活动，设计制作“东南大学一流大学建设高校建设方案展”展板，布置“栋栋楠楠”带你学宪法展览等。

强力推进新闻采访及微信微博等新媒体运行。图书馆新网站于 9 月正式上线试运行,采用 IA 架构,关注内容的组织和结构,突出图书馆服务,受到读者广泛好评。图书馆网站全年共发布新闻 115 篇,微博发布 148 篇,微信公众号发布 237 篇,在师生中产生较大反响,微信公众号在全国高校图书馆微信公众号中的排名从 100 名以外跃升至 36 名。运用新媒体强化思想引领,主动把握舆论导向,突出主流声音,发布"东南荐读"500 本书单,图书馆官微保持较高点击率,位居高校图书馆前列。中国图书馆学会高校分会全年共录用我馆稿件 27 篇,东南大学官方网站录用我馆稿件 4 篇,东南大学官方微信公众号转载或使用我馆提供的素材共 5 次,校内其他公众号平台转载我馆微信公众号内容 5 次,自媒与互媒的发展进一步提高了东南大学图书馆的显示度和影响力。

积极搭建师生互动新平台。充分发挥图管部(校学生会下属部门)、善渊读书会、行知社(土木学院)以及爱心书屋(青年志愿者协会图书馆部)等学生社团桥梁作用,使其成为图书馆与师生交流及阅读推广的重要载体。图书馆以读者需求为导向,时刻关注用户体验,倾听学生对图书馆的意见和建议,并安排专人负责回复读者咨询和投诉,及时处理馆长信箱、BBS、微信微博后台等的读者问题 2 402 条,将学生的意见作为"折子工程"来落实,立行立改,做到"事事有回音、件件有落实"。

加强图书馆服务和形象推广。作为学生在校期间的"书稿汇集馆"和"原创珍藏馆",原创杂志《书乐园》编委会于 6 月重组并出版 2 期全新改版的《书乐园》;"图书馆馆讯"也全新改版,出版 3 期;图书馆视觉导视共设计近 80 种海报及各类 logo 等;全年共举办 16 场主题书展,开展一年一度的"淘书节"活动,制作 2017 年度东南大学阅读报告、东南荐读图书视频等;"毓琇文化沙龙"成功举办 22 场读书交流会、文化活动、座谈报告会等。

配合学校各类文化活动顺利开展。图书馆已经成为学校重要的文化活动场所,宣传效果得到师生的公认。11 月,艺术学院张乾元教授"澄怀味像——张乾元鞍马人物山水画展览"在四牌楼校区图书馆举行。学生处主办的"东南大学最具影响力毕业生"海报展览、艺术学院主办的"移动的艺术'家'——关于艺术家的房车设计课程展览"、学生会主办的"榜样阅读"校园路演活动、研究生会主办的三行情诗大赛、建筑学院毕业生作品展、校史研究室主办的"不能忘却的纪念——东南大学民主、爱国、革命史陈"等均在我馆展出或进行;同时,各类空间资源得到充分利用,润良报告厅全年举办各类校级大型讲座 150 余场;中印联合教学学习班、中英联合教学学习班、中英 FELIA 培训班、多场教师发展培训班等在四牌楼校区图书馆协作学习室举办;配合校宣传部为中央电视台采访我校经管学院徐康宁教授和法学院易波教授提供录播场地和后勤保障服务等。

(四) 合作与共享工作卓有成效

积极参加各级、各类文献资源保障系统建设。参与教育部外国教材中心、江苏省工程技术文献信息中心、卓越联盟高校等的文献资源共享工作,完成全年外国教材中心新增原版图书 487 种 553 册的封面扫描;向外国教材中心联盟提交 2012—2018 年我馆外国教材中心入藏书目数据;完成 2017—2018 年度外国教材中心研究项目 1 项,并新申报 2018—2019 年度外国教材中心研究项目 1 项。参与江苏省工程技术文献信息中心的共建任务,撰写并提交江苏省工程技术文献信息中心的考核总结;承担平台上的文献传递

服务、413项深层次检索服务；提交4个经典服务案例；在中心工作简报投稿并发表1篇宣传报道，发挥了东南大学图书馆的社会服务职能，通过宣传推广，也发展了东南大学631位新用户，更好地扩大了本馆可使用的资源范畴。秉承“协同创新、追求卓越”理念，遵循“自愿、平等、共享”原则，以资源建设为基础，以信息技术为支撑，积极参与建设卓越联盟高校图书馆共享平台，为我校人才培养、科学研究、社会服务和文化传承提供有力的保障，平台全年访问量约为2万次。

积极推进馆际合作与交流。12月，我馆与香港理工大学图书馆续签馆际合作协议，促进两馆业务交流合作和馆员互访学习；参加全国工科院校图书馆馆长年会及卓越联盟高校图书馆馆长年会，交流图书馆管理经验，提升工作水平。与北京大学图书馆、复旦大学图书馆等共同签署加入“当代中国社会生活资料共建共享联盟”，收集、保护和研究1949年以来非正式出版的有关中国社会生活资料，以促进对当代中国普通大众社会生活的研究，实现中国当代社会生活资料的共建共享。上半年和下半年各组织召开一次江宁联合体馆长工作会议，各项工作任务顺利推进。与南京航空航天大学、河海大学、南京工程学院联合承办江宁联合体馆员培训班，参加“书香江宁 · 跟着大学老师读经典”系列活动及江宁联合体高校图书馆馆员联谊活动等。

三、加强改革创新，内部管理取得新成效

（一）优化部门结构及馆员队伍，提高服务效益

部门结构调整。3月份，以重塑理念、深化改革、激发活力为目标，优化了图书馆组织机构，完成新一轮部门调整和馆员岗位聘任工作，全馆共设9个部门，分别为图书馆办公室、策划推广部(新成立)、特藏研究部(新成立)、学科服务部、流通阅览部、资源发展部、技术支持部、四牌楼校区图书馆和丁家桥校区图书馆；同时调整了“图书馆馆藏发展委员会”“图书馆新技术应用委员会”“图书馆安全工作委员会”成员和职责；调整“东南大学图书馆工作委员会”成员，并召开了东南大学图书馆工作委员会会议，认真听取各院系和职能单位对图书馆工作的建议，发挥委员会的咨询和协调职能；首次成立了“东南大学文献资源建设咨询专家组”，为优化馆藏提供了制度和智库保障；为响应国家号召，更好发挥知识产权信息服务工作在我校科学研究、人才培养及“双一流”建设中的作用，学校发文成立了“东南大学知识产权信息服务中心”(校发〔2018〕226号)，中心挂靠图书馆，中心主任由馆长兼任，面向学校和社会开展知识产权信息服务工作。

馆员队伍建设。牢固树立“人才是第一资源”和“人才立馆”的战略思想，深化和推进图书馆干部人事制度改革，建立健全以德为先、任人唯贤、人岗相适、人岗相宜的中层干部选拔制度，拓宽选人用人视野和渠道，推动部门主任轮岗，大胆启用有能力、勇担当的年轻馆员走上部主任岗位。在3月份进行的新一轮部主任选聘中，80%的部主任进行了轮岗交换，启用了5位90后部主任、1位80后馆长助理，激发了部主任队伍的活力。截至12月，共有正式职工120人，临时工26人，勤工助学学生300余名；具有正高职称者3人，副高职称者15人，中级职称者54人，初级职称者及其他48人；有博士学位的7人，硕士学位的59人，学士学位的25人；退休6人，新进3人，续聘19人；1人晋升研究馆员，1

人晋升副研究馆员，1 人晋升馆员。配合学校完成图书馆原馆长顾建新的离任审计工作。

（二）修订完善制度，保障规范运行

建章立制，规范管理。修订《东南大学图书资产管理暂行办法》并通过学校发文(校发〔2018〕147 号)；修订完善了《图书馆馆情公开办法》《图书馆图书借阅规则》《图书馆网络系统安全管理制度》《东南大学图书馆不纳入固定资产管理报刊的处置办法》等各类业务规章制度逾 100 项，倡导精细化管理和标准化服务，力争做到馆内各项工作有据可查、有理可依；部门调整后，持续开展图书馆固定资产清查和盘查，完善我馆固定资产管理工作，保证国有资产物尽其用。通过制度规范程序和运行，防范风险，为图书馆事业健康发展提供良好的生态环境。

认真履行财务管理等工作职能。成立专门工作小组做好“中央高校改善基本办学条件”和“双一流”各专项项目的申请、经费使用进度的计划和执行及项目实施效益评估工作。

尽职尽责，按时提交各种总结和报表。向校办提交“教育思想大讨论”实施方案与活动总结、“师生综合服务质量提升改革方案”“东南大学图书馆十三五规划中期检查报告”等；完成教育部图工委事实数据、江苏省图工委事实数据、高等院校基本情况报表、教育部质量监测等相关数据的填报。

（三）加强青年馆员培养，提升专业服务与研究能力

重视青年馆员思想及职业素养教育。召开领导班子与青年馆员专题座谈会，认真听取青年馆员对图书馆的意见和建议；举办“遇见更好的自己——新时代、新目标、新作为”和“科学研究与服务实践”专题沙龙，鼓励和引导青年馆员志存高远、爱岗敬业、立足岗位做贡献。制订馆员提升计划、实行新馆员轮岗制和定期举办馆员沙龙，激发年轻馆员的内生活力，为年轻馆员的成长成才搭建平台。完成 9 场面向馆员的外文数据库培训专场，提升馆员业务水平；全年共派出 60 余人次参加各类业务学术会议以及业务学习，通过外出交流，开阔视野，为业务工作的顺利开展吸取经验。

鼓励馆员积极开展图书馆工作理论与实践研究。整体从制度上不断创造条件，努力提升馆员整体科研水平，充分调动全体馆员开展图书馆工作理论与实践研究的积极性，切实提高了图书馆的学术研究水平，科研工作取得了可喜的成绩。本年度公开发表 13 篇 CSSCI 来源论文；袁曦临主持的国家社会科学基金一般项目“数字阅读机制与导读策略研究”(项目编号 13BTQ023)顺利结项，评估结果为“良好”，并获批 2018 年国家社会科学基金一般项目“儿童中文阅读分级标准体系研究”(项目编号 18BTQ010)；宋歌主持的国家社会科学基金青年项目“学术创新扩散过程及创新力测度研究”(项目编号 15CTQ027)顺利通过年检；承担硕士点研究生教学管理，共完成 11 门专业课、462 学时的教学任务，今年有 7 名新生入学，6 名学生毕业，就业率 100%，并根据经济管理学院要求修订研究生培养方案及课程调整方案，完成学位授权点评估材料准备和提交工作。

四、2019 年图书馆工作计划

紧密围绕东南大学事业发展目标和张广军校长对我馆工作提出的新要求和新期望，

高点定位、凝聚共识、明晰目标，制订“东南大学图书馆五年提升计划(2019—2023)”，提出图书馆在未来5年建设中的“4321工程”及37项具体任务。坚守与变革协同，传承与创新并重，通过功能再造与服务创新来重新定义和调整图书馆在支持和参与学校教学、科研、文化等全生命周期的发展定位和高效支撑作用。强化责任担当，坚持服务大局；聚焦发展目标，夯实发展基础；明确服务方向，强化精准服务。积极发挥图书馆的文献服务中心、学习支持中心、科研支持中心和文化传承中心作用，提高东南大学图书馆的开放性、学术性和文化性，努力向与学校建设和事业发展相适应的专业化、信息化、卓越化的一流高校图书馆迈进。2019年主要工作计划如下：

(一) 加强党的建设，发挥党员馆员示范作用

以习近平新时代中国特色社会主义思想和十九大精神为主线，以学校巡察工作为契机，加强党的政治建设，规范党组织建设，提升党建工作水平。推进人才队伍和干部队伍建设，巩固教育思想大讨论成果，强化“三全育人”理念，服务学校“双一流”建设，加强宣传舆论引导，凝聚人心，彰显图书馆在学校文化建设中的作用。

(二) 优化资源体系，调整馆藏布局，继续推进共享体系建设

紧紧围绕学校整体学科发展思路和策略布局文献资源，优化图书馆文献信息资源体系，在规模、深度和前瞻性方面加强优势学科的资源建设，加强数字资源和特色资源建设，大力提高学科发展的文献信息保障能力。

(三) 持续实施图书馆环境改善与空间功能再造工程

配合、推动李文正图书馆内部空间改造项目(二期)的实施；同时加强对已改造好的空间的使用和推广；逐步营造功能区划合理、文化氛围浓厚、场所特色鲜明、环境温馨舒适的学习环境。

(四) 继续强化对教学和科研支持服务，发挥图书馆在人才培养中的作用

信息服务嵌入教学过程，开展协同型教育资源与服务平台建设、信息素养教育体系建设和学术写作指导，提供数字学术支持服务。深化院系联络，大力推广ORCID的注册服务，东南大学机构知识库上线试运行，用数据支持学习。加强学生馆员管理，提高学生馆员自我学习、自我管理与自我提高的能力。

(五) 加强图书馆资源和服务宣传推广，提升服务效益

借助各种媒体和场景强力宣传推广图书馆。通过大样本调查，准确掌握全校师生对文献资源、信息产品、功能空间、馆员服务等的满意度情况，办让师生满意的图书馆。

(六) 继续增加新技术、新设备在图书馆的应用，为读者提供良好体验

完善3D人脸识别系统的认证功能；增加智能咨询系统、电子钢琴自助教学系统、3D导引导视系统、图书馆服务机器人等的应用；紧密跟踪下一代“图书馆服务平台”(LSP)的

技术发展趋势,完成相关分析报告。对部分正在运行的应用系统,如赠书管理系统、专项经费采购图书登记系统、书乐园网站等,进行改造升级。

(七) 馆员分类发展和能力提升,激励馆员学术研究活动

创新图书馆激励机制,建立与完善一整套有序、高效的人才管理机制和科学的激励机制。根据学校“双一流”建设需求以及图书馆业务自身发展需求,按照岗位职能和专业程度实施分类发展与管理模式。大力支持和激励馆员开展学术研究活动,以学术研究助力图书馆发展。通过组建学术团队、资助科研项目、提供科研支持、鼓励馆员申报各类科研课题等形式,提高图书馆科研创新能力。

(八) 探索“图书情报与档案硕士点”建设与管理模式

通过“外引内培”方式大力加强硕士生导师队伍建设,不断提高研究生培养质量,注重过程管理和就业质量,搭建人才培养和团队建设新平台。

出版社 2018 年工作综述

东南大学出版社 2018 年围绕年初的工作思路,以“图书生产质量年”为中心,以品牌战略、精品理念为指挥棒,全社各部门人员齐心协力,在实践中不断探索,在坚守中力求创新,全年各项工作踏实有序、稳步推进。全年出版图书约 1 600 种,销售收入约 1 亿元。

一、精品出版实现新突破

精品出版是出版工作的核心内容,对强化出版社品牌、彰显出版特色、提高出版社的社会影响力、促进社会效益与经济效益同步发展具有重要作用。2018 年东大社在出版工作中精心策划部署、认真组织实施,在重点项目、奖项荣誉等方面获得了一系列成绩:

(一) 重点项目

新增《“一带一路”下的喜马拉雅城市与建筑文化遗产丛书》《城市更新》《数字景观》等 3 个图书项目和《何处忆江南——江苏非物质文化遗产》1 个音像项目入选国家“十三五”重点出版规划项目,《现代不锈钢结构基本设计理论》等 6 个图书项目、1 个音像项目入选江苏省“十三五”重点出版规划项目,至此共承担 16 项“国重”、19 项“省重”。

《可持续发展的中国生态宜居城镇》获 2018 年度国家出版基金资助 100 万元,《建造·性能·人文与设计丛书》获 2018 年江苏省新闻出版广播影视产业发展专项资金奖励 20 万元。

《档案记忆·红旗飘飘》一书和音像类《江苏红色建筑》入选江苏省委宣传部、省新闻出版广电局遴选出的 50 项 2018 年江苏省主题出版重点出版物,在主题出版方面实现了新突破。

《土木工程施工(第 2 版)》等 11 种修订教材和《装配式建筑设计理论与方法》等 9 种新编教材被列入 2018 年江苏省高等学校重点教材立项建设目录。

（二）获奖情况

《中国古代金属建筑研究》获“第四届中国出版政府奖”图书奖提名奖，《当代中国建筑设计现状与发展》和《中国近代建筑文化遗产保护与利用数字出版云平台》获“江苏省新闻出版广电政府奖”图书奖和数字出版物奖提名奖；《喜马拉雅城市与建筑文化遗产丛书》《中国丝绸之路上的墓室壁画》《一带一路经济植物》被评为“2017 年苏版好书”；《养老照护 100 问》获“第九届江苏省优秀科普作品奖”三等奖；在“江苏省第十五届哲学社会科学优秀成果奖”评选中，《中国南北朝时期佛教造像背光研究》获二等奖，《中国丝绸之路上的墓室壁画》和《明清小说戏曲插图研究》获三等奖；《智慧城市规划方法——适应性视角下的空间分析模型》获“2018 年江苏省教育教学与研究成果奖（研究类）”三等奖。

此外，《南京城市史》和《中国丝绸之路上的墓室壁画》分别被人民网、新华网专门宣传报道，《快乐是最好的药》《行画古村落——走进松阳》《中国误诊大数据分析》等 3 种图书分别被中国江苏网、浙江新闻以及搜狐网宣传报道。

二、融合发展再迈新台阶

2018 年初在融合发展层面提出继续完善在线教育平台“东南大学堂”、建设专业领域配套的资源数据库、通过发展现代纸书开展多样化的纸书减负以及利用数字技术进行断版书再造等工作思路。

全年共完成东南大学在线课程建设 16 门，交付验收 9 门；协助东南大学申报“国家级精品在线开放课程”，9 门获立项，居江苏省第 2 名、全国第 14 名；全年电子书销售额同比增幅 40%；荣获 2018 百度教育盛典“学海掌灯奖”；全面探索纸数融合出版模式，初步实现增值服务的收费功能。

三、质量保障体系更完善

2018 年，是国家新闻出版广电总局“质量管理 2018”专项年，也是东大社确定的“图书生产质量年”。结合全年教育部、省局的抽查和社内自查图书情况以及出版制度执行检查情况，东大社继续修订完善社内各项规章制度，健全出版质量保障体系，强化质量监控和评价，全面增强编辑业务技能，确保出版质量得到进一步提升。

四、合作出版把控更严格

2018 年，结合国家高度关注的合作出版中的不规范乱象，认真分析合作出版利弊，厘清合作思路，以管理规范和经营规模为标准，优选合作对象，严格把控合作规模，加强风险防范意识，并在此基础上从出版流程、质量把控等各方面进一步加强对合作图书的质量监管规范管理，使合作出版更加科学化、规范化、效益最大化。

档案馆 2018 年工作综述

2018 年,档案馆领导班子在学校党政的领导下,坚持立德树人、服务师生的宗旨,以问题为导向,以信息化建设为抓手,在“三个体系建设”原则的指导下,带领全馆人员同心协力,争创一流业绩,2018 年在档案信息化服务师生方面取得了明显实效。

一、本年度工作亮点

1. 增强主动服务意识,积极解决两校区服务瓶颈问题

随着学校建设步伐的加快,绝大部分学院已搬迁至九龙湖校区,考虑到九龙湖校区各学院新生档案的入馆和毕业生档案登记投递都要送到四牌楼校区,档案馆在开学季和毕业季主动联系各学院到九龙湖校区接收院系档案,解决了各学院前往四牌楼校区运送大批量档案不方便的问题。

2. 开发网上服务功能,方便师生一站服务

(1) 完善在校学生成绩翻译网上预约模块,解决了不同校区学生办理成绩翻译的问题。实现网上预约、网上核对、办理进度信息网上及时沟通和反馈等先进功能,实现了成绩翻译办理手续在线管理,使成绩翻译办理服务不受时间空间上的制约。

(2) 今年 6 月,我馆成功开发了新的“东南大学本科生翻译证明系统”,实现了本科生成绩的快速一键翻译,省去了大量的校对时间,在校生成绩翻译立等可取。该系统不仅可以实现在校本科生成绩的一键翻译,还可以提供毕业生成绩翻译的远程预约服务和企业学历认证在线服务。档案馆加入了医学网上认证,继续提供 ECFMG(北美考医师执照的认证机构)医学验证,把原来的分两步的纸质信函统一通过网络认证,把原来的 6 个月的周期缩短到 6 天;至少节省了 2 次国际航空快递的成本,大大提高了医学认证的效率。

(3) 完成了科研档案、基建档案、专利档案、业务档案、设备档案、录取通知书等各类科技档案的统一平台的收集、整理、保管和利用,使东南大学科技档案工作上了一个新台阶。全校教职工可以直接通过学校信息门户登录档案系统进行自助查询或下载已经归档到档案馆的专利和电子扫描件,这为各院系和职能部门的项目验收、报奖、成果转化、职称评定、优秀论文申报等提供了极大的便利。

(4) 研发成绩翻译电子签章可信认证服务系统,相关手续和软硬件环境已经布置好,即将调试完成投入使用。

3. 继续发挥档案馆在校园文化建设中的教育宣传职能

今年 9 月开学季档案馆在九龙湖校区举办了“走进东大展”;在 12 月 13 日国家公祭日当天,档案馆和人文学院联合邀请王酉亭先生的儿子王德先生在人文学院做了“王酉亭和中央大学动物西迁”沙龙报告会,充分发挥了档案馆在营造校园文化氛围、宣传学校历史文化、讲好东大故事上的作用。

4. 档案编研、项目研究、论文发表有明显进步

本年度，我馆钱杰生同志申报的江苏省档案局课题“电子档案‘云灾备’数据安全策略及其实现研究”通过省档案局组织的验收；另一项课题“高校档案从业者业务知识水平考评管理系统与实践”通过中国高等教育学会档案工作分会的验收，并被评为优秀课题，在年度会议上进行了交流。

5. 完成本年度专项经费的使用工作

本年度共完成使用专项经费 90 万元的扫描标引工作量，扫描 A4 页码 135.5 万张、A3 页码 7 627 张；著录 50 000 余条。

二、常规工作综述

1. 政治学习和业务培训

档案馆常年例行坚持每月一次的学习制度，本年度组织全馆人员学习了全国两会会议精神和宪法、党纪党规、档案业务知识等内容；开展了以“新时代新担当新作为”为主题的学习讨论；参观了“新中国工业文献档案展”；在线开展了“学习新思想，千万师生同上一堂课”和“牢记教师使命责任，严守政治纪律政治规矩”活动；观看了电影《邹碧华》和《厉害了，我的国》。平时注重业务学习，今年请了江苏省档案馆的专家吴晓和江苏省档案人才、“151 工程”第一层次培养人员刘镕畅研究员来我馆进行业务讲座，还请了我校高教研究室的耿有权教授、社科处的李建梅老师来我馆对论文写作和发表进行指导，全馆同志受益匪浅。今年派遣 29 人次外出学习调研。

2. 加强制度建设，推进业务工作开展

本年度全馆各部门以贯彻落实学校 KPI 考核指标为抓手，进一步夯实部门立卷制的落实，加强档案的收集力度，使档案工作进一步规范化、标准化。在“以学生为本”的前提下，加强学生档案制度建设，在多方征求意见的基础上，新近制定的《学生档案工作管理办法》更符合当今要求，更加人性化。

3. 档案史料征集工作

今年，吕志涛院士的档案资料入藏我馆。校友闵桂荣院士向我馆捐赠了“嫦娥三号”模型、“天宫一号与神舟十号载人交会对接”模型和《闵桂荣院士传记》。校友邵扬道先生委托家人捐赠了他 1985 年和 1991 年获得的“国家科学技术进步奖”证书、奖章。中大校友贺光梁的家人向我馆捐赠了两份珍贵实物。

4. 档案收集、整理工作

本年度收集整理归档各类档案：文书档案 10 000 余份，装盒 430 余盒，编制卷内目录 5 555 条；电子文件 9 433 份；各类科技档案 6 442 卷；成绩档案 9 702 份；收集整理照片档

案 627 卷、55 786 个文件;录像档案 38 卷、43 个文件;实物档案 34 盒、69 卷、479 个文件;名人档案 89 盒、186 卷、479 个文件;刻录光盘 45 张,共 540 GB。接收整理新生档案 6 667 份,投递学生档案 6 308 份;接收整理人事档案 152 人(卷);整理人事材料约 9 000 份并归档入卷。

5. 档案利用和服务工作

本年度接待到馆用户 9 386 人次,利用档案 9 878 件次;网上档案查询利用 4 057 人次;网上论文审阅 4 397 人次;回答用户电话及咨询 10 000 余个。今年有 1 位在职人员去世,2 人调动到校人事处、党办,多人次因病手术住院,在人员变动比较大、人力紧张的情况下,广大职工齐心协力,服务师生工作不怠慢,实行首问责任制,虽然因为要严格按档案法规定办事,感受到了部分师生的不理解,但我们尽量给办事的师生提供方便,不因为档案的欠缺而影响对师生的服务,收获了更多的当面感谢甚至是书面感谢信,如退伍军人颜老师的档案因故缺失,无法证明其上世纪 70 年代从军的经历,我们多方取证,从蛛丝马迹中为他找到了从军档案材料。学生成绩翻译、学历学位证书翻译要盖多个章,为解决这一问题,简化为只需盖档案馆一个证明章,档案馆做了大量的准备工作,目前各项准备工作基本就绪,明年开始实行。由于工作努力,档案馆获得 2018 年教育部直属高校档案信息化工作先进单位称号,馆长获得教育部直属高校档案工作优秀馆长称号。

6. 信息化建设工作

本年度信息化工作在以问题为导向的工作思路指导下,完成了档案管理系统升级换代研发、调制、实施等工作;研发了成绩翻译电子签章可信认证服务系统,相关手续和软硬件环境已经布置好,即将调试完成,使用指日可待。

7. 档案保密安全工作

档案馆历来重视保密工作,全体涉密人员能认真参加保密培训,严格按照上级和学校的要求做好安全保密措施。馆领导逢会必提安保工作,今年开展了多次全馆的安全保密工作自查,并依据《档案信息系统安全保护基本要求》采取多种形式保障档案数据的安全,确保档案安全保密不破底线。

8. 两馆管理工作

承担维护并完善两馆设施设备工作,确保吴健雄纪念馆和校史馆正常接待开放,吴健雄纪念馆总开放时间 2 000 余小时,接待人数 8 000 人,校史馆开放时间 2 184 小时,接待 2 万余人次。

9. 档案馆馆舍新增 298 m^2

10. 发挥东南大学在江苏省高校的影响力

组织全省高校档案专职档案人员开展了一次档案知识竞赛活动,上半年组织了江苏省

高校馆长论坛，下半年组织了江苏省高校档案研究会的换届会员大会，均取得圆满成功。

总之，2018 年对于档案馆来说是非常艰难的一年，全馆在岗同志在缺少 4 个编制的情况下，除了完成基本工作外，还完成了提升档案工作质量的大量工作，实属不易。希望档案馆工作和服务的提升和改变能使师生感受到档案馆全体人员所付出的辛勤努力。

学报(医学版)2018 年工作综述

2018 年《东南大学学报(医学版)》编辑部在省局报刊处、学校党政的正确领导，编辑部全体同志的共同努力，校内外编委的大力支持，审稿专家的努力工作和广大作者共同支持配合下，顺利地完成了 2018 年度的工作计划，现总结如下：

一、出版发行

2018 年度《东南大学学报(医学版)》《现代医学》《中国医学文摘内科学分册(英文版)》分别完成 6 期、12 期和 4 期的编辑出版及发行工作。每期杂志定时送交样刊至北京图书馆、中国新闻出版总署和江苏省新闻出版局报刊处。

二、稿件量

《东南大学学报(医学版)》2018 年共接收稿件 1 380 篇，《现代医学》2018 年共接收稿件 4 826 篇。为了获得更好的稿源，注重吸纳基金资助的论文，从投稿开始就限制了一些低水平文章的投稿，做到宁缺毋滥，这对提高投稿的质量有较大帮助。《中国医学文摘内科学分册(英文版)》选登文摘 500 多篇，所选 500 多篇摘要中，有三分之二以上为重点课题论文，覆盖面广，基本代表国内内科领域的最新进展，及时向国内外医学界介绍了中国内科及相关领域所取得的最新成就。

三、期刊评估及获奖

完成江苏省新闻出版广电局对 3 本杂志的期刊出版质量综合评估；《东南大学学报(医学版)》连续 4 年获得中国科技论文在线一等奖。

四、杂志交换

除完成一年内期刊的编辑和发行工作外，编辑部还不断拓展发行渠道和发行方式，与国际国内多家兄弟医学院校及医学期刊杂志社建立了交换关系。

五、编辑队伍建设

虽然 2018 年在编辑部全体同志的共同努力下取得了一些成绩，但是还存在一些问题和不足：(1)编制不足，人员老化，工作量大，大家觉得都已严重透支，急需新进编辑人员；(2)稿件量大，高水平的稿件还不多，需增强刊登标准，加强约稿组稿，以提高稿件和期刊质量。

学报(自然科学版)2018 年工作综述

一、数据库收录

2018 年度出版《东南大学学报(自然科学版)》正刊 6 期,共发表论文 170 篇;出版《东南大学学报(英文版)》正刊 4 期,发表论文 73 篇。两刊合计发表论文 243 篇,均被 Ei Compendex 数据库收录。此外,两刊还被英国《科学文摘》(INSPEC)、美国《剑桥科学文摘》(CSA)多个分册、美国《化学文摘》(CA)、俄罗斯《文摘杂志》(AJ)、美国《数学评论》(MR)、德国《数学文摘》(ZBl MATH)等其他国际重要检索数据库收录。

二、表彰与奖励

(1)《东南大学学报(自然科学版)》蝉联江苏省新闻出版广电政府奖。该奖项是江苏省新闻出版广电系统目前设立的最高等级的政府奖。根据江苏省新闻出版广电局 2018 年 3 月正式公布的评选结果,共有 17 种报刊(6 种报纸、5 种社科类期刊、6 种科技类期刊)荣获 2018 年“江苏省新闻出版广电政府奖·报刊奖”。《东南大学学报(自然科学版)》是 6 种获奖的科技类期刊之一。这是继 2013 年获得首届“江苏省新闻出版政府奖·报刊奖”之后,《东南大学学报(自然科学版)》再次获此殊荣。

(2)《东南大学学报(自然科学版)》再次入选中国高校百佳科技期刊,《东南大学学报(英文版)》再次入选中国高校优秀科技期刊。此次评选活动在编校差错率低于万分之三的前提下,利用全文数据库、检索数据库和评价机构的有关评价成果,结合期刊的学术影响力、行业影响力,就期刊学术质量和编辑出版质量开展综合审查,共评选出中国高校杰出科技期刊 24 种、中国高校百佳科技期刊 120 种、中国高校优秀科技期刊 247 种、中国高校编辑出版质量优秀科技期刊 53 种。

(3) 2018 年 6 月,《东南大学学报(自然科学版)》荣获教育部科技发展中心 2016 年度“中国科技论文在线优秀期刊”一等奖。

学报(哲学社会科学版)2018 年工作综述

2018 年,《东南大学学报(哲学社会科学版)》(以下简称学报)以精品办刊为指导思想,出刊与编辑正常有序地进行。

2018 年,学报全年共出版 6 期正刊、2 期论文专刊(增刊)。全年处理稿件 3 000 余篇,公开发表 200 余篇。此外,学报继续担任专业网络期刊《艺术学报》的主编单位。全年共出 6 期网络版《艺术学报》,提高了东南大学人文学科的学术知名度。

为了贯彻十九大报告与习近平新时代中国特色社会主义思想,更好地落实党中央的

各项方针政策，学报在2018年重点邀请该领域的知名专家撰写了相关文章，产生了良好的社会反响。

2018年，学报继续被《中文社会科学引文索引(CSSCI)来源期刊》《中国人文社会科学核心期刊》《RCCSE中国核心学术期刊》《中国人文社会科学综合评价AMI核心期刊》收录，同时，学报2018年被中国社科院评价系统收录为A刊核心期刊，在精品办刊的道路上继续前进。

为了提高本期刊的学术影响力，学报在2018年度的专家稿件以及组稿数量与质量比2017年有较大提高，专题讨论论文更具前瞻性与学术引领性。学报的质量与信誉不断提升，精品意识不断强化，所有这些为繁荣发展东大哲学社会科学做出了贡献。

网络与信息中心2018年工作综述

一、2018年工作总结

2018年，在学校网络安全和信息化领导小组及专家组的领导与支持下，网络与信息中心为配合学校推进世界一流大学和一流学科建设，在校园网及校园信息化建设方面不断进取，进一步细化"十三五"东南大学信息化发展规划，基本完成了改善高校基本办学条件及"双一流"建设项目的年度计划，为将我校由数字校园向智慧校园迈进打下了坚实的基础。

（一）完善并保障校园网正常运行

在前期完成四牌楼与九龙湖校区无线网改造的基础上，2018年又完成了丁家桥校区所有楼宇的无线网改造，由此我校三个校区基本实现无线网络全覆盖，各校区用户无线网使用体验明显提升。

运维方面通过引进专业驻场人员、运维监控平台等手段及时发现、及时处理网络及应用系统出现的问题，争取服务到桌面，确保少出问题，出了问题能及时修复，进一步提升用户满意度。

（二）推进数据中心SDN网络改造及资源扩充

数据中心现有近1 000台虚拟机，各部处应用系统近200个。近1年虚拟机新增200多台，非结构化数据增长200多TB，用于承载图书馆、档案馆等部门的非结构化数据。

2018年，推进并完成了数据中心SDN网络改造，完善云数据中心资源建设，进一步加强数据安全、数据备份以及数据的利用率，更好地为全校用户提供IT资源服务。

（三）推进本研一体化建设，完成年度目标

加快推进本研一体化系统建设，围绕教务排选课、课程库建设、学生培养管理等基本功能，完成本研课程库、教师信息库、教室信息库及数据标准的建设，完成本科培养计划、

教学计划,完成本研排课、互选、排考,课表和成绩统一展示。

(四) 建设网上办事大厅,加强移动应用服务

大力推进网上办事大厅建设,优先建设广大师生反映强烈的跨部门办事难的问题,从多个角度提供面向老师、学生的网上办事流程。进一步加强移动应用服务,让师生在手机上也能办理。

(五) 加强网络安全措施,维护信息系统安全

联合专业外包服务团队完善我校网络与信息安全运维服务,梳理全校信息化资产,定期扫描和排查漏洞。对学校二级网站系统实施监测与云防护服务,对网站提供全面的可用性监测,维护学校网站安全。关注各漏洞响应平台及教育部发布的安全漏洞通知,通过 DNS 域名系统和路由管理系统及时控制漏洞所在站点,协助相关部门尽快修复漏洞,维护网络安全。在各项重大活动举办期间,配合学校网络安全保障工作,避免信息系统安全事故的发生。

(六) 加强队伍建设、培养和培训

加强队伍建设,努力提升中心技术人员的业务水平,安排多人次参加各种信息化学术会议和技术培训,提升了技术人员的眼界,开阔了思路。技术人员技能得到了明显提高,解决问题的能力得到了加强。

(七) 完成改善基本办学条件及双一流建设等国家专项资金的启动

组织力量,加强顶层设计,较好地完成了改善基本办学条件及双一流建设等国家专项资金的招投标工作以及项目建设。

二、2019 年工作要点

2019 年,主要工作任务以“十三五”规划为指导方向,提高整个数字化信息的整体运行可靠性。加快 IPv6 网络建设,依托现有 SDN 网络,基于智能算法与动态建模方式,实时诊断现有信息系统网络健康状况,提升用户使用校园网的满意度。扩大现有四牌楼数据中心机房,扩容现有四牌楼数据中心动力环境设施以容纳足够的服务器、网络和存储设备,以满足应用系统双活和数据异地灾备的需求。在数字化校园建设的基础上,加强以人为本,以服务为导向,向智慧校园推进。

(一) 校园网基础设施改造

在关键网络节点配置 SDN 交换机及 SDN 控制器,使得网络设备配置更加方便、灵活、高效。对校内新增楼宇进行无线网络覆盖,以及对现有楼宇无线覆盖进行调优,对部分信号不佳的区域进行无线增补。建设出口边界网络入侵系统、抗拒绝服务系统及日志服务器,通过对异常流量的分析功能,实现对流入校园网络流量的分析,识别其中各类攻击流量。

四牌楼校区内还有一些楼宇的网络状况相对较差,2019 年将对这些楼宇分批进行整体网络改造,以适应网络应用飞速发展的需求。随着网络应用向高带宽发展产生的爆发性需求,四牌楼校区内现有的光缆资源已明显不足,计划将在四牌楼校区内进行大对数光缆建设。

(二) 数据中心建设

当前数据中心用于各部处第三方应用的服务器使用年限已经超过 6 年,已经超过 X86 服务器的低故障运行期;为了满足非结构化存储的需求,2017 年新建立的 450TB 非结构化分布式存储系统一年已经使用超过 40%。为了应对数据中心的发展和资源需求,计划 2019 年对现有数据中心计算、存储和网络资源进行扩容。计算、存储和网络资源扩容主要是对原有设施进行升级改造,其中网络部分主要进行 SDN 的改造和基于 SDN 技术的数据中心网络分析。

(三) 校园信息化建设

建设智慧校园数据服务平台,利用多源、海量的结构化和非结构化数据,对校园网、物联网、无线网、一卡通、数字校园信息门户、MOOCs、社交平台、生活服务平台、预约系统的日志记录,初步具备对用户的日常网络使用行为、消费能力、喜好和学习习惯的分析能力,对用户行为和属性的描述能力,为服务流程的精细化管理提供依据,实现服务智能化;为师生建立个人数据中心,通过大数据分析建立个人画像,更好地收集用户的需求及偏好,为改善信息化服务的发展方向提供数据支撑;进一步加快建设网上服务大厅,梳理全校业务流程,根据工作流引擎使服务碎片化,提供老师、学生、管理人员网上一站式服务;移动校园系统平台升级改造,主要包括部分业务系统的移动版改造以及微信平台应用,使越来越多的学校事务可在移动平台上办理;完成本研一体化有关研究生业务的建设。

(四) 进一步加强网络安全工作

在信息化建设的同时,继续做好网络及应用系统安全工作,进一步加强网络的监测、监管工作,完成等保测评工作的整改任务。制定并完善学校网络安全规范和制度及应急预案。

(五) 继续加强队伍建设、培养和培训

继续加强队伍建设,引进专业骨干技术人才,通过安排参加各种信息化学术会议和技术培训,努力提升中心现有技术人员的业务水平,更好地为学校信息化建设提供服务。

后勤管理与基建工作

总务处 2018 年工作综述

2018 年总务处在校党政及后勤党工委的正确领导部署下，以双一流建设为指引，以学校“十三五”发展纲要为指南，为全校师生开展后勤保障工作。

一、做好日常管理、维护工作全方位保障

1. 2018 年完成改善基本办学条件专项 18 项，财政经费预算 5 024 万元，包括九龙湖校区、四牌楼校区等公共卫生间改造 68 间；九龙湖图书馆升级改造工程面积 3 900 m^2；四牌楼校区供水管网改造 8 500 m，四牌楼道路维修面积 27 000 m^2；群英楼、逸夫建筑馆更换 6 台电梯；吴健雄纪念馆更换中央空调等设备改造工程。

2. 完成全校三校区的地下管网测漏工作，查出漏点 25 个，及时维修，堵住了跑冒滴漏，预计比 2017 年可节约用水约 20 万 t。承接各类校内零修工程 1 558 次。

3. 桃园北食堂建成并顺利开业，同时完成了橘园、梅园两食堂的外包招标工作。不断强化食堂饮食的食品安全管理、卫生管理；不断提高食堂菜肴的品质，增加花式品种，加大师生用餐的选择性。

4. 完成了 1 000 多间本科生宿舍的出新任务，完成了 60 多套研究生宿舍的改造任务，满足了九龙湖校区新增的 500 多名研究生的住宿条件。

5. 完成了四牌楼校区草坪种植、树木修剪、意杨树砍伐等绿化工作；抢险极端天气造成的倒伏大树 30 多棵。九龙湖快递服务中心平时日均派件 5 000 多件，日揽件 300 件左右。

二、积极创造条件，满足广大师生的新要求、新期盼

1. 经总务处与江宁区教育局紧密合作，九龙湖校区东南大学附属幼儿园于 2018 年 9 月 3 日正式开园。首批入园幼儿 180 多名，其中东大教职工子女 80 多名。

2. 提升校园景观，打造李文正图书馆周边景观，打造了 3.5 km 的环湖步道，沿步道设置亮化系统、标识系统、监控系统与呼救系统等，美化了校园环境。

3. 完成九龙湖校区新建桃园食堂周边、法学院景观绿化改造；橘园食堂广场景观提升改造；新建学生宿舍桃九舍、桃十舍及桃八舍北面树木移植工作。

三、不断完善后勤管理制度，提升管理水平

1. 完成《东南大学水电管理办法》修订，并根据办法对全校进行水电经费指标核定。根据《东南大学公用房和公共设施修缮工程管理办法》，修订完善院（系）、部处公用房、公共设施修缮工程的管理流程。

2. 国资办根据国家和学校有关文件规定精神，完成了《东南大学房地产与家具管理暂行办法》修订工作。同时做好引进人才的选房、售房等相关工作。共协助 18 名教师完成公租房的申请入住工作。

3. 后勤党工委、总务处与下设的 7 个业务中心、5 个科室开展了廉政责任书签订工作。

四、取得优异成绩，获得省市部门多项荣誉

1. 汽运中心积极采用节能减排新技术，引进新能源大巴做接驳车。2018 下半年运行经费成本将减少约 26 万元，全面减少碳排放量约 30 万 kg。2018 年获江苏高校“车辆管理先进单位”。

2. 2018 年东南大学获得由南京市绿化委员会、南京市绿化园林局颁发的“2018 年度南京十大最美高校”荣誉称号；四牌楼校区、九龙湖校区被授予“园林式单位”称号。

3. 在九龙湖校区学生宿舍建设了自助洗衣房系统，月均洗衣订单数达到 33 400 单。被江苏省高等学校后勤协会授予“江苏省高校后勤信息化融合新业态创新先进单位”的荣誉称号。

4. 精美的环境，优质的管理，桃园餐厅和沙塘园餐厅获得了由江苏省餐馆行业协会颁发的“江苏好食堂”荣誉称号。

5. 开展主题为“绿色校园，你我共建”的节能宣传系列活动。水电服务中心李道真荣获中国教育后勤协会能源管理专业委员会颁发的“最美工匠奖”。

五、2019 年总务处工作计划

1. 继续落实并做好改善办学条件专项项目，完成学生公寓改造、公共楼宇维修、卫生间的改造；

2. 完成九龙湖校区二、三环自行车道、马拉松赛道的改造；

3. 完成九龙湖大草坪及景观环境综合整治；

4. 完成九龙湖图书馆中央空调的大修，部分学生公寓家具的更新，档案馆电梯的建设；

5. 完成学生宿舍管理系统的升级，完成国资办房屋管理软件系统建设；

6. 完成总务处网络信息化管理系统的建设；

7. 继续优化并完善总务处的各项管理制度；

8. 调整并优化总务处组织结构，提高总务处各部门整体工作效率。

基本建设处2018年工作综述

一、2018年工作总结

2018年是学习贯彻党的十九大精神的开局之年,是实施基本建设“十三五”规划承上启下的关键一年,是我校加强顶层设计、优化校区功能布局的“规划修编”之年,是落实建筑业“装配式建筑”要求、推动“绿色建造”行动之年,是深入服务学校“双一流”建设、努力实现基本建设内涵式发展的奋进之年。

(一) 加强党风廉政建设和机关作风建设

深入学习和贯彻党的十九大精神,切实加强政治建设,进一步增强“四个意识”,坚定“四个自信”,坚持“四个服务”。推动“党政同责、一岗双责”,完善党风廉政建设责任体系,进一步加强监管问责。组织全体人员签订“基本建设处廉政责任书”。每个项目开工前,项目负责人与施工单位签订廉政协议书。组织全体同志参观江宁区汤山反腐倡廉预防职务犯罪警示教育基地,通过多种形式开展警示教育,筑牢思想防线,规范权力运行。持续加强作风建设,主动走访服务院系,处领导班子先后走访海外教育学院、能源与环境学院、生物科学与医学工程学院,主动汇报项目进展,调研外籍专家公寓、能环科研综合楼和生医科研综合楼建设需求;调研数学学院、人文学院、经济管理学院、外国语学院、艺术学院、法学院、马克思主义学院,了解人文社科科研楼建设需求,交流项目建设进度和设计意向。

(二) 加快推进基本建设“十三五”规划实施

完成人文社科科研楼、九龙湖兰园宿舍(Ⅰ)、九龙湖兰园宿舍(Ⅱ)三个项目的教育部立项工作并启动项目设计工作;完成桃园食堂的竣工验收和交付工作;完成土木交通教学科研楼实验楼B2区的消防验收和交付工作,完成实验楼B1区振动台土建配套工程的招标工作;完成信息电子教学综合楼主体工程;完成能环科研综合楼监理和施工总包招标工作;完成生医科研综合楼监理和施工总包招标工作;完成九龙湖游泳馆监理和总包招标工作;桃园学生宿舍(9—10号)项目是学校的一号重点工程,关乎2019年新入学的学生住宿问题,在分管校领导的关心和协调下,项目申请了江宁区的重点工程,于2018年10月20日提前开工,至2018年底项目已完成桩基施工,正在进行基础施工。

(三) 推进校园规划修编工作

九龙湖校区规划修编工作是进一步优化校园功能布局,重塑校园空间,镌刻校园文化记忆,构建“以人为本”的现代化校园,服务“双一流”建设的重要基础。为保证规划修编质量,在张广军校长的关心下,学校专门成立了由王建国、孟建民院士等行业大师组成的咨询委员会指导把关,至2018年底已完成初稿并征求了江宁区规划局和南京市规划局意见,正在进一步修改完善。丁家桥校区规划是融入南京市“两落地、一融合”战略、支

撑我校“特色医科”发展布局的重要保障，至 2018 年底已完成初稿并征求了南京市政府意见，正在进一步修改完善。

（四）落实“装配式建筑”政策，推动“绿色建造”

落实装配式建筑新技术应用，不断提高建筑工业化水平。在能环科研综合楼和生医科研综合楼施工图设计中，积极与江宁区装配式建筑推进办、江宁区施工图审图中心协调沟通，组织召开多次专家论证会，在确保工程质量安全的前提下，逐步稳妥推进装配式构配件应用。逐步实现标准化设计、工厂化生产、装配化施工的现场建造方式。在能环科研综合楼和生医科研综合楼设计图中应用了预制内隔墙板、单元式幕墙等装配式构配件。

（五）完成内控整改工作

一是建设项目管理信息系统。管理信息系统主要涵盖信息集成、流程跟踪、审批等功能，能实时观察项目进度、投资和档案等。基本建设处首先完成了项目全生命周期流程梳理并制定流程图，会同审计、财务、网络中心等部门召开了若干次讨论会。调研了清华大学、浙江大学、西安交通大学、北京化工大学等学校的信息系统。组织了对建信、金马威两家软件公司的调研，与两家软件公司进行了多次研讨磋商，力求用最简单科学的操作实现最优质的功能，目前软件系统由金马威软件公司无偿捐赠，系统已经上线测试。二是制定项目后评价管理办法。通过构建后评价指标评价体系和评价办法，加强对项目实施过程的检查总结，不断提高项目投资效益。办法起草中主要依据国家发改委 2014 年出台的《中央政府投资项目后评价管理办法》和《建设项目后评价报告编制大纲（试行）》，教育部 2016 年发布的《教育部直属高校经济活动内部控制指南（试行）》，2015 年发布的《教育部直属高校廉政风险防控手册》以及《江苏省政府投资项目后评价管理暂行办法》。在办法制定期间，特邀土木学院教授做过两次专题指导。至 2018 年底已将办法初稿提交相关部门征求意见。

（六）顺利完成 1.404 2 亿元国拨资金支付

积极推进信息电子教学综合楼建设，按照合同付款条件，顺利完成 4 542 万元国拨资金支付。积极推进能环科研综合楼和生医科研综合楼的前期工作，因服务江宁区政府“环东大知识创新圈”建设，增加了两个项目中科研用房和实验室的建设规模，在分管校领导的大力支持和协调下，完成二次向教育部申请可研立项，克服困难，按照计划在 11 月份完成了两个项目的施工总包的招标工作，顺利完成了能环科研综合楼 5 000 万元、生医科研综合楼 4 500 万元的国拨资金的支付工作。

（七）积极申请 2019 年度国拨资金额度

积极向教育部申请 2019 年国拨资金额度。继土木交通教学科研楼、能环科研综合楼、生医科研综合楼 3 个项目列入教育部“双一流”建设重点项目名单后，人文社科科研楼列入 2019 年教育部“双一流”建设重点项目并申请了“双一流”建设资金 6 500 万元。

信息电子教学综合楼申请了中央预算内投资 4 000 万元、改善基本办学条件资金 1 600 余万元,桃园学生宿舍(9—10 号)项目申请了中央预算内投资 2 000 万元。

二、2019 年工作要点

继续把认真学习贯彻党的十九大精神作为首要政治任务,武装思想,指导实践。持之以恒推进党风廉政建设和反腐败工作,加强机关作风建设,切实增强使命感和责任感。扎实推进“十三五”基本建设规划实施,加快推进校区规划修编工作,贯彻落实基本建设发展新理念,落实装配式建筑、智慧工地等绿色建造技术措施,促进基本建设工作迈上新台阶。

(一) 持续加强党风廉政建设和机关作风建设

始终把党风廉政建设工作放在首要位置,切实履行“一岗双责、党政同责”,推进“两学一做”活动常态化制度化,主动担当,攻坚克难,以钉钉子精神抓落实,履行全面从严治党主体责任,旗帜鲜明地批评和纠正违规违纪言行。在加强现有党风廉政建设和反腐败警示教育工作基础上,一是研究建立党风廉政建设岗位责任制,落实全员签订“党风廉政建设责任书”,做到责任到岗、责任到人,确保主体责任明确、履责有规、问责有据;二是针对基本建设管理工作特点,组织定期开展廉政风险排查评估,梳理管理流程中的风险点,完善防控措施,定期研究分析党风廉政建设形势,定期检查各科室和各岗位的党风廉政建设各项任务落实情况,推动党风廉政建设责任的有效落实。

持续加强机关作风建设,驰而不息纠正“四风”,牢固树立求真务实、实事求是、密切联系群众、“以师生为中心”的工作作风。深入院系和师生一线员工中开展调查研究,精准了解院系和师生一线员工对用房的使用和建设需求,主动汇报工程实施进度,定期发布重点建设工程进程简报,完善质保期回访制度,做好售后服务工作,以提升一流管理服务能力为目标,以学习型、研究型、服务型机关建设为抓手,不断提高基本建设处管理服务水平和效能。

(二) 加快推进校区规划修编工作

尽快完成丁家桥校区和九龙湖校区规划修编工作,充分发挥校园规划建设引领作用,融合先进办学理念和科学规划理念,有效提升基本建设内涵品质,科学指导今后一段时期校园基本建设工作。以校园总体规划修编为基础,谋划“十四五”基本建设项目,为 2020 年启动下一个基本建设五年规划编制工作打好基础,全力打造新时期人文校园、绿色校园、生态校园、智慧校园,推动“美丽东大”建设。

(三) 扎实推进“十三五”基本建设规划项目实施

完成丁家桥校区生命科学大楼、九龙湖校区综合科研楼(自动化、电气、仪科等)教育部立项工作;完成桃园学生宿舍(9—10 号)竣工验收和交付工作;完成信息电子教学综合楼竣工验收工作;完成生医科研综合楼主体结构施工;争取完成能环科研综合楼主体结构施工;完成人文社科科研楼设计和施工总承包单位招标工作;完成土木交通教学科研

楼实验楼 B1 区消防验收和交付工作；完成九龙湖游泳馆主体结构封顶工作；完成九龙湖兰园宿舍（Ⅰ）设计工作；完成九龙湖兰园宿舍（Ⅱ）设计工作。

（四）推进九龙湖校区配电优化工作

优化九龙湖校区现有楼宇供电网络，合理规划新增用电项目，进一步做好九龙湖校区整体配电优化的规划设计工作。转变校园能耗管理理念、模式和方法，研究论证建设能源智能化监控平台可行性，逐步实现能耗管理由粗放向精细化管理的转变。提升校园的运行效率和管理水平，建设智慧型、节约型校园。

（五）持续推进“绿色建造”行动

全面践行绿色建造理念，研究建立涵盖绿色规划、设计、施工、建材等方面的基本建设管理体系。持续落实装配式建筑政策，加强装配式构配件应用的研究论证，确保工程质量安全。加强施工管理，研究落实绿色施工技术应用，打造绿色施工示范工程。不断提高施工工地扬尘防治管理水平，研究推广“智慧工地”建设，推进“智能化”扬尘管控，实现施工工地扬尘排放网络化监测、控制、管理。

（六）加强管理能力和水平建设

加强理论学习，全面提升基本建设队伍管理能力和管理水平。转变工作方式，优化工作流程，加强基本建设信息化管理系统应用，提高信息化管理水平；以“责任清”为目标，落实首问负责制，强化工作执行力度，研究完善岗位责任制建设，针对基本建设重大决策、招投标、资金支付等重点环节，采用“分级管理、统一落实”原则，确定责任主体，明确责任内容，细化传递工作责任到具体科室和具体岗位，强化压力传导，严明责任，狠抓落实。以更加奋发有为的姿态和精神，促进学校基本建设管理廉洁、规范、高效发展，为“双一流”建设做好支撑保障。

医疗卫生工作

东南大学附属中大医院2018年工作综述

2018年是全面贯彻落实党的十九大精神的开局之年，是实施“十三五”规划承前启后的关键一年。医院以江苏省等级医院评审为契机，按照东南大学和上级卫生主管部门的部署，坚持推进质量安全，强化管理内涵，紧盯目标，努力拼搏，业务收入再创新高，医院管理持续进步，安全质量平稳有序，品牌形象不断提升，各项工作完成年度既定目标。

本部期末开放床位1 821张，年内实现总收入24.18亿元，其中业务收入23.10亿元，总收入同比增长11.23%。累计完成门急诊诊疗1 254 714人次，同比增长4.4%；出院病人76 743人次，同比增长4.3%；住院手术39 715台次，同比增长23.2%；全年床位使用率105.3%，平均住院日9.1天，同比减少0.4天。

江北院区期末开放床位539张，年内实现总收入5.12亿元，其中业务收入4.71亿元。累计完成门急诊诊疗574 805人次，出院病人22 053人次，住院手术7 462台次，病床使用率92.4%，平均住院日8.3天。

一、扎实开展医院迎评工作，提高科学管理水平

1. 完善医疗质量与安全管理体系

以医院等级评审为契机，完善医院质量管理体系与制度建设，促进医院质量与安全管理工作的规范化，对原医院质量与安全管理委员会进行梳理，调整委员会设置及人员名单，修订委员会及下设各专业委员会的工作职责与工作制度，进一步明晰各专业委员会职责和要务，充分发挥专业委员会的作用，保障各项重要工作质量的持续改进。结合医院实际工作，修订完善管理、医疗、护理等相关制度，细化优化操作流程，组织全院职工分批进行应急演练、质量管理等专题培训。

2. 通过三级甲等医院等级评审

紧密围绕“质量、安全、服务、管理、绩效”等关键目标，依据《江苏省三级综合医院评审标准实施细则(2017 版)》各项要求，逐条分解，组织学习落实。按照自查准备、督查反馈、整改提高和总结迎评四个阶段安排，统筹协调，全面推进，目标管理，阶段反馈，实施总体进程和目标控制，全院上下全力投入等级医院评审工作。于 2 月启动评审动员，9 月完成自评摸底、10 月上报医院自评情况，12 月迎接专家组现场评审，顺利通过三甲医院评审定级。

二、严控医疗质量安全监管，加强医疗能力建设

1. 强化医疗质量和医疗重点环节管控工作

对三级医师查房制度、交接班制度、疑难病例讨论制度、危重症患者抢救制度、死亡病例讨论制度等医疗核心制度落实情况进行季度重点督查。加强围手术期安全管理，重点督查手术分级、术前讨论、术前小结、术前病情评估及准备，多科室联合探索更有效的监管办法。细化危急值制度管理及管控工作，推进危急值网络信息化推送工作，提高制度执行力。重视平均住院日、住院超过 30 天患者管理，取得明显成效。推进医疗安全(不良)事件管理工作，积极倡导患者安全文化。成立医院质控中心管理工作组，规范管理，推进与规范医院国家级、省级医疗质量控制中心的建设和发展。

2. 深入医疗质量管理和三基的培训考核

坚持每月组织全院性疑难病例讨论。围绕科室医疗管理，组织 DMIAES 应用演示，推广 DMIAES 系统应用，探索医疗运行数据的应用与分析，辅助科室医疗管理决策。年内还组织多场次基础知识培训，包括“三基”知识与急救技能、合理用血、抗菌药物使用相关规范和制度等。组织 45 周岁以下医技人员通过人机对话形式进行“三基”与急救知识的理论考试，均分 87.59 分，合格率 99.57%。组织 1 681 人参加护理理论考试，合格率为 95.3%。

3. 深化临床路径与单病种、日间手术工作

联合全院科室根据诊疗指南制定新增病种表单，重视临床路径实施的全过程质量监控，运用质量管理工具寻找影响我院临床路径发展的问题，分析问题原因并寻求解决策略。2018 年全院开展临床路径病种由 150 个增加到 250 个，达到了科室全覆盖。全年入径病人 17 394 例，完成 15 519 例，入径率 91.44%，入径完成率 89.22%，入径率与完成率均达到各类评审相关要求。对省卫健委要求的 13 个单病种诊疗过程进行监控，并结合临床路径按病种进行控费，全年人均住院费用下降 10%以上的单病种有 3 个。规范开展日间手术，细化日间手术管理，2018 年全院共开展日间手术 2 673 例，同比增加48.50%。日间手术平均住院日为 1.69 天，有效缩短了医院总体平均住院日。

4. 深入开展优质护理服务

修订完善护理常规与护理流程，提高临床指导性。根据最新指南规范，及时对护理常规、流程进行修订与完善，全年共制定与修订护理常规、流程等共 1 441 项。完善护理敏感质量指标管理，实现数据信息化提取。加强护理风险与预警管理，保障护理安全。深入开展优质护理服务，深化“以病人为中心”的服务理念，建立护理亚专科，细化专科护理。各护理单元结合科室实际，积极开展专科特色护理服务，提升专业内涵，促进优质护理服务持续发展，为患者提供更安全、专业的全程护理服务。

三、继续加强学科人才建设，科研教学成果显著

1. 医院排名和学科建设稳中有进

医院位列 2018 年度最佳医院排行榜(复旦版)第 53 位，重症医学科再次荣登榜眼，放射科和肾内科近几年持续上榜；医院位列中国医科院“2018 年度中国医院科技影响力排行榜”第 81 位，其中 11 个科室进入全国百强科室。医院“十三五科教强卫工程”杰出人才、临床医学中心、重点学科、创新团队、重点人才经费入账共计 500 万元，配套青年医学人才建设经费 22 人次共计 44 万元。

2. 强化各专科和救治中心建设

医院积极开展多学科诊疗门诊工作，从专病入手，积极组建 MDT 团队，新增胆道肿瘤、肠癌肝转移、胃肠道肿瘤、ICU 后多学科诊疗门诊。年内医院根据各救治中心设置要求，规范完善各救治中心委员会及相关救治组，完善各救治中心组织架构，修订流程图及相关工作制度，不断改进和优化各救治中心运行流程。2018 年 8 月，胸痛、创伤及卒中救治中心顺利通过省卫健委专家组现场验收，被正式授予江苏省省级胸痛、创伤及卒中救治中心。

3. 申报各级各类科研课题和成果显著

年内立项各级各类科研课题共 157 项(纵向课题 142 项、横向课题 15 项)，接受资助总经费 5 130.5 万元。其中，国家重点研发计划项目 1 项；国家重点研发计划项目(合作)1 项，国家科技部应急专项(子课题)1 项，国家自然科学基金立项 35 项；江苏省科技厅重点研发计划(社会发展)项目 5 项，江苏省自然科学基金面上项目 3 项、青年基金 9 项，江苏省卫健委面上项目 4 项、指导性课题 2 项，江苏省中医药局科技项目 1 项，南京市科委科技计划项目 3 项，南京市卫计委科研课题 17 项，其他纵向课题 60 项。科研成果获奖 13 项，其中高等学校科学研究优秀成果奖(自然科学技术奖)二等奖 1 项，江苏省科学技术奖一等奖 1 项，江苏医学科技奖二等奖 2 项、三等奖 1 项，江苏省医学新技术引进评估一等奖 3 项、二等奖 4 项，南京药学会科学技术奖一等奖 1 项。全院发表科技论文 496 篇，同比增长 7%。其中，SCI 收录论文 290 篇(总影响因子约 900)，同比增长 25%；CSCD 收录 122 篇，其他核心收录 57 篇。

4. 推进人才结构和梯队建设

年内共组织7场招聘考试和15场各类人员的招聘面试，引进博士学位人员35人，选留护士115人，其他新进职工108人。截至2018年12月底，医院本部在岗人员2 574人(其中事业编制773人，人事代理532人，招聘合同制1 241人，城建医院托管26人，2人编制形式未定；教学编制30人)；江北院区在岗人员735人(其中事业编制149人，人事代理586人)。2018年专业技术职称评审按照学校条件申报，6人聘任为卫生系列正高职称，24人聘任为卫生系列副高职称，4人聘任为教学系列正高职称。省级高层次人才项目入选取得丰收，江苏省第十五批“六大人才高峰”高层次人才入选5人次；江苏省第五期“333高层次人才培养工程”增选第二层次培养对象2人次，第三层次培养对象8人次；江苏省“双创博士”入选5人次；江苏省第五期“333工程”2018年科研项目资助3人次；高层次卫生人才“六个一工程”拔尖人才项目入选3人次。顺利完成3次调资及相应补发工作，完成医院非在编人事代理择优转聘事业编制工作。

5. 做大做强临床教学工作

成功入选国家临床教学培训示范中心。先后接受国家卫健委和南京市卫健委对我院住院医师规范化培训基地的现场综合检查评审，并受到好评。组织专科医师基地申报并成功获批重症医学、新生儿围产期医学、普通外科学3个专科医师培训基地。完成东南大学和兄弟院校实习教学管理和考核330人，完成研究生临床实践管理与考核72人，接收东南大学首批临床专业学位博士临床实践35人。新接纳住院医师规范化培训244人，目前在培住院医师和专硕计732人。接收进修生1 024人次，其中对口支援单位和集团医院538人次。全年组织完成住院医师、研究生、实习生、护师的技能培训及考核18 500人次，实验室开放1 693学时。组织师资参加省级及以上培训154人次，1人获得全国住院医师规范化培训“优秀专业基地主任”称号。获得医学生临床技能竞赛华东地区二等奖、全国三等奖，第二届“一带一路”留学生技能竞赛优秀团队奖和最佳风貌奖、妇产科单项奖。

6. 举办高峰论坛及各类学术活动

与健康报社共同举办“中国卫生发展高峰论坛”，国家卫健委王贺胜副主任致辞，全国省市各地卫健委及医疗单位参会者计1 200余人。下半年，第三届中大论坛以“人工智能与创新转化”为主题，特邀于金明院士以及省内外专家代表近4 000人。中大论坛立足华东、面向全国，聚焦医院临床、教学、科研、医改、管理等多个领域热点，已逐步打造成高品质综合学术论坛。年内获批准继续医学教育项目74项，承办及协办国家级和省级继续教育学习班74项，其中国家级项目40项，共15 075人次参加学习，省级项目34项，共3 615余人次参加学习。组织全院学术讲座和疑难病例讨论99次，听课人数达21 309人次。

四、强化内部管理与运营,提升医院保障能力

1. 初步完成属地化管理实施方案

向学校递交了《关于东南大学附属中大医院属地化管理实施方案》的报告,探索医院管理体制及运行机制,以期彻底理顺办医和办学的关系,切实解决医院发展中管理体制及运行机制的问题。

2. 持续推进江北、溧水院区和集团医院建设

江北院区年内业务工作量和业务收入保持大幅度增长,实现了总资产保值增值。高级别手术大量开展,抢救病人的数量、质量发生质的飞跃,体现了江北地区首家三甲医院的技术水平。溧水区人民医院通过重组医院管理团队、重构医院管理体系、重组优质医疗资源、重塑医疗服务流程,形成了切合溧水实际,构建出三、二、一级医疗机构的城乡一体化"三级联动"医联体模式,实现"三级分诊",成为全省医药卫生体制改革"模范生"。医联体(集团)建设成果进一步扩大,年内,新签约集团医院 8 家,与 58 家集团医院及 12 所社区卫生服务中心的合作不断深化,49 个专家工作站(室)及诊疗分中心落户基层,临床各专科(病)联盟相继成立,分级诊疗"中大模式"蜚声苏皖。与南京都市圈七市卫生部门共同签署了《共建中大医院南京都市圈医疗联合体合作框架协议》,由我院牵头的南京都市圈医联体建设拉开大幕。健康管理中心年内体检 44 911 人次,总收入 3 128 万元,同比增长 43.82%,经济效益显著增长。

3. 绩效方案平稳运行

新绩效方案已正式运行两年半,2018 年度月均应发绩效奖金总数达 1 638 万元,较去年同期增长了 7.3%。从绩效奖金占比、医院收入结构、绩效收支结余、主要运行指标、手术类收费、领用耗材成本、其他成本等七个方面对比分析,医院总体收入情况往良性方向发展,职工工作积极性明显提高。

4. 全力保障各项医保政策落地

紧跟新形势下医保改革步伐,成立国家医疗保障局,17 种高价抗癌药纳入医保目录。南京市金保二期信息系统更新,实现大市级统一,继续推行"总额预付为主,按病种付费"等多种支付方式并存的结算模式,全程智能监控,对违规数据进行扣减。加强内部管理,强调医疗行为规范性,坚持"四合理",强化主动控费意识,提高医保结算率。开展打击欺诈骗保专项行动,采取防范措施保障基金安全。我院异地联网结算量爆发性增长,为 5 405 人实现异地就医联网结算,即时即报,结算例数进入全国定点医院前 100 名,提升了百姓就医获得感。

5. 严格执行药品耗材集中招标采购

药品采购执行两票制,全年本部采购药品 7.2 亿元。抗菌药物管理常态化,专项整

治成果显著，抗菌药物使用强度接近国家卫健委控制目标，其余各项指标均达到控制目标。加强合理用药管理，特别是重点监控药品和抗菌药物处方医嘱点评工作，强化事后反馈及诫勉谈话，合理用药管理成效显著。全年医用耗材试剂采购总金额5.22亿元，其中高值耗材采购金额2.57亿元，低值耗材采购金额2.18亿元，检验科试剂采购金额0.47亿元。进一步规范医疗装备、医用耗材、检验试剂、基本建设以及维修改造等领域招标采购工作，规范采购管理，加强廉政建设。

6. 开发信息化服务临床及管理的应用建设

医院信息化建设持续发展，更有力支撑医院业务。医技信息系统全面升级，更注重科室内涵质量监管；引入基于大数据和人工智能的医院管理评价体系，为院科两级管理提供数据支撑；合作开发了MDT管理服务平台及病历质控系统；开始建设急诊专科信息系统，显著提升了急诊信息化水平；医联体信息化建设有新突破，完成了两家医院的区域重症系统实时对接；开始探索并尝试建设互联网医院。临床、科研以及管理等方面的信息化水平都有了很大提高。

7. 高端设备引进提升医院新技术水平

全年新引进设备435台，共计1.2亿元，引进的大型设备主要有：达芬奇手术机器人、西门子飞龙DSA、体检CT、电子支气管镜、质谱仪、数字病理扫描系统等。成立"中大医院达芬奇机器人手术中心"，已完成手术100例，进入全国领先地位。完成2018年中央级普通高校改善基本办学条件专项资金的申报和后续执行工作，引进腔镜微创诊疗教学平台，成功添置总价值1 405万元的内外科腔镜设备，现均已安装并投入使用，该项目极大提高了我院腔镜教学、科研及临床能力。

8. Ⅰ期临床试验病房正式开张

Ⅰ期临床试验开展是我院临床试验又一里程碑。1月工作至3月重点完成了Ⅰ期临床试验的病房规划、设备购置、网络配备及人员培训工作，同时完善了Ⅰ期临床试验相关管理制度、人员职责、应急预案、设计规范及SOP等共计136项工作。4月正式开展临床试验，病房运行情况良好，各项目稳步有序开展。本年度机构接受临床试验64项，其中Ⅰ期药物临床试验7项。临床试验合同经费达3 297万元，其中Ⅰ期药物临床试验764万元。

9. 稳步推进基本建设和院区规划

目前医院已取得教育部关于新门急诊大楼规划项目备案的意见函，正式开始规划方案设计和申报，同时委托大学建筑学院设计新门急诊综合大楼的规划方案。年内医院对老门急诊楼的改造方案进行了多次论证，现施工图已完成，招标清单已编制完成，待改造过渡方案成熟后组织施工，稳步推进医院基本建设。

10. 做好后勤保障及服务外包工作

加强并提升后勤服务能力，开发后勤信息化管理工作，开发报修APP"中大易运维"，

使水、电、气故障报警更及时。完成感染门诊改造、医技楼厕所改造、水管网查漏、门诊电梯空调主机更新等项目,改革电力供应模式,全年节约电费近 40 万元。加强对物业、餐饮、陪检、陪护、医疗废弃物等外包服务的监管和持续改进,加强外包公司考核测评,年内按计划完成物业服务满意度调查、病员和职工膳食满意度调查,加强员工岗前岗中培训,加强安全警示教育,落实奖惩制度。完成 3 家物业服务项目招投标、1 家公司商务谈判并顺利完成交接。年底对食堂升级改造,改善病患和职工就餐环境,提升服务品质。

11. 注重消防与治安安全及院内外秩序

按照“三甲”评审检查条款逐一落实安全保卫工作。全年组织安全教育培训 15 场,全院灭火实战演练 4 场,常规消防安全检查 17 次,并组织消防安全重点部位消防安全培训、应急疏散演练,在重点区域增加高清摄像头 80 余个,安装有线一键报警器 56 个,蓝牙一键报警器 88 个,增加经警队员 6 名,落实监控室 24 小时值班制度,抓获犯罪嫌疑人 4 名,职工成功扑救火情 1 次。寻求切实可行的增加机动车停车位方案,以缓解院内停车难和丁家桥路拥堵情况。

12. “南京市健康促进医院”成功创建

医院以人民健康为中心,以大卫生大健康为引领,切实贯彻新时期卫生与健康工作方针,开展创建健康促进医院工作。成立健康促进医院办公室,下设 15 个部门,通力合作,紧紧围绕组织管理、健康环境、无烟医院、健康教育等方面开展工作,经过省市级多次评估,年底被南京市爱卫办、南京市卫计委命名为 2018 年度“南京市健康促进医院”。

四、坚持公立医院公益性,落实对口支援与应急保障工作

1. 组织警示学习和廉洁教育

纪委监察工作始终加强组织领导,建立责任体系;注重宣传教育,筑牢思想防线;抓好制度建设,完善监督体系,实行规范化管理,例如制定《东南大学附属中大医院药品、耗材用量统计管理规定》文件;强化监督制约,保持高压态势,如对医院招标采购工作给予重点关注,规范采购购销行为,共同营造公平交易、诚实守信的购销环境,同时接受监督、做好监督;开展专项活动,提升管理内涵;畅通举报渠道,加大查办力度。全年共收到锦旗 376 面、表扬信 109 封,退红包 120 人次,约 286 000 元。

2. 完成对口支援和应急救援任务

坚持医院公益性,履行相应社会职责义务,年内完成国家、省、市卫计委指派对口支援工作与援疆任务,全年派出医生 128 人次,免费接受基层医疗机构进修人员 564 人次。其间组织开展培训 106 次,培训人员 6 135 人次,开展手术示教 1 600 余人次,受到当地医护人员及患者的高度赞誉。加强孵化中心建设,在优秀基层特色科室省级孵化中心评比中获二等奖。积极参加江苏省卫健委组织的科教文化卫生“三下乡”活动,向基层医疗机构捐赠了价值 5 万余元的药品,1 人获得江苏省“三下乡”先进个人。承担南京马拉松、中

央环保督查组在苏视察等医疗保障工作，省内 H5N6 的培训与医疗救治诊疗工作。参与江北化工园爆炸事件、溧水天花板坍塌事件、南京玄武饭店烟雾伤、中央门公交车车祸等医疗紧急救援工作。组织多名专家参与省“健康江苏、服务百姓”义诊、涟水大型义诊、金陵石化老职工健康义诊等活动，参与专家 35 名，惠及群众 4 500 余人。参与瑞华慈善基金中大医院助医合作项目的相关工作，外耳再造项目惠及患者 17 人。

资产经营与管理工作

综　述

2018 年资产经营管理处以习近平总书记新时代中国特色社会主义思想为指引，按照学校党政的整体工作部署，创新工作思路，完善工作制度和工作机制，认真做好巡视整改工作的进一步落实，认真履行机关作风建设的制度化、规范化，不断提升处内各科室的服务能力、创新能力、执行能力和协作能力，工作成效显著，服务学校双一流建设发展和服务师生、企业的满意度也有较大提高。

一、经营性资产管理相关工作

1. 结合中央巡视组巡视整改要求和内控建设工作要求，不断完善我校经营性资产管理的规章制度和工作流程。按照学校颁布的《东南大学企业国有资产监督管理暂行办法》《东南大学校办企业经营管理与绩效考核暂行办法》等文件，与相关部处协同配合，进一步完善了我校校属企业国有资产的监督和考核体系。

2. 实施校属企业国有资产两级监管和绩效考核。结合《东南大学校办企业经营管理与绩效考核暂行办法》《东南大学企业国有资产监督管理暂行办法》，制定校属企业经营管理两级监督管理、绩效考核实施方案，推动监管与考核结果的运用，完善了我校国有资产经营管理措施的细化并予以落实。

3. 按照学校相关文件要求，对校属企业实施两级绩效考核的模式，2018 年 7—8 月，对资产公司实施了 2017 年度经营绩效考核工作，并配合财务处和组织部，推进资产公司财务总监委派工作；配合审计处完善了我校校属企业负责人的离任审计程序。

4. 因经资委成员工作岗位的变动，及时完成校国有资产经营管理委员会人员调整工作并发文(校发〔2018〕238 号)。

5. 2018 年 7 月召开校国有资产经营管理委员会 2018 年度会议。

6. 完成“东南照明电器厂”的清算审计、债务清理、清算报告、地税注销、银行纳税账户注销等工作，清算方案报校长办公会批准并向学校国资管理部门报告。

7. 继续推进“东南大学无锡应用科学与工程研究院有限责任公司”关门清算工作。

8. 配合省教育厅推进“江苏捷仕达高校科技有限公司”股权转让工作，完成 2017 年第一次股东会决议和股东协议签字工作，推动公司审计启动工作。

9. 协助财务处完成“南京宇桥医疗器械有限公司”投资盘亏、投资损失补充材料的报批工作。

10. 配合总务处推动“南京东南大学水电安装队”“东南大学机电开发总厂”“常州东大金属制品厂”3 家企业的关门清算工作。

11. 配合做好校属企业改革试点的相关工作。认真学习领会教育部校属企业改革试点文件精神，参与我校校属企业改革试点工作，完成校属企业改革试点中东南大学校属企业和事业单位投资全面摸底工作(截止到 2018 年 12 月，东南大学校属企业共计 76 家，其中一级企业 4 家、二级企业 56 家、三级企业 16 家)，以及撰写摸底报告、提交校长办公会讨论并修改、向教育部报送摸底报告等工作，并按照推进进度要求制定了资产经营管理处管理企业的改革工作方案。

二、房产出租出借管理相关工作

1. 2018 年用于出租出借的经营性房产总面积约 30.5 万 m^2，资产原值约 4 亿元。其中:全资控股企业使用房产资源约 4.5 万 m^2，年租金 1 608.89 万元;成贤学院使用房产约 16.1 万 m^2，年租金 3 382.89 万元;晓庄和浦口东区对外整体租赁约 4.77 万 m^2，年租金 1 069.30 万元;对外商业用房等出租约 0.6 万 m^2，年租金约 1 038.92 万元。此外，大学科技园 3 个园区约 4.6 万 m^2，预算年租金 1 117.90 万元。

2. 做好大学科技园 2015—2017 年房产经营管理费支付方案，起草补充协议并完成支付。反复推动科技园 2018 年起的新管理方案、面积核定、合同签署等工作。

3. 完成大学科技园高新园区 7 000 m^2 载体调整，用于江北创新研究院建设并交付使用。

4. 做好四牌楼校区周边门面房清退及后续相关工作，清退学府路、成贤街无产权证门面房 21 户。年初完成学府路门面房清退工作，下半年配合玄武区政府开展实施的成贤街综合改造工程，拆除沿成贤街的临时建筑 11 间，确保成贤街改造工程顺利完成。

5. 加强与学生会权益部、研究生会权益中心、学生事务校长特别助理的沟通联系，做好日常服务质量和价格监督工作，在服务质量、价格、卫生、安全、投诉处理等各个方面加强管理，师生满意度不断提升。

三、服务创新创业，转化科技成果

1. 制定《东南大学科技成果资产评估项目备案工作操作细则(暂行)》(校发〔2018〕58 号)，落实建立相匹配的工作机制。

2. 规范组织实施了东南大学科技成果资产评估机构选聘工作，选聘“江苏五星资产评估有限公司”等 5 家机构为东南大学科技成果资产评估的服务单位，服务期为 3 年。

3. 转化倪中华教授及其团队的一项发明专利“一种浮式液化天然气平台液化过程的方针方法”，成果评估作价 194.11 万元，向江苏东南大学资产经营公司增资，由其以无形

资产向“张家港氢云新能源研究院有限公司”进行增资。

4. 有效推进“东南大学成贤街双创基地”和“东南大学互联网众创园”项目，组织参加第四届“i 创杯”大赛，宣传、发动并选送 16 个创新创业项目参赛，获得组委会颁发的“最佳组织奖”；落实太平北路 136 号互联网众创空间设备购置；成功举办有近 140 人参加的“2018 年促进江苏高质量发展技术转移及创新创业”高级培训班活动。

合作共建与校友会工作

基金会 2018 年工作综述

2018 年，教育基金会完成了理事长、法人代表的变更工作。

新签各类捐赠协议 112 份，总额 1.45 亿元，超过去年同期的 5 倍，各项收入累计到账 5 728.4 万元。其中：东南大学与华为技术有限公司签署深化战略合作协议，“紫金学者人才基金”涉及捐资 7 000 万元。2018 年 6 月，江苏省瑞华慈善基金会再次向我校捐赠 1 500 万元，设立“东南大学瑞华助学基金”，连同 2018 年 1 月的捐赠，总额已达 3 000 万元。

2017—2018 学年度，教育基金会评审奖助项目 188 项，涉及 2 671 位师生，总额 1 256 万元。数学学院陈建龙教授荣获“宝钢优秀教师特等奖提名奖”。化学化工学院博士研究生汤渊源荣获“宝钢优秀学生特等奖”。

新签人才计划项目总额 7 175 万元，一举实现了零的突破，成为本年度筹资的最大亮点。其中：“紫金学者人才基金”项目涉及青年学者、客座学者、产业学者、科学大师、工业专家等 7 个专项，实现了资助的全方位覆盖。2018 年度，新增 5 位优秀教师荣获唐仲英基金会“仲英青年学者”称号，每人受资助 36 万元。

教育基金会新签海外交流项目 9 项，总金额 1 275 万元，总金额达到了去年同期的近 10 倍。其中，能拓圆梦计划国际奖学基金总额 300 万元，资助东南大学优秀的在读硕士研究生或博士研究生赴“THE 世界大学排名”前五十或在其专业研究领域全球排名前十的国外高校交流学习。这也是东南大学迄今为止生均奖励额度最高的项目。

17 家学院建立了学院发展基金，协议捐赠金额 747 万元。

通过社会捐赠，教育基金会开展或参加组织了“挑战杯”全国大学生课外学术科技作品竞赛、“中国大学生方程式赛车大赛”“TI 杯江苏省电子设计竞赛”等一系列活动，受益人数过千。

教育基金会主办、协办 30 多项文化活动，如：与江苏发展体育基金会共同举办的“绽放青春，放飞梦想，历练成人路”第三届公益单车成人礼活动、2018 年东南大学最具影响

力毕业生评选、“正·青年”2018 优秀研究生评选大赛等。“你的未来我的梦”支教活动连续 6 年暑假在贵州山区开展。

《东南大学教育基金会紧急救助基金管理办法》正式出台，基金审核小组正式成立。4 月，交通学院杨文章同学捐赠 100 万元注入该基金。2018 年资助 8 名患病学子。

2018 年 2 月，“2017 中国公益品牌榜”正式公布，东南大学教育基金会进入“2017 中国公益品牌榜”基金会新媒体运营 TOP10。

2018 年东南大学教育基金会奖助项目设置一览表

序号	项目名称	设立者	总金额/元
1	顾冠群、章玉琴奖助学金	顾冠群院士家属及学生	基金 365 955
2	齐康奖助基金	齐康院士	基金 1 000 000
3	何振亚、王孝书奖学金	何振亚、王孝书	基金 120 000
4	东南大学建筑设计与理论研究中心——程泰宁奖励基金	程泰宁院士	基金 650 000
5	朱斐、孙绎奖助学金	朱斐、孙绎	基金 200 000
6	周鹗奖学金	周鹗教授及夫人王慕藏教授，众高足	基金 160 000
7	冯宇樵奖学金	冯绥安先生	3 000
8	陈延年、王劲松奖学金	陈延年、王劲松	30 000
9	李元坤奖学金	徐元善先生	3 000
10	陈达锋土木工程奖教金	陈达锋先生	基金 100 000
11	张秋交通工程奖学金	张秋先生	基金 37 000
12	金宝桢奖教金、奖学金	南京栖霞建设股份有限公司	基金 500 000
13	丁大钧教育基金奖助学金	丁大钧教育基金会	基金 960 000
14	蒋永生教授奖励基金	蒋永生教授家属、学生及好友	基金 850 000
15	陈荣生教授创新奖学金	陈荣生教授的学生	10 000
16	维俊奖教金	南京盘龙广告传媒集团	基金 50 000
17	洪范五奖教金、奖学金	南京盘龙广告传媒集团	基金 100 000
18	郝英立奖学基金	高嵩同志及沈锦华、郭金林、沙敏等校友	基金 192 000
19	言恭达奖教金、奖学金	言恭达先生	基金 500 000
20	黄林、郭养滋奖学金	黄林、郭养滋伉俪	基金 100 000
21	朱庆庥奖助学金	朱世平校友	基金 100 000
22	恽瑛奖助学金	恽瑛教授、潘天任、左韵芳	基金 280 000
23	程文瀼教授奖助学基金	程文瀼教授家属及其弟子	基金 330 000

（续 表）

序号	项目名称	设立者	总金额/元
24	施明恒奖学金	施明恒教授及其弟子	基金 100 000
25	徐百川 OVM 预应力奖学金、奖教金	柳州欧维姆机械股份有限公司	50 000
26	章春梅奖学金	章春梅教授家属及其弟子	基金 110 028
27	何德玶奖学金	何德玶教授家属	基金 108 000
28	霞光奖助学金	程光蕴、许世霞夫妇	基金 100 000
29	颜安教授奖教金	颜安教授	基金 60 000
30	徐南荣奖学金	桂莲基金会	基金 500 000
31	东南大学陈珩教授奖励发展基金	陈珩教授的家属、学生及好友等	基金 580 000
32	孙国雄奖学金	孙国雄教授及其研究生	基金 200 762
33	陈善年、佘颖禾核电安全与创新奖学金	陈善年、佘颖禾教授夫妇	基金 1 000 000
34	颜景平教授暨弟子奖学基金	颜景平教授暨弟子	10 000
35	张建坤基金	张嘉澍先生	基金 310 000
36	“徐吉谦-张秋”奖学金	徐吉谦教授及其指导过的研究生	基金 150 000
37	蒋贤文奖学金、奖教金	蒋时俊校友	本金 3000 000
38	陆梓瑜奖助学金	陆虎进校友	100 000
39	轩铭奖学金	杨轩铭校友	5 000
40	吴健雄·生医奖学金	东南大学生物科学与医学工程学院发展基金	160 000
41	夏翔纪念奖学基金	夏元庆老师	本金 200 000
42	红光奖助学金	曹红光校友	基金 450 000
43	焦廷标助学基金	南京华新有色金属有限公司	基金 5 000 000
44	许尚龙光彩事业贫困学生奖助学金	南京 21 世纪投资集团	基金 500 000
45	许尚龙奖教金	许尚龙校友	本金 1 000 000
46	唐仲英德育奖学金	唐仲英基金会(中国)	484 000
47	叶晶奖学金	叶晶、刘芳夫妇	60 000
48	大连东岗奖教金、奖学金	大连信恒康医药科技有限公司	基金 1 000 000
49	东南大学周远奖学金	中国科学院理化技术研究所	30 000
50	煜平公卫奖学金	方煜平校友	基金 300 000
51	陈斌、曾珠奖学金	陈斌、曾珠校友夫妇	本金 1 000 000
52	何勤奋爱心基金	何勤奋校友父母及女儿	本金 1 500 000
53	王崎奖助学金	厦门均和房地产土地评估咨询有限公司	40 000

(续　表)

序号	项目名称	设立者	总金额/元
54	东南大学“苏州工业园区奖学金”	苏州工业园区	150 000
55	东南大学教育基金会奖学金、奖教金、奖管金	东南大学教育基金会	150 000
56	宝钢教育奖	宝钢教育基金会	210 000
57	光华奖学金	光华教育基金会	400 000
58	南京安徽商会·同曦集团东南大学奖助学金	江苏同曦集团有限公司,南京安徽商会	200 000
59	南京人工智能产业兴智计划(奖学金)	南京经济技术开发区管理委员会	1 000 000
60	东南大学“苏州育才奖学金”	苏州市人才资源和社会保障局	216 000
61	东南大学 NITORI 国际奖学金	似鸟国际奖学财团	100 000
62	新鸿基地产郭氏奖学金、助学金	新鸿基地产郭氏基金有限公司	235 000
63	大连化物所奖学金	中国科学院大连化学物理研究所	50 000
64	东南大学工程管理英才奖学金	李启明教授	基金 200 000
65	励志成功奖学金	王志功教授	基金 100 000
66	软件创新奖学金	邓建明教授	12 000
67	文教羽翼奖学金	孙森校友	3 000
68	铭恩奖助学金	李翼成校友	基金 100 000
69	“生命科学”奖助学金	生命科学研究院研究生	3 000
70	朴衡奖学金	沙永春、卞鹏萱	36 000
71	公卫研究生新星奖学金	公卫学院 2017 年国家奖学金获得者	基金 15 500
72	国盛奖学金	江苏省对外科学技术促进会	110 000
73	铁肩膀奖助学基金	北京海湾京城房地产开发有限公司	5 000 000
74	怡怿奖助学金	朱春晔校友	10 000
75	8480 奖学金	东南大学 80801、84802 班	基金 100 000
76	686 奖助学金	电子科学与工程学院 86 级校友	基金 120 000
77	5187 级奖学金	5187 级校友	基金 110 000
78	251991 奖助学金	东南大学法学院 251991 班	基金 50 000
79	259991 奖助学金	东南大学法学院 259991 班	基金 50 000
80	3180 诚信奖助学金	东南大学电气工程学院 3180 班	50 000
81	5181 励志奖学金	东南大学 5181 级校友	基金 265 180
82	22811 铸才奖励基金	东南大学 1981 级校友任京建、殷辉	基金 300 000
83	90 级电子学院校友奖助学金	东南大学电子学院 1990 级校友	15 000

（续 表）

序号	项目名称	设立者	总金额/元
84	160082 奖助学基金	160082 班全体校友	20 000
85	2195 届励志奖学金	交通学院 1995 届校友	基金 150 000
86	8091 校友奖助学金	自控系 1991 级校友	基金 100 000
87	动力 91 级校友奖助学金	动力系 1991 级校友	基金 250 250
88	251001 班校友奖助学金	251001 班全体校友	12 000
89	422001/2 班校友奖学金	422001/2 班全体校友	基金 45 000
90	81 级医学校友励志奖学金	1981 级医学校友	基金 300 000
91	东南大学数学系 2002 级校友奖助学金	数学系 2002 级校友	基金 12 000
92	马院 92 之芯奖学金	杭州腾果网络科技有限公司(马克思学院 1992 级全体校友)	基金 100 000
93	无线电系 82 级校友奖学金	原无线电系 1982 级校友	基金 100 000
94	东南大学 4093 级奖助学基金	无线电系 1993 级全体校友	基金 63 000
95	临床医学 92 年级 1 班奖助学金	秦毅、齐晓昀校友伉俪	基金 150 000
96	临床医学 92 年级奖助学金	临床医学 1992 级校友	基金 150 000
97	08 级在职法硕奖助学金	2008 级东南大学在职法硕班校友	基金 50 000
98	广东省东南大学校友会奖助学基金	广东省东南大学校友会	50 000
99	闵瑜校友奖励基金	深圳市爱迪尔电子有限公司	基金 1 000 000
100	物理学院 2013 级校友奖学金	物理学院 2013 级校友	3 000
101	251971 班创新实践基金	东南大学法学院 251971 班全体毕业生	基金 66 000
102	菲利浦奖教金、奖学金	LG. 荷兰菲利浦显示公司	21 000
103	南瑞继保奖教金、奖学金	南京南瑞继保电气有限公司	基金 140 000
104	“东大设计院”奖教金、奖学金	东南大学建筑设计研究院	82 500
105	CASC 公益奖学金	中国航天科技集团有限公司	50 000
106	金智奖教金、奖学金	江苏金智科技股份有限公司	80 000
107	联创国际奖学金	上海联创建筑设计有限公司	10 000 美元
108	雷克奖学金、奖教金、助教金	庄昆杰、范国平伉俪	40 000
109	三菱电机奖学金	三菱电机机电(上海)有限公司	50 000
110	东南大学中泰国立奖教金	江苏中泰集团有限公司	300 000
111	坚朗奖/助学金	广东坚朗五金制品股份有限公司	60 000
112	锦华装饰奖教金、奖学金	江苏锦华建筑装饰设计工程股份有限公司	55 000
113	聚立科技奖教金、奖学金、奖管金	南京聚立科技股份有限公司	70 000

（续　表）

序号	项目名称	设立者	总金额/元
114	南京长江都市奖助学金	南京长江都市建筑设计股份有限公司	90 000
115	东大智能奖励金	南京东大智能化系统有限公司	30 000
116	东大智能基金	南京东大智能化系统有限公司	100 000
117	科远自动化奖学金	南京科远自动化集团股份有限公司	80 000
118	海拉奖学金、奖教金、奖管金	海拉(上海)管理有限公司	135 000
119	东南大学博世奖学金	博世(中国)投资有限公司	80 000
120	苏博特基金	江苏苏博特新材料股份有限公司	300 000
121	创远微波奖学金	上海创远仪器技术股份有限公司	110 000
122	罗德与施瓦茨研究生奖学金	罗德与施瓦茨公司	100 000
123	正保教育奖学金、助学金	北京东大正保科技有限公司	150 000
124	东南大学建筑设计与理论研究中心·杭州中联筑境建筑设计有限公司基金	杭州中联筑境建筑设计有限公司	基金 210 000
125	苏州中诚奖教金	苏州市中诚工程建设造价事务所有限公司	10 000
126	新蓝天钢结构奖学金	江苏新蓝天钢结构有限公司	60 000
127	中南助学圆梦奖学金	中南控股集团有限公司	250 000
128	特高压奖学金	国家电网公益基金会	100 000
129	江苏软件奖学金	江苏软件产业人才发展基金会	15 000
130	“协鑫奖”奖学金	协鑫(集团)控股有限公司	250 000
131	东南大学——华为奖学金、奖教金	华为技术有限公司	400 000
132	外运长江奖学金	中国外运长江有限公司	20 000
133	联众奖学金	杭州联众医疗科技股份有限公司	30 000
134	德威奖学金	江苏德威新材料股份有限公司	100 000
135	“美达灌装机械”奖学金	彭山宏校友	基金 108 000
136	亚派科技奖助学金	南京亚派科技股份有限公司	40 000
137	共进奖学金	深圳市共进电子股份有限公司	100 000
138	多伦科技奖学金	南京多伦科技股份有限公司	66 000
139	ADI 创新奖学金	亚德诺半导体技术(上海)有限公司	基金 150 000
140	东南大学中国电科十四所国睿奖学金	中国电子科技集团公司第十四研究所	128 000
141	博事达律师奖助基金	博事达律师事务所	100 000
142	电子十二所奖学金	中国电子科技集团公司第十二研究所	130 000
143	东南大学路鼎奖学金	南京路鼎搅拌桩特种技术有限公司	30 000

（续 表）

序号	项目名称	设立者	总金额/元
144	东南咨询奖助学金	江苏东南工程咨询有限公司	基金 250 000
145	和昌集团奖学金	北京和昌置业发展有限公司	基金 100 000
146	梅花奖学金	南京梅花餐饮管理有限公司	基金 100 000
147	数弈众城奖助学金、奖教金	南京数弈众城投资管理有限公司	55 000
148	中国路桥奖励金	中国路桥工程有限责任公司	200 000
149	蓝风国际奖学(教)金	江苏蓝风国际投资发展有限公司	100 000
150	日照钢铁奖学金、奖教金	日照钢铁控股集团有限公司	基金 800 000
151	宝供物流奖学金	宝供物流企业集团有限公司	6 000
152	远景智慧奖学金	远景能源(江苏)有限公司	106 000
153	BSH 奖学金	博西家用电器投资(中国)有限公司	48 000
154	三宝科技创新奖学金、奖管金	南京三宝科技集团公司	56 000
155	世茂奖学金	南京硕天投资管理有限公司	150 000
156	苏交科奖学金	苏交科集团股份有限公司	200 000
157	东大地下空间奖学金	南京东大岩土工程勘察设计研究院有限公司	基金 100 000
158	仅一联智奖学金	江苏仅一联合智造有限公司	20 000
159	飓风股份奖学金	丹阳飓风物流股份有限公司	126 000
160	快雨奖学金、奖教金	上海时来信息科技有限公司	15 500
161	中虑基金	江苏中虑律师事务所	19 000
162	大成(南京)行政法师生奖助基金	李晨先生	50 000
163	国浩奖学(教)金	车捷先生	100 000
164	泓远师生奖助基金	江苏泓远律师事务所	44 000
165	东南大学云融基金	南京云融金融信息服务有限公司、江苏中科招商商业保理有限公司	65 000
166	东恒工程法奖助学金	江苏东恒律师事务所	18 000
167	东南大学交通设计院奖学(教)金	东南大学建筑设计研究院有限公司(交通规划设计院)	基金 200 000
168	“初心”学生工作奖励基金		60 000
169	伍福乐周大华助学金	伍福乐、周大华校友伉俪	本金 100 000
170	何耀光助学金	何耀光慈善基金有限公司	200 000 港元
171	爱心助学金	蔡泉生校友	30 000
172	星火助学金	高戟校友	6 000

(续　表)

序号	项目名称	设立者	总金额/元
173	新生爱心基金	范亚琴女士	10 000
174	新生爱心基金	杨芳女士	5 000
175	新生爱心基金	吉兵先生	6 000
176	吴海熊助学金	吴海熊先生	6 000
177	云南同乡爱心助学金	杨文、余兰、杨志、杨健	6 000
178	南京永瑞助学金	南京永瑞科技有限公司	6 000
179	长北助学基金	张燕教授	5 000
180	学长助新生启航基金	张鑫滩	3 000
181	学长助新生启航基金	何新夏	9 000
182	东南大学法学院 251981 班助学金	东南大学法学院 1998 级校友会	9 000
183	东南大学机械系 21901 班爱心助学基金	东南大学机械系 21901 班校友	基金 500 000
184	中国能建集团江苏省电力设计院员工博爱基金	中国能建集团江苏省电力设计院员工博爱基金	25 000
185	南京安徽商会·同曦集团东南大学助学金	同曦集团和南京安徽商会	300 000
186	伯藜助学金	江苏陶欣伯助学基金会	1 000 000
187	东南大学雅居乐地产助学金	雅居乐地产控股有限公司	100 000
188	雁行东大励学成长项目	雁行中国基金会	96 000

校友会 2018 年工作综述

2018 年度,校友总会工作围绕学校“双一流”建设的中心工作进行,广泛联络校友、服务校友、服务学校,为校友搭建与母校交流合作的平台,取得新进展。

1. 进一步加强海外校友与学校的联络,为学校国际化交流、海外高层次人才引进提供服务和支持

积极联络境外校友,半年来接待境外校友回校交流达 40 多人次,联络感情、交流信息,推动学校的国际合作。

2018 年 4 月,校友总会应东南大学香港校友会邀请访问香港。访问香港社会名流、企业家、杰出校友,联络感情,探讨今后双方可能合作的领域。

美国硅谷校友会博士代表团应邀回母校及江苏相关地区进行人才引进、科研合作的

交流。

2. 扩建校友团体、推动组织换届

2018 年 6 月 6 日，东南大学校友总会换届。换届大会上对东南大学校友总会第五届理事会的工作进行了总结，选举成立了第六届东南大学校友总会理事会，召开第六届第一次理事代表大会并产生了第六届理事会负责人。

积极推进和加快地方组织筹备，完成山西、海南、湖南、珠澳校友会组织建立。完成香港、安徽、深圳、上海、天津校友会的换届。新成立职教师资校友联谊会、MBA 校友联谊会。地方校友会新成立了 18 个地区或专业分会。

以多种渠道，联系广大校友，发现热心校友，建立校友联络圈，积极鼓励校友进行交流互动，为筹备建设校友组织开展工作，推动河北、泰州、雄安等省市地区进行校友组织筹备。

策划开展东南大学全球校友会秘书长工作论坛，由各地校友会轮流承办申请，促进各地校友组织工作的开展。从第二届开始由南京以外的校友组织申请、批准举办。

在广东省东南大学校友会的大力支持下，在广州顺利举办了“第二届东南大学全球校友会会长、秘书长论坛”，提升全球各地校友组织工作进入新高度。

3. 强化内部管理，提升服务质量，完善校友管理系统

继续完善“校友综合服务管理系统”，建立了东南大学校友总会校友综合服务管理系统，为海内外校友交流、加强校友与学校联系提供技术支撑。

4. 积极开展多种形式的校友活动

继续进行品牌服务项目，指导 SCDA 的学生职业发展等活动。

加大参加招生宣传工作的力度，支持本科招生咨询，对接各地优质生源高中。全国各地校友会积极参与学校本科招生工作，联系优质高中，提供招生宣传资源。校友总会直接参与负责上海市的招生宣传工作。

联合校内各部处，积极联络相关校友群体，帮助东南大学学生创新、创业。有 100 多位校友直接参与指导学校大学生创新、创业活动。

接待和服务 20 多个班(年)级的返校活动，为返校聚会安排教室、食堂、住宿、医疗保障、新校区参观交通及讲解，介绍学校取得的各方面成绩。接待校友返校交流活动 100 多人次。

和宣传部、学生处、教务处及学生创业联盟联合进行东南大学创新创业校友采访活动。

为进一步做好东南大学校友工作，规范校友会组织建设，创新联谊活动内容和形式，搭建良好合作平台，凝聚校友力量，关心支持校友、母校发展，交流各地校友会各自富有特色的校友活动工作经验。从 2018 年开始，每年在全国不同地点召开两届东南大学全球校友会会长、秘书长论坛。

5. 联合主办教育思想大讨论之校友论坛

邀请5位杰出校友参加东南大学“深化教育综合改革,培养一流创新人才”教育思想大讨论,“分享成功经验、探讨教育新理念”,为东南大学凝练办学思想,确定办学定位,重塑教育理想和教育使命,加快推进“双一流”建设、构建一流人才培养新格局,形成“2020一流本科教育行动计划”和研究生教育综合改革方案提供新思路,进一步加强、完善学校与学院服务校友、服务母校相关工作的协作机制,提升地方校友会和各地校友对母校发展的关注度和参与度,支持母校发展。

6. 开展116周年校庆系列活动

通过举办主题论坛、校庆文艺活动等多种活动方式,广泛团结校友,充分整合校友资源,助力推进校友事业发展。

(1) 推荐多位杰出校友代表广大校友在校庆大会、本科生毕业典礼上发言。加强校友与在校师生、毕业生之间的交流。

(2) 再次举办“东南大学校友羽毛球赛”,加强东南大学海内外广大校友之间的交流,增进校友友谊,向母校116周年校庆献礼。

(3) 组织海内外校友积极参加中国大学生马拉松联赛东南大学站暨“和你一起”奔跑迎校庆环校马拉松活动,150多位海内外校友通过线上线下参加6.6 km跑,进一步联系海内外广大校友。

(4) 举办东南大学校友总会全球校友会负责人会议暨校友理事会议,讨论东南大学校友工作,加强母校和全球各地校友会的交流和合作。交流经验,研讨如何进一步联络校友、服务校友、服务母校的工作措施。

7. 积极参与地方政府社会、经济建设工作,努力为校友经济服务

积极响应南京市《关于建设具有全球影响力创新名城的若干政策措施》文件精神,在全球校友中宣传“校友经济”相关政策,为南京经济发展做贡献,为校友发展穿针引线,为“校友经济”献计献策。促进“城市+母校+校友”形成更加紧密的利益、发展共同体,让校友创富得利,让母校荣光得名,让城市发展复兴,实现三者融合发展、共建共享共赢。

5月13号,东南大学校友总会联合江宁区团委开展“走进校友创业空间”和“美丽乡村行,校友访谈”活动。

在江宁九龙湖国际企业总部园设立校友总会校友会客厅,搭建东南大学全球校友来宁沟通交流平台,积聚东大校友创新创业资源及人脉资源,进一步促进校地融合发展。和南京的江宁、玄武、栖霞、浦口等区进行对接,联系校友组织,邀请海内外校友会校友和相关园区人员交流参观,就集聚校友资源进行对接。为相关经济开发区、总部园、未来城、软件园等在当地的招商(才)引智(资)活动提供积极帮助和支持,同时也为海内外各地校友创新创业提供机会。活动遍及硅谷、纽约、波士顿、深圳等国内外城市,吸引部分校友回国、回宁投资创业。

经校友总会协调,江宁高新区在深圳举办的科技创新产业推介会上,与东南大学深

圳校友会签订了合作协议,东南大学深圳校友会将把校友会丰富的企业信息资源和人才资源对接江宁高新区智能制造、生命科学、新一代信息技术等产业,和其合作举办产业峰会、资本论坛、融资路演活动,推动产业项目和科技成果在江宁高新区落地和转化。

为苏州政府、南京政府、相关区政府牵线德国、中国香港、美国(波士顿、加州、硅谷)校友会,推动南京市代表团在境外的招商引资(智)工作。

为云南地方政府招商引资工作做贡献。召集海内外校友企业家组成代表团,先后多次前往云南的玉溪、楚雄等地进行投资考察、扶贫支助等工作。

为了更好地促进校友企业家之间的资源整合、分享互助、抱团取暖,以感恩、联谊、分享、互助为宗旨,应广大校友企业家以及各地校友会会长、秘书长的倡议,东南大学校友总会于 12 月 15 日在广州召开首届“东南大学全球校友企业家六朝松论坛”,其间,启动筹办了东大校友企业家联盟,为校友企业家搭建了一个良好沟通交流平台,打造了具有凝聚力的东大校友精神家园,为校友企业以及社会的进一步发展提供了新动力。这一活动在全球校友中引起了极大的震动和关注。“东南大学全球校友企业家六朝松论坛”将每年举办一次,全球各地校友会轮值承办。

8. 推动校友之家建设,打造文化交流及精神传承的平台

积极推动筹建一个可以全方位服务校友的具有多功能空间的固定场所,展示校友风采、激励在校学生发奋学习、励志图强,为广大海内外校友营造一个温暖的“家”,让校友回校能在此畅忆往日时光,谈论工作生活感悟,交流同学师生情谊,了解母校发展动态,寻找各种回报母校和合作发展的机遇。目前方案将逐步实施,一期已经进行招标启动工作。

9. 开展校友工作研究

积极参加全国、地区高校校友研究会研究工作,相互学习交流,提高校友工作的业务理论水平和实践能力。

主办 2018 年“卓越大学联盟”校友总会与教育基金会秘书长论坛,主持召开 2018 年全国高校校友研究会江苏会员校友工作研讨会,协办“2018 蓝矩 · 新时代下的校友工作信息化研讨会”,讨论校友会组织建设,交流校友工作经验。

附 1:校友总会自身建设与发展

• 2018 年 1 月 10 日　高教学会校友工作研究分会江苏会员 2017 年度校友工作研讨会在东南大学召开

1 月 10 日,由东南大学校友总会承办的高教学会校友工作研究分会江苏会员 2017 年度校友工作研讨会在南京举行,会议以“新时代下的高校校友工作”为主题,来自 26 家会员单位、3 家非会员单位的共 29 所江苏高校 50 余名高校校友会负责人代表参会。会议由东南大学校友总会秘书长姚志彪主持。

东南大学校友总会副会长、东南大学原校长助理朱建设在致辞中代表东南大学和东南大学校友总会向与会嘉宾表示感谢和欢迎。他指出,各高校一直十分重视校友工作,在取得成绩的同时,如何进一步做好校友工作、校友会组织建设一定是校友工作者关心

的重点。他相信江苏会员校友工作研讨会一定能给大家提供很好的交流、讨论机会，相互启发，共同学习。

高教学会校友工作研究分会副会长、南京大学校友总会秘书长张锁庚做报告，重点传达了 2017 年 11 月 18 号在杭州召开的校友工作分会全国研讨会会议精神。他表示，校友工作研究分会提倡以片区为单位组织工作会议，使高校校友工作者在交流中相互启发、相互借鉴。他介绍了全国会议的四个主要内容：一，要把党的十九大精神贯彻在校友日常工作和管理中；二，强调“规范办会、学术立会、服务兴会”是校友工作分会的工作宗旨；三，校友工作分会为高校校友工作提供常态化培训；四，鼓励高校参与“中国大学校友创新创业采风”丛书编辑工作，发掘和弘扬校友创新创业宝贵精神和经验。张锁庚秘书长还重点介绍了 2017 年 11 月由南京大学校友总会承办的培训班的举行情况。培训班以“校友返校与校友关系建设”为主题，研讨了校友工作面临的困惑、未来与发展，提出以学校为中心、内外融通和坚持公益与情怀的校友工作理念。

江南大学社会资源处黄敏处长介绍了江南大学以“七个一”(一本期刊、一家网站、一台讲坛、一组活动、一套书系、一篇简介、一个微信公众号)打造天下江南人品牌的工作思路，着重介绍了江南大学校友会换届工作。南京农业大学校友总会张红生副会长兼秘书长介绍了学校校友工作情况，特别介绍了他们的创新工作——打造“南农系”投融资平台。南京艺术学院校友总会张海霞老师分享了南艺校友总会对揭牌仪式的精心准备，从创意到铺垫到圆满举行过程中的经验和创新举措。苏州大学校友部管文文部长介绍了苏州大学在发展行业校友会方面的经验，并分享了如何结合时事热点开展校友活动和精心设计返校活动。会议还特别邀请了上海蓝矩信息科技有限公司总经理薛军到场，分享其对校友工作信息化建设的一些思考。

苏州科技大学校友会张真副会长兼秘书长、熊壮副秘书长，河海大学校友会黄林楠副秘书长，南京工业大学校友会万永敏副会长，南京大学校友总会赵国方副秘书长，江苏师范大学校友总会梁建平秘书长及东南大学校友总会姚志彪秘书长都做了发言。大家就高校校友会如何在组织建设、制度建设、平台建设和文化建设方面充分发挥作用进行了热烈的探讨。

1 月 11 日，南京大学校友总会张锁庚秘书长、东南大学校友总会姚志彪秘书长应邀参加由上海蓝矩信息科技有限公司主办的新时代下校友工作信息化研讨会。姚志彪秘书长致会议开幕辞，两位秘书长阐述了对校友工作信息化建设的理解和观点，对校友工作给出了指导性的意见和建议，并在现场与参会的来自 60 多所全国高校的校友工作者进行了访谈。

• 2018 年 3 月 14 日　苏州大学发展委员会一行来我校调研

3 月 14 日，苏州大学发展委员会办公室主任赵阳一行五人来我校开展调研活动。东南大学校友总会、教育基金会等相关人员热情接待了赵阳主任一行。

校友总会曹军副秘书长对苏州大学发展委员会同行的到来表示热烈欢迎，并介绍了我校发展委员会组织架构和工作开展情况。校友总会副秘书长张飒兵、教育基金会副秘书长宋云燕分别向苏州大学发展委员会办公室主任赵阳一行介绍了我校校友总会和教育基金会的相关工作情况。双方另就校庆工作、校友工作和教育基金会等方面工作进行

了深入的探讨。双方一致表示今后将进一步加强两校之间相关工作的交流与合作。

• 2018 年 3 月 29 日　2018 年“卓越大学联盟”校友会与基金会秘书长论坛在东南大学召开

3 月 29 日上午,第二届“卓越大学联盟”校友会与基金会秘书长论坛在东南大学召开。来自国内具有工科优势的 9 所高校的校友(总)会、基金会秘书长计 20 余人参会,对相关工作特别是校友经济、服务校友、服务母校、服务地方和基金项目设置、管理与筹款、校友关系等方面进行深入探讨。东南大学党委副书记任利剑到会致辞。论坛由东南大学校友总会秘书长姚志彪主持。

任书记在致辞中,强调校友工作和基金工作在高校发展中的重要性。任书记指出,校友会、基金会要加强互动联动,在新时代中进行新的工作布局和部署,保障校友工作、基金工作的与时俱进与可持续发展。他希望借本次研讨,高校之间分享经验成果,推动东南大学的相关工作。

上午的主题发言阶段,7 所高校的校友会与基金会秘书长进行了各自工作的经验分享。

大连理工大学校友会、教育发展基金会秘书长杨克旭以“连接,融入”为主题,介绍其校友工作、基金会工作情况,提出在新时代下,要充分利用不断完善的校友网络,搭建“科技创新+自主创业”的服务平台,更好地服务校友,服务母校发展;天津大学校友与基金事务处潘峰处长重点介绍了天津大学第 11 届世界校友代表大会筹备和召开情况,阐述校友代表大会在凝聚校友人心、扩大学校影响、服务中心工作和锻炼管理队伍方面的重要作用;东南大学教育基金会副秘书长滕航介绍了东南大学在鼓励校友支持和参与筹款方面的案例和思考;北京理工大学教育基金会副秘书长周伟伟分享了他对“双一流”背景下高校教育基金会规范化、职业化、专业化发展的思考;西北工业大学教育基金会副秘书长可方玲介绍了在助力学校中心工作等方面做出的贡献,重点介绍了其品牌项目——帮助新生的“爱心直通车”和以校友捐赠书籍为主的“若水书屋”;同济大学校友总会秘书长郑晓蕾介绍了其特色工作:校友之家的定位和设计思路、运营模式及运营成效,同济校友基金构成和创新创业生态圈的打造;华南理工大学公共关系处副处长桑成好介绍了在整合与服务校友经济、规范管理拓展资源等方面的经验和体会,以及筹备成立“华南理工大学粤港澳大湾区校友会大联盟”的情况。

下午,秘书长论坛移师东南大学南京校友会六朝松茶文化馆继续进行。东南大学南京校友会副秘书长徐震宇博士代表南京校友会,对 9 所高校的校友会、基金会秘书长表示欢迎。

东南大学校友总会秘书长姚志彪介绍了东南大学近年来的一系列校友工作,特别是在校友系统建设、校友联络与活动、地方校友会组织建设等方面取得的进展;哈尔滨工业大学校友工作办公室主任、教育发展基金会副秘书长卢长发介绍哈工大依靠地方校友会、院系和本职工作人员共同完成校友工作的经验,并阐述了地方校友会组织建设机制;哈尔滨工业大学教育发展基金会副秘书长任潇分享了对筹募工作的理解以及工作中的经验与体会;重庆大学校友总会秘书长任明、重庆大学教育发展基金会秘书长张军在发言中着重介绍了重庆大学校友企业家联合会的筹建情况,分享了对基金会规范化运作的

深入认识和思考。

主题发言之后,大家进行了专题研讨,就校友经济、高校基金会的规范化、职业化和专业化等议题进行了热烈的讨论。

会议最后进行了轮值会旗交接,确定第三届论坛由天津大学承办。

论坛期间,东南大学张广军校长以校友身份与天津大学校友会基金会的老师进行了简短交流。

3 月 30 日,与会的秘书长们赴扬州调研。在东南大学扬州校友会组织下,秘书长们与扬州教育投资集团进行了交流和座谈。

• 2018 年 4 月　校友总会走访南京校友会秘书处并共同祭拜雨花台烈士校友

校友总会秘书处一行,应南京校友会秘书处邀请,于清明期间,前往雨花台烈士陵园共同拜祭烈士校友。纪念仪式结束后,大家一起在南京校友会联络处商讨了东南大学 116 周年校庆期间举办双创年会等相关事宜。

• 2018 年 4 月 26 日　东南大学校友总会参加 2018 知名高校校友会与江苏侨务工作座谈会

4 月 26 日下午,江苏省侨办主办的 2018 知名高校校友会与江苏侨务工作座谈会在南京麒麟科创园侨梦苑召开,东南大学及南京大学、南京航空航天大学、上海交通大学、中国科技大学、华东师范大学 6 所知名高校校友会负责人及北京大学、复旦大学、哈尔滨工业大学、南开大学 4 所知名高校江苏校友会负责人应邀参加。省侨办巡视员孙彬、省侨办经科处处长朱荣玲及相关处室工作人员莅会。

南京麒麟高新区管委会副主任田斌向与会人员介绍了麒麟高新区发展情况和推进校地融合方面的举措。朱荣玲处长简要介绍了 2018 年省侨办在经济科技方面准备开展的活动和侨务引资引智的工作计划。与会的各校友会负责人分别介绍了本校海外校友会在世界的分布情况、开展的主要工作,以及对今后校友工作的意见建议。

东南大学校友总会姚志彪秘书长在发言中介绍了东南大学海外校友组织建设和东南大学校友在服务地方经济建设方面的情况。自 2016 年以来,东南大学海外校友会组织建设呈现高增长态势,目前已有以北美地区为主的海外校友会近 20 个,校友们在为地方经济的服务中发挥着越来越重要的作用。东南大学硅谷校友会、波士顿校友会和大纽约地区校友会等,在承办或协助江苏省、南京市政府在当地举办招才引资推介会上做出了积极努力。不久前,东南大学副校长黄大卫一行就"全球东大校友资智回宁工程"工作向南京市政府领导做专题介绍,蒋跃建副市长充分肯定了东南大学积极为地方经济服务所做出的重要贡献。姚秘书长介绍了近期东南大学校友总会即将开展的校友经济和创新创业方面的几项活动和具体举措。他表示,东南大学校友总会将进一步加强与省侨办的联系与合作,积极配合省侨办侨务工作;利用省政府的资源和能力,更好地服务海外校友。

与会的高校校友会负责人一致表示,随着行业校友组织的向前发展和微信等社交媒体的充分应用,各校友会不断扩大规模、丰富内涵、拓展深度,校友间的联络的"即时化""群会合一"等特征,对校友经济不断向前发展起到了积极作用。建议省侨办等相关部门把侨务工作与高校人才引进工作进行相互融合,建立海外校友人才库;推出面向高校海外校友的引资引智活动的项目信息和专题文案,借助各高校的新媒体平台进行广泛宣

传。大家也一致对江苏省侨办工作与高校校友工作联合的创举表示感谢，座谈会的常态化召开，已越来越成为知名高校校友会开展海外校友工作的不可或缺的交流探讨平台。

孙彬巡视员在最后的会议总结中表示，非常感谢各校校友会长久以来对江苏省的发展所做的贡献。他指出，经济工作是侨务工作的重要组成部分，省侨办将持续长久地推进招才引智工作，为海外华人华侨服务，助力江苏省的发展。希望各校友会负责人能继续支持侨办工作，挖掘好海外校友的潜在资源。

会议期间，孙彬和高校校友会代表共同为高校海外校友(南京)联络站揭牌。与会人员还实地参观考察了麒麟生态园、南京侨梦苑，对南京麒麟科创园的招才引智环境有了深入的了解。

• 2018 年 6 月 6 日　东南大学校友总会第六届理事会选举产生

6 月 6 日上午，东南大学校友总会第五届理事会九次会议暨校友总会换届大会在东南大学九龙湖校区圆满召开。东南大学校友总会第五届理事会会长、校长张广军，第五届理事会常务副会长、东南大学副校长周佑勇，第五届理事会副会长林萍华、刘京南、浦跃朴、朱建设，来自国内 37 个地区(含香港)及境外的美国(硅谷、大纽约、美南、芝加哥)、加拿大、日本、新加坡和墨尔本等地的计 46 个地区校友会负责人代表，南京校友会的总会理事代表，东南大学院系书记及相关职能部门负责人等校内理事代表，共 150 多位会员(理事)代表参会。会议由校友总会常务副会长周佑勇教授主持。

周佑勇副校长首先致欢迎辞并对换届相关程序安排做了介绍。

校友总会姚志彪秘书长首先做第五届理事会工作报告，向与会的校友们汇报了第五届理事会 2014 年至 2017 年四年来的工作情况。四年间，新成立十余个国内校友组织和 8 个海外校友组织，新组建 19 个专业或地区校友分会，同时位于四牌楼校区的校友之家建设也顺利推进。通过线下活动和网络空间，海内外校友组织不断拓展，校友之间的联系更加紧密，同时广大校友也通过校友组织积极参与学校人才培养、社会服务、文化建设，为母校捐资助学、汇聚资源、传承精神、共赢发展做出了重要贡献。

东南大学财务处王绍灵副处长向与会代表汇报了第五届理事会财务报告。2014 年至 2017 年，学校下拨经费 188 万元，业务活动支出总计 243 万元，用于购置固定资产额为 44 380 元，净资产变动额为 61 691 元。校友总会委托会计师事务所对财务进行年度审核，审计报告作为年度工作书附件，一并提交教育部和民政部进行年检和备案。

与会的会员(理事)代表认真听取了第五届理事会工作报告和财务报告，审议并一致通过。

东南大学发展委员会副主任姚志彪对第六届理事会理事建议人选做了简要说明。与会代表认真阅读和审议了第六届理事会理事建议名单，一致通过第六届理事会理事建议名单。校友总会第六届理事会成员共计 313 名，其中校外理事 248 名、校内理事 65 名。校外理事由各地校友会按相应名额推荐当地校友会成员(理事)，校内理事则由三部分组成：理事(校内人员，以校领导为主、校发展委员会相关人员为辅)、院系书记及相关职能部门负责人。

随后进行的第六届理事会第一次会议上，选举产生了理事会负责人。东南大学张广军校长当选校友总会第六届理事会会长，东南大学副校长黄大卫当选常务副会长，东南

大学副校长周佑勇、原副校长林萍华、党委原常务副书记刘京南、原副校长浦跃朴当选第六届理事会副会长,东南大学发展委员会常务副主任金志军当选执行副会长,发展委员会副主任姚志彪当选秘书长。

连任第六届理事会会长的张广军校长发表讲话,代表学校和校友总会对广大海内外校友一直以来感恩母校、回馈母校和给予母校的关心、支持和帮助表示诚挚感谢。张校长表示,再次当选为新一届理事会会长,深感责任重大、使命光荣,未来将一如既往带领理事会精准精细地做好校友工作,并着力从以下三个方面持续探索:一是进一步加强服务校友工作,积极主动助力校友终身发展,助力学校与社会的联系;二是要进一步加强海外校友会工作,广泛凝聚海外校友的力量,助力学校与海外的联系;三是要进一步推进学校、校友和社会之间的政产学研合作,共同致力于服务国家战略和实现民族复兴,共同唱响"东大好声音"。张校长向第六届理事会理事和校友们提出了两点期盼,希望广大校友与母校共同深化人才发展的内涵,并与母校共同拓展开放发展的舞台。

当天上午,来自各地校友会的负责人参加了东南大学建校 116 周年纪念大会。

• 2018 年 6 月 7 日　东南大学各地校友会负责人工作会议召开

6 月 7 日上午,东南大学 2018 年各地校友会负责人工作会议在四牌楼校区召开。来自全球 46 个地区的校友会负责人欢聚一堂,共庆母校华诞,共商校友工作。东南大学党委副书记郑家茂、校友总会执行副会长金志军、校友总会秘书长姚志彪、学生处副处长宋健刚及发展委员会全体工作人员出席了会议。

学生处宋健刚副处长向各地校友会负责人代表详细介绍了学校 2017 年度招生和就业工作,并衷心感谢各地校友会在 2017 年对母校招生和就业工作的大力支持,希望 2018 年的工作能够在各地校友会一如既往的支持和帮助下更上层楼。校友总会执行副会长金志军致欢迎辞。他感谢各位理事在 6 日的校友总会换届大会上认真选举出新一届总会理事,表示新一届理事会将不辜负全球校友期望,为了东南大学和校友们更美好的明天而努力搭好平台、架好桥梁、结好纽带。校友总会今后将增加对地方校友会的走访和推动,谋求更多母校与校友共同发展的机会。校友总会姚志彪秘书长向各位参会代表介绍了母校的科研发展情况,以及科研院请校友总会向各位参会代表转达的科研项目具体合作意向。

来自全球各地校友会的近百位负责人代表,在座谈交流环节中,介绍了各自的校友工作特色和近期取得的成绩,并就校友经济进行了重点探讨。校友们各抒己见,毫无保留地为兄弟校友分会的发展提供宝贵经验,为母校的蓬勃发展献言献策。

郑家茂副书记做最后总结发言,他代表学校党政领导和母校老师以及在校同学感谢各地校友会对母校发展的关心和支持。希望大家今后继续携手努力把东南大学的精神在全球各地发扬光大,凝心聚力让东南大学越来越好。

• 2018 年 12 月 15 日　首届东南大学校友企业家六朝松论坛暨第二届全球校友会会长秘书长圆桌会议圆满落幕

12 月 15—16 日,由东南大学校友总会主办、广东省东南大学校友会承办、广州开发区投资促进局协办的首届东南大学校友企业家六朝松论坛暨第二届全球校友会会长、秘书长圆桌会议在广州举行。东南大学校友总会会长、校长张广军,校友总会常务副会长、

副校长黄大卫，校长办公室、发展委员会、校友总会、大学科技园的有关负责同志，均为东大杰出校友的全球近 20 家上市公司负责人、行业翘楚及独角兽企业代表，以及 30 多个省、市级校友会，珠澳、香港地区，美国、英国、新加坡、澳大利亚等地校友会会长、秘书长及其代表等 200 多人济济一堂、共襄盛会。本次大会以“感恩、联谊、分享、互助”为宗旨，诉母校情谊，话合作发展。

15 日“六朝松论坛——校友企业家论坛”在全场校友们合唱的东南大学校歌声中拉开帷幕。东南大学校友总会秘书长姚志彪、广东省东南大学校友会副会长陈映庭校友及三代都是东大人的沈毅佳校友分段主持论坛。

广东省东南大学校友会王亚群会长致欢迎辞，代表广东校友热烈欢迎母校领导和老师以及各位嘉宾校友的到会。

张广军校长代表学校和校友总会向心系母校、感恩母校的海内外校友表示问候，并向各地校友会会长、秘书长表示感谢。张校长在致辞中表示，在我国改革开放 40 周年、东南大学复更名 30 周年，全校师生加快推进“双一流”建设、努力实现内涵式发展的关键时刻，广大校友相聚在改革开放的前沿广州举办此次论坛，可谓恰逢其时、意义深远。张校长简要介绍了近期学校在广大校友的关心支持下的“双一流”建设情况和校友工作，强调面对新使命新征程，母校正通过重塑目标，深化改革，激发活力，引领发展，对标一流、赶超一流、引领一流，努力实现内涵式高质量发展。母校特别期盼广大校友能够与母校一道，担当使命，共赢发展，逐梦一流。一是期盼广大校友助力母校培养领军人才的新征程，积极帮助东大学子成长为具有家国情怀和国际视野，担当引领未来和造福人类的领军人才；二是期盼广大校友助力母校打造一流师资的新高地，积极建言献策，举荐人才，合力营造全员引才、聚才、育才的良好氛围和生态；三是期盼广大校友助力母校构建开放办学的新格局，积极为母校聚心、聚力、聚智、聚资，深入推进学校、校友和社会之间政产学研合作，深度参与、共同构建母校高层次、高质量的开放办学新格局。同时，母校和校友总会也在努力提升校友工作内涵，积极主动关心、助力校友终身发展，不断增强母校在海内外校友心中的归属感和凝聚力。

黄大卫副校长代表母校向本次会议承办方、广东省东南大学校友会授予“六朝松论坛”和“全球校友会会长秘书长会议”会旗。

广州市黄埔区副区长洪谦到会致辞，表示热烈欢迎各位东大校友企业家到黄埔区创业发展。广州开发区投资促进局局长邵静波介绍了开发区的投资与环境方面的政策。

东南大学经管学院徐康宁教授做了题为“中美贸易摩擦背景下的宏观经济形势”的学术报告。东南大学科研院张晓兵副院长向各位校友企业家介绍了东南大学校企科技成果合作通路。华夏基石副总裁张百舸和梧桐并购基金总裁谢闻栗校友为大会带来了关于企业战略管理和企业生命规律的精彩演讲。张百舸和叶留金、丁铁骑、陈世宏、杨江金 4 位校友就战略管理经验方面的有关心得与感悟与现场校友分享互动。谢闻栗、朱文俊、林嘉喜、吴直森 4 位校友和徐康宁教授就投融资经验方面同大家分享并现场为大家答疑解惑。

校友企业家联盟筹备启动仪式将“校友企业家六朝松论坛”会议推向高潮。校友总会常务副会长黄大卫，广州航海学院校长邹采荣，校友总会执行副会长金志军，校友总会

秘书长姚志彪,副秘书长李华彪、刘勇、陈映庭、朱文俊,广东校友会会长王亚群等共同为企业家联盟筹备启动揭彩。

论坛开幕式后张广军校长与部分广东校友进行了座谈,听取校友们对母校发展的建议和意见。

16 号召开的第二届东南大学全球校友会会长、秘书长会议上,出席会议的 28 个地区的校友会代表积极发言,交流了各自分会的实践发展经验,并对今后的工作提出了许多具有可操作性的建议。大家对 2019 年的工作有了明确的目标,纷纷表示回到各地后将进一步促进本地校友会的发展壮大,提升母校在海内外的影响力,吸引更多优秀学子报考东南大学,大力协助母校实现发展目标,并切实了解并真正满足校友发展需求,在地方经济建设中做出亮点,把校友工作做实、做细、做大、做强。本次会议上,校友总会还就校友工作信息化建设对各地校友会提出了共享共建要求。

2019 年会议承办权由常州校友会获得。本届会议承办方广东校友会会长王亚群将“六朝松论坛”及“全球校友会会长秘书长会议”会旗转交常州校友会副会长兼秘书长葛维克。

附 2:校领导、院系领导及校友总会负责人走访地方校友组织、拜访校友情况

• 2018 年 5 月 17 日　黄大卫副校长一行拜会红太阳集团杨寿海校友

5 月 17 日下午,东南大学副校长、教育基金会副理事长黄大卫在发展委员会副主任芮振华等的陪同下,专程拜会了杰出校友、红太阳集团有限公司董事长兼总裁杨寿海先生。

黄大卫副校长首先参观了红太阳集团大数据产业中心,随后与杨寿海校友、王金桂副总裁、胡容茂副总裁等集团领导进行了亲切的交流。黄大卫副校长代表母校对校友取得的杰出成绩表示衷心祝贺,回顾了红太阳集团与母校的长期良好合作,介绍了学校近年来取得的成绩,特别是在“双一流”建设、学科排名和科研获奖等方面的优异表现。杨寿海校友讲述了自己借款 5 000 元白手创业的传奇经历,从企业取得的成果、“红太阳文化”、企业发展目标、红太阳的社会责任等方面进行了详细介绍。双方就产学研合作、联合办学、支持学生创新创业等方面进行了友好交流。

黄大卫副校长向杨寿海校友赠送了东南大学纪念邮册。

• 2018 年 5 月 20 日　东南大学黄大卫副校长一行看望深圳校友

5 月 20 日,东南大学副校长黄大卫、东南大学发展委员会常务副主任金志军、东南大学校友总会秘书长姚志彪和发展委员会副主任芮振华一行到深圳看望当地校友并与校友代表亲切座谈。东南大学南京校友会秘书长朱文俊、监事卞鹏萱随行,与深圳校友做了交流。

东南大学深圳校友会会长满志,名誉会长钱东郁,名誉顾问韩涛,常务副会长欧阳谊明,副会长汪腾锋、武南、徐春,执行秘书长王林,副秘书长张胜强,校友楼欢笑等,参加了会见和交流活动。

会上,黄大卫副校长向各位校友介绍了学校最新的发展与成就,称赞深圳校友会是东大地方校友会组织发展最好的校友会之一,工作极具特色,凝聚力强。不少深圳校友

为母校的发展做出了自己的贡献，母校为校友的深情感动。与会的深圳校友都表示为母校近年来取得的成绩感到骄傲，为母校成为“双一流”建设高校感到自豪，愿意为母校的未来发展献计献策，贡献自己的力量。

• 2018 年 6 月 27 日　黄大卫副校长一行拜会江苏苏美达集团有限公司杨永清校友

6 月 27 日上午，东南大学副校长、校友总会常务副会长黄大卫在东南大学校友总会秘书长姚志彪、东南大学南京校友会副会长祝力飞陪同下，专程拜会了东南大学杰出校友、江苏苏美达集团有限公司董事长兼党委书记杨永清先生。

黄大卫副校长等一行参观了苏美达集团的产品与科技展示中心，随后与杨永清校友等集团领导进行了亲切的交流。黄大卫副校长代表母校对校友取得的杰出成绩表示衷心祝贺，介绍了东南大学近年来取得的成绩，特别是在“双一流”建设、学科排名和科研获奖等方面的优异表现。

杨永清校友介绍了公司的发展历程及个人的学习、工作经历，表示公司的发展过程中，得到了母校在技术和人才等方面的支持，感谢母校的培养和关心，愿意在今后的日子里，和母校进一步开展产学研合作，为母校的发展做贡献。

姚志彪秘书长和祝力飞副会长分别介绍了东南大学校友总会及东南大学南京校友会的相关工作情况。

• 2018 年 8 月 6—9 日　东南大学党委书记左惟一行赴深圳祝贺校友企业金蝶集团成立 25 周年并会见部分深圳校友

8 月 6 日至 9 日，应金蝶集团创始人徐少春校友邀请，东南大学党委书记左惟一行赴深圳，祝贺金蝶集团成立 25 周年，并看望部分深圳校友。校党委办公室、发展委员会相关负责人等随行陪同。

左惟书记代表东南大学向徐少春校友赠送云锦，祝贺金蝶集团成立 25 周年。左惟书记在金蝶集团亲切会见东南大学深圳校友会孟建民院士等十余位校友。左惟书记向各位校友介绍了学校近年来的发展情况和取得的成绩，对校友们关心和支持母校发展表示感谢。校友们为母校近年来取得的成绩表示自豪，纷纷为母校发展建言献策，也共祝金蝶集团 25 周年生日快乐。

• 2018 年 8 月 7 日　黄大卫副校长一行拜会苏宁环球董事长张桂平校友

8 月 7 日上午，东南大学副校长、校友总会常务副会长黄大卫在东南大学校友总会秘书长姚志彪、东南大学南京校友会副会长祝力飞的陪同下，专程拜会了东南大学杰出校友、苏宁环球董事长张桂平先生。

黄大卫副校长首先代表母校对校友取得的杰出成就表示衷心祝贺，对张桂平先生以及苏宁环球多年来给予学校的关心、支持和捐赠表示感谢，并向张桂平校友介绍了东南大学近年来取得的成绩，特别是在“双一流”建设、学科排名和科研获奖等方面取得的优异成绩。

张桂平先生介绍了公司的发展历程及个人经历，表示在今后的日子里，将继续关心支持母校，和母校进一步开展产学研等多方面合作，为母校的发展做贡献。

姚志彪秘书长和祝力飞副会长分别介绍了东南大学校友总会及东南大学南京校友会的相关工作情况，并热情邀请张董事长参与东南大学校友活动，张桂平校友表示将积

极支持和参与相关校友工作。

• 2018年9月　张广军校长一行走访看望南京校友企业，表示将全力支持校友经济发展

东南大学张广军校长、黄大卫副校长等，走访看望了东南大学南京校友企业南京三宝科技集团有限公司，并与南京校友会负责人进行了座谈。三宝集团董事长、南京校友会会长沙敏，南京校友会秘书长、东大资本董事长朱文俊接待了母校校长一行。

在全面听取了三宝集团的发展历程、核心技术、产业布局与生态构建后，张广军校长对沙敏会长的企业家精神表示赞赏，希望其企业能更好发展，更好地发挥其在校友企业中的影响力。

沙敏会长向张校长、黄副校长汇报了南京校友会近年来取得的成绩与近期工作及校友经济发展规划。张校长感谢东大学子对母校的深情厚谊，感谢校友们为母校发展所做的贡献，表示将全力支持校友经济的发展，同时更要为南京校友会的发展鼓劲与助力。张校长还详细介绍了东南大学九龙湖校区"一体两翼一保证"的战略规划以及其他城市、校区的规划，欢迎和期盼更多的东大校友参与其中，以母校为核心，通过校友经济，使校友在自身事业蓬勃发展的同时，为母校的发展添砖加瓦。

• 2018年10月16日　原南京工学院1956级校友周顺圭博士回母校访问，黄大卫副校长向其赠送当年成绩册

10月16日，1956级电真空专业周顺圭博士在校友陪同下，重返母校与阔别61年的老同学相聚。周学长介绍了他1957年从母校到中国香港、日本及美国的求学和创业经历，对母校同学、老师当年对他的帮助、支持表达了由衷的感谢。电子科学与工程学院孙立涛院长对校友们回学校相聚表示热烈欢迎，并向校友们介绍了学院的发展历程。

黄大卫副校长亲切会见周顺圭学长，并向周顺圭学长赠送当年的成绩册。对这份意外的珍贵礼物，周学长感到十分地惊讶和喜悦。他对学校的关心和黄副校长的精心安排表达了诚挚的谢意。

周学长在四牌楼校区参观了金陵院、健雄院和纳皮米中心实验室，在大礼堂和六朝松前合影留念，也参观了校史馆和九龙湖新校区。

周顺圭校友1956年考入南京工学院电气真空技术专业，1957年前往日本学习，在东京工业大学获得学士和硕士学位，在东京大学获得博士学位。1984年在美国硅谷创立EICO,Inc.，从事半导体生产业务。1992年开始从事投资，是一位卓有建树的天使投资人，投资了包括东大校友企业在内的22家初创企业，其中8家上市，6家被收购。

• 2018年10月24日　黄大卫副校长一行赴北京拜会华生校友

10月24日，东南大学副校长黄大卫一行在北京拜会了东南大学北京校友会会长、东大经济管理学院名誉院长、东南大学教授、博士生导师、经济学家华生先生。

黄大卫副校长向华生校友介绍了学校近来的发展情况和取得的成绩，对华生校友对母校发展的关心和支持表示感谢。同行的东南大学南京校友会秘书长朱文俊介绍了南京校友会的相关工作，特别是校友经济，并就东大资本的工作和华生教授的博士团队进行了交流。

• 2018年11月28日　黄大卫副校长一行赴上海拜会金鹏辉校友，走访上海校友

会活动中心

11月28日，东南大学校友总会常务副会长、东南大学副校长黄大卫率领校友总会、教育基金会负责人及上海、南京、苏州校友会的负责人，前往上海陆家嘴金融区拜访人民银行上海分行行长金鹏辉校友(1988级建筑工程管理专业)。

黄副校长向金校友介绍了母校的发展情况、今后的工作重点，对校友关心、支持母校表示感谢，并邀请金校友常回母校看看。三地校友会负责人也分别邀请金校友参加校友会年会并就金融资本市场长三角一体化发展等议题做专题报告。

黄副校长一行还来到东南大学上海校友会活动中心，与校友们探讨校友工作。南京、苏州和上海校友会3位秘书长也就地方校友会之间的合作事宜交换了看法。

附3：校友经济专题及校友总会主办、协办的品牌活动及助力校园文化建设情况

校友经济专题

• 2019年3月28日　东南大学校友总会就“全球东大校友资智回宁工程”工作向南京市政府领导做专题汇报

3月28日上午，东南大学副校长黄大卫带队前往南京市政府，就南京创新名城建设和南京市政府蒋跃建副市长进行了会谈，参加座谈的有南京市政府人才、科技等相关部门领导。

黄校长就东南大学校友总会大力发展“校友经济”，构建“名校服务名城、名城反哺名校”的城市经济新生态的初步构想及“全球东大校友资智回宁工程”等做了介绍。蒋市长充分肯定了东南大学校友总会积极为地方经济服务所做出的工作。并表示，当前南京正在实施创新驱动发展战略，建设具有全球影响力的创新名城，打造综合性科学中心和科技产业创新中心，着力构建一流创新生态体系，为此出台了若干政策措施，东南大学的校友也是南京市的“市友”，希望校友总会联系全球广大校友，回南京参与具有全球影响力的创新名城建设。

东南大学校友总会姚志彪秘书长以及东南大学南京校友会沙敏会长、朱文俊秘书长等参加座谈并介绍了相关工作情况。

根据南京市委市政府2018年1号文件精神，东南大学领导高度重视并组织校友总会及部分城市校友会代表参与学习、研讨并开展相关前期工作。

• 2018年5月3日　黄大卫副校长率南京校友会一行与南京市金融办再次会谈

5月3日，东南大学副校长黄大卫带领东南大学南京校友会祝力飞、秘书长朱文俊、监事卞鹏萱一行人等，专程到南京市金融发展办公室(简称金融办)汇报东大校友产业基金和六朝松金融研究院的相关筹备情况。金融办主任刘永彪、资本市场处处长李慧、秘书行政处处长陈新颜、资本市场处韦成出席了会议。

黄大卫副校长表示东南大学积极响应南京市“建业金陵”的号召，南京校友会也以积极行动践行着南京市的政策，希望东南大学的校友经济能够在政府的支持下茁壮成长。紧接着，卞鹏萱作为东大资本的筹备负责人向市金融办汇报了东大资本设立的详细情况和六朝松金融研究院的筹备情况。金融办主任刘永彪对东大资本和金融研究院的工作进行了充分肯定，他表示东南大学是南京本土的全国著名高等学府，东南大学的校友也

是一支庞大而优秀的社会建设者队伍,市金融办作为政府职能部门将全力支持东大资本和金融研究院的工作。他希望东大资本和金融研究院进一步做大做强,探索出一条独具特色而生机勃勃的校友经济之路,为南京经济发展不断地做出积极贡献。

• 2018 年 5 月 12 日　南京市政府召开专题会议,加速推进东南大学校友经济

5 月 12 日上午,东南大学校友经济专题推进会在南京市政府办公厅的会议室召开。本次会议由蒋跃建副市长召集和主持,参加人员中政府方代表有市政府副秘书长郭明雁、市科委张新年主任及分管科技成果处的蔡伯圣副主任,以及秦淮区、建邺区、雨花台区、栖霞区、鼓楼区、玄武区分管副区长;东南大学一方由副校长黄大卫率领校友总会秘书长姚志彪、南京校友会及校友企业代表三宝科技、东大资本、焦点科技、苏交科集团、金智科技、科远股份的董事长或高管参加了会议。

市科委蔡副主任介绍了市科委与东南大学校友会就校友经济的对接情况,对东大校友提出的从企业家的需求端反向挖掘研发机构、搭建合作平台的思路深为赞同,并按照这一思路积极开展下一步的工作。三宝科技的董事长沙敏以南京校友会会长的身份做了会议报告。南京校友会在校友经济方面做了六个方面的探索:1. 结合母校的学科优势初步选定六个产业方向;2. 根据产业方向,从学校选择相应的科研领军人物;3. 从校友企业中筛选对应的、有代表性的企业,由其作为龙头带领大家建设赋能型的研发平台;4. 根据南京市各个区的产业定位,寻找最适合产业落地的物理空间;5. 由核心企业出资组建校友经济母基金,为新型研发机构的成果转化赋予资金动能;6. 东大资本管理公司已经登记注册,今后还将按照专业化、市场化的方向进一步充实运营团队。

听取各位代表的发言后,蒋市长做了总结,他指出创新名城建设是市委市政府的头号任务,而校友经济是创新名城建设中至关重要的一环。东南大学校友会已经在校友经济上率先做出了积极而有益的探索。为更快更好地推进东大校友经济的发展,各部门各区要主动对接,做好服务。对于东大资本所需的政府配套基金问题,母基金层面市里一定予以解决,配套子基金问题由各区具体讨论。对于接下来的工作,他希望各有关方面以拿方案为抓手,深入思考新型研发机构的技术源头在哪,如何将资本家、科学家、企业家有效地结合起来,如何整合全国乃至全球校友资源来发展校友经济等问题。与此同时,各区都要对接一个龙头企业,深入交流,挖掘需求,研究发展思路。

“迎双新”活动

• 2018 年 8 月 12 日　东南大学深圳校友会“迎双新”活动举行

8 月 12 日下午,深圳市东南大学校友会为 2018 届来深发展的新校友组织了一场热烈的迎新会。今年的迎新主题是“双新”,除了迎接新的应届毕业生,今年还多了一些特殊的宾客,他们是今年参加高考考上东大的学子。新校友们不断地追问深圳工作、生活、发展情况,老校友们循循善诱地为新校友们一一解答,和新校友们分享着他们当年读书时的趣事。

深圳校友会会长满志致欢迎辞,执行副秘书长王林介绍深圳校友会发展情况,副秘书长杨明川分享加入深圳校友会的体会。“迎双新”活动得到深圳校友会义工团的志愿服务。

• 2018 年 8 月 13 日　东南大学海南校友会 2018 年海南籍新生及毕业生座谈会召开

8 月 13 日下午,“东南大学 2018 年海南新生及毕业生座谈会”在一片欢快的自我介

绍中正式开始。这是自东南大学海南校友会正式成立以来，第一次举办的新生及毕业生座谈会。座谈会除了邀请毕业生和新生代表外，还邀请了在校生和新生家长代表。

会上，海南校友会会长林廷武致欢迎辞，欢迎毕业生回到海南工作及欢送新生即将奔赴南京求学加入东南大学大家庭。林会长向在座的年轻东大人介绍了东南大学海南校友会的相关情况，表示海南校友会将一直是他们求学、工作乃至今后人生道路上的坚强后盾。徐登云副会长介绍了东南大学的沿革、现状和未来，让年轻的东大人更加全面、深入地了解了东南大学深厚的文化底蕴和浓厚的学术氛围。刘心红校友以及参会的其他校友也结合自身的经验，给即将步入大学的新生提出了不少学习和生活上的建议，为刚刚步入社会的毕业生和还在学校学习的在校生提供了一些教研和就业上的指导。

• 2018 年 8 月 18 日　江西校友会圆满举办第三届“学长助新生，启航向东大”2018 级新生座谈会

8 月 18 日，东南大学江西校友会举办的第三届“学长助新生，启航向东大”2018 级新生座谈会在南昌举行。参与会议的有江西省政协原副主席、东大江西校友会名誉会长殷国光校友，戴玉芳校友，东大江西校友会常务副会长、南昌工控电装有限公司董事长刘长华校友，东大博士后、南昌大学熊鹏文教授，及赖泽明、张旭奇、黄文俊、章拔群、徐奇等校友。2018 届东南大学毕业生代表和 2018 级东南大学江西籍新生代表和新生家长参与了这一活动。座谈会由江西校友会秘书长游波主持。

刘长华副会长首先对全体 2018 级新生们的到来表示热烈欢迎，祝愿新生们在东南大学度过愉快的大学时光。他回顾了东大建校历史，要求同学们珍惜大学美好时光，努力学习，不忘初心，砥砺前行。熊鹏文教授以老师的身份寄语新生，希望新生重视基础知识的学习，学好每一门课程，并与新生和新生家长进行了亲切互动。2018 届毕业生代表黎菁同学分享了在东南大学研究生院的学习经历与实习经历。

殷国光校友满怀着对东大的深情，与在座校友分享了自己 40 年的工作经历，希望新生从中得到启发。他勉励新生不断学习，秉承东大校训“止于至善”，不忘初心，先苦后甜，4 年后能学有所成，加入江西大发展的队伍中。

座谈会中，东南大学的学长学姐们就同学们感兴趣的问题进行了交流和互动。碧桂园江西公司区域总裁谈建平校友和刘长华副会长向新生代表赠送了电脑包和江西校友会会员衫。

• 2018 年 8 月 18 日　湖南校友会“迎双新”活动在长沙和永州举行

8 月 18 日，东南大学湖南校友会欢送湖南籍新生考入东大暨欢迎东大毕业生来湘工作座谈会在长沙举行。在湘工作多年的老校友、刚毕业来湘工作的新校友和今年顺利考取东大的新生代表及家长共 20 多人参会。永州市的校友会代表也在同时间组织了当地的“迎双新”活动。

东大湖南校友会秘书长杨建华主持座谈会并讲话，代表在湘工作的近千名东大校友对考入东大的湘籍新生表示祝贺，同时对来到湖南工作的新校友表示欢迎。杨建华秘书长希望新生们充分利用东大丰富的教育资源，用 4 年的时间把自己锻造成有益于社会的人才。杨建华特别强调东大人应该以责任、担当和情怀影响社会。各位老校友也纷纷就自己的人生体验对东大的新生和新毕业生讲述了他们的感悟。

一名新生代表主动发言,就自己的感受和大家做了分享,表示自己会努力学习,不辜负东大人的身份,愿意在日后为母校做出一份贡献。陪同新生到来的家长们和大家一起分享了他们全家人执着钟情于东大的经历,表达对校友会的感激。

• 2018 年 8 月 18 日　泰州校友会举办“学长助新生,启航向东大”送新生活动

8 月 18 日下午,东南大学泰州校友会举办以“学长助新生,启航向东大”为主题的送新生活动。东南大学机械工程学院党委书记张志胜、土木工程学院党委副书记张豪裕以及被录取新生、在泰校友、老师、家长等 70 余人参加了活动。

泰州校友会筹备组柏兵校友代表校友会致活动欢迎辞,他对各位新生成为东大的一员表示祝贺、关爱和期盼。土木工程学院党委副书记、泰州地区招生组组长张豪裕书记和东南大学土木工程学院院长助理、泰兴招生组组长张琦老师分别就如何快速地从高中生向大学生转变和如何安排好大学生活向新生介绍了大学学习和生活的方方面面。泰兴弘阳地产总经理陈磊、泰兴宁兴机械总经理曹晨向新生赠送礼品和助学金。

• 2018 年 8 月 18 日　北京校友会 2018 送新生座谈会召开

8 月 18 日下午,北京校友会常务副会长兼秘书长马其祥带领几位校友嘉宾与东南大学京籍被录取新生齐聚六朝松茶馆,交流座谈,分享人生。

东南大学每年在京招收 50 位新生,北京校友会非常重视新生的联络工作,安排专门人员负责,邀请新生与部分校友座谈。今年受邀的嘉宾校友有中交公路规划设计院院长裴岷山、中天科技集团副董事长丁铁骑、原中建一局副局长黄国荣,4 位新生家长也受邀参加了活动。座谈会由东大北京校友会副会长兼常务副秘书长刘勇主持。

马其祥常务副会长兼秘书长向同学们介绍了北京校友会 30 多年的发展历程和涌现的众多优秀校友。裴岷山校友祝贺同学们选择东南大学作为自己的人生新起点,裴院长所在的公路建设领域有许多优秀的东大校友,他们在自己的岗位上创造了令世界瞩目的骄人成绩。丁铁骑校友向同学们讲述了东南大学的历史沿革,勉励大家共同传承母校的深厚文化。1960 年代毕业的黄国荣校友叮嘱同学们在塑造人生观的大学阶段要志存高远。

青年校友俱乐部的秘书长赵忻怡校友作为北京青年校友代表与同学们分享了自己的学习和工作体会,建议大家提前做好学业规划。

本次座谈会是东大北京校友会自 2015 年来举行的第四次“学长送新生”活动。

• 2018 年 8 月 18 日　广东校友会举行 2018“迎双新”座谈会

东南大学 2018 届毕业生签约广东用人单位的逾 200 人,新校友们已陆续到单位报到上班;2018 年高校招生工作已结束,东南大学在广东招收了 75 名优秀学子。

8 月 18 日上午,东南大学广东校友会 2018 年“迎双新”座谈会在广州举行。校友会代表、新校友、新生和新生家长等约 110 人齐聚一堂。

广东校友会会长王亚群热情欢迎大家的到来,期望新同学在校学业有成,新校友在广东事业有成。广东校友会常务副会长兼秘书长陈映庭向大家全面介绍广东校友会的情况,讲解校友会的发展历程和现状,介绍各俱乐部和分会的组成和活动情况。东南大学广东招生组汪新雨老师回顾了 2012 年来东大在广东招生的历程,感慨招生名次年年大幅提升,为东大在广东的影响力逐年提升而骄傲。汪老师还向同学和家长们介绍了学

校的育人理念、优秀学科等。广东校友代表王荣忠代表广东老校友发言，讲述了校友会的活动，期待和新校友多互动。在校生代表梅洛瑜分享了在东大学习、生活的注意事项。新生代表许倍源代表新生们发言，他讲述了他的东大情愫。新校友代表黄育先很高兴找到广东校友会组织，热切期盼能在广东有好的发展，也希望能与校友们多互动。

座谈会期间还穿插了广东校友会为大家准备的抽奖活动，奖品有东大 2015 校庆纪念邮票、广东校友会 2017 年年会吉祥物公仔和陈映庭副会长手书的两幅墨宝，这些都寄托着广东校友会给“双新”校友的美好祝福。

• 2018 年 8 月 18 日　广东校友会珠海澳门分会举行“迎双新”活动

8 月 18 日，广东校友会珠海澳门分会成立大会暨送新生迎新校友活动在珠海召开。在珠海、澳门工作生活的东南大学历届校友、2018 年考入东南大学的珠海籍新生和到珠海工作的新毕业生代表等 120 余人参加了本次大会。大会由文学院 2003 级校友赵妍甄、动力工程系 2005 级校友边鹏飞主持。

“迎新送新”环节中，凌美娟同学代表 2018 级入学新生发言，东南大学汪新雨老师、珠澳校友会秘书长朱信钊向 2018 级新生赠送纪念品。

• 2018 年 8 月 19 日　常州校友会“迎新送新”活动暨“恽瑛 · 常州校友会奖助学金”捐赠仪式圆满举行

8 月 19 日下午，东南大学常州校友会在常州校友之家——六朝松茶馆隆重举行第五届“学长助新生，启航向东大”暨“欢迎 2018 届毕业生来常”活动。东南大学副校长、校友总会常务副会长黄大卫，东南大学发展委员会常务副主任金志军，东南大学学生处副处长徐进，校友总会副秘书长曹军，常州校友会会长张跃等领导以及近百位新生、毕业生、高中校长及新生家长代表共同参加。活动由常州校友会秘书长葛维克主持。

常州校友会副会长、中车戚研所总经理王文虎在讲话中指出，常州校友会通过近几年各行各业校友的无私奉献和辛劳付出，已打造一批精品活动并成为保留项目，他希望即将迈入东大的学弟学妹们刻苦学习，互帮互助，回到常州多来校友会走一走。

江苏筑森建筑设计院股份有限公司董事长单国伟校友代表工作多年的校友发言。他深情回顾了自己的大学生活，勉励学弟学妹们要珍惜大学时光，志存高远。在校生代表薛天怡以自己在校一年多的学习经历，鼓励即将踏入东大的各位学弟学妹。毕业生代表张培也表达了自己作为常州新校友的想法。

东南大学学生处副处长徐进老师也对新生入学的各方面情况进行了详细介绍，勉励学生做勤奋有爱、心怀天下的东大人。

现场进行了新生奖助学金发放。常州校友会每年从常州籍的东大新生中选择 10 名品学兼优的代表，每人奖励两千元。

来自常州一中的新生代表叶鹏飞上台发言。他将自己总结的学习方法与大家分享，同时对即将到来的大学生活进行了展望。

座谈上还进行了“恽瑛 · 常州校友会奖助学金”签字仪式。有感于常州籍恽瑛老教授多次设立奖助学金奖励东大优秀学子，常州校友会 100 多位校友共同捐赠 12.5 万元给东南大学教育基金会，联合恽瑛教授成立“恽瑛 · 常州校友会奖助学金”。常州校友会张跃会长和东南大学发展委员会常务副主任金志军代表双方现场签署捐款协议。

张跃会长在讲话中表示，常州校友会将坚持初心，多层次多维度发展校友工作，实现校友会各项工作的良性循环，为广大校友搭建干事创业的更大舞台。东南大学副校长黄大卫教授发表了热情洋溢的致辞，对各位即将跨入东大的新生和其家长表示热烈的祝贺，勉励各位新生一定要努力学习，敢于创新，志存高远。他充分肯定了常州校友会的各项工作，勉励常州校友会再接再厉，紧跟时代步伐，做出更大的成绩。

此次新生奖助学金由江苏筑森建筑设计院股份有限公司董事长单国伟校友赞助，这是他的第二次捐赠。常州建筑科学研究院有限公司董事长杨江金校友再一次赞助了新生礼品，从 2014 年起至今，他已连续赞助五届。

• 2018 年 8 月 19 日　贵州校友会入学新生欢迎会顺利召开

8 月 19 日，东南大学贵州校友会授旗仪式暨 2018 贵州籍入学新生欢迎会在贵阳市召开。东南大学校友总会领导、在黔校友、2018 年贵州籍东大新生代表等 40 多人参加活动。

5 位新生代表分别做了自我介绍，他们激动地表示，开学报到前就能参加贵州校友会的活动非常开心，对即将到来的东南大学的求学生涯更是充满了期待。贵州省校友会副会长曹湘贵校友用“骄傲、信任、奉献”6 个字深情寄语和勉励新生，并代表贵州校友会向贵州籍 2018 新生代表发放了东南大学纪念品。

• 2018 年 9 月 16 日　苏州校友会迎新活动成功举行

9 月 16 日下午，苏州第二届“卓盟校友迎新日”公益活动举行。东南大学苏州校友会在内的苏州卓越高校校友联盟中的 31 个高校校友会主动参加活动，积极服务，帮助超过 500 位来自苏州大市范围内的新校友找到了“大家庭”。现场，31 所高校的苏州校友会纷纷设点，欢迎毕业生来到苏州工作、生活，大家分享经验、交流心得。

• 2018 年 10 月 27 日　北京校友会首届迎新活动举行

2018 年 10 月 27 日，东南大学北京校友会在人民政协报大厦举行了热烈的迎新活动，欢迎来京工作的新校友们。会议由北京校友会副秘书长王玉山主持，这是北京校友会成立以来举办的首次迎新校友活动。

杰出校友、中国工程院院士倪光南，北京校友会副会长、无线电系分会会长、清新环境创始人张开元，中交公路规划设计院党委书记、董事长裴岷山，北京校友会副会长、秘书长马其祥，中国载人航天办公室宋伟，无线电分会副会长兼秘书长、北京中证技术公司董事长王舜林，中船工业余立志校友，北京校友会副秘书长刘勇，北京校友会秘书处张晓燕、赵忻怡等参加了本次活动。

附 4：配合学校产学研工作和招生就业工作情况

• 2018 年 6 月 2 日　“2018 六朝松金融高峰论坛”在宁召开

由东南大学校友总会协办、东南大学南京校友会承办，东南大学携手中信银行南京分行和中国电信江苏公司于 6 月 2 日隆重举办“2018 六朝松金融高峰论坛”。东南大学党委书记左惟、副校长黄大卫、江苏省人民政府参事室主任王庆五、南京市人民政府副市长冉华、中信银行南京分行行长陆金根、南京市金融发展办公室主任刘永彪等领导出席会议，来自电信、联通、华为、中兴、腾讯、阿里、苏宁、诺基亚、爱立信等互联网巨头的区域

高管、金融界精英和学界专家济济一堂，共话科技金融发展。

东南大学党委书记左惟指出，本次论坛放眼国际，研讨当下科技金融领域的机遇和挑战，对服务国家金融战略，推动江苏金融创新和经济社会发展具有十分重要的现实意义。希望东大的杰出校友们勇担行业领军使命，携手推进金融业创新发展、"强富美高"新江苏建设、南京创新名城建设和东南大学世界一流大学建设。

南京市人民政府副市长冉华代表市政府对论坛顺利召开表示祝贺，希望参会各方将金融成果转化为对实体经济的支持。中信银行南京分行行长陆金根表示，中信银行将与政府、金融同业和实体企业同频共振，通过"移动＋互联网"金融平台、百信银行协同联动等方式，助推江苏科技金融多样化、跨越式发展。

主题演讲环节邀请了江苏苏宁银行董事长黄金老，东南大学金融系主任、全国高校金融学专业委员会委员刘晓星，江苏电信资深副总裁、技术委员会主任贾小涛从不同角度与大家分享了真知灼见。论坛还邀请了中国工商银行江苏省分行副行长姜乔校友、中国联通江苏分公司副总经理施巍巍校友、诺基亚政企事业部总监张恒校友、福佑卡车联合创始人叶逸飞校友、云融网总经理王佳云校友、开鑫金服总经理周治翰校友等6位来自金融、科技行业的大咖，以"科技驱动金融创新、金融助力产业发展"为主题进行嘉宾对话。

• 2018年6月15日　于俊崇等5位杰出校友受邀出席东南大学"教育思想大讨论"校友论坛并做主题发言

6月15日，东南大学"深化教育综合改革，培养一流创新人才"教育思想大讨论之校友论坛在四牌楼校区举行。中国工程院院士于俊崇，中科院苏州纳米所研究员、国家"千人计划"特聘专家崔铮，中车戚墅堰机车车辆工艺研究所有限公司总经理王文虎，江苏舜天国际集团经济协作公司党委书记胡立新和途牛旅游网创始人于敦德5位校友代表受邀出席并进行主题发言。东南大学副校长金保昇，发展委员会常务副主任、校友总会执行副会长金志军，校友总会秘书长姚志彪，及学校相关职能部门负责人、各院系负责人、教师代表、学生代表等近700人参加了论坛活动。论坛的主题为"分享成功经验、探讨教育新理念"，教务处处长孙伟锋主持活动。

校友论坛报告会中，5位校友代表分别结合各自的学习经历与工作体会，从教学、科研与社会实践等角度，为学校培养一流创新人才建言献策。1965年毕业于南京工学院动力系的于俊崇院士做了题为"小议高校人才培养"的报告，指出基础理论教育是培养人才的根本；电子学院1977级本科生、1981级硕士研究生、1984级博士研究生崔铮研究员做了题为"斗转星移40年"的报告，分享自己人生事业发展中关键时刻的经历；1982级机械制造专业校友王文虎做了题为"强化价值导向，着力转型升级——在坚守与变革中培养一流创新人才"的报告，就如何培养创新人才表明了观点；1984级马列主义基础理论专业校友胡立新做了题为"强势工科背景下建设精品文科的几点思考"的报告，提出了几点建议；1999级数学系校友于敦德在报告《在创业中实践止于至善》中，对校训"止于至善"给出了自己的诠释。校友们在报告中，不约而同地都感恩母校教育使他们终身受益，对东南大学令人瞩目的发展成就感到欣慰和自豪，并祝福母校在"双一流"建设中再创辉煌。

本次校友论坛的举行，旨在广泛发动校友，结合改革开放40周年、高考改革40周

年、东南大学复更名30年,从其自身的角度,以国家社会经济发展和行业需求为视角,为东南大学凝练办学思想和确定办学定位,重塑教育理想和教育使命,加快推进“双一流”建设、构建一流人才培养新格局,形成“2020一流本科教育行动计划”和研究生教育综合改革方案提供新思路。

• 2018年6月26日　山西校友会助力母校三晋地区招生宣传

6月26日,山西校友会刘军明会长,张炜、王伟喜副会长等一行亲临东南大学山西招生咨询现场,看望山西省招生宣传工作组的老师和同学们。多年来,东南大学山西招生宣传工作组走遍三晋大地,为东南大学遴选输送优秀人才,极大地提升了东南大学在山西省的知名度,招生工作始终保持稳中有进的发展态势。

山西招生宣传工作组组长朱保叶老师对校友会的支持与慰问表示了感谢。朱老师介绍,2018年东南大学在山西省计划招收理工科学生126名、文史类学生15名。他希望山西校友会和山西招生宣传工作组齐心协力,进一步扩大东南大学在山西省的影响力。刘会长感谢招生组多年来对山西省招生工作的重视、付出的努力和做出的贡献。他说,山西校友会将会进一步加强与招生宣传组的沟通联络,全力支持母校在山西招生宣讲,积极做好各项服务保障工作,也真诚期待更多的优秀三晋学子加入东南大学大家庭。

• 2018年5月13日　东南学子抱团发展——2018届毕业生代表跟随学长走进江宁学创业

5月13日,由东南大学校友总会和共青团江宁区委员会联合主办并由共青团江宁区委员会和东南大学学生职业发展协会承办的“宁聚青春,创想未来——与东南大学校友一起走进江宁”活动成功举行。

上午,66名有创业意向的东南大学学生代表,在校友的带领下,共同参观了南京苏青科技孵化器有限公司、小视科技以及牛首山文化旅游风景区。通过在江宁区工作的校友们的现场讲解和介绍,了解了江宁目前的大学生创业情况和江宁区对大学生创新创业的配套政策。

下午,“东南大学校友总会校友活动基地暨东南大学大学生创新创业实践基地”揭牌仪式举行。东南大学校友总会秘书长姚志彪、江宁团区委书记蓝波校友、东南大学团委副书记杨文燮,结合新时代背景下的校友经济和大学生创新实践能力培养等方面分别致辞,并为两个基地揭牌。

揭牌仪式后,举行了东南大学校友访谈活动。邵林林、何坤贤、陆风华和张思俊校友,就个人创业、就业经验等内容与参加此次活动的学弟学妹们进行了长达3个小时的互动交流。

校友总会副秘书长曹军、综合部副主任杨丽荣和江宁团区委唐莉校友等参加了活动。

附5:各地校友组织建设、年会及重大活动事件

组织建设(成立和换届)

• 2018年1月13日　山西校友会成立大会召开

1月13日,东南大学山西校友会成立大会于太原召开。校友总会副会长、东南大学

原校长助理朱建设、校友总会秘书长姚志彪、东南大学审计处处长冀民、校友总会副秘书长曹军、联络部副主任马波、东南大学山西省招生负责人朱保叶等多位东南大学领导和老师以及东南大学上海校友会王磊副秘书长等兄弟校友会代表和山西省70余位在晋校友共同参加了此次大会。

会议由申晓旭校友和谢雪丹校友主持。校友总会秘书长姚志彪代表校友总会宣读《关于成立东南大学校友总会山西校友联谊会请示的批复》。刘军明校友报告兄弟校友会对山西校友会成立的赞助及诚挚祝贺。广东校友会副会长兼秘书长陈映庭为山西校友会成立题字“东南学子，砥砺前行，山西校友，晋善晋美”，并赠送十幅“福”字作为对山西校友会的衷心祝福。

张尧路校友代表筹备组报告了本次成立大会会费收缴及经费赞助情况。薛耀平校友汇报校友会筹备情况和第一届会员代表组成情况，并宣布会员代表大会的召开。代表大会审议表决通过了《东南大学校友总会山西校友联谊会章程》。

筹备组王文生校友报告第一届理事候选人提名情况，会议审议选举产生了第一届理事会理事，随后召开山西校友会第一届理事会第一次会议。

经理事会审议通过，选举刘军明校友担任东南大学山西校友会会长，于一丁、王伟喜、李岸、张炜、李振军、张俊、李帆、宫胜涛校友担任副会长，任智校友担任秘书长，张俊校友为副秘书长兼执行秘书，张尧路、张增强校友为副秘书长。理事会表决同意设立秘书处，负责校友会工作计划的制订及日常活动组织实施，屈蓓蓓、任蓓蓓、谢雪丹、赵亚仙、毕玉、李新全、刘越、郑爱宇等校友具体负责秘书处的各项工作。

当选会长刘军明在致辞中表示，山西校友会的成立对山西校友来说是一件大事，每位在晋校友是校友会发展的基础，理事会努力将山西校友会打造成为一个开放的、共享的、创新的、协同的、进取的平台。新任秘书长任智校友表示，秘书处将全面落实好校友会的各项工作安排，策划好、组织好校友会的日常活动。

校友总会副会长、东南大学原校长助理朱建设代表学校对山西校友会的成立表示热烈祝贺。朱会长向校友们介绍了母校及校友们近年来在教学、科研、人才引进等方面的最新进展和取得的成绩，尤其是母校在“双一流”高校和学科建设方面取得的成绩。希望山西校友会成立之后，能够更加团结校友、凝聚校友，推动校友们在创新、创业、服务地方经济建设等方面发挥示范引领作用。

东南大学校友总会朱建设副会长为山西校友会授校旗，校友总会姚志彪秘书长为山西校友会授会旗。东南大学校友总会朱建设副会长和山西校友会新任会长刘军明共同为“东南大学山西校友会”揭牌。

• 2018年1月27日　常州校友会换届大会暨建设分会及电子信息分会成立大会召开

1月27日，东南大学常州校友会换届大会暨东南大学常州校友会建设分会及电子信息分会成立大会召开。来自东南大学校友总会、兄弟校友分会、全国高校在常校友会的嘉宾代表及部分在常东大校友共300余人共襄此次盛会。大会分主题学术报告交流和常州校友会工作会议两个阶段。

与会校友首先听取了常州市规划设计院陈德福专家的《城市的未来》学术报告，报告根据常州的自然、区位、交通等情况结合国外的成功规划经验，高瞻远瞩地规划了常州市

的城市发展、布局和规模。东南大学智慧城市研究院常务副院长王庆做的《新型智慧城市》专题报告,让大家对智慧城市的概念、相关理论与应用技术研究有了初步的认识和了解。

东南大学常州校友戚奇平、路晋平、郑隽一、李菁、傅永康等校友围绕各自所从事的具体工作,分享了智慧养老、停车、医疗一账通、新能源汽车智慧充电站桩建设、移动通信及大数据等新技术、新能源在生活中的应用。"城市与未来"主题报告会,旨在搭建专家、学者和企业家共同探讨常州市的未来规划的平台,依托母校的教学科研资源,推动产、学、研、用的创新与融合,为常州市未来发展和新型智慧城市建设提供高端智库支持。

理事会会议上,东南大学常州校友会副会长王文虎做了 2017 年常州校友会工作报告。常州校友会深化校友服务,继续做大、做强、做优特色品牌活动,在一些工作领域取得了新的突破和进展。王文虎副会长对 2018 年的工作进行了规划和展望。大会表彰了东南大学常州十大杰出校友及先进校友,并举行了颁奖仪式。

随后的议程中,与会校友审议通过了第三届东南大学常州校友会理事会会员拟任名单,审议通过了第三届东南大学常州校友会会长、副会长、秘书长,副秘书长名单,审议通过了建设分会及电子信息分会会长、副会长、秘书长、副秘书长名单。东南大学校友总会秘书长姚志彪和东南大学常州校友会张跃会长为建设分会和电子分会授会旗。新任建设分会和电子分会会长赵昔生校友和周勇校友在随后的就职发言中表示,接过的不只是一面会旗,更是一份信任、期盼和责任。

校友总会姚志彪秘书长在讲话中赞扬了东大常州校友会全体人员的辛勤付出和不懈努力,校友会工作卓有成效,有特点,有亮点,更有经典,是东南大学校友总会地级市校友会中的标杆之一。来自常州高校联盟的兄弟校友会代表上台致辞祝贺。

新任第三届东南大学常州校友会会长张跃发表了重要讲话,表示东大常州校友会在新的一年,将继续发扬工作中的"三情"理念,即"感恩有你的东大母校情结,情同手足的东大常州校友情缘,'止于至善'东南一家亲的东大校友情怀",进一步深化服务校友工作,努力探索并开创东南大学常州校友会工作"3.0 模式"新时代,为母校"双一流"学科建设争做新贡献,更为促进常州和社会事业发展贡献智慧和力量。

• 2018 年 1 月 28 日　东南大学墨尔本校友会举行年度大会暨迎新年联谊会,完成换届

1 月 28 日,东南大学墨尔本校友会召开年度大会暨迎新年联谊会,同时欢迎东南大学王保平常务副校长等母校领导一行来访。

校友们向母校代表团做了自我介绍,刘琳副会长的母亲、1954 级老校友杨泉妹介绍了在东大机械系的求学历程。随后大家一起分享百家菜的大聚餐。晚餐后在年轻校友邹迪的主持下年会开幕。

张文巨会长首先致辞欢迎母校领导并向校友们致以春节问候。王保平副校长介绍了东南大学近年来快速发展的情况,特别介绍了东南大学在全国高校"双一流"评比中名列并列第八和在最近揭晓的国家科技大奖中名列全国高校并列第六的好成绩。蒙纳士(MONASH)大学副校长兼蒙纳士-东南大学联合研究院院长余艾冰教授介绍了东南大学与蒙纳士大学合作(东蒙合作)的喜人进展。中国驻墨尔本总领馆代表、校友杨智勇领事向校友们展望了中澳关系的广阔前景。

范志良副会长代表理事会做2017年度总结报告。在理事会全体成员的共同努力和广大会员的大力支持和积极参与下，墨尔本校友会迅速发展，从上一年的90多人增加到现在的190多人。四次大活动增进了校友之间的相互了解和友谊。强凤霞副会长做年度财政报告，特别感谢了张文巨会长和王伟华理事、黄堃理事、沈建辉王燕岚夫妇和郭守武等校友对校友会的慷慨资助。

澳大利亚联邦大学科学技术学院副院长陆国军教授宣布了按《墨尔本东南大学校友会章程》举行的2018年理事会换届选举电子投票结果，除上届理事会的范志良、强凤霞，刘琳、王伟华、何云爽、黄堃留任外，陈骐、顾秋林、郭守武、何新建、钱文建、王燕岚入选新一届理事会成员。理事会一致推举范志良任第三届理事会会长，并选出强凤霞和刘琳继续担任副会长，钱文建理事出任校友会秘书长，黄堃理事出任校友会副秘书长。

第二届理事会会长张文巨校友，副会长余星火校友、余艾冰校友不再担任负责人职务，改任东南大学墨尔本校友会顾问。

• 2018年4月21日　香港校友欢聚2018年校友年会，校友会完成换届

4月21日，东南大学的香港校友们于香港科技大学清水湾校园内举办了2018年的校友年会。年会特别邀请东南大学黄大卫副校长、校友总会姚志彪秘书长、教育基金会李爽秘书长、港澳台办的王晨老师；邀请友会嘉宾南京大学香港校友会张晓思秘书长、南京理工大学香港校友会徐晶会长和麻薇秘书长。

校友会秘书长江浩为回顾了香港校友会历史，介绍过去一年的精彩活动。随后完成了新老一届校友会核心成员的交接仪式，正式宣布香港校友会新一届理事会成员：会长汤凯教授，常务副会长洪波，秘书长张振宇。

黄大卫副校长和姚志彪秘书长详细介绍了母校的近况，带来了最新的动态，回应了在港校友们对母校的关心。香港校友会特别向校友总会、教育基金会、《东南季风》编辑部和姚志彪、李爽、缪凝彦3位老师颁发了感谢证书。

年会邀请了4位不同背景、不同年龄段但在各自所在位置上做出优异成绩的校友进行了精彩的分享交流活动。前任会长贾倍思教授从自身经历出发，介绍了建筑专业人士如果横跨高校和公司，工作任务和思维方式到底有哪些转变和差异；张雪云校友讲述了一位物理化工系博士如何从跨国公司技术经理，转变为保险销售精英，并取得了更好的成就；贾超校友从专业的角度，从国家层面的高度为与会者分析了宏观经济形势；年轻的顾晓菲校友以她个人来港后读研期间做研究生会主席的独特经历，再现了香港大学社团工作的精彩一面。年逾80的楚汉熙老校友在听完各位校友的分享后，非常动情地与大家分享了她从年轻时来到香港一直到现在的心路历程，其中有辉煌也有波折。各位校友敞开心扉，畅所欲言，展现了东大人在香港创业生活的精神面貌。

• 2018年5月19日　海南校友会成立大会于海口隆重举行

5月19日下午，东南大学海南校友会成立大会在海口召开。东南大学副校长黄大卫，东南大学发展委员会常务副主任金志军，东南大学发展委员会副主任、东南大学校友总会秘书长姚志彪，东南大学发展委员会副主任芮振华，东南大学校友总会副秘书长曹军，东南大学信息科学与工程学院原党委书记、南京校友会名誉会长张锡昌出席了成立大会。100多名海南校友欢聚一堂，共同庆祝海南校友会的成立。

大会首先由东南大学校友总会秘书长姚志彪宣读《关于成立东南大学校友总会海南校友联谊会的请示的回复》,同意东南大学海南校友会的成立。徐登云校友介绍海南校友会的筹备情况,白穆校友宣读海南校友会章程,林伟胜校友介绍了东南大学海南校友会会徽。代表们表决通过了海南校友会章程、海南校友会会徽。

成立大会上,代表们全票表决通过了东南大学海南校友会第一届理事会成员,选举出首任会长林廷武,名誉副会长胡旭东,副会长徐登云、林伟胜、张宗槐、肖开伟、曲锋、周世清、陆丹青,秘书长郑尚魁,副秘书长魏志霞、杨志勇。

随后进行了海南校友会揭牌授旗仪式。东南大学副校长黄大卫和东大海南校友会会长林廷武共同为东南大学海南校友会揭牌,黄大卫副校长和校友总会姚志彪秘书长分别向东大海南校友会授予校旗和会旗。

海南校友会第一届理事会会长林廷武致辞,感谢母校各级领导、各地兄弟校友会和其他高校海南校友会对东南大学海南校友会的大力支持和帮助,展望了海南校友会的发展前景,鼓励每一位在海南的东大学子要把母校传授的知识和精神,投入海南发展建设中。黄大卫副校长在致辞中介绍了母校最新的发展与成就,希望全球的校友联合起来,为校友服务,为母校的发展多做贡献,祝愿海南校友会越办越好。东南大学发展委员会常务副主任金志军和东南大学信息工程学院原党委书记、南京校友会名誉会长张锡昌也分别致辞,送上了母校和兄弟校友会的祝福与鼓励。来自华南理工大学海南校友会的叶茂会长代表其他高校海南校友会为东南大学海南校友会成立送上了祝福。

• 2018 年 8 月 18 日　东南大学广东校友会珠海澳门分会成立大会暨“双迎新”活动圆满举行

2018 年 8 月 18 日,东南大学广东校友会珠海澳门分会成立大会暨“送新迎新”活动在珠海召开。东南大学校友总会常务副会长、副校长黄大卫等一行受邀出席大会。广东校友会秘书长陈映庭一行、深圳校友会副会长卢健滨和北京校友会、新加坡校友会的校友代表到会祝贺。高校(珠海)校友联盟中的中山大学、南京大学、北京大学、复旦大学、暨南大学、华南理工大学、广东海洋大学等 13 所兄弟院校珠海校友会负责人也到现场表示祝贺。在珠海、澳门工作生活的东南大学历届校友、2018 年考入东南大学的珠海籍新生和 2018 年从东南大学毕业到珠海工作的新毕业生代表等 120 余人共同参加了本次大会。大会由文学院 2003 级校友赵妍甄、动力工程系 2005 级校友边鹏飞共同主持。

会议审议通过了珠澳校友分会组织机构名单。广东校友会珠海澳门分会第一届会长陈捷在致辞中感谢母校领导和老师以及各地兄弟校友会和其他高校珠海校友会对东南大学广东校友会珠海澳门校友分会的大力支持和帮助,明确了珠海澳门校友分会今后的 4 项主要任务。珠海澳门分会秘书长朱信钊向大会介绍了珠澳分会筹备工作相关情况及未来的主要工作计划。

“迎新送新”环节中,凌美娟同学代表 2018 级新入学新生发言,东南大学汪新雨老师、珠澳校友会秘书长朱信钊共同向 2018 级新生赠送纪念品。

东南大学校友总会秘书长姚志彪和广东校友会秘书长陈映庭先后致辞,带来了母校和兄弟校友会的祝福与鼓励。黄大卫副校长代表学校领导和老师对广东校友会珠海澳门分会的成立表示热烈祝贺,希望珠海澳门校友会越办越好,为东大校友创造更多平台,

促进母校与校友良好互动，为珠澳地区的经济发展贡献东大的力量。

大会展示了近年来珠海澳门地区的校友代表们所取得的创业创新的工作成果。珠海格力地产的蒋伟校友介绍了港珠澳大桥和人工岛的建设情况，珠海泰芯半导体的吴亚杰校友介绍了目前世界最前沿的芯片技术，都赢得了大家的赞叹。

经管学院胡汉辉老师向与会校友介绍了共青团东南大学委员会“寻访东大创业者，探索团队领导力”活动，欢迎珠海校友企业家加入。

• 2018 年 10 月 21 日　深圳校友会 2018 年年会暨理事会换届活动举行

10 月 21 日，深圳校友会 2018 年年会暨理事会换届活动举行。

嘉宾校友胡林平、谢文刚、李献杰、戴辉、赵勇、代新社、王角等分享了东大人亲历“芯片事件”的故事和观点。

年会上完成了深圳校友会换届，深圳校友会第九届理事会任期届满，林嘉喜校友当选第十届理事会会长。第九届会长满志和第十届会长林嘉喜同台发言。在校领导一行和校友们的共同见证下，现任会长满志将深圳校友会会旗移交给新任会长林嘉喜。

年会上，深圳校友会地质分会完成换届，新任会长为张火锐校友。

年会上还进行了两项基金的设立仪式：深圳校友会在东南大学设立“深圳校友会基金”，深圳校友会名誉会长闵瑜在东南大学设立“闵瑜校友奖励基金”。

在深圳校友会义工队成立仪式上，共青团深圳市委志愿者工作部肖鸣副部长把“东南大学深圳校友会义工队”旗帜交给校友义工队，校友义工杨明川代表义工队接受旗帜。

• 2018 年 11 月 17 日　职教师资校友联谊会暨南京分会成立大会举行

11 月 17 日，东南大学校友总会职教师资校友联谊会暨南京分会成立大会在东南大学榴园宾馆隆重举行。东南大学党委副书记郑家茂、校友总会秘书长姚志彪、继续教育学院全体院领导，以及曾经为职教师资的培养做出贡献的老领导、班主任与相关老师等 30 位受邀嘉宾和来自全省各地的 70 多位校友参加了大会。

大会由继续教育学院党委书记封卫东主持。会议审议通过了《东南大学校友总会职教师资校友联谊会章程》，选举产生第一届理事会，1997 级校友、南京五义科技有限公司总经理陈瑛当选为会长。陈瑛会长主持了南京分会的成立大会，选举产生了南京分会第一届理事会。

东南大学党委副书记郑家茂代表学校对职教师资校友联谊会和南京分会的成立表示祝贺

• 2018 年 11 月 18 日　苏州校友会张家港分会正式成立

11 月 18 日下午，东南大学苏州校友会张家港分会第一届会员大会在张家港市馨苑度假村隆重举行。百余名港城校友欢聚一堂，共同见证东南大学校友工作的新篇章。东南大学校友总会秘书长姚志彪、东南大学无锡分校常务副校长张继文、东南大学苏州校友会常务副会长兼秘书长宋建忠等母校领导和老师应邀出席，东南大学常州、无锡、昆山、常熟、江阴等校友会的代表到会祝贺。

会议审议通过了《东南大学苏州校友会张家港分会管理办法》《东南大学苏州校友会张家港分会领导班子选举办法》及首届理事会建议人选名单。2010 级校友、江苏瑞铁轨道装备股份有限公司董事长文生当选为校友会会长。

东南大学校友总会秘书长姚志彪、东南大学无锡分校常务副校长张继文和东南大学苏州校友会常务副会长兼秘书长宋建忠分别做祝贺词。

• 2018 年 12 月 8 日　大纽约地区校友会迎接新年并换届选举茶话会举行

12 月 8 日，东南大学大纽约地区校友会部分成员和受邀代表在曼哈顿 99 Park Avenue 举办了迎接新年及换届选举茶话会，以推荐和自愿的形式产生新一届校友会的重要组织成员。

通过学长荐选、自我推荐和集体讨论的方式确定了本届校友会的会长、顾问及理事人选。经过选举，最终确定推选名单，并报校友总会审核备案。名单如下：名誉会长唐元，顾问陈国营，会长张士明，副会长邹哲武、程钊，秘书长郑兆雁，财务理事邵盛碧，宣传理事黄越，公关理事宋皓雪，文娱理事赵昕，职业发展理事汪澄波。

• 2018 年 12 月 22 日　艺术学院分会安徽院友会举行成立大会

12 月 22 日，东南大学校友总会艺术学院分会安徽院友会在合肥隆重成立。艺术学院王廷信院长，党委赵天为书记、袁琴副书记，院办马民华主任，东南大学安徽校友会汪冠辉秘书长，及部分艺术学院安徽院友出席了大会。

会议通过了《东南大学校友总会艺术学院分会安徽院友会章程》，选举程波涛、吴衍发、李义娜、陈若飞、公丕普、许明星、徐贤如、殷明明等为院友会理事会成员，程波涛当选为会长，殷明明为秘书长。王廷信院长为艺术学院安徽院友会授旗，向理事会成员颁发了聘书。

汪冠辉秘书长代表东南大学校友总会安徽校友会向艺术学院分会安徽院友会的成立表示了祝贺。

• 2018 年 12 月 23 日　MBA 校友会正式成立

12 月 23 日上午，时值东南大学 MBA 办学 20 周年之际，东南大学校友会 MBA 校友联谊会成立大会在四牌楼校区逸夫科技馆报告厅隆重举行。经济管理学院赵林度院长、东南大学校友总会姚志彪秘书长等领导与 MBA 校友 200 余人一起出席了成立大会。

校友会成立仪式由筹备组秘书处王冠校友主持，在“公平，公正，公开”的原则下，出席的 MBA 校友们审议并表决通过了东南大学校友总会 MBA 校友联谊会章程草案以及 MBA 校友联谊会组织机构成员建议名单，最终确定了东南大学 MBA 校友会组织机构成员。

东南大学校友总会姚志彪秘书长宣读《关于同意成立东南大学校友总会 MBA 校友联谊会的批复》。东南大学校友总会姚志彪秘书长为东南大学校友总会 MBA 校友联谊会授旗，当选东南大学首届 MBA 校友联谊会会长的王迅校友接旗。

年会及重要活动

• 2018 年 1 月 20 日　东南大学南京校友会 2018 年会开启“校友经济”新篇章

1 月 20 日，东南大学南京校友会 2018 年会正式开幕。东南大学党委书记左惟莅临现场致辞，正在外地出差的张广军校长发来贺词预祝此次年会圆满成功，副校长黄大卫等校领导也到场祝贺。

校友总会代表，南京校友会会长、监事、秘书长、理事嘉宾及秘书处全体成员，南京校友会十大分会会长、理事嘉宾，以及南京校友会五大俱乐部的校友代表参会；省住建厅，

省经信委，省交通厅，省发改委，市经信委，市科委，市建委，市房产局，江宁区、玄武区、秦淮区等有关单位的校友应邀参会；上海校友会、苏州校友会、常州校友会、盐城校友会等兄弟校友会代表参会。

年会首先邀请了南京校友会会长、三宝集团董事长沙敏校友对校友会工作做简要的回顾和展望。2017 年南京校友会以十大分会和五大俱乐部为载体，直接连接了约 8 000 名、影响覆盖逾 20 000 名校友，各分会（俱乐部）组织各类论坛、沙龙、主题活动超过 150 余次，为校友的教育、就业、医疗等提供了力所能及的帮助。新时代，开创“校友经济”新模式，沙敏会长希望 2018 年南京校友会能够促成母校、校友会、校友的“相互开放、相互加持、相互赋能”，在“东大资本、东南大学新型智慧城市研究会（联盟）、东南大学创业创新联盟、东南大学继续教育南京中心”等载体基础上，促成东大的校友们更多的事业合作，实现发展共赢。十大分会的会长同台亮相并与现场校友合影留念。

东南大学党委书记左惟充分肯定了南京校友会一年以来的工作，表示母校将一如既往地支持校友个人及事业的发展，同时也希望在社会发展的新时期，东大的校友们能够团结一致，共同发展。

东南大学南京校友会秘书长朱文俊校友对“东大资本”做了全面扼要的介绍。王庆教授代表东南大学新型智慧城市研究会（联盟）做了简要介绍，表示研究会将在南京市经济和信息化委员会的指导下完成一系列目标。东南大学创新创业联盟理事长、东大科技园总经理贾方简要介绍了东南大学创新创业联盟，希望联盟成员能一起共同打造具有东大特色、江苏知名、辐射全国的双创联盟品牌。

大会现场进行了两场签约仪式：“东大资本”与“苏民投”举行了简略的签约仪式；东南大学继续教育学院与南京校友会签订了协议，就共建“东南大学继续教育南京中心”达成战略合作。“苏民投”董事长黄东峰校友为大家进行了“金融紧缩周期下的 2018 年投资展望”主题分享。新上市企业苏博特的代表以及新毕业生代表分别送上了新年祝福。

年会现场，校友们给大家带来了精彩丰富的校友表演节目，来自艺术学院的师生还为年会公益微拍活动准备了书法、字画、篆刻等作品。

• 2018 年 1 月 20 日　四川校友会 2018 迎新运动会举行

1 月 20 日，东南大学四川校友会 2018 年迎新运动会在成都东坡体育公园举办。140 余位校友报名，分别参加了羽毛球、网球、乒乓球、足球、拔河和双扣 6 个运动项目。四川校友会羽毛球队、网球队队伍不断发展壮大，日常运动聚会已是常态。

运动会后的晚宴上，校友会对各个项目的优胜者进行了颁奖。李树贵会长分享了母校一年来全面深化改革和加快推进“双一流”建设的成果，回顾了一年来四川校友会的主要工作，展望了校友会下一年度的工作重点。特邀参会的杰出校友于俊崇院士热情洋溢的讲话中，充满了对晚辈的关怀和殷切期望。

晚宴还特别邀请了年届九十、德高望重的中大四川校友会秘书长彭佩墀老前辈和南大、南农四川校友会的部分领导参加。

• 2018 年 1 月 21 日　广东校友会珠海澳门分会筹备大会召开

东南大学广东校友会珠海澳门分会筹备大会于 1 月 21 日在珠海召开。校友总会秘书长一行和来自动力、交通、建筑、医学、人文、电气、电子、信息科学等院系及政府部门和

各行业的 30 余位校友代表参加会议。筹备会由朱信钊校友主持。

筹备组负责人陈捷介绍了分会筹备艰辛而又富有热情的历程和目前的工作进展。大家对前期充分讨论草拟的校友会章程、组织架构等筹备文件做了进一步的认真探讨和细化,达成一致意见,推选出珠澳校友会组织架构的拟任人选。

东南大学校友总会秘书长姚志彪与在座校友一起回顾学校历史,分享学校荣誉,展望学校未来。与会校友一同追忆往日校园美好时光,畅谈在各自岗位上传承发扬母校校训、努力拼搏的心路历程。

会后,校友总会一行在陈捷组长的陪同下,拜访港珠澳大桥岛隧工程项目副总经理、设计总负责人刘晓东校友并参观了港珠澳大桥。

• 2018 年 1 月 23 日　硅谷校友会成功承办南京市专场推介会暨海外留学人员创业大赛美国赛区决赛

2018 年 1 月 13 号,南京海外留学人员创业大赛美国赛区决赛在硅谷举行。南京创业大赛硅谷决赛的承办者、东南大学硅谷校友会和南京大学北加州校友会为主的南京高校硅谷校友会联盟,接待了以南京市委副秘书长朱长会先生带队的南京市代表团,并与南京人力资源和社会保障局、江宁开发区、江北新区、栖霞区负责科技创新的有关官员进行了亲切的交流。

创业大赛以谷歌“大脑”的资深研究员关于“深度学习”的演讲开场,吸引了人工智能领域的众多技术人员到场聆听。在 14 个硅谷创业项目路演中,评委选出了 7 个优胜项目参加后期在南京举办的全球总决赛。3 项东大硅谷校友的项目参赛并荣获优异成绩,其中外国语学院校友何怡的中美教育平台项目“留留老友”和信息科学与工程学院校友李成的“固态激光雷达芯片”项目脱颖而出,成功晋级南京总决赛,建筑学院袁懿校友的项目“智能栖居”获得了优胜奖。

东南大学硅谷校友会和南京大学北加州校友会连续 3 年承办南京市政府在硅谷举办的海外留学人员创业赛事。作为连接硅谷和南京的桥梁,东南大学硅谷校友会发挥了重要的作用。

• 2018 年 1 月 28 日　北京校友会 2018 新春联谊会召开

1 月 28 日下午,东南大学北京校友会 2018 年新春联谊会召开。400 余位老中青三代校友欢聚一堂。东南大学副校长周佑勇、科技部副部长黄卫莅临现场并致辞。校友总会秘书长一行、南京江宁区政府相关领导,南京校友会、珠海校友会等兄弟校友会代表出席了会议。

联谊会分为知名校友思想论坛、战略协议签署、健康论坛、文艺演出 4 个部分。

北京校友会会长、著名经济学家华生校友致欢迎辞。他肯定了北京校友会在 2017 年为母校和校友所做的工作,希望在新的一年里,校友会的工作要与时俱进,满足校友之间情感交流的需要,满足校友事业发展的需要,做到务实求新、团结协作。东南大学原副校长、科技部副部长、工程院院士黄卫发表了热情洋溢的讲话。东南大学副校长、校友总会常务副会长周佑勇在讲话中通报了母校取得的新成绩。北京校友会秘书长马其祥对 2017 年校友会工作做了全面扼要的介绍。江苏金智科技公司董事郭伟校友代表南京校友会向在京校友表达了美好祝愿,愿两地校友携起手来共筑母校新的辉煌。

知名校友思想论坛由武海校友主持，特邀5位重量级校友出席并做主题分享。他们分别是：

中国工程院院士倪光南，中国移动副总裁李正茂，中国工程院院士、中国电子科技集团首席科学家陆军，田园东方投资集团创始人兼CEO张诚，同仁医院眼科中心副主任刘武。

东南大学发展委员会副主任、南京江宁区副区长米永强率队参加联谊会，介绍了南京江宁区的区位优势及北京校友投资创业环境。南京江宁区商务局与北京校友众筹的六朝松茶馆签订了战略合作协议。

健康论坛上，北京世纪坛医院主任医师吴学宾校友以“关爱自我，保障健康”为主题做了精彩分享。

本次联谊会节目征集令发出后得到了众多校友的积极响应和支持。校友们精心准备，利用业余时间排练，为大家呈现了一场丰富多彩、欢乐浓情的文艺演出，展现了校友们多才多艺的风采。

• 2018年2月3日　马鞍山校友会2018年首次理事(扩大)会暨迎春座谈会召开

2月3日，东南大学马鞍山校友会召开2018年首次理事(扩大)会暨迎春座谈会。会议由东大马鞍山校友会会长张吾胜校友主持。马鞍山校友会名誉会长、马鞍山市人大常委会副主任、民革马鞍山市委主委王晓焱校友及各位副会长、理事与校友共16人出席会议。会上，各位理事与校友回顾交流了近期工作与学习情况，共祝新春快乐，共盼新年更美好！

王晓炎校友介绍了马鞍山市过去一年的经济社会发展情况，并对今后校友活动的内容与形式提出了很好的建议。东南大学校友总会姚志彪秘书长专程到会授予“东南大学马鞍山校友会”会旗，详细介绍了母校近几年建设“双一流”大学所取得的成就及各个优势学科在国际一流学科建设中的具体排名情况。大家都为母校取得的成就与进步深感高兴与自豪。

• 2018年2月4日　安徽校友会2018年迎新联谊会举办

2018年2月4日，校友总会安徽校友会2018年年会活动在合肥举行。现场有近200名校友报到，筹备组为年会活动布置了签到展板并准备了丰富的礼品。

东南大学及校友总会领导对此次东南大学安徽校友会的活动非常重视，校党委副书记郑家茂老师，校党委宣传部部长毛惠西老师，科研院常务副院长孙岳明老师，电子科学与工程学院党委书记施建宁老师，电气工程学院院长赵剑锋老师，成贤学院常务副院长郑建勇老师，继续教育学院院长许映秋老师，招办主任蔡亮老师，纪委监察处副处长夏建春老师，交通学院岩土工程学科负责人刘松玉老师，交通学院道路学科负责人黄晓明老师，交通学院副院长程建川老师，交通学院校友工作委员会秘书张馨岚老师及校友总会秘书长姚志彪老师、曹军老师、马波老师一行16人出席了大会

现场邀请了3位杰出校友代表——安徽省交通规划设计研究总院副总经理谢洪新、安徽省外办副主任陆友勤校友和合肥高新区管委会副主任王节校友，从不同角度做了非常精彩的汇报，诚挚地表示愿为母校和安徽省、合肥市之间的合作贡献力量。

东南大学党委副书记郑家茂老师、校党委宣传部部长毛惠西老师、电子科学与工程

学院党委书记施建宁老师、校友总会秘书长姚志彪老师和交通学院道路学科负责人黄晓明老师分别致辞，祝贺安徽校友会年会召开。

安徽校友会会长、中国科学技术大学教授夏维东校友做重要讲话。校党委副书记郑家茂老师向安徽校友会会长夏维东校友授校旗，校友总会秘书长姚志彪老师向安徽校友会秘书长汪冠辉校友授会旗。

本次联谊会得到了多家校友企业的赞助，它们是：安徽阜阳经纬公路设计公司，江苏东交工程设计公司，安徽华运设计咨询公司，合肥万众交通工程有限公司，六安市交通公路实业有限公司，合肥中亚网架工程有限责任公司，南京致童泽教教育科技有限公司。

• 2018 年 2 月 18 日　澳大利亚校友会新春聚会在悉尼举行

2 月 18 日，东南大学澳大利亚校友会在悉尼举行新春聚会。参加新春聚会的校友超过 60 人，分别来自近 20 个系院(专业)，入学年份横跨 55 年。在悉尼旅行的校友总会副秘书长张飒兵老师一家也愉快地参加了这次新春聚会。

上午 10 点，各校友及他们的家庭成员陆续从城市的各个方向汇集到会场。每个家庭都带来了各自亲手制作的大厨级的食物，来宾们现场换上了土木系 1977 级校友吴舢红捐赠的带有母校 logo 的定制文化衫。土木系 1981 级校友徐仪会长做了简短的致辞。聚会得到了张强、朱曜、罗思文和董建强校友的积极支持和组织。

2 月 25 日，东大澳大利亚校友会还作为澳洲大学校友会联盟主要成员参加了新春大联欢，20 多位校友到场，奉献了精彩的演出(包括与清华大学等校友会合作的节目)，展现了东大的风采和形象。

• 2018 年 2 月 18 日　硅谷校友会与当地南京高校九校校友会共同举办 2018 春节联欢活动

2 月 18 日，一年一度的硅谷南京高校校友春节大联欢活动举行。活动组织方由 2017 年的 4 所南京高校硅谷校友会发展到 10 个校友会。

春节联欢会由东南大学硅谷校友会副会长管姮女士和南京大学校友高巾帼女士主持。东南大学硅谷校友会会长夏海涛博士、南京大学北加州校友会副会长王富明博士、南京师范大学硅谷校友会会长周华女士、南京理工大学硅谷校友会会长张越博士和南京工业大学美国校友会副会长慕晓昉博士分别为南京的校友们献上了春节祝福。通过每年的各种联谊活动，南京高校硅谷校友联盟有效地把南京以及江苏高校校友们凝聚在一起，是每个在海外奋斗的校友最有力的后盾。

• 2018 年 2 月 24 日　温哥华校友会 2018 春节团拜会举行

2 月 24 日上午，加拿大温哥华校友会的校友携家属共 90 余位欢聚一堂，举行团拜会，在彩灯、剪纸、窗花等浓浓的中国风中共庆新年。团拜会上每一位校友以家庭为单位贡献出各自的拿手菜，以自助餐形式汇聚了各家的看家菜肴。校友会义工餐饮组准备了烧腊拼盘、水果、甜点及美味水饺。

温哥华校友会会长王东、中国领事馆教育参赞于长学、本拿比(Burnaby)市议员代市长王白进发表了热情洋溢的新年贺词，东南大学校友总会秘书长姚志彪老师通过视频送来了母校浓浓的祝福。

• 2018 年 2 月 25 日　波士顿校友会 2018 新春聚会举行

2 月 25 日是农历正月初十，东南大学波士顿校友会在著名的麻省理工学院校园里举

行 2018 迎春聚会，校友连同家属共 30 余人参加了聚会。

会长潘晔在活动中首先向全体校友拜年并感谢校友会志愿者的辛勤工作，接着介绍了校友会在 2017 年的几项主要活动，包括组织参加波士顿龙舟大赛，举办"六朝松讲坛"等活动。与会者依次进行了简短的自我介绍和特长介绍，讨论了今后如何进一步加强校友之间交流及提升母校知名度等事宜。

• 2018 年 3 月 3 日　美南校友聚会休斯敦欢庆元宵节

3 月 3 日，正值中国传统节日元宵佳节的第二天，东南大学美南校友会部分校友在位于休斯敦中国城的锦江饭店举行了迎新春聚餐。

大家一边品尝着由南京五星级厨师烹饪的家乡美味，一边共叙旧日时光，还分享了母校与校友们取得的新成就。正在当地读书深造的年轻校友也参加了聚会。

• 2018 年 3 月 4 日　青岛校友会举办新春联谊会

3 月 4 日上午，东南大学青岛校友新春联谊会在青岛举办。青岛校友会周明江会长，侯文建、杨华英、卜庆凯副会长，赵飞秘书长及校友会理事、校友 40 余人参加了联谊活动。

活动由青岛校友会秘书处策划，生物科学与医学工程学院 2007 级硕士研究生唐金国校友主持。活动首先邀请了大唐电力山东公司的校友张思义（能源与环境学院 1986 级本科生）、青岛校友会会长周明江（信息科学与工程学院 1984 级本科生）、青岛大学信息学院的校友卜庆凯（信息科学与工程学院 2005 级博士研究生）、通联保险经纪有限公司校友赵飞（公共卫生学院 2003 级本科生）4 位校友，围绕"山东省新旧动能转换重大工程中的机遇与挑战"这一议题，分别从能源工业、校友组织建设、教育科研与产业衔接、创新型金融服务实体经济动能转换等角度，沟通交流了观念和看法。现场校友也就各自关心的问题提出了问题和观点。

活动还邀请到了临床医学院 1983 级校友冯春宁，与大家分享保健常识与健康生活知识。校友会秘书长赵飞同参会校友分享了母校近年来在教学和科研领域取得的丰硕成果。

• 2018 年 3 月 17 日　南京校友会 2018"新连接 · 新合作"第一季：校地融合共促发展主题讨论活动举行

3 月 17 日上午，2018 年东南大学南京校友会主题讨论会第一次会议如期举行。今年秉承沙敏会长"新平台 · 新合作"的校友工作精神，参会人员深入学习南京市委市政府 2018 年 1 号文件精神，并就文件中关于东大校友如何"资智回宁"，建构"名校服务名城，名城反哺名校"等问题展开了热烈的讨论。

朱秘书长在讨论会上传达了沙会长对此次会议主题的意见。沙敏会长指出，南京校友会具有将"校地融合发展"的新理念进行"落地发芽"的能力。南京校友会旗下的十大分会平台，覆盖金融、房地产、人文艺术、双创、智慧城市等几大领域，应该在东大资本、东南大学新型智慧城市研究会、东南大学创业联盟及东南大学继续教育南京中心等新平台基础上，促进优秀校友之间更多的事业合作，校友经济、院士经济、教授经济三方有效联动，以实现城市经济新生态。校友们表示，平台目前推动了东大校友优势产业与十余个重点院系的融合，超过 3 000 家重点校友企业组团参与。

此次研讨会上,有来自东大资本、东大人工智能产业联盟、东大继续教育、东大新型智慧城市联盟等组织及各个分会的代表参加。校友们还开展了富有情趣的野外烧烤活动,挥起了高尔夫球杆。

• 2018 年 3 月 24 日　南京校友会 2018“新连接·新合作”第二季:打造东大资本校友生态圈主题研讨会举行

3 月 24 日上午,东南大学南京校友会金融分会的会长祝力飞、人文分会的会长胡立新、南京校友会的监事卞鹏萱、东南大学金融系系主任刘晓星教授、毅达资本大咖史云中以及东南大学南京校友会秘书长朱文俊等校友齐聚雨花茶艺馆,就东大资本的业务发展、人才储备及股权架构等问题进行了交流和展望,金融领域的校友和老师也纷纷对东大资本今后的运作给出了专业的建议。

• 2018 年 4 月 15 日　南京校友会高尔夫球队成立赛举行

东南大学南京校友会 2018 年高尔夫球队成立赛于 4 月 15 日在银杏湖球场圆满举行。

经过紧张的角逐,校友李永侠获得最远距离奖,校友唐震获得最近旗洞奖,趣味 BB 奖由校友高军获得。校友刘一澎凭借过人实力拿下总杆冠军。高军校友为此次比赛提供奖品,吴珏校友提供比赛用球。

赛后确定了东南大学南京校友高尔夫球队管理机构。朱文俊校友担任会长,李永侠为荣誉会长。校友高军和唐震当选副会长,秘书长由校友刘一澎担任。高尔夫球队向所有的东大校友敞开大门,希望大家能够在球队中切磋球技,加深了解。球队将于每月举行一场例赛。

• 2018 年 4 月 21 日　苏州(昆山)校友会 2018 校友团聚活动圆满举行

4 月 21 日,主题为“缘起东南同心同行,慧聚鹿城共创共赢”的东南大学苏州(昆山)校友会 2018 校友团聚活动在昆山举行。东南大学校友总会副秘书长曹军老师,东南大学苏州研究院常务副院长、苏州校友会会长张为公,东南大学无锡分校常务副校长张继文,东南大学苏州校友会秘书长宋建忠、各专业分会会长,昆山校友会校友理事硅湖学院李廉水校长,登云学院钱勤元校长,以及清华大学等在昆兄弟校友会代表 120 余人出席会议。

东南大学苏州校友会会长张为公院长致开幕辞。东南大学昆山校友会会长陆孜敏介绍了昆山校友会成立一年来的工作情况及下一步工作展望。启迪设计集团总裁助理、建筑三院院长张斌代表启迪设计做校企合作共建的讲话。东南大学校友总会副秘书长曹军老师,新聘校友理事硅湖学院李廉水校长、登云学院钱勤云校长,及东南大学无锡分校张继文校长做精彩发言。

• 2018 年 4 月 29 日　常州校友会电子信息分会 2018 春季互动分享活动举行

4 月 29 日,东南大学常州校友会电子信息分会组织部分专业校友参观了王立校友的企业——江苏先电机械有限公司。常州校友会电子信息分会常务副会长戚奇平,副会长窦永康、钱剑东、孙建宇一行近 30 位专业校友参加了本次互动分享活动。东大常州校友会葛维克秘书长也应邀参加了相关活动。电子信息分会秘书长袁伟栋校友主持了本次专业校友互动分享活动。

王立校友带领大家参观了江苏先电核心生产区。企业的发展理念、自动化生产设备、特种专业机械工模具制造的先进性等都给校友们留下了深刻的印象。

在座谈和参观学习过程中，各位在场校友在认真聆听讲解的同时，对当下的经济形势、传统制造行业面临的困难以及未来的发展机遇进行了深入的探讨、交流和分析。大家表示，常州校友会电子信息分会通过走进校友企业的互动分享对接活动，进一步探索和总结经验，致力于打造助力校友和校友企业创新发展的新平台，同时也为促进校友及校友企业间合作提供新机遇。

2018 年 5 月 6 日　深圳校友第二届羽毛球赛顺利举行

5 月 6 日，2018 第二届"建呈达"杯东南大学深圳校友羽毛球赛在鹏城梅山中学举行，本届赛事由东南大学深圳校友会主办，东南大学深圳校友会羽毛球俱乐部承办。全体参赛校友分别加入以中大院、四牌楼、十三舍、沙塘园、南铁医、南高院、六朝松和成贤院等校园标志命名的 8 支球队，在各队女队长的率领下循环进行 2 组男双和 1 对混双竞赛。

东南大学羽毛球协会会长张立武、副会长赵剑锋、理事黄允凯、秘书长单良、北京校友尹寿宝、福州校友林晖应邀参赛，提高了比赛的竞技激烈程度；广州校友黄勇、中山校友阮炜和东莞校友刘捷、梁熙积极加盟，增强了深圳与周边地区校友的互动与友谊；东大国际孙明炜院长率球员和义工组团参战，代表母校在深投资的唯一企业为赛事增光添彩。

经过一整天的 7 轮竞赛，最终六朝松队、四牌楼队和沙塘园队分获冠、亚、季军。

本届赛事得到了东南大学深圳校友会前所未有的大力支持，继续获得了深圳建呈达工程造价咨询有限公司董事长谭月霞校友的鼎力赞助和谭培芳、王芳、柴珍等校友的无私奉献，姜涛、姜怀国、施彤等校友为筹划本届赛事尽心尽力，童琴、费华文、谭俊廷校友等义工一如既往甘当绿叶。本届赛事各项组织工作精确到位，竞赛活动井然有序，场馆氛围高潮迭起，参赛球员酣畅尽兴！

• 2018 年 5 月 19 日　南京校友会 2018 上半年工作总结会议召开，聚焦校友经济

5 月 19 日下午，2018 年东南大学南京校友会上半年工作总结大会在校友基地雨花茶艺馆举行。金融、地产、人文、艺术、企业家、土木交通、物联网、互联网、人工智能、双创、房地产十大分会和红酒、高尔夫、掼蛋、羽毛球、篮球五大俱乐部的负责人及南京校友会秘书处人员出席此次会议。

朱文俊秘书长通报了上半年南京校友会的校友经济工作情况——在短短半年时间获得了市政府、市科委、市金融办等各级政府及母校的大力支持。南京校友会副秘书长、新型智慧城市研究会秘书长张树锦校友同大家分享了前期校友经济工作的具体情况，南京校友会副秘书长李庆校友介绍了筹建智能制造分会的相关事宜。东大资本负责人卞鹏萱校友详细介绍了东大资本的筹建情况和预期展望，并宣讲了东大资本反哺母校的方案。

对即将到来的母校 116 周年校庆，各分会均表示将组织丰富多彩的主题活动迎接校庆。金融分会联合东南大学校友总会、江苏省互联网协会、东大资本、和讯财经、云融网、东南大学南京校友会举办"2018 六朝松金融高峰论坛"。人文分会从 4 月开始即定期举

办的“阅江夜话”沙龙活动将举办校庆特别专场。高尔夫、红酒俱乐部的联谊对抗赛、羽毛球俱乐部的校友对抗赛都将在校庆月中展开。

• 2018 年 5 月 26 日　美南校友 2018 年度聚会举行

5 月 26 日,东南大学美南校友会进行乒乓运动和火锅聚餐活动。

• 2018 年 6 月 3 日　天津校友会为庆祝母校 116 岁生日举办法律知识讲座

6 月 3 日下午,为庆祝母校 116 岁生日,东南大学天津校友会邀请校友师真昊律师举办法律知识讲座,这是天津校友会校庆系列活动的首场活动。

本次讲座的主题为合同法知识概述。包俊义会长向校友们介绍了本次活动的主旨在于“增强法律意识,培养法制精神”。校友们以极大的热情聆听了师律师生动活泼的讲解,互动交流将讨论氛围推向高潮。

• 2018 年 6 月 6 日　波士顿校友会协办“南京·江宁(波士顿)未来产业双创对接会”献礼母校校庆

6 月 6 日东南大学建校 116 周年纪念日,在美国著名高校云集的地区波士顿,“南京·江宁(波士顿)未来产业创新创业交流对接会”成功举办。该活动由江宁区商务局和江宁高新区联合主办,东南大学波士顿校友会协办。活动吸引了来自哈佛大学、麻省理工、东北大学和麻州大学等的近 30 名高层次人才参会。

对接会上,东南大学波士顿校友会潘晔会长表示,波士顿校友会将搭建起东大美国校友与江宁在信息交流与资源共享方面的良好平台,与江宁区开展深度合作,将更多的项目倾向于与江宁合作,后期将积极组织校友去江宁实地考察,寻求合作。

江宁区商务局杨大鸿局长致辞中谈到举办此次活动的目的是积极加快推进环东南大学知识创新圈建设工作,吸引东大海外高层次人才回宁创新创业,希望各位通过这次活动,在科技创新与高层次人才创业方面搭建起哈佛、麻省理工等高校与江宁之间的桥梁,来江宁寻求发展机遇;同时借助此次活动不断加深江宁与东南大学在海外校友会的合作,搭建交流合作平台,促进东南大学各类资源落地江宁。江宁高新区管委会陈波副主任和江宁区商务局投资促进中心工作人员分别就全区投资环境、创新创业政策和江宁高新区营商环境做了详细的介绍。

会上,东南大学波士顿校友会与南京江宁区商务局签订了战略合作协议,双方将加强在“3+3+3+1”现代产业体系及科技人才创新创业项目合作和投资环境宣传推广等领域的交流与合作。

• 2018 年 6 月 9 日　波士顿校友会勇夺 2018 龙舟赛小组第一,贺母校建校 116 周年

6 月 9 日,东南大学波士顿校友们第三次参加龙舟赛,并以参加这项当地著名的体育活动祝贺母校东南大学建校 116 周年。

6 月 9 日预赛中,校友们轻松取得小组第一的成绩,并晋级到综合组比赛第二组,和清华、东北大学等强队同台竞技。虽然分组赛的时候发挥不佳,失去了竞争奖牌的资格,但最后一场比赛的时候校友们仍全力以赴,奋勇拼搏,把团队精神发挥得淋漓尽致。

本次龙舟赛得到了王开元、殷保红校友的赞助和其他众多校友的各方面支持。

• 2018 年 6 月 15 日　杰出校友童明受邀做客苏州校友会湖畔论坛

应东南大学苏州校友会邀请,6 月 15 日下午,东南大学杰出校友,现任同济大学建筑

与城市规划学院教授、博导的童明来到苏州独墅湖图书馆，做客湖畔论坛，就“城市空间的革命”主题同与会者分享交流。

东南大学苏州校友会常务副会长、秘书长宋建忠，东大建筑系校友、九城都市设计总经理张应鹏教授，东大校友苏大建筑系孙磊磊教授，东大校友、悉地(苏州)勘察设计总裁朱荣军等“产教学研”嘉宾代表参加论坛，张应鹏教授主持论坛。

• 2018 年 6 月 16 日　墨尔本校友会勇夺首届中国高校校友会羽球联赛季军

6 月 16 日，东南大学墨尔本校友会参加首届墨尔本中国高校校友会羽毛球联谊赛，获得团体第三名。范志良会长对东大墨尔本校友会最终获得团体第三名表示非常满意。中国驻墨尔本领事馆教育组领事杨智勇校友也特地到比赛现场表示祝贺。

首届墨尔本中国高校校友会羽毛球联谊赛由墨尔本中国高校联盟(筹)主办，西北工业大学墨尔本校友会承办，并得到了中国驻墨尔本总领馆教育组的支持。比赛当天共有来自 42 个高校校友会的 200 名选手参加比赛，中国驻墨尔本总领馆曾建华副总领事和孙彦副总领事到场祝贺并参加了比赛。

• 2018 年 7 月 14 日　北京校友会 2018 年度工作会议召开

东南大学北京校友会 2018 年度工作会议于 7 月 14 日下午在北京六朝松茶馆召开。北京校友会 11 个分会的负责人及校友会秘书处成员参加了会议，田园东方投资集团有限公司创始人兼 CEO 张诚校友、中天科技集团副董事长丁铁骑校友等几位在京知名校友企业家应邀参加会议。

会议由东南大学北京校友会常务副会长兼秘书长马其祥主持。本次会议旨在落实母校校友总会换届后的第六届理事会的会议精神，讨论北京校友会的工作落实。参会校友听取了刘勇和丁铁骑两位校友代表北京校友会参加母校 116 周年校庆活动及校友总会工作会议的情况汇报。大家围绕如何结合北京校友会实际，落实校友总会工作要求的会议主题展开深入讨论。会议提出在北京校友会建立老年校友俱乐部、青年校友俱乐部、企业家校友俱乐部，通过 3 个跨分会校友俱乐部的建立，促进北京校友会各分会之间的横向交流，为校友们创造更多交流分享、互助合作的机会。

张诚校友，企业家校友俱乐部拟任副理事长丁铁骑校友，青年校友俱乐部拟任副理事长尹寿宝校友，老年校友俱乐部的几位拟任负责人祁伯豪、庄人东、王舜林校友等分别发言，畅谈体会和建议。武海校友就 3 个校友俱乐部的设立初衷和宗旨向大家进行了详细介绍。

经过热烈讨论，与会者对今后的校友会工作达成一致意见，会议确定了东南大学北京校友会校友俱乐部推荐人选名单。北京校友会常务副会长兼秘书长马其祥做总结讲话。

会议决定由 3 个俱乐部的拟任负责人开展筹备工作，初定 2018 年 10 月前后召开俱乐部成立大会，同时举办“东南大学北京校友创业论坛”。

• 2018 年 7 月 28 日　南京校友会 2018 年上半年会长工作会议召开

7 月 28 日下午，2018 年东南大学南京校友会上半年会长工作会议召开。东南大学副校长黄大卫，东南大学校友会会长沙敏，副会长葛宁、郭金林、胡立新、刘国耀、龙昌明、于敦德、祝力飞，土木分会常务副会长刘峰以及东南大学校友会秘书长朱文俊出席了

会议。

沙敏会长首先做了主旨讲话，他指出：2018年校友会工作在年初的连接校友、服务校友的框架下，又增加了一个维度——校友经济。2018年已经走过一半，期望各个分会能够在全球校友中发挥宣传、撮合作用，推动校友经济更进一步。南京校友会秘书长朱文俊在会上做了上半年校友会工作总结汇报和下半年工作展望。南京校友会及十大分会在上半年举办了一系列高质量的科技活动、经济论坛、创业分享会，通过一场场精彩的活动加强了校友之间的联络和经验交流。南京校友会还积极走出去，定期与各地校友会互相拜访，学习各地校友会成功的管理方式和运作模式。下半年，南京校友会将推出“百万奖励基金计划”，成立“东大资本创新学院”和“创投俱乐部”，推动全球校友参与到校友经济工作中来，分享校友经济成果，实现多方共同成长。各位副会长纷纷肯定了校友会的工作。葛会长表示，本届校友会在连接校友、服务校友上做了实实在在的工作，校友经济开展得红红火火。

东南大学副校长黄大卫在讲话中表示，学校对校友工作非常重视并全力支持，期望南京校友会未来的校友工作能继续在连接校友、服务校友上更加深入，并为校友会工作建章立制。校友经济工作能够充分发挥平台作用，不仅要关注优秀校友，也要帮助草根校友一同成长。

• 2018年8月19日　贵州校友会授旗仪式暨2018贵州籍入学新生欢迎会顺利召开

8月19日，东南大学贵州校友会授旗仪式暨2018贵州籍入学新生欢迎会在贵阳市召开。东南大学校友总会领导、在黔校友、2018级贵州籍东大新生代表等40多人参加活动。1965年毕业于南京工学院(现东南大学)建筑系、现任东大贵州校友会会长的罗德启校友发表了感人至深的开幕辞，并向校友总会姚志彪秘书长一行赠花，以康乃馨表达感恩、深爱母校之情。

授旗仪式上，贵州校友会罗启德会长、曹湘贵副会长和程鹏秘书长等代表贵州校友会接受东南大学校旗及分会会旗。东南大学校友总会姚志彪秘书长发表了讲话，为在场校友介绍了母校近期的发展现状、学术方面取得的成就及校友总会的组织建设情况。

贵州校友会程鹏秘书长介绍了贵州校友会的发展历程、当前组织结构和开展的主要活动，并就未来规划和与会校友做了交流探讨。

5位新生代表分别做了自我介绍。贵州省校友会副会长曹湘贵校友用“骄傲、信任、奉献”六字深情寄语和勉励新生，并代表贵州校友会向2018级新生代表发放了东南大学纪念品。

会后，校友总会一行专程参观了校友所在企业贵州省建筑设计研究院，大家就企业与母校的产学研对接进行了热烈的交流座谈，并就企业建筑设计人才进一步培养问题达成初步合作意向。

• 2018年9月5日　苏州校友会帆船队征战青岛CCOR赛事

2018青岛·中国城市俱乐部杯帆船公开赛于9月5日扬帆启幕，东南大学苏州校友会帆船协会积极参与，组队参赛，展现东大拼搏精神。在为期5天的帆船竞技赛程中，东大苏州帆船队和来自10个国家共计61个俱乐部的参赛队伍在胶州湾分组竞技。经过3天共计9轮场地赛和1轮长航赛，东大苏州校友会帆船队赛出风格、比出风采，取得J80

组别第四的不俗成绩。

苏州校友帆船队在备战—征战—战后总结的全过程中，根据自身技术和同组参赛选手的特点、水平，圆满完成了保四争三的团队目标。

苏州校友会帆船队始建于 2016 年 8 月，成员由一帮热爱帆船运动的东大校友组成。帆船队先后参加了 2016/2017 苏州城际内湖杯赛、2017 年上海美帆杯赛、2017 年环太湖拉力赛、2018 年苏州俱乐部杯赛和 2018 年秦皇岛国际帆船赛等多项赛事。

• 2018 年 9 月 16 日　大纽约地区校友会联办六高校 2018 中央公园中秋迎新野餐会

9 月 16 日，由天津大学(北洋大学)北美校友会、中国科技大学大纽约地区校友会、武汉大学大纽约校友会、东南大学大纽约地区校友会和上海交通大学美洲校友会大纽约分会、同济大学大纽约地区校友会携手举办的传统中秋迎接新校友活动在美丽的中央公园展开。

纽约总领事馆教育组的杨军参赞、王文华领事、王晓玉领事、许洁英领事和侨务组马超领事一行参加活动。杨军参赞首先给大家介绍全美领事馆分布和纽约总领事馆的范围，特别提到教育领事服务、走入北美高校服务的情况；总领事馆侨务组马超领事特别讲解留学美国的相关安全事项，诸如租房、晚归、教授关系处理、如何获得外界帮助等等。

天津大学校友会会长颜为民、东南大学校友会副会长张士明、同济大学校友会会长张志凌、武汉大学校友会代表吴舒怡、中国科技大学校友会会长何迪、交通大学校友会会长邱美康分别介绍各自校友会的发展历程、校友活动、职业发展等情况，并欢迎新校友们的到来，还就校友们常见的工作和生活问题，分享自己的心得和体会。

本次活动特别邀请到相关服务赞助机构为校友们提供更多的相关咨询服务和实用案例及更多的实习学习机会。

分组交流环节中，校友们以传统加创新的游戏活动，于欢乐中相互了解，于熟悉中增进友谊。在交流环节，老校友们就职场发展、行业趋势、寻工经验等问题热络交流，新校友纷纷交流起学校的活动、自己的打算和职业准备情况。类似的学校背景、类似的话题、不同的经历分享，让各校校友们畅所欲言，深入交流。

• 2018 年 9 月 30 日　墨尔本校友会中秋国庆联欢会举行

9 月 30 日，东南大学墨尔本校友会 2018 中秋国庆联欢会举行，有 70 多位校友及家属参加了这次活动。

范志良会长首先向校友们汇报了近期的校友会开展情况，感谢校友会 3 位顾问——余艾冰校友、余星火校友和张文巨校友对校友会工作的一贯大力支持。范会长浓墨重彩地介绍了在校友们的支持和积极参与下东大校友会羽毛球队和舞蹈队从无到有的成立过程。在何云爽队长带领下，校友会羽毛球队取得了首届墨尔本中国高校校友会羽毛球联谊赛团体第三名的好成绩。

舞蹈队在强凤霞副会长和王燕岚理事组织下，为联欢会献上精彩的舞蹈。

校友会将继续按照理事会制定的工作进度，陆续推出个人经历分享会、露营活动以及春节联欢活动等，欢迎和期待校友们的积极参与。

• 2018 年 10 月 2 日　湖南校友会举办专家型校友讲座欢度国庆

10 月 2 日，湖南校友会特别请 3 位专家校友，在长沙蓝天画苑举办“税务、健康及融

资”讲座，参加活动的校友及家属有 20 余人。

税务专家张贻冰校友从税务实务方面阐述了账目的涉税风险，对公司经营中较为普遍的几个涉税财务科目做了简要的剖析。长沙市第三医院副院长刘复林校友就医学和健康的关系给在座的校友和家属们做了生动活泼的讲解，阐述了健康与医学的关系。上海天风证券金融事业部的金融风险管理师黄浩泽校友利用回湖南老家休息的机会，应邀给家乡的校友们以“当前国内企业直接融资形势”为题，做了关于当前国内债务融资市场形势和债券市场结构方面的演讲。

• 2018 年 10 月 17 日　北京校友会重阳节慰问老年校友

10 月 17 日上午 10 点，十几位老学长陆续来到北京六朝松茶馆参加活动。东南大学北京校友会常务副会长兼秘书长马其祥代表校友会向老校友们致以诚挚的慰问，感谢大家多年来对北京校友会工作的热心支持，感谢大家退休后依然关心母校和校友会的发展，重阳节到来之际祝愿学长们身体健康、阖家幸福。

• 2018 年 10 月 21 日　多伦多校友会 2018 年度理事会扩大会议召开，产生了新任会长

10 月 21 日，东南大学多伦多校友会校友聚餐活动暨 2018 年理事扩大会议举行，19 位校友(含家属)参加。新任校友会会长李永涛先生主持会议。

校友会前任会长靳远先生以及前任秘书长傅雁女士分别发言。他们简述了校友会的来历与发展，总结了过去一年的成绩和经验，对下一届校友会提出了殷切希望，并预祝校友会能越办越好。李永涛会长对新一届校友会的组织结构和工作计划进行了详尽的说明。新一届理事会设置会长、副会长、秘书长以及三大职能部门:后勤/财务部、宣传部和专项体育文娱活动部。会长强调，新一届校友会理事会将会着眼于文体活动的展开，各个专项活动部建设将会是工作重点。理事会成员要服务、支持和宣传各个文体小组的比赛活动。

• 2018 年 10 月 21 日　深圳校友集成电路论坛圆满举行

10 月 21 日，以“东大人 · 中国芯”为主题的东南大学校友芯片论坛于深圳顺利举行。东南大学黄大卫副校长、校友会姚志彪秘书长、无线电系张锡昌老师及深圳校友会两任会长满志、林嘉喜参加了本次论坛。与会嘉宾探讨了芯片业的未来发展趋势、中国与世界在集成电路发展上的关系等热点话题。

• 2018 年 10 月 23 日　无锡校友座谈会在东南大学无锡分校召开

10 月 23 日下午，东南大学无锡校友会在无锡分校举办校友座谈会，无锡校友会会长王浩宇、校友会秘书长於兵，无锡分校常务副校长张继文、党委副书记兼副校长殷缨、副校长秦文虎以及 20 余位校友代表和老师代表参加了此次座谈会。王浩宇会长主持座谈会。

• 2018 年 10 月 28 日　江西校友会 2018 年年会成功举办

10 月 28 日下午，东南大学江西校友会 2018 年年会在南昌召开。

本次年会盛况空前，是江西校友会自成立以来，参会人数最多、校友代表性最广泛的一次盛会。他们当中既有来自五湖四海的南京工学院原军训一连及南京工学院原毛泽东思想宣传队的年长校友，他们都是 1960 年代末从母校分配来江西参加建设的老学长，

对江西这块红土地有着深厚的感情；也有工作在江西省各行各业的老中青三代校友，他们为江西省的经济建设、文化建设和生态文明建设贡献了自己的智慧和力量；还有东南大学最年轻的新生力量——来自母校、在江西省共青城支教的东南大学研究生支教团队员：到场参会人数达200余人。

出席本次年会的领导有：东南大学副校长黄大卫教授，东南大学发展委员会常务副主任金志军，东南大学校友总会秘书长姚志彪，东南大学信息学院校友会会长、南京校友会名誉会长张锡昌，江西省原副省长黄懋衡，江西省政协原副主席殷国光，江西省中电投原党组书记兼总经理、东南大学江西校友会会长任德清，华东交通大学校长罗玉峰，江西省电力公司林一凡副总经理，碧桂园江西公司总裁谈建平，中海地产江西公司总经理杨栋，全国名校江西校友会联谊会会长张嗣忠等。会场气氛隆重而热烈，处处欢声笑语。

首先由东南大学江西校友会常务副会长刘长华向全体参会校友做年度工作报告。

原南京工学院军训连一连副连长俞俊甫教授慷慨激昂地为现场校友讲述了50年前220名老学长从母校分配到江西参加建设的那段激情燃烧的岁月。

东南大学校友总会姚志彪秘书长向校友介绍了东南大学校友总会的发展情况。

83岁高龄的江西省原副省长黄懋衡校友虽已至耄耋之年，却依然精神矍铄，专程来到现场为大家演讲。

东南大学副校长黄大卫给大家带来母校的问候和鼓励。东南大学江西校友会会长任德清做了精彩激昂的总结报告。

本次大会还为大家展现了最具有江西地方特色的陶瓷绘画表演，表演由殷国光校友策划组织。

• 2018年11月9日　安徽校友会皖南校友工作座谈会召开

11月9日，东南大学安徽校友会皖南校友工作座谈会在安徽黄山的天琴·艺墅馆顺利召开。莅临的母校领导有：东南大学发展委员会常务副主任、校友总会执行副会长金志军老师，校友总会秘书长姚志彪老师以及校友总会副秘书长曹军老师。会议由安徽校友会秘书长汪冠辉主持，会议具体议程由皖南校友代表、黄山市徽煌府第置业有限公司总经理马健全程安排。

• 2018年11月11日　北京校友会青年俱乐部青年讲坛第一期召开

东南大学北京校友会于2018年8月正式成立了北京校友会青年俱乐部，北京的青年校友们有了专属于自己的组织。11月11日，在青年俱乐部裴岷山理事长、尹寿宝副理事长的精心策划和组织下，青年俱乐部举办了第一次活动——青年俱乐部青年讲坛第一期“逢山开路，遇水架桥——港珠澳大桥工程科技创新之路”。

• 2018年11月24日　云南校友会2018年年会在昆明隆重举行

11月24日，百余名在滇校友参加东南大学云南校友会年会。东南大学副校长、校友总会常务副会长黄大卫，东南大学校友总会姚志彪秘书长，交通学院副院长程建川，土木学院副书记张豪裕，电子工程学院副书记、现南华县挂职副县长邱峰等母校领导和老师专程到会祝贺。

年会期间，黄大卫副校长一行还参观了在昆明的校友企业，探讨服务校友、服务校友企业及校企合作等相关事宜。

• 2018 年 12 月 8 日　安徽校友会羽毛球俱乐部与东大羽协交流赛圆满进行

12 月 8 日,东南大学羽毛球协会一行与安徽校友会羽毛球俱乐部在安徽合肥开展了一场激烈的羽毛球交流赛。

• 2018 年 12 月 9 日　墨尔本校友会欢迎左惟书记代表团访澳暨迎圣诞聚会

12 月 9 日,东南大学墨尔本校友会 90 多位校友及家属聚集在芒特韦弗利(Mount Waverley)社区中心大厅,举行欢迎左惟书记率东大代表团一行访问墨尔本暨迎圣诞庆祝活动。

• 2018 年 12 月 15 日　上海校友会土木交通分会 2018 年会举行

12 月 15 日,举行"忆青春梦,叙东大情"东南大学上海校友会土木交通分会 2018 年会,活动由李凤临校友主持。

在全体校友观看 2018 年东南大学宣传片之后,赵东波、贾晓、王云飞、刘枳杉四位校友分享了在上海的创业和工作经历,徐灏、黄晨颖校友分别讲述了在四牌楼和浦口校区的青春记忆,俞金宏、刘灿华校友奉献了高水平的节目。"在上海,我认识你"的全场互动游戏将活动推向高潮。

上海校友会无线电分会吉雨冠会长代表兄弟分会莅临祝贺并讲话,上海校友会副会长张燕为土木交通分会授旗。

• 2018 年 12 月 17 日　马鞍山校友会召开 2018 年冬季理事会暨辞旧迎新座谈会

12 月 17 日下午,东南大学马鞍山校友会在新开元酒店召开了 2018 年冬季理事会暨辞旧迎新座谈会。会议由副会长蔡伟校友主持。会长张吾胜,副会长冷护基、李宁、陈卫红及各位理事校友共 15 人出席会议。

张吾胜会长与各位校友共同回顾了我国改革开放 40 年来给国家、母校及校友个人带来的巨大变化。戴建良秘书长向与会理事介绍了过去一年母校建设"双一流"学校取得的新进展和新成就,以及母校校友总会与各地校友会的近期活动情况与经验,特别介绍了近日在广州召开的首届东南大学全球校友企业家六朝松论坛暨第二届全球校友会会长秘书长圆桌会议的盛况。

会议增补了民生银行马鞍山分行的任旭校友为校友会理事,与会理事就 2019 年春季理事会召开事宜及时间达成了共识。

• 2018 年 12 月 22 日　天津校友会 2019 迎新年会举办

12 月 22 日,天津校友会举办"共享、活力、创新"主题迎新年会。本次年会得到了母校的高度重视,校友总会副会长、原党委常务副书记刘京南,校友总会执行副会长、发展委员会常务副主任金志军,校友总会副秘书长张飒兵老师莅临年会现场。本次活动还得到了在津兄弟校友会的支持,中央大学天津校友会会长陆海枫等 6 位嘉宾代表出席并参与年会活动。

本次年会作为在津东大人的一次盛大聚会,秉承服务校友的理念,搭建在津校友与母校的交流沟通平台,吸引了 99 名校友荟萃一堂。

• 2018 年 12 月 22 日　河南校友会举行 2018 年会

12 月 22 日,东南大学河南校友会在郑州举行 2018 年会。东南大学离休干部处党委副书记、河南招生组副组长张楠,校友总会副秘书长曹军,常州校友会副会长杨江金,上

海校友会代表杨晓景，以及南京大学河南校友会会长王万田、中国矿业大学郑州校友会会长谢金安等兄弟校友会代表，与河南省内校友代表100余人参加了年会。河南校友会会长王飞代表校友会首先致辞，介绍了河南校友会的发展情况。河南校友会秘书长单飞代表校友会，介绍了2018年工作情况及2019年工作规划。东南大学常州校友会副会长杨江金、上海校友会代表杨晓景，以及南京大学河南校友会会长王万田、中国矿业大学郑州校友会会长谢金安等代表兄弟校友会分别致贺词。河南财经政法大学城市发展研究中心主任、工程管理与房地产学院刘社教授，郑州大学第五附属医院党委书记、河南校友会副会长王新军分别就房地产发展趋势和医学领域进行专题讲座。年会还举行了欢迎新校友仪式、新校友表演、与会代表合影留念、晚宴互动交流等活动。

• 2018年12月22日　苏州校友会2018年会暨第四届理事会第四次会议召开

2018年12月22日，以“联动长三角引领新未来”为主题的2018年东南大学苏州校友年会暨校友发展论坛在苏州香格里拉酒店隆重举行。在苏各界的广大校友300余人汇聚一堂，共贺东南大学苏州校友年会的召开，聚焦论坛主题，共话东大发展。

东南大学党委常委、党委副书记郑家茂，江苏省政务办主任、校友嘉宾陆留生，昆山市委副书记、代市长、校友嘉宾周旭东，江苏省规划院副院长、校友嘉宾曹国华，原东南大学苏州校友会会长、校友嘉宾韦仲焕，东南大学校友总会秘书长姚志彪，东南大学苏州校友会会长张为公，东南大学无锡分校常务副校长张继文，苏州各大县市区域、行业、学科校友分会负责人及理事等出席活动。东南大学德国校友会会长高梓尧、悉地国际集团总裁史佩杰、在苏高校兄弟校友会负责人及代表也应邀了出席活动。

论坛开始前，苏州校友会召开了第四届理事会第四次理事工作会议。东南大学苏州校友会会长张为公院长做校友会2018年工作报告，并提出了2019年工作设想。

全体理事一致推选校友理事翁伟民为“2018年度杰出校友”，并为其颁发荣誉证书。同时，会议同意增补朱晔、沈乐、黄春喜、鞠正峰、苗平洲、文生、徐严开、张正元8位校友为第四届校友会理事。

“联动长三角引领新未来”主题论坛在校友们的热切期盼中拉开帷幕，论坛主题演讲嘉宾为东南大学优秀校友、江苏省规划院副院长曹国华院长。曹国华校友从政策融合、交通优化和社会治理三个方面，分享了长三角一体化形势下的机遇和挑战。论坛中还通过论坛对话的形式，邀请了上海银行副行长崔庆军校友、悉地国际集团总裁史佩杰先生一起聚焦热点和前沿话题，展开思想碰撞，分享研究心得，共话苏州在长三角一体化发展格局中的机遇。在行业精英的思想碰撞中，台上台下嘉宾校友积极互动，为新一年实现东大梦、苏州跨越、校友发展献计献策。

东南大学苏州校友会会长张为公向母校领导、校友嘉宾、各兄弟分会代表表示热烈欢迎，感谢母校为广大校友的事业发展奠定了坚实的基础，同时表示广大校友时刻关注母校的发展，并愿为母校发展尽一份绵薄之力。

东南大学党委常委、副书记郑家茂教授在年会中致辞，介绍了母校近期取得的令人瞩目的优异成绩和下一阶段发展战略及奋斗目标，鼓励校友深度参与母校发展，积极助力母校“1-10-100”发展，服务苏州高质量发展。

年会活动在新老校友互赠祝福中迎来高潮。在场校友一起聆听了老会长韦仲焕回

忆1980年代苏州校友会的创始故事。苏州校友会常务副会长、秘书长宋建忠代表苏州校友会向老校友们送上了年会纪念品。作为东南大学苏州校友会的“启航人”,老会长韦仲焕指出苏州校友会是成立较早、地位重要、成绩斐然的校友组织,他充分肯定并衷心祝贺苏州校友会取得的一系列成绩。

• 2018年12月23日　中信银行-东南大学南京校友企业家座谈会召开

12月23日,东南大学南京校友会与中信银行南京分行联合举办了“信守温度、共创明天”中信银行-东南大学校友企业家座谈会,南京校友会会长、三宝科技集团董事长沙敏,南京校友会理事、苏宁环球集团董事长张桂平等十余位东大在宁杰出校友企业家,中信银行业务总监、南京分行行长陆金根参会,东南大学副校长黄大卫、校友总会秘书长姚志彪出席会议。

黄大卫副校长对中信银行积极响应党和国家“回归本源、让金融服务实体”的号召及落实中央精神的一系列举措表示赞赏,并希望未来中信银行能与东南大学以及东南大学校友企业进一步加强合作深度,创新合作模式,将彼此合作共赢推向新高度。

中信银行陆金根总监高度评价了东大杰出校友企业家们在各自领域取得的成就以及为建设“强富美高”新江苏所做出的贡献,提出中信银行要努力成为东大毕业生的首选就业银行、东大校友企业的主要合作银行、东大毕业生及家庭金融需求的主要服务银行等7点期望,表示将深入整合中信银行、东南大学和东大校友企业三方资源,以中信品牌、中信方案和中信智慧支持江苏民营经济发展。

• 2018年12月30日　云南校友会组织参观校友企业,参加企业迎新活动

2018年12月30日,东南大学云南校友会刘海会长、江世水秘书长应邀参加姚竞校友的企业——昆明旭日丰华农业科技有限公司的大型迎新春活动。

东南大学云南校友会还特别组织云南省省外高校联盟成员南京大学、武汉大学、华南理工大学、西南财经大学、上海大学等高校云南校友会负责人参观考察了旭润庄园的木耳种植基地,扩大了旭润庄园的影响力,让东南大学的“校友经济”在云南也得到了一次很好的展示。

东南大学云南校友会积极盘点东南大学在滇工作、学习、生活的校友资源,依托校友的力量,在校友会的统筹安排下,对在滇校友的工作学习生活等方面给予力所能及的帮助和支持。

附6:年度校友风采

• 东南大学长江学者杨旸教授当选2018年度IEEE Fellow

东南大学杨旸校友因其在无线接入和网络方面的杰出成就和领导力(for contributions and leadership in wireless access and networking)成功当选2018年度IEEE Fellow。

杨旸教授于1996年和1999年在我校无线电工程系(现信息科学与工程学院)获通信工程专业学士和通信与信息系统专业硕士学位。他是中科院“百人计划”入选者。现任上海科技大学信息科学与技术学院教授,兼任中国科学院上海微系统与信息技术研究所学术委员会副主任,上海无线通信研究中心主任。曾获第十六届“浦东新区十佳杰出青年”荣誉称号。

• 姚育东校友(无线电工程系,1988 届博士毕业生)当选加拿大工程院院士

东南大学校友、中组部“千人计划”特聘教授姚育东当选为加拿大工程院院士(Fellow of Canadian Academy of Engineering)。

姚育东于 1985 年进入南京工学院无线电工程系攻读博士学位,师从吴伯修教授和程时昕教授,并于 1988 年在东南大学无线电工程系获通信与电子系统专业博士学位。姚育东教授的研究领域包括无线通信、认知及软件无线电、物联网健康医疗应用、机器学习及健康医疗大数据分析。由于其对无线通信系统的贡献,2011 年当选国际电气电子工程师协会会士(IEEE Fellow),2015 年当选美国国家发明家科学院院士(Fellow of National Academy of Inventors),2016 年入选中组部“千人计划”特聘教授。

• 2018 年 1 月 30 日　余存江校友入选“35 位 35 岁以下科技创新青年”榜

1 月 30 日,全球最权威的青年科技创新人才榜——《麻省理工科技评论》“35 位 35 岁以下科技创新青年”(MIT Technology Review Innovators Under 35)公布了 2017 年首次推出的中国区评选结果。毕业于东南大学机械系 2000 级本科和电子系 2004 级研究生的余存江校友跻身其中。余存江教授任职于休斯敦大学机械工程学院。他发明了一种可拉伸的橡胶半导体材料,并由此开发出各种橡胶电子晶体管、传感器、集成器件与系统。余教授的革命性研究成果使得半导体材料具有了可拉伸的性能,将在许多领域起到推动作用。35 位科技创新者分为发明家、创业家、远见者、人文关怀者及先锋者这五大类。余存江教授是 8 位“先锋者”之一。

• 2018 年 4 月 5 日　余星火校友获 2018 年度 MA Sargent 奖章

2018 年 4 月 5 日,余星火教授在澳大利亚首都堪培拉被授予 2018 年度 MA Sargent 奖章,以表彰他在电力电子工程及信息技术领域技术创新及领导方面的卓越贡献。

MA Sargent 奖是由澳大利亚工程师协会(Engineers Australia)颁发的电子和电气工程领域最高荣誉,以澳大利亚著名杰出工程师及企业家 Michael Anthony Sargent 博士命名。往届获奖者中包括澳大利亚首席科学家 Alan Finkel 博士和澳大利亚首席国防科学家 Alex Zelinsky 博士。

余星火教授现任澳大利亚皇家墨尔本理工大学(RMIT)副校长、杰出教授,IEEE 工业电子学会主席、IEEE Fellow,“千人计划”入选专家。

• 2018 年 12 月 5 日　“房建成星”命名仪式举行

12 月 5 日上午,由何梁何利基金会、中国科学院紫金山天文台和北京航空航天大学共同主办的“房建成星”命名仪式暨北航大讲堂在北航如心会议中心大报告厅举行。

国家科技部原部长、何梁何利基金信托委员会主席、评选委员会主任朱丽兰,国务院国资委国有重点大型企业监事会原主席、何梁何利基金评选委员会秘书长段瑞春,国家探月工程副总设计师、首次火星探测任务工程总设计师张荣桥,中国科学院紫金山天文台台长杨戟、近地天体望远镜团组首席科学家赵海斌,北航校长徐惠彬院士、副校长房建成院士(东南大学 1996 届博士生)、党委副书记李军锋等出席了仪式。仪式由李军锋主持。

国务院国资委国有重点大型企业监事会原主席、何梁何利基金评选委员会秘书长段瑞春宣读了“房建成星”国际命名公报。公报指出,房建成星,中国科学院紫金山天文台

2007年10月9日发现于盱眙观测站。房建成(1965年出生),中国科学院院士,他是中国惯性仪表与系统技术领域的领军人物,中国磁悬浮惯性执行机构理论和实践的奠基者。经国际天文学联合会小天体命名委员会批准,国际编号为212795号的小行星被命名为“房建成星”。

• 胡特校友作品《逍遥游》系列斩获2018中国动漫金龙奖最佳插画奖金奖

胡特是卡内基梅隆大学计算机专业硕士、高级3D模型师、概念设计艺术家,现为工业光魔公司资深技术美术总监,曾获多项国际大奖。

本届最佳插画奖金奖花落胡特的《逍遥遊》系列。作品根据对中国不同领域不同时代建筑的幻想,从南到北,从东到西,从古至今,“乘天地之正,而御六气之辩”,表现了中国建筑的壮美。

金龙奖是中国最有影响力的动漫奖项之一。“龙为神灵之精,四灵之长”,为中华民族的标志。福龙通体金色,寓意华夏悠久灿烂的文明和充满创造性与想象力的动漫艺术,同时金色也是最好和最有价值的象征。

• 胡旭东校友被中国人民解放军战略支援部队授予“一等功”

东南大学能源与环境学院030991班毕业生胡旭东校友被中国人民解放军战略支援部队授予个人“一等功”,此次授功旨在奖励其在“长征五号”火箭发射过程中的突出工作成就。

2003年,大学毕业的胡旭东奔赴西昌卫星发射中心。15年来,为了祖国的航天事业,他远离故土,从西昌辗转到文昌。作为“长征五号”火箭的“01”号指挥员,胡旭东在火箭发射过程中发挥了至关重要的作用,发射场上的20多个分系统、几百个岗位、上千名工作人员,全部由他指挥调度。火箭发射当晚一波三折,胡旭东克服重重艰难险阻,快速准确地解决了液氢加注故障等棘手的难题,最终确保成功发射。此后,中央电视台《面对面》《开讲啦》等栏目先后邀请胡旭东向全国观众讲述“长征五号”发射上天的过程。

• 杰出校友童文博士被IEEE授予2018杰出行业领袖奖

东南大学杰出校友、华为无线通信首席科学家童文博士被IEEE宣布授予2018杰出行业领袖奖(2018 Distinguished Industry Leader Award),以表彰其对移动通信产业的领先技术贡献和领导力以及在5G移动通信技术中的创新。这是继去年中国移动副总裁李正茂后,东南大学校友再次获得这一奖项。

“杰出行业领袖奖”旨在授予在工业等领域取得重大和突破性成果,在行业内具有领导能力的专家。李正茂和童文是获得这一奖项的仅有的两位华裔通信技术专家,他们均毕业于东南大学移动通信国家重点实验室,均师从通信学科的开创人吴伯修教授。

童文,东南大学客座教授,1984年本科毕业于南京工学院无线电工程系(现东南大学信息科学与工程学院),并继续在我校攻读通信与信息系统学科硕士,1989年赴加拿大深造并获博士学位。2009年成为华为无线通信首席科学家,曾获2016中国科学年度十大新闻人物等多项荣誉。先后获Huawei Fellow、Nortel Fellow、IEEE Fellow、加拿大皇家工程院院士等称号。他是当前国际最著名的通信专家之一,对5G标准的制定有着杰出的贡献,在学术界和工业界具有重大影响。

• 2018年5月　东南大学EMBA戈十三团队喜获沙克尔顿奖和奋进奖

经过四天三夜共计114 km的戈壁挑战赛程,东南大学EMBA戈十三团队经过全体

队员坚持不懈的努力，在规定时间内百分百全员完赛，获得了沙克尔顿奖以及奋进奖。东南大学戈十三团队的参赛宣传片《我的兄弟　我的梦想》获得本次赛事影片的最高奖项——组委会奖第一名。

• 2018年6月6日　钱东郁校友在校庆大会上代表广大校友发言

深圳校友会名誉长、1988级校友钱东郁受邀在东南大学建校116周年庆祝大会上代表广大校友发言，由衷表达了30年来对母校发展的关心，以及对母校的深情厚谊和殷切期盼。

附7：校友、员工在校设奖、捐赠情况

• 2018年1月9日　原中央大学老土木系校友贺光梁向母校捐赠珍贵物品

1月9日，东南大学档案馆收到中央大学校友老土木系1939级贺光梁的女儿贺亦中的两份珍贵的捐赠：校友贺光梁的标有2495字样的“水力学”课堂笔记本和计算尺。

贺光梁用他在学校里掌握的知识和陪伴他一生的小小计算尺，为祖国的铁路建设做出了贡献，其桥梁、隧道方面的设计能力和学术造诣得到了国家相关部门的肯定，多次受邀参加国内铁路项目、公路项目、煤矿等工程的设计审查。《中国大百科全书》中“桥墩”词条就是贺光梁编纂的。他的“斜拉柔性桥墩”在1985年获得了国家专利。

贺光梁的女儿贺亦中代表她的母亲、哥哥和姐姐把贺光梁在中央大学的这两件物品捐赠给东南大学档案馆。

• 2018年4月10日　两院院士闵桂荣校友向母校捐赠航天模型和书籍

4月10日下午，在东南大学校友总会姚志彪秘书长的陪同下，能源与环境学院徐治皋老师代表闵桂荣院士校友向学校档案馆捐赠两个珍贵的航天模型——“天宫一号与神舟十号载人交会对接”和“嫦娥三号”模型及《闵桂荣院士传记》一书。赠送的模型将放置在校史馆中展示。

闵桂荣院士十分关心怀念母校。近年多次与徐治皋教授电话联系，表示要向母校赠送航天模型。动力工程系原主任徐治皋教授与能源与环境学院时任院长钟文琪、书记朱小良和副书记司风琪前往北京看望闵桂荣院士时，闵院士即向母校赠送“天宫一号与神舟十号载人交会对接”和“嫦娥三号”两个模型。2018年3月8日，闵院士又请他的秘书将刚出版的《闵桂荣院士传记》邮寄给徐治皋教授，委托徐治皋教授转赠母校。

闵桂荣，中国科学院院士、中国工程院院士、国际宇航科学院院士，空间技术专家，中国航天器热控制技术科学创建人之一。1956年毕业于南京工学院，1963年苏联科学院研究生毕业。历任中国空间技术研究院院长、卫星总设计师，领导完成我国第一颗人造卫星和多颗返回式卫星的研制和飞行工作。曾获两项国家科技进步特等奖、两次国家“863计划”突出贡献奖、何梁何利基金科学与技术进步奖等。

• 2018年4月　“闵瑜校友奖励基金”设立，奖励建筑学院等学院师生

闵瑜，东南大学校友总会理事、深圳校友会名誉会长，1978年1月毕业于南京工学院（现东南大学）机械系无线电结构设备专业，深圳市爱迪尔集团（ADEL）创始人、集团董事长。

闵瑜理事先后和深圳校友会、校友总会进行了多次沟通和交流，提出设立奖学奖教

金的愿望并迅速将捐款汇入东南大学。近日,爱迪尔(ADEL)集团和东南大学正式签署“闵瑜校友奖励基金”捐赠协议书,捐款共计 100 万元,每年用于奖励 25 名优秀教师,5 000 元/人,25 名优秀学生,3 000 元/人。

• 2018 年 4 月 25 日　校友企业能拓电力股份有限公司捐资 300 万元设立专项国际奖学基金

4 月 25 日上午,东南大学“能拓圆梦计划国际奖学基金”捐赠仪式在九龙湖校区举行。能拓电力股份有限公司董事长、总裁张至栋校友,董事、副总裁徐文校友,监事、商管中心总监沈可等嘉宾,东南大学党委书记、教育基金会理事长左惟及东南大学教育基金会、党委研究生工作部、自动化学院、计算机科学与工程学院、电气工程学院相关领导出席本次捐赠仪式。捐赠仪式由东南大学发展委员会常务副主任金志军主持。

左惟书记在致辞中高度赞扬张至栋董事长的社会责任感以及对母校的感恩之心,表示东南大学正在大面积提升大学生国际交流人数,大量接受海外留学生,引进更多海外优秀人才。能拓股份率先在我校设立专项奖励国际交流基金恰逢其时,起到了很好的引领作用。

张至栋董事长介绍了能拓股份的企业愿景和业务特点,阐述了企业的社会责任和企业理念。作为东大校友,张至栋董事长始终未忘记母校的培育之恩,希望以自身的力量回馈母校,并带动越来越多的企业和企业家,助力学校培养更多世界级的杰出人才。

本次能拓股份向东南大学教育基金会捐款人民币 300 万元,设立“能拓圆梦计划国际奖学基金”,资助东南大学优秀的在读硕士研究生或博士研究生赴 Times Higher Education(THE)世界大学排名前五十或在其专业研究领域全球排名前十的国外高校交流学习,每名学生 20 万元。这也是东南大学迄今为止生均奖励额度最高的项目。

张至栋董事长是我校自动化学院 1989 级校友;徐文副总裁分别于 1991 年至 1997 年、2008 年至 2013 年期间,在我校电气工程学院就读硕士、博士研究生并任博士后研究人员。

• 2018 年 8 月 18 日　医学院 1998 届捐赠大电子屏

8 月 18 日,170 名原南京铁道医学院 1998 届临床医学、预防医学专业校友返回母校,举行毕业 20 周年同学会并向母校捐赠了一座 165 寸电子屏,放置于丁家桥校区综合楼学术报告厅。金志军主任代表学校接受捐赠,并向校友代表颁发捐赠证书。

• 2018 年 9 月 7 日　法学院校友“桃李石”捐赠落成仪式举行

9 月 7 日上午,“桃李石”捐赠落成仪式启动。东大法学院校友向东大法学院捐赠寓意“真在天成,美在内涵”的灵璧石,名“桃李石”。祝愿东大法学院愈加辉煌,祝愿法学院莘莘学子品性温润如灵石,不强人从己,不屈己从人,做“止于至善”坚定的践行者。

法学院孟红书记致辞,称赞“桃李石”的落成可谓春华秋实,象征着鸿运当头,今年是东大法学院的第一个本命年,“桃李石”的落成是锦上添花,代表着对东大法学院蒸蒸日上的承认,更代表着东大法学院未来的责任。捐赠校友代表卞鹏萱校友,作为 1995 年东大法律系第一届学生,见证了东大法学由法律系向法学院的发展。她祝愿东大法学院能够在未来的发展中蒸蒸日上,桃李满天下。

法学院院长刘艳红教授、卞鹏萱校友、施建辉教授和汪进元教授在一片热烈的掌声

中共同为“桃李石”揭彩。

施建辉教授、汪进元教授先后发表感言。院长刘艳红教授致辞，感谢校友对母校的拳拳之心，指出“桃李石”的落成对东大法学院具有里程碑式的意义，“桃李石”象征着灵气和自然，意在东大法学院可以在今后的发展中桃李满天下，事业如磐石。刘院长希望东大法学院可以永远存有坚韧不拔的意志，希望东大法学院越来越好。

• 2018 年 9 月 10 日　钟训正院士携弟子捐资 160 万元设立“钟训正-青蓝基金”

9 月 10 日教师节，“钟训正-青蓝基金”捐赠仪式在东南大学四牌楼校区举行。钟训正院士携弟子向东南大学教育基金会捐赠 160 万元作为启动金，设立“钟训正-青蓝基金”，用以激励建筑学院的学子在建筑设计领域的学习、探索和创新。

钟训正先生，中国当代杰出的建筑师和建筑教育家，1929 年出生于湖南武冈，1952 年毕业于南京大学（现东南大学）建筑系，1954 年起在南京工学院（现东南大学）任教，1997 年 11 月当选为中国工程院院士。钟训正院士长期从事建筑设计研究与创作，于 1980 年代提出“顺其自然，不落窠臼”的建筑思想，在建筑学领域产生深远影响。他为祖国奉献了多项经典作品，其中北京火车站和南京长江大桥桥头堡于 2016 年 9 月入选由中国文物学会、中国建筑学会联合公布的“首批中国 20 世纪建筑遗产”名录。钟训正院士的建筑绘画造诣深厚，广受赞誉。

2018 年适逢先生 90 岁寿诞，先生向学院提出捐赠 50 万元个人积蓄用于支持建筑学院的学子在建筑设计领域的学习、探索和创新。弟子们得知先生的捐赠行为后，在征得先生的应允后积极跟随捐赠，并共同商议在东南大学教育基金会成立开放式“钟训正-青蓝基金”，启动金 160 万元，利用基金所得收益设立“钟训正设计奖”，用以奖励建筑学院中设计成绩优秀的在读本科生和硕士研究生。愿先生朴实无华、无私奉献的大爱让更多学子受益。

出席“钟训正-青蓝基金”捐赠仪式的有东南大学副校长黄大卫，发展委员会常务副主任金志军，深圳华森建筑与工程设计顾问有限公司总建筑师王晓东，钟训正院士家属钟宁、王静敏，“钟训正-青蓝基金”顾问李爽，建筑学院院长韩冬青，建筑学院党委书记冷嘉伟，钟训正院士弟子代表及学生代表。捐赠仪式由金志军常务副主任主持。

钟训正院士、黄大卫副校长签署捐赠协议，钟训正院士和王晓东校友共同向黄大卫副校长递交捐赠支票。

单踊教授代表建筑学院介绍了钟训正院士学习、工作的经历和业绩，回顾了 60 多年来钟训正院士深深地扎根于东南大学这片沃土，在建筑设计天地里创造出的杰出成就。黄大卫副校长在致辞中，对钟训正院士及其弟子的爱心捐赠表示衷心感谢。黄校长认为钟训正院士不仅创作了大量备受赞誉的经典建筑作品，也为社会、为东大培养了大批优秀人才。

钟训正院士在捐赠仪式上表示：“钟训正-青蓝基金”取意“青出于蓝而胜于蓝”，愿在有生之年助同道后生之学业，实现其梦想，成就其未来。愿东大建筑学院的学子们不忘初心、勤勉好学，青出于蓝而胜于蓝。希望青蓝基金能发挥作用，激励有志学子继续努力，让爱心代代相传，涌现出更多青年才俊。

当日，钟院士的 20 多位弟子从全国各地赶回母校参加捐赠仪式，弟子代表王晓东在

发言中表示,钟先生用非常认真严谨、脚踏实地的治学方法,教会学生怎样做人,怎样做一个合格的建筑师。

• 2018 年 9 月 13 日　黄大卫副校长一行看望恽瑛教授并接受其奖助学金捐赠

2018 年 9 月 13 日,东南大学副校长黄大卫及发展委员会有关领导一行前往龙江小区 93 岁高龄的恽瑛教授家中看望并致以亲切的问候,黄大卫副校长代表学校接受了恽瑛教授捐赠的 10 万元奖助学金。

恽瑛教授是我校物理系退休教师,几十年的教学生涯,成果卓著,培养了大批优秀学子。她于 2013 年捐资 18 万元设立"恽瑛奖助学金",奖掖家庭经济暂时有困难的优秀学子。2018 年 8 月,再次出资 10 万元,奖助东南大学常州生源地优秀本科生。有感于恽瑛教授的殷殷之情,常州地区 150 多位校友共同出资 12.5 万,两项捐款合并在东南大学教育基金会设立"恽瑛、常州校友会奖助学金"。

黄大卫副校长已于 8 月 19 日在第五届"学长助新生,启航向东大"暨"欢迎 2018 届毕业生来常"活动上接受了常州校友的捐赠款项。

• 2018 年 10 月 5 日　信息学院 1984 级校友毕业 30 年聚会并向母校捐赠 15 万元

10 月 5 日,东南大学原无线电工程系(现信息科学与工程学院)1984 级校友们,从全球各地相聚四牌楼,纪念毕业 30 周年。校友们以集体名义捐赠 15 万元,用于信息学院新大楼的设施购置。发展委员会芮振华副主任与校友代表吴志富签署捐赠协议,并代表学校接受捐赠。芮振华副主任还为校友代表严剑平颁发捐赠证书。

• 2018 年 10 月 12 日　法学院发展基金捐赠仪式举行

10 月 12 日,东南大学法学院发展基金签约仪式在四牌楼校区召开。东南大学发展委员会常务副主任金志军,法学院党委书记孟红、院长刘艳红,发展委员会副主任芮振华,法学院党委副书记高歌,以及各教研室教师、获奖师生、各级校友以及众多社会贤达参加签约仪式。捐赠仪式由高歌副书记主持。

孟红书记就校友捐赠款项使用情况做全面简要介绍,校友捐赠的资金将会对学院的各项工作提供巨大的资金支持,所有资金的使用均符合学院规定和协议内容。刘艳红院长做题为"温暖在心,感恩有您"的致辞,总结了法学院复院以来,尤其 2017 年法学院发展基金成立以来取得的佳绩。金志军常务副主任表示基金会将管理好基金,以回报各位校友对母校的深情厚谊。

此次受捐赠总额共计 173 万元。法学院虽然规模不大,建院也刚进入第 12 个年头,但是在东南大学教育基金会中以班级、年级名义或个人设立的奖助项目在校内各院系中位居前列。

• 2018 年 10 月 23 日　"联创设计奖学金"续十年之约,校友企业再次捐赠注资

10 月 23 日,"东南大学联创设计奖学金"捐赠签约仪式在东南大学四牌楼校区召开。上海联创建筑设计有限公司董事长、东南大学杰出校友薄曦,首席总建筑师钱强,副总裁万晓宁等,东南大学发展委员会常务副主任金志军,建筑学院党委书记冷嘉伟,党委副书记李向锋,以及历届获奖校友、同学参加了此次仪式。仪式由李向锋副书记主持。

金志军主任简要介绍了东南大学发展现状,希望今后能与校友企业在全方位有更多合作,相互关系得到长足发展。薄曦董事结合个人求学以及工作经历,对校内学生面临

的海外经验匮乏、出国缺乏经济支持以及对建筑的理解局限于书本之中等现状，有针对性地设立了“联创设计奖学金”，为建院学子提供北欧游学的宝贵机会。

冷嘉伟书记在致辞中感谢了薄曦董事长对建筑学院长期以来的支持。

2008 年至今，上海联创在东南大学设立“联创国际奖学金”已有十年。在 2017 年 10 月，建筑学院 90 周年院庆之际，薄曦董事长携夫人孙纯女士捐资 100 万元，设立“东南大学-薄曦、孙纯发展基金”。此次再次捐赠 75 000 美元，合计约 50 万元人民币，将“联创国际奖学金”更名为“联创设计奖学金”，继续支持建院学子赴北欧游学。

• 法学院 85 后校友再次捐赠 50 万元，注资“东南大学云融基金”

东南大学法学院 2008 级校友王佳云再次向“东南大学云融基金”注资 50 万元，目前该基金总额达 100 万元。

2017 年初，王佳云校友以公司名义捐资 50 万元设立“东南大学云融基金”，该基金主要用于法学院高端人才、高端学术平台、学生各类活动等方面。

附 8：校友返校聚会情况

• 2018 年 4 月 14—27 日　原南京工学院土木系 1977 级校友返校庆祝入学 40 周年

4 月 14—17 日，南京工学院（现东南大学）土木工程系 1977 级校友举行入学 40 周年聚会活动，49 位校友到会，其中 5 位校友从美国、英国、澳大利亚等国专程赶回。14 日上午，校友们在四牌楼校区榴园宾馆举行了师生见面会。东南大学副校长吴刚，土木工程学院院长王景全、党委书记刘静，材料科学与工程学院院长薛烽、党委书记杨树东，以及 1977 级校友们当年的 30 位老师应邀出席。

师生见面会由当时的系学生会主席、51771 班顾韬主持，当时的辅导员白锦明老师介绍了这次聚会的筹备情况。

吴刚副校长首先致辞，他代表学校对 1977 级校友重返母校表示热烈欢迎，并向校友们介绍了近年来学校取得的标志性成果。吴副校长对以中国工程院院士缪昌文、中国科协党组成员王延祜等为代表的我校老土木系 1977 级校友在各自领域中取得的成绩表示祝贺和赞赏，对校友们长期以来给予母校的支持表示感谢。土木工程学院王景全院长、材料科学与工程学院薛烽院长分别介绍了两个学院的发展情况。单炳梓教授作为 1977 级校友当年的老师代表发言，单老师愉快地回顾了 1977 级校友在校学习的片段。53771 班徐爱民博士代表参加聚会的同学发言，感恩母校，感谢恩师。

1977 级校友返校期间，土木工程学院 4 位在校生代表到榴园宾馆看望了学长们，并与他们就学习、就业和个人发展等问题进行了深入交流。

作为中国改革开放的亲历者和见证者，土木学院 1977 级校友在各自的岗位上为祖国建设和发展做出了应有的贡献，也为母校增添了光彩。

• 2018 年 4 月 28 日　原南京工学院机械制造专业 2159 级校友回母校聚会

4 月 28 日，为庆祝入学 60 周年，南京工学院 2159 级校友一行 18 人回母校聚会。校友们漫步于九曲桥畔、图书馆前，一同参观实验室、院史馆，回忆当初，共叙友情。学院党委书记张志胜教授和校友会付瑜老师热情接待了他们。

• 2018 年 4 月 29 日　机械学院 026041 班毕业 10 周年聚会母校

4 月 29 日，026041 班校友一行 16 人回母校聚会，庆祝毕业 10 周年。同学们漫步于

大礼堂前、六朝松下、九曲桥畔，一起参观校史馆，重游紫金山，回忆当初，共叙友情。学院党委书记张志胜教授、工业工程系主任肖锋老师及设计系王海燕老师等热情接待了各位校友。

• 2018 年 5 月 20 日　机械学院车辆工程系硕士、博士校友回母校聚会

2018 年 5 月 20 日，东南大学 116 周年校庆前夕，车辆工程系 2000 级至 2014 级硕士、博士研究生校友共 45 人回母校聚会。院长倪中华教授和副院长殷国栋教授热情接待了各位校友。校友们在机械楼第一会议室召开座谈会，为车辆工程系研究生培养和学科发展献计献策。学院院长倪中华教授和副院长殷国栋教授出席了座谈会。倪院长向校友们介绍了车辆工程系近年来在科研方面的进步和师资队伍的发展。校友们参观了车辆工程专业实验室，乘坐东南大学无人驾驶小巴参观了九龙湖校区。

2018 年 9 月 15 日　原南京铁道医学院首届毕业生(1958 级)校友举行入学 60 周年、毕业 55 周年欢庆活动

9 月 15 日上午，在东南大学丁家桥校区基一楼阶梯教室，原南京铁道医学院首届(1958 级)53 位校友举行了“庆祝入学 60 周年、毕业 55 周年”的欢庆活动。校内主会场还与上海、昆明、长沙以及美国等地的 1958 级校友进行了视频交流，29 位老校友从各地发来微信、打来电话，表示热烈的祝贺。

东南大学校友总会姚志彪秘书长特地前来祝贺，并介绍了校友总会的发展概况。东南大学校长助理、医学院院长刘乃丰教授向各位学长致辞祝贺，详细介绍了医学院多年来的发展与现状。欢庆会还得到丁家桥校区管委会张立武主任、党工委刘晓芸副书记等和校区管委会办、医学院院办、大学生志愿者的支持和帮助。

原 1958 级年级主任胡威老师已 90 岁高龄，他在夫人张霖老师陪同下亲临会场，与他的学生们欢聚畅谈，气氛十分热烈感人。

60 年来，1958 级校友作为原南京铁道医学院的首届毕业生，对母校的挚爱，对同学的深情，一直没有忘怀，而且愈老愈感到深沉、真切、朴实。

•2018 年 10 月 5 日　信息学院 1984 级同学毕业 30 年聚会健雄院并反哺母校

10 月 5 日，东南大学原无线电工程系(现信息科学与工程学院)1984 级校友们，从全球各地返回母校，相聚四牌楼校区，纪念毕业 30 周年。聚会活动得到了学院原党委书记、院友会会长张锡昌老师的大力支持和全程参与组织策划。由原学生会主席潘光宇校友领衔组织，全年级共 210 人，参加聚会 148 人，到会率 70%。

庆典仪式特别安排在健雄院当年上大课的阶梯教室中举行。校友总会秘书长姚志彪，发展委员会副主任芮振华，信息科学与工程学院党委书记李久贤，执行院长张在琛，信息学院校友会会长、南京校友会名誉会长张锡昌，党委副书记孙威，原辅导员于东海及当年任课教师代表宫兆祥、邹家禄、杨吉祥、詹宏英、王舜林、冯立明等，以及原无线电工程系 1984 级校友们出席了此次活动。庆典活动由 1984 级校友代表顾颖言主持。

信息学院张在琛院长介绍了近年来学院各项事业的发展，并希望校友们能常回来看看。李绪蓉校友还为本次聚会活动创作并朗诵了诗歌《致逝去的青春——献给东大 1984 级无线电系同学》，施红校友热情高歌一曲《鼓浪屿之波》，现场校友们全体合唱，把庆典活动推向了高潮。各班校友代表也纷纷上台，介绍本班现状，并表达对母校培养的感谢。

校友们以集体名义捐赠 15 万元,用于信息学院新大楼的设施购置。发展委员会芮振华副主任与校友代表吴志富签署捐赠协议,代表学校接受捐赠。芮振华副主任还为校友代表严剑平颁发捐赠证书。

校友们还举行了主题论坛、献礼老教师、回味食堂餐、参观宿舍区等聚会纪念活动。

• 2018 年 10 月 21 日 信息学院 1998 届校友举行毕业 20 周年返校纪念活动

10 月 21 日,原无线电工程系(现信息学院)1998 届 100 多位校友在四牌楼校区相聚一堂,举行毕业 20 年纪念活动。学院领导与校友们召开了座谈会,学院党委书记李久贤老师、学院校友会会长张锡昌老师(原系党总支书记)代表学院领导参加了座谈会。

• 2018 年 10 月 20—21 日 原南京工学院 1978 级公路与城市道路工程专业校友聚会母校纪念入学 40 周年

10 月 20—21 日,原南京工学院 5278 级(公路与城市道路工程专业)校友入学 40 周年活动在母校东南大学举行。

• 2018 年 10 月 20 日 机械学院 020044 班校友毕业 10 周年返校聚会

10 月 20 日,机械工程学院 020044 班校友一行 23 人回母校聚会庆祝毕业 10 周年。

• 2018 年 11 月 10 日 原南京工学院马列师资班 1978 级聚会母校庆祝入学 40 周年

附 9:缅怀校友

• 2018 年 11 月 6 日 原中央大学校友、中国计算机软件学科奠基人徐家福教授逝世

我国著名的计算机科学家与计算机教育家,计算机领域的奠基者之一,南京大学教授、博士生导师徐家福先生于 2018 年 1 月 16 日 10 时在南京不幸逝世,享年 94 岁。

徐家福先生 1948 年毕业于国立中央大学理学院(今南京大学数学系)后留校任教,1957—1959 年在苏联莫斯科大学进修,1981 年任南京大学计算机系教授、博士生导师。曾任南京大学计算机软件研究所所长、计算机软件新技术国家重点实验室主任、国务院学位委员会计算机学科评议组召集人、国务院电子振兴领导小组顾问、中国计算机学会副理事长,现任计算机软件新技术国家重点实验室名誉主任、中央大学南京校友会会长。

• 2018 年 2 月 25 日 东南大学卓越校友戴复东院士逝世

著名建筑学家、中国工程院院士,同济大学建筑与城市规划学院名誉院长、教授、博士生导师,同济大学高新建筑技术设计研究所所长,东南大学上海校友会会长戴复东先生,因病医治无效,于 2018 年 2 月 25 日上午 8 时 33 分在上海新华医院逝世,享年 90 岁。

戴复东先生 1928 年 4 月 25 日出生于广州,1952 年 7 月毕业于南京大学建筑系(现东南大学建筑系),同年进入同济大学建筑系工作。曾任同济大学建筑系主任,建筑与城市规划学院副院长、院长,同济大学艺术中心主任,同济大学建筑设计研究院顾问,同济规划设计研究院总建筑师,中国建筑学会常务理事,EAROPH(East Regional Organization of Planning and Housing)副主席等职。1999 年当选为中国工程院院士。

校区与院系及其他

丁家桥校区

一、校区工作

1. 积极开展教育思想大讨论，协助做好丁家桥校区建设规划调整工作

协助学校相关部门，做好校区规划。为发展特色医科，改善办学条件，优化办学环境。

2. 聚焦“改革、质量、效率”关键词，进一步凝聚教职工改革发展的新共识

围绕改革开放 40 年，组织党员观看了电影《厉害了，我的国》《邹碧华》，参观了江苏省纪念改革开放 40 周年图片展等。

3. 加强校区网站建设

充实改版校区网站主页和内容，了解师生对校区工作的意见与建议，及时解决各类需求。

4. 做好校区协调服务

抓住政府整治金川河的契机，经磋商由鼓楼区政府出资修缮了校区金川河沿岸围栏，并增添了绿化植被。在中央门街道对丁家桥路改建中，及时要求施工单位对校区有危险的围墙进行了重建。

5. 扎实做好平安校园工作

从治安防范、交通管理、火灾预防、学生安全教育以及大型活动安保等方面着力加强平安校园建设。开展了节能管理平台（配电房）职工安全知识讲座、学生防诈骗宣传活动。完善了消防档案与微型消防站的建设。

6. 努力做好校区后勤保障工作

如期完成了基二楼出新和宿舍阳台卫生间的改造。采取措施及时抢修供水主管网，避免了每月 10 万元的水资源损失。

7. 参与卓越联盟多校区管委会活动

参加哈工大威海校区卓越联盟多校区管委会会议；承接了 2019 年卓越联盟多校区会议在东南大学的主办任务。

8. 继续做好学校党委对口支援工作

完成第二学年对两名中学生学费的资助工作。

二、奖励与荣誉

1. 校区获评南京市鼓楼区 2018 年度综合治理暨平安建设先进单位。
2. 缪志钢同志获评东南大学 2016—2017 年度“三育人”积极分子。

三、人事变动

2018 年 10 月，因工作需要，丁家桥校区党工委委员进行了调整，名单如下(共 7 人，按姓氏笔画排序)：王亮、刘晓芸、刘培高、李涛、张立武、郭小明、谭东伟。

建筑学院

建筑学院现有建筑学、城乡规划学、风景园林学 3 个一级学科博士点，建筑学、城乡规划学、风景园林学 3 个博士后流动站，建有城镇与建筑遗产保护教育部重点实验室、传统木构建筑营造技术研究国家文物局重点科研基地、当代城乡环境整合技术创新引智基地、江苏省数字景观环境综合训练中心等学科平台。下设建筑系、城乡规划系、风景园林系、建筑历史与理论研究所、建筑科学与技术研究所、美术与设计研究所、建筑运算与应用研究所。截至 2018 年底，全院在职教工 165 人，专任教师 144 人。其中教授 35 人，副教授 66 人，博士生导师 31 名，具有博士学位的专任教师比例达 83%。现有 4 名院士，2 名教育部长江学者特聘教授，1 名“国家杰出青年基金”获得者，1 名入选“外专千人”，1 人入选全国“万人计划”教学名师，3 名全国工程勘察设计大师，5 人入选教育部“新世纪优秀人才支持计划”，18 人入选省人才培养计划，8 名江苏省设计大师。

一、教学与教学改革

(一) 本科生教学

成为教育部建筑类专业教学指导委员会主任挂靠单位、建筑学专业教学指导分委员

会主任挂靠单位;圆满完成建筑学本科专业评估,评估成绩优秀(7 年有效);品牌专业建设项目通过中期检查,经费使用状况良好;认真落实和开展教育思想大讨论,取得重要成果,启动人才培养方案修订,按照“领军人才”的目标定位,形成专业培养体系初步框架;教学成果“学做融创,通合一体——建筑类创新人才培养的系统改革与实践”获国家级教学成果奖一等奖;成功申报 2 项江苏省教改课程,2 项校级在线开放课程立项,开设校企合作课程 1 门;大力推进本科生自主研学,学生发表论文 16 篇,获国际竞赛金奖 1 项、国内省部级以上学科竞赛成果奖 20 项以上;2018 年度国创和省创 SRTP 项目立项并通过中期检查 9 个(国 2+省 7),结题 6 项(国创 1 个),2019 年度校院系级立项 23 个;优化实习实践基地建设,新增签约海外实习基地 3 个(日本);新增签订本/硕学生国际院校交换协议 3 份,双学位协议 1 份;成功举办全国设计新人赛及竹构大赛赛事。

(二) 研究生教学

圆满完成建筑学研究生专业评估,评估成绩优秀(7 年有效);完成建筑学院 7 个研究生学位授予点的合格评估;完成国务院学位委员会学科评议组和全国专业学位研究生教育指导委员会组织的建筑学一级学科与专业学位发展调查报告与研究生核心课程指南编写;教学成果“国际引领,实践创新——建筑学专业型硕士研究生培养模式探索与实践”获 2018 中国学位与研究生教育学会研究生教育成果一等奖及 2018 江苏省研究生教育改革成果一等奖;获批江苏省研究生教育教学改革课题 1 项、江苏省研究生暑期学校 1 项、博士研究生科研创新计划 4 项、硕士研究生实践创新计划 6 项;研究生教学成果受邀参展第 16 届威尼斯国际建筑双年展;组织 2019 级免试研究生招生工作,完成 2019 级免试研究生招生 126 名、直博生 1 名。

二、学科建设

继续推进学科建设内涵式发展,一流学科建设计划得到认真落实;建筑学、城乡规划、风景园林三大学科的优势地位得到进一步发展,遗产保护、数字化技术、建筑运算与应用等学科方向的拓展取得重要进展;“城市与建筑遗产保护教育部重点实验室”在教育部重点实验室五年定期评估中获“良好”成绩;“传统木构营造技艺国家文物局重点研究基地”和“111 引智基地”建设取得新进展;在谷歌学术 2018 最新排名中,学院与高等教育出版社联合主办的全英文学术期刊 *Frontiers of Architectural Research* 位列建筑学类学术出版物排行榜第三名,较 2017 排名前进 1 位。

三、科学研究

全年纵向经费到款 2 000 余万元,横向经费到款 9 500 余万元;获批国家自然科学基金 14 项,其中重点项目 2 项、面上 7 项、青年 4 项、应急管理 1 项,获批国家重点专项课题 1 项、江苏省自然科学基金 2 项;以第一作者或通讯作者身份发表 SCI/SSCI/A&HCI 三大检索论文 27 篇,在三大一级学科刊物上发表论文 36 篇,获得国家发明专利授权 16 项,完成国家建设标准编制 1 项;工程实践项目获得 2018 年亚洲建协建筑奖金奖 1 项,中国建筑学会 2017—2018 年度中国建筑设计奖金奖 1 项、银奖 1 项、优秀奖 1 项,2017 年度

全国优秀城乡规划设计一等奖 1 项、二等奖 7 项、三等奖 3 项，段进项目组获 2018 欧洲杰出建筑师论坛“年度国际最佳城市设计”；在华夏科技奖评选中获一等奖 2 项、二等奖 1 项，其中“城市发展中的空间基因传承理论建构与实践应用”和“城市道路海绵系统建构及关键技术”获一等奖，“基于大数据的城市中心区规划理论创新与技术集成应用”获二等奖。

四、师资队伍建设

建筑国际化示范学院外籍院长戴维·莱瑟巴罗教授入选“外专千人”，并荣获江苏省人民政府“江苏友谊奖”和“江苏省荣誉居民”光荣称号；王建国院士当选教育部建筑类专业教学指导委员会主任委员，阳建强教授和成玉宁教授分别出任城乡规划和风景园林专业教学指导分委员会委员；董卫教授担任联合国教科文组织亚洲遗产管理学会秘书处主任（2018）；张彤教授获宝钢优秀教师称号；王兴平教授获全国优秀科技工作者称号；韩冬青教授获中国建筑学会建筑教育奖；朱渊副教授获中国建筑学会青年建筑师奖；殷铭副教授入选东南大学至善青年学者（B 类）。本年度引进专任教师 9 人，其中引进海外博士 3 人，上岗副研究员 2 人。招收在职博士后 4 人，博士后出站 5 人。

五、国际化办学

与都灵理工大学签订建筑学双学位计划，与威尼斯建筑大学、都灵理工大学、米兰理工大学签订学生互换交流协议，与印度 CEPT 大学签订学生互换、科研合作、联合教学协议，与台湾铭传大学建筑学院签订合作协议，与境外建筑事务所签署学生境外实习协议 3 项，截至目前，建筑学院已与 20 余所境外院校和机构签署相关协议；开设外教授课全英文 Advanced 系列课程 13 门，开展国际联合教学十余次；与意大利雅伦格文化艺术基金会合作，在东南大学教育基金内设立雅伦格建筑研学基金，专项资助学生赴威尼斯建筑大学进行互换交流；中非共建产业园区的地方嵌入与地方效应研究项目正式启动；本年度学院教师出国（境）交流学习 116 人次，学生出境学习交流共计 175 人次；国（境）外来访教师 135 人次，来学院学习交流的外国学生 58 人，其中 20 名外籍留学生来我院攻读学位；举办国际会议 12 次。

六、学生教育与管理

深入贯彻落实全国高校思想政治工作会议精神，加强学生思想建设和组织建设，着力构建全员育人、全过程育人、全方位育人体系。积极开展各项党日活动，低年级本科生党支部的“青年热血撒乡村”党日活动获东南大学最佳党日活动一等奖，该支部在校党委学工部组织的“领航工程”结项中获评优秀，2017 级硕士一支部的“星星之火，可以燎原——社会主义新农村建设在地实践”党日活动获评东南大学党委研工部最佳党日活动一等奖；015141 班获得江苏省先进班集体荣誉称号，015141 支部获得团中央全国高校“活力团支部”荣誉称号（全校唯一），另有 6 个班级或支部获得校级荣誉称号，207 名学生获得校级荣誉称号，015151 班获评校优良学风标兵班，另有 8 个班级获评校优良学风班。张琰获评江苏高校辅导员年度人物，张弦获评校优秀班主任标兵。2018 年我院共招收本

科生165人,其中转系转专业17人,港澳台生及海外留学生22人;招收研究生269人,其中硕士研究生230人、博士研究生39人。2018届毕业生共395人,其中本科生189人、硕士研究生186人、博士研究生20人,本科生和硕士生的就业率均为100%,博士生的就业率为95%。

七、党建工作

学院党委全面贯彻落实全国教育大会精神,进一步发挥课堂教学的育人主渠道作用,推进"课程思政"教学改革,将专业教学与具体工作相联系,理论和实践有机结合,全面提升思想政治工作质量。《"实践—实境"课堂——传承红色基因,践行党员使命》入选中组部党员教育与干部测评中心、教育部思政司主编的《基层党组织书记案例选编(高校版)》教材;实境党课"建院师生情系大桥建设,实景党课共话大桥今夕"影响广泛,受到南京主流媒体的报道。坚持党管人才原则,建设高素质师资队伍,注重在优秀教师中发展党员,发展青年教师党员1名,另有2名教师提交入党申请书。在人才引进中严把政治关,对新入职教师个人发展规划和思想政治进行适当引导。加强党支部建设,落实党建工作责任制,对教职工党支部书记进行年度述职评议考核。景观系党支部获批首批东南大学党支部书记工作室示范点建设单位,3个党支部获批东南大学样板党支部建设单位,选树培育教职工党支部书记"双带头人"5人。协助设立大巢优学基金、钟训正-青蓝基金、九城建筑研学基金、雅伦格建筑研学基金、联创设计奖学金,借助社会力量支持学院发展建设。持续维护建筑学院官方网站中文版和英文版,开设了"十三五"重点专项文脉项目网页、硕士全英文专业网页、教学成果奖网页、国家文物局木构基地网页,"中大院"微信平台发布120余篇文章,在学界和社会领域产生积极影响。

机械工程学院

一、概况

学院现有专任教师115人,其中教授32人、副教授53人、讲师30人,高级专业技术人员占教师比例为73.9%。具有博士学位的教师有89人,占教师比例为77.4%。具有海外经历的教师有70人,占教师比例为60.9%。博士生导师29人,硕士生导师60人。

二、学科建设

学科建设持续保持良好的发展势头,其中机械工程一级学科是江苏省优势学科,"机械制造及其自动化"二级学科为国家重点学科(培育)。在深化发展机械工程传统学科的同时,本学科继续加强在跨微纳尺度集成制造、微纳生物医疗器械设计理论和微尺度传热等研究方向的国际影响力。

该学科注重科研成果的转化及产业化工作,积极为地方经济建设服务。聚焦高端数

控装备和智能机器人、汽车、海洋装备、复杂机电系统集成设计以及生机电一体化医疗设备与器件制造等方向，以产学研合作为发展模式，“立足江苏，依托行业，面向华东，服务全国”，以“一流的人才梯队、一流的人才培养、一流的科学研究，一流的科技服务”为发展目标。先后服务于依维柯汽车、徐工集团、三一重工、无锡机床厂、博西家电、南京机床厂和江苏省大部分中大企业以及周边省份的部分企业，为长三角地区的经济发展做出了自己的贡献。

三、科学研究

在科学研究方面，本年度机械工程学院共申报国家自然科学基金项目 52 项，共获批 12 项，申报成功率为 23%，其中包括国家优秀青年基金 1 项、面上项目 6 项、青年项目 5 项，虽然申报成功率较去年有所下滑，但数量和质量都提高了；本年度机械工程学院陈云飞老师作为首席科学家获批国家重点研发计划 1 项；本年度机械工程学院共申报省自然科学基金 8 项，获批 6 项，其中包括省面上基金项目 1 项、省青年基金项目 5 项；机械工程学院获批其他技装项目 31 项(领域基金预研重点项目 1 项)，立项横向课题 49 项，累计纵向经费 3 021.65 万元、横向经费 1 995.41 万元，合计 5 017.06 万元，超额完成了学校的任务。2018 年机械工程学院共发表 SCI 论文 142 篇、EI 论文 92 篇，其中包括 *Materials Horizons*(IF=13.183)，*Nanoscale*(IF=7.233)，*IEEE Transactions on Industrial Electronics*(IF=7.05)，*Analytical Chemistry*(IF=6.042)，*Environmental Science & Technology*(IF=6.653)，*ACS Sustainable Chemistry & Engineering*(IF=6.14)，*Sensors and Actuators B-chemical*(IF=5.667)，*IEEE Transactions on Automation Science and Engineering*(IF=3.6)等国际一流刊物。科研实力与科技成果产出指数明显增高，学院授权发明专利共计 58 项。

2018 年度，在基地建设方面，经省经济和信息化委员会批准，联合江苏省内高档数控机床、机器人及成套装备行业的数家龙头企业共同成立江苏省高档数控机床及成套装备创新中心。中心以机床和装备行业为对象，针对数控机床及成套装备的突出问题和共性技术问题进行研究，力争突破产业核心共性技术瓶颈，实现重大科技成果转化。牵头成立“江苏省智能装备产业联盟”和“江苏省新能源汽车产业创新联盟”，组建“南京新能源汽车产业创新学院”。

陈云飞老师团队荣获国家自然科学二等奖，费庆国老师牵头荣获江苏省科学技术一等奖、军队科学技术二等奖，殷国栋老师牵头荣获江苏省科学技术二等奖，费庆国老师牵头荣获力学科学技术一等奖，孙东科老师作为第三完成人荣获中国颗粒学会科学技术一等奖。

四、人才队伍

学院注重师资队伍建设，高层次人才中，新增“双创计划”资助 3 人，新增东南大学“至善青年学者”A 类 1 人，1 位老师获得国家优秀青年基金。学院目前聘请了 16 位海内外知名专家学者为兼职教授，共计 9 次邀请国外知名学者前来进行学术交流及科研合作。

本年度引进具有博士学位的青年教师7人,共计1人晋升教授(沙菁契),共计1人晋升副教授(吴泽),完成9人的高校教师资格认定。

五、人才培养

2018年度,机械学院在校硕士生共计449人,男女比例为5∶4;在校博士生为157人,男女比例为3∶9。机械工程和设计学博士生录取人数分别为31人和2人,录取率分别为66%和50%。机械工程学术硕士和专业硕士录取人数分别为89人和63人,录取率分别为18.1%和25.9%。工业设计工程专业硕士录取人数为38人,录取率为41.3%。本年度研究生中11人获国际会议资助,12人获国家建设高水平大学公派研究生资助。

本科生培养方面,2018年度本科生在校总人数为776人,男女比例为6∶4。

3人当选2018—2022年教育部高校教学指导委员会委员,倪中华教授当选教育部机械类专业教学指导委员会委员;许映秋教授当选教育部工业工程类专业教学指导委员会委员;殷国栋教授当选教育部工程训练教学指导委员会委员。与泉峰集团和苏美达集团合作,继续开设卓工班,2018年共有15人参与卓工联合培养。开设的"企业卓工"课程达到6门。完成江苏省高等学校重点建设教材1项,2018年度校级建设教材4项,2018年江苏省高等学校在线开放课程建设项目2项。出版2本教材、2本专著。开设研讨课54门,全英文授课课程5门、双语授课课程14门,东南大学校级研讨课4项。牵头获批2项教育部新工科研究与实践项目。获得江苏省高校微课教学比赛二等奖1项;卓越大学联盟高校青年教师教学创新大赛三等奖1项。学院共获批国家级教改项目4项,发表校级教改论文9篇,获各类教学成果奖共计13项。另外,苏春老师的《数字化设计与制造(第三版)》教材入选2018东南大学校级规划教材。获省级毕业设计一等奖的课题1项,获得校级优秀毕业设计的课题6项,东南大学2019届本科生优秀毕业设计(论文)团队立项培育项目3项。

本年度共立项国家级SRTP项目5项,省级SRTP项目8项,校级和院级SRTP项目87项。在东南大学第十四届机械创新设计竞赛中,获一等奖4项、二等奖5项、三等奖6项、优秀奖4项。

六、学生工作

学院以暑期社会实践和支教活动为载体,鼓励学生参与社会实践和志愿服务工作。2018年暑期社会实践共有25支队伍,其中7支队伍成功获批校级重点团队。"至善东南,筑梦闽西"社会实践由学院党委副书记王斌和学院团委副书记滕琳、柏硕带队,前往福建省龙岩市上杭县开展主题为"青年红色筑梦之旅"的社会实践活动。另外还有"梦起皖西"小分队,前往金寨县开展关于金寨县抗战老兵及红色文化现状的调研;"初心追寻"小分队,前往梁家河开展"访梁家河寻初心,今昔对比看发展"等主题为"不忘初心重走时代之路"的社会实践活动;同时,也有"俊俊树"小分队前往阿拉善探寻梭梭树种植基地,"至善陇行"小分队前往甘肃民勤防风固沙,"江豚吹浪夜还风"小分队前往长江流域进行关于长江流域江豚保护现状的调查等主题为"美丽中国"生态环保的社会实践活动。

志愿服务活动是大学生提高个人综合素质的重要载体,学院学生会志愿服务部为学

生搭建了多个志愿服务平台,包括南京市第一医院志愿活动、南京南地铁站志愿活动、东山敬老院志愿活动和图书馆、社区等志愿活动。同学们参加活动的热情较高,每年有超过500余人次参加活动,总计志愿服务时间多达1 000小时。南京市第一医院志愿服务项目连续荣获南京市第一医院颁发的"优秀志愿者团体奖"。

学院共计39名学生获评"优秀团员"称号,6名同学获评"优秀团干"称号。026161团支部获得"国旗团支部"提名;020161、020155团支部获得"特级团支部"称号;硕士2017级第三团支部获得"先进团支部"称号;026161、020165、020155团支部获得"甲级团支部"称号;026161、020161、020162、020163、020164、020172、020173、020174、020175、026151团支部获得"优秀磐石计划"奖励。机械工程学院团委获得"东南大学先进团委"称号。机械工程学院获得"暑期社会实践优秀组织奖"。

"至善东南,筑梦闽西"团队获得2018年江苏省大中专学生志愿者暑期文化科技卫生"三下乡"社会实践活动优秀团队、东南大学"十佳团队"称号;邢姝钰同学获得东南大学"十佳个人"称号;"'一万步,一棵树,一片林'——从线上种树看网络环保的绿色能量"团队获得东南大学"十佳团队"提名;牛浩然同学获得东南大学"十佳个人"提名;"将军故里寻军魂——关于金寨县抗战老兵及红色文化现状的调研"团队获得东南大学优秀团队一等奖;"美丽中国,蔚然民勤"团队获得东南大学优秀团队二等奖;《"带你去看树"——对网络环保的实际意义与发展调查研究》获得东南大学优秀调研报告奖。

七、党建与行政工作

目前机械工程学院共有13个学生党支部,均设立了支部书记,其中本科生党支部1个、研究生党支部12个,在籍学生党员379名,其中博士研究生99人、硕士研究生219人、本科生68人。

在保质保量的前提下,党支部完成一年的组织发展工作,共计发展党员68人,其中本科生45人、研究生23人,转正本科生22人、研究生42人。

举办第15期机械工程学院发展对象培训班,共计96位发展对象参加培训。组织43位预备党员参加学校第25期预备党员培训班。举办2018年度学生党支书及支委培训班,16位党支书及支委参加培训。

各学生党支部以党建带团建,组织开展各类形式多样的党日活动。积极开展学习宣传贯彻党的十九大精神活动,其中,硕士171、172、173党支部开展的"知党史,识党章——做新时期合格党员"党日活动获评2017—2018学年研究生"最佳党日活动";本科生党支部带领本科生大一、大二团支部开展的"好好学'习',天天向上"党日活动获评"领航项目"优秀项目;硕士161党支部获评2016—2017学年东南大学"最佳党日活动"二等奖;硕士163党支部获评2016—2017学年东南大学"最佳党日活动"三等奖;本科生党支部成功申报2018年"领航项目"——"诵改革不忘初心,学'习'语修养党性"。

能源与环境学院

一、概况

截至2018年底,学院有专任教师141名,其中教授/研究员51人、副教授/副研究员56人、讲师34人,具有高级专业技术职务的教师人数107人,比例为76.98%。拥有中国工程院院士1名,澳大利亚科学院工程院、中国科学院外籍院士1名,“百千万”国家级人选1人,长江学者特聘教授2人,“国家万人计划”创新领军人才1人、青年拔尖2人、“青年千人”2人,国家杰出青年科学基金获得者2人,国家优秀青年科学基金获得者1人,享受政府特殊津贴专家14人,教育部新世纪人才11人,江苏省“双创人才”1人、“双创博士”3人,江苏省突出贡献奖1人,江苏省特聘教授2人,江苏省第五期“333工程”培养对象4人,江苏省“六大人才高峰”13人,江苏省“青蓝工程”培养对象13人次,江苏省优秀留学回国人员1人等。

二、党群工作

1. 2018年举办业余党校2期,共培训入党积极分子160人,发展党员80人,培训预备党员109人,转正57人。

2. 学院书记主持学院党内工作会议6次,讲党课1次,组织班子民主生活会1次,每月1次学习例会。

3. 学院领导班子召开了18次党政联席会,其中有4次中心组专题学习会。

4. 机关支部开展了“不忘初心,牢记使命——参观一大会址”的主题党日活动,4个专任教师支部联合开展了“追忆革命精神,传承红色基因——参观新四军军部旧址”的主题党日活动。

5. 学院有3个支部进入2018年度东南大学样板党支部建设名单,1个教工支部成功申报并设立东南大学党支部书记工作室。

6. 学院获得校级最佳党日活动二等奖1个,研究生党支部获“最佳党日活动”一等奖1个、鼓励奖1个。

三、队伍建设

1. 入选“优青”1人,“青千”1人。

2. 入选江苏省“333工程”二层次1人,三层次1人。

3. 入选江苏省“双创人才”1人,“双创博士”2人。

4. 入选江苏省“六大人才高峰”1人。

5. 入选江苏省优秀留学回国人员1人。

6. 入选南京市留学回国人员择优资助4人。

7. 入选东南大学“至善青年学者”A类资助1人,B类资助2人,海外“至善青年学者”A类2人、B类2人。

8. 2018年学院新进专任教师7人，另有专职科研A类岗3人，新晋升正高3人、副高3人，报送上岗正高2人、上岗副高1人。

9. 2018年学院共退休教职工9人，其中正高2人、副高2人，工程师3人、高级工2人。延迟退休2人。2018年学院新进站全职博士后2人，在职博士后7人。

10. 2018年成功举办学院海外青年学者论坛、学校海外青年学者分论坛。

四、学科建设

2018年，动力工程及工程热物理学科已经列入学校重点建设的“双一流”学科行列并启动建设，重点建设清洁煤技术，可再生能源，过程测控三大创新平台。同时与建筑学院共建建筑节能、环境工程2个方向的学科。动力工程及工程热物理、环境科学与工程进入江苏省优势学科建设行列。环境与生态ESI排名稳步提升，已达0.87%。

本科：

1. 由钟文琪教授牵头的“基于工程创新研究的能源动力类大学生实践教学改革”获国家教学成果二等奖，是学院在教学成果方面的突破。

2. 获批江苏省规划建设教材1部。

3. 学院全面开展教育思想大讨论，针对教学体制、教学大纲、课程设计等进行了深入探讨。

4. 2019培养方案大修订，教学大纲修订，为专业认证做准备。

研究生：

1. 新增江苏省产业教授2名，学院现有校外兼职导师128名、江苏省产业教授15名。

2. 新增江苏省研究生工作站1个，学院现有江苏省研究生工作站31个(其中优秀研究生工作站3个)。

3. 完善了硕士学位论文校外评审专家库，其中动力工程及工程热物理领域专家152名、环境科学与工程领域专家49名。

五、人才培养

2018年度学院研究生和本科生获省先进班集体1个、省“三好”2名、校级“三好”154名、校“最佳党日活动”二等奖1项，研究生党支部“最佳党日活动”一等奖1个，鼓励奖1个。

本科：

1. 获全国节能减排大赛二等奖、三等奖共4项。

2. 获“互联网+”创新创业大赛校赛金奖，省赛银奖。

3. “国创”“省创”立项14项，结题9项，其中结题优秀1项。

4. 本科生发表论文7篇，其中SCI 1篇、EI 1篇。

5. 本科生申请发明专利 9 项,实用新型 1 项。

6. 报江苏省优秀毕业设计论文 1 项,东南大学优秀毕业设计论文 7 项。

7. 2018 届本科生推荐免试研究生 48 人,出国深造 35 人。

研究生:

1. 2018 年共招收博士生 72 名(含 18 名工程博士),毕业博士生 28 名,在校博士生共 268 名;招收硕士生 249 名,毕业硕士生 189 名,在校硕士生 702 名。

2. 在 2018 年优秀本科生推免选拔工作中,接受 106 名,其中直博生 6 名。

3. 申请"优博"基金 33 人,获批 14 人;申请江苏省研究生创新计划 28 项,获批 14 项。

4. 获江苏省优秀硕士学位论文 2 篇;获东南大学优秀博士学位论文 3 篇、优秀硕士学位论文 5 篇。

5. 申请国家留学基金委出国攻读博士学位或联合培养者 36 名,获批 31 名。

6. 研究生出国(境)参加国际会议、学习交流 60 人次,其中联合培养 22 人。

7. 获得第十一届全国大学生节能减排大赛二等奖 1 项、三等奖 3 项(研究生组)。

六、科学研究

1. 2018 年科研经费到款 9 597.19 万元,其中纵向到款 5 621.67 万元、横向到款 3 975.52 万元。

2. 申请国家发明专利 230 项,授权国家发明专利 127 项;PCT 授权 1 项,申请 4 项。

3. 牵头国家重点研发计划 2 项,参与国家重点研发课题 6 项;国家自然科学基金获批 16 项,其中优秀青年基金 1 项。

4. 学院全年发表 SCI 论文 320 篇,EI 收录 232 篇;2017 度 SCI 收录表现不俗论文 138 篇。

5. 沈炯教授牵头"综合能源系统智能控制"入选东南大学"十大科学与技术问题"。

6. 获批江苏省发改委"江苏省污泥安全处置与资源化工程研究中心"。

7. "单床自热式热解气化燃烧反应器及热解气化燃烧方法"获第二十届中国专利优秀奖。

8. 段伦博牵头的"循环流化床富氧燃烧基础研究"获教育部自然科学奖二等奖。

七、国际合作

1. 入选教育部新建高等学校学科创新引智基地(简称"111 计划")引智培育基地。

2. 成功举办第四届江苏-欧洲新能源国际会议,参加会议的有瑞典皇家工学院、芬兰阿托尔大学、上海交通大学、浙江大学、南京大学等单位的 120 多位国内外著名学者。

3. 开设 7 门国外教师授课课程。

4. 邀请 23 名国(境)外学者来校授课、合作研究或学术报告。

5. 教师出国(境)访问、合作研究和参加会议 73 人次。

八、其他

1. 蔡亮任东南大学能源与环境学院党委书记、党校校长(兼),任职试用期1年,试用期从2018年11月30日起。

2. 制定了《能源与环境学院职称评审补充办法》,职称评审向教学一线教师倾斜,引导青年教师重视教学工作。

3. 修订了《东南大学能源与环境学院2018年度综合考核及奖励性岗位绩效津贴分配办法》,提高了授课质量系数,突出了专利成果转化。

4. 修订了《能源与环境学院突出贡献奖励办法(修订)》,加大了对教学方面的奖励力度。

5. 出台了专职科研人员A类岗的聘用及考核办法,为建设高水平的专职科研队伍提供了制度保障。

信息科学与工程学院

一、党建工作

1. 院党委认真执行校党委的部署和学习要求,通过专题学习、影像教育和主题互动交流等形式,做好广大师生特别是党员的政治理论学习与政治思想教育工作。通过党员教育微视频创作(《"不忘初心,立德树人"——记东南大学信息学院"全国高校黄大年式教师团队"中的党员先锋》),用身边事教育身边人。

2. 院党政联席会严格遵守议事程序和决策制度,凡属"三重一大"事项均召开党政联席会集体研究决定;完善制定了学院党委会、党政联席会议事规则等6项制度、办法或细则("党委会议事规则""党政联席会议事规则"今后将按学校统一颁布的制度执行);组织院中心组扩大会专题学习讨论了《学习党的十九大精神,进一步加强基层党组织廉政建设工作要点》,并结合各自工作进行讨论;召开全院教师大会结合学院实际进行了"全面贯彻落实中央'八项规定'精神,进一步推进廉洁校园建设"的廉洁教育宣讲。

3. 信息学科教工党支部与中国航天科工集团8511研究所第八党支部开展结对共建活动;学生党支部积极与国防军工重点研究所合作开展党日活动,组织硕士生微波党支部与中电55所联合开展党日活动,组织研究生、本科生党员参加中电14所、中航8511所等党日活动;研究生党支部党日活动"知行合一——做合格共产党员"获江苏省教育工委"最佳党日活动"称号。

4. 制定班主任选聘办法、班主任工作手册和班主任考核办法;选聘政治思想过硬、综合素质好、业务能力强的教师担任班主任,新生班主任首先考虑选派党员教师;在党委学工部举办的"优秀班主任标兵"评比活动中,学院有3位教师(其中1位被推选至吴健雄学院担任班主任)获此荣誉(全校共10位)。

5. 全院共有6个在职教工支部,其中4个专任教师党支部,4位具有高级职称的教

师党支部书记均为优秀教师党员。

6. 信息学科教工党支部、2018级硕士通信党支部、本科生党支部等3个支部作为校党建工作样板支部建设的对象，选树信息学科教工党支部作为党支部书记工作室的培育对象，2016级硕士通信党支部入选“百个研究生样板党支部”。

7. 2018年学院共发展新党员87人，其中青年教师1人。3位优秀青年骨干教师支部被列为2019年度培养发展对象。

8. 截至12月20日，共在学院网站刊发新闻动态98条；积极与校内外媒体合作并投稿，全年共在东南大学主页和《东南大学报》刊发学院新闻25条，在《扬子晚报》、中国江苏网、新华网等校外媒体上刊发新闻12条。

9. 加强对学院中、英文网站的建设和管理，完善了《东南大学信息科学与工程学院网站管理办法》，制定了《信息科学与工程学院网站新闻发布规范》等规定，明确学院网站主要栏目内容发布人和责任人、各系(室)网站管理员和责任人、加强网站信息发布的审核。上、下半年分别对学院中、英文网站全新改版。

10. 成立了学院实验室安全工作领导小组，每学期召开一次实验室安全工作领导小组会议，对实验室安全管理情况进行总结分析，排查风险隐患，提出整改建议，协调处理问题。全年未发生安全责任事故。

11. 学院党委积极协助党委组织部做好遴选执行院长、增补副院长的干部选拔工作。

12. 建立了党员领导干部与民主党派教师联谊结对的制度；主动听取民主党派和无党派教师对学院工作的意见和建议；按照统战部的要求进行党外骨干教师的调研和推荐工作，并积极配合统战部做好向政府部门推荐参事的工作。

二、学科建设

1. 我院尤肖虎教授与刘韵洁院士、邬江兴院士为牵头人成立的“网络通信与安全紫金山实验室”于2018年8月在江苏省科技大会上正式揭牌。

2. 2018年6月顺利迎接工程教育认证专家的进校认证。

3. 2018年底，“2011计划”无线通信技术协同创新中心完成各项指标，顺利通过验收。

三、科研工作

1. 2018年学院科研到款总计15 951.27万元，其中纵向项目经费10 296.52万元、横向项目经费5 654.75万元。

2. 作为牵头单位荣获国家自然科学二等奖1项，获国家科技进步二等奖1项，获高等学校科学研究优秀成果(科学技术)技术发明二等奖1项，获江苏省教育科学研究成果奖三等奖1项；作为参与单位获江苏省科学技术奖应用类二等奖1项，获江苏省科学技术奖应用类三等奖1项，获江苏省教育科学研究成果奖三等奖2项。洪伟教授等获得IEEE标准组织颁发的国际标准IEEE 802.11aj杰出贡献者荣誉。

3. 王承祥教授入选2018年全球“高被引科学家”。

4. 2017年收录(2018年发布)高水平一区论文140篇、二区论文66篇、高被引论文

27 篇、"表现不俗"论文 134 篇,"表现不俗"论文增加 43 篇。

5. 获批国家自然科学基金重点项目 1 项,国际(地区)合作与交流项目基金项目 1 项、面上项目 13 项、青年项目 8 项;获批江苏省自然科学基金杰出青年项目 1 项、优秀青年项目 1 项、面上项目 1 项、青年项目 5 项;毫米波国家重点实验室崔铁军教授课题组牵头承担的国家科技部重点研发计划"变革性技术关键科学问题"重点专项"微波毫米波数字编码和现场可编程超构材料的理论体系与关键技术"立项并启动。

6. 2018 年学院申请发明专利 367 项,授权发明专利 206 项,PCT 申请 6 项,PCT 进驻国家 3 项,国外专利授权 2 项。对比 2017 年,发明专利申请量增加 44 项,授权量增加 64 项,PCT 申请增加 3 项。

7. 我院牵头建立东南大学-鼎仪毫米波部件与系统集成联合实验室、东南大学-英锐祺人工智能与工业信息化技术研究中心、东南大学-睿思凯无线通信技术联合研发中心。

四、队伍建设

1. 高层次人才工作:引进"千人计划"专家 1 人;"千人"申报 1 人,"青年千人"1 人;"长江学者"申报 3 人,"长江青年学者"申报 1 人。

2. 新增江苏省特聘教授 1 人,新增"333 工程"一层次 1 人、二层次 1 人,新增江苏省"青蓝工程"1 人,新增江苏省"六大人才高峰"3 人。

3. 新增东南大学"至善青年学者"A 层次 2 人、B 层次 2 人,新增东南大学 2018 年"仲英青年学者"1 人。

4. 目前通过学校引进 8 人(其中上岗副研究员 2 人),全年新入职教职工 14 人。

5. 职称评审:晋升正高职称 1 人,晋升副高职称 6 人;

6. 博士后工作:今年进站博士后 18 人(其中统招统分 5 人、在职 9 人、企业 4 人),出站博士后 11 人。

五、人才培养

1. 在 2018 年"创青春"全国大学生创业大赛决赛中,获金奖 2 项。

2. 在第四届中国"互联网+"大学生创新创业总决赛中,获得银奖 1 项、铜奖 1 项。

3. 王志功教授连任 2018—2022 年教育部高等学校电工电子基础课程教学指导委员会主任委员。

4. "数字电路与系统"入选 2018 年国家精品在线开放课程。

5. 2018 年支持老师参加各类教学会议 32 人次,7 人次做主题或专题报告。

6. 获批教育部新工科研究与实践项目立项 2 项。

7. 我院教师参加第三届全国高等学校青年教师电路、信号与系统、电磁场课程教学竞赛,获二等奖者 1 人、三等奖者 1 人;参加东南大学青年教师授课竞赛获奖 7 人次。

8. 新建研讨/选修课程 5 门;新建全英文和双语课程 3 门;邀请外籍专家来华授课 2 门。

9. 新编出版省重点教材 1 部,新编出版移动通信系列教材 3 部。

10. 获批江苏省 2018 年重点教材立项 2 项,校级教材建设立项 2 项。

11. 讲师、副教授、教授为本科生授课人均授课量 53.2 学时/年,教授、副教授为本科生授课比例为 91.6%。

12. 省品牌专业建设项目中期检查的各项任务指标均完成或超额完成。

13. 我院 2018 年学生出国出境交流 39 人次。

14. 新建校外实习基地:上海诺基亚贝尔-东南大学信息科学与工程学院校外实践基地。

15. 2018 年结题国家级大学生创新创业项目 13 项、省级大学生创新创业项目 11 项、校级创新创业项目 46 项、院级创新创业项目 11 项。

16. 本科生发表论文 26 篇,申请专利 14 项。其中国家发明专利 10 项、国家实用新型专利 2 项、软件著作权 2 项。

17. 2019 级硕士生招生初步计划 309 人,已录取免试生 175 人("学硕"127 人、"专硕"48 人),免试生占比 56.63%,其中"双一流"学校毕业学生 174 人,占总推免人数的 99.43%。

18. 研究生学科竞赛情况:全国特等奖 1 项 3 人次,一等奖 2 项 6 人次,二等奖 34 项 103 人次,三等奖 23 项 68 人次,省大区一等奖 3 项 7 人次。

19. 获中国通信学会"优博"1 篇,中国电子教育学会"优博"、省"优硕"3 篇。10 名博士生获得 2018 年校"优博"基金资助;4 名博士生入选江苏省研究生科研创新计划;1 名硕士生入选江苏省研究生实践创新计划。

20. 联合承担全国工程硕士专业学位研究生课题教学案例库立项建设重点项目,完成建设案例库 2 个;正在建设慕课课程 3 门;基本完成全英文专业"电子与通信工程"的建设。

21. 博士生境外学术交流比例 100%;公派 32 位博士生至国外高校联合培养,比去年增长 78%;38 名在读研究生得到资助参加国际会议。

22. 完成学院学位评定分委会的换届工作,选举产生新一届信息与通信工程、电子科学与技术(电磁场与微波技术、电路与系统)学科学位评定分委会学科委员。

六、学生工作

1. 获 2017 年东南大学本科招生宣传工作"突出贡献奖"和"先进集体奖",2017 年毕业生就业工作"就业充分奖"。

2. 1 名教师获"东南大学五四青年奖章"(全校 6 名)。

3. 获校共青团工作优秀院系团委称号,荣获 2017 年度东南大学"五四表彰"五四红旗团委称号;1 人荣获校"优秀团务工作者"称号;2 个班集体获"省先进班集体"荣誉称号;2 位同学获"省优秀学生干部"称号,2 位同学获"省三好生"称号。研究生会荣获"校优秀院系研究生会"荣誉称号;3 个班集体分别获校"先进学生班级"和"研究生先进班级"称号;2 个团支部荣获校"特级团支部"称号。

4. 1 位学生获"最具影响力毕业生"称号,3 位学生获提名;1 位学生获"东大好青年"称号。

5. 连续第十二年举办"东南大学新年音乐会";举办了第十二届校楼道歌手大赛;举

办了校第二届"芯原杯"电路设计大赛；举办了第十届院新生成人仪式；举办了第十届"校新生文化季系列活动之支教故事——我的讲台我的娃"活动；举办了第五届东南大学卓越大赛。

6. 本科生参加省级及以上各类学科竞赛获奖情况：国际特等奖 3 人，一等奖 9 人，二等奖 28 人，三等奖 3 人；国家特等奖 1 人，一等奖 14 人，二等奖 24 人，三等奖 41 人；省特等奖 2 人，一等奖 39 人，二等奖 25 人，三等奖 20 人。合计 209 人次。

7. 推荐 37 件科技作品参加第十二届东南大学大学生创新创业展示会，有 1 件被评为"我最喜爱的作品"（全校共 20 件），学院获优秀组织奖。推荐 6 篇学术论文参加第八届本科生学术报告会，均被评为报告会优秀论文（全校共 78 篇）。

8. 2018 届毕业生总体就业率（12 月 12 日）99.31%：本科生 99.57%，升学率 67.5%（国内 48.7%、国外 18.8%），硕士生 100%，博士生 100%。2018 届毕业生中有 16 名博士生、22 名硕士生和 7 名本科生共 45 名毕业生到国防军工重点单位和重点岗位任职，有 2 名本科生、1 名硕士生和 1 名博士生遴选为党政机关选调生。

9. 邀请知名人士共举办 6 场科技前沿类讲座、2 场职业规划类讲座，举办第五届"赢在无线谷"系列心理健康专项活动和 1 次研究生心理健康教育报告会。

七、综合管理

1. 院工会积极为教职工办实事，今年举办了 2 次教职工文体活动；二级教代会在推进院务公开民主管理中积极发挥作用；二级关工委工作常态化工作有序开展。举办了退休教师代表参加的"改革开放四十周年"座谈会，畅谈祖国取得的伟大成就和亲身感悟。

2. 加强对涉密科研人员保密教育，在校保密办的指导下，做好日常保密管理工作，设立学院公共保密室，为个别涉密教师提供保密场所；积极配合校保密办做好涉密人员的检查工作；通过组织师生收看央视反间防谍警示宣传片和案例学习等，提高师生保护国家安全的意识。

3. 截止到 2018 年 12 月初，我院在账设备合计 10 880 台件，总价值约 4.65 亿元，其中单价超过 10 万元的大型设备 674 台件、单价超过 40 万元的大型设备 260 台件。2018 年学院"双一流"建设中，采购了 7 台大型仪器设备，共计 1 191 万元左右，其中 6 台设备已完成采购报销工作。

4. 成立了实验室安全工作领导小组，全面落实和加强实验室安全管理工作。

土木工程学院

一、党建工作

1. 本年度全院新发展 85 位优秀同志加入中国共产党，其中包括 46 名本科生、38 名研究生、1 名教职工。

2. 东南大学土木工程学院党委荣获"全国党建工作标杆院系"称号。

3. 开展学生党支部党日活动数十项，以学习“党的十九大精神”“周恩来精神”“工匠精神”为切入点，开展形式多样有教育意义的活动。

4. 开展教职工支部党日活动，参观革命根据地，学习红色精神，缅怀革命先烈。

5. 我院建设与房地产系党支部、2017 级硕士第二党支部、本科生 2015 级党支部被评为东南大学样板党支部。

6. 本科生党支部在学校党委学工部第三次“领航计划”中获校重点立项(全校 10 项)，2015 级丁大钧团支部以最高分获评学校“国旗团支部”荣誉称号。

7. 2017 级硕士 2 个党支部分别获评学校研工部 2017—2018 学年“最佳党日活动”一等奖和二等奖，2017 级硕士第二党支部获评 2018 年东南大学暑期社会实践校级一等奖。

二、学科建设

1. 东南大学力学一级学科经国务院学位委员会批准增列为一级学科博士学位授权点。

2. 东南大学土木工程一级学科博士学位授权点、力学一级学科硕士学位授权点、建筑与土木工程领域工程硕士学位授权点、工程管理硕士专业学位授权点、项目管理硕士专业学位授权点通过国务院学位委员会评估。

3. 东南大学土木工程专业通过国家工程教育专业认证。

4. 工程管理专业学位研究生(MEM)获国际项目管理专业资质认证(IPMP)合作资格。

5. 童小东教授、吴刚教授牵头的“一轴 · 双驱 · 三联动——德才兼备型土木工程创新人才培养的探索与实践”获国家级教学成果二等奖。

三、队伍建设

1. 我院吴智深教授当选为日本工程院外籍院士；我院兼职教授葛汉彬博士入选日本工程院院士。

2. 李建春教授、郭彤教授入选国家“万人计划”科技创新领军人才；王浩教授入选国家“万人计划”青年拔尖人才。

3. 王景全教授入选科技部“中青年科技创新领军人才”及“江苏省 333 工程”。

4. 丁幼亮教授入选教育部“青年长江学者”；蔡建国教授入选“国家优青”。

6. 陈耀副教授获“洪堡基金会”资助，并获东南大学“仲英青年学者”称号。

7. 郭彤教授受聘江苏省特聘教授；何磊教授入选江苏“双创计划”“双创人才”项目，鲁聪、仝腾、朱仟入选“双创博士”。

8. 戴国亮教授、陆金钰副教授入选“江苏省六大人才高峰”项目；张建教授入选江苏省“333 工程”第二层次人才。

9. 宁延副教授、谈超群副教授、孙宾博士获东南大学“至善青年学者”。

10. 冯德成博士入选江苏省科协青年科技人才托举工程。

11. 新晋教授 3 人：张晋、罗斌、邓小鹏；新增博导 5 人：张志强、蔡建国、陆金钰、王春

林、庄妍;新增硕导 9 人:贺志启、徐照、陆莹、鲁聪、汤昱川、辛格、孙泽阳、庄妍、吴卲庆。

12. 引进翟钱、陶天友、戚家南等 21 位老师。

13. 学院舒赣平、顾成军、姜益军、陆金钰 4 位老师在江苏力学青年创新创业大赛优秀指导教师奖;傅大放老师在东南大学“吾爱吾师——我最喜爱的老师”活动评比中获评院系最受欢迎老师。

四、科学研究

1. 吴刚教授牵头的“混凝土结构智能检测与主动高效加固关键技术及应用”获江苏省科学技术一等奖。舒赣平教授牵头的“现代不锈钢结构基本设计理论与方法研究及应用”与“不锈钢结构技术规程”分别获得中国钢结构协会一等奖、中国工程建设标准化协会一等奖。

2. 学院科研经费到款 9 470 万元,增幅 7.96%,创历史新高,其中纵向经费 5 990 万元、横向经费 3 480 万元。

3. 获国家“十三五”重点专项课题 2 项;获江苏省重点研发计划项目 1 项;获国家自然科学基金 27 项,其中重大仪器专项 1 项、重点项目 2 项、“优青”项目 1 项、面上项目 10 项、青年项目 10 项、海外合作 1 项、国际合作 2 项,直接经费共计 2 490 万,国家自然科学基金立项数和经费金额均创历史新高。

4. 获江苏省自然科学基金项目 10 项,其中“优青”项目 2 项、面上项目 2 项、青年项目 6 项;获批教育部产学合作协同育人项目 1 项。

5. 学院师生发表 SCI 论文 261 篇,SSCI 论文 14 篇,EI 论文 116 篇,CPCI 论文 6 篇,表现不俗论文 47 篇。

6. 申请国家发明专利 206 项,授权国家发明专利 109 项。

7. 张建教授团队发明的“智慧桥梁自动化检测与快速测试方法及系统”在第四十六届日内瓦国际发明展上获金奖。

8. 学院联合电气、仪科、建筑学、交通、信息、计算机等学院共同申报建设的“智慧造与运维国家地方联合工程研究中心”获国家发展改革委批准。

9. 学院唐仲英抗震防灾实验平台正式揭牌,并被江苏省财政厅、江苏住房和城乡建设厅授为“抗震防灾科普宣传示范基地”。

10. 混凝土及预应力混凝土结构教育部重点实验室、江苏省工程力学分析重点实验室获评优秀。

五、本科教育

1. 学院教师获江苏省高校土木工程专业青年教师讲课竞赛特等奖 2 项、一等奖 1 项。

2. 获江苏省工程管理专业青年教师授课竞赛一等奖、二等奖各 1 项,江苏省工科基础力学青年教师讲课竞赛一等奖、二等奖各 1 项,卓越联盟高校青年教师教学创新大赛二等奖 2 项,江苏省本科高校青年教师教学竞赛二等奖 1 项。

3. 获东南大学第二十五届青年教师授课竞赛一等奖 1 项(全校唯一)、二等奖 1 项、

三等奖 2 项,江苏省高等学校微课教学比赛三等奖 1 项。

4. 许妍副教授获东南大学“青年五四奖章”。

5. 学院新开课程:给排水科学与工程专业(2015 级)的“水资源工程”,给排水科学与工程专业(2015 级)的“资源保护法”。

6. 袁竞峰老师指导的本科生姚舒阳获“江苏省普通高校本科优秀毕业设计(论文)”一等奖,刘钊、张文明老师指导的本科生孟畅获“江苏省普通高校本科优秀毕业设计(论文)”二等奖。

7. 周航、康蕊等 14 名同学获得国家奖学金,章梦霞、何至立等 8 位同学获校长奖学金。

8. 2018 年度我院共获批“国家级大学生创新创业训练计划项目”(国创项目)13 项(位列全校第二)、“江苏省高等学校大学生创新创业训练计划项目”(省创项目)22 项(位列全校第一)、“东南大学校院级 SRTP 项目”96 项。结题国创项目 13 项、省创项目 21 项。

9. 舒赣平、顾成军、姜益军、陆金钰老师获江苏省力学学会“江苏力学青年创新创业大赛优秀指导教师奖”。

六、研究生教育

1. 共录取博士生 82 人、全日制学术学位硕士 151 人、全日制专业学位硕士 111 人、非全日制专业学位硕士 56 人。

2. 2018 年度土木工程、力学学科学位评定分委会共授予 346 人学位,其中博士 37 人、硕士 270 人、非全日制工程硕士 39 人。

3. 新招收学历留学生 29 人,17 位硕士留学生毕业并获得硕士学位(含“一带一路”可持续基础设施硕士项目留学生 12 位),2 位博士留学生毕业并获得博士学位。

4. 成功承办了土木工程院士知名专家系列讲座暨第九届全国研究生暑期学校,本届暑期学校共录取 352 名暑期学校学员,其中外地正式学员 168 名、本科生正式学员 98 名、台湾学员 16 名。评选出 32 名优秀学员。

5. 周臻老师指导的硕士生朱冬平的学位论文获评江苏省优秀专业学位硕士学位论文及江苏省土木学会吕志涛优秀研究生学位论文;范圣刚老师指导的硕士生丁智霞的学位论文获评江苏省优秀专业学位硕士学位论文及江苏省土木学会吕志涛优秀研究生学位论文。

七、交流与合作

1. 出国参加国际会议 54 人次,出访国家包括美国、英国、法国、澳大利亚、西班牙、新加坡、奥地利等 16 个国家;出国参加交流合作访问、考察培训、进修学习等 17 人次,出访国家包括美国、德国、挪威、比利时、肯尼亚、印度等 11 个国家;带领学生参加竞赛 2 人次,徐照、谈超群老师带领学生到美国参加钢桥竞赛。

2. 学生短期出国学习共计 61 人次,其中博士研究生 38 人、硕士研究生 7 人、本科生 16 人,访问国家有瑞典、德国、美国、法国、新加坡等;学生出国参加国际会议共计 46 人

次，其中博士 25 人、硕士 21 人；参加国际竞赛 24 人次，其中吴睿哲、吴宇同等 10 名同学参加美国土木工程大学生钢桥竞赛，斩获结构效率、刚度和展示 3 个单项的第一名，同时荣获总分季军，何至立同学参加美国大学生数学建模竞赛斩获一等奖。

3. 邀请日本、美国、澳大利亚等国家知名教授来院做讲座 20 余人次。

4. 主办或承办第九届全国土木研究生暑期学校、第二届土木工程海外华人青年学者学术交流与联谊会会议、东南大学岩土学科前沿及发展研讨会、第二届韧性城市国际研讨会、装配式混凝土工业化建筑技术基础理论学术会议、中华建设管理研究会青年工作委员会 2018 学术会议、第二届韧性城市国际研讨会、第七届模型 V&V 专题研讨会等国内外学术会议 8 次。

5. 中国工程院院士卢春房、中国土木工程学会秘书长李明安、中国航天科技集团公司科技委副主任于登云、中铁二院工程集团有限责任公司集团副总工程师陈克坚、韩国世明大学建筑工程系教授 Seung Deog Kim、美国弗吉尼亚理工大学 Roberto T. Leon 教授、江苏省建筑工程集团有限公司董事长陈正华被聘为我院兼职/客座教授。

八、学生工作

1. 我院包揽东南大学 2018 年“新生杯”篮球、排球、足球赛冠军。

2. 051156 班、051166 班、2016 级硕士 2 班获评“江苏省先进班集体”。

3. 俞涛同学获评“中国土木工程学会高校优秀毕业生”及“江苏省优秀共青团员”。

4. 卢毅、于路港同学获“江苏省优秀学生干部”称号；王思瑾同学获“江苏省三好学生”称号。

5. 梁止水等 2 位博士生、3 位硕士生、3 位本科生获“江苏省土木工程优秀毕业生”称号。

6. 沈伶佳、徐雨晴 2 位同学获“江苏省大学生工程管理专业优秀毕业生”称号。

7. 我院 2016 级本科生、东南大学学生会主席陈佳龙受聘为东南大学第三届“校长学生事务特别助理”，同年被评为江苏省“三下乡”社会实践“十佳使者”。

8. 我院“爱在共青城”活动被评为江苏省优秀青年志愿服务项目。

九、其他重要活动

1. 土木系 1977 级校友、51642 班校友、51781 班校友、51782 班校友、53741 班校友先后返校聚会，再叙师生情、同学缘。

2. 吴刚入选 2018—2022 年教育部高校土木类专业教学指导委员会委员、土木工程专业教学指导分委员会副主任委员，李启明入选 2018—2022 年教育部高校工程管理和工程造价专业教学指导分委员会委员。

3. 杨江金、喻云龙两位院友被全国工程专业学位研究生教育指导委员会评为“做出突出贡献的工程硕士学位获得者”(全国 119 位，全校 2 位)。

4. 原国立中央大学校友老土木系贺光梁的女儿贺亦中捐赠两份珍贵的物品：校友贺光梁的标有 2495 字样的“水力学”课堂笔记本和计算尺。

5. 我院校友、江苏省鸿基节能新技术股份有限公司董事向我院捐赠 80 万元。

电子科学与工程学院、微电子学院

电子科学与工程学院、微电子学院共有教职工(含博士后)169 名,专任教师 119 名,其中教授(研究员)44 名、副教授(副研究员)54 名,博士生导师 51 人、硕士生导师 90 人。具有博士学位的专任教师比例达到 94.1%。学院目前拥有"电子科学与技术"国家一级重点学科,该学科在教育部学位与研究生教育发展中心 2017 年全国学科评估中与清华大学、北京大学并列为 A;另有"光学工程"被列为江苏省一级重点学科。学院共拥有电子科学与技术、光学工程 2 个一级学科博士点、2 个博士后流动站、3 个二级学科博士点和 5 个硕士点。

一、学科建设

1. 2018 年 2 月完成江苏省高校优势学科建设工程二期项目验收工作。

2. 2018 年 2—7 月在学校"双一流"建设的总指挥下,规划了电子科学与技术一流学科的年度建设方案,完成了通用设备、专用设备汇总与申报,后续按要求执行学校批复的年度建设规划。

3. 2018 年 6 月,电子科学与工程学院开展"十三五"发展规划执行情况中期自查,并完成总结报告。对"电子科学与技术"国家重点一级学科(含物理电子学、微电子与固体电子学、电路与系统、集成电路设计 4 个二级学科)和"光学工程"一级学科就"十三五"规划中所确定的发展目标、主要任务及完成情况开展对照检查,并分析存在的问题,对"十三五"后半期发展目标和主要任务进行梳理并规划了具体实施保障措施。

4. 2018 年 6—10 月开展了学位授权点自我评估工作,对电子科学与技术一级学科博士点、光学工程一级学科博士点、集成电路工程专业硕士、光学工程专业硕士学位点的基本信息进行了统计制表,邀请专家开展了现场评估,并根据评估内容和结果撰写报送了各学位授权点的评估报告。

5. 2018 年 7 月和 2018 年 12 月分别完成了军民融合相关学科情况和特色学科情况的数据调查、汇总及报表。

6. 基于东南大学与无锡市人民政府的合作,2018 年针对微电子学院学科建设、人才引进、学生培养等多方面与无锡市政府开展了多轮办学协商,完成示范性微电子学院在无锡校区挂牌,完成总投资 6 亿元人民币的微纳平台的建设论证。

7. 2018 年 9—10 月根据国务院学位委员会第三十四次会议精神和《国务院学位委员会、教育部关于对工程专业学位类别进行调整的通知》(学位〔2018〕7 号)的要求,对已有的工程硕士、博士专业学位授权点进行对应调整,完成了电子学院涉及的工程博士、工程硕士的对应调整申报。

8. 2018 年 12 月,开展电子科学与技术一流学科建设的新一年度建设规划。

9. 孙立涛教授入选第三批国家"万人计划"科技创新领军人才。

10. 王著元教授获国家优秀青年科学基金项目资助。

11. 黄晓东教授、徐淑宏副教授获江苏省优秀青年科学基金项目资助。

12. 杨海宁教授荣获"江苏省特聘教授"称号。

13. 刘斯扬副教授获评江苏省“333 工程”科学技术带头人。

14. 2018 年学院专业技术职务评聘，正高级职称 1 人、副高级职称 5 人。

二、科研工作

（一）科研项目与到款

2018 年度，电子学院科研经费到款约 10 126 万元。今年共申报国家自然科学基金 72 项，共获得 18 项国家自然科学基金项目资助，获得项目资助直接经费 939 万元，资助率为 25%。其中优秀青年科学基金项目 1 项、面上项目 11 项、青年科学基金项目 5 项，国际（地区）合作与交流项目 1 项，较好地完成了学校预定指标。本年度共申请江苏省自然基金各类项目 12 项，其中杰出青年基金项目 1 项、优秀青年基金项目 3 项、面上项目 4 项和青年项目 4 项。2 项优秀青年基金项目、2 项面上项目和 1 项青年项目获得资助。今年立项国家重大专项子课题 1 项，课题经费 1 500 万元。我院今年获批全校首个 JW 科技委 ZQ 计划项目，项目经费 500 万元。另外学院共 15 个项目获得基本科研业务费资助，共获资助 173 万元。

（二）发明专利和科研论文

2018 年度电子学院共申请发明专利 359 项、实用新型 7 项，PCT 专利 17 项；授权发明专利 251 项、实用新型 3 项、计算机软件著作权登记 2 项、PCT 专利 4 项；发表 SCI 文章 170 余篇。

（三）其他科研成果

（1）国家专用集成电路系统工程技术研究中心长期坚持高能效近阈值集成电路设计方法研究，发表 SCI 论文 20 余篇；发表集成电路领域顶级期刊固态电路 JSSC1 篇，是中国大陆 SRAM 第二篇论文，被 2019 年集成电路奥林匹克会议 ISSCC 录用，是该会议中国大陆第一篇存储器论文，在国内外引起了广泛关注。

（2）微电子机械系统教育部重点实验室黄庆安教授主编英文丛书 *Micro Electro Mechanical Systems* 在 Springer 出版。该书全面、系统地向国际上介绍中国 MEMS 研究的最新进展。黄庆安教授受中国微米纳米技术学会委托，组织了 *MEMS* 丛书并担任主编。该丛书汇集了中科院微系统所、电子所、半导体所、微电子所、纳米能源与系统研究所等 5 个科学院研究所，清华大学、北京大学、东南大学等 13 个“双一流”高校的 2 位院士、4 位 973 首席、5 位 863 专家、3 位长江学者/杰青、3 位中科院“百人计划”入选者、9 位教育部“新世纪优秀人才支持计划”入选者等我国顶级 MEMS 研究团队的最新研究成果。

（3）国家专用集成电路系统工程技术研究中心杨军教授为第一完成人的“物联网低功耗关键技术研发和应用”项目获得 2018 年度江苏省科技进步一等奖。该项目突破物联网超低功耗芯片设计关键技术，在国内首次从理论方法到电路应用，系统性地研究了近阈值低电压集成电路设计技术，研制出 40 nm 0.6 V 近阈值低电压标准单元和存储器，工作电压和处理能效两项关键技术指标达到国际领先水平。该项目成果通过低功耗芯

片、近阈值单元库、定制近阈值 IP 和设计流程等形式,应用于国内多家集成电路企业。

(4) 微电子机械系统教育部重点实验室黄庆安教授课题组独立完成的“宽量程 MEMS 风速风向传感器设计与制造关键技术及应用”获 2018 年度教育部技术发明一等奖。该项目组历时 15 年,解决了 MEMS 风速风向传感器设计与制造关键技术,全部技术指标达到国家标准,成果已应用于传感器研制和批量生产中。

(一) 2018 年,国家专用集成电路系统工程技术研究中心(简称工程中心)在研课题取得了阶段性进展。这些课题为了实现目标,通过核心技术突破和资源集成,在一定时限内完成了关键共性技术的积累。具有代表性的成果有:

(1) 国家重大专项“国产嵌入式 CPU 低功耗关键技术研发”(项目编号:2017ZX01030101-002)

该项目由杭州中天微系统有限公司牵头,东南大学、北京中电华大电子设计有限责任公司、北京智芯微电子科技有限公司、炬芯(珠海)科技有限公司、无锡华润矽科微电子有限公司、浙江大华技术股份有限公司等 6 家单位参与。东南大学投入经费 1 167.08 万元。本项目面向基于国产嵌入式 CPU 的极低功耗 MCU 研发需求,突破基于宽电压标准单元库、SRAM 电路和片上高效率电源模块的动态电压调节技术,研制极低功耗时钟模块和低漏电 SRAM 的 SoC 常开区电路,研发宽电压范围动态电压调节的国产核 CPU,研制极低功耗 MCU 原型芯片,建立低功耗 SoC 芯片设计模板,为国产嵌入式 CPU 的物联网应用提供低功耗解决方案。

(2) 国家重大专项“面向智能计算的高能效精度可控近似计算单元及控制方法研究”(项目编号:2018ZX01028101-005)

该课题由西安交通大学牵头,中国人民解放军国防科技大、无锡江南计算技术研究所、清华大学无锡应用技术研究所、东南大学参与,东南大学投入经费 497.15 万元。针对人工智能高能效计算的应用需求,突破面向智能计算的高精度近似计算电路和计算精度调节控制技术,研究采用精度可控的近似计算技术优化相关运算性能功耗的方案,在受限误差范围内,通过提升硬件资源的面积效率和能量效率,大幅提高卷积、全连接、池化、规范化等高密度计算的能效,研发面向混合神经网络张量运算的高能效核心计算模块,并在主流工艺上完成 MPW 流片,验证近似计算模块的能效优化技术和精度控制方案。

(3) 国家重大专项“向智能终端的嵌入式高能效深度学习引擎开发与产业化”(项目编号:2018ZX01031101)

项目总经费 9 944 万元,由北京君正集成电路股份有限公司牵头,清华大学、东南大学参与,本课题面向智能终端高能效人工智能应用的计算需求,研究设计嵌入式深度学习计算引擎及其配套工具,突破面向深度神经网络的可重构计算架构和低电压高能效电路设计技术,在智能终端 SoC 芯片中实现规模应用。

人工智能芯片是下一代计算芯片的重要内容,课题研发的智能终端 SOC 芯片可以促进国产嵌入式深度学习计算引擎和国产智能终端应用的融合,推动人工智能芯片的发展。

(4) 国家 863 项目“高效能近阈值集成电路关键技术研究”(项目编号:2015AA016601)

项目总经费 2 301 万元，由东南大学牵头，清华大学、北京大学、复旦大学和华大九天公司参与。2018 年该项目通过了验收。项目针对围绕近阈值电路的时序偏差和性能效能双重优化两个科学问题，开展 CMOS 器件模型、宽电压单元电路、宽电压片内 SRAM 存储电路，宽电压同步电路时序收敛和分析 EDA 工具等内容研究，研制了近阈值高精度器件模型、宽电压标准单元库、宽电压 SRAM 及编译器、宽电压高效能 CPU、近阈值高效能媒体处理 IP 和时序收敛签核 EDA 点工具，开发了验证移动智能终端 SOC 芯片，完成了项目研究内容和目标。

（5）国家 863 项目“可重构处理器的外设控制机理和程序引导技术研究及实现”（项目编号：2012AA012703）

项目总经费 5 000 万元，由清华大学牵头，上海交通大学、东南大学、中国人民解放军信息工程大学、天津大学、中国人民解放军国防科学技术大学参与，该项目通过验收，突破了基于优先级和线程负荷匹配的线程派发机制、基于权重匹配的配置信息访问机制和基于数据相关性动态触发的布幅预取机制等关键技术，提出了可重构处理器的外设多任务并行处理机制和多模式高速访存协议，设计了外存访问接口和统一外设控制单元 IP 核，并通过了流片测试验证。

工程中心在人才培养上，从领军人才，学术带头人到业务骨干，除了自身提高外，还注重后备人才培养，重视发现人才、重用人才，使得人才辈出。

2018 年工程中心老师获得江苏省“333 工程”第三层次者 1 人，在“东南大学第 25 届青年教师授课竞赛”中获得二等奖者 1 人，提名奖者 3 人；在 2017 年度东南大学微课教学比赛中获得提名奖者 1 人。编写出了高质量的优秀教材，由刘斯扬等老师主编的《电子器件与系统可靠性理论基础与应用》获校级教材建设立项。

研究生培养方面，承担 2 门博士课程、18 门硕士课程，招收博士 15 人、硕士生 44 人、工程硕士 106 人，培养博士毕业生 7 人、硕士毕业生 44 人、工程硕士 72 人。带领学生参加全国各类竞赛，获得 2018 年全国大学生 FPGA 创新设计邀请赛一等奖、中国研究生创新实践系列大赛二等奖、全国大学生集成电路创新创业大赛 ADI 杯 Isolated Amplifier 设计二等奖、全国大学生集成电路创新创业大赛紫光展锐杯高精度电流检测电路二等奖、全国大学生集成电路创新创业大赛三等奖等等。

2018 年，工程中心新增研究所工作站 1 个（江苏能华微电子科技发展有限公司），3 名硕士生、5 名博士生学生获得校出国参加国际会议项目资助。1 名专业学位硕士获校优秀论文奖。

本科生培养方面，承担东南大学 17 门本科课程，指导本科毕业设计 47 人。工程中心开设的本科课程“VLSI 设计基础”入选 2018 年国家精品在线开放课程。2017 年 4 月正式在爱课程（中国大学 MOOC）上线开放，目前已开放第四期。本课程授课对象为电子科学与技术、物联网、计算机等相关专业的本科生。课程教学内容为超大规模集成电路设计的基础理论与基本方法，从 CMOS 集成电路的主流技术介绍入手引入 VLSI 设计的主要技术基础。

（二）显示中心现有研发场地面积约 5 000m^2；固定资产（设备）总额 13 203 万元；10 万元以上仪器设备 68 台套，原值 11 769 万元；年度购置设备 166 万元；年度新增经费到

款 2 004 万元,其中,纵向到款 1 201 万元、横向到款 645 万元、“111 计划”经费到款 90 万元、基本科研业务费到款 67.5 万元。

显示中心加强团队建设。2018 年中心有固定人员 41 人,高级职称 27 人,博士 25 人;流动人员(博士后)8 人;兼职教授 6 人,客座教授 24 人;省“333 工程”第二层次培养对象 1 人。

显示中心 2018 年新增科研项目共 24 项,其中纵向 9 项,包括国家自然基金项目 7 项(2018 年 4 项、2019 年 3 项)、技装项目 1 项、省基础研究计划 1 项;横向 10 项,委托单位有苏州市计量测试研究所、荷兰飞利浦照明公司、江苏欧帝电子科技有限公司、常州回天新材料有限公司、佳美光学(深圳)有限公司、青岛海信电器股份有限公司、深圳慧新辰技术有限公司、靖江市永盛光电科技有限公司、青岛海信移动通信技术股份有限公司和中航集团洛阳光电设备研究所。另自立课题 5 项(基本科研业务费)。

显示中心 2018 年承担的其他项目还有:国家重点研发计划项目(牵头)1 项、国家重点研发计划课题(承担)2 项、国家重点研发计划课题(参与)4 项、“111 计划”项目 1 项、国家自然科学基金 5 项、技装项目 5 项(其中“973”牵头 1 项)、中科院创新交叉团队项目专题 1 项、省自然科学基金 2 项,江苏省政策引导类计划(产学研合作)1 项,省重点研发计划 1 项、省基础研究计划项目 1 项、市科技局项目 2 项、Philips Lighting 国际合作 1 项、其他横向课题 4 项。除 2018 年新立项项目以外,在研的各类项目合计 31 项。

显示中心 2018 年论文被 SCI 收录 37 篇、EI 收录 3 篇(不完全统计);发明专利申请 36 件,发明专利授权 20 件。2018 学年共承担本科生课程教学 32 门次,研究生课程教学 26 门次。获 2018 年国家教学成果二等奖 2 项。2018 年指导本科毕业设计约 50 人,指导硕士毕业约 30 人、在读硕士生 100 余人,指导博士毕业 8 人、在读博士生约 40 人。指导学生获 2018 年 TI 杯江苏省大学生电子设计竞赛一等奖。

(三) 先进光子学中心在人才培养方面,2018 年度承担了共计 17 门本科生课程、3 门本科生实验课程以及 11 门研究生课程的教学工作;2018 年度新增 10 名博士生和 27 名硕士生,31 名硕士生、3 名博士生通过论文答辩并获得学位;2018 年度指导本科毕业设计 22 项,研究生获国家奖学金 2 人、企业奖学金 2 人。在科研方面,2018 年 1 项江苏省重点研发计划结题,1 项军委科技委项目结题,3 项国家自然科学基金和 1 项江苏省自然科学基金结题。积极参与国家各项科研项目申请,2018 年新获得国家优秀青年基金 1 项(130 万)、江苏省优秀青年基金项目 1 项(100 万)、江苏省重点研发计划项目 1 项(120 万)、国家自然基金项目 2 项。各类在研项目共 19 项,其中国家自然科学基金项目 8 项(其中 2 项重点基金)、江苏省项目 5 项(其中 1 项重点研发计划)、国防预研项目 5 项、“973”子项目 1 项,到款科研经费 721 万。2018 年发表科研论文被 SCI 收录 36 篇,其中影响因子最高 9.93;2018 年新申请发明专利 30 项,获批 24 项。加强实验室基础设施和研究平台建设,完成了硅光子芯片测试系统,大大加强了硅光子集成芯片研究的硬件条件。

(四) 光传感/通信综合网络国家地方联合工程研究中心在学校及学院的领导下,OSCC 教职员工共同努力,以饱满的工作热情和踏实的实干精神,继续进行中心建设工作,完成了年初制订的计划。

1. 继续坚持教学改革，归纳总结教学改革成果

"高等电磁场与波"课程，作为吴健雄学院电子信息类重点课程之一，本年度为第一届工科试验班2016级67名同学开设，取得很好的教学效果。针对工科试验班学生的特点，将"电磁场与波""信息电子技术中的场与波"课程内容归并，以课堂教授、自学理解与网络辅助三类方式，改变传统的"一言堂"教学方式；同时建成微波传输、光波传输、光网络节点、光子集成器件设计与测试、通信系统类课程实验模块，使得学生实践能力得到提高。任课教师：孙小菡、沈长圣。"信息电子中的场与波"（任课教师：孙小菡、柏宁丰、沈长圣）和"电子信息类专业学习概论"（任课教师：樊鹤红）等课程继续坚持课程建设与教学改革，建设教学团队。本学年重点研讨教学法，与学生互动等环节，探讨启发式、讨论式教—学—做等关键节点。电子科学与技术本科专业"真空电子技术"方向课程配合江苏省品牌特色专业建设，稳步进行。樊鹤红老师主编的《电子器件与系统可靠性理论基础与应用》教材获得江苏省省级重点教材立项建设项目，预计2019年底可以出版。

2. 继续建设省级双语课程"光网技术概论"及其他相关课程

本年度该课程建设深入进行，分别为信息科学与工程学院、电子科学与工程学院的高年级学生授课，获得很好的教学效果。

3. 立德树人，培育学生

孙小菡老师指导的吴健雄学院本科生（刘天远、姚志锴、牟星、崔舒欣）获得国家级SRTP（校级大学生科研训练计划）优秀；指导姚志锴同学本科毕业设计论文被评为2018校级优秀学位论文；指导牟星同学的学术论文在日本早稻田大学召开的国际ISIPS 2018（12th International Collabration Symposium on Information, Production and Systems）获优秀论文奖。柏宁丰、刘旭、沈长圣等老师指导的学生在省级、校级SRTP中取得很好的成绩。

4. 为地方科技发展服务，构建新型研发机构，建设科研基地

2018年1月启动的南京市科技创新重大项目"南京光传感/通信综合网络研究院建设"取得重要进展：已分别建成综合传感网公共服务创新平台、电子器件可靠性综合试验平台；已引进国际技术团队2家；已联合发起组建中国（南京）软件谷健康服务产业研发基地；南京曦光信息科技有限公司已提交发明专利申请13件；自主孵化的南京曦光传感科技有限公司已注册成立、引进落地公司2家；已实现成果转化3项，3类产品已获得3C认证证书；已完成5个新产品样品的制作。为中兴光电子、南瑞集团、亨通集团、南京华脉、南京普天等企业提供技术服务，实现服务价值300万元。在中国（南京）软件谷的领导下承担了江苏省创新能力建设计划"中国（南京）软件谷科技服务骨干机构能力提升"项目（2018. 9—2019. 12）中南京曦光信息科技有限公司工作内容，并已完成本年度工作任务。"南京光传感/通信综合网络研究院"建设项目已被江苏省科技厅作为省科技创新重大项目备案。

5. 科研成果亮点

在与亨通集团多年产学研合作工作基础上,“高可靠海洋光纤光缆关键技术与成套装备”项目获得江苏省 2018 年科技进步一等奖(孙小菡排名第 3,已毕业博士生胡涛平排名第 8)。项目组攻克了高可靠海洋光纤光缆的材料体系、波导设计、制造技术和生产工艺中的关键科学难题,形成了 3 个主要创新点。产品打破了国外技术垄断,应用于国际“Belize”“Maldives”“里海石油”“科摩罗群岛”及国内“琼州海峡”等重大工程,实现销售 15.87 亿元,利润 3.01 亿元,新增就业 200 人,经济效益与社会效益显著。与中电科技集团公司第 12 所长期合作,提出并开展了行波管管内外温度测试与分析、管内环境变化与分析、管内工作态多物理场耦合以及综合管理技术研究,在创新思路与方法、理论建模、试验论证、推广应用等行波管可靠性方面取得重要突破,为国家“十四五”卫星通信重大科学工程提供高品质核心电子器件奠定了基础。与中科院空间技术研究院电子所、中电集团国营第 772 厂在科技创新、人才培养等方面的合作向纵深发展,为东南大学电子器件与系统可靠性中心“十四五”参与并承担国家大科学工程奠定基础。分布式光纤振动传感系统、分布式光纤温度传感系统等 3 件高技术产品在南京曦光信息科技有限公司孵化成功,分别通过公安部三所、沈阳消防所检定测试,获得 3C 证书。策划并促进东南大学与亨通集团成立了“东大-亨通光/量子通信与传感技术研究中心”,为学校与全国创新性最强民营企业的全方位合作开拓了道路。亨通集团、东南大学、南京大学共同申请了江苏省 2018 年重大科技专项“量子保密通信关键技术与装备”,2018 年底江苏省政府已正式立项,2019 年 3 月拨款抵达后在学校立项。与南京华脉科技股份有限公司、南京曦光信息科技有限公司合作承担了江苏省 2018 年成果转化资金项目“端口全自动调度集成波分/功分光纤配线架关键技术研究”(项目省拨资金 800 万元,东南大学应到款 120 万元,本年度已到款 90 万元)。

6. 正式在 OSCC 中国(南京)软件谷基地启动科研与科技成果孵化项目

OSCC 与江苏省健康信息发展有限公司合作发起“中国(南京)软件谷光传感通信健康服务业态创新基地和国家级示范区”,共同组建南京汇康动力联合研究总院有限公司,落户软件谷。学校经资委已通过由南京曦光信息科技有限公司代表东南大学接受赠送股份(18%~20%)的议案。此项目得到江苏省委网络安全和信息化办公室、江苏省政府互联网信息办公室、江苏省智慧政府建设推进中心的大力支持。全力孵化了综合传感网试验平台与面向工业应用的多物理量综合传感器、模块、子系统与系统,与南瑞集团开展紧密合作,2019 年将签订正式合作协定。与北京龙美嘉宇科技有限公司在电力系统用综合传感网与应用系统领域开展密切合作,已签订 2 项项目合同。

7. 与国际高校、科研机构紧密合作,学术前沿研究有所突破

已与美国大学产学研联盟(AURP)中国唯一代理机构密切合作,构建国际化的科技创新中心,引进国际领先的技术成果、雄厚的国际资本、前瞻性的项目,依托 OSCC 的人力、实验室等资源,再与政府对接,从而建成为国际化的一流科技合作及科研成果商业化

生态的中心。与英国 Brecknell Willis 公司、伦敦大学城市学院、英国 Sengenia 公司、南京普天共同申请的基于智能受电弓和光纤综合传感网的智能轨道交通监测系统英国江苏省国际合作创新项目被英国工程研究开发署正式批准立项，2018 年 7 月已签订国际科技合作合同并正式启动。联合美国加州大学洛杉矶分校、英国纽卡斯特大学组成的科技团队，共同开展"光/电/声/磁神经修复技术与应用系统"初步研究，为 2019 年国家自然科学基金国际合作项目等的申请做好了充分准备。

8. 科研常规工作情况

国家国防重大基础科研项目(973 项目)二级课题通过验收；江苏省重大成果转化资金项目验收 2 项、产学研前瞻性项目验收 2 项。获军事预研项目 2 项(参研)、省重大成果转化基金项目 1 项、NSFC 面上项目 1 项、国防重点实验室基金项目 2 项、江苏省英国创新合作项目 1 项。完成科技项目到款 509 万元。获得发明专利授权 10 件以上，提交发明专利申请 15 件以上；发表学术期刊论文篇 20 余篇、国际学术会议论文 15 余篇；其中 SCI 收录 15 余篇、EI 收录 15 余篇。

(五) MEMS 教育部重点实验室 2018 年度顺利完成了教科研等各项工作。

在本科教育方面，本年度 MEMS 基地教师顺利完成了近 20 门本科专业基础课、专业主干课或者专业课必修、选修课程的教学任务，教学结果良好。唐洁影老师等编著的教材《电子工程物理基础》修订版在本科课程中试用，反响良好。基地教师积极参与学院的教学活动，积极了解教学方面的政策，积极提升教学质量。2018 年度参与学院和学校或者其他级别的教学会议、研讨会 15 人次以上。基地老师积极参与院系组织的教学观摩，教学督导交流等活动，希望通过实践有效提升教学质量。本年度 90%以上的教师课程都受到了督导的"听课"并进行了交流。总体而言，课堂教学质量良好并朝更好的方向发展。2018 年度基地共承担了 33 项本科毕业设计工作，并于 6 月份顺利完成毕业设计所有流程。MEMS 基地的毕业设计质量优良，其中 1 项获得校优秀、1 项获得省优秀，为各个基地中表现最好的。MEMS 基地的教师，特别是青年教师热衷与本科生进行有效的交流，热心于本科生课外研学，将本科生有效地吸引到教师的课题研究中，将课堂学习和课外学习有效地结合，有效提升学生的综合素质。在基地老师的努力下，本年度取得了优良的成绩。朱真、李霁、周再发老师等分别指导的本科生在《电子器件》发表论文，或者在 Microsystem & Nanoengineering Summit 2018 等会议发表论文并参会。2018 年度 MEMS 基地有近 20 人次的本科生参与撰写并申请发明专利。其中部分 2017 年度或更早前申请的专利在 2018 年度获得授权。基地教师承担了近 25 项 SRTP 的指导工作，部分往年的 SRTP 课题在本年度顺利结题，部分(大于 3 项)课题获得了"优秀"的评价。

2018 年度在研究生培养方面，MEMS 实验室的约 15 位老师承担了"微执行器导论""量子物理学""微系统设计"等 20 门研究生课程的教学工作。其中有 5 名老师承担了博士生课程的教学工作。各课程完成情况良好，学生反映较好。本年度，实验室共有 5 名硕士获得研究生一等奖学金，19 名硕士获得研究生二等奖学金，12 名硕士获得研究生三等奖学金，12 名硕士获得研究生四等奖学金。本年度共有 42 名本科生申请了本实验室的免试研究生，拟录取免试研究生 18 名，其中直博研究生 1 名。申请硕博连读的研究生

3 名,申请考核的博士研究生 12 名,拟录取 12 名。截止到 2018 年底,毕业硕士研究生共 28 名,其中有 3 名留学生;毕业博士研究生 5 名。

2018 年实验室共申请各类国家自然科学基金项目 17 项,其他省部级各类基金、人才计划项目 13 项,2018 年科研经费 1 200 多万元。2018 年实验室发表 SCI 收录论文 41 篇,申请国家发明专利 117 项、获授权国家发明专利 78 项。

三、国际合作与学术交流

在学院各位老师和同学的共同努力下,电子学院较好地完成了 2018 年的公派研究生项目,其中 4 名博士研究生赴国外进行联合培养。

2018 年,工程中心举办技术论坛、竞赛等活动,并邀请国内外专家进行学术交流学习。

举办了"2018 年 ICisC 高端讲坛-人工智能 AI 芯片系列""2018 功率半导体器件与集成技术学术研讨会暨第三代半导体技术论坛""2018 年嵌入式芯片与系统设计竞赛暨 2018 年嵌入式技术创新应用高端论坛"等活动,论坛汇聚了来自国内外的专家学者,进行了深入的学术交流讨论,反响热烈。

邀请印度理工大学电子与通信系教授 B. K. Kaushik 做主题为"Modeling and Applications of FinFET"的学术交流报告;美国伊利诺伊厄巴纳-香槟分校的 Deming Chen(陈德铭)教授做主题为"New Algorithms and Hardware Acceleration for the IoT Revolution"的报告;IEEE Fellow、美国艾奥瓦州立大学(Iowa State University)电子与计算机工程系陈德刚教授,做了题为"Effective and Practical Techniques for Performance Enhancement and Cost Reduction for Analog and Mixed-Signal Integrated Circuits"的讲座。通过每次的学术报告,同学们了解到国际前沿的发展趋势,激发了对深度学习研究方向的兴趣。他们与国内外专家进行互动交流,从科学研究与工程实现等多角度提出问题与想法。

积极组织参加各类国际会议。蔡浩、单伟伟两位老师赴意大利佛罗伦萨参加了第 50 届 IEEE - ISCAS(国际电气和电子工程师协会电路与系统国际研讨会),并做了题为"Enabling Resilient Voltage-Controlled MeRAM Using Write Assist Techniques"的学术报告。单伟伟老师增选为超大规模集成电路(VLSI)分会程序委员会委员,蔡浩老师增选为纳米与超大规模系统(Nano-electronic and Gigascale Systems)分会程序委员会委员。参加 2018 年电气和电子工程师协会应用功率电子会议、第 30 届国际功率半导体器件及集成电路年会(ISPSD 2018)、"The 14th Workshop on Silicon Errors in Logic-System Effects"等国际会议 16 次,并发表了论文。

显示技术研究中心 2018 年接待来自英国、法国、荷兰、美国、巴基斯坦、马来西亚、印度、南非、新加坡、中国台湾的境外专家 21 人次,开展授课、讲学与合作研究。显示中心 2018 年出国(境)参加国际会议及合作交流的师生有 33 人次,其中 2 人是访问学者。外国专家、荷兰 TUE 大学的 Ingrid Heynderickx 教授获江苏省国际科学技术合作奖。"信息显示与可视化国际合作联合实验室"建设期满,验收申请报告已被教育部认可,等待验收。

2018年先进光子学中心举办多次学术活动。于5月18日在东南大学金陵院会议室举办"光场调控前沿论坛"活动，本次论坛由顾兵教授主持，参会人员有南开大学陈树琪教授(原基金委流动项目主任)、山东师范大学蔡阳健教授(院长，国家杰出青年基金获得者)、苏州大学王飞副教授、南京师范大学朱竹青副教授(副处长)、王著元副院长及部分教师、博士生和硕士生等30余人。陈树琪、蔡阳健、王飞和朱竹青4位专家从光场调控的不同应用领域分别做了题为"人工微结构光场调控及应用""激光相干性调控研究""部分相干光在大气湍流中的传输特性"和"矢量光场紧聚焦条件下的磁化场调控"的精彩学术报告。5月31日下午，由东南大学先进光子学中心主办的光场调控系列讲座在金陵院会议室顺利举行。本次讲座由顾兵教授主持，中国科学院西安光学精密机械研究所姚保利研究员(二级教授，知名学者)、南京大学丁剑平教授、兄弟院校及中心部分教师、博士生和硕士生等30余人参会。6月11日下午，由东南大学先进光子学中心主办，詹其文教授(国家千人)主讲的关于光场调控系列学术讲座在金陵院会议室顺利举行。本次讲座由顾兵教授主持，上海理工大学/美国代顿大学詹其文教授、先进光子学中心主任崔一平教授及中心部分教师、博士生和硕士生等30余人参会。10月26日下午，合肥工业大学胡继刚副教授和南开大学王晓雷副教授在东南大学先进光子学中心会议室分别做了题为"基于石墨烯复合微结构的光耦合、吸收调控"和"超快成像技术与飞秒全息"的精彩学术报告。12月10日下午，应崔一平教授邀请，华南理工大学物理与光电学院李志远教授(国家杰出青年基金获得者)访问东南大学先进光子学中心并做了题为"纳米尺度光和物质相互作用:物理、技术和应用"的精彩学术报告，本次学术报告由崔一平教授主持，部分教师、博士生和硕士生共计50余人参会。

四、本科教学工作

2018年在全院教师的共同努力下，取得了一系列教学成绩：

1. 电子学院获得2018年国家级教学成果二等奖1项。

2. 电子科学与技术专业通过国家工程教育专业认证专家现场考察。

3. 《VLSI设计基础》获国家精品在线开放课程认定。

4. 本年度学院教师合计承担课堂教学任务约5 000课时。张志强、祝靖获得东南大学25届青年教师授课竞赛二等奖，王莉莉、张宇宁、宗慎飞、张若虎、易真翔、张晓阳获得东南大学青年教师授课竞赛三等奖。刘波、戚隆宁、朱真、钱钦松获得提名奖。

5. 董志芳老师在东南大学第十四届"吾爱吾师——我最喜爱的老师"评选中获评院系"最受欢迎老师"。

6. 电子学院获得教育部高等教育司关于公布有关企业支持的2018年第一批产学合作协同育人项目1项，获校级教改-建设虚拟仿真项目立项2项。

7. 电子学院开设全英文课程6门，双语课程7门。2018年建设1门江苏省在线开放课程，已上线。

8. 汤勇明老师参与撰写的教学研究论文在IEEE教育协会组织的TALE2018国际会议上发表。

9. 累计超过30名本科生参与了出国(境)各类交换生、联合培养及学术交流活动。

10. 电子学院本科生获得 2017 年江苏省高校优秀毕业设计(论文)1 项，申报 2018 年江苏省高校优秀本科毕业设计(论文)1 项。

11. 电子学院本科生在“2018 年江苏省暨全国大学生电子设计大赛(TI 杯)”中获得一等奖 11 项、二等奖 9 项；在 2018 全国大学生 FPGA 创新设计邀请赛中获特等奖 1 项、一等奖 3 项、二等奖 1 项以及最佳工程奖 1 项；在第四届全国“互联网＋”大赛中获得银奖 1 项；在第四届江苏省“互联网＋”大学生创新创业大赛中获得省级一等奖 1 项、二等奖 1 项以及最佳创意奖 1 项。

12. 立项 2018 年课外研学国创项目 5 项、省创项目 5 项；结题 2017 年课外研学国创项目 6 项、省创项目 4 项。

五、研究生培养

1. 电子学院研究生课程共计 96 门，博士研究生课程 18 门、硕士研究生课程 78 门。

2. 2018 年度电子学院招收硕士研究生 153 名，博士研究生 54 名(含专业学位博士研究生 13 名)，博士留学生 3 人；接收 2019 年度推荐免试研究生 58 名，其中推荐免试博士研究生 2 名。

3. 参加国际学术会议及国际学术交流活动的博士研究生 15 名、硕士研究生 3 名；我院参加公派研究生项目中 4 名博士研究生赴国外进行联合培养。

4. 获江苏省优秀博士学位论文 2 篇、江苏省优秀学术学位硕士学位论文 1 篇、东南大学优秀博士学位论文 3 篇、东南大学优秀学术学位硕士学位论文 2 篇、东南大学优秀专业学位硕士学位论文 1 篇。

5. 3 名博士研究生获批东南大学优秀博士学位论文基金项目。

6. 1 名博士生获东南大学 2018 级博士研究生新生奖。

7. 2 名硕士研究生通过 2017 年度的江苏省学位论文抽检。

8. 1 名博士研究生获批 2018 年度江苏省普通高校研究生科研创新计划(省立校助)，1 名专业学位硕士研究生获批 2018 年度江苏省普通高校专业学位研究生实践创新计划。

9. 2018 年度新增 6 名硕导、8 名博导、2 名兼职博导，2018 年度博导共计 51 人，硕导共计 90 人。

六、学生工作

1. 深入开展学生思想政治教育

学院重视学生思想政治教育工作，牢固树立政治意识、大局意识、核心意识和看齐意识，不忘教育初心，牢记育人使命。深刻认识当前思政教育工作的新形势、新发展，做好新时代的思想引领工作，深入学习贯彻习近平教育思想，坚持把立德树人作为中心环节，把思想政治工作贯穿教育教学全过程，实现全程育人、全方位育人。依托各项工作及活动，加强学生的思想政治教育，帮助学生树立正确的世界观、价值观、人生观。引导学生及时关注国家政治经济形势，关注民生，进一步培养学生的家国情怀。

积极组织学生开展教育思想大讨论校院级各项活动，重点对“我想成为什么样的人”展开积极的讨论，培养了学生的人才素质意识与创新思辨能力。连续 5 年承办东南大学“耕读园”社会主义核心价值观主题实践育人活动，让学生们通过自己的劳动，感受美丽，感受快乐，感受生命的真谛。连续 8 年承办的东南大学“我的青春故事”主题活动，让新生们充分感受到东大优秀学子的魅力，使他们的东大生涯更好的扬帆起航。

王保平常务副校长与本科生班级开展了专题活动，包括“情系电子，筑梦未来”教育思想大讨论活动，“相伴过冬至，温暖包饺子”主题活动等。由党委书记施建宁牵头的“师情话议”系列师生交流活动作为基层党组织“书记项目”立项，院领导和专业老师及同学们进行了 4 场面对面互动。老师们倾听同学们的心声，关注学生成长成才过程。

2. 进一步加强对学生党建工作的引领和指导

落实“三会一课”等基本组织生活制度，本科生党支部和 2016 级 APC 硕士生党支部被确立为学校样板党支部进行建设。认真做好入党申者和新党员的培养、教育和考察、转正工作，2018 年上半年我院 76 名同学参加党校学习并顺利毕业。全年新发展党员 55 人，预备党员转正 66 人。51 人参加了预备党员培训班的学习。

学院长期积极开展丰富多彩的党日活动。2018 年 7 月，本科生党支部“重温红色经典、践行东大精神——‘喜迎十九大’”主题党日活动获 2016—2017 学年东南大学“最佳党日活动”二等奖。各党支部积极组织“十九大精神”学习会、交流会，本科生党支部开展“辉煌十九大，青春跟党走”信仰与青春同行十九大主题党日活动，该项目为第二期“领航计划”东南大学党支部精品项目，本年度成功结项，目前处于学校 2017—2018 学年“最佳党日活动”一等奖公示中。2018 年下半年，本科生党支部申报“‘芯’中有党”主题系列党日活动，获得第三期“领航计划”东南大学党支部精品项目立项，活动在按计划开展中。

研究生党支部积极组织各项党日活动，2016 级 APC 硕士党支部和 2017 级 ASIC 硕士党支部开展了主题为“改革开放四十载，不忘初心创未来”的党日活动，并获得了 2017—2018 学年研究生院“最佳党日活动”三等奖。2018 年 5 月，教育部办公厅公布了第二届全国高校“两学一做”支部风采展示活动结果，2015 级 MEMS 硕士生党支部开展的“推进‘两学一做’学习教育常态化：以学带做，以做促学，学做结合”活动入选学生党支部推荐展示特色成果，是东南大学唯一入选的作品。

3. 全方面推进学生管理工作

学院特别关注学生的心理健康问题，针对突发事件，处理有效，无重大安全责任事故；学生各类评奖评优资助始终坚持公开、公平、公正的原则，无投诉；对一些特殊类型学生采取积极的帮扶措施并取得良好的效果。

贯彻落实学校各类考试诚信教育的要求，结合本学院特点，开展多种教育活动，使学生进一步明确考试纪律的要求，增强诚信考试意识。2018 年零违纪。

学院重视对学生综合素质的全面培养，认真做好就业指导工作，就业质量总体较高。2018 届电子科学与工程学院毕业生就业率为 99.48%。其中本科毕业生就业率为 99.37%，硕士毕业生就业率为 99.31%，博士毕业生就业率为 100%。本科毕业生以升

学、出国(境)、协议就业为主,硕士和博士毕业生均以协议就业为主。本科生升学出国率为74%,其中出国出境率为26%,国内升学率为48%,在全校名列前茅。

4. 辅导员队伍建设取得较好成绩

学院团委原书记邱峰老师荣获"2018年全国高校辅导员年度人物"入围奖。

我院团委副书记、2017级本科生辅导员何倩老师在2018年军训课程中获得校"军训优秀指导员"荣誉称号,在2018年暑期社会实践活动中荣获校"优秀指导教师"奖。

我院学办主任、2018级本科生辅导员王一卉老师获得"2017年度江苏省高校辅导员工作案例"二等奖的荣誉。

我院团委书记、2016级本科生辅导员粟雨蒙老师获评2018年江苏省大中专学生志愿者暑期文化科技卫生"三下乡"社会实践活动先进工作者。

王一卉老师的《总该信点什么》被收入施索华、裴晓涛主编的《新时代高校思政课的打开方式》一书,该书由广西师范大学出版社于2018年10月出版。

5. 省级以上学生或学生集体获奖情况

本科06A152班荣获"江苏省先进班集体"荣誉称号。

2015级本科生寇梓黎、郑添同学荣获"江苏省三好学生"荣誉称号。寇梓黎同学获2018年度宝钢奖学金。

2015级MEMS硕士生班获得"江苏省先进班集体"荣誉称号。

2015级硕士研究生胡静洁同学获得"江苏省优秀学生干部"荣誉称号。

2015级MEMS硕士党支部作品入选"第二届全国高校两学一做支部风采展示活动"特色作品(全校唯一)。

2018年7月,由2016级本科生王宗辉、张聪昱、田丽媛和博士研究生万树等组成的石墨烯"黑金"滤材项目团队,荣获第四届江苏省"互联网+"大学生创新创业大赛季军和最佳创意奖。10月,该项目团队荣获2018年第四届全国"互联网+"大学生创新创业大赛银奖。此项目团队是以学院院长孙立涛教授与毕恒昌老师研发的石墨烯技术为核心的先进滤材研发和生产团队。同时,2014级本科生唐辛泉同学作为团队核心成员参与其中的"安小洁"疏水防污喷雾——国内领先仿生自清洁纳米涂层项目团队荣获第四届江苏省"互联网+"大学生创新创业大赛省级二等奖,该项目是基于我院显示中心吴俊副教授的研究。

七、党务与行政工作

1. 在学院党委的正确领导下,继续认真学习党的十九大,深入贯彻习近平新时代中国特色社会主义思想和党的十九大及十九届二中、三中全会精神,贯彻落实全国教育大会精神,紧密结合工作实际,运用多种形式,组织师生员工进行不断学习,深刻领会其精神实质,不断提升工作能力和业务水平。

2. 继续认真落实党风廉政建设责任制,认真履行"一岗双责"及"三重一大"。学院党政始终坚持一把手负总责,班子成员分工明确,责任到人,切实履行"一岗双责",分管领

导既要对分管工作负责，又要担负分管工作的党风廉政建设责任，坚持谁主管、谁负责，形成压力传递、一级管一级、层层有人负责的机制。学院党委每年都要组织班子召开民主生活会，围绕“班子建设和党风廉政建设”主题，开展批评和自我批评，互相提醒帮助。学院不断健全党政联席会议制度，出台了“党政联席会议事规则”，重新修订“三重一大”决策制度实施办法等，依靠制度规范行为。学院所有重大问题、重大决策都要经过党政联席会议充分讨论，并事前广泛征求各基地及师生员工意见，充分酝酿，再做决策，付诸实施，保证师生员工的知情权、参与权、选择权和监督权。

3. 坚持“以人为本”，营造和谐环境的服务式管理理念。作为学院的窗口部门，办公室在做好日常工作的同时，精心筹划，周密部署，尽心尽力地组织落实好学校各职能部门下达的各项工作任务。现在学校各机关部处、职能部门，包括各基层单位，年轻的同志越来越多。学校建设“双一流”的高校，不仅要有一流的师资，也要有一流的教辅人员，才能培养一流的人才。办公室的日常工作很繁杂，只有紧紧围绕提高工作效率和服务质量，用科研的思维和学术的要求来做学院的管理工作。过去我们工作相对应的职能部门还组织业务学习、开业务座谈会，现在大家都是边做边学、边学边悟，机关人员内部进行探讨，虽然在工作的过程中会遇到这样或那样的困难，大家都能够独立完成好本职工作，即使工作中受到误解和委屈，还是以学院整体工作的大局为重，都能看到学院积极向上发展的主流并传播正能量。因此在工作中强化服务意识，营造和谐环境，坚持“以人为本、以师生员工为中心”的服务理念，紧密围绕学院“十三五”发展规划，结合学校的“双一流”建设目标，兢兢业业为师生员工服务，同时在与外界往来过程中做好桥梁纽带的作用。

4. 学院认真学习落实学校财务下发的各类文件、通知，认真执行学校的财务制度，规范化管理与操作，不设小金库。

八、学院保密工作

学院按照学校的保密要求，认真履行《东南大学保密基本制度》，完成了9次保密学习材料的学习；组织涉密人员参加学校保密培训；按学校统一安排集中销毁报废材料；按要求对各基地保密室环境和“三铁一警”进行了自查；按要求对各基地的“执行国家科技保密管理政策，规范保密管理，杜绝泄密隐患工作落实情况”进行了自查；完成了涉密老师事项登记簿填写的审核；认真做好涉密载体光盘统一管理发放登记；认真做好涉密载体复制的审批表登记；做好学院各项资料的存档工作；认真完成年底的考核和评优工作；积极配合学校完成对学院保密管理资料的检查、对教师代表尚金堂老师的抽查，较好地完成了学校布置的各项工作。

九、2019年工作计划

1. 加强党的领导，推进立德树人工作。学习领会贯彻党的十九大会议精神和全国教育大会精神，深入学习习近平新时代中国特色社会主义思想，坚持党对高等教育的全面领导，加强师生思想政治教育工作，继续贯彻落实全国高校思想政治工作会议精神，坚持把立德树人作为中心环节，把思想政治工作贯穿教育教学全过程。

2. 无锡/九龙湖教学科研新平台建设。学院继续推进示范微电子学院无锡平台建

设,配合无锡市政府完成无锡微纳平台大楼建设和处理好引进人员在无锡临时工作、生活等后勤保障工作;加快推动九龙湖校区新电子大楼的内部装修工作,营造国际化研究学习环境,提升学院教学科研平台的实用性和便利性。

3. 高层次国际化师资队伍建设。加大引进人才力度,快速拓展师资队伍,特别是高端人才队伍建设。

4. 领军型电子/微电子人才培养。优化专业生态布局,与信息、生医共同开展大类招生、大类培养,制定电子信息类一年级通识培养方案,构建本研一体化的培养体系,提升创新研究潜力;推动课堂教学有机融入思想政治教育元素;强化课程组作为学院基层教学组织的重要作用,积极开展教学改革、课程建设,打造优质教学资源;学院针对未来重点工作发布教学改革指南,推进研究型教学模式改革,提升课堂教学质量,形成改革成果;提高国际化人才培养的深度与广度,拓展国际视野;加强创新实践教育,提升创新创业能力。积极探索暑期学校制度,丰富学生假期学习生活;启动在线开放课程建设;持续推进研究型、实践型研究生课程改革,培养研究生的创新创业能力;推进研究生国际学术会议、学生论坛等多种形式的国际交流,加强与国际一流高校的研究生联合培养工作;邀请国际高水平教授、国内外知名企业家等授课;争取获得江苏省优秀博士学位论文和江苏省优秀硕士学位论文各 1～2 篇;加强引导招生就业工作;围绕新工科需求,加强微电子学院和产业界的联合人才培养,完成制定学生与企业的实习实践规范;针对微电子学院学生,尤其是非全日制学生,和不少于 3 家优质微电子企业或研究机构制定定向培养协议,开展联合定向人才培养;组织申报举行国家示范性微电子学院院长交流研讨会 1 次;围绕工信部、企业和各高校需求,牵头组织推进集成电路产教联盟的建立。

5. 积极申报科研项目及成果。科研项目经费总到款不低于 1.17 亿元,其中国防类科研项目经费不低于 3 000 万元(千万级项目 1 项);积极申报国家自然科学基金项目,自然基金项目获批立项不低于 24 项;申报国家科技成果不低于 2 项,获国家级科技成果不低于 1 项,申报省部级科技成果不低于 1 项;申请国内发明专利 300 项,其中高价值专利申请 15 项、PCT 专利申请 11 项;加强学院学术交流氛围,举办不少于 2 次院士论坛;建立学院自身的学术沙龙制度。

6. 学院国际化交流。鼓励和支持本科生出境参加学术交流活动,继续加强与国际一流大学(尤其世界排名前 20 的大学)的合作,对已有合作的高校如剑桥大学等展开新一轮深入合作。

7. 进一步规范实验室安全管理制度,加强值日记录制度,完成制定学院实验室安全管理奖惩措施并落实。

数学学院

2018 年,数学学院在学校党政的领导下和全院师生的努力下,认真贯彻落实党中央和上级党委的决策部署,牢固树立“四个意识”,坚决维护中央权威和党的统一领导,深入开展教育思想大讨论,推进优势理科攀升计划的启动实施,在人才培养、师资队伍建设、

科学研究和师德师风建设等方面均取得不错的成绩。

一、立德树人取得显著成绩

数学与应用数学党支部入选“江苏省党支部书记工作室”示范点名单(全省高校仅3家)。系统科学系党支部成功申报“全国党建工作样板支部”创建项目。

二、师资队伍与平台建设取得新突破

1. 师资队伍建设成效显著

1人当选为欧洲科学与艺术院院士(曹进德);1人入选青年千人计划;1人入选教育部教学指导委员会(曹进德,数学类),1人入选教育部教学指导委员会(陈建龙,大学数学);1人入选江苏省理学Ⅰ类研究生教育指导委员会(曹进德);1人获宝钢教育基金会优秀教师特等奖提名奖(陈建龙);1人入选江苏省“333高层次人才培养工程”科学技术带头人;1人获德国洪堡基金资助(许文盈);1人入选江苏省青蓝工程优秀青年骨干教师(钟敏)。新进上岗教授1人(刘庆山),副教授3人,讲师6人。

2. 高被引科学家引领学科发展

3人(曹进德、虞文武、卢剑权)入选2018年全球高被引科学家,其中1人覆盖数学、工程学和计算机科学3个科学领域。5人入选Elsevier中国高被引学者。

三、科研获奖和获批项目再上新台阶

1. 新增若干科研奖项

ESI排名目前居世界100名,国家基金12项、省基金2项,1人获江苏省十佳研究生导师称号(曹进德);1人获评《中国科学》《科学通报》两刊2018年度优秀作者(曹进德);复杂系统与复杂网络研究生导师团队荣获“江苏省十佳研究生导师团队”提名奖;朱辉辉博士获“江苏省优秀博士论文奖”(导师陈建龙2018);2人获评江苏省双创博士(付俊杰、许文盈)。

2. 基金项目质量提升

国家基金项目共立项12项,其中1项重点、7项“面上”、4项“青年”;省基金项目共立项2项青年项目。

四、学术交流活动取得新进展

1. 会议交流

(1) 2018年东南大学承办召开第14届中国网络科学论坛。

(2) 2018年东南大学承办召开第15届国际复杂系统与网络论坛。

(3) 2018 年东南大学丘成桐中心主办世界华人数学家联盟 2018 计算与应用数学会议。

2. 全英文课程

荷兰 University of Gronigen 的 Harry L. Trentelman (IEEE Fellow)和 Jacquelien Scherpen (Director)两位教授讲授复杂系统与网络科学选讲全英文课程。

五、教学工作与人才培养取得新成绩

1. 新增若干教学奖项和教改项目

获“江苏省本科高校青年教师教学竞赛”二等奖(钟思佳)。新增江苏省研究生教育教学改革研究与实践课题 1 项(主持人曹婉容)。

2. 人才培养成效显著

卓越大学联盟高校大学生数学竞赛再创成绩。非数学类:一等奖 2 名,二等奖 6 名;数学类:特等奖 1 名,一等奖 3 名,二等奖 3 名。此外,东南大学第一次组队参加 2018 年全国高等数学竞赛,取得了优异的成绩。数学类参赛报名 35 人,获奖 15 人,一、二、三等奖各 5 人,非数学类参赛报名 135 人,获奖 109 人,一等奖 42 人、二等奖 30 人、三等奖 37 人。在第十五届中国研究生数模竞赛中喜获佳绩,3 个团队获得一等奖,其中劳则立团队同时获得了“华为专项奖”(全国仅 10 个)和“最佳数模报告奖”(全国仅 3 个),另有 106 个团队获得二等奖,105 个团队获得三等奖,我校还再次荣获“优秀组织奖”。

3. 学生工作助力学生成长

(1) 坚持“立德树人”。学院 2018 年度获江苏省先进班集体 1 项,江苏省三好学生 1 项;校优良学风标兵班 1 项,校先进班集体 2 项;国旗团支部入围奖 1 项,特级团支部 1 项,先进团支部 1 项,五四红旗团委 1 项,优秀院系团委 1 项;校优秀辅导员 1 人,校优秀班主任标兵 1 人。2018 年本科生就业率 97.67%,硕博就业率 100%。获评东南大学特级团支部;获东南大学社会实践校级二等奖;谷乐被评为东大好青年;获评中央一带一路社会实践优秀个人。

(2) 加强理想信念教育,获校级社会主义核心价值观精品项目立项 1 项,校级党支部领航工程重点立项 1 项;本科生党支部测评位列第一,1 个团支部评为东南大学特级团支部,2017 级硕士生党支部入选东南大学样板党支部建设名单。

(3) 扎实推进实践育人,学院团委在 2018 年暑期社会实践中获团中央奖项 3 项,校十佳团队 1 项,校级一等奖 1 项、二等奖 4 项;团中央优秀指导老师 1 人,团中央一带一路社会实践优秀个人 1 人,省先进工作者 1 人,校十佳个人提名 1 人,校优秀个人 19 人。博士生谷乐被评为东大好青年。

4. 教学工作量超负荷完成

2018 年除 1 名教授外均在一线承担本科生(或全校面上研究生)各类核心数学课程

的教学工作。全院共承担本科生各类数学课程 15 200 学时，研究生各类课程 9 501 学时。课时不含各类毕业论文、SRTP 的工作量。数学学院 2018 年自然年度在岗教师 87 人，平均承担教学时数 284 学时。

立足现在，展望未来，数学学院全体师生员工在新的一年里将锐意创新，开拓进取，力争在下一年度的各项工作中有新的突破。

自动化学院

自动化学院设有我国首批设立的控制科学与工程一级学科博士点和 1992 年批准建立的博士后流动站。该学科下设二级学科 5 个：控制理论与控制工程、模式识别与智能系统、检测技术与自动化装置、导航制导与控制科学、系统工程，其中控制理论与控制工程为国家重点学科（1988 年）和江苏省优势学科。1998 年学院设立教育部长江学者奖励计划特聘教授岗并建有“复杂工程系统测量与控制”教育部重点实验室。

自动化学院现有教职工 74 名，专任教师 57 名，其中，国家教学名师 1 名，教育部长江学者特聘教授 1 名，国家杰出青年基金获得者 3 名，国家“万人计划”2 名，江苏省“333 工程”培养对象 3 名，江苏省“青蓝工程”培养对象 2 名，博士生导师 21 名，教授 22 名，副教授 25 名。另有教育部长江学者特聘讲座教授 1 名，“千人计划”国家特聘专家 1 人，“青年千人”1 人。今年学院招收学生 307 名，其中，博士研究生 34 名、硕士研究生 137 名、本科生 136 名。

一、党建、思想政治工作

1. 认真学习、深入贯彻习近平新时代中国特色社会主义思想和党的十九大精神，以习近平新时代中国特色社会主义思想为指引，认真做好学院的党建工作，认真贯彻落实中央重大决策部署和学校党委重要工作部署。

2. 学院党委切实履行抓基层党建主体责任，认真贯彻学校党委决定，认真落实党政联席会议制度，坚决执行“三重一大”决策制度，认真贯彻民主集中制原则，依法办事，充分发扬民主，集体行使职权。认真开展“书记项目”活动，把“增强班子团结，提高整体合力；切实强化‘四个意识’，提高政治站位；促进学院的党建工作，推进学院的事业发展”作为主要目标。

3. 以积极、诚恳、务实的态度，认真接受学校党委对我院党委的首轮巡察，坚决全力支持和配合学校党委巡察组的各项工作。切实强化“四个意识”，提高政治站位，认真自查以发现问题和进行原因剖析，并提出下一步改进工作的思路和措施。发现问题、即行即改，推动改革、促进发展，为落实立德树人根本任务营造风清气正的校园政治生态，为推进我校“双一流”建设提供坚强政治保证。

4. 进一步加强基层党组织建设，抓好基层党组织基本建设，认真落实“三会一课”等基本组织生活制度。发挥基层党组织战斗堡垒作用和党员先锋模范作用，要求各党支部建立党员教育培训工作计划、考核制度、工作台账，完成每位党员每年集中培训不少于 32

学时的教育、培训任务。2 位教工党支部书记参加了 2018 年全国高校基层党支部书记专题网络培训,1 位教工党支部书记参加了 2018 年江苏省第十期高校教职工党支部书记示范基地培训班的学习。与电子、能环学院联合举办的第十六期发展对象培训班,发展 33 位新党员,转正 30 余名预备党员。认真核查新生党建材料,保证学生入校档案材料的合格率达到 100%。

5. 学院党委积极推进"两学一做"学习教育常态化、制度化,坚持领导带头,坚持从严要求,坚持问题导向,坚持责任追究。把"四个自信"转化为攻坚破难、改革创新的激情干劲,围绕中心大局,立足岗位实际,推动改革发展,加快一流学科建设。

6. 通过召开班主任会议、青年教师座谈会、随机走访、调查问卷、网络电话访谈等多种形式和途径,对广大师生思想状况进行调研,了解师生的思想动态,有针对性地开展思想政治教育。及时解决基层党员职工思想上的疑惑,化解矛盾,引领基层党员职工紧跟新常态,适应新常态。围绕优良学风、教风、工作作风的创建,强化师德师风和教风学风建设,落实意识形态工作责任制,抓好意识形态工作。及时开展网络思想政治教育,传播先进文化,弘扬主旋律。熟悉网络语言特点和规律,利用学院网站、"两微一端"等新媒介服务师生,加强网络互动,着力提高工作水平,提升工作效率。加强课堂及各类思想文化阵地管理,实施党建带群建、发展群团组织和做好教代会、学代会工作。

二、教学和人才培养工作

1. 开展"教学思想大讨论"。举办了启动会、学院内部各种研讨会、学生座谈会、校友和企业座谈会等多种形式的交流活动,对教学过程中存在的问题进行了调研、沟通和梳理,为下一轮培养方案的修订提供参考。

2. 成立 2 个系与 5 个二级学科组,分别为自动化系、机器人工程系、控制理论与控制工程学科组、模式识别与智能系统学科组、检测技术与自动化装置学科组、导航制导与控制科学学科组、系统工程学科组。

3. 戴先中教授担任新一届教育部自动化类专业教指委副主任委员。

4. 本科生共获各级各类奖 100 多人次(包括 2018 年中国大学生计算机设计大赛一等奖、2018 年 RoboCup 机器人世界杯中国赛 RoboCup 救援仿真组冠军等优秀成绩);本科生发表各类论文十多篇,申请发明专利 3 项。研究生获学科竞赛奖项国家级 88 人次,省级 3 人次,发表论文 82 篇,申请专利 17 项、软件著作权 2 项、江苏省研究生实践创新计划项目 3 项。

5. 2018 年度获得省级优秀硕士学位论文 2 篇(学术学位:李桂璞,专业学位:崔宏宇,导师:李世华);校优博 2 篇(李明,指导老师汪峥;谢利萍,指导老师魏海坤)。

6. 郝立老师申报的"运动控制系列课程教学内容和课程体系改革"入选教育部 2018 年第一批产学合作协同育人项目(东南大学全校共 5 项入选)。

三、学科建设和科研工作

1. 完成控制科学与工程一级学科学位授权点自评估。控制科学与工程一流学科建设启动;控制科学与工程江苏省优势学科(第二期)顺利结题,成绩优秀。

2. 正式获得工程教育认证证书。自动化专业获得有条件 6 年通过的成绩,也是目前东南大学参加工程教育认证的专业里面获得的最好成绩。

3. 人才引进取得突破。依托自动化学院申报的墨西哥国立大学教授 Leonid Fridman 入选“高水平外国专家项目”,为学院引进的又一高水平人才;孙长银教授入选第三批“万人计划”领军人才。另外学院新引进优秀青年教师 4 人,其中 1 人(王雁刚)来自微软亚洲研究院,可作为“优青”候选人。计划引进的新加坡国立大学博士后(魏延岭,即将到岗,已申报上岗教授),为极具竞争力的“青千”候选人。

4. 重大科研项目进展顺利。南极泰山站“远程遥控能源供应模块”项目开始执行(魏海坤、张侃健团队,620 万经费,已到款 434 万),葛健老师正在泰山站科考;南极昆仑站天文台“无人电厂”立项建议书已递交发改委。2018 年学院获国家重点研发计划项目资助 1 项(牛丹、杨俊参与课题)。

5. 2018 年国家基金获批 11 项,包括 4 个“面上”项目(路小波、王翔宇、翟军勇、戴先中),1 个国际合作项目(钱克矛),6 个青年基金项目(程旭、谢利萍、王腾、董璐、薛磊、王雁刚)。2018 年省基金共获批 7 项,包括 1 个省“杰青”项目(曹向辉),2 个“面上”项目(潘泓、盖绍彦),4 个青年基金项目(陆科林、王雁刚、薛磊、谢利萍)。2018 年 1 月 1 日—2018 年 12 月 22 日,共到款 2 241.1 万元,其中纵向到款 1 167.27 万元,横向到款 1 073.83 万元、自动化学院 2017 年全年到款为 1 791 万元。

6. 2018 年度自动化学院统计奖励论文共 200 篇,其中 SCI 检索论文 97 篇,EI 检索 103 篇,模式识别和人工智能领域论文质量有了很大提高。共授权发明专利 22 项,受理发明专利 96 个。

7. 2018 年获江苏省科学技术奖二等奖 1 项(李世华、杨俊负责),中国产学研合作创新成果奖一等奖 1 项(路小波负责)。新晋升 3 名教授(杨俊,柴玲,李俊),为自动化学院成立以来首次有 3 名教授晋升,其中柴玲教授是目前唯一一名女教授;忻欣教授入选中组部“千人计划”;曹向辉副教授获江苏省“杰青”项目资助;杨俊教授通过“青年拔尖人才”网评。

四、共青团、学生会、研究生会、工会、退休协会工作

坚持以学生为本,学习与实践有关文件精神,积极探索,加强学院文化建设,营造良好育人环境,促进学生全面健康成长,培养社会主义合格建设者和可靠接班人。校级以上荣誉取得突破:评出江苏省三好学生 1 名,江苏省优秀学生干部 2 名,校级三好学生标兵 1 名;2014 级本科生张娜威入选研究生支教团赴江西共青城支教;2016 级本科生许义程当选校学生会副主席;2018 级硕士生华壁辰获聘第三届校长学生事务特别助理;081161 团支部获“国旗团支部”提名奖;2017 级硕士 3 班获“研究生先进班集体”荣誉称号。进一步加强与规范学院“学生学业帮扶中心”建设。举办第十届“似水流年”校园歌手大赛、第六届“超级演说家”口才大赛、第十届“牵手东大”南京高校研究生派对。

积极开展以教书育人为中心的“三育人”活动。鼓励并在经费上支持工会和退休协会组织开展的各种活动,丰富教职工的精神文化生活。加强关工委常态化建设,积极开创我院关心下一代工作的新局面。重视离退休老同志在长期教学、科研等项工作中积累

的宝贵经验，努力发挥他们的重要作用，鼓励并支持他们继续为学院的各项工作贡献力量。

计算机科学与工程学院、软件学院

一、学科与师资队伍建设

计算机科学 ESI 排名从 2017 年底的全球第 37 位，上升到全球第 23 位(列国内高校第 3 位)。

软件工程学科进入江苏高校优势学科建设工程三期建设范围，建设周期 4 年，每年建设经费 300 万元。

主要依托计算机学院建设的人工智能学院于 2019 年 1 月 14 日正式挂牌，初步形成人工智能专业的人才培养方案，2018 年招收该方向本科生 52 名。

学院目前共有专任教师 92 人(其中正高职称 24 人、副高职称 42 人、中级职称 26 人)，实验和行政岗 20 人。在站博士后 31 人，其中全职 5 人、在职 22 人、企业 4 人。2018 年引进人才 8 人：何田(国家特聘教授)、李传佑、沈典、王萌、孔祥龙、王贝伦、顾晓丹、王帅。2018 年 3 月学院有 17 位专任教师、2 位实验和行政岗人员转入网络空间安全学院。

二、教学与人才培养

坚持以高效课堂为切入点，强化教育教学研究和常规管理。聚焦学院本科人才培养瓶颈问题，召开由资深教授、教学管理人员参与的“教育思想大讨论”座谈会。

由罗军舟教授牵头申报的《产业需求牵引的计算机类创新型工程人才培养模式的探索与实践》获高等教育国家级教学成果一等奖。

学院承担校级教材建设立项项目 1 项，为新编教材《数据结构基础实验指导》(王伟、姜浩)。

获江苏省优秀本科毕业设计 1 篇、校级优秀毕设 8 篇；推荐申报江苏省优秀本科毕设 1 篇(评审中)。

在 ICPC(国际大学生程序设计竞赛)亚洲区域赛中，共获得 4 枚金牌、7 枚银牌、6 枚铜牌；在 CCPC(中国大学生程序设计竞赛)比赛中，共获得 1 枚金牌、3 枚银牌、1 枚铜牌。同时，在江苏省大学生程序设计竞赛中，获得特等奖 1 项、一等奖 2 项、二等奖 3 项；在全国高校云计算应用创新大赛中获得一等奖 1 项；在计算机学会 ACA2018 体系结构挑战赛中获得一等奖 1 项；在全国大学生嵌入式芯片与系统设计竞赛(首届)中获得二等奖 1 项；在全国电子设计大赛英特尔杯嵌入式邀请赛中获得三等奖 1 项。

新增博导 3 人，新增硕导 3 人。获江苏省计算机学会优秀博士论文 1 篇(导师：王红兵)、江苏省优秀硕士专业学位论文 1 篇(导师：耿新)。

6 月，完成了计算机科学与技术、软件工程、网络空间安全学科学位评定分委员会换届工作。同月完成了计算机科学与技术(0812)和软件工程(0835)2 个学术学位授权点、

计算机技术(085211)和软件工程(085212)2个专业学位授权点的合格评估工作。

校企合作方面新增小黑鱼科技、招商银行、北京字节跳动、中科曙光、南京全信传输等5家实习合作企业,与学院保持深入合作关系的实习企业达到30余家。组织实施了软件学院2015级本科生、2017级研究生和计算机学院2015级卓工班本科生250余人的实习双选工作,本科生企业顶岗实习率达到100%,研究生的顶岗实习率为75%左右。

三、科学研究

2018年科研经费到款7 782.33万元,为学院历史最高,比去年同期增长179%,增幅全校第一。科研KPI考核,总分排名全校第9,人均科技贡献排名全校第12。

新增牵头国家重点研发项目1项(面向服务的群智化生态化软件开发方法与环境,负责人:王红兵);新增国家重点研发计划课题3项(含王老师项目中自己牵头的一个课题,另外2个课题负责人是张敏灵、杨明);新增国家自然科学基金项目12项,其中"面上"8项、"青年"3项、海外及港澳学者1项。

申请发明专利72项,专利授权24项,软件著作权授权1项。

科研获奖情况:

(1)"量子计算理论与应用的研究"(陈汉武、刘志昊等),获2018年江苏省教育教学与研究成果奖(研究类)三等奖。

(2)"航天器单粒子软错误系统级防护方法与装置"(汪芸),获国防技术发明奖二等奖。

四、国际交流与合作

2018年9月东南大学雷恩研究生学院正式挂牌成立,东南大学-蒙纳什联合研究生院2018年招收计算机技术方向研究生45名。与法国EFREI(巴黎电子与计算机信息工程师学院)开展的法方计算机专业整建制本科生班到我校交流学习一学期项目顺利推进,计算机学院承担主要的教学与学术管理任务,预计2019年秋季开班。

主办、承办国际会议情况:5月份在东南大学承办第22届CSCWD国际会议;8月份在南京承办第15届亚太人工智能国际会议;8月份在兰州与兰州大学共同承办CBD2018国际学术会议;11月份在南京举办ACMSIGCOMMChina学术论坛;10月份成功主办CSIT2018(第20届海峡两岸信息技术研讨会)。

五、学院党委及学生工作

研究部署开展"深化教育综合改革,培养一流创新人才"教育思想大讨论活动、后备干部人才情况摸底调查和学习贯彻全国教育大会精神等工作,持续加强两学一做制度化常态化建设。

全年发展学生入党46人,申报获批3个样板党支部(教工网络党支部、研究生软件党支部、研究生应用一党支部),申报2个党支部书记工作室。

组织承办了"我爱东大"第十五届校史校情知识竞赛和东南大学第十届环九龙湖自行车大赛等两项全校性大型文体活动。

物理学院

物理学院下设物理系、应用物理系、大学物理教研中心、物理实验中心。物理学院现有教职工 88 人,其中专任教师 64 人(教授 30 人、副教授 25 人、讲师 9 人),实验技术人员 16 人(高级工程师 3 人、工程师级 11 人、助理工程师 2 人),机关管理人员 8 人。专任教师队伍的博士比例达到 92%,有博士生导师 23 人、硕士生导师 44 人。本院现有国家杰出青年科学基金获得者 1 人,长江学者奖励计划青年学者 2 人,国家优秀青年基金获得者 2 人,国家青年“千人”获得者 1 人,江苏省杰出青年基金获得者 2 人,江苏省双创人才 1 人,江苏省双创博士 1 人,东南大学特聘教授 1 人,东南大学青年特聘教授 2 人,教育部新世纪优秀人才支持计划入选者 8 人,江苏省“333 人才培养工程”入选者 4 人,江苏省“六大人才高峰”支持计划入选者 5 人,江苏省“青蓝工程支持计划”入选者 7 人。

一、学科建设

1. 2018 年引进上岗教授 1 人、工程师 1 人。2 位教师晋升副教授。1 位教师入选江苏省双创人才,1 位教师入选江苏省双创博士,1 位教师入选校至善青年学者,1 位教师入选校仲英青年学者。38 位教师赴海外进行合作研究、博士后研究、学术交流等。

2. 今年我校物理学科继续进入 ESI 国际排名的前 1%。

二、科研工作

1. 积极组织和协助老师完成国家自然科学基金项目和省自然科学基金项目的申报工作。2018 年我院申报和获批项目如下:(1)申报国家自然科学基金 22 项,包括“重点”1 项、“杰青”2 项、“优青”1 项、“青年”1 项、“联合”2 项、“面上”15 项;申报省自然科学基金 2 项,包括省“青年”1 项,“面上”1 项。(2)获批国家自然科学基金 3 项,包括“重点”1 项、“面上”2 项;获批省自然科学基金 2 项;获批国务院各部委项目/中国科学院战略性先导科技专项(B)1 项。

2. 2018 年度科研到款经费达 694.07 万元,全为纵向资助。

3. 2018 年我院教师以第一作者或通讯作者名义共发表 SCI 论文 117 篇,包括高水平论文 73 篇、国际顶级期刊论文 6 篇,其中陈世华课题组在 PRL 上发表高水平论文 1 篇,倪振华课题组在 *Advanced Materials* 上发表高水平论文 1 篇;王金兰教授课题组分别在 *Journal of the American Chemical Society*、*Nano Letters*、*Nature Communications* 发表高水平论文各 1 篇;董帅课题组在 *Journal of the American Chemical Society* 发表高水平论文 1 篇。

4. 2018 年,邀请海内外和各高校专家来物理学院做专题学术报告 36 场。

三、本科教学

1. 顺利完成各项教学任务,确保日常教学及实验室运行的正常有序,开设课程 62 门,总人时数超过 55 万,年终教学质量抽查位列全校第一。

2. 顺利完成2018届本科生的毕业设计工作、2019届本科生的“推免研”工作、2017级的专业分流工作、短学期实习的安排及专业培养方案的微调完善。

3. 本科生SRTP的申报、中期检查和结题工作进展顺利，6项国创及2项省创项目顺利通过中期检查，16项校级及3项院级项目顺利结题。

四、研究生培养

1. 招生工作

2018年物理学院招收博士生21人，招收硕士生43人（含4名外校免研生）。

2. 培养工作

（1）对2017级39位硕士研究生进行了中期考核。考核结果33人通过、6人不通过（不通过率为15%），对不通过的5位研究生半年后进行了第二次考核，全能通过；对2016级17位博士研究生进行了中期考核工作，全部通过。

（2）5位研究生成功申请公派研究生项目在国外联合培养，8位博士研究生申请出国参加国际会议并在会上宣读论文。

（3）2018年，我院组织“物理学院学术报告系列讲座”34场，邀请了中国科学院院士王广厚、龚新高等众多知名学者专家，营造了良好的学术氛围，为物理学研究生提供了丰富的科学食粮。

（4）公正、公平、公开地完成了2018年研究生国家奖学金评选工作，其中凌崇义、张俊杰获得博士奖学金，陆帅华、陈军、徐彪获硕士奖学金；过伊吕获2018年博士新生奖。

3. 学位工作

（1）2018年通过答辩并获得博士学位的博士有16人，通过答辩并获得硕士学位的硕士有26人。

（2）2018年无反馈结果，原因是江苏省没有对我院2017年的硕士研究生论文进行抽检。

（3）2018年，我院周趯桦博士学位论文《新型二维材料的环境稳定性和设计》入选校优。

（4）2018年我院研究生发表第一作者SCI论文71篇，其中凌崇义、张俊杰、蒋杰、陆帅华、赵英鹤研究生发表国际顶级期刊（*Journal of the American Chemical Society*、*Advanced Materials*、*Nature Communications*、*Nano Letters*）一作论文5篇。

（5）2018年成功申请校优秀博士论文基金项目的博士生有3位（叶彦林、张扬、肖磊）；成功申请江苏省普通高校研究生科研创新计划项目的博士生有3人（肖磊、刘通、水涛）。

五、学生工作

1. 及时了解学生的思想状况，并按学校的相关精神开展教育工作，倡导学生关心时

事政治,理性爱国,确保学生能够在安全稳定、团结有序的氛围中学习和生活。在院党政和各专业教研室的大力支持下,继续优先配备年轻、高学历的专业教师担任本科生班主任;在本科一年级学生中配备高年级学生作为班指导协助做好相关工作。学生工作的专职教师能够做到思想理论武装与实际工作的紧密结合,不断更新教育理念,完善教育管理与服务方式。及时掌握学生思想动态,及时安抚、引导、帮助,学生中未出现任何异常现象或群体事件。

2. 进一步围绕学习《中国共产党普通高等学校基层组织工作条例》《江苏省大学生党员发展工作"三投票三公示一答辩"实施办法》等文件做好党务技能培训,提高党员发展质量,增强党员先进性意识,稳步推进学生党建工作。积极指导、支持各学生党支部开展党日活动,加强支部的凝聚力和党员先进性教育。做好党务技能培训,提高党员发展质量,增强党员先进性意识,稳步推进学生党建工作。2018 年度,2017 级硕士研究生党支部的"悟物穷理系列党日活动"被评为东南大学研究生"最佳党日活动"一等奖(全校 6 个)。10 月,我院党委配合数学学院党委顺利开展了物理学院、数学学院、材料科学与工程学院党委举办的联合党校发展对象培训班。11 月配合学校党委完成了预备党员、发展对象的培训工作。

3. 物理学院 2018 年实际毕业生总人数为 85 人,已就业 85 人,总体就业率为 100.00%。物理学院 2018 届毕业生中,以各种形式直接就业的共有 52 人。其中,本科生 12 人,占本科生总毕业生人数的 30.77%;硕士研究生 25 人,占硕士生总毕业人数的 83.33%;博士研究生 16 人,占博士总毕业生人数的 100%。在以各种形式直接就业的毕业生中,17.31%的毕业生签约了国企、国家事业单位以及机关,高等教育单位、中初等教育单位的签约比例为 32.69%,签约科研设计单位的有 1 人,签约其他企业、三资企业的比例为 40.38%。签约国有企业、国家事业单位及机关的毕业生中,硕士生最多。博士生签约高等教育单位的比例高达 75%。总体来看,本科生、硕士生就业单位的性质比较复杂,博士生去往高等教育单位的比例最高。

4. 扎实做好学生日常管理工作。坚持公平、公正、公开的原则做好奖、助、贷等工作,发放研究生学业奖学金(含新生奖学金)共 131.6 万元,其中硕士研究生总金额 89.0 万元、博士研究生总金额 42.6 万元。100161 班级被评为省级先进班集体,103161 班级被评为校级先进班集体,100161&100162 联合团支部获得校国旗团支部入围奖,李新新被评为省级优秀学生干部,梁艳平、章烨晖、桂楚人、杨娟、水涛被评为校优秀研究生干部,荆启华、李明泽、陈月、张卿雅、李园园、周义、陈杏梅、范兴策、过伊吕被评为三好研究生,荆启华被评为研究生优秀团干部,张卿雅、梁艳平、章烨晖、曲登科、桂楚人被评为研究生优秀团员,张芃、秦鑫被评为校优秀学生干部,王朝晖被评为三好学生标兵,孟翰廷、马奕暄、杜倩蕾、高艺萌、许浩、高渠成、陆佳华、赵威威、金昊、李国平、李国安、王福毅、李伦、童雪、余婷洁被评为三好学生,陆佳华、王朝晖被评为本科生优秀团干部,李钊、姚震、杨恒星、窦唯靖、张新钰、马眉扬、王福毅被评为本科生优秀团员,沈傅欢、钱骞被评为 2018 届优秀毕业生。

5. 理学院 2018 届毕业生在国(境)内升学者共有 23 人。其中,本科生 18 人、硕士研究生 5 人。选择出国(境)继续深造的毕业生人数为 10 人,其中本科生 9 人,占本科生毕

业总人数的23.08%，硕士生1人。选择在国(境)内升学的学生中，大部分选择了留在东南大学，其他人均留在了985高校和相关科研院所。

六、党建和思想政治工作

1. 按照校党委要求，做好党委常规工作。坚持党政联席会议制度，做到重大决策集体讨论决定。定期召开支部书记例会，认真组织党员学习党的理论及相关文件精神，过好组织生活，认真开展系领导班子民主生活会。进一步加强领导干部的党风廉政建设、加强班子成员服务意识和责任感，努力做好各项工作，以优质的服务和管理赢得全系教职工的信任和支持。

2. 扎实做好党建工作。认真完成全系党建及学生党建工作，坚持高标准、严要求，始终把好党员发展关。

3. 按照校党委的部署和要求，围绕系里的中心工作，组织逐步实施，推动党支部建设，发挥各党支部的战斗堡垒作用和共产党员的先锋模范作用。活动形式多样，教育效果显著。积极开展党日活动，系党委和各支部围绕主旋律，结合重大纪念日，充分发挥革命历史纪念馆等红色教育资源的作用，开展党史教育、实践教育等活动，丰富了创先争优活动内容。

生物科学与医学工程学院

2018年，学院积极落实学校“人才年”的指示要求，加强高端人才的引育，大力推进教学改革，加强基于一流学科的高水平科学研究，全面推进各项工作，基本完成学院年初提出的工作目标。

一、基本情况

经过30余年的发展，学院已形成了较为完善的高层次人才培养和高水平科学研究体系。学院目前拥有生物医学工程、信息与系统生物学、医学与生物物理学、脑与学习科学等4个系；拥有1个国家重点学科及“双一流”学科，1个博士后流动站及“长江学者奖励计划”特聘教授岗位；拥有1个国家重点实验室、1个国家级实验教学示范中心、1个国家“111学科创新引智基地”、1个国家工程实践教育中心，1个教育部重点实验室，以及1个省级重点实验室、2个省级产业技术研究(院)所。学院现有专职教师130余人；在校生1 042人，其中本科生近420人、硕士生386人、博士生239人；在站博士后34人。

学院已建成一支以优秀中青年博士为主的学科梯队，目前拥有教育部创新团队1个，现任教师中有工程院院士1人，国家“千人计划”入选者4人，长江学者特聘教授3人，第四批国家“万人计划”入选者2人，国家“青年千人”入选者1人，国家杰出青年基金获得者5人，江苏省特聘教授2人；教授44人、副教授55人；博士生导师44人、硕士生导师98人；90%以上教师具有海外留学背景。多名教授分别在中国工程院信息学部、国家重大科学计划以及“863”主题专家组等国家级学术机构或专家组中担任重要职务。

生物医学工程一级学科下自主设置神经信息工程二级学科，具有学习科学、生物信息技术、医学图像与医学电子学、生物医学纳米技术、生物医学材料等重要发展方向。设有生物医学工程、信息与系统生物学、医学与生物物理学、脑与学习科学等 4 个学系，开设生物医学工程、生物信息学等 2 个本科专业，及生物医学工程本硕连读专业。生物医学工程学科是涉及信息科学、生物医学以及化学、物理、材料学等诸多学科的新兴、前沿学科，主要应用电子信息工程和生物医学材料工程的理论、方法和技术解决生物医学技术问题，研究发展新型生物医学材料、器件及医疗仪器设备等，应用于疾病的预防、诊断、治疗和康复。

二、人才培养

积极开展教育思想大讨论。学院积极响应学校相关部署，围绕“教育思想大讨论”召开专题全院大会 2 次、师生座谈会 4 场、专题研讨会 2 次、教师访谈 3 场、班团学生活动若干场、暑期专题实践 2 项，覆盖一线师生、校友、用人单位，贯穿人才培养全过程，充分调动了师生的积极性、主动性，凝聚智慧，为新一轮教学改革奠定了坚实的基础。

教学改革及日常管理有序推进。推进品牌专业建设，开展“基于神经教育学的本科教学改革”工作，积极推进生物医学工程新工科个性化人才培养模式探索与实践项目，获批 2018 年江苏省高等教育教改研究课题 1 项；开展基于探究式教学、重在大概念教学的课程及小班化教学改革，投入建设智慧教室等。

扩大对外招生宣传，开启医工交叉创新研究院的招生工作，2019 年硕士博士研究生报名人数及招录推免生人数较以往均翻一番，所负责的辽宁省招生的理科录取最低分排名跃进 1 400 名。

推进创新创业教育，人才培养成果丰硕。连续 4 年组织学生到上海医博会参观交流，举办“东南大学生物医学工程‘双创’导师授聘暨创新创业研讨会”，聘任导师 12 名。本年度 24 名本科生在各类学科竞赛中获省级及以上奖项。2016 级本科生张睿憬带队获第四届中国“互联网＋”大学生创新创业大赛国赛银奖；在 2018 年全国大学生生物医学工程创新设计竞赛中，学院参赛队伍获一、二等奖各 1 项，夏兰获得优秀指导教师奖；多个个人和集体获殊荣，郝世杰同学荣获“中国大学生自强之星”称号及 2018 年“中国电信奖学金 · 天翼奖”暨“践行社会主义核心价值观先进个人标兵”，硕士 161 班及本科 261151 班荣获江苏省先进班集体荣誉称号。本科生升学率逐年提升，2018 年本科生总升学率超 70％。

三、学科建设与科学研究

截至 2018 年 12 月底，本院科研经费到账总数共 6 805.38 万元，其中国家纵向科研经费到账 6 466 万元、横向 209 万元；发表各类科研论文 268 篇，其中 SCI 论文 260 篇；表现不俗论文 115 篇，占学校表现不俗论文比重为 8.23％；申请专利 83 项，授权 39 项，其中发明专利授权 35 项。

科研成果：“数字克隆人”入选 2018 年东南大学“十大科学与技术问题”。顾宁教授 2018 年获国家自然科学基金-创新群体项目立项，经费资助金额 1 050 万；顾忠泽和徐春

祥教授团队2018年获国家重点研发计划立项,经费资助总额2 811万;陆祖宏教授团队何春鹏老师的论文被英国皇家科学会会刊以历史最长篇幅(10页)在线报道,并被《自然》杂志以Highlight形式评论;吕晓迎教授和何农跃教授再次入选中国高被引学者榜单(生物医学工程);顾宁团队"磁性气泡"荣膺第46届日内瓦国际发明展特别金奖,张天柱团队获银奖;王雪梅老师团队获江苏省科学技术二等奖;顾宁团队获2018高校科研优秀成果自然类一等奖。

产学研基地建设:2018年学院依托东南大学江北新区创新研究院,牵引推动东南大学主导的"生物医学大数据重大科学技术基础设施"的落地和建设。

境内外学术交流:成功举办首届全国生物磁学与磁性纳米材料学术会议、第十届国际后基因组生命科学技术学术论坛暨第十一届单细胞分析技术研讨会、生物医学工程国家级实验教学示范中心指导委员会会议暨全国生物医学工程实验教学研讨会,邀请多位国内外专家学者到校进行学术交流,举办各类学术讲座30余场。

四、师资队伍建设

成功引进国家杰出青年基金获得者中国科学技术大学梁高林教授;与"千人"专家汪大洋、吴景龙等实质性洽谈入职东南大学之事;加强博士后培养,全年进站博士后18人、出站7人,生物医学工程博士后科研流动站连续3年获评优秀。何农跃教授入选2018年全球"高被引科学家"榜单;顾宁教授2018年当选美国医学与生物工程院会士(AIMBE Fellow);刘宏、赵远锦入选2018年国家创新人才推进计划;顾忠泽教授获南京市突出贡献中青年专家荣誉称号;陆祖宏、徐春祥入选2018年东南大学首席教授,刘宏入选青年首席教授;崔乾楠入选东南大学"至善青年学者"支持计划A类,蔡彦入选B类。组织吴琼等16位青年学者参加2018年东南大学海外青年学者论坛。

五、国际化进程

大力实施国际化联合战略,着力推进高层次国际交流、与国际知名高水平大学开展实质性交流与合作。进一步深化与英国伯明翰大学、法国雷恩一大等国际知名高校合作,积极推进教师互派、学生互换、学分互认和学位互授联授,组织学生赴海外交流与参加国际竞赛、专职教师赴国际一流高校访学,引进与消化吸收海外先进课程资源等。

与美国西雅图艾伦研究所共建东南大学艾伦国际联合研究中心;与英国伯明翰大学达成联合培养硕士博士、互派学生、双学位人才培养等合作培养意向;2018年,"国际儿童医学影像研究实验室"成功揭牌;"东南大学-伯明翰大学生物医学工程联合研究中心"正式启用,同时,在英国伯明翰大学成立联合生物医学工程联合中心,这是学院首个在海外设立的基地。

六、党建工作与其他保障工作

做好党建基础工作,提升基层组织活力。严格党员发展流程,全年共发展党员37人,其中包括优秀青年骨干教师夏小俊老师,他曾多次获得东南大学"吾爱吾师——我最喜爱的老师"荣誉称号,也是我院近年来发展的首个教工党员。

组织开展学院党日活动立项和评比,共有11项党日活动获得学院立项。2项党日活动荣获东南大学研究生党支部“最佳党日活动”二等奖。积极开展对标自查和争先创建,申报建设党建工作标杆院系,选育3个样板党支部;积极推动支部书记“双带头人”工程,选强配齐教工作支部书记,目前5个专任教师党支部书记均为业务骨干、业务带头人。

组织开展丰富多彩的校园文化活动,如“极速”九龙、“生医”院运会、“生医”文化周、迎新晚会、教工“冬季健身走”等。

精心打造“生医品牌”,进一步加强综合管理。推进以绩效考核为牵引的学院综合改革,健全完善新的分配考核机制;深入挖掘校友、系友资源,开设“校友论坛”,定期邀请校友回访,聘请优秀校友担任“双创导师”;宣传工作推陈出新,创办《生医快讯》,及时发布相关信息,设计制作面向中学生的生物医学工程宣传漫画,加强招生宣传,提升学院知名度,吸引优质生源;改版升级生医学院官方网站,推动学院信息化建设等。

七、特色亮点及标志性成果

回顾一年的工作,创新和亮点主要体现在以下几个方面:

1. 把一流的学科资源最大限度地转化为本科人才培养的资源,打造了融国家级、省级和校级计划于一体的本科生创新计划体系,推进“本科生导师”制度,让长江学者、国家杰青、新世纪人才等国家级专家参与学生指导、强化大学生科研训练计划(SRTP计划)和学生参与973、重大专项等科研项目的研究。

2. 积极推进“基于神经教育学的本科教学改革”工作,探索生物医学工程新工科个性化人才培养模式等教学改革。

3. 开启医工交叉创新研究院的招生工作,2019年硕士博士研究生报名人数及招录推免生人数较以往均翻番。

4. 持续推进“高端人才倍增计划”,以“优化结构、创新机制、激发活力”为指导方针,按照“立足校内、深化海外、重点高端、面向未来”的人才引育工作思路,持续营造全员引才、聚才、育才的良好氛围和生态,认真做好各类高层次人才候选人的选拔推荐工作,努力实现申报人数和入选人数取得较大幅度突破。

5. 进一步深化与英国伯明翰大学、法国雷恩一大等国际知名高校的合作。

标志性成果有:

1. 在2018年全国第四轮学科评估中,生物医学工程第三次名列全国第一(评估等级A+),连续15年领跑全国。

2. 本年度24名本科生在各类学科竞赛中获省级及以上奖项。2016级本科生张睿憬带队获第四届中国“互联网+”大学生创新创业大赛国赛银奖。

3. 积极响应学校培育“大项目、大成果、大平台、大团队”的号召,申报并入选东南大学2018“十大科学与技术问题”之一的“数字克隆人”项目,以实现“数字克隆人”为目标,牵引推动东南大学主导的“生物医学大数据重大科学技术基础设施”的落地和建设。

4. “东南大学-伯明翰大学生物医学工程联合研究中心”正式启用,同时,在英国伯明翰大学成立联合生物医学工程联合中心,这是学院首个在海外设立的基地。

材料科学与工程学院

律回春渐，万象更新。2018 年这一年，在学校党政领导下，材料科学与工程学院紧紧围绕学校“人才年”的工作部署，团结全院师生，主动谋划，积极作为，认真贯彻学校党委的决策部署，坚定落实党对教育工作的全面领导，学院各项工作蓬勃发展。

一、师资队伍建设

截止到 2018 年底，学院教职工总人数 92 人，其中专任教师 68 人、实验人员 15 人、行政人员 9 人。正高职称 32 人，其中教授 30 人、上岗研究员 1 人、正高级高级工程师 1 人；副高职称 30 人，其中副教授 21 人、副研究员及高级工程师 5 人、上岗副高 4 人；讲师 12 人。

在人才引进工作方面，2018 年申报引进“国家特聘专家”段文会、“国家杰青”冉千平，引进上岗副研究员何炜、讲师董华、留学讲师周扬。在人才计划方面，我院方峰教授、郭丽萍副教授分别成为江苏省“333 工程”第二层次、第三层次培养对象；曾桥石加入江苏省“双创计划”；章炜、高云老师获评东南大学“至善青年学者”A 层次，张培根老师获评 B 层次。

二、教学工作

2018 年 4 月至 5 月期间，为响应学校“凝练办学思想和办学定位，重塑教育理想和教育使命，加快推进‘双一流’建设、构建一流人才培养新格局”的号召，我院开展了多场不同层次和范围的教育思想大讨论，包括“全院教师教学思想研讨会”“材料学院师生代表教学思想研讨会”“国际材料青年学者与师生代表教学思想研讨会”和“学院校友代表与师生间的教学思想研讨会”等，此次教育思想大讨论对进一步提高我院的教学水平、促进我院的发展起到了有力的推动作用。2018 年 12 月 20 日，召开了新一届学院教学委员会会议，通过了教学委员会章程，制订了“材料学院 2020 一流本科行动计划”，并启动了 2019 级本科培养方案修订工作。

2018 年 9 月 26 日，戴挺老师牵头负责的“金属高压铸造技术虚拟仿真实验”获得省级教学改革项目资助，并成功获批 2018 年度国家虚拟仿真实验教学项目，这属于我院首次。

在研究生院和学院的资助与支持下，我院廖恒成老师负责的教改项目“硕士生金属凝固原理”慕课历经一年半时间，完成录制、视频制作与修改，正上线试用，将于 2019—2020 学年度正式开设此慕课课程。该慕课分 5 章共 25 个视频 30 个知识点。慕课上线使用，将完全改变现有的教学模式，从老师主讲转变为学生线上自学知识点＋课堂学生与老师讨论相结合，转变为以学生自主学习＋主动讨论为主的教学模式，翻转课堂，极大地提高学生自主学习、自主探索科学的积极性，培养学生自主学习、探索问题、解决问题的能力。

在研究生培养方面，完成了材料科学与工程博士、硕士学位授权点和材料工程硕士专业学位授权点的自我评估工作，形成了评估报告并通过专家审核。对已有工程硕士和博士专业学位授权点进行了调整，作为主要负责学院会同化学化工学院等完成了“材料与化工”工程硕士和工程博士专业学位授权点的整合调整工作，形成了专业学位的整体方案。

三、科研工作

近年来,我院科研工作保持良好的发展势头,科研立项、论文和专利发表数量方面稳步增长,现将 2018 年全年具体情况总结如下:

1. 获各类科研奖项 10 项,其中牵头获高等学校科学研究优秀成果奖二等奖 1 项,江苏省科学技术奖一等奖 1 项,参与获国家科学技术奖二等奖 1 项(第三完成单位)。

2. 发表 SCI 检索论文 208 篇,其中 JCR 一区论文共计 91 篇,占 43.8%,论文档次和数量较历年明显提升。

3. 申请(受理/公开)国家发明专利 148 件,获授权专利 59 件。

4. 全年实现总到款科研经费约 3 383 万元,其中到款纵向经费 1 565 万元,横向经费 1 038 万元、平台和学科建设经费 780 万元。

5. 年新增立项科研项目共计 72 项,合同总金额 4 860.4 万元。

6. 学院现有科研硬件设备 4 187 台套,设备总值约 11 210 万元;2018 年新增科研硬件设备 508 台套,共计 1 153.6 万元。

7. 积极推动加强国内外学术交流,全院师生参与国内外学术会议共计 116 人次,邀请国内外学者学术报告 38 人次。

四、党建工作

2018 年,建材党支部入选"全国党建工作样板支部",建材党支部孙伟院士入选 2018 感动江苏十大教育人物。建材党支部、2017 级硕士第一党支部、本科生党支部入选 2018 年度东南大学样板党支部建设名单。

院党委积极探索基层党组织的活动方式和工作方法,确保党的教育方针的贯彻落实。积极筹备组织党支部活动的开展,提高基层党支部的"情商"水平,扎实做好支部文化建设工作,全方位打造立德树人的育人平台,充分发挥党支部在基层的先锋模范作用,坚持对党员进行党章、党性、党的宗旨教育,教育党员以习近平新时代中国特色社会主义思想来指导思想和行动,发挥党员的先锋模范作用,要求党员同学时刻牢记"为人民服务"的宗旨,在各方面树立党员新形象。此外,不断创新党的组织生活内容和载体,依托"两学一做"学习教育活动,深入学习贯彻党的十九大精神,学习《厉害了,我的国》、"反间防谍"等相关视频材料,以各类科技创新、文化体育、社会实践、志愿者服务等活动为载体,开展形式多样有教育意义的组织活动。

全年,学院基层党支部共开展各类主题党日活动共计十余项,这些活动的开展,为学院搭建立德树人育人平台、服务学院各项事业发展、促进学生成长成才,扎实推进学院党委思想政治引领工作提供了帮助。

五、学生工作

2018 年材料学院本科生获省级荣誉 1 项,1 人被评为江苏省三好学生;共获校级荣誉 38 项,其中校级三好生 29 人、校级优秀学生干部 3 人、校级三好生标兵 1 人、校级优秀毕业生 5 人。2018 年材料学院本科生共获各类奖助学金 74 人次,其中国家奖学金 6 人

次、国家励志奖学金 15 人、校长奖学金 3 人次。

2018 年材料学院研究生共获校级荣誉 45 项，其中校级三好研究生 26 人、校级优秀学生干部 12 人、校级优秀毕业生 6 人、“正青年”优秀毕业生 1 人。2018 年材料学院研究生学业奖学金覆盖全体在籍研究生，其他奖助学金覆盖 40 人次，其中国家奖学金 12 人次。

团委工作方面，2018 年我院在院系杯比赛中摘得女篮团体第一、男排团体第四，校运动会获得乙组团体第三名、男子团体第三名的好成绩。环九龙湖自行车赛获优秀组织奖。第九届“大力杯”拔河比赛乙组第二，并荣获优秀组织奖。新生杯棋牌比赛中摘得团体第一名、围棋第三名。定向越野赛获团体第七名。冬季阳光长跑男子团体第六名。获女子“投篮之星”第二，院系杯排球赛第四，院系杯篮球赛前八，足球赛前八，校运会第九届“大力杯”拔河比赛第三，物理、化工、材料联合运动会团体总分第一。研究生会在优秀研会评比中，获得“优秀研究生会”称号。“五四表彰”中，2016 级硕士第二团支部荣获校“先进团支部”，120154 团支部和 120162 团支部荣获甲级团支部，孙超等 3 人荣获“优秀团干部”，喻世平等 27 名同学荣获“优秀团员”。

在全校的“东大好青年”评比中庄瑜奕同学以其无私的志愿精神和不懈地努力奉献被评为“最乐于奉献的好青年”。刘志康同学组织的“筑梦黔行”暑期支教系列活动荣获校“十佳团队提名奖”。在 2018 年 11 月，我院本科共有 8 个团支部的“磐石计划”团日活动在学校成功立项，分别是：120161 团支部“我与改革共成长，青春奋斗正当时”、120162 团支部“践行，渐远”、120163 团支部“为充实自己努力——读书分享会”、120164 团支部“做有理想、有本领、有担当的青年一代”、120171 团支部“止于至善，砥砺前行”、120172 团支部“话青建之事，立栋梁之材”、120173 团支部“追寻建国足迹，展望兴国未来”、120174 团支部“感受历史文化，培育爱国情怀”。

六、特色活动

2018 年，我院院牢牢把握学校“人才年”战略，举办了多场特色活动：

1. 2018 年 5 月 5 日全天，我院组织全院教师开展教育思想大讨论。

2. 2018 年 5 月 25—26 日，我院成功举办“2018 年东南大学国际材料青年学者论坛”。

3. 2018 年 6 月 2 日，首届土木工程材料可持续发展东南大学校友高层论坛在东南大学成功召开。

4. 2018 年 8 月 10—13 日，我院成功举办第一届材料科学与工程相关学科全国优秀大学生暑期学术夏令营。

5. 2018 年 10 月 26—28 日，我院成功举办 2018 年 X 射线计算机断层扫描应用技术研讨会。

6. 2018 年 12 月 4 日，第二届多校视频实时互动对话沙龙“建材人生”成功举办。

人 文 学 院

一、学院概况

人文学院是东南大学比较特殊的一个学院，它是一个多学科的综合性学院，现有哲学与科学、公共管理、中文、旅游学、医学人文学、社会学、历史学 7 个系以及 MPA 中心，兼跨 7 个一级学科。现有政治学与行政学、汉语言文学、旅游管理、社会学、哲学 5 个本科专业，哲学一级学科博士学位授权点，哲学、社会学、心理学、中国语言文学、公共管理 5 个一级学科硕士学位授权点和公共管理硕士(MPA)、汉语国际教育硕士、社会工作硕士、应用心理硕士等 4 个专业学位授权点。目前学院有教职工 109 人，其中教师 100 人。在校本科生 724 人，其中少数民族特招生 40 人、国家专项和高校专项学生 45 人、运动员特招生 24 人。在校博士研究生 74 人，硕士研究生 579 人，其中全日制硕士研究生 215 人、非全日制硕士研究生 364 人。

人文学院有哲学学科博士后流动站和“科技伦理与艺术”国家“985”哲学社会科学创新基地、“公民道德与社会风尚”江苏省“2011”协同创新中心、江苏省首批重点高端智库“道德发展智库”以及哲学省级重点学科。

二、师资队伍

学院拥有一支高层次、高素质、年轻化的师资队伍。在师资队伍中，有教育部长江学者特聘教授 2 人、教育部新世纪人才 1 人、江苏省社科名家 1 人、中宣部“四个一批”人才 1 人、江苏省“五个一批”人才 1 人、江苏省教学名师 1 人，东南大学人文社会科学资深教授 2 人，博士学历的教师超过 90%，有教授、副教授职称的人员超过 55%，其中博士生导师 19 人、硕士生导师 56 人。

三、学生培养与学科发展

2018 年人文学院学生培养工作：

首先，以学习贯彻《高校思想政治工作质量提升工程实施纲要》(以下简称《实施纲要》)为重点，切实加强学生思想引领工作。深入贯彻落实十九大精神和《实施纲要》，以学生党支部为政治核心，以团支部为主导力量，以磐石计划、社会主义核心价值观精品项目、“领航工程”“中华赞”等项目为主要抓手，加强学生社会主义核心价值观教育，切实推进学生思想引领工作。

2018 年本科生低年级党支部获评 2018 年“领航工程”东南大学本科生党支部精品项目重点项目样板支部；134161 团支部入围“国旗团支部”，获特级团支部荣誉称号；13A171 获特级团支部荣誉称号；在首届江苏省研究生公益科研创新实践大赛中，人文学院“‘五三助梦’公益义卖平台”和“‘药’问必答：农村精准用药导航推广”等 2 个项目进入全国决赛。

其次，以提升学风建设内涵为目标，努力做好学生教育管理工作。以“我想成为什么

样的人"教育思想大讨论为背景，辅导员到教室听课，抓学生出勤率和课堂纪律，从思想态度上入手，抓好学风建设工作；以学校相伴计划、优良学风班和优良学风标兵班建设项目、大学生课外研学项目为依托，做好课外教育管理，促进学风建设工作。2018 年，郭秉文班 2017 级 9 个班全部获评优良学风班，其中 13A171 班获校先进班集体和优良学风标兵班；人文学院 2017 级"望乡行"团队获校级社会实践十佳团队；石婷同学获江苏省"三好学生"荣誉称号；李梦倩、毛国一在第二届"公共管理类院校研究生联盟"大会演讲比赛中分获二等奖、三等奖；季玉群、靳力两位老师指导的"梧桐论语"团队在第二届中国研究生公共管理案例大赛中获全国二等奖。

再次，在 2018 年由教育部学位与研究生教育发展中心和全国 MPA 教指委主办的中国研究生公共管理案例大赛中，人文学院从来自 180 所 MPA 培养院校的 1 091 支参赛队伍中脱颖而出，进入 16 强，再次荣获全国二等奖。东南大学也成为江苏省唯一一所两次进入全国 16 强并最终获得全国二等奖的高校。2019 年度该项赛事目前正在案例评审阶段，东南大学人文学院再次入选全国 100 强，期待取得更好成绩。

1 次荣获江苏省五四红旗团委，多次荣获江苏省暑期社会实践先进集体荣誉称号，1 个团支部获得国旗团支部提名奖，1 个团支部获得国旗团支部入围奖，十余支团队获评社会实践省级优秀团队，其中"望乡行"团队获 2018 年全国优秀团队提名奖，30 余人次获评省级优秀个人。

2018 年人文学院学科发展：

2018 年上半年本科教学教育思想大讨论；人文学院就秉文文科试验班的推进与特殊类型学生的培养多次开会研讨，并编撰了会议资料等。

编撰完成《人文学院本科教学审核自评表》与《附件材料》的教学研讨与文件汇总。

四、科研成果

2018 年人文学院在全体教师的共同努力下，科研成果颇丰，取得了一定的成绩，总结如下：

（一）科研项目情况

人文学院 2018 年度国家社科基金立项项目

项目批准号	课题名称	所在学科	项目类别	主持人	所在学院	资助经费/万元
18ZDA022	改革开放 40 年中国伦理道德数据库建设研究	哲学	重大项目	王　珏	人文学院	80
18BZX125	现代中国家庭的伦理支持研究	哲学	一般项目	许　敏	人文学院	20
18BZZ005	社会主要矛盾转换条件下中国政治发展的生活政治路径研究	政治学	一般项目	张　敏	人文学院	20
18BZS013	《太史公书》异文整理与研究	中国历史	一般项目	王华宝	人文学院	20

(二) 获奖情况

1. 樊和平"伦理道德的精神哲学形态"获江苏省第十五届哲学社会科学优秀成果一等奖;

2. 获江苏省第十五届哲学社会科学优秀成果奖4个三等奖(范志军、王华宝、乔光辉、马向真)

3. 道德发展智库获中国智库索引(CTTI)2018年度高校百强智库。

(三) 论文与著作

发表各类论文82篇。其中:

1. CSSCI论文46篇;

2. 各学科最高刊以外的最高刊:《中国社会科学》2篇(王珏、樊和平),SCI 1篇(陶卓立),A&HCI 4篇(杨煜1篇,Ionut Untea 3篇),SSCI 6篇(吕秋琳、张佳、张晶、徐菲菲、顾秋实、Ionut Untea各1篇)

3. 专著共13本。除这13本专著之外,还包括:(1)樊和平、王珏等《中国伦理道德发展数据库》(7卷,12册);(2)萧焜焘文集7卷。

五、党建工作

2018年,人文学院党委按照中央和学校党委有关要求,以习近平新时代中国特色社会主义思想为指导,全面贯彻落实党的十九大精神,坚持立德树人,落实"两个责任",扎实推进"两学一做"学习教育常态化制度化,重点开展党支部规范化建设,全面加强和改进学院党建工作,取得明显成效。

人文学院党委党建工作方面:(1)提高政治站位,着力加强政治建设。(2)推进深学实做,着力加强思想建设。(3)严格对标对表,着力加强组织建设。(4)做到常抓不懈,着力加强作风建设。坚持严字当头,着力加强纪律建设。(5)学院党委切实担负起主体责任,积极运用监督执纪"四种形态",尤其是加强对"第一种形态"的运用,使"咬耳扯袖""红脸出汗"制度化、常态化,为党员干部把好第一道关口。

2018年,人文学院团委、学生会、研究生会继续举办"中华赞经典诵读"等传统品牌文化活动,人文学院团委获得校"五四"红旗团委、优秀院系团委、学生暑期社会实践优秀组织奖和团队特等奖等荣誉。2017级郭秉文班1班获得校"优良学风标兵班""特级团支部"等荣誉称号。在获评省级校级三好学生、省级校级优秀学生干部、校长奖学金、推荐免试攻读研究生、优秀毕业生等各项荣誉方面,学生党员占比均在80%以上。

2018年下半年配合学院党员的首轮巡视整改,完善学院教学委员会与督导小组等机构,同时推进课程思政课程建设。

截至2018年底,人文学院现有在职教工党员53名,离退休党员31名,学生党员223名,党员总数330名。按系科专业结构特点在全院设立9个学生党支部、4个教工党支部和2个退休教师党支部。

艺术学院

一、学院概况

2018年,艺术学院共有教职工67人,专任教师59位,其中教授14位、副教授19位、讲师18位、助教1位,引进了教授2名、专职科研人员1名,博士2名。教职工党员31人。本年度学生总人数为554人,其中学生党员数为100人。

1名副教授晋升教授,2名博士晋升讲师。1位教授受聘为中国艺术人类学副会长,1位教授受聘为教育部艺术学理论专业教学指导委员会副主任委员,1位教授入选江苏省"333"人才工程,1位副教授入选江苏省"青蓝工程",1位教授受聘为东南大学"首席教授",1位副教授被聘为东南大学"至善青年学者",1位副教授担任中国工业设计协会设计教育分会副理事长,1位教授担任江苏省艺术学类研究生教指委成员,1位副教授荣获东南大学"2018年我最喜爱的研究生十佳导师"称号。聘用德国海德堡大学东亚艺术研究所所长胡素馨教授为客座教授。

二、党建工作

艺术学院2018年有7个党支部,其中学生党支部5个、教工党支部2个。全年发展指标28个,已全部完成。选送63人参加发展对象培训班,并承办了东南大学第28期发展对象培训班。截至2018年11月28日,我院共有党员131人,其中学生党员100人、教师党员31人(含退休党员3人)。

4月3日,我院师生在梅庵开展"缅怀先生遗风,铸造中国脊梁"——追思李瑞清先生活动,缅怀先烈志,共筑中国魂。

5月31日,我院联合东南大学老干部处、东南大学关心下一代委员会等单位,在焦廷标馆二楼展厅开展了"美丽中国·美丽东南大学"——纪念改革开放40周年暨东南大学建校116周年、东南大学复更名30周年师生联合书画作品展。东南大学党委副书记、纪委书记任利剑,我院党委书记王和平,党委老干部处处长张俊琴,离休干部党委副书记张楠以及离退休老干部代表、我院师生代表出席了开幕式。

5月7日下午,艺术学院党委组织党支部书记赴南京书画院考察交流。

9月,我院在2017—2018学年研究生党支部"最佳党日活动"评选中喜获佳绩。

11月15日,艺术学院2018级硕士生党支部开展以"把握时代脉动,弘扬奋斗精神"为主题的党日活动,组织党员群众赴南京市规划建设展览馆参观改革开放40周年南京发展图片展。

2018年6月6日本科生党支部与学生处共建开展"诚信为本、感恩长存、励志前行"党日活动。

2018年5月,教工第一党支部开展"与子同袍,修我戈矛"——党风廉政建设主题微电影《同窗》创作党日活动。

2018年9月2017级硕士生党支部开展"不忘初心,放飞理想"党日活动。

2018年10月博士生党支部开展“认真领会‘十九大’精神,参观学习江宁博物馆”活动。

2018年10月成立艺术学院“艺术+志愿团”,与殷巷社区共建,通过指导学生参与各项志愿活动,切实提升学生责任感和使命感。

三、学科建设与学术研究

3月,陶思炎教授所著的《南京传统风俗》一书由南京出版社出版。

5月,我院汪小洋教授主编的《中国丝绸之路上的墓室壁画》入选“2017苏版好书”。

5月2日,学院召开党政联席扩大会议,审议了2018年“一流学科”建设计划,计划涵盖了数据库引进、成果库建设、全智能办公系统建设、学院大楼改造计划、业务费规划、成果奖励计划等相关内容。

5月3日,艺术学院在九龙湖校区艺术学院大楼报告厅召开了“深化教育综合改革,培养一流创新人才”教育思想大讨论动员会。全院教职工参加此次会议。

5月16日,艺术学院在九龙湖校区艺术学院二楼报告厅召开教育思想大讨论汇报会。副校长吴刚、学院全体教职工参加了会议。大会由崔天剑副院长主持。根据学院安排,学院各单位就前一阶段分组讨论情况做了总结汇报。

5月23日,艺术学院“教育思想大讨论”专题研讨在艺术学院二楼报告厅举行,全院教职工和学生代表参加了专题研讨。

6月1日至2日,由我院主办的第二届艺术社会学青年学者论坛暨“新视野中的艺术社会功能”学术研讨会在东南大学成功举办。

7月,向学校提交了东南大学艺术史论本科专业设置的论证材料。目前,我院关于设置艺术史论本科专业的申请已经获得学校批准并报到教育部,等待教育部最终审批结果。

2018年学院正式开通《中国基本古籍库》(数据库),开通试用ASP学术视频在线数据库、鼎秀古籍全文检索库、橙艺CG设计在线视频与数据库、《大成老旧期刊全文》《申报》《大成故纸堆》等数据库,订阅纸质版学术杂志60种。

9月25至27日,由中国艺术人类学学会与东南大学联合主办、东南大学艺术学院承办、《民族艺术》杂志社协办的2018年中国艺术人类学学术研讨会在我校召开。

10月,学院与杭州师范大学等单位共同筹办“改革开放40年与中国艺术理论发展回顾和展望”学术研讨会暨2018中国艺术学理论学会年会。

10月19日至20日,台湾东海大学与台南艺术大学的代表应邀在我院三楼会议室,成功地联袂举办“传承与创新”艺术教育学术工作坊。

11月28日,东南大学党委副书记、纪委书记任利剑一行来我院开展调研座谈。当日下午,艺术学院全院教职工大会暨第一届教代会第四次会议在艺术学院报告厅举行,本次大会由党委书记赵天为主持,艺术学院全体教职工参加了本次大会。会上宣布通过并实施《艺术学院奖励性岗位绩效津贴考核分配办法》和《艺术学院奖励性岗位绩效津贴考核指标》。

12月15日,我院成功举办“2018年江苏省文化产业学科建设联席会暨艺术传播研

讨会”。

12 月 18 日，我院邀请到英国伦敦大学亚非学院艺术学院院长马啸鸿教授，举办“离开宫廷的艺术：中国的末代皇帝与离别艺术的纪念”专题学术讲座。

我院 6 名老师参加了 2018 敦煌论坛：敦煌与东西方文化的交融国际学术研讨会。

2018 年，我院教师获批 4 项国家社科基金艺术学项目，其中郁火星教授申报的“西方艺术史理论体系研究”、曾伟副教授申报的“全球化视野下的江南地域文化景观设计策略研究”和秦璇副教授申报的“数字化技术与昆曲艺术创新发展研究”获批一般项目，李牧讲师申报的“中国非物质文化遗产在北美地区的跨文化传播研究”获批青年项目。获批江苏省社科基金项目立项 5 项，其中郭建平教授申报获批重大项目，龙迪勇教授申报获批重点项目，沈淑琦副教授和李小旋讲师申报获批一般项目，张志贤副教授的专著《数据信息可视化图像艺术研究》获批省社科规划后期资助项目。

全院教师在论文 CSSCI、EI、北核等各类期刊发表论文 55 篇，出版教材 3 部，出版著作 16 部。

此外，2018 年我院共举办“名师讲坛”15 期，邀请国内国外艺术学领域具有重要影响力的名师与我院师生开展学术研讨。邀请校外及业内专家举办工作坊 5 次，我院青年教师主办的“梅庵工作坊”开展了 8 次研讨会。

四、交流合作

2018 年我院新招收 1 名台湾地区硕士生，招收的海外留学生包括 1 名荷兰籍博士生、1 名泰国籍博士生、1 名巴基斯坦籍硕士生、1 名博茨瓦纳籍硕士生。窦笑智、王诗晓、吴思佳等 3 位博士生通过 CSC 留学基金遴选，获批资助，赴英国剑桥大学等海外名校进行博士阶段的联合培养。

3 月 9 日，我院与东方红木家具艺术馆联合举行实习实践基地揭牌仪式。崔天剑副院长与东方红木家具艺术馆姚向东馆长分别代表东南大学艺术学院和东方红木家具艺术馆签订了《东南大学艺术学院实习实践基地建设协议书》。双方还就实习基地建设、科研合作、学术交流等方面问题进行了深入交流。

4 月 18 日至 22 日，我院李轶南副院长、设计系李永春主任及动画系孙菁主任、张顺副主任与萧宗志副教授组成的教师代表团于 2018 年赴台湾地区东海大学创意设计暨艺术学院与管理学院，参加“2018 永续经营、创新变革与挑战国际学术研讨会”，并在会后进行交流活动，旨在推动今后两校师生的学术交流和合作互访。

4 月 24—25 日，东南大学艺术学院举办了“昆剧、蒲剧比较工作坊”。王廷信院长邀请著名蒲剧艺术家、第 5 届中国戏剧梅花奖获得者武俊英女士和著名昆剧艺术家、第 24 届中国戏剧梅花奖获得者孔爱萍女士来到东南大学艺术学院举办讲座并和师生进行交流。

5 月 5 日，东南大学艺术学院举办了“艺术与社会工作坊”。

5 月 31 日，湖北大学艺术学院副院长华勇一行人来我院交流调研。我院党委书记王和平、设计系副主任许继峰、团委书记田清参加了调研会。

5 月，学院接洽了台湾地区台南艺术大学詹校长、林凤仪教授一行来学院考察访问，

商谈合作事宜。

8月11日至14日，我院院长王廷信、副院长李轶南、学科办主任周渝赴德国海德堡大学东亚艺术史研究所访问。

8月17日，我院院长王廷信教授出席“长三角”专家高质量发展河津行活动期间，代表我院与山西省河津市政府签署了研究生教育实践基地协议书。

10月14日至21日，我院与设计开放大学、正泰集团在杭州良渚梦栖小镇(世界工业设计大会永久会址)联合举办“未来家居智慧照明设计工作坊”。

11月13日至20日，我院与中兴通讯、设计开放大学在杭州良渚梦栖小镇联合举办“5G创想”设计工作坊。

12月12日下午，四川大学艺术学院一行前来我院进行调研工作。

12月22日，东南大学校友总会艺术学院分会安徽院友会在安徽合肥举办成立大会。

2019年1月1日，我院承办的“艺术新视线:第二届当代中青年艺术家邀请展暨研讨会”在南京美术馆举行。

五、教学与人才培养

5月27日，由张志贤副教授指导的学生团队进行的“留守儿童数据可视化平台”项目荣获2018年“创青春”江苏省大学生创业大赛金奖。

11月3日，我院“小禾苗·重点人群关注可视化平台(以留守儿童为例)”项目荣获2018年“创青春”全国大学生创新创业大赛银奖。

11月，我院设计系学生在第十届全国大学生广告艺术大赛中喜获佳绩。其中“国赛”获奖共计13项(二等奖4项、三等奖2项、优秀奖7项);江苏赛区“省赛”获奖共计45项(一等奖7项、二等奖13项、三等奖12项、优秀奖13项)。

11月，我院季欣教授入选江苏省第五期“333”工程培养对象三层次人选。

11月，我院副教授崔之进的“顶级科技期刊封面的中国元素研究”项目荣获“2017年度江苏省社科应用研究精品工程”二等奖。

11月17日，由我院主办的“六朝新韵”东南大学艺术学院师生十人画展在六朝博物馆开展，共展出东南大学艺术学院艺术学院师生国画作品30余件。

11月20日上午，由东南大学党委宣传部主办，图书馆、艺术学院、四牌楼校区管委会协办的艺术学院张乾元教授“澄怀味像——张乾元鞍马人物山水画展览”在四牌楼校区图书馆隆重举行。

11月21日，我院葛鸿雁同学在第五届全国“助学·筑梦·铸人”主题宣传活动中获奖。

11月23日，由艺术学院总策划，辅导员刘畅担任导演，杨格格、王陆松洋、余江等同学共同参与拍摄完成的微电影《穿过青春的迷彩》在2018年国家国防教育年度表彰中获奖。

11月29日，我院在东南大学2018年大学生暑期社会实践总结表彰大会上荣获多项表彰，我院组建17支暑期社会实践队伍，6支队伍获批校级重点团队。

11月30日，我院设计系学子在许继峰老师指导下在本年度海峡两岸三地的文创设

计大赛中喜获佳绩。

六、学生活动

5月16日，我院2017级产品设计专业余玥玮同学在东南大学党委宣传部主办的第四届“与声俱来”配音大赛决赛中荣获亚军。

5月18日，我院2015级艺术学理论专业硕士研究生徐娇娇同学荣获2018年度唯一一名硕士研究生“正·青年”称号。

5月21日，艺术学院2018届本科毕业作品展开幕式在东南大学九龙湖校区焦廷标馆一楼报告厅隆重举行，我校领导、兄弟院校艺术院系的领导、专家，及我院党政领导、各系指导教师、全体毕业生出席了开幕式。

6月1日，我院“艺起向未来——2018届毕业生欢送会”圆满举行。

6月12日，我院第十一届研究生会以总分第二名的成绩获得“东南大学优秀院系研究生会”称号，我院研究生会主席章雅玙获得东南大学“优秀院系研究生会主席”称号。

6月14日，由校研会举办的“我最喜爱的研究生导师”评选终评答辩活动中，我院陈绘副教授荣获“2018年我最喜爱的研究生十佳导师”称号。

8月25日晚，艺术学院2018级本科新生入学典礼在九龙湖校区教八402隆重举行。

9月3日下午，我院2018级秋季博士和2018级硕士新生入学典礼暨导师见面会在艺术学院二楼报告厅顺利举行。

9月12日下午，东南大学艺术学院党政领导及2018级全体班主任一行对我院承训教官及参训同学进行了慰问。

11月28日，艺术学院“第六届艺起去夜市暨第二届艺笔益画公益拍卖活动”在东南大学九龙湖校区大活西广场举行。

12月21日，由团省委主办，校团委承办，艺术学院协办的“我与改革开放共奋进，建设‘强富美高’新江苏”江苏青年庆祝改革开放40周年暨“诵读学传”东南大学专场主题活动在我校九龙湖校区焦廷标馆举办。

12月27日，由东南大学学生处主办，艺术学院、网络安全学院承办的以“中国脊梁 东南担当”为主题的2018年东南大学本科生颁奖典礼在我校九龙湖校区焦廷标馆举办。

12月28日，我院党委书记赵天为老师为我院2017、2018级研究生开展了一场主题为“青春无问西东，奋斗自成芳华”的梦想公开课。

2019年1月5日晚，以“艺心一意　艺路相伴”为主题的艺术学院2019艺术之夜迎新晚会在九龙湖校区焦廷标馆精彩上演。

法　学　院

2018年是法学院建院第12年，亦即法学院的本命年。12年就是现代人生肖的“一轮”，古文中又称为“一纪”。三国里诸葛亮五丈原续命，如果成功可多活一纪，指的就是12年。西游记里李世民梦游地狱，崔判官私自加了一纪的寿命，也是12年。所以，12

年,注定是大吉大利的。今年以来,法学院积极贯彻习近平总书记立德树人的根本精神,贯彻教育部“双一流”高校建设中的各项要求,以培养未来社会领军人才为己任,各项成绩斐然,取得了跨越式大发展。

一、交叉办学结硕果　学科平台大飞跃

在“交叉性、团队式、实务型”办学宗旨的指引下,交叉学科结下累累硕果,学科平台取得飞跃式发展。

本年度,学院积极贯彻张广军校长“大平台、大团队、大项目、大成果”的要求,经过两年多的酝酿和准备,司法大数据基地一举拿下国家重点研发计划项目,2018 年度国家重点研发计划“公共安全风险防控与应急技术装备”重点专项,东南大学周佑勇教授牵头的“面向诉讼全流程的一体化便民服务技术及装备研究”项目正式立项,项目执行年限为 3 年,项目总经费为 7 124 万元,其中中央财政经费为 2 324 万元、企业配套经费 4 800 万元。王禄生获得国家重点研发计划课题 1 项(诉讼自动导引与咨询支撑技术研究及一体化便民服务综合应用平台构建),课题经费 708 万元。这是东南大学法学院取得的里程碑式国家级标志性项目,也是东南大学人文学科科研项目史上的重大突破。

以“聚焦国际科技前沿,推动一流大学建设”为主题,2018 年 12 月 27 日下午,东南大学十大科学与技术问题新闻发布会在东南大学九龙湖校区隆重举行。东南大学法学院周佑勇教授建议的“法律大数据”问题研究,成功入选“东南大学十大科学与技术问题”。这一科技问题能与其他 9 个理工科院系的议题一同入选本次十大科学与科技问题,不仅是对我院法律大数据各项工作的肯定,更体现出我院开展法律大数据相关问题研究的前瞻性。学校 3 年内将提供不少于 5 000 万的培育经费,支持研发团队开展技术攻关。

据“2018 年软科中国最好学科排名”之法学排名,东南大学法学院位居全国第 10 名,进入全国前 5%,创下东大文科新高度。根据教育部 2018 年 7 月公布的全国法律专业学位水平评估,东南大学法学院评级 B,在同批次高校中排名第 3 名。2018 年智合 Law-School“近年来发展最快的十所新兴法学院”,我院位列其中。

继 2016 年我院取得法学一级学科博士点后,2016 年 12 月 7 日,江苏省教育厅公布了“十三五”江苏省重点学科立项学科名单,南京大学、东南大学等 56 所高校和江苏省委党校的 313 个学科入选。当年,我校包括法学学科共 16 个学科入选。两年不到的时间里,2018 年 11 月,我院法学学科按苏教办研函〔2018〕10 号《省教育厅办公室关于做好“十三五”省重点学科中期检查工作的通知》,于 2018 年 10 月底完成了所有中期检查的填表工作。2018 年 12 月 26 日,根据“‘十三五’省重点学科中期检查结果公示”,我校马克思主义理论、法学、数学、光学工程、网络空间安全、临床医学等 6 个学科中期检查获评“优秀”,除马克思主义学科评为优秀不给经济奖励之外,法学在内的另外 5 个学科,分别得到省里给予的 30 万元奖励。

本年度,学院 7 个省部级基地开拓进取,成就斐然。最高人民法院司法大数据研究基地一举取得科技部首批国家重点研发计划项目,取得了学院历史上里程碑式的成果;教育部立法研究基地积极参与《中华人民共和国学位条例》等国家立法法律条文的制定修改工作(9 月 20 日,由教育部政策法规司主办,我院承办的“《中华人民共和国学位条

例》修订专题研讨会”在东南大学四牌楼校区礼东报告厅隆重召开。与会者来自教育部政策法规司、学位管理与研究生教育司、国务院学位委员会办公室、全国人大常委会法工委教育室以及北京大学等 60 余家单位)。

反腐败法治研究中心积极推进国家反腐败监察法治治理,获得省部级领导批示 1 件;汪进元教授“建立地方人大对监察委员会依法监督机制的研究”获 2018 年度江苏省人大工作理论研究会研究课题项重点立项,刘艳红教授“地方人大制衡监察委员会的方法、模式与机制研究”获一般立项。省社区矫正损害修复理论研究基地试点成果在南通通州、崇川、港闸等区落地,并获司法行政系统领导以及学界专家高度评价;指导盐城市亭湖区司法局社区矫正基地的规划设置;帮助司法厅制定社区矫正损害修复指引等实践材料;多次参与省司法厅项目论证与评审活动;往苏州、昆山、扬州等地实地调研社区矫正工作并给予指导和授课。江苏省青少年工作研究基地完成并提交去年省团委重点课题成果的《不良行为未成年人违法犯罪预防研究报告》,并新获得 1 项省团委重点课题——江苏省不良或严重不良行为青少年教育矫治(管护帮教)工作研究(课题经费 5 万元),获东海检察院委托教育研究类课题“司法共建型法学创新教育模式研究”,多次参与省团委权益部调研和评选活动;指导学生以网络未成年人权益保护为主题,获评 2018 年“三下乡”社会实践活动省级优秀团队。交通法治与发展研究中心入选“中国智库索引(CTTI)来源智库”,主办第五届城市停车治理论坛(中国南京)暨南京智慧停车产业联盟展,参与并执笔完成住建部“共享单车投放与停放管理研究”课题暨郑东新区、成都成华区、绵阳市共享单车治理试点;联合城市公共交通协会建设共享单车大数据监管平台、机动车停车大数据平台。

特别可喜的是,截至目前,我院共有 3 个智库入选 CTTI。截至目前,CTTI 共收录机构 706 家。依据机构数据统计,高校智库依旧是来源智库最主要的类型,共 441 家,占各类智库总量的 62%。我院 3 个智库的入选,是对我智库建设成效的最大肯定。

这些基地从设立到运行,人员配备日益合理,科研成果日益丰富,基地运作日益有序,体制机制日益成熟。

二、外引内育相结合　人才年里织锦绣

高校“双一流”建设的关键就是人才,同时,2018 年是东南大学的人才年,如何打好人才战争一直是学院发展的战略性问题。本年度,学院下大力气实现人才队伍建设中的外引和内育相结合,学院教师整体大踏步发展,人才队伍迅速成长。

本年度,学院一如既往重视外引。学院成功引进宪法学刘练军教授、国际法余涛博士、大数据基地专职科研岗苗泽一博士和高地老师。同时,我院积极参与学校组织的“2018 年海外青年论坛”,该论坛发起于 2016 年,我院今年第一次参与,效果卓著。共有 11 位海外法学博士报名参加论坛,实际参加者 7 位,这 7 位博士中,最终和学校签订协议者有 3 位。如果没有大的意外,明年我院将新增来自美国宾夕法尼亚大学、威斯康星麦迪逊大学、德国柏林洪堡大学的 3 位博士。

本年度,学院加大力度内育。入选国家级人才工程 1 人,刘艳红教授入选“享受国务院政府特殊津贴专家”,另外入选“2018—2022 年教育部高等学校教学指导委员会委员”。

青年人才井喷式成长。入选校人才计划 3 人。熊樟林副教授入选“仲英青年学者”奖励计划(2018 年 8 月);单平基入选 2018 年度东南大学“至善青年学者”A 类(全校 22 人),杨洁入选 B 类(全校 33 人)。晋升职称 5 人。根据校发〔2018〕165 号《关于公布 2018 年副高级专业技术职务任职资格评审结果的通知》,冯煜清(2016 年 1 月 25 日起算)正式转岗为副教授,刘启川晋升为副教授;根据校科研〔2018〕41 号文《关于公布 2018 年第二批重大科技项目岗专业技术职务评审结果的通知》,我院王禄生晋升为研究员、杨洁和徐珉川晋升为副研究员。迄今为止,我院专任教师 55 人,其中教授 16 人、副教授 28 人、讲师 12 人;专职科研人员 2 人。学院师资队伍结构合理,人才储备充足。

三、学术创新登高峰　全面开花遍地红

本年度,我院学术研究勇攀高峰,学术创新进一步突破;项目、论文获奖全面开花,取得令人赞叹的丰硕成果。

项目总数与项目经费额创佳绩。本年度科研经费总额重点研发计划项目经费 7 124 万元+427.4 万元=7 551.4 万元。

除了重点研发项目的 7 124 万元之外,本年度,法学院课题总数 50 项,经费总额 427.4 万元,其中,纵向 260.8 万元、横向 166.6 万元。

其中,纵向课题立项总数 30 项。(1)国家社科基金 6 项,经费 135 万元。重点项目有:孟鸿志“大数据时代政府信息公开制度变革研究”,陈洪兵“网络服务商刑事责任边界及体系构建研究”,黄喆“民法典编纂视野下建设工程合同履行障碍制度研究”,高翔“老龄化背景下民法典成年监护制度运行问题与规则完善研究”,杨洁“智能汽车产品质量安全法律治理研究”,冀洋“网络时代刑法解释理念与方法研究”。(2)其他省部级等纵向课题 24 项,经费总额 125.8 万元包括教育部 2 项(周佑勇、单平基),江苏省社科基金 4 项(张马林、杨志琼、冯煜清、单平基),司法部 2 项(刘明全、冯煜清),中国法学会 5 项(刘建利、单平基、杨志琼、刘练军、孟鸿志);博士后项目 1 项(刘建利);哲学社会科学“重大”1 项(于立深),省人大 3 项(汪进元、孟鸿志、刘艳红),省行政管理学会 1 项(刘启川),最高检 1 项(熊樟林),省教育科学“十三五”规划重点项目 1 项(孟鸿志),团委重点课题 1 项(李川),东海人民检察院课题 1 项(李川),江苏省人民政府法制办公室课题 1 项(魏文杰)。

横向课题立项数为 20 项,共计 166.6 万元。

本年度,全院教师共发表论文 111 篇,其中中文论文 102 篇、外文论文 9 篇。论文发表数量与质量创佳绩。

102 篇中文论文中,CSSCI 论文 76 篇,其中 CLSCI26 篇(教师 21 篇、学生 5 篇,刘春、孟星宇、高磊、魏超、周艳云各 1 篇),其他 CSSCI 期刊共 49 篇(教师 26 篇、学生 22 篇)。CSSCI 扩展版 7 篇,《光明日报》等报纸 19 篇。东大文科最高刊 4 篇(刘启川在《中国行政管理》刊发 1 篇),法学最高刊 3 篇(刘艳红、熊樟林、刘启川,都在《中国法学》刊发)。被《新华文摘》《中国社会科学文摘》《中国人民大学报刊复印资料》《高等学校文科学术文摘》全文转载 22 篇次,转摘 4 篇次。

本年度,学院共发表外文论文 9 篇。其中,SSCI 论文 3 篇,一区论文 2 篇。冯煜清发

表2篇，一区1篇["From Law to Politics: Petitioners' Framing of Disputes in Chinese Courts", *China Journal*, 2018(1);"Politicized Legal Discourse and Judicial Accommodation of Petitioners in Chinese Courts", *Hong Kong Law Journal*, 2018(1)3]，杨洁发表管理学大类一区1篇["Design Government Incentive Schemes for Promoting Electric Taxis in China", *Energy Policy*, 2018(4)]。

本年度，法学院教师共出版学术著作共计13本，其中学术著作4部：周佑勇《行政法原论》(第3版)(北京大学出版社2018年版)；刘艳红等著《企业管理人员刑事法律风险防控研究》(法律出版社2018年版)；陈玉玲《医疗损害风险社会化分担的法律问题研究》(东南大学出版社2018年版)；王禄生《美国司法体制的数据观察》(法律出版社2018年版)。译著主编教材案例教程等8部。

本年度，我院教师荣获江苏省第十五届哲学社会科学优秀成果奖3项，钱端升奖1项。刘艳红"网络时代言论自由的刑法边界"获一等奖，欧阳本祺"具体的打击错误：从故意认定到故意归责"、熊樟林"重大行政决策概念证伪及其补正"获二等奖。刘艳红"实质犯罪论"获第七届钱端升法学研究成果奖二等奖。

四、立德树人创佳绩　人才培育结硕果

（一）积极提升教师教学水平，致力打造优秀教师团队

2018年7月9日，根据《省教育厅关于公布2018年江苏高校"青蓝工程"培养对象的通知》(苏教师〔2018〕12号)，经学校推荐、省教育厅组织专家评审和社会公示，我院"刑法学教学创新团队"成功入选"2018年江苏高校'青蓝工程'优秀教学团队"。该优秀教学团队是东南大学2018年唯一的"青蓝工程"优秀教学团队，并且该团队是由省教育厅承担经费支持的。这是我院首个省级优秀教学团队，实现了我院优秀团队建设中零的突破，也践行了我院教学立院、科研强院的理念。

（二）教师积极申报教改课题，致力提升教师教学水平

本年度，我院积极组织省级校级教学课题的申报，并取得省级教改课题1项，在线开放课程建设校级立项建设1项。孟鸿志"大数据时代高等学校信息公开法律问题研究"获2018年江苏省教育科学"十三五"规划重点项目立项支持；李川"司法共建型法学创新教育模式研究"获东海人民检察院课题立项支持；刘建利"医事与法律的对话"校级课程思政建设获东南大学教改项目立项支持。2018年张雪莲老师获东南大学中泰国立奖教金四等奖，梁云宝获教育基金会奖教金，刘启川获东南大学授课竞赛二等奖，刘明全、杨洁获授课竞赛三等奖。

本年度，我院教师出版教材1本：周佑勇教授组织编写的《行政法原论》在北京大学出版社出版。在C刊发表教学研究类论文5篇：周佑勇《论高校自主设置研究生招生条件的正当性及其限制》(《苏州大学学报哲学社会科学版》2018年第3期，CSSCI)；周佑勇《法治视野下学位授予权的性质界定及其制度完善——兼述〈学位条例〉修订》(《学位与研究生教育》2018年第11期，CSSCI)；龚向和《高校学位授予权：本源、性质与司法审查》

(《苏州大学学报哲学社会科学版》2018 年第 3 期,CSSCI,人大复印资料《宪法学·行政法学》2018 年第 8 期全文转载);李川《学位撤销法律规定的现存问题与厘清完善——以〈学位条例〉的相关修订为例》(《学位与研究生教育》2018 年第 11 期,CSSCI);孟鸿志、张运昊《学位授权自主审核的制度架构与风险防范》(《学位与研究生教育》2018 年第 11 期,CSSCI)。

(三)积极塑造凝练学院文化,致力推动教书育人新模式

致力探索立德树人,培养"心中有家国,眼里有世界"的一流精英法律人才。为此采取了以下举措:(1)积极塑造学院文化。通过 12 年建院发展,已形成了"谋生与谋道、温度与锐度"的学院文化,以此倡导师生既要谋生更要谋道,做人有温度,做事有锐度。学院上下团结一心,凝心聚力,做事有干劲,虎虎有生气。(2)创新人才培养模式。在本科生中全面推行导师制,一位老师对接一名同学,从学习、生活及职业生涯等方面给予同学们针对性、跟踪性指导。在全院学生中推行院长午餐会(2018 年 6 月 8 日首次举行)和"教授语茶"(2018 年 6 月 7 日首次举行),使学生有机会与学院领导以及大牌教授接触交流,以使学院更好地了解学生的想法和需求,增加学生的学习兴趣,解决他们的学习与生活难题。在研究生中全面推行导师月见会(2018 年 11 月 23 日首次举办),既敦促研究生导师定期与自己的研究生见面,也推动学生长期有计划地做好学术研究。通过这一系列活动,来正面鼓舞引导激励学生,塑造改变发展学生。

(四)全面提升学生培养质量,致力提升教书育人质量

首先,学院研究生培养质量持续提高。①打造"东南大学法学博士文库",目前已出版施建辉、刘艳红等教授指导的博士论文 4 本。2019 年,将继续出版孟鸿志、施建辉、刘艳红等教授指导的博士论文 3～5 本。该文库的打造,为对外展现我院法学学科博士点人才培养的知识成果提供了一个平台,为学界的理论研究提供了"东南制造",也为学术新人的培育提供一个宝贵的机会。本套图书出版之后,在学界影响极大,已有 2 本入选 2018 年刑法学十大最佳书目。期待我们的博导们尽量指导自己的博士按期毕业,并提高博士论文指导质量,争取更多优秀的博士论文被纳入文库。②博士研究生发文质量数量提升。博士生在 16 种 CLSCI 期刊发文 5 篇,数量创历史最高;同时,博士生论文影响力日益提升,首次被《中国社会科学文摘》全文转载(吴立香博士,施建辉教授指导),另被人大报刊复印资料转载 3 篇(王炎,汪进元教授指导;陈洁、刘春,周佑勇教授指导)。③博士生学术获奖日益增加。博士生高磊于第三届"长三角法学研究生论文发布会"获一等奖,魏超、周乐军获二等奖,刘春获三等奖(2018 年 3 月 18 日)。博士生夏伟、冯文杰参加第一届"全国刑事法博士生论坛"并荣获"优秀论文奖"(2018 年 11 月 3 日)。博士生李蕊在第十三届"全国公法博士生论坛"荣获二等奖。等等。④学院研究生首次取得"优博""优硕"奖。博士生冀洋《逻辑、功能与限制:刑法的法益保护目的研究》获第四届全国刑法学优秀博士论文一等奖(指导教师刘艳红,获奖时间:2018 年 12 日);硕士生陶沙《江苏省 A 市盗窃罪发展趋势预测——基于多元线性回归模型的分析》获 2018 年江苏省优秀专业学位硕士学位论文(指导教师刘艳红,获奖时间 2018 年 12 月 5 日)。⑤研究生参与

各类竞赛并屡获殊荣。法学院蔡燊同学获“全球法律科技黑客松”(Global Legal Hackathon)上海分赛区冠军(2018 年 2 月 25 日);硕士生丁鹏同学获第二届江苏省研究生法律案例大赛“优秀辩手”荣誉称号;硕士生马宁同学获第四届中国“互联网+”大学生创新创业大赛银奖,等等。

其次,学院本科生培养质量大幅提升。①2015 级本科生范洁同学荣获江苏省三好学生与江苏省优秀共青团员荣誉称号。②科研论文方面,本科生参与 SRTP 项目共计 85 人次,其中 5 人次主持(参与)“国创”项目,16 人次主持(参与)“省创”项目。③积极参与各类竞赛并屡创佳绩。以本科生为主的竞赛团队参加第 16 届“贸仲杯”国际商事仲裁模拟法庭辩论赛,获得三等奖(研究生周姝晴,本科生廖婧文、鲍生慧、陆涵之,指导教师于文婕);第三届紫金杯模拟仲裁庭大赛季军(龚羽轩、刘微、夏心怡、王海馨)、仲裁员组亚军(程霄)和优秀选手(鲍生慧);全国大学生创新体验竞赛三等奖(陆涵之);第十二届“律苑星辉”法律人风采大赛三等奖(范洁、孔雪逸)等。④本科生深造率大幅提升。2018 届本科毕业生中继续攻读硕士学位的有 27 人,深造比例为 45%。其中,国内升学人数为 20 人,占本科毕业生总人数的 33.3%;出国和港澳台留学人数为 7 人,占本科毕业生总人数的 11.7%。选择继续深造的海内外高校有美国加州大学伯克利分校(陈如馨)、巴斯大学(邵朗)、台湾政治大学(罗时雨)、爱丁堡大学(陈奂冰)、香港中文大学(许忆南)、香港城市大学(顾崇书)、澳门大学(勾健颖)、中国政法大学(陈璟、李诗雯)、中国人民大学(丁金钰)、华东政法大学(华梓成、朱玲瑶)、武汉大学(黄文青、朱竹露、钟佳宇)、复旦大学(黄莉、段宜辰)、南京大学(金婷)、山东大学(赵毛毛)、上海交通大学(谢京桐)、中央民族大学(杨童桦)、南京航空航天大学(马浩轩)、东南大学(掌博文、丁心叶、沈童非、杜震、和亚娟)等。研究生毕业生中,有 3 人(杲沈洁、张颂昀、刘双阳)选择继续攻读博士学位。

学生司考通过率取得好成绩。(不分本硕)首次取得学生司法考试通过率超 60%(62.15%)的好成绩。2018 年国家司法考试,我院本科生通过率为 43.75%;研究生司法考试通过率为 80.68%,创历史最高纪录。以往 3 年中,2017 年(2015 级)学生司法考试通过率为 45.7%;2016 年(2014 级)学生司法考试通过率为 27.7%;2015 年(2013 级)学生司法考试通过率为 21%。

学生就业率进一步提高。截至 2018 年 12 月,法学院 2018 届本科毕业生的整体就业率为 96.67%(硕士毕业生的整体就业率为 91.43%,博士毕业生的整体就业率为 100%;法学院毕业生的整体就业率为 94.61%)。

(五)全面参与秉文班工作,致力强化秉文班教学管理

2018 年我院秉文班在总结去年工作经验和教训基础上做了进一步改进和完善,有效解决了课程同质化程度高、大班讲授与小班研讨脱节等问题,取得了良好的教学效果。①优化课程体系,打造法学类课程升级版。课程定位:法理课除课程突出课程的高端与大气,公共治理与法治发展突出课程的通识性与入门性。大师团队:法理课程聘请苏力、孙笑侠、刘星、张翔和尤陈俊教授,打造国内法学界顶尖级授课团队。教学内容:课程内容兼顾理论法学与部门法学,教义法学与社科法学不同的学术进路与旨趣,形成相对完整的、科学的课程体系。②规范教学运行,强化秉文教学过程管理。授课模式:法理课程

采用大师授课＋小班辅导课,公共治理与社会发展则采用专题讲授＋小班研讨的模式,加强两门课的区分度。小班辅导:针对名师授课内容,遴选 9 位青年骨干教师进行体系化串讲,并对典型问题进行解答与拓展。课后提问:每位同学针对名师课讲授内容提一到两个问题,写成问题纸条。问题条为小班辅导课提供了问题和素材,也为助教统计到课率提供依据。③提升学习获得感,教学效果显著提升。出勤到课:由于法学类课程的精心组织,加之课后提问方式,大大提高了学生的出勤到课率。在所有秉文班课程中,法学类课程出勤率、抬头率最高。兴趣培养:建立"法学兴趣"微信群,及时发布法学院学生与学术活动信息,邀请秉文班新生参加学院各类学生和学术活动,激发学生的专业学习兴趣。教学评价:在教学中期检查、师生座谈会等场合,秉文班新生普遍反映法学院对秉文班新生最关心、最投入,联系最紧密,教学态度最认真,教学效果最佳。④着眼可持续发展,推进教学持续改进。课程体系建设问题:课程内容一定程度上还存在体系化不足问题。可以通过固定讲义大纲、编制讲义教材等途径加以解决。大班授课效果问题:大班授课整体效果不佳,学生的参与度、注意力等都有待提升。大班统一授课和小班研讨衔接也存在一定信息不对称问题。建议教务处、人文学院高度重视学生管理和课程衔接。

五、学术交流更活跃　国际合作显成效

本年度,学院学术交流活跃度为我院历史之最,国际合作成效日益显著。

坐拥东南,放眼全国,打造法学长江学者论坛,举办各类学术讲座,效果彰显,学术氛围浓厚。我院始终秉持"法安天下,学润人心"的理念,为拓宽师生视野、弘扬法治精神、培育高端人才,隆重推出"法学长江学者论坛""金秋十月系列重磅学术讲座"等活动,希冀借力国内外高端法学人才的学术讲座,引发师生对学术前沿问题的思考,提升师生学术水准。本年度,我院举办了各类学术讲座 58 场,其中"法学长江学者论坛"10 场,其他国内外学者学术讲座 26 次。邀请了朱苏力、张明楷、陈瑞华、陈卫东、叶必丰、秦前红、韩大元教授、大法官胡云腾、莫纪宏教授、时延安教授、宋华琳教授、黄立教授、刘星教授等,学术讲座的举办让我院师生受益匪浅。

承办各类高端大型学术会议,进一步营造学术氛围。随着东南法学声誉不断提高,各类学术会议纷纷落户东南法学院。本年度,我院主办中国法学会宪法学年会、《中华人民共和国学位条例》修订专题研讨会、国家监察体制改革理论与实践研讨会、中国医事法论坛、第五届城市停车治理论坛、江苏省工程法学会等会议共计 16 次;项目交流、国内高校交流、调研、"校企""检校"等交流会议十余次。院内工作推进有序,各类工作布置研讨与交流会 27 次。

除了"请进来",学院教师还积极"走出去"。本年度,学院刘艳红、陈洪兵、欧阳本祺、尹吉、王禄生等教师受邀到国内各高校事务部门等开展讲座 31 次;学院教师出席各类学术会议 170 余人次,实际出席 200 余人次。各种大型重要会议都有我院学者的身影,"东南声音"传遍了中国法学界。

打造微信公号,扩大东南影响。学院微信公众号进入良性运营状态,有学院打造的"东南法学"、王禄生打造的"数说司法"、刘艳红打造的"中外刑事法前沿"、孟鸿志教授的

“东南公法网”、顾大松副教授的“交通法”、李川教授打造的“智慧矫正与修复”、单平基副教授打造的“私法理论与实践”、刘建利副教授的“医事法＋”。其中，“东南法学”公众号创立于2015年7月1日，累计推送文章649篇(截至2018年12月31日)，总用户4 020人(截至2018年12月31日)，阅读总人次23.59万，阅读总次数36.59万余次。“中外刑事法前沿”公众号自2016年12月24日创立以来，累计推送文章336篇(截至2018年12月31日)，原创率超50％，总用户11 283人(截至2018年12月31日)，阅读总人次53.44万，阅读总次数74.53万余次。“数说司法”公众号自2014年2月创立以来，累计推送文章近300篇，原创率接近100％，总用户41 746人，阅读总人次169万，阅读总次数295.6万余次(截至2018年12月31日)。这些微信公号，均秉持聚焦法学学术思想、前沿动态、热点事件，传播公平正义、保障人权的法理念，坚持学术原创，以数据为基础聚焦学术生态，推动学术交流良性循环，矢心不渝传播法治思想，促进学术传播与交流，得到广大读者的认可与喜爱；它们成为展现我院学术交流学术活动和学子风貌的重要窗口，也助力我院吸纳优质生源。

国际合作渠道日益拓宽，国际性学术讲座日益增加。本年度，我院邀请域外教授来我院讲学22次，包括国际工程法协会主席沃尔夫冈·布雷耶教授，德国康斯坦茨大学Jochen Glöckner，美国华盛顿大学法学院“法律、科技与全球卫生研究中心”执行主任Terry Price教授，德国波恩大学法学院的著名刑法学家乌尔斯·金德霍伊泽尔教授，日本早稻田大学中田裕康教授等等。2018年8月，我院首次邀请国外教授到学院开设独立课程，而非短时间讲座。电子证据开示专家、美国佛罗里达大学法学院教授、自动信息检索和电子证据开示项目国际中心主任、世界知识产权组织仲裁员与调解员William Hamilton教授就“美国诉讼程序电子证据开示”给学院本科生授课16课时，效果良好，大大提升了我院学生的英文水平与学术视野。

本年度，我院教师出国出境访问学习参加学术会议8人次，其中叶泉、刘明全、冀洋、易波共4名教师在国外留学，刘建利、刘明全、高翔、王玮玲出境参会。我院学生出国出境访问学习4人次，其中本科生陆涵之赴美国加州大学伯克利分校，曹爱凝赴台湾大学暑期项目，硕士研究生邱佳娴赴香港城市大学交换生项目，博士研究生高磊赴香港城市大学访问学者项目。

本年度我院与境外法学院合作项目拓展迅速。我院与美国俄亥俄州立大学莫里茨法学院、美国佛罗里达大学法学院签订了合作备忘录，与美国华盛顿大学法学院、美国康涅狄格大学法学院达成了口头合作意向，与法国雷恩大学政治与法律学院达成了初步合作意向。至此，我院已与美国、日本、中国台湾地区共计7所境外著名法学院形成了稳定良好的合作关系。

六、办学条件大改善　社会集资动四方

本年度，学院克服办学空间有限、硬件不好、资金不足等各种困难，想尽一切办法改善办学条件，动用各种力量募集善款捐资助学。

本年度，学院获得学校“双一流”经费100万元(讲座费31.28万元，参加国内会议费用2.68万元，参加国际会议费用4.28万元，邀请国外专家费用2.2万元，举办学术会

议费用 19.18 万元,打印机费用 1.15 万元,出版费 37 万元,图书费用 22 473 元)

然而,学校的"双一流"经费根本不够学院各种支出。为此,本年度,学院积极与学校各职能部门沟通,通过各种途径从学校各部门请求支持经费共 83.032 万元。研究生院支援经费 23.94 万元(专家讲座酬金 41 500 元,公法博士论坛会议 19.668 万,院内老师会议费 4.947 2 万元,图书费用 13 809.1 元);设备处支援 23.68 万元(空调电脑投影仪 9.030 3 万元;装修 14.667 9 万元);科研院支持司法大数据基地装修设备共计 10 万(装修款 9.36 万元,空调 0.6 万元);总务处支援树木绿化等 14.7 万元;丁校长支援 10.712 万(办公家具 8.915 万,电脑 1.797 万)。

本年度,学院精心打造法学院发展基金暨校友理事会 2018 年年会,积极发动校友和各方贤达捐赠善款,为学院发展募集资金。2018 年度法学院发展基金接收捐赠合计 263 万元。云融基金 50 万元(云融网总裁王佳云);德恒基金 20 万元[北京德恒(苏州)律师事务所主任陈海祥];东南法学出版基金 2 万元[国浩(南京)律师事务所律师张志远];云尚基金 10 万元(江苏云尚至昭律师事务所主任陈宝锋);发展基金 1 万元[北京大成(南京)律师事务所律师许炜];雨润法学发展基金 10 万元(章雨润);庆方法学发展基金 20 万元(张庆方);擎盾大数据奖励基金 15 万元(南京擎盾信息科技有限公司);靖霖基金 50 万元[浙江靖霖(南京)律师事务所];精研基金 15 万元(金岩);建纬基金(工程法)30 万元[上海市建纬(南京)事务所];峰泽基金 20 万元(上海君悦律师事务所律师崔小峰);炜衡励志奖学金 10 万元[北京市炜衡(南京)律师事务所];薛火根刑辩人才奖励基金 10 万元[北京大成(南京)律师事务所律师薛火根]。

本年度,学院出资为全院每位教师订了《法制日报》,积极推动学院软件条件改善。

本年度,学院积极推动文科大楼的建设工作,明年法学大楼将破土动工,学院办公条件将得到根本性改善。

2018 年,是奋斗的一年,是捷报频传战果累累的一年,更是辛苦倍增汗水无数的一年,全院教师都深深体会到了什么叫作"幸福是奋斗出来的"……虽然辛苦,但值得!!

欲揽前沿臻化境,化作山海写春秋!希望我们的法学院勇立潮头,日臻化境;春风化雨,撰写历史!

经济管理学院

2018 年是学习贯彻党的十九大精神的开局之年,是改革开放 40 周年,是学校复更名 30 周年,也是学校全面提升人才培养质量、大力加强师资队伍建设并持续深化综合改革的重要一年,是加快推进"双一流"建设、努力实现内涵式发展的奋进之年。一年来,我院紧紧围绕党中央精神和学校党政工作部署,秉承"创新才有未来"的理念,肩负"育胸怀天下英才,铸通达古今新知"使命,为实现"桃李天下皆有为"的学院愿景,继续开拓创新,争先进位,努力提升学科、科研、队伍和人才培养的质量,各项工作均取得了较好的成绩。

一、学科建设

2018年，学院学科建设工作稳步推进。根据学校学位授权点合格评估工作部署，顺利完成学院相关学位授权点的合格评估工作。积极组织申报省优势学科，管理科学与工程、应用经济学被评为省优势学科，分获省优势学科建设经费支持200万元和100万元。2018年学院获得“中央高校建设世界一流大学（学科）和特色发展引导”专项资金预算350万元，其中高科技文明重点学科建设项目经费150万元、ESI学科建设费200万元。学院专款专用，严格经费预算申报和规范使用，较好完成预期建设任务。组织完成2018年度博导、硕导以及专业学位校外导师资格申报、评审工作。在2018年全校院系KPI综合考核中，以1.42的规格化积分在29个学院中并列第六名。

二、人才培养

2018年，我院教学成果获新突破。“‘科教融合、全程多元、知行合一’的物流创新人才培养改革与实践”项目获得高等教育国家级教学成果二等奖，这是我院首次获得该奖项。在2018年11月成立的2018—2022年教育部本科教学指导委员会上，我院4名教授当选为新一届教指委委员，当选委员涵盖了管理科学、应用经济学和工商管理三大学科。在2018年11月成立的首届江苏省研究生教育指导委员会上，我院2名教授当选为委员，其中1名教授当选江苏省管理学类研究生教育指导委员会主任委员，这也是我校唯一当选为主任委员单位的省研究生学科类教育委员会委员。

本科生培养方面。配合学校安排，完成学院2018年教育思想大讨论工作，完成经管学院“2020一流本科教育行动计划”。完成2018级本科教学培养计划修订。获得省立教材立项1本（赵林度），校级教材立项3本（李庆华、吴清烈、高彦彦）。获得校课程思政校级示范课程1门（浦正宁，国际商务），校通选优秀课4门（孔庆善、汤薇、杨洋、陈洪涛），获得校通选课立项3门（汤薇、葛沪飞、尹威）。完成318名本科生2018届毕业设计，获校级本科生优秀毕业设计9项。全年校、院级SRTP项目结题148项，国创结题7项，省创结题11项。校SRTP项目申报152项，批准138项。全年本科开课302门次，研究生开课137门次，人均开课约3.2门次，人均上课约115学时，教学工作量饱满。教授、副教授给本科生授课比例100%。聘请国外高水平学校外教为本科生授课1门次；安排院领导和教学督导按要求完成听课任务。

研究生培养方面。2018年经济管理学院合计招生硕士研究生620人，其中招收学术型硕士研究生的推免数量为学术型招生规模的53.3%左右。除此以外，东南大学-蒙纳士国际商务专业学位（双学位）招生47人。经学院分委会表决，“资产评估”全日制专业学位研究生从2019年开始恢复招生。2018年博士招生采用直博、硕博连读、申请考核3种方式，共录取34人。另外招1名港澳台博士研究生，与网络安全学院合作招4名工程博士研究生。完成2018届全日制硕士研究生学位论文匿名评审。完善了应用经济学、管理科学与工程2个专业的直博生培养方案。获评江苏省优秀博士学位论文1项，东南大学优秀博士学位论文3项，校优秀硕士学位论文2项，校优秀专业硕士论文1项。开设硕博士课程137门次。聘请国外知名学校教授全英文授课课程2门。2018年，获得江苏

省研究生科研创新计划项目(博士)9 项,江苏省研究生实践创新计划项目(专业学位硕士)3 项;获得校优博学位论文培育基金项目 2 项。

三、科学研究

经过多年努力,学院已经形成良好的科研活动环境和氛围。2018 年我院获得 14 项国家自然科学基金,其中优青项目 1 项、重点项目 1 项、面上项目 8 项、青年项目 4 项;4 项国家社会科学基金,其中主持重大项目 1 项、重点项目 2 项、一般项目 1 项。我院举办了近 60 场学术讲座,出版 17 本专著,获奖论文 58 篇。2018 年获江苏省第十五届哲学社会科学优秀成果奖 8 项,其中一等奖 1 项、二等奖 3 项、三等奖 4 项;获江苏省教育科学研究成果奖 2 项,其中二等奖 1 项、三等奖 1 项;江苏省社科应用精品工程奖 4 项,其中一等奖 1 项、二等奖 3 项;第三届江苏社科名家 1 人;江苏省第十五届统计科研优秀成果奖一等奖 1 项。2018 年被收录论文:SSCI 论文 46 篇、SCI 论文 29 篇、EI 论文 16 篇、CSSCI 论文 89 篇。

四、师资队伍建设

2018 年度,学院积极动员、认真组织"千人计划""万人计划""长江学者"等国家以及省级、校级人才计划的申报工作。刘修岩教授申请"万人计划"青年拔尖人才并入围答辩;薛巍立教授获得国家自然科学基金优秀青年基金;徐盈之教授入选江苏省"333 工程"第二层次培养对象;舒嘉教授入选"六大人才高峰",并同时获得"333 工程"和"六大人才高峰"科研项目的资助;徐康宁教授被聘为东南大学首席教授;高星(A 类)、尹威(B 类)、吴一超(B 类)等 3 人入选东南大学"至善青年学者"支持计划。

一年来,学院从海内外知名高校引进 4 名优秀青年博士,其中海(境)外 2 名,进一步优化了师资队伍结构。在职教职工人数为 146 人,专任教师 124 人,博士学位教师 108 人,博士教师占专任教师总数的 87%,其中海外博士学位 20 人,占博士学位教师的 18.5%,较 2017 年进一步提高。

五、国际化办学与合作交流

2018 年,东南大学-雷恩一大联合研究生学院正式挂牌成立,我院与雷恩一大经济科学学院的合作正式步入新轨道。除持续邀请该院多名教授先后来我院开展高水平授课,双方就合作培养博士生、教师访学达成共识,并已计划于 2019 年在 CSC 资助下正式落实我院师生的访学项目。学院先后接收了来自法国达芬奇大学、德国亚琛工业大学等合作高校的交换生 5 人,学院多名教师受国家留学基金委资助前往国外高水平大学访学。美国 Virginia Polytechnic Institute and State University、University of South Florida 到访我院,表达了在本科生交流、MBA 教育等方面展开深入合作的意向。

六、学生教育管理

2018 年,我院坚持秉承"开拓创业之路,树立一流品牌"的学生工作理念,坚持"经管先锋"学生工作品牌建设和人才培养目标,抓住改革开放 40 周年、学校推进"双一流"建设和东南大学商科迈向新百年的有利时机,立德树人,不断加强和改进学生工作,切实推

进学生素质拓展，取得明显成效。围绕职业生涯发展和成长推进组织学生参加 11 个系列的“先锋”素质项目训练。组织第十四届“春到九龙”大型体育竞赛暨风筝节、第五届“至善东南”在宁高校研究生财经论坛、东南大学第十五届“挑战 CEO 之职面人生大赛”、东南大学第四届大学生职业规划大赛、“经管先锋学校”学生骨干培训班、“向未来”风采纪念晚会等活动，学生素质全面提高。

获得“创青春”全国大学生创业大赛国家级金奖 3 项，银奖、铜奖各 1 项，省级金奖 5 项，银奖、铜奖各 2 项；获第四届“互联网＋”大学生创新创业大赛国家级银奖 2 项，省级一等奖 4 项、二等奖 3 项、三等奖 1 项；获第八届全国大学生电子商务“创新、创意及创业”挑战赛全国三等奖 1 项，江苏省一等级 1 项、二等奖 2 项、三等奖 1 项；获第三届“日日顺”物流创客训练营全国银奖、铜奖各 1 项及优秀组织奖等在内的各类荣誉；获全国大中专学生“三下乡”社会实践“千校千项”最具影响好项目 1 项、远洋之帆社会实践全国优秀团队 1 个；组织学生参加第四届“东方财富杯”全国大学生金融精英挑战赛并获得全国一等奖团队 2 个(6 人)、二等奖团队 6 个(18 人)、三等奖团队 7 个(21 人)；获评江苏省优秀学生干部 1 人，江苏省“三好”学生 2 人；获校级其他荣誉称号 145 人；获评江苏省先进班集体 1 个，东南大学先进班集体 1 个；全年各类学生获奖 233 项，其中获得省级以上奖项 127 项 237 人次。

七、经管商业领袖高级教育中心工作

2018 年，经管商业领袖高级教育中心在 MBA、EMBA、MPAcc、EDP 四大领域同步推进。

（一）MBA

2018 年是我校 MBA 办学 20 周年，也是 MBA 教育快速发展的一年。2018 年共录取 MBA 新生 412 人，2019 年报考人数达 1 200 人，招生规模和报考人数均创历史新高。在教育部学位与研究生教育发展中心公布的全国首次专业学位水平评估中，我校 MBA 获评 A-档，为公布的江苏省 12 所参评 MBA 培养院校中仅有的 2 个 A 类高校之一，标志着我校 MBA 位列全国优秀培养院校行列(前 15%)。MBA 中心不断加强案例教学建设，案例比赛取得突破。MBA 代表队在我校举行的“第六届全国管理案例精英赛(2018)”华东一区比赛中荣获亚军并成功晋级，又在浙江义乌举行的全国总决赛中荣获季军，后又参加了“江苏省 MBA 案例大赛”并荣获三等奖。在取得成绩的基础上，MBA 中心成立了 MBA 联合会东南大学案例俱乐部，这是国内高校首个案例俱乐部。MBA 学员参加校内外各项活动，我校 MBA 赛艇队与剑桥等国内外赛艇劲旅同场竞技，《东南大学报》校庆专版以整版篇幅刊登了我校 MBA 赛艇队成立两周年的专题报道。在“第七届亚太地区商学院沙漠挑战赛”“第四届国际商学院丝域挑战赛”“中国 MBA 海岸赛暨第三届海上丝路国际商学院丝域挑战赛”“华东 MBA 羽毛球团体赛”等赛事中均取得了优异成绩，荣获团体亚军等多项荣誉。MBA 中心于 12 月举行了 20 周年庆典活动，会上对 20 位长期从事 MBA 教学或管理的老师们进行了表彰，并评选了 20 位杰出校友，成立了 MBA 校友会。

(二) EMBA

在 EMBA 教育项目面临全国性发展痛点的特殊时期,我院着力于对 EMBA 进行改革和调整。经过多方调研完成《东南大学 EMBA 教育项目发展报告》。在国际化办学导向下加强与国内外学校合作。与乌普萨拉大学相关工作人员进行交流,组织 EMBA 学员与新加坡科跃社科大学、台湾中正大学等的来访学员进行交流等。EMBA 学员积极参加,并获得 2018 年商管联盟杯个案论剑比赛的季军及"评委特别奖",以及第十三届戈壁挑战赛沙克尔顿奖。配合学校开展 EMBA 教育巡视整改回头看工作,对 EMBA 各项规章制度再次进行全方位的梳理、更新。完成 EMBA 专业学位研究生教育学位评估工作,召开专家评审会,撰写《学位授权点自我评估总结报告》。

(三) MPAcc

东南大学 MPAcc 中心各项工作已经步入正轨,有序推进。2018 年共招收 MPAcc 非全日制学员 43 人。开展学位授权点合格评估工作,组织参加专家评审会,完成自我评估总结报告。对接各工作站企业负责人与研究生导师,统计各工作站信息、研究生实习情况,完成 2018 年与 MPAcc 相关的江苏省研究生工作站年报和期满考核工作。

(四) EDP

2018 年 EDP 办学成果显著,中心从需求调查、课程研发、教学实施到课程跟踪,已经形成了一套完整的工作体系,与大型企业、政府机关深度合作,EDP 项目持续推进、稳中有升,开班培训 12 班次,承担培养超过 1 000 人的培训工作。

电气工程学院

电气工程学院在职教职工共 100 人,有教授 30 人、博士生导师 38 人(含兼职博导 3 人)、副教授 30 人。有兼职院士 2 人,IEEE Fellow 1 人,IET Fellow 2 人,国家杰出青年基金获得者 1 人,"长江学者奖励计划"青年学者 1 人,国家"千人计划"青年项目人选 2 人,国家优秀青年基金获得者 1 人,教育部"新世纪优秀人才支持计划"人选 1 人,江苏省"333 高层次人才培养工程"6 人(13 次),"六大人才高峰"高层次人才 18 人,"青蓝工程优秀青年骨干教师"5 人、"青蓝工程跨世纪学术带头人"2 人、"青蓝工程中青年学术带头人"7 人,江苏省优秀青年骨干教师 3 人,国家"万人计划"教学名师 1 人,国务院学位委员会第七届学科评议组成员 1 人,享受国务院"政府特殊津贴"的教师 3 人,教育部优秀青年教师资助计划 1 人,江苏省有突出贡献中青年专家 1 人,江苏省"双创计划"资助人选 1 人,江苏省优秀科技工作者 4 人,东南大学首席教授 1 人,东南大学青年首席教授 1 人。

党群工作

推进"课程思政"建设,推进创新理论育人工作。组织教师专题学习中央、教育部关于加强新时代教师队伍建设的一系列文件精神,促进教师队伍建设和师德师风建设。

修订了《电气工程学院党委会议程决策规则》，全年共召开 8 次党委会，充分发挥了学院党委的政治核心作用。坚持和完善《电气工程学院党政联席会议事决策规则》及运行机制，落实“三重一大”决策制度，学院共召开了 13 次党政联席会议。

申报并获批基层党建“书记项目”1 项、样板党支部创建项目 3 项，申报党支部书记工作室项目 1 项，获得学校“最佳党日活动”一等奖 1 项。选拔优秀年轻学术骨干担任教师党支部书记，选送 1 位新任教师党支部书记参加上级专项培训。

加强党员队伍建设，共发展党员 56 人，预备党员转正 59 人。

成立新技术中心党支部，高丙团老师任支部书记，仲林林老师任副书记。

组织教职工参加校第二十四届教职工田径运动会，获乙组团体总分第二名；参加校第六届教职工智力运动会，获中国象棋比赛第二名、团体总分第五名；参加校 2018 年教职工羽毛球比赛，获男子单打第一名、男子双打第二名。

教学工作

根据东南大学“深化教育综合改革，培养一流创新人才”教育思想大讨论要求，围绕五个方面内容要求，按照学院讨论方案积极开展教育思想大讨论活动。

共开设本科生课程 59 门次，专任教师年度人均 1.02 门，教授、副教授均承担了 1 门以上本科生课程，所有核心课程均由教授、副教授主讲。开设研讨式课程 6 门，开设小班化教学课程 4 门。组建 4 个专业基础课、专业主干课课程组。所有首开课教师和新进实验员全部参加培训。与瑞典皇家工学院 KTH 等高校签署 3＋2 联合培养协议，5 名本科生出国学习交流。

建设“电机综合课程设计”“电力电子综合课程设计”2 门综合设计课程；加强教材建设，出版教材 2 本，《微特电机》获批省重点教材。

“智能电网变电站综合自动化虚拟仿真实验”获批国家级虚拟仿真实验项目。

大学生创新创业训练项目(2018)获批国家级 2 项，已通过验收 2 项；省级 9 项，已通过验收 5 项。6 人获得美国大学生数模竞赛国际一等奖，11 人获二等奖；1 人获全国大学生机械创新设计大赛国家级一等奖；1 人获第三届中国“互联网＋”大学生创新创业大赛国家级三等奖；1 人获 RoboCup 机器人世界杯中国赛国家级二等奖；1 人获三菱电机杯全国大学生电气与自动化大赛国家级一等奖；4 人获全国大学生电子设计竞赛江苏省一等奖；及其他学科竞赛省级以上奖项共计 23 项。

获得校本科优秀毕业论文 5 项，江苏省优秀本科毕业论文二等奖 1 项。

研究生培养

入学硕士研究生共 155 人，其中留学生入学 5 人；学术学位研究生 73 人，专业学位研究生 77 人(恢复学籍 3 人)。

入学博士生 60 人，其中留学生 3 人，工程博士 20 人。

2019 年博士录取 32 人，其中直博 4 人。2019 年共招收免试研究生 97 人，其中包含流动助教 1 人、支教 5 人、学术型免试研究生 50 人、专业型免试研究生 47 人，学校下达名额 149 人，其中学术 76 人、专业 73 人，这样统考名还有 26 人。

在13位老师的协助下,完成电气工程专业案例库的建设。

汤奕老师完成研究生课“智能电网”的MOOC建设,已上线。黄允凯老师已录制完现代电机设计理论与方法的视频,正在后期制作。

获博士学位学生共18人,硕士学位学生共78人,其中全日制工学硕士87人(含9位海外留学生)、全日制工程硕士54人、在职工程硕士46人。

2018年度江苏省级优秀专业学位硕士学位论文2人。

1位专家获得江苏省产业教授(兼职)称号,新增1个研究生企业工作站。

科研工作

国家自然科学基金立项数达21项,位列本学科全国第三,创历史新高。

学院总科研经费到款8 166万元(人均103万元),创历史新高。

共发表SCI论文150篇,授权国家发明专利166件。62篇论文入选2017年度表现不俗论文,10篇论文入选ESI高被引,获省部级奖励2项。

基层科研组织建设方面,进一步完善以绩效为导向的资源配置机制、以团队为考核对象的科研绩效评价机制。

师资队伍建设

花为教授入选2018年国家杰出青年,胡仁杰教授入选第三批国家“万人计划”教学名师,王政教授入选2018年省杰出青年基金项目。成功申报“青年千人”1名。

胡敏强、吴在军两位教授分别受聘新一届教育部高等学校电气类专业教学指导委员会主任委员、秘书长。

美国弗吉尼亚理工大学Saifur Rahman教授受聘东南大学客座教授。

新增教授2人、副教授4人。现有80位专任教师,72.5%具有高级职称,50%为40岁以下,92.5%具有博士学位,具有半年及以上海外研修经历者占专任教师的65%。

完成人才引进情况:面试15人次,学校审批6人,4人为海外博士。

学生管理

班主任选聘工作:综合考虑包括学术水平、工作经历、留学背景、态度能力等多个方面,在学院专任教师队伍中选聘班主任。其中,李周老师获得2018—2019学年东南大学优秀班主任标兵荣誉称号。

本科生评奖评优:奖学金发放249人次,合计580 850元;助学金发放97人次,合计280 900元;获得荣誉称号62人次;学院1∶1配比发放单项奖137人次,合计20 550元。

许芷源等获创青春全国大学生创业大赛——“挑战杯”创业计划竞赛金奖,毛永恒获第五届全国“助学·筑梦·铸人”主题宣传活动学生征文二等奖,160152班获江苏省先进班集体,庄文楠获江苏省优秀学生干部,陈倩、潘登获江苏省“三好”学生,戴熙获江苏励志成才之星。

就业工作:2018届本科生163名,硕士135名,博士72名,截至8月31日,毕业生初次就业率分别为98.8%、100%、100%。90%以上的学生去国家重点单位工作。

其他方面工作

在校西综合楼新增办公房 3 600 多 m^2，通过招标完成一期四、五层装修工程。

安全保卫和综合治理方面，学院获校 2018 年度综合治理先进单位称号。

校友工作：接待 31631、31632、3178 等班级校友回母校。

外国语学院

2018 年，在学校党政领导的关心、支持下，外国语学院紧密围绕学校“双一流”建设战略目标和“人才年”定位，积极响应“精品文科”的建设要求，全院师生集思广益，凝心聚力，各项工作蓬勃开展。重点工作如下：

1. 扎实深入开展教育思想大讨论，聚焦人才培养和学科建设，落实立德树人根本任务

- 4 月 10 日，邀请国务院学位委员会外语学科评议组召集人、《外国文学》杂志主编、北京外国语大学金莉教授做“我国外语学科建设与发展”专题讲座暨外国语学院教育思想大讨论启动会。
- 5 月 30 日，邀请教育部高等学校大学外语教学指导委员会主任委员、国家级教学名师、南京大学教师教学发展中心主任、人文社会科学资深教授王守仁教授前来做题为“‘双一流’建设进程中的外语教师发展”的报告。东南大学党委副书记郑家茂、外国语学院党政班子成员及全体教职工参加了此次报告会。

2. 师德师风严要求，教师培养有成效，师资队伍再迈步

- 制定《外国语学院加强和改进师德师风建设工作实施细则》(外院党政联合 2018 年 1 号文)，切实推动师德师风建设工作的常态化长效化制度化。
- 马冬梅教授被评为东南大学科研工作先进个人。
- 陈文雪老师入选东南大学“至善青年学者”支持计划。
- 聘请客座教授 1 人：美国著名技术传播专家 Kirk St. Amant。
- 教师积极参加教学竞赛，提升教学授课水平。荣获第三届全国高等院校英语教师教学基本功大赛一等奖 2 项及大学英语组最佳综合素质奖 1 项，2017 年度江苏省高校微课教学比赛一等奖 1 项。
- 3 名教师获江苏省学位委员会办公室通报表扬，成为 2017 年度江苏省研究生科研创新实践大赛等项目优秀工作人员。

3. 高水平会议激活学术氛围，扩大了学院影响力

- 成功举行第六届全国外语教学与研究中青年学者论坛。邀请了近 40 位外语类核心期刊主编和外语学界知名专家学者。
- 成功举行亚洲 ESP 学会第二届年会暨全国第七届专门用途英语研讨会，我院 2 名教

师获本次大会优秀论文二等奖。

- 成功召开语言服务人才培养的多元化趋势研讨会暨第三届技术传播沙龙。
- 成功举办南京翻译家协会2018年年会暨改革开放30周年翻译学科建设与翻译人才培养学术研讨会。
- 成功举办全国高等学校混合式外语教学理念与课堂实践研讨会暨走进东南大学项目式教学研修与示范活动。

上述会议立足江苏,辐射全国,与会专家来自清华大学、北京外国语大学、复旦大学、上海交通大学、上海外国语大学、南京大学、中山大学、厦门大学、西安交通大学、广东外语外贸大学、香港中文大学、香港理工大学、加拿大英属哥伦比亚大学等国内外高校,大大提升了学院和学校的知名度和影响力,助推了学校“双一流”建设目标。

4. 为学校国际化人才培养添砖加瓦,为学院吸收优质生源不懈努力

- 7月4日—7月5日,举办首届东南大学外国语学院英语专业优秀本科生暑期开放日活动,共28名来自全国各高校的学生参加。
- 7月2日—7月13日,东南大学-田纳西大学2018暑期英语夏令营在我校成功举行,田纳西大学师生代表团及本校选拔英语专业和非英语专业的300余名师生参加。

体 育 系

体育系有在职教职工77人,其中专任教师71人、行政及工勤人员5人。专任教师中有教授2人、副教授47人、讲师15人、助教7人;博士学位教师4人,硕士学位教师29人,20余人修完或在读硕士课程。2018年新引进教师1人(郭璠)、管理人员1人(余家仪),退休2人(钱景虹、李乐园)。

一、党建和行政工作

2018年,在校党政的正确领导下,系党总支以习近平新时代中国特色社会主义思想和党的十九大精神为引领,带领班子成员认真履行职责,扎实推进各项工作。

深化学习,切实履行党建主体责任。制定了《体育系2018年度党员领导干部和教职工思想理论学习安排》。上半深入学习贯彻党的十九大精神,积极组织并参与教育思想大讨论;下半年以全面学习贯彻全国教育大会精神作为教育学习的首要任务。

着力落实问题整改工作,扎实推进基层党建工作。不断强化目标管理,有效提升基层党组织组织力,推荐党支部书记参加培训班,打造“党性强、能力强”的党务骨干队伍。

认真落实党风廉政建设责任制,加强反腐倡廉建设。以系领导干部为重点,切实加强党风廉政建设;落实主体责任,严明党的纪律,深入开展党风廉政建设;严格执行“三重一大”制度,建立健全民主科学的决策机制。

二、学科建设与师资队伍

2018 年招收体育学一级学科硕士生 3 人(孙昌捷、夏婧、王牧)。4 名硕士研究生顺利毕业(郭蟠、李晓晨、谢峥嵘、陈佩)。4 名硕士研究生顺利开题(苗爽、孙岩、丁聪、孙丹丹),在校研究生 12 人。1 名硕士毕业生在高校就业,3 人攻读博士。6 名研究生(李晓晨、卢静雯、陈佩、苗爽、谢峥嵘、郭璠)在江苏省体育学硕士研究生创新论坛中分获特等和一、二等奖。

体育系现有硕士生导师 6 人:蔡晓波、张惠红、章迅、刘龙柱、陈东良、韩军生

积极推进国际化交流、做好研究生的联合培养。2018 年有 2 人出国读博,有 2 人参加国际学术活动,有 3 人出国担任重大国际比赛的裁判工作,同时组织留学生参赛 6 人。

完成了一级学科硕士点合格评估。通过合格评估,找在学科方向、学术成果、培养方案等方面的差距,补师资队伍中教授数量和成果等的短板,明确了体质健康促进方向作为学科建设的重点,并且寻找交叉融合的体医结合、运动干预、服务健康为突破的学科建设思路。并以此制定了精品文科(体育系)攀升计划。

师资队伍的整体素质继续得到优化,有 1 名教师晋升副教授职称(智永红)。

三、教学工作

积极开展教学思想大讨论,修订教学大纲计划和理论考试题库。通过教育思想大讨论达成了聚焦核心素养,打造适应一流人才需要的培养体系,聚焦学生体质,培养体魄强健身心一统的一流学生,聚焦东大品牌建设瞄准国际竞技场的一流运动队的共识。立足“三全”理念(面向全体学生、贯穿全过程、着眼身心全面提高),重点完善掌握 1～2 项体育运动项目的课程体系,在兼顾兴趣爱好的同时,通过建立《东南大学体育合格标准》,实行设门槛、保底线、提要求的强制干预。

认真总结经验,探讨教学模式和教学内容方法改革。成功申报江苏省慕课课程 1 项(健身气功),成功申报东南大学思政示范课程 1 项(射箭),获教育部青年教师教学创新大赛奖 1 项。

四、校园体育文化

积极组织面向全体师生的精品赛事:在“三六三”群体竞赛模式的基础上,圆满完成了第六十届学生运动会(首次引入了电子展示系统)、第三届全国大学生马拉松联赛东南大学站比赛、纪念改革开放 40 年迎新长跑活动。2018 年共举办 215 项次比赛,参赛学生 14 万余人。

积极备战省十九届运动会高校部比赛,有 215 名运动员、19 名教练员参加了除舞龙舞狮以外的全部比赛,以 75 枚奖牌(金牌 25 枚、银牌 29 枚、铜牌 21 枚)获得团体总分第二,10 个代表队获“体育道德风尚奖”运动队称号,7 名教练员获“优秀教练员”称号,学校获体育道德风尚代表团和最佳赛区称号。完成了高水平运动队发展的项目布局并积极备战全国第十四届学生运动会。明确了“三重一大”(重点布局、重点建设、重点保障、做重大贡献),积极探索一流大学办一流高水平运动队的新路子和新方法。在 2018 年全国

大学生游泳、乒乓球、排球等项目比赛中成绩优异。

发布了改革开放40周年东大体育成果，以此致敬40年来为东大体育付出辛劳的前辈们，感谢关心支持东大体育发展的朋友们，激励正在为东大学校体育砥砺前行的同仁们。

五、科研与学生体质

为提高教师科研水平和科研质量，完善了学术研究成果奖励政策；第十三届学生运动会科学论文报告会论文我校获大会一等奖1篇，二、三等奖各2篇。

作为全国学生体质监测点，2018年组织了我校2 000余名同学参加全国学生体质健康监测工作，2018年全校学生按照《国家学生体质健康标准》要求合格率为93.62%，比2017年度的93.40%提高了0.22%。

六、后勤保障和社会服务

改善办学条件的申报和建设工作，完成了桃园塑胶场和灯光球场改造，并通过中国田径协会A类场地验收。完成了2019年改善办学条件项目的成功申报，协助学校相关部门完成了环九龙湖马拉松步道的可行性分析。

积极做好挂靠我校的省高教学会体育研究会、省体育科学学会学校体育专业委员会、江苏省《国家学生体质健康标准》数据管理中心和江苏省大一新生身体素质测试回馈生源地工作。组织召开了江苏省高校第三十二届体育科学论文报告会、承办了江苏省第十九届运动会高校部沙滩排球比赛，指导了江苏省第十九届运动会高校部定向越野和江苏省高校健身气功比赛。

附1：

东南大学体育系国际级、国家级裁判员名录

田　　　径：陆建明　国际级
　　　　　　张建宁　国际级
　　　　　　江　菊　国家级
　　　　　　刘龙柱　国家级
　　　　　　方　元　国家级
　　　　　　沈　辉　国家级
　　　　　　丁　亮　国家级
游　　　泳：倪小焰　国家级
排　　　球：钱景虹　国家级
沙 滩 排 球：赵　衡　国家级
乒　乓　球：蔡晓波　国际级
　　　　　　张学山　国际级
　　　　　　方　志　国际级
定 向 越 野：方信荣　国家级

尹红松　国家级
武　　术：徐红旗　国家级
啦 啦 操：杨文刚　国际级
龙　　舟：严　华　国际级

附 2：

2018 年东南大学学生参加省市级以上体育竞赛成绩一览表

大项	小项	姓名	比赛名称	名次	地点	时间
网球	女子双打	苗文筱	全国大学生网球锦标赛	第二名	东北电力大学	2018.7
网球	女子双打	胡　博	全国大学生网球锦标赛	第二名	东北电力大学	2018.7
公开水域	男子 A 组	唐潇昂	第九届厦金海峡横渡	第二十六名	厦门—金门	2018.7
公开水域	男子 A 组	张山水	第九届厦金海峡横渡	第二十六名	厦门—金门	2018.7
公开水域	男子 A 组	缪雪松	第九届厦金海峡横渡	第二十七名	厦门—金门	2018.7
公开水域	男子 A 组	赵旭腾	第九届厦金海峡横渡	第二十七名	厦门—金门	2018.7
公开水域	女子组	郝悦然	第九届厦金海峡横渡	第二十五名	厦门—金门	2018.7
公开水域	女子组	张琬琳	第九届厦金海峡横渡	第二十五名	厦门—金门	2018.7
公开水域	男子 A 组	赵旭腾	第十六届抢滩料罗湾	第一名	金门	2018.7
乒乓球	男子单打	张　超	中国大学生乒乓球锦标赛（乙组）	第三名	成都	2019.8
定向越野	短距离	黄　翔	江苏测绘·国图杯	第一名	如皋	2018.10
定向越野	中距离	黄　翔	江苏测绘·国图杯	第一名	如皋	2018.10
定向越野	团队赛	黄　翔	江苏测绘·国图杯	第三名	如皋	2018.10
定向越野	百米定向	黄　翔	江苏测绘·国图杯	第一名	如皋	2018.10
定向越野	短距离	冼嘉成	江苏测绘·国图杯	第三名	如皋	2018.10
定向越野	中距离	冼嘉成	江苏测绘·国图杯	第一名	如皋	2018.10
定向越野	百米定向	冼嘉成	江苏测绘·国图杯	第二名	如皋	2018.10
定向越野	团队赛	单百卉	江苏测绘·国图杯	第三名	如皋	2018.10
定向越野	团队赛	谷慧静	江苏测绘·国图杯	第三名	如皋	2018.10
跆拳道	女子 47 kg	杨仕慧	江苏省第十九届运动会高校部比赛	第一名	江苏师范大学	2018.5
跆拳道	女子 55 kg	林　津	江苏省第十九届运动会高校部比赛	第三名	江苏师范大学	2018.5
游泳	800 m 自由泳	张琬琳	江苏省第十九届运动会高校部比赛	第三名	南大	2018.6
游泳	4×100 m 自由泳接力	张琬琳	江苏省第十九届运动会高校部比赛	第二名	南大	2018.6

(续　表)

大项	小项	姓名	比赛名称	名次	地点	时间
游泳	50 m 自由泳	韩　瑶	江苏省第十九届运动会高校部比赛	第二名	南大	2018.6
游泳	100 m 自由泳	韩　瑶	江苏省第十九届运动会高校部比赛	第二名	南大	2018.6
游泳	100 m 仰泳	韩　瑶	江苏省第十九届运动会高校部比赛	第三名	南大	2018.6
游泳	4×100 m 自由泳接力	韩　瑶	江苏省第十九届运动会高校部比赛	第二名	南大	2018.6
游泳	4×100 m 混合泳接力	韩　瑶	江苏省第十九届运动会高校部比赛	第一名	南大	2018.6
游泳	50 m 蛙泳	俞越琦	江苏省第十九届运动会高校部比赛	第二名	南大	2018.6
游泳	100 m 蛙泳	俞越琦	江苏省第十九届运动会高校部比赛	第三名	南大	2018.6
游泳	200 m 蛙泳	俞越琦	江苏省第十九届运动会高校部比赛	第三名	南大	2018.6
游泳	50 m 蝶泳	李佞偈	江苏省第十九届运动会高校部比赛	第一名	南大	2018.6
游泳	100 m 蝶泳	李佞偈	江苏省第十九届运动会高校部比赛	第二名	南大	2018.6
游泳	200 m 蝶泳	李佞偈	江苏省第十九届运动会高校部比赛	第二名	南大	2018.6
游泳	4×100 m 混合泳接力	李佞偈	江苏省第十九届运动会高校部比赛	第一名	南大	2018.6
游泳	4×100 m 自由泳接力	李佞偈	江苏省第十九届运动会高校部比赛	第二名	南大	2018.6
游泳	50 m 蛙泳	杨天然	江苏省第十九届运动会高校部比赛	第一名	南大	2018.6
游泳	100 m 蛙泳	杨天然	江苏省第十九届运动会高校部比赛	第二名	南大	2018.6
游泳	200 m 蛙泳	杨天然	江苏省第十九届运动会高校部比赛	第二名	南大	2018.6
游泳	4×100 m 混合泳接力	杨天然	江苏省第十九届运动会高校部比赛	第一名	南大	2018.6
游泳	200 m 仰泳	郝悦然	江苏省第十九届运动会高校部比赛	第一名	南大	2018.6
游泳	400 m 自由泳	郝悦然	江苏省第十九届运动会高校部比赛	第一名	南大	2018.6
游泳	4×100 m 混接	郝悦然	江苏省第十九届运动会高校部比赛	第一名	南大	2018.6

（续　表）

大项	小项	姓名	比赛名称	名次	地点	时间
游泳	800 m 自由泳	郝悦然	江苏省第十九届运动会高校部比赛	第二名	南大	2018.6
游泳	4×100 m 自由泳接力	郝悦然	江苏省第十九届运动会高校部比赛	第二名	南大	2018.6
游泳	50 m 仰泳	王　牧	江苏省第十九届运动会高校部比赛	第一名	南大	2018.6
游泳	100 m 仰泳	王　牧	江苏省第十九届运动会高校部比赛	第一名	南大	2018.6
游泳	4×100 m 自接力	王　牧	江苏省第十九届运动会高校部比赛	第二名	南大	2018.6
游泳	200 m 仰泳	王　牧	江苏省第十九届运动会高校部比赛	第二名	南大	2018.6
游泳	4×100 m 混接力	王　牧	江苏省第十九届运动会高校部比赛	第一名	南大	2018.6
游泳	50 m 蝶泳	黄逸昆	江苏省第十九届运动会高校部比赛	第二名	南大	2018.6
游泳	400 m 自由泳	缪雪松	江苏省第十九届运动会高校部比赛	第二名	南大	2018.6
游泳	200 m 自由泳	缪雪松	江苏省第十九届运动会高校部比赛	第二名	南大	2018.6
游泳	200 m 混合泳	缪雪松	江苏省第十九届运动会高校部比赛	第三名	南大	2018.6
游泳	4×100 m 混合泳接力	缪雪松	江苏省第十九届运动会高校部比赛	第一名	南大	2018.6
游泳	4×100 m 自由泳接力	缪雪松	江苏省第十九届运动会高校部比赛	第二名	南大	2018.6
游泳	100 m 蛙泳	唐潇昂	江苏省第十九届运动会高校部比赛	第一名	南大	2018.6
游泳	200 m 蛙泳	唐潇昂	江苏省第十九届运动会高校部比赛	第一名	南大	2018.6
游泳	200 m 混合泳	唐潇昂	江苏省第十九届运动会高校部比赛	第一名	南大	2018.6
游泳	4×100 m 混合泳接力	唐潇昂	江苏省第十九届运动会高校部比赛	第一名	南大	2018.6
游泳	4×100 m 自由泳接力	唐潇昂	江苏省第十九届运动会高校部比赛	第二名	南大	2018.6
游泳	200 m 自由泳	郑　拓	江苏省第十九届运动会高校部比赛	第二名	南大	2018.6
游泳	50 m 蝶泳	郑　拓	江苏省第十九届运动会高校部比赛	第一名	南大	2018.6

（续　表）

大项	小项	姓名	比赛名称	名次	地点	时间
游泳	100 m 蝶泳	郑　拓	江苏省第十九届运动会高校部比赛	第一名	南大	2018.6
游泳	400 m 混合泳	张赟圣	江苏省第十九届运动会高校部比赛	第一名	南大	2018.6
游泳	100 m 蝶泳	张赟圣	江苏省第十九届运动会高校部比赛	第一名	南大	2018.6
游泳	200 m 蝶泳	张赟圣	江苏省第十九届运动会高校部比赛	第一名	南大	2018.6
游泳	4×100 m 混合泳接力	张赟圣	江苏省第十九届运动会高校部比赛	第一名	南大	2018.6
游泳	100 m 自由泳	赵旭腾	江苏省第十九届运动会高校部比赛	第二名	南大	2018.6
游泳	200 m 自由泳	赵旭腾	江苏省第十九届运动会高校部比赛	第三名	南大	2018.6
游泳	4×100 m 自由泳接力	赵旭腾	江苏省第十九届运动会高校部比赛	第二名	南大	2018.6
游泳	50 m 蛙泳	陶　冶	江苏省第十九届运动会高校部比赛	第三名	南大	2018.6
游泳	400 m 自由泳	张山水	江苏省第十九届运动会高校部比赛	第一名	南大	2018.6
游泳	1500 m 自由泳	张山水	江苏省第十九届运动会高校部比赛	第二名	南大	2018.6
游泳	200 m 蝶泳	张山水	江苏省第十九届运动会高校部比赛	第三名	南大	2018.6
足球	男子足球	艾则麦提·艾尼瓦	江苏省第十九届运动会高校部比赛	第三名	南京	2018.11
足球	男子足球	常腾飞	江苏省第十九届运动会高校部比赛	第三名	南京	2018.11
足球	男子足球	陈　磊	江苏省第十九届运动会高校部比赛	第三名	南京	2018.11
足球	男子足球	崔钟予	江苏省第十九届运动会高校部比赛	第三名	南京	2018.11
足球	男子足球	甫尔塔韦斯	江苏省第十九届运动会高校部比赛	第三名	南京	2018.11
足球	男子足球	蒋军戌	江苏省第十九届运动会高校部比赛	第三名	南京	2018.11
足球	男子足球	李佳骏	江苏省第十九届运动会高校部比赛	第三名	南京	2018.11
足球	男子足球	李向杰	江苏省第十九届运动会高校部比赛	第三名	南京	2018.11

（续　表）

大项	小项	姓名	比赛名称	名次	地点	时间
足球	男子足球	刘　刚	江苏省第十九届运动会高校部比赛	第三名	南京	2018.11
足球	男子足球	刘佳昊	江苏省第十九届运动会高校部比赛	第三名	南京	2018.11
足球	男子足球	刘　振	江苏省第十九届运动会高校部比赛	第三名	南京	2018.11
足球	男子足球	潘振宇	江苏省第十九届运动会高校部比赛	第三名	南京	2018.11
足球	男子足球	秦　鑫	江苏省第十九届运动会高校部比赛	第三名	南京	2018.11
足球	男子足球	田植政	江苏省第十九届运动会高校部比赛	第三名	南京	2018.11
足球	男子足球	王艺涵	江苏省第十九届运动会高校部比赛	第三名	南京	2018.11
足球	男子足球	韦苡松	江苏省第十九届运动会高校部比赛	第三名	南京	2018.11
足球	男子足球	肖凯提·努尔买买提	江苏省第十九届运动会高校部比赛	第三名	南京	2018.11
足球	男子足球	杨得金	江苏省第十九届运动会高校部比赛	第三名	南京	2018.11
足球	男子足球	张缪言	江苏省第十九届运动会高校部比赛	第三名	南京	2018.11
足球	男子足球	邹舜杰	江苏省第十九届运动会高校部比赛	第三名	南京	2018.11
羽毛球	男单	张旭鹏	江苏省大学生羽毛球锦标赛	第一名	苏科大	2018.12
田径	4×100 m 接力	虞沁宸	江苏省第十九届运动会高校部比赛	第一名	南大	2018.5
田径	100 m	舒　阳	江苏省第十九届运动会高校部比赛	第三名	南大	2018.5
田径	4×100 m 接力	舒　阳	江苏省第十九届运动会高校部比赛	第一名	南大	2018.5
田径	三级跳远	包尊杰	江苏省第十九届运动会高校部比赛	第三名	南大	2018.5
田径	铅球	丁依再	江苏省第十九届运动会高校部比赛	第三名	南大	2018.5
田径	跳高	丁　天	江苏省第十九届运动会高校部比赛	第二名	南大	2018.5
田径	4×100 m 接力	张乔镇	江苏省第十九届运动会高校部比赛	第一名	南大	2018.5

（续　表）

大项	小项	姓名	比赛名称	名次	地点	时间
田径	4×100 m接力	王子彤	江苏省第十九届运动会高校部比赛	第一名	南大	2018.5
排球	室内排球	杨　帆	江苏省第十九届运动会高校部比赛	第二名	南农	2018.5
排球	室内排球	卢静雯	江苏省第十九届运动会高校部比赛	第二名	南农	2018.5
排球	室内排球	叶昭彤	江苏省第十九届运动会高校部比赛	第二名	南农	2018.5
排球	室内排球	杜凌菲	江苏省第十九届运动会高校部比赛	第二名	南农	2018.5
排球	沙滩排球	熊玮琪	江苏省第十九届运动会高校部比赛	第二名	东大	2018.6
排球	沙滩排球	姚琪玥	江苏省第十九届运动会高校部比赛	第二名	东大	2018.6
定向越野	短距离	戴　斐	江苏省第十九届运动会高校部比赛	第一名	盐城工学院	2018.5
定向越野	中距离	戴　斐	江苏省第十九届运动会高校部比赛	第二名	盐城工学院	2018.5
定向越野	团队赛	戴　斐	江苏省第十九届运动会高校部比赛	第二名	盐城工学院	2018.5
定向越野	短距离	冼嘉成	江苏省第十九届运动会高校部比赛	第三名	盐城工学院	2018.5
定向越野	接力赛	冼嘉成	江苏省第十九届运动会高校部比赛	第二名	盐城工学院	2018.5
定向越野	团队赛	冼嘉成	江苏省第十九届运动会高校部比赛	第一名	盐城工学院	2018.5
定向越野	团队赛	李哲贤	江苏省第十九届运动会高校部比赛	第一名	盐城工学院	2018.5
定向越野	团队赛	单百卉	江苏省第十九届运动会高校部比赛	第二名	盐城工学院	2018.5
定向越野	团队赛	莫巨宏	江苏省第十九届运动会高校部比赛	第一名	盐城工学院	2018.5
定向越野	接力赛	莫巨宏	江苏省第十九届运动会高校部比赛	第二名	盐城工学院	2018.5
定向越野	短距离	莫巨宏	江苏省第十九届运动会高校部比赛	第六名	盐城工学院	2018.5
定向越野	短距离	黄　翔	江苏省第十九届运动会高校部比赛	第三名	盐城工学院	2018.5
定向越野	团队赛	黄　翔	江苏省第十九届运动会高校部比赛	第二名	盐城工学院	2018.5

（续 表）

大项	小项	姓名	比赛名称	名次	地点	时间
定向越野	接力赛	陈秋实	江苏省第十九届运动会高校部比赛	第二名	盐城工学院	2018.5
定向越野	团队赛	陈秋实	江苏省第十九届运动会高校部比赛	第一名	盐城工学院	2018.5
乒乓球	男子团体	张　超	江苏省第十九届运动会高校部比赛	第一名	扬州大学	2018.9
乒乓球	男子团体	王　瑞	江苏省第十九届运动会高校部比赛	第一名	扬州大学	2018.9
乒乓球	男子团体	张　涵	江苏省第十九届运动会高校部比赛	第一名	扬州大学	2018.9
乒乓球	男子团体	朱家俊	江苏省第十九届运动会高校部比赛	第一名	扬州大学	2018.9
乒乓球	男子双打	张　超	江苏省第十九届运动会高校部比赛	第一名	扬州大学	2018.9
乒乓球	男子双打	王　瑞	江苏省第十九届运动会高校部比赛	第一名	扬州大学	2018.9
乒乓球	男子单打	王　瑞	江苏省第十九届运动会高校部比赛	第二名	扬州大学	2018.9
乒乓球	女子单打	周瀚洋	江苏省第十九届运动会高校部比赛	第三名	扬州大学	2018.9
乒乓球	混合双打	张　超	江苏省第十九届运动会高校部比赛	第二名	扬州大学	2018.9
乒乓球	混合双打	周瀚洋	江苏省第十九届运动会高校部比赛	第二名	扬州大学	2018.9
游泳	女子甲组 4×100 m 自由泳接力	郝悦然	2018 年全国大学生游泳锦标赛	第一名	武汉理工大学	2018.12
游泳	女子甲组 4×200 m 自由泳接力	郝悦然	2018 年全国大学生游泳锦标赛	第一名	武汉理工大学	2018.12
游泳	女子甲组 200 m 仰泳	郝悦然	2018 年全国大学生游泳锦标赛	第二名	武汉理工大学	2018.12
游泳	女子甲组 4×100 m 混合泳接力	郝悦然	2018 年全国大学生游泳锦标赛	第三名	武汉理工大学	2018.12
游泳	女子甲组 200 m 自由泳	郝悦然	2018 年全国大学生游泳锦标赛	第三名	武汉理工大学	2018.12
游泳	女子甲组 4×100 m 自由泳接力	韩　瑶	2018 年全国大学生游泳锦标赛	第一名	武汉理工大学	2018.12

(续　表)

大项	小项	姓名	比赛名称	名次	地点	时间
游泳	女子甲组 4×200 m 自由泳接力	韩　瑶	2018 年全国大学生游泳锦标赛	第一名	武汉理工大学	2018.12
游泳	女子甲组 4×100 m 自由泳接力	陈益滢	2018 年全国大学生游泳锦标赛	第一名	武汉理工大学	2018.12
游泳	女子甲组 4×100 m 混合泳接力	陈益滢	2018 年全国大学生游泳锦标赛	第三名	武汉理工大学	2018.12
游泳	女子甲组 4×200 m 自由泳接力	刘泓琳	2018 年全国大学生游泳锦标赛	第一名	武汉理工大学	2018.12
游泳	女子甲组 400 m 自由泳	刘泓琳	2018 年全国大学生游泳锦标赛	第一名	武汉理工大学	2018.12
游泳	女子甲组 800 m 自由泳	刘泓琳	2018 年全国大学生游泳锦标赛	第二名	武汉理工大学	2018.12
游泳	女子甲组 4×100 m 自由泳接力	张音祺	2018 年全国大学生游泳锦标赛	第一名	武汉理工大学	2018.12
游泳	女子甲组 4×200 m 自由泳接力	张音祺	2018 年全国大学生游泳锦标赛	第一名	武汉理工大学	2018.12
游泳	女子甲组 200 m 混合泳	张音祺	2018 年全国大学生游泳锦标赛	第一名	武汉理工大学	2018.12
游泳	女子甲组 100 m 蝶泳	张音祺	2018 年全国大学生游泳锦标赛	第二名	武汉理工大学	2018.12
游泳	女子甲组 4×100 m 混合泳接力	张音祺	2018 年全国大学生游泳锦标赛	第三名	武汉理工大学	2018.12
游泳	男子甲组 50 m 仰泳	王牧	2018 年全国大学生游泳锦标赛	第二名	武汉理工大学	2018.12
游泳	女子甲组 50 m 蝶泳	李佞偈	2018 年全国大学生游泳锦标赛	第二名	武汉理工大学	2018.12
游泳	女子甲组 4×100 m 混合泳接力	李佞偈	2018 年全国大学生游泳锦标赛	第三名	武汉理工大学	2018.12

附 3：

2018 年东南大学《国家学生体质健康标准》数据分析

我校 2018 年度《国家学生体质健康标准》(以下简称《标准》)参与测试的有效数据为 14 652 人，比 2017 年度增加 18 人；大学一年级为 3 770 人次，大学二年级为 3 576 人，大学三年级为 3 594 人，大学四年级为 3 712 人，测试合格率为 93.62%。

表 1　2017 年度《标准》总体等级分析

等级	不及格	及格	良好	优秀	总计
人数/人	968	10 759	2 680	227	14 634
百分比/%	6.6	73.5	18.3	1.6	100

表 2　2018 年度东南大学《标准》测试等级分析

年级	不及格/%	及格/%	良好/%	优秀/%
一年级	4.99	74.01	19.55	1.46
二年级	5.15	70.92	22.04	1.90
三年级	6.90	72.84	18.98	1.28
四年级	8.49	73.22	16.89	1.40
全校	6.38	72.75	19.36	1.51

从表 1、表 2 中可以看出，我校 2018 年度学生《标准》测试合格率比 2017 年度增长 0.22%，及格率下降 0.75%，良好率增长 1.06%，优秀率下降 0.09%。

表 3　2017 年度各测试项平均值与标准差

	身高/cm	体重/kg	肺活量/mL	50 m 跑/s	立定跳远/cm	坐位体前屈/cm	仰卧起坐/个	引体向上/个	1 000 m 跑/s	800 m 跑/s
平均数	169.73	62.35	3 641.45	7.87	209.01	14.69	38.75	4.33	248.03	234.34
标准差	8.29	11.90	899.33	.948	33.10	6.76	8.58	4.22	28.07	21.13

表 4　2018 年度各测试项平均值与标准差

	身高/cm	体重/kg	肺活量/mL	50 m 跑/s	立定跳远/cm	坐位体前屈/cm	仰卧起坐/个	引体向上/个	1 000 m 跑/s	800 m 跑/s
平均数	169.92	62.28	3 861.14	7.93	209.90	14.24	38.48	3.87	249.92	235.60
标准差	8.30	11.98	967.89	.947	33.24	6.86	9.01	4.20	28.79	22.83

从表 3、表 4 中可以看出，2018 年度学生身高平均数比 2017 年度有所增长，体重平均数略有下降，肺活量增幅较大。50 m 跑，坐位体前屈、仰卧起坐、引体向上均有下降，立定跳远增长了 0.89 cm，800 m、1 000 m 均有小幅度下降。数据表明，学生的身体形态向正常方向发展，身体素质均出现不同程度下降趋势，在今后的教学和课外锻炼中应加大速度、耐力和力量素质的练习。

附 4：

2018 年东南大学体育系十大新闻

1. 教育思想大讨论

4 月 11 日上午，体育系在九龙湖体育馆举行了教育思想大讨论启动仪式，并宣布成立以蔡晓波为组长，王强、金凯为副组长的领导小组。在随后的 11 周里，体育系共组织了 4 次全体大会、8 次专题研讨、2 次学生座谈会，参加研讨人员达到 368 人次(全体教职工 78 人)。

2. 第六十届田径运动会

4 月 13 日上午，东南大学第六十届运动会暨第二十四届教职工运动会在九龙湖校区体育馆开幕。本届比赛共有 4 635 人参赛，参赛人数为历年来最多。开幕式上由各院系、校机关、图书馆、后勤等单位组成的 30 余个代表方阵迈着矫健的步伐依次通过主席台。此次开幕式邀请了上海跃动花样跳绳来校表演，还有 200 人健身气功和 600 人大型团体操表演。本届比赛在往届增加赛场展示的基础上，按照大型比赛的标准又采用了激光测距仪和成绩实时显示屏，这也是全国唯一在校级运动会上使用这一标准的学校。

3. 校园马拉松比赛

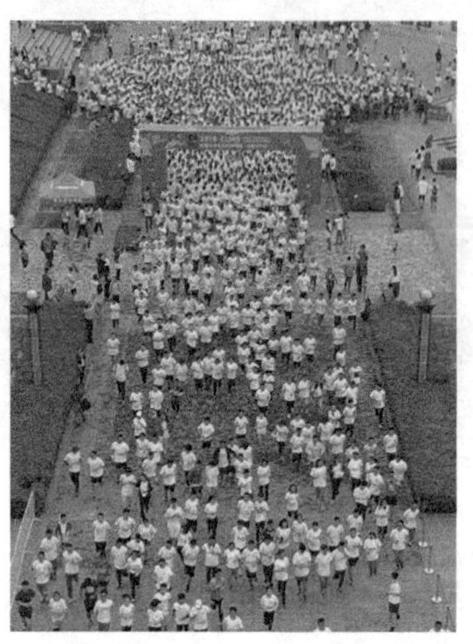

5 月 19 日上午，中国大学生马拉松联赛东南大学站在东南大学九龙湖校区启动。在九龙湖清凉的晨风里，3 500 名师生、校友用自己的奔跑迎接东南大学 116 周年校庆。

4. 沂蒙党员活动

为加强党性修养，树立良好作风，培养党员的荣誉感、责任感和使命感，增强党组织的凝聚力、战斗力和号召力，东南大学体育系党总支于 8 月 28 日—8 月 30 日开展了沂蒙红色教育活动。通过 3 天的学习之旅，“爱党爱军、开拓奋进、艰苦创业、无私奉献”的沂蒙精神深深地烙入每位老师的心中。

5. 江苏省第十九届运动会

江苏省第十九届运动会闭幕式于 9 月 28 日在扬州市体育公园体育馆举行。我校蝉联省运会高校部甲组比赛“校长杯”奖。在闭幕式颁奖典礼上，东南大学党委副书记郑家茂代表学校领取第十九届省运会高校部甲组“校长杯”奖。

本届省运会我校有 215 名运动员、19 名教练员参加了除舞龙舞狮项目外的全部比赛，最终将 75 枚奖牌收入囊中，其中金牌 25 枚、银牌 29 枚、铜牌 21 枚。此外，我校代表队在 10 项比赛中被评为“体育道德风尚奖”运动队，共有 7 位老师被评为“优秀教练员”。

在省运会的众多赛事中，我校共承办了 2 项比赛，分别是江苏省第十九届运动会高校部甲 B 组篮球比赛以及江苏省第十九届运动会高校部甲组沙滩排球比赛。

6. 桃园田径场改造完成

自 8 月末以来，东南大学九龙湖桃园田径场经过 3 个多月改造维护，现已通过验收，符合使用要求。

【改造小档案】

(1) 标准 400 m 田径场、室内看台下 80 m 直道塑胶面层翻新工程：原塑胶跑道打磨清理，破损处维修，加铺混合型塑胶跑道面层。

(2) 足球场原草坪铲除外运，基础平整，重铺营养土、天然草坪。喷灌系统整修，水泵更换。

(3) 场地四周高杆灯光安装设置，含灯杆基础基坑的开挖、灯杆基础的预埋、LED 灯具的安装、布线、控制柜的设置和安装等。

7. 2018 年江苏省学生体质健康监测

2018 年 11 月 3 日—4 日，东南大学学生体质健康监测工作在九龙湖校区圆满完成，来自信息科学与工程学院、外国语学院、材料科学与工程学院、艺术学院、土木工程学院、人文学院、经济管理学院、机械工程学院和交通学院的 2 000 多位同学以良好的精神状态顺利完成了此次测试。

本次监测工作是 2018 年度的例行工作，学校高度重视，制订了详细周密的工作方案，召开了专门会议，布置相关工作。在为期 2 天的监测中，体育系精心组织、周密安排、创新举措，校医院及各学院积极配合，使得本次监测工作科学、合理、周密、有序、规范。

8. “百年大学 · 百年体育”校长论坛

“百年大学 · 百年体育”校长论坛于 11 月 23 日在北京大学举行，来自北京大学、清华大学、东南大学等 30 余所具有百年历史大学的主管体育工作的校长以及体育学院、系、部的主任、专家学者等出席了本次论坛。

论坛开幕式后,郑家茂副书记从奥林匹克追求更高、更快、更强的精神,到东南大学充分利用体育的育人功能,发挥体育在人才培养中的高度、宽度和厚度,提出东南大学在“双一流”建设的人才培养中,体育要有温度,有强度,更要有效度,实现学校体育更阳光、更和谐、更充满活力。体育系主任蔡晓波参加了论坛,并与论坛主办方就关爱教师健康的健康风险评估、新型体育项目的开发、运动技能评价标准等方面达成合作意向。

9. 体育学研究生教育创新论坛

12 月 8 日,由南京体育学院举办的江苏省第六届体育学研究生教育创新论坛隆重开幕。本次论坛以“立德树人,创新发展”为主题,在全省征选研究生论文共 651 篇,经过专家组匿名评审,我校体育系体育学研究生卢静雯同学荣获特等奖,并于论坛分会场进行了专题汇报,苗爽、夏婧同学荣获一等奖,孙昌捷、张伯乾、张仲坤同学荣获二等奖。

10. 庆祝改革开放 40 周年长跑活动

12 月 8 日下午,东南大学在九龙湖校区举行“践行复兴路,青春铸辉煌——2018 年东南大学冬季阳光长跑活动”暨“庆祝改革开放 40 周年”主题活动。党委副书记郑家茂,校长办公室、党委学工部/学生处、校团委、体育系负责同志及部分院系党委副书记参加了活动。本次活动分竞赛组和健身组,共有 24 个单位参赛,近万名师生、校友参加了活动。

化学化工学院

2018 年化学化工学院在学校党政领导和有关部门的关心支持下，通过全院教职员工的不懈努力，在人才培养、学科及队伍建设、科学研究、学生工作、综合管理等各方面工作都取得了一定的成绩。

一、人才培养方面

本科生培养方面：根据学校工科特点及化学化工学院 3 个本科专业的特色，对 2018 级本科生培养方案进行了修订，并修订了教学大纲。立项中国高等教育理科教育研究课题 2 项，申请立项校级教改课题 1 项，立项校级通识课 3 门、校级课程思政 1 门，主编或参编出版教材 5 部。年度共立项各级 SRTP 项目 71 项，中期检查后，其中 11 项升级为国家级创新项目，5 项升级为省级创新项目。另外还申请立项了 10 项校级重大项目。获得省级优秀本科生毕业论文 1 项、校级优秀毕业论文 2 篇，本科生以第一发明人授权专利 3 项。

学院在本科生化学化工实验竞赛方面取得优异成绩，在第十一届全国大学生化学实验邀请赛中，获二等奖 1 项、三等奖 2 项。在第五届“卓越杯”大学生化学新实验设计暨化学实验技能竞赛中，我院获得设计环节和技能环节一等奖 1 项、二等奖 3 项。在江苏省大学生化学化工实验竞赛中获得一等奖 2 项、二等奖 3 项、三等奖 1 项。在全国化工设计大赛中获华东区一等奖、全国二等奖，在江苏省水处理实验创新大赛中获特等奖 1 项、一等奖 1 项、二等奖 1 项。在第十一届全国大学生节能减排社会实践与科技竞赛中荣获全国一等奖。

研究生培养方面：2018 年，我校工程博士首次扩招，我院录取 5 名工程博士。成立了 2018 年研究生奖学金评奖小组，根据近几年的评奖情况，对本年度的评奖标准进行了调整，进一步细化、优化评奖细则，顺利完成本年度奖学金的评选和发放工作。2018 年初，根据校学位办要求，对博士研究生申请博士学位的成果考核标准进行修订，根据各专业、学科的差异性，对博士生申请学位的成果考核标准首次进行分类说明，提出 5 种标准，供不同层次博士生参考，适用于 2018 年及以后入学的博士研究生。

二、人才引进与培育方面

全年遴选引进教师 2 人，公派出国学习 1 人。引进全球知名教授、美国肯特州立大学李全教授为客座教授，细化聘期合作内容，提升合作层次。

三、学生教育管理各方面

学院 193161 班被评选为东南大学 2017—2018 学年优良学风标兵班。1 名学生获得江苏省优秀学生干部称号。评选出 4 名国家奖学金获得者、9 名国家励志奖学金获得者，共发放秋季奖助学金 17.2 万元，惠及全院本科生 32 人次。

四、综合管理方面

根据校党委巡察工作统一部署,于 2018 年底接受了学校对学院的第一轮巡察工作,巡察工作开展顺利,收效颇丰,对巡察中发现的突出问题提出了整改方案。成功举办了东南大学化工学院(系)成立 90 周年暨恢复建院 30 周年院庆,反响强烈。结合学院实际情况和需求,重塑了绩效考核评估体系,修订了《2018 年化学化工学院绩效考核办法》,强化了 KPI 考核导向,加大了 KPI 考核占比,大幅提升了考核指标精细化水平。

交 通 学 院

1. 2017 年,我院申报的加拿大工程院院士、英属哥伦比亚大学 Tarek Sayed 教授获批“外专千人”,申报的香港理工大学冷真副教授获批“青年千人”,高层次人才队伍建设取得了新突破。此外,学院全年从英属哥伦比亚大学、罗格斯大学、佛罗里达大学等国际一流高校新引进教师 9 人,进一步提升了我院师资队伍国际化水平和整体实力。

2. 经教育部和国家外国专家局联合组织的“高等学校学科创新引智计划”(简称“111 计划”)新建基地评审,我院刘攀教授牵头申报的“现代城市智能交通技术学科创新引智基地”成功入选,为进一步聚焦现代智能交通技术国家重大需求、学科前沿和经济主战场,按照世界一流标准开展高水平、高层次、高质量国际合作,充分发挥引智效益,支持和引领交通运输工程世界一流学科建设提供了重要载体。

3. 我院以国际通用专业人才培养标准改革本科教学工作,交通工程、交通运输、测绘工程 3 个本科专业接受了工程教育专业认证专家组现场考察,是全校参与专业认证最多的学院。在艾瑞深中国校友会网对中国大学交通运输类本科专业排行榜中,我院交通工程专业获评唯一的七星级专业(世界知名高水平专业)。

4. 2017 年我院重点推动东南大学-中国路桥战略合作,首届巴基斯坦交通运输工程研究生班开班,迎来首届 10 名巴基斯坦学生,该项目是我国交通运输领域针对“一带一路”国家的首个研究生层面培养项目,得到了国家发改委与教育部以及巴方高教部与驻华使馆的大力支持。此次合作是中国大学积极响应“一带一路”倡议,与企业合力助推共赢发展的又一生动范例,对推动我院服务国家“一带一路”顶层战略具有重要意义。

5. 2017 年 12 月 20 日,经过一年多的谋划和准备,东南大学-威斯康星大学智能网联交通联合研究院正式成立。我院“千人计划”特聘专家、交通物联网中心主任冉斌教授担任联合研究院院长,东南大学校长张广军院士担任学术委员会主任。

6. 2017 年 12 月 28 日,教育部学位与研究生教育发展中心公布了全国第四轮学科评估结果。我院交通运输工程一级学科再创辉煌,获得最高档次 A+的佳绩,继第三轮学科评估后再次蝉联全国第一。

7. 学院分别与扬州瑞沃集团、南京嘉盛建设集团签订了校级校企联合研发中心(三年投入 500 万元),在学校排名第一;学院积极与江苏交通控股公司养护技术公司、南京公共工程建设中心、昆山交发集团对接,促进项目群合作;学院参与和推动了东南大学与

中国电子科技集团公司第二十八研究所、安徽省交通控股集团有限公司的产学研战略合作协议的签署，为双方后续产学研深度合作奠定了基础。

8. 2017 全年我院共获各类科研奖项 11 项，其中包括国家和省部级一等奖 2 项、二等奖 5 项。交通学科王炜教授、岩土学科刘松玉教授成功入选全国创新争先奖拟表彰名单。全年在研科研项目 300 多项，总到款科研经费 11 275.37 万元，其中纵向经费 3 717.5 万元。学院全年总计发表论文 300 多篇，其中 SCI/SSCI 论文 180 余篇；申请国家发明专利 338 项，获得授权 89 项，申请软件著作权 14 项。

仪器科学与工程学院

一、学院历史沿革

仪器科学与工程学院所属学科专业创建于 1960 年，原名"陀螺仪及导航仪器"专业，于 1961 年开始招收研究生。1981 年和 1984 年被国务院学位委员会先后批准设立"精密仪器及机械"和"测试计量技术及仪器"2 个硕士学位授权点。1990 年被批准设立"精密仪器及机械"博士学位授权点。

1992 年 5 月，为了适应学科发展需要，从自动控制系分出成立了仪器科学与工程系。2006 年 9 月成立仪器科学与工程学院。

二、学院机构设置

◆ 教学、科研机构

学院现设有 6 个研究所，即：先进导航技术研究所、微惯性系统及器件研究所、信息导航与智能测控研究所、空间信息与导航定位研究所、机器人传感与控制技术研究所、汽车安全技术与虚拟现实研究所和测控技术教学实验研究中心；1 个教学实验研究中心。

◆ 平台建设

学院现有"微惯性仪表与先进导航技术"教育部重点实验室、"远程测控技术"江苏省重点实验室和"土地实地调查监测技术"国土资源部重点实验室，以及江苏省农业物联网感知及系统控制工程中心。参与建设"生物电子学"国家重点实验室和"火电机组振动国家工程中心"。

同时，学院还建有国家级实验教学示范中心——机电测控虚拟仿真实验教学中心，江苏省实验教学与实践教学中心——测控技术与仪器学科训练中心，参与建设国家级实验教学示范中心——机电综合工程训练中心，江苏省工程实践教学中心——物联网技术工程训练中心。

三、学院学科设置

目前,学院拥有 1 个博士后流动站、1 个一级学科博士点、4 个二级学科博士点(表 1)。另建有 2 个国防特色学科:信息传感及系统技术、导航制导与控制。

仪科学院学科分布及专业设置

<table>
<tr><th colspan="2">学科分布</th><th rowspan="2">学科性质</th><th rowspan="2">本科专业名称</th></tr>
<tr><th>一级学科名称</th><th>二级学科名称</th></tr>
<tr><td rowspan="4">仪器科学与技术(一级学科博士点、博士后流动站、一级学科江苏省重点学科)</td><td>精密仪器及机械</td><td>博士点</td><td rowspan="4">测控技术与仪器</td></tr>
<tr><td>测试计量技术及仪器</td><td>博士点</td></tr>
<tr><td>导航、制导与控制</td><td>博士点</td></tr>
<tr><td>微系统与测控技术</td><td>博士点</td></tr>
</table>

四、学院人员配置

人员结构现状

截止到 2018 年底,学院共有教职工 71 人,其中专任教师 62 人、管理人员 9 人。专兼职教师队伍中,具有国内外博士学位教师占比约 90%,其中教授(含重大项目岗)26 人、副教授 27 人、讲师 17 人,博士生导师(含兼职)28 人、硕士生导师(含兼职)49 人。2018 年,我院引进新教师 5 人(徐佳文、高旺、姚逸卿、徐启敏、丁徐锴),新增教授 1 人(夏敦柱),新增上岗副研究员 1 人(徐佳文)。

仪科学院高层次人才与团队

人才工程	人员名单
中国工程院院士	张广军(2013)
国家杰出青年科学基金	宋爱国(2013)
国家“万人计划”科技创新领军人才	王　庆(2013)
国家“万人计划”教学名师	宋爱国(2018)
新世纪百千万人才工程	宋爱国(2009)
教育部“新世纪优秀人才”	陈熙源(2006)、严如强(2009)、宋光明(2010)
江苏省特聘教授	宋爱国(2013)
江苏省“333 高层次人才培养工程”中青年科技领军人才(第二层次)	徐晓苏(2007)、宋爱国(2008、2011)、宋光明(2016)
江苏省“333 高层次人才培养工程”中青年科学技术带头人(第三层次)	张为公(2003)、宋爱国(2004)、李建清(2007)、宋光明(2013)、刘锡祥(2016)、李会军(2018)
江苏省“青蓝工程”中青年学术带头人	徐晓苏(1998)、宋爱国(2002)、张为公(2005)

（续表）

人才工程	人员名单
江苏省“六大高峰人才”	张为公(2005)、宋爱国(2006)、陈熙源(2008)、李建清(2011)、宋光明(2013)、杨　波(2014)、赵立业、潘树国(2015)、刘锡祥、严如强、吴　涓(2016)、李旭(2017)
东南大学特聘教授	宋爱国(2011,2013,2016)、徐晓苏(2014)、王　庆(2016)
东南大学首席教授	宋爱国(2017)
东南大学优秀青年教师	陈熙源(2003)、金世俊(2004)、宋光明(2007)、梁金星(2011)、王立辉(2012)、莫凌飞(2013)、曾　洪、张　涛(2014)、徐宝国(2015)
东南大学“至善青年学者”	朱利丰、汤新华(2018)
江苏省“青蓝工程”科技创新团队	宋爱国团队(2016)

五、党政工作

1. 深入学习宣传贯彻党的十九大精神

根据《仪器科学与工程学院2018年度党员领导干部和教职工思想理论学习安排》，学院党委综合运用线上线下平台，围绕“十大专题”，开展了党建知识竞赛、专家讲座、实地参观、观看主旋律影片等形式多样、内涵丰富的学习教育活动。

2. 稳步加强学院师资及干部队伍建设

围绕学校确定的“人才年”主题，学院党委秉持“人才是第一资源”的战略思想。完善学院内部机构设置，将原有的7个研究所调整为6个，对部分研究所人员进行微调，更好地整合团队资源，进一步提升教学科研水平。完成学院后备干部人才摸底工作，加大年轻干部培养力度，选聘了5名院长助理；同时，认真开展教师党支部书记“双带头人”培育工程。

3. 不断创新师生思想政治教育工作

学院党委认真贯彻落实全国教育大会精神，认真组织教育思想大讨论，重塑人才培养目标和定位。关注课程思政建设，促进由“思政课程”向“课程思政”的教育教学转变，增强全院教师教书育人的责任感和使命感。

4. 积极提升基层党支部工作活力

学院党委切实加强支部工作的分类指导和监督检查，坚持党支部书记例会和培训制度，规范支部“三会一课”、组织生活等制度，组织支部书记年度工作述职，促进支部工作的标准化建设。创新教工党支部活动形式，以学院“22节”为有效载体，开展了观影、参观等活动，将思想教育、文化引领与活动相结合，寓教于乐，有效地激发了教工党支部活力。

5. 持续深入推进党风廉政建设

学院党委认真贯彻落实全面从严治党、党风廉政建设工作的新要求、新部署，严格执行中央“八项规定”及廉洁从政若干准则，将“党政同责、一岗双责”党风廉政建设责任制落到实处。积极开展廉洁文化宣教工作，为学院“双一流”建设和各项事业发展提供坚强保障。

6. 安全、保密工作常抓不懈

认真开展安全保卫、综合治理责任制等工作，将定期检查和日常防范相结合，工作效果良好，学院被评为2018年度东南大学安全保卫先进集体。保密工作规范化、制度化，组织全体涉密人员学习培训8次，全年无泄密事件。学院“先进导航技术研究所”被评为东南大学保密先进集体，赵立业、徐宝国被评为保密先进个人。

六、学科建设

1. 围绕教育部“双一流”建设的实施，经过多次论证，2018年7月完成了我院“双一流”学科平台“运动体的导航、感知与遥操作控制技术一流学科平台(国防类)”建设方案的制订与论证工作，并完成四年建设期4 000万经费预算与2018年度建设经费使用计划的编制。

2. 江苏高校优势学科建设工程二期“自动化一级学科建设(仪器学院子项目)”顺利通过验收。“仪器科学与技术”一级学科顺利入选江苏高校优势学科建设工程三期(A类)，2018年8月完成了项目任务书的制订和论证工作。

3. 2018年6月，完成“仪器科学与技术”一级学科博士、硕士学位授权点以及“仪器仪表工程”专业硕士学位授权点的自我评估，各项工作均获得评估专家好评。

4. 完成“信息传感及系统技术”“导航制导与控制”2个国防特色学科建设成效评估总结报告。

5. 江苏省远程测控技术重点实验室顺利通过江苏省高校重点实验室检查评估，评估等级为“优秀”。

6. 按照学校关于“生物电子学”国家重点实验室整改的要求，我院与生物科学与医学工程学院共建“生物电子学”国家重点实验室，江苏省远程测控技术重点实验室成为“生物电子学”国家重点实验室重要组成单位之一。

7. 完成学院研究所等机构的布局优化工作，将原有的7个研究所调整为6个研究所，研究所的人员进行了相应的调整。

七、科学研究

1. 科研成果获奖创历史最好成绩

2018年，王庆教授主持的“土地调查监测空地一体化技术开发与装备研制”研究成果获国家科技进步二等奖，宋爱国教授主持的“复杂环境下远程巡检机器人关键技术及应用”研究成果、潘树国教授主持的“高精度多模多频GNSS基准站网关键技术及应用”研究成果同获江苏省科学技术一等奖，宋爱国教授主持的“面向触摸屏图像交互的多模式

力触觉笔和再现方法”发明成果获得第 46 届日内瓦国际发明金奖，李旭教授主持的“面向区域物流的道路运输车辆清障救援操作规范标准制定及应用实施”研究成果获得中国物流与采购联合会科技进步二等奖。

2. 基础研究平稳推进

2018 年，全院获批国家自然科学基金项目 7 项；国家重点研发计划(子)课题 4 项；军委科技委创新项目 4 项，装备发展部预研项目 2 项；教育部预研联合基金 2 项，江苏省自然科学基金 2 项(面上项目)。全院科研总经费 4 589.08 万元，其中纵向 3 148.39 万元，横向 1 440.69 万元。2018 年，全院发表 SCI 检索论文 70 篇(其中，表现不俗论文 14 篇、高被引论文 1 篇)，发表 EI 检索论文 29 篇，CPCI 检索论文 9 篇

3. 专利成果申请继续增加

2018 年，全院申报发明专利 216 项(其中，PCT 专利 13 项)，获发明专利授权 69 项(国外专利 1 项)。同比去年，申报发明专利增加 71 项，增长了 49%。

八、本科生教学工作

1. 本科教学研究成果丰硕

2018 年，学院完成了以“深化教育综合改革，培养一流创新人才”为主题的教育思想大讨论，共组织了研讨会 2 场、座谈会 2 场、学生座谈会 3 场、专家名师采访 4 次。

学院认真进行课程和教材建设工作。2018 年继续建设江苏省在线开放课程“微机系统与接口”，还立项建设了 2 门校级在线开放课程“信息通信网络概论”和“智能仪器设计技术”。学院持续改进国家级资源共享课“传感器技术”和“检测技术”；继续建设“机电一体化与机器人技术”和“机电基础实践”2 门东南大学校级通选课程，学院教师教学成果喜人。“构建科教融合、虚实结合、校企联合实践教学平台，创新测控专业人才培养模式”获得 2018 年国家级教学成果奖二等奖。宋爱国荣获 2018 年国家“万人计划”教学名师。

2. 本科实践教学成果喜人

2018 年，学院继续认真执行《仪器科学与工程学院测控技术与仪器专业本科生毕业设计(论文)管理规定》，进行毕业设计的管理工作，师生共同努力，获得省级优秀毕业设计 1 项、校级优秀毕业设计 3 项。

3. 本科国际化人才培养工作努力推进

2018 年，学院继续努力推进本科人才培养工作的国际化，积极邀请海外专家、企业家为学生授课，同时，学院有 3 名本科学生出国交流。

九、研究生教学工作

1. 2018 年研究生工作概况

2018 年,学院组织博士生进行院内公开学术报告 57 人次;同时,还继续为 2018 级研究生新生组织系列讲座,以加强新生的科学素养。培训内容包括仪器科学学科学术资源的利用、研究生创新能力与素养的培养、仪器类学科当前发展与未来、学术写作技巧和学术规范等四个方面。

2018 年,学院开始全面实施硕士研究生学位论文盲审,以提高硕士学位论文的总体质量,更加客观、公正地做好学位论文的审查、评阅工作,确保学位授予质量。

2. 2018 年研究生培养成果

学院认真组织研究生申报各类创新计划,不断提升创新能力。在 2018 年研究生创新工程项目申报中,学院获批江苏省研究生科研创新计划项目 6 项、江苏省研究生实践创新计划 2 项。本年度,还获得江苏省优秀学术学位硕士学位论文 1 篇、东南大学优秀博士论文 1 篇、东南大学优秀学术学位硕士学位论文 1 篇、东南大学优秀专业学位硕士学位论文 1 篇。

学院注重研究生课程教学改革工作,组织将思想政治工作贯彻到多门教学课程中,使思想政治教育融入人才培养。其中"卫星导航定位技术理论及应用"课程(潘树国)获得学校研究生"课程思政"示范课程建设试点立项。

十、学生工作

1. 学生基本情况

截止到 2018 年底,全院在校生人数为 792 人。

仪科学院在校生人数

年级		总数	男女生人数		团员数(不含党员)	党员数(含预备党员)
			男生	女生		
本科生	一年级	97	72	25	89	0
	二年级	90	66	24	84	0
	三年级	101	74	27	93	6
	四年级	98	67	31	83	14
合计		386	279	107	355	20
研究生	一年级	109	82	27	60	43
	二年级	110	84	26	70	40
	三年级及以上	98	62	36	54	48

（续　表）

年级	总数	男女生人数		团员数（不含党员）	党员数（含预备党员）
		男生	女生		
博士	87	70	17	20	56
合计	406	298	106	204	188
总计	792	577	213	559	208

2018 年，我院招收本科生共计 97 人。其中，国家贫困专项计划 7 人、高校专项计划 1 人，共占比 8.2%，新疆预科生 2 人，港澳台学生 1 人。

2018 年，学院招收硕士研究生 109 名，博士研究生 22 名。

2. 学生思想政治教育工作

2018 年，学院以习近平新时代中国特色社会主义思想为指导，开展了系列思想政治教育活动，做好学生的思想引领工作。

积极组织参与教育思想大讨论活动，组织班主任座谈会 1 场，学生座谈会 3 场，专家名师采访 4 次。

指导各学生支部积极开展系列党日活动，引起广泛反响，被江苏教育频道、《现代快报》、青年东大说等多家校内外媒体报道。在 2017—2018 学年研究生党支部“最佳党日活动”评比中获二等奖 1 项、三等奖 1 项、鼓励奖 1 项。

医　学　院

医学院在校党政的坚强领导下，积极贯彻党的方针路线政策，围绕学校中心工作，开拓进取，攻坚克难，在广大教职工和学生的共同努力下，顺利完成了全年的工作任务，取得如下进展。

一、科学研究

医学院 2018 年新增国家自然科学基金 9 项（青年基金 5 项，面上项目 4 项，总经费 338 万元）。获江苏省自然基金 1 项（面上项目 1 项，经费 10 万元）；获授权发明专利 2 项。获基本科研业务费资助项目 20 项，合计经费 100 万元。截至 2018 年 11 月，医学院到款经费纵向 1 510.24 万元、横向 59.82 万元，合计 1 570.06 万元。

2018 年共发表 SCI 收录论文 70 篇，影响因子 10 分以上高水平杂志上发表研究成果 3 篇，影响因子 5 分以上 21 篇。科学研究水平逐年提高，学科影响力逐步提升。《成瘾性药物滥用致神经系统损伤的生物学标志物及其机制研究》获第十五届中国药学会科学技术奖二等奖。

二、学科建设

医学院 2018 年“双一流”建设学科经费资助合计 537 万元(含 ESI 资助经费 400 万元),改善了各学系基本科研条件,其中包括 4 台 10 万元以上仪器设备;对部分学系实验室进行了修缮包括改造细胞培养房等。

三、师资队伍建设

2018 年共引进新教师 12 名和 1 名全职博士后,其中 1 名教授、3 名副教授,3 名教师有海外经历。人才项目方面,获得江苏省双创团队“领军人才”、江苏省青年科技进步奖。2018 年医学院认真完善教师岗积分考核方案,积极推进绩效考核方案改革。

四、本科教学

1. 日常本科教学管理工作

(1) 2018 年度医学院本科教学情况:

类别	基础课程	临床课程	总数
本科教学课程/门	104 (理论:58 实验:46)	411 (理论:360 实验:51)	515
上课人数/人	98	423	521

(2) 实习基地:

临床专业实习有 8+2 家医院,生工实习基地 3 家,检验实习基地 10 家

(3) 教学督导:

教学督导老师共 16 名,每学年听课次数达 428 次。

本科教学学生督导联络群,人数达 46 人次。

2. 教改活动

(1) 建立 PBL 教学学生 Tutor—Mentor 体系,现培训了 Mentor 成员 36 名,其中 26 人次参与 PBL 教学。

(2) PBL Tutor 培训已举办第十期,共 450 多名教师参加培训。

(3) 40 多名青年教师参加新教师培训。

(4) 举办“本科教学秘书培训班”,主要是学习和了解教学秘书工作内容和责任,并学习《东南大学印发本科教学事故认定办法》。

(5) 举办 2017 年度优秀授课教师微课展示,赵蕾等 6 位教师为“东南大学医学院 2017 年度优秀授课教师”、潘宁等 8 位教师为“东南大学医学院 2017 年度优秀授课教师”提名者。

3. 教育教学成果

(1) 陈平圣教授“病理与健康”课程首次获评 2018 年国家精品在线开放课程。

(2) 2018年,第五届全国大学生基础医学创新论坛暨实验设计大赛,东南大学医学院4支代表队取得了优异的成绩,获得大赛一等奖、二等奖、三等奖、优胜奖各1项。

(3) 我院4位同学获2018全国"互联网+"智慧模拟医学生临床技能大赛一等奖,1位获三等奖。

(4) 东南大学第八届医学生临床技能竞赛中东南大学10个临床实习基地、2013级临床医学专业本科生245人全部参加了比赛,在各实习基地的60名临床一线医生/教官们组成的裁判团的严谨评定下,评出了一等奖3队6人、二等奖9队18人、三等奖12队24人、单项奖19项114人,以及团体奖暨优秀实习基地4个。

(5) 东南大学医学院朱以鹏、王永芳、武俊杰、雷思雨等4位同学荣获第九届全国高等医学院校大学生临床技能竞赛华东分区赛二等奖,朱以鹏、王永芳2位同学获得外科缝合单项奖。东南大学也获得了进入全国总决赛的资格。

五、研究生教学

1. 研究生招生

2018年招收硕士252人(含留学生7人),其中专业学位41人(含留学生7人)、学术型研究生60人(含留学生3人);2013级本硕连读学生共151人(转"5+3规培"人数137人),招收博士122人(含非全日制临床医学博士50人)。修订完成了2019年博/硕士招生目录。3名新生博士入选东南大学博士新生奖学金(全校40名)。

2. 研究生培养

开设课程77门(博士22门、硕士55门),2018年医学院开设全英文课程2门(肿瘤学和运动医学)。

确定2018年东南大学非全日制临床医学专业学位博士研究生培养方案和2018年东南大学全日制临床医学专业学位博士研究生培养方案,并逐步完善轮转计划。

专业学位硕士研究生中期及终末综合能力考核:根据教学工作安排,由学院牵头抽调各基地医院专家对2011级"5+3"一体化和2016级专业学位学生共103人进行临床技能中期考核;对2010、2011级七年制及2014级专业学位研究生共173人进行临床综合能力考核。

集中开题:本次开题的学生为2012级临床医学本硕连读七年制研究生和2016级硕士研究生(包括科研型硕士、专业学位型硕士和留学生),共计180人。专业学位硕士研究生的通过率为92.5%,科研型硕士研究生的通过率为93.3%。

博士中期考核:邀请校外和校内相关学院专家,对2015级秋季博士和2016级春季博士进行中期考核,参加人数为57人,5人未通过,通过率91.2%。

医学进展类讲座:2018年国内外知名专家来医学院讲学共计32人次。

3. 学位授予

2018年授予博士学位47人(含留学生1人),硕士学位177人(含留学生17人)。

2018 年医学院博士和硕士论文盲审通过率为 100%、学位论文抽检中发现 1 篇不合格硕士研究生学位论文。

2018 上半年校级优秀博士学位论文基金候选人 1 人，下半年校级优秀博士学位论文基金候选人 2 人。

获得省级优秀博士论文 1 人、校级优秀博士论文 2 人、校级硕士论文 1 人。

4. 学科点建设与导师遴选

新增 2 个一级学科博士点：基础医学和临床医学。

导师遴选：2018 年新增硕导 25 人(含兼职硕导 13 人)、博导 11 人(含兼职博导 9 人)。

审核 2019 年硕博导的申报：新申报硕导 47 人，新申报学术型博导 10 人，新申报专业学位博导 21 人。

5. 教学改革项目与成果

(1) 江苏省研究生科研创新计划 21 项。

(2) 江苏省研究生实践创新计划 12 项。

(3) 江苏省研究生教育教学改革课题 1 项。

6. 其他

2018 年执业医师报名人数共计 154 人，包括 2012 级七年制和 2017 级专业学位硕士生。2015 级临床医学专业学位学生规范化培训考试通过率为 100%。

东南大学附属中大医院获得首批国家临床教学培训示范中心，为我院临床医学专业学位硕士/博士研究生培养提供有利条件。

12 月 6—8 日，在院领导和院办教学办所有老师共同努力下，东南大学成功承办了全国第十二届医药学学位与研究生教育学术年会。

六、学生教育管理

全面加强学生思想引领，强化专业思想教育，将学生专业成长和国家大政方针政策教育及十九大精神学习、改革开放 40 周年、“教育思想大讨论”等重要事件有机结合。学生党员发展工作平稳有序，医学院低年级本科生年级党支部成功申报东南大学第二期“领航工程——本科生党支部精品项目培育计划”，承担了丁家桥校区党员系列教育活动，审核党支部制作的“支部微学‘习’——改革开放 40 年来的医改之路”推送，并推送至东南大学党委学工部微信公众号。学生团建工作有序开展。结合“五四表彰”等契机，认真开展医学院“五四表彰”评比工作，加强学生榜样的引领作用。配合学校“磐石计划”工作安排，积极组织学院各个团支部积极参与其中，今年我院“磐石计划”无论从数量还是结项金额上都再创新高。深入实施“青年马克思主义者培养工程”，积极构建校、院、支部三级联动的培养格局，对参加“骨干培训班”的学生干部建档立册，进行跟踪培养。开展素质拓展，使学生干部充分领悟工作能力的本质，增强团学干部的凝聚力。以团学干部

队伍建设为抓手，推动基层团组织的建设，为医学院团学工作再上新台阶提供坚强的组织保障和人才保证。“大爱无声”“新生文化季”“毕业季”等传统活动精彩纷呈。

加强学生工作制度建设，继续完善《医学院研究生国家奖学金评选办法》《医学院研究生学业奖学金评选办法》《医学院本科生奖、助学金评选办法》等条例，制订《医学院班主任工作条例》《医学院推进学风建设实施方案》等文件。全年顺利完成各级各类评奖评优工作。本年度，我院获得省先进班集体 1 个，校先进班集体 1 个，校优良学风标兵班级 1 个，省“优干”1 名，省“三好”学生 2 名，校“三好”学生标兵 2 名，其他荣誉若干，一大批优秀学生和团体被表彰和奖励。扶危助困工作也有序开展，每一位经济贫困生均获得奖助学金和勤工俭学等经济资助，患病及突发意外的学生也都受到关心和资助。

精心组织招生队伍，顺利完成我院承担的重庆、连云港地区的招生宣传工作。医学专业 2018 级本科生招生分数线进一步提升，与省本一线分差进一步加大，继续排名省内医学院校第一名。

2018 届学生毕业工作顺利完成，一批优秀学生出国或进入高水平大学深造，整体就业情况保持平稳，但本科生就业率相对较低。主要由于用人单位对医学生要求越来越高，五年制专业继续考研学生数量有所增加。

新生军训成绩突出，所在连队获得“宣传报道优胜连”称号。组建 2018 级湖区学生会，完善学生会分工，指导学生会举办中秋团圆活动、“花式秀出你的白大褂”活动，筹办“从医而忠”迎新晚会，举办首届“杏林杯”3V3 班级篮球赛。积极组织学生参与各类体育文化活动，获校史知识竞赛三等奖、羽毛球新生杯冠军、女篮新生杯亚军、定向越野新生杯季军、大力杯拔河比赛第四名、冬季长跑总团体第八名和优秀组织奖等。学生的组织策划能力、团队意识和集体荣誉感得到极大提升。

积极推进学生工作队伍建设，精心选择、完整配备了 2018 级新生年级班主任，一批优秀年轻教师进入学生管理教育体系；改选更新了学院本科学生会、研究生会，顺利筹备、召开了学院团代会；进一步强化学生班团建设，尤其重视班集体在班风、学风建设以及弱势学生帮扶中的作用，学业困难生、经济困难生、心理困难生、民族生等特殊群体均获得分类支持，重点关注。

全年学生相关整体情况平稳，学生遵纪守法，爱国敬学，年内无重大防火、防盗、防骗事故及交通事故发生。但是依然面临着严峻风险，主要包括以下几个方面：第一，学生交通安全隐患，主要是实习学生的上下班安全，今年就有一名同学在下班时与汽车发生碰擦事故。第二，网络安全。包括学生意识形态思想阵地的争夺，网络上充斥着很多对学生有害的东西，怎么去辨别和预防学生受害，有很大挑战，另外还包括网络校园贷款等。第三，学生生病的及时处理，本年度就有数名同学生病住院，其中包括一名因重型再生障碍性贫血做移植手术的同学，学院也是通过帮助申请学校大病救助基金、网络众筹、积极整合医疗资源、经常性看望关怀等方式帮助学生及家庭渡过难关，目前学生休学在家休养。第四，学生心理安全问题，虽然今年总体平稳，并于暑期成功处理一起学生割腕事件，目前学生状态较好，但是学生心理问题日益突出，主要表现 5 个上升趋势：心理问题人数上升、转接到心理中心的学生需要干预的周期上升、干预难度上升、硕博研究生人数上升、心理问题转化为心理疾病的人数上升等。第五，学生宿舍安全，通过年级大会、班

会等场合以及安全检查,对学生加强安全教育,尤其是防火、防盗等。

七、国际合作与交流

2018 年医学院积极开展国内外学术交流,继往开来,与德国汉堡大学医学院、德国乌尔姆大学医学院、德国慕尼黑工业大学医学院和瑞典乌普萨拉大学等国际著名大学医学院在人才培养及科学研究等方面开展合作交流,2018 年通过国家留学基金委高水平大学公派研究生出国进行联合培养或攻读博士学位 21 人(包括联合培养博士 9 人、出国攻博 12 人)。2018 年东南大学研究生院专项基金资助研究生出国参加国际会议或短期科研培养 24 人次,邀请海外专家全英文讲学 25 人次。2018 年 4 月,乌尔姆大学在东南大学医学院开设的"春季课堂"课程历时 6 天,来自德国的 5 位教授为 2015 级拔尖创新班的同学们带来了主题为 Tumorigenesis: From Molecules and pathways to the clinic 的系列课程。2018 年 9 月,瑞典乌普萨拉大学由副校长 Stellan Sandler 教授率团,随行的有乌普萨拉大学医学院院长 Eva Tiensuu Janson 教授及内分泌和心血管相关学科的教授和学者等。双方共同举办东南大学与乌普萨拉大学关于糖尿病和心血管疾病的联合研讨会,并探讨和推进了双博士协议的签署。2018 年暑期,我院向德国汉堡大学、德国乌尔姆大学、德国慕尼黑工业大学和瑞典乌普萨拉大学 4 个院校共计派出 10 名学生参与 2～6 个月时长的国际交流活动,在学校国际化发展的背景下率先为学生搭建了国际交流平台。2018 年共接受德国汉堡大学学生和瑞典乌普萨拉大学在我院为期 1 个月的临床实习共计 8 人次。2018 年我院通过国家留学基金委研究生创新人才培养项目派出 10 名临床医学专业学位硕士毕业生,于 12 月份分赴德国汉堡大学和乌尔姆大学攻读博士学位,这为我院培养拔尖创新医学人才迈出了关键一步。2018 年我院国家留学基金委创新型人才培养项目"中瑞双博士学位临床医学领军型人才培养试点"获批,首批面试选拔了 3 名在读博士生。2018 年我院国家留学基金委研究生创新人才培养德国项目第一期 3 年合同到期,3 年按要求派出学生共计 30 名,并于 12 月进行了第二期项目答辩。医学院副院长孙子林教授受邀访问德国汉堡大学、乌尔姆大学和慕尼黑工业大学,与汉堡大学和乌尔姆大学续签合作协议并做报告。协助中大医院申报东南大学"引智计划"项目并获批。计划在 2019 年向教育部申报与瑞典乌普萨拉大学联合办学项目,目前已进入调研和讨论阶段。

公共卫生学院

2018 年,学院党政工作的总体思路概括为:在学校党政的正确领导下,全面贯彻党的十九大精神,深入学习落实习近平新时代特色社会主义理论,践行"两学一做",以"三会一课"为抓手,加强党支部建设。坚持立德树人,关爱学生健康成长,探索思想政治工作途径、教书育人和学生成长规律。动员全院力量,深化教育教学研究与改革,努力提高教学质量,加强学院人才队伍建设,积极引进和培养优秀人才充实师资队伍,坚持走医工结合的学科发展方向,创造更好的条件,落实好教育部重点实验室的平台建设,加强与国际

一流大学的学术交流和科研合作，进一步提升学院的综合实力，为“双一流”建设做出积极的贡献。

一、师资队伍建设情况

学院现有专业教师 48 名，其中教授 17 名、副教授 19 名、讲师 12 名，90%的教师具有博士学位，72%的教师具有海外研学经历，这两项指标在学校院系中名列前茅。今年，学院晋升教授 1 名、引进上岗副研究员 1 名、引进新教师 2 名。作为重点培养对象，1 名优秀青年骨干教师入选江苏省高校“青蓝工程”项目，2 名青年教师进入东南大学“至善青年学者”行列。

二、教育教学改革情况

学院教育教学研究与改革，在不断学习、思考、探索中，逐步形成了初步共识：首先，要遵循现代公共卫生人才培养规律，形成“以公共卫生实践为主体、核心胜任力为导向、实践创新为中心”的教育教学理念；其次，以核心胜任力为导向，形成“1234”实践教育教学模式，也就是：一个公共卫生实践主体（校企合作平台），教育教学研究为两翼，课程保障体系、管理保障体系、质量评价体系为三保障，促进人才培养理念提升、学生创新实践能力提高、健康生活方式转变、卫生政策制度完善为四个目标。

为此，在深化教育教学研究改革中，在提高教学质量的同时，学院十分关注学生核心胜任力的培养，精心组织、热忱鼓励学生参加各类层次高、影响广的活动，使学生综合能力在活动中得到充分的锻炼。在全国首届大学生公共卫生综合技能大赛中，学院代表队获团体一等奖。由学院承办的江苏省第一届大学生健康素养大赛如期举行，共有 111 所江苏省高校参加比赛，30 万人次通过学习平台进行了竞赛训练，8.4 万人通过竞赛平台参赛，大赛塑造了江苏品牌，江苏省电视台、凤凰新闻等主流媒体进行了详细的报道，获得了广泛的社会影响，学生的组织策划能力也得到了很好的锻炼。在 2018 年全国大学生健康教育科普作品大赛中，学院获一等奖 1 项、二等奖 1 项。学生社团的“青檬”项目获首届江苏省卫生健康行业青年志愿者服务项目金奖，暑期社会实践获东南大学十佳提名奖 1 项、二等奖 1 项，在优秀调研报告评选中，学院有 1 份报告榜上有名。

在校研究生参加各类活动、比赛的成绩比往年也有较大的提高，如获江苏省研究生科研创新计划 9 项、实践创新计划 9 项；获江苏省优秀硕士学位论文 1 篇、校级优秀博士学位论文 2 篇；成功举办了以“全民健康新视角”为主题的高校硕博论坛，17 所高校的研究生参加了活动。此外，还举办了创新创业、职业规划等多场专题讲座，受到在校学生和家长的欢迎与好评。

今年，学院获校级重点教材建设 3 部、通识课优秀示范课程 1 门、思政类教改项目 1 项、通识课程 3 门、在线课程 2 门，另获软件著作权 2 项。

三、科学研究情况

学院今年科研经费到账 806 万元，纵向课题经费 611 万元，课题包括重点国际合作项目 1 项、国家自然科学基金 9 项、江苏省自然科学基金青年项目 1 项。

学院今年发表SCI、ESI收录论文58篇。9月,学校公布了“学校ESI发展目标和学院贡献度统计分析”报告,该报告显示:在学校11个进入ESI世界前1%的学科中,学院贡献度在“社会科学总论”中位列第二、“病理学与毒理学”中位列第三、“临床医学”中位列第三、“生物与生物化学”中位列第五。从报告中可以看出,学院科研的综合实力今年有明显提高。

四、学校党委对学院党委工作的巡察

今年,学院党委被学校党委确定为首批巡察单位,学院党委高度重视,把接受巡察作为重要的政治任务来落实,党委统一认识,明确校党委的巡察是对学院坚持党的领导、加强党的建设和全面从严治党的有力促进,巡察组反馈的意见和整改建议,为学院今后从严治党找到了新的工作切入点,作为严肃的政治任务,学院党委将不折不扣做好整改工作。

按照巡察组“条条要整改、件件有着落”的要求,学院党委态度明确,直面存在的问题,逐项认真梳理,确定了整改措施、责任领导、整改时限,按照每周一总结、一部署的工作节奏推进整改,确保在整改期内全面完成整改任务。

五、党委的政治核心作用

党委坚持民主集中制的原则,严格遵守“三重一大”决策制度,重要工作、重大事情都要经过集体讨论、决策,监督各类经费的使用、管理,公开透明。党委坚持立德树人,扎实开展政治理论学习,坚持个人学习与集体学习紧密结合,细化学习要求,考核学习效果。党支部建设重点放在“三会一课”落实上,学院各党支部已形成“一支部一活动”的良好局面。

六、党建工作“五个融合”

“五个融合”即:党建工作与人才培养融合,精准发力;与科学研究融合,共同出力;与文化传承融合,全心聚力;与社会服务融合,多方借力;与日常党建工作融合,持续给力。此工作进一步得到充实和加强,取得的良好的效果越加明显。

今年,党委工作在“五个融合”的基础上,又进一步充实新内容,归纳总结出“六个围绕”,党委工作寻求新思路、探索新方法,呈现新效果。“六个围绕”即围绕立德树人,抓教育教学过程;围绕特色医学,抓学科专业建设;围绕淡泊功利,抓无私奉献精神;围绕坦诚相待,抓舒心服务态度;围绕有序高效,抓责任落实进程;围绕顶天立地,抓党建工作实效。另外,党委还注重营造“五心”为内容的和谐氛围,使学院职工精神面貌、环境面貌焕然一新。“五心”具体内容概括为;专心教育、潜心科研、静心育人、舒心工作、真心爱党。

马克思主义学院

2018年度,马克思主义学院深入学习和贯彻习近平新时代中国特色社会主义思想和党的十九大精神,贯彻落实全国高校思想政治工作会议和中共中央、国务院《关于加强和

改进新形势下高校思想政治工作的意见》精神，贯彻落实中宣部、教育部关于马克思主义学院与思政课建设的一系列要求，为建成具有中国特色、东大气派的全国一流马克思主义学院，在推进学院党建、教育教学、科学研究以及学生培养等方面取得了一定成效。

一、狠抓思政课教学质效提升，取得重大突破性成果

2018 年度，学院以习近平新时代中国特色社会主义思想"三进"为主要任务，继续深化思政课教学改革，在改进中加强思政课建设。在保证课堂教学主渠道规范、有序、高效的同时，坚决贯彻落实新时代高校思政课教学工作要求，积极开展学校组织的本科教育思想大讨论，本科教学改革取得重大突破性成果。

1. 贯彻落实新时代高校思政课教学工作要求，规范课堂教学

按照教育部印发的《新时代高校思想政治理论课教学工作基本要求的通知》(教社科〔2018〕2 号)要求，思政课增加至 16 学分，学校学院调整教学计划和培养方案，坚决贯彻落实思政课学分要求。2018 年，我院主要承担了全校本科生"马克思主义基本原理概论"(以下简称"原理")(48 课时)、"毛泽东思想与中国特色社会主义理论体系概论"(以下简称"概论")(48 课时)、"中国近现代史纲要"(以下简称"纲要")(32 课时，下半年改为 48 课时)、"思想道德修养与法律基础"(以下简称"基础")(48 课时)、"军事理论"(32 课时)等 5 门思想政治理论课的本科教学工作，平均每位教师承担 4.4 个教学行政班的本科教学任务。其中，"原理"总课时数 2 160，教学大班 45 个，平均每班 93 人，12 位教师平均每位 180 课时；"概论"总课时数 2 016，教学大班 42 个，平均每班 89 人，10 位教师平均每位 202 课时；"纲要"总课时数 2 224，教学大班 56 个，平均每班 69 人，12 位教师平均每位 185 课时；"基础"课程我院有 3 位专职教师承担教学任务，总课时数 672，教学大班 14 个，平均每班 63 人，3 位教师平均每位上 224 课时；"军事理论"总课时数 1 280，教学大班 40 个，平均每班 96 人，7 位教师平均每位 183 课时。另有 5 位教师开设了 5 门全校通识教育课程，20 位老师开设了 26 门研究生课程，1 名外国专家开设了 1 门研究生课程，2 位教授参与研究生公共课教学。我院教学管理工作规范，教师教学工作量饱满，全年无教学事故。

其中，特别值得一提的是，"形势与政策"课程由原来的 0.5 学分增加至 2 学分，上课学期由半学期 16 课时延展至 4 学年 8 学期 64 课时，每学期 8 课时 0.25 学分，2018 年又恰逢新旧教学计划调整、新老教务系统并行，排课、上课难度剧增。在教务处、学工线及学院全体师生的支持努力下，学院克服师资欠缺、课时协调、教室安排等重重困难，顺利完成"形势与政策"课程教学任务。

2. 积极开展本科教育思想大讨论，凝聚教学改革共识

根据学校的总体要求和部署，学院紧紧围绕"深化教育综合改革，培养一流创新人才"主题，将本次教育思想大讨论纳入重要工作日程，积极组织集体备课会、专题研讨会、"同上一堂思政课"宣讲会、校友论坛等各种形式的活动，进一步凝聚了以习近平新时代中国特色社会主义思想为指引、以培养"一流创新领军人才"为目标、以思政课课堂教学

为主渠道等的全院师生理念共识,并在以习近平新时代中国特色社会主义思想“三进”为首要任务、建设相应的“思政课教学名师工作室”、用中华优秀传统文化滋养思政课建设、提升思政课教学质量方法论改革、进一步加强思政课教师队伍建设等方面,制定了具体改革计划与举措,学院在人员调配、经费支持等方面切实保障上述计划与举措的有效实施。

3. 本科教学改革取得重大突破性成果,获国家级教学成果奖

建院6年来,学院坚持不懈以社会主义核心价值观(体系)为主线,扎实有序推进思政课教学改革。继2017年7月获“江苏省教学成果奖”一等奖,袁久红院长牵头申报的“思想政治理论课贯彻体现社会主义核心价值观的探索与实践”再获“国家级教学成果奖”二等奖,为江苏省思政课课程教学类唯一获奖成果。

此外,叶海涛老师获“宝钢优秀教师奖”,杨洋老师获江苏省微课教学竞赛二等奖,李有祥老师获批东南大学通识课重点建设项目,另有4位教师去年申报的思政课教改专项成果结项。

二、坚持学科与科研一体化发展战略,建设成效显著

1. 成功获批马克思主义理论一级学科,为全国重点马克思主义学院申报打下扎实基础

坚持学院、智库和基地工作的一体化建设,学科、科研建设工作稳步推进。学科建设方面,成功申报并获得马克思主义理论一级学科博士授权点,为申报全国重点马克思主义学院打下了扎实的基础。科研项目方面:2018年,学院获得国家社科基金项目6项,其中国家社科重大项目子课题1项,教育部4项,省社科规划项目3项,厅局级等项目8项,科研立项总经费达404.5万元;科研论著方面:出版专著7部,发表论文共计85篇,CSSCI收录54篇,其中,在学科权威期刊《马克思主义理论与现实》《马克思主义研究》《哲学研究》以及《求是》《人民日报》《光明日报》等中央媒体发表重要理论文章共10篇,研究成果显示度大幅提升;成果获奖方面:2018年,袁久红教授《从历史进程看中国道路的独特性》一文获江苏省第十五届哲学社会科学优秀成果奖二等奖,耿有权教授《“双一流”建设视域中的研究生教育》和《论研究生教育高质量发展诸矛盾》分获中国学位与研究生教育学会优秀成果二等奖和中国学位与研究生教育学会会员部优秀成果奖,杨洋《道教医世思想溯源》一书获江苏省高校哲学社会科学优秀成果二等奖。

2. 申报并获得江苏省首家教育部创新发展中心,思政工作再上新台阶

根据《教育部思想政治工作司关于培育建设高校思想政治工作创新发展中心的通知》(教思政司函〔2018〕23号)要求,经组织推荐、通讯评审、现场答辩等程序,申报并获得“以‘四个自信’为核心的思想引领和价值塑造创新发展中心”。成为江苏省首家教育部创新发展中心。

3. 继续获批江苏省示范性马克思主义学院,并蝉联全省第一名

2018年7月,我校马克思主义学院被确定为全省高校示范马克思主义学院(思想政

治理论课教学科研机构),继续蝉联第一。

4. 智库和基地建设工作持续推进,成效显著

一年来,智库和基地围绕决策咨询研究、理论阐释宣传、体制机制创建、国际合作交流等做了大量工作,取得了丰硕成果:其中,继续获省财政拨款200万元,省基地经费10万元,学校配套智库和基地研究经费70万元。(1)省重点高端智库"中国特色社会主义发展研究院"建设成效显著,以优异成绩通过智库通过省智库办考核评估,结果良好,在光明日报社和南京大学中国智库研究与评价中心共同主持的CTTI智库评比中,2018年获评CTTI高校智库A类智库(排第30位),"中国特色社会主义理论体系研究基地"评估获优;(2)东大"中特"智库本年度承担省智库办研究课题12项,提交智库报告中获得省领导批示6篇。(3)智库和基地重要理论成果在《人民日报》《光明日报》等中央媒体刊发5篇。总之,智库基地的理论研究取得较大理论影响,为申报国家级智库奠定了坚实基础。

5. 坚持学院、智库和基地一体化建设,学术活动有效开展

学术活动有效开展。2018年7月3日,由中央党史和文献研究院《马克思主义与现实》杂志与东南大学中国特色社会主义发展研究院主办、东南大学马克思主义学院承办的"中华优秀传统文化与思想政治教育"首届高层论坛在南京华东饭店顺利举办。本次会议邀请到清华大学、武汉大学、北京大学、北京师范大学、南京大学、苏州大学等15所高校50多位专家。8月20日,举办2018年《马克思主义理论学科研究》高层论坛,论坛以"马克思主义与新时代中国"为主题,中国人民大学、清华大学、中山大学、武汉大学、复旦大学、吉林大学、西安交通大学,西南大学等单位的90余位专家学者到会交流。12月28日,举办了"改革开放40年中国政治与文化发展"暨第二届习近平新时代中国特色社会主义思想高层论坛,来自中国人民大学、华东师范大学、厦门大学、南京大学、省委党校、省社科院等单位40余位专家参加了本次会议。《中国社会科学报》《新华日报》等多家媒体跟踪报道,取得了较大影响。学院开办了常设智库论坛,举办6期智库专家论坛。先后邀请多名海内外知名专家学者参与论坛,积极为智库的理论和实践研究贡献智慧。

三、提高人才培养质量,研究生教育迈上新台阶

2018年度,马克思主义学院研究生管理以"立德树人"为根本任务,以培养具有扎实研究能力的创新型人才为目标,以"诚实、专业、创新、奉献"为人才培养理念,在研究生招生、培养、就业各环节加大力度,提高研究生培养质量,取得明显成效。

1. 落实国家就业政策,学生就业形势良好

马克思主义学院2018届研究生毕业生共26人,其中硕士生20人,博士生6人(其中5人为定向生)。根据统计,我院2018届硕博毕业生截至目前的就业率为100%(少部分硕士暂未签约)。2018届毕业生中就业单位性质主要以企业为主,共7人,占就业总人数的33%,其次为机关、事业单位与高等教育单位,各3人,各占就业总人数的14%,其他有

中初教育单位就业(2 人)、升学(2 人)、国有企业(1 人)。同比往年的就业单位性质及就业职位类别,今年的其他企业、机关、事业单位与高等教育单位比例明显上升,而中初教育单位比例显著下降。

2. 推进研究生培养国际化,继续开设全英文课程

为推进我院研究生培养的国际化,提升国际化办学水平,在我校研究生院的大力支持下,经过学院多方努力,于 2016—2017 学年顺利开设全英文课程“全球视野下的资本主义与社会主义发展史”。这种聘请外国专家主讲,将世界历史与历史哲学融通的开课思路在江苏省各大高校马克思主义学院行列中尚属首例。

3. 注重研究生学术研究能力培养,学生学术成果丰硕

我院 2017 届硕士研究生许川的硕士学位论文《台湾民众政治意识的建构及其影响研究》被评为 2018 年度江苏省优秀学术学位硕士学位论文。在“江苏省研究生培养创新工程”项目评选中,我院杨程程、许丽 2 位博士生喜获佳绩。杨程程和许丽分别以《基于创新生态系统完善的创新型国家建设研究》和《新时代中国特色社会主义文化发展战略研究》入选 2019 年江苏省研究生科研创新计划项目。本年度我院学生共公开发表学术论文近 30 篇,其中 CSSCI 核心期刊论文所占比例达半数以上。

4. 搭建学术创新平台,成功举办第四届南京高校马克思主义理论学科研究生论坛

2018 年 5 月 19 日,以“中国精神 · 中国价值 · 中国力量”为主题,由东南大学马克思主义学院主办、湖思读书会承办、中国特色社会主义发展研究院协办的第四届南京高校马克思主义理论学科研究生论坛在东南大学九龙湖校区人文报告厅成功举办,共有来自南京大学、同济大学等全国 26 所高校、70 余名代表出席本届论坛。

5. 重视研究生党建工作,学生获奖硕果累累

结合实际工作需要,成立马克思主义学院博士研究生党支部,落实学生党建工作,本年度共发展预备党员 8 名,预备党员按期转正 2 人。同时,学生在各领域取得一定成绩,今年我院获得省优秀学术学位硕士学位论文 1 人,国家奖学金 3 人,“马院之芯”奖学金 5 人,“优秀研究生干部”荣誉称号 3 人,“三好研究生”荣誉称号 5 人,“校级优秀校庆论文”荣誉 5 人,校优秀毕业生 2 人。

序号	奖项名称	人数/人
1	江苏省优秀学术学位硕士学位论文	1
2	国家奖学金	3
3	“马院之芯”奖学金	5

吴健雄学院

2018 年是学校推进“双一流”建设的重要时刻。在这一年中，吴健雄学院深入贯彻学习十九大精神和全国教育大会精神，坚持以习近平新时代中国特色社会主义思想为指导，紧扣国家的教育方针和政策，围绕立德树人的根本任务，将思想政治教育和书院建设紧密结合，进一步推进我院教学改革进程。一年来，我院教职工拼搏奉献，工作中取得了出色的成效。现将 2018 年吴健雄学院十大工作进展总结如下：

1. 党建工作有力加强推进

围绕培养又红又专、德才兼备，增强吴健雄学院卓越人才的家国情怀和精英意识，学院以“与信仰对话，和时代同行”为主题开展系列党员先进性教育活动，邀请著名雷达研究专家贲德院士、93 岁高龄的荣誉教师恽瑛教授等优秀党员、专家教授、国家“三重”岗位工作模范进行座谈。开展“传承红色基因，不忘初心使命”淮海战役烈士纪念塔党员宣誓活动等主题教育活动。2018 届毕业班党员的继续深造率达 94.1%，其中相当一部分到国内外一流大学继续求学。叶升威同学以优异的成绩通过江苏省选调生选拔。蒋心造同学成功入选西部支教计划。吴健雄学院学生党支部获校级样板党支部和党委学工部“领航计划”重大项目立项，获评校级最佳党日活动二等奖 1 项。

2. 思政工作力度持续加大

按照强化“思想引领、价值塑造、大师引导”的指导思想，以“立德树人”为核心目标，加大思想政治工作的力度。张广军校长分别到所联系的吴健雄学院 615171 班和 2018 级新生课堂，参加“我想成为什么样的人”主题班会和“最优秀的人”思政课分享交流活动。强化“思政课程”建设，大力改革“思想道德修养与法律基础”，邀请名家大师、业界精英、优秀学长等分享交流，增加分享交流环节的比重。开展“课程思政”探索，面向大一学生推出为期一学年的“名师学科导论”课程，邀请包括院士、长江学者等在内的顶尖学术带头人开设高端学术讲座，引导学生找到自己的科研兴趣与学术方向。

3. 学院文化建设高潮迭起

全方位推进学院文化建设。充分发挥健雄先生的精神资源优势，通过邀请《吴健雄传》作者江才健先生做专题分享，安排新生参观吴健雄纪念馆和观看大型话剧《吴健雄》，举办以阅读《吴健雄传》为主题的读书活动等，让学生感受到吴健雄先生崇高的科学精神和爱国情怀。享誉世界的史学大师、美国匹兹堡大学历史系许倬云教授为吴健雄学院拟定 16 字院训，使吴健雄学院成为首家由学术名家亲自拟订院训的学院，多家媒体对此进行广泛报道。启动学院院徽的设计工作和相关讨论。大力推进“健雄书院”文化环境建设。吴健雄学院网站建设初见成效，作为先进典型在学校网站建设会议上进行交流发言。注重各种典礼仪式的策划设计，对新生开学典礼、荣誉证书颁发仪式以及班主任聘任仪式等进行了策划和设计，让参与其中的学生都能感受到学院的文化氛围和荣誉气息。

4. 人才培养改革深入推进

积极开展“教育思想大讨论”相关活动,全力推进“三制五化”拔尖创新优秀人才培养模式改革。尤其在探索开放性人才培养方案、汇聚高端教育教学资源、国际化教育和书院制建设等方面取得了一定的进展。新增外聘教师2人,长学期课程外聘教师目前已达7人;邀请清华大学彭林教授、北京大学朱苏力教授、浙江大学董平教授等人文名家以及舒德干、贲德、龙乐豪、王建国、王江舟等多位院士在内的科学名家开设近50场次高端名家讲座,呈现出高端资源汇聚吴健雄学院的繁荣景象;开设精品人文课程6门。人才培养改革成果显现,吴健雄学院毕业生初次就业率100%,国内升学和出国(境)101人,占毕业生人数的82.79%。

5. 国际交流合作再创新高

大力推进学院国际化工作,项目成果丰硕。2018年在校学生参加国际交流人数首次突破100人,共计106人次参加出国交流活动,相比2017年增加近1倍。聘请国外教授9人开设6门全英文课程。聘请国外教授9人开设6门全英文研讨课及领导力课程。其中2016年起为吴健雄学院学生授课的外聘专家Olivier Bonnaud教授荣获2018年“江苏友谊奖”。新增吴健雄学院-德国亚琛工业大学的寒/暑假项目,法国精英工程师学校Grenoble INP-Phelma的交换实验室研究项目,与得州大学达拉斯分校荣誉学院签署暑期交换项目协议,首批接收11名美国学生来我校进行为期2周的学习交流,美国华盛顿州立大学4名荣誉学生和法国Grenoble INP-Phelma 1名学生来我校开展2～3个月的暑期实验室研究学习。

6. 学生科技创新成果丰硕

学生发表各级各类学术论文12篇,申请专利14项、软件著作权1项。共有124人次获得省级以上学科竞赛奖项,其中国际级奖项29人次、国家级奖项37人次、省部级奖项58人次。举办“东南大学第一届超级计算机竞赛暨ASC世界大学生超级计算机竞赛东南大学预赛”,牵头组织东南大学代表队参加2018年ASC世界大学生超级计算机竞赛并荣获国际一等奖。学院学生作为东南大学代表参加了2018年全国大学生创新创业年会。在2017年江苏省普通高校本科优秀毕业设计(论文)评选中2013级薛烨、马文焱、王文宇等同学荣获一等奖,吴旭东荣获同学二等奖。

7. 健雄学子获多项荣誉

荣获团中央学校部“天翼·互联网+教育”进乡村暑期社会实践活动优秀团队1项。“强国一代有我在”主题教育实践活动获2018年“磐石计划”精品项目立项。615162班荣获“2018年度江苏省先进班集体”,许晨煜同学荣获“江苏省三好学生”,完晓妍同学荣获“江苏省魅力团支书”。615171班获“校优良学风标兵班级”和“校先进班级”荣誉称号,615161团支部获“国旗团支部入围奖”。学院学生再次包揽东南大学田径运动会乙组团体总分第一名、男子团体总分第一名、女子团体总分第一名,实现团体总分九连冠,再次荣获“群众体育运动先进院系”。2015级蒋显一同学入选东南大学第二十一届研究生支

教团。“健雄国际”获评东南大学优秀志愿服务项目。李沛文同学获学校“最具影响力毕业生”荣誉称号，金洁珺同学获评2018年度“最善创新的好青年”。

8. 学生管理水平不断提升

大力推进班主任制度改革，强化思想引领。2018级新生首次实行全新的班主任制度，选派曾有吴健雄学院就读经历的优秀青年教师担任“学术导师”，选配全校团学骨干精英担任“班团导师”，邀请吴健雄学院优秀学长担任“朋辈导师”。以“班团导师”为核心，“学术导师”“班团导师”“朋辈导师”共同发挥思想引领的作用。纪静同志在年度考核中获评“2018年优秀辅导员”，李鑫同志在“五四”表彰中获得“优秀团务工作者”，2017级班主任、信息科学与工程学院青年教师张彦同志获评“东南大学优秀班主任标兵”荣誉称号。姚梦雪同志被评为团中央学校部“天翼·互联网＋教育”进乡村暑期社会实践活动优秀指导教师，同时获评东南大学社会实践“优秀指导教师”。学院获评第五届东南大学“助学·筑梦·铸人”优秀组织奖、2018年毕业生就业工作就业充分奖。张弛同学受聘担任东南大学第三届校长学生事务特别助理。

9. 新生入学教育推陈出新

新生入学后的思想引领直接影响他们今后4年的大学生活。学院汇集多方资源精心策划，在全校首次举办了为期2周的东南大学吴健雄学院2018级新生集训营。这次新生集训营活动是东南大学吴健雄学院开启的新生入学教育改革。新生在入学两周内集中参与到本次新生入学教育系列活动中，邀请中国科学院院士吴培亨教授、著名数学家张益唐教授等与学生进行分享交流。同时开展了素质拓展、科技社团面对面、观看大型话剧《吴健雄》等丰富多彩的活动，让新生在进校时候就能接受高端优质教育资源的引领，为即将开始的大学生活提升思想境界。

10. 校友联络工作全面推进

加大学院校友工作的力度，凝聚人心推动学院建设。邀请校友参与东南大学“深化教育综合改革，培养一流创新人才”教育思想大讨论校友论坛，组织吴健雄学院1998届校友毕业20年、2008届校友举行毕业10年返校重聚活动，举办东南大学吴健雄学院香港校友联谊会。首次策划组织东南大学吴健雄学院2019年新春团拜会。校友的各项表现卓越耀眼：杰出院友、自动化学院李世华教授入选2018年全球高被引科学家名单。李沛文院友作为东大青年的先进典型参加“我的青春故事”分享会进行专题分享。优秀校友梁霄、谢宏祥获评2018年度中国电子学会优秀硕士论文。

海外教育学院

2018年，海外教育学院以党的十九大和十九届二中、三重全会精神为指导，继续深入贯彻落实习近平总书记对全国留学工作会议的重要指示和我国教育外事工作“扩大规

模、提高层次、保证质量、规范管理”的十六字方针,配合“一带一路”建设,依靠全校上下的力量,围绕“东南大学招收和培养国际学生管理办法”,进一步扩大学校留学生规模、提高留学生培养质量。

一、招生工作

2018 年,我校外国留学生人数达到 1 989 人,其中学历留学生 1 547 人,占总人数的 77.8%。在读硕士生 526 人、博士生 234 人,硕博研究生占学历留学生比例达到 49.1%,实现了学生总规模和研究生比例的双增长。

参加教育展会。2018 年我院参加了江苏省教育厅组织的白俄罗斯、捷克教育展,教育部国际交流协会组织的英国、爱尔兰、挪威教育展,教育部留学基金委组织的哥伦比亚、智利、阿根廷教育展。

奖学金和自费生招生。做好各类政府奖学金学生的材料处理和上报等工作;做好非政府奖学金学生的招生工作,扩大招生规模。适应 CSC 自主招生改革,整合全校优势学科积极申报奖学金项目。2018 年是推进国内企业奖学金项目第二年。中国路桥-东南大学巴基斯坦留学生交通运输工程硕士研究生班录取 24 人。

二、教学教务工作

2018 年,共有 182 名留学生顺利完成学业,获得学位。其中 89 人获得学士学位,87 人获得硕士学位,6 人获得博士学位。

2018 年,由中国路桥总公司全额资助的交通工程英文硕士班继续招生,目前已经顺利招收两届,学生均为所在国高级政府官员和优秀管理人员。

2018 年,临床医学本科留学生参加“学在中国——第二届来华留学生临床思维与技能竞赛”共获得“优秀团体奖”“最佳风貌奖”及“妇产科单项优异奖”3 个奖项。

2018 年,共有 4 门课程获选“江苏高校省级外国留学生精品课程”并获课程建设资助。课程名称和获奖教师名单如下:

道路交通安全——刘　攀

现代道路设计原理与方法——于斌

神经精神病学——张志珺

国际金融——顾　欣

2017 年,共有 10 门全英文授课精品课程获选 2017 年度“东南大学校级外国留学生精品课程”并获得校内课程建设资助。课程名称和获奖教师名单如下:

国际金融——尹　威

医学生物学——李　慧

局部解剖学——吕海芹

医学影像学——居胜红

高等基础设施材料—董　侨

交通工程—李志斌

路面设计原理与方法—张伟光

高等桥梁工程—熊　文

交通系统分析—刘志远

电路与电子线路基础—王志功

2018 年，共有 4 名本科生获得国家 CSC 优秀自费生奖学金。获奖名单如下：

PANDEY VIPIN KUMAR　男　印度

MUHASINA PUTHOOR KANDY　男　印度

PRISILLASWEETY GODWINLENESS　男　印度

KAWANG TSHIBANG　女　刚果(金)

三、留学生管理工作

建章立制，完善管理。2018 年修订了最新版《留学生生活指南》；继续完善留学生请假制度、勤工俭学审批制度、签证证明管理制度。整理完善了留学生管理信息系统，对在库学生进行了梳理。

提升服务质量，提高满意度。2018 年，完成了在校留学生学费应收账款的建立和信息录入工作；完成了 2018 年秋季新生学费应收账的财务上报工作。进行档案整编工作，协助校档案馆，完成了上年度离校学生档案整理、编码、录库和存档工作；进一步建立和完善了校友工作。

进一步丰富国际学生校园文化活动。2018 年 5 月 25—28 日，第八届南京历史文化名城博览会成功举办。其间，学院组织了 20 余名外籍留学生志愿者为此次博览会提供服务，被组委会授予“志愿者工作优秀组织奖”。

2018 年 11 月，组织 3 名优秀留学生赴北京参加了由国家留学基金委主办的“留动中国首都行”活动。同月，组织 40 余名留学生，参加了由国家留学基金委主办、南京师范大学承办的“感知中国”文化体验活动。

被评为 2018 年度“江苏省来华留学生教育先进集体”。

四、对外汉语教学工作

2018 年，学院汉语中心在教学、科研、文化活动、学科建设等方面全面提高教学、科研水平，提高留学生培养质量。

教学工作。2018 年，进一步强化教学管理，严格考勤制度。严把语言关，要求汉语补习的留学生必须同时通过 HSK 四级和汉语中心组织的汉语结业考试，方能进入各院系学习专业。严格、规范的管理，使汉语补习生的语言水平得到了较大提高。

开展独具特色的 HSK 培训，从各个方面提高学生的语言技能，帮助学生顺利通过汉语水平考试。如部分孔子学院奖学金生刚来我校时，仅具有 HSK 二级或三级水平，但经过老师们的悉心指导，孔子学院奖学金生 HSK 五级通过率达到了 100%。

开办中国传统艺术研修班，邀请富有经验的艺术专业教师为留学生开设“中国绘画”“中国戏曲”等课程，通过深入浅出、生动有趣的讲解与体验，引领留学生感受中国传统艺术的独特魅力，激发留学生深入学习中国文化的热情。

学科建设。海外教育学院与文学院联合建立的汉语国际教育专业硕士点发展良好，

招生人数逐步扩大,目前共有中外学生 31 名,先后有 8 名中国硕士生被汉办选派到欧洲、美国担任汉语志愿者教师。2018 年度共有 14 名中外学生顺利毕业,获得硕士学位。

文化活动。组织丰富多彩的文化体验活动,带留学生现场感受中华文化的博大精深,积极弘扬、传播中国传统文化与艺术,不断扩大中国文化在世界的知名度与影响力。

组织留学生参加由国家留学基金委主办,华南理工大学国际教育学院承办的"收获·中国"第七届留学生朗诵比赛。我校泰国留学生李雨飞和町田辉精心创作、排练了名为《分手的收获》的诗歌,荣获三等奖。

五、孔子学院工作

2018 年在国家汉办(孔子学院总部)的领导下,在中外双方共同努力下,我校孔子学院建设和汉语国际教育取得了重大进展。

1. 基本情况

2018 年,明斯克国立语言大学孔子学院成功举办汉语语音大赛、中国文化展示活动、硬笔书法大赛。2018 年度第十七届"汉语桥"世界大学生中文比赛白俄罗斯赛区选拔赛在明斯克成功举办,来自明斯克国立语言大学的 2 名学生分别获得选拔赛的前两名,获得前往中国参加"汉语桥"决赛的资格。

4 月,在白俄罗斯明斯克国立语言大学,明斯克国立语言大学(以下简称"语大")联合"中白"工业园成功举行了白俄罗斯首届校园招聘会;10 月底,在明斯克国立语言大学及其孔子学院的组织协调下,由江苏省教育厅牵头组织,来自江苏省 19 所高校的 20 余名教育代表在白俄罗斯明斯克国立语言大学首次成功举办了 2018 年"江苏省教育展";11 月,东南大学附属中大医院医学代表团一行四人来到明斯克第十市立临床医院参加了第二届中白医学论坛;12 月,由明斯克国立语言大学孔子学院主办的第二届"中白"教育论坛成功举办。

东南大学与田纳西大学诺克斯维尔分校合作建立的孔子学院,到 2018 年共开设了 7 门汉语言文化类非学分课程,还协助田纳西大学的现代外语外国文学系及佩里斯皮州立社区大学孔子课堂,开设了 8 门学分课程。除了传统的汉语学习课程之外,田纳西大学孔子学院还为当地师生及群众带来丰富多彩的文娱活动,使孔子学院成为当地民众了解中国文化的一扇窗口。

截至 2018 年,得克萨斯大学达拉斯分校孔子学院为所在大学开设多种汉语言文化的学分课程,还为当地社区、公司、社团等开设多个学分课程,并在当地中小学新建了 23 所孔子课堂,孔子学院的注册学员数已达到 13 000 人。

2. 与外方合作情况

2018 年,明斯克国立语言大学 21 名师生组成的夏令营,来我校进行师生交流。4 月,明斯克国立语言大学孔子学院外方院长带领的明斯克地区中、小学校长团来我校访问。

2018 年 6 月,明斯克国立语言大学孔子学院年度理事会在明斯克语言大学召开。我

校党委副书记任利剑同志带队的东南大学代表团一行 6 人参加了会议。双方审核并通过了 2017 年的决算及 2018 年的预算，还就孔子学院发展、两校联合开设研究生培养课程、交换硕士研究生、两校教师间的合作研究等进行了积极沟通，并签署了合作备忘录。

2018 年度的田纳西大学孔子学院理事会于 3 月在东南大学举行。东南大学理事会成员听取了外方院长的孔子学院总结报告，对孔子学院五年来取得的成绩表示肯定，对 Susan Martin 理事长为孔子学院的发展及两校友谊做出的巨大贡献表示了感谢。黄大卫副校长代表我校出席了理事会。

2018 年暑期，我校接待了达拉斯孔子学院组织的大、中学生夏令营团组。

2017 年度孔子学院理事会于 2018 年 4 月在美国达拉斯召开。东南大学黄大卫副校长出席了理事会。双方回顾了孔子学院 2017—2018 年度所取得的成绩，讨论了孔子学院目前亟待解决的问题。

东南大学无锡分校

2018 年是无锡分校办学 30 周年，也是分校大发展的一年。在学校领导和地方政府高度重视和大力支持下，分校结合学校 2018 年工作要点以及无锡市对高等教育发展的需求，积极推进市校合作各项工作，努力按照“高端化、国际化、本土化、特色化”的要求建设东南大学无锡分校，开拓新天地，谱写新篇章，力争为学校“双一流”建设和实现地方产业强市做贡献。在做好各项常规工作的同时，重点开展了以下工作：

一、大力开展新一轮市校合作，加快无锡分校“四化”建设

1. 深化校地合作，强化无锡分校发展保障

累计召开校地合作会议 45 余场，包括市校合作会议 27 场，校内推进会 18 场。起草并签署多项市校合作文件，其中 2018 年 3 月 6 日，完成《无锡市人民政府东南大学合作共建无锡分校框架协议》签署；2018 年 7 月 1 日，完成《无锡市支持东南大学无锡分校（东南大学无锡国际校区）引进高层次人才协议》签署。《东南大学无锡分校新校区建设和使用协议》《无锡市人民政府东南大学支持建设东南大学-鲁汶大学联合学院备忘录》《无锡市人民政府东南大学支持东南大学国家示范性微电子学院高层次人才引进备忘录》等相关合作文件即将完成签署工作。

分校成立 30 年以来，获得无锡地方政府支持的各项经费累计不到 2 亿元。依据 2018 年签署的新一轮市校合作框架协议，至 2020 年成立 3 个国际联合学院，每年运行经费 1 500 万元，与原先相比，增加近 4 倍；生均培养补贴从仅有的硕士生每年每生 1 万元扩大至本、硕、博每年每生分别为 1 万元、2 万元和 3 万元，增幅是原先的 2～3 倍；新增高层次人才引进经费每个学院可达 3 000 万元/年；至 2025 年，分校预计可获得无锡地方政府经费 10 多亿元的支持，进一步强化了无锡分校高端化、国际化的发展。

2018 年，无锡市区两级政府支持分校建设经费合计约 5 400 万元，目前已到款 4 043

万元,其中运行经费 1 050 万元,生均补贴 756 万元,人才引进专项经费 2 237 万元。

2. 推进新校区用地使用和建设工作,改善无锡分校办学空间

2018 年 10 月 12 日,无锡市人民政府签发市校合作专题会议纪要,明确无锡分校新校区选址滨湖区山水东路东侧,震泽路南侧占地约 500 mu 的 A35 地块,校区总建筑面积 20 万 m^2。计划按国际一流建设标准开展设计与施工项目,无锡市人民政府计划建设总投资 20 亿元。后期将通过相关进一步明确用地使用和校区建设进程的文件,全面提升无锡分校办学环境,推动无锡分校高端化发展。

3. 建设高水平创新载体,引进高端师资团队,助力东南大学"一流学科"发展

2018 年 3 月,市校合作框架协议明确微纳加工项目与测试公共服务平台在无锡分校建设,计划总投资 6 亿元,年运行经费 3 000 万元,无锡市按平台建设经费实际发生额的 70%予以支持,且每年给予 1 500 万元运行经费补贴。分校积极协助微电子学院在无锡引进 3 个院士团队与 1 个千人团队(合计约 12 名高端师资人才)的国内外引才聚才工作。助力东南大学一流学科的建设。

2018 年 9 月,分校与无锡政府启动东大-鲁汶高端微系统知识创新中心建设洽谈工作,计划一期建设投资 2.06 亿元,引进 IMAC,进一步增强东南大学在高端芯片设计中的领先地位和夯实无锡集成电路产业基础。

4. 拓展国际合作办学伙伴,提升无锡分校办学国际化水平

2018 年 9 月与比利时鲁汶大学、法国巴黎矿业电信联盟学校等国际一流学校基本达成合作共识,完成《东南大学-鲁汶大学合作框架协议》签署,计划在无锡分校成立国际联合学院。与法国巴黎矿业电信联盟学校的合作备忘录已通过双方学校法制办审核,计划 2019 年初完成签约工作。2018 年 10 月与英国曼彻斯特大学、英国格拉斯哥大学代表开展合作洽谈。为后期深度引进国外一流大学教育资源和国际化管理团队,推动东南大学高等教育改革内涵式发展提供保障。

二、转变思想,调整模式,着力提升人才培养质量

1. 扎实有效地开展教育思想大讨论活动

2. 切实落实本科生 2+2 培养模式,着力修订 2018 级本科生培养方案

3. 多渠道拓展校外实践基地,认真做好本科毕业设计工作,加强实践育人

积极与行业龙头和知名企业洽谈人才培养合作,重新签订了 4 家校外实践基地:无锡华润华晶微电子有限公司、江苏意源科技有限公司、无锡力芯微电子股份有限公司、无锡芯朋微电子股份有限公司。同时,2018 年又新增加了 2 家校外实践基地:宽腾达通讯(无锡)有限公司、无锡豪邦高科有限公司。

4. 大力推进学生参加国际交流，拓展学生国际视野

分校高度重视人才培养国际化，努力培养适应全球化发展的人才，鼓励、支持学生参与国际合作、国际竞争。

本年度设立“人才培养国际化资助专项奖学金”，并制定出台了《东南大学无锡分校人才培养国际化资助专项奖学金管理办法（试行）》和《东南大学无锡分校人才培养国际化资助专项奖学金评审工作方案（暂行）》，邀请SAF海外学习基金会中国区副主任陶俞安老师和SAF海外学习基金会上海办公室总经理乔园园老师和10多位国际著名专家学者来分校讲学、讲座、报告等共计20场。通过一系列举措，培养学生国际化视野和国际交流能力，提升人才培养质量，对未来的科学研究、国际合作、人才培养起到积极的推动作用。

5. 积极帮扶预警生，做好2014级毕业生学籍工作

6. 加强规范监督管理，严把本科教学质量关

7. 力推微电子学院开展研究生培养工作

三、科研工作积极推进，科研成果稳步增长，重大平台助推“双一流”建设

本学期分校科技工作以“规范管理、力争项目、促进产学研合作和成果产出”为主线，有步骤、有计划地积极推进各项科技工作的开展。

1. 积极申报与承担各类科技项目，努力为学校“双一流”建设添砖加瓦

2018年组织申报国家及地方的各级各类项目，包括国家自然科学基金面上项目2项，国家自然科学基金青年基金1项，省基金10项，省“杰青”1项；申报产业基金10项；申报江苏省“333工程”人才项目1项。目前，批准立项国家自然科学基金青年基金1项，批准立项省自然科学基金面上项目4项；获批江苏省“333工程”人才项目1项。

分校申报中国铁路总公司重大项目“CRTS II型板式无砟轨道混凝土劣化机理和强化技术研究”项目1项，合同金额76万元。

分校联合“无锡太湖水环境工程研究中心”，申报省重点研发计划“生态宜居美丽乡村建设关键技术研究与应用”项目1项，合同金额50万元。

2018年累计获得地方及省市科研项目合计141万元。

2. 推动分校科技创新平台建设，提升科技创新能力和社会服务水平

分校联合五矿集团、远建集团，共同筹建“东南大学五矿远建新技术研究院”。与五矿集团、远建集团就建设方案洽谈研讨多次，已达成合作意向。

分校联合烽火通信科技股份有限公司，共同筹建“东大-烽火高效安全信息技术联合工程研究中心”，建设经费500万元，先期建设经费150万已到账实施。

分校联合东南大学国家示范性微电子学院、无锡市新吴区政府、无锡市政府，共同筹建微纳加工与测试公共重大平台，与无锡地方政府围绕微纳加工测试与实验中心在锡建设开展多轮论证研讨，拟通过该实验中心建设，吸纳海外高层次人才，扩大无锡分校属地化教师团队，支撑微电子学院在锡人才培养工作。

3. 规范平台管理，力争经费落实

4. 深入推动校企合作，促进科研成果有效转化

2018年，承担企业合作项目28项，合同科研累计到账450万元。

2018年度，申报发明专利30项。组织申报2018年专利资助和奖励，共有专利106件，发明授权60件，总计申请政府资助到账33.5万元。

四、学生工作，春风化雨，质量优；创新创业，人才辈出，成果多

1. 做有温度的学生服务

2. 构建健康向上和谐校园

3. 各类竞赛佳绩连连，专利论文硕果累累

2018年有110余人次参加全国集成电路创新创业大赛、研究生数模竞赛等国家级大赛并斩获佳绩：13支参赛队伍在第十四届全国研究生数模竞赛中得奖(在全校20个院系中排名第六)；4支参赛队伍在第十三届中国研究生电子设计竞赛中得奖，14支参赛队伍在第二届全国大学生集成电路创新创业大赛中得奖；2支参赛队伍在首届中国研究生创"芯"大赛中获得全国二等奖；1支参赛队伍在第一届全国集成电路"创业之芯"大赛中获得全国二等奖(全校唯一)等。有50余人次申请专利，有近50人次发表论文。

4. 龙头企业就业率与深造率保持高位

为了帮助学生更好踏上社会，实现人生理想，多角度、全方位帮助学生做好人生规划。近年来，分校本科生毕业后进入国内外一流学府的深造率超过60%，其中国外深造率超20%。在锡培养期间的出国交流比例超过15%，出国交流和深造的比例均位居全校前列，2018年的出国深造率为21.95%，出国深造学生中有55.6%分别进入美国哥伦比亚大学、宾夕法尼亚大学、纽约大学、加州大学尔湾分校、英国伦敦大学学院等国外一流大学学习。研究生年终就业率连续多年始终保持在100%，并受到14所、58所等国防军工科研院所和华为、中电海康等行业龙头企业的高度认可和充分肯定。

5. 扎实打好党团基础建设，建设好党团战斗堡垒

在上级部门和分校党委的指导下，分校认真开展各项工作。组织研究生党支部开展"我的中国芯"等主题教育活动和系列党日活动，该系列活动成果显著，深入人心，获得研

工部最佳党日活动一等奖。

五、行政管理工作倡精准，服务迈上新台阶

1. 日常管理精益求精，行政服务规范高效

2. 改善校园环境、完善基础设施，为产学研工作保驾护航

2018年，无锡分校作为异地办学机构，三十而立，开拓进取，求实创新，奋发有为！在市校合作方面取得了突出成绩，人才培养质量逐年提高，科研成果稳步增长，学生工作成绩显著，行政管理服务规范、精准、高效！为分校“四化”——“高端化、国际化、本土化、特色化”建设发展打下坚实基础。2019年，分校将继续昂扬斗志，扬帆起航！发挥“咬定青山不放松”的进取精神，努力谱写分校新时代“四化”建设华丽篇章！

东南大学成贤学院

一、概况

全院教职工总计781人，其中，专任教师584人、行政人员156人、教辅人员38人、工勤人员3人。另外，聘请校外兼职教师76人。全院教职工中，具有正高级职称的67人、副高级职称的259人、中级职称的340人、初级职称的83人。

全院共设有11个党政管理部门：党政办公室（纪检监察室）、组织人事部、教务处、学生处（学工部、人民武装部）、财务与资产管理处、后勤管理处、保卫处、质量保障处（高等教育研究室、教师发展中心）、发展合作处、工会、团委；2个直属单位：图档信息中心（图书馆、档案馆、信息中心）、招生就业办公室；6个学院和1个部：建筑与艺术设计学院、电子与计算机工程学院、土木与交通工程学院、机械与电气工程学院、制药与化学工程学院、经济管理学院和基础部。开设专业35个，在校生11 190名。

二、党建工作

1. 党的政治建设

2018年，学院党委全面贯彻党的十九大精神，紧密团结在以习近平同志为核心的党中央周围，紧紧围绕“五位一体”总体布局和“四个全面”战略布局，牢固树立“四个意识”，坚定“四个自信”，坚持社会主义办学方向，提高政治站位，把党的建设贯穿治校全过程，持续推进“两学一做”学习教育常态化制度化。健全科学、民主决策体系，落实党委会议事规则、党政联席会议事规则和“三重一大”决策制度，全年召开党委会10次、党政联席会21次。

2. 党的思想和宣传工作

学院深入学习贯彻落实党的十九大精神和习近平新时代中国特色社会主义思想,坚持目标引导、统筹推进。组织学习纪念改革开放 40 周年庆祝大会讲话精神。通过全媒体矩阵对开展的活动进行了全方位、立体式的宣传。加强领导班子理论学习。全年组织召开理论中心组学习 10 次。印发《关于学习贯彻〈新时代高校教师职业行为十项准则〉〈教育部关于高校教师师德失范行为处理的指导意见〉精神的通知》等文件,修订《东南大学成贤学院教师教学工作规范》,要求教师准确把握政治意识、责任意识、阵地意识和底线意识。创建“大学工大教学”格局,建立“三全育人”长效机制。开展“课程思政”教育教学改革,成立思政教研室。坚决落实意识形态工作责任制,对标江苏省教育厅意识形态巡查工作检查标准,自查整改。刊发《成贤报》7 期、《成贤快讯》29 期,在各级各类媒体发稿 24 篇。在校内新装道旗 38 幅,设计电子海报 30 余张。2 篇新闻稿件获评全国高校校报好新闻、江苏省高校校报好新闻三等奖。英文网站建成上线。

3. 党的组织建设

截至 2018 年底,成贤学院党委下设 8 个党总支、45 个党支部,其中教工党支部 20 个、学生党支部 25 个。现有党员 668 名,其中教工党员 268 名、学生党员 400 名;预备党员 279 名。2018 年发展党员 259 名,预备党员转正 193 名,延期转正 1 名。组织召开 2017 年度民主评议党员和基层党组织专题组织生活会。3 个党支部获准为东南大学样板党支部,3 个支部积极申报选树东南大学党支部书记工作室示范点。4 名教师党支部书记被确定为“双带头人”进行重点培养。1 个党支部组织的党日活动荣获东南大学 2016—2017 学年“最佳党日活动”二等奖。推荐选配 3 名党总支副书记,提任 1 名党总支书记。做好基层党总支书记述职评议工作。组织 45 名支部书记参加专题讲座、报告会,举办党校培训 3 期。

4. 纪检监察

建立健全“党政同责、一岗双责、层层落实、重在基层”的党风廉政建设责任体系,持续加强监督执纪力度。抓好敏感时期的作风建设。做好学院干部选聘、招投标、招生以及各类评选的纪检监察工作。举办 2018 年“新时代 · 承文化 · 守廉洁”廉政文化作品征集活动和第五届“清廉中国 · 微视频”征集活动。选送作品荣获 2017 年东南大学廉政文化作品征集活动一、二、三等奖。

5. 统战工作

进一步加强党外代表人士队伍建设,服务统战人才,提升服务大局的精准度和实效性,为学院发展做出贡献。参加浦口区高校统战部长联席会、浦口区统战工作会议、江北新区统战工作座谈会,做好统战工作及民族宗教相关报送材料并提出建议。有计划、有重点地开展学院统战对象的摸底统计工作。

6. 工会工作

健全工会组织，完善会费收缴程序，成立部门工会小组 19 个，工会会员入会率 100%。重视、关心教职工身体健康，协调和组织教职工年度体检。积极举办教职工迎新年联欢会、亲子运动会、智力运动会等活动，凝教职工之情，聚成贤人之心。

7. 共青团工作

院团委以“铸魂工程”为统揽，强化思想引领，构建分层分类一体化工作体系。以历史纪念日和重大事件为契机，利用主题团日活动、“青马工程”培训、主题报告会、合唱比赛等多种方式，帮助青年学生树立远大的理想，塑造高尚的人格。开展“青春喜迎十九大，不忘初心跟党走”、纪念改革开放 40 周年等各类形式主题教育活动。通过社会实践、志愿公益、体育健身、新生绽放季、校园文化艺术节、名家讲坛、创业大讲堂、创新创业竞赛、高雅艺术进校园等品牌活动，推行“第二课堂成绩单”制度。推出 601 名积极分子参加党校培训。

三、行政工作

1. 顺利通过 2017 年度民办高校年检、基金会年检，完成事业单位年审和信用等级评审工作。顺利通过 2018 年教育现代化建设监测工作评估。完成教育部高等教育质量监测国家数据平台数据填报和教育部高等教育事业统计报表上报工作。

2. 召开东南大学成贤学院第三届董事会第二次和第三次会议。

3. 开展“十三五”改革与发展规划实施情况中期检查工作，全面评价、加快推进“十三五”规划的贯彻与落实，推动学院事业高质量发展。

四、教学科研工作

1. 圆满完成 2018 年江苏省独立学院专业综合评估，启动对学院 26 个专业办学定位的重点专项评估工作。

2. 明确专业培养目标和建设重点，系统推进专业综合改革，土木与交通工程学院启动专业综合改革。

3. 完成工程造价、风景园林专业学士学位申报工作。与东南大学医学院共同完成护理学专业的人才培养和建设工作。

4. 修订了 2014 级毕业设计指导手册，评选出院级优秀毕业设计(论文)67 篇，荣获江苏省优秀毕业设计(论文)二等奖 3 篇。

5. 顺利完成 2018 年转专业工作，60 名学生转入相关专业继续学习。

6. 学院当选省高校教学管理研究会教师教学发展研究会常务理事单位。

7. 获得教育部高教司产学合作协同育人项目 2 项，江苏省教育厅教学改革项目 2 项，其他院外教学改革立项课题 11 项。完成 22 项院级教改项目结题工作，新增院级教改立项 18 项。

8. 获得“2017 年度高新区知识产权促进资金”，上报 115 项发明专利。

9. 科研水平进一步提升。获批 2018 年江苏省高校自然科学研究面上项目 2 项，2018 年江苏省教育厅高校哲学社会科学项目 17 项；获批江苏省社科联外语研究专项课题 1 项、省社科联精品应用课题 3 项，其中 1 项获重点资助；获批毫米波国家重点实验室开放课题 1 项；教师申报横向课题 10 项；新增 2019 年度青年教师科研发展基金项目 10 项。

五、合作办学工作

1. 探索推进产教融合，召开产教融合研讨会，持续推进中德双元制项目，机械与电气工程学院与西门子软件公司共建数字化制造学院。

2. 签订“3＋1”合作办学协议 4 个，842 名学生参加校企合作项目。

3. 与英国格林威治大学、韩国庆熙大学签署合作备忘录，引入天普大学“3＋2”本硕连读项目。澳门科技大学、澳门城市大学在学院成立保荐硕士生华东地区面试点。58 名学生赴美国波莫纳州立理工大学、美国天普大学等高校参加境内外交流项目。

六、人才培养工作

1. 组织完成 2018 级人才培养方案的制定。

2. 获批江苏省高等学校大学生实践创新训练计划项目立项 32 项，院级立项 59 项。

3. 荣获江苏省先进班级 6 个、江苏省优秀学生干部 8 人、江苏省“三好”学生 6 人，评出国家奖学金 3 人、国家励志奖学金 168 人、国家助学金 868 人，2 名学生获评“2017 江苏省大学生年度人物”入围奖。

4. 首次承办大型综合性省级学科竞赛——第九届江苏省大学生机器人大赛。

5. 组织学生参加国家级或省(市)级竞赛 36 项，294 人次获奖。在 2018 年全国大学生英语竞赛获特等奖和一等奖，在 2018 年美国大学生数学建模竞赛中获二等奖，在第十三届全国大学生“恩智浦”杯智能汽车竞赛、第十二届全国大学生化工设计竞赛、第九届“蓝桥杯”全国软件和信息技术人才大赛、2018 年全国高校商业精英挑战赛等 4 个项目中获得国家级二等奖，

6. 圆满完成了 2018 年大学生征兵工作任务，30 名学生从学院所在地入伍，12 名学生通过生源地人武部入伍。

7. 2017—2018 学年门诊医疗费用报销共计 2 837 人次，占参保总人数的 25.92%，全年报销费用 57.5 万元。

8. 心理咨询室共计接待来访学生、家长 459 人次，心理危机干预 10 人次。

9. 学生事务大厅全年接待学生来访 2.3 万余人次，办理各类业务 2.1 万余件。

10. 开展首届招生宣传文化创意设计大赛、首届优秀学子母校行、第三届校园开放日等活动，新增 7 所生源基地中学。举办第二届在宁中学高招改革交流研讨会。录取“专转本”新生 522 人，普高录取 2 767 人。

11. 2018 届毕业生年终就业率为 97.21%，升学出国率 11.32%，均创历史新高。圆满通过省教育厅就业创业工作督查，获评“2018 年高校毕业生就业创业工作考核优秀单位”。

七、师资队伍建设工作

1. 全院现有全职人员 378 人，2018 年新进教职工 39 人。

2. 出台《东南大学成贤学院教师工作量定额与计算办法》《关于调整专职教师超工作量酬金标准的通知》。

3. 成功入选省级境外研修培养对象 1 人、国内访问学者 1 人、英语强化培训人选 2 人、优秀青年骨干教师 2 人。新选拔院级访问学者 5 名。43 位同志被授予院级先进工作者荣誉称号。

4. 修订《东南大学成贤学院企业年金方案》，新增符合条件企业年金人员 27 人。

5. 9 位教师获副高职称任职资格，16 位教职工获中级专业技术职务任职资格。

6. 督导组对首次开课教师、青年教师授课竞赛教师等开展听课，累计听课达 248 人次。

7. 举办名师讲坛活动 3 期，教学沙龙 6 期。

8. 选派教师参加江苏省工程管理专业青年教师讲课竞赛，获得一等奖 1 名、二等奖 3 名；3 名教师获得全国高校电工电子基础课程实验教学案例设计竞赛三等奖；3 名教师获得全国高等学校青年教师电子技术基础、电子线路课程授课竞赛（华东赛区 RIGOL 杯）初赛二等奖；1 名教师获得“互联网＋会计教学一体化改革”线上线下教学设计与课堂活动组织技巧研讨会三等奖。

9. 加强辅导员队伍建设，实施《东南大学成贤学院班主任工作实施办法（试行）》。选派 15 人次参加教育部思政司、江苏省教育厅、省招就等主办的专题培训，举办院级培训和交流 4 次。2 个辅导员工作案例荣获 2017 年江苏省高校辅导员工作案例三等奖，获批江苏省高校辅导员工作研究会专项课题 1 项。

10. 评选东南大学成贤学院思想政治教育专项课题 7 项，结题 8 项。1 名辅导员被评为“全国民办高校优秀辅导员”。

八、其他工作

1. 进一步改善办学条件，完成化工实验室改造出新、土木结构实验室改造出新、田径场改造出新等工作。制定学院绿化发展规划，对校园内杨树整体进行淘汰，补植中山杉、地被植物紫茉莉。完成新建学生宿舍相关工作。

2. 推进财务信息化建设，建立财务与资产管理处微信公众平台，上线学生收费电子票据系统，升级固定资产管理平台，学院食堂、超市实现了校园卡、银联卡、支付宝、微信支付等聚合支付模式。做好学院财务预决算工作。科学管理资金，实现资金效益最大化。完成 20 万元以上招标项目 38 个，完成各类工程审计项目 55 个。

3. 严格执行网络安全管理制度，完成了学院校园网络系统、数十个业务系统的网络与数据安全维护工作，确保信息安全。促进图书馆馆藏资源建设科学化、合理化，订购纸质图书 17 852 册。档案馆启用新建档案密集架库房，上线运行档案信息管理系统，印发实施《东南大学成贤学院档案归档范围和保管期限表（总目）》。

4. 完成监控系统中心数字化改造项目，建立了监控数字化平台，改造数字化探头 50 余个。制定 2018 年消防知识宣教及能力培养计划，组织安全教育活动 4 次。成为南京

地区唯一进入全省大学生安全知识竞赛决赛并获奖的独立学院。

5. 各职能部门、各院(部)、直属单位在学院的领导下顺利开展工作,均取得较好成绩。

东南大学成贤学院专业设置一览表

学院名称	专业代码及名称	学科类别	学制/年
电子与计算机工程学院	080901　计算机科学与技术	工学	4
	080902　软件工程	工学	4
	080801　自动化	工学	4
	080702　电子科学与技术	工学	4
	080701　电子信息工程	工学	4
土木与交通工程学院	081001　土木工程	工学	4
	120103　工程管理	管理学	4
	081801　交通运输	工学	4
	120105　工程造价	工学	4
经济管理学院	020401　国际经济与贸易	经济学	4
	120601　物流管理	管理学	4
	120801　电子商务	管理学	4
	120202　市场营销	管理学	4
	120203K　会计学	管理学	4
	020202　税收学	经济学	4
	120204　财务管理	管理学	4
机械与电气工程学院	080202　机械设计制造及其自动化	工学	4
	080201　机械工程	工学	4
	080601　电气工程及其自动化	工学	4
建筑与艺术设计学院	130503　环境设计	艺术学	4
	130310　动画	艺术学	4
	082801　建筑学	工学	4
	082803　风景园林	工学	4
	130502　视觉传达设计	艺术学	4
制药与化学工程学院	081301　化学工程与工艺	工学	4
	081302　制药工程	工学	4
	100704T　药事管理	理学	4
	101101　护理学	理学	4

东南大学成贤学院在籍学生人数统计

（单位：人）

	毕业生数	招生数	在校生数	预计毕业生数
总　数	2 630	3 127	11 190	2 784
本科生	2 630	3 127	11 190	2 784

东南大学苏州研究院

一、概况

2018 年，软件学院（苏州）录取硕士研究生 61 名，为软件工程专业方向；121 人获得硕士学位，年终就业率 100%，其中在苏州地区就业 22 人。东南大学-蒙纳士大学苏州联合研究生院录取硕士研究生 274 名，其中，工业设计工程 38 人、计算机技术 45 人、国际商务 47 人、英语笔译 50 人、交通运输工程 38 人；183 人获得硕士学位，年终就业率 98.9%，其中在苏州地区就业 16 人。

苏州研究院积极参与学校综合改革，贯彻落实学校各项决策、部署和要求，校园安全稳定，为入驻单位和平台提供坚强保障和优良服务，在党建与思想政治工作、行政工作、科技服务与产学研工作、安全工作等方面工作不断取得新进展。

二、党建与思想政治工作

深入学习贯彻落实党的十九大精神和习近平新时代中国特色社会主义思想。组织师生员工通过集中会议、党课、党团活动、自学等多种形式，充分利用官网、官微、微信、QQ 群等新媒体，落实政治理论学习与思想教育工作。今年重点学习习近平同志的“七一讲话”“在北大师生座谈会上的讲话”“给中央美术学院老教授的回信”“全国教育大会重要讲话”，组织收看全国“两会”开幕式闭幕式、纪念马克思诞辰 200 周年大会、庆祝改革开放 40 周年大会，组织党员学习《中国共产党章程》《中国共产党支部工作条例（试行）》等，组织学生支部上专题党课 2 次、《中国共产党章程》辅导报告 1 次。加强政治思想工作，筑牢意识形态工作主阵地。本年度共召开 13 次党委会和 14 次党政联席会。及时做好宣传报道、网站维护和管理服务信息发布等工作，本年度共发布新闻 26 条、通知公告等信息 30 余条。从严从细从实抓好党建各项工作。充分发挥学生支部能动性和主体性，指导学生支部承办支部党课 2 次、“学习先进与合格党员标准讨论”“聚焦两会”展板与学习、“放歌姑苏唱响东南”歌咏比赛、“我的苏苑生活”微视频等活动。指导学生支部做好入党积极分子培养考察工作，今年共发展党员 46 名。本年度获得学校研工部最佳党日活动二等奖 1 个、三等奖 1 个，荣获校先进班级 1 个。

三、行政工作

加强与地方政府沟通交流,紧密结合我校与蒙纳士大学合作基础和苏州工业园区新兴产业发展需求,围绕人才培养层次、专业及规模、人工智能学院(苏州)及大型公共科研服务平台建设、推进科技成果转移转化等方面,细化 2018—2020 年发展规划,多次与地方政府商议合作共建协议,并就校地合作共建会商制度、内部管理模式进行深入探讨,提出建立苏州校区实行统一管理的建议。12 月 12 日,学校发文成立苏州校区,统一管理东南大学在苏州的所有办学事务,设置校区管理委员会,任命郑建勇为校区管理委员会主任。做好苏州校友会秘书处工作,协助 10 个校友俱乐部开展丰富多彩活动,成功举办 2018 年度校友会年会。

在材料学院大力支持下,研究院首次引进全职科研人员,目前 1 人已到岗并落户苏州,2 位正在办理入职手续,3 人均为美国籍,12 月份,该团队与江苏省产业技术研究院、苏州工业园区共建"东南大学下一代半导体材料研究所",获得省产业研究院 1 000 万建设经费、工业园区 1 000 万配套经费,开启了本土化教师队伍建设良好开端。注重对管理队伍的培养管理,不断提升服务能力,选派 2 人参加科教创新区"国际化骨干教师培训班"、"科技创新培训班"(各 40 课时)、3 名辅导员分别参加研工部"延安党建骨干教师"培训班、新进辅导员培训班。目前我院管理队伍中,取得国家二级心理咨询师证书 1 人、三级 3 人,苏州市发展党员工作履职资格证书 2 人,江苏省或苏州市技术经纪人证书 5 人。

四、学生工作

本年度组织人文科学素养讲座 8 场,举办篮球赛、主持人大赛、迎新年晚会,组织参加无锡分校趣味运动会、科教创新区法制知识竞赛、院校文艺汇演等活动。利用入学教育、党团活动、文化素质讲座等形式,强化学风和学术道德建设,指导学生在校报"班风"栏目发稿 1 件。在全国研究生数学建模竞赛、江苏省机器人大赛、全国口译大赛、云核心网 AI 编程大赛、苏州工业园区青年创新创业项目等国内外各类竞赛中取得好成绩,获得海峡两岸口译大赛总决赛特等奖,获得国际顶级设计大奖红点奖,"比由"创客空间运行良好。

五、科技服务与产学研工作

本年度纵向项目科研经费到账 1 059 万元,组织申报各类科技计划项目 10 项、获批 5 项。东南大学-蒙纳士大学苏州联合研究院召开了第一、二届两校联合研究研讨会,两校教授在会上进行了深入的学术交流,确定了重组的联合研究中心负责人,为下一步的深化合作研究奠定了基础。本年度,国家"千人计划"入选者段文汇教授、聂建峰教授等团队入驻联合研究院;蒙纳士大学的程文龙教授、蒋绪川教授等团队依托联合研究院开展了研究工作;本年度两校联合发表 SCI 论文 70 余篇,较上年度有较大的增长。促成校企产学研合作项目 11 个,合同总额 931 万元,走访调研当地科技型企业 30 余家,组织与企业对接活动十余场,与多家企业商讨联合研发平台事宜。2018 年上半年,积极推进学校与永鼎智在云共建"东大-永鼎智在云 BIM 技术建设应用联合研发中心",合同金额 500 万元,目前已到款 100 万元。进一步拓展平台建设,依托我院 2015 年建设的东大建屋智电科技联合研发中心,在已有合作 3 年的基础上引入苏州中储普华电力科技有限公司签

订三方共建协议，一期投入资金150万元。

六、安全工作

加强校园内车辆管理，10月份车辆管理系统已投入使用。目前我院地方政府移交使用权的资产和学校经费采购资产价值累计超过6 000万元，严格按照科技创新区和学校相关规定要求进行日常管理、采购、登记、调配等工作，完成本年度仪器设备管理自查工作。做好公用房管理、调配、装修监督、日常维修，完成消防通道弱电线路更新维修、明德院五楼和两江院二楼三楼无线网覆盖升级、南工院屋顶翻新、三江院水管更换等工作。积极支持和配合大学科技园（苏州）各项工作，加强资源统筹，配合做好日常运行。

东南大学建筑研究所

一、人才培养

1. 齐康院士和2名青年教师每年都给建筑学院一年级本科生上课。
2. 学生每学期全部通过了公共课考试。
3. 齐康院士设计的中国国学中心获国家大奖。
4. 培养的学生中2名当选为中国工程院院士，1名当选为中国科学院院士。

二、学科建设

1. 一级学科全国排第二名，重点学科有2个：建筑设计及其理论、建筑历史与理论。
2. 博士点有2个、硕士点有2个。
3. 部分仪器设备与建筑学院共享。
4. 1名博士赴英国联合培养。

三、科学研究

1. 在研国家自然科学基金4项、省部级基金项目5项，横向课题12项。
2. 科研经费到款2 000余万元。
3. 出版专著5本。
4. 发表文章8篇。

四、师资队伍建设

1. 平时注重高层次人才培养，高级专业技术职务占教师比例55.6%，具有海外留学经历的教师占教师44.5%。

2. 近3年引进博士1名，占教师比例11.11%。

五、学生教育管理

1. 学生就业率和就业质量良好，得到用人单位好评。

2. 平时注重培养学生让他们参与科研和社会实践，提高了学生的能力。

3. 做好学生思想工作，做到学生突发事件有预案，无重大安全责任事故。

4. 学生各类评奖做到公开、公平、公正，无投诉现象，并且能够做好特殊类型学生帮扶工作、成效显著。

六、综合管理

1. 抓好领导班子建设，认真贯彻党政联席议事规则，领导班子团结协作，战斗力强，无因决策失误造成的重大损失。

2. 获省级以上设计奖 2 项。

3. 落实党风廉政建设责任制，“三重一大”制度执行到位、无违反“八项规定”现象。

4. 科研经费管理有效，领导班子成员无信访和违纪违规行为。

5. 因长期对外交流，服务对象满意，并得到服务对象的一致好评。

6. 财务管理严格执行国家的财经纪律和学校的各项财务制度，做到财务规范有序，不设小金库。

七、其他特色亮点

1. 应用本专业知识，充分利用、结合当地的文化，创作出符合地方特色的新建筑，为学校赢得了荣誉。

2. 不断改革、创新，提高办事效率。在齐康院士带领下，研究所在教学、科研、生产、人才培养方面都有一定的提高，圆满完成学校交给的各项任务。

智能运输系统(ITS)研究中心

一、概况

东南大学智能运输系统(ITS)研究中心是直属于东南大学的二级科研机构，建有教育部智能运输系统工程研究中心，是东南大学为了适应国民经济的飞速发展及我国综合交通运输体系的建设和管理信息化需求而成立的，也是我国最早成立的智能运输系统科研机构之一，在国家一级重点学科交通运输工程下设有交通信息工程与控制和道路与铁道工程 2 个二级学科，具有博士和硕士学位授予权。中心组建了跨专业、多学科的综合科研队伍，集中了智能交通、道路工程、桥梁工程、轨道交通、电子电工、工业控制等多方向研究人员，协调中心的科研与教学工作。当前中心有专职教师 15 人，拥有中国工程院院士 1 人，长江学者特聘教授 1 人，江苏省“333 工程”首批中青年科技领军人才 1 人，教育部新世纪科技领军人才 1 人，东南大学青年特聘教授 1 人，教授 4 人，副教授 8 人，博士生导师 6 人。全部教师都具有博士学位，80%的教师具有在国外科研机构从事科研工作的经历。中心主任由中国工程院黄卫院士担任。

二、学科建设和科研

东南大学智能运输系统研究中心属于一级国家重点学科交通运输工程，包括交通信息工程与控制和道路与铁道工程2个二级学科。交通信息工程与控制是智能运输系统最重要的研究领域之一，是一门多学科交叉的新兴学科，通过多年努力，中心在该学科方向有了很快的发展。“211工程”二期建设项目投入近100万元购置视频交通检测系统、TransCAD软件、动态称重等设备和软件；“985工程”二期建设项目投入200多万元购置交通虚拟现实仿真系统、智能公交信息交互系统、三维空间跟踪定位系统、智能交通IC卡开发系统、智能交通车载平台等设备，建成了完备的科研支撑环境，并在基础研究和工程应用领域取得了一系列的研究成果，涵盖交通信息采集技术、道路交通智能管理和控制、轨道交通运营与管理、3S/汽车检测技术等方向；同时，在交通工程专业开设了交通信息工程与控制本科专业方向。道路与铁道工程是国家重点二级学科，在路基路面结构设计理论与方法、路面结构新材料与新工艺的研究与开发、道路排水技术等方面处于国内领先地位，特别是钢桥面铺装技术已达国际领先水准。中心建立了道桥创新材料开发实验室，配置了整套的国产环氧沥青试验仪器设备。

纵向科研是提升中心研究水平的重要支撑。在纵向科研方向，中心承接了国家自然科学基金项目十余项，承接“973项目”1项；国家科技支撑计划课题1项；“863计划”研究项目2项，其他省部级纵向科研课题20余项。

中心积极参与产学研相结合的协作研究，推动基础理论研究成果的产业化转化。近年来，中心参与了多项国家级重点、重大工程，其中，中心的大跨径钢桥面铺装研究成果在我国80%的跨长江和跨黄河大跨径钢桥面铺装工程中得到了应用。

中心通过团体协作，主持或参与获得国家科技进步奖4项，交通部科技进步特等奖1项，教育部技术发明奖一等奖1项，教育部自然科学一等奖2项，江苏省科技进步二等奖4项，主编中华人民共和国国家标准1项，获发明专利30余项。2018年中心老师发表SCI检索论文篇数近30篇。

三、教学与学生培养管理

研究生的招生和培养教育是中心的重要与核心工作之一。在研究生招生方面，在严格遵守东南大学研究生招生制度的同时，加大中心招生的宣传力度，充分调动各方面的积极性，2018年招收博士、硕士研究生37人，为中心建设高水平的科研机构奠定了基础。

在研究生培养方面，充分依托中心承接的国家和省部级纵向科研课题研究以及国家重点工程建设项目，充分实现课堂教学和科研实践的结合，理论联系实际，在提高研究生基础理论水平的同时，提升研究生参与工程实践、解决实际工程问题的能力；同时，为了培养具有国际视野的高水平科研人才，中心充分重视研究生培养教育的国际化，2018年，中心共派出2位博士研究生到美国高等学校联合培养。

在研究生培养的考核方面，在统一制定中心的研究生培养计划和管理制度的同时，充分发挥和调动中心指导教师的作用，以博导和硕导为核心，落实中心的研究生教育工作，按时完成学校规定的研究生培养环节考核。2018年，中心组织完成了2016级博士、

硕士研究生的开题报告工作,2015 级硕士研究生以及博士研究生的毕业答辩工作。

四、师资培养

师资培养,特别是青年教师的培养是稳定中心科研队伍、创建可持续发展的高水平科研机构的基础,是中心一直以来的关键工作之一。在教学能力培养方面,中心鼓励教师积极申请或参与学校或其他机构的教学改革项目,参加教学竞赛,撰写教改论文,全面提升中心教师的教学水平和视野。同时,一支稳定的研究生导师队伍是维持中心高水平科研和教学工作的保障,中心积极支持并鼓励中心教师出国进修或再深造。

2018 年,中心有 1 名教师获得第九届江苏省工科基础力学青年教师讲课竞赛一等奖、东南大学微课竞赛三等奖。

五、国际合作与交流

充分的国际合作和交流对培养具有国际视野的高水平研究队伍和研究生具有重要的、不可替代的作用。长期以来,中心和国外的相关科研机构保持了密切的联系和合作,有关高校和研究机构有美国国家沥青技术试验中心、美国加利福尼亚大学伯克利分校、美国弗吉尼亚大学、美国得克萨斯大学奥斯汀分校、美国北卡罗来纳州立大学、美国肯塔基大学、日本茨城大学、瑞士苏黎世高工、日本 OMRON 公司等。同时中心积极参与相关领域的国际会议,增强国际交流力度。

2018 年,中心组织参加了在美国华盛顿举办的美国交通运输协会年会,交流会议论文 3 篇,邀请并接待来访国际交流学者 3 人次,派出国际联合培养博士生 2 名。

生命科学研究院

2018 年在校党委和行政的正确领导下,生命科学研究院继续坚持“以学科建设为龙头,以队伍建设为着力点,以人才培养和科学研究为抓手,带动各方面工作稳步发展”的主导思想,全院教职工齐心协力,在各自的工作岗位上,尽心尽力、教书育人,潜心科研,创建了和谐稳定的环境,保持了良好的科研和教学秩序,各方面都取得了一定的进步,实现了预定的目标。

一、以学科建设为中心,狠抓人才队伍建设

研究院一直以来高度重视学科建设,狠抓人才队伍建设。目前,生命科学研究院现有教职工 44 名,其中教授 11 名,副教授 8 名,中、初级科技人员 14 名,行政管理人员 4 名,博士后 7 名。全职教师中现有教育部“长江学者奖励计划”特聘教授 1 名,青年学者 1 名,国家杰出青年基金获得者 2 名,中组部“青年千人”5 名,国家“优青”2 人,教育部“新世纪人才”1 名,江苏省杰出青年基金获得者 5 名,江苏省“创新创业”人才 5 名,江苏省特聘教授 2 人,江苏省“333 工程”第二层次 2 人、第三层次 1 人。

2018 年生命科学研究院密切配合学校人事制度改革,推进了机制创新,加强人才引

进力度和人才培养力度。研究院继续施行高层次人才全球招聘和聘用管理制度;完善和优化人才引进考核程序,推行多形式的考核办法;施行新进人才倾斜支持政策,营造良好的工作氛围,促进引进人才快速成长。2018 年研究院共面试国内外高端人才 10 人;申报“长江学者”特聘教授 1 名,青年“长江学者”4 人,江苏省“青蓝工程”1 人,东南大学“至善青年学者”2 人。

师资培养关系到研究院的可持续发展,是整个工作中的重中之重,是引进年轻教师走向学科前沿的必由之路。为了学术梯队的形成和青年教师的培养,2018 年研究院将校科研院等部门下拨的经费主要用于资助青年教师的科研创新工作,为青年教师申报省、国家项目以及人才计划助力。同时发挥建设优势理科的政策,积极加强我院引进和培养高层次人才的支持力度。2018 年,研究院新增东南大学“至善青年学者”2 人。

研究院一直积极鼓励青年教师出国进修,鼓励教师利用一切机会参加国内外重要会议,开阔思路、增进交流,扩大学科影响。本年度教师和硕士、博士研究生多次参加国际、国内学术会议,积极对外交流扩大影响,还有多名教授被邀参加项目评审、成果鉴定、论文评审等。

研究院非常注重对年轻教师教学能力的培养,成立课程小组,积极吸纳青年教师加入,共同备课,提高备课质量,并适当给青年教师加压负重,高标准严要求,广泛听取学生的反馈意见和建议,针对性的采取有效措施。

通过这些举措,研究院学科整体水平有了很大的提高,生物学一级学科硕士点、博士点和博士后流动站得到了充实。由我院建设的生物学一级学科,2016 年被评为江苏省“十三五”优秀学科,2018 年顺利地通过了江苏省的中期考核。

二、以学科建设为基础,大力提升科研水平

学科建设的核心目的之一是提升学科的研究水平与能力。生命科学研究院目前拥有“发育与疾病相关基因”教育部重点实验室一个,是我校生命科学的主要研究平台。实验室聚集了一批高水平的研究人才,造就了一支年富力强,朝气蓬勃的高水平研究队伍,形成了“神经发育与功能的调控机制”“干细胞的基础及应用研究”“发育疾病的遗传调控与临床转化研究”等特色研究方向,在国内、外已经形成了一定的影响。为了营造良好的学术氛围,不断完善一月一次的 PI Meeting 和“青椒会”,活跃了学术交流气氛,保证了大家的科研进程。

硬件方面,为了进一步提升科研支撑条件,提高科研服务质量,研究院继续加大在平台建设方面的投入,安装了全功能微孔板分析仪和清醒动物大脑递质在线分析系统等大型设备,招标采购了激光显微切割系统、病理样本制备系统、荧光定量 PCR 仪等大型设备。争取了学校重点支持,2018 年,获得学校计划经费 450 万元,用于生命科学研究院和“发育与疾病相关基因”教育部重点实验室的公共研究平台的建设。

平台管理的核心在于建立平台高效的共享机制。学院通过制度改革,施行技术人员“双轨制”,通过内部招聘,推动平台技术人员专业化;学生使用复杂设备须经过规定的培训(由公司工程师授课)方可获得使用许可,实行先预约先使用的原则,所有大型设备均拟面向社会有偿开放使用。每台仪器的使用均建立了完备的使用登记制度。

为加强研究院教师申报科研项目的中标率,启动了教授帮扶措施,从审核标书到标

书院内答辩,研究院教授都一对一把关。2018 年全院教师共申报国家自然科学基金 17 项,获得 5 项(面上项目 2 项、青年科学项目 3 项),申报成功率 29.4%,超额完成科研院指标 66%;获得省科技厅科技省优秀青年基金项目 1 项;其他省部级项目 1 项;计划科研经费达 390 余万元。相继在 *Advanced Materials*, *Advanced Functional Materials*, *Elife*, *ACS Applied Materials & Interfaces*, *Antioxidants & Redox Signaling*, *Molecular Neurobiology* 等国际著名期刊上发表高水平学术论文(影响因子 5 分以上)6 篇。

在扩大学术影响力方面,2018 年研究院承办了首届东南大学生命健康论坛和 3 次省级学术学会年会。研究院多位教授在各类学会中任职:谢维教授任中国神经科学会常务理事并担任中国神经生物学会儿童认知与脑功能障碍分会会长,中国遗传学会理事;陆巍教授担任中国神经科学学会理事、中国生理学会常务理事,青年工作委员会副主任委员;韩俊海教授任中国细胞学会理事;柴人杰教授担任中国生物物理学会听觉言语与交流分会副会长,国际耳内科医师学会常务委员,中国生理学会干细胞与神经分会秘书长,常务理事。在江苏省神经科学会(谢维、韩俊海、陆巍、潘玉峰等)、发育与细胞生物学会(韩俊海、柴人杰等)、遗传学会(刘向东、林承棋等理事)、医学会遗传专委会(谢维主委、林承棋副主委)等组织任职。林承棋任国际知名期刊 *MCB* 编委等。

为了加强高层次学术交流,形成品牌,2018 年研究院"三江大讲堂"高水平学术论坛邀请了加拿大皇家科学院王玉田院士及 20 位国内外知名专家来我校进行讲座交流。

三、围绕教育质量工程建设,深化人才培养改革

2018 年生命科学研究院在研究生培养中继续深化改革:

1. 加强了研究生招生宣传的力度和规模。通过往届招收的研究生散发招生宣传材料、举办暑期夏令营活动以及重点高校的招生宣讲活动,扩大了我院的影响力,已招收免试硕士研究生 17 名,直博生 1 名,2019 年硕士研究生入学考试报名人数达到 255 名,创造历史新高。这些措施的实施提高了研究生生源质量。

2. 研究生轮转制度化。将研究生轮转以课程的形式实施,同时融入实验室安全教育和大型仪器设备培训和基础实验技能训练等内容。完善和规范了研究生轮转实施的具体方案和细则。研究生轮转的实施提高了我院研究生的科研素养和科研能力,促进了师生间的科研合作。

3. 优化了研究生培养课程体系。以研究生培养目标为导向,通过合并部分重合度较高的课程以及增开部分新兴学科课程,逐步优化研究生培养的课程体系。新开设了"发育生物学"课程,完成"细胞生物学"教学实验室建设的申请和立项工作,同时积极启动了"细胞生物学实验"课程的规划和申请工作。

4. 重点建设"分子生物学"全英文精品课程建设。在江苏省全英文精品课程建设项目的支持下,完善和提升"分子生物学"全英文精品课程的建设。我们还积极加强科学文化建设,通过日常各类学术活动和激励机制,培养研究生从事科学研究的兴趣和追求真理的使命感。日常活动包括:课题组的 Lab Meeting 和 Journal Club 活动,支持研究生参加国际、国内学术会议,定期与不定期邀请国内外同行来学院进行学术报告,鼓励和组织学生参加竞争性的学术活动,招收外国留学生 1 名和本国学生共同合作研究,聘请国外

知名大学的教授合作指导研究生等。

加强研究生课堂教学，提升课堂教学质量。全院老师全年共承担和完成了博士、硕士专业 10 门相关课程的教学任务，总计学时达 612 学时，其中，硕士研究生教学任务 468 学时，博士研究生教学任务 144 学时。做到材料规范齐全，各个环节都按规定保质保量地完成。2018 年共有硕士毕业生 30 名，博士毕业生 9 名。

积极承担本科生教学任务。2018 年共承担生物工程本科生专业的“模式生物学”和“生命科学前沿导论”两门课程，共计 72 学时，教学质量优秀，学生评教突出。

人才培养并不局限于其科研水平的提高，学生素质提高更是成才的重要标志。为此，提高学生素质是我院党政工作的重点工作之一。我们本着“一切为了学生，为了学生一切”的思想，围绕如何培养提高学生思想素质，培养提高文化知识水平，培养提高综合能力来开展工作。一年来院党委、团委、研究生会开拓创新，大胆工作，保证完成好学习科研任务的同时，积极组织了学生干部素质拓展训练、院师生轻运动会、“春意 · 花期遇见你”摄影比赛、迎新晚会、最佳党日活动，充分展示了研究院学生的风采，也让他们在各项活动中得到了锻炼、陶冶情操，并在他们取得优异成绩的同时鼓舞了士气，激发学习的强大动力。一年来，共有 5 位研究生获得了国家奖学金，9 位同学获得校三好学生，5 位同学获得了校优秀学生干部，8 位同学获得院“三好”学生称号，9 位同学获得了院优秀学生干部称号，2017 级硕士研究生班级获得院先进班集体称号。

在研究生毕业就业工作中，院直属党支部本着宣传学院、服务学生、耐心细致、热情周到的宗旨，联系用人单位，寻找和公布就业信息，使我院毕业生就业率一直保持在 98% 以上。工作中，虽然遇到全球性就业压力增大的形势，但党政齐心协力、想方设法、创新工作，取得了学生和用人单位的好评和广泛的认可。

2018 年研究院积极筹办本科专业并申请成立学院，目前已向教育部申请“生物科学”本科专业，等待审核与批准。同时，积极参与优势理科建设，探索宽口径本科人才培养模式，并受到优势理科建设的大力支持。

在研究生和本科生培养的国际化方面，2018 年招收了 3 名与 Monash 苏州研究院共同培养的博士生。

四、围绕院中心工作，党政合作整章建制，推动管理工作上台阶

围绕研究院“十三五”制定的规划目标，党政密切配合，整章建制。通过体制创新，建立国际一流的研究机构，吸引优秀的科学家聚集，组织开展与国家发展密切相关的基础性、前瞻性、战略性的科学研究，解决国计民生中的重大问题；通过政策引导，促进科研力量最大化地聚集，形成研究特色和制高点，在一定的领域引领世界的科学研究；通过机制创新，以绩效为杠杆，建立激励约束机制，使优秀的科学家能静心做研究，潜心做学问，进而培养品质优异的创新型人才。

研究院直属党支部将政治思想工作贯穿于日常管理中，充分发挥师生党员的模范带头作用，认真贯彻落实校党委的各项安排，圆满完成各项行政工作；学生党员在学习上起带头作用，在行为上做表率，处处以身作则；入党积极分子积极向党组织靠拢；全体学生积极向上，踊跃参加各类社团及校院组织的各项活动，学生党员在科研活动中发扬科研

奉献精神,发表了多篇有影响的高水平文章。一年来全院教工遵纪守法、爱岗敬业,学生刻苦努力、积极向上,政治思想工作起到了引导和保障作用。

由于学院处于发展初期,规模相对小一点,岗位编制不能适应学院的发展。目前教学管理人员除了完成学生培养环节的教学管理任务外还承担了学生管理的辅导员工作,为此付出了很大的辛苦和努力;行政管理人员在人少事多的情况下,不辞辛劳、加班加点、不计报酬、毫无怨言、无私奉献,保证了学院的各项工作正常开展。

五、不足之处与改进措施

总结2018年,研究院各方面在稳步发展,取得突出的成绩,但还存在不足,主要如下:

1. 缺乏具有国际影响力的大师级人才。

2. 研究队伍集成度不高,没有形成集成的机制。

3. 人才引进的“前—中—后”的过程管理与服务有待加强。

4. 管理能力与执行力有待提高。

六、2019年工作思路

围绕东南大学“双一流”发展战略,以研究院“十三五”规划为核心,面对“国家脑科学与类脑”计划的启动,加快组织队伍形成PI制与大团体制相结合的体制,争取在国家“脑计划”中做出更大贡献;以“转化医学”为中、长期目标,积极推动东南大学生命科学的发展并与医学的有机结合;加快建设生命科学研究院成为“高水平人才聚集的高地,做一流科学研究的高地,创新性人才培养的高地”;努力建设国内一流的生命科学研究院,并为建设国际有影响的生命科学学院打下坚实的基础。具体措施如下:

(1) 积极争取学校各方面的支持和资源,加大高端人才的引进力度,特别是具有国际影响力的大师级人才的引进。加强人才引进的“前—中—后”的过程管理与服务,加速人才的快速引进与发展。

(2) 通过三江大讲堂,组织“国际青年学者论坛”,吸引更多海外优秀人才来我院申报青年“千人”。

(3) 及早着手准备2019年国家自然科学基金的申报工作,拓展项目申报的渠道,加大校内外交叉学科的整合力度。组织跨学科、跨领域的专家研讨,提出超级大项目建议书。

(4) 进一步优化学术梯队的组织、形成团队、形成学科优势;完善实验室公共平台的软硬件建设。

(5) 通过学习与选拔,提高管理团队的管理能力与执行力。

奖励与表彰

2018 年获上级表彰的先进集体、先进个人名单

先进集体

◎第十五届“挑战杯”全国大学生课外学术科技作品竞赛优胜杯

东南大学

◎第十五届“挑战杯”全国大学生课外学术科技作品竞赛校级优秀组织奖

东南大学

◎全国学生资助工作“优秀单位案例典型”

东南大学

◎全国为侨公共服务体系示范单位

东南大学

◎第十三届全国学生运动会“校长杯突出贡献奖”

东南大学

◎2018 年江苏省党支部书记工作室示范点

数学学院数学与应用数学党支部

◎2018 年“创青春”浙大双创杯全国大学生创业大赛校级优秀组织奖

东南大学

◎江苏高校 2017—2018 年度党建工作创新奖一等奖

东南大学党委

◎2018 年度全国大中专学生志愿者暑期文化科技卫生“三下乡”社会实践活动先进单位

共青团东南大学委员会

◎2018 年度江苏省宣传思想工作先进集体

东南大学党委宣传部

先进个人

◎2018 年国家“万人计划”

科技创新领军人才:李建春　郭　彤　孙立涛　孙长银

哲学社会科学领军人才:王廷信

教学名师:胡仁杰

青年拔尖人才:蒋卫祥　王　浩

◎2018 年国家“千人计划”

创新人才长期项目入选者:王俊敏　王承祥　何　田　段文会

外专千人长期项目入选者:Letaief Khaled Ben　David Earl Leatherbarrow

青年千人入选者:罗　宇　钟　立　吕俊鹏　邓富金　冷　真　王　苏

◎2018 年教育部“长江学者奖励计划”

特聘教授:徐赵东

青年学者:丁幼亮　倪振华　董　帅　花　为　游雨蒙

◎2018 年宝钢奖

优秀教师特等奖提名奖

陈建龙

优秀教师奖

周雨青　张　彤　叶海涛

◎2018 年江苏省研究生教育改革成果奖一等奖

国际视野,实践创新——建筑学专业型硕士培养模式探索与实践

张　彤　鲍　莉　葛　明　徐小东　张　宏

李向锋　李　华　张　愚　朱　渊

◎第二届江苏省本科高校青年教师教学竞赛二等奖

许　妍　钟思佳　王禄生

◎2018 年享受国务院政府特殊津贴专家

段　进　徐赵东　孙立涛　王金兰　王　珏　刘艳红　张志珺

◎日本工程院外籍院士

吴智深

◎欧洲科学与艺术院院士、巴基斯坦科学院外籍院士

曹进德

◎第十一届中国医师奖

滕皋军

◎全国学生资助工作“优秀个人案例典型”

施　杰

◎第十届全国辅导员年度人物入围奖

邱　峰

◎第七届中国侨界贡献奖二等奖

冉　斌

◎第二届江苏省专利发明人奖

程　明

◎2018年江苏省第五期“333高层次人才培养工程”培养对象增选

首席科学家：高西奇　刘松玉

科技领军人才：殷勇高　郝张成　方　峰　徐盈之　花　为　杨　毅　李　玲

◎2018年江苏省高校“青蓝工程”

优秀教学团队：刘艳红等

中青年学术带头人：王家恒　叶海涛

优秀青年骨干教师：黄晓东　钟　敏　卢文超　王晓英

◎2018年江苏省有突出贡献中青年专家

宋爱国

◎江苏省五一劳动奖章

胡仁杰

◎江苏省青年志愿服务事业贡献奖

陈爱华

◎2018年度国家虚拟仿真实验教学项目

钢筋混凝土墩柱抗爆设计虚拟仿真实验　宗周红

智能电网变电站综合自动化虚拟仿真实验　陈歆技

金属高压铸造技术的虚拟仿真实验　戴　挺

◎2018年江苏省优秀博士论文指导教师

王保平　孙立涛　陈建龙　张　宇　徐泽水　张袁健　王　炜　张志珺

◎2018年江苏省优秀硕士论文指导教师

闵鹤群　李　飚　刘　磊　沈德魁　段钰锋　许　威　尤肖虎　张在琛

范圣刚　周　臻　崔一平　李世华(2篇)　耿　新　王雪梅　王　政

谢吉华　马冬梅　罗天妮　张　闻　严如强　刘艳红　许　茜　王大勇

刘云虹

◎2018年江苏省优秀本科毕业设计(论文)一等奖指导教师

虞　刚　李小平　黄永明　宋爱国　游雨蒙

◎2018 ACM国际大学生程序设计竞赛(ACMICPC)亚洲区域赛　国际级一等奖指导教师团队

◎2018年中国“互联网+”大学生创新创业大赛　金奖指导教师团队

◎2018第八届中国教育机器人大赛　国家级特等奖指导教师团队

◎2018第二届“卓越杯”大学生英语演讲比赛　国家级一等奖指导教师团队

◎2018第七届全国大学生GIS应用技能大赛　国家级一等奖指导教师团队

◎2018第十二届“三菱电机杯”全国大学生电气与自动化大赛　国家级一等奖指导教师团队

◎2018第十届全国大学生高等数学竞赛　国家级一等奖指导教师团队

◎2018 第十三届“恩智浦”杯大学生智能汽车竞赛全国总决赛　国家级一等奖指导教师团队

◎2018 中国大学生程序设计竞赛　国家级一等奖指导教师团队

◎2018 中国机器人大赛　国家级一等奖指导教师团队

◎2018 第七届全国大学生金相技能大赛　国家级一等奖指导教师团队

◎2018 年“创青春”浙大双创杯全国大学生创业大赛金奖项目

“无际通信——5G 快速开发验证平台”　项目指导教师团队

“基于模型和代码重构的实时数字控制系统——Rtunit”　项目指导教师团队

“南京达斯琪数字科技有限公司”　项目指导教师团队

◎2018 美国大学生数模竞赛　国际级一等奖指导教师团队

◎ASC18 世界大学生超级计算机竞赛　国际级一等奖指导教师团队

◎第十一届全国周培源大学生力学竞赛　国家级一等奖指导教师团队

◎2018 年第五届全国高等学校大学生测绘技能大赛　“测量程序设计”“二等水准测量”国家级一等奖项目指导教师团队

◎2018 年全国大学生英语竞赛　国家级特等奖、一等奖指导教师团队

◎2018 年第十一届全国大学生计算机设计大赛　国家级一等奖指导教师团队

◎2018 年“苏博特”杯第五届全国大学生混凝土材料设计大赛　国家级一等奖指导教师团队

◎2018 年第十一届全国大学生节能减排社会实践与科技竞赛　国家级一等奖指导教师团队

◎2018 年第五届全国大学生基础医学创新论坛暨实验设计大赛　国家级一等奖指导教师团队

◎首届全国大学生公共卫生综合技能大赛　国家级一等奖指导教师团队

◎第十五届“挑战杯”全国大学生课外学术科技作品竞赛　优秀指导教师奖

金　石　游雨蒙

◎2018 年国家教学成果奖

一等奖

学做融创　通合一体——建筑类创新人才培养的系统改革与实践

王建国　韩冬青　鲍　莉　孙世界　陈　薇　朱　雷　张　彤　李向锋　夏　兵　张　嵩　傅秀章

产业需求牵引的计算机类创新型工程人才培养模式及其实践

罗军舟　李　伟　耿　新　杨全胜　汪　芸　舒华忠　程　光　徐立臻　姜龙玉　李　雯　吕　倩

二等奖

“四位一体”建构全员全程进阶式研究型教学体系的改革实践

郑家茂　雷　威　邱文教　朱　明　熊宏齐　沈孝兵　吴　涓　陈　峻　邓　蕾　潘晓卉

基于工程创新研究的能源动力类大学生实践教学改革

钟文琪　肖　睿　朱小良　王明春　周克毅　归柯庭　张小松　吕锡武
华永明　陈九法　司凤琪　李舒宏
“一轴·双驱·三联动”——德才兼备型土木工程创新人才培养的探索与实践
童小东　吴　刚　邱洪兴　陆金钰　李启明　周　臻　张培伟　尹凌峰
王燕华　缪志伟　陈　韵　舒赣平　傅大放　刘　静　王景全
适应现代微电子产业发展的本硕博贯通式创新人才培养模式的改革与实践
孙伟锋　汤勇明　仲雪飞　徐　申　吴建辉　李智群　孙立涛　时龙兴
王志功　张在琛　凌　明
“科教融合、全程多元、知行合一”的物流创新人才培养改革与实践
赵林度　王海燕　李四杰　何　勇　薛巍立　韩瑞珠　孙胜楠　赖明辉
思想政治理论课贯彻体现社会主义核心价值观的探索与实践
袁久红　郭广银　许苏明　叶海涛　盛凌振　刘　魁　孙志海　刘　波
袁健红　翁寒冰　高照明　涂亚峰　孙莉玲　陆　挺　廖小琴
构建科教融合、虚实结合、校企联合实践教学平台，创新测控专业人才培养模式
宋爱国　祝雪芬　王立辉　祝学云　陈熙源　张　力

◎2018年第三届中国学位与研究生教育学会教学成果奖一等奖

国际引领，实践创新——建筑学专业型硕士研究生培养模式探索与实践
王建国　张　彤　冷嘉伟　徐小东　张　宏

◎2018年国家精品在线开放课程

学术交流英语　陈美华
线性代数　陈建龙
病理与健康　陈平圣
数字电路与系统　李文渊
交通管理与控制　陈　峻
VLSI设计基础　单伟伟
材料力学　乔　玲
电工电子实验基础　胡仁杰
路基路面工程　黄晓明

◎2018年国家自然科学奖二等奖

新型微波超材料对空间波和表面等离激元波的自由调控或实时调控
崔铁军(1)　蒋卫祥(3)　程　强(4)　马慧锋(5)
摩擦界面的声子传递理论与能量耗散模型
陈云飞(1)　杨决宽(2)　倪中华(3)　毕可东(4)　魏志勇(5)

◎2018年国家科技进步奖二等奖

城市多模式公交网络协同设计与智能服务关键技术及应用
王　炜(1)　刘　攀(2)　王　昊(5)　杨　敏(6)　胡晓健(7)
土地调查监测空地一体化技术开发与装备研制
王　庆(1)　张小国(3)　胡明星(6)

××××××关键技术及应用

方世良(1)　王晓燕(2)　罗昕炜(3)　安　良(5)　姚　帅(7)

◎2018年教育部自然科学奖

一等奖

功能磁性纳米材料的构建及诊疗应用基础

顾　宁(1)　张　宇(2)　杨　芳(3)　孙剑飞(5)

二等奖

循环流化床富氧燃烧基础研究

段伦博(1)　陈晓平(2)　刘道银(3)　赵长遂(4)

较弱非退化条件的KAM定理与两类椭圆型方程正解的存在性和集中性

徐君祥(1)　张福保(3)　吴　昊(4)　张东峰(5)

◎2018年教育部技术发明奖

一等奖

宽量程MEMS风速风向传感器设计与制造关键技术及应用

黄庆安(1)　秦　明(2)　易真翔(4)　李伟华(6)

快速道路交通安全设计与主动控制关键技术及应用

刘　攀(1)　徐铖铖(2)　李志斌(4)　王　昊(5)　丁建明(6)

二等奖

大规模天线阵列系统无线传输技术及应用

黄永明(1)　何世文(3)　杨绿溪(4)　戚晨皓(5)

新型直驱式波浪发电系统

胡敏强(1)　余海涛(2)　黄　磊(3)

◎2018年教育部科技进步奖二等奖

海洋混凝土结构用长寿命高强耐蚀钢筋制备与应用关键技术

蒋金洋(1)　刘加平(3)　孙　伟(4)　施锦杰(7)

肝癌的可视化诊治

张业伟(1)

◎2018年江苏省科学技术奖

一等奖

物联网低功耗关键技术研发和应用

杨　军(1)　时龙兴(2)　吴建辉(3)　戚隆宁(4)　刘　昊(5)

单伟伟(6)　陈　超(7)

医药脂质纳米材料及其产业化关键技术

顾　宁(1)　吉　民(2)　夏　强(3)　蔡　进(4)　杨　芳(5)　熊　非(7)

现代混凝土早期变形与收缩裂缝控制

刘加平(1)

航空航天装备使役状态分析的数字化关键技术及应用

费庆国(1)　张大海(3)　张培伟(4)　何顶顶(6)　李彦斌(7)

吴邵庆(8) 董萼良(9) 廖 涛(11)

复杂环境下远程巡检机器人关键技术及应用

宋爱国(1) 徐宝国(3) 宋光明(4) 曾 洪(11)

高精度多模多频GNSS基准站网关键技术及应用

潘树国(1) 高 旺(4) 高成发(6) 喻国荣(10)

混凝土结构智能检测与主动高效加固关键技术及应用

吴 刚(1) 张 建(2) 王春林(4) 朱 虹(5) 何小元(7) 刘 钊(10)
丁幼亮(11)

肝癌多模态诊疗

张业伟(1) 周家华(5) 潘 峥(6) 余泽前(7)

二等奖

车辆瞬态操纵稳定性智能底盘控制理论,方法及应用

殷国栋(1) 王金湘(2) 陈 南(7)

高可靠性MEMS压力传感器设计与制造关键技术及应用

黄庆安(1) 周再发(2) 聂 萌(3) 黄见秋(5) 李伟华(8) 唐洁影(9)
王 磊(10)

三等奖

高性能智能微电网系统集成关键技术及计测控装备研发与应用

郑建勇(1) 梅 军(7)

◎2018年军队科技进步奖二等奖

××××××关键技术及应用

费庆国(1) 李彦斌(2) 吴绍庆(3) 张培伟(5) 何顶顶(6) 张大海(7)
董萼良(8) 韩晓林(9)

◎2018年国家“万人计划”

教学名师:1人

◎2018年江苏省第五期“333高层次人才培养工程”培养对象增选

科学技术带头人:

季 欣 李会军 杨永标 刘庆山 刘斯扬 罗 桑 马 涛 王景全
许传龙 程张军 冯亚东 刘松桥 汤日宁 魏 琼 吴剑平 夏江燕
徐 治

◎2018年江苏省“双创计划”

双创团队:1个

双创人才:5人

◎2018年江苏特聘教授

蒋卫祥 郭 彤 杨海宁

◎2018年江苏省“六大人才高峰”

创新人才团队:舒 嘉 居胜红等

高层次人才:

张程宾　马慧锋　张　川　陶　俊　戴国亮　陆金钰　尹奎波　黄晓东
吕俊鹏　窦晓波　邓富金　代云茜　吉远辉　马　涛　熊　文　王　晨
付　晓　林承棋　王　苏　刘　玲　王　彬　夏江燕　金　楠

◎2018 年中国侨联特聘专家建言献策一等奖

王志功

◎2018 年中国民主同盟高校基层组织盟务工作先进个人

梅姝娥

◎2018 年度“江苏省优秀共青团干部”

杨文燮

◎2018 年江苏省文化科技卫生“三下乡”先进个人

林奇志

东南大学校级荣誉名单

东南大学 2016—2017 年度“教书育人、管理育人、服务育人积极分子”名单

马　涛　王　蓉　王婧菲　尹红松　田宇行　邢纪红　朱　青　朱　萍
朱敏生　朱筱俊　乔立兴　任佳韫　刘　宏　刘加彬　刘培党　江　泓
孙正明　李　哲　李向峰　李道真　杨　望　杨　蕙　杨　鑫　杨绿溪
吴建辉　吴桂平　何　杰　何　萌　何正球　沈　溶　张　宇　张　宏
张　煦　张为公　张敏灵　张雄霞　陆　军　陆剑敏　陈　中　陈　波
陈　萍　陈　硕　陈　辉　陈建龙　陈锦祥　邵　华　范　晖　范　新
范晓娜　欧阳本祺　金传志　周建新　赵会泽　赵志远　郝艳娟　钮长慧
段伦博　施瑞华　袁曦临　顾青瑶　钱　谊　凌宝珍　凌建辉　黄　涛
黄永明　曹效英　曹皖诚　崔红雁　符少北　章剑青　董　帅　董　斌
程万里　蔡　亮　缪志钢　薛澄岐

2018 年科研成果获奖情况

2018 年度国家科学技术奖

序号	项目名称	主要完成人	奖励类别	授奖等级	主要完成单位	院系
1	新型微波超材料对空间波和表面等离激元波的自由调控或实时调控	崔铁军　沈晓鹏 蒋卫祥　程　强 马慧锋	自然科学	二等奖	东南大学	信息科学与工程学院
2	摩擦界面的声子传	陈云飞　杨决宽 倪中华	自然科学	二等奖	东南大学	机械学院
3	递理论与能量耗散模型	毕可东　魏志勇				
4	城市多模式公交网络协同设计与智能服务关键技术及应用	王　炜　刘　攀 孙正良　汪　林 王　昊　杨　敏 胡晓健　殷广涛 刘冬梅　徐　棱	科技进步	二等奖	东南大学　公安部交通管理科学研究所　交通运输部公路科学研究所　中国城市规划设计研究院　南京莱斯信息技术股份有限公司　南京全司达交通科技有限公司	交通学院
5	土地调查监测空地一体化技术开发与装备研制	王　庆　李　钢 张小国　顾和和 孙　杰　胡明星 尹鹏程　王云帆 谭　靖　马　超	科技进步	二等奖	东南大学　中国矿业大学　中国测绘科学研究院　徐州市国土资源基础测绘中心　北京航天泰坦科技股份有限公司　广州南方测绘科技股份有限公司	仪器科学与工程学院
6	（内部公布）	方世良　王晓燕 罗昕炜　胡　兵 安　良　严　琪 姚　帅　梅启勇 王　伟　孙承光	科技进步	二等奖	东南大学　中船重工海声科技有限公司　中国船舶重工集团公司第七一五研究所	信息科学与工程学院
7	心理生理信息感知关键技术及应用	胡　斌　徐向民 郑文明　栗　觅 马义德　赵庆林	技术发明	二等奖（合报）	兰州大学　华南理工大学　东南大学　北京工业大学	生物科学与医学工程学院

(续　表)

序号	项目名称	主要完成人	奖励类别	授奖等级	主要完成单位	院系
8	严寒季冻区高速铁路毫米级变形标准下路基平稳性控制技术及应用	赵国堂　叶阳升 蔡德钩　蒋金洋 刘伟平　张西泽 杨西锋　杨国涛 闫宏业　冷景岩	科技进步	二等奖(合报)	中国铁道科学研究院　中国铁路设计集团有限公司　东南大学　中国铁路沈阳局集团有限公司　中国铁路哈尔滨局集团有限公司　哈大铁路客运专线有限责任公司 中铁第一勘察设计院集团有限公司	材料科学与工程学院

2018年度高等学校科学研究优秀成果奖(科学技术)

序号	项目名称	主要完成人	奖励类别	获奖等级	主要完成单位	院系
1	功能磁性纳米材料的构建及诊疗应用基础	顾　宁　张　宇 杨　芳　许海燕 孙剑飞　孟　洁 葛玉卿　胡　克	自然科学	一等奖	东南大学　中国医学科学院基础医学研究所	生物科学与医学工程学院
2	宽量程风速风向传感器设计与制造关键技术及应用	黄庆安　秦　明 陈　蓓　易真翔 董自强　李伟华	技术发明	一等奖	东南大学	电子科学与工程学院
3	快速道路交通安全设计与主动控制关键技术及应用	刘　攀　徐铖铖 张纪升　李志斌 王　昊　丁建明	技术发明	一等奖	东南大学　交通运输部公路科学研究所　东南大学建筑设计研究院有限公司	交通学院
4	较弱非退化条件的定理与两类椭圆型方程正解的存在性和集中性	徐君祥　王　俊 张福保　吴　昊 张东峰	自然科学	二等奖	东南大学　江苏大学	数学学院
5	循环流化床富氧燃烧基础研究	段伦博　陈晓平 刘道银　赵长遂 卜昌盛　周　骛 李庆钊	自然科学	二等奖	东南大学	能源与环境学院
6	大规模天线阵列系统无线传输技术及应用	黄永明　鲁照华 何世文　杨绿溪 戚晨皓　朱伏生	技术发明	二等奖	东南大学　中兴通讯股份有限公司	信息科学与工程学院
7	新型直驱式波浪发电系统	胡敏强　余海涛 黄　磊	技术发明	二等奖	东南大学	电气工程学院

（续　表）

序号	项目名称	主要完成人	奖励类别	获奖等级	主要完成单位	院系
8	海洋混凝土结构用长寿命高强耐蚀钢筋制备与应用关键技术	蒋金洋　麻　晗　刘加平　孙　伟　金祖权　宋　丹　施锦杰　王凤娟　张建春　艾志勇　褚洪岩　郑　琦　李　阳　赵家七　左龙飞	科技进步	二等奖	东南大学　江苏省沙钢钢铁研究院有限公司　江苏省建筑科学研究院有限公司　青岛理工大学　河海大学	材料科学与工程学院
9	肝癌的可视化诊治	张业伟　董晓臣　邵进军　张　婷	科技进步	二等奖	东南大学　南京工业大学　江苏省肿瘤医院	中大医院
10	城市群空间多尺度集约利用决策关键技术与应用	方创琳　杨俊宴　张　兵　周　艺　黄解军　匡文慧　李广东　陈　睿　黄金川　王振波　鲍　超　马海涛　何伦志　张　蔷　曹　俊	科技进步	一等奖（合报）	新疆大学　中国科学院地理科学与资源研究所　东南大学　中国城市规划设计研究院　武汉理工大学　中国科学院遥感与数字地球研究所	建筑学院
11	新型功能化沥青路面关键技术及工程应用	许　涛　黄晓明　陈　俊　侯曙光　廖公云　吴建涛　李国芬　李志栋　马　翔　陈景雅　王宏畅　张　东　袁　峻	科技进步	二等奖（合报）	南京林业大学　东南大学　河海大学　中交瑞通路桥养护科技有限公司　南京工业大学　甘肃昌恒公路养护技术有限责任公司	交通学院

2018 年度江苏省科学技术奖

序号	项目名称	主要完成人	奖励类别	授奖等级	主要完成单位	院系
1	物联网低功耗关键技术研发和应用	杨　军　时龙兴　吴建辉　戚隆宁　刘　昊　单伟伟　陈　超	应用类	一等奖	东南大学	电子科学与工程学院
2	医药脂质纳米材料及其产业化关键技术	顾　宁　吉　民　夏　强　蔡　进　杨　芳　李　锐　熊　非　王祥建　徐　静　张　勇　刘海东	应用类	一等奖	东南大学　苏州东南药业股份有限公司　苏州纳康生物科技有限公司　正大天晴药业集团股份有限公司　江苏东南纳米材料有限公司	生物科学与医学工程学院

（续　表）

序号	项目名称	主要完成人	奖励类别	授奖等级	主要完成单位	院系
3	现代混凝土早期变形与收缩裂缝控制	刘加平　田　倩　王育江　徐　文　李　磊　姚　婷　李　华　张守治　王文彬　王　瑞　高南箫	应用类	一等奖	东南大学　江苏苏博特新材料股份有限公司　江苏省建筑科学研究院有限公司	材料科学与工程学院
4	航空航天装备使役状态分析的数字化关键技术及应用	费庆国　姜　东　张大海　张培伟　仝宗凯　何顶顶　李彦斌　吴邵庆　董萼良　曹芝腑　廖　涛	应用类	一等奖	东南大学　中国航天科工集团第三研究院第三总体设计部　南京林业大学	机械工程学院　土木工程学院
5	复杂环境下远程巡检机器人关键技术及应用	宋爱国　许春山　徐宝国　宋光明　包加桐　程　敏　林　欢　刘　爽　赵国普　闵济海　曾　洪	应用类	一等奖	东南大学　亿嘉和科技股份有限公司　扬州大学　南京天创电子技术有限公司	仪器科学与工程学院
6	高精度多模多频基准站网关键技术及应用	潘树国　徐地保　姚宜斌　高　旺　武军郦　高成发　贺成成　陈　明　许超钤　喻国荣　梁　霄	应用类	一等奖	东南大学　江苏省测绘工程院　武汉大学　国家基础地理信息中心　上海华测导航技术股份有限公司	仪器科学与工程学院
7	混凝土结构智能检测与主动高效加固关键技术及应用	吴　刚　张　建　魏　洋　王春林　朱　虹　蒋剑彪　何小元　谢正元　吁新华　刘　钊　丁幼亮	应用类	一等奖	东南大学　北京特希达科技有限公司　柳州欧维姆机械股份有限公司　南京林业大学　江西赣粤高速公路股份有限公司	土木工程学院
8	肝癌多模态诊疗	张业伟　董晓臣　邵进军　许文景　周家华　潘　峥　余泽前	应用类	一等奖	东南大学附属中大医院　南京工业大学	中大医院
9	车辆瞬态操纵稳定性智能底盘控制理论、方法及应用	殷国栋　王金湘　皮大伟　倪绍勇　钟国华　沙文瀚　陈　南　张丙军　刘　琳	应用类	二等奖	东南大学　南京理工大学　奇瑞新能源汽车技术有限公司　南京汽车集团有限公司	机械工程学院
10	高可靠性压力传感器设计与制造关键技术及应用	黄庆安　周再发　聂　萌　李维平　黄见秋　黄　标　刘海韵　李伟华　唐洁影　王　磊	应用类	二等奖	东南大学　南京高华科技股份有限公司	电子科学与工程学院

（续 表）

序号	项目名称	主要完成人	奖励类别	授奖等级	主要完成单位	院系
11	高性能智能微电网系统集成关键技术及计测控装备研发与应用	郑建勇　闫书芳　梅　飞　陈文藻　张宸宇　史明明　梅　军	应用类	三等奖	东南大学　江阴长仪集团有限公司　河海大学　国网江苏省电力有限公司电力科学研究院	电气工程学院
12	高可靠海洋光纤光缆关键技术与成套装备	陈　伟　许人东　孙小菡　沈纲祥　张功会　肖　华　王　林　郝常吉　袁　健　孙贵林　胡涛平	应用类	一等奖（合报）	江苏亨通光纤科技有限公司　江苏亨通海洋光网系统有限公司　江苏亨通光电股份有限公司　东南大学　苏州大学	电子科学与工程学院
13	智能电网终端通信接入网关键技术及产业化应用	韦　磊　郭经红　黄永明　高昇宇　郭少勇　刘　锐　朱　红　姚继明　李　维　张　源　李文璟	应用类	二等奖（合报）	国网江苏省电力有限公司　东南大学　全球能源互联网研究院有限公司　北京邮电大学　南瑞集团有限公司	信息科学与工程学院
14	基于雾霾监测预报的大范围电网防污闪关键技术及应用	周志成　章炎麟　高　嵩　王黎明　王铭民　赵天良　方　江　毕晓甜　黄亚继　张　星　刘　闯	应用类	二等奖（合报）	江苏省电力试验研究院有限公司　南京信息工程大学　清华大学深圳研究生院　江苏省气象台　江苏神马电力股份有限公司　东南大学　南京埃森环境技术股份有限公司	能源与环境学院
15	高性能工业机器人交流伺服系统关键技术研发	吴　波　李世华　杨　俊　齐丹丹　姚　瑱　杨凯峰	应用类	二等奖（合报）	南京埃斯顿自动化股份有限公司　东南大学	自动化学院
16	光通信网智能保护与连接装备	王立军　任献忠　石新根　朱　敏　樊鹤红　王静媛　吴锦辉　石俊伟　王乃峰　陆文艳　王绪章	应用类	三等奖（合报）	常州太平通讯科技有限公司　东南大学	信息科学与工程学院　电子科学与工程学院
17	货运集配电子商务系统关键技术研究及集成应用	施文进　宋余庆　刘　哲　郁培昌　朱　轶　刘　毅　倪巍伟　施　俊	应用类	三等奖（合报）	惠龙易通国际物流股份有限公司　江苏大学　东南大学	计算机科学与工程学院

（续　表）

序号	项目名称	主要完成人	奖励类别	授奖等级	主要完成单位	院系
18	基于标准化染色的细胞病理学智能诊断整体解决方案及其应用	姚　斌　张智弘 印永祥　左露露 杨冠羽　王　征	应用类	三等奖（合报）	南京福怡科技发展股份有限公司　江苏省人民医院　东南大学　无锡市妇幼保健院	计算机科学与工程学院　网络空间安全学院
19	万吨级聚氨酯泡沫用有机硅匀泡剂关键技术开发及产业化	孙　宇　李丰富 唐雄峰　祁争健 陈　青　尹迎阳 俞伟民　许晓辰 李树贵　洪满心 孙添源	应用类	三等奖（合报）	江苏美思德化学股份有限公司　东南大学	化学化工学院
20	煤制油(气)苛刻工况成套特种阀门关键技术研发及产业化	吴建新　张清双 王建新　余新泉 陈　林　张立宏 郁正涛	应用类	三等奖（合报）	江苏神通阀门股份有限公司　东南大学	材料科学与工程学院
21	电站检修平台关键技术研发及应用	郭余庆　王　军 杨　可　张伟刚 许飞云　许　尧 王读根　施吉祥 王家文　胡建中 孙曙光	应用类	三等奖（合报）	江苏能建机电实业集团有限公司　东南大学　河海大学常州校区　江苏省特种设备安全监督检验研究院泰州分院　国电泰州发电有限公司	机械工程学院
22	智能化高效防爆除尘装备关键技术创新与工程应用	范　兰　仲兆平 万加兵　王加东 高文超　陈立萍 王雅倩　章亚振 杜浩然	应用类	三等奖（合报）	盐城市兰丰环境工程科技有限公司　东南大学	能源与环境学院
23	现代城市综合体复杂钢结构设计建造关键技术研究与应用	张　谨　李国建 舒赣平　毛小勇 宫长义　谈丽华 周观根　王国佐 徐　纲　杨律磊 李宗京	应用类	三等奖（合报）	中亿丰建设集团股份有限公司　中衡设计集团股份有限公司　东南大学　苏州科技大学　浙江东南网架股份有限公司　江苏沪宁钢机股份有限公司	土木工程学院
24	无创产前筛查和诊断技术体系的研发及应用	黄　欢　邹秉杰 张国英　肖鹏峰 周国华　卢守莲 叶　卉　姜海风	应用类	三等奖（合报）	江苏省人民医院　中国人民解放军南京军区南京总医院　东南大学	生物科学与医学工程学院

2018年度“中国高等学校十大科技进展”

序号	项目名称	主要完成人	奖励类别	授奖等级	主要完成单位	院系
1	世界首例无金属钙钛矿铁电体	熊仁根（负责人）	中国高等学校十大科技进展	—	东南大学 南昌大学 南京航空航天大学	化学化工学院

第二届江苏省专利发明人奖

序号	项目名称	主要完成人	奖励类别	授奖等级	主要完成单位	院系
1	—	程 明	江苏省专利发明人奖	—	东南大学	电气工程学院

第二十届国家专利奖

序号	项目名称	主要完成人	奖励类别	授奖等级	主要完成单位	院系
1	单床自热式热解气化燃烧反应器及热解气化燃烧方法	肖 睿 张会岩 宋启磊 金保升	国家专利奖	优秀奖	东南大学	能源与环境学院

2018年度军队科技进步奖

序号	项目名称	主要完成人	奖励类别	授奖等级	主要完成单位	院系
1	（内部公布）	费庆国 李彦斌 吴绍庆 姜 东 张培伟 何顶顶 张大海 董萼良 韩晓林	军队科技进步奖	二等奖	东南大学	机械工程学院

2018年度其他省部级科学技术奖

序号	项目名称	主要完成人	奖励类别	授奖等级	主要完成单位	院系
1	黄河流域砒砂岩区辨识与抗蚀促生关键技术及应用	姚文艺　冷元宝 吴智仁　王愿昌 时明立　杨才千 王立久　肖培青 申震洲　杨大令 梁止水　徐宗学 刘　慧　杨久俊 秦　奋	河南省科学技术进步奖	一等奖(合报)	黄河水利委员会黄河水利科学研究院　东南大学　大连理工大学　北京师范大学　天津城建大学　河南大学　水利部水土保持植物开发管理中心(水利部沙棘开发管理中心)　黄河水土保持西峰治理监督局(黄河水利委员会西峰水土保持科学试验站)	土木工程学院
2	桩基承载力整体提升和高效检测方法及应用	梅国雄　赵艳林 戴国亮　欧孝夺 江　杰　徐美娟 龚维明　林忠和 欧阳国云 孙建勋　蒙胜益 李　梅　王　智 王建军　李结全	广西科学技术奖(科技进步类)	一等奖(合报)	广西大学　东南大学　中建八局广西建设有限公司　广西路桥工程集团有限公司　中交第四公路工程局有限公司　广西壮族自治区建筑工程质量检测中心　中铁建设集团有限公司　广西建工集团基础建设有限公司　广西瑞宇建筑科技有限公司	土木工程学院
3	(内部公布)	姜延顺　李　萌 陆　建　陆　化 张　毅　李正熙 赵新勇　范厚本 李占宏　王家捷 张吉辉　顾怀中 郭泗东　王一良 隽海民	公安部科学技术奖	一等奖(合报)	清华大学　东南大学　安徽省公安厅交通警察总队　安徽科力信息产业股份有限公司	交通学院
4	全装配式楼盖平面内受力性能与结构抗震设计方法	庞　瑞　梁书亭 许清风　朱筱俊 倪红梅　陈桂香 王丽霖　武川川 程　健　刘　瑞	河南省科学技术进步奖	二等奖(合报)	河南工业大学　东南大学　上海市建筑科学研究院	土木工程学院

（续　表）

序号	项目名称	主要完成人	奖励类别	授奖等级	主要完成单位	院系
5	重载作用下沥青路面结构损伤精确诊断与耐久保持关键技术	黄晓明　韦金城　徐全亮　孟书涛　余四新　马　涛　马士杰　韩文扬　孙　强	山东省科技进步奖	二等奖（合报）	山东省交通科学研究院　东南大学	交通学院
6	高性能水泥基功能材料修复桥梁关键技术及工程示范应用	陈宇新　胡　伟　王文炜　范颖芳　杨　奇	辽宁省科技进步奖	三等奖（合报）	辽宁大通公路工程有限公司　东南大学　大连海事大学	交通学院

2018 年度江苏省教育科学研究成果奖(高校自然科学类)

序号	项目名称	主要完成人	奖励类别	授奖等级	主要完成单位	院系
1	自主系统的智能自适应控制方法	孙长银　穆朝絮　曹向辉　杨万扣　王庆领	高校自然科学类	一等奖	东南大学　天津大学	自动化学院
2	新型靶向、克服耐药铂类抗肿瘤配合物研究	苟少华　房　雷　陈飞虹　赵　健　王志梅　徐　刚	高校自然科学类	二等奖	东南大学	化工学院
3	智能网联电动汽车协同控制、人机共驾技术研究及其应用	殷国栋　王金湘　张　宁　陈　南	高校自然科学类	二等奖	东南大学	机械学院
4	异构多天线无线信息传输理论、协议和技术	李春国　宋　康	高校自然科学类	三等奖	东南大学	信息学院
5	基于无创样本检测的婴幼儿早期发展评估实证研究	康学军　宋　媛　邓剑军　李　晨　沈康维	高校自然科学类	三等奖	东南大学　苏州市立医院　苏州东奇生物科技有限公司	生物科学与医学工程学院
6	量子计算理论与应用的研究	陈汉武　刘志昊　樊继豪　阮　越　谈佳宁	高校自然科学类	三等奖	东南大学	计算机学院
7	基于变换域和智能优化的形状图像分析与应用	王　斌　伍家松	高校自然科学类	三等奖（合报）	南京财经大学　东南大学	计算机学院
8	一种双耳语音增强方法及其在音视频电话会议系统中的应用	梁瑞宇　王青云　唐闰臣　包永强　丁　帆	高校自然科学类	三等奖（合报）	南京工程学院　深圳市音络科技有限公司　东南大学	信息科学与工程学院
9	基于脊髓内微刺激的瘫痪下肢运动功能重建研究	沈晓燕　王志功　吕晓迎　马　磊　许　鹏	高校自然科学类	三等奖（合报）	南通大学　东南大学	信息科学与工程学院　生物科学与医学工程学院

第46届日内瓦国际发明展

序号	项目名称	主要完成人	奖励类别	授奖等级	主要完成单位	院系
1	磁性微气泡	顾　宁　杨　芳　段　磊　张　宇　罗守华	—	特别金奖	东南大学	生物科学与医学工程学院
2	面向触摸屏图像交互的多模式力触觉笔和再现方法	宋爱国　陈大鹏　李会军　徐宝国	—	金奖、锡比乌大学代表团特别奖	东南大学	仪器科学与工程学院
3	智慧桥梁自动化检测与快速测试方法及系统	张　建　田永丁　倪富陶　赵文举	—	金奖	东南大学	土木工程学院
4	高可靠新能源功率变换系统	王　政　程　明　刘鹏程　宋秋晓	—	银奖	东南大学	电气工程学院
5	储能和碳捕集的燃气蒸汽混合工质动力循环	陈亚平　张宝怀　吴嘉峰	—	银奖	东南大学	能源与环境学院
6	轻量型抗粘连疝补片	张天柱　胡琬君　嵇振岭　张志刚	—	银奖	东南大学	生物科学与医学工程学院
7	后轮主动转向系统	殷国栋	—	铜奖	东南大学	机械工程

2018年度其他科学技术奖

序号	项目名称	主要完成人	奖励类别	授奖等级	主要完成单位	院系
1	城市综合交通系统集成仿真关键技术与工程应用	王　炜　刘　攀　王　昊　华雪东　丁浩洋　梁鸣璋　刘　兵　魏雪延　王　茜　赵　德　范　琪　屠　雨　杨楚平　汪宇轩　卢慕洁	中国智能交通协会科学技术奖	一等奖	东南大学　南京全司达交通科技有限公司	交通学院
2	燃煤电站系统智能化控制技术与工程应用	沈德魁　刘国富　王　琦　胡　珺　孙公钢　周德宇　李　超	中国产学研合作创新成果奖	一等奖	东南大学　南京奥麦科仪器自动化有限公司　中国计量大学　南京师范大学　南京柏亚德环保工程有限公司	能源与环境学院
3	面向安全的视频车辆智能监测关键技术及应用	路小波　黄　卫　夏曙东　张鹏国　曾文彬　谢会斌　冉学均　刘　娜　胡长晖　姜胜芹	中国产学研合作创新成果奖	一等奖	东南大学　北京千方科技股份有限公司　浙江宇视科技有限公司	自动化学院

（续　表）

序号	项目名称	主要完成人	奖励类别	授奖等级	主要完成单位	院系
4	现代不锈钢结构基本设计理论与方法研究及应用	舒赣平　王元清　范圣刚　吴耀华　徐厚军　董　军　郑宝锋　杨　璐　袁焕鑫　姜庆林　廖述江	中国钢结构协会科学技术奖	一等奖	东南大学　清华大学　中冶建筑研究总院有限公司　南京工业大学　中南建筑设计院股份有限公司　北京工业大学　江苏东阁不锈钢制品有限公司　深圳市建筑设计研究总院有限公司	土木工程学院
5	不锈钢结构技术规程	舒赣平　王元清　吴耀华　徐厚军　董　军　范圣刚　廖述江　蒋庆林　廖东帆　乐志华　郝建武　武　强　郑宝锋　袁焕鑫	中国工程建设标准化协会标准科技创新奖	一等奖	东南大学　清华大学　中冶集团建筑研究总院有限公司　中南建筑设计院股份有限公司　南京工业大学　深圳市建筑设计研究总院有限公司　江苏东阁不锈钢制品有限公司　广东迈诺工业技术有限公司　苏州市八都建筑有限公司　太原钢铁集团公司	土木工程学院
6	城市发展中的空间基因传承理论建构与实践应用	段　进　石　邢　邵润青　吴　晓　张　麒　翁芳玲　季　松　陈晓东　薛　松　朱仁兴　雒建利　徐春宁　刘红杰　何舒炜	华夏建设科学技术奖	一等奖	东南大学	建筑学院
7	城市道路海绵系统建构及关键技术	成玉宁　袁旸洋　谢明坤　汪瑞军　成　实　陈　烨	华夏建设科学技术奖	一等奖	东南大学	建筑学院
8	广州总体城市设计	王建国　林　隽　邓兴栋　陈志敏　王冠贤　杨俊宴　陈　戈　张　愚　孙永生　姚　睿　黄　智　魏羽力　刁海晖　张雅妮　曾　滢　吴　婕　熊伟婷	全国优秀城乡规划设计奖	一等奖	东南大学	建筑学院

(续　表)

序号	项目名称	主要完成人	奖励类别	授奖等级	主要完成单位	院系
9	微腔体四极质谱计的研制及应用	张晓兵　雷　威　肖　梅　朱卓娅　王琦龙	中国计量测试学会科学技术进步奖	二等奖	东南大学	电子学院
10	面向区域物流的道路运输车辆清障救援操作规范标准制定及应用实施	李　旭　周　炜　张国胜　宋　翔　郎玉勤　张学文　李文亮　李　臣　董　轩	中国物流与采购联合会科技进步奖	二等奖	东南大学　交通运输部公路科学研究所　江苏中汽高科股份有限公司　南京晓庄学院	仪器科学与工程学院
11	运营港口反恐怖防范研究	侯志强　谢耀峰　卢　新　阮超宇　徐宏伟　温永瑞　曹　娟　王俊勇　黄　明　谢天生	中国航海科技奖	二等奖	交通运输部水运科学研究所　东南大学	交通学院
12	南京南站综合枢纽道路工程绿色建设关键技术及示范应用	高　英　黄晓明　姚　凯　李　捷　张文浩　马　涛　姜培源　严金海　李　锋　李　智	中国公路学会科学技术奖	二等奖	东南大学　江苏省南京市公路管理处　江苏宁沪高速公路股份有限公司　苏交科集团股份有限公司　中交第一公路勘察设计研究院有限公司	交通学院
13	成瘾性药物滥用致神经系统损伤的生物学标志物及其机制研究	姚红红　张　媛　白　莹　韩　冰　黄荣荣　杨　莉　沈　灵	中国药学会科学技术奖	二等奖	东南大学	医学院
14	基于大数据的城市中心区规划理论创新与技术集成应用	杨俊宴　王　德　司马晓　任　刚　钮心毅　袁锦富　黄卫东　朱　玮　单　樑　崇志宏　程　洋　韦　胜	华夏建设科学技术奖	二等奖	东南大学　同济大学　深圳市城市规划设计研究院有限公司　江苏省城市规划设计研究院　上海数慧系统技术有限公司	建筑学院
15	高铁南京南站综合枢纽地区规划	段　进　杨　涛　程向阳　季　松　郜俊成　陈鲲飞　李　亮　孙　俊　陆笑明　曹影丽　陈　阳　王　钰　章国琴　李其贵　陈溢南	全国优秀城乡规划设计奖	二等奖	东南大学	建筑学院

（续　表）

序号	项目名称	主要完成人	奖励类别	授奖等级	主要完成单位	院系
16	京杭运河杭州段两岸城市景观提升工程规划	王建国　杨俊宴 沈　旸　李京津 金　欣　戎卿文 陈海宁　曹　俊 马　奔　郝凌佳 张　涛　钱舒皓 孔　斌　郑诗茵	全国优秀城乡规划设计奖	二等奖	东南大学	建筑学院
17	常州市城市设计评估	段　进　季　松 孙秀峰　刘安生 胡金燕　李　亮 严　玲　蒋丙南 冷娟妮　屠泳博 张　炜　朱　骅 黄甥柑　杨　兵 华新贤	全国优秀城乡规划设计奖	二等奖	东南大学	建筑学院
18	蚌埠市总体城市设计	王建国　杨俊宴 谭　瑛　沈　旸 陶岸君　关　于 朱彦东　陈海宁 戎卿文　曹　俊 胡昕宇　兰文龙 郝凌佳　孔　斌 姚青杉	全国优秀城乡规划设计奖	二等奖	东南大学	建筑学院
19	东营市东城核心区风貌特色城市设计(控制性)	段　进　张　麒 何舒炜　王　夏 宫作成　赵　薇 郭宜仪　巫　义 张　鹏　贺　姣 尚海燕　李　坤	全国优秀城乡规划设计奖	二等奖	东南大学	建筑学院
20	象山县主城区品质提升行动规划	段　进　刘红杰 徐　倩　李　亮 高　尚　杨梓良 刘子超　董淑琼 张志成　王海鹏	全国优秀城乡规划设计奖	二等奖	东南大学	建筑学院
21	窦村古村保护利用城市设计	阳建强　后文君 葛天阳　徐春宁 汤晔峥　汪平西 肖　蓉　张家豪	全国优秀城乡规划设计奖	二等奖	东南大学	建筑学院
22	—	—	产学研合作促进奖(单位)	—	东南大学	科研院

2017—2018 学年本科生各类学科竞赛获奖名单

一、2018 美国大学生数学建模竞赛

国际级一等奖

张　磊	04015136	谈　正	04015129	李嘉杰	22015212
曲朝晖	22015314	刘倩雯	22015304	马宇星	10315114
李慕浩	04015616	陆裕祥	04015613	罗　咪	04215726
胥凯林	08A16419	黄欣格	61516206	袁双杰	08116117
张津铭	04016136	李子箫	04216728	杨　挹	04016324
张　强	03215725	杨　帆	14515108	杜一鸣	71115217
曹天旸	04215718	顾　艺	04215722	胡佳鹏	16015524
徐为驰	21815107	刘栋玮	21115204	肖　哲	21015113
王琦舒	16015606	张　胤	16015517	庄文楠	16015607
朱励轩	06A15223	潘　登	16015516	罗宏浩	16015610
裘文成	04016613	周涵琪	04016601	阳行意	09015236
杨　蕊	04016244	麦济仁	08016310	何至立	05115628
吴超群	07015209	庄集龙	08015403	李佳明	07015221
刘济恺	13616122	林兆丰	14115102	杨佳伟	61516313

国际级二等奖

步纤屿	14815119	庄文杰	16015214	张建朋	16015330
彭佳伟	22016115	刘香男	07315109	秦昕暐	04015341
张艺轩	07315106	章舒江	07315103	王子越	06A15119
余　洋	07315112	李彦清	07115135	蒋彬乾	04015527
陈　俊	10315110	何琳萍	10315103	马眉扬	10315106
解慧新	14C15209	顾　玥	22016401	陈小飞	09015137
缪居正	11115122	许强仁	16015229	袁一通	11A15216
杨述焱	22015406	李　颖	22015407	杜　森	09016133
尹铭洋	22016126	陈家威	22016121	蔡鸿杰	22016122
杨祺锴	08016130	饶　勤	08016124	张明辉	08016129
马浩宇	09015412	苏　恬	61315105	苏　睿	09015431
刁　丽	08015202	姚海花	08015305	陈俊林	61315129
陈思维	22015213	张啸天	22015225	李孟凡	22015106
许文寒	61516119	胡正宇	61516110	周啸峰	61516125
何思然	04015235	陈颖琦	04015330	王辉征	61315119
孙锴宇	16015631	黄之琛	22015326	王逸之	16015604
王　丽	16015201	徐博雅	16015106	于凌霜	16015202

黄楚炫	08016120	易晨扬	61516217	易芳如	07015307
汤　琪	03116614	陈可心	03016307	赵婉吟	03016103
蒋宝锋	22015312	樊佛莉	22015105	欧阳小龙	06015118
刘安琪	07115109	黎　俊	07315132	雷　诺	07215117
戴昇宏	21015109	陈英豪	21015102	刘茂林	71115142
刘照辉	07015226	叶群钦	07015225	王东明	07015223
孙伯文	08015213	陈一鸣	09015422	潘益鸣	07315116
陈泽坤	04015422	李　克	04015220	林雨琪	04015202
葛　沛	07015318	王志伟	07015320	诸葛晓婷	07215105
林　志	04016427	李子健	04016421	李耕余	61516128
孙苏齐	04015449	李正阳	04015414	马浩鑫	04015450
步兆军	04015221	武　哲	04015226	郑崇义	06A16421
钱昊达	71115121	龙鑫玮	71115221	谢　雪	12015410
陈望隆	22015412	李丹若	22016206	宁普津	22016402
陈　曦	61315130	华潇翔	07015213	郜泽飞	61315121
孙睿哲	16015224	钟　智	16015217	杨光辉	16015207
崔艺鸣	04216733	顾晨轩	04016641	时　旻	04216711
卞悠悠	61516220	季雅惠	61516216	冯若愚	08A16215
常雅晴	08015204	尹庆钊	08016220	袁冬宇	04215709
俞睿智	61516308	熊广为	61516326	吴冰钰	61516301
谢　昂	04016625	李晨鸣	04016228	陈慕涵	04015607
宋美晨	07315115	曾子彦	04215723	倪　正	07015314
苗双双	03015005	邵睿文	61315110	魏庆宇	61315128
陈雨铨	04015142	杭天恺	08016316	施飞达	04015145
王　晶	07015309	赵钟瑶	22015301	刘永帆	61516126
秦育彬	06A16333	洪　阳	06A16323	徐诗云	06A16321
焦凤伟	21515102	边张行	08015409	梁浩云	07115111
陈翔宇	04015331	刘　琪	22015405	杜　静	04015302

二、2017 年 ACM 国际大学生程序设计竞赛(ACM/ICPC)亚洲区域赛

国际级二等奖

谈　正	04015129	顾芯怡	07216119

国际级三等奖

陈启航	09017436	韩　数	09017124	程　威	61014114
胡黛琳	09016407	宁宸辉	07017210	顾芯怡	07216119
谈　正	04015129	杨航源	09016435	苏　恬	61315105
朱　鑫	71115134	李超磊	08A17422	刘业扬	04016116
熊广为	61516326	周逸轩	04016125	朱　鑫	71115134

苏　恬　61315105　　杨航源　09016435

三、2017RoboCup 机器人国际比赛

国际级二等奖

蔡文哲　08015420　　崔仁杰　08015215　　王小荷　09015210
林泽洋　22015313　　刘文景　08015417　　刘倩雯　22015304
陈庆狄　22015319

国际级三等奖

张　乐　08015318　　王　宇　08015322　　刘桂东　71115414
郭琪周　04015445

四、2017 年亚洲钢桥结构设计竞赛

国际级二等奖

谢思聪　05114611　　王佳伟　05114606　　俞　涛　05114502
蓝旭婴　05114608　　张　颖　05114618　　姜　波　05114620

五、ASC18 世界大学生超级计算机竞赛

国际级一等奖

缪天润　22015112　　王琳淞　61516419　　余　斌　61516413
许瑶坤　61516324　　高睿昊　09016113

六、2018 年度美国土木工程大学生竞赛

国际级二等奖

吴睿喆　05115311　　曹　东　05115303　　王　宁　05115315
吴宇同　05115310　　蒋　擎　05115219　　张承文　05314110

七、第五届全国大学生基础医学创新论坛暨实验设计大赛

国家级一等奖

陈金鹏　43214117　　仓杰辉　43815118　　孙　瑞　43214104
陶金园　43813121

国家级二等奖

曹周利　43214107

国家级三等奖

牟　杨　41115122　　黄潞言　41115106　　王　岸　41115118

国家级优秀奖

杨疏合　43215116

八、第十一届全国大学生信息安全竞赛

国家级二等奖

马小松	61015219	李沙志远	61015217	朱皓瑀	61315109
王梦哲	04015406	黄文俊	04015417	练　杨	04015139
薛天昊	04015119				

国家级三等奖

徐　诚	02015512	张晨阳	07017219	宁宸辉	07017210
李玥珺	61015209	张诗雨	09017317	马凌涛	61516411
杨　彦	09017443	孙　劲	04216735	张宁健	04017416
张林樾	22016216	郑云川	09015131	刘宗源	09015112
郑　浩	71116215	李　俊	04015617	顾天一	04015622
崔艺鸣	04216733	沈星汝	04215701	袁冬宇	04215709
顾　艺	04215722	完晓妍	61315103	赖敬之	04015443
马浩鑫	04015450	裘文成	04016613	刘茵茵	04015448
许心宇	04015446	时　蓉	04015444	秦昕暐	04015341
李海洋	04015343				

九、首届全国大学生公共卫生综合技能大赛

国家级一等奖

陈剑双	42113210	李佳琳	42113208	钱依宁	42113108
周　旭	42113203	晏　涛	42115220	张心悦	42116103

国家级二等奖

陈颖安	42116204	陈姚姚	42116205	汪昱彤	42116207
高　源	22015120				

十、第九届全国高等医学院校大学生临床技能竞赛全国总决赛

国家级三等奖

雷思雨	43813113	王永芳	43213504	武俊杰	43813130
朱以鹏	43213121				

十一、第十三届全国大学生交通科技大赛

国家级二等奖

季钧一	21015115	李玲慧	21015104	张晓雯	71115206
杨沫枫	21014112	吴坤润	21114235		

国家级三等奖

于维杰	21115127	王诗菡	21115203	张应恒	21015118
王礼睿	21115126	陆　钥	21115104	穆弘轩	21A15322

朱保航 21415123　姚金悦 21415106　孔维铭 21A15315
沈怡卿 71115208

十二、首届中国高校智能机器人创意大赛

国家级三等奖

吴闫明 02014519　赵　恒 02014316　陈明惠 02014407
周辰辉 06015333　张陈睿 06215609　戴荣时 06015338

十三、第三届中国"互联网"大学生创新创业大赛

国家级特等奖

万思远 14C16520　朱　晨 14316104　钟宁桐 14B15209
应佳玲 14C15410　王紫宇 14415224　王宗辉 06A16313
宋思涵 14B16611

国家级二等奖

孙伊宁 14115108　张睿憬 11116213　唐　宁 14715117
闫慧泽 25015216　季钧一 21015115　任　术 13315126
步纤屿 14815119　李东源 13315130　孙雨亭 14313110
李柔萱 05215105　陈　锦 02A14112

国家级三等奖

肖若愚 21A15113　宋志豪 05315116　胡　犇 16015419
孙　锐 24315220　周　妮 14415208　王宇轩 05116318
方子茹 14415212

十四、2018RoboCup 机器人世界杯中国赛

国家级一等奖

蔡文哲 08015420　林泽洋 22015313　刘文景 08015417
刘倩雯 22015304　王小荷 09015210　陈庆狄 22015319
崔仁杰 08015215

国家级二等奖

张　乐 08015318　范文浩 08015413　施杰根 08015115
董林滔 08015124　胡虎威 08015323　刘桂东 71115414
郭琪周 04015445　王　宇 08015322　田培妤 03315501
华轶凡 08A16109　谈　成 08116120　朱　宇 06A15531
包晨阳 04215712　郭　潇 16015128

十五、全国大学生"茅以升公益桥——小桥工程"设计大赛

国家级三等奖

潘昌伟 01214115　姜嘉玲 21014203　顾冠男 21014210

陈　健　21715201	杨子晔　21014201	

国家级优秀奖

张　愉　21014216	覃忠余　21714140	王锦亮　21014204

十六、2018 年全国大学生英语竞赛

国家级特等奖

吴佳其　04216726	夏宏洁　17217108	张卓然　01116110
王箬雨　21A17411	刘池恬　17116105	徐清扬　09016106
胡黛琳　09016407		

国家级一等奖

姚冠文　06A17323	闫怀宇　71Y15123	叶子周　04015214
栾　霏　17217205	徐汪祺　21816104	朱　婧　13A17311

国家级二等奖

赵霖洁　13A17517	常雅晴　08015204	黄平璎　43215308
夏玉文　08A16105	刘　可　06A17307	朱兴赟　22017416
龚　灏　04017220	李艺童　08116102	胡玉嵘　04217726
李可欣　06A17506	唐钰淇　17116317	陈雨菡　16016202
肖睿杰　04016434	夏鑫萍　04017206	赵作翰　11A17207
杭念之　08A17108	曹苇杭　61517425	李　根　26116113
夏安琪　14B16410	王翘楚　06A16302	沈耿旭　01117217
施　维　21015203	徐　鹏　14516123	马艺玲　61516201
陆逸慧　08015101	王天欣　04216717	薛　尊　06A17114
孙　青　11116205	周纪艺　09017408	王佳欣　05115606
田　沁　04017402	蒋彬乾　04015527	王行健　08015111
赵　笛　16017606	江天祺　04017103	贺博文　71117431
陈　佑　21A17707	于可熠　14C17410	周涵琪　04016601
张皓翔　71117218	李彤彤　14C17409	吴　晨　14C17404
詹含章　05216207	汤俊卿　21016218	张雨诺　14314112
丁晓澍　21016103	臧　璇　08A16201	黄　玥　01117101
刘吟佳　04017405	仲　玥　01115310	黄　霓　21016102
姜媛媛　03A17306	何星熠　61517120	李梦洁　06A17203
张泽宽　06A16213	刘　葭　04017203	张　昭　22015116
胡雨池　13A17625	车雨辰　13A17810	

国家级三等奖

周琳婕　21015103	王雨婧　17117209	明澍歆　04015329
华　杰　13216127	白　杨　14C16713	邹　涛　04017139
刘　燚　43216109	刘彧静　71Y16115	李若涵　22017407
孟馨怡　43A17311	朱雨琪　01516113	张馨月　14c16711

李昊辰	07316124	谭千里	04016411	秦育彬	06A16333
袁　典	16017106	陈　诺	14515201	郑世丰	01515107
曹心原	21A17516	陈英豪	21015102	徐　俐	04017105
吴佳芮	01117205	李沁怡	14515103	王　艺	17116107
王雪松	13A17206	曹宇婷	02017503	罗宁昫	01217222
林琳涵	21216107	徐瑶瑶	06217610	江　婷	43816113
陈茂元	14C16310	卫星吉	14C16710	刘　智	08116115
顾　泽	61517121	张弘毅	04016544	马泽瑶	06A17508
沈　洁	13A15203	薛家龙	04016640	曹云琦	04015206
翟文碧	17116311	张悦浩	05115621	陈　昊	05115420
唐苏媛	13A17713	鹿宇昂	06A16336	王逸凡	16017422
任怡凤	21115105	魏　好	09015109	潘毅峰	02017613
季雯协	04017504	钱毅杰	06A16116	马　瑞	09017305
蒋　扬	43A16207	梅锦银	14516205	吴宇恒	43816127
白艺乐	11A16208	孟　越	71Y15102	苏弘扬	21A17220
姚雨祺	17217111	徐毓岑	14C16315	王雨婷	12016103
管清泽	08116121	陈月瑶	09017202	张逸帆	22017310
胡　越	14C15311	邹艺丹	17116308	李宇轩	04017338
张旭畅	16017203	杜雅馨	43816120	管　玥	04217705
杜育瑞	02016521	宋毅恒	05116123	李子萱	17115104
朱文昊	08A17117	戚心怡	21016108	拱翟锐	61517424
张琬昕	21A17509	邢玉临	13A16320	卢瑞颖	21016110
王思源	02016616	龙雪莹	02615109	钱诗懿	13A17607
王思琦	04017101	姜小宜	03217719	沈诗宇	03016304
杜妍蓉	42217112	凌与琛	08015203	李君晗	14415101
裴玲茜	13A17809	李　娜	06A17306		

十七、2017 年中国大学生程序设计竞赛

国家级二等奖

谈　正	04015129	顾芯怡	07216119

国家级三等奖

朱　鑫	71115134	苏　恬	61315105	杨航源	09016435

十八、第八届"北斗杯"全国青少年科技创新大赛

国家级一等奖

卢世昕	22014326	张婧怡	22014206	胡山山	22014322
黄之琛	22015326				

国家级二等奖

刘倩雯	22015304	曲朝晖	22015314	张啸天	22015225
潘思雨	22015207	刘　琪	22015405	罗笑雪	22015404
沈玥伶	22015402	赵靖文	22015307		

国家级三等奖

姜旭东	22015410	章　鹏	04014445	吉　超	04014447
营世煜	22014213	李嘉哲	22014212	周　巍	22014214
孙榕泽	03A14108				

十九、第六届全国大学生金相技能大赛

国家级一等奖

王　雪　12016107

国家级二等奖

陈俊宇　12015226

国家级三等奖

桂　超　02015727

二十、2017 中国机器人大赛——篮球机器人比赛

国家级二等奖

肖　秦	06A15116	范瑞元	04016339	邓旭晖	16016328

国家级三等奖

庄文杰	16015214	杨晨曦	06A16239	史旭龙	06A16414
王超超	02016606	陈东方	22016223	孙宇幸	16015311
李通伟	08015132	钱禄林	22016209	闫　昊	16015107
唐兆鹏	16015226	张泽强	06A15128	李志昂	61015117
赵临风	06A15315	乔哲锋	06A15333	程天霁	06015127

二十一、第十二届“恩智浦”杯大学生智能汽车竞赛全国总决赛

国家级一等奖

沈天宇	04014428	韩紫婷	08015306	李再涵	06A14107
段彦卉	08015107				

国家级二等奖

蒋光峰	08014315	张　伟	08015116	林　泉	04015436
李迎港	08015418	郭嘉诚	04014633	蒋徐颢	06015005
胡书铭	22014315	王昭东	22014123	方崇舟	04016320
张鹏举	04215725				

二十二、第四届卓越联盟高校"卓越杯"大学生化学新实验设计及化学实验技能竞赛

国家级一等奖

焦建敏 19314111　李培智 19314115　潘梦梦 19214104
潘　洁 19014105

国家级二等奖

谈梦璐 19215103　房　地 19314116　李先河 19114216
贺　唱 19315102

国家级三等奖

韩　策 19314108　李金钊 19314113　林芝晔 19014106

二十三、2017 年全国大学生电子设计竞赛

国家级一等奖

寇梓黎 06A15217　郑　添 06A15132　邹少锋 06A15522
何伟梁 04014316　曹子建 04014336　陈明正 04014448
陈翔宇 04015331　印　政 61015127　吉小莹 04015308
俞　峰 06A14319　郭鹏鹏 06A14324　吴　楠 06A14309
苗爱媛 61014205　朱名扬 61014218　李灵瑄 61014303
刘　静 08014103　王琪善 08014325　张晓博 08014329
李文慧 08014102　郑　峰 08014427　朱毅成 08014430
李志昂 61015117　郭大众 61015119　廖晓菲 61015104
刘诚恺 61014113　李明昊 61014223　李依凡 61014203

国家级二等奖

李一鸣 16014207　徐　阳 16014229　吴　政 16014210
李林泽 61014116　宣城镇 06A14115　阎志恒 61014115
李怡宁 61014302　杨孟儒 61014206　张博文 61014228
牟　星 61015206　张　睿 61015214　马翌程 06015007
李沙志远 61015217　马小松 61015219　易　凤 04014404
黄亚飞 08014213　苟思遥 08014210　王超然 08014322
李泽坤 04014326　吴　驰 04014332　陈　臻 04014319
邢永陈 08014124　张梦璐 08014306　徐　浩 08014125
来萧桐 04014232　周　睿 04014236　陈子敏 04014202
陈　萌 61014305　赵　佳 61314124　万富达 61314127

二十四、2017 年江苏省大学生电子设计竞赛

省(部、地区)级一等奖

庄文林 08014231　胡鹏程 08014211　李自强 08014415
常雅晴 08015204　陈乐源 08015208　丁　松 06A15334

宋章先	06A14329	刘盟宇	06014329	常钦皓	06014120
王子静	22014111	厉　叶	22014426	黄天意	22014414
徐希庆	04014335	金义邦	04014337	陆明琦	08014132
许晨煜	61015215	霍浩森	04015032	陈勇豪	11114124
陈　欣	06114102	吴成均	06014115	孟凡喆	06314106
刘启汉	22014318	郭雨辰	22014301	楚栋浩	22015332
任　杰	04014647	陈　康	04014150	王曜明	04014148

省(部、地区)级二等奖

张　浩	61015130	戚耀磊	61015120	周爱君	04015019
冯子琛	06014213	钟昊儒	06114130	杨　帆	06A15506
耿杨烨	06014215	厉俏单	06014305	唐辛泉	06014205
朱　柠	08014429	张紫璇	08014406	黄文超	08014111
赵临风	06A15315	纪　愚	06A15319	朱俊彦	06A15325
余伟杰	22014321	尚　昊	22014118	王旭亮	06014212
王心沅	61015106	郭　兴	61015122	肖　秦	06A15116
刘皓天	06014325	杨　琳	06014306	汪金泉	06A14311
王　涛	06014124	陆亦诚	06114124	刘　荟	06014307
胡欣毅	04014248	张明辉	04014643	张可涵	04014245
曹闫鹏	06A14531	薛文杰	06A14530	董纪莹	06014109
黄梦宇	04014146	邓峰杰	04014343	李迪威	61014130

二十五、2017年(第十届)中国大学生计算机设计大赛

国家级一等奖

李朝华	71114220	吉轩帆	14414101	王　鑫	71114430
吴小宝	71Y14123				

国家级二等奖

贾昊楠	71114301	崔颖华	71114202	沃　媛	61516303
王宇啸	61516207	徐呈豪	22016112	朱　柠	08014429
孙　豪	08014420	黄文超	08014111	张嘉琦	03215722
丁岳鹏	09015312	黄鑫晨	71Y14117	兰　威	71114132
申皓月	24314203	王佳卓	02014542	李朋原	02014534
冯　森	71114431				

国家级三等奖

戚耀磊	61015120	苏　恬	61315105	蒋　驰	61015218
罗易凡	61516319	熊广为	61516326	冯若愚	08A16215
梅　毓	08116108	严　格	61516322	张紫璇	08014406
王纪元	05214114	陈　晨	08015104	刘　凯	08015429
刘文景	08015417	王嘉伟	08015136	彭梓瑞	08015238

王恒强 24A16126 曾琪昕 24A16319 叶卓凡 14B16117
陆明琦 08014132 许洲源 24A16312 夏文琪 24A15104
冉智丹 08015126 徐育晖 08015218 肖志尧 08015112

二十六、2017 全国大学生数学建模竞赛

国家级一等奖

苗双双 03015005 邵睿文 61315110 魏庆宇 61315128
张津铭 04016136 李子箫 04216728 杨 挹 04016324
肖君彦 71115339 陈思雨 14415201 顾 承 11215110
秦育彬 06A16333 洪 阳 06A16323 徐诗云 06A16321
许文骞 61516119 胡正宇 61516110 李颖慧 61516417

国家级二等奖

罗 顺 04015633 庞 旭 04015604 桑 野 04215708
宋美晨 07315115 倪 正 07015314 曾子彦 04215723
马浩宇 09015412 苏 恬 61315105 苏 睿 09015431
朱俊彦 06A15325 张 驰 06A15331 刘佳琦 06A15332

省(部、地区)级一等奖

孙睿哲 16015224 钟 智 16015217 杨光辉 16015207
缪居正 11115122 许强仁 16015229 袁一通 11A15216
余 洋 07315112 李彦清 07115135 蒋彬乾 04015527
杨 蕊 04016244 麦济仁 08016310 何至立 05115628
蒋宝锋 22015312 樊佛莉 22015105 欧阳小龙 06015118
史旭龙 06A16414 张泽童 06A16406 汤佳慧 06A16305
俞睿智 61516308 熊广为 61516326 吴冰钰 61516301
王琦舒 16015606 张 胤 16015517 庄文楠 16015607
刘济恺 13616122 林兆丰 14115102 杨佳伟 61516313
王卓颖 11215113 黄罗杰 11115125 张筱萱 11115108
吕乾韬 11A15222 陈英豪 21015102 张应恒 21015118
步纤屿 14815119 庄文杰 16015214 张泽强 06A15128
王辉征 61315119 杜 静 04015302 路翔宇 21115202
顾晨轩 04016641 崔艺鸣 04216733 时 旻 04216711

省(部、地区)级二等奖

谢 雪 12015410 王诗菡 21115203 武轩辉 19115109
罗宏浩 16015610 潘 登 16015516 朱励轩 06A15223
郑 道 03015234 鲍旭奇 03015119 赵雨晨 03015121
陈泽坤 04015422 李 克 04015220 林雨琪 04015202
曹天旸 04215718 胡佳鹏 16015524 顾 艺 04215722
杨述焱 22015406 李 颖 22015407 杜 森 09016133

郭振宇 03015111	丁 烨 03115622	王克璇 03015116
曹云琦 04015206	邱 伟 04015212	孙宇幸 16015311
史沛然 04215717	完晓妍 61315103	袁冬宇 04215709
李慕浩 04015616	陆裕祥 04015613	孙启梦 07215104
杨祺锴 08016130	张明辉 08016129	饶 勤 08016124
蔚宏轩 04015434	周涵琪 04016601	裘文成 04016613
宋子星 09016428	胡黛琳 09016407	杨航源 09016435
葛 沛 07015318	诸葛晓婷 07215105	王志伟 07015320
章司怡 22015306	余青松 71115209	朱志斌 61516108

省(部、地区)级三等奖

张 强 03215725	杨 帆 14515108	隋文正 71115428
卞悠悠 61516220	刘 明 07016227	杨腾飞 07316119
季雅惠 61516216	袁 瑞 61516416	冯若愚 08A16215
徐为驰 21815107	肖 哲 21015113	解慧新 14C15209
陈 俊 10315110	何琳萍 10315103	马眉扬 10315106
刘栋玮 21115204	戴昇宏 21015109	顾芯怡 07216119
张艺轩 07315106	章舒江 07315103	王子越 06A15119
谢 昂 04016625	李晨鸣 04016228	陈慕涵 04015607
车昱辰 07115101	王一茗 07315113	冉智丹 08015126
张滕翔 04215727	张滕远 06A15219	夏智康 04015427
于子川 04015415	潘经纬 04015411	刘茵茵 04015448
胥凯林 08A16419	黄欣格 61516206	袁双杰 08116117
刁 丽 08015202	姚海花 08015305	陈俊林 61315129
陈翔宇 04015331	刘 琪 22015405	陈启航 04015315

二十七、第十届全国大学生节能减排社会实践与科技竞赛

国家级三等奖

吴 钊 03014407	陈怡睿 03014308	付童方 03014425
黄恩和 03314530	吉珣碧 03014402	姚依晨 03014404
陈子聿 03014323	解慧新 14C15209	杨 帆 14515108
孙伯文 08015213	张滕翔 04215727	

二十八、第十一届全国周培源大学生力学竞赛

国家级一等奖

张 愉 21014216	方 周 21015220	

国家级二等奖

郑柳青 21714117	王云珊 21115111	周亚倩 21114201
吕佳峰 61315123		

省(部、地区)级特等奖

邵世轩	05314108	刘晓宇	05A15101	王　宝	21015215
吴远德	05315115	俞　涛	05114502	练　强	05114614
刘常浩	05115609	王肖骏	05115623	罗鑫权	05115218
张明宇	05115406				

省(部、地区)级一等奖

陈昊辉	05115626	程　迎	21714218	李增聪	05314127
黄健飞	05115602	倪盼睿	05314112	宋　乾	05114401
肖韩杰	05114319	杨　乾	05114424	李谈词	05114615
胡浩辰	21014219	韩　涛	21015213	徐为驰	21815107
苏子阳	05115613	吴　阅	21015206	李征蔚	61115103
魏旭晖	05115203	周　航	05115509	班友雪	05315129
钟　义	02A14326	苗双双	03015005	范春旭	21115112
付之兵	21a15223	唐　林	05114303	徐　圆	05115607
姜晓辉	21014118	廖利城	02014410	肖宇凡	05115619
王思瑾	05315106	陆阳子	21115109	周　仲	05114305
涂增源	22016308	李新新	10115114	刘舒阳	05114302
许光瑞	21115231	徐华生	05115629	唐　笑	05115608
曹宏斌	21715235	谷柳凝	05315135	丁子健	21014207
于维杰	21115127	翟梦超	05114218		

省(部、地区)级二等奖

殷　琦	03014001	路致远	05115319	徐睿妮	05115604
赵东昊	05314123	张　易	05215230	魏庆宇	61315128
卢　毅	05115610	袁震阳	05315133	刘　杰	05115624
张应恒	21015118	曹晨旭	21715218	陈　凯	05314121
曹家铖	21015218	任祎伟	21115228	张承文	05314110
王　涵	05115115	陈　健	21715201	刘晓瀚	21015119
刘涉川	21815118	谢思聪	05114611	田　驰	05314129
居婷怡	05315101	张丹妮	21015201	王佳卓	02014542
杨　真	05315103	牛泽晖	21715136	范健华	05115601
郑文达	05315137	袁　抗	05115630	吕文博	05115625
陈艺夫	05115201	施子骏	05115401	吴睿喆	05115311
覃忠余	21714140	刘志超	05114104	李正浩	05115616
叶啸天	05115611	王雨竹	05314136		

二十九、第十一届全国周培源大学生力学竞赛“基础力学实验”团体赛

国家级二等奖

王思瑾	05315106	邵世轩	05314108	张　愉	21014216

郑柳青 21714117　倪盼睿 05314112

三十、第十一届全国周培源大学生力学竞赛"理论设计与操作"团体赛

国家级优秀奖

方　周 21015220　周亚倩 21114201　吕佳峰 61315123
吴远德 05315115　王肖骏 05115623

三十一、2017 第七届中国教育机器人大赛暨首届国际教育机器人邀请赛

国家级特等奖

罗笑雪 22015404　孙宇幸 16015311　赵靖文 22015307

国家级一等奖

沈玥伶 22015402　吴逸凡 22015322

国家级二等奖

胡　权 22015325

三十二、第三届全国大学生生物医学工程创新设计竞赛

国家级特等奖

牟思豫 11214204　张　敏 11214211　张彩宁 11214104

国家级一等奖

韩书彦 11A14205　李　贞 19214102

国家级二等奖

肖文锦 11A15309　黄罗杰 11115125　赵庆贤 11115133
黄罗杰 11115125　赵庆贤 11115133　陈阳天 11214220

三十三、中国制冷空调行业大学生科技竞赛

国家级二等奖

丁　烨 03115622　陆依然 03A15503　许婉婷 03115608

三十四、第十七届全国大学生机器人大赛(全国赛)

国家级三等奖

程子金 21114203　占林茂 22016318　王　浩 02016308
崔舒欣 61315131　马浩瀚 02016422　秦新宇 02016326
吴德重 02016316　亓臻康 16016516　林子琪 61517418
王希杰 06A17218　董　畅 02016305　李世林 02016328
卫宣同 05216128　郑崇义 06A16421　乔　竟 04017437
王宇林 02017409　李山林 16016120　周　航 16016417
王昭东 22014123　胡斌雁 08015210　宋浩艺 02016131
邹凯杰 02015323　苏程浩 08015121　于　千 04017424

程　健　08015319　　董芯柔　14616112　　丁章烨　02017512
亢丽君　16016104　　罗　荣　02016530　　沈梦烨　71Y16122
刘伟刚　02016311　　罗　毅　03316508　　盛森林　14517102
孙　铭　02616117　　施　殊　08116119　　董　畅　02016305
王家政　02616113　　朱峙臻　02016128　　林子琪　61517418
孙伯文　08015213

三十五、第九届全国高等医学院校大学生临床技能竞赛华东赛区竞赛

省(部、地区)级二等奖

雷思雨　43813113　　王永芳　43213504　　武俊杰　43813130
朱以鹏　43213121

三十六、2018年江苏省大学生计算机设计大赛

省(部、地区)级特等奖

钱昊达　71115121　　龙鑫玮　71115221　　陈小飞　09015137
常雅晴　08015204　　姚　越　08015117　　陆逸慧　08015101
王姝蕴　24316104　　唐万媛　24316202

省(部、地区)级一等奖

李　想　04016543　　张铭麟　04016325　　蒋明俊　06016230
陈科圻　08015127　　张　伟　08015116　　边张行　08015409

省(部、地区)级二等奖

黄纬茜　24116101　　朱宇靖　24316203　　蓝　馨　24316117
杨　灵　01116107　　刁　丽　08015202　　王思语　01116129
孙毓宁　71116403　　丁岳鹏　09015312　　黄　哲　05116213
周之恺　71115232　　杜一鸣　71115217　　张晓雯　71115206

省(部、地区)级三等奖

张鹏举　04215725　　李永胜　08015314　　徐呈豪　22016112
李　响　04215721　　顾　艺　04215722　　孙刘毅　04215724
刘克宇　24316224　　方　天　24316125　　田建硕　24316124

三十七、第十七届全国大学生机器人大赛省选拔赛

省(部、地区)级二等奖

张旭畅　16017203　　黄怡涵　16017201　　章　纯　16017204
程子金　21114203　　崔舒欣　61315131　　施　殊　08116119
林晓辉　02015215　　苏程浩　08015121　　吴德重　02016316
麦济仁　08016310　　林子琪　61517418　　孙伯文　08015213
王昭东　22014123　　乔　竞　04017437　　邹凯杰　02015323
程　健　08015319　　亢丽君　16016104　　刘伟刚　02016311

占林茂 22016318　马浩瀚 02016422　周　航 16016417
亓臻康 16016516　王　浩 02016308　董　畅 02016305
秦新宇 02016326　胡斌雁 08015210　董芯柔 14616112
罗　荣 02016530　张霁寒 02016506　杨博侃 02017614
罗　毅 03316508　李山林 16016120　李世林 02016328
宋浩艺 02016131　于　千 04017424

三十八、第八届华东区大学生 CAD 应用技能竞赛

省(部、地区)级一等奖
程钦锟 02015522　李　想 02015701　李荣粲 02015206
徐亚辉 02015524　牟晨文 01215221　陈　欣 05116507
杨玉昆 02015224　刘子昂 02015619
省(部、地区)级二等奖
徐　能 01215201　张　政 02015306　吴远德 05315115
省(部、地区)级三等奖
杨晓方 01215208

三十九、第八届全国大学生电子商务"创新、创意及创业"挑战赛江苏赛区省级选拔赛

省(部、地区)级一等奖
顾　艺 04215722　曹　晶 14C15712　吴奇聪 14C15421
李正阳 04015414　孙刘毅 04215724
省(部、地区)级二等奖
陈钰影 14415213　季宇鑫 09016424　周　燕 14415211
梁馨月 14B15312　刀　阳 14815126　王丹丹 14815108
王媛媛 14B15115　周贞廷 14B15313　安　杰 14B15318
左　薇 14715107
省(部、地区)级三等奖
熊姝玥 14616114　左　欣 13316109　刘婷婷 14516209
叶冬萌 16016501　普炳晨 16017619

四十、第十三届全国大学生"恩智浦"杯智能汽车竞赛华东赛区

省(部、地区)级一等奖
张鹏举 04215725　陈启航 04015315　饶　勤 08016124
蒋徐颢 06015005　曹　博 61516129　梁海燕 08016204
位广宇 08015321　顾凯栋 08016328　史章昆 61115105

省(部、地区)级二等奖

裘文成	04016613	曹　政	61516224	张鹏辉	04016632
胡　斌	09015120	施淳信	06A15220	王心沅	61015106
袁双杰	08116117	何　海	04015447	白　嵩	08016229
钱缪峰	04017519				

四十一、第三届江苏大学生交通科技大赛

省(部、地区)级一等奖

徐为驰	21815107	李　标	21815105	张滕远	06A15219
朱励轩	06A15223	张滕翔	04215727	于维杰	21115127
王诗菡	21115203	张应恒	21015118	王礼睿	21115126
陆　钥	21115104	季钧一	21015115	李玲慧	21015104
张晓雯	71115206	杨沫枫	21014112	吴坤润	21114235

省(部、地区)级二等奖

穆弘轩	21A15322	朱保航	21415123	姚金悦	21415106
孔维铭	21A15315	沈怡卿	71115208	毕嘉元	21115232
王文佳	21015101	李唯一	21115103	周琳婕	21015103

省(部、地区)级优秀奖

谭　旭	21115224	杨名远	21014115	金雨川	21115222

四十二、2018 年江苏省大学生程序设计大赛(CCPC2018 江苏省赛)

省(部、地区)级特等奖

谈　正	04015129	顾芯怡	07216119	张正衡	04015130

省(部、地区)级一等奖

杨航源	09016435	刘业扬	04016116	戴　竹	11A16316

省(部、地区)级二等奖

韩　数	09017124	宁宸辉	07017210	王陶然	61517422
张建东	71117123	陈启航	09017436	李超磊	08A17422

四十三、第七届江苏省大学生机械创新设计大赛

省(部、地区)级二等奖

蔡洋洋	02015102	张道勋	02015514	姜开中	02015505
郭挺照	02015520	张宇哲	02015315	李尚杰	02016306
董　畅	02016305	秦新宇	02016326		

省(部、地区)级三等奖

刘皓央	02015208	张　森	02015217	李桓汀	02015228
朱语杰	02016307	张　杰	02016125	王鑫萌	02016317
管清泽	08116121	周欣安	02016304	赵兴景	02014231

王学舟	02014227	张宇哲	02015315	张宇轩	02015308
张　政	02015306	蔡洋洋	02015102	窦昆鸿	02015408
贾乐松	02015616	李　想	02015701	陶沛冉	02616103
张紫薇	02616102	周家乐	02616104		

省(部、地区)级优秀奖

孙　铭	02616117	季颖萌	02616114	王家政	02616113

四十四、江苏省普通高等学校第十五届高等数学竞赛

省(部、地区)级一等奖

刘炫宇	21A17718	盛森林	05317133	胡安庆	16017522
卞思格	06A17403	宋毅恒	05116123	管　政	09017426
丁明远	61517123	解伟凡	04015141	张　毅	08A17434
杭天恺	08016316	宋长骏	06A17123	王宜谋	41117111
杨　蕊	04016244	余晓虎	21A17720	张弘毅	04016544
陈尚瑜	09017242	黄怡涵	16017201	刘宇恒	06A16117
张九媛	05A17201	戚昊祺	57017217	贺博文	71117431
徐崎凡	16017317	李润发	22017214	刘一非	61517210
郑熠宁	10017215	刘　畅	05717117	章澳顺	02017321
彭　畅	21716135	李雪绮	06A17104	陈　磊	12017417
潘斯语	10017216	马睿琰	21A17320	陶祎航	05717127
顾　泽	61517121	王明阳	06A17113	王竞泽	16017322
陈雨荷	61517103	姚冠文	06A17323	李　勇	06015319
钱　宇	04017617	吴中行	06A17316	田　宇	61517401
杨　宇	71117414	喻泽弘	71117415	刘一夫	04017235
林敬凯	71117114	张新晨	05A17210	纪永伟	04017213
魏宇恒	06A17318	刘继久	05A17508	赵鑫喆	05A17215
杜　煜	08A17315	刘嘉欣	05717112	仪修琳	11A17118
孙昊昕	61517105	欧阳嘉	04017526	严学润	21A17221
冉雨杭	09017117	邓昊祥	05717103	杨　源	08A17124
王希瑞	14B17309	刘玉洁	06A17109	董道阳	05A17529
葛余浩	71117118	曹苇杭	61517425	李星潼	14415221
高佳灏	03A17233	侯宏卫	04016534	张欣宇	05317120
雷重庆	61517321	仇安健	16017118	柳儒杨	61517306
王肖伊	05A17606	袁　亮	04015143	李益琛	06A17115
陈建双	21B17118	吴子源	09017320	何星熠	61517120
方　骏	09017424	鲍家伟	16017626		

省(部、地区)级二等奖

刘学成	16017627	孟声国	61517323	陈月升	02017623

赵威威	10016221	黎张子康	02017532	袁　华	61517420
申耀辉	21A17724	孙伟豪	05A17627	王武明	05515117
彭志福	02017525	王浩宇	71117225	胡　鑫	04016532
耿天瑞	05717109	徐奎元	05A17619	周天寅	04016540
张睿璐	03A17605	季嘉诚	09016137	凌泰炜	71117315
陈焕立	10017122	孟馨怡	43A17311	季书鹏	61517416
罗尔翔	10017114	陈　佑	21A17707	相世杰	04017132
黄　纯	22017301	王澄雨	04017109	唐　恬	42217209
施飞达	04015145	王思懿	03217706	程　昊	12017421
刘春雨	09017417	徐　浩	12017427	吴晨鹏	61517312
张尉恒	14B16118	陈　冰	04017204	施雨潇	06A17201
潘宇航	16017109	李轶为	61516418	陈延润	04016239

省(部、地区)级三等奖

李宇轩	04017338	赵银霜	14B17204	赵健凯	21715242
王旭东	03015110	刘余文	61517304	冀贞昊	04017243
孙天琪	09017439	郭　威	12017419	邹　涛	04017139
李雨灿	14B17206	陆逸凡	09017440	陈雨铨	04015142
孙诗蕾	04017308	焦利娟	21A17705	梅凯迪	10017224
蒋竹涵	43A17327	李彤彤	14C17409	束雯暄	16017506
黎越鸥	21B17120	杨雨露	04017605	方家琪	12017125
吴步宸	05A17512	熊再立	03A17214	雷　弈	06A17301
董之昊	06A16138	邱　冬	61517224	曹瀚友	04016240
张笑冰	61517402	饶　新	05717118	邬　帅	71117313
黄羽震	02017624	许立言	61517319	张一凡	04017528
曾雨婷	14B17211	张　艺	14B17209	穆秋同	10017206
刘　舜	16017218	许　浩	10017121	张天石	61517226
范心宇	08A17206	郑继海	05A17520	刘　强	61517326
张志强	16017110				

四十五、2018 年 ACM－ICPC 国际大学生程序设计竞赛全国邀请赛(江苏)

省(部、地区)级二等奖

李超磊	08A17422	王陶然	61517422	宁宸辉	07017210

省(部、地区)级三等奖

张建东	71117123	陈启航	09017436	韩　数	09017124

四十六、第三届江苏省"互联网＋"大学生创新创业大赛

省(部、地区)级一等奖

肖若愚	21A15113	宋志豪	05315116	胡　犇	16015419

孙　锐　24315220　周　妮　14415208　王宇轩　05116318
方子茹　14415212　刘利君　14816111　杨　莹　14B16406
肖若愚　21A15113　孙伊宁　14115108　张睿憬　11116213
唐　宁　14715117　季钧一　21015115　任　术　13315126
步纤屿　14815119　李东源　13315130　孙雨亭　14313110
李柔萱　05215105　陈　锦　02A14112

省(部、地区)级二等奖

周　瑜　14414108　张瑞琪　14415205　孙　青　11116205
刘家宝　11215122　李东源　13315130　车昱辰　07115101
任　术　13315126　朱　健　21815128　孙钰凯　02016412
周　妮　14415208　高雨馨　16015402　曹新蕊　43A13404
蔡　轩　14614103　周　菁　43213208　史天一　43213421
张可莹　14114114　陈　敏　14614102　万思远　14C16520
程冰洁　14B16201　宋思涵　14B16611　王紫宇　14415224
钟宁桐　14B15209　朱　晨　14316104　张凯亮　14715116

省(部、地区)级三等奖

王宗辉　06A16313　李路遥　14816130　沈　烁　07016114
叶子贤　14316116　应佳玲　14C15410　陈佳佳　14414116
冯海钊　02016233　黄丽环　14C15117　安照邦　02016520
徐一乾　14415202　张　巧　14216115　陈林锋　02015415
李慧聪　14C16404　宋嘉馨　14915103　龙一凡　14B16225
熊姝玥　14616114　王　婧　14B14218　刘本杨　24315223
龚健康　71114232　王梦娇　14B14226　陈　玲　24315102
赵　菲　25015222　黄锦松　14915126　刘　畅　71114206

四十七、首届“卓越杯”大学生英语演讲比赛

省(部、地区)级三等奖

唐钰淇　17116317　翁梦徽　17116315

省(部、地区)级优秀奖

罗　鑫　05717124　其乐木格　05717111

四十八、第二十三届中国日报社“21 世纪 · 可口乐杯”全国英语演讲比赛江苏地区决赛

省(部、地区)级二等奖

翁梦徽　17116315

四十九、第五届江苏省大学生工程管理创新、创业与实践竞赛

省(部、地区)级一等奖

于路港　05215214　刘栋玮　21115204　盖泽阳　05215222

肖子璇 05215208	谭　沛 05215224	梁阳泽 05216222
马俊伟 05214122	李　波 05214103	顾苏豫 05216210
康　蕊 05215103	唐茂宏 05215115	王思睿 05215205
孙　宁 05215102	张震祺 05215218	于海哲 05214222
卢天浩 05A14402	苗雪娇 05214204	余金城 05214216
谭文祥 05215228	刘　峰 05215216	贾瑞临 05215210
刘加敏 05215101	王睿涵 05215220	

省(部、地区)级三等奖

朱时韵 05215204	丛篇苏 05115106	肖阳功杰 05216216
蒲思蓉 05115105	伍　镔 05115107	

省(部、地区)级优秀奖

江晓茜 05215108	宋　渊 05114122	张蕴文 05114120
叶倩雯 05214104	刘常浩 05115609	卢　毅 05115610
王肖骏 05115623	张　路 05215119	韩美青 14C15607
周星羽 05214225	付良豪 05214228	孙毅骐 05214121
陈昊辉 05115626	张悦浩 05115621	李正浩 05115616
刘禾玥 05115627		

五十、第二届卓越联盟高校大学生数学竞赛

省(部、地区)级特等奖

郑中兴 07016111	陈　衍 04016415	刘亚轩 61516321

省(部、地区)级一等奖

李　想 04016543	杭天恺 08016316	金　昊 10316123

省(部、地区)级二等奖

李子健 04016421	翟其俊 04016515	洪　阳 06A16323
解伟凡 04015141	吴超群 07015209	周　晓 07115121

五十一、2017“外研社杯”全国大学生英语挑战赛江苏赛区比赛

省(部、地区)级一等奖

周绮越 17116312	唐钰淇 17116317	

省(部、地区)级二等奖

田　沁 04017402	杜育瑞 02016521	其乐木格 05717111

省(部、地区)级三等奖

李贾唯茜 04217701	翁梦徽 17116315	

省(部、地区)级优秀奖

张　帆 03316501	岳珏嘉 17116318	

五十二、江苏省高校第十四届大学生物理及实验科技作品创新竞赛

省(部、地区)级一等奖

高柏植	10015130	陈　俊	10315110	马宇星	10315114
谢佳辰	10015128				

省(部、地区)级二等奖

薛丰铧	10115119	黄　菊	10115101	李天睿	10115106
王子凡	10115111	叶升威	61014208		

省(部、地区)级三等奖

王福毅	10316108	苗双双	03015005	周天骏	03015334
李丹若	22016206	耿旖堃	22016207	陈祎婧	22014306
王小荷	09015210	施赛佳	22014110		

五十三、2017 江苏力学青年创新创业大赛

省(部、地区)级三等奖

朱　赤	03114621	王海鑫	03114624	季伟凯	03114620
王思瑾	05315106				

五十四、2017 年江苏省大学生土木工程结构创新竞赛

省(部、地区)级一等奖

李昊伦	01215118	王建刚	01215119	黄思诚	01215120
贾璐菡	01215105	谭柠菡	01215103	李曼雪	01215123

省(部、地区)级二等奖

李正浩	05115616	贺佳欣	05215209	贾瑞临	05215210

五十五、第二届江苏省高校测绘地理信息创新创业大赛

省(部、地区)级一等奖

陈　博	21B14121	马　骁	21514112	李梦瑶	21514108
金　坤	21b14117	来尚婧	21315101	罗　鹏	21315112

省(部、地区)级二等奖

朋子涵	21314117	刘永胜	21314107	孙璞玉	21314108
董利银	21314116				

省(部、地区)级优秀奖

邵沛涵	21315117	罗　鹏	21315112

五十六、2018 年东南大学大学生英语竞赛

校级一等奖	华珂儿	14C17103	等 42 人
校级二等奖	袁　瑞	61516416	等 54 人

校级三等奖	刘超然	05717102	等 111 人

五十七、东南大学第九届信息安全竞赛

校级一等奖	顾　艺	04215722	等 8 人
校级二等奖	张奕裕	09015336	等 11 人
校级三等奖	王梦哲	04015406	等 28 人

五十八、2018 校庆杯东南大学大学生创新创业大赛

校级特等奖	安学伟	08016213	等 31 人
校级一等奖	王子卓	71115115	等 28 人
校级二等奖	王　娇	14415112	等 20 人
校级三等奖	宋孟璐	14315103	等 25 人
校级优秀奖	魏昕尧	02016531	等 21 人

五十九、东南大学第七届金相技能竞赛

校级一等奖	陈俊宇	12015226	等 4 人
校级二等奖	罗　茜	12016306	等 8 人
校级三等奖	程　凯	02016610	等 12 人
校级优秀奖	李　琰	12017114	等 16 人

六十、东南大学第四届电子装配竞赛

校级一等奖	葛海涛	06A16229	等 7 人
校级二等奖	刘雪岩	11215127	等 13 人
校级三等奖	李艺童	08116102	等 20 人
校级优秀奖	张安隆	16015208	等 27 人

六十一、东南大学第十届英语演讲竞赛

校级一等奖	唐钰淇	17116317	等 2 人
校级二等奖	付艺伟	17116101	等 4 人
校级三等奖	张旭畅	16017203	等 8 人

六十二、东南大学第八届医学生临床技能竞赛

校级一等奖	潘誉丰	43213401	等 6 人
校级二等奖	陈怡帆	43213219	等 18 人
校级三等奖	轩文彬	43213332	等 24 人

六十三、第四届东南大学本科生混凝土知识竞赛

校级一等奖	金　鹏	12015124	等 2 人

校级二等奖　　顾晓雯　12015203　　等 4 人
校级三等奖　　聂　莹　12015205　　等 6 人
校级优秀奖　　唐润欣　05116413　　等 9 人

六十四、“华为杯”东南大学第十四届大学生程序设计竞赛

校级一等奖　　陈启航　09017436　　等 7 人
校级二等奖　　李元亨　71Y16106　　等 6 人
校级三等奖　　李嘉兴　71116411　　等 15 人
校级优秀奖　　高钰铭　09017224　　等 41 人

六十五、东南大学第五届“向经典致敬”诵读竞赛

校级一等奖　　李依纯　21716101　　等 16 人
校级二等奖　　陈紫琦　21316103　　等 35 人
校级三等奖　　梁星辰　06A16109　　等 42 人
校级优秀奖　　张敏钧　02017103　　等 61 人

六十六、东南大学第十一届嵌入式系统设计竞赛

校级一等奖　　蒋明俊　06A16232　　等 8 人
校级二等奖　　李子煜　06015214　　等 12 人
校级三等奖　　周智雄　04015312　　等 15 人
校级优秀奖　　邹少锋　06A15522　　等 30 人

六十七、第十二届东南大学本科生数学建模竞赛

校级一等奖　　杨佳伟　61516313　　等 36 人
校级二等奖　　吴冰晶　14816129　　等 60 人
校级三等奖　　杨可扬　06015138　　等 99 人

六十八、东南大学 2018 年第二十届电子设计竞赛

校级一等奖　　李山林　16016120　　等 18 人
校级二等奖　　庄文杰　16015214　　等 30 人
校级三等奖　　马浩岩　61516428　　等 47 人
校级优秀奖　　常　琦　04016410　　等 69 人

六十九、“东南大学第十七届结构创新竞赛”暨“第七届南京高校结构创新邀请赛”

校级一等奖　　蒋子竞　05717110　　等 111 人
校级二等奖　　丁英魁　16016310　　等 228 人
校级三等奖　　范　熊　05114527　　等 330 人
校级优秀奖　　戈　瑶　05115605　　等 423 人

七十、东南大学本科生 2018 年高等数学竞赛

校级一等奖　　杭天恺　08016316　　等 17 人
校级二等奖　　戴天琦　05217211　　等 36 人
校级三等奖　　李宇轩　04017338　　等 80 人

七十一、东南大学第八届大学生 CAD 技术应用竞赛

校级一等奖　　程钦锟　02015522　　等 13 人
校级二等奖　　吴重光　02015327　　等 27 人
校级三等奖　　陈耀宇　01114220　　等 41 人
校级优秀奖　　黄　薇　05316105　　等 31 人

七十二、东南大学第十届大学生计算机设计竞赛

校级一等奖　　范文浩　08015413　　等 6 人
校级二等奖　　姚　越　08015117　　等 11 人
校级三等奖　　王　晗　12014431　　等 12 人
校级优秀奖　　赵本月　71115345　　等 16 人

七十三、东南大学第五届化学化工实验竞赛

校级一等奖　　赵忠兴　19316114　　等 5 人
校级二等奖　　王勐猛　19017111　　等 10 人
校级三等奖　　朱滢钰　19315101　　等 15 人
校级优秀奖　　侯煜淋　19316101　　等 20 人

七十四、东南大学第十六届机械创新设计竞赛暨第七届江苏省大学生机械创新设计大赛东南大学预赛

校级一等奖　　窦昆鸿　02015408　　等 9 人
校级二等奖　　周家乐　02616104　　等 12 人
校级三等奖　　张振宇　02015623　　等 17 人
校级优秀奖　　奚佳栋　02015703　　等 11 人

七十五、2017 年“创青春”东南大学大学生创业大赛

校级一等奖　　崔　雪　14616123　　等 39 人
校级二等奖　　唐万媛　24316202　　等 33 人
校级三等奖　　林泽鑫　04015619　　等 68 人

七十六、东南大学第五届电子商务创新、创意及创业挑战赛

校级一等奖　　季宇鑫　09016424　　等 5 人

校级二等奖	李正阳	04015414	等 10 人
校级三等奖	普炳晨	16017619	等 13 人
校级优秀奖	左　薇	14715107	等 18 人

七十七、东南大学第十四届本科生物理实验研究论文竞赛

校级一等奖	潘昭馨	61516306	等 4 人
校级二等奖	熊瑾乐	22016305	等 6 人
校级三等奖	吴佳其	04216726	等 5 人
校级优秀奖	朱笑岳	21016117	等 15 人

七十八、东南大学第七届“北斗杯”本科生科技创新大赛

校级一等奖	孙璞玉	21314108	等 6 人
校级二等奖	张晶晶	22015108	等 12 人
校级三等奖	赵帆帆	22015202	等 16 人

七十九、“第四届东南大学—中兴通讯卓越大赛”章程

校级一等奖	张滕翔	04215727	等 3 人
校级二等奖	刘　婷	04216701	等 6 人
校级三等奖	林宜宁	71115441	等 9 人
校级优秀奖	陈　阳	16017408	等 51 人

八十、2017 年东南大学“华彩绽放”——第十届英语话剧大赛

校级一等奖	孙亦欧	05314135	等 18 人
校级二等奖	翁梦徽	17116315	等 37 人
校级三等奖	李志恒	02016319	等 46 人

八十一、东南大学第十届“中华赞”经典诵读竞赛

校级一等奖	袁　航	14216108	等 18 人
校级二等奖	王　敏	17216113	等 36 人
校级三等奖	丁天添	13415108	等 55 人
校级优秀奖	王巧妍	21216106	等 90 人

八十二、东南大学第十届节能减排社会实践与科技创新竞赛

校级一等奖	马一凡	61315102	等 9 人
校级二等奖	李　妍	09015407	等 15 人
校级三等奖	孙逸夫	05115501	等 25 人
校级优秀奖	周凤娇	03116605	等 31 人

八十三、东南大学第六届测绘实践技能竞赛

校级一等奖	王家福	21315120	等4人
校级二等奖	王雪涵	21316101	等7人
校级三等奖	张嘉旭	21516112	等11人
校级优秀奖	马黎明	21315121	等15人

八十四、东南大学第十二届大学生智能车竞赛

校级一等奖	唐宇轩	22015317	等30人
校级二等奖	李宇航	22015323	等62人
校级三等奖	冯一坤	61516210	等93人
校级优秀奖	肖智星	04016123	等125人

八十五、东南大学第十四届 RoboCup 机器人竞赛

校级一等奖	谢展鹏	09015316	等15人
校级二等奖	张宝文	08016231	等32人
校级三等奖	许　璠	09016322	等46人
校级优秀奖	周　晨	08015102	等63人

八十六、东南大学第十四届本科生物理及实验科技作品创新竞赛

校级一等奖	陈　俊	10315110	等4人
校级二等奖	李天睿	10115106	等6人
校级三等奖	周天骏	03015334	等8人
校级优秀奖	刘　桦	05115507	等8人

八十七、东南大学第八届本科生创新体验竞赛

校级一等奖	杨雅婷	14516105	等55人
校级二等奖	亢丽君	16016104	等99人
校级三等奖	陶奉涵	21416102	等172人
校级优秀奖	石　棚	05115202	等239人

八十八、东南大学第十五届英威腾杯视觉制导机器人竞赛

校级一等奖	林兆丰	14115102	等12人
校级二等奖	卜祥聪	03315507	等21人
校级三等奖	陈　浩	57017125	等32人
校级优秀奖	吉蕴钰	22016203	等42人

八十九、东南大学第十一届 IEEE 标准电脑鼠走迷宫竞赛

校级一等奖	李永胜	08015314	等11人

校级二等奖　　韩方新　22017209　　等17人
校级三等奖　　马湘栋　22016408　　等35人
校级优秀奖　　秦新宇　02016326　　等31人

九十、东南大学第十一届 PLD 设计竞赛

校级一等奖　　张陈睿　06215609　　等9人
校级二等奖　　廖晓锋　08015428　　等9人
校级三等奖　　崔舒欣　61315131　　等21人
校级优秀奖　　张泽强　06A15128　　等18人

九十一、东南大学第七届大学生广告艺术竞赛

校级一等奖　　刘克宇　24316224　　等9人
校级二等奖　　唐万媛　24316202　　等16人
校级三等奖　　陈紫荆　24115102　　等26人
校级优秀奖　　梁仕青　24316216　　等33人

九十二、东南大学本科生第八届交通科技竞赛

校级一等奖　　徐为驰　21815107　　等9人
校级二等奖　　穆弘轩　21A15322　　等18人
校级三等奖　　单　杰　21815123　　等17人
校级优秀奖　　王　宝　21015215　　等25人

九十三、东南大学第五届工程管理创新、创业与实践竞赛暨第五届江苏省大学生工程管理创新、创业与实践竞赛选拔赛

校级一等奖　　康　蕊　05215103　　等5人
校级二等奖　　刘　峰　05215216　　等9人
校级三等奖　　于海哲　05214222　　等12人

九十四、2017 年东南大学第五届英语写作竞赛

校级一等奖　　岳珏嘉　17116318　　等3人
校级二等奖　　段秋怡　11216103　　等6人
校级三等奖　　李世林　02016328　　等10人

九十五、东南大学第三届大学生物理学术竞赛

院(系)级一等奖　　蔡承志　61517111　　等4人
院(系)级二等奖　　孟声国　61517323　　等8人

九十六、东南大学第一届心理知识竞赛

院(系)级一等奖　　王维韬　61517414　　等18人

院(系)级二等奖　陈晓伟　22015123　等 39 人

九十七、东南大学公共卫生综合技能大赛 & 大学生健康教育科普作品大赛选拔赛

院(系)级一等奖　钱依宁　42113108　等 8 人
院(系)级二等奖　魏兰馨　42116202　等 8 人

九十八、东南大学第五届短码竞赛

院(系)级一等奖　张建东　71117123　等 5 人
院(系)级二等奖　张奕裕　09015336　等 10 人

九十九、第五届"制弓竞赛——反曲弓的设计与制作"

院(系)级一等奖　孙冠勋　03A17232　等 7 人
院(系)级二等奖　王恩全　03216740　等 14 人

一〇〇、东南大学第五届校园艺术创新竞赛

院(系)级一等奖　狄星豫　24315113　等 5 人
院(系)级二等奖　郭大威　04015224　等 90 人

一〇一、东南大学第十四届挑战 CEO 之职点江山校园菁英大赛

院(系)级一等奖　杨宇栋　21716137　等 10 人
院(系)级二等奖　高瑞阳　02016114　等 20 人

一〇二、东南大学第一届超级计算机竞赛暨 ASC18 世界大学生超级计算机竞赛东南大学预赛

院(系)级一等奖　缪天润　22015112　等 2 人
院(系)级二等奖　彭子瑶　09016209　等 6 人

2018 年度学习优秀生名单

正式学习优秀生名单(共 154 名)

建筑学院(共 5 名)

01214208　黄　玲　01116101　殷子衡　01516109　孙士臻
01515131　陈雪纯　01116110　张卓然

机械工程学院(共8名)

02015505	姜开中	02015701	李　想	02015616	贾乐松
02015514	张道勋	02615113	王孟雅	02016424	王　帅
02016326	秦新宇	02616103	陶沛冉		

能源与环境学院(共9名)

03016401	陈美君	03016403	刘祎璇	03116628	席子昂
03016417	张家齐	03115613	陆依然	03216708	朱翠翠
03016427	彭　钺	03015234	郑　道	03316501	张　帆

信息科学与工程学院(共8名)

04016642	吴佳其	04016417	陈　磊	04016421	李子健
04016415	陈　衍	04016335	杨宁远	04016534	侯宏卫
04016515	翟其俊	04216728	李子箫		

土木工程学院(共11名)

05116312	程　赟	05115609	刘常浩	05215208	肖子璇
05116610	李　盼	05115601	范健华	05315106	王思瑾
05216209	尚旭妍	05115611	叶啸天	05515101	刘晓宇
05516110	刘哲铭	05215103	康　蕊		

电子科学与工程学院(共6名)

06015127	程天霁	06016620	张泽童	06016301	张徐青
06115121	宋金凯	06016332	秦育彬	06016304	石涵雨

数学学院(共3名)

07215115	王志伟	07315126	王盛辉	07116127	郑文典

自动化学院(共3名)

08015105	肖　婧	08016105	程绮颖	08016129	张明辉

计算机科学与工程、软件学院(共6名)

09016236	周逸帆	71116215	郑　浩	09016435	杨航源
71115339	肖君彦	09016428	宋子星	71115121	钱昊达

物理学院(共2名)

10316119	赵威威	10315102	余婷洁

生物科学与医学工程学院(共4名)

11116205　孙　青　11216103　段秋怡　26116113　李　根
11316103　罗雨菡

材料科学与工程学院(共2名)

12015109　叶诗雨　12016127　詹　科

人文学院(共4名)

13415115　孙文婷　13615113　沈知聪　13616115　闪佳雯
13316114　谭雪琪

经济管理学院(共5名)

14115105　颜娇娇　14416108　夏安琪　14815101　戴薛甜
14215109　马明畅　14616105　陈　婷

电气工程学院(共1名)

16016516　亓臻康

外国语学院(共2名)

17116317　唐钰淇　17116117　许　婕

化学化工学院(共2名)

19315102　贺　唱　19316102　刘韵怡

交通学院(共7名)

21016104　刘芷辰　21015111　周冬秦　21015220　方　周
21016106　雷明月　21115111　王云珊　21016108　戚心怡
21015106　张珺玮

仪器科学与工程学院(共3名)

22016305　熊瑾乐　22016322　孙东杰　22016112　徐呈豪

艺术学院(共4名)

24316104　王姝蕴　24316125　方　天　24215113　徐思佳
24315222　吴文轩

法学院(共1名)

25016128　张　超

医学院(共 8 名)

43814115	付玉琪	43216204	刘江楠	43116206	蒋　扬
43215112	蔡衬衬	43216113	陆　静	43316112	王　珏
43215407	汪逸姮	43116218	李建平		

公共卫生学院(共 3 名)

42116207	汪昱彤	42215205	俞沁雯	42216117	吕梦茹

吴健雄学院(共 47 名)

04015025	许晨煜	04015032	霍浩森	04015010	郭大众
04015002	廖晓菲	04015019	周爱君	03015007	秦宇枭
06015006	牟　星	04015027	李沙志远	03015005	苗双双
04015011	夏骋宇	06015003	李志昂	02015433	史章昆
06015007	马翌程	04015003	王天仪	61315101	金洁珺
61315123	吕佳峰	61516423	洪非凡	61516117	刘天雨
61315105	苏　恬	61516119	许文寒	61516416	袁　瑞
61315102	马一凡	61516216	季雅惠	61516125	周啸峰
61315103	完晓妍	61516222	吕嘉鑫	61516105	钱玉蓉
61315108	姜　宁	61516429	吴超逸	61516328	朱鹏程
61315110	邵睿文	61516324	许瑶坤	61516308	俞睿智
61516221	王　旸	61516204	金虹希	61516319	罗易凡
61516218	孙昊宇	61516201	马艺玲	61516412	项文祥
61516322	严　格	61516227	董启飞	61516419	王琳淞
61516219	董　雍	61516321	刘亚轩	61516414	张秋阳
61516110	胡正宇	61516326	熊广为		

预选学习优秀生名单(共 246 名)

建筑学院(11 名)

01117229	闻　健	01217123	陈语桐	01115216	尹维茗
01117205	吴佳芮	01517111	薛琰文	01115318	陈　庆
01117221	刘宇飞	01116111	武淳雅	01215204	王　雨
01217221	邓一秀	01216112	杨潇宇		

机械工程学院(11 名)

02017310	李博文	02017614	杨博侃	02016426	吴胜杰
02017321	章澳顺	02017318	黄励昊	02016309	李天润

02017204 赵昊琳 02617111 陈坤秀 02016522 严 钧
02017414 郝志晟 02016106 丁远涛

能源与环境学院(9 名)

03017127 别亦然 03017425 郭依庆 03017305 李婧怡
03017211 熊再立 03017426 宋宇辉 03117608 黄玮玮
03017220 付恩康 03017322 赵聪凡 03217702 殷 玥

信息科学与工程学院(13 名)

04017528 张一凡 04017110 王 雨 04017137 盛凯文
04017245 胡玉嵘 04017606 万子芊 04217703 黄婧佳
04017105 徐 俐 04017205 董冰书 04217710 王海洳
04017526 欧阳嘉 04017213 纪永伟 04017308 孙诗蕾
04017419 高佳峻

土木工程学院(16 名)

05116631 于思淏 05117315 张 雨 05117606 徐奎元
05116617 支新航 05117526 周永峰 05217105 刘婉琳
05116608 王田虎 05117602 李思诚 05217218 李国志
05216203 杜妍慧 05117620 刘嘉欣 05317123 倪俊宇
05316118 王锦阳 05117613 邓昊祥 05517103 沈 莹
05117604 刘继久

电子科学与工程学院(10 名)

06A17323 姚冠文 06A17123 宋长骏 06016107 魏秋萌
06A17525 李力行 06A17113 王明阳 06116107 林玉成
06A17203 李梦洁 06A17104 李雪绮 06A17506 李可欣
06217604 李易之

数学学院(5 名)

07117122 朱晓炜 07117109 张斯然 07316130 钱 成
07217115 张晨阳 07216114 雷正阳

自动化学院(6 名)

08017309 韩 玥 08017116 侯润泽 08017209 常泰戈
08017125 杨 源 08017111 杭念之 08117130 杨绍枢

计算机科学与工程、软件学院(17 名)

09017320 吴子源 09017205 赵 玮 71117315 凌泰炜

09017424	方　骏	09016226	陶汉思	71117413	胡秋冉
09017123	周　畅	09016317	曹　放	71117323	黄　旭
09017431	郭昊南	71116233	白丰硕	71117225	王浩宇
09017219	任彦宇	71116329	刘　健	71117415	喻泽弘
09017117	冉雨杭	71Y16118	王梓岩		

网络空间安全学院(3 名)

57117102	丛子晴	57117213	张　曙	57117217	戚吴祺

物理系(3 名)

10117105	高艺萌	10116116	高渠成	10317113	潘斯语

生物科学与医学工程学院(5 名)

11116218	张泽群	11117122	雷予辰	11117119	查可扬
11317108	祝云篪	11217102	童澄达		

材料科学与工程学院(6 名)

12016408	石宇阳	12017202	蔡雨曦	12017211	郑浩杰
12016205	卢　果	12017405	杨其凡	12017127	叶奕柯

人文学院(8 名)

13416108	陈可心	13216127	华　杰	13116122	王言言
13117123	王　硕	13317117	周乐莹	13617117	李子涵
13417121	陈俊蓉	13217121	李越洋		

经济管理学院(20 名)

14116114	孟雅之	14Y16116	白　杨	14517111	李彤彤
14216108	袁　航	14117120	陈鸿标	14617108	薛天怡
14316120	蔡汝瑜	14217101	王可欣	14717102	朱卓凡
14516119	卫星吉	14317105	吾木提汗·木拉提汗		
14817105	覃倩琼	14716102	许　炎	14417111	谢梦萍
14917109	倪胜苗	14816130	李路遥	14417124	李　杰
14Y17110	杨　柳	14916102	李思佳	14517110	吴　晨

电气工程学院(9 名)

16016207	揭宇飞	16017201	黄怡涵	16017317	徐崎凡
16016404	刘轶涵	16017322	王竞泽	16017121	伊浩然
16016405	陈　畅	16017627	刘学成	16017109	潘宇航

外国语学院(4 名)

17216107	李　姮	17117123	姜文慧	17217201	李憧憬
17117321	顾嘉玥				

化学化工学院(5 名)

19116101	白天滋	19317103	薛　婧	19317112	戴恒毅
19216108	肖　琳	19317111	王勐猛		

交通学院(14 名)

21216125	徐　扬	21716135	彭　畅	21017112	陈鲁川
21316115	李宁皓	21016217	曹思涵	21017109	严学润
21416129	刘佰文	21017103	谢　凝	21017101	吴梦贞
21516112	张嘉旭	21017113	陈思源	21517110	钟青岑
21816120	徐昭辰	21017105	葛正怡		

仪器科学与工程学院(3 名)

22017102	韩辉珺	22017202	李　茜	22017306	项奕晨

艺术学院(5 名)

24216105	董欣盈	24117101	刘　凌	24317218	云海东
24217107	朱昕玥	24317120	俞思尧		

法学院(5 名)

25016231	陆涵之	25017218	邓心林	25017114	刘月明
25017132	陈睿毅	25017219	吴　仪		

医学院(10 名)

43816127	吴宇恒	43217118	刘善龙	43A17408	马　遥
43217230	刘　熙	43A17402	单秋洁	43817129	刘昊洋
43217219	朱鑫宇	43A17313	严洪遥		
43217309	梅曦月	43A17419	丁佳伟		

公共卫生学院(2 名)

42217112	杜妍蓉	42117112	吴晶莹

吴健雄学院(46 名)

61516101	钱　昀	61517425	曹苇杭	61517221	江志康

61516104	周兰迪	61517223	傅城瑜	61517110	谢智超
61516421	李晓冉	61517227	王　尧	61517313	张学超
61516323	张　响	61517103	陈雨荷	61517119	王牵莲
61516123	陶朝辉	61517210	刘一非	61517316	张玉坤
61516313	杨佳伟	61517222	包绎成	61517420	袁　华
61516106	高炜涵	61517319	许立言	61517226	张天石
61516108	朱志斌	61517422	王陶然	61517307	杨文亮
61516114	葛永盛	61517401	田　宇	61517423	高　祥
61516210	冯一坤	61517123	丁明远	61517117	张志恒
61517105	孙昊昕	61517106	朱弘智	61517325	何潜翔
61517121	顾　泽	61517322	李博文	61517326	刘　强
61517323	孟声国	61517229	周天遥	61517225	万恒至
61517124	唐华泽	61517304	刘余文	61517312	吴晨鹏
61517321	雷重庆	61517320	张林炬	61517111	蔡承志
61517421	黄　彦				

2019 届推荐免试攻读硕士学位研究生名单

建筑学院(35 人)

01114110	刘　星	01114314	肖　强	01214203	梅亚楠
01114130	乔润泽	01114326	叶　波	01214109	周　妍
01114207	吴佳倩	01114114	赵文锐	01214102	刘昱杉
01114115	高亦超	01214207	王怡鹤	01214110	陆琴辉
01114304	高晏如	01214208	黄　玲	01214226	蔡莹莹
01114408	邱怡箐	01214113	谢华华	01214201	王欣然
01114102	陈　晔	01214204	丁小雨	01514122	张潇涵
01114406	刘振鹏	01214205	常恺旎	01514114	张扬帆
01114112	任紫湫	01214206	程丽圆	01514113	程子倩
01114316	杨　宸	01214115	潘昌伟	01514111	张梦斓
01114201	刘影竹	01214105	张　珣	01514101	朱源林
01114317	简海睿	01214209	华澍而		

机械工程学院(42 人)

02015102	蔡洋洋	02015408	窦昆鸿	02015623	张振宇
02015701	李　想	02015217	张　森	02015727	桂　超
02015616	贾乐松	02015206	李荣燊	02015703	奚佳栋

02015529	谭韬涌	02015310	代　雷	02015712	王　杰
02015708	方　田	02015507	吴欣恺	02015309	王　成
02015619	刘子昂	02015201	张　曼	02015306	张　政
02015524	徐亚辉	02015702	胡若愚	02015216	毛士麟
02015514	张道勋	02015717	李　阳	02615113	王孟雅
02015618	关　晟	02015413	范霆霄	02615109	龙雪莹
02015414	林中盛	02015518	吕子劲	02615110	诸葛思懿
02015601	乔　煜	02015615	林福金	02615104	冷珊珊
02015308	张宇轩	02015215	林晓辉	02615101	张嘉慧
02015323	邹凯杰	02015208	刘皓央	02015320	潘　立
02015513	张一涛	02015321	李　涛	02015622	刘彦豪

能源与环境学院(48 人)

03015230	张晟源	03015318	常大伟	03115609	李亚楠
03015317	熊世明	03015233	李智豪	03215730	万子仁
03015234	郑　道	03015121	赵雨晨	03215731	贺梦凡
03015115	王艺涵	03015205	霍雅超	03215722	张嘉琦
03015311	朱海军	03015218	刘　洋	03215709	阎春晖
03015225	戴文韬	03015418	张志鹏	03215734	孟祥晖
03015110	王旭东	03015236	姜　川	03215732	董浩宇
03015319	高　远	03015116	王克璇	03215703	冯齐云
03015111	郭振宇	03015312	易　航	03315527	何家丰
03015322	唐　帆	03015128	熊　鑫	03315519	刘祚人
03015206	刘妍君	03015426	陈　卓	03315528	李　涛
03015132	胡　政	03115613	陆依然	03315501	田培妤
03015119	鲍旭奇	03115606	陈肖楠	03315505	尹　令
03015208	陈　鹏	03115622	丁　烨	03015229	贯鹏琦
03015223	傅　尧	03115602	李梦圆	03015129	沈裕童
03015417	潘子杰	03115608	许婉婷	03315523	林悦楠

信息科学与工程学院(49 人)

04015645	曹天旸	04015613	陆裕祥	04015406	王梦哲
04015427	夏智康	04015344	贾　燚	04015633	罗　顺
04015231	姜培文	04015115	杨济源	04015139	练　杨
04015240	桂仁杰	04015330	陈颖琦	04015206	曹云琦
04015238	徐　靖	04015235	何思然	04015542	吴文昊
04015450	马浩鑫	04015521	黄　洋	04015604	庞　旭
04015617	李　俊	04015652	曹冰昊	04015302	杜　静

04015336	倪天恒	04015237	刘元可	04015124	郑奕飞
04015108	陶　安	04015307	周子纯	04015546	徐　恒
04015331	陈翔宇	04015422	陈泽坤	04015446	许心宇
04015221	步兆军	04015121	邵志远	04015204	袁逸凡
04015616	李慕浩	04015423	陆予希	04015530	陈鹏宇
04015607	陈慕涵	04015145	施飞达	04015109	陈婷婷
04015447	何　海	04015634	张筱进	04015421	李宇迪
04015220	李　克	04015448	刘茵茵	04015343	李海洋
04015414	李正阳	04015611	张　臻	04015146	许　越
04015216	熊柏苹				

土木工程学院(62 人)

05115610	卢　毅	05115315	王　宁	05215202	孙舒琪
05115623	王肖骏	05115301	宫鹏飞	05215130	张　勉
05115601	范健华	05115619	肖宇凡	05315101	居婷怡
05115609	刘常浩	05115629	徐华生	05315129	班友雪
05115509	周　航	05115605	戈　瑶	05315103	杨　真
05115611	叶啸天	05115630	袁　抗	05315128	王浩宇
05115628	何至立	05115202	石　棚	05315137	郑文达
05115604	徐睿妮	05115311	吴睿喆	05315135	谷柳凝
05115602	黄健飞	05115304	孙　悦	05315115	吴远德
05115406	张明宇	05115201	陈艺夫	05515101	刘晓宇
05115213	李志强	05115517	杨　航	05515128	陈　钦
05115608	唐　笑	05115626	陈昊辉	05515117	王武明
05115613	苏子阳	05215103	康　蕊	05515116	王元馨
05115607	徐　圆	05215216	刘　峰	05515124	石　雷
05115512	张宁远	05215101	刘加敏	05515104	韩雪欣
05115603	吴谊文	05215231	冯雪婷	05115204	吴胜男
05115501	孙逸夫	05215131	孙乐乐	05115621	张悦浩
05115224	张　寒	05215102	孙　宁	05215214	于路港
05115504	章梦霞	05215218	张震祺	05215212	陈静怡
05115401	施子骏	05215119	张　路	05515105	李　轶
05115631	仇敏桦	05215230	张　易		

电子科学与工程学院(38 人)

06015124	郑　添	06015214	李子煜	06015139	段升顺
06015327	邹少锋	06015333	周辰辉	06015234	于福忠
06015105	赵雅茹	06015138	杨可扬	06015341	李京仓

06015338	戴荣时	06015328	李旭涛	06015339	谢　君
06015241	赵临风	06015229	刘佳琦	06015111	陶　妍
06015330	窦　刚	06015210	陈柳宏	06015307	万　煜
06015221	纪　愚	06015337	岳　钒	06015203	亓彦文
06015123	周　熠	06015228	张　驰	06115113	朱励轩
06015224	朱俊彦	06015326	赵　天	06115121	宋金凯
06015127	程天霁	06015137	施淳信	06115111	时宇健
06015331	凌星宇	06015101	廖丹媛	06115106	王子越
06015118	欧阳小龙	06015325	陈立军	06315128	郑鹏程
06015230	丁　松	06015220	袁墩栋		

数学学院(17 人)

07115121	周　晓	07115124	王东明	07315123	邵　其
07115122	李佳明	07215117	雷　诺	07315113	王一茗
07115129	吴大坤	07215115	王志伟	07315132	黎　俊
07115107	吴超群	07215105	诸葛晓婷	07315109	刘香男
07115108	易芳如	07315126	王盛辉	07315128	姜岱玮
07115126	刘照辉	07315105	李　源		

自动化学院(27 人)

08015116	张　伟	08015204	常雅晴	08015101	陆逸慧
08015202	刁　丽	08015431	赵子萌	08015417	刘文景
08015321	位广宇	08015314	李永胜	08015212	黄赛金
08015105	肖　婧	08015127	陈科圻	08015208	陈乐源
08015216	王伟梁	08015126	冉智丹	08015136	王嘉伟
08015124	董林滔	08015325	卢卓桓	08015112	肖志尧
08015306	韩紫婷	08015403	庄集龙	08015117	姚　越
08015420	蔡文哲	08015103	李一萌	08015407	刘子琦
08015107	段彦卉	08015213	孙伯文	08015412	邹子凌

计算机科学与工程学院(31 人)

09015335	叶楸强	09015420	康林峰	09015208	花璐璐
09015336	张奕裕	09015329	曹长巍	09015418	郝石磊
09015137	陈小飞	09015436	孙君校	09015410	刘丁玮
09015128	张敏学	09015115	魏博伟	09015429	宋晓伟
09015319	陈一赫	09015231	孙　凯	09015317	郑秋硕
09015101	程茜雅	09015120	胡　斌	09015427	李浩凯
09015322	贺建安	09015419	陈　义	09015403	王一霏

09015118 杨 浩 09015433 孟天放 09015324 徐成卓
09015108 王宇晨 09015326 陈衍庆 09015109 魏 好
09015413 吴 锐 09015320 秦嘉璇 09015205 董夕瑞
09015111 宋家欢

软件学院(25人)

71115339 肖君彦 71115445 隋文正 71115304 邓雨田
71115206 张晓雯 71115341 袁歆雨 71115321 蒋泊森
71115332 张 璐 71115142 刘茂林 71115107 张迎雪
71115121 钱昊达 71115243 吴碧伟 71115333 李勇鹏
71115221 龙鑫玮 71115429 郭嘉诚 71115313 杨兴才
71115437 陈一雄 71115134 朱 鑫 71Y15102 孟 越
71115217 杜一鸣 71115116 沈廷威 71Y15123 闫怀宇
71115241 蔡健宇 71115112 余泽晨 71Y15108 施超敏
71115316 文智奕

物理学院(10人)

10115114 李新新 10315110 陈 俊 10315116 李 伦
10115119 薛丰铧 10315104 韩 瑜 10315126 李 凯
10115121 秦 鑫 10315106 马眉扬 10315122 李聿安
10115134 窦唯靖

生物科学与医学工程学院(15人)

11115122 缪居正 11115101 王 琼 11315102 杨奕璇
11115108 张筱萱 11115102 薛智萌 11315109 高祎晨
11115132 吕乾韬 11115118 姚维国 11315103 闫高洁
11115130 袁一通 11315101 马乐遥 26115110 周海函
11115109 王 颖 11315116 汪 澍 26115112 倪 军

材料科学与工程学院(24人)

12015135 耿子凡 12015429 韩寿雨 12015229 郝继鹏
12015211 张振兴 12015109 叶诗雨 12015419 张俊杰
12015202 王 纯 12015422 宋东东 12015301 岳夏薇
12015120 刘煜轩 12015206 林 娴 12015125 康宏辉
12015124 金 鹏 12015305 封媛嘉 12015228 鲍卓珩
12015307 游玉莹 12015213 陈高丰 12015324 刘志康
12015304 刘 琪 12015403 罗心怡 12015424 黄耀华
12015203 顾晓雯 12015132 刘冀洋 12015201 顾栩涵

人文学院(30 人)

13115128	郑德祺	13215108	刘云惠	13415131	曾欣乔
13115110	许嘉玲	13315113	徐　俐	13415114	倪　旖
13115102	朱周华夏	13315108	龚丽丹	13415104	何　萌
13115106	程心如	13315105	杜婧仪	13415102	何丹丹
13115107	赵　清	13315109	胡　娟	13415127	杨晓婕
13115119	沃一婧	13315121	王铭茜	13615113	沈知聪
13215115	吴　宇	13315125	肖梦林	13615109	张　露
13215110	吕明珠	13315128	刘晓刚	13615104	杨　翔
13215102	李　静	13415112	游思平	13615110	单祎文
13215107	董馨羽	13415115	孙文婷	13315114	李梦昕

经济管理学院(65 人)

14115105	颜娇娇	14415108	安茂琳	14715102	何媛田
14115128	吉　胜	14415113	满雪颖	14715110	刘腊月
14115130	赵宇轩	14415114	李东阳	14715124	孙雨杨
14115104	吕莛琳	14415219	邱祉祎	14815101	戴薛甜
14115127	陈　德	14415201	陈思雨	14815119	步纤屿
14115102	林兆丰	14515111	王雪竹	14815114	苗林霏
14215109	马明畅	14515108	杨　帆	14815102	叶芳晨
14215112	张静怡	14515106	周文棋	14815122	林　恬
14215116	郑　琳	14515201	陈　诺	14815118	杨宏英
14215104	方欣悦	14515124	刘　乐	14915103	宋嘉馨
14215120	刘　升	14515213	应佳玲	14915125	王论意
14315103	宋孟璐	14515121	张可可	14915102	杨　旭
14315109	吴宏善	14515219	周路妍	14915123	方金伟
14315111	黄　萍	14515216	肖　颖	14915114	费亦多
14315104	姜旭玲	14515202	王雨桐	14Y15121	金　杰
14315110	朱佳敏	14615101	钱嘉隆	14Y15103	刘佳慧
14415221	李星潼	14615125	李雪娇	14Y15101	刘玉雯
14415208	周　妮	14615119	闫　洁	14Y15112	张　蒙
14415207	钟宁桐	14615128	贺　斌	14Y15120	陆清华
14415212	方子茹	14615121	耿　敏	14915121	郭澎潮
14415228	黄伟平	14615124	张瑞婕	14915118	曹　晶
14415224	王紫宇	14715103	王冰玉		

电气工程学院(38 人)

16015630	印　航	16015224	孙睿哲	16015329	赵　阳

16015607　庄文楠　16015524　胡佳鹏　16015226　唐兆鹏
16015631　孙锴宇　16015605　陈沛瑾　16015612　金家东
16015311　孙宇幸　16015506　华济民　16015528　黄怡凡
16015323　王旭东　16015306　孙维佳　16015201　王　丽
16015516　潘　登　16015330　张建朋　16015223　毛永恒
16015406　包丽雯　16015608　严　强　16015530　张　甜
16015214　庄文杰　16015409　顾佳磊　16015109　杨龙飞
16015128　郭　潇　16015207　杨光辉　16015623　秦晓阳
16015129　彭　杨　16015130　田恩东　16015628　曹家诚
16015312　魏松韬　16015611　李乘云　16015403　勇蔚柯
16015217　钟　智　16015405　冯　可　16015309　段成亮
16015518　李容冠　16015324　刘鉴雯

外国语学院(17 人)

17115309　季培霖　17115114　宋纯逸　17215103　牟朝霞
17115314　单　婧　17115323　龚　杰　17215212　张子健
17115310　张亚萍　17115222　陈雪蓉　17215111　王晨晨
17115216　黄亦承　17115304　张冬子　17215215　仲可可
17115111　孙　乐　17115105　曹佳宇　17215102　戴　枫
17115214　袁晓丹　17215106　钱　辰

化学化工学院(13 人)

19115120　孟闻飞　19215103　谈梦璐　19215101　范凤英
19115104　闵博雅　19215105　邹茜茜　19315102　贺　唱
19115101　徐婉琳　19215119　顾铤威　19315101　朱滢钰
19115102　顾柳瑜　19215116　王嘉玮　19315118　徐文龙
19215102　周小清

交通学院(76 人)

21115111　王云珊　21315117　邵沛涵　21715235　曹宏斌
21015106　张珺玮　21315123　沈　鑫　21015213　韩　涛
21015102　陈英豪　21315101　来尚婧　21015204　黄梦雨
21015104　李玲慧　21315119　刘　琦　21015218　曹家铖
21015113　肖　哲　21315104　吴艳艳　21015205　江宛琪
21015118　张应恒　21415106　姚金悦　21715108　杨　倩
21015116　周润瑄　21415101　郑天宇　21715119　汪　涛
21015110　彭　铖　21415108　李梦琦　21715136　牛泽晖
21015109　戴昇宏　21415123　朱保航　21015208　祁浩东

21015103	周琳婕	21415113	张妮妮	21715205	王新雅
21115218	刘宇衡	21515102	焦凤伟	21815107	徐为驰
21015119	刘晓瀚	21515109	刘　璐	21815102	徐　曼
21015115	季钧一	21515110	秦　棽	21815118	刘涉川
21115105	任怡凤	21515114	吕景旭	21815122	李　伟
21115127	于维杰	21015220	方　周	21815123	单　杰
21015117	李文煜	21015215	王　宝	21815127	彭之晟
21115121	张子乾	21715201	陈　健	21815105	李　标
21115207	苗　迪	21015216	张靖霖	21815103	刘金昊
21115118	牛晓晖	21015203	施　维	21815125	金　雨
21215130	占昌文	21015202	李维珍	21815135	李勖晟
21215104	严欣彤	21015217	陈英杰	21015210	洪正强
21215117	化丽茹	21015206	吴　阅	21715203	唐　诗
21215114	曦　曙	21015212	柳雨豪	21715242	赵健凯
21215109	缪家音	21715218	曹晨旭	21715126	刘星坤
21215105	韩　倩	21015201	张丹妮	21715240	张家强
21215108	汤　慧				

仪器科学与工程学院(20)

22015412	陈望隆	22015405	刘　琪	22015307	赵靖文
22015406	杨述焱	22015212	李嘉杰	22015106	李孟凡
22015402	沈玥伶	22015201	柴川页	22015116	张　昭
22015404	罗笑雪	22015125	罗佳奕	22015306	章司怡
22015325	胡　权	22015213	陈思维	22015410	姜旭东
22015304	刘倩雯	22015225	张啸天	22015108	张晶晶
22015407	李　颖	22015105	樊佛莉		

艺术学院(15 人)

24115107	朱丽罕	24215101	顾宸嘉	24315112	胡　睿
24115113	华怀之	24315222	吴文轩	24315201	曹忞竹
24115106	姚　晓	24315223	刘本杨	24315202	朱　洁
24215113	徐思佳	24315110	赵吕欣	24315101	刘　莲
24215108	韩　潇	24315124	顾乃全	24315120	邹佳颖

法学院(12 人)

25015204	范　洁	25015112	曲　慧	25015113	申一芬
25015122	朱佳雯	25015115	汪贝贝	25015116	吴秋月
25015101	陈家媛	25015208	廖婧文	25015214	谢微微

25015209	潘豫皖	25015203	曹雅茹	25015105	邓海婷

医学院(24 人)

41115122	牟　杨	43114203	赵　娜	43314103	王马丽
41115101	赵　姗	43114118	伏　敏	43314129	刘锦强
41115109	佘心宇	43114223	吕　钺	43314104	韦嘉仪
41115106	黄潞言	43114105	章美琳	43314108	李　倩
43114226	陈哲炜	43114116	王晋秋	43415113	朱珂宇
43114121	祁文俊	43114206	袁钟姝	43415103	宋熙晶
43114201	朱桂萍	43114214	方　馨	43415105	王旭鸿
43114107	李洪林	43114113	黄武翠	43515107	马彩文

公共卫生学院(13 人)

42114117	鲍明阳	42114214	李彬菁	42114211	刘彩萍
42114205	赵文轩	42114116	潘振宇	42215205	俞沁雯
42114109	陆　璇	42114225	徐　坤	42215204	黄书奇
42114118	焦志刚	42114213	刘　钰	42215112	陈寒赟
42114224	袁德富				

吴健雄学院(44 人)

04015002	廖晓菲	04015003	王天仪	61315122	王一彪
04015025	许晨煜	04015009	陈宏泰	61315112	魏　楷
06015006	牟　星	03015005	苗双双	61315121	郜泽飞
04015027	李沙志远	03015001	金宇晖	61315131	崔舒欣
04015024	张　睿	03015007	秦宇枭	61315106	冯涵颖
04015010	郭大众	02015433	史章昆	61315126	刘兆寰
04015019	周爱君	61315123	吕佳峰	61315116	姜进科
04015028	马小松	61315119	王辉征	61315114	唐俊逸
04015032	霍浩森	61315103	完晓妍	06015004	郭　兴
06015002	王心沅	61315110	邵睿文	04015008	牟星霖
06015005	蒋徐颢	61315108	姜　宁	04015001	丁　天
09015140	戚耀磊	61315111	张天舒	06015008	罗星恒
04015015	张　浩	61315104	张雯惠	03015002	王　彤
04015023	徐　菁	61315107	强筱婕	03015006	蒋显一
04015033	黎子建	61315130	陈　曦		

无锡分校(7 人)

04215722	顾　艺	04215701	沈星汝	06215604	俞彦卿

04215709　袁冬宇　　04215704　吴启晨　　06215602　应鑫媛
04215725　张鹏举

2014 级七年制生物医学工程专业本硕连读学生名单

序号	本科学号	姓名	导师姓名
1	11214102	胡自溪	孙　啸
2	11214103	张　涵	赵远锦
3	11214104	张彩宁	唐达林
4	11214105	杜远宁	徐春祥
5	11214106	邓　瑜	何农跃
6	11214107	李星辉	陈　强
7	11214108	马茗熙	熊　非
8	11214109	王钟毓	谢建明
9	11214110	张泽汐	蔡　彦
10	11214113	程　筱	杨　芳
11	11214115	冯沛严	徐春祥
12	11214116	许鹏飞	钱卫平
13	11214117	马　良	卢晓林
14	11214118	许可飞	吴富根
15	11214119	李绍华	朱纪军
16	11214120	张　程	谢建明
17	11214121	谭超俊	谢雪英
18	11214122	谢晨曦	吕晓迎
19	11214123	曾　嘉	吴富根
20	11214124	董　傲	钱卫平
21	11214125	金纪勇	何思源
22	11214126	李　浩	孙　啸
23	11214128	张　弛	汪　丰
24	11214129	李　毅	罗守华
25	11214130	徐梓康	顾忠泽

（续　表）

序号	本科学号	姓名	导师姓名
26	11214201	钟集杏	刘宏德
27	11214203	张雨薇	徐春祥
28	11214204	牟思豫	赵兴群
29	11214205	张　弛	张　宇
30	11214206	张玉婷	周　平
31	11214207	李　敏	罗立民
32	11214208	李　药	杨　芳
33	11214209	郑婉璐	郑文明
34	11214210	郭佳慧	赵远锦
35	11214211	张　敏	赵兴群
36	11214212	文星曌	徐春祥
37	11214213	郑长坤	汪　丰
38	11214214	黎东升	周光泉
39	11214215	杨志浩	巴　龙
40	11214216	蔡天一	刘　宏
41	11214217	许成韬	刘　宏
42	11214218	蔡润泽	顾万君
43	11214219	殷一帆	李志勇
44	11214220	陈阳天	韩晓峰
45	11214221	王岭枫	李志勇
46	11214222	卢　川	王遵亮
47	11214223	郭铸慷	何农跃
48	11214226	田培龙	张　宇
49	11214227	郭占航	顾　宁
50	11214228	佘　聪	吴富根
51	11214229	刘佳腾	郑文明

2013 级七年制临床医学专业本硕连读学生名单

学号	姓名	学号	姓名
43213101	沈　甜	43213214	陈思雯
43213102	韩钰钰	43213215	高　玥
43213107	陶花逸	43213216	汪婷雅
43213109	薛　玉	43213217	郭　荔
43213111	石霁箐	43213218	查倩倩
43213112	杨　楠	43213220	陈政祺
43213113	周安琪	43213222	杨凯歌
43213115	张　娜	43213223	刘　文
43213116	马俊怡	43213225	王　振
43213117	陈文达	43213226	许吉昊
43213118	王思琪	43213227	何　钦
43213124	金渊涵	43213229	季振军
43213125	武广焱	43213230	靳　浩
43213126	胡英杰	43213231	蒋峥杰
43213127	李崟坤	43213233	亚力坤·玉苏甫
43213129	丁　远	43213303	徐童童
43213132	蒋运罡	43213304	张嫣然
43213133	吕沁依	43213305	黄莉棠
43213201	曹　旭	43213306	曹晨睿
43213202	刘桑妮	43213307	朱怡倩
43213203	王　禾	43213308	秦　怡
43213204	陈子木	43213309	殷　韵
43213206	张　誉	43213310	杨　鑫
43213208	周　菁	43213311	薄祥薇
43213209	任玲玉	43213312	顾　楠
43213210	朱慧敏	43213313	马玉萍
43213211	高　洁	43213314	季　璇
43213213	孙雨露	43213315	张倩男

（续　表）

学号	姓名	学号	姓名
43213319	刘熠赫	43213424	高文韬
43213321	易仁鑫	43213425	钱　铭
43213322	宋振飙	43213426	魏　宁
43213324	仲之恒	43213427	陆郅尚
43213326	钱佳俊	43213429	茅苏铭
43213327	王　剑	43213430	王子杨
43213328	姚　磊	43213431	李　聪
43213330	郭光猛	43213432	查明明
43213331	甘　凯	43213433	史汶沅
43213332	轩文彬	43213434	张　玄
43213401	潘誉丰	43213502	黄　楠
43213402	王　杨	43213505	郭晓颖
43213403	钱静益	43213506	陈慧娴
43213404	许邵莹	43213507	高卓赟
43213405	王艺锦	43213509	张宁静
43213406	冯笑笑	43213510	顾仕红
43213407	贡颖颖	43213511	姜靓婧
43213408	吴静叶	43213512	陈　磊
43213409	陈亦路	43213513	邹雅文
43213410	钱君怡	43213514	姜秀玉
43213411	徐　艺	43213515	耿朋朋
43213412	秦鹏菲	43213519	郝　彤
43213413	陈思越	43213520	郭　敏
43213414	汪　洋	43213521	沙　俊
43213415	戴雨晨	43213522	李儒雅
43213416	祖　娟	43213523	施　磊
43213418	曹莉莉	43213524	胡胜烨
43213419	祁安琪	43213525	汪　超
43213421	史天一	43213526	李熠瑶
43213422	钱思伟	43213527	吴环宇
43213423	孙仲煦	43213528	孙　岳

(续　表)

学号	姓名	学号	姓名
43213529	田家乐	43813114	刘　钰
43213530	史宇泽	43813115	杨璨鄰
43213531	刘匡正	43813116	王慧泽
43213532	叶尔那·沙太	43813117	刘佳宁
43813101	胡梓菡	43813118	王永芳
43813102	袁本银	43813119	鲍建彤
43813103	陈思洁	43813120	黄思佳
43813104	曹无忧	43813121	陶金园
43813105	谢爱明	43813122	朱以鹏
43813106	曹　蓉	43813123	汪　盛
43813107	王　希	43813125	李盛伟
43813108	胡心惠	43813126	黄志豪
43813109	嵇婷婷	43813127	李潇坤
43813110	魏佩佩	43813128	李明康
43813111	陈怡帆	43813129	邱　晟
43813112	张玉霞	43813130	武俊杰
43813113	雷思雨		

2018年江苏省本科优秀毕业设计(论文)评选获奖情况

序号	学院	毕业设计(论文)题目	学生姓名	指导教师姓名	奖项
1	外国语学院	欧内斯特·费诺罗萨笔下的近代远东	张　晨	吴兰香	一等奖
2	机械工程学院	基于最大相关峭度解卷积的滚动轴承微弱故障诊断方法研究	王　飞	贾民平	一等奖
3	仪器科学与工程学院	基于生成对抗网络的人体运动仿真	秦　阳	莫凌飞	一等奖
4	吴健雄学院	5G移动通信大规模MIMO检测算法与实现研究	薛　烨	张　川	一等奖

（续　表）

序号	学院	毕业设计(论文)题目	学生姓名	指导教师姓名	奖项
5	信息科学与工程学院	毫米波大规模 MIMO 系统的信道估计方法研究	马文焱	戚晨皓	一等奖
6	自动化学院	PCB 视觉检测中圆形特征识别方法	卢长胜	夏思宇	一等奖
7	计算机科学与工程学院	本体匹配调谐的实证研究	王文宇	汪　鹏	一等奖
8	能源与环境学院	考虑粒子形态的纳米流体导热系数模型研究	徐新懿	杨　柳	一等奖
9	化学化工学院	负载型复合金属氧化物光催化剂的制备及性能研究	梁　爽	周钰明	一等奖
10	土木工程学院	居住环境风险源对住房价值的影响效应研究	姚舒阳	袁竞峰	一等奖
11	艺术学院	智慧城市平衡车开发设计	刘　巍	崔天剑、许继峰	一等奖
12	经济管理学院	基于网络模型的银行挤兑风险研究	利嘉恒	李守伟	二等奖
13	电气工程学院	混合动力汽车用双三相定子 12 槽/转子 11 极磁通切换永磁电机的分析与设计	吴旭东	张　淦	二等奖
14	土木工程学院	礼嘉嘉陵江大桥船撞非线性动力响应及防撞措施研究	孟　畅	刘　钊、张文明	二等奖
15	交通学院	旅游景区内部行人交通特性与仿真评价方法	赵鑫玮	过秀成	二等奖
16	生物科学与医学工程学院	高光热转化率碳纳米颗粒的制备及其在肿瘤光热治疗中的应用	孙　炜	吴富根	二等奖
17	建筑学院	都江堰城市形态研究及总体城市设计- 6	张亦然	冷嘉伟、鲍　莉、沈　旸	二等奖
18	数学学院	分布式传感器网络的信息估计与融合问题研究	尹海安	温广辉	三等奖
19	材料科学与工程学院	纳米结构表面润湿性能的模拟研究	胡梦丹	朱鸣芳	三等奖
20	电子科学与工程学院	电荷陷阱型非易失性存储器研究	李　帆	黄晓东	三等奖
21	建筑学院	都江堰城市形态研究及重点地段城市设计	程可昕、张博涵、张亦然、陈鹏举、龚稼琦、徐菁菁	冷嘉伟、刘　刚、沈　旸、董亦楠	团队优秀毕业设计(论文)

序号	学院	毕业设计(论文)题目	学生姓名	指导教师姓名	奖项
22	建筑学院	"阳光方舟"设计与建造研究——2017SDC国际太阳能十项全能竞赛	徐文婷、劭建东、陈娇、钱志达、黄宇星、涂雨璇、蔡天怡、乔意然、李俊珂、唐浩铭、杨仁青、王文晨、冯天云、林茜、张悦、周婷、李奇、王彤、波尼亚	李向锋、张弦、张旭、张宏	团队优秀毕业设计(论文)
23	建筑学院	轨枕之间——天津中心城区铁路环线周边地区更新发展规划	花薛芃、王伟、丁金铭、王慧、刘羽瑄、姜梦	吴晓、巢耀明、史宜	团队优秀毕业设计(论文)

2018届校级优秀毕业设计(论文)名单

序号	学院名称	姓名	一卡通号	课题名称	课题性质	指导教师
1	建筑学院	张祺媛	213130024	山水相连、城乡一体——当代山地城市与建筑空间营造3-1	毕业设计	李飚
2		吴彦臣	213130533	乡村重构——红安华润希望小镇中日联合毕业设计-7	毕业设计	李向锋
3		贾冕	213132744	互动技术与建筑创作-11	毕业设计	虞刚
4		邱丰	213131765	集约型城市街区设计及其量化分析4	毕业设计	韩冬青
5		陈文君	213131002	青岛历史城区保护利用规划与设计2	毕业设计	阳建强
6		马琳	213132681	对话时间——南京明城墙官窑山遗址公园规划设计-3	毕业设计	成玉宁
7	机械工程学院	赵天晟	213141668	具有姿态锁定功能的串联机器人结构设计	毕业设计	田梦倩
8		张嘉智	213141943	多出口复合式直线振动传输装置设计	毕业设计	韩良
9		王江林	213141545	基于hololens的无人机维修IETM手册开发	毕业设计	薛澄岐

（续　表）

序号	学院名称	姓名	一卡通号	课题名称	课题性质	指导教师
10	机械工程学院	赵兴景	213143754	卧式主被动腿部肌肉训练器设计	毕业设计	罗　翔
11		任凯炳	213140536	石墨烯-二硫化钼基无酶葡萄糖传感器的研制	毕业设计	李　晓
12		吴闫明	213143042	Robomaster英雄机器人机械设计及优化	毕业设计	戴　敏
13	能源与环境学院	周宇昕	213141994	石油焦化学链气化实验研究	毕业设计	沈来宏
14		张宇峰	213141936	扭转对碳纳米管束热物性影响	毕业设计	沈红梅
15		李佳辰	213143804	担载型钙基吸附剂选择性吸附HgCl2的实验研究	毕业设计	段钰锋
16		陈子聿	213141967	透平复杂主流影响下的冷气迁移机制	科研论文	盛昌栋
17		姚依晨	213141964	磁悬浮水泵振动影响因素研究	毕业设计	杨建刚
18		季建周	213141988	热源塔热泵系统及其性能试验台的设计与研究	毕业设计	张小松
19		崔婷婷	213141954	基于生物裂解预处理的市政污泥厌氧消化减量化研究与工程方案设计	毕业设计	余　冉
20		黄恩和	213143763	核电机组常规岛热力系统建模与优化研究	毕业设计	杨建明
21	信息科学与工程学院	姚　丽	213142016	无线信道互易性理论和实验测量研究	毕业设计	彭林宁
22		印　航	213143921	基于深度学习的5G射频功率放大器线性化技术研究	毕业设计	余　超
23		何伟梁	213142011	基于波束训练的毫米波MIMO无线传输技术研究	毕业设计	黄永明
24		顾朋鹏	213140969	通信系统中可逆信息隐藏技术研究	毕业设计	陈立全
25		杨宇峰	213142057	大规模MIMO系统Conjugate Residual检测算法与实现研究	科研论文	张　川
26		俞安澜	213142813	大规模MIMO的线性检测算法与实现研究	科研论文	张　川
27		钟志伟	213140729	基于化学反应网络的逻辑与功能实现研究	科研论文	张　川
28		陈　曦	213143710	一种快速开关切换差分E类功率放大器设计	毕业设计	徐　建
29	土木工程学院	曾少儒	213141264	无锡市儿童医院住院部钢框架结构设计	毕业设计	范圣刚
30		何祥平	213143582	基于BIM的高铁连续梁桥施工模拟与分析	科研论文	王　浩
31		严嘉怡	213142290	Miura折纸结构衍生式设计及其几何构形研究	科研论文	陈　耀

(续 表)

序号	学院名称	姓名	一卡通号	课题名称	课题性质	指导教师
32	土木工程学院	谢思聪	213140836	考虑工程不确定性的钢筋混凝土框架结构连续倒塌行为模拟	科研论文	冯德成
33		王月峰	213142135	建筑工程施工紧邻构筑物环境安全指标体系研究	科研论文	田龙岗
34		张 颖	213142693	轴心受压不等边角铝构件的整体稳定性能研究	科研论文	郑宝锋
35		马俊伟	213142137	中国 PPP 市场演化与竞争机制研究	科研论文	袁竞峰
36		郁 璐	213142142	扬州蜀冈小区 B－12 住宅楼施工组织设计和投标报价编制	毕业设计	陆惠民
37		倪盼睿	213142091	接触 Hamilton 系统的变分原理及其在 Hamilton－Jacobi 方程粘性解中的应用	毕业设计	糜长稳
38		刘 芸	213142143	不同沉水植物对沉积型微生物燃料电池运行效果的影响	科研论文	杨小丽
39	电子科学与工程学院	姚志锴	213140979	室内可见光通信系统性能提升方法与实验验证	毕业设计	孙小菡
40		宋逸群	213140452	考虑工艺偏差的 MEMS 器件设计和分析方法研究	毕业设计	周再发
41		唐辛泉	213142741	多任务全息光束整形技术的 研究	毕业设计	吴 俊
42		耿杨烨	213141000	集成多功能电极的微流控芯片研究	毕业设计	朱 真
43		薛文杰	213143073	基于 FPGA 的拟色电子系统设计	毕业设计	黄晓东
44	数学学院	卢 添	213142238	多智能体系统协同抗干扰控制	毕业设计	虞文武
45		张 嫱	213141173	基于荧光成像的生物组织结构检测和计算	毕业设计	刘继军
46		安少坤	213143278	基于单细胞 RNA 测序数据的细胞分化路径重构问题	毕业设计	徐 亮
47	自动化学院	胡传昊	213140375	面向网络攻击的传感器网络分布式滤波算法设计	毕业设计	张 亚
48		蒋光峰	213141045	基于 Android 的工程机械售后服务智能派工系统的开发与实现	毕业设计	仰燕兰
49		陈一洲	213142494	用于无人驾驶汽车的超车/避障系统设计	毕业设计	黄永明
50		邝 野	213140887	基于文本挖掘的企业标签自动生成	毕业设计	夏思宇
51	计算机科学与工程学院	许 旖	213140925	基于文化基因算法的任务调度方法及实现	毕业设计	李小平
52		骆 颖	213142272	基于嵌入空间对齐的命名实体识别	毕业设计	徐立臻
53		王 铎	213141298	面向数据流结构的 SIMD 优化方法	毕业设计	杨全胜
54		黄子尧	213141474	多无人机协同飞行方案的系统设计与实现	毕业设计	吴巍炜

（续　表）

序号	学院名称	姓名	一卡通号	课题名称	课题性质	指导教师
55	物理学院	钱　骞	213140722	Fe 氧化态对磁性影响的第一性原理研究	毕业设计	黄兆聪
56		沈傅欢	213143581	贵金属纳米颗粒-量子点耦合杂化体系中的光频梳产生	毕业设计	杨文星
57	生物科学与医学工程学院	许可飞	213141018	胆固醇化的 PAMAM 树枝状高分子及其载药应用	毕业设计	吴富根
58		文星婴	213141495	单细胞转录组混合测序生物信息分析研究	科研论文	涂　景
59		许成韬	213141096	一种基于金纳米粒子的三价砷检测方法	毕业设计	刘　宏
60	材料科学与工程学院	邓心怡	213141506	温致变色上转换复合纳米结构的构建及防伪应用研究	毕业设计	邵起越
61		刘　新	213141407	纳米杂化颗粒对水泥早期水化的影响	毕业设计	冯　攀
62		陈文宇	213143735	MXene 基 MOF 衍生物复合材料的制备及其电化学性能研究	毕业设计	孙正明
63	人文学院	毕　铕	213143501	伯林自由观的思想溯源研究	毕业设计	张　晒
64		洪　琼	213140522	基于数字足迹的赴千岛湖旅游者空间行为研究	科研论文	宣国富
65		翟蕊晗	213141760	从《奔月》看鲁敏创作新变	毕业设计	李　玫
66		李昕璐	213140517	时间意识：现象学自然化的可能性研究	毕业设计	何浩平
67	经济管理学院	褚晨予	213140257	基于交通安全的城市发展战略研究	科研论文	林宏志
68		张佳蕾	213142321	雇佣关系与主动行为的机理探索	毕业设计	许　勤
69		王佳旎	213142320	公司治理特征影响组织结构复杂度吗？——来自中国上市公司的证据	科研论文	王亮亮
70		翟　玲	213142341	银行贷款、融资租赁与经济增长：来自全球市场的新证据	毕业设计	张　颖
71		贾美晴	213142343	我国政府转移支付对地方经济增长质量的影响研究	毕业设计	吴利华
72		李　悦	213143323	基于在线评论文本挖掘的客户价值管理研究	科研论文	张建军
73		胡雨林	213140908	平台模式 vs. 批发模式基于风险和竞争的分析	毕业设计	薛巍立
74		文世航	213140373	中国上市公司担保多层网络结构特征研究	毕业设计	李守伟
75		胡泽敏	213143493	中国城市容积率规制强度的测度及其影响因素研究	毕业设计	刘修岩

(续 表)

序号	学院名称	姓名	一卡通号	课题名称	课题性质	指导教师
76	电气工程学院	陈子琳	213141287	风电场不确定性风机群失步机理分析和保护研究	毕业设计	陆于平
77		吴 政	213140096	电流测量误差对永磁同步电机控制性能的影响分析与补偿 策略	毕业设计	花 为
78		王洪儒	213142707	基于智能终端和云平台的负荷控制系统	科研论文	王 琦
79		许利通	213141220	无刷双馈风力发电系统及其控制技术研究	科研论文	程 明
80		单博航	213140248	电力通信报文传输安全研究与实现	毕业设计	谢吉华
81	外国语学院	徐洁	213143322	中外合作大学中基于翻转课堂理念的教学设计研究及其对中国大学的启示	科研论文	张 豫
82		张天琦	213140002	对日本“无缘社会”的考察	毕业设计	郑小翔
83	化学化工学院	潘 强	213141131	分子铁电器件	毕业设计	游雨蒙
84		韩 策	213141390	近红外氧杂蒽反应型荧光探针的合成与表征	毕业设计	钱 鹰
85	交通学院	李佳佳	213142411	基于数据挖掘的丽温高速交通事故分析研究	科研论文	何 杰
86		朋子涵	213141172	多系统紧组合 GNSS 基线解算原理及其软件开发	科研论文	高成发
87		范 成	213142461	不同概化形式对流量的影响研究	毕业设计	耿艳芬
88		孙赫杨	213140161	基于 Frechet 距离的地图匹配算法研究	毕业设计	蔡先华
89		郭汉宸	213142428	毛细导水土工材料夹层对路基填土水分场影响试验研究	科研论文	刘志彬
90		李树伟	213143219	沥青路面结构超声波无损测试方法研究	科研论文	顾兴宇
91		郑 兴	213141271	三塔钢结构斜拉桥成桥结构计算与分析(南京五桥)	毕业设计	黄 侨
92		汪 锐	213141066	复合改性沥青及其沥青混合料关键路用性能研究	科研论文	陈先华
93		徐硕研	213142440	高速公路二次交通事故风险预测与主动预防方法设计	毕业设计	徐铖铖
94		杨名远	213142464	基于短时需求预测的公共自行车站点调度方法研究	毕业设计	季彦婕
95	仪器科学与工程学院	李 坤	213141129	MEMS 环形振动陀螺结构设计与仿真研究	毕业设计	黄丽斌
96		邵斌澄	213142480	基于力反馈手控器的虚拟机器人遥操作系统设计	毕业设计	宋爱国
97		厉 叶	213140496	情景交互式肢体康复训练机器人系统设计	科研论文	宋爱国

（续 表）

序号	学院名称	姓名	一卡通号	课题名称	课题性质	指导教师
98	艺术学院	徐将依	213143796	爱十——增强家庭情感交流的智能产品设计	毕业设计	许继峰
99		陈葭荣	213140949	非遗元素在当代文创设计中的应用研究————以唐山皮影为例	毕业设计	陈绘
100	法学院	黄文青	213141830	论国际投资条约中的公平与公正待遇标准	科研论文	于文婕
101		沈童非	213141844	劳动纠纷中的当事人法律意识实证研究	科研论文	冯煜清
102	学习科学研究中心	裴　聪	213140148	抑郁症复杂脑网络和基因联合分析研究	毕业设计	卢　青
103	无锡分校	王海卜	213142195	光移动通信光束扫描跟踪技术研究	科研论文	张在琛
104	公共卫生学院	刘剀剡	213134201	太湖土著藻毒素降解菌菌群构建及应用	科研论文	浦跃朴
105		顾小琪	213141537	家庭因素与儿童健康：基于 CHNS 的证据	毕业设计	曹　乾
106	吴健雄学院	卢　凝	213141722	1 310 nm 光纤相干成像系统的优化及软件平台搭建	毕业设计	万遂人
107		李乐天	213140992	水泥土搅拌桩设计强度取值方法	科研论文	章定文
108		黄启圣	213142080	基于深度学习的 OFDM 解调技术研究	科研论文	赵春明
109		徐允昊	213143629	高性能低功耗 PUF 高效实现研究	科研论文	张　川
110	软件学院	崔颖华	213141678	基于 Attention 的循环神经网络的图分类的问题研究	毕业设计	罗军舟
111		杜　臻	213140145	面向新型存储设备的日志式存储系统	毕业设计	孔佑勇
112		李朝华	213142915	结合 0 阶与 1 阶的神经网络优化方法研究	毕业设计	张敏灵
113		王海萍	213140385	基于可编程硬件的高度可扩展虚拟网络功能的研究	科研论文	张三峰
114	医学院	陈江涛	213141428	前额叶神经节律变化对大鼠空间工作记忆的影响研究	毕业设计	陆　巍

2017—2018 学年“三好”研究生、优秀研究生干部、单项奖和先进班集体名单

2017—2018 学年“三好”研究生名单

建筑学院(48 人)

160003	傅　慧	160020	张玉晟	160021	张莹莹
160032	金探花	160038	潘鹏程	160060	赵胜波
160080	胡　蝶	160101	乔炯辰	160107	孙　青
160109	孙　源	160124	肖　畅	160126	谢　昕
160147	高亚龙	160148	何　朋	160155	吴　舒
160157	张　炜	160177	曲　悦	160194	陈翰文
160195	施一峰	160201	冯雅茹	160209	王明燏
160214	王振宙	169627	张军学	170009	杨莞阑
170020	赵宇辰	170035	张　敏	170046	石晗玥
170057	侯逸康	170063	任瑞瑶	170064	武　凡
170066	王　畅	170075	陈　菁	170076	陈斯予
170081	龚稼琦	170084	姬扩新	170091	刘宁琳
170101	沈　洁	170110	王子睿	170122	张博涵
170123	张皓翔	170150	张　祺	170182	王　芳
170197	黄晓庆	170217	宋　爽	170218	尹圣晨
179003	张军军	179005	陈海宁	179691	戴一正

机械工程学院(31 人)

160220	蔡子秋	160226	韩　硕	160228	华海涛
160235	李　创	160240	刘　洋	160271	杨　静
160274	叶　亦	160276	余文斌	160280	张　杰
160283	张赢杰	160293	易浩杰	160311	莫志杰
160314	陈　毅	160332	王　振	160335	唐　亮
160339	李　盛	169317	张　诚	169629	佘道明
169632	李忠武	170272	叶建伟	170253	刘　川
170271	叶　锋	170280	周芳宇	170274	詹利建
170279	章兢文	170304	吕　欣	170289	郭　明
170302	徐　舸	170348	吴　愿	170315	冯　超
170325	王　耀				

能源与环境学院(53 人)

149323	陈　超	149339	张舒阳	159021	吴　影
159348	王章鸿	160376	方振旅	160377	冯　璇
160394	卢锦程	160400	潘杭萍	160409	王　沐
160414	谢玮祎	160427	张文杰	160431	郑逸武
160441	张锡鑫	160445	陈广闯	160450	高天琦
160462	王　晨	160482	卢雅林	160484	潘雨婷
160486	湛长丰	160487	诸葛阳	160508	蔡雯雯
160544	蔡海峰	160546	仇　超	160547	龚　正
160566	陈阳阳	160570	祝敏敏	160582	周尤超
160596	袁　展	169027	马　忠	169324	符　灏
170394	符玲莉	170401	郭慧欣	170402	胡启龙
170420	罗爱莲	170427	唐炜洁	170429	王凯丽
170437	徐青蓝	170459	张　潇	170471	杨路宽
170479	罗正康	170497	成赛凤	170499	李珂珂
170506	高　欢	170510	林　超	170521	李倩霞
170542	肖晋飞	170548	皇甫泽玉	170569	车明仁
170591	李银生	170598	吴志鸿	170615	周　璇
179042	张　凡	189048	顾花朵		

信息科学与工程学院(70 人)

150782	李文桢	160607	张　弛	160616	朱传杰
160621	胡广宇	160631	邵　函	160633	舒　畅
160638	邹冰清	160645	黄　阳	160680	林　燕
160682	刘沁舒	160684	陆思文	160697	杨　丽
160701	曾雨旻	160703	朱文捷	160734	张亚芊
160745	葛佳月	160748	李　蕊	160762	庄　琰
160767	黄　偲	160770	王宇然	160787	宋　昌
160830	王曼丽	160834	毕晓慧	160845	毛欢欢
160849	孙　娇	160853	吴梦婷	160855	孙　博
160886	陈伟聪	160893	唐家博	160894	陶　俊
160903	陶雪琼	160921	韩民杨	169038	戴俊彦
169348	张安琪	169353	贺　渊	169644	吴浩天
169647	夏心江	170632	钱颖玉	170640	谢无双
170645	陈　慧	170660	景建新	170662	刘　浩
170664	石子豪	170697	崔少娜	170698	伏　啸
170701	顾志方	170708	李子园	170712	阮　梦

170720 王梦涵　170734 周少卿　170767 顾恒瑞
170768 胡　健　170775 宋　畅　170779 王　路
170788 朱紫辉　170845 孙　康　170872 冯　源
170879 沈怡婷　170883 吴镇滔　170884 姚梦成
170885 喻渲清　170925 申　政　170928 杨　哲
170936 丛　韫　170940 施昊擎　170942 郑喆文
170951 陶　哲　179395 张信歌　179681 王　晨
179705 叶　嘉

土木工程学院(57 人)

160926 李敬礼　160930 郑晨一　160957 李　帅
160961 刘　杨　160967 王　卉　160996 刘一荻
161004 邹仲钦　161007 冯升明　161017 秦永芳
161024 俞顺吉　161048 杨超一　161059 陈倩岚
161063 董雨婕　161068 黄丽媛　161097 谢　昊
161102 许　琪　161105 余　婷　161113 朱　宸
161124 朱浩樑　161130 张　驰　161134 冯　超
161161 李　璇　161174 缪梦伊　161176 刘　笑
169058 杨　森　169074 曹　冲　169366 陈　强
169369 王嘉昌　170964 冯　晶　170975 胡　阳
170989 冯程程　170995 韩云龙　171001 刘海霞
171006 钱凯瑞　171007 邱婷婷　171009 石晨晨
171016 魏笑尘　171021 余心笛　171022 张程锋
171027 朱　婷　171065 贺克俭　171092 吴一帆
171099 储长青　171105 冯鑫磊　171107 高宇琦
171113 李梦男　171137 王卫昌　171142 徐佳莹
171163 文隆佳　171170 沈佳辉　171202 毕　玮
171209 王　艳　171219 王凯妮　171227 匡　彪
179088 党隆基　179093 杨　阳　179453 肖　君

电子科学与工程学院(33 人)

141214 席维唯　151217 罗雨帆　159426 王　尚
161200 袁玉芬　161202 刘天宇　161204 王琛全
161207 陈逾璋　161212 李　帅　161230 高万里
161242 孙　卿　161271 宋文博　161298 沈为冬
161299 孙　亮　161302 杨　佳　161313 王　炜
161320 刘丰源　169085 赵见国　169089 陆扬扬
169661 贾少鹏　171280 金展翌　171290 李　静

171291 刘 云 171303 徐雪朦 171328 高 昕
171331 汪锦言 171332 杨 昌 171344 王 凌
171360 郭斯佳 171375 许逸波 171378 张家佳
171393 徐晓芬 171395 张瑶霖 171404 韩孟林

数学学院(8 人)

161341 曹 洁 161355 陆雪雁 161366 梁晓洁
171442 李 毅 171444 刘玉芬 171445 秦 健
179472 付金玉 189136 姚青云

自动化学院(31 人)

161374 陈晓涛 161387 李 艺 161400 王兆嘉
161401 夏 晶 161416 郭逸凡 161454 冯 炽
161460 戚文彬 161463 石静迎 161472 余林威
161484 肖 翔 169410 李晨龙 169422 陶焕杰
171475 迟 慧 171490 黄雪颖 171498 刘昌鑫
171508 宋 尧 171515 王国栋 171517 王银敏
171528 真昕欣 171537 何增祥 171539 田可心
171545 周梦迪 171546 陈荣荣 171554 陈旭璇
171566 骆浩楠 171573 吴俊盼 171575 徐 园
171578 张 玲 171587 常青松 179483 王子峣
179487 孙悦雯

计算机科学与工程学院(28 人)

161511 郭林森 161526 孙国艳 161536 许静文
161543 朱力行 161544 朱雪林 161581 刘木沐
161585 钱 颖 161587 丁思宇 161599 潘 覃
169105 王 彬 169425 王雅娣 171617 江仲鸣
171620 金 睿 171624 马 宁 171625 马麒翔
171642 许丹妮 171643 杨运韬 171671 韩伟娜
171672 贺 黎 171678 任 震 171679 史 娜
171680 宋启威 171686 吴天然 171717 周 莹
171725 谢仁松 171757 华添聪 189148 吴桐桐
189149 杨梅梅

物理学院(9 人)

161651 周 义 161655 陈 月 161657 荆启华
161660 张卿雅 161680 陈杏梅 169113 范兴策

171771　李明泽　171793　李园园　189151　过伊吕

生物科学与医学工程学院(30 人)

149457　王　洁　159470　胡鹏程　161685　刘桃桃
161702　盛梦颖　161706　吴　琳　161712　商逸璇
163622　钱丹丹　163625　贾春平　163630　瞿林云
163882　郭慕依　163884　段梦沁　163890　鲍琰雯
163910　花　蕊　163926　刘坤良　169133　刘小将
169448　何珍珠　169455　刘羽霄　169750　余筠如
174266　张志红　174273　刘素媛　174274　闫思蒙
174277　缪　佳　174282　李　达　174554　曹熠炜
174568　陈东暄　174569　张静逸　174570　张　运
174571　邹旻含　174572　孙灵钰　174583　刘凌泽

材料科学与工程学院(26 人)

161745　刘晓东　161748　沈田甜　161749　孙　超
161776　朱健健　161782　李旭敏　161802　李　杨
161803　魏明震　161820　潘　东　161834　张　鹏
161837　陈明秀　169149　徐　晖　171864　胡梦丹
171865　康晓娟　171871　唐静雯　171887　朱　玉
171889　陈　悦　171892　季宝荣　171905　云　露
171906　朱　奎　171919　王　婷　171927　张馨予
171946　王世琦　171971　周文涛　179170　刘园园
179535　潘　浩　189185　孙善云

经济管理学院(34 人)

161851　彭圆圆　161863　林晓凤　161871　王秋彤
161888　苏煜霖　161898　章志峰　161952　孟　毅
161972　陈静然　161979　杨　帆　161987　黄婉莹
161992　张新伟　162002　闵　玉　162003　施艳萍
169483　刘骏斌　171985　王　姗　172003　顾　沛
172006　李琳璐　172013　黄晓婷　172014　雷　蕾
172058　魏海军　172076　曹　雪　172077　曾　悦
172082　申飞阳　172092　张成义　172102　林育芹
172118　方　迪　172122　林靖玲　172132　顾燚炀
172141　赵晓琪　172567　张申宏　172150　戴　琦
172555　季晓佳　189211　沈　月　179184　汪伟忠
179561　夏晓东

电气工程学院(32 人)

162190 陈富扬 162193 陈 琼 162194 成 晟
162209 李云倩 162220 唐浩然 162223 魏晓婧
162228 杨 赟 162267 曹水晶 162278 金 铭
162292 唐爱慧 162300 徐 晴 162303 叶昱媛
162332 邓振立 169163 孔 永 169169 刘晓峰
172625 蒋浩然 172631 陆 迪 172634 马思思
172635 茅明明 172641 史文博 172642 陶苏朦
172645 王 益 172646 王宇辰 172694 蒋 静
172699 刘鹏翔 172709 王佳宇 172711 吴立亮
172734 孙可慧 172745 吴海富 172752 王 亮
179582 姚 帅 189238 张雅倩

外国语学院(7 人)

162334 胡 江 162336 陆孙男 162341 杨清媛
162347 白 露 162362 刘 明 172771 沈珏莹
172788 王心月

体育系(1 人)

172803 卢静雯

化学化工学院(33 人)

162389 吴霜霜 162391 武锡锦 162392 魏艳丽
162394 廖 强 162398 杨 盼 162410 王彦云
162440 胡赛春 162458 孙 凯 162468 袁绅豪
162470 李春慧 162486 袁慧敏 162505 刘丛颖
162509 刘永辉 162515 左家莹 169176 高鹏程
169181 吕燕芹 169524 周 晴 172809 王瑞丽
172818 赵 璇 172824 赵开元 172826 侯 伟
172833 王婉頔 172855 曹英杰 172869 张 莹
172885 汪嘉祺 172897 彭 豪 172901 何晓彤
172912 石闻卿 172918 陈 聪 172929 朱运翠
172933 黄紫微 172942 王青青 179208 刘 莉

交通学院(50 人)

152521 唐 旭 152538 周 洁 162524 刘志祥
162549 陈宏燕 162555 马昱肖 162573 华明壮

162584	刘　玉	162590	孙佳妮	162605	曹　政
162606	崔戌秋	162626	唐志伟	162633	张煜恒
162679	孙长申	162683	徐　刚	162693	赵　轮
162712	贺智江	162719	史恒豹	162724	王晓鹤
162727	丁红亮	169196	张　勐	169205	许跃如
169542	凃　强	169552	唐　爽	172961	陈润发
172964	梁孝东	172978	王子琛	172987	金俭俭
172997	丁　凡	173005	李东亚	173010	林子豪
173019	汤钧尧	173031	徐炜铃	173035	姚东成
173042	张梦茹	173048	周　航	173050	朱玉霖
173075	朱昊然	173089	谢亿秦	173111	肖　宏
173115	熊佳莹	173116	徐皓甜	173139	王家豪
173146	樊　瑶	173150	龙　振	173173	陈　卓
179219	王健华	179232	栾　鑫	179610	郑彬双
179612	舒立恒	179757	张　莹		

仪器科学与工程学院(25 人)

152684	孔德博	162740	范时秒	162758	唐心宇
162761	王　璞	162771	袁昌旺	162778	赵　莹
162782	戚奇恩	162833	王营华	162834	曹继文
169211	张月新	169212	蔡志鹏	169556	柳　笛
173186	曾　攀	173195	郭小乐	173215	石春凤
173222	徐　远	173226	翟金凤	173231	郑冰清
173236	莫依婷	173238	杨　萍	173255	刘　凯
173263	李　成	173273	王　健	173291	李长青
179251	侯博瑞				

法学院(15 人)

162844	韩同莲	162848	邢帅超	162866	操婉莹
162867	董笑梦	162869	王梦瑶	162880	燕　迪
169710	王　炎	173300	郭　茜	173314	张　林
173318	邹　星	173331	卢肖汀	173346	刘文利
173349	刘丹丹	173360	沈亮亮	179763	王耀彬

生命科学研究院(9 人)

162914	崔鹏飞	162952	颜晓倩	169220	王　艳
169235	戴　倩	173380	金张雅	173391	窦琳霞
173398	刘静静	173409	魏春雪	173415	岳俊洁

公共卫生学院(13 人)

162981	张文文	162986	李　栎	162988	郑雨虹
162999	单艳群	163001	宁俊康	163006	闫　莉
173423	花田甜	173428	谢纬华	173431	王　强
173432	杜　莹	173440	王　阳	173478	涂青云
189318	邸倩南				

医学院(39 人)

163025	石妍妍	163038	高雨乔	163053	李　烁
163058	戚　敏	163097	方　江	163109	黄金健
163138	钱秋萍	163140	秦雨晗	163172	殷婷婷
163184	赵福英	163195	卢学峰	163198	汪佳琦
163220	杨　霞	169251	韩熙琼	169586	朱　尧
173493	张　乐	173500	黄亚妹	173504	杨晓珍
173519	李林青	173524	范嘉晨	173532	徐雪妮
173533	许　伟	173555	金志成	173559	查俊豪
173564	杜紫薇	173571	胡昕滢	173572	华　欣
173586	刘瑷瑜	173603	时　娟	173616	王　浩
173619	王　倩	173665	杨冰洁	173680	胡叶子
173685	夏　聪	173687	张　越	179295	高丽娟
179667	丁　双	189336	陈佩佩	189735	徐　慧

马克思主义学院(5 人)

173715	赵淑敏	173722	向　勇	173724	何　琴
173727	王　娟	189361	李　洁		

人文学院(21 人)

163258	陈雅萍	163269	位　凤	163290	潘焱毓
163301	王　宁	163303	黄　磊	163308	吕玉洁
163310	司雨桐	163312	杨万里	163329	王　昕
169609	王晓娣	173732	杨思奇	173747	左恺仙
173756	王　舒	173763	吴晗垚	173764	刘思垚
173779	吴安莲	173789	周　然	173793	剌利青
173795	吴殷巧	173802	李　瑶	179319	王有凭

艺术学院(13 人)

163360	王大也	163364	史亦真	163374	路新明

163386	张　哲	163389	李慧婷	163402	廖芳艺
163404	武晏好	173960	李文喜	173965	袁竞雄
173981	刘　巍	174002	姜卿卿	179325	冉令江
179330	窦慧菊				

苏州联合研究生院(24 人)

174018	何雨寒	174023	顾婷婷	174033	张丽园
174037	花明明	174065	盛　皓	174071	杨静怡
174090	童英然	174097	张一唯	174106	董　涵
174117	潘平平	174122	李秀秀	174131	石竟成
174143	郭　晶	174155	方　源	174167	张雨霏
174174	崔冰彦	174176	丁　达	174183	陶天琪
174194	陈　浩	174210	陈　天	174222	林劲羽
174227	宋毓琨	174235	李　硕	174252	袁凤琴

网络空间安全学院(8 人)

161596	周丹丹	169665	马　卓	170810	曹聪聪
170814	邱嘉伟	170817	王诗卉	171627	钱德鑫
171631	孙　娜	179724	周余阳		

建筑研究所(2 人)

163619	杨春晖	174255	李　奇

经济管理学院 MBA 中心(29 人)

162092	吴晓雯	162099	肖　妍	162109	杨海军
162112	尤新年	162145	李　佳	172170	陈　琛
172176	陈晶晶	172177	陈　竞	172183	陈　霜
172200	戴亚敏	172212	范广兵	172229	郭　鹏
172239	胡存凯	172244	黄翔宇	172286	李　莹
172320	陆金莲	172329	孟维娜	172339	秦燕韩
172367	陶珏琳	172381	王京京	172422	吴晓凡
172437	邢小强	172445	徐俊杰	172447	徐玲玲
172498	张海涛	172506	张巧忠	172515	张正军
172528	钟　颖	172536	周莹莹		

软件学院(10 人)

174299	唐志辉	174329	王田田	174342	苏前程
174351	吴　穹	174352	陈　超	174362	胡紫晔

174385 秦鹏飞 174388 玄　玉 174389 史文婷
174401 王光英

微电子学院(25 人)

163756 卢　宇 163757 薛永彬 163758 徐　涛
163762 郭诗雨 163771 展金龙 163773 赵　洋
163833 余晶晶 163835 徐红亮 163848 张广超
174404 陈明刚 174415 黄琳琳 174423 史　景
174433 杨小艳 174437 张蓬勃 174457 何欣怡
174468 徐　峰 174472 徐叶菡 174475 臧延峰
174487 韩　雄 174500 陈　青 174520 徐　浩
174534 范　虎 174535 郭韵怡 174553 曹石林
179339 王亚洲

2017—2018 学年优秀研究生干部名单

建筑学院(27 人)

150066 吉倩妘 159623 刘　科 160024 王　惠
160064 郭淑睿 160068 曾懿珺 160075 方格格
160097 刘佩鑫 160098 刘　巧 160108 孙世浩
160111 唐　松 160136 张幸怡 160156 应　媛
160189 殷一闻 169624 沈宇驰 170004 花凯峰
170040 丁金铭 170043 花薛芃 170068 杨怡然
170072 卜　天 170094 马雨萌 170103 隋明明
170111 奚涵宇 170125 张　立 170227 董　艳
170130 宗袁月 170166 程亦凡 170210 戴　楠

机械工程学院(14 人)

140195 刘宗涛 160249 秦博豪 160275 余传运
160291 朱　睿 160306 吴丛磊 169307 易　扬
169634 杜晓飞 170244 花日馨 170245 黄书玉
170257 钱逸程 170285 柯建军 170288 方　晨
170303 丁逸飞 170378 杨周宇

能源与环境学院(29 人)

149316	于　燕	150384	王瑜祥	159345	叶　瑾
160367	蔡戎彧	160391	刘黄亮	160420	宣哲琦
160432	周琳绯	160454	李平姣	160458	钱丛昊
160475	颜军辉	160499	宋　鑫	160504	朱丹丹
160514	田文涛	160520	张双双	160528	胡　浩
160571	李光华	160585	白　璐	169021	李　林
170396	高　阳	170409	李佩蔚	170418	刘正浩
170475	仲　健	170496	陈　颖	170536	史小航
170552	陈立志	170590	欧阳兰雄	179033	刘凌沁
189039	石　岩	170432	魏　莉		

信息科学与工程学院(36 人)

140559	魏　睿	150665	许　涵	160610	黄　佳
160618	柏　林	160637	印友进	160671	高璇璇
160678	李骁敏	160686	裴　璐	160742	陈逸云
160772	朱　莹	160792	吴　昊	160891	宋　涣
160816	陈　岩	160821	吴　硕	160833	安隆熙
160841	黄文欢	160852	王　莹	160857	葛　慧
169035	吴瑞元	170626	陈柏霖	170663	彭　双
170667	张　翔	170671	贺　瑾	170692	曹　凡
170710	吕　钱	170764	陈　琦	170769	李　杨
170821	陈金炜	170840	卢彬清	170861	齐基翔
170881	王　琳	170894	江　浩	170930	张宇豪
179055	姚　艳	179067	王　晨	179679	宋浩川

土木工程学院(33 人)

140939	张　军	160933	沈　月	160956	李　坤
160984	张会凯	160988	周　警	161020	饶　彬
161022	张　磊	161047	唐　甜	161133	朱剑文
161152	姚　彬	169063	阮杨捷	169372	侯士通
170985	陈　熹	170991	高　晗	171002	刘　琦
171005	陆维杰	171010	王浩琛	171017	吴琨营
171025	章锦洋	171075	马溢轩	171076	王君娴
171114	李　晴	171128	司　怡	171135	王梦颖
171138	王　艳	171140	吴　冉	171161	李　啸
179079	林　煜	179434	李灿军	170993	顾悦言

171125	任昭昭	171210	王艳青	171218	王　杰

电子科学与工程学院(17 人)

159425	邓文俊	161193	朱　渊	161238	于戍岭
161277	吴　媛	161280	熊雨薇	161321	仝　飞
161327	袁　洁	169662	金　锦	171318	张建勇
171323	陈　斌	171333	朱培星	171355	曾庆翔
171369	秦瑞洁	171376	严客雨	171390	万　昊
171418	翁正进	171425	李新宇		

数学学院(4 人)

161358	黄丽芹	161362	常丽策	171470	谈国星
179115	谷　乐				

自动化学院(15 人)

151428	杨雪旗	161373	陈　涛	161390	陆震宇
161403	杨天阳	161409	朱新如	161489	罗　茜
169420	蒋　燕	171472	鲍金雨	171481	樊　凯
171497	李　康	171505	聂云聪	171524	张　琳
171527	赵　颖	171576	薛裕峰	189537	戴　忱

计算机科学与工程学院(14 人)

161507	段鹏飞	161517	刘金晶	161518	罗　骞
161532	夏　薇	161555	陈飞翔	161609	张玉亮
171636	夏蓉清	171646	张晨妍	171654	郑倩慧志
171674	李　娜	171705	胡名起	171716	陆紫薇
179123	花云程	189144	刘　翔		

物理学院(5 人)

161676	杨　娟	161678	梁艳平	171765	桂楚人
171767	章烨晖	179137	水　涛		

生物科学与医学工程学院(18 人)

159139	张大淦	161707	杨金晶	161709	张韬敏
161710	张　叙	161714	何伟男	161728	蒋建慧
163889	高　歌	171813	李馥雨	171822	汤海林
171851	李晓冉	174565	王凯旋	174574	王月桐
174584	水恒涛	179526	卞非卡	189175	陈卓玥

161698	刘胜楠	174261	陈信宇	174577	黄梦婷

材料科学与工程学院(12 人)

161736	崔志强	161805	姚剑锋	161815	骆凯翔
161827	李文滔	161833	刘　闯	171917	柯　瑞
171922	王　畅	171924	罗　聪	171945	戴剑雯
171962	汪　坤	171968	郭　睿	189192	钱如胜

经济管理学院(18 人)

161856	王宇轩	161940	史文瑾	161981	张　健
169490	石喜爱	171980	陆　柔	171984	童皓月
171990	刘政伟	171995	陶　书	172004	陈奕孜
172023	佘骏逸	172028	殷梦楠	172063	宗思雨
172066	穆　标	172071	施忆忆	172103	申彬彬
172133	黄嘉诚	172153	张雨晴	189819	李学诚

电气工程学院(17 人)

162198	段向梅	162248	尹宏源	162266	王伟嘉
162282	刘　杰	162293	陶前程	162310	储海军
169496	文宏辉	172615	陈　勇	172628	李昊洋
172638	邵海雯	172654	张一清	172701	潘鹏鹏
172724	朱政光	172737	杨　陈	172763	黄　时
179196	谈金晶	162199	樊安洁		

外国语学院(5 人)

162367	余龙幸	172768	蒋　丰	172780	陈　玲
172787	顾峥嵘	172775	张宇纯		

体育系(1 人)

162370	苗　爽

化学化工学院(17 人)

162376	梁秀丽	162406	朱红允	162412	李海芳
162446	杨海涌	162479	夏泽华	162481	叶康伟
162484	陈崇熙	169692	刘金霞	172843	何　雷
172844	焦淑琳	172864	黄美优	172867	吴文婷
172874	王恒锋	172878	许　言	172920	蒋　鹏
172938	陈　媛	189244	徐　晶		

交通学院(25 人)

162529	秦 川	162554	陈 阳	162569	樊朋光
162581	李 瑞	162587	卢文慧	162612	何 苗
162625	孙 悦	162678	钱逸飞	169202	郑 元
169539	刘邦一	172983	卢 尧	172996	邓涵宇
173027	王喆正	173059	刘 源	173061	潘东昊
173073	张文倩	173088	马梦頔	173113	谢 磊
173124	赵润民	173155	刘 锋	179224	贾彦顺
179753	张翔飞	189274	李汉初	173103	卢桂林
172974	武 猛				

仪器科学与工程学院(12 人)

159230	邵思羽	162744	黄泠潮	162746	霍耀璞
162752	陆城富	162791	吴 森	162823	沈志乐
173188	仇 超	173193	冯 雨	173201	惠文珊
173223	许广富	173269	赵 凯	189844	闫 晰

法学院(9 人)

162853	朱 旋	162855	董亚男	162861	周衡安
173319	丁 鹏	173322	袁清明	173336	常若仪
173342	解呈婧	189699	刘双阳	173304	陆语嫣

生命科学研究院(5 人)

162939	李凯月	173384	邢丹琴	173408	苏祥彬
173412	邱 实	179261	杜加伟		

公共卫生学院(9 人)

162955	葛 尤	162966	李 瑞	163018	韩翱瀚
169565	洪 翔	173425	倪 倩	173461	杨柳青
173479	汪 荃	173424	黄凯萍	173452	史湘铃

医学院(20 人)

142905	吴菲菲	163072	吴方媛	163082	张甜甜
163193	陈雅筝	169257	黄 蓉	169587	虞大凡
173498	胡 娟	173502	陈 鑫	173507	王 婷
173508	左文杰	173548	刘泽君	173568	郭炅承
173582	李 晓	173591	刘智鹏	173600	邱 钰

173658	蔡杰瑞	173666	于　月	173709	颜　涵
179277	郭　玫	179789	麻昊旸		

马克思主义学院(3人)

163233	魏海华	173725	李慧慧	179775	许　丽

人文学院(9人)

163260	张宇辉	163285	张　辉	163297	蒋愔澄
163305	张　虹	163309	邵圣丹	173740	牛南南
173765	胡碧波	173777	刘圣男	179324	彭　智

艺术学院(8人)

163365	罗　雯	163375	邵福生	163377	闫海龙
163383	谈丽娜	169274	潘　玥	173958	庄婉仪
173973	陈阿曼	173966	李　蔷		

苏州联合研究生院(12人)

174041	郑润芳	174048	刘晨曦	174063	刘建航
174075	宋　宁	174109	青必浩	174113	夏　禹
174145	高　霞	174168	罗玉琳	174192	宋雨嘉
174208	席殷飞	174228	黄亚萍	174230	戚兆阳

网络空间安全学院(4人)

161513	贾　硕	170829	齐浩政	171670	顾灵童
179721	王　姗				

经济管理学院 MBA 中心(11人)

162030	侯　云	162074	王辉辉	162135	曹歆汝
172157	卞大华	172182	陈　琼	172226	顾　宇
172249	贾　桢	172258	金　涛	172356	苏　畅
172394	王　侠	172453	徐　毅		

软件学院(3人)

174392	金海涛	174393	卢慧斌	174402	李景文

微电子学院(6人)

163766	田江江	169728	张　林	174406	何璐阳
174411	陈虹廷	174426	汤丽芝	174432	杨　晶

东南大学 2017—2018 学年研究生先进班级名单

序号	院系名称	班级
1	信息科学与工程学院	2017 级通信硕士班
2	土木工程学院	2017 级硕士 2 班
3	电子科学与工程学院	2016 级 APC 硕士班
4	数学学院	2017 级硕士 1 班
5	自动化学院	2017 级硕士 3 班
6	计算机科学与工程学院	2017 级硕士 2 班
7	生物科学与医学工程学院	2017 级硕士 1 班
8	经济管理学院	2017 级会计硕士班
9	电气工程学院	2017 级硕士 1 班
10	化学化工学院	2016 级硕士 2 班
11	交通学院	2017 级硕士 3 班
12	仪器科学与工程学院	2017 级硕士 1 班
13	苏州联合研究生院	2017 级交通运输工程班
14	微电子学院	2016 级集成电路工程 2 班

2018 届优秀硕士毕业生名单

建筑学院(含建筑研究所)(23 人)

150001 包宇喆　150004 陈　卓　150008 李晓明
150009 李哲健　150011 刘海芊　150017 桑蓉棋
150028 虞　菲　150038 冯玉青　150049 叶　枝
150063 顾祎敏　150067 可怡萱　150073 徐肖薇
150074 周俊汝　150078 夏丝飔　150090 刘海滨
150094 陈子健　150096 顾兰雨　150099 刘曦文
150112 朱甜馨　150117 蔡陈翼　150180 李　琦
150184 宗成灿　153428 季晨子

机械工程学院(7 人)

150196 程龙飞　150202 何崇伟　150216 刘　歌

150223 石 勇 150228 王赛君 150280 柴 青
150304 陈更明

能源与环境学院(12 人)

150349 戴楠楠 150358 黄婷婷 150359 黄喜军
150361 季佳圆 150367 李 腾 150373 林江帆
150435 岳小洋 150449 单楠楠 150453 马晓凡
150463 彭丽红 150481 刘鹏飞 150528 周璐璐

信息科学与工程学院(33 人)

140659 尹浩浩 150592 黄 菲 150593 王 丹
150610 周 健 150648 梁 霄 150649 刘诚征
150652 卢欣桐 150655 倪路遥 150661 夏子贤
150666 杨 杰 150669 赵 越 150688 朱建霞
150696 王娜娜 150712 张 珊 150714 陈翔宇
150721 汤 楠 150723 王 昕 150736 朱芳枚
150753 杨慧文 150763 殷 青 150765 杨 江
150787 黄 蓓 150800 褚炜雯 150804 杨 栋
150807 张 静 150818 邵章磊 150837 李 楠
150838 陆丽玲 150859 朱竑谕 150862 王越超
150865 李卓青 150870 范文斯路 150878 徐 婧

土木工程学院(21 人)

140994 黄 珺 150889 陶 楠 150893 朱 锐
150903 刘智欣 150905 陈素芳 150916 江 申
150929 孙 辉 150934 王斯妮 150940 向需文
150954 陈 龙 150975 张晓明 150981 周 通
150999 胡如幻 151000 芮玉菡 151007 李皓燃
151033 廖家男 151068 张楚楚 151076 赵 柔
151079 朱 洁 151091 汤 杰 151126 贾斯佳

电子科学与工程学院(10 人)

151151 范美勇 151153 王 南 151180 李芳杰
151230 胡子炎 151234 寇兴鹏 151252 张 蓉
151260 蒋网扣 151267 田豪傑 151281 杨翰琪
151287 刘 畅

数学学院(4 人)

151313 白苗苗 151314 陈 超 151327 张萌萌

151339 白苗君

自动化学院(11 人)

151344 蔡　敏　151354 黄旭舟　151385 张炜森
151390 曹昕卉　151391 陈　明　151418 杨龙文
151427 徐丽娜　151439 汤忠强　151447 张天乐
151457 玄　璇　161377 戴　忱

计算机科学与工程学院(15 人)

151479 何展鹏　151482 胡　静　151483 黄亚澎
151484 霍增炜　151488 李京昊　151495 石　珺
151496 时　鹏　151507 吴昊天　151509 胥海明
151514 张倩汶　151528 彭成伦　151541 徐华鹏
151554 李小敏　151565 刘　彤　151588 张叶炼

物理学院(3 人)

151608 严振中　151618 郭　磊　151629 高蕙敏

生物科学与医学工程学院(13 人)

151649 陈　鹏　151650 陈　伟　151656 胡　月
151666 王　敏　151669 徐晓岚　151670 杨　通
151672 张春明　151677 朱　烨　151679 郭　健
151680 韩　徵　151685 昂朝满　153825 王　柳
153843 孙　杰

材料科学与工程学院(6 人)

151707 李　俊　151716 王立萍　151721 邢丽科
151758 白　青　151760 刘苏丽　151799 徐凯丽

经济管理学院(17 人)

151810 陈思奥　151823 严春蕾　151825 杨　阳
151829 周格旭　151837 赵　爽　151840 杨雅丽
151844 顾诚嘉　151848 张礼乐　151907 陈　晨
151910 黄佳惠　151920 朱莎莉　151922 凌端新
151946 黄镜蓉　151948 江　俊　161906 马　婧
162170 迟颖颖　162171 褚　扬

电气工程学院(16 人)

152137 曹晓峻　152139 陈　倩　152146 高仁栋

152164　宋　杉　152167　汤　成　152168　王　蕊
152196　王小虎　152197　张贝贝　152199　卓　青
152221　陈　明　152224　胡靖宜　152228　雷　蕾
152242　徐　沛　152249　宁　威　152262　鲁　波
152270　刘煜谦

外国语学院(4 人)

152280　王　璐　152291　张可馨　152295　陆义莹
152308　年思慧

化学化工学院(14 人)

152323　孙潘琴　152359　周　洁　152364　陈　勇
152368　蒋　伟　152373　吴元锋　152377　钟　熙
152380　张雅雯　152387　陈冬冬　152410　姬中祥
152423　杨大伟　152429　黄梦秋　152438　邹晓悦
152447　赵川川　152459　陈海朋

交通学院(26 人)

142510　武丽佳　142516　张晓田　152464　顾素恩
152474　项　莲　152486　张　娴　152489　柳成林
152490　夏　峰　152502　陈　沁　152506　丁　微
152508　黄　蓉　152513　林　早　152531　俞志钢
152533　张嘉明　152537　周　昊　152547　程蓝星
152550　林　莉　152557　孙培翔　152558　王家舒
152566　张雯靓　152588　毛剑东　152598　陈华庆
152616　于乐乐　152617　岳　阳　152618　张佳运
152636　陆佳炜　152652　杨　岩

仪器科学与工程学院(3 人)

152704　张俏薇　152725　朱丹丹　152740　戴志勇

法学院(7 人)

142711　窦一豪　152787　徐　华　152791　张颂昀
152793　赵雪颖　152820　曹　蕾　162845　刘双阳
162912　李昱然

生命科学研究院(3 人)

152851　蔡婷婷　152871　舒李鑫　152882　孙文娟

公共卫生学院(6 人)

152894 宋　玥　152895 王崇旭　152901 吴楠楠
152904 汪　清　152907 张　颖　152927 曹卫鑫

医学院(20 人)

152960 俞晓毓　152986 陈　曦　152997 徐　慧
153008 周孟春　153009 曹小彤　153010 陈泓颖
153012 林丽华　153021 潘天帆　153045 王静静
153891 卞荣荣　153894 王海丽　159271 公卫刚
159592 李慧娟　163101 龚文斌　163108 黄季晨
163129 鲁攀攀　163132 冒晨昱　163153 汪沭源
163176 余　航　163189 祝如愿

马克思主义学院(2 人)

153064 李　洁　153065 张冠楠

人文学院(12 人)

153072 周世露　153079 徐　笑　153098 杨　韵
153100 范梦楠　153101 余梦静　153119 金　钰
153121 石　婷　153125 史诗源　153129 杨　珊
153131 何云梦　153140 汤胜楠　153148 刘月婷

艺术学院(6 人)

143125 张　郁　153175 韩　颖　153191 白　军
153193 方弘毅　153202 赵罗曼　153219 余家仪

网络空间安全学院(1 人)

151574 袁堂飞

苏州联合研究生院(18 人)

153317 杨晨旭　153325 付炳军　153331 王　攀
153334 余云秀　153339 刘　丰　153352 付颖娜
153355 刘子豪　153388 田凯燕　153400 李　嫱
153408 马　婧　153422 张馨予　163439 冯婷婷
163450 张志倩　163454 詹　涵　163471 孙　政
163483 刘　彤　163490 陆天阳　163501 胡　莹

经济管理学院 MBA 中心(12 人)

151987　陈卓群　151994　戴亦迪　151996　丁桂琴
152004　贺文慧　152007　胡名睿　152022　李　梦
152029　马晓慧　152034　弭　娟　152037　潘　勇
152080　徐　润　152089　袁子杰　152098　张晓艳

软件学院(4 人)

153488　邢昊天　153548　王　凌　153589　蔡磊磊
153595　章　云

微电子学院(11 人)

153607　卞方娟　153626　陈　欣　153630　刘　欢
153631　孙婉琳　153653　张伟东　153679　史书芳
153696　翁子清　153697　俞向荣　153709　黄　然
153714　曾小波　153717　胡　欢

2017—2018 学年江苏省“三好”学生、优秀学生干部和先进班集体名单

先进班集体(17 个)

015151 班　020165 班　030164 班　040164 班　051166 班　060164 班　070163 班
103161 班　13A171 班　160165 班　193161 班　16 级茅以升班　211162 班
250162 班　421162 班　431162 班　615171 班

“三好”学生(25 人)

建筑学院(1 人)
陈雪纯
机械工程学院(2 人)
杜育瑞　邢姝钰
能源与环境学院(2 人)
陈美君　张　帆
信息科学与工程学院(1 人)
吴佳其
土木工程学院(2 人)
于思淏　刘哲铭

电子科学与工程学院(1人)

张徐青

数学学院(1人)

郑文典

自动化学院(1人)

张明辉

计算机科学与工程学院、软件学院(2人)

周逸帆　杨航源

材料科学与工程学院(1人)

耿子凡

经济管理学院(2人)

宋嘉馨　孟雅之

电气工程学院(1人)

亓臻康

交通学院(2人)

刘芷辰　徐昭辰

仪器科学与工程学院(1人)

熊瑾乐

法学院(1人)

张　超

医学院(3人)

陆天予　李建平　蒋　扬

吴健雄学院(1人)

孙昊宇

优秀学生干部(21人)

建筑学院(1人)

杨宇欣

机械工程学院(1人)

王家政

能源与环境学院(1人)

张家齐

信息科学与工程学院(2人)

李子箫　李子健

土木工程学院(1人)

王肖骏

电子科学与工程学院(1人)

魏秋萌

计算机科学与工程学院、软件学院(2 人)

白丰硕　王小丹

生物科学与医学工程学院(1 人)

缪居正

人文学院(1 人)

张　越

经济管理学院(2 人)

方子茹　黄思涵

电气工程学院(1 人)

侯洁华

外国语学院(1 人)

许　婕

化学化工学院(1 人)

冯一鸣

交通学院(2 人)

刘泽宇　罗中畅

艺术学院(1 人)

方　天

公共卫生学院(1 人)

俞沁雯

吴健雄学院(1 人)

严　格

2017—2018 学年东南大学先进班集体、三好学生标兵、优秀学生干部和三好学生名单

先进班集体(22 个)

015151 班　011171 班　020165 班　030164 班　040164 班
040165 班　051166 班　060164 班　070163 班　711174 班
103161 班　13A171 班　141161 班　160165 班　160172 班
193161 班　211162 班　250162 班　2016 级茅以升班
431162 班　421162 班　615171 班

三好学生标兵(37 人)

建筑学院　陈　庆　殷子衡
机械工程学院　龙雪莹　章澳顺

能源与环境学院 刘东川 陈美君
信息科学与工程学院 李 想 王 雨
土木工程学院 郑举乐 于思淏
电子科学与工程学院 张李萱 李可欣
数学学院 李彦清
自动化学院 张明辉
计算机科学与工程学院、软件学院 吴子源 白丰硕
物理学院 王朝晖
生物科学与医学工程学院 段秋怡
材料科学与工程学院 宋东东
人文学院 胡 志 陈俊蓉
经济管理学院 宋孟璐 黄思涵
电气工程学院 叶海蓉
外国语学院 李子萱
化学化工学院 向 馨
交通学院 谢 凝 徐昭辰
仪器科学与工程学院 熊瑾乐
艺术学院 赵吕欣
法学院 鲍生慧
公共卫生学院 吕梦茹
医学院 蔡衬衬 李建平
吴健雄学院 许文寒 陈雨荷
网络空间安全学院 丛子晴

优秀学生干部(125 人)

建筑学院(7 人)
李昊伦 李千川 张 磊 杨宇欣 常晓旭 陶梦烛 李艳妮
机械工程学院(6 人)
杨雯皓 范巧林 戴松乔 孙 铭 冷珊珊 方 田
能源与环境学院(6 人)
陈禹晨 张丰儒 刘袆璇 丁 衡 王佳鹏 李亚楠
信息科学与工程学院(8 人)
李子箫 吴嘉禾 凌泰炀 叶子文 上官圣垚 黄冬梅 林泽鑫 刘茵茵
土木工程学院(9 人)
宋俊霖 刘超然 刘嘉欣 李 轶 于路港 刘粲然 孙雨勤 常 栋
周 鑫(三峡学院交流生)
电子科学与工程学院(6 人)
丁发展 白昊天 李子煜 徐瑶瑶 穆 琛 周智仁

数学学院(2 人)

薛忠琴　杨伊凡

自动化学院(4 人)

唐昕炜　宦冬亚　陈国浠　胥凯林

计算机科学与工程、软件学院(9 人)

张雨季　陈月瑶　张皓天　毛华杰　宋欣楠　李　凡　王小丹　凌泰炜　刘昊洋

物理学院(2 人)

张　芃　秦　鑫

生物科学与医学工程学院(3 人)

孙　青　雷予辰　王　昭

材料科学与工程学院(3 人)

郭雍祥　韩寿雨　徐潇航

人文学院(4 人)

张　越　郑　昊　李常君　王　硕

经济管理学院(10 人)

邵毅飞　邵天润　吴丹妮　李宛玥　曹瀚尹　董英睿　周路妍　黄伟平　顾　颐　孟雅之

电气工程学院(6 人)

许芷源　王明晖　郜正轩　王竞泽　张传凯　黄祯媛

外国语学院(3 人)

王　敏　卞舒婷　许　婕

化学化工学院(2 人)

侯煜淋　关贵钰

交通学院(10 人)

陈嘉毅　徐　扬　叶钟匀　张科扬　范玉楼　傅子建　许　晴　罗中畅　韦苡松　任　华

仪器科学与工程学院(3 人)

黄之琛　李嘉懿　谢雨臻

艺术学院(3 人)

吴文轩　黄泓玮　方　天

法学院(2 人)

张　超　袁琳琳

公共卫生学院(3 人)

魏兰馨　臧一腾　齐文昊

医学院(10 人)

杨　燕　黄　飞　陈晶晶　张有玉　张乐乐　阮　亮　刘　熙　何梦铖　徐　易　李瑞祺

吴健雄学院(3 人)

蒋定祎 朱 迪 张秋阳

网络空间安全学院(1 人)

王培丽

“三好”学生(1 160 人)

建筑学院(56 人)

陈 晔 孙韵雯 柏韵树 丁文鹏 吴则希 叶 波 赵英豪 刘昌铭
李梦玺 吴晓璇 秦 瑜 洪齐远 李东耘 张卓然 李潍宇 陈子郁
郝 亮 李希维 周洁羽 张修祺 徐文炀 黄 玥 焦美宁 郁清颖
李翔宇 李帅杰 闻 健 张玥莹 史 季 周 妍 冯可欣 梅亚楠
程丽圆 王建刚 黄思诚 苏子玥 邵云通 王月瞳 杨叶晴 王 玥
余青钱 刘乐欣 石文杰 徐金图 邓一秀 张 宁 秦群捷 曹 息
陈雪纯 谢祺铮 严雨婷 沈江瑶 蔡金晓 徐雨涵 薛琰文 王智洁

机械工程学院(55 人)

蔡洋洋 张 曼 姜开中 徐亚辉 贾乐松 刘子昂 李 想 丁远涛
宋浩艺 徐本烊 张 乐 冯海钊 李尚杰 李天润 顾中天 吴德重
秦新宇 王敏学 李 杰 刘 武 李 超 王 帅 周家琪 杜育瑞
余前国 邢姝钰 杨责重 赵昊琳 薛 锐 李博文 邵乐飞 孙宇啸
王子豪 李晓帆 张 捷 蔡天佑 金旻辛 林晓静 贾英琦 牛广乾
郭浩毅 刘依琳 潘毅峰 张嘉慧 王孟雅 袁复超 陶沛冉 周家乐
王家政 季颖萌 罗梓月 谈秀丽 金子昕 陈坤秀 李子硕

能源与环境学院(58 人)

王旭东 郭振宇 胡 政 陈 鹏 戴文韬 张晟源 郑 道 胡胤博
易 航 熊世明 高 远 刘 蝶 张志鹏 陈悦欣 赵婉吟 李梦林
刘 畅 陈祎璠 董浩洋 张佳钰 张崇辉 吴 笛 余晨曦 王利国
张家齐 李晨阳 王震业 孙冠勋 张宇鑫 谭畅洋 赵月琪 谢连城
许婉婷 杨弘毅 汤 琪 席子昂 岳 峥 言 澜 黄玮玮 高 哲
段丹阳 张嘉琦 贺梦凡 朱翠翠 张 杉 张家铭 王洪毅 赵润玉
孙 骥 朱麒润 林悦楠 李 涛 张 帆 陈满福 李金键 徐 克
徐 震 高天宇

信息科学与工程学院(74 人)

黄雨菲 陶 安 陈佳伟 林沁琦 郭大威 何思然 周子纯 陈颖琦
倪天恒 林 泉 郭琪周 马浩鑫 苏 悦 胡舫溟 沈楷捷 李晓婷
陆裕祥 曹天旸 黄梓艾 李哲鳌 周逸轩 刘 新 强晓宇 郑 冉
原紫滨 王睿钰 孙希茜 倪鹏宇 陈建润 沙路为 陈 衍 李子健
颜凡桓 林 志 李东松 侯宏卫 张弘毅 杨 昊 时宇博 薛家龙
吴佳其 江天祺 徐 俐 余秋实 相世杰 田宛灵 刘 葭 李牧阳

黄　橙　姚致远　李奇锦　祁栋华　高佳峻　于　千　魏家烜　季雯协
钱缪峰　姚志伟　张睿璐　杨雨露　万子芊　刘　江　夏钟旭　沈念澳
刘雅婷　时　旻　崔艺鸣　黄婧佳　管　玥　黄思宇　王海泇
无锡分校(3 人):吴启晨　顾　艺　罗　咪

土木工程学院(81 人)

任　鹍　刘　濠　路致远　王天野　孙逸夫　章梦霞　黄健飞　王肖骏
何至立　仇敏桦　邓玉琳　陈　杰　佘佩芸　鲍金昌　郑玲琪　许劲健
余星宇　廖晓辉　程　赟　郤家正　江家权　何威岩　薛锦岑　王田虎
支新航　李佳滕　刘为任　刘子航　仲　毅　何　谛　陈　欣　方　瑜
张九媛　王　霏　蒋心朗　杨　震　叶王杰　周永峰　王肖伊　孙伟豪
刘册轩　耿天瑞　蒋子竞　刘加敏　康　蕊　刘　峰　张　易　陈　彤
李岱枰　杜妍慧　尚旭妍　黄海遥　刘婉琳　尹宥瓔　潘　傲　宋囡囡
戴天琦　班友雪　黄　薇　王锦阳　周崇博　时浩然　倪俊宇　徐立华
王元馨　黄　聪　颜　璐　刘哲铭　胡至贤　沈　莹　刘　畅　李泽宇
郭俊骁　张　翼　王昱霖　张思博　朱旭明　冯　俊　罗振威文
三峡学院交流生(2 人):万方友　何　姗

电子科学与工程学院(57 人)

尹　储　訾鹏飞　纪　愚　李旭涛　魏秋萌　杨作民　王　昂　张　涵
杨雨夏　徐晨铖　张泽童　张泽宽　臧　聪　吴昱庚　蒋明俊　王成诚
李　超　刘朋朋　张徐青　王翘楚　俞祚旭　秦育彬　王雨非　吴欣茹
俞　祎　张子立　付克琦　姚伟卓　李盛杰　宋金凯　刘济源　杨安琪
李易之　孙熠州　李雪绮　刘玉洁　边中鉴　高佳灏　李梦洁　雷　弈
易礼言　吴中行　姚冠文　金展锐　姜媛媛　卞思格　赵搖基　程星全
杨凯悦　孟子轩　马泽瑶　黄辰宇　李力行　夏志成　陈　琢　许　浩
无锡分校(1 人):钱　乐

数学学院(21 人)

唐语骋　杨子韬　张斯然　周　晓　夏可扬　陈晓玲　郑文典　邵冠博
朱晓炜　冯章成　雷　诺　宁宸辉　宋美晨　王盛辉　王雪晴　郑中兴
钱　成　肖靖婕　潘　闯　顾王韫　诸葛晓婷

自动化学院(37 人)

段彦卉　肖志尧　王嘉伟　刁　丽　常雅晴　李怡航　郑安琪　王　宇
李　缘　俞柯伊　邹子凌　赵子萌　程绮颖　饶　勤　冯若愚　刘怿峣
叶诗秘　张宝文　徐刘佳　杭天恺　卢　傲　宋天睿　苏增兰　杭念之
杨子琛　常　韵　韩　玥　张　恒　王堃宇　张　毅　夏玉文　臧　璇
梅　毓　毕志海　谢晓梦　杜　煜　孙裕尧

计算机科学与工程学院、软件学院(79 人)

刘宗源　柳乔丰　杨　浩　张敏学　花璐璐　李秋霖　孙　凯　莫景雯
叶橄强　张奕裕　吴　锐　孙君校　商小雨　高睿昊　李多星　张　册

李　青　彭子瑶　陶汉思　董沛文　周逸帆　尤永庭　曹　放　许　播
刘子涵　胡黛琳　罗鉴洪　杨航源　张子烨　冉雨杭　周　畅　张泽宇
周子易　任彦宇　张浩飞　高钰铭　周子宁　於其樊　张　政　方　骏
管　政　郭昊南　孙天琪　姜飞虎　李嘉伟　张晓雯　张楚润　肖君彦
侯　安　郭嘉诚　隋文正　李　驰　李煜炜　刘相君　王梦凡　韩　颖
姜文玉　马欣宇　贾仲勋　刘　健　吕健坤　於明嘉　陈　荟　张思捷
林敬凯　葛余浩　姜子玥　袁佳怡　张晨旭　张皓翔　程玉莹　胡　昱
张婧媛　谢佳锋　张景天　陈泽远　陶一丁　黄　旭　杜昕昱

物理学院(14 人)

孟翰廷　吴香蓉　高渠成　杜倩蕾　马奕暄　高艺萌　童　雪　余婷洁
李　伦　李国平　李国安　王福毅　赵威威　金　昊

生物科学与医学工程学院(27 人)

张筱萱　王　颖　缪居正　吕乾韬　梁嘉炜　邵立志　陈　诚　张泽群
孙闻远　刘若渔　刘心怡　林玄悦　王卓颖　谷奕旸　全金凤　马靖原
王天予　魏新若　朱小渝　杨奕璇　高祎晨　罗雨菡　林　禄　祝云篪
赵作翰　仪修琳　李　根

材料科学与工程学院(28 人)

康宏辉　刘冀洋　耿子凡　秦宇璇　陈高丰　岳夏薇　刘　琪　潘　韩
刘志康　罗心怡　唐宇坤　许智斌　詹　科　张　琪　卢　果　杨晨东
杨绎原　冯　静　贾谦伊　罗　茜　徐　骁　贺志强　奚许峰　蔡雨曦
郑浩杰　邱钰雯　杨其凡　郭　威

人文学院(33 人)

潘紫柔　傅晓晨　赵东旭　苏　菲　魏皖豫　杨昊月　汪书辰　余佳璇
华　杰　张子涵　李越洋　龚丽丹　胡　娟　王雨瑄　廖　霞　谭雪琪
何丹丹　赵梦梦　陈可心　李若琳　李　阳　蒋欣彤　李娅琳　董婷婷
管雨欣　王筱钰　杨　翔　李　瑄　鲁　萍　梅玉倩　李　俏　闪佳雯
孙恺禾

经济管理学院(95 人)

颜娇娇　关以恒　吉　胜　杨宇瑶　金惠杰　吴　庶　程　冉　梁雪梅
张　文　贾玉洁　陈鸿标　汤佳学　何思源　张静怡　张　巧　石雪婷
吴宏善　朱　晨　郭柯利　李君晗　满雪颖　王锦明　周　燕　方子茹
沈艺璇　赵彩汐　夏安琪　吕　萌　张海洋　秦小桅　王璐瑶　阮　语
郭静思　司佳豪　陈星月　张　钊　杨　帆　王雪竹　陈　诺　肖　颖
刘欣一　李慧聪　卫星吉　徐　鹏　张柳悦　王　琛　鲍珂盈　吴　晨
李彤彤　于可熠　蔡广谦　顾小钰　张涵韬　洪览岳　郭丹丹　闫　洁
平　安　贺　斌　陈　婷　崔　雪　薛天怡　王雅妮　王晓彤　李姝锦
何媛田　王冰玉　许　炎　贾慧君　戴薛甜　苗林霏　林　恬　张沁媛
申　通　李路遥　吴逸斌　杨　旭　宋嘉馨　王论意　李思佳　胡聪琳

魏　玮　程　乾　朱　婧　钱诗懿　王泽芸　苏　帅　李明月　郭雨竹
盛雪绒　高　雅　陈可艺　欧阳帆琪
三峡学院交流生(3 人):李宇涵　汪琰鑫　刘　琦

电气工程学院(42 人)

李　林　郭　潇　杨光辉　吴奇发　段成亮　赵家兴　冯　可　张锦业
张　胤　黄怡凡　李乘云　印　航　林固静　顾胜东　傅琪栋　张伟椿
叶敬文　周昊玥　刘轶涵　莫嘉轩　侯洁华　雷宇通　亓臻康　易开朗
汪俊东　丁博豪　曾杨婷　袁　典　严宇腾　黄怡涵　张旭畅　刘浩然
徐崎凡　杨辰宇　陈　阳　梅雅馨　王逸凡　周晓船　束雯暄　李青峰
赵　笛　刘学成

外国语学院(23 人)

宋纯逸　林汐妍　李芝霆　李心雨　王　艺　曾　嘉　周绮越　朱　悦
吕文祎　姜文慧　黄倩馨　王雨婧　顾嘉玥　鲁博雅　牟朝霞　王小禾
朱欣妍　钟荟娴　樊嘉颖　李楚妍　黄秋月　李憧憬　栾　霏

化学化工学院(15 人)

王开智　孟闻飞　白天滋　冯一鸣　邹茜茜　韦千惠　肖　琳　李　建
严　格　佟佳凤　楼　洋　熊昱安　沙泰廷　戴恒毅　童稷维

交通学院(95 人)

周琳婕　袁晨曦　彭　铖　刘晓瀚　张丹妮　施　维　黄梦雨　王翼超
刘芷辰　雷明月　王泽民　巴贝尔　方　苑　李雅琦　刘泽宇　陈思源
冯汝怡　谷慧静　王丹钰　丁非凡　陈逸晨　刘凤阳　曹心原　沈嘉豪
余晓虎　牛晓晖　张子乾　于维杰　苗　迪　刘宇衡　谭　旭　刘晓萌
吴文晖　张睿豪　万志杨　张陈彧　何明珈　卢毅恒　严欣彤　缪家音
占昌文　刘宝珠　刘　洋　莫方旭　李　磊　徐　步　谢　颖　邵沛涵
刘濛濛　冯　青　张妮妮　刘佰文　焦凤伟　刘　璐　王怡丹　贾玉如
张嘉旭　张　颖　黎越鸥　李　澳　薛梓祺　丁雪琪　刘星坤　陈　健
曹晨旭　张　沛　赵健凯　陈辉民　叶乔炜　杨宇栋　张　军　李吉汉
赵鑫莹　李贝基　王天宇　徐为驰　王鑫煜　单　杰　金　雨　徐汪祺
梅雪松　黄平山　周瑞先　许怡平　刘唯伊　严学润　陈鹏元　李欣朋
葛正怡　马瑶琛　吴鹏昊　陈鲁川　张潜力　许壮威　冯思齐

仪器科学与工程学院(24 人)

李艺璇　张晶晶　李嘉杰　李　汉　林泽洋　曲朝晖　杨述焱　陈望隆
徐呈豪　蔡鸿杰　马菲菲　吉蕴钰　江　林　涂增源　孙东杰　顾　玥
彭小轩　晋　帅　颜佳慧　王汕昭　刘宝昌　李润发　项奕晨　彭维锋

艺术学院(22 人)

陈紫荆　郑冰雪　蔡璧嶺　张晨靖　刘　凌　李　姣　庄慧雯　余　江
卢　迪　朱昕玥　朱翔燕　曹忞竹　徐映日　孔思璇　李金珊　唐万媛
江婷婷　徐可人　朱怡澄　俞思尧　钱怡媛　文昌萍

法学院(19 人)

葛　萑　董　敏　龚羽轩　齐超怡　王海馨　王　倩　夏心怡　翟彦菁
肖　篪　肖楚逸　陆涵之　姚雨祺　张天禾　梅思雨　万凤云　牛雨夕
陈睿毅　李昌炜　屈筱楠

公共卫生学院(22 人)

陆　璇　龚怡静　严　庆　唐涵清　冯心怡　赵　航　沈诩翔　王　玮
汪昱彤　季倩倩　吴晶莹　王健力　张　茜　张　珣　俞沁雯　周思贤
韩影波　丁晨钰　刘依婷　周　玲　杜妍蓉　陈睿楠

医学院(86 人)

赵　姗　牟　杨　田　甜　李钰勉　王　曼　戴婧仪　朱　华　王晋秋
王益威　张雨嫣　温智珑　贾莹婷　徐　力　赵雅鑫　陆天予　黄小莉
郭涛华　陈文雅　娄文苑　蒋　扬　王　培　唐　璐　张聂珂　张　炯
蒋婷婷　袁雅萍　周　蓉　顾资然　罗　荣　李欣欣　陈诗锐　陈依然
葛子欣　王洁茹　黄玉林　王曦旋　陈　方　程勇兵　张　敏　陆　静
陈泽欣　王文帝　黄淳淳　严　雨　张梓健　王　冉　刘善龙　刘一凡
陈思含　吴　茗　江雨昕　陶　咪　韦嘉仪　董　婕　章智琪　邱连丽
曹子东　王伟浪　仇　玥　张婧琦　徐　艳　朱珂宇　马碧云　吴梦婷
黄　姗　付玉琪　盛铭洁　宋　杰　洪心怡　陶述春　张孝虎　吴宇恒
吕振港　常婧瑶　王家杰　王溥丰　张　可　邵飞雪　张思宇　郭万晶
张　东　严洪遥　单秋洁　马　遥　丁佳伟　格桑卓嘎

吴健雄学院(89 人)

金洁珺　马一凡　完晓妍　张雯惠　苏　恬　姜　宁　张天舒　郜泽飞
吕佳峰　钱　昀　周兰迪　钱玉蓉　高炜涵　葛永盛　刘天雨　郭一君
陶朝辉　金虹希　黄欣格　冯一坤　孙昊宇　董　雍　王　旸　吕嘉鑫
曹　政　李　洋　李虹宇　俞睿智　杨佳伟　罗易凡　严　格　许瑶坤
李智轩　王　煜　林淑霞　项文祥　袁　瑞　王琳淞　马浩岩　马立源
孙昊昕　朱弘智　蔡承志　张鉴韬　王牵莲　丁明远　唐华泽　莫　菲
魏家旺　孙海峰　吴悠祺　谭泽宇　万恒至　张天石　王　尧　周天遥
周　楠　张学超　许立言　雷重庆　李博文　孟声国　何潜翔　章　翔
陈家豪　王维韬　季书鹏　徐天萌　王陶然　高　祥　丁　天　廖晓菲
牟星霖　陈宏泰　郭大众　张　浩　周爱君　徐　菁　张　睿　许晨煜
霍浩森　金宇晖　王　彤　苗双双　秦宇枭　李志昂　牟　星　马翌程
李沙志远

网络空间安全学院(8 人)

贺博文　刘瑞之　王劭康　戚昊祺　陈浩杰　陈　佑　刘耀坤　李锦辉

2018 届优秀本科毕业生名单

建筑学院(6 名)

杨浩辰　戴金贝　张　煜　谢　菲　周海瑶　刘　艺

机械工程学院(9 名)

张祎霖　张嘉智　陈　楠　江　苏　赵　恒　段福鑫　李　季　何东泽
袁　维

能源与环境学院(12 名)

牟柯昱　刘伟珣　樊聪慧　田康宁　陈子聿　姚依晨　段梦凡　季建周
王丽坤　陈　功　杨　晟　黄恩和

信息科学与工程学院(12 名)

钟捷成　黄梦宇　何伟梁　徐希庆　邓峰杰　沈天宇　钟志伟　肖朝昆
赵博阳　张婧媛　宛超逸　张明辉

土木工程学院(16 名)

石　可　陈　萌　杨　乾　俞　涛　谢思聪　练　强　王月峰　张　颖
马俊伟　徐雨晴　郁　璐　邵世轩　董　梁　刘　芸　陈佳枫　张昊辰

电子科学与工程学院(7 名)

吴成均　钱咨廷　宋逸群　冯子琛　刘　荟　吴　楠　孟凡喆

数学学院(4 名)

王梓蘅　张　嫱　刘子旗　李君兰

自动化学院(5 名)

刘　静　黄文超　林云智　庄文林　蒋光峰

计算机科学与工程学院、软件学院(6 名)

许　旖　骆　颖　王　铎　崔颖华　王海萍　陶　冶

物理学院(2 名)

钱　骞　沈傅欢

生物科学与医学工程学院(5 名)

韩书彦　牟思豫　张　敏　文星曌　许成韬

材料科学与工程学院(5 名)

李文卓　沈奕阳　俞晓涵　刘　新　尚真真

人文学院(7 名)

赵泽丰　张雪晴　洪　琼　陈诗璇　翟蕊晗　刘汝坚　苏牧晴

经济管理学院(17 名)

林　凯　郑士捷　苏　娅　杨　融　张　堃　侯泽晗　于佳越　卢晓航
张佳蕾　周忆扬　王佳旎　任婕妤　朱逸纯　翟　玲　葛逸云　徐艺珺
黄振妍

电气工程学院(8 名)

胡子健　刘杨阳　陈逸涵　桑林卫　徐　阳　郭昆健　许利通　宁新福

外国语学院(4 名)

张楚悦　石雪颖　谈　昕　张天琦

化学化工学院(4 名)

马榕蔚　林芝晔　李　贞　韩　策

交通学院(17 名)

郑姝婕　刘　培　杨沫枫　杨名远　郑永涛　杨子晔　李树伟　张　愉
董　理　胡浩辰　周亚倩　陈俊兰　谢欣欣　朋子涵　李梦瑶　李星圻
孟　嘉

仪器科学与工程学院(4 名)

王子静　胡书铭　邵斌澄　厉　叶

艺术学院(4 名)

杨格格　赵雨心　徐将依　金　琪

法学院(3 名)

金　婷　李诗雯　丁金钰

公共卫生学院(4 名)

周　旭　李佳琳　陈剑双　刘亚倩

医学院(16 名)

马　楠　邱　寒　马梦怀　王中旺　陶花逸　薛　玉　季振军　张倩男
仲之恒　查明明　郭　敏　赵　珏　于　谦　陈正飞　袁本银　雷思雨

吴健雄学院(6 名)

卢　凝　李乐天　黄启圣　徐允昊　周宇昕　张宇峰

无锡分校(2 名)

钟　凯　李楚文

2017—2018 学年获国家奖学金学生名单

序号	学生姓名	院系	专业	学号	性别	民族	入学年月	备注
1	李东耘	建筑学院	建筑学	01115316	男	汉族	2015.08	
2	陈　庆	建筑学院	建筑学	01115318	男	汉族	2015.08	
3	殷子衡	建筑学院	建筑学	01116101	女	汉族	2016.08	
4	闻　健	建筑学院	建筑学	01117229	男	汉族	2016.08	因转学院转入下一级

（续　表）

序号	学生姓名	院系	专业	学号	性别	民族	入学年月	备注
5	李昊伦	建筑学院	城乡规划	01215118	男	汉族	2015.08	
6	梁佳宁	建筑学院	城乡规划	01216205	女	汉族	2016.08	
7	张　宁	建筑学院	风景园林	01514115	女	汉族	2014.08	
8	曹　息	建筑学院	风景园林	01515112	女	汉族	2015.08	
9	谢祺铮	建筑学院	风景园林	01515132	男	汉族	2014.08	因转学院转入下一级
10	孙士臻	建筑学院	风景园林	01516109	女	汉族	2016.08	
11	薛琰文	建筑学院	风景园林	01517111	女	汉族	2017.08	
12	丁远涛	机械工程学院	机械工程	02016106	男	汉族	2016.08	
13	李天润	机械工程学院	机械工程	02016309	男	汉族	2016.08	
14	秦新宇	机械工程学院	机械工程	02016326	男	汉族	2016.08	
15	严　钧	机械工程学院	机械工程	02016522	男	汉族	2016.08	
16	李博文	机械工程学院	机械工程	02017310	男	回族	2017.08	
17	金旻辛	机械工程学院	机械工程	02017413	男	汉族	2017.08	
18	刘依琳	机械工程学院	机械工程	02017602	女	汉族	2017.08	
19	张嘉慧	机械工程学院	工业工程	02615101	女	汉族	2015.08	
20	冷珊珊	机械工程学院	工业工程	02615104	女	汉族	2015.08	
21	陶沛冉	机械工程学院	工业工程	02616103	女	汉族	2016.08	
22	金子昕	机械工程学院	工业工程	02617108	女	汉族	2017.08	
23	王艺涵	能源与环境学院	能源与动力工程	03015115	男	满族	2015.08	
24	胡胤博	能源与环境学院	能源与动力工程	03015309	男	汉族	2015.08	
25	朱海军	能源与环境学院	能源与动力工程	03015311	男	汉族	2015.08	
26	张崇辉	能源与环境学院	能源与动力工程	03016327	男	汉族	2016.08	
27	彭　铖	能源与环境学院	能源与动力工程	03016427	男	汉族	2016.08	
28	王玉婷	能源与环境学院	建筑环境与能源应用工程	03116606	女	汉族	2016.08	
29	贺梦凡	能源与环境学院	环境工程	03215731	男	汉族	2015.08	
30	赵晓迪	能源与环境学院	环境工程	03217716	女	汉族	2017.08	
31	李金键	能源与环境学院	核工程与核技术	03316524	男	汉族	2016.08	
32	姜媛媛	能源与环境学院	能源动力类	03A17306	女	汉族	2017.08	
33	李婧怡	能源与环境学院	能源动力类	03A17308	女	汉族	2017.08	

（续 表）

序号	学生姓名	院系	专业	学号	性别	民族	入学年月	备注
34	薛 琪	能源与环境学院	能源动力类	03A17406	女	汉族	2017.08	
35	郭依庆	能源与环境学院	能源动力类	03A17525	男	汉族	2017.08	
36	熊柏苹	信息科学与工程学院	信息工程	04015216	男	汉族	2015.08	
37	姜培文	信息科学与工程学院	信息工程	04015231	男	汉族	2015.08	
38	陈颖琦	信息科学与工程学院	信息工程	04015330	男	汉族	2015.08	
39	贾 燚	信息科学与工程学院	信息工程	04015344	女	汉族	2015.08	
40	杨慧雯	信息科学与工程学院	信息工程	04016138	女	汉族	2016.08	
41	杨宁远	信息科学与工程学院	信息工程	04016335	男	汉族	2016.08	
42	郑志刚	信息科学与工程学院	信息工程	04016437	男	汉族	2016.08	
43	李 想	信息科学与工程学院	信息工程	04016543	男	汉族	2016.08	
44	张弘毅	信息科学与工程学院	信息工程	04016544	男	汉族	2016.08	
45	江天祺	信息科学与工程学院	信息工程	04017103	女	汉族	2017.08	
46	胡玉嵘	信息科学与工程学院	信息工程	04017245	男	汉族	2017.08	
47	叶子文	信息科学与工程学院	信息工程	04017536	男	汉族	2017.08	
48	凌泰炀	信息科学与工程学院	信息工程	04017539	男	汉族	2017.08	
49	李子箫	信息科学与工程学院	信息工程	04216728	男	汉族	2016.08	
50	王海洳	信息科学与工程学院	信息工程	04217710	女	汉族	2017.08	
51	周 航	土木工程学院	土木工程	05115509	男	汉族	2015.08	
52	程 赟	土木工程学院	土木工程	05116312	男	汉族	2016.08	
53	郑举乐	土木工程学院	土木工程	05116401	女	汉族	2016.08	
54	王田虎	土木工程学院	土木工程	05116608	男	汉族	2016.08	
55	李 盼	土木工程学院	土木工程	05116610	男	汉族	2016.08	
56	于思淏	土木工程学院	土木工程	05116631	男	汉族	2016.08	
57	周永峰	土木工程学院	土木工程	05117526	男	汉族	2017.08	
58	李思诚	土木工程学院	土木工程	05117602	男	汉族	2017.08	
59	康 蕊	土木工程学院	工程管理	05215103	女	满族	2015.08	
60	杜妍慧	土木工程学院	工程管理	05216203	女	汉族	2016.08	
61	刘婉琳	土木工程学院	工程管理	05217105	女	汉族	2017.08	
62	王锦阳	土木工程学院	工程力学	05316118	男	汉族	2016.08	
63	倪俊宇	土木工程学院	工程力学	05317123	男	汉族	2017.08	

(续　表)

序号	学生姓名	院系	专业	学号	性别	民族	入学年月	备注
64	胡至贤	土木工程学院	给排水科学与工程	05516130	女	汉族	2016.08	
65	魏秋萌	电子科学与工程学院	电子科学与技术	06016107	女	汉族	2016.08	
66	王　昂	电子科学与工程学院	电子科学与技术	06016119	男	汉族	2016.08	
67	杨雨夏	电子科学与工程学院	电子科学与技术	06016205	女	汉族	2016.08	
68	徐晨铖	电子科学与工程学院	电子科学与技术	06016206	女	汉族	2016.08	
69	吴昱庚	电子科学与工程学院	电子科学与技术	06016226	男	汉族	2016.08	
70	秦育彬	电子科学与工程学院	电子科学与技术	06016332	男	汉族	2016.08	
71	张李萱	电子科学与工程学院	电子科学与技术	06016401	女	汉族	2016.08	
72	李梦洁	电子科学与工程学院	电子科学与技术(类)	06A17203	女	汉族	2017.08	
73	姚冠文	电子科学与工程学院	电子科学与技术(类)	06A17323	男	汉族	2017.08	
74	李可欣	电子科学与工程学院	电子科学与技术(类)	06A17506	女	汉族	2017.08	
75	李力行	电子科学与工程学院	电子科学与技术(类)	06A17525	男	汉族	2017.08	
76	周　晓	数学学院	数学与应用数学	07115121	男	回族	2015.08	
77	覃诗曼	数学学院	数学与应用数学	07116133	女	汉族	2016.08	
78	朱晓炜	数学学院	数学与应用数学	07117122	男	汉族	2017.08	
79	钱　成	数学学院	统计学	07316130	男	汉族	2016.08	
80	程绮颖	自动化学院	自动化	08016105	女	汉族	2015.08	因转学院转入下一级
81	冯若愚	自动化学院	自动化	08016128	男	汉族	2016.08	
82	张宝文	自动化学院	自动化	08016231	男	汉族	2016.08	
83	韩　玥	自动化学院	自动化	08017309	女	汉族	2017.08	
84	陈国浠	自动化学院	自动化	08017315	男	汉族	2017.08	
85	傅嘉晨	自动化学院	自动化	08017328	男	汉族	2017.08	
86	杜　煜	自动化学院	自动化	08117125	男	汉族	2017.08	
87	董沛文	计算机科学与工程学院、软件学院	计算机科学与技术	09016235	男	汉族	2016.08	
88	曹　放	计算机科学与工程学院、软件学院	计算机科学与技术	09016317	男	汉族	2016.08	

（续　表）

序号	学生姓名	院系	专业	学号	性别	民族	入学年月	备注
89	许　璠	计算机科学与工程学院、软件学院	计算机科学与技术	09016322	男	汉族	2016.08	
90	罗崟洪	计算机科学与工程学院、软件学院	计算机科学与技术	09016414	男	汉族	2016.08	
91	冉雨杭	计算机科学与工程学院、软件学院	计算机科学与技术	09017117	男	汉族	2017.08	
92	周　畅	计算机科学与工程学院、软件学院	计算机科学与技术	09017123	男	汉族	2017.08	
93	吴子源	计算机科学与工程学院、软件学院	计算机科学与技术	09017320	男	汉族	2017.08	
94	方　骏	计算机科学与工程学院、软件学院	计算机科学与技术	09017424	男	汉族	2017.08	
95	李　驰	计算机科学与工程学院、软件学院	软件工程	71116120	男	汉族	2016.08	
96	刘相君	计算机科学与工程学院、软件学院	软件工程	71116144	女	汉族	2016.08	
97	姜文玉	计算机科学与工程学院、软件学院	软件工程	71116227	男	汉族	2016.08	
98	翁吴岚	计算机科学与工程学院、软件学院	软件工程	71116306	女	汉族	2016.08	
99	姜子玥	计算机科学与工程学院、软件学院	软件工程	71117201	女	汉族	2017.08	
100	张皓翔	计算机科学与工程学院、软件学院	软件工程	71117218	男	汉族	2017.08	
101	凌泰炜	计算机科学与工程学院、软件学院	软件工程	71117315	男	汉族	2017.08	
102	黄　旭	计算机科学与工程学院、软件学院	软件工程	71Y17118	男	汉族	2017.08	
103	高渠成	物理学院	应用物理学	10116116	男	汉族	2016.08	
104	孟翰廷	物理学院	应用物理学	10117110	男	汉族	2017.08	
105	高柏植	物理学院	物理学	10315112	男	汉族	2015.08	符合破格申请条件
106	吕乾韬	生物科学与医学工程学院	生物医学工程	11115132	男	汉族	2015.08	
107	孙　青	生物科学与医学工程学院	生物医学工程	11116205	女	汉族	2016.08	
108	仪修琳	生物科学与医学工程学院	生物医学工程（类）	11117203	女	汉族	2017.08	

（续　表）

序号	学生姓名	院系	专业	学号	性别	民族	入学年月	备注
109	段秋怡	生物科学与医学工程学院	生物医学工程（本硕连读）	11216103	女	汉族	2016.08	
110	祝云篪	生物科学与医学工程学院	生物医学工程(类)	11317108	男	汉族	2017.08	
111	叶诗雨	材料科学与工程学院	材料科学与工程	12015109	女	汉族	2015.08	
112	刘煜轩	材料科学与工程学院	材料科学与工程	12015120	男	汉族	2015.08	
113	王　纯	材料科学与工程学院	材料科学与工程	12015202	女	汉族	2015.08	
114	詹　科	材料科学与工程学院	材料科学与工程	12016127	男	汉族	2016.08	
115	张　琪	材料科学与工程学院	材料科学与工程	12016203	女	汉族	2016.08	
116	卢　果	材料科学与工程学院	材料科学与工程	12016205	女	汉族	2016.08	
117	杜聿书	人文学院	政治学与行政学	13116108	女	汉族	2016.08	
118	龚丽丹	人文学院	旅游管理	13315108	女	汉族	2015.08	
119	陈可心	人文学院	汉语言文学	13416108	女	汉族	2016.08	
120	胡　志	人文学院	汉语言文学	13416129	男	汉族	2016.08	
121	闪佳雯	人文学院	哲学	13616115	女	回族	2016.08	
122	陈睿毅	人文学院	郭秉文试验班	13A17110	男	汉族	2017.08	
123	王　硕	人文学院	郭秉文试验班	13A17111	男	汉族	2017.08	
124	陈俊蓉	人文学院	郭秉文试验班	13A17513	女	汉族	2017.08	
125	钱诗懿	人文学院	郭秉文试验班	13A17607	女	汉族	2017.08	
126	邵天润	人文学院	郭秉文试验班	13A17925	女	汉族	2017.08	
127	关以恒	经济管理学院	信息管理与信息系统	14115126	男	汉族	2015.08	
128	杨宇瑶	经济管理学院	信息管理与信息系统	14116105	女	汉族	2016.08	
129	顾　颐	经济管理学院	国际经济与贸易	14215110	女	汉族	2015.08	
130	周路妍	经济管理学院	金融学	14515219	女	汉族	2015.08	
131	李慧聪	经济管理学院	金融学	14516112	女	汉族	2016.08	
132	余汶卓	经济管理学院	金融学	14516122	男	汉族	2016.08	
133	李雪娇	经济管理学院	经济学	14615125	女	汉族	2015.08	
134	花泽苏	经济管理学院	经济学	14616122	女	汉族	2016.08	
135	苗林霏	经济管理学院	物流管理	14815114	女	锡伯族	2015.08	
136	李路遥	经济管理学院	物流管理	14816130	男	汉族	2016.08	

（续　表）

序号	学生姓名	院系	专业	学号	性别	民族	入学年月	备注
137	李思佳	经济管理学院	金融工程	14916102	女	汉族	2016.08	
138	程　冉	经济管理学院	工商管理类	14B17114	女	汉族	2017.08	
139	贾玉洁	经济管理学院	工商管理类	14B17413	女	汉族	2017.08	
140	吴　晨	经济管理学院	经济学类	14C17404	女	汉族	2017.08	
141	李彤彤	经济管理学院	经济学类	14C17409	女	汉族	2017.08	
142	李明月	经济管理学院	国际经济与贸易（全英文）	14Y15105	女	汉族	2015.08	
143	林固静	电气工程学院	电气工程及其自动化	16016102	女	汉族	2016.08	
144	叶海蓉	电气工程学院	电气工程及其自动化	16016301	女	汉族	2016.08	
145	刘轶涵	电气工程学院	电气工程及其自动化	16016404	女	汉族	2016.08	
146	陈畅	电气工程学院	电气工程及其自动化	16016405	女	汉族	2016.08	
147	侯洁华	电气工程学院	电气工程及其自动化	16016407	男	汉族	2016.08	
148	亓臻康	电气工程学院	电气工程及其自动化	16016516	男	汉族	2016.08	
149	王逸贤	电气工程学院	电气工程及其自动化	16016517	男	汉族	2016.08	
150	易开朗	电气工程学院	电气工程及其自动化	16016606	女	汉族	2016.08	
151	汪俊东	电气工程学院	电气工程及其自动化	16016612	男	汉族	2016.08	
152	王家宁	外国语学院	英语	17116218	女	汉族	2016.08	
153	岳珏嘉	外国语学院	英语	17116318	女	汉族	2016.08	
154	吕文祎	外国语学院	英语	17117105	女	汉族	2017.08	
155	李　姮	外国语学院	日语	17216107	女	汉族	2016.08	
156	姜卓依	外国语学院	日语	17216109	女	汉族	2016.08	
157	孟闻飞	化学化工学院	化学工程与工艺	19115120	男	汉族	2015.08	
158	白天滋	化学化工学院	化学工程与工艺	19116101	女	汉族	2016.08	
159	肖　琳	化学化工学院	制药工程	19216108	女	汉族	2016.08	
160	戴恒毅	化学化工学院	化工与制药类	19017115	男	汉族	2017.08	
161	霍锦彪	交通学院	交通工程	21016116	男	汉族	2016.08	

（续　表）

序号	学生姓名	院系	专业	学号	性别	民族	入学年月	备注
162	曹思涵	交通学院	道路桥梁与渡河工程	21016217	男	汉族	2016.08	
163	谢　凝	交通学院	交通工程	21017103	女	汉族	2017.08	
164	葛正怡	交通学院	交通工程	21017105	女	汉族	2017.08	
165	严学润	交通学院	交通工程	21017109	男	汉族	2017.08	
166	陈鲁川	交通学院	交通工程	21017112	男	汉族	2017.08	
167	陈思源	交通学院	交通工程	21017113	男	汉族	2017.08	
168	王欣妤	交通学院	交通工程	21116201	女	汉族	2016.08	
169	徐　扬	交通学院	交通运输	21216125	女	汉族	2016.08	
170	李宁皓	交通学院	测绘工程	21316115	男	汉族	2016.08	
171	刘佰文	交通学院	港口航道与海岸工程	21416129	男	汉族	2016.08	
172	贾玉如	交通学院	地理信息科学	21516102	女	汉族	2016.08	
173	张嘉旭	交通学院	地理信息科学	21516112	男	汉族	2016.08	
174	李　澳	交通学院	地理信息科学	21517118	男	汉族	2017.08	
175	彭　畅	交通学院	道路桥梁与渡河工程	21716135	男	汉族	2016.08	
176	徐汪祺	交通学院	城市地下空间工程	21816104	女	汉族	2016.08	
177	徐昭辰	交通学院	城市地下空间工程	21816120	男	汉族	2016.08	
178	蔡鸿杰	仪器科学与工程学院	测控技术与仪器	22016122	男	汉族	2016.08	
179	马菲菲	仪器科学与工程学院	测控技术与仪器	22016202	女	汉族	2016.08	
180	李嘉懿	仪器科学与工程学院	测控技术与仪器	22016301	女	汉族	2016.08	
181	熊瑾乐	仪器科学与工程学院	测控技术与仪器	22016305	女	汉族	2016.08	
182	颜佳慧	仪器科学与工程学院	测控技术与仪器	22017105	女	汉族	2017.08	
183	蔡璧嶺	艺术学院	美术学	24116102	女	汉族	2016.08	
184	刘　凌	艺术学院	美术学	24117101	女	汉族	2017.08	
185	朱昕玥	艺术学院	动画	24217107	女	汉族	2017.08	
186	吴文轩	艺术学院	产品设计	24315222	男	汉族	2015.08	
187	唐万媛	艺术学院	产品设计	24316202	女	土家族	2016.08	
188	何玉旭	法学院	法学	25016127	男	汉族	2016.08	
189	陆涵之	法学院	法学	25016231	女	汉族	2016.08	

（续　表）

序号	学生姓名	院系	专业	学号	性别	民族	入学年月	备注
190	臧一腾	公共卫生学院	预防医学	42115110	女	汉族	2015.08	
191	魏兰馨	公共卫生学院	预防医学	42116202	女	汉族	2016.08	
192	王健力	公共卫生学院	预防医学	42117212	女	汉族	2017.08	
193	吕梦茹	公共卫生学院	劳动与社会保障	42216117	女	汉族	2016.08	
194	牟　杨	医学院	生物工程	41115122	男	汉族	2015.08	
195	李钰勉	医学院	生物工程	41116109	男	汉族	2016.08	
196	王晋秋	医学院	临床医学	43114116	女	汉族	2014.08	
197	王　燕	医学院	临床医学	43115102	女	汉族	2015.08	
198	杨雯迪	医学院	临床医学	43116210	女	汉族	2016.08	
199	李建平	医学院	临床医学	43116218	男	汉族	2016.08	
200	周　青	医学院	临床医学(本硕连读)	43214407	女	汉族	2014.08	
201	李欣欣	医学院	临床医学(本硕连读)	43214415	女	汉族	2014.08	
202	蔡衬衬	医学院	临床医学(本硕连读)	43215112	女	汉族	2015.08	
203	刘　熙	医学院	临床医学(本硕连读)	43217230	男	汉族	2017.08	
204	邱连丽	医学院	医学影像学	43315109	女	汉族	2015.08	
205	宋　杰	医学院	临床医学(拔尖试点班)	43815102	女	苗族	2015.08	
206	李文韬	医学院	临床医学(拔尖试点班)	43816121	女	汉族	2016.08	
207	吴宇恒	医学院	临床医学(拔尖试点班)	43816127	男	汉族	2016.08	
208	张　可	医学院	临床医学(拔尖试点班)	43817124	男	汉族	2017.08	
209	刘昊洋	医学院	临床医学(拔尖试点班)	43817129	男	汉族	2017.08	
210	单秋洁	医学院	临床医学	43A17402	女	汉族	2017.08	
211	丛子晴	网络空间安全学院	网络空间安全	57017102	女	汉族	2017.08	
212	孙昊宇	吴健雄学院	工科试验班	61516218	男	汉族	2016.08	
213	董　雍	吴健雄学院	工科试验班	61516219	男	汉族	2016.08	
214	严　格	吴健雄学院	工科试验班	61516322	男	汉族	2016.08	
215	孙昊昕	吴健雄学院	工科试验班	61517105	男	汉族	2017.08	

(续　表)

序号	学生姓名	院系	专业	学号	性别	民族	入学年月	备注
216	雷重庆	吴健雄学院	工科试验班	61517321	男	汉族	2017.08	
217	孟声国	吴健雄学院	工科试验班	61517323	男	汉族	2017.08	

2017—2018 学年校长奖学金表彰名单

建筑学院(7 人)

学号	姓名	学号	姓名
01215101	陶梦烛	01217122	石文杰
01215112	李艳妮	01514116	秦群捷
01215119	王建刚	01515115	常晓旭
01216221	李千川		

机械工程学院(6 人)

学号	姓名	学号	姓名
02015616	贾乐松	02615131	袁复超
02016233	冯海钊	02616114	季颖萌
02017320	孙宇啸	02617111	陈坤秀

能源与环境学院(6 人)

学号	姓名	学号	姓名
03015312	易　航	03115609	李亚楠
03016122	李梦林	03216721	张家铭
03016209	刘东川	03217703	赵润玉

信息科学与工程学院(8 人)

学号	姓名	学号	姓名
04015336	倪天恒	04017424	于　千
04016421	李子健	04017519	钱缪峰
04016427	林　志	04215726	罗　咪
04017105	徐　俐	04216711	时　旻

（续　表）

土木工程学院(8 人)			
学号	姓名	学号	姓名
05115504	章梦霞	05117607	孙伟豪
05115628	何至立	05117614	刘册轩
05116619	李佳滕	05117620	刘嘉欣
05116632	陈　欣	05516110	刘哲铭
电子科学与工程学院(6 人)			
学号	姓名	学号	姓名
06015221	纪　愚	06115121	宋金凯
06016113	杨作民	06217604	李易之
06016301	张徐青	06A17104	李雪绮
数学学院(2 人)			
学号	姓名	学号	姓名
07316102	王雪晴	07317119	潘　闯
自动化学院(5 人)			
学号	姓名	学号	姓名
08015431	赵子萌	08116126	胥凯林
08016232	徐刘佳	08117106	毕志海
08017111	杭念之		
计算机科学与工程学院、软件学院(9 人)			
学号	姓名	学号	姓名
09015413	吴　锐	71115445	隋文正
09016236	周逸帆	71116125	李煜炜
09016435	杨航源	71116233	白丰硕
09017334	於其樊	71117317	胡　昱
09017426	管　政		
物理学院(2 人)			
学号	姓名	学号	姓名
10315102	余婷洁	10316120	王朝晖

（续 表）

生物科学与医学工程学院(3 人)			
学号	姓名	学号	姓名
11115108	张筱萱	11317115	赵作翰
11116218	张泽群		
材料科学与工程学院(3 人)			
学号	姓名	学号	姓名
12015422	宋东东	12016317	贺志强
12016316	徐　骁		
人文学院(4 人)			
学号	姓名	学号	姓名
13216112	魏皖豫	13316110	廖　霞
13217121	李越洋	13616108	梅玉倩
经济管理学院(10 人)			
学号	姓名	学号	姓名
14117119	邵毅飞	14416201	董英睿
14315103	宋孟璐	14517105	鲍珂盈
14415113	满雪颖	14917106	吴丹妮
14415212	方子茹	14917120	朱　婧
14416103	赵彩汐	14Y16108	曹瀚尹
电气工程学院(5 人)			
学号	姓名	学号	姓名
16016115	顾胜东	16016402	周昊玥
16016117	傅琪栋	16016511	雷宇通
16016228	张伟椿		
外国语学院(3 人)			
学号	姓名	学号	姓名
17117123	姜文慧	17217201	李憧憬
17117321	顾嘉玥		
化学化工学院(2 人)			
学号	姓名	学号	姓名
19116102	冯一鸣	19216122	关贵钰

（续　表）

交通学院(10 人)			
学号	姓名	学号	姓名
21015204	黄梦雨	21017218	余晓虎
21016114	王泽民	21116124	吴文晖
21016118	巴贝尔	21116128	万志杨
21017115	冯思齐	21415113	张妮妮
21017206	傅子建	21515109	刘　璐
仪器科学与工程学院(3 人)			
学号	姓名	学号	姓名
22015412	陈望隆	22017306	项奕晨
22016322	孙东杰		
艺术学院(3 人)			
学号	姓名	学号	姓名
24316115	李金珊	24317118	朱怡澄
24316125	方　天		
法学院(2 人)			
学号	姓名	学号	姓名
25016114	王海馨	25017123	张天禾
公共卫生学院(3 人)			
学号	姓名	学号	姓名
42114216	齐文昊	42217112	杜妍蓉
42215205	俞沁雯		
医学院(10 人)			
学号	姓名	学号	姓名
41115101	赵　姗	43214408	罗　荣
43114207	张雨嫣	43216229	王文帝
43115109	贾莹婷	43216428	张梓健
43115122	徐　力	43817102	常婧瑶
43116206	蒋　扬	43817111	王家杰
网络空间安全学院(1 人)			
学号	姓名	学号	姓名
57117217	戚吴祺		

(续　表)

吴健雄学院(9 人)			
学号	姓名	学号	姓名
61516119	许文寒	61517103	陈雨荷
61516204	金虹希	61517111	蔡承志
61516313	杨佳伟	61517123	丁明远
61516324	许瑶坤	61517319	许立言
61516416	袁　瑞		

2017—2018 学年奖教金、奖学金获奖名单

光　荣　榜

顾冠群、章玉琴奖助学金(顾冠群院士家属及学生设立)基金 36.595 5 万元

获奖名单

曹蔚祎　01113508　许静雯　09016212　叶钟匀　21716110
汪　涛　21715119　伍芳羽　01213210　刘　皎　09016307
陈庆狄　22015319　霍浩淼　04015032　张天禾　13A17707
吕嘉鑫　61516222

齐康奖助基金(齐康院士设立)基金 100 万元

(1) 建筑学院获奖教师名单

王　为

(2) 获奖学生名单

谢明坤　159011　丁金铭　170040　吴泽宇　160042
黄博文　163615　杨怡然　170068　吉倩妘　150066
杨春晖　163619　郜佩君　163614

何振亚、王孝书奖学金(何振亚、王孝书设立)基金 12 万元

获奖名单

张　琳　160758

东南大学建筑设计与理论研究中心——程泰宁奖励基金(程泰宁院士设立)基金 65 万元

获奖名单

谢　昕　160126　米锋霖　170095　黄卿云　159307
董　嘉　159622　沈宇驰　169624　杨　宸　01114316
刘博伦　01114325　赵英豪　01115115　张子凡　01115315

李东耘	01115316	陈　庆	01115318	费　诚	01115325
殷子衡	01116101	武淳雅	01116111	任紫湫	01114112

朱斐、孙绎奖助学金(朱斐、孙绎设立)基金 20 万元

获奖名单

姜开中	02015505	谭韬涌	02015529	秦新宇	02016326
张霁寒	02016506	袁复超	02615131		

周鹗奖学金(周鹗教授及夫人王慕藏教授,众高足设立)基金 16 万元

获奖名单

胡靖宜	152224	杜　敩	162196	吕舒康	169497
刘博寅	16015618	徐佳裕	16015325		

冯宇樵奖学金(冯绥安先生设立)奖金总额 3 000 元

获奖名单

张　杉　03216718

陈延年、王劲松奖学金(陈延年、王劲松设立)奖金总额 3 万元

获奖名单

左文强	139454	杜　仪	151734	程　俊	151767
马锦雅	12014203	俞晓涵	12014308		

李元坤奖学金(徐元善先生设立)奖金总额 3 000 元

获奖名单

薛文嘉　14C17104

陈达锋土木工程奖教金(陈达锋先生设立)基金 10 万元

土木工程学院获奖教师名单

吴佰建　　韩玉林

张秋交通工程奖学金(张秋先生设立)基金 3.7 万元

获奖名单

朱柯臣　21116213

金宝桢奖教金、奖学金(南京栖霞建设股份有限公司设立)基金 50 万元

(1) 教工获奖名单

郝艳娟	审计处	欧晓星	土木工程学院
朱　蕾	土木工程学院	肖士者	土木工程学院

(2) 学生获奖名单

贯永城	161035	李　娜	160567	陈金桥	171175
樊　刚	161054	泰子煜	05A17503	黄伊凡	13A17918
邓乐莹	22016205	吴黎明	22014304	何祥平	05114201
樊怡琪	05116301	彭祺予	05215121	管雨欣	13A17715
张信森	05114505	何威岩	05116421		

丁大钧教育基金奖助学金(丁大钧教育基金会设立)基金 96 万元

获奖名单

龚来凯　160952	苏伟强　161126	张　倩　161108
郝浩宇　161142	吉章行　05116424	李　波　05214103
贾瑞临　05215210	陈　彤　05216101	

蒋永生教授奖励基金(蒋永生教授家属、学生及好友设立)基金 85 万元

获奖名单

张炜铭　160929	邢凯丽　160975	张会凯　160984
王晶晶　161164	刘长源　161012	赵　晟　161011
张　正　161111	卓锦松　161170	朱明吉　161003
王　伟　160970	俞美刚　05A17116	李珮玄　05717114
蒋　擎　05115219	陈　杰　05116116	孙舒琪　05215202
袁震阳　05315133	仇敏桦　05115631	黄鸿宇　05116423
吴远德　05315115	孙　芸　05516108	

陈荣生教授创新奖学金(陈荣生教授的学生设立)奖金总额 1 万元

获奖名单

邓交龙　162607	孙　悦　162625	张　勐　169196

维俊奖教金(南京盘龙广告传媒集团设立)基金 5 万元

图书馆教职工获奖名单

任　伟	濮吟秋	郭　勇
李瑞瑞	罗　亮	

洪范五奖教金、奖学金(南京盘龙广告传媒集团设立)基金 10 万元

(1) 图书馆员工获奖名单

钱　鹏	陈　霞	陆　美
王琳琳		

(2) 学生获奖名单

戴　琦　172150

郝英立奖学基金(高嵩同志及沈锦华、郭金林、沙敏等校友设立)基金 19.2 万元

获奖名单

程崇博　159342

言恭达奖教金、奖学金(言恭达先生设立)基金 50 万元

(1) 艺术学院教师获奖名单

郁火星	徐习文	岳晓英
于　薇	沈淑琦	胡　平
陈靖雨	刘　江	唐泉泉
宋　备		

(2) 学生获奖名单

曾奕玲　163363	冉令江　179325	袁竞雄　173965

高　涵　174001　　陈紫荆　24115102　　王苏鸿　24315114
刘克宇　24316224　　陈　果　24317104　　余　江　24216104
曹忞竹　24315201

黄林、郭养滋奖学金（黄林、郭养滋伉俪设立）　基金10万元

获奖名单

黄赛金　08015212　　李永胜　08015314　　李嘉杰　22015212
魏林琥　22016316

朱庆麻奖助学金（朱世平校友设立）基金10万元

获奖名单

王彦恒　162764　　朱皓瑀　61315109　　朱周华夏　13115102

恽瑛奖助学金（恽瑛教授、潘天任、左韵芳设立）基金28万元

获奖名单

李征蔚　03015003　　陈　功　03214740　　卢卓桓　08015325
郑熠宁　10017215　　王　梓　03016230　　王行健　08015111
戚耀磊　09015140　　高柏植　10315112　　刘　磊　16015119
黄怡凡　16015528　　时绍森　71115342　　李翔宇　71Y15127

程文瀼教授奖助学基金（程文瀼教授家属及其弟子设立）基金33万元

获奖名单

顾悦言　170993　　王艳青　171210　　尚东浩　161171
陈启阳　05114513　　吴谊文　05115603　　卓煜程　05116114
谭梓怿　05215223　　韩雪欣　5515104

施明恒奖学金（施明恒教授及其弟子设立）　基金10万元

获奖名单

陈思慧　160491　　柳　帅　160456　　田星宇　03014328
丁　衡　03016107　　刘东川　03016209

徐百川OVM预应力奖学金、奖教金（柳州欧维姆机械股份有限公司设立）　奖金总额5万元

（1）土木工程学院教师获奖名单

陈　耀　　陆金钰

（2）学生获奖名单

杨　辉　169057　　王馨玉　159394　　诸钧政　160993
郭从明　161028　　雷海鹏　179445　　黄　正　129146
叶　震　160982　　吴豪轩　161127　　张莉涓　161107

章春梅奖学金（章春梅教授家属及其弟子设立）　基金11.0028万元

获奖名单

朱健健　161776　　刘　新　12014325　　金　鹏　12015124

何德玶奖学金(何德玶教授家属设立)基金 10.8 万元

获奖名单

王　纯　12015202

霞光奖助学金(程光蕴、许世霞夫妇设立)基金 10 万元

获奖名单

林晓辉　02015215　　冯海钊　02016233　　吴胜杰　02016426

张嘉慧　02615101　　高渠成　10116116

颜安教授奖教金(颜安教授设立)基金 6 万元

经济管理学院教师获奖名单

史雅妮　　汪敏达　　张　钒

高彦彦

徐南荣奖学金(桂莲基金会设立)基金 50 万元

获奖名单

苏煜霖　161888　　姜旭玲　14315104

东南大学陈珩教授奖励发展基金(陈珩教授的家属、学生及好友等设立)基金 58 万元

获奖名单

田恩东　16015130　　段成亮　16015309　　张　胤　16015517

曹家诚　16015628　　黄佳玮　19115107　　薛　帅　162330

齐　济　162215　　杨公德　159504　　章恒亮　169165

唐　旎　162221

孙国雄奖学金(孙国雄教授及其研究生设立)基金 20.0762 万元

获奖名单

黄艾婧　151704　　邵里良　171870　　高　源　171862

胡梦丹　171864　　陈飞阳　171858

陈善年、佘颖禾核电安全与创新奖学金(陈善年、佘颖禾教授夫妇设立)基金 100 万元

获奖名单

李　明　150479　　廖先伟　150372　　李　涛　03315528

胡文桢　03314507　　练国庆　03314521　　韦盘龙　03314526

高　犇　03316518　　金　钊　03316507

颜景平教授暨弟子奖学基金(颜景平教授暨弟子设立)奖金总额 1 万元

获奖名单

周欣安　02016304　　罗鑫磊　02016413

张建坤基金(张嘉澍先生设立)基金 31 万元

获奖名单

陈玢晶　161045　　陈　坤　05216116

“徐吉谦-张秋”奖学金(徐吉谦教授及其曾指导的研究生设立)基金 15 万元

获奖名单

丁红亮　162727　　袁晨曦　21015108　　王欣妤　21116201

蒋贤文奖学金、奖教金(蒋时俊校友设立)本金 300 万元

(1) 物理学院教师获奖名单

董　帅　　侯吉旋

(2) 学生获奖名单

① 本科生一等奖

钱　骞　10114119　　李新新　10115114

② 本科生二等奖

赵威威　10316119

③ 研究生奖

蔡先明　151628　　水　涛　179137　　荆启华　161657
陈　月　161655

陆梓瑜奖助学金(陆虎进校友设立)　奖金总额 10 万元

获奖名单

陈可旺　14714101　　努尔比亚·尼亚孜　14715114　　龙一凡　14716114
叶芳晨　14815102　　杨泽宇　14714117　　陈云峰　14715115
李少飞　14716123　　王丹丹　14815108　　周贞廷　14715106
许　炎　14716102　　潘思佳　14814101　　姜　晗　14815109
安　杰　14715109　　何声凝　14716104　　王　珺　14814105
苗林霏　14815114　　杨宏英　14815118　　贾慧君　14716107
戴薛甜　14815101　　谭诗媛　14815116　　刘心怡　14816102
潘一各　14816112　　黄潇琳　14816117　　吴冰晶　14816129
梁钰婷　14816109　　高寒飞　14816113　　申　通　14816127
李路遥　14816130　　蒋昕昱　14816128　　陈思祺　14816114

轩铭奖学金(杨轩铭校友设立)奖金 5 000 元

获奖名单

谭伊彬　21115209

吴健雄·生医奖学金(东南大学生物科学与医学工程学院发展基金设立)奖金总额 16 万元

获奖名单

(1) 研究生特等奖

水恒涛　174584　　黄梦婷　174577　　缪　佳　174277

(2) 研究生奖

刘桃桃　161685　　王月桐　174574　　于云雷　163896
鲍琰雯　163890　　王凯旋　174565　　黄　朔　153834
朱　珠　153802　　付繁繁　159141　　路一飞　163888
郑　良　171830　　祝雅璇　163907　　刘小将　169133
孙炜航　163897　　李超龙　163637

(3) 本科生特等奖

黄罗杰　11115125　　张雨薇　11214203　　张玉婷　11214206

刁铭一 26115101

(4) 本科生奖

刘　锦 11114107　冯丹妮 11114108　缪居正 11115122
简柏樑 11115128　袁一通 11115130　吕乾韬 11115132
牟思豫 11214204　张　弛 11214205　王卓颖 11215113
丁佳宁 11216101　段秋怡 11216103　魏新若 11217114
孙　青 11A16206　戴　竹 11A16316　张泽群 11A16320
祝云篪 11A17107　赵作翰 11A17207　刘若渔 11A17208
章树立 11A17308　张玉洁 26114103

夏翔纪念奖学基金(夏元庆老师设立)本金 20 万元

获奖名单

李佞偈 14516111

红光奖助学金(曹红光校友设立)基金 45 万元

获奖名单

潘益鸣 07315116　张　鹏 11216139　徐　明 43114119
蒋婷婷 43214203　盛蕾益 11114109　梁嘉炜 11A16113
张雨嫣 43114207　杨聿航 43214405　冯福临 11115114
罗雨菡 11A16209　韩仲昱 43115318　田宇嘉 43216302
刘熠琳 11115115　石诚欢 11A16222　周安琪 43213113
李瑞祺 43216328　白艺乐 11116108　雷予辰 11A17311
金渊涵 43213124　李松栗 43216402　封雨潇 11215116
薛皓文 13615115　王艺锦 43213405　郭宗杰 43217416
傅琳清 43315113　陶金园 43813121　单政铭 43815129
徐　易 43A16203　陆雪刚 43315131　朱以鹏 43813122

焦廷标奖学基金(南京华新有色金属有限公司设立)基金 500 万元

(1) 教师获奖名单

胡　涛 机械工程学院　余　冉 能源与环境学院
许　丹 人文学院　李小平 计算机科学与工程学院
徐子方 艺术学院　陆华 马克思主义学院

(2) 学生获奖名单

奚　洋 162340　吴方媛 163072　吴　强 163304
胡嵩雯 163267　胡　娟 173498　刘　彤 163483
佘梓梁 01113502　詹　科 12016127　张一菡 13216114
陈睿毅 13A17110　顾铤威 19215119　赵靖文 22015307

许尚龙光彩事业贫困学生奖助学金(南京 21 世纪投资集团设立)基金 50 万元

获奖名单

贾乐松 02015616　朱翠翠 03216708　刘　佳 07116102
达　珍 13115133　倪铭悦 13316115　拉巴卓玛 13616116

赵贤志 13616120　刘珂昕 13A17922　李　鑫 14316129
覃业恩 17116106　贾玉如 21516102　郭　梦 21A17503
李润发 22017214　哈力米拉·买买提 43113110　戚昊祺 57017217
王辉征 61315119　李　洋 61516230　曹宏悦 71117105
魏旭凯 71117129　柳沿河 71117230

许尚龙奖教金(校友许尚龙先生设立)本金 100 万元

外国语学院教师获奖名单

侯　旭

唐仲英德育奖学金[唐仲英基金会(中国)设立]奖金总额 48.4 万元

获奖名单

普炳晨 16017619　张　阔 16017314　李梦洁 06A17203
杜妍蓉 42217112　程　锦 42217115　严　格 19017105
章澳顺 02017321　李博文 02017310　於其樊 09017334
李翔宇 1117202　姜飞虎 21A17416　周艺颖 14B17203
毕志海 03A17415　王　硕 13A17111　王逸帆 13A17401
张建东 71117123　高志伟 07017227　姚恩明 05A17513
徐奎元 05A17619　张　翼 05A17304　姚雨祺 17217111
宋宇星 57017225　孙昊昕 61517105　张世炜 04017527
范京劼 04017226　万子芊 04017606　刘思琪 43A17210
张景天 22017213　刘　凌 24117101　杜　煜 08A17315

叶晶奖学金(叶晶、刘芳夫妇设立)奖金总额 6 万元

获奖名单

李俊廷 11217103　谭媛元 11A16111　袁一泽 11A17209
全金凤 11216109　林玄悦 11215111　仪修琳 11A17118

大连东岗奖教金、奖学金(大连信恒康医药科技有限公司设立)基金 100 万元

(1) 医学院教师获奖名单

姚绍莲　朱新建　于晓明
吴晓菁

(2) 学生获奖名单

王书玲 161592　孙未雅 169432　张　晨 179499
王玙璠 170955　尹相瑞 161633　孙国艳 161526
曹　佳 160798　孙晓梦 163886　陈　龙 171762
朱海晨 179498　王宇飞 160896　蔡维嘉 174585
杨宇航 161538　马　宁 171624　卢彬清 170840
余筠如 169750　刘胜楠 161698　张　熠 163891
花　蕊 163910　曹　凡 170692　陈金炜 170821
姚　羽 163171　徐晓璇 163057　孙白云 153871
汪沭源 163153　朱云倩 163060　林丽华 153012

杨　鑫　43213310　　沙　俊　43213521　　管佳恒　43816137
蒋运罡　43213132　　黄　飞　43314118　　周芯夷　43113212
张　璐　43214414　　王珮璇　43816108　　何益港　43815125
刘　畅　43113304　　王彦旭　43215321　　朱　萌　43514115
顾资然　43214316　　潘振宇　42114116　　向欣雅　42216111
张文君　41115103　　李钰勉　41116109　　周旻豪　42113216
张　颖　152907

东南大学周远奖学金(中国科学院理化技术研究所设立)奖金总额 3 万元

获奖名单

黄秉坤　03014129　　赵雨晨　03015121　　沈裕童　03015129
胡　政　03015132　　秦可欣　03016201　　张佳钰　03016301
王　晨　03016316　　王利国　03016411　　张禾苗　03115601
黄　楠　03115617

煜平公卫奖学金(方煜平校友设立)基金 30 万元

获奖名单

李　瑞　162966　　陆润泽　152918　　刘云惠　13215108
臧一腾　42115110　　齐文昊　42114216　　刘　畅　42116201
王健力　42117212　　江雯欣　42216216

陈斌、曾珠奖学金(陈斌、曾珠校友夫妇设立)本金 100 万元

获奖名单

朱剑文　161133　　所昱彤　171131　　吴宇同　05115310
戴　斐　05215104　　周横一　12014323

何勤奋爱心基金奖学金(何勤奋校友父母及女儿设立)本金 150 万元

获奖名单

张睿驰　13114103　　孙宇幸　16015311　　王嘉伟　08015136
郑安琪　08015303　　罗佳奕　22015125　　牟柯昱　03014108
吴文轩　24315222

王崎奖助学金(厦门均和房地产土地评估咨询有限公司设立)奖金总额 4 万元

获奖名单

倪　倩　13115108　　唐　语　13A17725　　李芝霆　17115209
关贵钰　19216122　　李梦洁　43115201　　董　婕　43314110
李　驰　71116120　　李元亨　71Y16106

东南大学"苏州工业园区奖学金"(苏州工业园区设立)奖金总额 15 万元

获奖名单

李敬礼　160926　　张　磊　161022　　锁晓静　151711
张玲玲　161405　　张叶炼　151588　　彭梅琳　160213
安隆熙　160833　　张维哲　161284　　陈　毅　160314
王　瑶　151505　　张玲玲　160869　　席维唯　141214

莫志杰	160311	沈田甜	161748	李永彬	161419
吴子谦	151667	段梦沁	163884	郭梦梦	163701
胡路路	163744	江　琪	150041	王　雨	01215204
郑　婳	01514109	高　媛	01515103	张宇轩	02015308
王又婕	02015502	陈婷婷	04015109	陆裕祥	04015613
王思睿	05215205	陈静怡	05215212	段升顺	06015139
凌星宇	06015331	刁　丽	08015202	陈乐源	08015208
陈小飞	09015137	孙君校	09015436	雷仁昊	09015437
张筱萱	11115108	黄文娣	11314108	王　菁	12014107
鲍卓珩	12015228				

东南大学教育基金会奖学金、奖教金、奖管金（东南大学教育基金会设立）奖金总额 15 万元

（1）教工获奖名单

生沛文	校长办公室	袁海涛	基本建设处	张东峰	数学学院
彭　毅	物理学院	王　军	外国语学院	赵天为	艺术学院
梁云宝	法学院	赵　蕾	医学院	张　晓	公共卫生学院
廖小琴	马克思主义学院	张　琰	建筑学院	邱　峰	电子科学与工程学院

（2）学生获奖名单

吴亚男	171459	苗芳艳	163248	周　晴	169524
黄志惠	173402	王　炎	169710	杨海涌	162446
白　露	162347	张　俊	173399	杨　娟	161676
魏婉梦	161367	秦　鑫	10115121	王朝晖	10316120
龚丽丹	13315108	屈筱楠	13A17125	卞舒婷	17116201
王雪琪	17116314	陆丹晨	19116116	楼　洋	19316110
王志伟	07215115	王雪晴	07316102		

BELINGA EDIMA VICTOR FABRICE(威克)　233169964　喀麦隆

KASSIM,ISSA SUWEDI(苏维迪)　223165722　坦桑尼亚

POZHIDAEVA ALEXANDRA(爱丽克斯)　213166124　俄罗斯

VLASENKO, VIKTOR (科多)　223165644　俄罗斯

SONG, TIANCHENG(宋天成)　223165534　加拿大

宝钢教育奖（宝钢教育基金会设立）奖金总额 21 万元

（1）教师获奖名单

① 宝钢优秀教师特等奖

宋爱国　仪器科学与工程学院

② 宝钢优秀教师奖

李文渊　信息科学与工程学院

戴玉蓉　物理学院

郭玲香　化学化工学院

（2）学生获奖名单

① 宝钢优秀学生特等奖

赵英鹤　159119

② 宝钢优秀学生奖

俞　涛	05114502	徐希庆	4014335	张书平	149018
支灵通	159245	李明昊	16014007	尹佳媛	149619

光华奖学金(光华教育基金会设立)奖金总额40万元

获奖名单

邹仲钦	161004	郝　建	151763	孙春丽	161089
李广敬	151752	阮杨捷	169063	倪凯翔	151737
董雨婕	161063	赵佩佩	151776	杜　利	160950
曹园章	151730	唐美玲	161162	张　健	151778
侯士通	169372	张功托	151754	李　璇	161161
成维佳	161060	姚程渊	160981	胡至贤	05516130
李志强	05115213	苏静然	05116602	沈　圣	160965
王元馨	05515116	张承文	05314110	周宸宇	05114508
吴宣泽	160973	姜　波	05114620	叶啸天	05115611
杜妍慧	05216203	唐永波	149130	何至立	05115628
肖宇凡	05115619	何　谛	05116625	章梦霞	05115504
邓心怡	12014209	刘冀洋	12015132	申巧云	12014206
王少哲	05215110	封媛嘉	12015305	顾栩涵	12015201
仲　雯	12014434	黄　薇	05316105	顾晓雯	12015203
林　娴	12015206	康宏辉	12015125	钟毅杰	05514101
贾得明	12014312	王雪祺	12014217	蔡雅诗	12015204

南京安徽商会·同曦集团东南大学奖助学金、助学金(江苏同曦集团有限公司,南京安徽商会设立)奖金总额20万元

获奖名单

（1）A级奖助学金

孙　伟	01114230	李天润	02016309	刘文景	08015417
徐汪祺	21816104	史章昆	02015433	陶　妍	06015111
汪书辰	13216122	武国庆	22015316	林宜宁	71115441

（2）B级奖助学金

杨宇欣	01515102	孙治华	04015345	邵冠博	07116129
罗心怡	12015403	代　雷	02015310	刘林夕	04016105
姚　越	08015117	宋子恒	13116129	李　超	02016423
唐　笑	05115608	孙　凯	09014321	刘　超	14916131
陈　浩	03016330	吕文博	05115625	许　璠	09016322
伍文艳	14B17205	朱亚著	03114617	耿杨烨	06014215

孙慧敏 10114105	胡佳鹏 16015524	刘　强 04015211
王成诚 06A16235	许成韬 11214217	刘　金 16015529
徐士文 17216105	惠晓彤 21715208	陶述春 43815130
吴　靖 71Y16102	夏曼若 21115108	何玉旭 25016127

南京人工智能产业兴智计划(奖学金)(南京经济技术开发区管理委员会设立)奖金总额 100 万元

获奖名单

师　京 151530	张润环 151515	徐煜耀 160895
叶　然 169087	彭成伦 151528	王　坤 151536
王天奇 160851	吴烁民 161432	徐华鹏 151541
黄　博 149635	景天琦 160888	杜春赛 161380
徐　宁 169108	孙旭耀 160892	陆震宇 161390
陶焕杰 169422	刘　彤 151565	秦顾正 160846
张　杨 179122	丁文倩 161379	吴嘉楠 151531
卞方娟 153607	赵　洋 163773	蒋立沫 161386
褚晨蕾 169088	俞向荣 153697	吴自力 159657
徐　季 149639	杨雪旗 151428	田江江 163766
沈忠文 179102	潘江涌 149638	曾小波 153714
沈　飞 169560	曾　欣 173187	胡素芸 173198
冷明鑫 162748	许　强 162768	唐心宇 162758
欧阳强强 169559	蔡志鹏 169212	邓亭强 160743
李骁敏 160678	孙千惠 163690	郭静菁 139389
丁嘉莹 160744	霍明毅 163652	田广泽 163738
陈可心 163737	郝　凯 163654	

东南大学“苏州育才奖学金”(苏州市人才资源和社会保障局设立)奖金总额 21.6 万元

获奖名单

刘金霞 169692	孔德博 152684	骆凯翔 161815
蒋守席 159019	陈雪梅 179165	陆城富 162752
吴俊康 159033	郭春生 161509	马　卓 169665
叶康伟 162481	尹维茗 01115216	张　宁 01514115
夏骋宇 04015011	桂仁杰 04015240	李子煜 06015214
王　铎 09014222	关以恒 14115126	秦晓阳 16015623
黄梦雨 21015204	姜　宁 61315108	

东南大学 NITORI 国际奖学金(似鸟国际奖学财团设立)奖金总额 10 万元

获奖名单

陈柏宇 14215128	张　巧 14216115	吴宏善 14315109
叶子贤 14316116	李明月 14Y15105	程明喆 14Y16122
李桥瑶 17215112	仲可可 17215215	刘斐然 17216103

姜卓依 17216109

新鸿基地产郭氏奖学金(新鸿基地产郭氏基金有限公司设立)奖金总额1.5万元

获奖名单

郭昆健 16014320　陈明惠 02014407　李梦瑶 21514108
尚真真 12014405　胡鹏程 08014211　张　月 14514117

大连化物所奖学金(中国科学院大连化学物理研究所设立)奖金总额5万元

获奖名单

潘梦梦 19214104　向珮嘉 19114107　邹茜茜 19215105
叶诗雨 12015109　朱滢钰 19315101　孟闻飞 19115120
杨靖娴 12014403　王楚赫 12014304　游玉莹 12015307
王　森 12014316

东南大学工程管理英才奖学金(李启明教授设立)基金20万元

获奖名单

李皓燃 151007　陆　帅 161173　马红玉 05215114
张震祺 05215218

励志成功奖学金(王志功教授设立)基金10万元

获奖名单

马　莉 04015407　张子立 06A16411　李广博 11A17112
禹树文 61315115

软件创新奖学金(邓建明教授设立)奖金总额1.2万元

获奖名单

刘　健 71116329　於明嘉 71116401　刘相君 71Y16101
陈泽远 71Y16111

文教羽翼奖学金(孙淼校友设立)奖金总额3 000元

获奖名单

康银良 10115122

铭恩奖助学金(李翼成校友设立)基金10万元

获奖名单

倪　旖 13415114　马雯青 42115212　张家榕 42116113
吕梦茹 42216117　平　易 42114108　张丽丽 42116105
逯高涵 42117106　杨昊韵 42216207　陆　璇 42114109

“生命科学”奖助学金(生命科学研究院研究生设立)奖金总额3 000元

获奖名单

张欢欢 162948

朴衡奖学金(沙永春、卞鹏萱设立)奖金总额3.6万元

获奖名单

(1) 一等奖

宋子耕 173306　范　洁 25015204

(2) 二等奖

高　山	162895	曲　慧	25015112	赵晓丽	25015119

(3) 三等奖

邓海婷	25015105	汪贝贝	25015115	曹雅茹	25015203
于　婷	25015219				

公卫研究生新星奖学金(公卫学院 2017 年国家奖学金获得者设立)基金 1.55 万元

获奖名单

谢纬华	173428	杨柳青	173461	屈　满	189320

国盛奖学金(江苏省对外科学技术促进会设立)奖金总额 11 万元

获奖名单

熊壬浩	169434	孙　涛	151569	吴自力	159657
徐　浩	159049	储良煜	160670	万　强	151408
黄文欢	160841	许文婷	161247	樊　凯	171481
周滢滢	151576	周逸轩	04016125	谢　君	06015339
李　娅	09014307	常雅晴	08015204	张可涵	04014245
江天祺	04017103	刘一夫	04017235	周智仁	06A16124
蒋明俊	06A16232	张　伟	08015116	董林滔	08015124
许　旖	09014139	李　娅	09014307		

铁肩膀奖助学基金(北京海湾京城房地产开发有限公司设立)本金 500 万元

获奖名单

刘婷薇	160751	赵　越	150669	姚舜禹	160606
蓝　骥	169036	尹浩浩	140659	乔　志	160786
黄　菲	150592	凌森银	160626	王宝杰	150591
侯宏卫	04016534	杨宁远	04016335	任　杰	04014647
陶　安	04015108	时宇博	04016619	崔家瑞	04014615
吴　驰	04014332	徐　靖	04015238	郑　冉	04016209
贾　燚	04015344	刘茵茵	04015448	印　尼	04014313
黄　洋	04015521	韩磊鑫	04014449	吴文昊	04015542
徐茹宁	04014444	董方杰	04016301	朱文彧	04015201
房天昊	04016110	毛　雷	04016436		

怡怿奖助学金(朱春晔校友设立)奖金总额 1 万元

获奖名单

吕莛琳	14115104	吉　胜	14115128	曹梓睿	14116119

8480 奖学金(东南大学 80801、84802 班设立)基金 10 万元

获奖名单

马菲菲	22016202	吉蕴钰	22016203	彭小轩	22016405

686 奖助学金(电子科学与工程学院 86 级校友设立)基金 12 万元

获奖名单

肖如吉	06014108	吴　楠	06014321	王文彬	06015312
陈立军	06015325	杨晨曦	06A16239	俞　祎	06A16539
魏宇恒	06A17318	马泽瑶	06A17508		

5187 级奖学金(5187 级校友设立)基金 11 万元

获奖名单

(1) 一等奖

陈昊辉　05115626

(2) 二等奖

刘　桦　05115507　　方　瑜　05A17630

251991 奖助学金(东南大学法学院 251991 班设立)基金 5 万元

获奖名单

葛　萑　25015108　　董　敏　25016104

259991 奖助学金(东南大学法学院 259991 班设立)基金 5 万元

获奖名单

谢微微　25015214　　陆涵之　25016231

3180 诚信奖助学金(东南大学电气工程学院 3180 班设立)奖金总额 5 万元

获奖名单

谢凯桦	16015117	何国豪	16015121	彭　杨	16015129
王　丽	16015201	杨光辉	16015207	兰竣杰	16015220
张建朋	16015330	苏龙港	16015513	李乘云	16015611
金家东	16015612				

5181 励志奖学金(东南大学 5181 级校友设立)基金 26.5180 万元

获奖名单

华敏涵	05115403	刘振韬	05116403	杨　雨	05215107
刘　峰	05215216				

22811 铸才奖励基金(东南大学 81 级校友任京建、殷辉设立)基金 30 万元

(1) 材料科学与工程学院获奖教师名单

陆　韬　　王倩倩

(2) 获奖学生名单

刘玉爽	169147	范小路	151761	王大鹏	151783
朱昱霖	12015415	熊紫伊	12015110	王　雪	12016107
王会一	12014122	奚许峰	12016326	高　雪	12014105

90 级电子学院校友奖助学金(东南大学电子学院 90 级校友设立)奖金总额 1 万元

获奖名单

科技创新奖

邹少锋　06015327

社会公益奖

郑崇义 06A16421

160082 奖助学基金(160082 班全体校友设立)奖金总额 2 万元

获奖名单

郑光泽 16017127　丁明敏 16017421　胡安庆 16017522
余雪珂 16017607

2195 届励志奖学金(交通学院 1995 届校友设立)基金 15 万元

获奖名单

董浩宇 03215732　蓝苑瑗 3216710　吴　阅 21015206
卢毅恒 21116218　余泽鸿 21315114　朱保航 21415123
程天泽 21416110　刘　璐 21515109　范玉楼 21A17116
黎越鸥 21B17120

8091 校友奖助学金(自控 91 级校友设立)基金 10 万元

获奖名单

陆逸慧 08015101　李怡航 08015207　陆一洲 08015313
俞柯伊 08015401　朱　婷 08015402　邹子凌 08015412

动力 91 级校友奖助学金(动力 91 级校友设立)基金 25.025 万元

获奖名单

袁瑀浩 160534　江巍雪 159633　王洪毅 03216737
陈显浩 03016332　陈尚巧 03014204　杨　震 03014326
吴玉萍 03016227

251001 班校友奖助学金(251001 班全体校友设立)奖金总额 1.2 万元

获奖名单

申一芬 25015113　廖婧文 25015208　王　倩 25016116
李嘉宁 25016209

422001/2 班校友奖学金(422001/2 班全体校友设立)基金 4.5 万元

获奖名单

阚超杰 163012　俞沁雯 42215205　沈鑫薇 42215209

81 级医学校友励志奖学金(81 级医学校友设立)基金 30 万元

获奖名单

鲍明阳 42114117　魏兰馨 42116202　王牧一 43113218
杭程程 43113231　吴小雪 43114108　朱小楠 43115206
赵雅宽 43214422　吴　玥 43215315　陆　静 43216113
刘　熙 43217230

东南大学数学系 2002 级校友奖助学金(数学系 2002 级校友设立)基金 1.2 万元

获奖名单

黄雪梅 07315108

“马院92之芯”奖学金(杭州腾果网络科技有限公司(马克思学院92级全体校友)设立)基金10万元

获奖名单

魏海华	163233	向　勇	173722	王常冉	159603
都超飞	169604	胡　顺	163236		

无线电系82级校友奖学金(原无线电系82级校友设立)基金10万元

获奖名单

钟捷成	04014121	袁逸凡	04015204	张筱进	04015634
周天寅	04016540	徐　俐	04017105		

东南大学4093级奖助学基金(无线电系93级全体校友设立)基金6.3万元

获奖名单

薛天昊	04015119	常　宇	04015337

临床医学92年级1班奖助学金(秦毅、齐晓昀校友伉俪设立)基金15万元

获奖名单

付艺伟	17116101	王家宁	17116218	岳珏嘉	17116318
周　醒	43214207	黄　颖	17116210	周绮越	17116312
吴以加	43115213	王家杰	43217117	谢爱明	43813105
马华阳	43A16110				

临床医学92年级奖助学金(临床医学92年级校友设立)基金15万元

获奖名单

周　楠	43115307	袁国栋	43214522	施　雯	43814116
王续霏	43A16309	孙雨露	43213213	王梦雪	43215202
许　悦	43A16204	张书航	43A17427	史天一	43213421
胡胜烨	43213524				

08级在职法硕奖助学金(2008级东南大学在职法硕班校友设立)基金5万元

获奖名单

杨晓歌	25014121

广东省东南大学校友会奖助学基金(广东省东南大学校友会设立)奖金总额5万元

获奖名单

刘紫东	01114116	冯　斌	02016209	张　睿	04015024
陈鸿标	14B17319	杜淦琰	01115309	黄锦华	03015310
方崇舟	04016320	葛正怡	21A17510	夏菁奕	02015101
詹卓轩	03016312	田近尧	07316122	冯思齐	21A17815
井劭杰	71116234	郭超政	71Y16107		

闵瑜校友奖励基金(深圳市爱迪尔电子有限公司设立)基金100万元

(1) 教师获奖名单

李　力	建筑学院	张　愚	建筑学院	周　欣	建筑学院
夏　兵	建筑学院	陶岸君	建筑学院	刘道银	能源与环境学院

唐慕萱 能源与环境学院 范红梅 能源与环境学院
张 辉 能源与环境学院 胥建群 能源与环境学院
韩 良 机械工程学院 蒋书运 机械工程学院
陆荣生 机械工程学院 李彦斌 机械工程学院
沙菁契 机械工程学院 潘 宁 医学院 曹广亮 医学院
石 欣 医学院 袁春燕 医学院 沈 杨 医学院
董永强 计算机科学与工程学院
王红兵 计算机科学与工程学院
熊润群 计算机科学与工程学院
李 伟 计算机科学与工程学院
宛 斌 计算机科学与工程学院

(2) 学生获奖名单

葛永瑞 01113322 徐昌晖 02016232 孔祥琛 03014329
程茜雅 09015101 赵芮澜 01116102 吴德重 02016316
金弘琨 03014426 魏博伟 09015115 余青钱 01216222
刘 展 02016430 刘丽珊 03016306 叶橄强 09015335
吴 韵 01513114 严 钧 02016522 戴 文 03214701
张奕裕 09015336 唐四维 01516114 陈佳乐 02016631
张家铭 03216721 吴 锐 09015413 杨展能 43113121
盛铭洁 43814120 张伟托 43816123 吴沁怡 43816139
叶子洋 43113220

物理学院 2013 级校友奖学金(物理学院 2013 级校友设立)奖金总额 3 000 元

获奖名单

王世益 10115109

251971 班创新实践基金(东南大学法学院 251971 班全体毕业生设立)基金会 6.6 万元

获奖名单

(1) 一等奖

陈家媛 25015101 朱佳雯 25015122

(2) 二等奖

何倍泽 25015224 龚羽轩 25016105 夏心怡 25016121
刘一帆 25016212

菲利浦奖教金、奖学金(LG. 荷兰菲利浦显示公司设立)奖金总额 2.1 万元

(1) 教师获奖名单

钱钦松 电子科学与工程学院 顾 兵 电子科学与工程学院
庞侯荣 物理学院

(2) 学生获奖名单

王子晨 161221 朱励轩 06115113 胡正楠 06A16342
秦育彬 06A16333

南瑞继保奖教金、奖学金(南京南瑞继保电气有限公司设立)基金 14 万元

(1) 教师获奖名单

沈　炯　能源与环境学院　　李　扬　电气工程学院

(2) 学生获奖名单

施裕豪　151590　　舒万韬　162316　　朱晓锋　159683
刘　琦　179112　　凌　静　162280　　尹宏源　162248
杨　阳　162227　　田文涛　160514　　赵　阳　16015329
卫一诚　16015423　　潘　登　16015516

"东大设计院"奖教金、奖学金(东南大学建筑设计研究院设立)奖金总额 8.25 万元

(1) 土木工程学院教工获奖名单

陆　莹　　贺志启　　张　甜
王春林　　黄跃平

(2) 学生获奖名单

张　斌　171047　　周　俊　151112　　朱　宸　161113
刘　笑　161176　　常晓玲　161029　　陈雅婷　171098
张　逸　161110　　唐　威　174132　　袁　抗　05115630
邓玉琳　05116104　　陶云龙　05116106　　侯力元　05116511
刘粲然　05116603　　包尊杰　05216123

CASC 公益奖学金(中国航天科技集团有限公司设立)奖金总额 5 万元

获奖名单

韦　星　162297　　梁宗文　151157　　崔佳威　151347
王　璞　162761　　徐晓岚　151669　　陈　超　150444
孙　凯　61314112　　李灵瑄　04014035　　谢华华　01214113
李　伦　10315116

金智奖教金、奖学金(江苏金智科技股份有限公司设立)奖金总额 8 万元

(1) 教师获奖名单

樊　英　电气工程学院　　陈　武　电气工程学院
缪　江　电气工程学院　　熊进萍　电气工程学院
王萃寒　计算机科学与工程学院
李　雯　计算机科学与工程学院
徐少芸　计算机科学与工程学院
伍家松　计算机科学与工程学院

(2) 学生获奖名单

张心悦　151516　　李国清　151604　　邰　伟　162291
刘亚斐　162283　　李多星　09016114　　丁昂然　09016147
罗鋆洪　09016414　　于凌霜　16015202　　赵家兴　16015322
张锦业　16015426

联创国际奖学金(上海联创建筑设计有限公司设立)奖金总额1万美元

获奖名单

方浩宇	220160076	张浩然	220160131	茆　羽	01113216

雷克奖学金、奖教金、助教金(庄昆杰、范国平伉俪设立)奖金总额4万元

(1) 信息科学与工程学院教师获奖名单

黎　飞	姜　明	汤文轩
杨金凤	卞　慧	徐寅飞
余　超	杨丹	

(2) 学生获奖名单

刘婷薇	160751	贺正然	150706	乔　志	160786
陈柏霖	170626	周　欢	04014102	顾天一	04015622
李东松	04016518	季雯协	04017504		

三菱电机奖学金(三菱电机机电(上海)有限公司设立)奖金总额5万元

获奖名单

蔡媛媛	150854	李　杨	170769	张亚苹	160734
裴　璐	160686	梁　超	160800	李　享	160677
高　鹏	160705	陈逸云	160742	张可涵	04014245
王艺慧	04014303	陶　嵩	04014344	徐茹宁	04014444
王润东	04014543	傅　雯	04015603	崔艺鸣	04216733

东南大学中泰国立奖教金(江苏中泰集团有限公司设立)奖金总额30万元

获奖名单

(1) 一等奖

许　妍	土木工程学院	王　蓓	公共卫生学院
叶海涛	马克思主义学院		

(2) 二等奖

朱　雷	建筑学院	王　莹	土木工程学院	张志强	电子科学与工程学院
曹婉容	数学学院	张　勇	物理学院	浦正宁	经济管理学院
陈峥嵘	外国语学院	方云峰	体育系	王育乔	化学化工学院
祝雪芬	仪器科学与工程学院				

(3) 三等奖

魏志勇	机械工程学院	张毅锋	信息科学院工程学院
翟军勇	自动化学院	姜龙玉	计算机科学与工程学院
章　羽	物理学院	夏小俊	生物科学与医学工程学院
贾鸿雁	人文学院	曹　裕	经济管理学院
王　政	电气学院	李　涛	外国语学院
陈飞虹	化学化工学院	刘志远	交通学院
李懿萍	医学院	陈立全	网络空间安全学院
蒋　睿	网络空间安全学院		

(4) 四等奖

姚玲玲　数学学院　　陈杨杨　自动化学院
张　祥　计算机科学与工程学院　　熊　文　交通学院
张雪莲　法学院　　赵主江　医学院　　杨立刚　公共卫生学院

坚朗奖/助学金(广东坚朗五金制品股份有限公司设立)奖金总额5万元

获奖名单

王子睿	170110	刘晋华	149006	徐肖薇	150073
张军学	169627	卜　天	170072	徐　忆	01114311
张　珣	01214105	梅亚楠	01214203	常恺旎	01214205
程丽圆	01214206	吴淑筠	01214213	龚悦晖	01215108
李昊伦	01215118	王建刚	01215119	曹益伟	01215122

锦华装饰奖教金、奖学金(江苏锦华建筑装饰设计工程股份有限公司设立)奖金总额5.5万元

(1) 土木工程学院教师获奖名单

孟积兴　　张　蓓　　张爱芹
陶　津　　贲　驰

(2) 学生获奖名单

郑晨一	160930	刘晨昱	160960	张　驰	161130
鲍烨超	171083	耿功伟	160994	谭荣球	05314115
周笑晨	05317101	秦一丹	05317103	蓝旭婴	05114608
张书亚	05115428	张　路	05215119	郑东立	05215125
王　涵	05115115	王宇轩	05116318	曹邹灵	05215122

聚立科技奖教金、奖学金、奖管金(南京聚立科技股份有限公司设立)奖金总额7万元

(1) 教工获奖名单

魏　彬　党委办公室、党委统战部　　施春陵　党委组织部
翟梦杰　党委宣传部　　原　欣　网络中心　　李　振　电气工程学院
王念春　电气工程学院　　杨　蕙　电气工程学院　　刘　凯　电气工程学院
张慧慧　档案馆

(2) 学生获奖名单

何　炎	162276	崔　晗	162243	许　珊	162225
唐兆鹏	16015226	陈沛瑾	16015605	严　强	16015608
魏松韬	16015312	包丽雯	16015406	李　林	16015123

南京长江都市奖助学金(南京长江都市建筑设计股份有限公司设立)奖金总额9万元

(1) 教师获奖名单

黄兴淮　土木工程学院　　吴　京　土木工程学院　　黎　冰　土木工程学院
谈超群　土木工程学院　　陈文彦　数学学院　　吴之昕　外国语学院

(2) 学生获奖名单

聂文伟	160927	林　煜	179079	金　鑫	160955

姚　彬　161152　　刘一获　160996　　李灿军　179434
王梦颖　171135　　余　婷　161105　　张旻权　171172
赵孟喆　05116309　　马浩然　05116609　　李　轶　05515105
周帅杰　05516127　　刘　杰　05115624

东大智能奖励金(南京东大智能化系统有限公司设立)奖金总额 3 万元

(1) 艺术学院教师获奖名单

赫　云　　崔之进　　张　顺
蔡顺兴　　罗　雪

(2) 学生获奖名单

潘　玥　169274　　黄敏婕　163382　　王皓楠　24316123
金凯欣　24317216

东大智能基金(南京东大智能化系统有限公司设立)奖金总额 10 万元

(1) 教师获奖名单

胡明星　建筑学院　　阳　媛　仪器科学与工程学院
杨　洁　法学院　　冯煜清　法学院　　王玮玲　法学院
陈道英　法学院　　吴志龙　医学院　　蔡云朗　医学院
李　玲　医学院　　郭建华　东南大学智能运输系统(ITS)研究中心

(2) 学生获奖名单

徐　慧　152997　　康　璐　162813　　张　波　169706
高　磊　169218　　张甜甜　163082　　燕　迪　162880
窦一豪　142711　　王梦瑶　162869　　谢　磊　173113
陈雅筝　163193

科远自动化奖学金(南京科远自动化集团股份有限公司设立)奖金总额 8 万元

获奖名单

刘佳欢　151523　　郑冰清　173231　　宋鹏飞　160513
杨子玄　160422　　王东东　151543　　胡　鹏　160559
黄　金　160580　　白李一　160365　　周梦迪　171545
陈晓欣　160561　　刘德利　160390　　张锡鑫　160441
霍雅超　03015205　　陆依然　03115613　　刘祚人　03315519
章司怡　22015306　　蒋　铮　03015329　　丁　烨　03115622
陈禹晨　03315522　　杜一鸣　71115217　　潘子杰　03015417
王路达　03115625　　庄集龙　08015403　　陈乔森　71115442

海拉奖学金、奖教金、奖管金[海拉(上海)管理有限公司设立]奖金总额 13.4 万元

(1) 教师获奖名单

苗慧贤　信息科学与工程学院
李方方　计算机科学与工程学院
李　敏　化学化工学院　　侯道平　国际合作处　　秦艺洢　教务处
朱　丹　研究生院

(2) 学生获奖名单

付帅旗	160327	陈春妃	161264	韩昱霄	161220
闫隆鑫	161255	戴 忱	161377	王 沁	161274
徐文章	160268	韩 硕	160226	张玲玲	161405
俞 苗	161281	贾乐松	02015616	李 想	02015701
姜开中	02015505	纪 愚	06015221	曾智方	06015232
位广宇	08015321	李旭涛	06015328	徐洁微	06015201
乔哲锋	06015242	韩紫婷	08015306		

东南大学博世奖学金[博世(中国)投资有限公司设立]奖金总额8万元

获奖名单

郑 发	151556	李 林	151489	闻 博	159655
马 睿	161392	郭晓茹	163647	康雪文	163721
杨 浩	09015118	刘桂东	71115414	张亭松	06015336
胡斌雁	08015210				

苏博特基金(江苏苏博特新材料股份有限公司设立)奖金总额30万元

学生获奖名单

丁 菡	140899	王 宁	149458	沈奇真	149133
潘 东	161820	吴 叶	151719	赵 丽	149465
王 超	149675	霍文燚	159472	李旭敏	161782
刘星坤	21715126	袁晓丹	17115214	陈俊宇	12015226
朱兆辉	12014113	徐昭辰	21816120	董丽枫	07314102
瞿志飞	12015231	刘 琪	12015304	李柔萱	05215105
周 晓	07115121	董红建	12014116	王 静	12014101
郑举乐	05116401	邵丽静	12015215	王亚杰	12015113
党宝双	12014236	王惟钊	12016111	安 涛	12015114
黄 菊	10115101	岳夏薇	12015301		

创远微波奖学金(上海创远仪器技术股份有限公司设立)奖金总额11万元

获奖名单

张 茜	139349	蒋昊林	169343	徐 俊	169033
程 聪	160619	蓝 骥	169036	吴瑞元	169035
余英瑞	169283	邵 函	160631	张 琤	159368
尹杰茜	169040	邹冰清	160638	胡振国	160653
贺 瑾	170671	徐 亮	160636	孔令茹	160622
张 翔	170667	孔商成	160640	毛荟慧	160642
柯俊臣	160654	湛 江	160650	吴伏宝	160635
黄晨曦	160644	李振霄	160625		

罗德与施瓦茨研究生奖学金(罗德与施瓦茨公司设立)奖金总额 10 万元

获奖名单

张　磊	159360	周祥臻	169645	凌森银	160626
印友进	160637	叶建宇	169347	汉　敏	139348
侯奕丞	160656	陶明翠	160634	陈　昊	159365
董国庆	160664	李晨枫	160646	左琪良	160639
任　乐	159358	陆倩云	160627	李　丹	160623
施鳕凇	160632	董昊逸	169726	舒　畅	160633
柏　林	160618	胡　博	160620	史　俊	139585
胡广宇	160621	黄志民	160661		

正保教育奖学金、助学金(北京东大正保科技有限公司设立)奖金总额 10 万元

获奖名单

(1) 一等奖

熊柏苹	04015216	陈慕涵	04015607	李　想	04016543
王　昂	06A16122	丁宁宁	04014149	徐　恒	04015546
倪鹏宇	04016310	吴超逸	61516429	李嘉懿	22016301
许瑶坤	61516324				

(2) 二等奖

金宇晖	03015001	金　冬	04015539	包晨阳	04215712
何丹丹	13415102	赵博阳	04014544	庞　旭	04015604
刘　旭	04216743	熊昱安	19316116	宛超逸	04014628
张　祺	04016426	王海洳	04217710	陈　琢	22017207
任　杰	04014647	高语萱	04016503	胡玉嵘	04217726
金虹希	61516204	陈宏泰	04015009	张弘毅	04016544
刘照辉	07115126	罗易凡	61516319	唐华泽	61517124
李宇轩	04017338	徐雨嫣	07116107	张秋阳	61516414
苏　悦	04015503				

东南大学建筑设计与理论研究中心·杭州中联筑境建筑设计有限公司基金(杭州中联筑境建筑设计有限公司设立)基金 21 万元

获奖名单

(1) 一等奖

肖　畅	160124	商韶鑫	150135

(2) 二等奖

张琦琪	160134	唐　冉	160110	刘文雯	160181
刘鹤群	169295				

苏州中诚奖教金(苏州市中诚工程建设造价事务所有限公司设立)奖金总额 1 万元

土木工程学院教师获奖名单

虞　华　　　卓士梅

新蓝天钢结构奖学金(江苏新蓝天钢结构有限公司设立)奖金总额 6 万元

获奖名单

李　阳	150920	林　津	160959	徐　秀	151061
黄　珺	140994	陈　尧	149374	冯　超	161134
张宸浩	05114631	苏子阳	05115613	周　航	05115509
余星宇	05116310	于思淏	05116408	刘志超	05114104

中南助学圆梦奖学金(中南控股集团有限公司设立)奖金总额 25 万元

获奖名单

(1) 一等奖

庞志宇	01113319	李　想	02015701	黄心杰	03116616
蔡文哲	08015420	陶梦烛	01215101	秦宇枭	03015007
吴昱庚	06A16227	杨龙飞	16015109	谢　凝	21A17407
罗笑雪	22015404				

(2) 二等奖

杨潇宇	01216112	张李萱	06A16402	李　瑄	13615118
汤雨婷	17116302	李世林	02016328	陈一鸣	09015422
濮丹蕾	14515114	贺　唱	19315102	马翌程	06015007
徐　鑫	13315131	宋纯逸	17115114	孙圣泽	21016216
李宁皓	21316115	张林樾	22016216	傅文涛	71115141

(3) 三等奖

袁锦瑞	01116222	曹　放	09016317	山兆龙	13A17629
范凤英	19215101	蒋宇轩	04016616	何琳萍	10315103
孙隽涵	13A17908	张绍辉	19215114	张雅鑫	07315114
王　阳	12016228	刘池恬	17116105	章明钰	21016109
卢瑞颖	21016110	卢一凡	22017106	陈颖安	42116204
潘誉丰	43213401	陈阳毅	21516124	杨茗竹	24217105
周　菁	43213208	姜文玉	71116227		

特高压奖学金(国家电网公益基金会设立)奖金总额 10 万元

获奖名单

郭　潇	16015128	毛永恒	16015223	孙睿哲	16015224
孙维佳	16015306	刘鉴雯	16015324	徐若愚	16015328
冯　可	16015405	顾佳磊	16015409	李容冠	16015518
印　航	16015630				

江苏软件奖学金(江苏软件产业人才发展基金会设立)奖金总额 15 000 元

获奖名单

孙云晓	141557	邢　超	141467	陈肖嵋	141449

“协鑫奖”奖学金[协鑫(集团)控股有限公司设立]奖金总额 25 万元

获奖名单

汪官镇	161990	黄泠潮	162744	郑逸武	160431
姜牧笛	03014302	胡胤博	03015309	易　航	03015312
高　远	03015319	王海鑫	03114624	李亚楠	03115609

东南大学——华为奖学金、奖教金(华为技术有限公司设立)奖金总额 40 万元

(1) 教师获奖名单

郭玉珍	信息科学与工程学院	刘　鹃	电子科学与工程学院
裴　锋	计算机科学与工程学院	吉　鑫	物理学院
祝　虹	经济管理学院	吕　倩	网络空间安全学院

(2) 学生获奖名单

张玉健	149428	胥　帅	149429	付宇鹏	169616
柯逸凡	160799	吉祖勤	149427	傅保增	159439
王　晨	179067	王　灏	160882	杨惠敏	169747
熊晶晶	159438	朱玲媛	151549	汪璐璐	161396
郑鹏飞	179100	宋浩川	179679	缪　磊	151526
张　帅	161283	冷　静	163787	方文辉	162741
胡孟君	163759	汤忠强	151439	吴　磊	152695
高　歌	163889	李嘉奕	163667	祖剑君	160791
蒋建慧	161728	皮秀伟	160687	裴东旭	163729
朱麒文	161258	周丹丹	161596	袁堂飞	151574
张雯惠	61315104	王　鑫	71114430	陈　康	04014150
陆煜翔	04015536	孙伯文	08015213	王　颖	11115109
李沙志远	04015027	张泽强	06015121	王　宇	08015322
张彩宁	11214104	陈翔宇	04015331	张　驰	06015228
葛丹薇	09014205	张睿驰	13114103	何　海	04015447
姜岱玮	07315128	吕洁卓	09015339	洪滋泰	22015117
林泽洋	22015313	刘桂东	71115414		

外运长江奖学金(中国外运长江有限公司设立)奖金总额 2 万元

获奖名单

姜　雯	161920	胡　慧	161923	赵　敏	14815115
刘　刚	14815127	王冰玉	14715103	欧燕锋	14815112

联众奖学金(杭州联众医疗科技股份有限公司设立)奖金总额 3 万元

获奖名单

董海姣	161684	陈晓凯	179153	孙　杰	153843
唐　健	174590	廖家洁	11115103	杨　婧	11215109
张则优	11216116	马靖原	11216133	杨曾严	11216137

德威奖学金(江苏德威新材料股份有限公司设立)奖金总额10万元

获奖名单

徐　晶	162437	王靖雯	152329	黄依洋	19114209
朱雯瑜	19315104	武轩辉	19115109	许红芹	19216104
谈梦璐	19215103	詹梦梦	19115103	李金钊	19314113
冯一鸣	19116102	赵忠兴	19316114	白天滋	19116101

“美达灌装机械”奖学金(彭山宏校友设立)基金10.8万元

获奖名单

王占栋	150290	刘　好	160344	秦博豪	160249
徐　键	170293	王　振	160332	丁远涛	02016106
刘玲燕	02016403	叶敬成	02016411	王海兵	02016427
袁　丹	02016501	赵永康	02017312	潘毅峰	02017613

亚派科技奖助学金(南京亚派科技股份有限公司设立)奖金总额4万元

获奖名单

郭嘉诚	71115429	丁文江	151476	李平伯	163649
朱国丞	153306	徐　晨	151555	陈巧云	151473
吴正凡	71114234	刘谨慧	71115202	张晴晴	09014306
胡雪猛	09014326				

共进奖学金(深圳市共进电子股份有限公司设立)奖金总额10万元

获奖名单

严嘉彬	159083	薛裕峰	171576	黄谢田	160674
夏智康	04015427	袁冬宇	04215709	时宇健	06115111
徐晨铖	06A16206	段彦卉	08015107	徐育晖	08015218
陈俊蓉	13A17513	武天驰	13A17526		

多伦科技奖学金(南京多伦科技股份有限公司设立)奖金总额6.6万元

获奖名单

马梦頔	173088	李　瑞	162581	朱宇昊	142466
刘珊珊	173102	赵丹阳	162544	李东亚	173005
梁绎龙	162616	韩　峰	162669	马昱肖	162555
孙　磊	163571	刘星坤	21715126	黄平山	21816132
鲍心吟	21015105	季钧一	21015115	李哲贤	21116122
万志杨	21116128	孙啸岩	21116129	杨　星	21215135
刘宝珠	21216102	李琳华	21515111		

ADI创新奖学金[亚德诺半导体技术(上海)有限公司设立]基金15万元

获奖名单

宁光富	169168	丁　欣	179335	卢　宇	163756
卢　娜	160603	金　锦	169662	葛佳月	160745
明澍歆	04015329	叶子文	04017536	亓彦文	06015203

王宗辉　06A16313　李盛杰　06A16538

东南大学中国电科十四所国睿奖学金(中国电子科技集团公司第十四研究所设立)奖金总额 12.8 万元

获奖名单

吴昊天　151507　王志乐　149633　潘江涌　149638
任　意　149434　何展鹏　151479　费嘉远　151152
邓榆钦　150637　魏　睿　140559　党一菲　141450
闫　浩　149692　张　行　150713　杨彬祺　159644
周佳欢　151532　叶一舟　159081　廖一龙　159354
颜　鹏　151609

博事达律师奖助基金(博事达律师事务所设立)奖金总额 10 万元

(1) 法学院教师获奖名单

① 一等奖

陈洪兵

② 二等奖

欧阳本祺

③ 三等奖

李　川　钱小平　杨志琼

(2) 学生获奖名单

① 一等奖

蔡　燊　162842

② 二等奖

袁清明　173322　刘双阳　162845　杨　楠　179256

电子十二所奖学金(中国电子科技集团公司第十二研究所设立)奖金总额 13 万元

获奖名单

李　浪　159653　孙　杰　159082　商新超　159427
王嘉频　140650　徐帮元　160854　吉　宇　149646
潘永强　179140　黄　佳　160610　庞　伟　179110
闫成刚　159080　赵　斌　04014542　罗　顺　04015633
薛家龙　04016640　刘佳琦　06015229　赵临风　06015241
陆亦诚　06114124　汤佳慧　06A16305　曹新野　06A16516
郭　宇　06A16521　陆佳华　10316115

东南大学路鼎奖学金(南京路鼎搅拌桩特种技术有限公司设立)奖金总额 3 万元

获奖名单

王呈呈　162527　王　蒙　173170　顾博石　21815106
李尚安　21815114　章庭瑞　21815129　王睿智　21815133

东南咨询奖助学金(江苏东南工程咨询有限公司设立)基金 25 万元

获奖名单

王俊涛　173133　　杜树樱　162715　　陈　怡　174573
孙灵钰　174572　　刘继华　173101　　杨　通　151670
方壹乐　163921　　聂檄晨　172994　　张心平　11215128
马乐遥　11315101　　许聿达　11A16216　　万一臻　11A16322
傅子建　21A17214　　史行行　21A17228　　冯汝怡　21A17404
李　澳　21B17208

和昌集团奖学金(北京和昌置业发展有限公司设立)基金 10 万元

获奖名单

施晓梅　150122　　展泽励　163617　　包宇喆　150001
刘天策　160016　　李炘若　160092　　孙铭阳　01114329
朱梦然　01113510　　管　菲　01114307　　杜少紫　01114310

梅花奖学金(南京梅花餐饮管理有限公司设立)基金 10 万元

获奖名单

苏　鹏　179473　　苗　爽　162370　　翟金凤　173226
吕维维　159568　　黄嘉诚　172133　　金兰贞　163302
赵中华　171777　　杨　帆　161979　　顾灵童　171670
贾　硕　161513

数弈众城奖助学金、奖教金(南京数弈众城投资管理有限公司设立)奖金总额 5.5 万元

(1) 经济管理学院教师获奖名单

王逢凤　　顾　欣

(2) 学生获奖名单

陈奕孜　172004　　孙筱霞　161941　　张明慧　151931
蔡海亚　169482　　韩　威　172142　　谢永梅　161955
彭圆圆　161851　　陈　艳　161869　　邬松涛　149478
武　彤　169157　　陈苔菁　161867　　迟颖颖　162170
陈静然　161972　　沈子腾　174031　　马钱挺　179187

中国路桥奖励金(中国路桥工程有限责任公司设立)奖金总额 20 万元

(1) 教师获奖名单

朱明亮　土木工程学院　　付广龙　土木工程学院　　陆　建　交通学院
耿艳芬　交通学院　　蒋永茂　交通学院

(2) 学生获奖名单

① 一等奖

易陈钰　162688　　张苏楠　161172　　李牧狄　05215124
曹思涵　21016217　　王诗菡　21115203

② 二等奖

许玉旸　162548　　殷宇翔　173037　　滕　飞　171171

郭　晶　174143　　刘禾玥　05115627　　康　蕊　05215103
吴文晖　21116124　　张　军　21716232　　孙　宁　05215102
巴贝尔　21016118

③ 三等奖

刘　琦　171002　　吴琨营　171017　　关　健　172982
高瑾瑶　173054　　周震鑫　171042　　卢　尧　172983
廖　杨　173008　　秦　依　173105　　李　啸　171161
李　欣　171205　　吴睿喆　05115311　　张悦浩　05115621
唐茂宏　05215115　　胡浩辰　21014219　　黄健飞　05115602
袁　璞　05116420　　姜晓辉　21014118　　甘　锐　21116117
吴曾晗　21714221　　严学润　21A17221

蓝风国际奖学(教)金(江苏蓝风国际投资发展有限公司设立)奖金总额 10 万元

(1) 医学院获奖教师名单

顾晓霞　　沈艳飞　　孙美娟

(2) 获奖学生名单

申彬彬　172103　　陶　书　171995　　柏文华　163087
祝如愿　163189　　苏　宇　172085　　陆　柔　171980
金　雯　163116　　李学诚　172127　　丁　俐　14315102
宋思涵　14316114　　应鑫豪　14614130　　闫　洁　14615119
陈　婷　14616105　　邢　乐　41114116　　杨　哲　41114125
黄潞言　41115106　　牟　杨　41115122　　白　梅　41116105
田　甜　41116108　　李鹏尉　41116125　　王致尧　43115217
陈　飞　43514118　　马彩文　43515107　　段婷婷　43516105
付玉琪　43814115

日照钢铁奖学金、奖教金(日照钢铁控股集团有限公司设立)基金 80 万元

(1) 艺术学院教师获奖名单

汪小洋　　龙迪勇　　张乾元
周　渝　　崔天剑　　皮志伟
王和平　　李轶南

(2) 学生获奖名单

黄书涵　163394　　罗　雯　163365　　胡亚东　174008
高　恒　163409　　章雅玙　163395　　邓新航　169280
陈　茜　163406　　陈阿曼　173973　　庄婉仪　173958
窦慧菊　179330　　徐可人　24316219　　黄泓玮　24317101
华怀之　24115113　　季泠希　24117108　　卢　迪　24216109
李金珊　24316115　　蔡璧嶺　24116102　　庄慧雯　24215109
陶书研　24315208　　唐万媛　24316202

宝供物流奖学金(宝供物流企业集团有限公司设立)奖金总额 6 000 元

获奖名单

李珊珊　159161　　许蒙蒙　14814103

远景智慧奖学金[远景能源(江苏)有限公司设立]奖金总额 10.6 万元

获奖名单

陶　毅　149309	刘林波　159627	聂云聪　171505
徐　炜　171541	陆　帅　169513	陈祺炜　162192
罗　骞　161518	郭雪纯　163522	

BSH 奖学金[博西家用电器投资(中国)有限公司设立]奖金总额 4.8 万元

获奖名单

钱丛昊　160458	徐　林　161236	武　斌　161254
冯　璇　160377	杨　楚　161237	熊　梦　162795
宋　坤　163829	陈　斯　161206	王斌龙　162760

三宝科技创新奖学金、奖管金(南京三宝科技集团公司设立)奖金总额 5.6 万元

(1) 教师获奖名单

① 一等奖

杨文燮　校团委	王婧菲　校团委	陈爱华　人文学院
凤启龙　公共卫生学院		

② 二等奖

司凤琪　能源与环境学院	钱怡君　能源与环境学院
孙　威　信息科学与工程学院	吴兆青　信息科学与工程学院
陆　娟　化学化工学院	李奚溪　化学化工学院
陈　嘉　化学化工学院	张　力　仪器科学与工程学院
丁小丽　仪器科学与工程学院	高　歌　法学院
李　波　法学院	

(2) 学生获奖名单

二等奖

许　涵　150665

世茂奖学金(南京硕天投资管理有限公司设立)奖金总额 15 万元

获奖名单

(1) 卓越奖

李　坤　160956	蔡陈翼　150117	王　凯　160969
张　罕　140939	刘海芊　150011	

(2) 优秀奖

陈素芳　150905	石秀成　151322	顾大伟　159412
汪黎明　151048	饶　彬　161020	王　宁　163301
柏露露　150062	陈　莉　161058	徐　焱　160977
武　玥　160123	陆珈怡　143016	张楚楚　151068

刘海滨 150090　张　炜 160157　沈宝钢 163250
张玉平 151075　崔常慧 151023　郭　瑞 160026
王振宙 160214　缪梦伊 161174

苏交科奖学金(苏交科集团股份有限公司设立)奖金总额 20 万元

获奖名单

周　警 160988　孙世浩 160108　夏　冬 162627
郝怡铭 162571　俞顺吉 161024　杜明洋 162640
顾　宇 162611　陈顺达 162520　徐　刚 162683
任　普 160998　马丽莉 162621　方黄磊 162521
肖　雅 161168　徐　特 162596　周　洁 152538
张　琳 160062　孙世浩 160108　俞顺吉 161024
周　警 160988　郝怡铭 162571　杜明洋 162640
夏　冬 162627　顾　宇 162611　陈顺达 162520
张丹妮 21015201　陈泽旭 01115222　刘　淦 01115203
彭　铖 21015110

东大地下空间奖学金(南京东大岩土工程勘察设计研究院有限公司设立)基金 10 万元

获奖名单

刘宜昭 172965　张孟环 162528　郭汉宸 21814136
金　雨 21815125

仅一联智奖学金(江苏仅一联合智造有限公司设立)奖金总额 2 万元

获奖名单

张　曼 02015201　戴　康 02015420　肖志尧 08015112
施杰根 08015115

飓风股份奖学金(丹阳飓风物流股份有限公司设立)奖金总额 12.6 万元

获奖名单

黄逸霏 02615102　夏可扬 07116103　张沁媛 14816103
牛梓函 21216130　诸葛思懿 02615110　赵子彦 07116124
刘利君 14816111　朱　鑫 71115134　陶沛冉 02616103
赵紫苏 07116130　韩　倩 21215105　余青松 71115209
王家政 02616113　步纤屿 14815119　马锦航 21215129
隋文正 71115445　李彦清 07115135　林　恬 14815122
徐　扬 21216125　孟　越 71Y15102

快雨奖学金、奖教金(上海时来信息科技有限公司设立)奖金总额 1.55 万元

(1) 教师获奖名单

薛晖　计算机科学与工程学院

(2) 学生获奖名单

花璐璐 09015208　孙　凯 09015231　马浩宇 09015412

中虑基金(江苏中虑律师事务所设立)奖金总额 1.9 万元

(1) 法学院教师获奖名单

单平基　　刘明全

(2) 学生获奖名单

徐　华　152787　　顾译予　173299　　操婉莹　162866

大成(南京)行政法师生奖助基金(李晨先生设立)奖金总额 5 万元

(1) 法学院教师一等奖名单

汪进元　　熊樟林

(2) 法学院教师二等奖名单

龚向和　　刘启川

国浩奖学(教)金(车捷先生设立)奖金总额 10 万元

法学院教师获奖名单

(1) 特等奖

王禄生　　教师

(2) 一等奖

漆桂林　　张柏礼

(3) 二等奖

徐珉川　　戴庆康

(4) 三等奖

顾大松　　尹　吉

泓远师生奖助基金(江苏泓远律师事务所设立)奖金总额 4.4 万元

(1) 法学院教师获奖名单

① 一等奖

叶　泉　　张洪涛

② 二等奖

李　可　　陆　璐　　易　波

(2) 学生获奖名单

刘丹丹　173349　　周艳云　169563　　俞梦丹　162849

东南大学云融基金(南京云融金融信息服务有限公司、江苏中科招商商业保理有限公司设立)奖金总额 6.5 万元

(1) 法学院教工获奖名单

① 教师励金一等奖

李煜兴　　张　宁

② 教师奖励金二等奖

董国珍　　李　波　　魏文杰

(2) 学生获奖名单

刘文利　173346　　周维栋　162894　　陈　晨　173333

朱　军　159695　　张　程　162850　　张保玥　173313

周乐军 169561　董亚男 162855　蔡梦琦 173297
刘　春 159696

东恒工程法奖助学金(江苏东恒律师事务所设立)奖金总额 1.8 万元

获奖名单

王　倩 152786　任世航 162865　于　琪 152790
吴秋月 25015116　潘豫皖 25015209　孙晓静 25015212

东南大学交通设计院奖学(教)金(东南大学建筑设计研究院有限公司(交通规划设计院)设立)基金 20 万元

(1) 教师获奖名单

陈　韵 土木工程学院　许映红 交通学院　任　远 交通学院
郑　思 交通学院　刘洪波 交通学院

(2) 学生获奖名单

贺克俭 171065　张梦茹 173042　李　怡 173007
赵晨阳 171151　俞　俊 173039　李雪琪 162582
房占永 162666　陆纪平 171121　金俭俭 172987
陈　阳 162554　李华欣 163539　郭霁月 161160
匡　彪 171227　任怡凤 21115105　莫方旭 21216124
马黎明 21315121　郑天宇 21415101　吕景旭 21515114
郭晓月 21716208　王首杰 21816126　冀贞昊 21A17913
钟青岑 21B17204　李雅琦 21016204

“初心”学生工作奖励基金　奖金总额 6 万元

获奖名单

蔡钰萍 团委　施　杰 学生处　张　琰 建筑学院
邱　峰 电子学院　曹　奕 电气学院　栗雨蒙 电子学院
蒋丽怡 数学学院　付小鸥 电气学院　钱　程 电气学院
徐雪宁 外国语学院　张　航 交通学院
宋美娜 计算机科学与工程学院、软件学院

2018 届到基层就业的本科生表彰名单

能源与环境学院(2 名)

黄诗音　刘　博

数学学院(2 名)

朱博文　郑　琪

计算机科学与工程学院、软件学院(1 名)

白　洋

材料科学与工程学院(1名)

吴利民

人文学院(2名)

王晨茜　严众阅

经济管理学院(5名)

曹　爽　田小红　陈克诚　丛　鑫　王　聪

电气工程学院(1名)

黄启铭

外国语学院(2名)

包　槿　凌雨浩

化学化工学院(3名)

曾　燚　张静一　张晓琴

交通学院(4名)

邹沂娟　张多福　史　健　张亦然

法学院(3名)

董慧玲　邱　晓　德吉卓嘎

公共卫生学院(2名)

赵喜生　朱宇辉

医学院(1名)

王钱生

2018届最具影响力毕业生表彰名单

建筑学院	傅瑞盈
机械工程学院	江　苏
信息科学与工程学院	俞安澜
土木工程学院	俞　涛
电子科学与工程学院	金鼎鑫
计算机科学与工程学院、软件学院	黄鑫晨
人文学院	郝　运
交通学院	张霁扬
医学院	冯筱扬
吴健雄学院	李沛文

大 事 记

1 月 6 日　加快一流大学和一流学科建设，实现高等教育内涵式发展，东南大学于近日发布《一流大学建设高校建设方案》。方案结合党的十九大会议精神和习近平新时代中国特色社会主义思想，提出将东南大学全面建成具有鲜明中国特色、东大气质、人民满意的世界一流大学。

中南集团董事局主席、东南大学兼职教授、董事会董事陈锦石，中南集团副总裁蒋光琳等一行 5 人来校访问交流。

1 月 9 日　东南大学副校长、教育基金会副理事长黄大卫在教育基金会有关负责人陪同下专程拜访焦廷标先生之女、华新丽华股份有限公司副董事长焦佑慧女士。

1 月 10 日　民革中央常务副主席郑建邦带队到东南大学就民主党派发展及如何发挥作用进行专题调研座谈。民革江苏省委主委陈星莺陪同。东南大学党委书记左惟与郑建邦常务副主席就如何在高校进一步加强民主党派建设、完善社会主义政治协商等问题进行了深入交流。

1 月 16 日　中央宣传部办公厅公布 2017 年文化名家暨“四个一批”人才工程入选名单。东南大学艺术学院院长王廷信教授入选理论界名单。王廷信教授长期从事戏曲艺术、艺术理论的教学与研究工作。他主讲的“戏曲史话”于 2011 年成为国家视频公开课首批上线课程，在全国产生了良好的影响，2012 年被教育部列为首批国家视频精品公开课之一。

1 月 17 日　东南大学校党委理论学习中心组在九龙湖校区行政楼 215 会议室举行专题学习研讨会，围绕“六个聚焦”，深入学习习近平新时代中国特色社会主义思想。校领导班子成员，党办、校办、组织部、纪委办公室、宣传部等有关部门负责人参加了学习。会议由东南大学党委书记左惟主持。

1 月 25 日　教育部、国家外国专家局正式公布了 2018 年度新建高等学校学科创新引智基地(简称“111 计划”)名单，共有 62 个引智基地作为建设项目予以立项。我校申报的“现代城市智能交通技术学科创新引智基地”成功入选。

1 月 26 日　东南大学副校长、教育基金会副理事长黄大卫偕同南京校友会会长、南京三宝科技集团有限公司董事长沙敏，校长办公室副主任芮振华，教育基金会秘书长李

爽专程赴江苏瑞华投资股份有限公司交流、商谈合作。

东南大学与绿地控股集团在九龙湖校区签署战略合作协议。根据此次签署的战略协议，东南大学与绿地控股集团将共同成立科技创新平台及创客中心，在江北新区共建联合研发中心、科技创新园区及创客中心，在智慧城市、绿色节能、生命健康、文化创意、科技金融等产业方向开展深入合作。东南大学提供科技成果和产业资源，绿地控股集团提供运营载体和园区服务，双方充分发挥优势资源合力，共同打造产学研融合发展的高端平台。

1月31日 东南大学在四牌楼校区群贤楼报告厅隆重举行教职工荣休典礼

2月2日 东南大学联合南京扬子国资投资集团有限责任公司在东南大学九龙湖校区举行合作运营的国内首辆智能网联无人迷你巴士的首发试运行，东南大学副校长吴刚、扬子国投集团董事长蔡龙、学校相关部门负责人以及巴士运营团队全体成员参加了首发试运行活动。

东南大学国家大学科技园2018企业家论坛在东南大学四牌楼校区举办，东南大学副校长吴刚出席大会并致辞。论坛以"创新、创业、协同、共享"为主题，旨在汇聚政府、学校、社会、企业等多方资源，搭建互动交流平台，激发双创热情，促进资源共享、协同创新。

2月6日 江苏省委组织部公布了"江苏省党支部书记工作室示范点"名单，我校数学学院数学与应用数学党支部入选。全省高校仅3个党支部入选。

2月10日 东南大学举办"无线通信回顾与展望研讨会——纪念吴伯修先生百年诞辰"活动，党委副书记、纪委书记任利剑到会致辞，高度评价吴伯修先生为我校通信相关学科创建所做出的重要贡献。

2月22日 中国科学院量子信息与量子科技创新研究院2018年度工作会议在合肥召开。张广军校长与中国科学技术大学包信和校长共同签署了两校战略合作协议并作为参建单位代表发言；中科大常务副校长、创新研究院院长潘建伟作了工作汇报并发布了量子计算机等最新科研成果。根据战略合作协议，两校将进一步深化量子通信研究、参建量子信息国家实验室等领域合作，并在人才培养、科学研究、资源共享、学术交流等领域开展全面合作。

2月24日 "2017中国公益品牌榜"由南方周末公益研究中心首次正式发布，东南大学教育基金会进入"2017中国公益品牌榜"基金会新媒体运营TOP10。

2月26日 教育部根据《教育部办公厅关于推荐新工科研究与实践项目的通知》(教高厅函〔2017〕33号)精神与要求，在部属高校、各省级教育行政部门、理工专业类教学指导委员会以及相关行业协(学)会择优推荐的基础上，经通讯评议及专家组评议，共认定612个项目为国家级新工科研究与实践项目，东南大学共有6个项目入选，入选数量位居全国第四。

2月28日 东南大学生物科学与医学工程学院、生物电子学国家重点实验室吴富根教授和美国密歇根大学陈战教授合作，首次合成了荧光量子产率高达100%的绿色发光有机硅点(organosilica nanodots, OSiNDs)，并以此实现了超长时间的溶酶体特异性荧光成像。

由共青团中央和共青团江苏省委组织开展的2017年度全国和江苏省大中专学校

“魅力团支书、活力团支部”风采展示评选结果揭晓，东南大学建筑学院 015141 团支部同时获评国家级“活力团支部”和省级“十佳团支部”“活力团支部”，能源与环境学院 031156 团支部获评江苏省高校“活力团支部”，吴健雄学院 613151 团支书完晓妍获评江苏省高校“魅力团支书”。

3 月 1 日 最高人民法院法律研修学者、法律实习生座谈会在北京举行，最高人民法院党组书记、院长周强出席会议并作重要讲话。我校副校长周佑勇教授作为高校领导代表与会发言，法学院顾大松副教授和研究生郭雪雯同学分别作为第三批法律研修学者和第五批法律实习生参加了本次座谈会。

3 月 6 日 美国佛罗里达大学法学院院长劳拉·罗斯伯里(Laura Rosenbury)教授与郑文通教授访问东南大学法学院，参加双方合作备忘录签署仪式。

3 月 8 日 中共中央组织部办公厅印发了第三批国家“万人计划”入选人员名单，名单包括两个层次的五类人才，共计 1635 人，东南大学 8 人入选。

3 月 12 日 江苏省教育厅正式发文公布了 2016 年江苏省普通高等学校本专科毕业设计(论文)评优与抽检结果。在此轮评选和抽检中，东南大学推荐的 12 篇单篇优秀毕业设计(论文)、8 篇品牌专业毕业设计(论文)、3 个优秀团队全部获奖。其中，获得优秀毕业设计(论文)一等奖 10 篇，二等奖 7 篇，三等奖 3 篇，一等奖获奖数位居全省高校之首，较第二名高出 67%。

3 月 13 日 东南大学经济管理学院金融系刘晓星教授作为首席专家投标的研究阐释党的十九大精神的国家社科基金重大专项课题获准立项，课题名称为“新时代基于系统性金融风险的国家金融安全体系研究”，批准号为 18VSJ035，研究期限为 2 年，资助经费总额为 60 万元。

东南大学数学学院曹进德教授接获欧洲科学与艺术院(European Academy of Sciences and Arts)院长、创办人之一翁格尔(H. C. Felix Unger)的正式信函。翁格尔在信中恭喜他当选为欧洲科学与艺术院院士(自然科学)，同时邀请曹进德于明年 3 月前往奥地利萨尔茨堡参加新院士庆典并接受院士勋章。

3 月 21 日 国务院侨办公布首批“全国为侨公共服务示范单位”名单，有 81 家单位入选，其中高校仅有 7 所，东南大学是获此殊荣的高校之一。

在教育部思想政治工作司和中央网信办网络社会工作局联合开展的“第二届全国高校网络宣传思想教育优秀作品推选展示活动”中，东南大学荣获优秀组织奖。

3 月 24 日 东南大学在九龙湖校区召开人工智能学科发展研讨会。

3 月 27 日 东南大学马克思主义理论、力学、基础医学等 3 个已有博士学位授权二级学科新增为博士学位授权一级学科，新增临床医学博士专业学位授权点。

教育部公布了第三批国家“万人计划”教学名师入选名单，共有 195 名教师入选，东南大学电气工程学院胡仁杰教授名列其中。

中国航天科技集团第五研究院钱学森空间技术实验室主任陈泓、航天东方红卫星有限公司副总师徐赛璐等到东南大学访问交流。

3 月 29 日 国家国防科工局系统三司卞志刚司长、方昌文处长来东南大学调研。

QS 全球教育集团排名经理 Selina Griffin 女士、爱思唯尔(Elsevier)公司靳辉先生等

一行应邀到东南大学访问交流并作专题报告。

4月3日　东南大学与江苏民营投资控股有限公司在九龙湖校区签署战略合作协议。

4月9日　教育部"全国百佳学生资助工作单位典型"和"全国百名优秀学生资助工作者典型"评选活动结果揭晓,东南大学获评全国学生资助工作"优秀单位案例典型",学生处学生资助管理中心施杰老师获评全国学生资助工作"优秀个人案例典型"。

4月10日　共青团江苏省委员会副书记林小异一行到东南大学调研团学工作,共青团江苏省委学校部相关同志陪同调研。

4月11日　中国民主建国会第十一届中央委员会专门委员会成立大会在北京召开。民建第十一届中央委员会共设立12个专门委员会,共730人。东南大学医学院副教授、附属中大医院肿瘤科副主任王彩莲被任命为民建第十一届中央委员会人口医药卫生委员会委员。

4月13日　第二届江苏省新闻出版广电政府奖正式公布评选结果。共有17种报刊(6种报纸、5种社科类期刊、6种科技类期刊)荣获2018年江苏省新闻出版广电政府奖·报刊奖。《东南大学学报(自然科学版)》是6种获奖的科技类期刊之一。这是继2013年获得首届江苏省新闻出版政府奖·报刊奖之后,《东南大学学报(自然科学版)》再次获此殊荣。

由东南大学牵头承担的国家重点研发计划"面向工业互联网的智能云端协作关键技术及系统"项目启动暨实施方案论证会在南京举行。

4月10—15日　第46届"日内瓦国际发明展"在瑞士日内瓦举办,东南大学参展7个项目,获得1项特别金奖、2金、3银、1铜的佳绩。

4月17日　东南大学生物科学与医学工程学院顾宁教授当选美国医学与生物工程院会士(AIMBE Fellow),美国医学与生物工程院主席Gilda Barabino教授与会士委员会主席Anthony Guiseppi-Elie教授共同为顾宁教授颁发证书,以表彰其对于生物医用磁性纳米材料的发展以及在中国推进生物医学工程和纳米医学领域所做出的杰出贡献。

4月20日　中国电子教育学会首届优秀博士学位论文奖颁奖典礼和全国信息与电子学科研究生教育学术研讨会在福州大学举行。活动中,东南大学信息科学与工程学院何世文博士(指导教师:杨绿溪教授、黄永明教授)的学位论文《无线通信中的多点协作传输技术研究》等20篇2017年度中国电子教育学会优秀博士学位论文受到表彰。

4月23日　东南大学能源与环境学院030991班毕业生胡旭东校友被中国人民解放军战略支援部队授予个人"一等功",此次授功旨在奖励其在"长征五号"火箭发射过程中的突出工作成就。

4月27日　东南大学召开党委常委会,专题传达学习习近平总书记4月20日至21日在全国网络安全和信息化工作会议上发表的重要讲话精神,党委书记左惟同志主持会议。

4月28日　在香港城市大学举办的第七届海峡两岸口译大赛"澳译杯"总决赛上,东南大学外国语学院2016级翻译专业硕士生王尧同学过关斩将,问鼎大赛唯一的一个特等奖。

5月2—4日 东南大学党委书记左惟、党委副书记郑家茂一行赴云南省楚雄彝族自治州南华县调研定点扶贫工作。

5月4日 由中国航天员科研训练中心主办的“航天医学工程发展战略高峰论坛”在北京举行,东南大学吴刚副校长、生物科学与医学工程学院顾忠泽院长应邀出席。吴刚副校长作大会发言。他指出,东南大学长期承担载人航天工程相关科研任务,依托载人航天工程取得了包括两项牵头国家奖在内的一批高水平科研成果,今后学校将继续发挥相关优势学科的引领作用,为载人航天做出应有的贡献。吴刚副校长还针对载人航天工程与航天医学工程的发展提出了若干建议。

“五四”青年节前夕,从团中央传来喜讯,东南大学团委荣获“全国五四红旗团委”称号。

5月8日 东南大学在九龙湖校区行政楼120会议室举行校党委理论学习中心组(扩大)学习会,集中传达学习了5月2日习近平总书记在北京大学师生座谈会上的重要讲话精神。

5月9日 ASC2018总决赛在南昌大学落下帷幕。东南大学代表队从全球300多支队伍中脱颖而出,进入前20名并最终获得决赛一等奖的好成绩。

5月10日 欧亚太平洋学术协会主席沃尔夫-迪特尔·劳施(Wolf-Dieter Rausch)来访东南大学。副校长黄大卫在四牌楼校区会见了劳施一行。教务处和国际合作处相关负责人参加了会谈。

5月11—14日 第五届全国大学生基础医学创新论坛暨实验设计大赛在长沙举行,东南大学四个参赛项目喜获佳绩,获得一等奖(最高奖)1项、二等奖1项、三等奖1项、优胜奖1项。由张建琼教授指导、陈金鹏同学负责的大学生科研创新项目“靶向脑转移乳腺癌诊疗一体化纳米探针的设计及实验研究”荣获一等奖。

5月14日 全球设计界备受瞩目的iF DESIGN TALENT AWARD 2018设计大奖揭晓,由东南大学机械工程学院工业设计专业2017级博士生邵俊凯设计、薛澄岐教授指导的作品“Cleanbot”,从全球50多个参赛国家的5 000多件参赛作品中脱颖而出,历经60多位国际专家三轮评审,最终斩获“2018 iF设计新秀奖”。iF设计奖是设计界影响力最广、认知度最高的奖项,拥有设计界“奥斯卡奖”之美誉。

5月20日 作为国家首批“一流网络安全学院建设示范项目”之一,东南大学网络空间安全学院在九龙湖校区正式揭牌。仪式上,张广军校长与李世贵书记共同为网络空间安全学院揭牌。吴刚副校长为学校与学院合作的各学院研究中心主任颁发了聘书;金保昇副校长为学院院外的研究生导师代表颁发了研究生导师聘书。学院常务副院长程光就学院建设和发展情况作了专题汇报。

5月22日 东南大学化学化工学院代云茜副教授、美国佐治亚理工大学Younan Xia教授和美国西雅图华盛顿大学Charles T. Campbell教授应邀在国际权威学术期刊*Chemical Society Reviews*(影响因子:38.618)以“The physical chemistry and materials science behind sinter-resistant catalysts”为题发表Tutorial Review论文,综述抗烧结催化剂的最新研究进展。

5月23日 东南大学教育基金会设立紧急救助基金,首批3名学子受助。

5 月 25 日　在东南大学建校 116 周年前夕，由长三角高校教工合唱联盟主办、东南大学工会承办的第三届"放歌长三角　同筑中国梦"教工演唱会在四牌楼大礼堂隆重举行，校党委常委、组织部部长李鑫应邀出席活动，来自长三角地区的复旦大学、上海交通大学、同济大学、浙江大学、中国科学技术大学、南京大学和东南大学的 500 余名教职工参加了演唱会。

英国伯明翰大学常务副校长 Tim Jones、副校长 Jon Frampton 一行访问东南大学。东南大学常务副校长王保平在南京四牌楼校区会见了伯明翰大学代表团一行并签署全面战略合作协议。

5 月 24—27 日　由欧洲肾脏病协会和欧洲透析与移植协会(ERA - EDTA)主办的第 55 届 ERA - EDTA 年会在丹麦哥本哈根召开。东南大学肾脏病研究所所长、东南大学附属中大医院肾脏科专家刘必成教授带领的博士生团队在大会上充分展示了东大学子的学术风采。

5 月 28 日　教育部直属高校基本建设规范化管理专项检查组第十组一行 5 人到东南大学就相关工作进行专项检查。

6 月 5 日　东南大学在四牌楼校区举行庆祝改革开放 40 周年暨复更名 30 周年座谈会。会上，校党委书记左惟作《传承荣光　再创辉煌　以改革开放精神加快建设世界一流大学》讲话。左书记代表学校，向所有参与、关心、支持东南大学教育改革与发展的老领导、老师、同学和广大校友表示感谢。

6 月 6 日　东南大学校友总会各地校友会第五届理事会九次会议暨校友总会换届大会在九龙湖校区举行。

6 月 8 日　由东南大学社会科学处主办的"新时代中国特色哲学社会科学繁荣发展高端论坛"在九龙湖校区举行。《中国社会科学》《马克思主义研究》《世界哲学》《经济研究》《管理世界》《会计研究》《民族艺术》《中国哲学季刊》《中国外语》《外语教学研究》《世界政治与经济》等重要学术期刊的总编、主编及专家学者应邀参加了本次论坛。

6 月 12 日　为深入贯彻落实习近平总书记和党中央、国务院关于加快东北老工业基地振兴、加强对口合作的重要指示和重大决策部署，按照江苏省委、省政府部署安排，东南大学副校长黄大卫随江苏省党政代表团到辽宁学习考察。在两省对口合作座谈会上，基于校市双方前期友好协商，黄大卫副校长与鞍山市委副书记、市长赵爱军签署了校市战略合作协议。

6 月 15 日　东南大学校机关青年发展委员会(校机关青委会)成立大会在九龙湖校区举行。校党委副书记郑家茂，校工会、机关党委负责同志，新当选的青委会委员以及机关各单位青年骨干参加了成立大会。会议表决通过了《东南大学校机关青年委员会章程》，郑家茂副书记为校机关青委会揭牌。

东南大学大学生艺术团在"逐梦青春——第五届全国大学生艺术展演江苏获奖作品汇演"中精彩亮相

6 月 16 日　东南大学生物科学与医学工程学院生物电子学国家重点实验室赵远锦教授课题组以"Biomimetic enzyme cascade reaction system in microfluidic electrospray microcapsules"为题在国际顶级期刊 *Science Advances*(《科学进展》)上发表论文，赵远锦

教授为论文通讯作者，2015 级博士生王欢为论文第一作者。

6 月 21 日 校机关党委在群贤楼三楼报告厅举行庆祝中国共产党建党 97 周年暨改革开放 40 周年党日活动，为入党整 60 年、50 年、40 年、30 年、20 年、10 年的 61 名党员集体过“政治生日”。

6 月 23 日 东南大学-蒙纳士大学苏州联合研究生院 2018 年联合管理委员会在苏州召开。会上，双方就联合研究生院管理、硕士及博士联合培养项目、人事及财务、科研合作等议题进行了审议和讨论。会议就双硕士和联培博士的入学和培养要求提出了新举措，并商讨在人工智能、能源化工等领域开设新的硕士专业。

6 月 26 日 《美国科学院院报》(简称 *PNAS*)，是创刊已达百年的美国国家科学院院刊，和 *Cell*、*Nature*、*Science* 一起被公认为世界四大名刊。*PNAS* 历来选择美国国家科学院院士负责文章审稿事宜，极少有外籍科学家能够获此殊荣。我校熊仁根教授当选为世界顶级期刊《美国科学院院报》文章编辑。

6 月 27 日 邵氏基金特别顾问、亚洲理工学院候任校长翁以登、教育部港澳台办副主任田露露等一行 3 人来访我校。校长张广军于九龙湖校区行政楼二楼贵宾厅与其进行亲切会谈，副校长黄大卫及校长办公室、港澳台办公室、土木工程学院相关负责人陪同。

6 月 29 日 巴基斯坦本努科技大学执行校长 Abid Ali Shah 教授一行到东南大学访问，副校长吴刚会见了 Shah 校长一行。

7 月 1 日 为继续推进东南大学与无锡市新一轮市校合作共建办学，东南大学校长张广军率团到无锡访问，并与省委常委、市委书记李小敏就合作共建项目进行座谈。会上，市校双方就合作共建工作进行阶段性总结，并围绕高层次人才引进、国际联合办学、微纳加工与测试公共服务平台建设、校区建设等合作事项开展讨论，明确了新校区规划用地、引进高层次人才等下一阶段重点推进的合作项目。

东南大学举行传达学习团十八大精神座谈会，校党委副书记郑家茂、校团委全体成员、各学院团委书记、校级学生组织负责人以及基层团支部书记代表等 40 余人参加了传达学习座谈。座谈会由校团委副书记杨文燮主持。

7 月 2 日 “东南大学-联想”穿戴式心脏—睡眠—情绪智能监控联合实验室一周年年会暨学术委员会成立仪式在东南大学四牌楼校区礼东二楼会议室举行。

东南大学校长张广军院士在人文学院主持召开教育思想大讨论与精品文科建设研讨会。

7 月 3 日 全国政法智能化建设创新案例评选结果揭晓，东南大学法学院大数据研究基地成果“同案不同判预警系统”获评智慧法院十大创新案例之一。

7 月 4 日 团中央学校部、全国学联秘书处、全国青少年足球文化与发展中心联合发布了关于 2017 年度“全国百佳校园足球社团”、校园足球主题文化作品的获奖名单，由校团委组织报送的东南大学足球协会获此殊荣。

7 月 5 日 “网络空间国际治理研究基地”授牌仪式在京举行。清华大学、北京邮电大学、武汉大学、复旦大学、哈尔滨工业大学、北京航空航天大学、浙江大学、中国人民公安大学、东南大学、同济大学等 10 所高校入选第一批基地并派代表参加授牌仪式。

7 月 9 日至 11 日　由《自然》出版社旗下 *Microsystems&Nanoengineering* 期刊和中国科学院电子学研究所举办的 MINE Summit 2018(微系统及纳米工程峰会)在中国科学院学术会堂开幕。东南大学陶立教授荣膺“2018 微系统及纳米工程峰会青年科学家奖”。

7 月 13 日　东南大学熊仁根教授团队、游雨蒙教授课题组在分子铁电领域取得又一重大突破——研制出世界首例无金属钙钛矿型铁电体。美国东部时间 7 月 13 日，相关研究结果以“Metal-free three-dimensional perovskite ferroelectrics(无金属三维钙钛矿铁电体)”为题被世界顶级学术期刊《科学》杂志在线发表。

江苏省科学技术厅下发了《关于公布 2017 年度江苏省科技企业孵化器绩效评价结果的通知》(苏科高发〔2018〕154 号)，东南大学国家大学科技园在本次绩效评估中被评为优秀(A 类)，是南京市唯一一家被评为 A 类的国家级大学科技园。

瑞士苏黎世联邦理工大学(ETH Zurich)生物系统科学与工程系 Andreas Hierlemann 教授受聘东南大学客座教授仪式暨学术报告会在四牌楼校区大礼堂二楼报告厅隆重举行。

东南大学在无线谷举行受聘仪式，聘请比利时鲁汶天主教大学(简称 KUL)Patrick Reynaert 教授为客座教授。

7 月 18 日　国家住房和城乡建设部发布了《关于转发高等学校土木工程专业通过全国工程教育专业认证学校名单的通知》，包括东南大学在内的 92 个土木工程专业通过国家工程教育专业认证。该名单近期还将提交至国际工程教育《华盛顿协议》组织。

7 月 21—22 日　第四届全国交通工程教学研讨会在东南大学九龙湖校区举行。本届研讨会由教育部交通工程教学指导分委员会、人民交通出版社主办，东南大学交通学院承办。

7 月 27 日　湖南科技创新东南大学专场对接会在南京召开。会议由湖南省政协副主席、科技厅厅长赖明勇主持。会上，湖南省政府副秘书长易佳良、东南大学常务副校长王保平、江苏省科技厅副巡视员景茂先后致辞。湖南省政协副主席、科技厅厅长赖明勇与东南大学副校长吴刚分别作湖南省和东南大学的专题科技推介。此次会议召开前，数十家湖南企业通过对接，与东南大学科研团队以及其他江苏高校院所、企业建立了联系，十多家企业与专家达成了明确合作意向。

8 月 4 日　东南大学与江苏省建集团开展战略合作洽谈和工作交流。东南大学副校长黄大卫，校长办公室、科研院、发展委员会、土木工程学院相关负责人，和江苏省建集团董事长陈正华、总裁仇天青等集团负责人参加洽谈会。校友代表蔡龙、祝力飞参加了会见。

美籍华人、慈善家唐仲英先生追思会在位于苏州市吴江区的唐仲英基金会中国中心举行。东南大学原党委书记郭广银、副校长兼教育基金会副理事长黄大卫、发展委员会常务副主任金志军、土木工程学院党委书记刘静、苏州研究院常务副院长张为公以及仲英青年学者代表、唐仲英爱心社学生代表等一行赴吴江参加追思会。

8 月 9 日　2018 年 CCF TCARCH 挑战赛(计算机体系结构挑战赛)在辽宁省营口市落下帷幕，由东南大学计算机科学与工程学院徐言同学任队长及江仲鸣、樊飞、史娜、蒋山青同学为队员的“东南大学九龙湖队”代表队，从来自全国范围的北京大学、上海交

通大学、大连理工大学等著名高校的近40支队伍中脱颖而出荣获冠军。这是继上一届体系结构挑战赛荣获冠军(特等奖)后的再次卫冕。

8月13日 东南大学2018年大学生骨干研习营开营，并于九龙湖校区人文报告厅举行首场专题报告。校党委书记左惟为现场师生带来了《站在波澜壮阔的历史交汇期》专题报告。

8月17日 东南大学邱海波教授应邀参加在京举行的首个中国医师节座谈会

8月19日 中国医师节庆祝大会暨第十一届中国医师奖颁奖大会在北京人民大会堂隆重举行。东南大学附属中大医院院长滕皋军教授等全国80位“中国医师奖”获得者在会上受到表彰。

8月21日 团中央学校部副部长李骥、廉思应邀来校为东南大学2018年大学生骨干研习营授课，团省委高校工作部部长常晓岚、校党委副书记郑家茂、校团委全体成员、部分学院团委书记以及研习营师生近300人现场聆听了专题报告。

8月25日 在纪念邓小平同志诞辰114周年之际，第十一届中国青少年科技创新奖颁奖大会在北京人民大会堂举行。中共中央政治局委员、国务院副总理孙春兰出席大会并讲话。我校化学化工学院2014级本科生潘强同学获邀参加颁奖仪式，被授予“中国青少年科技创新奖”，并代表100名获奖学生在大会上发言。这是东南大学本科生首次荣获“中国青少年科技创新奖”，也是首次受邀在大会上发言。

8月27日 应东南大学吴健雄学院和数学学院的邀请，著名华裔数学家、美国加州大学圣塔芭芭拉分校数学系终身教授张益唐先生做客东南大学“吴院大讲堂”，为东南大学学子带来了“我对数学的追求”专题讲座。

8月28日 江苏省科学技术奖励大会暨科技创新工作会议在宁举行，江苏省委书记娄勤俭和省委副书记、省长吴政隆共同为“网络通信与安全紫金山实验室”揭牌，正式启动紫金山实验室重大科技平台的筹建工作。网络通信与安全紫金山实验室初期建设以东南大学、江苏省未来网络创新研究院和解放军战略支援部队信息工程大学团队为核心力量，以刘韵洁院士、尤肖虎教授、邬江兴院士为牵头人。

东南大学大学生合唱团受邀参演由中共济南市委宣传部、济南市文联等11家单位联合举办的“第五届济南国际合唱节”。

8月31日 东南大学2018级研究生开学典礼在九龙湖校区焦廷标馆举行。

中央网络安全与信息化委员会办公室国际局局长祁小夏一行到东南大学访问，专题调研东南大学网络空间国际治理研究基地建设情况。

9月7日 东南大学在九龙湖校区行政楼215会议室举行校党委理论学习中心组学习会，专题学习新修订的《中国共产党纪律处分条例》。

9月12日 为推动新时代“双一流”建设背景下国际化工作并启动实施学校“卓越引智计划”，东南大学在九龙湖校区召开首批“卓越引智计划”项目启动会。校长张广军、常务副校长王保平、副校长吴刚、副校长金保昇，各职能部处、各学院院长和书记，以及国家“111计划”引智基地、“卓越引智计划”入选项目负责人出席会议。

9月13日 “追梦·山水间”程泰宁院士建筑作品展暨“建筑创作的实践与思考”学术论坛在南京博物院特展馆拉开帷幕。南京博物院是程泰宁院士建筑作品巡展的第一

站。本次展览由东南大学和中国建筑学会联合主办,东南大学建筑学院、东南大学建筑设计与理论研究中心、筑境设计、南京博物院、江苏省土木建筑学会建筑师学会、长三角建筑师学会联合承办。

9 月 19 日　为了贯彻落实党中央、习近平总书记关于做好新疆工作的指示要求,积极响应最高人民法院号召,支援新疆法院信息化建设工作,东南大学司法大数据基地选派杨洁、徐珉川老师赴新疆和田支援当地法院信息化建设工作。

9 月 17—23 日　2018 年国家网络安全宣传周活动在成都举办。9 月 19 日上午,中共中央政治局委员、中央书记处书记、中央宣传部部长黄坤明,中央宣传部副部长、中央网信办主任庄荣文,教育部部长陈宝生莅临东南大学展位,关心了解学校网络空间安全学院建设情况。此前,中央网信办副主任刘烈宏,中央网信办总工程师、网络安全协调局局长赵泽良也视察了东大展位。

9 月 20 日　中国路桥-东南大学 2018 级巴基斯坦交通运输工程班开学典礼在东南大学九龙湖校区举行,19 名来自巴基斯坦的学生即将在东南大学开展为期两年的硕士学习生活。

由江苏省委网信办、江苏省教育厅指导,东南大学网络空间安全学院主办的江苏省网络空间安全高校联盟成立大会暨网络安全发展高层论坛在南京举行。

深圳医疗健康大数据创新应用国际大赛总决赛及颁奖仪式在深圳国际 BT 领袖峰会上举行。东南大学“冠心病智能预警团队”在本次大赛中斩获佳绩,一举获得大赛创新应用组冠军和标准组亚军。

9 月 26 日　为纪念我国改革开放 40 周年、“五一口号”发布 70 周年、东南大学复更名 30 周年,由东南大学党委统战部主办、民革东南大学总支部承办的第二届“同心杯”东南大学党外人士乒乓球赛在校东教工之家顺利举行。

在天津举行的中国晶体学会第七届学术年会上,东南大学分子铁电科学与应用研究院游雨蒙教授获得了中国晶体学会首届“青年科技奖”。在本次评选中,游雨蒙教授由 3 位院士联名推荐,并经专业领域评审小组初评和奖励工作委员会复评,最终成为获此殊荣的 4 位青年科学家之一。

9 月 28 日　在扬州市体育公园体育馆举行的江苏省第十九届运动会闭幕式颁奖典礼上,东南大学党委副书记郑家茂代表学校捧起了省运会高校部甲组“校长杯”。

9 月 29 日　英特尔移动网络与计算协同研究院半年会暨项目结题会议在英特尔中国研究院举行。东南大学信息科学与工程学院尤肖虎教授团队承担了其中的“大规模协作无线网络”项目。该项目于 2013 年 4 月正式启动,采用企业与高校协同创新的模式,开展了移动网络与计算领域的前瞻性、系统性研究,通过高水平的学术交流和学术—产业互动,在 5 年内取得了具有前瞻性和领导性的科研成果。尤肖虎教授和张川副教授被英特尔研究院全球副总裁 Vida 博士授予英特尔研究院“突出成就奖“,2016 级硕士研究生申怡飞被授予英特尔研究院“最佳学生贡献奖”。

9 月 30 日　材料科学与工程学院章炜副教授(共同通讯作者)、冯攀博士、陈坚教授(共同通讯作者)、孙正明教授(共同通讯作者)与加拿大滑铁卢大学赵博欣教授合作在 *Progress in Polymer Science* 上发表了题为“Electrically conductive hydrogels for flexi-

ble energy storage systems"的综述论文。该综述以东南大学材料科学与工程学院为唯一通讯单位。

10 月 9 日 东南大学与中国电科电子科学研究院战略合作协议签约仪式暨陆军院士兼职院长聘任仪式在东南大学九龙湖校区举行。

10 月 9 日 应东南大学校团委、仪器科学与工程学院和吴健雄学院的联合邀请,著名运载火箭技术专家、中国工程院院士龙乐豪教授为东大学子们作了一场主题为"航天报国:中国的火箭与航天"的精彩演讲。本次讲座是"2018 东南大学新生文化季"系列讲座之一,也是东南大学吴健雄学院高端系列荣誉活动之一。同时,经校团委申报,本次活动入选了团中央学校部、中国电信集团联合主办的 2018 年"与信仰对话 · 飞 Young 中国梦"全国重点报告会。

10 月 10 日 江苏省高校校报研究会第八次会员大会暨工作交流研讨会在东南大学四牌楼校区召开。

由我校毫米波国家重点实验室牵头承担的国家科技部重点研发计划"变革性技术关键科学问题"重点专项"微波毫米波数字编码和现场可编程超构材料的理论体系与关键技术"项目启动会在南京未来网络小镇顺利召开。

10 月 15 日 第二十届中国国际工业博览会在上海市国家会展中心盛大拉开帷幕。东南大学宋爱国教授牵头的国家重点研发专项"云端融合的自然交互设备和工具"受邀参加了本次展会。宋爱国团队参会的主要项目研究成果包括"基于多通道肌电信号识别的力触觉感知反馈灵巧假手""三维书空笔式触觉交互技术""步态获取与交互装置""智能语音交互音箱机顶盒 S100T"等,其中"三维书空笔式触觉交互技术"被评为十大重点专项典型成果之一。

10 月 15—17 日 第三届国际纳米药物大会在上海成功举办,东南大学材料学院陶立教授课题组应邀出席了会议。陶立教授在青年科学家论坛作了关于新材料和微纳米技术对纳米大健康革新影响的邀请报告。来自陶立教授课题组的研究生陈启超和李政雄制作的海报荣列其中,斩获 ACS Nano 冠名的最佳墙报奖。

10 月 16 日 英国工程技术学会(IET)主席 Mike Carr 先生一行 6 人到东南大学访问。张广军校长会见了代表团一行并与来宾交流座谈。Mike Carr 先生与张广军校长代表双方共同签署合作协议。

10 月 17 日 国家重点研发计划"公共安全风险防控与应急技术装备"重点专项 2018 年度有关立项工作完成,东南大学周佑勇教授牵头的"面向诉讼全流程的一体化便民服务技术及装备研究"项目正式立项。这是东南大学法学院取得的里程碑式国家级标志性项目,也是东南大学人文学科科研项目史上的重大突破。

卓越大学联盟(E9)第九次校长联席会暨 2018 年中英工程教育与研究联盟校长论坛预备会在东南大学九龙湖校区举行。

10 月 18—19 日 2018 年"一带一路"能源部长会议和国际能源变革论坛在江苏省苏州市召开。东南大学黄学良教授团队参与的"三合一"电子公路在 2018 年国际能源变革论坛上精彩亮相。这一项目的重磅亮相成功打造了东南大学无线充电技术的国际名片,在国内外展示出相关团队在上述技术领域理论研究与示范应用的领先实力。

10 月 21—22 日 第十届国际后基因组生命科学技术学术论坛暨第十一届单细胞分析技术研讨会(The 10th International Forum on Post-Genome Technologies and 11th International Workshop on Approaches to Single-Cell Analysis)在东南大学九龙湖宾馆举办。

10 月 23 日 江苏省委、省人民政府在全省宣传思想工作会议上对在文化强省建设中做出突出贡献的优秀文艺工作者和社科工作者进行表彰。东南大学郭广银教授、徐康宁教授荣获第三届“江苏社科名家”荣誉称号。

10 月 24 日 2018 南京创新名城建设微电影大赛颁奖仪式在南京荔枝广场幸福蓝海影院 5 号厅隆重举行。东南大学国家大学科技园报送的《砥砺奋进 筑梦共赢》获得最佳宣传短片提名奖,东南大学等 7 家单位荣获优秀组织奖,大学科技园贾方总经理代表东南大学上台接受颁奖。

教育部“国培计划”视导组一行 3 人莅临东南大学,对国培计划(2018)东南大学小学科学示范性项目展开调研,座谈汇报会在四牌楼校区举行。教育部“国培计划”项目东南大学负责人柏毅主任从组织管理、实施质量和培训成效三个方面对东南大学承担的教育部示范性培训项目进行了全面系统的介绍。座谈会结束后,专家们考察了儿童发展与学习科学教育部重点实验室,在亲身体验脑科学发展最前沿的理论与技术后,专家们肯定了东南大学作为教育部示范性培训基地在基础科学教育研究领域的引领作用。

10 月 29 日 在《中国科学》《科学通报》(以下简称“两刊”)第二届理事会第四次会议上,中国科学院副院长丁仲礼院士宣布了“两刊”2018 年度优秀作者、优秀编委和优秀编辑名单,中国科学院院长、学部主席团执行主席、“两刊”理事会理事长白春礼院士为获奖者颁发了证书。东南大学数学学院曹进德教授荣获“两刊”2018 年度优秀作者表彰。

10 月 31 日 东南大学与江苏亨通集团有限公司共建的“东大-亨通光/量子通信与传感技术联合研究中心”揭牌仪式在江苏亨通集团有限公司举行。

11 月 2 日 由教育部高等学校电子信息类专业教学指导委员会与中国电子教育学会主办,东南大学与南京集成电路产业服务中心(ICisC)承办的 2018 年嵌入式芯片与系统设计竞赛暨 2018 年嵌入式技术创新应用高端论坛在江北新区软件园的 ICisC 人才实训基地举行。

11 月 3—4 日 东南大学成功举办亚洲 ESP 学会第二届年会暨全国第七届专门用途英语研讨会。

11 月 5 日 东南大学王金兰教授课题组在固氮催化剂的研究中取得新进展,研究成果以“Metal-Free Single Atom Catalyst for N2 Fixation Driven by Visible Light”为题发表在化学类顶级期刊《美国化学学会会志》(*Journal of the American Chemical Society*)上。

11 月 7 日 全国哲学社会科学工作办公室正式公布了 2018 年国家社科基金重大项目立项名单。东南大学人文学院院长王珏教授领衔的课题“改革开放 40 年中国伦理道德数据库建设研究”获批立项。

东南大学与华为技术有限公司在东南大学四牌楼校区举行深化战略合作签约仪式。

11 月 12—13 日 国家留学基金管理委员会秘书长生建学一行到访东南大学并在学

校召开“创新型人才国际合作培养项目座谈会”。访问期间，东南大学张广军校长接待了生建学秘书长一行并进行了工作交流。

11 月 12 日 从《教育部关于成立 2018—2022 年教育部高等学校教学指导委员会的通知》(教高函〔2018〕11 号)中获悉，我校共有 50 人次入选新一届教育部教指委，其中主任委员 3 人次、副主任委员 10 人次、秘书长 5 人次、委员 32 人次，入选人次数位居全国第 18 位。

11 月 16 日 教育部思政司张文斌副司长莅临我校调研指导“三全”育人综合改革试点工作。校党委副书记郑家茂及党委学工部、校团委、马克思主义学院等部门院系负责人和学生代表参加座谈。

11 月 21 日 九城都市建筑设计有限公司及广州大石馆文化创意股份有限公司捐赠签约仪式在东南大学四牌楼校区大礼堂会议室举行。根据协议，两家企业将在东南大学分设“九城建筑研学基金”及“雅伦格建筑研学基金”，慷慨捐赠东南大学建筑学院，共同助力建筑学院师生在国际交流、科研协作、人才培养等方面的发展。

11 月 25—29 日 由中国教育国际交流协会主办，日中文化交流中心承办，中华人民共和国驻大阪总领事馆、日本兵库县(省)、日本文部科学省等共同协办的“第五届中日教育交流会”在日本神户举办，来自东南大学、大连理工大学、中国人民大学、四川大学、西北工业大学、北京理工大学、重庆大学、华东理工大学，冈山大学、京都大学、早稻田大学、千叶大学、广岛大学、神户大学、上智大学等中日两国知名大学的 400 余位师生出席了大会。

11 月 26—27 日 江苏省青年科技工作者协会第三次会员大会在江苏泰州举行。东南大学副校长吴刚当选第三届江苏省青年科技工作者协会会长。

11 月 27 日 科睿唯安发布了其 2018 年度“高被引科学家”名单，全球来自 21 个自然科学与社会科学领域的 4000 多人次高被引科学家入榜。其中，东南大学王承祥、曹进德、卢剑权、孙立涛、何农跃、李世华、虞文武等 7 位老师(9 人次)入选，入选人次在全国高校中位列第十，与 2017 年相比入选人次有较大提升。

11 月 30 日 东南大学张广军校长主持召开 2018 年第六次部处长、院长(系主任)联席会，专题部署综合改革与校园规划工作。

12 月 1 日 由江苏省道德发展智库、江苏省公民道德与社会风尚协同创新中心、东南大学道德发展研究院、东南大学人文学院主办的“伦理共识与人类道德发展”国际会议暨纪念改革开放 40 周年“中国伦理道德发展数据库与研究报告”发布会在东南大学九龙湖校区举行。

12 月 3—4 日 中国高校校报协会 2018 年年会暨第三届中国高校传媒发展高端论坛在福州举行。870 多名高校校报人相聚在福州闽江畔，共同见证《永远的家园：与时代同行——中国高校校报协会成立 25 周年纪念文集》正式发布，聚焦“跨界创新——全媒体时代如何讲好校园故事”。会上公布了 2017 年度中国高校校报好新闻评选结果，东南大学喜获佳绩，报送的 5 篇作品获奖，荣获一等奖 2 项、二等奖 2 项、三等奖 1 项。

12 月 6 日 东南大学 2018 年暑期社会实践表彰大会暨海外社会实践计划启动仪式在九龙湖人文讲座报告厅举行。

12 月 10 日 东南大学正式启动“优势理科攀升计划”，在明确学校理科发展定位和

特色的基础上合力推进优势理科建设发展。

12 月 11 日　IEEE 宣布授予东南大学杰出校友、华为无线通信首席科学家童文博士 2018 年杰出行业领袖奖(2018 Distinguished Industry Leader Award),以表彰其对移动通信产业的领先技术贡献和领导力以及在 5G 移动通信技术中的创新。

12 月 10—14 日　全球华人数学家联盟 2018 年应用和计算数学学术会议在南京举行。本次会议是东南大学丘成桐中心主办的一次重要的学术会议,中心主任丘成桐先生出席了本次会议。

12 月 14 日　由东南大学、英国伯明翰大学和南京医科大学附属儿童医院联合成立的"国际儿童医学影像研究实验室"正式揭牌。东南大学副校长吴刚,英国伯明翰大学副校长 Jon Frampton,南京医科大学附属儿童医院院长黄松明、副院长莫绪明,东南大学生物科学与医学工程学院和伯明翰大学 3TMRI 中心有关负责人,以及儿童医院放射科医务人员代表等参加了活动。

12 月 18 日　庆祝改革开放 40 周年大会在人民大会堂隆重举行,中共中央总书记、国家主席、中央军委主席习近平出席大会并发表重要讲话。东南大学组织全校师生收听收看了庆祝改革开放 40 周年大会实况。习近平总书记发表的重要讲话引发我校全体师生员工的热烈反响。大家认为,习近平总书记的重要讲话深刻总结了改革开放 40 年来党和国家事业取得的伟大成就和宝贵经验,郑重宣示了改革开放只有进行时没有完成时、改革开放永远在路上的信心和决心,明确提出了坚定不移全面深化改革、扩大对外开放、不断把新时代改革开放继续推向前进的目标要求,大家倍感振奋、备受鼓舞、倍增信心。大家表示,要以习近平总书记重要讲话为指导,继续传承弘扬改革开放精神,争当新时代改革先锋,为实现中华民族伟大复兴中国梦和世界一流大学的东大梦而不懈奋斗。

12 月 15 日　东南大学化学化工学院(系)成立 90 周年暨恢复建院 30 周年庆典隆重举行。当日上午 10 点,庆典大会在全体嘉宾和师生齐唱国歌声中开幕。

12 月 21 日　校党委理论学习中心组在行政楼 215 会议室举行专题学习研讨会,集中学习庆祝改革开放 40 周年大会精神和中央深化派驻机构改革有关精神。

12 月 28 日　从《教育部关于批准 2018 年国家级教学成果奖获奖项目的决定》(教师〔2018〕21 号)文件中获悉,东南大学作为第一完成单位获一等奖 2 项、二等奖 7 项,获奖总数并列全国第三。

12 月 29 日　在第十一届中华医学会肾脏病学分会换届选举和江苏省医师协会重症医学医师分会委员会换届会议上分别传来消息,东南大学附属中大医院刘必成教授、邱海波教授分别当选中华医学会肾脏病学分会副主任委员、江苏省医师协会重症医学医师分会会长。

2018 年 12 月 31 日　远在冰雪南极执行考察任务的中国第 35 次南极考察队发来元旦贺电,向东南大学全体师生致以诚挚的节日问候和衷心的感谢。据悉,中国第 35 次南极科学考察中使用的是东南大学科研团队自主研发的极地无人值守电源,我校葛健同志作为唯一随队前往的东南大学科研人员,承担设备在南极的安装和调试任务。